« Hier soir j'ai achevé Les Quatre Eléments. *C'est le cinquième livre de Chamson que je lis. A chaque fois je suis, d'abord, saisi par le ton si particulier de sa voix : je n'en connais pas aujourd'hui qui sonne plus juste. Il y a, dans les rapports secrets entre les sensations, les sentiments, les pensées et les mots, une sorte d'honnêteté à laquelle je me laisse prendre aussitôt. Chamson me prend et ne me lâche plus. Oui, j'aime le son de sa voix : rude, âpre, parfois, sans être jamais rauque, avec de subites tendresses comme involontaires et tempérées par une sorte de virile pudeur. Et, de-ci de-là, de sauvages frémissements de passion : amour ou haine — mais une haine toujours prête à redevenir de l'amour. Les phrases alors se font courtes, s'essoufflent et, sous les mots, on sent battre le cœur. »*

Le 12 janvier 1936, accompagnant une lettre à mon père, Gide avait recopié de sa main l'article qu'il consacrait aux Quatre Eléments.

Hélas, depuis longtemps avant le jour où André Chamson s'en alla rejoindre Lucie Mazauric sur la montagne sacrée, on ne trouvait déjà plus Les Quatre Eléments.

Des lettres d'universitaires, d'enseignants, d'adolescents, de fidèles, me les réclamaient régulièrement comme si j'avais eu un pouvoir de résurrection.

— S'il te plaît, Madame, le maître a lu en classe La Bête blanche, *envoie-moi le livre pour que je le garde à ma maison, m'écrivait un enfant.*

— J'ai lu Du vent, de la montagne, du soleil et de la rivière *en japonais, écrivait un étudiant de Kyoto, j'aimerais lire cette œuvre en français, où puis-je trouver* Les Quatre Eléments *?*

Je relisais l'article de Gide avec tristesse...

Enfin, l'année 2000, centenaire de la naissance de mon père, plusieurs titres furent réédités.

Mais pas Les Quatre Eléments, *ni* L'Aigoual, *texte-source, jaillissant, essentiel. Et c'est sur les pentes de l'Aigoual, Horeb, Sinaï, Parnasse, l'été dernier, que je rencontrai le vieux berger avec ses chèvres.*

Il était au courant des dernières rééditions et s'en réjouissait.

— Mais, me dit-il, ce n'est pas assez. André, pour le connaître, il faut... Il s'arrêta, ouvrant grands les bras sur le paysage toujours camisard qui nous entourait, retenant son souffle, attentif comme s'il attendait de la nature une réponse, un accord, et répéta : Pour le connaître, André, il faut TOUT !

Et voilà que TOUT arrive, que ce premier tome est celui des œuvres complètes, et que rien n'aurait paru plus beau à André Chamson que de voir exaucer le vœu d'un berger de sa montagne.

Frédérique Hébrard.

Introduction

par Micheline Cellier-Gelly

Protestant et cévenol, André Chamson l'est fondamentalement. Il a pourtant eu une dimension nationale et internationale, par son insertion dans le vaste réseau des auteurs qui comptaient dans la République des lettres françaises des années 30-50 et ses amitiés avec les étrangers, par sa nomination à la direction du Pen Club national puis international, par son élection à l'Académie française ainsi que par les hautes fonctions qu'il a occupées : conservateur du Château de Versailles, puis du Petit Palais, et à partir de 1959, directeur général des Archives de France. Il n'a cessé sa vie durant d'élargir son territoire, de s'annexer d'autres provinces, d'autres pays. Il disait fort justement « le monde est ma paroisse », ce qui fait voler en éclats l'image trop monolithique du Cévenol accroché à sa terre.

Cette image est cependant la plus juste car c'est l'attachement à la région qui fonde le caractère et l'œuvre d'André Chamson. Il n'a jamais renié cet ancrage et s'est toujours mesuré à ses sources. Son caractère, sa nature profonde, les valeurs qu'il a défendues, il les doit aux Cévennes et à l'Aigoual, en particulier. Il repoussait l'étiquette d'écrivain « régionaliste » qui lui semblait réductrice mais accordait une place considérable à ce qu'il appelait « le natif », la part la plus originale d'un homme qui tient compte de « l'hérédité, des antécédents, du donné », de ce qu'on est « d'entrée de jeu ». Il a toujours tenu à préserver cette part d'originel qui lui permettait de dire sa région. Il s'est donc librement laissé aller à ce qu'il appelle dans *Devenir ce qu'on est* ses « hantises » qui structurent profondément son univers personnel et littéraire et c'est en donnant libre champ à l'originel qu'il a rejoint l'universel. Pour preuves, ses traductions dans vingt-trois pays qui ont eu pour effet merveilleux d'exporter son petit espace d'enfant et son territoire d'adulte en Norvège, Yougoslavie, Etats-Unis, Portugal, Japon... où les lecteurs ont égrené les noms aimés : Le Cap de Coste, Le Vigan, La Luzette, le Pompidou, les Bressous... Il n'a cessé de faire, avec bonheur et tout au long de son œuvre, l'appel nominal des villages et des montagnes. C'est ainsi qu'il a modulé, dans toutes les langues, les « motifs d'une symphonie [1] » qui disait *sa* géographie, sa petite patrie.

La région reste l'ancrage essentiel et si la mémoire très spatiale de Chamson s'est agrandie progressivement par cercles concentriques correspondant aux différentes périodes de sa vie, elle revient avec insistance sur des zones denses. « Prenez un compas, disait Chamson, mettez la pointe sèche sur l'Aigoual, tracez un cercle d'une dizaine de kilomètres de rayon et vous aurez toute l'aire géographique de mon œuvre proprement cévenole. [2] » Tous les textes inclus dans *Le Livre des Cévennes* se circonscrivent dans cette zone originelle, parcourue, arpentée, explorée dès l'enfance comme il le raconte dans *L'Aigoual, Les Quatre Eléments* et *Le Chiffre de nos jours*. Expérience concrète et prolongée des lieux doublée d'une poétique de la rêverie.

Dans le noyau dur et premier, sous la pointe sèche du compas, se trouve le massif de l'Aigoual pour lequel Chamson a écrit un hymne en 1930, qui ouvre fort justement ce volume sur les Cévennes. *L'Aigoual*, commandé par J. L. Vaudoyer pour la collection *Les portraits de la France*, a enthousiasmé André Gide : « Ah, Chamson, lorsque je vous entends parler de "la modulation spéciale, de ce chant intérieur bloqué entre la nuque et la gorge" et dont j'entends en moi l'écho, quel regret m'emplit de n'avoir pas eu quinze ans en même temps que vous, de n'avoir pas couru avec vous, en vous tutoyant, par les sentiers abrupts de la montagne. [3] » Qui n'envierait pas cette enfance exaltante et héroïque ? André Chamson est né à Nîmes dont il est parti à l'âge de deux ans et a partagé son enfance entre la ville d'Alès où il vivait avec ses parents et Le Vigan où il rejoignait sa grand-mère Sarah Aldebert pour les vacances et les nombreuses convalescences. Entre les deux univers, il n'a

1. *Le Chiffre de nos jours.*
2. A.G. Fabre, *Au cœur des Cévennes*, Editions A2 offset, 1979.
3. Article d'A. Gide paru dans « L'air du mois », *NRF*, n° 270, 1er mars 1936.

pas balancé et a choisi la montagne. C'est dans l'effort des montées qu'il a découvert l'exaltation de l'effort et le plaisir du corps, dans les longues contemplations à treize cents mètres d'altitude qu'il a mesuré ses jeunes forces au monde qu'on domine, par toutes les histoires qui se tissent autour de ce massif qu'il est entré dans l'épopée héroïque des Camisards. C'est là, dans ce site qui efface toutes les folies des hommes qu'il a eu l'appréhension et le sentiment de la durée. Cette région est le principe d'orientation et d'aimantation de son existence et de son œuvre et elle dégage un espace mythique et sacré où s'expriment le corps, l'imaginaire, la sensibilité et la mémoire : « Pour moi, l'Aigoual est le mont Horeb, l'Olympe et le Parnasse, la montagne sainte. [1] » Pour bien comprendre Chamson, il faut savoir qu'il a vécu dans « la mystique de ces sommets ascendants qui convergent vers les sommets ». [2]

Suivant *L'Aigoual*, un ensemble de quatre nouvelles intitulé *Les Quatre Eléments*. C'est une œuvre jaillie de façon étonnante en 1935, en pleine montée des périls, au milieu de la tourmente de *Vendredi*, l'hebdomadaire que Chamson a fondé avec Jean Guéhenno et Andrée Viollis. Il y retrace des petits épisodes mais l'anecdote, disait Gide, est « chaque fois doublée, étoffée, d'un enseignement profond, secret ». Gide a adoré ces nouvelles ; Martin du Gard estimait que c'était l'œuvre où il se livrait le plus et qu'elle était nécessaire, même et surtout au temps de *Vendredi*. Chamson accordait lui-même beaucoup d'importance à ce texte qu'il aurait mis volontiers en tête de son œuvre comme une explication d'ensemble « dans la mesure où la petite source peut expliquer la rivière [3] ». Ce qui est juste quand on considère la genèse d'une œuvre : toutes ses impressions passées et futures sortent de ce premier rapport au monde directement exprimé dans *Les Quatre Eléments*.

Ce livre constitue une étape dans la production de Chamson car il met un point final à la première partie de son œuvre qui va bientôt puiser à une autre inspiration. En amont, s'était déployé ce que Chamson, dégageant la profonde cohérence de

1. *Castanet*, Plon, 1979, p. 14.
2. *Devenir ce qu'on est*.
3. Entretien radiophonique avec Frédéric Lefèvre, Archives A. Chamson, 1935.

ces trois œuvres, avait appelé *La Suite cévenole* : *Roux le Bandit, Les Hommes de la route* et *Le Crime des Justes* écrits dans la même coulée en 1925, 1927, 1928. En ouverture magistrale, *Roux le Bandit* qui a donné à Chamson l'immédiate notoriété, qui a permis son insertion dans la République des lettres. « Votre œuvre est à la fois œuvre d'art et de conscience, œuvre complète, comme le sont les plus grandes, où s'exprime l'homme tout entier. Vous avez atteint, du premier coup, à une maîtrise bien rare », lui écrit Romain Rolland. *Les Hommes de la route* qui frôle le Goncourt et *Le Crime des Justes* ont confirmé ce succès. Une belle et forte série constituée par trois récits brefs aux dimensions d'une veillée, inspirés par des récits entendus dans le pays, trois textes avec lesquels Chamson est devenu un incontestable « raconteur d'histoires ». Et raconter des histoires, c'est s'insérer dans la continuité de la communauté, c'est maintenir la cohésion du groupe dont le romancier devient une émanation essentielle. L'inspiration de Chamson puise dans la tradition orale cévenole et la maintient en dressant des portraits remarquables de personnages portés par les exigences qui façonnent la conscience protestante. Dans chacun de ces récits, une haute figure : Roux le réfractaire de 14 qui, refusant de « suivre le troupeau qui s'égare », obéit à un principe plus haut, au-dessus de l'Histoire ; Combes, figure majeure de l'œuvre de Chamson, la première transposition de Finiels, le vieil homme qui soignait les terres de la grand-mère Sarah au Vigan, personnage si important qu'il traverse toute la production chamsonienne ; et le vieil Arnal, appelé Conseiller, qui exerce une régence morale sur l'ensemble de la vallée. Tous incarnent les valeurs huguenotes, tous sont des hommes enracinés qui obéissent aux lois de la nature et qui témoignent de la permancence du monde. Et Chamson a toujours parié sur la Durée — perceptible dans les gestes immémoriaux des paysans et dans la pérennité des montagnes — contre le Temps fugitif qui se disperse dans les événements historiques. Les livres sur les Cévennes ressortissent à la Durée.

En adhésion avec l'ensemble, une écriture sobre, dense, à laquelle Chamson voulait donner l'aspect d'une matière minérale pour rester dans un accord secret avec ce monde sans couleurs et gris, à animer seulement, par endroits, de quelques rehauts de vert ou de rouge pour mettre en valeur le contraste, comme dans des tableaux. Car, si certains auteurs conçoivent leur œuvre comme une sonate ou une symphonie, l'art de Chamson est celui du peintre. Il en a l'œil précis et la main ferme qui trace vigoureusement les lignes. Il compose son roman comme il disposerait des objets sur une toile. Une anecdote en apparence ténue ou superflue est vivement éclairée : il ne commente pas, il montre.

Les deux œuvres qui suivent sont plus atypiques : avec Tabusse, Chamson crée un personnage pittoresque, habitant l'Aigoual, une sorte de géant malin qui existait déjà dans son univers mais dont il collecte toutes les aventures pour les publier, en 1930, aux *Horizons de France*, dans la collection *Champs* dirigée par Henri Pourrat. Pour Chamson, il s'agissait d'un « divertissement d'été, une fête villageoise » et il en faisait peu de cas, s'étonnant presque de son succès. Pourtant, la presse est élogieuse et Philippe Soupault fait un très bel article dans *Europe* : « C'est, à mon avis, un des aspects les plus caractéristiques du talent de Chamson que de savoir donner à tout ce qu'il écrit un ton dominateur et une force pathétique. » Lors d'une convalescence dans les hautes Tatras tchèques, il écrit avec autant de facilité *L'Auberge de l'abîme*, publié en 1933, qui a pour décor l'abîme de Bramabiau. Ce livre inaugure la veine du roman historique que Chamson a exploitée, dans la dernière partie de sa production littéraire, avec *La Suite camisarde*.

Après 1945, l'œuvre de Chamson bascule vers une thématique plus sombre. Le rire de Tabusse ne retentira plus. Sur le long chemin de l'après-guerre, plusieurs récits dont *Adeline Vénician*, publié en 1945, qui sera au cœur de *La Suite pathétique*, constituée de trois romans, « trois pierres noires », dira Chamson. C'est une œuvre qui appartient à la région par le cadre et le personnage qui l'a inspirée mais les motivations qui fondent l'écriture sont autres ; entre-temps, il y a eu la guerre, l'irruption du Temps, dans toute son horreur, qui a brisé bien des destins ; Chamson médite sur les morts-vivants détruits par les événements, et à travers la folie d'Adeline, exaltée et pure, parle de celle des hommes et du monde. Pendant cette période, le romanesque ne lui donne plus accès à la sérénité de la région. Il ne la retrouve que dans l'écriture intime, dans une perspective aussi thérapeutique : en 1954, il ressent la nécessaire tentation autobiographique de l'âge mûr qui lui permet de retrouver tous les éblouissements de l'enfance dans *Le Chiffre de nos jours*. Ces touchantes évocations du paradis perdu se terminent sur la déclaration de guerre en 14. Il complète cette autobiographie, cinq ans plus tard, sur un autre ton. Presque à la soixantaine, en 1959, il procède à une rétrospective plus large, une sorte de bilan. Dans *Devenir ce qu'on est*, il reprend alors l'ensemble de son itinéraire d'homme, en dégageant les étapes essentielles. Par petites notations cursives, il fait le tour de « ses acquêts et conquêtes » — en commençant évidemment par la montagne — puis porte une appréciation sur ses livres comme l'exige cette collection belge où d'autres auteurs l'ont précédé. Il est heureux que *Le Livre des Cévennes* se termine sur ce texte mi-biographique, mi-analyse qui permet de cerner l'homme et l'œuvre, l'homme aux prises avec son œuvre et recomposant sa vie. La voix de Chamson s'y fait entendre, très simplement. Mais elle est tout aussi perceptible et résonne bien davantage encore dans l'œuvre romanesque qui dit tout l'attachement qu'il porte à sa terre et aux Cévenols. Dans ces livres, les plus lumineux et les plus connus de son abondante production, il établit, page après page, les lignes de sa géographie sacrée.

Repères biographiques

1900 *6 juin* Naissance à Nîmes, à 3 heures du matin. Fils de Jean Chamson et de Madeleine Aldebert.

1902 La famille va vivre à Alès. Quatorze premières années entre Alès et Le Vigan pour les vacances, entre les rives du Gardon et les forêts de l'Aigoual. Etudes au Vigan, aux lycées d'Alès et de Montpellier. Ecrit des poèmes.

1918 *octobre* Arrivée à Paris pour préparer l'Ecole des Chartes. Etudiant à la Sorbonne.

1919 *13 juin* Mort de Jean Chamson.

1924 *juillet* Mariage à Nîmes avec Lucie Mazauric, fille de l'ancien conservateur des Musées Archéologiques de Nîmes, Cévenole et protestante, originaire d'Anduze, rencontrée en 1921 sur les bancs de l'Ecole des Chartes.

1925 *Roux le Bandit*, roman publié dans les *Cahiers verts* de Daniel Halévy.

1926 Candidat à la Bibliothèque nationale. Nommé chef-adjoint du cabinet de Daladier, alors ministre de l'Education nationale. Lucie Chamson entre au musée du Louvre.

1927 Publication des *Hommes de la route* (roman) et de *L'Homme contre l'Histoire* (essai) dans les *Cahiers verts*. Les *Hommes de la route* frôlent le Goncourt.
7 juin. Naissance de sa fille, l'écrivain Frédérique Hébrard.

1928 *Le Crime des Justes* (roman).
Fait la connaissance de Gide, de Martin du Gard et de Schlumberger. Cercle d'Adrienne Monnier et Sylvia Beach. Il y rencontre Paul Valéry, Jules Romains, Léon-Paul Fargue, Scott Fitzgerald...

1930 Vaudoyer lui commande *L'Aigoual*.
Parution des *Histoires de Tabusse*.

1931 Passion politique avec Guéhenno et la revue *Europe*. Amitié avec Romain Rolland.

Affirmations sur Mistral (essai) ; *Compagnons de la nuée* (poème en provençal) ; *Histoires de Magali* (livre pour enfants).

1932 *Héritages* (roman).
Légion d'honneur.

1933 *L'Auberge de l'abîme* (roman).
A la Chambre, bruits alarmants sur la situation politique. Nommé conservateur-adjoint des Musées nationaux, au château de Versailles.

1934 Choc du 6 février. Comité de vigilance des Intellectuels Antifascistes. (CVIA) avec André Gide, Henri Barbusse, André Malraux et Jean Guéhenno.
L'Année des Vaincus (roman).

1935 Congrès pour la Défense de la culture, en juin, à la Mutualité avec Heinrich Mann, Aldous Huxley, John Dos Passos, Boris Pasternak. Prend la parole avec Malraux et Gide. Fonde l'hebdomadaire *Vendredi*, avec Jean Guéhenno et Andrée Viollis.
Les Quatre Eléments (nouvelles).
Premier discours au Désert à Mialet sur le thème de « Résister ».

1936 Passion politique : s'engage dans la lutte électorale pour le Front populaire. Guerre d'Espagne. Aide aux Républicains. Voyage en URSS. Rencontre Pasternak, Léonid Léonov, Alexis Tolstoï et Ilya Erhenbourg.
Versailles (essai).

1937 Voyage à Madrid avec Malraux.
Rien qu'un témoignage (essai).

1938 Arrêt de *Vendredi*. Se lie d'amitié avec Antoine de Saint-Exupéry.

1939 *La Galère* (roman).
Capitaine de réserve, s'engage et rejoint l'armée d'Alsace, sous les ordres de De Lattre de Tassigny.

1940-44 Publication de *Quatre mois* (récit).
Déchiré par la défaite. Achète « Les Bressous ». Assure avec sa femme la conservation des chefs-d'œuvre évacués dans

des châteaux du Massif central et au musée Ingres à Montauban. Participe à l'organisation et à la lutte des maquis. Ne publie plus rien pendant cette période mais écrit *Le Dernier Village, Le Puits des miracles* (publié en partie aux Editions de Minuit), *Ecrit en 40* et *Fragments d'un liber veritatis.*

1944 Contacte de Lattre de Tassigny, rassemble 700 volontaires, presque tous Alsaciens ou Lorrains, et les associe aux bataillons de Malraux : la Brigade Alsace-Lorraine part à la reconquête des Vosges et de l'Alsace.

1945 Campagne d'Allemagne. Démobilisation le 1er août. On lui propose le Petit Palais à remettre en état.

1946 Publie *Fragments d'un liber veritatis* (essai) et *Le Dernier Village* (roman).
Organisation de l'exposition des Chefs-d'œuvre de l'Ecole française du Louvre.

1947 Ecrit *L'homme qui marchait devant moi* (roman).
Tournée de conférences en Scandinavie. Organisation de l'exposition des Trésors de Vienne. Eté aux Bressous.

1948 Publie *L'homme qui marchait devant moi* : échec. *Tabusse* et *Le Crime des Justes* sont adaptés à l'écran.
Organisation de l'exposition sur les Trésors de la Pinacothèque de Munich.
La Suite cévenole (*Roux le Bandit, Les Hommes de la route, Le Crime des Justes*).

1949 Première thèse sur Chamson à l'Université de Göttingen. Exposition de la gravure contemporaine du Petit Palais.

1950 *La Neige et la Fleur* (roman) : grand succès.
Exposition sur la Vierge dans l'art français. Tournées de conférences en Italie.

1951 Succès de *La Neige et la Fleur.*
Organisation de l'exposition sur les Chefs-d'œuvre des musées de Berlin. Voyage en Grèce. Elu président du Pen Club français, en janvier, en remplacement de Jean Schlumberger.

1952 Représentation de la seule pièce de théâtre qu'il écrira, *On ne voit pas les cœurs.*
Exposition des tableaux de Munich et des Trésors d'art du Moyen Age en Italie. Voyage au Brésil et conférences.

1953 Obtient 12 voix à l'Académie française. Eté : voyages en Irlande pour le 25e congrès du Pen Club international à Dublin, et aux Etats-Unis. Exposition de la collection Van Beuningen et présentation du Musée.

1954 *Le Chiffre de nos jours.* Grand succès.
Collection Girardin au Petit Palais. Congrès du Pen Club en Hollande, à Amsterdam.

1955 *Adeline Vénician* (roman).
Elu membre de l'Académie allemande de Darmstadt où seul un autre auteur français, Cocteau, l'a précédé. Expositions des œuvres de Courbet et de Carpeaux. 27e congrès international du Pen Club, à Vienne.

1956 Lauréat du Prix Mistral pour un recueil de poèmes provençaux, *Lou Ramas de pin negre*, en partie inédit. Elu à l'Académie française au fauteuil du baron Seillières, à la séance du 17 mai 1956. Elu président international du Pen Club au congrès de Londres, en juillet, en remplacement de Charles Morgan. Doit affronter les événements de Hongrie.

1957 Elu Majoral du Félibrige. Congrès du Pen Club au Japon en septembre, le premier congrès d'intellectuels en Orient. Réception à l'Académie française, le 17 mai. Présidence du Mueseon Arlaten en Arles. Elu à l'Académie des Jeux Floraux de Toulouse. Devient membre du Conseil Supérieur des Lettres. Participe au Festival des lettres à Bruxelles.

1958 *Nos ancêtres, les Gaulois.*
Exposition des Trésors du Pérou. Voyage en Finlande et en Italie.

1959 Nommé directeur général des Archives de France jusqu'en 1971.
Devenir ce qu'on est. Trois discours au Désert 1935-1954-1958.

1960 Voyage au Canada. Nommé docteur honoris causa de l'Université de Laval.

1961 *Le Rendez-vous des Espérances* (roman).

1964 Participe au Conseil d'administration de l'ORTF de 1964 à 1972.
Comme une pierre qui tombe (roman).

1965 *La Petite Odyssée* (relation de voyages).
Soutient la candidature du général de Gaulle.

1967 *La Superbe* (roman). Grand succès.

1968 Le général de Gaulle lui remet les insignes de Grand-Croix de la Légion d'honneur à l'Elysée, en mars. Président du jury du Festival de Cannes, interrompu par les événements sociaux.

1969 *La Suite pathétique* (*L'homme qui marchait devant moi, Adeline Vénician, Comme une pierre qui tombe*).

1970 *La Tour de Constance* (roman).

1971 Préside la commission d'orientation de l'ORTF.

1973 Nommé président du collège des Conservateurs du musée Condé (château de Chantilly).

1974 Le 24 mai, il présente à Valéry Giscard d'Estaing, président de la République, le Grand Collier de la Légion d'honneur.
Les Taillons ou la Terreur blanche (roman).

1975 Séjour à Villeneuve-lès-Avignon où il fête ses cinquante ans de mariage et de littérature.
La Reconquête (récit). *Suite guerrière* (*Ecrit en 40, Le Dernier Village, Le Puits des miracles*).

1977 *Sans Peur ou Les brigands aux visages noirs* (roman).

1979 *Castanet, le Camisard de l'Aigoual* (roman).

1980 Inauguration de la salle André Chamson au musée cévenol du Vigan.

1982 *Catinat, le Gardian de Camargue* (roman).

1983 Lucie Mazauric meurt le 9 juin et André Chamson, le 9 novembre, à l'hôpital militaire du Val de Grâce. Les obsèques ont lieu à l'Eglise réformée de l'Oratoire, 147, rue

Saint-Honoré, Paris, Ier, à 11 heures. Leur tombe se trouve sur la Luzette, face aux montagnes qu'ils aimaient.

1984 *Il faut vivre vieux* est le dernier bilan, publié après sa mort.

M. C.-G.

Avec la sympathie
d'André Chamson

Mon grand-père paternel devait avoir près de soixante ans quand il fonda la fabrique de Valgaron, sur la route d'Arles, aux portes de Nîmes. Il avait passé ces soixante années dans les Cévennes, du côté d'Anduze et de Saint-Jean. Il avait mené jusqu'alors la vie des hommes de ces montagnes, paysans, travailleurs de terre, artisans de petits métiers. En fondant cette fabrique, il changea l'ordre de sa famille et décida de ma vie.

C'est au Valgaron que je suis né, mais j'avais à peine deux ans quand les bâtiments de l'usine furent détruits par un incendie.

— Nous avons été réveillés par les flammes, vers une heure du matin. Tout brûlait déjà dans les ateliers. Je t'ai pris dans ton berceau et je t'ai roulé dans tes couvertures. La cour était pleine d'étincelles. J'ai couru me réfugier chez des voisins...

Je n'ai aucun souvenir de cet incendie, mais j'ai cru revoir, bien souvent, pendant mon enfance, les flammes de son brasier éclairer les yeux de ma mère quand elle me faisait ce récit. C'était, pour moi, comme le souvenir de la dernière nuit d'Ilion... Encore aujourd'hui je crois voir pendant, quelquefois, au delà des lueurs de cette nuit, la grande cour de l'usine avec ses bâtiments en équerre, ses ateliers et ses magasins, et son escalier à aiguille de fer qui montait aux appartements du premier étage. Mais c'est à travers les récits de mes parents que j'évoque ainsi ce décor de ma tout petite enfance. Tout ce qui se rapporte à ce temps, me semble sorti d'un songe. C'est comme une histoire fabuleuse antérieure à l'histoire de ma vie.

Les bâtiments de l'usine existent pourtant toujours. C'est un lieu désert qui sert aujourd'hui d'entrepôt et de remise. J'aurais pu cent fois y chercher la place de mon berceau. Il m'aurait suffi, parfois, de faire un détour de quelques mètres. Mais je savais qu'on ne pouvait y voir

encore, voici peu d'années, le nom des miens à demi rongé par la
pluie et les écarts du temps. C'est à cause de ce nom, peint en lettres
noires sur un mur lépreux, que je n'ai jamais voulu retourner au Valgaron.
Je n'avais pas envie d'aller contempler les débris de ce naufrage. Car j'ai
toujours soupçonné que notre incendie de Rome, notre dernière nuit d'Italie,
n'était que le symbole ou la justification d'une ruine qui tenait à d'
autres causes. Rien n'avait préparé mon grand-père à fabriquer des
pâtes alimentaires. "Les meilleures de France," m'a souvent affirmé ma
mère, "mais nous n'avions pas assez de capitaux... et puis nous n'étions
pas assurés", ajoutait-elle avec un étrange soulagement. A la vérité, mon
grand-père ne devait [pas être préparé à] ce qui peut faire un industriel et j'en
veux encore à cette entreprise qui détourna les miens de ce qu'ils étaient
depuis des siècles. Ce n'est pas que je regrette son échec. Je vois trop bien
ce que je serais, à l'heure actuelle, et ce que ma vie aurait été, si l'usine
du Valgaron n'avait pas fermé ses portes. Je sais que cette ruine a sans
doute été ma chance. Graine qui vole au gré du vent porte la plante
où jamais elle ne pousse. Je dois, du moins, à cette aventure d'être
né sous le crocodile et le palmier et d'avoir posé mes premiers regards
sur le temple et l'amphithéâtre, la tour mystérieuse et la fontaine sacrée.
Mais ces souvenirs sont aussi pour moi ceux d'un monde ~~[illegible]~~ déjà
~~[illegible]~~ de celui de mon enfance, comme une déchirure de ma mémoire
ouverte sur une autre vie. Au-delà de notre fabrique en feu, c'est
Rome que je retrouve, comme je pourrais la retrouver à travers la mémoire reçue,
~~[illegible] fils, qui s'appelait [illegible]~~
~~[illegible] à [illegible] l'ordre [illegible]~~
~~[illegible] Frédérich~~

L'usine fermée, mon grand-père revint à la terre qu'il avait quittée et finit sa vie comme un paysan. Il est mort à 80 ans sous un olivier et sa vigne, mais ses trois fils s'étaient engagés sur d'autres routes...

Fernand, l'aîné, préparait Polytechnique quand l'usine disparut. Il se replia sur l'enseignement, fut professeur et devint directeur de l'École ~~[illegible]~~ Supérieure d'Avignon, installée dans le Palais des Légats au bout de la place des Papes. C'était le plus maigre des Chamson dont la maigreur est pourtant comme un signe de famille. On aurait dit un Chevalier à la très triste figure devenu régent de Collège. Extravagant dans sa mise et dans ses manières, il avait adopté une corde à gros nœuds pour chaîne de montre. Cette corde barrait un gilet et tenait fermé un oignon des temps anciens avec lequel il réglait scrupuleusement les horaires de son école. Il portait de [illegible], gardait la royale sous sa lèvre inférieure, sans doute pour s'épargner le feu du rasoir dans ces régions délicates et marchait [illegible] dans des sandales trop larges. Cette extravagance ne l'empêchait pas de garder son autorité. Si j'en crois certains de ceux qui furent ses élèves, c'était un esprit distingué, [illegible] par ses dons et qui [illegible] d'apprendre. Je l'ai peu connu pendant mon enfance. Sa façon de vivre était trop différente de la nôtre. Pendant des années, je n'ai pas su si je devais voir en lui un [illegible] en habit noir ou un être fantastique, un [illegible] ou un [illegible], le frère de mon père ou quelqu'un d'une autre famille...

Le plus jeune des trois fils - qui s'appelait Théodore - prit le parti opposé à celui de l'aîné Fernand. Au lieu de chercher la sécurité dans une fonction, il s'évada et tenta ~~[illegible]~~ l'aventure du monde en allant là où il y avait encore quelque chose à conquérir. A vingt-cinq ans, il était sur la côte des Somalis, vendant, achetant, revendant tout ce qui pouvait s'acheter et se vendre. Tour à tour à l'Abyssinie,

Premier manuscrit du *Chiffre de nos jours*

ANDRÉ CHAMSON

de l'Académie française

Le livre des Cévennes

L'Aigoual
Les Quatre Eléments
Roux le Bandit
Les Hommes de la route
Le Crime des Justes
Histoires de Tabusse
Adeline Vénician
L'Auberge de l'abîme
Le Chiffre de nos jours
Devenir ce qu'on est

Préface de Frédérique Hébrard
Introduction de Micheline Cellier-Gelly

ÉDITIONS FRANCE LOISIRS

Édition du Club France Loisirs,
avec l'autorisation de Omnibus

France Loisirs,
123, boulevard de Grenelle, Paris
www.franceloisirs.com

ISBN : 2-7441-5877-1

Sommaire

L'AIGOUAL

Enfant, j'ai trouvé dans cette montagne, dans ce haut massif de l'Aigoual, ce que d'autres enfants demandent aux récits d'aventures, aux histoires guerrières : la présence d'un monde héroïque et fabuleux et cette première justification de la vie qui, pour les hommes ou pour les peuples, ne peut être faite que par la légende.

A quatorze ans, je partais vers cette montagne avec quelques camarades comme vers une terre inconnue. Tout nous y semblait encore à découvrir : nous n'étions guidés que par des récits de voyageurs, nous n'avions fait qu'entendre parler de ses routes, de ses raccourcis, de ses sentiers et de ses pelouses. Même quand nous l'avions parcourue et franchie, elle semblait redevenir mystérieuse après notre passage et, dans chacun des conseils que nous nous transmettions, nous aimions à retrouver des traces de ce mystère.

— A la Broue on peut couper court, en montant droit sur la crête, mais il faut prendre garde à ne pas manquer le sentier à la lisière des hêtres... à l'Hort-de-Dieu, il vaut mieux ne pas quitter le chemin, à cause des vipères rouges... dans les Calles de Grimals...

J'habitais alors Le Vigan, et c'est par Le Vigan que j'abordais toujours le massif. Plus tard, séjournant à Valleraugue, je me suis rapproché de lui. Il n'y avait plus, vers la haute crête, qu'une seule levée de schistes croulants et de pâturages, une rampe de mille mètres de haut, d'une seule lancée. L'ascension devenait plus rapide, plus courte, plus poignante peut-être, mais je garde toujours cependant un goût plus grand pour ces courses faites par Le Vigan, plus longues, plus exténuantes, aussi raides d'abord, égalisées ensuite par les longues crêtes herbeuses du Montals ou de la Luzette. C'est par cet itinéraire que, rêvant, je m'approche toujours de la montagne, c'est par cet itinéraire aussi que j'aime à conduire un ami vers la haute crête.

Par une de ces transpositions qui, pour un romancier, donnent au monde une présence plus grande et une réalité confirmée, j'ai fait du Vigan le Saint-André des *Hommes de la Route* :

mais ce n'est point que je sois infidèle à cette petite ville. J'éprouve au contraire, pour parler d'elle, cette pudeur que l'on ne donne qu'aux choses trop aimées. Et comment pourrais-je l'oublier ? Tournant sur nous-mêmes, flânant, nageant, courant tous les gouffres qui coupent les rapides de l'Arre, plongeant du haut des murs qui soutiennent ses prairies, nous y avons passé toute notre enfance à penser sans cesse à la montagne.

En été, nous faisions, presque chaque semaine, une course d'un jour, parfois de deux, dans le Haut Massif. Mais c'était aux changements de saisons, en automne surtout, que ces courses devenaient pour nous plus passionnantes, à cause des grands bouleversements du ciel et des changements qu'à chaque heure le vent, la pluie ou la neige apportaient sur la montagne.

La petite ville échappait encore, au fond de son trou, aux attaques des vents du nord. Mais, de la place du Quai, des bords de l'Arre, où nous nous allongions, après le bain, en croquant des pommes restées vertes que nous mûrissions en les frappant au plat d'un caillou, du sommet du pont Vieux d'où l'on voit le pic de la Chèvre et la brèche du Minier, nous surveillions toujours la montagne.

Sur la vallée, par le Linguas, par le Montal ou le Cap de Coste, nous venions voir monter les nuages et s'embrouiller le ciel et se renouveler l'horizon. Tous ces mouvements, au-dessus du calme de la ville, trahissaient les tempêtes des hauteurs.

Alors, grisés d'avoir vu ces charges de la nuée et ces déblaiements du ciel, nous allions jusqu'à la poste et nous demandions l'Observatoire. Le garde, là-haut, devenait pour nous comme un oracle : dans la cabine téléphonique, à deux ou à trois, coude à coude, nous attendions avec une sorte d'angoisse que « l'Aigoual réponde ».

Les appels des bureaux transmetteurs jalonnaient l'itinéraire et remplissaient les minutes de l'attente : Valleraugue répondait, sonnait l'Espérou et, enfin, au bout de la ligne, le garde reconnaissait notre voix :

« Trop mauvais pour monter, attendez quelques jours. Le vent souffle à quatre-vingt-dix mètres à la seconde », nous disait-il, « il fait bon au Vigan ? Restez-y. C'est la plus mauvaise nuit de l'année, vous ne tiendriez pas à quatre pattes sur la crête. Bonsoir. »

Notre décision était prise. A deux, à trois, nous allions tenter la montagne.

Je retournais au pas de course à la rue de l'Horloge où nous habitions alors. La maison avait un air de presbytère, avec un escalier immense, à colonnes doriques, à rampe de bois tourné. Les pas sonnaient dans ce couloir sombre et, la nuit venant déjà, ma grand'mère qui m'attendait haussait la lampe au-dessus de son front, derrière la fenêtre de la cuisine.

J'arrivais à bout de souffle : « Nous partons tout à l'heure. Ne t'occupe de rien. Je vais faire mon sac. J'ai pris des conserves chez Villaret. Nous serons de retour demain... dans la nuit, ou après-demain. »

Ma grand'mère se désespérait. D'un seul coup, le monde semblait changer pour elle et devenir tragique. Elle n'avait jamais été qu'une seule fois dans la montagne, jusqu'à l'Espérou, au temps où les touristes n'y montaient pas, en voiture fermée, tous rideaux tirés, sans rien voir, en pensant sans cesse aux précipices.

Je dînais à toute vitesse. Sur le lit de ma chambre, je trouvais cependant toutes mes affaires préparées. Le sac, les chandails, les culottes serrées aux genoux, les molletières, les souliers ferrés cerclés d'ailes de mouches. Je m'habillais en hâte et, revêtant ce lourd équipement, ces souliers pesants, je me sentais devenir un autre homme. Ma grand'mère se désolait encore, mais, avec une précision calme, elle rangeait mon sac, mettait à plat les chandails contre le dos, brisait la flûte de pain en deux, glissait chaque bout contre chaque soufflet et rangeait les autres provisions (conserves, œufs durs dans leurs coques d'aluminium, fruits calés dans de petites boîtes), et le cornet de sel et enfin la petite pharmacie pliée dans son étui de toile cirée.

A la nuit tombée, tout était prêt. J'embrassais ma grand'mère qui allait passer une mauvaise nuit à surveiller le ciel par l'entrebâillement des volets de sa chambre. Je lui jurais que le temps resterait beau, que le vent du nord allait déblayer la Tessonne, que l'aube serait calme et tiède... Je choisissais une canne, au fond du petit débarras, avec mille superstitions. Je prenais mon sac à bout de bras et je descendais en courant, faisant feu de mes souliers cloutés dans l'escalier sombre.

Nous devions nous rejoindre sur la plate-forme de l'église. Le vent de la nuit commençait à prendre les hautes branches des platanes. Les longues rues, hautes, étroites, silencieuses, plongeaient dans l'ombre. Devant le bazar, la fontaine lançait des paquets d'eau dans sa vasque, au rythme des coups de vent, et par instants, autour de nous, un coup de pluie cinglait le sol dur comme pierre.

Nous nous appelions à coups de sifflet, sur trois notes. Essoufflés, joyeux, penauds aussi des semonces familiales. Parfois un de ceux qui devaient venir avait dû renoncer à cette course, se soumettre aux frayeurs de sa mère, reconnaître que le temps n'était pas sûr, qu'il fallait être fou pour partir... le plus souvent nous nous trouvions deux, et moi toujours qui savais mieux convaincre ma grand'mère et qui, peut-être, tenais le plus passionnément, le plus follement aussi, à ces escapades.

Nous bouclions les sacs après avoir équilibré leur poids, réparti leurs charges. Alourdis, gênés par les courroies qui pinçaient nos épaules, nous nous penchions pour attraper le bâton à pointe de fer qui avait glissé à terre, et nous partions.

Vers les Quatre Chemins ou vers les Mourèzes — pour aborder la montagne par Puechagut ou par le Cap de Coste — la pente était également rude, dès la sortie de la ville. Nous alternions ces itinéraires. Pourquoi donc, aujourd'hui, dans mes souvenirs, ne puis-je plus retrouver que celui des Mourèzes, du Crestat et du Cap de Coste ? Peut-être parce que, là, sur cinq heures de marche, jusqu'à l'Espérou, on ne rencontre pas une seule maison habitée et que le cheminement se fait toujours au tranchant des crêtes.

Jusqu'au-dessus du col des Mourèzes, à l'Homme Mort comme nous avions baptisé ce terroir, nous étions pris par les contreforts de la montagne et défendus contre la tempête. Ce creux de vallon est tiède, les cultures y montent haut, le midi les baigne de pluie et de soleil. Sentier rude, chemin muletier, à plate-formes penchées, tout dévale vers les fonds, qui n'a pas été racheté par le travail de l'homme et soutenu par une murette et redressé par un traversier.

Nous nous retournions pour voir Le Vigan disparaître dans la vallée. Les maisons du Quai, sous les cônes d'ombre et de feu que découpaient les réverbères, étaient blanches, écrasées. Par ces nuits d'automne, les vallons étaient pleins de bruits d'eau. Toutes ces eaux fuyantes semblaient glisser vers Le Vigan, ville aux fontaines, ville aux sources glacées. Au milieu de ces murmures, avec quelque accoutumance, les mouvements de l'esprit s'identifiaient à ceux de la nature. Le sommeil, la première fatigue, l'énervement du départ, se liguaient pour suspendre toute pensée. Attentifs à nos pieds, aux cailloux qui roulaient sous eux, nous allions. Je me souviens d'un rocher qu'il faut contourner, au-dessous des Mourèzes, pour couper court vers l'autre col, au lieu dit de l'Homme Mort, et je me souviens aussi de cette modulation spéciale, de ce chant intérieur, bloqué entre la nuque et la gorge, qui se levait toujours en moi à ce passage.

Nous parlions peu. Nous allions vite. Sans économie ni prévoyance. Pressés de quitter les régions où l'homme était maître, les jardins dominés par les réservoirs, les vignes alignées comme des courbes de niveau, les potagers où balancent les tournesols... nous tendions les jarrets, nous penchions la tête, anxieux de nous trouver face à la montagne, dans la montagne, avides d'entrer au pays des légendes et de trouver enfin, face à nos yeux, en plein visage, droit sur nous, à pleine bouche, la tempête annoncée par le garde.

Cette approche de la montagne, de la région sauvage, se faisait en plusieurs paliers, en plusieurs étapes. Il y avait (je m'en souviens encore avec la même fièvre de plein air, une fièvre faite par la simple chaleur du corps au contact du vent froid) plusieurs moments pendant lesquels nous nous sentions entrer dans un monde nouveau. C'était comme un détachement progressif de la vie étroite de la petite ville et la découverte d'une vie nouvelle.

Au col de l'Homme Mort, dans un creux d'herbes brûlées, sous un arbre calciné, tronc sonore, branches pétrifiées, nous mettions un léger chandail. Là, deux versants abrupts s'offraient à nous. La petite vallée de Mandagout, verte, pleine d'eaux, de châtaigniers et de prairies, et la grande vallée qui, par Aulas, Arphy et Grimals montait jusque vers Orgon et les premières hautes crêtes de la montagne.

L'air entrait en nous comme une lampée d'eau prise au creux d'une source fraîche. Nous serrions nos cols, du regard nous mesurions la pente, au-dessus de l'arbre mort, bout de draille, tronçon de piste pierreuse qui coupait court et, réveillés par la première caresse de la tempête, nous escaladions ce raidillon qui glissait sous nos pas.

Le ciel, alors, commençait à nous révéler son immensité et sa puissance. Nous n'avions plus devant nous, au haut de cette draille, un de ces rebondissements de la montagne, mais un premier plateau, ligne de crête aplatie où courait une route, arrêtée seulement au loin par le second jet du massif, vers le Cap de Coste. Le ciel était là, sans limites, ouvert aux nuages, balancé par un vent encore silencieux pour nous, houleux comme une mer lointaine, dont se perdrait le tumulte.

La route, bloquée sur la crête, exhaussée par des monolithes de granit, s'enfonçait dans ce silence violent. Piste naturelle devenue route de conquête, ordonnée, élargie, remaniée au temps de la guerre des Cévennes, elle suivait le tracé de la draille gauloise et, sous la poussée de la lande, suivie seulement par les troupeaux en transhumance, abandonnée au profit de la nouvelle route, elle redevenait une piste primitive, à peine protégée par endroits par son dallage ou par le lit de roches vives sur lequel elle avait creusé deux longues ornières. Trois maisons désertes, vides, crevées par les ans, la jalonnaient à peine sur près de quinze kilomètres.

En haut de ce raidillon, face au Cap de Coste, nous trouvions une longue route plane, sur le tranchant des vallées. Nous en avions pour une heure de marche dans un air tiède encore, dont la seule qualité était le silence et qui remuait à peine, comme en dormant sous la tempête des hauteurs. Ce silence allongé sur la terre comme un chien sous un fouet, cette solitude des hautes châtaigneraies qui s'ouvrait sur la solitude des genêts et des prairies et sur celle des rocailles, nous enveloppaient de toute part. Rien n'ajoute ici une présence vivante à votre présence, ni cri d'oiseau, ni fuite de bête.

A main gauche, devant des prés, de grands champs jadis cultivés, à côté d'un petit domaine clos de murs où un homme doit encore venir les dimanches entretenir quelques cultures, nous apercevions la première maison. Je l'ai toujours appelée, sans avoir retrouvé ce nom sur les cartes, le « Bout de côte ». Des pierres lourdes, presque sans ciment, un appareil rustique, ingénieux, compliqué, imposé par la forme des pierres, des fenêtres minces comme des meurtrières, des portes basses, des murs pris sous les toits, tout se compose ici comme pour une résistance : nul ennemi cependant, rien qui menace, mais le temps seul et la solitude. La vieille maison désertée résiste aux siècles, à son propre abandon, à cette nuit même et, dans une de ses dernières vitres, un rai d'étoiles pose une lumière.

On ne passe pas ici sans refaire l'histoire d'une vie d'homme, de nombreuses vies, inconnues, ignorées et pourtant évidentes et nécessaires. Nul esprit si pesant, si fermé, si distrait qui n'imagine, ne fût-ce qu'en un éclair, l'existence de ceux qui vécurent là et qui arrachèrent ces champs à la montagne. Il suffit d'une conjuration secrète de l'œil et du pas : que l'œil se pose sur le bâtiment brillant de ses facettes de granit, que le pas se ralentisse un peu sur le dallage désuni, et, liés à la nuit, liés à la solitude, on imagine l'homme et la femme, près de cette lumière qui brille, devant le gouffre de ces vallées, dans ce lieu qui devient pour une minute le centre du monde.

Mais la route tourne, son lacet se lie à la crête. Après les dalles, elle s'appuie sur le sol, sur la pierre jaune doré, à paillettes et qui s'effrite, glisse en sable et se lève au moindre vent. Sous l'entassement des blocs, sous un chaos de roches pourries, on passe d'un versant à l'autre versant, d'une qualité de silence, légère, portée par le vent des sources, des prairies à fourrages d'été, à une autre qualité de silence, plus dense, profonde, chantante comme un gouffre — et les fonds de Mandagout répondent ainsi aux précipices des Calles de Grimals.

Une autre maison maintenant, longue comme une hôtellerie de Sierra, s'adosse à la route : un escalier immense, des fenêtres que le ciel traverse, un toit ruiné où les restes de la charpente composent des croix désolées. C'est le Crestat, halte des troupeaux, où se reposent, montant ou descendant, les bergers du Languedoc, leurs moutons, leurs béliers, leurs brebis et leurs chiens de laine.

La nuit est en son milieu : depuis le départ, jamais le sommeil n'a été plus puissant, ni la fatigue. La légende commence ici, avec cet empire de la somnolence, de la marche somnambulique à travers l'ombre.

Nous pensons : « On dirait une auberge pillée par les Mexicains, on a pris les portes à dos de mulets, on a mis le feu au toit... »

Mais je dis à haute voix, comme pour opposer l'histoire à la fantasmagorie : « Tout cela a été brûlé pendant la guerre des Cévennes. » Puis je songe que la route fut ouverte pour cette guerre, pour forcer ces peuples à la soumission, pour les courber devant le Roi de Versailles, et que, sans doute, la maison fut bâtie alors pour les relais de poste, pour les haltes de dragons. Elle a croulé ; le pays a repris ses droits. La ferme brûlée alors est reconstruite, au milieu des champs de seigle, mais ce point de halte d'une route de conquête a péri comme la route elle-même. La terre sait se faire justice, elle prend les années comme un bélier et frappe avec elles.

Dans un pays comme celui-ci rien ne peut être le vestige durable d'une catastrophe, d'une fureur des hommes : la nature recouvre tout et ce sont les vestiges des luttes humaines qui disparaissent tandis que renaissent les ruines.

Après le Crestat, les ruisseaux s'emparent de la route. Ils la couvrent d'eau et dans chaque tournant la traînent aux précipices. Nous sautons de pierre en pierre et nous nous enfonçons sous le dernier ressaut de la montagne. Les hautes pentes nous couvrent de silence. Le vent tombe, l'air tiédit encore, la route se perd dans un petit pré où l'eau jaillit de chaque motte d'herbe, la main qui balance touche de longues fleurs, le pré s'incline, la terre se redresse comme une immense escarpolette, un premier rocher barre le ciel : nous quittons notre chandail et la plus dure escalade commence.

On peut prendre par le fond, sous les sapins, à main gauche, mais le sentier tracé tourne sur lui-même et fait attendre trop longtemps la crête. Droit par la draille, dans les blocs, en s'aidant des mains et du torse, on monte plus vite. La terre devient sèche, puissante, uniquement minérale : plus d'eau, plus d'herbe ; des blocs blancs dans la nuit. A gauche, la sapinière et les prairies font un murmure ; droit vers le ciel l'à-pic des blocs tombe dans le silence.

A côté de la montée parallèle de la sapinière et du chaos de roches, cette marche ascensionnelle de bloc en bloc occupe tout le souffle, tout l'esprit et le corps ne peut rien autre que maintenir son équilibre. Chaque ressaut de la roche semble devoir être le dernier : mais, derrière lui, rebondit une nouvelle levée, une nouvelle dalle...

Au col — entre le double mamelon du Cap de Coste et le promontoire de la Luzette —, en haut de la sapinière, contre les premières hautes prairies, on tombe brusquement sur l'ancienne maison cantonnière. Nous avons marché trois heures sans arrêt, la dernière escalade a brisé nos forces. La maison déserte nous attend, nous montons l'escalier plein d'orties de la cour intérieure, nous traversons la terrasse de ciment, la belle terrasse qui se balance sur le monde et, poussant la porte qui s'accroche au sol, par le couloir étroit, plein d'inscriptions, de noms et de cœurs enlacés, nous nous glissons dans la pièce du premier étage. La pièce est vide. Dans le foyer, l'eau des pluies s'est mélangée avec les cendres des dernières flambées : boue noirâtre hors de laquelle pointe une branche de sapin à demi calcinée. Nous bloquons la porte. Nous jetons un manteau devant la fenêtre. Nous posons nos sacs et nous remettons nos lainages. Du bois sec est entassé dans un coin, nous allumons une flambée, la pièce s'éclaire et, lentement, comme ceux qui ont peiné de leurs bras, nous mangeons dans cette lumière, sans parler, anéantis de fatigue, somnolant d'abord, puis, avec la chaleur, le repos, le silence, maîtres de ce besoin de dormir, de plus en plus lucides, sentant revenir à nous, intacte, fraîche comme une branche de noisetier à peine coupée, la volonté d'aller plus haut.

Le feu réveille des insectes qui dorment dans ces ruines. A la joue, aux poignets, nous sentons brusquement une piqûre, puis, sur toute la chair, la boursouflure qu'elle provoque. Les paupières nous brûlent, la flamme finit en fumée blanche, puis, sous de nouvelles brindilles, rebondit. L'un de nous se lève, prend la gourde, va chercher de l'eau à la fontaine, à cinquante mètres à droite en sortant de la maison. Je me souviens des fois où j'étais le plus vaillant. Devant la porte, la nuit me reprenait, mais seul. Le camarade blotti contre le feu n'existait plus. Le monde s'écrasait au pied des pentes. Sous les sapins, la pelouse prenait mes pas comme une caresse : mais, pendant que l'eau tombait entre mes doigts, dans le goulot, sur ma tête, j'entendais passer un immense mouvement, plus haut que les arbres, là où seules les masses de l'air pouvaient peser sur les masses de l'air.

Au retour, la pièce semblait étouffante. Nous buvions l'eau glacée, coupée de rhum, avec un morceau de sucre entre les dents. On rebouclait les sacs. On brisait le feu à coups de talon et, la demi-heure de halte finie, on repartait pour la dernière escalade.

Du col à la Luzette, la sente est courte, raide, dénudée. Par ces jours de gros temps, quand la tempête du nord, à travers tout le Massif Central et les Causses, tombe sur le massif de l'Aigoual et fonce vers la mer, c'est au sommet de la Luzette et de l'Aigoual, cimes jumelles, qu'elle file comme une pierre plate sur les eaux. Nous marchions vers ce bruit d'orgue. Il grandissait, affirmait sa puissance par de brusques chutes, nous prenait aux jambes et soulevait les sacs arrimés entre nos épaules. Alors — je me souviens, je suis sûr de retrouver cela demain en refaisant la même route — ce qui montait en moi c'était comme un rire, un rire comme une chanson, un vent qui naissait de mon souffle et qui luttait avec l'autre : celui qui tenait la montagne.

Nous apercevions la dernière ondulation de la crête. Quelques mètres de plus et nous allions la fouler, courir sur elle. La pente nous protégeait encore tout entiers, les tourbillons du vent nous entouraient, nous poussaient en avant, en arrière, se compensaient, se détruisaient, et, tendus de tous nos muscles, nous avancions encore... mais, brusquement, à quatorze cent cinquante mètres d'altitude, sur un coup de jarret, notre visage émergeait au-dessus de la crête et le torse avec lui, comme d'un plongeur qui sort du gouffre. D'un seul coup la tempête nous prenait, sans plus tourbillonner, sans plus éparpiller son effort, elle venait droit sur nous comme une pierre lancée, nous frappait au front et brisait notre souffle entre nos dents brusquement refermées.

Alors, nous nous jetions à plat ventre sur la cime, les mains en avant, face à l'Aigoual qui, de l'autre côté de la vallée de Valleraugue, dans les déchirures de la tempête, sous ces premières lueurs qui précèdent l'aube de plusieurs heures, occupait d'un seul coup tout le ciel.

A plat ventre, nous nous glissions jusque sur l'ondulation du sommet elle-même, nous épousions de nos ventres, de nos poitrines, le dernier mouvement de la montagne, nous collions à elle et, contre nos jambes, l'herbe vibrait. Debout, nous n'aurions pas tenu contre la tempête, mais, agrippés au sol, nous lui faisions front et avec notre souffle, nos yeux, nos mains tendues, les pulsations de notre sang, nous faisions une autre tempête qui tenait en échec celle des cieux, des nuages et de l'air tressé comme une corde par sa vitesse. Cette tempête intérieure naissait du choc de l'autre tempête, mais notre position elle-même avait quelque chose d'exaltant : homme allongé, couché, lié à la terre, prêt aux plus grandes étreintes ou au combat, guerrier qui guette, combattant qui va s'élancer... nous nous sentions tout cela et, sur nos dents, le vent chantait comme une charge épique.

C'était le vent lavé par les distances, le vent des hautes régions qui ne tombe pas en volute sur les vallées, qui file droit et, par-dessus les montagnes, va brasser, au-dessus des mers, des mers de nuées parallèles et profondes. Un vent sans odeur, sans parfum, purifié de tous les atomes qui rappellent son passage sur la pente où fleurit le genêt, sur la combe aqueuse où sifflent les ruches, sur la roche limée qui se délite et lance un parfum minéral. Un vent que sa vitesse prive de toute autre qualité, un vent comme un choc.

Mais, pourtant, seconde par seconde, du vent naissait une autre présence : celle du froid qui se ruait sur nous, semblait crever nos vêtements, écarter nos lainages, piquer nos chairs. Ce froid se liait d'abord à la vitesse du vent, s'unissait à elle, frappait avec elle, puis brusquement, il s'imposait par lui-même, nous couvrait tout entiers et finissait par se mêler à nos membres, à notre souffle, à notre regard lui-même, douloureux, glacé, immobile entre nos paupières plissées.

Entre les touffes d'herbe, nous ne nous lassions pas, pourtant, de regarder le monde. Un invisible dévalement de roches, de bouquets d'arbres accrochés à des plaques de terre ruinées, un lacis de rigoles torrentielles, plongeaient au-dessous de nous vers la vallée de Valleraugue. A l'aube, le brouillard la tient tout entière et monte au-dessus d'elle. Par des déchirures bleues, l'Hérault apparaît, file entre ses prairies, touche les mas et les villages. Nous restions des minutes et des minutes à fixer un point, un moutonnement de la brume, et, tout à coup, nous y voyions apparaître la grande maison carrée de Randavel avec sa terrasse et les prés de pommiers qu'elle surplombe. La brume recouvre le hameau, découvre le pont, submerge la rivière et, vers Malet, nettes, claires, découpées, les grandes maisons du mas Méjan se démasquent à leur tour. Le jeu dure et se renouvelle tandis qu'en face de nous, d'un seul jet de mille mètres, l'Aigoual monte et maintient au ciel, au-dessus des ravines et du bouquet de l'Hort-de-Dieu, la haute tour de l'Observatoire.

La grande crête, en face de nous, reprend à chaque seconde ce que les nuages gagnent sur elle. Le Rocalte monte, se hérisse, rocs rouges, rocs mangés, arête à figure ardente, presque jeune encore. Puis, sur un élancement de prairies et de sapinières, la ligne de faîte porte la Fageole solitaire au-dessus de tous les rocs. A son tour, la Fageole se brise, retombe sur des prairies et sans effort la ligne remonte au plus haut sommet, à la pointe de l'Observatoire. De là, jusqu'au bout de l'horizon, vers l'ouest, elle ondule dans une lente descente. La draille file sur Prat-Peyrot, les sapinières montent au-dessus d'elle, la montagne accepte son âge, sa fatigue, son expérience des tempêtes millénaires, de tous les assauts du vent, des eaux, de tous les glissements intérieurs. A l'est, le Rocalte ruiné semble s'apprêter à des batailles, à l'ouest, les cimes presque égales de la Dauphine semblent se coucher au-dessus du monde pour une éternelle contemplation. Le col de la Serayrede a beau éclater en gerbe, fuser vers le ciel avec le tranchant des murettes de sa draille, rien ne rompt plus cette harmonie et cette sagesse de la montagne.

Alors, quelquefois, avec cette violence que donne aux éléments la fusée de l'aube, la tempête redoublait de fureur. Des nappes de neige dure ou de grêle passaient la vallée et fondaient sur nous. Elles frappaient nos sacs, calés devant nous, et cinglaient nos doigts. La place devenait intenable : il ne fallait pas songer à pousser plus loin ; nous nous levions alors et, d'une course folle, le sac au bout des doigts, nous regagnions la maison cantonnière du Cap de Coste, glacés, à bout d'haleine, inondés et riant encore.

Mais, parfois aussi, avec l'aube, la tempête fléchissait ou même cédait brusquement.

Nous nous relevions alors, dos courbés devant les dernières poussées du vent, et, contournant les pelouses du sommet, nous prenions la longue draille qui court d'est en ouest, entre les précipices de la Luzette et les sapinières noires du Montals. Quel que fût le temps, le petit mur de pierre sèche nous servait de guide, alignant les sapins, séparant les herbages de la forêt, piquant droit à travers les arbres quand la forêt gagnait sur les herbages, piquant droit à travers les herbes quand la forêt disparaissait à son tour.

Là-haut, sur la longue crête, pas une seule source, pas un seul point d'eau. Le ciel et la saison sont maîtres absolus de ces hautes terres : elles brûlent et craquent au soleil ou ruissellent sous les nuages, mais elles ne portent rien en elles-mêmes et ne rendent rien de ce que le ciel lance sur elles. Sur des kilomètres, elles ne manifestent rien qu'une attente minérale, une soumission infinie à la goutte d'eau ou au feu du ciel.

Et pourtant, descendant cette longue piste à peine inclinée, que nous semblait-il entendre ? Quelles chansons prenaient le rythme de notre marche ? Un chant pareil au chant des fleuves, que ce soit celui des eaux ou ceux que, sur les eaux, chantent les hommes. Un de ces chants de mélancolie faits pour les interminables descentes... et ce chant de fleuve se déroulait interminablement au milieu de cette sécheresse.

Au bas de la Luzette, nous retrouvions des points d'eau. Dans le creux de Pueylong, nous apercevions la Dourbie encore embarrassée dans les lacis d'herbes de sa source. Plus bas, filant en flèche, elle creusait déjà son lit dans les terres plates et, le long de ses rives, elle arrachait la terre sous les racines.

A des heures différentes, suivant nos haltes, nous passions devant la bergerie de Pueylong où il ferait bon de vivre. Un dernier troupeau, resté là malgré la saison avancée, remuait dans les claires-voies. Depuis près de cinq heures que nous marchions, c'était la première rumeur vivante qui venait jusqu'à nous. En même temps, nous retombions sur la grande route. Le seul village de la montagne était proche. Nous allions arriver à l'Espérou. Suivant l'heure et le temps, nous évitions le village ou, au contraire, nous allions y chercher un refuge. Les plus belles nuits étaient celles où nous touchions à l'Espérou bien avant l'aube : calmes ou tempétueuses, nuits du plein été ou nuits des saisons qui changent, elles nous donnaient l'envie de maintenir jusqu'au sommet de l'Aigoual notre solitude. Nous évitions l'Espérou ; au col même, à la croisée des routes, nous rejoignions à travers les hêtres la route de la Serayrede et, jarret tendu, cadençant le pas, nous marchions contre le jour qui allait naître, luttant de vitesse avec lui, vers la plus haute cime.

Au col de la Serayrede, nous hésitions une minute devant la maison forestière, si blanche dans la nuit, si étrange, si mystérieuse avec son bruit de fontaine qui ne finit jamais.

Par les belles nuits, nous prenions la draille, le chemin de la crête ; par les mauvais matins, violents et glacés, nous prenions la route, à travers les bois de la Dauphine.

Mais alors, dans cette dernière partie de la course, approchant du sommet, du faîte même de ces montagnes, le temps qu'il faisait perdait pour nous toute importance. Le silence tiède des sous-bois pouvait nous prendre en lui et nous défendre : la tempête renouvelée pouvait nous disputer, mètre à mètre, le chemin à faire, une autre pensée nous occupait désormais. Et pourtant, que de fois, jeunes hommes, solides, maigres, nerveux, acharnés, avons-nous peiné, haleté, poussé jusqu'à la limite de nos forces, pour achever ce tronçon de route. Que de fois, par la pluie, le vent fou, la grêle, ou par la neige, nous sommes-nous engagés dans ces solitudes. Certains jours d'hiver, montés en skis jusque vers Prat-Peyrot, nous abordions la dernière montée du plateau sous un vent si violent, sur une neige si dure, si gercée, si onduleuse, si cahotique, qu'il fallait quitter les skis, les abriter dans quelque coin du bois, et repartir comme sur un glacier, dans la tourmente, avec un mètre d'horizon autour de soi, de la glace aux lèvres et le côté gauche, exposé au nord, couvert de minute en minute par d'épaisses croûtes de glace qu'il fallait détacher à coups de bâton.

La montagne ne fait ici que dépasser quinze cents mètres mais, dans le ciel, au centre de la rose des vents, elle est seule et rien ne la protège. Au-dessus de Prat-Peyrot, les arbres meurent, se recroquevillent, se rabougrissent, dénudent le sommet. L'herbe elle-même, encore fine, légère, onduleuse autour du refuge de pierre sèche, devient un âpre gazon chanteur, raidi sous le vent, élastique sous le pied. Ce gazon jauni s'arrondit en masses découpées et, partout où il manque, le sol se creuse sous le vent ou la pluie et découvre sa litière de petits cailloux usés.

Le sommet de la montagne s'élève sur cette austère floraison. Nous y sommes venus, alors qu'il fallait six heures de marche, des vingtaines et des vingtaines de fois. J'avais un bâton, jadis, qui ne me fit que trois saisons et qui portait quarante encoches, faites au sommet, devant la terre ronde et le ciel en couvercle. Mais le plaisir d'avoir gagné la plus haute cime du pays était si fort que je ne puis séparer toutes les impressions différentes que chaque course a pu me donner.

Prat-Peyrot peut être le plus calme point de halte, avec ses herbes profondes, l'ombre des Oubrets et le passage du ciel au-dessus de lui. On peut y avoir envie de mordre la terre à la bouche, comme une femme, et de la sentir onduler sous soi, chose vivante et plus âprement émue que soi-même. Il peut être aussi la porte de la dernière tempête, la trouée faite devant les fureurs de la neige et du vent... qu'importe, il reste comme un soubresaut au creux de la montagne, au long de la draille, un moment d'attente, un point où le jour, la nuit, le monde va changer encore, d'aussi peu que ce soit. Au sommet même, à côté de l'Observatoire, j'ai trouvé des matins chauds comme devant la mer. La haute crête était une plage presque brûlante et nous nous allongions sur elle. D'autres jours, la tempête, plus puissante encore qu'au promontoire de la Luzette, nous chassait du sommet... mais nous retrouvions toujours là-haut, étroitement unis, la frénésie de notre volonté satisfaite et le calme d'une contemplation à laquelle rien ne se refusait.

Cette exaltation solitaire, ces plaisirs héroïques qui confirmaient dans les adolescents que nous étions les hommes que nous allions devenir, n'étaient sans doute si grands, si puissants, si profonds que parce qu'ils se liaient à mille autres exaltations, à mille autres joies qui prolongeaient les nôtres en luttant avec elles. De toutes les petites villes du pays, en effet, du Vigan, d'Avèze, d'Aulas, de Valleraugue, de Meyrueis, de Saint-André de Valborgne, d'autres caravanes montaient aussi, par les belles nuits ou par les gros temps, vers le sommet du pays, vers ce toit en terrasse, cet énorme faîte de la maison commune.

Que de fois, venus du Vigan, avons-nous suivi, le long du Rocalte, dans les détours du saut du Capelan et sur les pelouses de la Fageole, la petite lanterne, balancée et intermittente, d'une caravane qui montait de Valleraugue. Que de fois, au plein de l'été, dans l'air pur, immobilisé par la chaleur, avons-nous lancé nos cris et recueilli les cris d'une autre caravane...

Nous avons voulu nous-mêmes prendre la montagne par toutes ses arêtes, par toutes ses pentes. Nous l'avons escaladée de Valleraugue, par ce sentier des trois mille marches qui file droit comme un torrent. Nous l'avons gravie par les vallons pleins de sources qui, de Meyrueis, montent à la Croix de fer, vers Bonheur et vers la Serayrede. Par Aire-de-Cote, nous l'avons traversée dans sa plus grande solitude et, toujours seuls, pendant des heures, nous avons senti que nous suivions d'autres pas, d'autres pistes et aussi d'autres volontés joyeuses.

Quelle chance pour un pays, un coin de terre, une ville, que d'avoir ainsi une montagne qui la domine et, par les eaux, les vents, la marche du soleil, ordonne la vie des hommes et la dirige. Des enfances traversées par un reflet d'héroïsme y sont possibles. Un long cortège d'adolescents se forme, au courant des années, sur ses pentes et porte vers son sommet l'offrande de leurs forces... J'ai vu, depuis, les adolescents de la Camargue, vers le Sauvage, autour du mas de l'Amaré, aux Grandes Cabanes et le long du Vaccarès, trouver dans une plaine d'herbes et de sel la même exaltation que nous avions, petits montagnards des Cévennes, devant les grandes pentes et les élancements des roches et le moutonnement des hautes terres. Mais ils avaient le cheval, le taureau, le double vent de leur vitesse et de la plaine rase, mais ils retrouvaient une vie primitive, des gestes et des joies liés à l'enfance du monde, et se retrouvaient eux-mêmes, sur leurs chevaux blancs, jambes allongées, pieds pendants, semblables aux adolescents des Panathénées. Le hasard d'un mode de vie primitif, conservé et renaissant, leur donnait ces joies héroïques dont tous les jeunes gens ont besoin au moment de devenir des hommes. En dehors d'un tel miracle, d'un si beau hasard, qui le pourrait faire hormis les montagnes ?... La mer peut-être...

LES QUATRE ÉLÉMENTS

LE POUVOIR DES MOTS

— Parle français... me criait ma grand'mère. Qui t'apprend ces mots ? Ce n'est pas moi, ni surtout ta maman. Veux-tu répéter comme il faut ?

Du bas de l'escalier, la tête levée vers elle qui s'accoudait à la balustrade de fer de la terrasse, je répondais d'une voix rageuse :

— Je vais chercher d'eau, avec la cruche.

— Tu vois bien que tu peux parler comme tout le monde... Tâche moyen de faire attention.

Et, tandis que je traversais le petit jardin de buis et de terres noires, je l'entendais répéter à demi-voix, comme elle aurait fait pour un scandale que deux mots auraient suffi à résumer :

— D'aigo ! la dourco !

Je répétais entre mes dents, moi aussi, ces deux mots qu'elle venait de m'interdire. C'était ma vengeance. Mais je les oubliais brusquement en entendant l'eau de la fontaine tomber dans la cruche. Je me laissais enchanter par ce bruit profond qui montait comme une gamme jusqu'au soupir aigu du bec étroit qui rebondissait à son tour dans le bassin en notes graves. En écoutant ainsi, je n'avais plus besoin de donner un nom aux objets, de les transposer dans un langage. Ce contact charnel suffisait à tout exprimer en moi avec plénitude.

La cruche débordante, encore étourdi par sa chanson, je retraversais le jardin en sentant plus fortement ses odeurs de pourriture féconde, ses durs parfums de feuilles et de buis. Quand j'arrivais dans la cuisine, essoufflé par ma charge, j'avais oublié la réprimande et j'étais prêt à commettre de nouvelles fautes.

Tous les objets qui m'entouraient semblaient me pousser à cette confusion du langage. Quand je les prenais entre mes doigts, je trouvais d'abord le nom qu'on leur donnait dans le pays et la promptitude de mes gestes ne me laissait pas le temps de le traduire. Je lâchais le mot défendu au moment même où ma main se fermait sur la chose.

— Parle français, répétait grand'mère en élevant la voix, pour imiter le ton du désespoir, mais parle donc français ! Toujours ton patois ! Ça te servira dans la vie. Tu feras rire les gens quand tu monteras à Paris.

Mais si grand'mère me défendait de parler la langue d'oc, elle se trompait elle-même souvent et me l'enseignait sans y prendre garde. Rien que dans sa petite cuisine sombre qui ne prenait jour que sur l'escalier intérieur montant en équerre entre ses lourdes colonnes, combien d'objets ne savait-elle désigner qu'avec les mots du pays ! Elle avait beau ne vouloir se servir que du français, le vieux parler roman se mêlait sans cesse à la trame de ses phrases. Ces phrases mêmes obéissaient à une syntaxe étrange. Elles ressemblaient tantôt aux phrases des écritures et des psaumes, dans leur vieille construction du XVIe siècle, noble et hardie et, tantôt, elles gardaient le mouvement de cette langue que grand'mère voulait m'interdire.

Si grand'mère voulait m'obliger à parler français, c'est parce que cette langue était, pour elle, celle qui pouvait permettre à l'homme de s'entretenir avec Dieu. Ces protestants cévenols d'autrefois obéissaient à une des lois les plus profondes de l'Humanisme. Ils avaient besoin, à côté de la langue de tous les jours, d'une langue savante et pourtant sans secret pour eux. C'était l'instrument nécessaire de leur élévation et de leur culture. Ils l'avaient trouvé dans la langue de Clément Marot et de Calvin qui n'était pas leur langue maternelle, mais dont ils avaient le plein usage depuis le XVIe siècle. Jamais savant ne fut aussi à l'aise devant l'hébreu, le grec ou le latin que ces pauvres gens devant leur Bible française...

Tous les mercredis soir, ma grand'mère repoussait les deux battants de la grande porte d'entrée de son appartement. Elle ouvrait ensuite la porte intérieure de l'antichambre et celle de la salle à manger qui lui faisait face. Nul n'avait plus alors besoin de frapper pour entrer chez nous et notre maison appartenait à tous ceux qui voulaient venir s'asseoir autour de notre table.

Pour le bien marquer, ma grand'mère mettait son bonnet noir de dentelles et de perles plates comme si elle eût été elle-même en visite. Dès sept heures et demie, elle rangeait les chaises et les fauteuils autour de la table, réglait la lampe, ouvrait les fenêtres sur le jardin ou tirait les rideaux d'après le temps et la saison. Quand tout était en ordre, elle venait s'asseoir au bout de l'enfilade des portes ouvertes et attendait, les yeux clos, sans plus faire un mouvement.

Pendant cette attente, son visage semblait pâlir. Son front se tendait sous l'arc de cercle du bonnet noir posé sur la ligne même des cheveux. Parfois, la pénombre envahissait ce masque immobile et je n'apercevais plus que son nez fin, si juvénile que nous en retrouvions les contours chez tous les petits enfants de la famille.

Assise sur sa chaise de paille au dossier droit — « les fauteuils n'aident pas à la méditation », disait-elle —, elle semblait à peine voir ceux qui entraient et s'installaient doucement comme dans leur propre demeure. Chacun recevait le même accueil. Grand'mère disait seulement à demi-voix :

— Adieu, Eva. Adieu, Aline.

Les nouvelles venues répondaient dans un souffle :

— Et toi, Sarah ?

Après un silence, tournées vers moi, elles ajoutaient :

— Et ce petit ?

Elles se taisaient sur ces derniers mots, sans attendre la réponse. D'autres femmes venaient, qui répétaient exactement les mêmes phrases. Au milieu de ces chuchotements, je perdais le sentiment d'être chez moi, dans la maison de famille. Je ne me sentais pas étranger non plus, mais j'étais pris par une communauté fraternelle où nul ne pouvait se prévaloir d'avoir plus de droits que les autres. Cette retenue, cette égalité, ce silence ne faisaient que nous préparer à subir la toute-puissance de la Parole qui allait se faire entendre.

Quand l'intensité de l'attente avait crispé les visages, quand le dernier retardataire avait repoussé la porte derrière lui, sans la fermer pourtant, ma grand'mère se tournait vers moi et, de la main, elle me faisait signe d'ouvrir la Bible.

— Elle est bonne partout, disait-elle.

Je sentais qu'elle m'ordonnait de laisser mes doigts s'arrêter sur la page nécessaire à la méditation de la journée. Le hasard était pour elle une inspiration. Je prenais le livre, je glissais un doigt entre deux feuillets, je pointais un verset avec mon ongle et j'attendais, comme si ma gorge eût été gonflée par une question précise.

Les hommes n'étaient pas nombreux dans ces assemblées. Celui qui était le plus près de moi jetait un coup d'œil sur le passage, approchait sa chaise, poussait le livre sous la lampe et commençait à lire. Je pensais en le regardant :

— C'est l'ivrogne repenti ! On le ramassait dans les ruisseaux. Il faisait courir après lui tous les enfants de la ville !

Il me semblait alors voir ce vieillard se transformer au fur à mesure qu'il avançait dans sa lecture. A côté de moi, il devenait un homme nouveau et c'est chacun des mots qu'il lisait qui semblait opérer cette métamorphose.

Chacun des mots ? Non. Ce n'étaient plus les mots qui comptaient à présent. Ils n'avaient pas de sens distinct, comme les mots qui ne servaient qu'à désigner les objets. S'ils avaient une valeur, c'est parce qu'ils étaient pris dans le courant des phrases. Ce courant leur donnait une force nouvelle et semblait parfois les soulever au-dessus de lui comme s'il les avait jetés contre un obstacle. Pourquoi ces mots résonnaient-ils alors avec une puissance inconnue tandis que d'autres s'écoulaient en se confondant avec ce mouvement rapide et majestueux ? J'entendais ces chocs sourds, isolés, d'où semblait jaillir une gerbe d'images : montagnes ! secours ! l'herbe ! la fleur ! la parole ! la vie ! Mais ce qui comptait pourtant, ce qui finissait par s'imposer à moi, par tout noyer dans son flux, c'était ce courant qui roulait de phrases en phrases. S'il y avait une signification nouvelle au-delà de chaque mot, elle ne dépendait que de ce mouvement. Le sens véritable était en lui. C'était lui qui s'emparait de mon esprit crispé de mal comprendre, de se sentir dépassé et de se dépasser pourtant lui-même comme s'il eût été soulevé par tout ce tumulte.

La lecture du texte inspiré atteignait alors le sommet de sa puissance. Rien n'existait plus que par lui. Quand le lecteur s'arrêtait, nous sentions d'abord monter un silence qui faisait autour de chacun de nous une solitude solennelle. Je respirais un air de cristal qui ressemblait à celui de la haute montagne.

— Il est au milieu de nous, disait quelqu'un à voix basse et tous les assistants se mettaient alors à prier les uns après les autres.

Le texte lu semblait avoir donné à chacun la puissance de

s'exprimer. Le mouvement créateur se retrouvait dans chaque bouche sans avoir rien perdu de son intensité ni de sa force.

Qui parlait ainsi ? Qui avait reçu cette grâce ? De pauvres gens dont je connaissais trop bien l'existence difficile, des ménagères aux mains gercées par l'eau. Celle que j'étais en train d'écouter passait sa vie devant une fenêtre d'où le regard tombait sur les feuillages supérieurs de trois arbres ronds, lavés par la pluie, battus par le vent. Elle n'apercevait au-delà que des murs de jardins qui dessinaient un réseau de ruelles sans portes ni maisons, mais elle voyait pourtant au ciel une arête de montagnes et des nuages qui semblaient plus rapides de n'avoir à franchir qu'un espace étroit. Quand nous allions la voir, je me sentais pris par la plus humble des existences qu'il soit possible d'imaginer. Sa chambre et sa cuisine avaient l'air de deux cellules de monastère. Tout y sentait le cuivre luisant et la cire d'abeille. Tout y semblait avoir été voué à la pauvreté, au labeur mesquin et à la résignation. C'était pourtant cette petite vieille solitaire que ma grand'mère appelait Aline et qu'elle tutoyait en souvenir de leur jeunesse, qui retrouvait maintenant dans sa prière le mouvement des Ecritures, le cri tout-puissant de la parole inspirée.

Je me demande aujourd'hui si, plus averti des secrets des hommes, je céderais toujours à cette éloquence du cœur. Je sentirais peut-être trop bien tout ce qu'elle devait aux textes déjà lus, mais quand j'étais enfant, je ne songeais pas à le faire. Ce que chacun disait de sa vie me semblait sourdre librement comme sous la poussée d'une nappe souterraine. Chaque cri, chaque confession, était une trouvaille nouvelle et chacun me semblait parler sous la seule inspiration de ce mouvement du langage dont ces réunions me révélaient la puissance.

Après les ménagères en corselet noir, après les vieilles femmes qui ne sortaient jamais de chez elles et qui parlaient des montagnes et de la mer comme si elles les avaient parcourues, celui qui avait fait la lecture se mettait à prier à son tour. C'était le plus humble de tous et, si ma mémoire est fidèle, si mes jugements d'enfant peuvent avoir une valeur, le plus maladroit à retrouver ce mouvement créateur par lequel les mots se revêtaient d'une force nouvelle.

Mais il avait beau balbutier, se reprendre, rester haletant sur de longs silences, je n'avais pas de peine à donner un sens merveilleux à son témoignage. Et pourtant, même enfant, même pendant ces réunions de prière du mercredi, je ne cédais pas sans me raidir à l'émotion religieuse. Ce n'était pas elle qui m'exaltait. Je sentais seulement ce que l'homme peut gagner par la noblesse du langage. L'ivrogne repenti que je regardais à la dérobée m'éblouissait comme une apparition surnaturelle. Il avait échappé à la bassesse qui le livrait à l'insulte des enfants de la rue et il avait pu le faire en se laissant porter par cette Parole que je suivais maintenant sur ses lèvres. J'en entendais l'écho au fond de moi et je pensais que cette force, qui était contenue dans le langage, pourrait me servir aussi à devenir un homme.

Quand le train de la vie avait repris, quand nous étions sortis de cette exaltation et de cet envoûtement, je retrouvais le contact des êtres et des choses et je retombais du même coup dans la confusion des langues.

— Parle français, me répétait grand'mère. Tu ne sais même pas le patois. Une chèvre de l'Espérou n'arriverait pas à te comprendre.

Je ne sais pas très bien à quel moment j'ai vraiment su la langue de nos montagnes. C'est entre douze et quatorze ans que j'ai dû l'apprendre lentement, comme une seconde langue maternelle. Ce fut pour moi une nouvelle conquête du langage, aussi naturelle que la première. Elle ne me demanda aucune étude et se réalisa simplement par l'exemple et par le jeu de la vie.

Pendant longtemps, tous les mots qui composent cette langue me semblèrent épars, comme les choses le sont dans le monde. Pour apprendre à lier ces mots les uns aux autres, il me suffisait d'écouter les hommes qui trouvent en eux le seul moyen de s'exprimer sans contrainte. Dans nos vallées, si la langue de la prière et de la méditation était le français, la langue du travail était restée le parler d'oc. Je l'entendais partout où s'élevait une muraille, contre la ligne pure des fils à plomb, partout où tournaient les métiers en dévidant l'éclair de la soie, partout où sonnait l'acier d'une pioche, où grinçaient des souliers cloutés, où s'élevaient des voix d'hommes.

Dans nos vieux pays, on est encore fidèle à cet antique

langage. Qu'un voyageur passe et tous parleront en français devant lui. Mais qu'il s'éloigne un peu et chacun reviendra à la vieille chanson. Il sera le seul à ne pas l'avoir entendue. La pudeur, la politesse et, peut-être, un léger mépris entourent ainsi nos langues locales d'une sorte de secret. Mais ce secret, nul ne songe à le dérober à l'enfant qui grandit au milieu des montagnes. L'homme au travail ne pense pas à changer son parler devant lui. L'enfant l'écoute et le temps suffit à lui révéler les mystères de cette langue.

Entre tous les maîtres naïfs dont j'ai reçu cette leçon, j'ai surtout gardé le souvenir de celui qui cultivait à mi-fruit la petite vigne de grand'mère. Il a non seulement fixé pour moi un des modes du langage, mais encore un type humain dont je ne peux me déprendre. Chaque fois que j'imagine une histoire, il apparaît dans un des personnages qui se présentent à moi. Bon gré, mal gré, il faut lui faire place et le laisser régner de page en page. A chaque coup, il pousse en avant un des côtés de sa nature et semble devenir un être nouveau. C'est pourtant toujours le mêmc hommc, lc paysan, le travailleur qui a fait alliance avec la terre.

Encore une fois, je le retrouve devant moi, la chemise ouverte, le poil dur, la figure insensible au temps, les mains serrées sur le bois des outils. C'est ainsi qu'il me parlait, en marquant un temps de halte au milieu de son ouvrage. Il continuait à me parler en travaillant et les mots dont il se servait semblaient être des outils pareils à ceux avec lesquels il forçait la fécondité de la terre.

Si les réunions du mercredi m'ont révélé qu'il existe une puissance au-delà du langage et, déjà, dans le langage lui-même, les discours de ce vieux remueur de terre m'ont appris que tout ce qui touche à la vie des hommes peut s'exprimer durement dans une langue pareille au rythme du travail et créatrice comme lui.

Trois grands thèmes se retrouvaient dans ses discours : la guerre de 70, la République et la Montagne. Il commençait à me parler en français, en cherchant un peu ses mots, en donnant une cadence étrange à ses phrases. Ce n'était pas seulement l'accent du Midi qui n'est que le souvenir d'une autre langue, mais une façon plus chantante et plus âpre encore d'accentuer et de poser les mots. Il parlait ainsi comme s'il avait voulu réciter un poème. Mais, brusquement, quand il arrivait au moment où les mobiles du Gard se déployaient dans les plaines de la Loire, il se mettait à parler en langue d'oc, d'un seul coup, comme si ce passage eût été une transition naturelle de son discours.

Ce changement m'avertissait que nous entrions au plein de l'action, dans ce petit matin glacé où luisaient les premiers casques ennemis. Mais alors, aussi brusquement qu'il avait changé de langue, il me regardait, s'arrêtait en plein élan et, devant les premières maisons basses de Beaune-la-Rolande, l'arme prête, il me demandait :

— Tu comprends ce que je dis ? Je parle patois sans y porter attention. Tu comprends quand même ?

Je faisais oui de la tête, en crispant tout mon corps. Je ne voulais pas dire un seul mot de peur d'interrompre le fil de l'histoire. Le vieux me fixait un moment et reprenait son récit dans sa langue. Je comprenais tout ce qu'il disait. J'étais entraîné par l'histoire, je marchais au canon et c'est en avançant de talus en talus, au péril de nos deux vies, liées par la camaraderie du combat, que je comprenais le sens de toutes les phrases.

Nous passions ainsi des heures à revivre les petits événements de l'Histoire, ceux qui tiennent l'homme à la chair et le font participer aux plus grandes catastrophes. L'orgueil d'avoir surmonté la peur nous faisait oublier la défaite. Deux jours sans pain, trois nuits sans feu nous donnaient le droit d'être quittes avec l'Histoire et de revenir au pays. Nous nous y retrouvions brusquement, l'un devant l'autre, au milieu des terres remuées et l'Histoire s'ouvrait alors logiquement sur d'autres récits qui ne lui appartenaient pas encore. Il ne s'agissait plus de savoir ce qui s'était passé, ce qui avait été imposé à l'homme par les événements, mais ce que l'homme voulait faire.

Le vieux paysan parlait alors du destin comme d'une terre labourable. Comment n'aurais-je pas compris ses discours ? Même quand il parlait du gouvernement des hommes, il me semblait le voir tracer des lignes au cordeau, défoncer le sol, semer, poser des tuteurs et tendre des fils de fer sur lesquels pourraient venir prendre appui les rameaux et les feuillages. Il me disait :

— Alors, nous avons fait la République... Mais on n'a jamais fini avec elle, c'est comme avec la terre...

Il avait un geste de la main sur tous les carrés inégaux qu'il avait plantés lui-même et dont il allait récolter les fruits pour les replanter à nouveau. Il retournait une motte de terre et recommençait à parler. La langue qu'il employait ne me faisait plus penser aux grandes eaux roulant dans leur toute-puissance. Ce n'était plus un élément déchaîné. Elle s'imposait à moi comme le rythme de la marche ou de l'effort. Elle créait un rapport exact entre l'action et la parole. Elle était quelque chose comme un engagement musculaire, une conséquence de la volonté et de la décision.

— Tu comprends ? me demandait-il à nouveau. Oui ! Mais qui t'a enseigné notre langue ? Ce n'est pas chez toi que tu as pu l'apprendre, ni à l'école... Après tout, moi non plus, je ne l'ai apprise nulle part. Mais, nous autres, nous étions au travail de la terre.

Il sous-entendait que le travail était le plus sûr moyen d'apprendre à s'exprimer, mais ne songeait pas à me proposer une philosophie du langage. Je répondais pourtant :

— Bien sûr, moi aussi, je l'ai appris sur la montagne.

Nous en avions fini avec les Prussiens et avec la République. J'avais prononcé un mot magique et le vieux ne pouvait plus parler que de la montagne. C'était son univers.

— La route de là-haut, c'est nous autres qui l'avons faite... Pas le vieux chemin, la bonne route, celle que tu vois tourner sur Puéchagut. Nous en avons remué de la terre et bâti des murailles.

Il recommençait à parler en cévenol pour m'expliquer ce grand travail de sa jeunesse. J'étais assis sur le seuil, devant lui, au milieu des mottes qu'il venait de retourner et qui fumaient au soleil comme si elles avaient perdu leur sang. Il parlait en continuant son travail et, pendant qu'il parlait, les arbres roulaient dans les torrents, les charges de poudre ébranlaient les roches, le cylindre écrasait la terre remuée, les hommes chantaient et, derrière eux, la route s'étendait comme une chose que l'on a semée dans la terre et qui pousse au soleil, en conservant intact le contour du travail, la trace du sillon originel.

Ce fut la chanson de geste de mon enfance. Elle était peuplée de héros. Elle se déroulait dans un pays de légende, et pourtant, tout y restait humain et rien n'y dépassait les travaux auxquels on peut se vouer.

— Tu comprends toujours ?

Je comprenais que la parole avait le pouvoir de diriger les actes, qu'elle pouvait servir à tracer, à creuser les fondements, à bâtir, à rendre l'œuvre des hommes plus résistante que le temps n'est destructeur. Si l'on pouvait se dépasser par une sorte de vertige et d'exaltation, on pouvait vivre aussi dans l'exactitude. Le langage était la mesure exacte de ce que nous pouvions réaliser. N'était-il pas en train de rebâtir devant moi cette route fabuleuse où je marchais à la rencontre des nuages ?

Quel était le pouvoir des mots ? Quel était le pouvoir des phrases ? Le même pouvoir qu'avaient tous les membres de mon corps. Celui de m'engager dans des actes.

La guerre des langues continuait à la maison. Grand'mère faisait toujours la grosse voix pour me reprocher mes moindres fautes et, parfois, elle ajoutait, d'un ton plus bas, comme si ses bras ouverts avaient laissé tomber les mots à terre :

— Tu ne te corrigeras donc jamais ? Quel enfant !

Je grandissais pourtant. J'étais déjà presque un homme. Je commençais à traiter en égal avec les choses. Elles me semblaient enfin faites à la mesure de ma taille. Au long de la rivière, dans les prairies, devant la montagne, je ne me sentais plus au pays des géants. Pendant ce temps, grand'mère vieillissait et semblait devenir plus petite. Les objets familiers devenaient trop lourds pour elle. Elle ne pouvait plus soulever la lessiveuse ou déplacer les bassines de cuivre qui servaient à faire les confitures. La fatigue la clouait de longues heures dans son fauteuil, devant la fenêtre de sa chambre. Elle avait l'air, alors, d'une petite fille dolente et ridée mais, somnolente ou méditative, elle gardait toute la vivacité de son esprit et, si je commettais une faute, elle me criait de sa voix de tête :

— Parle français...

Surveillé par elle, j'achevais de prendre possession de tout ce qui m'entourait. Occupé à faire la conquête des monts et des bois, des chemins perdus et des eaux courantes, je ne m'apercevais pas du déclin de ses forces. Il me semblait qu'elle était toujours la même et ses réprimandes me laissaient croire que j'étais toujours un enfant.

Un jour, pourtant — je m'en souviens comme d'un événement dont les journaux auraient pu garder la trace —, comme j'entrais dans sa chambre, avant que j'aie pu dire un seul mot, grand'mère se mit brusquement à me parler dans la langue défendue. Ce n'était pas une simple expression, glissée au hasard d'une phrase comme il lui arrivait de le faire par mégarde, mais une phrase entière, de forme pure et lourde de mots.

Je la regardai. Elle était dans son fauteuil, calée au dossier, presque immobile. De sa main ouverte, elle battait seulement une mesure irrégulière sur l'accoudoir de velours rouge. Plus que jamais, elle ressemblait à une petite fille. Ses yeux vifs et son nez fin l'évoquaient à mes yeux telle qu'elle devait être vers sa dixième année, quand elle ne parlait que la langue de la montagne avec mon arrière-grand-père et le père de celui-ci que je n'arrivais pas à définir par rapport à moi, comme si, avec lui, avait commencé la longue lignée anonyme de tous ceux dont je tirais ma vie.

Grand'mère parlait toujours et continuait à battre doucement de la main sur le bras du fauteuil. Il me semblait que ce battement rythmait les syllabes des mots, dont elle venait de se servir. Leur cadence m'emplissait d'une ivresse sensuelle comme s'ils avaient eu de la consistance et de la chaleur. J'étais debout, frappé de vertige comme à l'annonce d'un événement capable de bouleverser toute ma vie. En me parlant ainsi, grand'mère me libérait de toute servitude et me donnait le droit de choisir le langage que je voulais. La guerre des langues était finie.

Grand'mère ne s'apercevait pas de mon trouble ; elle ne semblait même pas se rendre compte de l'immense changement qu'elle apportait dans ma vie. Elle avait simplement retrouvé la langue de sa jeunesse et, du même coup, pour la première fois, elle venait de me traiter comme un homme.

L'ENNEMI

En arrivant au bord de l'eau, j'aperçus un garçon au milieu du gouffre. Nu, avec un simple mouchoir noué autour de la taille, il nageait sur le ventre, en brasses lentes et sa bouche soufflait au ras des petites vagues qu'il poussait devant lui. Sur sa tête penchée, ses cheveux courts ruisselaient de gouttelettes. Il avançait vers moi en fixant le fond de la conque. Comme il touchait au bord, il se mit droit dans l'eau, contre la paroi verticale et regarda au-dessus de lui. C'était Maubert. Il me vit au moment même où je le reconnus. Il souffla plus fort et ses mains se levèrent pour saisir le rocher.

Pendant qu'il essayait de se hisser sur la berge, je ramassai des cailloux. En quelques secondes, j'en eus quatre dans ma main gauche et ma main droite en serrait un, ovale et renflé, lourd comme une matière précieuse. Le bras levé, tendu en arc, je criai au garçon qui se glissait sur le roc poli par les crues :

— Reste là...

D'un coup d'œil, il mesura ses chances. Il était nu, encore à moitié pris par l'eau, déséquilibré, incapable de se défendre. Il regardait de tout côté, comme pour chercher une issue. Je balançai mon bras au-dessus de sa tête. Il savait bien que je ne raterais pas mon coup. Alors, il se laissa retomber sur le dos, dans l'eau profonde, et me regarda en faisant la planche.

C'était Maubert, mon ennemi. Je tremblais de colère et d'allégresse en le regardant. Mon sang qui battait plus fort secouait à longs coups ma main armée et je pensais : « je le tiens », comme on prend conscience d'un mouvement difficile au moment même où l'on vient de l'accomplir.

Il n'était pas fier sur ses quatre mètres de fond, dans ce gouffre aux parois lisses. Il me regardait d'un air attentif avec des yeux chargés de larmes. Je me sentais incapable d'avoir pitié de lui. Notre haine d'enfants était fondée sur une trop vieille habitude. Vingt fois déjà nous nous étions battus sans qu'aucun de nous ait jamais connu la défaite. Je me souvenais de ce soir où il m'avait sauté dessus avec deux de ses camarades. Ils poussaient une brouette. C'était dans une rue obscure, près du pont. Je n'avais entendu que mon nom, dit à la manière du pays « Tchamsoun », et le choc des deux pieds de la brouette lâchée brutalement sur le sol. Tout de suite, les coups m'avaient aveuglé, mais j'avais rué des jambes et des bras, frappé de la tête, mordu droit devant moi. Ils avaient lâché prise et j'avais pu partir à reculons comme un chat furieux devant des chiens. J'en voulais à peine aux deux autres, toute ma haine était pour Maubert, et quand nos deux écoles se battaient, le samedi, sous les châtaigniers du champ de foire, c'était lui que je visais avec ces cailloux que nous chargions d'injures et sur lesquels nous crachions dans la seconde même qui précédait le tir, pour les ensorceler et les obliger à atteindre leur but. De son côté, c'était toujours moi que Maubert cherchait à atteindre dans ces bagarres. Aujourd'hui, je le tenais à ma merci, seul à seul, avec tous les avantages de mon côté. Il me faisait l'effet d'une troupe d'ennemis prise dans un défilé.

Je m'étais assis sur la berge. Il était juste en face de moi et, s'il se laissait glisser un peu dans le courant, je levais le bras. Il revenait alors à sa place, en godillant avec les mains, docile, surveillant toujours ma pierre de l'œil.

Je le regardais de toute ma force, comme si déjà mon regard avait pu servir à le frapper. Ma colère augmentait à chaque seconde. C'était mon plus grand ennemi. Nous n'allions pas à la même école. Nos parents ne voulaient pas se connaître. Les miens disaient : « ce sont des gens capables de tout, » et j'avais hérité des vieilles haines. Son grand-père avait dénoncé les républicains sous l'Empire et mon grand-père avait passé devant les commissions mixtes. A six ans, nous nous détestions déjà. Tout ce qui lui appartenait me semblait ignoble. Il avait une vigne et une petite maison en dehors de la ville, sur la route de l'Elze, et ce quartier m'apparaissait comme un coin maudit dans notre vallée, détesté du soleil, plein d'humidité malsaine, ruiné par les insectes et les moisissures. Je ne passais jamais dans la rue où il habitait au milieu de la ville et la façon dont vivaient ses parents me semblait repoussante et mystérieuse. C'étaient des gens d'une autre race. Ils ne pensaient qu'à nous faire du mal et nous avions d'autant plus le droit de les haïr que nous nous sentions prêts à pardonner, à oublier les anciens torts. Mais la haine renaissait pourtant entre nos familles à chaque nouvel enfant et, dès nos huit ans, nous nous étions battus, soutenus chacun par une bande de garnements qui partageaient les mêmes rancunes.

Je le tenais. Il était bon nageur, mais il commençait pourtant à trahir sa fatigue. Il enfonçait parfois dans l'eau de toute la tête et buvait un coup qu'il crachait en avant de lui. Je le regardais avec fureur. Je ne l'avais jamais aussi bien vu. C'est à peine si je connaissais sa figure. Il avait quatorze ans, comme moi. Il n'était pas joli, avec ses cheveux ras, tout déversés en épis à droite et à gauche comme des blés après une averse. Quand il crachait, j'avais le cœur soulevé de dégoût par le mouvement de ses lèvres. Elles étaient trop grosses, trop gonflées. Je pensais en les regardant : « On dirait des lèvres de fille. » Autour de ses reins, son mouchoir ondulait comme une plante aquatique et le cristal de l'eau raccourcissait son petit corps maigre, bien dessiné, à la peau sombre.

Je le surveillais, la pierre prête. Si c'était lui qui m'avait surpris dans le gouffre ! J'aurais reçu un bon coup de caillou depuis longtemps. Je lisais ses pensées dans son œil sournois. S'il avait pu ! Mais qu'il essaye seulement de descendre le courant ! Si je tire, je vise à la tête ; tant pis pour lui ! et si je le tue ? on ne tue pas d'un coup de pierre. Il trouvera bien le moyen de sortir de l'eau, avec un trou dans les cheveux et du sang sur la figure. Ils m'ont bien assommé, le soir de la brouette, quand j'étais seul contre eux trois.

— Reste là, je te dis... Ne te laisse pas prendre par le courant.

Je m'étais levé, la main haute. Il revint devant moi en nageant sur le dos. Il avait l'air à bout de forces et glacé. Ses dents claquetaient comme une mécanique. Je me rassis sur le rocher et je recommençai à regarder sa figure... Sale sournois. Si on les laissait faire ! Ils auraient vite fait... Mais c'est moi qui le tiens. On verra s'il ose broncher.

Le soleil baissait, l'ombre avançait sur le gouffre. L'eau devenait noire. Maubert crachait encore par moments, mais je le regardais sans dégoût en pensant : « C'est quand même drôle de l'avoir trouvé ici. Il vient nager dans la montagne, comme moi ? Et il connaît mon gouffre ? Non. Il a dû passer ici par hasard et il a voulu se baigner. Il n'avait même pas de caleçons... Il a bien fallu pourtant qu'il vienne jusqu'ici. Et qu'il choisisse mon gouffre ! Ah, si c'était lui qui m'avait trouvé... »

Maubert devait grelotter maintenant. A la fin juin, les eaux sont encore froides. On peut prendre le mal de la mort en restant trop longtemps dans nos rivières. Il me regardait toujours et semblait attendre quelque chose.

— Ah, tu attends ? Je vais te servir. Un bon coup de caillou sur la tête, ou sur le bras, ou à côté de toi, pour te faire boire.

J'étais debout. Je faisais tourner mon caillou entre mes doigts pour le sentir bien en équilibre. Je savais comment il fallait le lancer pour le maintenir droit sur sa trajectoire. C'était un bon caillou, bien poli par les eaux, un caillou de berger avec lequel j'aurais touché un oiseau à dix mètres. Une grande volée, un coup sec avec le bras cassé et il partirait d'un jet comme si, de ma main à son front, s'était fait brusquement une ligne de pierre sifflante et continue. Des gens comme ça, il faut les écraser comme les serpents, avant qu'ils aient eu le temps de mordre. Il n'a même pas le courage de résister. Il est abruti par la peur. Si j'étais lui, je plongerais, je traverserais le gouffre sous l'eau ; de l'autre côté, j'aurais des cailloux moi aussi... Mais lui ne pense à rien. Il me regarde avec sa figure de fille. Je sais à qui il ressemble. C'est à sa sœur. Cette grande de dix-sept ans. Il a les mêmes lèvres qu'elle !

Maubert attendait mon coup, sans plus bouger, en se maintenant sur l'eau d'un simple mouvement des avant-bras. Il avait déjà l'air assommé, couché sur le dos, frappé au front par ma pierre. Je restai un moment à le regarder ainsi, à l'imaginer sans vie et, brusquement, je laissai tomber les cailloux de ma main gauche. Alors, de l'autre main, je lançai mon galet très haut par-dessus sa tête, de l'autre côté du torrent et je dis :

— Sors de l'eau... Viens ici.

Je n'avais pas fini de parler qu'il s'accrochait déjà à la berge en faisant : « brrr ». Il se hissa sur le rocher, mit ses deux mains devant son bas-ventre et courut jusqu'au pied d'un arbuste où il avait laissé ses vêtements. Je restai tourné vers le gouffre pendant qu'il se rhabillait. Au bout d'un moment, je regardai par-dessus mon épaule et je le vis qui revenait vers moi, à petits pas, en bouclant sa ceinture. Il semblait réfléchir. Je retournai la tête vers l'eau en me disant : « Il va me lancer des cailloux. Il est sur le gravier, il en a plus que moi sous la main. »

Quand je me décidai à regarder de nouveau en arrière, je le vis tout près de moi. Il avait relevé le col de sa veste et, déjà, ses joues s'empourpraient de chaleur comme sous le vent de la montagne. Alors, je dis :

— Tu n'as pas froid ?

— J'ai ma chemise de flanelle, heureusement.

Je fus repris par ce dégoût que Maubert seul pouvait éveiller en moi. L'idée de cette chemise de flanelle me soulevait le cœur. Ils portaient tous de la flanelle dans cette famille ?

Il s'était assis près de moi. Je m'allongeai sur le rocher, tourné vers lui.

— Pourquoi es-tu venu ici ? Qui t'a permis de venir dans ce gouffre ?

— Qui m'a permis ? J'y viens souvent. C'est mon gouffre à moi.

— A toi ?

Je me ramassai sur moi-même. Je pensais : « Son gouffre à lui ? On allait bien voir. » Puis brusquement :

— Ton gouffre à toi ? J'y viens depuis l'an passé. Je l'ai trouvé un jour en redescendant de la Tessonne, au mois de mai.

Je vis dans ses yeux que sa haine pour moi venait de redoubler. Il me regardait en serrant les dents. Mais nous étions égaux d'épaules et de bras. Ce qui m'avait retenu de lui sauter à la gorge le retenait aussi. Nous n'avions pas peur l'un de l'autre, mais nous nous respections. Il reprit :

— Je l'ai trouvé tout seul, l'année dernière aussi. J'y viens souvent. Je l'aime mieux que la Chaussée ou que le Pradet. On est seul et, quand on nage, on voit partout le fond à travers l'eau.

— On n'a rien pour plonger... Sans ça, ce serait le meilleur trou de notre pays. J'ai bien essayé de sauter d'en face, mais ce bout de rocher empêche. On s'ouvrirait la tête en cognant dessus.

Maubert souriait. Il regardait ce rocher sous-marin qu'il avait dû reconnaître lui aussi. Il enchaîna :

— Non, on n'a pas la place... Mais ça ne fait rien, c'est un gouffre... L'eau est bonne. On sent qu'elle a pris de l'air dans les cascades.

Maubert faisait une différence entre les gouffres ? Il était sensible à la légèreté des eaux ? Il les aimait ? Je pouvais parler avec lui de tous les secrets de nos rivières ?

— Au Pradet, l'eau n'a déjà plus d'air. Elle est lourde comme de la terre.

Il fit oui de la tête et me regarda d'un air soupçonneux. Je devais être entré moi aussi dans ses secrets. Nous nous taisions en regardant le gouffre. On y voyait défiler des nuages qui, très haut sur nos têtes, remontaient en troupeaux vers la montagne et se poussaient vers le col. Maubert me demanda brusquement :

— Pourquoi tu n'as pas tiré ?

— Tu étais tout seul...

— Tu crois que j'ai peur de toi ?

— Et moi, alors. Vous pouvez vous y mettre trois, avec une brouette encore.

Il rougit légèrement. Je n'avais pas bougé, mais j'étais prêt à la détente. Même allongé, je pouvais bondir d'un coup. Je pensais : « S'il remue, je lui donne un coup de tête en pleine figure. » Mais il ne faisait pas un mouvement.

— Pourquoi tu me détestes ? dit-il enfin.

— C'est toi...

L'indignation avait coupé ma phrase. Je repris d'un jet :

— C'est toi le plus mauvais. Qui te cherche ?

Il répondit simplement, comme pour exprimer une évidence :

— Oh, vous autres...

— Nous autres ?

— Vous n'êtes pas comme nous.

Le dégoût me reprenait à nouveau. Je détestais Maubert, ses grosses lèvres, ses cheveux courts, sa chemise de flanelle. Tout ce qui le touchait devenait ignoble. Je pensais aux fruits qu'il devait manger. Une pomme entre ses dents, dans sa bouche, au fond de lui ! Il avait peur maintenant. Je le voyais bien. Il se soulevait un peu sur ses bras. Je le dominais.

— Je n'ai pas tiré pour t'apprendre à me connaître... Si je voulais, je te briserais, tu m'entends. Mais j'aime mieux parler avec toi. Comme ça, tu verras qui je suis... On n'est pas comme vous ? Heureusement ! Nous autres, on n'est pas des cochons sournois, ni des menteurs. A notre école, on apprend plus que vous. Je peux te poser des questions pour te faire voir : réponds sur l'histoire de France... Entre les Romains et les Francs, qui a commandé dans ce pays ? Ah, tu cherches ce que tu ne sais pas.

Maubert ne savait pas. Il avait envie de pleurer. Mais, brusquement, comme illuminé, il me demanda :

— En 375 combien de fois 25 ? De tête, de tête, ne cherche pas sur tes doigts. Tu ne sais rien.

J'avais cherché en vain. Les chiffres se brouillaient devant mes yeux. Je n'étais pas fort en calcul mental, mais je répondis :

— Les Visigoths. Tu n'as jamais entendu parler des Visigoths ?

— 15 fois. Je dis quinze et je fais la preuve de tête... 10 fois 25...

Nous nous étions humiliés l'un l'autre. Mais au lieu de

grandir, notre haine en fléchissait. Je levai la tête au ciel et, suivant des yeux la direction de la brise :

— Le marin...

— La pluie pour demain.

— Quand le Cap de Coste met son chapeau...

— Le pâtre peut mettre son manteau.

Maubert riait d'avoir su finir mes phrases, d'avoir enchaîné les dictons de la sagesse du pays.

— Quand tu as trouvé ce gouffre, tu revenais de la Tessonne ?

— J'étais allé chercher des tulipes.

— Sous les grands rochers ?

— On en trouve ailleurs ? Tu connais un autre endroit ? Alors... La Tessonne, ce n'est pas haut. On y va dans une après-midi. J'aime mieux ce côté.

Il cligna de l'œil. Avec les doigts, il se mit à dessiner le tracé du chemin de Prat-Coustal. Je suivais le moindre détour. Il ne se trompait pas. Au-dessus du village, il monta droit dans les prairies, suivit la lisière des sapins, rattrapa la route du col.

— Et voilà, dit-il.

— Tu y vas souvent ?

Il fit oui de la tête. Comme ça, il me plaisait. Pour la première fois, il me semblait propre et décidé. Bien sûr, ce n'était pas un compagnon comme Jean ou Maurice. Mais j'aurais bien pu partir avec lui. A la rigueur, j'aurais bu dans le même quart, rompu le pain, partagé la boîte de conserve. Nous aurions pu dormir sur la même couverture... Il ajouta :

— Je sais que tu y vas souvent. Ma sœur dit toujours : « Qu'est-ce qu'il y comprend, à la montagne, ce maigroulet ? »

Un coup de sang me brûlait les joues. Je ne pensais plus à sauter sur Maubert, mais j'aurais voulu pouvoir me battre avec cette grande sœur qui lui ressemblait.

— Elle y comprend quelque chose, elle ? Elle la connaît seulement ?

— Oh oui, c'est avec elle que j'y vais. Attends un peu, écoute-moi. Une fois, on était sur la Luzette, on vous a vus qui montiez du Cap de Coste. Tu étais avec Jean et Maurice. Ma sœur a dit : « Cachons-nous dans le bois. » Tu sais, les sapins morts. Alors, on vous a regardés passer devant nous. Ma sœur disait : « Ça marche bien, ces petits maigres. Entends-les chanter. » C'était de toi qu'elle parlait. « Ce Chansonnet, on dirait que la montagne est à lui. »

Je ne savais plus si j'étais l'ennemi de Maubert. Il me semblait que nous avions couru la montagne ensemble et que nous nous rappelions nos souvenirs.

— Mais oui, nous allions à l'Aigoual. C'était le matin ? Vous reveniez de là-haut ?... Tu peux dire à ta sœur que je lui donne une heure d'avance, par le Cap de Coste. On verra bien à qui elle est, la montagne. Pas aux filles toujours.

Maubert était de mon avis. Il se sentait vainqueur avec moi de toutes les filles de la vallée, même de sa sœur. Une solidarité virile venait de nous unir brusquement.

— Je voudrais bien venir une fois, avec vous autres. Tu verrais si je resterais en arrière ! Mais le père ne voudrait pas...

— Il te défend de nous parler ?

Maubert fit oui d'un imperceptible mouvement de la tête. Il avait l'air d'avoir honte de cette défense. Il ajouta comme pour se justifier :

— Il dit que vous ne ferez jamais rien de bon...

Puis, dans un souffle :

— C'est la religion qui vous manque.

— Et lui, qu'est-ce qui lui manque, à ton père, pour faire quelque chose de bon ? Pas les curés toujours.

— On est des gens du pays, dit Maubert. On est pas beaucoup riches. Mais tu n'as pas besoin de dire du mal de mon père.

— Et lui de nous ! On n'est pas des gens du pays, nous autres, alors ? On est des riches, peut-être ? On n'a pas de religion ?

— C'est pas la vraie...

— Tu le sais, si c'est la vraie ? Vous dites que les protestants ont la gorge noire et l'oreille collée... Tiens, regarde un peu... Aaaah... Elle est noire ma gorge ? Et ton oreille à toi ? Elle est jolie, ton oreille ! Parlons-en un peu de ton oreille.

Les vieilles haines nous avaient repris. Mais nous ne savions pas les justifier en parlant l'un avec l'autre. C'était le mystère de Maubert qui faisait de lui mon ennemi. C'était une sorte de secret qui le dressait contre moi. Nous vivions côte à côte, dans le même pays perdu, et nous nous détestions de ne pas nous connaître. Je dis à Maubert :

— A l'école des frères, on fait les abrutis.

— A la laïque, les bandits.

— Nous verrons ça... Qu'est-ce que tu veux faire quand tu seras grand ? Tu ne le sais même pas. Eh bien, moi, je ferai quelque chose. Tu viendras me trouver quand j'aurai trente ans. Nous verrons les bandits.

Maubert s'était levé. Je ne bougeai pas. Je voyais bien qu'il ne pensait pas à me sauter dessus. Il ne semblait pas avoir entendu mes dernières phrases ou, du moins, il ne voulait pas avoir l'air de les considérer comme une insulte. Au lieu de me toiser du regard, il considérait l'encoche de la vallée, l'immense emmarchement du torrent au milieu de la montagne. Il mesurait de l'œil les falaises de rochers, les longues dalles de granit qui montaient en oblique au-dessus de nos têtes.

— On a le temps d'aller là-haut, dit-il enfin. Tu ne veux pas qu'on y monte ensemble ? Pas en faisant le détour, par les rochers ? Jamais personne n'a dû passer par là. Ça te fait peur ? Tu n'oserais pas monter cette muraille ?

J'étais debout. Je renversais la tête pour mieux voir ce long rempart coupé de ressauts au plat desquels s'accrochaient de petites prairies.

— C'est toi qui ne suivras pas. C'est plus droit que ça ne paraît. Une chèvre y prendrait le vertige. Il faut remonter le pré, passer ce mur, ce couloir, et tourner à gauche par la corniche.

Nous avions trouvé la façon de nous battre. Je grimpais déjà dans les éboulis, suivi de Maubert qui remontait ses culottes et serrait d'un cran sa ceinture. Je pensais : « Il me demandera de l'aider. Plus souvent qu'il passera par là... Nous avons essayé dix fois avec Jean. Nous avons toujours cané en arrivant à la dernière muraille. Mais cette fois-ci, je passerai. Et il restera sur la corniche, à vingt mètres au-dessous de moi... Nous n'avons pas su la prendre du premier coup. Mais je connais le truc maintenant. Il y a une prise pour mettre la main, juste au tournant, là où on ne tient plus que sur un pied... C'est même Jean qui l'a trouvée. Il est resté cinq minutes pendu dans le vide, sans oser revenir ni avancer. »

Nous avions remonté la prairie. Nos espadrilles collaient au rocher. Le premier ressaut du granit n'était pas très raide. Je marchais le premier sans m'occuper de Maubert. Je ne faisais attention qu'aux cailloux branlants : ce n'était pas le jeu de l'assommer avec de la pierraille. Il fallait l'amener jusqu'à la corniche. C'était là que nous verrions bien.

Le petit couloir avait trois ou quatre mètres. J'émergeai, je me rétablis sur un coude, passai l'autre bras et me glissai sur le petit pré, à plat ventre. Le pré montait en oblique, jusqu'à la corniche étroite et déjà surplombante d'une vingtaine de mètres au-dessus du torrent. Allongé sur l'herbe, je vis Maubert émerger à son tour. Il ne connaissait pas ces rochers, c'était visible. Il regardait autour de lui, tâtonnait pour placer ses bras. La pente l'effrayait. Il ne s'attendait pas à la trouver si raide. Il jeta un coup d'œil au-dessous de lui, ses mains tremblèrent un peu, puis il me regarda et, d'un mouvement souple, il se glissa contre moi. Il transpirait entre son nez et ses grosses lèvres. Mais il avait l'air décidé.

— Tu ne peux plus ? me demanda-t-il. Je vais en haut du pré.

Il commençait à grimper à quatre pattes. Je me mis debout, mal assuré sur l'herbe humide.

— Laisse-moi passer. Le haut du pré, ça ne compte pas. Il faut dépasser la corniche.

— Tu es fou ?

Nous étions tous deux devant le passage. Le mur de granit se bombait devant nous, à la tête du pré. Une plaque de rochers, étroite et glissante, continuait la prairie jusqu'au tournant. Au-delà, on ne voyait plus rien que le vide. Je savais que la corniche reprenait de l'autre côté. La prise de main était à hauteur de l'épaule. Il suffisait de coller au rocher et de mettre le bras en équerre. Maubert me dit :

— On ne peut plus... On sera arrivé au bout ensemble.

— Va chercher ta sœur maintenant.

Je m'étais engagé sur la corniche. Le corps au rocher, j'avançais jusqu'au bombement de la muraille. J'essayais de ne pas penser à ce trou ouvert derrière moi. Mes genoux sautaient un peu. Je respirais profondément pour rester maître de mes membres. J'avançai la main dans le vide... A hauteur de l'épaule, un peu plus loin. Je n'y suis pas. Il me faut gagner un peu en joignant les pieds. Mon bras est encore trop haut ? Je descends la main. Voilà le trou. Mes doigts tiennent en plein le rocher. On croirait les anneaux de la gymnastique. Je tourne un peu la tête et je vois Maubert à deux mètres de moi. Il s'est mis debout. Le trou ne lui fait plus peur. Il me regarde et se retient de crier. Attends un peu... Quand j'aurai passé de l'autre côté... Maintenant, il me faut avancer la jambe gauche dans le vide. Je cherche pendant un instant. La corniche est plus haute de ce côté. Je ne m'en souvenais pas. Tant mieux. Je vais pouvoir tirer plus fort sur mon bras. Ma main s'accroche, ma jambe est calée, je lâche tout du côté de Maubert, et, d'une traction, je suis de l'autre côté de la muraille.

Heureusement que la corniche est plus large. Je respire encore de toute ma force pour arrêter le tremblement de mes genoux, et je crie à pleine voix, d'une voix qui ne saute plus :

— On t'attend, escalaire de pan bru.

Je ne vois rien au-delà de la ligne pure du granit. Maubert ne viendra pas. Je chante à pleine voix et quand je cesse de chanter, le bruit de l'eau monte brusquement jusqu'à moi à travers le dédale des cascades.

Tout d'un coup, j'aperçus une main qui battait l'air. Mon ennemi s'était glissé jusqu'au bout de la corniche et cherchait une prise en tâtonnant. Je m'étais rapproché et je regardais cette main sans rien dire. Ce n'était plus Maubert, mais une petite main nerveuse et forte qui donnait l'impression du courage. Elle suivait le rocher, elle s'accrochait au moindre ressaut, et je sentais alors que, de l'autre côté, un bras crispé essayait de mesurer sa résistance. Mais la main glissait et, à nouveau, elle cherchait un point d'appui dans le vide. La bonne prise était à côté d'elle, mais elle la frôlait sans la sentir. Elle battait vainement le rocher, des veines se gonflaient sur elle et, brusquement, je la vis s'animer d'un tremblement léger.

— Maubert ? Tu ne passeras pas... Reste de l'autre côté.

La main cherchait toujours. Elle semblait prise de vertige et chancelante comme un corps prêt à tomber. Je la pris dans la mienne et l'amenai devant le trou. Elle sentit l'encoche et se serra comme un outil... Presque au même instant, je vis la jambe gauche de Maubert qui se posait sur la corniche et le garçon passa brusquement de mon côté.

— Me voilà, dit Maubert.

— Attends le plus dur.

Nous étions côte côte sur la corniche, le dos au rocher. En bas, notre gouffre tournait doucement entre ses parois abruptes. Des colliers de bulles blanches tressés dans les remous des cascades, dérivaient avec lenteur et venaient crever sur ses bords. Plus bas, le torrent plongeait dans la vallée et son ouverture de rochers et de bois encadrait tout notre pays, ses prairies de pommiers, ses fermes et ses villages.

— Tu étais déjà venu, dit Maubert. Ça ne compte pas. Moi aussi, j'ai mes coins...

— Si je suis venu jusqu'ici, je n'en sais pas plus que toi maintenant. Je n'ai jamais pu aller plus loin. Tu vois, il faut sortir là-haut. Barre de bois, barre de fer, je n'y suis jamais passé.

Au milieu du mur de granit, il y avait une fissure presque verticale, haute d'une dizaine de mètres. Dans ce cheminement, des mousses vertes avaient poussé, gonflées par les eaux suintantes. Un petit arbuste jaillissait d'une faille plus profonde, à mi-hauteur.

— Si tu n'as jamais pu passer, tu ne passeras pas aujourd'hui. Redescendons.

J'avais attaqué le couloir. J'eus vite grimpé jusqu'au milieu. Là, bien calé du dos et des jambes, je regardai au-dessus de moi le petit arbuste incliné. C'était l'endroit où nous avions renoncé à l'escalade. Même en gagnant toute ma hauteur, je n'arrivais pas à toucher le tronc noueux. Il devait me manquer presque un mètre et, pour le gravir, je ne trouvais plus rien où m'accrocher. Du tronc, j'aurais pu grimper jusqu'au bord supérieur. Mais il aurait fallu oser me glisser un peu plus haut, comme un ramoneur. Je n'avais pas le courage de regarder vers Maubert. Il m'aurait fait découvrir le vide au-dessous de moi. Mais c'est à lui que je pensais. L'autre fois, avec Jean, nous étions redescendus, vaincus par le rocher et fiers de nous pourtant. Aujourd'hui, en abandonnant, je m'humiliais devant Maubert.

Mes deux pieds avaient quitté la dernière saillie sur laquelle ils s'appuyaient. Mes jambes faisaient ressort et plaquaient mon dos à la paroi. Je me détendis. Plus je me détendais et moins je me sentais solide. Je n'osais plus bouger mes pieds. Un de mes bras, levé au-dessus de ma tête, cherchait dans le vide et, soudain, j'attrapai le tronc du bout des doigts puis à pleines mains. Je me hissai sur lui et trouvai de nouvelles prises. Les derniers mètres étaient faciles. J'avais franchi la paroi.

Mes mains saignaient un peu. J'avais deux ongles de cassés. Ce soir, Jean serait furieux en apprenant que j'avais grimpé la muraille. Il voudrait y revenir, la passer lui aussi. Il peut bien aller au diable s'il veut. Jamais plus, je ne ferai ça.

Mais Maubert grimpait à son tour. Il avait suivi chacun de mes gestes. Il les répétait de tout son corps crispé. Je sentais qu'il aurait préféré rouler jusqu'au torrent plutôt que de revenir en arrière. A plat ventre, la tête penchée vers lui, je le regardais monter ; j'avais peur de le voir rouler dans le trou. Je l'encourageais en crispant les muscles de mon corps qui correspondaient à ceux qu'il tendait lui-même. Je faisais le gros dos en le regardant ramper dans la cheminée. J'ouvris la main pour saisir le tronc quand il arriva à sa hauteur.

— Vas-y, Maubert, tu ne risques plus rien...

Il s'était mal placé, au-dessus de l'arbuste et n'arrivait pas à saisir le rebord. J'attrapai son poignet dans mes deux mains et manquai de lui faire lâcher prise. Mais il était à côté de moi, tout blanc, assommé de vertige.

Alors, je dis :

— Gagnant, gagnant.

Nous nous étions un peu éloignés de l'à-pic. J'étais heureux d'avoir franchi cette paroi. Avec Jean, nous n'y serions jamais arrivés. J'étais monté parce que Maubert était mon ennemi et que j'aurais préféré me tuer plutôt que de lui dire comme à un camarade :

— C'est imbécile... On ne pourra jamais.

Maubert non plus ne serait pas passé sans moi. Nous avions porté notre adresse, et notre courage d'enfants au-delà de ce qu'ils pouvaient par eux-mêmes. Ce serait pareil pendant toute la vie. Je passerais toujours pour ne pas rester derrière Maubert, mon ennemi.

Du reste, nous étions amis tous les deux maintenant. Amis, d'avoir découvert au fond de nous les mêmes passions, la même joie à nous mesurer avec les choses de notre pays. Nous parlions patois tous les deux, nous avions fait les mêmes courses dans la montagne, gravi les mêmes sommets. Allongés sous les derniers châtaigniers chétifs, devant la limite des hêtres et des sapins, détendus par l'effort, fiers d'avoir vaincu ensemble la même paroi, nous emmêlions nos souvenirs comme, seuls, peuvent le faire des compagnons d'enfance.

— Après la montagne, c'est à ma vigne que je suis le mieux.

— Ta vigne de l'Elze ?

— On n'en a pas d'autre. On fait mi-fruit avec un vieux. Il en connaît des tours et des histoires... L'Elze, c'est un bon quartier. Le soleil n'y donne que le matin. Mais ça ne fait rien.

— Nous autres, on a le soleil jusqu'au soir.

— A Goulsou ?

— Tu connais ma vigne ? Tu n'y es jamais venu pourtant.

— Il y a un magnolia et un cyprès devant la maison... Et des figuiers contre le mur d'en haut.

— Tu la connais ?

— Je l'ai regardée du tournant de la route neuve... Une fois, même, j'ai grimpé le mur, juste sous le prunier, je connais tes coins...

Nous bavardions ainsi des choses et des gens. Nous faisions chacun le tour de nos domaines et nous sentions qu'ils étaient mitoyens, baignés par les mêmes eaux, ombragés par les mêmes essences, riches des mêmes fruits. En parlant, nous plongions dans un même passé, habité par des maigres paysans, musculeux et taciturnes, par des hommes des hautes terres aux visages unifiés par le travail et les morsures du temps. Nous nous regardions et nous trouvions maintenant l'un chez l'autre les signes évidents des parentages et des alliances. Maubert serait plus petit que moi, large et trapu, avec une tête ronde et des yeux bleus sous la ligne concave des cheveux drus. Il ressemblait à ce grand-père maternel dont nous avions gardé le portrait. Et moi, maigre et long, le menton en avant, la figure étroite, je ressemblais à trop de bergers, de meneurs de bœufs pour qu'il soit besoin de rapprocher mon visage de ceux des hommes de ce pays. Notre race s'unifiait par ses mélanges mêmes et, dans chacun de nous, sur la ligne de chaque famille, renaissait brusquement le type le plus éloigné, dans une inextricable fraternité de la chair, de l'ossature, de la pigmentation profonde et des tressaillements secrets de tout l'être.

Qui pouvait nous rendre ennemis, à présent ? Nous n'avions plus de secrets l'un pour l'autre. Tout ce que nous aimions pouvait rester en commun. Nous n'avions pas besoin de nous partager la montagne.

Mais, par les cols ouverts au nord, le soir venait. Il poussait son ombre à la rencontre des nuages acharnés à remonter de la mer vers le ciel. Il fallait penser au retour. Par les prairies et par les bois, entre les falaises rocheuses, nous redescendions en courant vers la ville. Déjà, nous avions croisé deux enfants qui regagnaient une ferme de la vallée. Ils s'étaient retournés, étonnés de nous voir ensemble. Assis sur un mur de pierres sèches, un vieux sembla nous suivre d'un œil narquois. Nous étions gênés de marcher côte à côte et, comme nous nous étions remis au pas pour reprendre haleine, Maubert me dit, sans me regarder :

— Tu me laisseras avant Rochebelle.

— Ça te fait honte d'être avec moi ? Je vais dire à tout le monde que nous ne sommes pas ensemble, si tu veux.

— Je ne suis pas avec toi, dit Maubert d'un air têtu.

Il reprit le pas de course et, quand il m'eut distancé d'une centaine de mètres, il se remit au pas et marcha comme un promeneur solitaire qui regarde de tous côtés. Je le suivais sans m'occuper de lui mais sans chercher à garder mes distances. Insensiblement, je me rapprochais. Alors, après avoir jeté quelques regards en arrière, Maubert se retourna et je le vis, sans pouvoir entendre ses paroles, qui criait vers moi, la figure tendue par la colère. Je ramassai des pierres et je me mis à courir pour me rapprocher un peu plus de lui.

— Ah, tu veux marcher devant ? Je vais t'aider...

Maubert couvrit sa fuite en me lançant deux cailloux qui encadrèrent ma tête en sifflant. Je les saluai en sautant à droite et à gauche et je m'arrêtai pour tirer à mon tour. Plié en deux, par ma brusque détente, avant même que la pierre ne fût retombée sur le sol, je criai vers Maubert comme une menace et, peut-être, comme un regret :

— Je te retrouverai... Je te retrouverai bien un jour.

LA BÊTE BLANCHE

— C'est vivant !

Ce cri suffisait à nous rassembler. C'était le plus impérieux de tous ceux que nous pouvions entendre. Quand l'un de nous l'avait jeté, avec une angoisse dans la voix, nous accourions tous autour de lui.

— Regarde, regarde... ça respire, ça bouge !

Si la bête cherchait à fuir, nous nous efforcions de la tuer sur place. Nous tapions dessus à coups de bâton, nous la poursuivions avec des pierres. Même agile et rusée, elle échappait rarement à nos coups. Que de bêtes mortes, tuées par moi, n'ai-je pas tenues entre mes mains ! Cette cruauté, cet acharnement à faire mourir tout ce qui marche et tout ce qui respire est la rançon des enfances campagnardes. Le chasseur s'éveille avec le petit homme en culottes courtes. Un cri dans un fourré, la flèche d'une course à travers les feuilles et les roches, suffit à déclencher les réflexes de l'arrêt et puis, brusquement, la ruée en avant, tendue tout entière vers ce but, vers cette cible qui n'est qu'une parcelle de vie en mouvement, comme une balle blanche sur un jet d'eau.

Si la bête morte était bonne à manger, nous la rapportions en triomphe à la maison. Nous nous sentions pareils aux hommes, aux vrais chasseurs et nous nous vantions comme eux.

— C'est aussi fin qu'une grive, disions-nous en montrant quelque bouvreuil ensanglanté. Si nous en avions dix, on en ferait un bon plat.

Mais si la bête était trop faible ou trop petite pour nous échapper, nous pouvions la regarder longtemps avant de la faire mourir. Nous nous accroupissions sur le sol pour la contempler. A force de la fixer, elle nous semblait n'être plus qu'un grain luisant semblable à un éclat de silex ou à un morceau de feuillage. Tassés en rond, attentifs à ne pas l'écraser de nos ombres, nous attendions ses tentatives de fuite.

— Regarde, il va partir à toute vitesse...

Nous nous efforcions alors de nous rendre aussi minuscules que notre prisonnier. Nous tâchions de voir les choses sous l'aspect qu'elles devaient prendre à ses yeux. C'était un jeu qui pouvait durer des heures. Les cailloux devenaient alors pour nous des montagnes et, suivant leur forme, nous les comparions aux montagnes que nous connaissions. Quelques brindilles se transformaient en forêts et la moindre goutte d'eau était une rivière ou même la mer qu'aucun de nous n'avait pourtant vue.

— Attention... Il est au fond de la vallée d'Arphy, de l'autre côté du torrent. Vois le Cap de Coste et la Luzette.

— Et Puéchagut... Tête coupée.

— Il va faire un tour sur la Luzette. Je parie qu'il passera par le Cap de Coste.

— Par Puéchagut... Je te tiens le pari.

Nous attendions pour voir ce qu'allait faire cet insecte affolé par tant d'énormes présences. Parfois, pour contraindre le destin à se prononcer, nous le poussions du bout d'une brindille en ayant soin de laisser entière sa liberté. Nous voulions le voir marcher sans l'obliger à choisir son chemin.

— Il passe par Puéchagut, c'est moi qui gagne.

— Regarde-le, il se repose. On dirait un bout de pierre.

Nous aimions à regarder ces êtres vivants qui ressemblaient encore à de la matière inerte et qui, brusquement, s'éveillaient à la vie. Parfois même, nous contemplions longuement quelques grains de pierre ou quelques flocons de pollen en espérant les voir s'animer et vivre sous nos yeux.

— Je te dis que c'est vivant. Surveille-le bien.

Mais quand nous étions sûrs d'avoir devant nous une bête vivante et que nous avions épuisé le plaisir de jouer avec elle, il nous importait peu de lui laisser la vie. Nous pouvions l'oublier, mais l'un de nous pouvait aussi l'écraser d'un coup de pierre.

— Ça ne sent rien... ça n'est pas comme nous... et puis, même toi, si l'Aigoual te tombait sur la tête !

— Si c'était plus gros ?

— Tu crois qu'il faut être gros pour sentir ? Les bêtes, ça meurt sans y penser.

Rien ne nous attirait plus que la vie, et rien ne nous semblait avoir moins de prix. Nous cherchions son secret en faisant mourir les bêtes, comme nous aurions ouvert des jouets.

A ce jeu, nous étions devenus presque insensibles. Les bêtes ignobles des herbes et des murs, les serpents, les rats, les araignées et les scorpions semblaient justifier notre dureté. En les tuant, nous avions le sentiment d'agir en justiciers, de réparer les torts que ne savait pas empêcher la nature.

— Je tuerais n'importe quoi, disait Maurice, à coups de pierre et de bâton,... ou avec les mains.

— Et moi ? Tu crois que j'ai peur ?

A ma vigne de Goulsou, il y avait un long mur chargé de treilles. Des œillades y venaient à maturité vers le milieu d'août, mais, du printemps à l'automne, tant que duraient les feuillages, d'énormes araignées au ventre rouge couvert de poils tissés en rond, y tendaient leurs toiles. Le soleil et la rosée s'y prenaient tour à tour et s'y réfléchissaient en étincelles éblouissantes. Parfois aussi, des mouches et des sauterelles s'y cognaient de tout leur élan et restaient prises par la patte ou par l'aile. Nous attendions ce moment. L'araignée sortait de son trou et, tournant autour de la prisonnière, refaisait la trame de sa toile ouverte par le choc. Elle se rapprochait et, brusquement, tissait autour de la bête une sorte de chrysalide blanche. Quand plus rien ne bougeait sous ce brouillard de soie, elle faisait tourner sa victime entre ses pattes de derrière et, dévidant toujours son fil, elle la serrait dans une enveloppe oblongue. Alors, tranquille, les pattes écartées, elle ouvrait les crochets de sa bouche pour les enfoncer dans la bête prisonnière. C'était notre instant. L'araignée en avait assez fait pour mériter la mort. D'un coup de baguette, nous la faisions tomber sur le sol et nous la martyrisions avec tant de raffinements que je ne peux même plus retrouver le souvenir de ces supplices.

— On n'est pas cruel, disait Maurice en se relevant. Si nous n'étions pas là, rien ne pourrait la faire mourir. Elle viderait les cricris sans jamais payer à son tour...

— Si ce n'était pas dégoûtant, j'aimerais mieux les écraser tout d'un coup. Mais ça gicle trop...

— Il faut que nous arrivions à tuer toutes les araignées.

Parfois, mon oncle passait à petits pas le long de la treille. Il nous regardait et disait avec douceur :

— Ne faites pas souffrir les bêtes... Vous n'avez pas honte de vous amuser ainsi ?

— Tu pêches bien ? Le hameçon, ça doit faire mal aux poissons... Et les truites, ça n'est pas aussi mauvais que les araignées... Et puis, on ne les tue pas. Elles ont été condamnées à mort.

Nos parents finissaient par nous abandonner à nos instincts. Ils savaient bien qu'on ne peut pas grandir au milieu des champs sans avoir envie de tuer. Parfois même, ils nous demandaient de mettre à mort une bête, comme s'il s'était agi d'un de ces petits services pour lesquels ils nous donnaient deux sous. J'entends la voix de ma grand'mère :

— André ! Un scorpion sous la pompe...

J'arrivais, plein de courage, les paupières plissées par un

brusque sentiment de responsabilité. Toute la vie de la maison était suspendue à mes actes. Tant que le scorpion serait là, personne n'oserait venir chercher de l'eau. Du bout d'un bâton, j'écartais tous les cailloux sous lesquels il aurait pu chercher un refuge. Je faisais le désert autour de lui. Ces scorpions languedociens sont de petite taille et leurs mouvements ne sont vifs que sur une très faible amplitude, mais ils ont leur légende et cette légende suffit à les rendre redoutables. Les gens ne sont pas très sûrs de ne pas mourir de leur piqûre. Dans les maisons de nos vallées, ils sont comme la vipère de ceux qui ne courent ni les bois ni les rochers. Leur seul aspect, leur mise en garde, pinces ouvertes et queue dressée, suffisait à glacer le cœur de ma grand'mère.

Je coupais toute retraite à l'animal surpris. Si le temps pressait, je l'écrasais d'un coup de talon. Mais, parfois, quand Maurice ou Laurent étaient avec moi, nous l'attrapions sur une planchette et nous partions au jardin à la recherche d'une fourmilière.

— Des rouges, disait Laurent. Des petites rouges... Avec les noires, il s'en tirerait.

— On le ramène trois fois... A la quatrième, il s'en va.

— Parole...

Nous avions vite fait de découvrir un de ces monticules de terre fine et de débris de paille au centre duquel s'ouvrait un petit cratère. Deux ou trois fourmis rouges flânaient sur les bords. Nous laissions tomber le scorpion au plein milieu. Etourdi par sa chute, il s'enlisait d'abord dans cette dune puis, poussé par un mystérieux instinct, il cherchait à s'enfuir. Nous le ramenions au milieu de la fourmilière et le jeu recommençait. Mais, de toute part, les fourmis sortaient de leurs galeries, en files ininterrompues comme des ruisselets. Elles s'attachaient au scorpion et le cisaillaient aux jointures.

— Dix qui le tiennent bien, disait Laurent.

— Quatorze, seize... Et deux dans son cou.

— Il est fichu...

Je n'ai jamais vu de scorpions échapper aux fourmis rouges. Mais la mort des bêtes venimeuses semblait nous donner un droit sur tous les autres animaux. A part celles qui répondaient à l'appel de notre voix, je ne me souviens pas d'une seule bête dont nous aurions pensé à respecter la vie.

Un soir, nous redescendions vers la vallée. Nous nous étions attardés sur les crêtes. Je marchais le premier, un peu en avant de Maurice. Il faisait du brouillard et le monde visible semblait se déplacer avec nous comme un cercle mouvant dont nous étions toujours le centre. Dans ce rond clair, il n'y avait jamais qu'un ou deux arbres qui surgissaient sans se détacher complètement de la brume. Ils semblaient englués par elle et tirés vers elle par leurs rameaux. Parfois, sur la pelouse plongeante, un bloc de rochers émergeait aussi, luisant d'eau, dur à l'œil dans son enveloppe de brume élastique et mouvante. Dans ce champ visuel retréci, toutes les choses prenaient une valeur extraordinaire, comme si elles avaient été placées au milieu d'un cadre.

Tout à coup, sur la pelouse rase qui se dérobait à dix pas de moi, j'aperçus quelque chose qui remuait. C'était une petite masse blanche, attentive : une bête surprise. Elle était à l'extrême limite de ce que je pouvais voir. Derrière elle commençait ce mur gris dans lequel s'enfonçaient et se perdaient toutes les choses. Je m'arrêtai. La bête blanche tournait vers moi son museau noir et pointu, vif comme une aiguille. Je voyais remuer ses deux yeux rouges qui ressemblaient à ces boules qui tournoient avant de fixer un destin. La bête hésitait. Elle cherchait de quel côté elle devait prendre la fuite. J'hésitais aussi, mais un irrésistible mouvement faisait se lever mon bras droit qui tenait ma canne. Avant même d'avoir reconnu la bête que j'avais devant moi, je me préparais à l'attaque. Cet imperceptible mouvement de la vie, entrevu dans le brouillard, avait suffi à réveiller en moi l'instinct du chasseur.

La bête blanche obéissait à l'instinct de l'animal traqué. Elle se ramassait sur elle-même et se tournait lentement sans me quitter des yeux une seconde. Maintenant, je tenais ma canne haute et j'étais prêt à la lancer en avant, comme une arme. Je mesurais l'effort que je devais faire. Soudain, plus prompte que moi, la bête bondit et sembla plonger dans la brume. Je poussai un cri, comme si j'avais été frappé par une pierre et je partis derrière la bête, à fond de train. La pente accélérait ma course. Je faisais des bonds sur l'herbe rase et j'étais parfois obligé de freiner de tout le corps, en me rejetant en arrière, pour ne pas me laisser entraîner par ma vitesse. Le monde visible semblait maintenant avancer en trombe en avant de moi. Les arbres jaillissaient comme s'ils avaient marché à ma rencontre. Les mottes d'herbe se renouvelaient sous mes pas comme les vagues de la mer, désertes comme elles. Je courais toujours et n'espérais déjà plus retrouver la trace de la bête quand je l'aperçus brusquement à nouveau qui trottait en avant de moi. Devant elle, une masse de rochers sortait du brouillard. C'était un amas de blocs de granit, coupé de larges fentes. En trois bonds, la bête fut devant lui et se glissa dans un trou.

A mon cri, Maurice était parti en avant, lui aussi, au pas de course. Il arriva à ma hauteur, la figure rougie par l'humidité. Tout en marchant, il rebouclait d'une main la courroie de son sac qui s'était défaite pendant sa course.

— Tu as crié ?

— Je tiens une bête, là, dans ce trou... Je ne crois pas qu'elle puisse sortir. Le trou ne doit pas traverser le rocher.

— Quelle bête ?

— Quelle bête ? Je ne sais pas... Une bête blanche, comme un chat. Elle a une tête longue, avec un museau noir et des yeux rouges... Non, ce n'est pas un écureuil.

— Tu es sûr qu'elle est là-dedans ? Tu l'as vue entrer ? Passe un peu ta canne dans le trou.

— Laisse-moi faire... C'est ma bête à moi. Je l'ai vue le premier. C'est moi qui dois l'avoir. Si je la manque, tu auras droit. Chacun son tour, moi le premier.

Je ne savais toujours pas quelle bête était tapie à deux pas de moi, dans cette fente étroite, mais je savais que c'était une chose vivante et le seul fait qu'elle vivait suffisait à me contraindre à la poursuivre. Pendant que j'essayais de l'apercevoir dans l'ombre mince, Maurice faisait le tour des rochers.

— Elle n'a pas pu sortir, me cria-t-il. Le trou ne traverse pas.

Nous étions tous les deux arrêtés devant cette roche. Il n'y avait rien d'autre de visible autour de nous. Nous traquions la seule chose qui vivait au centre de ce monde que cernait de partout une ombre mystérieuse. Il nous aurait été impossible de continuer notre route et de laisser en paix, dans le vent et la rosée, l'animal inconnu dont nous cernions la retraite.

— Enlève-toi... Elle est à moi, je te dis. Si je la manque, tu pourras lui courir après.

Je fouillais de la canne au fond du trou. Parfois, au lieu du grain pur de la pierre qui criait comme une râpe, il me semblait sentir un corps souple qui se dérobait brusquement.

— Elle est là... Je la sens, je la veux vivante.

Je tournais doucement mon bâton ferré en cherchant à faire levier sur le corps de la bête, mais j'avais peur de la blesser avec la pointe et je ne voulais pas la tuer sans la voir.

— Je ne l'aurai pas comme ça... Attends un peu.

J'avais dans ma poche une boîte d'allumettes soufrées encore intacte. Je la pris sans m'éloigner du trou. Elle était toute ramollie par l'humidité et je frottai longtemps avant d'avoir enflammé une allumette. Mais alors, je mis le feu d'un seul coup à la boîte entière dont j'avais arraché le couvercle. Elle s'enflamma comme une torche et je la poussai dans le trou, aussi loin qu'il me fut possible. Elle flambait en dégageant son nuage de soufre. Cette âcre fumée eut vite fait de remplir toute la fente. Elle rampait sur la roche et retombait en masses plates comme un coton mouillé. Déjà, les yeux pleins de larmes, je toussais à me déchirer la gorge quand je vis le museau de la bête qui pointait vers moi.

— Elle va sortir... Recule-toi... Si je la manque.

Ma gorge serrée ne me faisait plus mal. J'avais empoigné mon bâton et repris du large. Le museau noir s'avança et recula deux ou trois fois, par petits coups brusques. J'étais prêt. La bête hésitait peut-être devant mon ombre, devant cette forme noire que les reflets du brouillard faisaient tomber en avant de moi. La boîte calcinée faisait monter au-dessus d'elle de nouveaux nuages de fumée. Alors, la bête bondit hors du trou et, se dégageant des rochers, sans chercher à fuir, elle s'arrêta devant moi et se mit toute droite sur ses pattes de derrière, comme un chien qui fait le beau.

— C'est une espèce de belette, criait Maurice.

Je m'étais reculé de quelques mètres et tout avait disparu devant moi, jusqu'aux rochers qui ne m'apparaissaient que comme un morceau de brume plus opaque. Je ne voyais plus que cette bête courageuse qui me faisait front en sortant ses crocs et ses griffes. Ainsi dressée, elle semblait grande, presque aussi grande que moi et capable de me mordre à l'épaule ou au visage. Sa position lui donnait une apparence humaine. Elle m'empêchait de la voir avec sa taille véritable et je croyais qu'elle avait grandi d'un seul coup, jusqu'à devenir mon égale. Je reculai un peu en criant :

— Je n'ai pas peur... Laisse-moi tranquille. Je vais l'avoir.

Maurice respectait la règle du jeu et restait en arrière de moi, comme pour arbitrer un combat singulier. Je fis un geste avec mon bâton, mais, au lieu de reculer, la bête rendit un sifflement et leva ses griffes comme pour arrêter le coup. Ce fut moi qui rompis. Je ne frappai pas et me remis en garde. La bête n'avait pas bougé de place.

— C'est méchant. Regarde-la. Si je la laissais faire...

— Fais attention... Elle te mordra...

Je calculai mon coup, pour être sûr de frapper juste. J'avais devant moi un adversaire qui se révélait mon égal et qui ne trahissait aucune peur. Cette bête blanche au nez noir me semblait presque à niveau de mes yeux et se tenait dressée avec une noblesse d'être humain. Mais je m'étais déjà battu avec d'autres petits hommes. Mon bras se détendit. Ma canne siffla sur un quart de cercle. Un choc sourd sembla l'arrêter, comme si le bruit avait eu une résistance par lui-même. Je venais de toucher la bête en plein sur le crâne, à côté de l'oreille gauche.

Penché en avant, crispé sur mon dernier geste, je la regardais s'effondrer sur elle-même comme si elle eût été faite d'une mousse légère que les mouvements de l'air auraient suffi à désagréger. Elle s'écrasait sur ses pattes et sur son corps mince, tandis que sa fourrure hérissée se refermait comme si elle eût été mise au fourreau. La bête se recroquevillait de toute part. Ce n'était déjà plus qu'un petit tas d'hermine blanche que j'aurais presque tenu dans le creux de ma main. Je voyais le point noir du museau qui remuait encore doucement quand des frissons courts se succédaient, comme des vaguelettes, autour de l'oreille, là où mon coup avait porté. Deux gouttes de sang perlèrent aux narines. Le museau noir bascula dans la bourre blanche, sans la salir, sans y laisser la moindre tache rouge, et le petit tas blanc sembla s'amenuiser encore. Je compris que la bête était morte.

Ce n'était vraiment plus qu'une boule inerte, pareille à ces flocons de laine que les moutons laissent sur les arbres épineux, à peine plus grosse que mon poing. Je restai penché, le corps en avant, en déséquilibre comme sur un gouffre. Comment avais-je pu croire que cette bête avait presque la même taille que moi ? Comment avais-je pu la voir si grande ? Je ne pouvais avoir eu en face de moi que la plus petite vie qu'il soit possible d'imaginer, presque aussi frêle que celle d'un oiseau, aussi facile à briser. Elle ne laissait derrière elle qu'un flocon blanc qui semblait prêt à se dissoudre.

Maurice s'avançait :

— Tu ne l'as pas manquée. Elle ne bouge plus.

Il la regardait, sans la toucher même du bout de son bâton.

— Elle est crevée, ajouta-t-il.

Je ne répondis pas. Un âpre désir de pleurer me tendait les joues. Pour la première fois, devant une bête morte de ma main, j'éprouvais une sorte de désespoir. Plus je regardais cette masse informe qui ne conservait que sa couleur, et plus il me semblait la voir devenir petite.

— Maurice ? Tu n'avais pas cru qu'elle était grande, toi aussi ? Grande comment ? Comme un chien de berger ? Comme un gros chat ? Tu l'as bien regardée tout à l'heure ?

— Oui, ça m'avait semblé grand, dit Maurice, et ce n'est pas plus gros qu'un campagnol. On n'en tirerait pas une fameuse fourrure.

Il avançait la main pour ramasser la bête, mais je lui criai, avec une torsion des syllabes au fond de la gorge :

— Elle est à moi.

— Ça va bien, dit-il en me regardant. Prends-la donc.

Ce n'était pas mon droit de propriété que je voulais défendre. Je ne voulais pas voir la vraie taille de la bête. La façon dont elle s'était recroquevillée lui avait enlevé toute forme et je ne voulais pas la revoir avec l'aspect qu'elle avait lorsqu'elle était vivante.

— Tu l'as bien regardée quand elle était en face de moi ? Je te dis qu'elle était grande, et plus jolie que n'importe quelle bête.

— Ça semble grand, mais ce sont des bêtes qui trompent... C'est rudement fort en tout cas. J'ai cru qu'elle allait te sauter dessus. Cherche un peu ses griffes sous sa fourrure, tu verras si elles sont petites ! Ça doit avoir les dents pointues... Si tu l'avais manquée !

— N'y touche pas... Non, non, ça n'a pas de grosses dents ni de grosses griffes. Ce n'est pas la peine de regarder.

— Tu en fais des histoires, pour cette bête. On croirait que tu viens de tuer un homme.

Je ne parlais plus pour Maurice. Je divaguais à haute voix en regardant la bête morte.

— Tu dis que ce sont des bêtes qui trompent ? Qu'est-ce qui trompe ? Pourquoi semblait-elle si grande et si forte ? Parce qu'elle était courageuse. C'est ça la vie ?

— Tu vas pleurer sur les araignées et les scorpions, maintenant ? me demanda Maurice.

Je lui répondis seulement, du bout des dents : « Imbécile », et je me sentis brusquement libéré de cette envie de pleurer dont il cherchait à me faire honte.

L'ÉTRANGÈRE

Les soirs d'août avaient beau traîner en longueur et s'accrocher aux façades blanchies à la chaux, il faisait toujours nuit à l'arrivée du dernier train. A dix heures et demie, du petit jardin de fusains et de lauriers, nous entendions le convoi siffler au bas de la courbe et gronder sur un point de l'écho. Pendant deux minutes, le dernier tunnel suspendait ce tumulte et, brusquement, avec le bruit qui montait à nouveau dans le silence, nous apercevions les deux feux de la locomotive qui s'allumaient au loin, par-dessus le petit mur de la gare.

Sur le quai, trois employés balançaient des lanternes. Devant le portillon de la sortie, les conducteurs des omnibus qui attendaient les voyageurs enfonçaient sur leurs têtes leurs casquettes chargées d'inscriptions en lettres d'or. Une cloche électrique sonnait sous la verrière et nous sortions alors doucement de l'ombre du petit jardin.

Nous étions cinq, silencieux, tirant nerveusement sur des cigarettes dont les feux pâles illuminaient nos visages. Nous étions les seuls à n'avoir rien à faire et les seuls à attendre vraiment quelque chose. Tandis que le train défilait devant nos yeux, sous les lueurs jaunes de ses vieilles lampes, nous regardions à travers les portières les ombres chinoises des rares voyageurs, déjà debout, les mains levées vers les filets encombrés de bagages. Sur le quai, un employé courait à hauteur du fourgon de tête, la main ouverte vers la feuille que lui tendait le convoyeur, un autre homme d'équipe élevait sa lanterne à hauteur de son front et les freins claquaient, dans une détente brusque qui faisait vaciller les voyageurs déjà penchés aux portières. Le train s'arrêtait. Des ombres noires se bousculaient vers la sortie et les cochers commençaient à crier de leur voix de tête : « Hôt... tel des voyageurs... Hôt... tel du Midi... Correspondance pour Avèze. »

Autour de nous, tout le monde dormait déjà : les employés qui refermaient les portières ; le chauffeur et le mécanicien qui repassaient devant nous, en marche arrière, sur la voie de garage ; les cochers qui semblaient crier en rêve. Nous étions les seuls à regarder les voyageurs avec des yeux avides, le souffle court, la nuque tendue en avant.

Deux ou trois représentants de commerce montaient dans les omnibus des hôtels. Deux vieux, l'homme et la femme, prenaient la correspondance. Ils traînaient de grands paniers de provisions à bout de bras et semblaient revenir de voir leur fils à l'hôpital de la Préfecture. Un commerçant que nous connaissions passait en nous disant bonsoir d'un ton ironique. Le quai de la gare semblait désert. Un permissionnaire apparaissait soudain devant la porte, fouillant dans ses poches, cherchant son billet jusque dans ses doublures. Le portillon claquait derrière lui. Les omnibus partaient au trot. Toutes les lanternes de la gare s'éteignaient et nous repartions sous l'allée de platanes, perdus d'ennui dans cette ville où nous étions nés.

Maurice disait d'une petite voix rageuse : « On va dormir ? » Ses yeux pointus avaient l'air d'espérer autre chose. Ils brillaient par éclipses et semblaient user leurs feux dans la nuit. Alors, après un silence, la voix terne de Maurice répétait : « On va dormir. »

— C'est idiot de venir tous les soirs à la gare. On ferait mieux...

— Tu ne veux pas aller nager à dix heures du soir ? Ou partir chaque jour en course ?

— Je ne veux rien, répondait Edmond ; mais demain je ne reviens pas à la gare.

Le lendemain, nous revenions tous dans le jardin et nous attendions encore. Il nous semblait que ce train qui reliait la petite ville au reste du monde pouvait nous apporter enfin quelque chose de nouveau et changer d'un coup notre vie.

Mais, chaque soir, c'était le même ennui et la même solitude que nous retrouvions sous les platanes. Parfois, cependant, toute une famille inconnue débarquait avec un monceau de bagages. C'étaient des gens qui venaient passer un mois dans une pension de famille des environs. Le père, toujours un peu timide, mais qui rudoyait les siens, la mère qui portait un enfant dans ses bras et des adolescentes qui humaient l'air frais comme on respire un plat qu'il va falloir manger. Il y en avait qui traînaient avec eux des raquettes de tennis.

— Pour jouer où ? disait Maurice.

Des groupes de jeunes filles passaient sous le halo blanc de la sortie. Nous nous poussions vers elles pour essayer de voir leurs visages sous les flocons de cheveux dépeignés aux portières.

— Où vont-elles ? allait demander Laurent aux conducteurs des omnibus.

Il parlementait un moment avec eux à voix basse et revenait en disant :

— C'est pour Arphy... On ne les reverra pas tous les jours.

Les voyageurs remontaient leurs genoux les uns contre les autres dans les voitures étroites. Les cochers sifflaient leurs chevaux et c'était de nouveau la solitude.

Quelques jours après, au début de l'après-midi, nous rencontrions les nouveaux venus sur la place. Nous les avions reconnus à quelque détail mais nous n'arrivions pas à nous mettre d'accord sur le jour de leur arrivée. C'étaient de grands sujets de dispute : un nouveau moyen de tromper l'ennui.

— C'est la famille de mardi... Je te dis qu'ils sont à Bréau.

Sur le quai, après avoir traîné dans les boutiques, flâné sur les bords de la rivière, du côté du pont romain, les jeunes filles remontaient vers les petites pensions des villages et nous nous retrouvions tous les cinq à l'arrivée du train, le corps chaud d'avoir nagé dans les gouffres où tourbillonnaient les eaux descendues de la montagne et le cœur désespéré de solitude.

Un samedi, tassés les uns contre les autres derrière le portillon, comme nous regardions passer les voyageurs habituels, un chapeau clair vint battre comme une aile sous la lueur blanche de la petite lampe de la sortie. Une jeune femme fouillait dans son sac, arrêtée sur un pied, la jambe droite soulevée, le sac appuyé contre elle. D'un mouvement brusque, elle se relevait, tendait son billet et passait devant nous, d'un pas décidé, une valise à la main. Les cochers criaient plus fort en la regardant : « Hôtel... Hôt... tel... du... » mais elle dépassait les voitures et s'engageait sous la voûte des platanes.

— Une étrangère, dit Maurice.

Edmond était le seul à soutenir qu'il avait vu son visage, « Une figure ! » disait-il, mais, sans même l'écouter, nous étions déjà tous partis derrière elle et nous avions retrouvé devant nous, à chaque zone éclairée, sa mince silhouette un peu dansante, longue de hanches et dominée par le grand chapeau clair aux ailes souples.

L'étrangère semblait bien connaître la ville. Elle traversait la place, en prenant le plus court chemin et tournait à gauche dans la ruelle qui va vers le pont.

— Où va-t-elle ? disait Laurent. Elle n'est pourtant pas d'ici. Nous l'aurions reconnue... Elle va quelque part tout de même.

— Une figure ! répétait Edmond. Je l'ai vue quand elle a donné son billet. Elle a regardé un peu en l'air... avec des yeux...

— Elle va aux prés du pont, reprit Laurent. La voilà qui tourne à droite. Elle doit aller chez les Amat. Ils louent des chambres pour l'été...

Nous avions passé le pont derrière l'étrangère. Elle avait pris la ruelle, au long de la rivière, poussé la porte du jardin. Nous entendions crisser les graviers sous ses pas. La maison était devant nous. Il y avait encore de la lumière au rez-de-chaussée. La voyageuse était attendue. Arrêtés dans l'ombre, contre la porte à claire-voie, nous la vîmes entrer. Elle quitta son chapeau, comme l'aurait fait un homme, et dans la clarté de la lampe elle secoua ses cheveux d'un coup de tête brusque. Avant de refermer la porte, elle regarda en arrière et, pendant l'espace de quelques secondes, elle appuya son regard sur nos silhouettes noyées dans l'ombre.

— Elle nous a repérés, dit Laurent.

Nous étions immobiles, la bouche pleine du goût amer de nos cigarettes éteintes. Nous regardions la masse noire de la maison qui donnait sur les gouffres et les prairies. Une fenêtre s'éclaira. Une ombre longue traversa le plafond, disparut, émergea de nouveau. Des bêtes de la nuit, de lourds papillons voletaient déjà dans l'encadrement de lumière. Nous regardions toujours, mais la lueur s'éteignit et toute la maison plongea dans l'ombre fraîche qui semblait faite avec de l'air et de l'eau courante mélangée par le vent.

— Une figure ! nous répétait Edmond, tandis que nous remontions vers la ville.

— Tu es sûr de l'avoir bien vue ? lui demandait Maurice. C'est une jeune femme ? Elle n'a pas l'air de sortir d'un patronage. Elle doit avoir l'habitude de voyager... Rien qu'à la voir porter sa valise et filer droit devant elle.

Georges faisait le policier. Il enchaînait des déductions.

— Elle n'est pas d'ici... Nous l'aurions reconnue. Mais elle connaît le pays. Elle n'a demandé son chemin à personne. Peut-être, elle était déjà passée ici, en automobile, la maison des prés lui aura plu. Elle revient pour se reposer quinze jours, peut-être un mois... Ce n'est pas une jeune fille... Une veuve ? Une divorcée ?...

— Sois tranquille, dit Laurent, on la retrouvera.

Nous l'avions retrouvée dès le lendemain. Elle fit un tour dans la ville, sans se presser, en regardant les vieilles maisons, en entrant dans les cours, en s'aventurant dans les escaliers à vis bâtis dans les tourelles d'angle. Nous la suivions de loin, sans trop oser nous rapprocher. Parfois, quand nous devinions le chemin qu'elle allait prendre, nous partions en courant dans une ruelle transversale pour couper sa route et la croiser sans avoir l'air de le faire exprès. Maintenant, nous l'avions bien vue, malgré nos coups d'yeux lancés à la dérobée, et chacun de nous aurait pu la reconnaître rien qu'au dessin de sa bouche, à l'ovale de son œil, au grain doré de sa peau.

Pendant plusieurs jours, nous la suivîmes de loin, à travers la ville, ou dans les prairies, en aval du pont romain. Le soir, nous n'allions plus à la gare pour attendre le dernier train, mais nous rôdions autour de sa maison en espérant follement une rencontre dont elle aurait pris l'initiative.

Elle aurait bien pu, brusquement, venir vers nous pour nous parler et nous demander le nom de toutes les choses du pays, des gouffres creusés dans les roches, des chutes d'eau, des montagnes découpées au ciel sous le haut plafond des nuages.

En tournant autour de la maison chacun de nous rêvait confusément qu'il livrait les eaux et les monts de son pays à l'étrangère. Mais ces rêveries nous séparaient les uns des autres et, déjà, nous rendaient ennemis. Georges et Edouard manœuvraient pour se détacher de notre groupe, Maurice et Laurent leur répondaient en faisant aussi bande à part. Je restais seul, au bord de la rivière, presque sous la maison, à regarder la fenêtre de l'étrangère.

Elle avait remarqué, dès le premier soir peut-être, ces jeunes gens attachés à ses traces, timides et effrontés, qui n'osaient l'aborder et ne pouvaient se résoudre, dans l'inaction de leurs vacances, à la laisser tranquille. Ce jeu dura trois jours. Elle se reposait, lisait dans les prairies, s'asseyait au bord de la rivière. Nous nous installions à cent mètres d'elle et cherchions à nous faire remarquer par quelques folies faites dans les rochers qui surplombaient l'eau des gouffres. Elle souriait en regardant vers nous, mais nous n'osions pas nous rapprocher d'elle.

— Elle commence à se ficher de nous, disait Maurice.

Le troisième soir, nous nous étions séparés pour rôder autour de la maison. Resté seul, je m'amusais à suivre le bord de la rivière jusqu'à un petit bec de rochers qui émergeait de l'eau juste sous la fenêtre de l'étrangère. J'avais dû me glisser, au-dessus de l'eau noire, contre des parois humides et glissantes. Je soufflais donc, doucement, après cet effort, quand la fenêtre s'éclaira. Un vol d'insectes monta vers elle des bords de l'eau et la jeune femme apparut, en ombre noire. Elle regardait la rivière, accoudée d'un bras à la barre d'appui, les yeux éblouis par l'ombre, quand elle eut un geste de recul, vite coupé. Elle venait de m'apercevoir à quatre mètres au-dessous d'elle, sur ce promontoire scabreux, coupé de la rive.

Que pensait-elle alors, en fredonnant, le corps à moitié sorti de la fenêtre, suivant de l'œil le trajet que je venais de faire pour arriver auprès d'elle ? Elle eut un geste de la main, un petit rire du fond de la gorge et disparut. C'était assez pour moi. Il fallait faire plus vite ou rester ridicule. J'attaquai le mur droit, non crépi et j'eus vite grimpé jusqu'à la croisée. La main gauche engagée dans une fissure, les reins bloqués sur une saillie de pierre de taille, à l'angle du mur, un bout de semelle sur un ressaut, je lançai la main droite sur la barre d'appui et mon visage émergea dans l'encadrement de la fenêtre.

— Vous êtes fou ?

— Un peu, bien sûr... Mais je n'irai pas plus loin... Ça va très bien comme ça...

— Vous allez tomber...

— Comment voulez-vous que je fasse ? On ne peut pas vous parler en ville... il y a trop de gens... Ici, je suis un morceau de la muraille.

— C'est absolument indispensable de me parler ?

— Bien sûr... attendez encore quelques jours... on s'ennuie tant dans ce pays... la ville est si petite. Personne avec qui bavarder.

— Je ne m'ennuie pas... Vous m'amusez assez comme cela.

— Et puis, vous allez avoir envie de connaître le pays... Si, j'en suis sûr. C'est bien vrai ? Vous regardez souvent du côté de la montagne... Si vous avez besoin d'un guide...

Elle riait en me regardant, du fond de la chambre. Je sentais, sous l'effort de mes muscles tendus, que je commençais à transpirer, à la racine des cheveux et sous le nez. Je devais être rouge et gonflé. J'aurais voulu passer mon mouchoir sur ma figure, mais un seul geste aurait suffi à faire céder mes prises et j'avais quatre mètres à descendre jusqu'aux rochers pour rebondir ensuite dans le gouffre froid qui plongeait sous les terrasses des jardins.

— Vous venez m'offrir vos services ?

— C'est ça... Vous ne voudriez pas faire une course dans la montagne ? Il faut partir le soir ? Ça ne ferait rien ? Marcher jusqu'au milieu de la nuit... Après, on s'arrête dans une cabane en attendant le lever du soleil.

— Là-haut ? demanda-t-elle en s'avançant vers la fenêtre.

Accoudée, la tête tendue en avant, elle regardait la ligne des crêtes. J'étais si près d'elle que je pouvais parler à voix basse, comme pour moi-même.

— Là-haut... pour la première fois, on peut aller au Cap de Coste... ce n'est pas loin... Trois heures de marche jusqu'à la cabane. On y casse la croûte en attendant le matin. On marche encore une heure jusqu'au sommet pour avoir la vue.

— Et quand voulez-vous aller au Cap de Coste ?

— Ce soir.

Elle éclata de rire.

— On n'a rien pour manger... Il me faut avertir ces gens.

— Demain ?

— Demain ? Si vous voulez... A quelle heure ?

— A dix heures du soir. Vous avez un sac ? Non ? je prendrai le mien. J'aurai ce qu'il faut pour casser la croûte. Vous avez de gros souliers ? Des robes chaudes ?

Je sentais mon corps se tasser sur ses prises. Il portait tout entier sur mes reins bloqués contre la saillie et sur mon bras accroché à la barre d'appui.

— Et pour les gens ici ?

— Je suis libre... Je leur dirai simplement que je vais faire une course en montagne... avec des amis.

— Je serai dans la petite rue...

J'eus à peine le temps de l'entendre dire « A demain ». Ma semelle avait glissé. Je me laissai couler de prise en prise jusqu'au bec de rochers. C'était presque une chute. Mon menton avait raclé la muraille. Mon coude était endolori. Là-haut, l'étrangère riait en me regardant. J'étouffai ma voix pour répondre « A demain » et j'eus vite fait de me glisser jusqu'à la terre ferme.

Je retrouvai mes compagnons dans la ruelle. Je devais avoir l'air fou. Mon menton saignait doucement par de petites éraflures ouvertes de bas en haut. Mon coude chantait comme un câble électrique, mais je répétais d'une voix méchante : « Je lui ai parlé. » Tous m'admiraient. Il leur semblait que je venais de devenir un homme tandis qu'ils n'étaient encore que des enfants qui s'ennuyaient dans leur pays natal entre la fin de leurs études et le commencement de la vie.

Ce soir-là, je ne dis rien de mes projets, ni le lendemain matin. L'après-midi, nous étions allés nager à notre habitude. Comme nous venions de sortir de l'eau, pendant que nous mangions des pommes vertes, allongés au soleil sur de grandes dalles polies par les crues, je dis tout à coup :

— Ce soir, je ne vous verrai pas... Je vais avec elle à la montagne.

Ils s'étaient tous retournés vers moi et restaient immobiles, frappés par cette foudre. Au bout d'un moment, Maurice dit :

— On vient avec toi ?

— Non, je n'ai besoin de personne.

J'invoquais brutalement la loi primitive, la règle des conquérants qui ne veulent pas accepter de partage. Mais je tremblais en pensant que mes amis ne voudraient peut-être rien entendre. Qu'aurais-je fait s'ils étaient venus malgré moi ? Je les sentais incertains, mais Edmond dit à Maurice : « Tu la connais, toi ? Non ? Eh bien, alors... » Laurent acheva de trancher la querelle : « Tu nous raconteras ? Tu nous diras tout ? Un jour, tu nous la feras connaître ? »

Avec leurs corps trempés d'eau froide et de soleil, leurs muscles longs, aux solides attaches, leurs détentes de bêtes coureuses, ils n'étaient que des enfants. J'étais un enfant comme eux. Lequel d'entre nous avait-il encore connu une femme ? Aucun. Nous le savions bien. A travers nos vantardises, nous n'avions jamais prétendu connaître ce secret. Nous savions maintenant qu'il allait falloir en faire la conquête. La chance et le hasard semblaient m'en faire approcher le premier. J'avais déjà changé aux yeux de mes compagnons, comme un conscrit d'une classe plus vieille.

— Tu nous diras tout ? répétait Laurent. Si elle ne voulait pas, elle n'irait pas seule avec toi dans la montagne... Une nuit entière...

Nous n'avions plus envie de parler. Peut-être aurions-nous dit des choses grossières, comme au Lycée, mais déjà, la présence de cette femme nous en empêchait. Les grossièretés des adolescents sont abstraites. Il faut des hommes blasés par la vie pour insulter aux choses vivantes. J'étais couché sur la roche chaude et, l'esprit perdu d'espoir, je tapais ma pomme verte contre une saillie pour la mûrir de meurtrissures.

A dix heures du soir, j'attendais dans la ruelle, le sac au dos, ployé sous lui, portant des deux mains sur ma canne. J'étais chargé comme pour une course de trois jours. J'avais pris une marmite pour faire chauffer le café, des provisions, des couvertures. « La charge du légionnaire », comme nous disions les soirs de nos départs pour l'altitude. Même arrêté, je remontais déjà mon sac d'un coup d'épaules quand, brusquement, je vis l'étrangère devant moi, en jupe sombre, en chandail bleu. Elle avait dans les mains des sacs de papier pleins de sandwichs et une petite canne, accrochée à son avant-bras gauche, se balançait contre sa hanche.

J'étais heureux d'avoir à dire : « Donnez-moi ces paquets...

Je vais les mettre dans mon sac. Ce n'était pas la peine d'emporter des provisions. » Je me sentais un peu soulagé de ma gêne en répétant : « Voilà... Ça va... » tandis que je débouclais et que je rebouclais les courroies des poches extérieures. Elle disait : « Quel sac... C'est déjà une montagne. » Ces menus gestes m'avaient empêché de défaillir de honte. Rien qu'à partir, il me semblait que j'étais au bout de toutes les audaces.

Nous marchions déjà et déjà j'étais libéré de cette honte. Le premier mot du secret était dit. Notre complicité était scellée par notre marche. Nous étions partis. Il me semblait que tout allait être facile et que je redescendrais de la montagne avec la tranquillité d'un homme que ne hante plus le mystère de la vie.

Tout de suite, le chemin montait dur. Il ne fallait pas penser à trouver du souffle pour des paroles. Je haletais sous mon sac et, derrière moi, l'étrangère suivait d'un pied de chèvre.

Au premier col, avant de perdre la vue de la ville, je m'arrêtai. Au fond du trou, le train sifflait devant la gare. J'étouffai un petit rire en imaginant mes camarades tassés contre le portillon. Je me sentais libre et me moquais déjà des servitudes de l'espérance. Je trouvais ridicule d'attendre devant une petite porte de gare quand on pouvait s'en aller, la gorge sèche et rafraîchie à grands coups par l'air froid qui descendait du ciel, vers la conquête du secret. L'étrangère déroulait le col de son chandail jusqu'à ses oreilles. Le vent froid, démasqué par la crête, tombait d'aplomb sur nous. « La cabane est encore loin ? » demanda-t-elle. Il me semblait qu'elle avait hâte de se trouver seule avec moi. J'aurais voulu pouvoir l'emporter à travers la montagne avec des bottes de sept lieues. « Nous allons pouvoir marcher plus vite... Maintenant, nous suivons la crête. Nous ne regrimperons que juste au-dessous de la cabane. »

Nous nous étions remis en route. Elle fit « Ah ! » d'un air découragé et, après un moment de silence : « Je n'ai pas l'habitude. Je suis à moitié morte déjà. » Pour l'entraîner, je me mis à chanter. Je chantais faux, mais à voix de tonnerre et sur un mode qui n'appartenait qu'à moi. Je réinventais les chansons à côté de leur air. L'étrangère riait à pleine gorge. « Taisez-vous... Vous me coupez les jambes avec vos chansons. » Je me tus, mais lui pris le bras. Elle se laissa faire, mais je n'avais contre moi qu'un bras endormi, un membre lourd. Je devais la traîner sans avoir le droit de toucher à sa vie. Je me fatiguai vite. Tous ces jeux improvisés pour tromper le découragement de la jeune femme avaient tout de même mangé le temps. Nous avions dépassé le Bout de Côte et, déjà, les ruines du Crestat apparaissaient devant nous. La nuit tombait dans le trou noir de la vallée. L'étrangère marchait sans rien dire, les dents serrées, les yeux grands ouverts, et souriait chaque fois que je me tournais vers elle comme font les gens qui soufflent. Maintenant, je parlais à perdre haleine : « Vous voyez bien que j'ai eu raison de vous enlever dans la montagne... Sans ça, vous seriez déjà couchée, endormie... je déteste le sommeil. Si je trouvais des compagnons, je partirais tous les soirs en course, comme aujourd'hui... Et des compagnons comme vous ! Vous verrez, le matin... On a la fièvre et, dès le petit jour, la fièvre passe. »

Maintenant, le moindre caillou suffisait à faire buter le pied de l'étrangère. Souvent, déséquilibrée dans sa marche, elle m'attrapait par le bras en poussant un petit cri. Je la soutenais de mon mieux en essayant de garder entre mes doigts sa manche de laine chaude ou sa main froide. Le vent s'était tendu et, par moments, nous pliait sous ses rafales. Il me semblait qu'il entrait jusqu'au fond de moi. A chaque instant, son tumulte emplissait ma tête et ma gorge et je m'arrêtais brusquement de parler en pensant que j'allais être seul avec l'étrangère dans la petite casemate sombre où le feu s'allumerait en grondant devant la litière de genêts sur laquelle je jetterais mes couvertures.

Je n'imaginais pas un refus. Je ne pensais même pas avoir à démasquer mon désir. La solitude allait pourvoir à tout. L'étrangère n'avait-elle pas accepté de venir seule avec moi, au fond de ce désert ?

Nous nous étions arrêtés devant les sapins. Elle était restée cinq minutes, allongée à plat ventre, la tête enfoncée dans l'herbe fine, les bras en croix, comme morte. Pendant ce temps, assis, la tête levée aux étoiles, j'avais donné plus libre cours à ma folie. Ce n'était même plus une attente. J'allais recevoir le don du secret dans une exaltation victorieuse du sommeil et de la fatigue.

Au creux du col, j'entrai le premier dans la cabane. Je criai pour que l'étrangère puisse me suivre à la trace. En quelques coups de pied, je ramassai la litière éparse, j'étendis sur elle mes couvertures et, quand la jeune femme entra, les mains hautes contre le mur, je soufflais déjà sur des brindilles que j'avais rassemblées sous la hotte de la cheminée.

— Allongez-vous... Je vais chercher de l'eau et du bois. Mettez-vous là, sur la couverture, devant le feu...

Je l'entendis qui se laissait tomber sur les couvertures. Du bout du couloir, avant de refermer la porte, je me retournai pour crier encore :

— Quittez vos souliers... Débouclez votre ceinture.

Je courais dans la nuit vers le groupe des petits sapins tués par l'hiver où je savais trouver du bois sec. Allégé de mon sac, je me sentais plus dispos qu'au départ. Les branches grises éclataient dans mes bras ou sous mes talons dans des froissements de mousses et de lichens. Je revins, chargé d'un fagot énorme. Le feu de brindilles touchait à sa fin. Je le ranimai et lançai des bûches dans ses flammes. Sous la chaleur, l'étrangère grogna. Elle était couchée sur le dos, déchaussée, les mains sur les yeux. Elle se tordit un peu sans découvrir son visage. Sous le chandail étroit, son torse battait par courbes lentes. On aurait dit une cuirasse bleue, avec les deux coquilles qui trahissent les héroïnes. La rage du feu balançait sur elle des lueurs de batailles. Je restai debout à regarder cette Diane endormie, certain qu'elle allait se réveiller, ouvrir ses mains et me faire signe de tout son visage. Je me laissai tomber à genoux, à côté d'elle, et restai penché sur son souffle, tout proche, la nuque serrée. L'étrangère grogna de nouveau, ses mains se crispèrent deux fois et, lentement, ses bras s'ouvrirent. Ses yeux se posaient sur moi. Je devais avoir l'air fou de jeunesse maladroite et de désir déjà suppliant.

Elle restait immobile, mais ses yeux d'aînée me tenaient à distance. Je ne bougeais pas non plus. J'étais déjà déconcerté d'être si près d'elle. A longueur de bras, mon visage était sur le sien et je retenais mon haleine pour ne pas lui voler son air. Elle me regardait et j'eus brusquement l'impression qu'elle venait de dominer sa fatigue. Alors, elle dit d'une voix dont elle semblait entièrement la maîtresse, une petite voix sourde et volontaire : « J'ai dormi ? Faites-moi manger, voulez-vous ? » Et puis, sur un regard plus appuyé : « Allons, je vous en prie. »

J'étais déjà debout. Je fouillais dans mon sac, je mettais la table devant elle. Accroupie, elle riait en me voyant sortir toutes mes victuailles. « C'est un réveillon ? » Mes mains tremblaient un peu comme la corde détendue d'un arc et j'étais rouge des cheveux jusqu'aux épaules. Je venais d'apprendre que le secret ne se livrait pas de lui-même et qu'il fallait savoir le conquérir. D'un seul coup, j'étais retourné aux faiblesses de l'adolescence.

L'étrangère me tenait toujours à distance rien qu'avec son regard méfiant. Nous mangions, à petites bouchées. Elle me dit : « Vous êtes un enfant. » Je répondis d'un air mauvais : « On a vu ça tout à l'heure, dans les rochers, sous le sac. » Elle reprit : « Ce n'est pas de ça que je parle », et je sentis que je ne m'évaderais plus de ma défaite.

Quand nous eûmes fini de manger et de boire, nous entendîmes chantonner un restant de café au fond de la marmite. La buée ruisselait sur les vitres sales. C'était l'instant où l'on croit sentir autour de soi l'immense mouvement de la terre et du ciel qui tourne avec elle en entraînant les étoiles. La jeune femme me demanda : « Le jour est encore loin ? » Je regardai ma montre en l'inclinant vers le feu : « Encore deux heures avant l'aube. » Nous nous étions allongés l'un contre l'autre et le feu déclinait devant nous par sauts brusques. La pénombre semblait bondir dans la pièce. Sous cette nuit, je me libérai à nouveau de ma honte, mais je n'avais plus la force de retrouver le désir déçu qui lui avait donné naissance. Quand il fit complètement nuit, autour de nous, et que le feu ne fut plus qu'une tache de braise, luisante comme un œil de bête, j'entendis l'étrangère qui disait : « Ce serait idiot... Je suis tellement plus contente... Si vous saviez. » Je touchais son bras de mon bras et, par lui, je sentais battre sa poitrine. Elle ne parlait plus et semblait endormie dans ce grand bercement de la terre et des astres. Une fatigue qui n'était pas celle de l'escalade ou de l'insomnie m'envahit brusquement. Je sentais le sommeil venir d'elle à moi comme une eau calme et je lui cédai sans avoir eu besoin de l'appeler même une seconde.

Une lueur d'acier, plaquée aux vitres, fit passer un premier rêve dans ce sommeil profond. Je dus parler à haute voix en sentant l'approche du jour. Ma propre voix acheva de me réveiller et je vis l'étrangère assise à côté de moi qui regardait vers la fenêtre. En voyant mes yeux ouverts, elle me dit : « Oui, c'est le jour. » Je sautai sur mes jambes, je lui tendis son manteau et, laissant le sac et les couvertures dans la cabane, je l'entraînai par la main vers le sentier de la crête. Je la faisais courir pour arriver au sommet avant le soleil. Des criquets verts à gros ventre annelé se traînaient dans les herbes au milieu des gouttelettes où ne se brisait encore aucune lumière. Du creux des chaumes, des alouettes plongeaient au ciel comme des cailloux noirs qui ne retombaient pas sur la terre. Notre course vers le sommet nous semblait être aussi une sorte de chute dans l'espace ouvert devant nous. Nous participions au vertige des oiseaux entraînés vers le ciel. Il nous semblait que nous allions pouvoir dépasser la crête comme eux. L'étrangère avait lâché ma main et courait à côté de moi en épuisant les forces que venait de lui redonner le matin. Rien n'avait encore de couleur, mais je savais qu'un trait de feu allait suffire à transformer le monde. Comme nous arrivions sur le sommet, le soleil jaillit devant nous et ce fut le visage de ma compagne qui sembla s'illuminer le premier de sa lumière.

Nous étions au bout de cette féerie. Nous n'espérions plus pouvoir dépasser la crête de notre course. Tout avait repris sa pesanteur et sa place normale. Je me souvenais de mon désir comme d'une illusion qui n'avait pu naître que de la nuit.

Qu'ai-je pu dire alors pour achever de m'arracher à mon trouble ? Je me souviens d'avoir parlé longtemps, les jambes ballantes dans le vide, assis sur le bloc ruiné qui couronnait la montagne. Allongée à côté de moi, l'étrangère m'écoutait en contemplant la poussière de roches, durcie par la nuit et mélangée aux auréoles brunes des lichens. Parfois, elle me regardait de biais pendant quelques secondes, d'un air étonné. Je parlais de l'avenir avec la férocité de l'adolescence. « Quand j'aurai fini mes études, je veux... », je confessais des ambitions. Je me grisais d'une force inconnue à laquelle rien ne pouvait faire obstacle. « J'ai dix-sept ans... Je vais les avoir bientôt... » Je déchaînais ma volonté en inventant de grands desseins qui jamais n'avaient effleuré ma pensée. Je suivais la loi du jour qui achevait de se rendre maître du monde.

L'étrangère ne regardait plus vers moi. Sa tête restait penchée, attentive pourtant. Je parlais toujours. Quand je m'arrêtai, il y eut un petit trou de silence. Puis elle répondit simplement :

— J'ai plus de trente ans... J'ai passé l'âge où l'on attend tant de choses.

Je ne comprenais pas le sens de sa réponse. Mais elle se releva et je vis son visage bouleversé, marqué de fatigue et d'angoisse. Elle ajouta : « C'est bien », comme pour m'encourager, comme pour me confirmer dans cet élan sans tendresse et me laisser libre devant moi-même.

En redescendant du sommet, je lançais des cailloux vers les abîmes, pour user cette force que je venais de découvrir en moi. J'avais besoin de ces gestes violents. J'aurais voulu pouvoir courir, escalader les rochers, descendre des pentes à corps perdu. Du désir brutal, du vertige d'adolescent qui me dominait la veille, était né, dans cette nuit chaste, un autre désir : celui de traiter en égal avec les forces du monde. En arrivant devant la cabane, je chantais comme un paysan, meneur de bœufs. Mes projets d'adolescent semblaient marcher en cortège derrière moi. Je les tenais sous le joug, dociles à mon aiguillon. Je chantais pour eux la belle journée et je lançais le cri aux bêtes en me retournant en arrière, le torse haut, la tête levée :

La belle journée — eh — oh...
La belle journée — qu'il va faire...

J'avais découvert un autre secret que celui dont nous parlions entre nous, à voix chaude, sur les rochers blancs du bord de la rivière.

Le reste du jour, je flânai sur les crêtes avec l'étrangère. Elle n'était plus pour moi qu'un camarade, un compagnon de rencontre. Je m'aperçus seulement alors que j'avais oublié de lui faire dire son nom. Pendant un instant, je fus sur le point de le lui demander, mais l'indifférence fut la plus forte. Elle resta pour moi l'Etrangère. Elle ne faisait que passer à travers un domaine dont je restais le maître.

Que ce domaine était beau ! C'était à la fois mon héritage et ma future conquête. Il était plein de sources et de granits, de lisières noires aux branches entrelacées et de pâturages. On y rencontrait des bêtes vivantes et des hommes. C'était un jardin sauvage ouvert sur toute la vie, plein de mystères et de secrets.

A la nuit tombante, après avoir dévalé les sentiers et les

prairies, je ramenai l'étrangère jusque chez elle. Je ne lui demandai pas de la reconduire, un autre jour, dans la montagne. Dans l'impasse sombre, je retrouvai mes amis, qui m'attendaient. Laurent me prit le bras et me demanda d'une voix courte, presque suppliante :

— Alors ? Raconte-nous. Que t'a-t-elle donné ?

Et je répondis sans mentir :

— Tout.

ROUX LE BANDIT

A mon frère

Les Cévenols sont naturellement bien sous les armes, propres à la guerre et à servir dans l'infanterie...

Mémoires de Basville

1

— Roux, c'est un homme qui a fait de la prison. Dans le pays tout le monde l'appelle « Roux le Bandit », et je ne peux plus lui donner un autre nom, à cause de l'habitude. Mais pourtant, s'il était là, je lui serrerais quand même la main avec plaisir et honneur.

L'auditoire approuvait... Tous ces hommes de la montagne connaissaient évidemment l'histoire de Roux le Bandit. Ils l'avaient sans doute entendu raconter déjà bien des fois, mais, dans cette après-midi de repos, ils acceptaient tous de l'entendre une fois de plus, et ils lui prêtaient même cette attention respectueuse et passionnée qu'ils ne peuvent accorder qu'aux événements symboliques.

Leur attention manifestait par avance la valeur morale de cette histoire : car, Cévenols de la vallée ou de la montagne, ardemment soumis à la discipline des paraboles sacrées, volontairement pauvres de récits et de légendes locales, occupés seulement par les souvenirs bibliques et par les quelques histoires de confesseurs et de martyrs qui les rajeunissent et les éternisent, ils ne savent pas se passionner pour une simple histoire romanesque. Quand ils s'attachent à une légende, c'est toujours parce qu'ils trouvent en elle un enseignement moral, une suite logique des évangiles, un sermon vécu sur lequel ils pourront méditer et argumenter, comme ils aiment à le faire sur les versets de la Bible.

Il y a quelque chose dans cette tendance qui semble venir du fond des temps, et ces simples gardiens de chèvres et de bœufs, ces laboureurs trapus du nord du Gard, font penser aux docteurs subtils du Moyen Age qui reprenaient sans cesse les mêmes problèmes.

Finiels reprit :

— Nous le connaissions tous, puisqu'il était de Sauveplane, le dernier mas de notre vallée vers la montagne... Vous trouvez ce mas à main gauche, en montant sur la Luzette, après les grandes prairies du terroir de Puéchagut. Il est juste sur la limite des châtaigniers, à côté d'une bonne source où l'on trouve les trois seuls peupliers de cette montagne. Le Roux habitait là, avec sa mère et ses deux sœurs. Il n'était pas sans rien, et son père lui avait laissé de quoi passer ses hivers, en travaillant dur, mais sans se faire d'inquiétude. Il avait ce mas, quelques vignes et quelques mûriers vers la vallée et des prés pour ses bêtes sur la montagne. Mais, à Sauveplane, l'hiver est rude et la mauvaise saison ne vaut rien, et tout ça, les vignes, les bêtes et les quelques terres à seigle, ne suffisait pas au travail de ce garçon, surtout à cause de ses deux sœurs et de sa mère qui faisaient marcher les bêtes et tout le train du mas. Aussi Roux travaillait surtout vers la montagne aux bois de l'Etat dont il achetait les coupes ; il y trouvait son gros travail et le meilleur de son commerce. A la montagne, il coupait son bois, faisait ses fagots, les chargeait sur son char, et puis, par les beaux temps, quand les routes forestières sont solides, il les descendait à la station avec sa paire de bœufs qui valait bien mille francs d'avant guerre... A la bonne saison, il passait ici chaque semaine : le garçon le sifflait au passage et descendait avec lui jusqu'à Saint-Jean : ils avaient fait leur école ensemble et passé leur certificat la même année, aussi c'était toujours leur plaisir de se retrouver un peu.

Cette précision arrachait Roux le Bandit à la légende. J'avais cru deviner en lui quelque personnage à demi fabuleux des anciennes histoires locales : il se révélait au contraire comme un jeune homme semblable au « garçon » qui, près de moi, approuvait les dires de son père...

Trente-cinq ans ; la stature courte, mais solide ; un paysan depuis l'enfance, sorti de l'école primaire et de la maraude, avec l'habitude des bêtes — du cheval et des bœufs —, l'habitude des outils et l'habitude de la terre. Mais, sous cette apparence si complètement paysanne, on devine les marques d'une autre existence, la longue habitude d'un autre service que celui de la terre, la dure expérience de servitudes plus dures encore que celles du travail, de la vie parcimonieuse et toujours inquiète, et de la demi-solitude de la montagne.

En regardant le fils de Finiels et les autres montagnards qui nous entourent, je replace Roux au milieu de ses pareils, et grâce à ces hommes, je peux l'imaginer avec exactitude et me représenter son existence... L'enfance vagabonde dans le cercle étroit d'une vallée et de deux lignes de montagnes : la garde des bêtes, la recherche des champignons, le transport du bois sec, le ramassage des châtaignes et les vendanges ; la silencieuse gravité de cette enfance, le spectacle quotidien des sommets sévères et des combes tristes, la pauvreté du paysage, et des villages et des maisons ; la rivière, la route, les quatre chemins, les mille sentiers de la montagne ; l'austérité des vieilles gens, leur autorité sur toute chose, l'enseignement de la maison, plus dogmatique que celui de l'école ; les traditions religieuses, l'habitude des sermons et des prières, l'observance des grandes règles de la morale chrétienne envisagées avec une froide résolution protestante et montagnarde... Puis brusquement, au milieu de ces habitudes, de ces traditions, de cette solitude matérielle et morale, la guerre : et les cinq années de service, les fatigues et les dangers, la vie de la guerre apprise comme un second métier.

Finiels continuait :

— Le dimanche, il descendait à Saint-Jean avec sa mère et ses deux sœurs pour le service de l'après-midi. Il ne pouvait pas aller au service du matin à cause de la distance, mais il s'arrangeait toujours pour dîner de bonne heure et pour aller assister au culte du grand temple ou bien à celui de la chapelle méthodiste. Il allait même plus souvent à celui de la chapelle, par préférence, mais sans ressembler pour cela à ces grands soutiens du bon Dieu qui cherchent surtout à se faire voir et à se glisser partout. C'était un garçon droit qui aimait entendre la Parole et qui, sans être de toutes les réunions de prières et de toutes les assemblées, connaissait sa Bible et respectait la morale.

J'aurais répondu de lui comme de mon garçon et même mieux, car il n'avait jamais eu la tête folle : il ne parlait pas aux filles, il buvait son vin de bon cœur, mais personne n'a jamais pu le voir avec un coup de trop...

Pour tout dire, il était un peu sauvage, un peu fermé et je ne crois pas qu'on l'ait vu rire bien souvent : il avait même un air sévère et comme une fierté naturelle qui l'empêchait de parler à ceux qu'il ne connaissait pas bien ; mais, s'il vivait beaucoup en dedans, c'était par habitude de la montagne, par accoutumance à son métier de bûcheron qui le laissait tout seul des journées entières, et non pas par méchanceté ni par malice.

Les choses marchaient leur petit train comme de coutume lorsque vint la guerre. Vous savez comment elle nous prit : on en discutait depuis plusieurs jours quand, le samedi, on nous annonce qu'on mobilise. Nous descendons tous à Saint-Jean comme pour le marché et nous nous rendons à la Commune. Nous y trouvons les affiches, le tambour et le branle des cloches de l'église et du temple.

Je rencontre mon Roux sur la place, avec tout le monde : la jeunesse chantait, les femmes pleuraient et nous autres, les vieux, nous nous faisions du souci pour la terre, les bêtes, les maisons et tout le bien des familles... Dans ce désarroi le maire passe et me crie :

— Ton garçon va partir, Finiels, mais la mobilisation n'est pas la guerre : ils auront peur à la dernière minute quand ils verront que nous sommes prêts.

— Bien sûr, lui dis-je, bien sûr...

— Si personne ne voulait aller à la guerre, me dit le Roux, ce serait encore plus sûr.

Le sang me tourne et je prends une colère :

— Tu voudrais bien ne pas marcher et laisser les autres partir à ta place ?

— Je voudrais bien que les hommes ne se tuent pas.

Là-dessus, mon garçon qui passe avec une bande de jeunesse :

— Eh bien, Roux, nous partons ensemble ?

Mais le Roux se met à citer l'Ecriture et à faire comme un sermon sur la guerre et sur la justice. Autour de nous la jeunesse l'écoutait, mais ce n'était pas le jour de la patience. On lui criait :

— Tu veux donc qu'ils viennent jusqu'ici, qu'ils te prennent ton mas, et tes sœurs et ta mère ?

Tout le monde connaissait Roux, il n'avait là que des amis, mais, un moment, je crus qu'on allait quand même lui faire un mauvais sort.

— Tu déraisonnes, lui dis-je, et là-dessus, nous finissons

les discours et nous remontons au mas préparer les paquets du garçon.

Le Roux remonte avec nous et ne desserre pas les dents de toute la route. Arrivés ici, il nous quitte et continue vers Sauveplane.

— A tout à l'heure, lui crie mon garçon.

Le Roux se retourne et fait un geste de son bras, comme ça, comme pour dire « au revoir », et le voilà parti.

Nous faisons les paquets, les comptes, tout ce qu'il faut faire, et nous redescendons avec le fils à la station... Vous connaissez Saint-Jean : ce n'est qu'une longue rue étroite, si bien qu'il suffit que les gens des boutiques sortent sur le pas de leur porte pour que la ville paraisse pleine de monde. La place qu'on a faite au bout de la rue, juste devant la gare, n'est guère plus large et les garçons et les filles la remplissent presque, les soirs d'été, quand ils viennent en bande attendre le train de 10 heures... Mais ce jour-là était bien le plus grand jour de monde qu'on a pu voir dans cet endroit. Les gens de la ville, ceux des trois vallées et même ceux de la montagne se trouvaient là tous ensemble... Nous cherchons le Roux dans cette foule, je le demande à tout le monde : personne n'avait vu Roux de Sauveplane.

— Je le retrouverai à Nîmes, dit mon garçon, il a dû descendre par les raccourcis et il doit être déjà dans le train.

Là-dessus, nous ne pensons plus à Roux... Vous comprenez qu'on avait quand même d'autres choses à dire...

Le fils parti, je remonte au mas où la besogne n'allait pas manquer... Les hommes jeunes nous laissaient tout seuls pour le gros travail de l'été : sur les montagnes, les moissons n'étaient pas encore toutes faites, et dans le fond des vallées, il nous fallait déjà penser à la vendange...

Quelque temps après, j'étais dans mes traversiers [1], au-dessus

1. En Cévennes, les parties inférieures des montagnes à pente raide sont couvertes de petits murs en pierres sèches, qui retiennent la terre et dessinent des terrasses successives où la culture est possible. Ces terrasses, plantées généralement en vignes et en mûriers, sont appelées traversiers. Sur les pentes ravinées, elles présentent des petits jardins parallèles et irréguliers où se retrouvent les conditions normales de la vie, où le soleil frappe d'aplomb, où les eaux de la pluie pénètrent dans la terre au lieu de dénuder la roche. Quelquefois, auprès d'un mas, une source froide jaillit d'un des murs de soutien par un drain de pierre caché sous les mousses. Les traversiers se

de la route, quand le brigadier de Saint-Jean passe avec un gendarme.

— Bonjour, Finiels.

— Bonjour, messieurs.

Je descends de mes traversiers et je leur demande :

— Vous montez à Sauveplane ?

Ce n'était pour ainsi dire pas une question à leur faire, puisque, par cette route, on ne peut aller qu'à Sauveplane, ou bien qu'à la montagne ; et je pensais bien que, par ces temps-là, les gendarmes n'avaient rien à faire à la montagne.

— Parfaitement, me répond le brigadier, Roux ne s'est pas rendu, nous allons voir s'il est à sa ferme.

Je pense à mon petit qui nous laissait sans nouvelles depuis deux semaines, et la colère me reprend, je me mets à dire : « Le monstre... » Le brigadier me répond :

— C'est un déserteur.

Déserteur ? ce n'est pas un mot qui nous dise quelque chose, c'est un mot d'instituteur, un mot de l'école. Je dis au brigadier :

— Déserteur, si vous voulez, c'est bien possible : mais c'est un monstre.

Le gendarme qui n'était pas d'ici me regardait comme une bête, puis il se met à dire à son tour :

— Parfaitement, c'est un déserteur.

Mais moi, je répétais en patois *d'aquéu mounstre, aï, d'aquéu mounstre*, au brigadier qui me comprenait bien puisqu'il est dans le canton depuis plus de dix ans. Au bout d'un moment, le brigadier me demande avec embarras :

— Il n'y a que sa mère et ses sœurs à Sauveplane ?

— Autant que je peux vous le dire.

Je réfléchis un moment, puis j'ajoute :

— Si vous voulez que je vous accompagne, je suis votre homme, je connais la famille et les aîtres.

— Venez donc, Finiels, vous parlerez à ces femmes : vous leur ferez moins peur que nous autres.

— Pour être voisins, nous le sommes, et c'est presque un service à leur rendre.

Là-dessus, je prends ma veste et nous montons ensemble.

---

couvrent alors de jardinage, et de grands tournesols encadrent le bassin de pierre où se régularise le courant de la fontaine.

C'est notre habitude de nous mêler un peu de tout ce qui se passe à Sauveplane, et les gens de Sauveplane nous le rendent. C'est comme ça depuis les anciens, et par nécessité à cause de la solitude : qu'un malheur arrive à Sauveplane et nous y montons tout de suite, que quelque chose nous arrive et voilà les gens de là-haut qui descendent.

La première fois que je suis monté à Sauveplane c'est avec mon grand-père, quand je n'avait pas encore huit ans, pour le malheur de l'arrière-grand-père de Roux. En faisant son bois, il avait été mordu par un serpent, à son côté, à travers sa chemise.

Dans ce temps-là, il y avait une autre famille à Sauveplane, qui habitait dans la jasse abandonnée à côté de la source... Depuis, ces gens ont eu leurs malheurs, ils sont allés mourir dans les villes et la fille a fini en se vendant aux hommes pour une misère... Justement, ce jour-là, cette petite descend en courant :

— Le Roux a été piqué par une mauvaise bête.

Mon grand-père, qui s'y connaissait dans les plantes et dans les remèdes, prend sa veste et m'appelle :

— Viens avec moi, tu pourras redescendre chercher des choses si besoin.

Et je pars avec le grand-père. On arrive à Sauveplane : le vieux était sur la paille, devant sa porte, et tout bleu, gonflé comme un crapaud, avec la chemise défaite et une grande plaie au côté. Les femmes l'avaient brûlé avec un fer rouge, mais trop tard, puisqu'il avait fait vingt minutes de chemin à course avec le poison de la bête sous la peau. Sa tête se perdait déjà : mon grand-père le regarde et me dit :

— Descends au mas, tu diras au père qu'il monte et qu'il dise aux femmes de ne pas nous attendre ce soir.

Bien sûr qu'il pensait déjà à mettre le mort au suaire et à le veiller... Je prends donc le chemin d'en bas et je m'en retourne seul, pour la première fois, de Sauveplane : ce qui n'était pas bien difficile puisqu'il n'y a qu'une seule route qui suit tout le temps le fond de la vallée...

Le même soir, l'arrière-grand-père de Roux mourait de son serpent, et mon grand-père et mon père lui faisaient la veillée, tandis que je ne dormais pas, de la frayeur. Et depuis, c'est toujours la même chose : on ne monte à Sauveplane que pour des malheurs ou bien, par hasard, pour des fêtes, comme pour le mariage d'une fille...

En plus, au changement de saison, nous y passons toujours avec la charrette pour aller voir si le toit de notre bergerie tient toujours et pour y porter quelques bricoles... Les autres fois, quand nous montons à la montagne sans la charrette, nous prenons par les raccourcis, en coupant droit au-dessus de Sauveplane au milieu des fayards et sur les prés de Roquelongue...

Toutes ces histoires me ramènent à mon histoire d'aujourd'hui : je monte donc avec les gendarmes comme pour les autres malheurs. En chemin, nous parlons de la guerre, et le brigadier qui savait bien des choses n'avait pas l'air d'être en grande confiance... A huit cents mètres du mas, au dernier tournant avant les prairies, le brigadier me dit :

— Passez devant, Finiels : l'oiseau ne doit pas être au nid, allez parler un peu à ces femmes...

Il les plaignait sans doute et ne voulait pas leur faire trop d'émotion : je double mon pas et j'arrive au mas. La vieille était sur le pas de la porte et les deux sœurs au jardinage. Je dis à la vieille :

— Où est le garçon ?

— Je le sais, moi ?

— Peut-être pas. Mais il y en a d'autres qui le savent peut-être.

— Qui d'autre ?

— Le gouvernement, peut-être.

— Eh bien qu'il le cherche, le garçon est où il doit être.

Et plus moyen d'en tirer autre chose...

Les deux filles continuaient leur jardinage et portaient de l'herbe aux lapins. Je pensais à part moi : « Elles le cachent, elles savent bien qu'il ne s'est pas rendu. » Et je me sentais reprendre par la colère.

La mère de Roux est une sainte femme, pieuse et honnête, courageuse au travail et bonne pour les voisins : elle avait soigné ma femme pour une maladie qu'elle avait faite après un froid, mais, de ma colère, j'oubliais déjà toutes ces choses...

Voilà tout d'un coup mes deux gendarmes qui s'amènent.

— Bonsoir, mesdames, et toute la compagnie, fait le brigadier par politesse.

— Bonsoir, messieurs, répond la Finette (c'est le nom que l'on donne à la mère de Roux), vous allez à la montagne ?

— Pas précisément... nous venions ici pour quelque chose...

Après un moment passé sans rien dire, le brigadier demande à la Finette :

— Le garçon n'est pas ici ?

— Bien sûr que non... le voilà parti depuis longtemps.

La colère, et aussi la pitié pour ces femmes, me tapait dans la tête : je sentais maintenant que je gênais un peu les gendarmes, aussi, sans dire le bonsoir à personne, je prends la route d'en bas, et me voilà parti. Les gendarmes restent derrière pour dire à ces femmes ce qu'ils avaient à leur dire...

Je descendais donc sans me presser, quand, au milieu de la route, les gendarmes me rattrapent...

— Le garçon n'est pas à Sauveplane, me dit le brigadier, mais il ne s'est pas rendu quand même. Il doit être passé en Espagne, ou peut-être...

— Ou peut-être ?

— ... Il se cache dans la montagne... En tout cas les femmes le savent mais elles ne veulent rien dire, et il n'y a pas moyen de les y forcer...

— C'est peut-être bien vrai qu'il se cache dans la montagne, parce que c'est la bonne saison. Mais dans un mois d'ici, les nuits seront fraîches et, dans deux mois, la neige pourrait bien commencer...

— Dans deux mois, la guerre sera finie... mais nous aurons bien attrapé notre homme.

— N'y croyez pas : la montagne est grande et ce garçon la connaît mieux que personne. Il aura peut-être de la peine à trouver de quoi pour sa subsistance, mais les cachettes ne lui manqueront pas.

— Le mieux sera de surveiller la ferme, dit le brigadier au gendarme, pendant que je répétais en marchant : « De ce monstre, de ce monstre, quand même. »

Nous arrivons ici ; tout le monde connaissait déjà la nouvelle et les femmes répétaient depuis une heure :

— Le Roux de Sauveplane ne s'est pas rendu et les gendarmes sont allés le chercher.

Tout ce monde était enragé contre Roux ; on disait :

— Les Prussiens pourraient bien venir à Montpellier et même à Nîmes, si tout le monde faisait comme lui.

— On dit bien des riches, mais le directeur de la filature s'est engagé quand même.

Le vieux Sanguinèdes — qui est mort l'année dernière — répétait à tout le monde :

— En septante, les hommes étaient plus courageux ; moi-même j'ai failli partir, je suis même allé jusqu'à Nîmes : et c'était une autre guerre, c'était une guerre dans l'hiver, et dans un mauvais hiver.

On n'aime pas trop les gendarmes dans nos pays, à cause du bois et de la pêche et de la chasse et des lanternes des voitures, et de bien d'autres choses encore, mais, quand même, je les fis entrer ce jour-là pour prendre un verre de quelque chose de fort. Presque tous les hommes du village vinrent aussi, ceux du moins qui n'étaient pas à la guerre... Tenez, il y avait le Liron, le Panard, le Berthézène et d'autres qui sont morts depuis.

Dans son coin, le vieux Liron approuve et se souvient. Finiels reprend :

Donc, après boire, je dis aux gendarmes :

— Pour ainsi dire, ce garçon a fait quelque chose qui n'est pas bien.

— Pour ça, oui, reprennent les autres.

— C'est un déserteur, fait le gendarme qui était nouveau dans le pays et qui nous regardait comme des bêtes.

De nous voir tous si bien disposés, et moi particulièrement, le brigadier se met à me dire :

— Finiels, ce garçon-là n'est pas honnête, il mérite bien d'aller en prison... S'il se cache dans la montagne, vous finirez par le voir en allant au bois ; alors, n'est-ce pas, vous nous ferez signe ?

— Ce sont des choses qui pourraient bien se faire, lui dis-je en le raccompagnant sur la route. Et là-dessus nous nous quittons bons amis...

Nous étions tous enragés contre Roux, et moi peut-être plus que les autres, à cause de mon garçon ; mais, quand même, la demande du brigadier m'avait fait quelque chose... Les gendarmes sont les gendarmes, et nous autres, nous travaillons la terre : chacun son métier. Pourtant nous étions si colères contre ce garçon que, pour une fois, nous aurions peut-être aidé les gendarmes. Le Panard répétait à tout moment : « Si je le rencontre avec mon fusil, je le démolis comme une bête. »

— C'était la colère, à cause de mon gendre qui était à la guerre, et de toutes nos affaires qui allaient à l'abandon, coupe le Panard, mais quand même, je lui aurais bien peut-être fait un mauvais sort sur le moment.

— Et moi aussi, reprend Finiels, et tous les hommes de la vallée pareillement. Nous avions tous été d'accord pour cette guerre : dans nos montagnes, personne ne s'était avisé de dire qu'il ne fallait pas marcher, et nous avions laissé partir les hommes jeunes de nos familles, sans discuter une minute. Vous comprenez donc que nous ne pouvions pas approuver un homme qui n'avait pas voulu faire comme tous les autres... Mais ce qui nous enrageait peut-être encore plus, c'était de ne rien savoir de sûr dans cette affaire.

« Il est en Espagne. Il s'est laissé prendre à la frontière », nous disaient les uns, tandis que les autres venaient nous dire : « Il se cache dans la montagne, derrière la Luzette, vers la forêt des Oubrets. Il descend la nuit à Sauveplane pour manger, et il ne quitte jamais sa carabine. »

Le garde de la Luzette laissait comprendre qu'il le tenait à l'œil, et il répétait dix fois la journée :

— Je le descendrai à Saint-Jean par les oreilles !

Mais ce n'étaient que des racontars et personne ne savait rien.

Les gendarmes pourtant rôdaient souvent du côté de Sauveplane, et quelquefois même en pleine nuit... Un matin, en me rendant à la station pour la première heure, je les rencontrai qui descendaient de la montagne, glacés comme des pêcheurs. Mais de Roux, pas de nouvelles.

2

Pendant ce temps, la guerre durait : la mauvaise saison s'avançait et les nuits devenaient longues et froides. Sur la montagne, il y avait déjà de la neige par endroits, et le brouillard prenait les pâturages d'en haut presque chaque jour.

Si le Roux était dans la montagne, c'était son mauvais temps qui commençait et nous en étions bien contents parce que les malheurs avaient commencé déjà depuis longtemps pour les familles. Le Finiels de la Vernède avait été tué, le Buffard de la Borie avait eu sa jambe coupée, Randon le cantonnier ne donnait plus de ses nouvelles depuis un bon mois. Tous ces malheurs avaient encore augmenté la colère des gens du pays contre le Roux et même contre sa famille. Aussi la Finette et ses deux filles restaient enfermées à Sauveplane ; elles ne descendaient plus ni pour le marché ni pour le culte... Une seule fois, la plus vieille des filles descendit à Saint-Jean pour chercher de la laine : on lui fit peut-être vingt affronts dans les boutiques, si bien qu'elle remonta sans rien acheter...

Chacun vivant sur son malheur, la Finette et ses filles ne sortant plus de leur mas, personne n'ayant rien à dire de nouveau sur le Roux, on commençait à l'oublier un peu, quand un jour, juste avant le commencement du gros hiver, deux femmes de la montagne qui portaient des fromages à Saint-Jean le rencontrèrent sur leur route en descendant les raccourcis de Roquelongue.

A ce coup, la chose était sûre, le Roux était dans la montagne, comme une bête, comme un chien fou qui fuit ses maîtres. Il était naturel de penser que la peur seule avait pu le pousser à faire ce coup de tête, et ce n'était pas une raison qui pouvait nous le faire excuser. S'il n'avait pas voulu partir parce que ses moissons n'étaient pas faites ou parce qu'il avait à veiller sur ses bêtes et s'il était resté bien tranquille à son mas, et — en mettant les choses au pire —, s'il avait reçu les gendarmes à coups de fusil, et si, en fin de compte, il était allé se cacher dans la montagne pour sauver sa vie, nous aurions peut-être pu le comprendre. Je ne veux pas dire que nous lui aurions donné raison, mais nous n'aurions pas eu la même colère contre lui. Mais, dans ces premiers temps de la guerre, nous ne pouvions pas deviner les raisons qui l'avaient poussé à se cacher dans la montagne, et, de la façon dont les choses se présentaient, nous ne pouvions que le mépriser d'avoir agi comme une bête menée par la peur, qui ne sait rien faire d'utile, ni pour les autres, ni pour elle-même...

C'est à ce moment-là qu'on se mit à l'appeler « Roux le Bandit ». Vous savez en effet que dans le pays on trouve des Roux, comme des Finiels, à tous les mas, à toutes les jasses, à tous les villages. Alors, pour ne pas se tromper, on dit « le

Roux de Sauveplane », « le Roux de Malet », « le Roux de la Vernède ». On se mit donc à dire « Roux le Bandit » comme on disait avant « Roux de Sauveplane ». On ne voulait pas dire par là qu'il eût tué ou volé, mais simplement qu'il n'était plus d'aucune ferme ni d'aucun village, et qu'il était quelque chose comme un braconnier dans la montagne...

Nous pensions bien qu'il devait descendre de temps en temps, au milieu de la nuit, jusque chez sa mère pour manger un morceau et pour prendre quelques provisions d'avance. Sans ce manège, il n'aurait pas pu vivre une semaine dans la montagne où l'on ne trouve rien d'autre que des baies sauvages et des framboises au meilleur moment de la bonne saison. Mais nous étions sûrs que la surveillance des gendarmes et des voisins devait l'empêcher bien souvent de descendre jusqu'à Sauveplane et l'obliger à faire pitance dans la montagne. Et maintenant que l'hiver venait pour tout de bon, et que le froid allait s'ajouter à la famine, nous pensions qu'il allait être puni de son coup de tête et de sa mauvaise action. Dans les premiers mauvais jours de cette année-là, cette idée me reprenait chaque fois que je regardais vers la montagne... Vous ne voyez peut-être pas bien ce que c'est que l'hiver dans la montagne ?

Je me flatte de bien connaître la montagne, presque aussi bien que ces hommes qui la connaissent pierre par pierre : cette phrase de Finiels me vexe et je le contredis tout de suite, au risque d'interrompre l'histoire qu'il me raconte.

— Mais si, Finiels... nous avons traversé les cols ensemble à la mauvaise saison.

Finiels se met à rire.

— Vous avez vu la neige et la bourrasque, je m'en souviens : une vraie bourrasque même, mais dans de bons parages, avec de la bonne route sous la neige, le village au bout, la tête solide, le sac bien garni, et le coup de rhum pour vous remonter.

Finiels prononce « rôn », mais je sais bien ce qu'il veut dire ; je me souviens de ce coup de rhum pris dans la bourrasque, et sans lequel je n'aurais peut-être plus fait un pas dans la neige.

— Mais ça, c'est encore de la bonne montagne, de la montagne d'où l'on peut sortir... Si nous voulez avoir du mauvais temps, lâchez la route, prenez à droite ou à gauche dans la forêt ou sur le plateau : cent mètres après, vous ne saurez plus où vous êtes, et, si vous vous aventurez sur les crêtes, nous pouvez vous regarder comme un homme mort.

Le vieux Liron prend la parole :

— Avant la route, pas une âme ne passait la montagne dans le gros de l'hiver. Aux autres moments, on prenait la grande draille sur les crêtes, et c'était encore toute une affaire. Au premier col, on trouvait pourtant une maison, la seule de ce temps-là, qu'on appelait la Campanette. Elle tirait son nom d'une cloche que le garde faisait sonner toutes les heures par les mauvais temps d'automne ou quand l'hiver n'était pas trop avancé et qu'on pouvait attendre encore des voyageurs... Ça n'empêchait pas le monde de se perdre dans la montagne, et parfois même, les gens tournaient pendant des heures autour de la cloche et venaient crever à cent mètres du refuge sans pouvoir en trouver la porte...

Je connais ces histoires depuis mon enfance : la Campanette et son vieux garde et les vingt récits qui s'y rattachent — les deux gendarmes emportés par la bourrasque, la famille lozerotte ensevelie tout entière par la neige, le marchand de Meyrueis mangé par les loups... Je crois décidément bien connaître la montagne que j'ai traversée plusieurs fois en plein hiver, et je soupçonne un peu tous ces montagnards de s'exagérer les périls qu'elle présente.

Ces hommes mesurés et graves — si différents des paysans de la plaine voisine, souvent joyeux et toujours excessifs — ne savent pas exagérer ni même transformer une histoire. A l'inverse des autres méridionaux, ils ne savent pas modifier leur monde moral, leurs idées et leurs sentiments. Ils les considèrent toujours avec une austère exactitude, une précision froide d'homme économe et prévoyant. Quand ces montagnards jugent quelqu'un au point de vue moral, ils ne portent jamais une sentence absolue : l'habitude qu'ils ont de penser à travers la Bible n'a même pas pu leur faire modifier cette tendance, et si, d'après l'Ecriture, ils parlent du méchant et de l'impie à tout propos, ce n'est jamais que pour porter une sentence théorique et non pas pour juger un homme qu'ils connaissent.

Mais, en revanche, ils exagèrent toujours la puissance des

forces naturelles, et, pour eux, la moindre tempête décorne les bœufs et la moindre crue emporte toute la vallée...

Je connais trop bien cette tendance de leur esprit pour ne pas me méfier en les entendant parler des dangers de la montagne. Ces hommes, dont la maturité morale est extrême et qui participent, par la richesse et la maîtrise de leurs sentiments, à la civilisation la plus exacte, n'en sont pas moins restés des primitifs devant les forces de la nature...

Le vieux montagnard qui sent ma défiance s'obstine à vouloir me convaincre :

— J'ai connu ce temps de la Campanette : il y avait alors des hivers terribles pendant lesquels les villages d'en haut restaient deux mois sans donner de leurs nouvelles. Quand les gens mouraient, on les portait dans la neige, à vingt mètres de leur maison et on ne les enterrait qu'au printemps. On les retrouvait après des semaines comme s'ils étaient morts de la veille...

Maintenant, le facteur arrive toujours jusqu'à ces villages, à part dans les deux ou trois mauvaises semaines si bien que l'on pourrait croire que la route a changé le climat de la montagne, et c'est vrai pour les endroits habités et pour les maisons des gardes.

Mais, comme je vous le disais tout à l'heure, tirez un peu de droite ou de gauche en dehors de la route et vous retrouverez l'hiver des anciens. Je l'ai même retrouvé une fois, il y a quinze ans, et je puis vous en parler. J'avais alors les jambes plus lestes qu'aujourd'hui, et plus solides, et j'ai bien cru pourtant y trouver ma fin...

C'était avant guerre ; M. Rolland était venu au Château pour la Noël avec un monsieur de Paris. Il faisait un bel hiver ; beau temps bien sec et solide dans la vallée, ce qui devait donner un froid terrible sur la montagne.

Un beau jour, Monsieur vient me trouver avec cet autre monsieur de Paris.

— Finiels, nous voudrions aller jusqu'à l'Aire de Côte pour une promenade.

— Il y a bien de la neige là-haut, et nous tirons encore vers le mauvais temps. Ce n'est pas la saison de la promenade, surtout vers les côtés d'Aire de Côte où il n'y a pas de route. Si c'est pour voir les pays déserts, Monsieur ferait mieux de revenir cet été.

— Nous voudrions justement voir le côté le plus sauvage de la montagne sous la neige ; nous ne pouvons pas trouver de meilleur guide que vous. Vous devriez nous accompagner...

Je discute. Monsieur me demande la chose de trente manières et je finis par céder.

Le lendemain, nous partons à trois heures du matin, par une nuit claire et bien tranquille. Nous montons à Sauveplane, nous dépassons le petit pré, et nous voilà dans la sapinière : pas de neige encore... à trois cents mètres du sablas, nous tirons sur l'ubac, et, tout d'un coup, sans même nous en rendre compte, nous voilà tombés sur la neige : sur de la neige d'un mètre cinquante peut-être, ancienne déjà et qui portait bien.

Le jour venait, nous étions sur la crête et ces messieurs regardaient des quatre côtés... C'était, comme vous dites, pittoresque : le brouillard du matin était tombé sur la vallée et il faisait une sorte de mer juste à la limite de la neige. Puis, très loin, après cette grande nappe, on voyait sortir d'autres montagnes et d'autres pays.

— Finiels, quelle est cette grande plaine toute blanche sur notre gauche ?

— Vous avez le Montals en arrière qui vous donne la direction des pays bas... ce n'est pas une plaine, Monsieur, mais bien au contraire une haute montagne : le Causse Méjean ; c'est presque aussi haut que les montagnes de par ici, mais c'est plat comme une aire à battre le blé, avec pas plus de terre, et autant de cailloux...

— Nous avons donc la mer en arrière ; elle apparaît même entre les sommets des Basses-Cévennes...

— Elle apparaît par les beaux temps bien secs, mais aujourd'hui vous ne pouvez voir que les étangs du côté de Sète et de Montpellier.

Et ainsi de suite pour les quatre coins de l'horizon.

— Quel admirable observatoire ! disait M. Rolland à ce monsieur ; c'est vraiment un des points les plus significatifs de la France. Nous avons le massif Central dans notre dos, la vallée du Rhône à notre gauche et la Méditerranée devant nous. Le point de solidité, le point des variations anarchiques et brutales, et le point des variations harmonieuses...

Il disait encore bien d'autres choses que je ne peux plus me rappeler et que je ne comprenais peut-être pas bien ; mais je les écoutais quand même avec plaisir, parce que j'ai toujours aimé entendre parler les hommes capables. Quand j'ai bien compris une phrase, je me la rappelle pour toujours, comme celle que je viens de vous dire...

Pendant ces discours, le soleil avait fini de se lever... Un vrai soleil d'été qui faisait danser les petits morceaux de neige, comme des sauterelles dans un pré.

La marche était facile ; nous faisions des glissades sous les fayards, et ces messieurs trouvaient leur plaisir à cette promenade...

Nous passons à la Campanette : vous savez qu'il n'y a plus que les murs maintenant. Ces messieurs se font expliquer la chose : le monsieur de Paris trouvait ça curieux. Il regardait la muraille de tous les côtés :

— Voyez donc, Rolland, qu'il faisait à Monsieur, ces beaux monolithes et cet appareil : ce n'est certainement pas une construction récente.

Et les voilà qui me demandent si les anciens connaissaient aussi la Campanette, si quelques-uns disaient l'avoir vu construire.

A la fin du compte, on mange un morceau devant la porte ; quand on a fini, je parle de nous en retourner, mais ces messieurs me disent qu'ils voudraient suivre un peu l'ancienne draille, deux ou trois kilomètres, en tirant vers la montagne.

— Il est de bonne heure, me faisait M. Rolland, on ne nous attend pas avant la nuit...

Nous prenons donc la draille et nous marchons vers la montagne... Il était peut-être 11 h 30 ; le soleil tapait toujours sur cette neige qui chantait comme une prairie. Je sentais bien qu'elle commençait à ne plus porter : par moments elle cédait et l'on tombait jusqu'aux genoux ou jusqu'à la cuisse.

Ces messieurs prenaient l'ombre juste sous les sapins et, tant bien que mal, la neige portait encore... Nous passons au col des Trescoumbos et nous descendons un peu vers Bousuges. Nous suivions toujours la draille quand, tout d'un coup, je trouve la forêt devant notre nez, et plus de draille ni vers la droite ni vers la gauche. « Monstre, je me dis, nous avons perdu la route. » Je me retourne, je vois le Montals à notre gauche et bien en arrière.

Je dis à ces messieurs de tirer sur la droite pour rattraper la draille. Ils prennent dans les sapins ; nous marchons dix minutes, pas de draille : à cet endroit, la forêt était ancienne et la neige portait bien à cause de l'ombre. Nous tombons tout d'un coup dans des plantations plus jeunes ; la neige n'y portait plus, et nous voilà dans les congères jusqu'aux hanches, à chercher toujours cette draille sur notre droite.

Ces messieurs qui marchaient bien pour des messieurs de la ville, commençaient à ne plus pouvoir aller, et moi-même, je croyais chaque fois ne plus sortir de mon trou de neige. Je disais toujours :

— La draille est à vingt mètres sur la droite, nous trouverons de la neige qui porte sous le talus.

Mais au bout de vingt mètres, pas plus de draille qu'avant, mais d'autres congères encore plus profondes.

Puis M. Rolland se met à dire :

— Vous êtes fou, Finiels ; nous n'en sortirons pas : vous êtes trop sur la droite, revenez sur la gauche, nous trouverons de la neige qui porte.

Je me retourne encore et je vois toujours le Montals sur la gauche et en arrière : il ne s'agissait pas d'aller sur la plaine nous perdre dans les sapinières ; je dis à Monsieur :

— Ce n'est pas pour vous contredire, mais je vais vers la droite : nous finirons bien toujours par tomber sur la vallée. Tirez à gauche si vous voulez, mais vous êtes un homme mort.

La nuit venait : douce, mais noire à ne pas y voir à trois pas. C'était bien notre chance ; la neige n'allait pas se reprendre d'ici le matin, peut-être même qu'elle allait rester molle toute la nuit...

Nous tirions toujours sur la droite, sans trouver la draille ; la fatigue nous prenait et nous n'avions plus rien à manger. Le monsieur de Paris glissait dans les trous de neige comme un mort tombe dans sa fosse : à tous les moments, il fallait s'arrêter pour lui faire reprendre quelques forces... Nous passons la nuit à tourner comme ça, dans la neige, comme des chiens fous...

Sur le matin, le froid prend la neige et nous arrivons à marcher avec moins de peine. Mais je ne reconnaissais plus la montagne et je me tournais de tous les côtés sans trouver une piste ; je tirais toujours vers la droite, comme un enragé, sans savoir seulement pourquoi je le faisais... La journée s'annonçait encore chaude et je sentais que la neige allait fondre de nouveau...

Pour finir la chose, nous avons rôdé toute la journée sur le plateau, et ce n'est qu'à cinq heures du soir que nous sommes tombés sur la Borie de Côte, comme des loups affamés et morts de fatigue...

Le vieux Liron reprend la parole :

— Et le fils du garde du Cap de Coste qui, l'an passé, s'est trouvé mort dans une bourrasque à cinquante mètres de sa maison...

C'était pourtant un solide, et qui s'y connaissait dans les choses de la montagne. Il avait fait campagne dans les chasseurs et toujours dans les plus mauvais côtés. Il s'était marié depuis la guerre et restait à Saint-Jean ; il travaillait à la filature et se faisait de bons mois, surtout dans les derniers temps...

Pour la Noël dernière, il lui prend l'idée d'aller voir son père à la montagne. Il s'en va par un jour bien tranquille, et sa femme reste à Saint-Jean sans avoir l'idée de se faire un moment de souci...

Il fit beau toute la journée dans la vallée, mais, le soir, une tempête tomba sur la montagne.

Vous savez que la maison du garde, sur le Cap de Coste, n'est précisément pas au plus mauvais de la montagne. C'est presque sur la route, et du côté le mieux abrité du vent d'en haut. Mais ce jour-là, c'est justement sur ces parages que vint tomber la tempête.

Le vent glissait sur la neige et détachait des morceaux de glace qui filaient sur elle comme les pierres que les enfants jettent sur l'eau ; et cette neige et cette glace tournèrent toute la nuit comme dans une cascade au moment de la fonte.

Le garde qui ne savait pas que son garçon était en route ferme sa double porte et se couche bien tranquille.

Personne ne peut dire ce que ce garçon a passé cette nuit-là autour de la maison où dormait son père...

Le lendemain la tempête se calme et le vieux en profite pour aller voir s'il n'y avait pas trop d'arbres par terre — c'est tout son travail ; il surveille les arbres : l'hiver à cause de la bourrasque et l'été à cause du feu...

Vous savez qu'à cinquante mètres avant le refuge, le chemin passe sur un petit pont : la bourrasque avait poussé la neige d'un côté, et de l'autre la place était nette. En passant sur le pont, le vieux voit une musette de soldat à moitié prise sous la neige : il descend la ramasser, et là, sous le pont qui faisait dans la neige comme une grotte ou comme une cabane de berger, il trouve son fils, assis, les yeux ouverts droit devant lui, les deux poings dans la bouche, raide mort, tué par le froid...

— C'est pour vous dire, reprend Finiels, qu'il ne faut pas plaisanter avec la montagne dans l'hiver...

C'est pourquoi tous les gens du pays pensaient que le Roux allait finir par se rendre.

— Il descendra comme les sangliers devant la neige, disait-on... mais la neige avait beau tomber, Roux le Bandit ne descendait pas de la montagne.

Les gendarmes surveillaient toujours les côtés de Sauveplane, mais ils n'apercevaient jamais notre homme. Une fois pourtant, ils le rencontrèrent à la tombée de la nuit et manquèrent le prendre ; ils lui tirèrent dessus quelques coups de fusil, mais pas à la bonne distance et un peu trop à la précipitée...

Je travaillais ce jour-là dans ma vigne du Bout de Côte, au-dessus des Quatre Chemins. C'est la dernière vigne que nous ayons vers la montagne, la plus haute de tout le pays. Il y a quelques traversiers qui datent des anciens, un peu de terre de sable, et des cailloux bons à faire du feu ; nous y faisons un vin qui n'est peut-être pas de la première, mais dont j'ai l'habitude et que j'aime boire. D'un autre côté, ce n'est pas la peine que ça me donne, et nous avons si peu de vignes par ici qu'il nous faut bien soigner toutes celles que nous trouvons...

J'étais donc à ce bon coin de soleil, en train de tailler, quand j'aperçois les gendarmes qui passaient sur le chemin, à trois cents mètres au-dessous de ma vigne. Il était bien de quatre heures et demie à cinq heures et vers la fin de l'hiver : la nuit commençait à venir et le brouillard à monter de la vallée. Les deux « bleus » se dirigeaient doucement vers Sauveplane, et je pensais qu'ils allaient surveiller les abords, toujours pour la même cause... Je ne m'en étonnai pas : ce n'était pas la première fois que je les voyais dans ce manège. Vous comprenez qu'ils devaient avoir des ordres de la ville : on aurait bien voulu leur voir prendre Roux le Bandit, parce que son histoire faisait marcher les langues et que c'était un mauvais exemple même pour ceux qui se montraient le plus enragés contre lui...

J'achève donc de bricoler pendant qu'on y voyait encore ; puis je serre mon bigot dans la cabane que nous avons au bout de la vigne et je me prépare à descendre. Comme je sautais dans mes traversiers, j'entends un coup de fusil vers Sauveplane — pas un coup de fusil de chasse mais un coup sec de carabine de guerre. Je ne pensais plus à mes gendarmes et je m'arrête en me disant : « Qui est au sanglier à cette heure ? » Je me tourne vers Sauveplane et alors, dans quelques secondes, trois autres coups de carabine se mettent à claquer comme des cinglettes du côté des prés de l'ubac.

« Monstre, je me dis, c'est une fusillade » : et tout de suite, je repense à mes gendarmes et j'ajoute : « Tu ne crois pas si bien dire, ils auront surpris le Roux près du mas et ils lui font son affaire. »

J'avais bien envie d'aller voir ce qui s'était passé, mais j'avais peur de trouver ce garçon étendu mort devant sa ferme, ou blessé par les gendarmes et en train de mourir devant sa mère. Je n'aurais pas bien su que faire à cause de la Finette et de ses filles ; aussi je m'en retourne ici tranquillement, presque certain que le Roux avait été tué par les gendarmes.

Ici tout le monde parlait déjà de la chose, comme à l'habitude. On avait vu passer les gendarmes, on avait entendu les coups de fusils, et c'était bien assez pour penser que Roux le Bandit avait été tué en s'approchant de son mas.

Nous aurions voulu en être assurés tout de suite, mais nous étions tous arrêtés par la crainte de nous trouver avec ces femmes devant le cadavre de ce garçon. Nous avions beau être colères contre lui, quand nous pensions qu'il venait peut-être de finir comme un soldat de la guerre, nous en avions comme une pitié.

Nous nous attendions à voir arriver les gendarmes d'un moment à l'autre, et ils arrivèrent en effet vers les neuf heures, comme nous commencions à fermer nos portes. Mais ils essayèrent de passer sans rien dire et de filer tout droit sur Saint-Jean. Le Liron, qui les reconnaît, les arrête et leur demande :

— On a donc chassé du côté de la montagne aujourd'hui ?

— Ce n'est pas le moment, répond le brigadier, la chasse n'est pas permise.

— Il y en a qui peuvent chasser sans permission.

Mais les gendarmes continuaient à marcher et n'avaient pas

l'air de vouloir causer. J'avais entendu le Liron, du pas de ma porte, aussi je me rapproche et je leur demande :

— Vous n'avez vu personne sur la montagne ?

— Personne pour aujourd'hui, me répond le brigadier en s'en allant.

— Ils ont raté l'homme, me fait le Liron, et là-dessus nous allons nous coucher...

C'était vrai : nous avons appris les détails de l'affaire par la suite, mais, dès le premier jour, nous avions compris comment elle s'était passée... Comme les gendarmes étaient à l'affût près du mas, ils avaient vu déboucher le Roux sur le petit pré de la sapinière. Le brigadier avait dû perdre un peu la tête et il avait crié au Roux de se rendre, alors qu'il était bien encore à cent mètres d'eux et tout contre la lisière de la forêt. Le Roux avait aussitôt pris la course vers le bois et les gendarmes lui avaient tiré dessus quatre coups de fusil sans pouvoir bien l'ajuster, à cause de la nuit et de sa course. Le Roux disparu dans la forêt, ils n'avaient pas voulu se jeter à sa poursuite à travers la montagne et en pleine nuit : ce qui aurait été bien inutile puisqu'ils ne connaissaient pas les raccourcis et les passages de cette montagne... Aussi, ils étaient descendus pas trop fiers et sans vouloir parler de la chose à personne.

Il fit une mauvaise fin d'hiver cette année-là sur nos montagnes. La tempête de neige prit le pays pendant toute une semaine. Elle venait du Roccalte et tombait sur la Luzette pendant tout un jour, et, le lendemain, la Luzette semblait la renvoyer au Roccalte.

Après cette neige, le temps sortit du côté du Rouergue et nous eûmes la pluie pendant quinze jours. Ce n'était pas, comme à l'automne, une grosse pluie capable de faire venir tous les torrents de la montagne et d'amener des malheurs dans la vallée : c'était une petite pluie de tout le temps, avec parfois une bonne heure de soleil dans la journée... Vous connaissez ce temps du reste, il est bon pour faire des poitrinaires, et quand il prend le pays, personne ne peut arriver à se réchauffer, parce que l'humidité est partout (dans les draps des lits comme sur les murs des chambres, sur les pierres de la cheminée comme sur celles du pas de porte). Avec la neige, le temps est franc et l'on arrive à retrouver sa chaleur, mais avec cette plouvine, on grelotte donc toute la journée... C'était encore du bien mauvais temps pour le Roux dans ses cachettes de la montagne, où la pluie devait entrer comme dans le lit de la rivière.

Mais, après cette neige et cette pluie, l'hiver se passe. Nous n'entendions plus parler du Roux et nous pensions qu'il avait dû lui arriver malheur pendant cette fin de mauvaise saison. Les gens disaient :

— Ça ne lui aura servi de rien de ne pas faire comme les autres, il aura trouvé sa fin dans la montagne, tandis que, peut-être, il serait revenu de la guerre.

Au début de ce printemps, je dus passer par Sauveplane, comme d'habitude, avec la charrette.

Je vous ai déjà dit qu'après les mauvais temps d'hiver, dès que les chemins deviennent solides, nous montons à la montagne pour inspecter un peu notre bergerie. Le temps d'hiver ne fait jamais de bien à la bâtisse : il arrache les tuiles, il pourrit les poutres, il fait sauter les gros clous des portes, mieux qu'une tenaille, et il fait du sable de rivière avec le ciment le plus fort. Il nous faut donc emporter quelques outils pour arranger la toiture, les portes ou les barrières de la bergerie. Il nous faut prendre aussi le lit de fer, et la paillasse de notre pâtre et du matériel pour la cuisine, parce que, si nous le laissions là-haut pendant l'hiver, nous ne pourrions pas en tenir et que nous retrouverions chaque fois notre paillasse pourrie et nos chaudrons troués par la rouille.

Avec tout ce matériel, il nous faut prendre la charrette, et, avec la charrette, nous sommes bien forcés de passer par Sauveplane...

Donc, cette année-là comme les autres, je passais devant la porte de la Finette en allant faire ma tournée dans la montagne. Je ne l'avais pas revue depuis le jour où j'étais venu la trouver avec les deux gendarmes, et je dois vous dire que je n'étais pas tranquille à l'idée de me retrouver devant elle.

Je me demandais s'il me fallait passer sans rien dire, en regardant d'un autre côté que celui de sa porte, ou s'il valait mieux m'arrêter un peu avec elle, comme j'en avais l'habitude depuis des vingt ans.

A cause de ma colère contre son fils, j'aurais bien voulu passer sans rien dire, mais, d'un autre côté, j'avais des raisons pour la plaindre et même pour l'estimer. Après tout, elle était comme nous autres, privée de son garçon et toute seule avec ses deux filles devant de la terre rude et du travail trop pénible pour des femmes...

Pourtant, jusqu'au dernier moment, je ne sus pas bien ce que j'allais faire, et je discutais encore avec moi-même en suivant le chemin qui monte à Sauveplane. Mais quand j'eus tourné devant la source à côté des trois peupliers, et que je me trouvai devant le mas, j'arrêtai ma bête comme d'habitude, sans hésiter.

Tout était à la bonne place et rien n'avait changé, à part les terres de seigle qui n'avaient pas été travaillées. La Finette était devant sa porte et me regardait sans bouger. Elle n'avait pas à parler la première et c'était bien fait de sa part.

Je lui crie le bonjour et je saute de ma charrette : elle vient vers moi et nous nous mettons à parler comme à l'ordinaire. Nous parlons de la terre et des bêtes, puis de l'hiver qui avait bien pu faire du mal aux bergeries de la montagne, et enfin du beau temps qui n'avait pas l'air très sûr encore et qui pouvait laisser revenir le Rouergue sur la vallée.

Dans tous ces discours, nous ne levâmes pas la langue sur son fils, malgré mon désir de savoir ce qui s'était passé pendant ces dernières semaines. Je me demandais si elle savait son garçon en sûreté dans une cachette, ou si au contraire elle le voyait mort dans quelque endroit désert de la montagne, et je la regardais de côté pour tâcher de deviner ce qu'elle avait dans sa tête.

Elle avait un air de fatigue, triste certainement : mais, comme elle avait toujours eu cet air de tristesse on ne pouvait pas y voir un signe et toute cette languitude était bien dans son naturel.

Je dus m'en aller sans rien savoir, mais cette visite à la Finette m'avait quand même appris quelque chose, et ce jour-là, en suivant la grande draille, je me répétais à chaque minute qu'avec cette guerre, et de quelque façon qu'on s'y prenne, il y avait du malheur pour tout le monde.

3

Vers ce même temps, le fils de Pagès, qui était à la guerre depuis le début, vint passer ici un congé de convalescence : il avait été touché à l'épaule, ce qui ne l'empêchait pas de courir de droite et de gauche et de s'occuper de ses affaires.

Comme la neige avait complètement disparu des sommets, il lui prend l'idée d'aller voir si le toit de sa bergerie de Pueylong n'avait pas trop souffert du mauvais temps. Cette bergerie est dans un des plus mauvais endroits de la montagne, bien après la nôtre, en tirant sur l'Aire de Côte. La neige y tient pendant plus de six mois, mais, en été, l'herbe y est bonne pour les bêtes, et l'on y trouve toujours de l'ombre contre les lisières et de l'eau courante au bas des prairies...

Le Pagès prend donc par les raccourcis d'Aire de Côte, passe les prés de Roquelongue et se met à suivre la corniche.

Il n'avait pas fait cinq cents mètres sous les fayards — c'est, du moins, de cette manière que le Pagès lui-même m'a raconté la chose — qu'il voit venir un homme vers lui. Un homme encore jeune, avec des habits en pièces, une longue barbe et de grands cheveux.

Quand cet homme n'est plus qu'à quatre pas, il se plante devant mon Pagès et lui souhaite le bonjour en l'appelant de son nom.

Le Pagès reconnaît Roux et il croit d'abord que c'est une « trève[1] » qu'il avait devant lui. Mais c'était bien Roux le Bandit qui lui parlait, vivant comme vous et moi.

Le Pagès se sentait prendre par la colère, et, malgré son épaule malade, il avait envie de sauter sur le Roux et de l'amener à Saint-Jean par le collet de la veste. Il n'aurait pas eu beaucoup de peine à le faire, parce que le Roux était comme un souffle, à cause de toutes ses privations de l'hiver.

Comme ils étaient tous deux l'un devant l'autre, le Pagès se laisse aller à sa colère et demande à Roux :

— Pourquoi n'as-tu pas fait comme nous autres ?

Il ne lui posait pas cette question dans l'idée d'écouter sa

1. C'est le revenant classique.

réponse, mais simplement pour lui crier sa colère, si bien que, dans les premières minutes, il l'empêchait même de dire un mot en lui répétant devant sa figure :

— Le Finiels de la Vernède a été tué voilà quatre mois, le Randon est porté disparu depuis septembre. Ils m'ont démoli l'épaule et ils ont coupé la jambe du Buffard de la Borie. Pendant ce temps-là, tu es resté ici bien tranquille.

Mais le Roux, par obstination et par patience, arrive quand même à se faire écouter. Tranquillement, gravement, il se met à expliquer sa conduite, et le Pagès — qui avait pensé comme nous tous qu'il n'avait pas voulu se rendre à cause de la peur — se trouvait tout surpris de l'entendre donner de bonnes raisons...

Pour dire vrai, le Pagès n'a jamais su nous répéter tout ce que le Roux a pu lui dire ce jour-là, mais, le soir de cette rencontre, il répondait sans cesse à toutes les questions qu'on lui posait :

— Ce n'est pas un mauvais homme. Il n'a pas voulu faire ce qu'il faut, mais on ne peut pas dire qu'il ne fait pas ce qu'il doit... C'est un homme de Dieu qui n'a pas pu marcher comme nous autres, parce qu'il comprenait des choses que nous ne comprenons pas.

Nous eûmes une belle dispute, ce soir-là, tous les vieux du village, avec le Pagès. S'il n'avait pas été de retour de la guerre, et blessé comme il l'était, nous l'aurions fait taire de force comme un gamin qui ne sait pas ce qu'il dit.

Le père Pagès criait à son garçon :

— Si tu trouves qu'il a bien agi, tu n'as qu'à faire la même chose, mauvais sujet !

Mais le Pagès répondait :

— Chacun fait comme il pense : j'avais mes raisons pour partir à la guerre, mais le Roux a les siennes pour ne pas vouloir se rendre.

— De belles raisons, lui répondait son père, des raisons de mauvais sujet.

— Des raisons qui se comprennent, reprenait Pagès. Mais quand nous lui demandions de nous les expliquer, il ne savait que nous dire : Il m'a parlé pendant une heure mieux qu'un pasteur ; le bon Dieu semblait crier sur sa bouche et tout ce qu'il disait de lui-même ressemblait à des passages de l'Ecriture. Il m'a répété plusieurs fois : l'Eternel vient d'abandonner le monde, et le monde est fou. Vous faites bien d'agir comme vous le faites et, dans la folie du monde, votre soumission est de la sagesse. Mais il ne faut pas que nous quittions l'oreille de l'Eternel et que nous méprisions Sa parole, et c'est pour suivre Son enseignement et pour garder Sa loi que j'ai refusé de faire la guerre...

Toutes ces explications ne faisaient qu'augmenter notre colère et le père Pagès parlait pour nous tous en répondant à son fils :

— S'il a quelque chose à dire au bon Dieu, il devrait partager la souffrance des autres, au lieu de refuser de s'y soumettre.

Mais le Pagès s'acharnait à défendre le Roux, et il répondait encore à son père :

— Il souffre autant que nous autres, et je ne changerais pas mon malheur pour le sien. Il est plus à plaindre que bien des gens qui font croire qu'ils sont allés à la guerre, mais qui n'ont jamais été aux mauvais endroits, et qui n'ont fait que se promener en automobile.

— Il t'a ensorcelé avec toutes ses raisons, mais tu devrais comprendre qu'il ne doit pas être aussi malheureux qu'il te l'a fait croire : il a bien dû trouver le moyen d'avoir à manger, sans rien faire, sur la montagne.

— Maigre comme il est devenu, il doit faire sa subsistance avec pas grand-chose, même s'il descend de temps à autre jusque chez sa mère... Mais ce n'est pas de la famine ni de la tempête que lui viennent ses plus grandes souffrances : s'il est à plaindre c'est surtout d'avoir à rester toujours dans la solitude, de ne trouver jamais personne à qui parler et de passer son temps comme les bêtes à se cacher des hommes... S'il n'avait pas été à l'école avec moi, il se serait enfui en me voyant, comme il le fait toujours quand il rencontre quelqu'un sur sa route : mais nous avons toujours été bons camarades, avant la guerre, nous avons passé tout un été ensemble à faire les bouscatiers[1] sur la cime de la Luzette, et d'un autre côté, il y a des cousinages qui rapprochent nos familles ; c'est pour tout cela qu'il n'a pas pu s'empêcher de venir un peu me parler, et je ne regrette pas de lui avoir tenu compagnie pendant une heure.

Comme le Pagès s'affectionnait de plus en plus dans cette

1. Bûcherons, abatteurs de bois.

dispute, nous finissions tous par être ennuyés de contredire un homme revenu de la guerre et qui avait plus que nous tous le droit de parler. Le père Pagès lui-même ne pouvait que répondre à son garçon :

— Je sais bien que Roux n'était pas une mauvaise connaissance avant d'avoir fait son coup de tête. J'ai toujours dit qu'il était un des hommes les plus honnêtes de la vallée, et j'étais bien content quand je te voyais prendre un ouvrage avec lui... Mais depuis ce temps, il a fait quelque chose qui n'était pas à faire, et tu n'as pas raison de l'en tenir quitte à si bon compte.

— Chacun fait comme il pense, reprenait le Pagès, et le Roux a ses raisons pour ne pas vouloir se battre.

Tout en n'étant pas du même côté que le Pagès, je n'étais pas aussi colère que les autres et je suivais surtout la dispute pour tâcher de me faire une idée sur cette affaire. Ce qui me semblait le plus à reprendre dans la conduite de Roux, c'était de s'être condamné à vivre sans rien faire d'utile ; je me disais :

— Que peut-il faire de ses bras dans les forêts de la montagne ? Il ne peut que passer son temps dans la fainéantise, tandis que ses terres de la vallée dépérissent comme celles des autres, comme elles auraient dépéri s'il était allé à la guerre.

Pour être assuré sur cette chose, je demande au Pagès s'il pouvait me dire comment le Roux passait ses journées dans la montagne, et le Pagès me répond :

— Je le lui ai demandé, et il m'a dit : « Je marche et je prie, j'ai une Bible et j'en fais la lecture sous les fayards puis je vais m'allonger sur les rochers de la crête, et je regarde la vallée et les villages.

Quand il fait froid, je dors pendant le jour au soleil, entre deux rochers qui me gardent du vent, et je passe ma nuit à marcher dans la montagne, le long des drailles désertes.

Même pendant les plus mauvais jours, il m'est difficile d'allumer du feu en plein vent, parce que la fumée aurait vite fait de me trahir. Mais j'en allume parfois dans des grottes, et je reste des heures devant les bûches qui brûlent, puis devant la braise rouge, comme si j'étais aux veillées d'hiver à Sauveplane... »

Finiels cesse de parler pendant quelques minutes : nous respectons ce silence, mais notre attention suspendue ne le laisse pas devenir une interruption du récit... Les chiens pleurent au-dehors leur fatigue de la chasse et leur regret des galopades de la matinée. Leurs abois plaintifs, et poussés comme en pleine course, nous font évoquer la randonnée de cette nuit, la longue marche en montagne, le cheminement sur la draille à l'herbe fine et rase, l'attente de l'aube glaciale au plus haut coin du bois de hêtres : cette attente dont je n'ai pas su faire un affût, mais seulement une rêverie attentive et sollicitée par les trois versants de ce grand promontoire qui tombe à pic vers la triple vallée et vers les hautes prairies du terroir de Sauveplane...

Mais le vieux Finiels reprend la parole, et c'est à moi qu'il s'adresse directement, comme s'il avait à me convaincre, comme s'il fallait me démontrer quelque chose.

— Vous savez, monsieur André, que je ne suis pas un grand habitué de la chapelle. Voilà longtemps que je n'y vais plus que pour des mariages et des baptêmes, à cause des convenances... Mais vous savez aussi que je respecte la foi des autres et j'admire même ceux qui mettent la Parole de Dieu en pratique.

Ce n'est pas la première fois que Finiels cherche à m'assurer de son détachement et de son respect des choses religieuses.

Bien souvent, pendant nos courses en montagne, quand nous cheminions côte à côte et que le sentier n'était pas trop dur, il m'a fait connaître les raisons de ses incertitudes. Je les ai examinées avec lui, en adoptant sa manière de juger, en employant sa langue et les images qui lui sont familières. Dans ces discussions, nous sommes toujours tombés d'accord sur tous les problèmes et comme Finiels en retirait la certitude que je croyais en son athéisme, que je le jugeais dégagé de tous liens religieux, il s'est appliqué bien souvent à m'affirmer son respect des choses religieuses, par goût de la mesure et sans doute aussi par instinct de ses véritables affinités. Mais ces déclarations étaient bien inutiles et je ne pouvais pas être dupe de nos dialogues : quand je les examinais dans la solitude, loin de conclure à l'indifférence de Finiels, je le restituais au contraire à cette race religieuse et presque ascétique qui est la sienne.

Finiels n'a pas pu rester protestant, comme ses pères n'ont pas pu rester catholiques : mais ces ruptures avec l'Eglise sont encore des actes religieux. Cette tendance à l'hérésie, ce goût pour les controverses théologiques, et pour les schismes qu'elles suscitent, n'est que le résultat d'une application mystique de l'âme. Les hérésies, les négations mêmes, ne peuvent pas donner le droit de prétendre à l'indifférence envers les choses religieuses, elles marquent au contraire que leur examen est la seule recherche qui compte pour un esprit.

En agissant de cette manière, Finiels ne fait qu'obéir au génie de sa race. Dès le xe siècle, de simples pâtres prophétisaient sur les montagnes des trois Gardons et de l'Hérault et les Annales des grandes abbayes des Cévennes qui signalent leur présence leur accordent toutes une éloquence miraculeuse et quelque chose comme une possession mystique de la parole. J'ai regretté bien souvent que leurs improvisations n'aient jamais été transcrites et qu'il ne nous soit même pas possible de retrouver leurs thèmes primitifs dans les traditions orales et les dictons de la montagne. Du moins, pouvons-nous en imaginer les tendances d'après les crises religieuses plus récentes qui bouleversèrent cette région.

Ces montagnards ne désiraient pas une initiation savante et mesurée, mais une révélation brusque et complète. C'est sans doute pour cette raison qu'ils s'écartèrent du manichéisme, doctrine plus subtile que mystique, plus rhétoricienne qu'éloquente, et que, quelques siècles plus tard, ils adoptèrent la Réforme avec enthousiasme.

La Religion Nouvelle exaltait leur tendance au lyrisme et leur goût pour les prophéties. Avec l'Ancien Testament et l'Apocalypse elle leur livrait sans contrôle des thèmes inépuisables, que le catholicisme leur avait bien présentés, mais avec trop de prudence — peut-être de mesure — pour leur goût, et d'une façon plus matérielle que verbale.

Aujourd'hui, la plupart de ces hommes cherchent à se dégager des pratiques du protestantisme, mais s'ils ne veulent plus aller au temple, comme leurs ancêtres ne voulaient plus aller à la messe, ils ne perdent pas pour cela le respect des choses sacrées, et même ce sont toujours les discussions religieuses qui les passionnent le plus. Ils prétendent à l'indifférence, mais, quand ils s'entretiennent gravement, ils ne savent pas choisir d'autres problèmes que ceux du péché, de la mort et de la vie éternelle...

Ayant laissé passer deux ou trois secondes de silence après sa profession de foi, Finiels reprit :

— Quand j'ai su que Roux le Bandit n'avait pas obéi à la peur, mais à sa conscience, et qu'il n'avait pas voulu aller se battre parce que la Parole a dit : « Tu ne tueras point », je me sentis moins colère contre lui.

Je ne lui donnais pas raison, et je n'aurais pas dit aux autres de faire comme lui, mais je respectais sa croyance. Tout ce qu'il avait dit au Pagès me donnait à réfléchir, et je ne pouvais plus penser à lui comme à une bête que l'on traque, mais bien comme à un homme capable, avec lequel on discute.

Mais le travail, les soucis de la guerre et de la propriété m'obligeaient à penser à bien d'autres choses. Le temps passait : du mauvais temps pour tout le monde. Le garçon nous laissait parfois sans nouvelles une ou deux semaines, ce qui nous donnait le même désarroi que s'il avait été tué. Toutes les parcelles que j'avais à droite ou à gauche demandaient qu'on les travaille, et, avec mes deux bras, je n'arrivais pas au bout de tout cet ouvrage.

Pendant ce temps, le Roux était toujours à la montagne. Il devenait un peu moins sauvage et, de loin en loin, quelqu'un de par ici le rencontrait en allant faire son bois vers Roquelongue. Il ne s'approchait que de ceux qu'il connaissait bien ou qui étaient un peu de sa famille d'un côté ou de l'autre, et tous ces gens revenaient en disant la même chose que le Pagès — si bien que quelques vieilles racontaient que l'Esprit parlait par sa bouche...

Je vous ai déjà dit que le Roux, avant son coup de tête, n'était pas grand causeur et qu'il vivait plutôt renfermé, mais il faut vous dire aussi que, quand il parlait, il parlait bien, surtout quand il voulait expliquer quelque chose. S'il s'affectionnait par hasard à faire un discours, il vous sortait des phrases et des mots qui semblaient d'un autre, mais qui étonnaient sans donner envie de rire.

Il parlait le patois comme nous autres, parce que c'est une langue plus commode et dont nous avons bien l'habitude, mais il parlait le français peut-être aussi bien que vous, et non pas comme nous autres qui prenons les mots à l'envers la moitié du temps.

Le vieux Finiels me regarde de côté en riant :

— *Parlas bèn lou patoués, Moussu André, maï avès encaro a faïre per lou parla coumo lou Roux parlavo lou françès* [1].

Tout l'auditoire se met à rire. Ces montagnards n'arrivent pas à comprendre le plaisir que j'ai à leur parler en « patois » ; s'ils m'admirent un peu parce que je me sers de leur langue presque aussi bien qu'eux-mêmes, ils ne manquent pas une occasion de me signaler les fautes qui se glissent dans quelques-unes de mes phrases.

C'est une malice bien amicale, et c'est peut-être aussi une revanche inconsciente, ou la recherche d'un équilibre entre eux et moi.

S'ils me savent de leur race, par la naissance et par des années de vie montagnarde, ces hommes me sentent différent parce que, comme ils disent : « j'ai étudié dans bien des villes ». Je ne suis plus un paysan, comme mes grands-pères qu'ils ont connus, et, dans leur esprit, cette différence m'élève au-dessus d'eux. Elle leur enlèverait toute confiance en moi si je ne leur révélais pas une faiblesse, et cette faiblesse ils l'ont trouvée dans mon goût pour leur langue, dans mes petites erreurs de syntaxe ou de sémantique. Ces petites erreurs — qu'ils corrigent d'un sourire — rachètent à leurs yeux la supériorité que me donnent mes études ; elles nous permettent de traiter de plain-pied, comme des gens de même origine qui, toute somme faite, en savent aussi long les uns que les autres et sont limités par les mêmes faiblesses, par les mêmes incertitudes.

C'est pour cette raison que j'ai pu conserver toute leur confiance, comme si j'étais un paysan de leur vallée, un montagnard de leur montagne ; et cette raison, loin de me paraître mesquine ou disproportionnée à ses résultats, me semble, au contraire, merveilleusement symbolique et tout aussi noble que leur confiance elle-même.

S'ils relèvent quelques erreurs dans le cévenol que je parle, ces erreurs ne sont pas de simples erreurs matérielles, un manque d'usage et d'expérience. Elles sont, au contraire, le signe de ma différence, car elles viennent simplement de ma connaissance littéraire du provençal. Ils ont bien raison de ne

1. Vous parlez bien le patois, monsieur André, mais vous avez encore à faire pour le parler aussi bien que le Roux parlait le français.

voir en elles que des fautes, des fautes qu'il est bon de reprendre et de corriger, alors même qu'elles sont d'origine savante et qu'elles se justifient par les dictionnaires et les manuels de philologie.

Mais ils me savent gré tout de même de cette connaissance de leur langue : elle me vaut cette confiance de tous les jours, et, aujourd'hui même, cette histoire de Roux qu'ils n'auraient sans doute pas racontée ainsi à quelqu'un qui ne serait pas de leur race, qui ne pourrait pas leur répondre dans le parler de Sauveplane, de Saint-Jean et de la Bessède.

Il est même étonnant que Finiels ne m'ait pas raconté cette histoire en patois, comme il m'en a déjà raconté bien d'autres, imposant ainsi la langue d'oc à tout l'auditoire et à moi-même.

Un hasard subtil présida seul aujourd'hui au choix de la langue française, et je crois en trouver la cause dans le caractère un peu emphatique des premières phrases de mon vieil ami. Cette déclaration presque solennelle par laquelle il commença l'histoire de Roux, il ne pouvait guère la faire qu'en français comme, témoin au tribunal, il ne peut que se servir de la langue française pour prêter serment et rendre son témoignage...

Les rires finis, les quelques reparties raïoles[1] déclenchées par ce lazzi bien épuisées avec les rires eux-mêmes, Finiels reprend la suite de son histoire et me détourne de mes réflexions.

— Il n'y avait donc rien de miraculeux à ce que ce garçon parlât bien, puisqu'il pouvait le faire, avant son coup de tête, chaque fois qu'il le voulait. Mais, tout de même, ce qu'on racontait sur les discours qu'il tenait à la montagne, nous paraissait bien extraordinaire et nous nous demandions s'il ne fallait pas voir un signe dans cette manière de parler... Un homme qui parle bien est toujours possédé par quelque chose, par quelque chose de plus grand que lui : les avares et les égoïstes n'arrivent jamais à bien parler et leur langue s'embrouille chaque fois qu'ils essaient de dire quelque chose.

Les discours de Roux, rapportés par ceux qui l'avaient trouvé dans un endroit de la montagne, faisaient donc réfléchir tout le

1. Raïou, ole. Sobriquet des habitants des Cévennes, spécialement des montagnards qui habitent les vallées et versants méridionaux de la Lozère. — Mistral, *Lou tresor dou Felibrige*.

monde, et ce fut bien pis encore le jour où Deleuze, après l'avoir rencontré dans la montagne, se mit à le défendre à son tour.

Vous connaissez Deleuze : c'est un homme écouté dans le pays autant par les croyants, qu'ils soient huguenots ou catholiques, que par ceux qui ne pratiquent d'aucun côté. Et c'est justice, parce qu'il sait dire la vérité sur toute chose, et que dans soixante ans d'existence, il n'a pas pu se faire un vrai ennemi dans la vallée. Avec ça, c'est un homme qui a des biens, qui sait économiser pour lui-même et donner en même temps à ceux qui sont dans le besoin par une autre raison que leur faute... Toutes ces choses, Deleuze les fait parce qu'il est croyant, et qu'il veut mettre la Parole en pratique, et je peux vous dire que si tous ceux qui sont à la chapelle lui ressemblaient un peu, même de loin, on me verrait sans doute plus souvent au service, et que je ne serais pas seul à le faire...

Donc, vers la fin des beaux jours de 1915, Deleuze qui était allé sur la montagne pour les champignons, rencontra le Roux dans un coin désert de la plaine de Montals.

Ils parlèrent longuement de la religion et du temps présent et, dans tous les discours de Roux le Bandit, le Deleuze ne trouva rien à reprendre. Il fut au contraire émerveillé de la façon dont ce garçon justifiait ses paroles et ses actes. Quand il cherchait à dire quelque chose ou à s'expliquer, il disait d'abord quelques phrases de lui-même, puis il se répétait en citant des passages de la Parole.

Deleuze nous a parlé bien souvent de cette rencontre, parce que, curieux que nous étions d'en connaître les détails, nous lui donnions une bonne occasion de nous faire entendre la parole de Dieu... Il m'a même fait une marque dans la Bible de la femme, à quelques-uns des passages que le Roux lui a cités ce jour-là. Je m'en vais pouvoir les retrouver et je crois me souvenir encore de la façon dont ils étaient arrangés.

Finiels se lève et prend la lourde Bible noire que sa femme a posée dans le coin de la cheminée, derrière la boîte à sel décorée de losanges et le calendrier multicolore de la Maison Nissolle. C'est la grosse Bible ordinaire que les colporteurs de 1830 ont laissée dans toutes les maisons de la montagne, « *La Sainte Bible ou l'Ancien et le Nouveau Testament* » — *Edition stéréotype d'après la version revue par J.F. Ostervald, publiée par la*

Société Biblique protestante de Paris, 1823. Sur chaque page, deux longues colonnes de petits caractères serrés retiennent l'attention de force, la fixent sur un verset jusqu'au moment où, lasse de la monotonie de la page et des caractères, elle se libère de la servitude du texte imprimé et reste seule, dans une espèce de rêve, avec le verset déjà lu.

Finiels feuillette cette Bible en cherchant les petites marques qui sont placées entre les pages. La marque trouvée, il garde la page avec un doigt et se met à lire quelques passages pour lui-même, en allant de l'un à l'autre, comme pour retrouver une alternance et le secret d'une composition complexe.

Puis, comme un enfant sur un livre d'école, suivant du doigt les lignes et ne bougeant plus ni la tête ni le buste, Finiels s'applique à donner un sens à tous ces passages :

— Quand le Deleuze commença à reprocher à Roux sa conduite, sans l'accuser sur rien de précis, comment voulez-vous que ce garçon répondît mieux que par cette phrase du psaume : « Qui est-ce qui connaît ses fautes commises par erreur ? Que le Seigneur me nettoie des fautes cachées. » Mais quand le Deleuze en vint à lui reprocher de n'avoir pas voulu se rendre, Roux le Bandit n'eut pas de peine à lui montrer que la Parole défendait de faire la guerre. Je ne vous lis pas ces passages parce que tout le monde les connaît et que personne ne les discute. Justement, le Deleuze aurait été le dernier à le faire et il tomba tout de suite d'accord avec le Roux sur ce point. Mais il lui dit que ce n'était pas à lui à donner cet exemple, alors que de plus capables se soumettaient aux lois du monde. Ecoutez maintenant la réponse que la Parole vint prêter à Roux, et dites-moi si l'on peut parler avec plus de sagesse ? « La loi de l'Eternel est parfaite, elle restaure l'âme, le témoignage de l'Eternel est assuré, et donne la sagesse aux plus simples. » — Combien d'autres passages de la Parole semblent faits exprès pour le Roux ; d'abord pour exprimer sa misère, comme celui-ci : « J'ai été en opprobre à tous mes ennemis, je l'ai même été beaucoup à mes voisins ; j'ai été en horreur à ceux de ma connaissance, ceux qui me voyaient dehors s'enfuyaient de moi. J'ai été mis en oubli dans le cœur des hommes, comme un mort ; j'ai été estimé comme un vase de nul usage. » — Puis, pour affirmer sa confiance, comment voulez-vous qu'on puisse trouver de meilleures paroles que celles-ci : « Eternel, tu as été pour nous un refuge, d'âge en âge. Avant que les montagnes fussent nées et que tu eusses formé la terre, la terre habitable, d'éternité jusqu'en éternité, tu es et tu seras le Dieu fort. » Et ne croyez-vous pas qu'il y a une sorte de promesse qui s'applique spécialement à l'histoire de Roux, dans cet autre passage :

« J'élève mes yeux vers les montagnes d'où me viendra le secours. Le secours vient de l'Eternel qui a fait les cieux et la terre. »

Vous voyez que les bonnes raisons ne manquent pas, dans ces passages, et je n'ai pas besoin de continuer pour vous faire comprendre que, parlant de cette manière, le Roux et le Deleuze tombèrent d'accord sur bien des choses. Ils s'accordèrent si bien, que, quand le Deleuze fut pour partir à cause de la nuit qui venait, le Roux lui demanda de faire la prière avec lui, avant de le laisser seul dans la montagne.

Vous savez que c'est une habitude de ceux qui pratiquent de se faire la prière à haute voix, les uns devant les autres, pour s'affermir et se donner du courage. Pour moi, je crois que c'est une bonne habitude, et nous nous en servons tous plus ou moins quand nous nous racontons nos peines. Je crois même que je fais quelque chose de pareil quand je laboure un coin de mauvaise terre avec lou Bloun et que je lui parle tout le temps, pour l'encourager à tirer ferme...

Donc Deleuze et Roux le Bandit se firent la prière l'un à l'autre dans ce coin retiré de la montagne. C'est un coin perdu, derrière le Montals, au milieu des fayards, dans une combe pleine de sources et de petits ruisseaux. Sous les fayards, il y a des pelouses épaisses qui ont peut-être plus de cent ans et qui sont trouées de champignons après les pluies d'automne.

Deleuze, qui avait posé son panier sur le gazon, se met à genoux sous un arbre : le Roux l'imite et Deleuze fait la prière. Quand il a fini, Roux le Bandit se met à prier à son tour, et d'une telle manière, que Deleuze croyait sentir passer une bénédiction dans chacune de ses paroles...

La prière finie, le Roux et Deleuze se relèvent, l'un devant l'autre, au milieu de la nuit qui achevait de prendre la montagne. Deleuze nous a répété bien souvent qu'à cette minute, il avait senti le Roux ferme dans sa croyance et rempli de la certitude qu'il devait persévérer dans la même voie, dans cette voie qu'il avait prise avec une idée bien droite et bien arrêtée et non pas en fuyant comme une bête poussée par la peur...

Mais la nuit venait, le Deleuze avait bien deux heures de marche à faire avant d'arriver à son mas, et par des raccourcis rapides qui ne sont pas bons à descendre dans l'obscurité. Au moment de s'en aller, le Deleuze voulut laisser comprendre à Roux qu'il ne condamnait pas sa conduite en elle-même, mais qu'il la croyait inutile :

— Il aurait fallu que tous les hommes de la terre, quand on leur a dit d'aller se battre, montent ensemble sur les montagnes de leurs pays ; alors peut-être, le Seigneur serait venu s'asseoir au milieu d'eux... Mais tu es tout seul sur ta montagne...

Mais comme Deleuze s'en allait, le Roux lui cria dans la nuit cette phrase des Psaumes :

— Une poignée de froment étant semée dans la terre, au sommet des montagnes, le fruit qu'elle produira fera du bruit comme le Liban, et les hommes fleuriront dans les villes, comme l'herbe de la terre.

Sur cette phrase, Deleuze laissa Roux le Bandit dans la montagne, et, comme par un fait exprès, le vent se leva dans cette minute, le premier vent d'hiver qui portait le mauvais temps sur notre pays.

De tout cet hiver, nous n'entendîmes plus parler de Roux : par les mauvais temps, personne ne monte plus à la montagne, et nous-mêmes, nous n'allons jamais vers Sauveplane, mais toujours du côté de la vallée. Du reste, Roux ne devait pas se tenir chez sa mère car, quatre ou cinq fois, les gendarmes y tombèrent sans avertir, sur le matin, et ils n'y trouvèrent jamais personne. Ce garçon devait donc rester à la montagne, au milieu de la neige, comme il l'avait fait l'année précédente.

Les gens disaient qu'il habitait au plus haut de la Luzette, dans une grotte qui domine le côté de la Borie. La chose était bien possible, mais elle ne pouvait pas l'empêcher de souffrir de la bourrasque ni d'exposer sa vie dans la neige en allant chercher quelques provisions pour sa subsistance... On dit pourtant qu'il s'était arrangé comme une guérite, en montant un mur de pierres sèches devant sa caverne...

— Et ce n'est pas dire un mensonge, affirme le Panard, je l'ai vue cette cachette, cette guérite si tu préfères, quelque temps après que le Roux eut quitté la montagne. Elle était encore toute neuve et n'avait pas l'air de la solitude...

Nous passions à côté sans la voir, mais le berger de Randon qui était avec nous nous la fit remarquer. Il nous dit :

— Voilà la seconde maison de Roux.

Et comme nous le traitions de fou :

— Je sais ce que je dis, et je n'ai pas besoin de dire comment je le sais. Venez voir.

C'était au plus haut côté de la Luzette. Nous montions dans ce petit pré qui sépare la dernière muraille de la crête des grands rochers qui descendent droit sur la Borie. Au bout de ce pré, on trouve une source et, sous la muraille, deux ou trois cavernes. Devant la plus large, le Roux avait élevé un mur. Au pied de ce mur, il avait placé une banquette et, de cet endroit, il pouvait voir toute la vallée... De ces hauteurs, on suit les lacets de la route et les bistours des sentiers comme sur une image et, sauf par la nuit ou par la brume, on ne peut pas s'approcher sans être découvert deux heures à l'avance.

Il paraît que le Roux a fait des inscriptions sur les pierres plates de sa muraille. Ceux qui étaient avec nous y ont lu toutes sortes d'histoires, et des mots...

— Quels mots ?

— Je ne peux pas vous dire : je ne lis pas souvent et je ne vais surtout pas m'amuser à lire ce qu'il y a d'écrit sur les pierres, parce que c'est toujours le plus difficile... Mais ça devait être des inscriptions du bon Dieu, quelque passage de la Parole, ou des morceaux de cantiques...

Donc, ce mur bouchait la moitié de la caverne. A main gauche, du côté qui se trouvait encore ouvert, il y avait une rangée d'ustensiles que le Roux avait fabriqués. C'étaient des espèces de mortiers en pierre, à grains brillants, comme on en trouve encore dans les fermes ; il devait s'en servir pour faire de la farine avec les épis de seigle qu'il glanait dans les champs perdus de la montagne, et je crois qu'il devait en faire son pain, dans les plus mauvais jours, parce qu'il y avait à côté, dans un trou de la muraille, comme un four avec une voûte en pierres plates...

A l'autre main, du côté du mur en pierres sèches, on voyait comme un lit de branches et d'aiguilles de sapins, arrangé entre ce mur et la paroi de la caverne ; quelques mottes d'herbe et des mousses y faisaient le traversin, et c'était aussi bien disposé que ça peut l'être par un homme solitaire qui n'a que ses mains, les cailloux de la montagne et les branches de la forêt...

— Ça ne fait rien, reprend Finiels, un mur de pierres sèches, des aiguilles de sapins et la voûte d'une grotte ne devaient pas être grand-chose dans ce pays où les maisons ne valent rien pour l'hiver quand elles n'ont pas des murs d'un mètre cinquante et des doubles portes bien jointes... C'est la terre qui devait encore lui tenir le plus chaud, et la neige aussi, car elles gardent toujours une espèce de douceur naturelle et ne mordent jamais comme l'eau ou comme la pierre... Vous imaginez cette existence ; les privations et la solitude de ce garçon toujours en prière au milieu de la neige.

Ce nouvel hiver fut aussi rude que l'autre ; si la neige vint un peu plus tard sur la montagne, elle y tint plus longtemps et ses bourrasques furent peut-être plus mauvaises que l'année d'avant. Aussi, de ne plus entendre parler de Roux et de voir ce mauvais temps couvrir les serres, nous recommencions à croire qu'il était mort.

Les gens disaient : « Il aura été mangé par les bêtes, on ne retrouvera que ses os après le temps de la neige ! »

« Mangé par les bêtes » — je souris en entendant Finiels user de cette formule.

Je sais que dans son esprit, comme dans celui de tous les paysans de ces montagnes, cette phrase éveille l'idée d'un monde mystérieux. Je retrouve là cette tendance génératrice de fables et de légendes cosmogoniques et zoologiques, cette exagération instinctive de toutes les forces naturelles.

Ces montagnards croient sincèrement à l'existence de toute une faune redoutable, bestiaire terrible et monstreux... Ce n'est pas ignorance des animaux qui vivent réellement dans leurs forêts ; ils les connaissent au contraire avec exactitude et ils ont même amassé sur chacun des observations précises qui révèlent en eux une race de naturalistes prédestinés.

Mais, à côté de cette connaissance presque scientifique, ils laissent une place à des imaginations fabuleuses ; la bête qui court et disparaît, l'oiseau qui s'envole sans qu'on le distingue, l'insecte qui se glisse sous les pierres, donnent naissance à des espèces imaginaires, à des animaux exceptionnels et terribles.

La Bête du Gévaudan est venue se promener sur les confins de ces montagnes. Elle a dû reposer son mufle et sa gorge sur les grandes roches plates qui dominent Sauveplane ; son pied cornu a tracé les rigoles qui sillonnent les granits d'Aire de Côte, et, de siècle en siècle, elle renaît dans l'imagination des gens de la montagne et de la vallée.

A côté d'elle, grande bête apocalyptique et diabolique, pullulent mille espèces de moindre allure, presque aussi redoutables et tout aussi fantastiques : la vipère plus petite qu'un ver et qui tue en une minute, le sanglier qui charge l'homme et qui est armé comme un taureau de combat, l'écureuil sauvage qui vous attaque comme un chat tigre, et les oiseaux, les grands oiseaux de proie, qui mangent les yeux : l'aigle de deux mètres, l'épervier au bec de fer, et les vols de cinq cents corbeaux qui tombent d'un seul coup sur leur victime !

En réalité, il n'y a que des bêtes bonnes à tourner autour des cadavres, dans ces montagnes : à part les vipères qui peuvent donner la mort au moment des grosses chaleurs, tous les autres animaux sont désarmés devant l'homme. Les derniers loups qui se cachent dans les remises les plus secrètes de la forêt sont lâches et de petite taille ; les sangliers fuient à la moindre approche, et les oiseaux de proie se contentent de tracer de grands cercles sur la route des voyageurs isolés.

J'ai parfois rencontré des charognes pendant mes courses en montagne. Elles pourrissaient toujours dans une sévère solitude et mon approche n'y faisait même pas lever un vol de mouches...

Une seule fois, je vis un corbeau solitaire, en observation sur une roche blanche, à côté de la carcasse gonflée d'une brebis : au bruit de mes pas il tourna la tête et s'envola sans regret, comme s'il n'avait pas eu l'habitude de festoyer autour des cadavres...

— Mais, reprend Finiels, les bêtes ne mangèrent pas Roux le Bandit pendant cet hiver, et, dès les premiers beaux jours, quand les gens de la vallée commencèrent à retourner du côté de la montagne, on entendit encore parler de lui.

Quelques bouscatiers le rencontrèrent dans les coupes de la Luzette, et les gens d'en haut, en descendant au marché de Saint-Jean, le trouvèrent au col de Fauvel et parlèrent avec lui plus d'une heure.

4

Les femmes rentrent de Saint-Jean, avec la nuit. Le repic de 5 heures vient de sonner à la longue horloge dont le fronton de bronze doré, disposé en faisceaux d'armes et de drapeaux dans le goût du Directoire, étincelle à côté de la panetière. La première, la petite-fille de Finiels, apparaît à la porte ouverte et s'arrête brusquement en voyant cette assemblée d'hommes groupés autour de son grand-père et de son père, au coin du feu.

Derrière elle, la femme de Finiels arrive avec sa bru.

— Entre donc, ne reste pas là dans nos jambes : tu n'as pas peur du monde, peut-être ?

Les deux femmes poussent la petite-fille dans la salle et s'avancent elles-mêmes jusqu'à la grande table sur laquelle elles déposent les lourds paniers remontés de la ville. Les paniers posés, elles restent devant la table, les bras ballants, le buste en avant, comme incliné encore par l'effort de la dure montée sous une double charge. C'est alors seulement que nous nous saluons les uns les autres, obéissant ainsi à cette habitude de la montagne qui veut qu'on ne s'adresse la parole que bien arrêté, les jambes fermes sur le sol, la poitrine libérée de l'essoufflement de la montée ou de la descente.

Je connais bien ces deux femmes, mais le salut qu'elles m'adressent n'est pas le même, et tout un monde d'obligations morales et pratiques en détermine la familiarité.

La femme de Finiels est une vieille femme : elle connaît bien ma grand-mère, elle m'a vu tout petit et elle me traite avec une sorte d'ironie respectueuse, avec une brusquerie délicate, comme si j'étais un peu à sa charge, sous sa surveillance et dans son devoir.

Sa bru est une jeune femme que j'ai bien connue jeune fille, il y a sept ans, quand, hardie et presque insolente, elle répondait aux plaisanteries des jeunes hommes et portait des foulards verts et rouges dont les pointes se collaient au vent sur son visage tendu de sarrasine. Nous parlions en bons camarades, à cette époque, et nous nous regardions dans les yeux pour nous dire des insolences quand nous nous rencontrions dans la grand-rue de Saint-Jean ou sur la place de la gare, les dimanches soir, tandis que les petites fileuses chantaient des romances en attendant le train de dix heures. Mais depuis son mariage, elle ne semble plus se douter de la présence des jeunes hommes, et — comme toutes les filles de ces vallées, moqueuses et hardies sur leurs dix-huit ans, puis épouses silencieuses et discrètes —, elle ne s'occupe plus que de sa petite fille et du travail de la maison... Elle n'adressera la parole aux jeunes hommes que beaucoup plus tard, quand elle sera une vieille femme comme sa belle-mère. Alors elle retrouvera ce ton de familiarité agressive et ironique qu'elle avait jeune fille, mais il n'y aura plus, pour l'animer, ce battement sensuel des narines, ces mouvements brusques des lèvres qui semblaient mépriser le baiser...

Pour aujourd'hui, sa belle-mère a seule le droit de nous parler, et c'est vraiment elle seule qui peut le faire, avec son autorité malicieuse de maîtresse de la maison, de gouvernante des affaires, et de directrice des consciences de la famille.

Tandis que sa belle-fille, après nous avoir salués avec indifférence, commence à défaire les paniers, la femme de Finiels vient vers nous, et, regardant la table encore mise, les assiettes salies et les verres à demi pleins, elle demande à Finiels sur un ton de reproche et de raillerie :

— Tu n'as pas laissé périr ton monde ?

— Nous avons mangé le foie de la bête et tout le restant des armoires, répond Finiels. Nous avons su découvrir aussi quelques bouteilles et je ne crois pas qu'on se soit trouvé trop malheureux...

— Nous verrons s'ils laisseront leurs assiettes pleines pour le souper... Combien pèse-t-elle ?

— Soixante-quinze. Elle est petite et nous a donné de la peine. Le maire et les deux de la Bessède sont encore sur une autre ; ils ont tiré vers le Montals, mais je ne crois pas qu'ils soient longs à venir. Tu peux préparer leur place, ils souperont avec nous.

— Vous avez donc couru toute la nuit pour pas grand-chose, et maintenant vous faites des discours à votre petite aise... C'est M. André qui parle de la politique ?

— Ce n'est pas M. André, c'est moi qui parle, répond Finiels, et je parle de Roux le Bandit.

— Une histoire à laisser tranquille, elle n'est bonne qu'à nous faire honte et qu'à nous donner des regrets... Ce n'est pas la peine de faire des mystères, ni de grands discours pour raconter que nous sommes restés trois ans sans comprendre la conduite de ce garçon, et qu'à la fin du compte, il nous a bien fallu tomber d'accord avec lui...

— Tu étais la première à crier après lui dans les débuts de la guerre, et tu ne voulais même plus revoir la Finette.

— Je ne dis pas le contraire : je faisais comme tout le monde. Il faut bien dire que nous avions nos excuses, d'un côté, parce que quand une chose commence, on ne peut jamais bien la comprendre, et de l'autre, parce que nous avions nos raisons pour nous faire une autre idée de cette guerre... Nous avions cru qu'elle allait faire finir toutes les mauvaises choses, et c'est pourquoi nous pensions qu'il fallait que tout le monde s'en aille... Mais si nous avions su que c'était une guerre comme toutes les autres, bonne tout juste à faire tuer du monde sans rien changer, nous aurions dit comme au temps des anciens : va à la guerre qui veut... Pour Crimée, les choses se sont passées de cette manière, et pour Septante de même, ma mère me l'a raconté bien des fois. La guerre venait, mais rien ne changeait au pays. S'il y avait un mauvais sujet dans la vallée, quelqu'un qui travaillait d'un mas à l'autre sans en faire trop et qui couchait dans les granges, il pouvait aller chercher sa fortune à l'armée, mais les autres, les gens des mas qui avaient leur famille et leur travail régulier, ils restaient bien tranquilles à leur besogne, avec leurs gens, comme s'il n'y avait pas eu de guerre. En Septante même, quand les Prussiens sont venus devant Paris et plus loin, tous ceux qui sont partis dans l'hiver sont partis de leur bonne volonté, on ne forçait personne, et restait qui voulait...

— Tu aurais voulu que tout le monde refuse de partir ?

— Non pas certes, puisqu'on croyait que la guerre allait tout changer. Mais ce que je veux dire, c'est que le Roux avait bien raison, et qu'il avait compris toutes les choses du premier coup... La guerre n'est jamais quelque chose de bien, elle n'amène jamais du meilleur temps pour personne. C'est là-dessus que nous nous sommes trompés et qu'il a vu clair. Voyez maintenant : en plus de toutes les misères qu'on a faites, vous avez à la ville des messieurs renseignés et capables, comme

M. Rolland lui-même, qui vous parlent déjà de la prochaine guerre... Si elle devait revenir, je voudrais que tous les hommes honnêtes montent ensemble sur les montagnes : ceux qui sont chrétiens y feraient la prière et les autres parleraient ensemble, comme des braves gens qui ne veulent du mal à personne. Je peux vous l'assurer, si la guerre recommence, je fais le paquet du garçon pour qu'il monte à l'Aire de Côte, et je vais moi-même le mettre sur la bonne route.

La véhémence de cette vieille femme, la décision brutale de ses paroles semble gêner tous ces hommes. Le dos courbé, les mains jointes, et touchant presque le sol, ils s'inclinent comme pour échapper à la bourrasque. Auraient-ils plus conscience qu'elle de la complexité des choses, des difficultés matérielles, de leurs responsabilités peut-être ? Ils ont été soldats, ils sont allés à la ville, ils ont vu d'autres hommes, des chefs et des juges, ils se sentent pris dans des organismes, immatriculés dans la nation.

A les regarder penchés sur leurs chaises, on ne pourrait pas dire s'ils désapprouvent la colère de la femme de Finiels, ou s'ils la partagent. Devant ces paysans de France, montagnards des Cévennes, pourtant loyaux et francs de caractère, n'importe quel meneur d'hommes éprouverait une terreur d'incertitude et de doute ; le patriote qui voudrait les appeler à la défense nationale aurait peur sans doute de les trouver résolument indifférents et réfractaires, et le pacifiste désespérerait de pouvoir les soulever au-dessus de leurs habitudes.

Incompréhensibles dans le silence, ils restent les uns contre les autres à regarder le feu des grosses bûches qui claque sur les brindilles vertes et les tiges mouillées.

C'est pourtant cette question de principe, ce problème brutal, qui suscite tout leur intérêt pour l'histoire de Roux. C'est à cause d'elle qu'ils se passionnent pour les discours et les aventures de ce réfractaire, mais, désireux de la juger sans incertitude, ils ne veulent pas en arriver si vite à conclure. S'ils s'établissent juges des événements et des institutions des hommes, ils veulent au moins respecter la procédure et mener le procès en sauvegardant toutes les formes.

Mais le fils de Finiels rompt le silence. Il relève la tête, il tend les mains vers le feu, et, d'une voix nette — de cette voix technique qui lui sert à dire : « tirez ferme, tirez à gauche », lorsqu'il s'agit d'abattre un arbre, ou : « tenez bon », lorsqu'il faut placer une lourde charge sur la charrette —, il répond à sa mère :

— Ils ne me feront pas revivre comme une bête pendant cinq ans. Si la guerre recommence, je reste au mas !

La phrase tombe dans le silence. Les plus autoritaires de ces vieux montagnards, et le père Finiels lui-même, ne se reconnaissent sans doute pas le droit de contredire à ce sujet un homme jeune qui a fait toute la guerre. Ils restent immobilisés, comme attirés par le jeu des grandes flammes sur les brindilles nouvelles qui ne veulent pas brûler. Seuls, les deux fils de Liron, qui ont fait aussi la campagne, approuvent leur camarade d'un simple mouvement de la tête.

Le fils de Finiels regarde sa femme et sa fille, puis il se tourne vers moi et il ajoute avec cet air un peu distant qu'il ne sait prendre que pour m'expliquer les détails des travaux de la campagne :

— Vous comprenez, un paysan, c'est fait pour rester à la terre. Je n'ai pas plus envie d'aller courir la montagne avec les gendarmes dans mon dos, que de retourner me battre. Je dois rester à mes vignes et à mes bêtes et s'il me faut tirer des coups de fusil, ce sera devant ma porte et sur le premier qui viendra me dire quelque chose.

Finiels reprend la parole, mais il évite de s'adresser à son fils, il est visible qu'il ne veut pas le contredire, ni même apporter une conclusion à ses paroles. Aussi c'est à sa femme qu'il affecte encore de répondre ; mais il n'arrive pas à dominer une sorte de gêne, une hésitation qui paraît entraver ses gestes et ses paroles :

— Toutes ces raisons sont bonnes à dire, mais on n'y pensait pas dans le début de la guerre. De tout le pays, Roux était le seul à n'avoir pas voulu marcher ; aussi, de lui donner raison, nous aurions cru donner tort à tous les autres. Du reste, pour bien le comprendre, il nous fallait connaître ses idées, et, comme je viens de vous l'expliquer, nous n'en entendions parler que de temps en temps et toujours comme des choses répétées par les uns ou par les autres.

Pour ce qui est de moi, je vous ai déjà dit que j'avais perdu toute ma colère contre lui du jour où j'avais appris qu'il n'avait pas voulu se rendre à cause de ses croyances. Mais je continuais quand même à lui donner tort, parce que j'avais encore trop de questions sans réponse dans ma tête.

Vous pouvez comprendre cela, même aujourd'hui que la guerre est loin et que les idées sont moins tournées vers ces discussions : qu'un homme ne veuille pas se battre parce que ses croyances le lui défendent, il n'y a rien à dire, mais qu'il refuse de partager la souffrance et la peine de tous les hommes, c'est une autre affaire. Je ne trouvais pas tort à Roux de ne pas vouloir se battre, mais de vivre comme un inutile, une bête sauvage... Là-dessus il y avait une histoire qui courait le pays, et qui me donnait encore à réfléchir.

Vous avez peut-être entendu déjà raconter cette histoire : c'est celle du pasteur d'Anduze, Bertin Aguillon, qui est allé se faire tuer à la guerre en soignant les autres, et qui n'a jamais voulu toucher un fusil, ni faire de mal à personne.

Je connais bien cette histoire, on me l'a racontée plusieurs fois pendant les veillées, au moment des réunions d'automne. Les soldats blessés la répandirent dans le pays dès les premiers mois de 1915 ; répétée par toutes les vieilles gens des hautes vallées, elle entra tout de suite dans le cycle des histoires morales de la montagne. Elle y prit aussitôt un aspect de légende parce que, à la réalité de la mort et des relations officielles, se mêlèrent les mystérieuses interprétations des âmes simples... Maintenant les petites communautés protestantes des Cévennes l'ont définitivement reçue dans leur légende dorée des martyrs et des confesseurs de l'Evangile : humbles récits qui ne sortiront jamais du cercle étroit dans lequel ils ont pris naissance et qui ne sont bien souvent que des traditions de famille acceptées par quelques familles voisines...

D'un signe de tête, j'indique à Finiels que je connais cette histoire, et, tandis qu'il poursuit son récit, j'admire silencieusement la sûreté avec laquelle les rapprochements et les comparaisons s'opèrent dans son esprit. L'histoire de Roux et celle du pasteur d'Anduze semblent en effet composer deux vies parallèles, ordonnées autour d'un même problème et proposant chacune une règle différente. Mais cette identité, plus subtile que celle des vies parallèles de l'antiquité, ne pouvait être sentie que par une intelligence habituée à peser les problèmes de la conduite de la vie. Sans aucun effort et par une application naturelle de son goût pour la morale, Finiels a compris l'enseignement que pouvait donner la comparaison de ces deux histoires.

— Puisque vous connaissez l'histoire du pasteur d'Anduze, vous devez comprendre toutes les idées qu'elle m'avait fourrées dans la tête. Ce pasteur avait eu, au fond, les mêmes idées que Roux, mais il les avait mises en pratique d'une autre manière, et si bien que tout le monde était obligé de lui rendre hommage. Je me demandais donc si, devant cet homme, le Roux pourrait se trouver une excuse... Pour dire vrai, je n'y croyais pas, mais, avant de considérer la chose comme sûre, je voulais entendre ce qu'il pouvait dire lui-même pour sa défense. Je pensais bien le rencontrer un jour ou l'autre dans la montagne, et j'attendais ce jour-là pour me faire ma dernière idée sur sa conduite...

Comme je l'avais pensé, je le rencontrai dans les débuts de ce printemps de 1916 du côté de Roquelongue, un jour que j'étais allé faire un petit fagot.

J'étais encore au-dessus des prés que la nuit tombait déjà : le vent poussait la brume depuis la Luzette et s'entortillait dans mon fagot comme pour me jeter dans la vallée. De ce côté-là, les raccourcis sont rapides, et c'est un mauvais coin pour descendre... une fausse manœuvre et vous allez rouler dans les fonds de Roquelongue.

Au col du Pas, je m'arrête donc quelques minutes pour souffler un peu. Comme je m'apprêtais à repartir, je vois un homme sortir de la forêt et venir vers moi : c'était le Roux. Il avait des habits tout déchirés par les ronces, un sac de toile sur le côté et une grande barbe jusqu'au milieu de la poitrine. Il était plus maigre, plus voûté qu'avant son coup de tête, mais il avait un air plus décidé, comme si, entre-temps, il était devenu chef de famille, avec des charges et de l'autorité.

Nous nous souhaitons le bonsoir, et le Roux vient s'asseoir auprès de moi dans les herbes ; je lui dis :

— L’hiver est rude !

— Plus rude encore sur la montagne que dans la vallée.

Là-dessus, je le regarde sans répondre, et nous ne savons plus quoi dire pendant deux minutes.

Mais pendant ce silence, je tournais toutes les choses dans ma tête, et je cherchais le moyen de lui faire expliquer sa conduite.

— Roux, le pasteur d’Anduze a été tué à la guerre. Il ne voulait pas combattre, lui non plus, à cause de ses raisons de conscience. Mais il est parti tout de même, comme tous les autres, pour ne pas se mettre dans son tort. En arrivant à son régiment, il est allé trouver son colonel et il lui a dit que sa conscience l’empêchait de se battre, mais qu’elle lui ordonnait d’aller soigner les blessés dans les plus mauvais endroits. Le colonel l’a écouté, personne ne lui a fait de misères, il est parti avec tous les autres, mais sans vouloir prendre un fusil. A la guerre, il a partagé les souffrances de ceux qui se battaient, il les a même soulagées en étant toujours au plus fort de la première ligne pour ramasser ceux qui étaient touchés, et il a fini par être touché lui-même et par mourir en donnant encore le bon exemple du courage et de la tranquillité à tous ceux qui étaient auprès de lui et qui étaient aussi exposés à mourir d’un moment à l’autre.

J’avais frappé juste : Roux le Bandit m’avait écouté en se penchant vers moi comme s’il avait été étourdi par mes paroles.

Il y avait pourtant plus d’un an que le pasteur avait été tué, mais le Roux ne l’avait encore jamais entendu dire et son ignorance se comprenait parce qu’il n’avait parlé qu’avec cinq à six personnes qui avaient eu bien assez à faire à le questionner et à lui parler des gens de notre vallée, sans aller lui dire les nouvelles de tout le pays. Si je lui parlais de cette histoire, c’est parce que j’avais une idée de derrière la tête, et vous devez bien comprendre laquelle...

Roux le Bandit restait donc comme épouvanté par cette nouvelle. On aurait dit qu’il venait d’apprendre qu’un malheur était arrivé à quelqu’un de sa famille. Je ne sais pas s’il faisait une prière à voix basse, ou s’il ne pouvait pas arriver à se reprendre, mais il resta bien deux minutes sans rien dire, à moitié penché vers moi, avec une figure toute retournée. Puis, au bout d’un moment, il fit un effort sur lui-même et il me demanda de lui raconter la chose en détail.

Alors, je lui repris l'histoire en lui expliquant bien tout ce que vous savez : la décision du pasteur de ne pas se battre ; son départ comme infirmier ; son dévouement pour les soldats et sa mort tranquille au milieu d'une bataille. Je lui répète tout ce que les permissionnaires nous ont raconté sur cette mort, le bon exemple qu'elle leur avait donné ; je lui répète aussi les dernières paroles du pasteur qui faisait dire à sa femme d'apprendre à son petit à détester la guerre... Quand j'ai fini cette histoire, le Roux me dit :

— C'était un homme juste... Il a donné le meilleur exemple de cette guerre.

— S'il a donné le meilleur exemple, tu aurais bien fait de le suivre au lieu de te sauver dans la montagne.

Roux le Bandit me regarde, sa main droite appuyée sur sa cuisse et sa main gauche tirant sur la cordelière de son sac, puis il se met à dire :

— Un pasteur doit toujours veiller sur le troupeau. Si le troupeau s'égare et va se perdre sur les précipices, le pasteur doit le suivre quand même ; si les maladies prennent le troupeau, le pasteur doit le soigner et rester auprès de lui, même si les maladies se donnent par les mouches ou par l'air qu'elles empoisonnent. Aussi, tant que les hommes se feront la guerre, les pasteurs ne pourront pas refuser de s'y rendre, parce qu'ils doivent être partout où il y a de la souffrance et du malheur. Au milieu de la guerre, ils peuvent apporter le bon message, comme le pasteur d'Anduze a su le faire... Mais le devoir du chrétien n'est pas le même, il peut refuser de suivre le troupeau qui s'égare, il n'est pas obligé de l'accompagner dans toutes ses tribulations.

Puis, comme pour m'expliquer ce qu'il venait de dire, le Roux ajouta d'une autre voix :

— Tenez, Finiels, vous devez vous souvenir qu'avant guerre, il y avait à la ville un pasteur qui faisait beaucoup de bien. J'aimais à l'entendre parler et j'aurais pu faire de vrais sacrifices pour cela, si bien que je n'ai jamais manqué un seul de ses sermons...

Vous avez peut-être entendu dire que ce pasteur allait souvent dans les mauvais cafés, à Nîmes et en Alès, pour parler à ceux qui se conduisent mal et qui n'entendent jamais la Parole. Eh bien, malgré tout le plaisir que j'avais à l'écouter, si l'on m'avait dit de le suivre dans ces mauvais lieux, j'aurais répondu que ce n'était pas mon affaire et je me serais privé de l'entendre.

C'était bien dit et je comprenais que la raison de Roux valait quelque chose. Mais j'avais encore à lui répondre quand il prit les devants et me dit :

— Je sais bien que si la guerre est une mauvaise chose, ceux qui la font par force restent honnêtes d'après leur honnêteté habituelle. En disant ce que je viens de dire, je ne voulais pas les comparer à ceux qui vivent dans le désordre, mais expliquer que le premier devoir du pasteur était de suivre la misère des hommes. Mon devoir n'était pas le même : c'était de ne pas m'exposer à tuer mon prochain...

— Tu pouvais te rendre tout de même, quitte à refuser de te battre et à demander à soigner les autres... On l'a bien permis au pasteur.

— Oui, mais le pasteur était un homme capable et ses chefs l'ont écouté à cause de cela. Si je m'étais rendu, j'aurais dû marcher comme les autres : ce n'est pas un paysan qui peut raisonner avec les messieurs de la ville. Dans le même moment où l'on a respecté la volonté du pasteur, on aurait fait violence à la mienne, et personne, ni le colonel, ni le gouvernement, n'aurait seulement voulu m'entendre.

C'est une raison véritable, monsieur André, et là-dessus je me trouvai tout de suite de l'avis de Roux... On ne peut pas dire le contraire : vis-à-vis du gouvernement, un paysan doit faire tout ce qu'on lui demande, sans discuter, ou bien refuser complètement de le faire.

Finiels va parler encore, mais la porte s'ouvre brusquement et le maire, suivi des deux garçons de la Bessède, entre dans la salle.

— Combien pèse-t-elle ? leur crie Finiels dans un éclat de rire.

— Elle pèse plus que la vôtre, mais elle court encore, répond le maire en s'asseyant auprès de nous. Si vous n'étiez pas partis, nous l'aurions eue sûrement, mais nous n'étions pas assez pour mettre un poste à tous les passages...

— Nous aurions pu rester tous et toute la nuit sur la montagne sans la voir, répond le garçon de Finiels. Je vous ai dit que sur les huit heures les chiens l'avaient prise au contre-pied, et je suis bien sûr que vous ne les avez même pas entendus donner sur elle.

— Si fait, dit l'aîné des garçons de la Bessède, nous les avons entendus la prendre dans les Calles de Grimals, et ils l'ont menée tambour battant jusqu'au plateau, elle est passée comme une bombe à cent mètres de moi et, de rage, je lui ai lâché mes deux coups de fusil... C'était une belle bête, plus grosse que celle que Finiels a tuée ce matin, et qui poussait comme un bœuf. Les chiens n'ont pas pu la ramener, ils n'étaient pas assez nombreux... vous auriez bien pu nous laisser les vôtres, au moins...

5

Les histoires de chasse, les discussions techniques et les longues controverses qui nous ont quelquefois passionnés pendant des heures, ne peuvent pas nous retenir aujourd'hui. Le bruit du vent sur les volets des fenêtres, le balancement des brumes de la nuit devant la porte, l'odeur humide et tenace des hautes prairies qui enveloppe les derniers venus, toutes les choses qui viennent de la montagne et qui la rappellent, et surtout la présence de Finiels, ramènent nos pensées vers l'histoire de Roux. Nous ne pouvons pas nous résoudre à parler d'autre chose avec intérêt ou même avec indifférence. Le maire et les deux garçons de la Bessède ne cherchent pas du reste à continuer le récit de leur poursuite : harassés par leur longue course, ils acceptent nos railleries et nos critiques, heureux de faire fumer devant le feu leurs guêtres mouillées et de présenter à la flamme leurs mains rouges et craquelées comme des briques. De notre côté, nous n'essayons pas de faire traîner en longueur nos plaisanteries, de les rattacher à de nouvelles histoires de chasses malheureuses, de les soutenir par des exemples grotesques, comme on en a l'habitude dans la montagne ; mais nous nous tournons vers Finiels et nos silences semblent lui laisser la parole. Finiels comprend notre désir, mais il paraît hésiter à continuer son récit ; pendant quelques minutes, il reste silencieux, puis, brusquement, il se décide à parler :

— Je m'en vais achever de raconter mon histoire... avec la permission du maire et du gouvernement.

Nous nous mettons tous à rire en regardant le maire qui sourit aussi, mais ne comprend rien à cette boutade. Au premier abord, je ne crois voir en elle qu'une pointe de familiarité bienveillante, mais à bien regarder Finiels, j'y discerne une part de méfiance et peut-être même d'hostilité.

— Je parlais du Roux, ajoute Finiels avec le même air de gêne agressive.

Le maire hausse légèrement les épaules tandis que les deux garçons de la Bessède s'immobilisent sur leur chaise, attentifs comme tous les autres montagnards.

— J'en étais à l'avant-dernière année de la guerre, reprend Finiels, ou, si vous préférez, à l'année 1917. Pendant la bonne saison de cette année-là, Roux le Bandit changea un peu ses quartiers ; il quitta les côtés de Sauveplane pour ceux du Lingas, à cause de Birenque, le berger de Dourbies qui passait l'été sur la plaine de cette montagne avec trois ou quatre troupeaux qu'on lui montait des pays bas pour le temps de la grosse chaleur.

Ce Birenque avait bien besoin d'un peu d'aide pour tenir à tout son ouvrage : qu'une brebis se fasse mal et qu'une autre se perde, et le voilà obligé de s'en aller des deux côtés à la fois. Comme le Roux rôdait sans rien faire à travers la montagne, c'était bien le moins qu'il cherchât à se rendre utile. Le hasard l'amena deux ou trois fois à retrouver une brebis perdue et à la ramener au Birenque. Pour récompense le Birenque lui fit partager sa pitance, et, petit à petit, sans qu'ils se soient tapés dans la main pour s'engager l'un à l'autre, ils prirent l'habitude de rester ensemble : Roux le Bandit surveillant les bêtes de Birenque et Birenque partageant sa soupe avec le Roux.

Ce Birenque était un vieux un peu fou, celui-là qui faisait des chansons et qui est mort l'année dernière... Il s'y connaissait pour ses bêtes et pour ses airs de danse, mais, pour tout le reste, il vivait comme si rien n'avait existé... Pour ce qui regardait la musique, il savait bien s'y prendre, et si faire des chansons pouvait être un métier, on pourrait dire que le Birenque a été un bon ouvrier. Il faisait d'abord sa musique : une musique pour la danse presque toujours, ou quelquefois une musique pour chanter en marchant, en ramenant les bœufs par exemple.

Quand il avait trouvé sa musique, il s'affectionnait à y mettre des paroles dessus, puis il allait chanter ses chansons dans les mas et les villages.

Vous devez en connaître de ses chansons ; les filles ont dû vous en apprendre. Vous connaissez au moins celle-là...

Et Finiels scande à mi-voix sur un air de la montagne ces paroles que je connais bien :

T'aimo b'un paou, mioune,
Mai pa gaire ;
T'aimo b'un paou, mioune,
Un paou mai pa gaire ;
T'aimo pa pus
Ai conneigut l'abus... [1]

Comment pourrais-je ignorer cette chanson ? C'est elle qui, depuis la fin de la guerre, fait danser les filles de la montagne aux fêtes des villages. La Marcelle et la Noélie me l'ont apprise et je les ai vues danser leur bourrée raïole en la chantant. Elles m'avaient bien assuré qu'elle avait été composée par un berger de Dourbies, mais je n'avais pas voulu les croire. Car, si la musique de cette bourrée a la cadence de tous les refrains de la montagne — avec peut-être quelque chose de plus tendu, de plus ironique —, ses paroles me semblaient si pures, si parfaites, qu'il m'était impossible de ne pas en faire hommage au fonds le plus ancien et le plus vrai du folklore des hautes vallées. Je croyais qu'il fallait un grand nombre de versions successives, et le lent travail d'esprits inattentifs mais subtils, habiles à modifier les paroles et les mesures, pour donner une aussi rigoureuse maîtrise aux chansons que peuvent composer les bergers. Mais je n'ai plus le droit de conserver ce doute, puisque Finiels m'assure que cette chanson est l'œuvre de Birenque, et qu'avant de l'avoir entendue chanter par lui aux fêtes de l'Espérou, de Camprieu et de Dourhies, personne dans tout le pays ne pouvait en dire la première parole.

— Il en a fait bien d'autres, monsieur André, et de plus longues. Il en a même fait quelques-unes qui pourraient laisser croire qu'il avait quelque chose dans l'idée, et pourtant, je vous

1. Je t'aime un peu, mienne, mais pas beaucoup, je t'aime un peu, mienne, un peu mais pas beaucoup ; je ne t'aime plus, car j'ai connu l'abus (de toi).

le répète, c'était un simple et à part ses chansons on ne pouvait rien tirer de lui.

Les gens de là-haut, qui savaient qu'il restait avec le Roux des journées entières, lui disaient chaque fois qu'il venait au village pour ses provisions :

— Fais attention, Birenque, les gendarmes te mettront en prison en même temps que le garçon de Sauveplane.

Et le Birenque ne savait que répondre :

— Le garçon passe et me donne un coup de main sans reproche, je ne peux pas le payer à coups de pierres.

Ce fut sans doute le meilleur temps de Roux sur la montagne. C'était encore un temps pénible, parce qu'il lui fallait coucher par terre avec un caillou sous la tête, mais enfin, sans faire ripaille, il avait à peu près de quoi manger chaque jour et il n'était plus seul avec les bêtes sauvages sans pouvoir parler à personne.

Mon garçon, qui fit une permission pendant ce temps-là, répétait toujours en riant, quand on lui parlait de Roux :

— Ce monstre fait son temps de repos avec le Birenque.

Ce n'était pas pour un reproche qu'il disait cela, bien au contraire, et du reste, je n'ai jamais entendu personne à ce moment-là — pas plus les vieux d'ici que les permissionnaires de passage — désirer que le mauvais temps de Roux recommence. Mais cette tranquillité n'était pas faite pour durer et tous les malheurs de ce garçon allaient revenir d'eux-mêmes.

Dès la première grosse pluie d'automne, mon Birenque ferma sa jasse, ramassa ses bêtes et retourna dans les pays bas. Avec le mauvais temps, Roux le Bandit se trouva de nouveau tout seul dans la montagne.

Il ne pouvait pas penser à rester sur la plaine du Lingas parce que c'est un des plus mauvais coins de la montagne pendant la saison d'hiver, et certainement le plus solitaire, puisqu'il faut descendre jusqu'au fond des vallées pour y trouver un village ou même un simple mas habité toute l'année.

Il retourna donc vers la Luzette, à cause de sa mère et de tous les gens qu'il connaissait dans les mas qui se tiennent sous cette montagne. Nos pays sont moins déserts que la plaine du Lingas, et tout en restant le plus souvent dans les endroits retirés de la Luzette, le Roux n'avait pas une trop longue route à faire pour aller chercher des provisions. Vous comprenez qu'il avait déjà dû faire ce manège pendant les trois hivers qu'il avait passés sur la montagne, et, pour cette dernière mauvaise saison du temps de guerre, il lui était encore plus facile de le faire, puisque plus personne n'était en colère contre lui.

Il n'y avait plus un homme dans toute la vallée pour penser à vendre le Roux, ou même pour lui dire une mauvaise raison. Petit à petit, nous nous étions tous persuadés qu'il ne pouvait pas aller à la guerre, et c'était presque comme s'il avait été réformé par le gouvernement. Bien sûr, nous savions qu'on n'avait pas pu le réformer pour ses bras, ni pour ses jambes, mais nous nous laissions croire qu'il avait pu l'être à cause des idées qu'il avait dans la tête, et il nous semblait à tous que c'était une aussi bonne excuse.

A ce moment, si le Roux avait voulu faire finir ses misères et se cacher dans un mas, il n'aurait sûrement pas été en peine. Tous les greniers du côté de Sauveplane et de la Bessède se seraient ouverts pour lui ; bien des gens se seraient arrangés pour lui mettre une paillasse et des couvertures dans un coin de leur magnanerie ou de leur fruitier.

— Ça n'aurait pas été si facile, coupe le maire, parce que les gendarmes avaient l'œil et qu'ils n'auraient pas permis que ce garçon passe l'hiver au chaud pendant que les hommes de son âge le passaient à la guerre.

— Si le Roux avait voulu se cacher dans un mas, les gendarmes n'en auraient rien su, parce que personne ne serait venu le vendre, répond Finiels, et ç'aurait été bien fait parce qu'après tout, ce garçon n'était pas un malhonnête et ne faisait du mal à personne.

— Nous sommes d'accord... ce n'était pas un malhonnête, mais tout de même, en le laissant vivre tranquille en plein milieu de la guerre, on aurait donné un trop mauvais exemple.

— Un mauvais exemple ? mais à qui donc ? tous les hommes jeunes de nos familles étaient à la guerre et puisque, dès le premier jour, ils n'avaient pas fait comme le Roux, ils n'avaient pas de raison pour changer leur conduite après avoir fait quatre ans de campagne...

— Je ne parle pas pour vous, ni pour les vôtres, Finiels, je sais bien que vous agissez toujours d'après l'honnêteté de vos idées, mais tout le monde n'est pas comme vous, et il y a des gens qui sont toujours prêts à suivre le plus mauvais exemple.

— On dit toujours cela. C'est une raison du gouvernement de parler de ceux qui ne sont pas honnêtes pour empêcher ceux qui le sont de faire les choses les plus naturelles... Mais comment pouvez-vous parler ainsi de ceux qui ne sont pas honnêtes ? vous savez bien qu'il n'y en a pas beaucoup dans nos pays (trois ou quatre d'ici, de là), et que, ces gens mis à part, on peut répondre de tout le monde... Il n'était donc pas question de donner le mauvais exemple, mais simplement d'être compatissant pour un malheureux. C'est pour cela que je peux vous dire que le Roux n'aurait pas eu de peine à trouver une cachette. Du reste, ne me faites pas dire qu'il pouvait aller se cacher chez n'importe qui ; il y avait beaucoup de mas où l'on n'aurait pas voulu le recevoir, surtout dans ceux où il y avait des femmes dont le mari ou les enfants étaient à la guerre. Je dis seulement qu'il n'aurait pas eu de peine à trouver un mas où les gens l'auraient accueilli, sans en rien dire à personne. Mais ce garçon n'était pas comme tout le monde : il ne cherchait pas son bien-être, ni même la fin de ses misères. Il se résignait bien à venir chercher un morceau de pain et de fromage chez les gens, mais il voulait retourner aussitôt dans la montagne, au milieu de la neige et du mauvais temps. C'était comme un parti pris ou comme une idée fixe, une sorte de besoin de s'éloigner du bien-être et de se faire souffrir.

Bien souvent, à cette époque, le Roux venait dans les fermes de notre montagne vers la tombée de la nuit. Les gens le recevaient comme s'il avait été de passage à cause de son commerce : on lui donnait une assiette de soupe chaude qu'il mangeait tout de suite et un morceau de pain et de fricot qu'il serrait dans son sac, et puis, qu'il neige ou qu'il pleuve, il repartait pour la montagne sans que les gens puissent le retenir pour la nuit.

Une fois, je me rappelle, dans le début du gros de l'hiver, j'étais monté pour la veillée chez mes cousins des Perriers. Leur garçon était venu pour sa permission et nous avions voulu nous trouver un peu ensemble.

Il faisait un mauvais temps de changement de lune, de la glace et de la neige et une nuit noire sur tout le pays. Comme toujours, le mauvais temps descendait de la Luzette, et pourtant, dans cette obscurité, la Luzette faisait une tache blanche : la grosse neige descendait bien jusqu'aux prairies de Roquelongue, et la glace avait pris les fangas[1] du mas Méjean qui luisaient comme les morceaux d'une glace cassée par terre... Vous voyez ce temps.

Comme nous achevions de souper, serrés contre le feu comme nous le sommes ici, le Roux arrive. Il venait quelquefois dans ce mas où les gens étaient braves pour lui, à cause d'une fille qu'ils avaient mariée avec quelqu'un de sa famille. Je ne l'avais pas vu depuis le printemps mais il était toujours le même, avec ses habits qui faisaient honte, sa grande barbe de sauvage et ses longs cheveux. A le voir, on aurait dit une bête, ou cet homme de cire qu'on m'a montré une fois au musée de Nîmes, sur le devant d'une grotte, avec une hache de pierre dans la main. Mais quand il parlait, c'était un homme comme vous et moi.

Il dit le bonjour à tout le monde, sans gêne et sans étonnement, puis il vint s'asseoir sur le bord de la cheminée. Les femmes lui apportèrent de la soupe et du vin chaud. Il mangea sa soupe, non pas comme un homme affamé qui se dépêche et met les bouchées les unes sur les autres, mais, au contraire, comme quelqu'un qui réfléchit en faisant un acte important.

Pendant qu'il mangeait, les femmes remplissaient son sac avec du pain et de la saucisse du pays. Nous le regardions tous sans rien dire, et le soldat plus que nous autres, et comme si l'envie de parler lui avait été au bout de la langue...

Sa soupe finie, le Roux pose son assiette et regarde le soldat. Le soldat le regardait toujours et nous nous demandions ce qu'ils allaient se dire.

Dehors, le mauvais temps menait tout un vacarme. La pansière[2] des Perriers, qui est derrière le mas de mes cousins, juste au-dessous de leur terrasse, faisait un bruit terrible dans les vannes du moulin. Toutes les minutes, on aurait pu croire qu'elle venait d'être emportée, parce que le canal se bouchait tout d'un coup et que la moitié de la rivière sautait sur elle, comme si toute l'eau de la montagne était arrivée à la fois.

A la fin du compte, le Roux et le soldat se mettent à parler.

---

1. Terres marécageuses, bourbier, terrain gras, humide. Mistral, *Lou tresor dou Felibrige.*

2. Barrage, digue, chaussée pour élever les eaux. En languedocien ; *pansiero.*

Nous avions cru qu'ils allaient discuter de la guerre, mais tout au contraire, ils se mirent à causer du travail de la campagne... Le soldat se faisait du souci pour sa petite vigne du Bout de Côte qui est juste à côté de la mienne et qu'il avait plantée peu de temps avant la guerre.

— Elle partait bien, disait-il, la terre de ce terroir est bonne quoiqu'un peu légère. J'avais fait venir les plants de Vezénobre, et j'en avais plus de cinq traversiers.

— Le meilleur vin du pays se fait sur cette montagne, répondait le Roux, mais il ne pèse pas assez et si l'on n'y prend pas garde, il tourne plus vite qu'on ne peut le boire...

— C'est vrai pour les pays bas, mais non pas pour nos villages. A Nîmes, on ne peut pas tenir ce vin, même dans les meilleures caves... nous en savons quelque chose à cause de nos cousins du Mont-du-Plan qui en avaient emporté une petite bonbonne et qui n'ont pas pu la boire. Mais dans la montagne, ce vin se conserve et même il prend une bonté particulière à cause de la hauteur...

— C'est vrai, rien qu'à Sauveplane le vin se conserve mieux qu'à la Bessède ou qu'à Saint-Jean. Je me souviens que mon pauvre père avait fait monter de la Bessède un petit fût de vin qui commençait à tourner. Tout le monde riait de lui voir prendre cette peine, mais, après être resté six mois bien tranquille dans notre cave, ce mauvais vin valait autant que le Tavel ou que les petits crus qu'on récolte du côté d'Uzès.

Le Roux et le soldat parlèrent ainsi, comme s'il n'y avait pas eu de guerre, comme si le Roux n'avait pas fait un coup de tête. Au bout d'un moment le Roux se lève, prend son sac et le met en bandoulière. Mon cousin, qui voyait que le Roux voulait s'en aller, va jusqu'à la porte et regarde le temps.

La neige entre par la porte ouverte avec un de ces coups de vent à ras de terre qui vous coupent les jambes et vous plient en deux. Dans le même moment un gros paquet d'eau saute la pansière et vient faire un tourbillon sous le petit mur de la terrasse. Mon cousin ferme la porte et dit à Roux :

— Tu ne vas pas partir par cette tempête. Pose ton sac et reste avec nous.

Mais le Roux ne voulait rien entendre, et faisait ses adieux à tout le monde. Comme nous lui disions tous de rester, il nous répondait qu'il devait retourner sur la montagne et qu'il était déjà resté trop longtemps avec nous.

— A chacun sa destinée ; je dois passer l'hiver sur la Luzette...

Nous n'y pûmes rien faire et le Roux repartit dans cette tempête. Il prit le sentier qui remonte vers Roquelongue en suivant la rivière du pays, et, cette nuit-là, comme toutes les autres, il s'en alla dormir dans une des grottes de la Luzette où il ne devait avoir rien de mieux qu'un lit de branches...

Je ne le revis plus de tout cet hiver qui fut aussi mauvais que les autres... Dans nos montagnes, l'hiver est toujours l'hiver, et quand on parle du temps passé, on a toujours la même chose à dire sur les trois ou quatre mauvais mois de la neige. Mais ce qui change vraiment, ce qui ne se ressemble pas d'une année à l'autre, c'est le printemps... Cette année-là, notre printemps fut franc comme dans la plaine : il ne traîna pas dans le Rouergue et nous n'eûmes pas une seule gelée tardive. Du premier coup, les chemins furent solides : et la neige de fondre, et les arbres de fleurir. Un temps d'été, mais un temps d'été sans sécheresse. L'eau du printemps, qui vaut mieux que celle des autres saisons, coulait partout, dans les prés, dans les jardins, dans les bassins des traversiers... c'est une eau bleue qui sent la neige et le soleil, une eau qui travaille.

Avec ce printemps, le Roux vint rôder de plus en plus autour des mas et des villages. Maintenant qu'il faisait beau temps sur la montagne, il n'avait pas l'air de vouloir y rester le plus possible. Mais, en même temps qu'il se faisait moins sauvage, les gendarmes se faisaient plus mauvais pour lui. Par ces beaux temps, leurs tournées devenaient plus nombreuses ; on les voyait un jour à la Bessède, le lendemain aux Mouzoules, le jour d'après vers Sauveplane. Ils avaient dû recevoir de nouveaux ordres de la ville, ou, peut-être, ils s'étaient mis en colère d'eux-mêmes en sentant que tous les gens devenaient camarades avec Roux le Bandit.

Pendant plusieurs mois, ils obligèrent le Roux à se cacher dans les bois qui sont derrière la Luzette. La nuit seulement, le Roux pouvait revenir rôder vers les villages. Les chiens ne lui disaient rien, comme s'il avait été de tous les mas, de toutes les bergeries.

— C'est vrai, reprend le plus âgé des garçons de la Bessède, nos deux chiens qui sont plus mauvais que tous ceux de la vallée mis ensemble n'ont jamais bougé quand le Roux passait devant notre porte. Et ce n'était pas une chose naturelle, parce que des chiens comme les nôtres hurlent à toutes les mauvaises occasions, et devant tous les événements qui ne sont pas dans l'ordre. De la vallée à la montagne, ils sentent tout ce qui se passe d'extraordinaire, d'inaccoutumé... Qu'un soir, après un orage, une cascade qui n'a jamais d'eau se mette à couler pour quelques heures au fond de la combe de notre mas en ravageant les jardinages des traversiers, et les chiens pleurent pendant tout ce temps...

— Ce qui prouve que le Roux ne faisait rien de mal dans la montagne et que sa présence y était naturelle, comme celle d'une bonne source qui coule toujours...

A cette époque, quand le Roux, en se promenant dans la nuit, rencontrait du monde de connaissance, des gens de la montagne qui s'étaient laissé mettre en retard en rentrant chez eux, il s'approchait pour leur parler et pour les aider à porter les sacs qu'ils remontaient de la ville. C'était toujours à des heures tardives, vers le milieu de la nuit parce que le Roux ne sortait pas des bois avant dix heures à cause des gendarmes qui faisaient parfois des tournées dans nos villages à ce moment-là...

Cette surveillance l'empêchait de venir manger avec les gens des mas, comme il l'avait fait dans l'hiver, au temps où les gendarmes ne montaient pas à la montagne. Quand il arrivait dans les villages, toutes les portes étaient fermées et les gens dormaient depuis longtemps. Aussi, pour qu'il ne risque pas de mourir de faim, bien souvent, le soir, dans les mas qui sont du côté de Roquelongue ou par-derrière le Pas, vers les Mouzoules, les femmes laissaient de quoi manger sur le petit mur de leur terrasse. Et quand Roux le Bandit passait, tard dans la nuit, en descendant de la montagne, il prenait le morceau de pain et de fromage qu'on avait laissé pour lui devant la porte.

Petit à petit, c'était devenu l'habitude des gens de la montagne et presque une superstition ; beaucoup de femmes n'auraient plus voulu monter dormir, ni jeter la cendre sur les bûches, ni même serrer leur vaisselle et mettre de l'ordre dans la salle, sans avoir préparé les provisions de Roux, parce qu'elles croyaient un peu que ça devait leur porter bonheur.

L'aîné des garçons de la Bessède ne peut pas rester immobile sur sa chaise, il se balance à droite et à gauche, puis brusquement, comme pour se contraindre à rester tranquille, il se penche en avant, appuie ses coudes sur ses genoux, allonge ses avant-bras et joint les mains, dans un geste d'énervement et d'attention passionnée. Comme tous les autres montagnards, il suit ardemment le récit de Finiels, mais il ne se contente pas de le suivre en silence, il lui faut y participer aussi, et cette ardeur qui le pousse à rester le dernier dans la montagne les jours de chasse semble l'animer encore et l'obliger à souligner tous les passages de quelque importance, à soutenir de son témoignage tous les faits que l'on pourrait mettre en doute.

— C'est vérité, dit-il, et je le sais bien, car j'étais au pays la dernière année de la guerre à cause de ma jambe et d'un éclat d'obus. A la Borie on laissait toujours la part du Roux devant la porte, on la mettait sur le plus haut bout du mur de la terrasse pour que les bêtes ne puissent pas la prendre, et toujours dans la même assiette, l'assiette du Roux disait ma tante. Et même, bien après la fin de la guerre, alors que le Roux était en prison depuis longtemps, il y avait encore des femmes pour vouloir laisser à manger devant leur porte, tellement c'était devenu leur habitude et leur plaisir de chaque soir.

— Bon, dit Finiels, mais comme ils l'avaient fait les autres années, les gendarmes finirent par se fatiguer. Ils montèrent moins souvent dans la montagne, comme s'ils étaient découragés ou comme si le Roux ne les occupait plus... Alors, le Roux descendit quelquefois de meilleure heure, et même, sur la fin de l'été, comme il connaissait les jours où les gendarmes surveillaient l'autre côté de la vallée, vers la grande rivière, il finit par descendre dans l'après-midi jusqu'à nos villages. Il s'arrêtait avec les gens qu'il rencontrait dans les traversiers, en train de travailler à la terre, et souvent même il leur donnait un coup de main.

— Oui, dit le garçon de la Bessède, il nous a aidés pour notre vendange juste quelques jours avant d'être pris par les gendarmes... A la Bessède, nous ne vendangeons pas de bonne heure mais à la fin septembre et quand le mauvais temps commence déjà. Ce ne sont pas des vendanges agréables comme dans la plaine, nous les commençons avec le soleil pour les achever dans la pluie et le brouillard. Aussi, dès que les raisins sont mûrs, nous nous dépêchons le plus possible ; mais, cette année-là, nous manquions de monde, nous étions tout de suite quatre pour la vendange, mon père, mes deux sœurs et moi ; et moi encore qui traînais la jambe, tout juste bon pour conduire la charrette. Mon père et ma sœur aînée portaient les corbeilles et mon autre sœur était seule pour couper... Le matin de la vendange, nous montons à la vigne, le temps menaçait, le Cap de Coste était dans la brume et la vallée des Calles était toute prise...

Le fils de Finiels croit devoir ajouter à cette description le proverbe qui a fixé sa signification météorologique pour les habitants de ces montagnes. A chaque aspect de l'horizon correspond un proverbe, et tous ces proverbes composent comme une rose des vents en rimes plates.

— *Quand lou Cap de Costo mes soun capel lou pastre pou mestre soun mantel* [1].

— Sûrement, conclut le garçon de la Bessède, mais quand même, en attendant l'orage, le soleil sortait de l'autre côté, de vers la Séranne et nous brûlait le dos.

— Pour vingt hectos d'aramons, disait mon père, ce n'est pas métier d'attraper un mal de poitrine.

Nous commencions à peine le travail que le Roux saute au milieu de nous quatre ; il descendait de la montagne par les traversiers.

— Tu viens à la bonne heure pour nous porter un peu d'aide, lui dit mon père.

— C'est toujours un bon travail que de faire la vendange, répond Roux.

— C'est quand même un méchant métier que de porter les corbeilles, lui dit ma sœur en riant.

— Bon, dit Roux, je porterai les corbeilles... ce n'est pas un métier de femmes.

Naturellement, je n'avais pas vu le Roux depuis le début de la guerre. Je ne savais pas que lui dire : je ne lui en voulais pas, on ne peut pas en vouloir aux gens de faire d'après leur idée,

---

1. Quand le Cap de Coste met son chapeau, le pâtre peut mettre son manteau.

quand ils ne sont pas malhonnêtes... mais Finiels vous a dit cela mieux que moi.

Je tenais donc la mule par la bride, à l'entrée de la vigne, quand mon père, de nous voir gênés l'un et l'autre, s'avise de dire :

— Le garçon n'a pas toute sa jambe.

— Eh bien, dit le Roux, qu'il ne se fatigue pas ; quand j'aurai porté les corbeilles, je descendrai avec la charrette jusqu'au bon chemin.

Mais moi de répondre :

— Je peux bien marcher à côté de la mule, tant qu'il n'y a pas d'effort je peux tout faire...

— Si tu préfères, me dit le Roux, je couperai et je porterai les corbeilles, le travail ira plus vite... tous ces aramons se gâteraient s'ils prenaient l'eau de l'orage...

Toute la journée, le Roux travailla avec nous comme s'il avait été à prix fait. A midi seulement, nous mangeâmes un morceau et le Roux avec nous, mais nous ne parlâmes pas beaucoup parce que le temps menaçait de plus en plus. Vers quatre heures, quand il commença de pleuvoir, nous achevions juste notre vendange. Le Roux descendit avec nous jusqu'à la bonne route, il avait voulu conduire la mule qui prenait peur du tonnerre et qui n'était pas commode à tenir...

Arrivé à la route, il nous quitta sans dire grand-chose, mais comme mon père lui disait encore merci pour son aide :

— C'est comme si l'autre garçon était ici, répondit-il en s'en allant.

Il voulait parler de mon frère, qui était à Salonique avec le Quarantième.

— Ce n'est pas le seul coup de main qu'il a donné aux gens qui travaillaient vers la montagne, reprend Finiels, et c'est bien ce qui l'a perdu. Au début d'octobre, il resta plusieurs jours avec des bouscatiers, sous les bois de la Luzette, à faire des petits fagots et à les descendre par le câble.

Je me souviens qu'un jour, je passais par la route du Grenouillet juste à l'endroit où vient tomber le câble qui descend de Roque-Pertuse. Au pied du câble, je trouve le fermier de la Vernède avec son garçon. Ils recevaient des fagots de fayards et les chargeaient sur leur charrette ; je leur demande :

— Vous avez un journalier dans la montagne ?

Ils se mettent à rire.

— Un bon journalier qui connaît bien la manœuvre. Avec lui, on n'a pas à craindre que les fagots s'accrochent.

Je regarde le câble : les fagots descendaient les uns après les autres, à distance régulière, ils prenaient leur vitesse, sifflaient dans l'air comme une pierre et venaient taper contre le butoir du câble. Le garçon de la Vernède avait juste le temps de dégager son fagot que le suivant arrivait à son tour — et ainsi de suite sans arrêter une minute. A voir le travail se faire ainsi, on pouvait dire que ce n'était pas le premier venu qui chargeait le câble.

Les deux hommes riaient toujours — puis le père me dit :

— C'est le Roux qui est à la montagne ; il a fait les fagots avec nous et maintenant il nous les envoie.

De là-haut — à cent mètres en l'air au bord de la Roque-Pertuse — les faix de bois glissaient toujours. Je les regardais descendre sur le câble, et je me sentais une joie dans le cœur en pensant que c'était le Roux qui travaillait à son métier, qui servait à quelque chose, qui gagnait son droit de vivre...

De ce moment, il s'aventura de plus en plus dans les parties basses de la vallée, travaillant de droite ou de gauche quand il trouvait un ouvrage. Aussi les gens se le laissèrent dire et le répétèrent dans les villages.

Tous ces racontars durent revenir aux gendarmes, non pas par malveillance mais plutôt par bêtise des uns ou des autres. Voyez-vous, il y a des hommes qui ne savent pas diriger leur langue : qu'ils descendent à Saint-Jean et les cafetiers leur feront raconter toutes les affaires de la montagne. Je les entends dire : « Le Roux a repris son ancien métier... » Et ainsi de suite.

Donc, le second mardi d'octobre, nous étions en train de nous organiser pour les châtaignes. C'était justement le jour où les gendarmes avaient l'habitude de faire leur tournée vers la rivière, et nous ne pensions pas qu'ils étaient de notre côté.

Nous avions arrangé les claies pour les blanchettes toute la journée quand, vers les cinq heures, on vient nous dire que les gendarmes avaient pris le Roux au-dessous des Mouzoules...

Voilà le village en révolution, et tous les gens réunis pour discuter de cette nouvelle.

Nous ne voulions pas y croire : il nous semblait que le Roux n'était plus en faute, que les gendarmes n'avaient plus rien à lui dire. Mais vous pensez bien que notre jugement ne pouvait rien changer à la chose : quand les gendarmes font des misères aux hommes qui pêchent à la main, à ceux qui n'allument pas la lanterne de leur voiture, à ceux qui coupent du bois dans la forêt, nous ne trouvons pas qu'ils ont raison, et, tout au contraire, nous trouvons qu'ils ont tort de ne pas mettre en prison ceux qui font des médisances, des hypocrisies ou des méchancetés... Mais pour tout cela, ce sont les ordres qui les mènent et nous n'y pouvons rien faire...

C'était bien vrai, les gendarmes avaient pris Roux le Bandit sous les Mouzoules. Ils l'avaient guetté plus d'une demi-heure pendant qu'il parlait avec deux hommes qui gardaient leurs bêtes dans le petit pré qui monte jusqu'au col. Puis, comme il était descendu jusqu'à la route, ils l'avaient attrapé sans peine, et, tout de suite, ils avaient filé sur Saint-Jean par les raccourcis et sans se montrer à personne...

Comment les gendarmes avaient deviné le Roux ? je ne peux pas vous le dire, mais il y a des gens qui racontent que c'est la petite des Mouzoules qui l'a vendu. Cette petite n'avait pas encore ses douze ans, elle était allée jusqu'à la source qui est sur la route pour chercher une cruche d'eau fraîche. En passant par les prés, elle avait vu le Roux avec les deux bergers des Mouzoules... elle a bien pu le répéter aux gendarmes, mais ce n'était pas pour mal faire.

Maintenant, cette fille est grande : elle est même d'âge à se marier, mais personne ne la regarde — il y a comme un malheur sur elle... on l'excuse bien si vous voulez, mais on s'en méfie autant que de ceux qui sont marqués pour le mal...

— Ce n'est pas moi qui lui parlerais, dit le garçon de la Bessède, elle a beau faire la luronne...

— Pour ce qui est du reste, je ne peux pas vous dire grand-chose. De Saint-Jean, on fit partir le Roux à la ville, puis on lui fit son procès. Il ne fut jugé qu'après l'armistice et tout ce que nous savons c'est qu'il répétait toujours qu'on pouvait le tuer mais qu'il ne tuerait personne... On l'a condamné à être enfermé pendant vingt ans ; il est resté quelque temps à la prison de Nîmes, puis on l'a fait partir dans une autre prison qui est au bord de la mer, du côté des pays de Bordeaux. Il paraît qu'il est aimé par tout le monde dans cette prison...

— Oui, et même on l'a nommé quelque chose, pour surveiller au-dessous des surveillants, à cause de sa bravoure et de sa capacité.

C'est la femme de Finiels, qui, du fond de la salle, ajoute ce témoignage aux paroles de son mari. Depuis l'arrivée du maire, elle s'est tenue à l'écart, mais, à la façon dont elle remuait les assiettes et les marmites, je la sentais intransigeante et nerveuse, et toujours attentive au récit de son mari.

— On n'a pas été trop dur pour lui, dit le maire, pour un garçon de trente ans, vingt ans de prison ne vont pas au bout de la vie. Il peut garder l'espoir de finir ses jours dans sa maison...

— Il vaudrait mieux qu'il y revienne tout de suite. Sa mère et sa sœur Amélie l'attendent, elles ne sont plus que deux pour tenir le mas, et, si personne ne leur vient en aide, dans vingt ans le terroir de Sauveplane sera redevenu un désert...

— La sœur aînée n'est plus à Sauveplane, reprend Finiels pour répondre au geste d'étonnement que je viens de faire, et ce serait encore une histoire à raconter tout au long avec ses détails... mais nous n'en sommes pas à raconter des histoires d'amour.

Quand la guerre est venue, cette fille allait se marier avec un garçon qui fait le charretier du côté de Saint-Etienne. Ce Bertin dut partir comme les autres, et, dans les premiers temps, sa famille ne voulait plus entendre parler du mariage, à cause de Roux. Vous pouvez imaginer le mauvais temps qu'a passé cette fille.

Comme sa mère et comme sa sœur Amélie elle avait à souffrir de l'insolence des gens à cause du coup de tête de son frère. Mais elle souffrait encore plus dans son sentiment, comme une abandonnée qu'elle était.

Le Bertin la laissa sans nouvelles plus d'une année, puis ils s'écrivirent quelques lettres, et, pour une de ses permissions, le Bertin monta jusqu'à Sauveplane... il voulait se remettre avec elle mais son père, qui est un patriote, médaillé de plusieurs campagnes et sergent de la Coloniale, n'était pas de cet avis. Ce fut une affaire terrible entre la sœur de Roux, ce garçon et sa famille, et toujours du mauvais temps pour cette fille... Petit à petit les choses s'arrangèrent et, après la guerre, ils se marièrent tout de même, sans faire grande fête, comme s'il y avait eu un deuil dans les familles ; et la sœur de Roux quitta Sauveplane et vint habiter à Saint-Etienne...

Sa mère et son autre sœur sont restées toutes seules à la montagne et c'est un grand malheur parce qu'elles ne peuvent pas suffire au travail de leurs terres et que chaque année, la brousse y reprend un peu plus d'espace.

Les terroirs comme celui-là ont besoin de bras solides ; ils ont été pris de force à la montagne et la montagne les guette tout le temps pour les reprendre.

Mon arrière-grand-père avait vu l'époque où Sauveplane n'était qu'une bergerie et une solitude. Les Roux et les Trézic en avaient fait une bonne terre, et, dans le milieu de l'autre siècle, c'était presque un village, avec trois mas, plusieurs granges, une fontaine et des réservoirs. Sur son aire on battait plus de blé qu'il n'en fallait pour les trois familles. On en descendait des fromages, du beurre et des châtaignes ; pendant l'hiver on y fabriquait des sabots, des colliers et des clochettes pour les moutons. On y faisait des mariages, il y naissait des enfants...

Maintenant c'est une misère ; de trois familles il ne reste plus qu'une vieille femme et qu'une fille seule. Les réservoirs sont pris par la vase, les terres de labours deviennent dures comme la pierre, les châtaigniers qui périssent ne sont pas remplacés et le grand mas lui-même, celui qu'on appelait du temps de mon père l'*Oustau Nou* [1], commence à se démolir.

Vous pouvez y monter à Sauveplane, vous verrez la solitude de cette combe ! Les endroits déserts de la montagne qui n'ont jamais été travaillés ne sont pas tristes : la solitude est leur naturel. Mais les terres abandonnées où l'on voit d'anciennes cultures donnent plus de languitude que les cimetières...

— Vous avez assez parlé de cette histoire, reprend la femme de Finiels. Il est l'heure de souper, je m'en vais mettre la table ; mais vous feriez bien d'aller faire un tour sur la terrasse pour

1. La Maison Neuve.

me laisser donner un coup de balai, vous avez apporté tous les fangas du mas Méjean sur vos guêtres...

Nous nous levons tous. Le garçon de Finiels et les deux de la Bessède passent devant.

— Je m'en vais voir les chiens... La Bombarde s'est fait mal à la patte en passant dans les ronces.

Le maire et le Panard sortent aussi. Je reste seul dans la salle avec Finiels. Nous allons lentement vers la porte. Le ciel du soir touche le toit de la terrasse, la brume monte vers lui des pentes voisines. La Bombarde pleure doucement devant la grange.

Je comprends que l'histoire de Roux est achevée, que Finiels n'a plus rien à dire, ne veut plus rien dire. Mais si, quand il commença cette histoire, je pouvais me contenter d'imaginer l'apparence physique de son personnage, maintenant je désire savoir exactement quel était l'aspect de son visage et de ses gestes.

— J'ai dû le connaître, ce Roux de Sauveplane, avant la guerre, mais je n'arrive pas à me le rappeler...

— C'était un homme comme tout le monde : de sa personne un peu comme mon garçon, un peu comme les garçons de la Bessède. Pas trop grand, mais un peu courbé... Il portait la moustache sans la barbe, du moins avant la guerre, parce que pendant sa retraite, il l'avait laissée pousser tout entière comme je vous l'ai dit... mais cette barbe n'avait pas d'importance parce que ses yeux faisaient toute sa figure ; des yeux grands, bleus, comme tristes... Sa figure était longue et un peu pointue, ses deux joues semblaient se chercher et se trouver à son menton ce qui lui donnait un air attentif, comme s'il écoutait toujours quelque chose...

Comment il est maintenant ? Je ne peux pas vous le dire, mais bien sûr que, dans trente ans, ce sera un vieux comme moi, avec des bras trop longs et des jambes un peu tordues...

En regardant Finiels je complète cette description, et, sans effort, des phrases naissent en moi qui s'ajoutent à ses phrases et semblent composer un portrait plein d'une justice orgueilleuse :

— Ces bras trop longs d'avoir tenu trop d'outils à manche court, ces jambes tordues d'avoir marché sur les deux côtés des sillons et dans les terres inégales, et surtout ce visage où la chose qui frappe, la chose essentielle est la ligne des cheveux, droite et noire et parallèle à la ligne des sourcils, et qui paraît exprimer une droiture tenace, une honnêteté sans détour.

LES HOMMES DE LA ROUTE

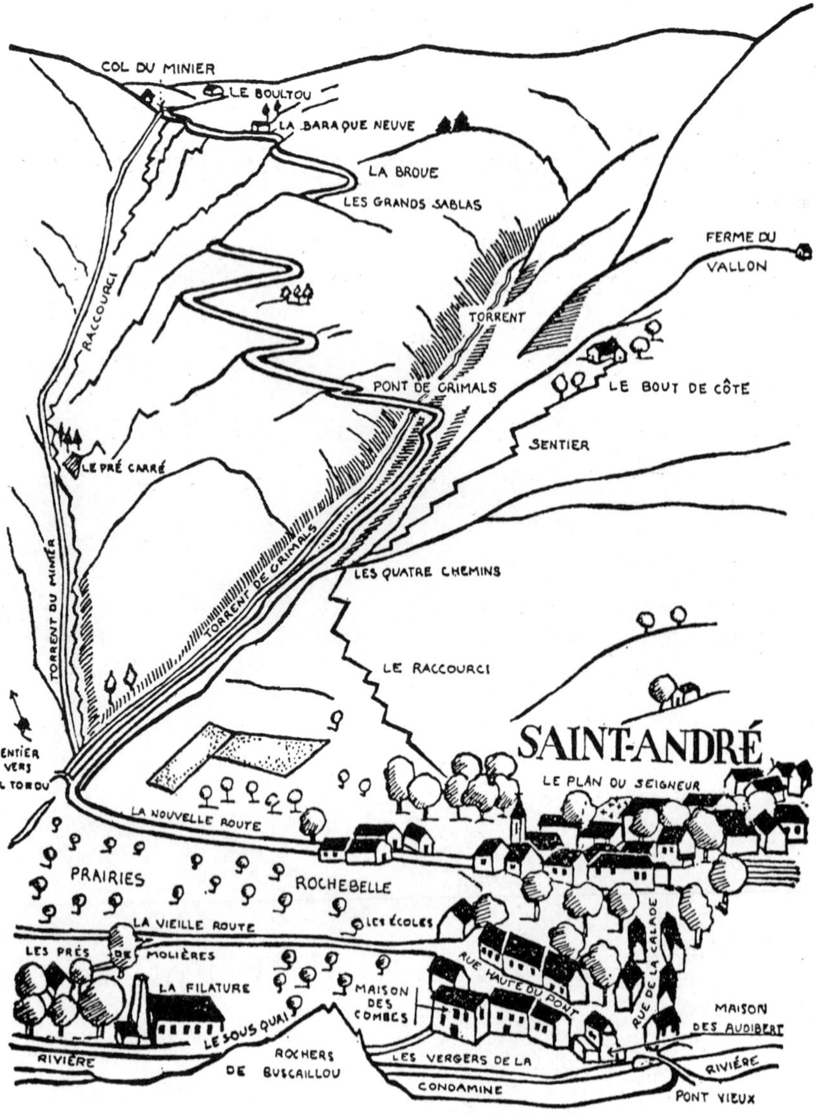

Plan cavalier des vergers de la Condamine,
de Saint-André et des montagnes de la nouvelle route
relevé sur le manuscrit de l'auteur.

A Henri Petit
son ami
A. C.

PREMIÈRE PARTIE

LES HOMMES DE LA ROUTE

1

Quand il se maria, Combes habitait encore dans la bergerie que lui avait laissée son père, sur le Bout de Côte, à mi-chemin entre Saint-André et la Borie de Randon.

Il n'aurait jamais abandonné ce désert de pierres et d'herbes rares, si les travaux de la grande route ne l'avaient attiré dans la vallée. Mais, au moment où l'on commença de parler, dans le pays, de la construction de cette nouvelle route, il descendit à la ville et se fit inscrire sur les listes de l'entrepreneur qui devait faire le tronçon de Saint-André au col du Minier. Trois mois plus tard, vers la fin d'avril, il quitta sa bergerie et vint s'installer avec sa femme au premier étage d'une grande bâtisse silencieuse de la rue Haute-du-Pont, au quartier de la Condamine. Tout d'abord, il laissa quelques meubles au Bout de Côte, mais, peu de temps après, il les descendit à Saint-André, abandonnant la bergerie où il ne remonta plus que les dimanches, pour soigner les vignes et les carrés de jardinage disposés sous le grand bassin du côté du soleil et du vent calme.

Anna ne regretta jamais la bergerie et cette solitude élevée, silencieuse dans le vent tumultueux et la fuite toute proche des nuages. Depuis des années, sans avoir eu besoin de réfléchir ou de comparer, elle avait le désir d'aller vivre à la ville.

C'est elle qui décida Combes à descendre habiter la Condamine.

— Les voilà maintenant qui vont faire la route par un autre côté que le nôtre. Nous allons rester perdus dans nos montagnes, sans un bon chemin pour faire monter la charrette...

— Les autres ont bien passé leur vie, ici ou là, dans nos parages, sans une bonne route, lui répondait Combes dans les premiers jours, nous pourrons bien continuer à vivre comme eux.

— Ce n'est plus la même chose... Tant que le pays est sans routes, on n'a rien à se reprocher les uns aux autres. Mais à présent que les gens d'Aulas, d'Arphy, de Salagosse et de la Baraquette vont être rendus tout droit à la ville, nous ne pouvons pas rester ici à faire les sauvages.

Et, du seuil, horizontal comme une aire à battre, mais suspendu sur la vertigineuse inclinaison de la vallée, elle regardait le pays immense et solitaire. D'autres jours, elle disait à Combes :

— Ne laissons pas passer notre chance. Si tu ne vas pas travailler à la route, nous ne mettrons jamais un sou devant l'autre, dans ce désert.

— Eh bien, répondait Combes, j'irai travailler à la route, mais pourquoi irions-nous vivre à la ville ?

— Si nous restons ici, tu ne pourras pas remonter chaque soir, il te faudra manger à la cantine et perdre la moitié de ta paie... tandis qu'à la ville, je te préparerai tout, au moins pendant le temps que vous ne serez pas trop haut dans la montagne et, de mon côté, je trouverai peut-être un travail.

Anna fut donc heureuse, comme au jour des noces, quand elle descendit à la Condamine, pour toujours, avec les meubles sur la charrette et les deux chèvres attachées derrière qui se faisaient traîner en raidissant les pattes.

A la rue Haute-du-Pont, elle était encore comme à la campagne, avec un grand jardin qui descendait sur la rivière entre un escalier de laveuses et un mur de pierres grises chargé de treilles derrière lequel commençaient des vergers et des prairies.

A la Condamine, l'air sentait la rivière et l'herbe, et, surtout, ces coins humides et sombres des grands jardins où pourrissent des plantes et se multiplient les insectes. Quand le vent agitait l'étendue bleue et silencieuse entre les rochers de la rive droite et les murailles des jardins à pic sur les gouffres du côté gauche, quand il traînait cette masse transparente et fraîche vers l'arche du pont, il se levait une odeur plus violente, pareille à celle qui nous enveloppe lorsque, dans un grouillement de bêtes et de frêles tiges claires, nous soulevons une dalle plate depuis longtemps couchée sur des terres humides. A d'autres heures, par bouffées brusques, un vent plus rapide apportait l'odeur puissante et triste de la filature... Mais ce couloir d'odeurs, au-dessous duquel glissait la rivière, avait toujours quelque chose d'attachant et de calme, un vertige de tranquillité et d'engourdissement, comme un grand gouffre musical à force de silence et d'immobilité ou d'écoulement toujours semblable.

Hautes et grises, presque sans fenêtres sur les ruelles étroites, toutes les maisons de la Condamine s'ouvraient ainsi sur la rivière et les jardins de la rive gauche, avec leurs rez-de-chaussée en arcades aménagées en pressoir, en fruitier, en échoppe et les larges fenêtres jumelles de leur façade d'appareil grossier chaîné par des rangs de briques usées par le temps.

Dans ce quartier, le plus solitaire de Saint-André, tous les habitants vivaient pauvrement, mais d'une pauvreté tranquille et régulière, avec une sécurité que rendaient chaque jour plus grande le travail et l'économie.

Ces familles d'artisans, d'ouvriers restés cultivateurs, de boutiquiers devenus propriétaires, donnaient à Anna le spectacle de l'abondance et du bonheur, et, pendant les premières années, elle trouva des exemples merveilleux tout autour d'elle, à chaque porte de la rue Haute ou de la Calade. Car, dès sa première adolescence, aussitôt qu'elle avait pu dresser, à côté de sa vie, une vie imaginaire faite pour la diriger et la contraindre au bonheur, elle avait confondu ce bonheur avec la sécurité domestique, la tranquille assurance de la ménagère qui ne manque de rien. Un ardent désir d'acquérir et de conserver liait tous ses actes. Ce n'était pourtant pas le goût de la possession qui la dominait, mais la hantise de la sécurité. Cette hantise éveillait en elle une avarice, libérée de la passion de l'or, une rage d'économie et surtout une terreur de la vie instable et besogneuse. Mais justement, dans les bergeries et les fermes de la montagne où s'était passée son enfance, dans celle où, jeune femme, elle était entrée, maîtresse d'un petit monde qui pouvait à peine permettre de vivre, on ne s'arrache jamais à une pauvreté égale, sans grande misère, mais sans une heure d'abondance et elle avait longuement souffert de cette vie frugale où l'économie n'entasse rien, où la sobriété ne fait vivre qu'au jour le jour, sans rendre libre le lendemain. Elle avait donc voulu vivre à la ville, non pas pour devenir riche, mais pour assurer son destin, et, comme elle, depuis le début du siècle, d'autres femmes de la montagne, pauvres et inquiètes, étaient descendues, avec le même espoir, à la Condamine ou dans les autres quartiers pauvres de Saint-André : à Rochebelle, au Plan du Seigneur ou à la rue Vieille.

La filature des Prés de Molières, fondée à la fin de l'Empire, agrandie au temps de la Restauration, avait attiré tout ce monde. Elle ne faisait pas vivre simplement, comme la terre et les bêtes, mais elle rapportait de l'argent que l'on pouvait économiser, entasser, mettre de côté pour les jours de peine. Et les montagnards, encore habitués à vivre directement du produit de leur travail ou des échanges du champ de foire, voyaient dans cette possibilité de vivre « avec de l'argent », quelque chose de merveilleux. Aussi par les quatre grandes trouées de ses vallées vers l'amont ou vers l'aval, au long de toutes les pentes couvertes de fermes et de villages, la ville avait sollicité les gens de la montagne comme par l'espoir d'une vie nouvelle et d'une tranquille félicité.

Il y avait bien, depuis tous temps, de petites industries patriarcales à Saint-André : tonnelleries, tanneries, fabriques de chapeaux et manufactures d'impériales. Mais ces ateliers familiaux n'attiraient personne et leur activité restait, au cours des siècles, stable et régulière, comme celle qui se déployait sur les terres à labours ou dans les vignes, sans accroissements brusques ni déchéances, avec seulement l'alternance des bonnes et des mauvaises années. Ces artisans, tanneurs ou foulons, ne vivaient pas uniquement avec l'argent que leur rapportaient leur industrie et son commerce, ils vivaient aussi du travail de la terre, du produit des petites propriétés, et l'argent lui-même ne venait jamais à eux qu'après le maniement de la marchandise ; il en prenait un aspect plus stable, plus assuré, il en restait toujours comme garanti.

Aussi, depuis le jour où, sur les bords de l'Ise, s'étaient élevés ses murs de grand appareil et ses cabanes de poutres et de glaise, la ville avait vécu de ces petites industries, régulièrement, comme les villages autour d'elle vivaient de leurs terroirs, et, seule, au bout de longs siècles, la filature, avec ses huit cadres, ses laminoirs, ses métiers mull-jenny et leurs centaines de bobines, avait réuni toute une nouvelle population et changé d'un seul coup les habitudes traditionnelles de la vie.

2

Des rochers de Buscaillou qui dominaient, en face de la Condamine, la rive droite de la rivière, on découvrait comme sur un plan cavalier en grisaille la ville entière, poussées de hautes maisons et traînées de ruelles.

La hauteur des bâtisses, l'étroitesse des espaces libres, l'enchevêtrement des toits inégaux et des grands plans de murailles vides, composaient, au-dessus des arbres, une mystérieuse solitude. La campagne toujours proche ajoutait à ce mystère et donnait un prolongement infini à cette solitude. Derrière chaque arête de toit, à côté de chaque angle de muraille, au milieu du lacis des clôtures, s'amorçaient, dans un mouvement de branches ou dans une ondulation d'herbe, des petits jardins ou des prairies. Les feuillages et les pierres s'enchevêtraient en bouleversant les lignes d'horizon et les plans d'éloignement de la montagne, et cependant, il y avait une unité dans cet entassement désordonné de constructions inégales et de petites cultures, et les couleurs à demi perdues, la lumière terne qui glissait au long des schistes et des feuillages sans éclat des hautes pentes, la rendaient encore plus sensible en enveloppant toutes choses d'une vibration continue.

Au pied des rochers, contre la rivière et au sud-ouest de la ville, la Condamine se dressait comme un bloc vertigineux d'étroitesse et de silence. Deux lignes noires, la Calade et la rue Haute, la traversaient en flèche, puits sans rumeurs dans lesquels se précipitaient les hirondelles. Au bas de la rue Haute, après un glacis au long duquel s'accrochaient d'étroits escaliers, le Pont Vieux, arche immense, dominait la rivière.

A côté de la Condamine, après le sous-quai et les longues murailles des jardins maraîchers, contre une cheminée carrée en briques sombres, s'élevait la grande filature. Sur ses murs décrépits, d'énormes barres de fer, disposées en croix de Saint-André, alternaient avec de hautes fenêtres aux vitres crevées.

Au-dessous d'elles, des petits tuyaux noirs crachaient sans cesse de la fumée et de la vapeur, et, des lézardes de la muraille elle-même, sortaient de temps en temps des flocons blancs et des filets d'eau noire.

Sur la droite, par-delà des châtaigneraies, contre le bord de conque que dessinait sa vallée s'étendait la ville, ville du Sud, embrasée parfois d'un grand remous de feu, livrée au soleil, mais toujours grise, sans couleurs vives, sans linges blancs ou rouges claquant aux fenêtres, silencieuse.

Le silence descendait sur elle de la montagne avec une telle puissance de tristesse qu'elle semblait en avoir perdu son climat naturel. Les saisons qui lui convenaient étaient les plus dures, et non pas tant l'hiver, mais les mauvais printemps et les mauvais automnes, les temps bouleversés, trop tardifs ou trop précoces, jetant sur le paysage, avec la neige ou la glace, quelque chose de stupéfait et de douloureux.

Les temps les plus chauds eux-mêmes, les jours étouffants du plein été, traînaient dans une moiteur grise. Ils se levaient du midi, dans le vent de la mer, poussaient des nuages contre la montagne, régnaient des semaines entières, sans heurts ni sautes, et préparaient sûrement la pluie. Et même, dans le ciel le plus vaste, sans nuages, et qui semblait glisser et luire sous le vent, il y avait toujours comme un léger voile, un immense réseau d'humidité tremblotante, apporté par la brise des plaines marines.

3

Dans les grandes pièces de la rue Haute, sur lesquelles le soleil tournait au long du jour, Anna se sentait heureuse, avec un peu d'inquiétude. Mais cette inquiétude était la promesse de son bonheur, son bonheur lui-même déjà. C'était, toujours, ce désir de se sentir non pas plus riche, mais assurée du lendemain. Elle sacrifiait tout le plaisir de la vie, et tout ce que pouvait lui apporter de joie un jour après l'autre, à cette passion.

Elle vivait durement et Combes avec elle. Un maigre ordinaire, pas un sou pour les plaisirs, toujours les mêmes vêtements pour la semaine, renouvelés presque sans dépenses et un seul costume pour les « dimanches » qui dura presque toute la vie.

Quand on commença les travaux de la route et qu'ils vinrent

s'établir à Saint-André, elle avait vingt-cinq ans, et Combes vingt-huit. Sur sa robe noire, mince de taille et fusant en plis autour des hanches, sur ses tabliers bleu sombre, d'étoffe luisante et raide, elle croisait encore quelquefois un châle court de teintes violentes, mais la coquetterie et le désir de plaire avaient déjà abandonné son cœur. Elle se sentait unie à Combes pour toute l'existence, sans aventure possible ni tumulte, et le seul souci du ménage l'occupait. Forte de corps et de sens, elle avait devant Combes un goût du plaisir, mais vite oublieuse, jamais inquiète, elle était libérée de la chair par la violence même de ses brusques ardeurs, souverainement tranquille comme un mâle robuste. Unis dans la montagne, habitués à la solitude, elle et Combes pensaient ne pouvoir jamais se détacher, ni de corps ni d'esprit, et surtout se mêlaient l'un à l'autre par une même préoccupation d'ordonner leur vie, de gagner leur bonheur sur un sort avare.

Dès qu'elle fut complètement installée à Saint-André, elle chercha du travail, pour elle, à petites relations, à petites démarches, en ramenant toutes choses à son désir, en répétant à tout le monde « qu'ils en avaient besoin », comme si la nécessité et le désir de la surmonter leur avaient donné un droit réel. Mais quand elle fut entrée à la filature, elle ne fit qu'ajouter son salaire aux économies qu'elle faisait déjà sur celui de Combes, sans rien changer à ses dépenses. Seules, ses réserves s'accrurent. Deux fois l'an, avec régularité, aux grandes foires, les armoires s'emplirent de linge et de vaisselle, et, dans cette abondance sans éclat, la vie parut devoir devenir plus belle pour le ménage, pour Anna surtout, parce que Combes, sans rien imaginer ou prévoir, trouvait en lui-même sa joie et son allégresse.

Il ne vivait alors que pour le travail de la route. C'était le grand labeur de sa jeunesse, semblable à tous ceux de son enfance. Car il avait gardé les chèvres au temps où les loups couraient encore la montagne ; il avait descendu sur ses épaules de lourds faix de bois jusqu'à la ville, par les chemins royaux, raides comme des torrents égalisés par la pioche et la mine ; il avait dormi seul, à douze ans, dans les cabanes silencieuses perdues au bord des pâturages. Chacun de ses gestes, jusqu'à sa démarche lente et sûre, semblait fait pour accomplir les plus durs travaux de la montagne, mais toutes ses forces ne s'employèrent ensemble et dans une même joie que pendant ces deux années où, de Saint-André au col du Minier, dans les châtaigneraies, les pentes de bruyères, les petits prés et les sombres masses de sapins, surgit la nouvelle route.

Elle partit de Saint-André, à travers les prairies d'eau et les pommiers, en rampe douce, comme un être vivant, volontaire mais calme. Puis elle entra dans la vallée étroite pour grimper en lacets vers les hautes crêtes.

Des équipes marchaient avec elle, remuaient la terre, coupaient les arbres, creusaient les roches à coups de mines, bâtissaient des ponts sur les torrents et les précipices. Sous les rochers, au creux des arbres, aux couverts des taillis, des bêtes couraient, surprises, des serpents s'écrasaient sous des roches précipitées : une grande odeur de terre violée, violente et riche, s'élevait sur les pentes, dans la chaleur et la lumière, aussi exaltante, aussi vagabonde et tumultueuse que, là-bas, contre la rivière et les hautes maisons à quatre étages, aux façades nues, l'odeur des jardins était calme, somnolente et paisible.

Les équipes riaient et s'acharnaient à bousculer ces landes, ces forêts, ces rocailles stériles. Une longue bande de terre s'aplanissait et s'allongeait, comme pour se soumettre, devant des hommes bruns, coiffés de feutres noirs cirés par la pluie et les traces des doigts en sueur ; des hommes trapus, en bras de chemise, au col ouvert, sans cravate, avec des poitrines noires, des hommes agiles en lourdes braies de velours soutenues par une tayole rouge ou bleue ; des hommes solides, chaussés de gros cuirs cloutés plus forts que les granits, à gros grains d'acier brillant — des hommes semblables à ceux qui, véridiques, aux minces pieds-droits des cathédrales, fauchent les moissons, enfournent le pain, mènent les saisons et les années — des hommes au costume sans âge, faits pour les grands travaux, amis du soleil et de la pluie et marchant durement sur les pierres dures, au milieu d'un cortège d'étincelles.

Chaque fois que la route tournait contre la montagne, et que, d'une faille à l'autre faille, elle passait en plein soleil sur une bosse de pâturages ou de rochers, un horizon immense se découvrait, en ligne droite, de jour en jour plus vaste et plus admirablement parfait dans son immobilité de demi-cercle.

Dès Grimals, le Bout de Côte entra dans cet horizon familier et Combes aperçut chaque jour son ancienne demeure, droit devant lui, au sommet des grandes pentes qui s'élevaient de l'autre côté de la vallée.

En frappant la roche de son palfer pesant qui vibrait entre ses doigts comme une cloche, il voyait, sous le rebord de son chapeau, à hauteur de ses yeux, la vieille route de pierres, les châtaigneraies, les quatre grands murs qui soutenaient les plus hautes vignes, et, plus haut encore, sous les derniers châtaigniers, dans le col vert où se devinait une fontaine, la bergerie, avec sa terrasse extérieure, ses toits gris, irrégulièrement inclinés comme les monticules de la montagne et luisant comme eux de mille paillettes argentées.

Tout le long du jour, Combes faisait équipe avec Audibert, un homme de la commune d'Esparron, descendu comme lui de la montagne. Ils creusaient tous deux des trous de mine dans les roches que les contremaîtres marquaient à la craie, sur le tracé de la route.

— Tu vois ce pré, lui disait-il, contre le chemin de pierre, au-dessus des châtaigniers ? Il est à moi et le pré de dessous de même. Le champ qui le coupe est aux Payan de Mandagout, mais tout ce qui est au-dessus, jusqu'aux bruyères, est à moi... Tu vois aussi la maison, au-dessus des vignes ? C'est la mienne. Elle était commode : une grande salle et deux chambres. On a préféré vivre à la ville. C'est vrai que l'on pouvait travailler là-haut comme des bêtes, sans jamais devenir riches... Et nous ne sommes plus à une époque où l'on peut vivre solitaire.

Audibert s'arrêtait alors de faire tourner la lourde barre de mine et regardait Combes en lui disant :

— Tu avais de l'espace, là-haut... mais si tu ne pouvais plus t'y plaire.

— Je m'y plaisais bien... c'est la femme qui voulait vivre à la ville.

— C'est tout pareil, disait Audibert en reprenant son ouvrage, et, penché sur la barre, où qu'on travaille, on peut trouver sa tranquillité.

Après un long silence, quand la charge était prête, bourrée, la mèche mise, le briquet battu devant elle, à jets prudents et sûrs, Audibert et Combes redescendaient en courant vers les équipes restées en arrière et criaient à l'écho de la montagne :

— Gare à la mine !

L'écho répétait le cri, par saccades, avec de longs retards et de brusques hâtes, comme terrorisé par une dangereuse attente. Les équipes arrêtaient le travail pendant que brûlaient les mèches. Audibert et Combes retrouvaient dans leurs sacs de cuir leurs bouteilles de piquette, fraîches au creux d'un rocher ou dans les herbes, et, buvant accroupis, le dos voûté, Audibert redisait à Combes :

— Tu avais de l'espace et du bon air, là-haut..., mais si tu n'as pas pu t'y plaire !

Combes allait répondre, mais la mine éclatait, sourde et lente : tous les hommes se levaient et retournaient au travail en silence, devant le chantier bouleversé et les roches rouges, comme ensanglantées par leur chute. Audibert seul disait entre ses dents en remuant la tête :

— Mais, bien sûr, où qu'on travaille, on peut trouver sa tranquillité.

4

Pendant les premiers mois, tant que les chantiers n'eurent pas dépassé le pont de la Broue, les hommes de la route descendirent chaque soir à Saint-André. Ceux qui n'avaient pas de famille à la ville, comme Audibert, allaient s'entasser dans les auberges et couchaient sur des bancs ou dans les greniers bâtis sous les charpentes des hautes remises.

Hantés par le désir de mettre quelque argent de côté, ces montagnards vivaient sobrement, sans plaisirs, sans distractions même, couchés dès après le repas du soir et levés dans la nuit encore noire. Quelquefois cependant, les samedis de paie, ils rompaient brusquement avec leurs habitudes ; dans la salle longue et basse de la grande auberge, au plafond tendu de papiers multicolores tressés en guirlandes, ils prolongeaient leur veillée en buvant sans mesure un gros vin rouge de onze degrés, coupant et chaud. Quelques femmes perdues, épaves de la petite ville, veuves ou bâtardes, abandonnées de tous ou folles de leur corps, traînaient au milieu d'eux, buvant dans leurs verres ou les enlaçant de force pour un pas de danse.

Une rose de papier dans les plis de sa robe, à hauteur de la taille, le chignon vaste, puissante et crapuleuse à chacun de ses gestes, la Bordance dominait ces soirs de débauche. Sorte de gitane, fille d'un équarrisseur, élevée sans mère au milieu des charognes, plantureuse comme une bouchère mais avec un mauvais air souffreteux, elle venait, les soirs de gros travail, donner un coup de main à la patronne de l'auberge et se tenait avec elle, au fond de la salle, contre la porte basse de la cuisine, interpellant brutalement les hommes.

— Eh ! vieux, assieds-toi donc avec ceux-là, tu leur paieras la tournée ce soir.

Dans le courant de la soirée, d'autres femmes venaient la rejoindre à l'auberge : la Frontine, la Léa, lourdes de chair, hautes matrones à petites têtes écrasées sous des torsades de cheveux noirs, et, sur les onze heures, alors que la ville dormait, sans lumière, haute et blanche, des hommes alourdis par le vin remontaient dans les greniers entraînant avec eux ces femmes. Sur les tas de foin il y avait alors de courtes ruées de plaisir, puis, de la main à la main, on comptait de petites sommes et, dans l'obscurité, des disputes, des contestations s'élevaient, comme sur le champ de foire.

La plus grande partie des hommes de la route se détournait du reste de ces femmes, et même ceux qui leur cédaient reprenaient le lendemain leur dure vie et dans la rue, en plein jour, aucun d'eux n'aurait adressé la parole à la Bordance.

— Cette femme, disait Audibert, quelle saloperie... ce n'est même pas un amusement.

— Et des maladies, lui répondait Combes, il vaut mieux la regarder que la toucher et ne pas la voir qu'être devant elle.

A cette époque, Combes retournait chaque soir à la rue Haute et, de ses bras qui venaient de faire sauter les roches, rouler les arbres centenaires, il arrangeait dans son jardin, tant que durait le demi-jour, les petits carrés de terre précieuse, riche et noire, plantés de légumes et sur lesquels la roue à godets d'un grand puits où résonnaient des gouttes musicales, répandait l'eau pénétrante de la rivière.

De temps en temps, au lieu d'aller dormir aussitôt après le repas du soir, ou pour fuir la salle de l'auberge, Audibert venait passer une heure chez les Combes.

Des voisins et des voisines de la rue Haute s'y réunissaient sous une vigne en tonnelle, au bout du jardin et il y venait aussi

Elise Viala, une fille qui travaillait à la filature avec Anna et qui habitait de l'autre côté de la ville, dans le quartier des tanneurs.

Anna, toujours nerveuse et préoccupée, parlait beaucoup, tricotant quelque ouvrage de laine. Les voisines de la rue Haute discutaient avec elle, brusquement passionnées par de menus détails. Il s'agissait toujours « du prix des choses », de ce que coûtaient le vin, les légumes, la viande, le sucre. Très vite, la moindre conversation devenait une dispute et, tout d'un coup, les criailleries s'arrêtaient, comme cassées par leur violence et les femmes se boudaient pendant quelques minutes.

Elise, seule, restait calme : visage mat et cheveux durs, puissante mais petite, un peu lourde du haut du corps, mais belle. Assise à côté d'Anna, la tête penchée sur son ouvrage, le cou dégagé, noble de ligne à cause de son calme et pourtant mobile et sans cesse balancé par une double attention, du carré de broderie au groupe des femmes, avec quelque chose de tranquille et de railleur.

Quand la nuit se fermait et que seules les taches blanches sortaient de l'ombre, elle abandonnait son travail et, relevant la tête, restait longuement immobile.

Les hommes causaient entre eux à voix basse : un lièvre, une compagnie de perdreaux, une truite du gouffre de Malet, une brusque poussée de champignons... Parfois ils s'arrêtaient de parler pour écouter les femmes, mais ne leur adressaient que rarement la parole. Pendant ces soirées, on ne buvait rien, par économie, mais quelquefois cependant les femmes se cotisaient pour faire un moka, les unes apportant le sucre et les autres du café moulu, de la chicorée et de la cassonade.

A la fin de la soirée, Audibert partait avec Elise, vers la vieille ville. Il la raccompagnait jusque chez elle, dans les hauts quartiers, par des ruelles en pente raide pavées en escaliers avec les cailloux ronds de la rivière.

Chaque fois et à plusieurs reprises, chemin faisant, elle lui disait :

— Retournez-vous, ce n'est pas la peine de me conduire, on ne risque rien ici.

— Bon, répondait Audibert, embarrassé, ça ne fait rien... c'est une manière...

Et chaque fois, il accompagnait Elise jusqu'à sa porte.

5

Mais, quand la route eut dépassé la Broue, les grands Sablas et la fontaine de Trépalou, la distance trop grande obligea tout le monde à rester la semaine entière dans la montagne.

Sur la plus haute pente, à l'abri du col où la route devait rejoindre l'autre tronçon que d'autres équipes, sur le versant nord, poussaient à travers les sapinières, l'entrepreneur fit bâtir un refuge — la Baraque Neuve — où les hommes couchèrent d'un dimanche à l'autre dimanche au milieu des sacs de ciment, des planches rugueuses, des cintres de bois et des caisses de vivres ou de poudre.

Avant le jour, à la petite aube, dans l'air calme mais glacé par la lumière horizontale du soleil levant, on commençait le travail. Sous le brouillard tendu d'une crête à l'autre comme une grande plaine immobile et trompeuse, on entendait monter des charrettes, dans le bruit saccadé des jantes de bois, roulant de droite à gauche, et le grincement continu des moyeux sans fin. Avec les premières lueurs du jour, tout le paysage émergé disparaissait à son tour sous une brume, opaque à force d'être froide, mais légère. Alors des gouttelettes de rosée jaillissaient du fer des outils, puis, au pied des promontoires, le brouillard se déchirait, entrait dans les bois, s'écrasait dans le lit des torrents. L'humidité du matin, l'écran glacé des gouttelettes, s'évaporait, l'air commençait à vibrer doucement et, comme par une brusque rafale, une chaleur sèche envahissait toutes les pentes marines de la montagne.

A dix heures et demie, on arrêtait le travail, et, sous quelque ponceau dont la voûte gardait encore ses cintres de bois, à côté d'une source jaillie entre les framboises, les hommes mangeaient et se reposaient pendant une heure.

Du pain noir à la croûte frottée d'ail, une petite marmite de châtaignes froides, une salade cueillie au moment du repas, violemment assaisonnée, garnie avec des oignons et des concombres, et, parfois, un morceau de fromage de chèvre, sec et jaune, composaient tout leur ordinaire. Ils mangeaient lentement, du bout des doigts, mais avec puissance, en tenant solidement chaque morceau, en l'écrasant presque.

Allongés à plat ventre, disposés en étoiles, leurs têtes rapprochées et se touchant du bout des cheveux, ils causaient par petits groupes. Des herbes fines s'écrasaient sur leurs visages, l'odeur sèche de la terre se plaquait à leurs narines, et, là, sans témoins, ils parlaient librement des affaires municipales et de celles de l'Etat, mais sans jamais perdre entièrement leur prudence de petits travailleurs de terre, d'hommes sans appui.

— Toujours les mêmes, à la Commune. Ils ont décidé de mettre une autre fontaine, en haut du quai, sous la maison Matabiau, en plein quartier des riches.

— Ils ont tous un robinet dans leur évier. C'est une dépense rien que d'agrément... et, nous autres, au bout de la Condamine, nous irons chercher notre eau à la rivière.

— Et si c'était une petite fontaine ! Mais j'ai vu tirer ses plans, avec elle on en ferait quatre. Un mètre cinquante de long et deux mètres de haut, en pierres de taille et briques d'émail, et, au milieu, une figure en bronze, avec des queues de poisson et des vagues de la mer.

On était alors au moment le plus soupçonneux du Second Empire. Saint-André avait eu ses déportés, ses héros de la résistance jacobine. Dans le petit peuple, les plus violentes passions restaient silencieuses. Et cependant, la Préfecture, dédaignant les travailleurs de terre et les artisans, avait plutôt frappé les bourgeois aisés, boutiquiers ou gens de commerce, mais les basses classes, ainsi méprisées, ne s'en étaient pas moins senties durement surveillées et, sans les menacer directement, la terreur préfectorale avait surtout agi sur elles.

Cependant le vieil Aldebert, au moment d'entonner sa bouteille de piquette, ne manquait jamais de dire de sa voix la plus profonde :

— A Sa santé... car Elle reviendra.

Il y avait toujours un moment de gêne, puis quelqu'un répondait avec mauvaise humeur :

— Elle ou un autre, tu auras toujours des riches et des malheureux pour travailler.

— Bon, disait Combes, mais avoir, comme ça, quelqu'un sur sa tête et lui payer des cents et des mille !

Et, toujours, quelque chef d'équipe concluait, approuvé par tous :

— Ce n'est pas tant l'affaire d'être pauvres, que de se sentir rien.

Le travail reprenait alors, en pleine chaleur. A cette heure, dans l'entière clarté du jour, on fixait difficilement les objets, et le relief même de la montagne s'écrasait sous une réverbération dense et douloureuse à l'œil. Dans cette fournaise, les groupes stationnaires, forant un trou de mine ou bâtissant un accotement, continuaient silencieusement leur ouvrage. Quelquefois seulement, pour accorder un effort commun, ces hommes gémissaient suivant le rythme lent de leur respiration, et, comme unifiant leurs vies, poussaient d'un même élan leurs bras robustes. Un chef d'équipe, l'œil rivé au point délicat de l'ouvrage, poussait un « han » sonore, ses deux ouvriers, à des intervalles inégaux d'abord, reprenaient son cri, puis le bondissement des trois poitrines coïncidait, et, dans un seul souffle, la roche cédait ou la lourde pierre de taille, pivotant sur les barres lisses, venait prendre sa place exacte, au milieu d'une longue maçonnerie.

Cependant, les hommes qui allaient et venaient d'équipe en équipe, le long de l'immense chantier mouvant, animés par leur marche, chantaient. Charretiers et manœuvres reprenaient en chœur des refrains antiques : vieilles chansons de toute l'Europe, traînées par les races, jamais oubliées, témoignage de la grande unité de toutes nos conquêtes.

Dans le temps de trois pas, une voix grave lançait un vers, puis, à la tête des bœufs, l'homme s'arrêtait et, se retournant, marquait l'arrêt du rythme, puis, sur trois nouveaux pas, continuait sa chanson.

Alors, formidable, reprise par vingt voix, l'onomatopée du refrain s'élevait, cri de labeur et d'appel, cri pour les bêtes et pour les hommes :

A. E. I. O. U.

Dans la fraîcheur grandissante et le brusque débouché du vent sur les cols, le soir venait. La lumière oblique découvrait l'immensité du paysage et semblait reculer les lignes de crêtes. Les équipes arrêtaient le travail, sans ordre, les unes après les autres, et remontaient vers la Baraque Neuve.

Pour le repas du soir, de grandes marmites de soupe cuisaient à petit feu devant la porte, suspendues au-dessus des foyers par des barres de fer fichées dans le mur. Assis à terre, les hommes mangeaient lentement leur soupe, puis un morceau de lard, un oignon et du pain de sarrasin, en silence, avec une application plus grande encore que celle du repas de midi, avec une sorte de plaisir des gestes.

Sur la nuit naissante, ce campement dans la montagne jetait une clarté fantastique : haute lueur d'incendie et grouillement mystérieux, mais, bien vite, les feux allumés en plein vent s'éteignaient, plus rien ne bougeait devant les murailles blanches, et, avec la nuit close, cette maison isolée semblait disparaître dans la solitude.

6

Le samedi, vers six heures, après avoir rangé les outils dans la remise de la Baraque Neuve, le sac au côté, un fagot de bois sur l'épaule, les hommes redescendaient tous à la ville.

Ils arrivaient à Saint-André, à la nuit tombante, comme une armée en désordre. Des groupes de femmes s'avançaient à leur rencontre jusqu'au bas de la côte et, sur le Plan du Seigneur, dans l'ombre des châtaigniers, jouant à cache-cache derrière les troncs, leurs petites mains crispées sur l'écorce profonde, des enfants riaient en appelant leur père.

Par ces samedis soir, la ville retrouvait un air de vie et d'allégresse : les lumières brillaient plus tard aux fenêtres, on entendait rire dans les ruelles, et, sur les abords de la Condamine, au rez-de-chaussée des auberges, à la cadence des gros souliers, s'enchaînaient à nouveau des airs de danse.

Le lundi matin, dans la nuit noire ou claire selon la marche de la lune, Audibert et Combes remontaient au chantier par les raidillons de Prat-Coustal. Ils se donnaient rendez-vous à la porte de la ville, au banc de pierre encastré dans le mur du dernier jardin clos.

Le plus souvent, Audibert arrivait le premier : il s'asseyait sur le banc, posait son sac entre ses jambes et sifflait...

Seuls ou par groupes, d'autres ouvriers qui montaient aussi à la Baraque Neuve, passaient devant Audibert.

— Qui est là ?

— Audibert.

— Tu attends Combes ?

— Oui.

— Salut.

— Salut.

— Il fera bon tout à l'heure... Le Nord souffle sans trop.

L'homme s'éloignait. Au-dessus de la tête d'Audibert, comme sur une ligne verticale, tant était raide la pente, les souliers ferrés résonnaient contre les pierres glissantes ou les rochers immobiles. Audibert sifflait toujours, tandis qu'au-dessus de lui s'égrenait cette gamme.

Alors Combes sortait de l'ombre, à dix pas en avant d'Audibert. Il criait « Salut ». Audibert se levait, et, d'un seul mouvement de reins, chargeait son sac et se mettait en marche au moment où Combes arrivait à sa hauteur... Les deux hommes attaquaient à leur tour la pente raide et, jusqu'aux Quatre-Chemins, ils ne disaient pas une parole.

Aux Quatre-Chemins, la route descendait derrière la crête jusqu'au fond d'une petite vallée affluente et, de l'autre côté de cette vallée, laissant la nouvelle route suivre le fond de la gorge, des raccourcis escaladaient en ligne droite la grande arête de la montagne.

Dès qu'ils arrivaient aux Quatre-Chemins, Audibert et Combes se mettaient à parler :

— Encore une semaine.

— C'est toujours un dimanche de moins.

— Nous devenons vieux sans avoir du malheur... le travail suffira.

— Quand la route sera finie, disait Combes, tu retourneras chez ton père, à Col Tordu ?

— Pourquoi non ? Nous avons assez de bien pour vivre.

— Pourquoi ne resterais-tu pas à Saint-André ? Il y a du travail pour tout le monde à la ville ?

Et, lentement, il expliquait comment il voulait régler sa propre vie :

— Nous autres, nous resterons à la Condamine, Anna travaille à la filature... Voilà qui nous met dans notre avance... Quand la route sera finie, je trouverai bien des journées à faire, du travail chez les uns ou les autres et peut-être même une place chez quelque riche... Et tout cela ne m'empêchera pas de soigner mes vignes du Bout de Côte.

Chaque lundi matin, les deux hommes, en passant par les mêmes chemins, redisaient à peu près les mêmes choses. Ils s'affirmaient leur tranquillité, jouissaient de leur bonheur à voix haute, faisaient, sans fièvre, dans une certitude heureuse, des projets d'avenir.

Un jour, en parlant de ses projets comme à l'habitude, Combes dit brusquement à Audibert :

— Pourquoi ne prendrais-tu pas une fille de Saint-André ?

Audibert ne répondit pas tout de suite, mais cinquante mètres plus loin, comme, après un raidillon glissant et droit, les deux hommes s'arrêtaient une minute, pour reprendre leur souffle, il dit lentement, de sa voix naturelle, à peine un peu plus réfléchie qu'à l'ordinaire :

— Bien sûr qu'à Saint-André il y a du travail pour tout le monde.

Alors, jour après jour, remâchant les paroles de Combes, Audibert se mit à imaginer sa vie à Saint-André. En passant sous les maisons, en jetant, par-dessus les murs mitoyens hérissés de morceaux de bouteilles vertes, un coup d'œil dans les jardins, il s'installait, combinait des plants de légumes, aménageait des treilles. Mais, en même temps le souvenir d'Elise s'imposait à lui avec une insistance tyrannique ; ce qu'il y avait en elle de puissant et de calme se liait à tous les projets et physiquement même, il lui semblait parfois, à côté de lui, sentir s'avancer la jeune fille.

Il finit par avoir à Saint-André, du côté de la Condamine, sur le bord de la rivière, des maisons à jardins qu'il croyait siennes. En passant devant elles le dimanche, il s'arrêtait, modifiait toutes choses dans un rêve de quelques minutes et se disait :

« Nous aurons encore de la peine pour mettre tout en l'état. Il me faudra lui porter une grosse pierre plate pour laver et j'aurai besoin de monter un peu plus cette muraille pour couper le vent et retenir le soleil. »

« Mais qu'est-ce que je lui veux, à cette fille ? se disait-il brusquement. Je ne suis pas son amoureux, pourtant ! »

Enfin il ne douta plus de ses désirs. Un dimanche soir, en sortant de chez les Combes avec Elise, il lui dit brusquement, à voix douce :

— Les Combes sont tranquilles dans leur ménage... Après tout, nous pourrions faire comme eux.

— Eh ! dit vivement Elise, pour venir vivre à Col Tordu, dans un désert de pâturages !

— On n'emmène plus les filles à la montagne, je ne suis pas plus manchot que Combes, ou qu'un autre. A cette heure, la route me nourrit, quand on l'aura finie, je ne serai pas embarrassé pour trouver de l'ouvrage à Saint-André.

— Bon, dit Elise, laissez-moi me retourner un peu et penser à ne pas heurter mon père.

Puis, d'un air distrait, mais toute contractée de plaisir, elle tendit sa joue au jeune homme.

Dès le lendemain, Audibert alla voir le père d'Elise, un vieux tanneur maniaque, veuf depuis quinze ans et qui tenait à garder sa fille. Aux premiers mots, le vieux perdit patience :

— La petite est jeune pour les soucis. Mais ça la regarde, ça la regarde. Elle sait la maison qu'elle quitte et non pas celle qu'elle va prendre... Et puis, elle a toujours habité la ville.

— Juste, dit Elise, nous nous établirons à Saint-André. Et je viendrai toujours te surveiller ton ménage.

— Ne prends pas souci de moi, je trouverai bien quelque femme pour gouverner ma pitance... Après tout, tu pourras revenir de temps en temps... A votre idée.

— Il n'y a plus qu'à voir mon père, dit Audibert.

Le dimanche suivant, Elise, Audibert et le vieux tanneur montèrent à Col Tordu, soigneusement endimanchés tous les trois, graves mais effarés de se trouver dans leurs beaux habits, en pleine montagne. Ils avançaient lentement, avec précaution. Le père Viala avait chaussé de vieilles savates et portait ses souliers neufs à la main par les lacets. Elise avait relevé sa jupe autour de sa taille et marchait à petits pas, à cause de ses bottines, en jupon blanc brodé et portant à la ceinture, dans un mouchoir, son petit châle de soie et sa collerette de dentelle.

Audibert, seul, ne se mit pas à son aise, de toute la route, et ne souleva même pas une fois son petit chapeau noir.

Col Tordu était un domaine immense, au bout d'un chemin de pierres, au sommet d'une vallée déserte. Une maison longue et bombée, sans étage, mais exhaussée au-dessus d'un sol humide, en surveillait toute l'étendue. Des pierres rondes fichées dans le sol, des herbes rases et dures, des eaux jaillissantes et des touffes de buis coupaient seules les grandes aires des pentes plates. De loin en loin, sous un monticule dominé par un signal de berger, on apercevait des parcs à moutons, et, sur tout le domaine, du seuil de la maison, la voix portait aussi loin que le regard, avec une netteté sans résonance. Dans cette immensité on n'apercevait pas un seul arbre mais seulement, vers le sud, à la limite des pâturages et devant l'effondrement de la haute vallée, une croix de fer grêle et tordue.

Devant cette croix, assis sur le rebord du socle, endimanché lui aussi, mais d'allure plus sauvage, barbu, hérissé sous le front comme un solitaire, le père Audibert, prévenu depuis plusieurs jours par un de ses petits pâtres, attendait son fils et ses hôtes.

Quand il les vit déboucher, au-dessous de lui, dans le chemin en lacets battu par le soleil de midi, il s'avança d'un pas, droit sur la limite de son domaine, et attendit.

— Eh bien, cria-t-il à son fils dès qu'il fut à portée de voix, nous ne serons plus seuls à cette heure ?

— Eh là, répondit Audibert, on ne monte que pour te la faire connaître. Elle n'est pas pour rester ici.

— Vous voilà donc bien riches pour vous établir je ne sais où ?... Enfin, montez jusqu'à la maison, elle sera encore bien assez bonne pour vous aujourd'hui.

Puis, comme les nouveaux venus arrivaient à sa hauteur, la main droite tendue et la gauche ouverte contre son chapeau :

— Salut en tous.

Quand ils arrivèrent au seuil de la maison, les trois petits pâtres détalèrent à toutes jambes et disparurent derrière un pan de mur en ruines. Alors le vieux tanneur, tourné vers les parcs où les moutons se pressaient les uns contre les autres, les mains sur les yeux :

— Voilà bien de la richesse.

— Eh oui, reprit le vieux de la montagne, la richesse des

autres. Là-devant, il n'y a que les herbes, les cailloux et les eaux qui sont à moi... Les bêtes sont aux uns et aux autres. J'en ai bien peut-être quelques-unes, mais pas de quoi faire une richesse, ni rien de solide.

Tout de suite, ils se mirent à table.

— Je ne vous ferai pas grand festin. Ici les choses sont rares... Et voilà, le fils a goûté d'une autre vie, il doit trouver notre pitance trop maigre.

Ils mangèrent, sans se parler, un morceau de lard et des oignons, du lait caillé et des châtaignes froides, puis des fromages de chèvre frais, ruisselants d'eau sur leurs petites tresses d'herbes vertes. Pour finir, le vieux de la montagne posa au milieu de la table quatre petites pommes ridées, des reinettes de hautes vallées, jaunes à raies vertes.

Le repas terminé, Elise se leva, frotta la table, lava la vaisselle et rangea les assiettes sur la crédence. Les trois hommes restèrent assis, les coudes allongés, les mains jointes.

— Alors, dit le vieux, tu te maries !... C'est une idée. Puis, regardant Elise avec un sourire : Elle a un bon dos, et des bras, et courageuse... Mais je crois aussi qu'elle n'est pas pour nos pays. Et, faisant un geste sur toute sa maison : Encore une bergerie qui va se fermer après moi.

Je comprends, reprit-il, autoritaire et les yeux fixés sur son fils, c'est encore une histoire de la route. Quatre sous de gagnés en deux ans de travail et puis tout un pays qui part à sa mort ! Si encore ils avaient tiré leurs plans vers ici. Un petit détour et elle passait devant nous, alors c'était une richesse. Mais ils la mènent vers d'autres quartiers et nous voilà perdus. Ça doit être pareil dans tout le pays.

Puis, la main sur l'épaule d'Audibert :

— Alors, te voilà pour vivre à Saint-André ? Tu seras peut-être plus heureux que nous, mais c'est encore à voir. Ici, on avait son bon temps et sa santé, on avait surtout sa tranquillité, sa sûreté du lendemain... Qui vit de rien peut toujours vivre.

Ah mais, reprit-il brusquement, tu ne vas pas te mettre en ménage tout de suite ? J'ai besoin de toi cet hiver. Tu viendras me faire le maçon. Si tu me laisses, il faut au moins que la maison tienne.

Le vieux tanneur approuvait :

— Il nous faut le temps de nous retourner.

— Bon, dit Audibert en regardant Elise, nous attendrons la saison prochaine.

— Entendu, répondirent les vieux.

Puis, après un moment de silence, volontairement prolongé peut-être par quelque goût obscur de la solennité et par l'émotion des jeunes gens :

— Ce n'est pas pour vous mettre dehors, dit le solitaire, mais l'heure passe et vous n'êtes pas encore à Saint-André. Nous allons boire un verre de goutte et je vous mets sur votre chemin.

Ils burent. Les deux vieux se parlèrent un moment, à voix basse, tournés vers le mur, puis comme d'une seule voix :

— Vous n'en avez pas plus l'un que l'autre. On vous fera vos quatre meubles et le travail s'occupera du reste.

— Je prendrai la crédence et le lit du grand-père, répondit Audibert, sans perdre une seconde.

— Laisse, laisse, lui dit Elise, j'aurai bien presque tout ce qu'il faudra, tu n'auras qu'à voir ensuite.

— Té-rré, Té-rré, faisait le tanneur du bout de sa langue.

Alors, marchant vers la porte, le vieil Audibert :

— Nous avons le temps de voir. Je vous raccompagne.

Devant la croix de fer, à la limite de ses prairies, il s'arrêta et, le chapeau bas, embrassa trois fois sa future belle-fille. Les hommes lui serrèrent la main et seul, toujours découvert, il remonta vers ses bêtes.

Le jour même, à leur retour à Saint-André, au soir tombant, Audibert et Elise passèrent chez les Combes, déjà prévenus et, aux voisins et aux voisines réunis pour la veillée, ils dirent simplement, sans étonner personne :

— Nous nous marierons au printemps prochain.

7

Quand l'automne devint plus rude, moins haché de coups de soleil, mais uniformément rouge de brumes et de feuilles, quand les gouttes d'eau restèrent, tout le long du jour, pendues aux branches sèches qui, seules, sortaient de la brume dans un horizon rétréci et sans rumeurs, tous les travaux cessèrent et les tronçons inachevés de la route restèrent à l'abandon, dans l'attente de la neige.

Alors Audibert retourna chez son père, au domaine de Col Tordu, comme il avait été décidé. Mais il ne resta jamais plus d'une semaine sans descendre à Saint-André où il retrouvait Combes et où il faisait de longues promenades avec Elise Viala qu'il allait attendre, à la fin de la journée, au carrefour de la filature.

Quand elle sortait, ils partaient côte à côte le long du sous-quai et marchaient longtemps dans la nuit close, froide et dure, parlant peu, se tenant par la main, sans fièvre, tranquilles, maîtres d'eux-mêmes.

Pendant ces heures, ils décidaient pourtant de leur avenir, ordonnaient leur vie, acceptaient un destin. Mais c'est alors justement que toute inquiétude était étrangère à leur cœur.

— Nous habiterons à la Condamine, disait Elise.

— Bien sûr, l'air y est quand même meilleur qu'à la ville.

— Et puis, nous pourrons avoir un petit jardin comme les Combes.

— J'y pense depuis longtemps et j'aurai vite fait de le trouver.

Et cet enchaînement de travail et de calme, qu'ils imaginaient chaque jour avec une netteté plus grande, leur semblait brusquement inévitable, réglé dans ses moindres détails par des puissances plus fortes que leur volonté et leurs désirs qu'ils confondaient naïvement avec leur volonté elle-même...

L'hiver passa. Les premiers beaux jours vinrent brusquement, entre deux averses, et, dans les remises de Saint-André où l'on avait entassé les charrettes et les matériaux des chantiers, on commença de préparer la reprise des travaux de la route.

Combes, qui pendant toute la mauvaise saison n'avait pas cessé de faire de menus ouvrages pour l'entrepreneur, remonta le premier et plusieurs fois de suite à la Baraque Neuve, avec les charrettes, quand la neige tenait encore les hautes crêtes.

Dans la vallée, le temps était déjà si tiède que Combes, au retour de ces courses, pouvait dîner dehors, sous sa treille, et profiter comme au plein de l'été des dernières lueurs du jour pour arroser ses plants de légumes ou pour mettre en ordre le grillage de sa basse-cour.

Quand l'heure s'avançait, encore douce, il descendait avec sa femme jusqu'au bas de son jardin et s'asseyait sur le petit mur qui surplombait la rivière.

Dans les autres jardins, au long du coude de l'Ise, par-delà le Pont Vieux, on apercevait d'autres groupes, immobiles aussi dans la fraîcheur nocturne. Sur l'autre rive, dans les raidillons de Buscaillou, des jeunes filles chantaient, s'arrêtaient de chanter, puis se mettaient à rire très vite, en donnant dans la nuit une impression de vitesse, comme si elles avaient été poursuivies et victorieuses à la course. Puis brusquement tout retombait dans le calme et, sur le bord de la rivière, par-delà le faubourg, dans toute la vallée, un immense murmure d'eau, de plantes froissées et de voix, s'élevait doucement.

— On n'est pas malheureux, disait Combes à sa femme.

— Il arrivera bien un jour où l'on sera tranquilles, lui répondait-elle.

— Nous avons déjà notre tranquillité. Nous ne manquons de rien. Avons-nous besoin d'autre chose ?

— Tant qu'on n'est pas malade, tout va bien, mais si la maladie arrivait, on aurait besoin d'un peu d'avance... Il te faudrait une bonne place, bien sûre.

— Je ne vais pas me calciner le sang pour cette idée, répondait Combes. Je suis un homme à vivre cent ans, sans broncher, et je travaillerai toute ma vie... Soyons contents de notre santé et de notre abondance. Nous sommes déjà mieux ici qu'au Bout de Côte. Ne va pas te mettre autre chose dans la tête.

Il se taisait alors. Anna, encore inquiète, essayait vainement de l'arracher à son mutisme, puis, pour quelques minutes, elle glissait elle-même au silence, sans plus sentir d'incertitude en elle, comme enveloppée lentement par la puissance de calme qui était en Combes.

8

Audibert se maria au milieu de ces belles journées, juste une semaine avant la reprise des travaux de la route.

Combes ne fut pas son témoin, car il ne voulut pas aller à

l'église. Protestant d'origine, mais complètement détaché de toute pratique, homme simple contre les prêtres et furieusement obstiné dans cette méfiance, c'était chez lui, comme chez un grand nombre d'autres travailleurs de terre, réflexe profond, impérieuse nécessité et peut-être le résultat d'une longue expérience venue à lui à travers les siècles.

Le matin de la noce, sur le second coup des onze heures, quand le cortège entra dans l'église Saint-Pierre, Combes et la grande majorité des hommes s'arrêtèrent donc devant la porte.

Les platanes centenaires du parvis, plus hauts que le toit de l'église, étendaient sur eux comme une nef panthéiste, un dôme symbolique de fête républicaine, semblables à ceux qu'on avait élevés à Saint-André quelques années auparavant, devant la maison commune, au moment où Paris préparait le retour de l'Empire.

— Je n'ai rien à faire là-dedans, dit Combes en quittant son rang dans le cortège.

— Tant de perdu pour leur collecte, lui glissa un artisan, parent d'Elise, en venant s'asseoir auprès de lui, sur la banquette encastrée au pied de la façade.

Anna, protestante aussi, bien que plus formaliste et plus attachée à sa religion, suivit le cortège dans l'église. Une gêne étrange la saisit sous cette voûte sombre dont elle n'avait pas l'habitude. L'impression de se soumettre à une puissance étrangère et hostile l'empêcha, pendant toute la cérémonie, de tourner la tête ou même de regarder devant elle. Figée sur sa chaise, elle ne pouvait que se lever et s'asseoir avec les autres fidèles, terrorisée à l'idée de rester seule assise et toujours la dernière à se rasseoir.

Au milieu de cette foule qui s'inclinait pour des gestes rituels dans une indifférence sans étonnement, elle était peut-être la seule à ressentir une émotion religieuse, presque sacrée. Il lui semblait que tout, dans cette cérémonie, conspirait pour le bonheur d'Audibert et d'Elise. Aussi pendant quelques minutes de stupeur, elle éprouva obscurément que la religion pouvait être, pour elle aussi, un secours, une défense. Cette idée la frappa violemment au milieu de ce malaise et, sous la voûte sombre de l'église, elle se ressouvint du temple, froid, clair, accueillant comme une personne hautaine et puissante.

Elle sentit qu'elle avait là-bas un refuge et qu'en se soumettant à sa religion, elle pouvait sceller un pacte pour son bonheur présent, garantir ce bonheur comme par un sortilège... Elle devait retrouver bien souvent, dans le cours de sa vie et surtout dans ses dernières années, cette espérance.

Quand le cortège sortit de l'église, les fidèles et ceux qui étaient restés sur le parvis se mélangèrent joyeusement et la véritable fête, la fête nuptiale, charnelle, nerveuse, et par instants violente, commença.

Le jeune ménage s'installa à l'angle de la rue Haute et de la rue de la Calade, au petit carrefour surélevé en terrasse, dans une maison étroite et profonde, toute proche de celle des Combes. Un long couloir à voûte basse la traversait, de la rue au jardin, humide, avec un ruisseau d'eau noire et lente au pied de chacune de ses murailles. Au milieu de ce couloir un escalier à vis de Saint-Gilles s'élevait comme avec effort vers les étages, sombre et glissant lui aussi ; mais les grandes pièces de l'appartement étaient claires, toujours tournées vers le plein soleil et l'espace le plus libre ouvert par le lit de la rivière.

Le jardin, clos de murs et plus hautement à pic sur la rivière que celui des Combes, n'était relié au dehors que par le long couloir qui traversait la maison. Le Pont Vieux s'élevait à côté de lui et l'on voyait, de la berge, l'ombre mystérieuse de sa grande arche, les claveaux miraculeusement butés les uns contre les autres et les longues grappes de capillaires accrochées aux rebords de toutes ses lézardes.

Audibert eut à faire presque tout ce qu'il avait imaginé : il traîna jusqu'au bas du petit escalier de laveuses une lourde pierre sur laquelle Elise vint battre son linge, il eut à surélever le mur du potager, à refaire les rigoles d'arrosage, à tendre le fil de fer de la treille.

Dans la maison, Elise s'installait aussi. De Col Tordu et du quartier haut on avait apporté tout un mobilier brillant de cire : une crédence massive à pieds bombés, un vaisselier tout en hauteur, un grand lit barque orné de volutes. Il y avait eu auparavant de longues discussions mais, avec un orgueil obstiné, Elise avait refusé tout ce qui lui semblait mesquin ou par trop rustique et les deux vieux avaient dû lui abandonner leurs plus beaux meubles.

Elle avait un certain goût de l'ordonnance et de la solennité mobilière, moins pour elle, peut-être, que pour le plaisir d'en faire montre et, en se mettant en ménage, elle avait fait effort pour s'arracher au pauvre intérieur dans lequel, jusqu'alors, elle avait dû vivre.

Les grands meubles, calmes d'équilibre et puissants de profondeur, avaient pris facilement un air de noblesse dans les longues pièces blanchies à la chaux et les voisines de la rue Haute qui, dès les premiers jours, venaient faire visite à Elise, retournant chez elles, un peu scandalisées, se disaient à voix basse :

— Ils se sont établis au-dessus de leur condition.

— Allons, disait Anna, scandalisée elle aussi, mais trop amie avec Elise pour ne pas la défendre, ce ne sont jamais que les meubles de tout le monde.

9

Les deux hommes reprirent leurs travaux sur la grande route.

Les quelque derniers cent mètres, sous le col du Minier, étaient les plus périlleux de l'entreprise. Les chantiers s'avançaient en corniche, sur une pente raide, au long d'une faille de l'immense mur des plus hautes crêtes. Par des ravines et d'étroites cheminées, au moindre ébranlement de la montagne, une pluie de pierres balayait les espaces libres. Après chaque coup de mine, une cascade de granits pulvérisés s'élançait des hauteurs vers les précipices et, bien souvent, les hommes des équipes, collés au mur, les bras en croix, voyaient dévaler devant eux une montagne en folie de pierrailles étincelantes.

Il arriva même plusieurs accidents, jamais tragiques, mais toujours affreusement angoissants pendant de longues minutes... Au sommet des chantiers, une lourde pierre, descellée par la poudre et la pesée des palfers, glissait brusquement. D'un seul élan, elle rebondissait sur la pente dans un bruit de tonnerre et, presque aussitôt, sur la crête, des petites pierres se mettaient à rouler, comme par jeu. En quelques minutes, une immense coulée venait s'écraser sur la corniche et si, par hasard, quelque manœuvre passait par là, alourdi par une charge, il n'avait que le temps de s'accroupir contre le moindre obstacle, tandis qu'autour de lui sifflait la pierraille. Les bras sur la tête, roulé en boule ou collé au sol, suivant la forme de la roche qui l'abritait, il sentait glisser sur lui des éclats de pierres dont le choc était sec comme celui d'une balle. Elles coupaient d'un trait le plus gros velours, entaillant les chairs sans les meurtrir, avec une netteté presque volontaire.

— Ça ne sera jamais un bon passage, disait Audibert, je plains ceux qui monteront par là, avec leur charrette, dans les mauvais temps.

— Ce n'est pas la peine de tant tirer de lignes sur des cartons, ajoutait Combes.

Devant cette tâche dangereuse, les hommes se décourageaient et souvent même, sous une roche en surplomb, une coulée de rocailles pourries et menaçantes, murmuraient.

— Laissez la route faire son passage, disait l'entrepreneur. Quand toute cette pierraille sera tombée, quand nous aurons monté, de-ci de-là, quelques banquettes pour soutenir les mauvaises roches, vous verrez qu'on sera plus en sûreté dans ces parages que sur la place de la Commune.

Déjà, dans les parties basses de la vallée, la route s'ouvrait au trafic. Petit à petit, les gens d'Aulas et de Salagosse abandonnaient les antiques voies ferrées de gros blocs, les anciens chemins de terre montés en digue au long des cours d'eau.

Le cylindre à cheval, chargé de rocs et de ferrailles, était arrivé jusqu'à la Broue, et nivelant l'empierrement, s'avançait du Sablas jusqu'à la Baraque Neuve.

Traîné par huit juments lozerottes, un fort mulet d'Auvergne en flèche, environné de l'éclair des coups de fouets, dans un tonnerre de jurons, de cris, de hennissements, il gagnait mètre par mètre avec de brusques élans et des haltes soudaines. Devant lui, la route se soulevait en une lourde vague, mouvante, craquelée, brusquement coupée de lézardes. Dans chaque trou, des hommes, courant sur les bas-côtés de la route, envoyaient à la volée une pelletée de sable humide, ou même, presque sous le rouleau, plaçaient à la main une pierre et se reculaient brusquement. Le cylindre passait, écrasait la vague, et, derrière lui, la route aplanie et lisse semblait devenue immobile pour toujours.

De moment en moment, l'énorme machine s'arrêtait : autour d'elle, la sueur des chevaux se déchirait en nuages dans le tourbillonnement des mouches et des taons. Les charretiers, le fouet passé derrière la nuque, les joues écarlates, le cou gonflé, sans voix, s'accroupissaient sur le talus et prenaient leur tête dans leurs mains.

Puis, tout d'un coup, sous les jurons et les cris, au claquement de la mèche des fouets, on repartait, dans le hennissement des bêtes, l'affolement de l'essaim des mouches et la pétarade du mulet de tête, qui tirait à droite et à gauche, cinglé par les traits, la queue en demi-cercle, les oreilles battantes, comme en folie et furieusement suivi par tout l'attelage.

Cependant, au sommet du col, dans l'ondulation où se partageaient les eaux, l'autre équipe qui montait en pente douce à travers les sapinières, depuis les faubourgs de la ville voisine, avait déjà terminé son tronçon de route.

Du col, entre deux fûts de sapins, et comme porté par leurs rameaux ployés, on apercevait l'immense paysage : la gorge profonde qui descendait jusqu'à Saint-André, l'antique sillon de la rivière, ancré dans les roches, et la nouvelle traînée blanche de la route. Les maisons de Saint-André, cachées par une colline en pain de sucre, humaine et calme, se trahissaient pourtant par une buée bleue. Le matin et le soir, dans le grand silence, la sirène de la filature venait mourir au sommet de la montagne et donnait aussi la direction de la ville. Sans un geste, les hommes écoutaient chaque fois, avec une angoisse joyeuse, cette clameur.

A ce moment, Audibert et Combes bâtissaient des petits murs au-dessus du chantier, pour retenir les coulées de pierres. Ils voyaient aussi, mais dans une nudité lumineuse, sans aucun arbre devant eux, sous le dévalement des roches et des touffes d'herbes, l'horizon illimité.

— Quel travail ! disait Combes, en regardant la partie déjà faite de la route. On ne s'imaginera jamais ce que ça nous a coûté, quand on passera par là, hiver, été, par le mauvais temps ou par le soleil. On méprise toujours le travail des anciens. Nous méprisions bien, nous autres, les chemins ferrés qui vont d'un village à l'autre et pourtant il en a fallu des bras pour remuer ces pierres et pour faire leur lit.

Cependant, animés par la présence de l'autre équipe qui déjà empierrait la partie la plus haute de la route, au sommet du col, les hommes de la vallée de Saint-André poussaient fiévreusement leur ouvrage.

Brusquement, la corniche rocheuse s'ouvrit sur des pentes d'herbes et, en quelques jours, les deux tronçons se réunirent.

A la minute même où ils se touchèrent — comme en une communion charnelle —, la partie nord bien finie, empierrée déjà et toute blanche, et celle du sud à peine indiquée pendant les derniers mètres, à travers les mottes d'herbes, une explosion d'allégresse mêla tous ces hommes.

Ils se mirent à courir dans les prés, sous la lisière des bois de sapin, cueillant des fleurs bleues, jaunes et rouges, entassant des œillets de poète, des gentianes et des fleurs d'arnica, réunissant leurs gerbes en une gerbe commune.

Sur le col, au milieu d'un petit tertre que contournait la route, ils dressèrent le tronc d'un immense sapin abattu par l'hiver et fiévreusement équarri à coups de hache en quelques minutes. Puis, signe de joie et de victoire, comme sur le faîte à peine achevé d'une maison, ils fixèrent au sommet de cette hampe un rameau de pin et, soutenue par un lacis de jonc et de branches flexibles, cette gerbe de fleurs de la montagne.

Combes, un orgueil formidable au visage, rouge, nerveux, pinçant le bras d'Audibert, répétait :

— Nous avons fait notre route !

DEUXIÈME PARTIE

LES VERGERS DE LA CONDAMINE

1

La route finie, Audibert et Combes devinrent véritablement des citadins. Jusqu'à cette époque, retenus loin de chez eux des semaines entières, mangeant en plein air, couchant sur la dure des refuges et des cantonnements d'ouvriers, ils étaient restés des hommes de la montagne. Mais alors, ils commencèrent à vivre de la vie régulière des petites gens de la ville.

Ils prenaient bien encore, la plupart du temps, leurs repas de midi à pied d'œuvre, dans le chantier où ils travaillaient, mais ils rentraient chez eux chaque soir et finissaient en famille toutes leurs journées.

Cependant ils vivaient toujours de ces travaux agrestes, plus libres que le travail de la terre lui-même, et qui mettent en œuvre les roches et les eaux. Journaliers, hommes de peine, tâcherons passés maîtres par expérience, ils étaient embauchés quelquefois pour une journée ou même pour quelques heures, mais jamais ne manquaient d'ouvrage. Ils changeaient ainsi de métier plusieurs fois par semaine : tour à tour maçons, bûcherons, puisatiers, ils participaient à toutes les entreprises de la vallée, à tous les travaux qui modifiaient la nature et la soumettaient aux besoins des hommes.

Qu'un propriétaire ait besoin de construire, contre la rivière, un bélier pour faire monter les eaux jusqu'aux plus hautes de ses petites prairies, en pentes raides sur la première lèvre de la vallée, qu'un autre veuille faire place nette, pour les troupeaux, à travers des fourrés de ronces et d'arbustes entremêlés, qu'une voûte de citerne ou de cave menace ruine, qu'un mur ou qu'une digue semble prêt à céder sous la poussée des charpentes et des eaux, on faisait venir aussitôt Audibert ou Combes.

Si l'on appelait Combes le premier, il examinait la tâche, l'évaluait, faisait « non » de la tête comme tous les hommes qui jugent d'une matière qu'ils connaissent trop bien, puis il disait :

— Nous allons en parler avec Audibert.

Audibert agissait de même, mais, plus jeune, habitué à faire siens les jugements de Combes, il disait simplement :

— Combes verra ça mieux que moi... A nous deux, nous en aurons vite fait.

Ainsi, pour tous les travaux de quelque importance, les deux hommes se trouvaient associés, pensant et projetant l'un pour l'autre, exécutant ensemble. Petites bêtes captives et obstinées, arc-boutées dans le courant de la rivière, les béliers d'arrosage poussaient l'eau docile à travers des tuyauteries noires, vers les systèmes de canaux qui, de pente en pente, la ramenaient à la rivière. Un cintre de briques, un linteau sans faille épaulaient les voûtes branlantes et, toujours remuant des pierres, arrangeant des murs, guidant les cours des eaux, Audibert et Combes poursuivaient leur labeur commun, et chantaient comme au temps où, de Saint-André au col de la Broue, ils avançaient avec la route, hommes conquérants.

Mais, suivant les saisons et quand chômaient ces gros ouvrages, ils prêtaient aussi la main aux travaux de la campagne. Vers l'aval de la vallée, dans les petites propriétés entourées de hautes murailles en pierres sèches, ils allaient cueillir les olives ou faire les vendanges, ou bien, reprenant le chemin des hautes pentes, ils passaient leurs journées d'automne, au milieu des feuilles mortes et des schistes, à ramasser les châtaignes.

Souvent aussi, en rentrant le soir de la filature, leur femme leur disait :

— Le directeur te demande.

Et le lendemain, pour toute une semaine et quelquefois plus, Audibert et Combes se trouvaient jardiniers « des prés de Molières ».

Dans le parc et le verger, taillant et sarclant, semant ou faisant la récolte, ils étaient heureux, maîtres d'une terre riche et entretenue depuis des siècles, discutant avec le directeur sans cesser de travailler et, toujours, remuant des pierres, arrangeant des murs, guidant le cours des eaux.

Bornés par la rivière et le mur cyclopéen de la vieille route, longs de plusieurs kilomètres, les « prés de Molières » n'étaient pas seulement une immense prairie, mais une immense prairie interrompue par des jardins et des vergers, une immense prairie mystérieuse.

De l'est à l'ouest, en remontant la rivière, après avoir dépassé la filature, on rencontrait la maison du directeur, un grand verger, un pavillon du bord de l'eau recouvert de tuiles vertes, une vigne close comme un cimetière, un moulin sous lequel bouillonnait un gouffre et enfin un jardin de grands arbres qui mettaient comme autant de secrètes présences au milieu de ce déroulement d'herbes vives et de branches entrelacées, d'un pommier à l'autre, et ployant de fruits.

Au fond du premier verger, après des poiriers d'hiver à l'écorce noire, il y avait, immense et silencieuse, une vieille serre, quart de cercle de vitres, arc-boutée contre une haute muraille blanche. Des orangers et des citronniers, plantés dans de beaux vases d'Anduze émaillés en vert de gouffre, en encombraient la partie la plus haute et lançaient de tout côté, comme des traits aromatiques, leurs belles feuilles rapides. Sous le quart de cercle, contre les grandes vitres, un terre-plein courait à hauteur de la main, chargé de fleurs rares et, devant lui, une rigole d'eau tiède amenée par une tuyauterie primitive des chaudières de la filature, élevait de temps en temps comme une petite buée tropicale qui retombait en gouttelettes fraîches, des plus hautes vitres.

Combes aimait à venir travailler dans la serre. Un peu lourd, mais habile, il soignait les fleurs délicates, les croisait, combinait les espèces, cherchait la plus belle couleur ou la plus tendre. Il s'ingéniait à compliquer le système des rigoles, à créer, le long du terre-plein, des climats différents et de savantes zones plus humides et plus chaudes, et surtout il modifiait constamment l'ordonnance de la forêt jaillie des vases.

A certains jours, il imaginait d'en faire une allée couverte avec les feuillages entremêlés et, d'autres fois, il alternait des bosquets sombres et de beaux espaces libres. Il s'émerveillait naïvement de la correspondance des ramures vivantes et des guirlandes d'argile émaillée affrontées aux flancs des vases, et, dans son esprit simple, la recherche d'une belle ordonnance prenait chaque fois une valeur définitive, comme miraculeuse.

Il n'était pas le seul du reste à se passionner pour ces menus travaux. Le directeur et toute sa famille en faisaient un de leurs divertissements aux fins des beaux après-midi, et si Combes, en passant devant le perron où se tenaient ces dames, avait annoncé quelque modification, tous les gens du château, sur les cinq heures, venaient lui rendre visite : le directeur, sa femme, sa mère, et presque toujours des parents ou des amis de passage.

Appuyée au bras de sa bru, la mère du directeur entrait en maîtresse. Petite vieille rose, le bras haut sur une canne et si soudaine dans ses réflexions que Combes restait souvent sans trouver mot à répondre et riant quand même...

— Mais, mon brave Combes, elles vont périr, disait-elle, pointant sa canne vers quelques plantes entremêlées par des combinaisons hardies.

— Que de non, que de non, répondait Combes, puis, soucieux, on remettra tout en l'état, c'est pour l'œil, c'est pour une heure.

Mais quelquefois Combes, par quelque réussite, une heureuse floraison, un dispositif magnifique, une décoration inattendue, obtenait de petits triomphes :

— Voyez donc cette orangerie, si c'est XVIIIe, et au goût des toiles de Jouy ! disait Mme Cavérac à ses hôtes.

Le directeur, homme mince, sobre de paroles, issu de cette race de montagnards et qui ne pensait que par les traditions de sa vallée et de sa famille, maîtresse de cette vallée depuis des siècles, huguenot de Gouvernement, riche et ferme à son rang dans la hiérarchie, sans morgue, telle était son assurance, jouissait silencieusement de ce petit faste. Il penchait vers les fleurs son visage qui n'était qu'un profil énergique, comme, chez d'autres, il n'est qu'un masque puissant.

Sa femme, qui participait presque aux travaux de Combes, suivant les semis et les repiquages le poussait à témoigner de son contentement, et d'une phrase, d'un geste, donnant une valeur évidente à chaque détail, l'obligeait à dire :

— C'est bien, Combes... du travail de maître. Tu devrais te faire jardinier.

C'était bien le secret désir de Combes, et surtout celui de sa femme.

Il y avait eu, jusqu'à ces dernières années, un jardinier en titre au domaine des prés de Molières. Ce vieux Rayan, dévot un peu sournois, figure maigre à corps de colosse, était mort sous un pommier, en se réveillant d'une sieste, dans la soixante-quinzième année d'une vie de solitaire, juste au moment où l'on achevait la route. Le directeur ne l'avait pas remplacé : Audibert et Combes, pris de temps en temps à la journée, suffisaient aux travaux des jardins.

A vrai dire, en les embauchant tous les deux, le directeur avait voulu les mettre à l'épreuve, afin de pouvoir choisir le meilleur, mais les deux hommes, ardents à l'ouvrage et étroitement unis, rendaient sa décision de jour en jour plus difficile.

Si Combes était maître dans la serre, Audibert dirigeait la basse-cour, soignait les lapins et les poules et avait, lui aussi, ses triomphes, après une belle portée, devant une nichée remuante et de couleurs aussi tendres que celles des fleurs de la serre.

Les deux hommes, du reste, par loyauté et goût de la justice, s'interdisaient toute concurrence, et ne seraient jamais allés l'un sans l'autre travailler aux prés de Molières. Le matin, même, dans l'aube blanche, coupée de brumes, ils s'attendaient devant la petite porte du domaine, et là, sans témoins, ils entraient ensemble, presque de front, et comme d'après un cérémonial méticuleux, imaginé pour manifester leurs droits égaux.

Mais les femmes, celle de Combes surtout, convoitaient la place, imaginaient des manœuvres, et, dans de longs monologues du fond de la gorge, se créaient des droits, s'accordaient une priorité. Puis, de temps en temps, malgré la mauvaise humeur de leurs maris, les silences sous un droit regard, les gestes brusques, elles cherchaient à les convaincre, à les décider à « demander la place ».

Anna, sans regarder Combes qui ne la quittait pas des yeux, lui immobile, elle affairée, remuant les plats sur la crédence, soufflant la braise de son potager, répétait :

— Une si bonne place et pour toute la vie... Ça te vaudrait mieux que de courir le travail. A toi seul, tu y gagnerais plus que nous deux réunis maintenant et, s'il te venait une maladie, Monsieur te payerait quand même.

Tous les désirs de sécurité, de petite aisance sans trouble qui faisaient le tourment et l'espoir de sa vie, elle les imaginait comblés par cette place. Seule ou devant Combes, elle retrouvait sans cesse cette même pensée, et jusqu'au milieu de la nuit, quand, étendue auprès de lui qui dormait, leurs corps cassés de labeur ou d'étreintes, elle regardait, immobile, et droit dans l'ombre, en se torturant à songer à l'avenir. Et le matin quand, le sac à l'épaule, Combes se préparait à partir, elle reprenait :

— Une si bonne place...

Mais Combes, brusquement, la faisait taire :

— Et Audibert ?... Et puis, Monsieur n'a besoin de personne. Tu me laisseras tranquille, à la fin des fins, avec cette place !

2

Au milieu de ce premier hiver, après l'achèvement de la route, Combes eut un fils.

Anna, toujours âpre au gain et soucieuse de ne rien retrancher à ses économies, voulut travailler jusqu'aux derniers jours de sa grossesse, qui fut pénible. Lourde et lente, stupéfiée de vertiges, les jambes enflées, elle se traînait à la filature où, heureusement, elle restait assise, parlant sans cesse des jours de travail qu'elle allait avoir à perdre.

Quand les dames des prés de Molières la rencontraient, aux heures de sortie, devant la longue grille aux pilastres surmontés de boules, Mme Cavérac mère lui disait, d'un ton sec mais affectueux :

— Il faut vous reposer, ma fille.

— Ah, Madame, répondait Anna, un peu pleurarde, nous autres, on n'a pas le droit de ne rien faire. Si Combes venait à manquer d'ouvrage, avec quoi marcherait la marmite ?

A la filature, on ne payait pas alors les temps de maladie : ni pensions, ni retraites. Seul, le travail donnait droit au salaire et les plus vieux serviteurs ne songeaient pas à trouver injuste d'en être privés, quand il leur fallait, après cinquante années, quitter le banc de cardeur ou le poste devant les bobines et les dévidoirs. Le produit des petites propriétés, l'usage parcimonieux des économies, le soutien accordé par les enfants, constituaient leur unique retraite. Les serviteurs attachés à la personne — valet de chambre, cocher, jardinier de la maison — étaient alors les seuls à conserver leurs gages jusqu'à la mort, malgré la maladie et la vieillesse.

Cependant, le directeur, par conscience de son rang plutôt que par bonté naturelle, accordait de petites indemnités aux malades, faisait des cadeaux aux vieillards.

A plusieurs reprises, passant par les ateliers embués où s'étouffaient les chants des fileuses, il vint proposer à Anna de prendre quelque repos. Mais Anna, sans abandonner les brins de bruyères dont elle flagellait les cocons, les mains enveloppées par le dévidement doré des fils de soie, et suppliante :

— Mais je fais mon ouvrage comme une autre. Bien assise, je peux travailler, ça ne me gêne pas. Ayez la bonté de me laisser encore ; vous ne voulez pas risquer de nous rendre malheureux.

Haussant un peu les épaules, à demi vaincu par cette supplique, le directeur s'éloignait alors parce que, sa conversation avec Anna intéressant tout l'atelier, les fileuses cessaient leurs chants et que le silence, dans cette longue salle vitrée, avait quelque chose d'inaccoutumé et de gênant.

Il achevait à peine de fermer la porte que les chants reprenaient, mélancoliques, avec un faux maintien d'inutilité et d'indifférence, mais si profonds, si tenaces ! Seuls liens de ces femmes avec le monde réel, seule chance pour elles de garder, dans la torpeur grandissante des mêmes gestes, le souvenir des choses diverses et chères : la maison, le foyer, les fêtes, la rivière et les noblesses fugitives de l'amour.

Si, traversant le jardin, le directeur rencontrait alors Combes, il lui disait brusquement :

— Il faut faire reposer ta femme, mon garçon. Je ne peux pas l'y obliger, puisqu'elle fait bien son travail, mais, pour Dieu, si tu es maître chez toi, fais-lui prendre un peu de repos.

— Elle a sa tête, Monsieur, elle a sa tête.

Bien souvent le soir, après le repas, on parlait des Combes au château des prés de Molières.

— Elle est courageuse, cette fille, disait la jeune femme.

— Un peu trop, répondait sa belle-mère.

Mais la conversation déviait aussitôt et personne n'osait proposer la solution à laquelle tous avaient pensé du premier jour. La famille Cavérac était alors prisonnière d'un petit problème de préséance qui, bien souvent, lui rendait difficile l'acte le plus simple. Le directeur, sur qui reposaient tous les soucis de l'usine, n'osait rien proposer, dans les menus détails de la maison, sans connaître auparavant la volonté de sa mère, et sa mère, tout en conservant extérieurement ses anciens airs de maîtresse absolue, ne voulait rien faire contre les désirs de son fils.

Pourtant, un soir, au moment de monter dans sa chambre, elle lui dit comme par hasard :

— Si tu prenais Combes, pour le jardin, sa femme consentirait peut-être à se reposer un peu. Ces gens-là seraient tranquilles et Combes ferait bien l'affaire.

— C'est à voir. Mais Audibert ?

— Vois toi-même, et décide.

Le lendemain le directeur arrêta les deux hommes dans le jardin. Ils portaient, sur une espèce de brancard, une litière fraîche aux écuries. Au geste d'appel de M. Cavérac, ils déposèrent leur charge sur le sol, avec des mouvements rythmés, puis les bras ballants, le corps penché en avant, ils se rangèrent devant lui.

— Tu vas avoir de nouvelles charges, Combes, et il faut que ta femme se repose. Si tu veux accepter la place de Rayan, je te la donne... Audibert viendra t'aider de temps en temps. Nous ne manquerons pas d'ouvrage à lui donner. Mais il est nécessaire que vous soyez complètement tranquilles, toi et ta femme.

— C'est justice, répondit Audibert.

3

L'enfant naquit le premier jour de mars. Depuis vingt jours, pour plaire à ces dames, Anna vivait sans rien faire. Tout d'abord elle sut se réjouir de son repos, telle était sa joie de sentir Combes « dans une bonne place ». Mais, bien vite, dans cette demi-oisiveté que rompaient seuls les travaux du ménage, elle se reprit à regretter son travail et le gain de ses journées.

Pendant la dernière semaine de février qui fut glaciale et fouettée de vent, elle se tortura d'inquiétude. Elle s'exaspérait de se sentir incapable de travailler et, jetée sur son lit par un harassement de tout son être, elle se révoltait de son repos.

Sa mère qui habitait avec ses deux filles une ferme solitaire, en plein désert de granits et de sources, par-delà le vallon du Bout de Côte, descendit à la ville, le dernier dimanche de février, par un temps de glace et de neige fine, et s'installa à la rue Haute-du-Pont.

L'enfant naquit dans un silence affairé, presque sans un cri de la mère. Ce jour-là, le temps glacé faisait un grand calme autour de la maison. Une lumière hostile, coupante, durement posée sur tous les contours plaquait le paysage contre la fenêtre, comme un plan gris et sans profondeur. Malgré le feu, un vent de neige traversait la pièce et l'on aurait cru que la lumière glaçait toutes choses.

L'enfant pleura plusieurs jours, presque sans arrêt, comme insensible à toute fatigue. Puis une toux sèche coupa ses pleurs, les tordit et la grand-mère, entre le lit de sa fille et le berceau :

— Pauvres de nous, la maladie le prend bien jeune.

La chambre s'emplit d'une odeur de tisane et de prairie sèche. Une fadeur de camomille et de bourrache y prenait aux poumons, comme un goût de maladie sans défense et de fièvre abandonnée à elle-même. Pour ajouter à cette torpeur, aux deux fenêtres, la grand-mère fit glisser les rideaux de filoselle jaune et les heures tombèrent toutes dans la même attente silencieuse.

Le mardi soir, l'enfant qui semblait plus calme eut de brusques étouffements et un bruit singulier au fond de la gorge. Sur son petit front, exagérément bombé sur la taie blanche, une tache s'étendit et ses deux petites mains, crispées en nœuds, sans cesse ramenées à hauteur des épaules, prirent une teinte rouge sombre, comme des grappes jetées hors du pressoir, sèches et brunes.

— Pauvres de nous, disait la grand-mère, s'il passe la nuit, nous le verrons peut-être guérir.

Quand, après douze longues heures de petite agitation silencieuse ou de conversations étouffées dans l'immobilité, oblique et sans force, l'aube eut fini d'emplir la chambre, un silence sans mouvement s'étendit sur elle. A part les mains de la grand-mère qui, dans l'armoire, choisissait des linges blancs et de petits bonnets de dentelle, rien ne bougeait. Et cependant, dans son berceau, par instants, l'enfant semblait tourner la tête, entrouvrir la main, mais, hiératique, conservait toujours la même pose.

Anna, silencieuse, pleurait.

A sept heures, Combes descendit et revint avec le menuisier de la rue Haute.

L'homme, un colosse à poils rares, enleva sa casquette, sortit un centimètre pliant de sa poche, et, retenant son souffle qui lui gonflait les joues d'une façon grotesque, mesura le petit corps. Puis, il remit sa casquette, regarda la femme de Combes, fit « oui » de la tête et dit :

— C'est des trop petites mesures.

Il sortit comme Elise arrivait avec des voisines. Les femmes s'installèrent à côté de la chambre, dans la grande cuisine, et pendant deux jours et deux nuits, elles se relayèrent, ne quittant pas la maison, bavardant à demi-voix et buvant du café noir.

Dans l'après-midi, le directeur et sa mère vinrent faire une courte visite et se rencontrèrent avec le pasteur Andreau.

Le pasteur, âme sotte, cœur orgueilleux, se trouvait gêné d'être chez des paroissiens aussi peu pratiquants que les Combes. Tête grise et frisée par la quarantaine avec un soin trop minutieux, à petites boucles droites et serrées, assez noble d'allure et de port, mais non sans afféterie, toujours vêtu de gris sombre à reflets d'argent, avec élégance et sévérité, il n'était du reste jamais à son aise chez les gens du peuple. Hanté par le goût du monde et des relations, il lui fallait pouvoir se présenter chez les gens simples avec une hauteur bienveillante, une supériorité débonnaire, que rendaient seuls possibles les ferveurs excessives et les anéantissements presque complets de la volonté dans le désir de croire. Devant un homme calme, maître de lui-même, comme l'était Combes, et qu'il aurait fallu toucher et conquérir de plain-pied, à âmes égales, il ne se sentait, avec une certaine gêne, que le désir de se libérer au plus vite des servitudes de son ministère.

Mal assuré déjà depuis de longues minutes, à côté du petit mort, devant la famille silencieuse, il fut heureux de voir arriver les Cavérac et, pendant toute sa visite, il parla presque uniquement pour eux. En partant, il dit à Anna :

— Cette épreuve est peut-être faite pour vous rapprocher de Dieu !

— On n'est pas sans religion, monsieur le Pasteur, répondit la grand-mère, tandis que le silence de Combes et d'Anna rendait toute sa dignité à leur douleur commune.

Ce soir-là, pour la première fois, il y eut des fleurs dans la chambre, des fleurs de la serre, cueillies par la femme du directeur et rapportées par Audibert dans un grand papier glacé. Pendant deux jours, Combes ne sortit pas de cette pièce obscure, tournant sur lui-même et se parlant à demi-voix.

Quand on ferma la petite bière, le soir du second jour, Anna poussa quelques cris, bête furieuse et angoissée, puis, brusquement calmée, assise sur son lit et prenant la main d'Elise qui se trouvait là :

— Tant de dépenses pour le voir mourir, lui dit-elle.

4

Après ce deuil, la vie continua, à peine plus triste. Anna restait comme mutilée, et Combes, soucieux peut-être pour la première fois de sa vie, semblait attendre obscurément quelque chose. Mais, sous cette tristesse et plus forte qu'elle, s'agitaient toujours en eux les mêmes pensées : Anna retrouvait son inquiétude, son anxiété de l'avenir et Combes sa sérénité.

Pendant les mauvaises saisons, hiver, printemps de neige, automne de vent, ils se levaient tous deux bien avant l'aube. Au bout de leur grande chambre, les vitres seules brillaient de leur clarté propre, luisante et raide, mais, derrière elles, l'obscurité se prolongeait et, par-dessus le jardin, la rivière et le déroulement architectural de la vallée, donnait une impression de profondeur triste et glacée.

En été seulement, les premières lueurs du jour se glissaient dans la chambre, par-dessus la brume accroupie sur la rivière, au ras des plus hautes cimes des arbres...

Anna faisait réchauffer sur la charbonnie une petite marmite de soupe. Des bouts de papier dans les cheveux, le jupon traînant, le corsage entrouvert, elle allait, à la fois ménagère disgracieuse et belle fille.

La soupe tiède, ils mangeaient sans hâte, le plus souvent debout devant la table. Après sa dernière bouchée, Combes buvait un verre de piquette rosée, trempée de pain, puis il prenait son sac de cuir et s'en allait.

Par le sous-quai glissant, au long duquel un système d'écluses faisait monter et descendre comme un jeu de marées, il gagnait directement les prés de Molières. A côté du pavillon du bord de l'eau, il poussait la porte basse devant laquelle, jadis, il attendait Audibert, et, à travers les herbes mouillées, sous l'ombre humide des pommiers, il remontait vers le jardin.

Il sortait ses outils et tirait les écluses du potager, tandis que naissait le jour. En amont, la rivière sautait la grande chaussée dans un tumulte d'écume et sa clarté blanche, éblouissante, s'équilibrait avec celle de l'aurore qui s'écroulait elle aussi, vers l'aval, dans une cascade de nuages. A six heures, la sirène de la filature, conque sourde et malhabile à jouer avec l'écho, jetait trois clameurs dans l'espace. La ville s'éveillait, le soleil prenait de la hauteur et s'élevait au-dessus des murs des jardins et Combes, plié en deux, dans tous les potagers, coupait les eaux claires avec les écluses.

Le jour passait, séchant les prairies et les entrelacs de feuilles.

Audibert venait encore travailler de temps en temps aux prés de Molières, mais la présence continuelle de Combes rendait chaque jour son aide moins nécessaire. Combes en souffrait et s'ingéniait à découvrir des travaux supplémentaires, mais Audibert qui sentait que l'on s'efforçait de lui faire place, s'en trouvait gêné et cherchait du travail un peu partout, heureux quand il pouvait répondre aux demandes de M. Cavérac :

— Ah non, monsieur, pas demain, ni lundi. Je dois aller au Rey pour tailler les grands platanes de l'allée.

Ce n'était pas le dépit qui le poussait à chercher d'autres occupations, mais le sentiment de la nécessité, l'habitude de se soumettre aux forces naturelles. Son amitié pour Combes n'en était pas atteinte et toutes ces petites difficultés n'auraient jamais pu les acculer à une dispute.

Mais les femmes ne savaient pas résister aux événements qui les opposaient. Elles cédaient à la moindre désillusion et, tout de suite, se sentaient ennemies. Au début, malgré la secrète jalousie d'Elise, leurs rapports étaient restés les mêmes. La naissance de l'enfant, sa maladie et sa mort même avaient semblé justifier la chance des Combes. Les heures tragiques déroulées autour du petit mort avaient été pour elles un lien puissant. Mais, au bout de quelques mois, ce deuil presque oublié, le spectacle de la tranquillité des Combes exaspérant Elise fit éclater cette jalousie.

Anna n'avait pas repris son travail à la filature et, tout le long du jour, s'occupait de son ménage.

— Elle ne va pas me mépriser pourtant, parce qu'elle vit sans rien faire ? disait Elise.

Elle était humiliée chaque jour par son travail de fileuse, et la crainte d'être méprisée par Anna ajoutait à cette humiliation. Aussi, souvent, le soir, au retour de l'usine, quand elle rencontrait Anna qui descendait chercher de l'eau, une colère sourde s'emparait d'elle et tous ses gestes la manifestaient. De ces gestes d'impatience ou d'hostilité, mal contenus, à peine désavoués par quelques paroles, des malentendus naissaient qui désespéraient les deux femmes. Cependant, ni l'une ni l'autre n'aurait voulu faire un mouvement pour les dissiper et chacune, raidie, se lamentait sur la dureté de cœur de son amie.

La certitude d'avoir raison, la volonté de ne manifester aucune faiblesse, les rendaient de plus en plus ennemies. Déjà, elles s'étaient rencontrées dans le petit escalier du glacis, au bas du pont, et, la tête droite, s'étaient croisées sans dire un mot. Un autre jour, chez l'épicière, elles avaient attendu cinq minutes, l'une à côté de l'autre, les lèvres serrées et blêmes.

Mais, comme un hasard avait suffi à les séparer, un hasard renoua leur amitié. Leur brouille fut si rapide et surtout elles se l'avouèrent si peu qu'elles en perdirent même le souvenir. Elles ne pensèrent jamais plus à ces quelques semaines pendant lesquelles elles s'étaient détestées.

A cette époque, la filature venait d'être encore agrandie. Le directeur avait fait construire de nouveaux bâtiments rectangulaires aux toits vitrés, à côté des hautes bâtisses qui dataient du début du Second Empire et sous lesquelles s'étendait le petit atelier primitif en briques sombres.

Pour surveiller ces grands entrepôts, il fallut un gardien et, sur le conseil de Mme Cavérac mère, on proposa la place à Audibert. Sans avoir rien demandé, ni désiré, en quelques heures, Audibert devint le maître de ces magasins et régla, pendant la journée, le va-et-vient des camions et la sortie des marchandises. De temps en temps, au milieu de la nuit, il eut à faire des rondes, à cause des dangers d'incendie et aussi, aimait-il à dire, « pour les voleurs ». Il avait reçu de M. Cavérac un revolver à six coups, et pendant des années, ces rondes nocturnes mirent un décor tragique dans son existence. L'heure et la solitude des abords en pierres blanches, la résonance des longues salles, lui faisaient croire à l'existence d'un danger. Ce n'était pas que, même dans les nuits de neige ou de vent, dans ce paysage mort et vaste, il éprouvât quelque sentiment de peur, mais sans doute avait-il plaisir à donner ainsi plus d'importance à sa fonction. La main sur la lourde crosse noire, il avançait d'un pas égal, sans crainte, mais avec la certitude de s'opposer à une puissance malfaisante.

De ces occupations et des sentiments qu'elles éveillaient en lui, Audibert tirait un orgueil naïf, mais Elise, plus que lui, en éprouvait un orgueil violent qui, pendant quelques mois, lui fit toucher, comme sensuellement, le bonheur.

Dès que son mari fut en place, elle quitta la filature et, du même coup, son amitié pour Anna se réveilla. Elles recommencèrent à se voir, à passer ensemble les fins d'après-midi, à faire des achats en commun.

Quelques mois après ces événements, Elise eut un fils et cette naissance confirma les deux femmes dans leur amitié retrouvée.

5

Presque tous les dimanches, Combes se levait dans la nuit noire et partait bien avant l'aube, comme au temps où il travaillait à la route.

Le bruit de la grande chaussée l'accompagnait jusqu'au sommet des raccourcis de la Côte d'Aulas, et là, après avoir traversé un plant de jeunes châtaigniers, en abordant les grandes pentes, il entrait dans le silence de la montagne. Il laissait au-dessous de lui la nouvelle route, suivait l'arête à cheval sur les deux vallées, et, après deux heures de marche, comme le jour glissait des crêtes vers les fonds, il arrivait à hauteur de son domaine : un mur de pierres plates, deux noyers encadrant une porte basse et, derrière, dans une terre sèche et craquante, sable et silex, une vigne, des rangées de petites souches noires, comme nerveuses et joyeusement vivantes.

Au milieu de la vigne, Combes s'arrêtait. Au-dessous de lui, sur la gauche, dévalaient des prairies, emportées vers les précipices par les eaux d'une source qui jaillissait de la roche et tombait dans un tronc d'arbre creusé, contre lequel s'agitaient des herbes folles. L'eau blanche s'échappait du tronc d'arbre en cascades intermittentes et glissait avec violence au long de la montagne.

Au-dessus de la vigne, derrière une croupe boisée, dans le col vert, on apercevait la bergerie, vaste et trapue, avec ses fenêtres closes, sa porte butée par une lourde pierre. A tous les coins de l'horizon, on voyait d'autres bergeries, désertes aussi, barricadées, ou bien ouvertes à tous les vents, sans vitres ni portes. Derrière la croupe boisée, à une demi-heure de marche, on apercevait le Crestat, une longue bâtisse à deux étages, avec un immense escalier extérieur monté sur des arches et déjà croulant. Au fond du vallon, Villeméjane, Pigouse, Puech Arnal, s'espaçaient aussi dans la solitude.

Mais ce n'était pas vers ces bergeries que se retournait Combes. Les mains sur les yeux, il regardait au contraire les maisons habitées, et, pendant de longues minutes, observait le va-et-vient des gens et des bêtes, essayait de mettre un nom sur chaque personne, dénombrait les troupeaux. Le Mas Randon l'arrêtait longtemps. Là, il y avait des cultures, des récoltes à évaluer : du seigle, du sarrasin, quelques luzernes. Dimanche après dimanche, Combes les parcourait de l'œil, comme s'il en eût été maître. Il pensait : « Les céréales ne viennent pas, il fait trop humide, mais la luzerne donnera de beaux regains. » Ou bien au contraire : « Quelle sécheresse, il n'y a déjà plus un morceau d'herbe, mais les récoltes sont prêtes. »

Quand il avait fini son tour d'horizon, chaque fois il haussait les épaules et se remettait en marche. En quelques enjambées, il arrivait devant sa maison. Avec une brusque joie, il poussait la lourde pierre, ouvrait la porte, traversait les pièces en courant et précipitait les contrevents contre les murailles... A rayons droits, trouant la poussière, la lumière emplissait les salles vides.

Combes suspendait son sac de cuir à côté de la cheminée, préparait le feu, accrochait à la crémaillère une marmite de soupe froide, puis, quand il ne restait plus qu'à battre le briquet, il prenait les outils qu'il laissait dans le placard de la grande salle, et redescendait vers sa vigne ou vers son jardin.

Il travaillait sans arrêt, jusqu'au milieu du jour. Quand, pour une minute, les ombres ne bougeaient plus, écrasées sous les vignes et les hêtres, ensevelies sous les roches, enveloppées de partout par la lumière verticale, il remontait à la bergerie, allumait le feu et préparait son repas.

Il assaisonnait longuement une salade verte, cueillie au pied des murs humides de son jardin, puis il coupait sur elle une tomate blette et, avec une cuiller d'étain, battait soigneusement l'huile et le vinaigre.

Il n'y avait plus, dans la grande salle, qu'une table et deux escabeaux. Combes prenait place et, devant l'étroite fenêtre, mangeait lentement avec une sorte de solennité qui tenait au silence et à la solitude.

Après son repas, il venait s'allonger au soleil, sur la terrasse, et regardait le Monde.

Pendant ces longues minutes de contemplation, il vivait de la plénitude et du contentement de son cœur. Immobile et les yeux fixés sur les lignes immobiles de l'horizon, il perdait conscience de lui-même et souvent, après un long espace de temps, secouant cette torpeur du corps et de l'esprit :

— Je croyais être mort, disait-il à voix haute en se levant.

— Je croyais être mort, répétait-il. Et il ne trouvait dans cette sensation ni amertume ni inquiétude, mais une correspondance secrète avec la sérénité de son âme.

Dans l'après-midi, il reprenait son travail, ramassait du bois mort, et, suivant la saison, cherchait des champignons ou des baies sauvages, et, sur le soir, chargé de bois, de légumes, de cèpes et de fruits aigres, il redescendait à Saint-André.

Parfois, parti dès l'aube malgré les bourrasques, il trouvait le mauvais temps au Bout de Côte. La pluie menaçait et, par moments, se collait aux herbes rases tandis que les averses faisaient un bruit de vent contre les vitres de la bergerie. De bonne heure le brouillard filait à ras du col et, désemparé, flottait sur les grandes pentes. Ces jours-là, Combes allait et venait dans une sorte de fièvre salubre, encapuchonné dans un sac, les joues ruisselantes. La nuit précoce éveillait en lui une mélancolie sans tristesse : l'angoisse virile qui tient à la présence de la vie.

Quelquefois Audibert montait aussi au Bout de Côte, et, tandis que Combes taillait sa vigne ou bêchait ses plants de légumes, une sache de grosse toile sur le dos, un seau de fer-blanc sous le bras, il partait à la recherche des champignons ou à la cueillette des framboises.

De temps en temps, les deux hommes travaillaient ensemble, bâtissaient un petit mur, cimentaient le bassin d'arrosage. A midi, ils se mettaient à table, l'un en face de l'autre, et mangeaient en silence, puis, dans la chaleur du jour, bavardaient une heure sur la terrasse.

— On n'est pas mal ici, disait Audibert, c'est comme chez nous, à Col Tordu. Mais c'est quand même des pays de trop grande solitude. Il faut y vivre sans rien attendre...

— Bon, répondait Combes, mais qu'est-ce que tu veux attendre, à la Condamine ? Nous serons toujours des pauvres et les enfants comme nous.

— Ça ne fait rien... on se sent moins perdu dans son destin à la ville. Ce n'est pas moi qui retournerais vivre dans ces déserts. Si mon père vient à mourir, notre maison pourra rendre ses pierres à la montagne. Pour monter là-haut, il faut bien cinq heures, c'est encore plus sauvage que par ici et il n'y a rien qui vaille... Des planches pourries et des pierres sans ciment. Le père vit là-haut comme un sanglier ; il n'y aura pas quatre meubles à prendre.

— Eh, eh, riait Combes, vous avez déjà tout pris, comme nous ici... Mais, quand même, la vie n'était pas si mauvaise que ça, dans nos montagnes. On vivait des bêtes et des arbres, on n'attendait rien de personne. Chaque maison avait assez de soleil pour faire mûrir ses légumes. Une source faisait la richesse d'une famille : une sûreté plutôt qu'une richesse. On savait qu'on ne mourrait jamais de faim, que chaque jour se suffirait, et c'était bien assez pour vivre. Avec ça, nos anciens avaient leurs idées et leurs contentements. Sans être notaires, ils savaient des choses, sur les herbes, sur la santé, sur le Bon Dieu. Ils vous conduisaient leur honnêteté mieux que des rois... ce n'était pas vivre comme des sauvages.

Puis, comme la plupart du temps Audibert restait silencieux, Combes reprenait :

— Tiens, je crois qu'il vaut mieux se sentir vivre avec presque rien, sans chercher autre chose, que de courir tout le temps après son aisance. On a le cœur plus libre, on perd moins sa bonté naturelle... Si je n'avais pas toujours vécu comme je l'ai fait, content de tout, j'aurais eu peur plus d'une fois de perdre ma satisfaction de la vie, dans tous nos soucis de la Condamine.

Puis, furieux :

— Se ronger pour des économies, attendre une place, et même avoir honte de sa misère au milieu des autres !

Quelquefois Audibert paraissait convaincu, il approuvait Combes, mais, une heure après, il disait, à propos de tout autre chose :

— Non, quand même, on ne peut pas vivre dans ces solitudes.

Le plus souvent, au lieu de s'en aller avec Combes dans la montagne, Audibert passait son jour de repos à Saint-André. Il s'endimanchait : petit chapeau rond en bourre de bœuf, gilet et veste longue, pantalon de cadis et souliers à clous. Au col de sa chemise de flanelle, il nouait, suivant la mode du pays, un cordonnet de soie noire et, tout luisant d'étoffes neuves, il allait, sur les dix heures et demie du matin, faire un petit tour dans la ville haute.

Les fainéants et les travailleurs de la basse classe se retrouvaient chaque dimanche sur la place du quai. Assis sur le petit mur qui domine la route, ils prenaient le soleil et fumaient des cigares minces, à deux pour un sou. Ils suivaient des yeux, un peu goguenards, mais respectueux au passage des gros riches, les dévots qui allaient à l'église ou au temple. A midi moins le quart, ils encombraient le bout de la place, devant le bureau des diligences, et dévisageaient les voyageurs.

L'après-midi, Audibert qui pour dîner avait repris son costume de travail, remettait à nouveau ses habits du dimanche et, à petits pas, en parlant à tout le monde dans la rue, il s'en allait jusqu'à l'auberge de la rue Vieille.

Il retrouvait la longue salle où, jeune homme, au retour de la Broue ou de la Baraque Neuve, il se reposait de ses fatigues devant une bouteille de vin rouge. Rien n'avait changé ; il y avait toujours, au plafond, les guirlandes de papier multicolores salies par les mouches, et, sur les murs, les chromos rouges et blancs, dont un, le plus grand, représentait la hiérarchie de la femme par un triangle au sommet duquel était la mère de famille ayant à sa droite la religieuse, à sa gauche l'infirmière, et, sous elle, l'ivrognesse et la prostituée. Toutes ces femmes étaient guindées, raides, avec de gros visages rouges et des vêtements à plis droits, serrés à la taille en forme de double pointe.

Les clients de l'auberge aimaient à contempler ce tableau et, presque toujours, ils disaient à haute voix, avant de s'éloigner :

— C'est bien fait.

Chaque dimanche, Audibert retrouvait dans cette salle obscure le souvenir de sa jeunesse et, plus il vieillissait, plus grand était son plaisir. Il y avait là comme un oubli du temps, une perte brusque de la suite des années.

Le bois des longues tables était entaillé, creusé par les couteaux de poche à lames pointues et comme chargé par des marques de tâcherons ou des signes de métier. En s'asseyant, Audibert suivait ces entailles de la main gauche, à gestes tâtonnants, sans rien penser, mais retrouvait ainsi de secrètes présences, et le souvenir de compagnonnages oubliés. Des visages se dessinaient dans une sorte de brume : la masse informe des souvenirs. Ils avançaient leurs mentons musculeux, leurs yeux gris clair à pupilles noires, les plans d'ombre et de lumière de leurs joues sur lesquelles une ride ou une cicatrice permettait de mettre un nom...

Au bout d'un moment, Audibert relevait la tête, frappait la table du plat de la main, commandait une bouteille de vin rouge, et tout l'après-midi, parlant peu, buvait à petits coups, en claquant la langue et le nez pincé.

Vers le soir, quand l'auberge était pleine et que, surexcités par le vin, les hommes commençaient à parler bruyamment, deux ou trois braconniers arrivaient qui mettaient en loterie les belles pièces de leur pêche ou de leur chasse. Aimé Drezic et son frère, colosses à têtes frisées, semblables, et qui ne pouvaient se reconnaître que par la longueur du temps qu'ils arrivaient à passer sous l'eau (l'aîné n'y restant que cinquante secondes et le plus jeune dépassant largement la minute), apportaient toujours trois ou quatre truites. Ils allaient les pêcher au petit matin, sous les chaussées de la rivière. Nus, ils se jetaient dans l'eau glacée, le souffle bloqué, les yeux dilatés et descendaient, contre les parois de rochers, dans les cavernes sous-marines, bleues et noires, et là, caressants, à mains douces, ils attrapaient par les ouïes les truites stupides, puis, d'un mouvement brusque, portant le poisson à leur bouche, ils remontaient et jaillissaient de l'eau dans un cercle d'écume, la tête de la truite serrée dans leurs dents et leur visage battu par le corps souple et étincelant, à coups convulsifs.

Pour un sou le carton de loto, les hommes pouvaient courir leur chance. Dans un tumulte croissant, on tirait les numéros et les parties s'achevaient sur les cris du vainqueur : « quine », dans des contestations et parfois même dans des disputes. Mais les deux Drezic, hommes puissants et justes, imposaient leur décision, défendaient le droit du gagnant :

— A toi la truite... le carton est plein... A toi les grives... A toi les tourdres...

Jusqu'à l'heure du repas du soir, les parties se succédaient : pour la dernière, « la belle », il y avait ordinairement un lièvre et les cartons coûtaient alors deux sous pièce, mais aussi, pour plus de solennité on répétait jusqu'à six fois le numéro sortant :

— Vingt-cinq... Vingt-cinq... Vingt-cinq... Vingt-cinq... Vingt-cinq... Je dis : vingt-cinq.

Pendant le jeu, on continuait à boire, plus que de raison, à petits gestes nerveux, pour chaque coup de chance ou de malchance.

Les parties achevées, la salle se vidait. A part les célibataires de mauvaise vie, qui restaient à l'auberge et improvisaient un repas avec quelques grives ou quelques truites de la loterie, tous les hommes établis retournaient manger chez eux.

Ballotté par l'air de la rue, Audibert redescendait à la Condamine, jamais complètement ivre mais toujours brouillé, alourdi de vin et d'immobilité, et comme stupéfié de tristesse.

Il se retrouvait devant Elise, plus morose que lui et décidée à ne pas dire une parole. Un peu méprisante, elle servait le repas à la hâte, sans se mettre à table, mangeant droite à côté de la cheminée, tandis qu'Audibert, humilié et surtout soucieux de ne pas faire de gestes excessifs, mangeait avec minutie, comme recroquevillé sur son assiette.

Cependant ce n'était pas le retour d'Audibert qui jetait Elise dans cette mélancolie et la contraignait à cette hauteur dédaigneuse. Chaque dimanche lui apportait, dans ses longues heures de repos et d'attente, des raisons de tristesse plus intimes et plus profondes.

Par son immobilité, son silence, son opposition à la vie

quotidienne, le dimanche semblait fait, dans ce petit monde de pauvres travailleurs, pour manifester un certain aspect du néant des choses. En cela, même pour ceux qui ne songeaient à le consacrer qu'au repos ou au plaisir, il restait un jour religieux, un jour de jugement et de méditations involontaires. Pour des êtres qui vivaient d'une petite existence, plus animée de calcul que d'espérance, faite de mesquines économies et de ruses avec la pauvreté, il ne pouvait pas être un jour de joie.

Elise, Anna et toutes les ménagères de la Condamine en éprouvaient vivement la tristesse, et découvraient en elle la tristesse plus secrète de leur propre vie, le mystère de leur ennui et de leur inquiétude.

La matinée passait encore : Elise se hâtait, expédiait les menus travaux du ménage, partait pour la messe et rentrait chez elle pour préparer le repas. De son côté, Anna s'affairait aussi et, bien souvent, allait au Grand-Temple, quand ce n'était pas M. Andreau qui prêchait.

Mais, le repas fini, la vaisselle rangée, et la salle nette, commençait le long après-midi. Les femmes se réunissaient chez les Audibert, chez les Combes ou chez Mme Guibal, la petite épicière de la Calade. Pendant les beaux mois, elles s'installaient dans les jardins, au-dessus de la rivière et, les jours de pluie, se serraient dans une cuisine ou dans l'arrière-boutique de l'épicerie.

Elles arrivaient, endimanchées et silencieuses, raides et attentives, mais, tout de suite, elles relevaient leur jupe ou même la quittaient et dégrafaient les plus hauts boutons de leur corsage. Alors, comme libérées de toute contrainte, en jupons blancs à raies noires, la poitrine découverte, les cheveux hérissés en mèches lisses ou frisées, rapprochées par la complicité du désordre, elles se mettaient à parler.

C'était, d'une seule haleine, une explosion de nouvelles, de racontars, de questions, de commérages.

— Quatorze sous.

— Et dix-huit maintenant.

— Encore de mieux, douze.

Ces seuls chiffres leur suffisaient. Elles savaient ce qu'ils désignaient et n'avaient pas besoin de les faire suivre du nom de la marchandise. Elles se retrouvaient parfaitement dans cette cote sibylline et d'une seule voix se lamentaient au sujet des fluctuations et des augmentations saisonnières.

— Vingt-huit sous... presque un franc et demi !

— L'autre jour, je les ai laissés pour compte, au marché. On aime mieux ne pas manger que payer si cher.

— Mais il faut manger quand même ! Vingt-huit sous pour vingt-huit sous, il en faut toujours.

— Il n'y aura plus que les riches pour manger les bons morceaux.

— Si encore la récolte pouvait être bonne.

— Douze sous, je vous dis, et encore pas chez tout le monde.

Mme Guibal, la petite épicière, se lamentait plus que les autres.

— On n'ose pas dire... On n'ose pas demander. Avec tout ça, ce n'est pas un plaisir de vendre.

Petite, à chair blanche, affreusement frisottée, avec toujours quelque bigoudi de papier oublié dans les cheveux, la taille rebondie et mouvante, elle se levait et allait prendre sur une étagère une boîte, un paquet, une poignée de pâtes ou de légumes :

— Tenez, dix-huit sous. J'ai honte de le dire et je n'y gagne pas la vie.

La boutique obscure et basse, avec ses rayons désordonnés, encombrés de caisses et de boîtes, prêtait un mélancolique décor à ces misérables conciliabules. Mais le ton pleurard et les plaintes cachaient le plus souvent de mesquines satisfactions et les plus violents mouvements d'orgueil de ces ménagères avares. Elles n'avaient à se plaindre, en effet, que d'augmentations infimes, aussi, dans la minute même où elles se lamentaient, elles avouaient brusquement avoir tout payé meilleur marché que les autres.

— Dix-huit sous.

— Oui, mais en ne plaignant pas ses jambes, on peut en avoir à dix-sept.

— Parfaitement et de bonne qualité encore.

— Mais où ?

— Pas à Saint-André toujours !

Ces femmes faisaient souvent cinq à six kilomètres à pied, jusqu'aux plus proches villages, Avèze ou Aulas, pour gagner un sou sur leurs emplettes de toute une semaine. Ce n'était pas la nécessité qui les y poussait, mais la rage de dépenser moins que les voisins. Au fond de toutes leurs préoccupations, il n'y avait pas un seul souci véritable, une seule angoisse réelle, mais seulement ce désir effréné d'économie, sans cesse en éveil et jaloux des économies des autres.

Après avoir longuement discuté sur les prix, elles en venaient à la chronique de la petite ville :

— Cette fille de la rue Basse, elle fait parler d'elle, et hardie !

— Et ça dépense.

— Je ne voudrais pas rester dans la même maison qu'elle, ça vous ferait tourner la tête d'un homme !

— Une nouvelle Bordance, et pire, parce qu'elle n'est rien que pour le vice...

A quatre heures, elles buvaient leur café, mangeaient une coque sucrée à gros grains et se partageaient les dépenses en se disputant, chacune voulant payer plus que les autres, par orgueil.

— Non, non, ma chère, non, tu fournis le café, tiens, cinq sous, j'ai mangé la plus grosse coque. Tiens... pour un sou, quand même !

Puis, dans la fin du jour, sans avoir plus rien à se dire, écrasées par leur silence, elles restaient immobiles une heure ou deux, en poussant des soupirs.

Une tristesse physique les pressait, s'étendait à tous leurs membres. Elles sentaient monter en elles comme une mort atroce : la conscience d'être étrangères et indifférentes à toutes les choses.

De temps en temps, l'une d'elles disait quelques mots :

— Quand même, on n'a pas une vie d'existence.

— On n'est heureux que quand on travaille comme des bêtes et contre son souci.

Et elles sentaient obscurément, en ces minutes, qu'elles avaient besoin de ces préoccupations, de ces craintes mesquines, de ces soucis. Elles trouvaient en eux la justification de leur vie et, sans doute, leur seule raison d'être.

6

Comme le fils des Audibert allait avoir dix mois, il naquit un second enfant chez les Combes. L'automne, à son début, semblait élever une tempête autour de cette naissance, coupant le jour d'ombres froides, entassant les orages sur la haute montagne. Mais l'enfant, robuste et calme, semblait surmonter la saison et manifester ainsi la force de sa vie.

Pendant tout ce mois d'octobre, les vents du Sud et de l'Ouest se disputèrent l'espace au-dessus de la vallée. Ils se levaient par-delà les grands cols, poussaient la pluie devant eux et se ruaient dans les arbres. Dans les prés, les pommes roulaient comme une grêle et, des hautes branches secouées, au-dessus de la ville, tombaient les châtaignes encore vertes. Au milieu de ces tempêtes, dans le bercement des bourrasques, les Combes voyaient avec orgueil grandir chez eux un enfant tranquille.

Quelquefois le vent du Sud-Est, persuasif et tiède, prenait le dessus pour quelques heures, et, dans le ciel brusquement lavé, découvrait un soleil encore vivace. Mais, tout aussitôt, l'air de la vallée à peine attiédi semblait s'écrouler sous la pesée froide et coupante des bourrasques, et, du col du Minier, comme guidés par la nouvelle route, s'élançaient encore des orages.

Enfin, un soir, la fureur de la saison vint se briser d'elle-même dans une catastrophe.

A six heures et demie, ce jour-là, dans la nuit tombante, devant les fenêtres des maisons, sur les petits toits des écuries, des hangars ouverts sur les jardins, des cages à poules, l'eau ruisselait. Elle tournait dans les conduites de zinc mal dressées au long des jardins, et, sous les maisons sonores, s'écroulait en cascades dans les citernes.

Depuis l'aube, la pluie tenait la montagne sous un réseau serré, continuel, à peine déplacé parfois dans l'espace par un remous de vent. Sans arrêt, la terre lourde l'avait bue. Une fange de plus en plus profonde avait submergé les bas-fonds, mais, bien que plus rapides, les torrents des hautes pentes et la rivière de la vallée étaient restés dans leur lit, affleurant à peine les couloirs de roches sur lesquels, aux mauvaises saisons, se ruaient les grandes eaux.

Au milieu du jour, à travers cette pluie régulière, un immense orage s'était déchaîné, se précipitant contre le sol et semblant s'y fracasser dans le bruit de la foudre.

Petit à petit, vers les huit heures, dans la nuit étendue et complètement fermée, sans échappée de jour vers un point d'horizon, le bruit des ondées diminua, s'effaça, se perdit contre les grands plans de terre et de roches.

Alors, sous les petits murs des jardins, au long de la Condamine, un grondement s'éleva. En quelques minutes, il emplit toute la nuit d'un tonnerre grave et saccadé : d'un bout à l'autre de la vallée, la rivière bouillonnait dans l'ombre et, d'un immense élan, se haussait contre ses rives.

Sur les hautes façades plongeant à pic vers la rivière, les fenêtres s'ouvrirent. A la même minute, devant le grondement des eaux, tous les habitants de la Condamine retrouvèrent le souvenir des anciennes catastrophes. Aux appuis de bois vermoulus, des formes noires se penchaient dans le vide et, derrière elles, on voyait claquer, comme pour s'éteindre ou se consumer d'un coup, la haute flamme des lampes. Poussés par l'angoisse, des hommes et des femmes, à travers les jardins détrempés, s'avançaient jusque sur les hautes berges, évaluant dans l'ombre la montée des gouffres, le bondissement des cascades, et le tourbillonnement des rapides.

Aux premiers hurlements des eaux, Combes traversa son jardin et descendit jusqu'au petit mur qui surplombait la rivière. En temps calme, l'eau glissait à plus de deux mètres de profondeur, sans faire une ride. En s'accotant à ce mur, Combes laissa pendre sa main dans le vide et la sentit prise par un tourbillon d'eau glacée. Il la retira d'un geste brusque, en faisant un effort comme pour échapper à une étreinte, et, sans réfléchir, retraversa son jardin au pas de course.

Toute la nuit, Combes et sa femme tournèrent dans leur logis, allant du palier à la fenêtre pour parler aux voisins. Désemparée par l'angoisse, Elise tenait son enfant dans ses bras, chargé de lainages, haut sur sa poitrine comme pour l'élever au-dessus des eaux.

A l'aube, l'arche du pont, ordinairement haute et large sur les gouffres, émergea du brouillard, comme écroulée sur ses piles, à peine un peu soulevée au-dessus du courant, derrière une grande plaine rase de boue jaune, d'herbes arrachées et flottantes et de débris tumultueux. La rivière, trouble et bondissante, accrochée en doigts d'écume aux bancs de roches des deux rives, affleurait puissamment aux petits murs des jardins. Par les escaliers de laveuses, les portes basses, elle glissait dans les vergers, inondait les plants, les allées et, à petits coups pressés et secs, en rides courtes, elle venait battre au pied des maisons, devant le seuil surélevé des échoppes et des fruitiers.

Avec le plein jour, le pont sembla s'écraser encore vers les eaux. Son arc en tiers-point, triomphalement exhaussé jusqu'au rez-de-chaussée de la plupart des maisons riveraines, apparut surbaissé et presque droit comme un linteau de canal.

De minute en minute, des branches d'arbres, charriées entre deux eaux, arrivaient à hauteur des piles, les heurtaient en un tonnerre sous-marin, et, brusquement renversées par le choc, jaillissaient de l'eau, droites, cerclées d'écume, comme des divinités furieuses et sans cesse multipliées.

Sous leur choc et sous la pesée de la rivière, maintenue par cet entassement de madriers et de débris comme par un barrage, le pont antique semblait prêt à céder. Parfois un remous agitait cet entassement et les troncs, dégagés de leur point d'appui, semblaient se soulever pour partir au fil de l'eau. Tous les habitants de la Condamine, sur les chaussées de la berge, attendaient l'événement avec un mélange de crainte et d'espoir.

Le pont était pour eux, depuis des siècles, le régulateur des catastrophes. Le barrage résistant, l'eau montait sûrement vers les maisons de la rue Haute et vers les jardins du sous-quai, du côté de chez les Combes, mais si le pont s'écroulait ou si le barrage venait à céder aux violences du courant, la rivière, libérée, écrasant le petit mur du bas du pont, devait se ruer dans la Calade et balayer les petites maisons des prairies, à la sortie de la ville.

Au milieu des groupes, les vieillards parlaient des anciennes catastrophes. Depuis deux siècles, le pont ne s'était pas rompu. Aux dernières crues, la rivière, retenue par lui, avait dévasté le quartier haut et, quelques mois avant la grande révolution, par un mauvais automne, des maisons de la rue Haute, sapées par les eaux, s'étaient écroulées pendant la nuit. Le grand-père du menuisier, en voulant sortir de chez lui, avait péri dans le gouffre de Buscaillou et deux vieilles femmes, d'une famille éteinte, avaient été noyées dans leur maison. Mais jamais, de mémoire d'homme, le désastre n'avait été aussi grand que le jour où le pont avait cédé, au temps des Rois. On avait conservé, chez les pauvres gens de la Condamine, le souvenir de cette catastrophe et le claveau central du pont reconstruit en donnait encore la date : 1656. Alors la Calade avait été envahie en quelques secondes par une trombe d'eau qui avait roulé jusqu'à trois mètres de hauteur, abandonnant les branchages sur les enseignes des boutiques. Des familles entières, surprises dans les rez-de-chaussée ou au premier étage des maisons basses, avaient été noyées et l'on avait retrouvé les corps sur les armoires, enveloppés d'un linceul de boue jaunâtre et puante.

Sur la berge, la foule suivait les mouvements tumultueux de la rivière. Les habitants de la Calade ne pensaient qu'à la chute possible du barrage et ne quittaient pas le pont des yeux, comme pour maintenir en place les madriers et les amoncellements de broussailles. Au contraire, les gens de la rue Haute souhaitaient secrètement la rupture de la digue et couraient du pont à leurs jardins, comme des métronomes rythmant la montée des eaux.

Le directeur de la filature, enveloppé dans une limousine grise, la tête nue, tâchait de rassurer les gens des quartiers bas :

— Pourvu que la digue résiste, on en sera quitte pour quelques dégâts dans les jardins du quartier haut. Dans une heure ou deux, la rivière va décroître... il ne pleut déjà plus sur la montagne.

Cependant, par prudence, il leur conseillait d'aller mettre à l'abri, aux plus hauts étages, ce qu'ils possédaient :

— Il faudrait aussi faire partir les femmes et les enfants. Envoyez-les à la filature si vous voulez, elles y seront au chaud et, là-bas, la vallée est si large qu'on n'a rien à craindre de la rivière.

— Mais alors, monsieur Cavérac, le pont va s'écrouler ? répondaient les hommes.

Dans les maisons, au coin du feu, la main sur la tête de leur enfant, les femmes attendaient, stupides.

Depuis l'aube, bouffie de sommeil, Anna ne quittait plus la fenêtre et surveillait la montée des eaux dans son jardin. Les Audibert dont la maison, bien qu'adossée au pont, dominait la rivière de toute la hauteur d'un éperon de roche et dont le jardin lui-même, surélevé de trois ou quatre mètres, était le plus abrité de toute la Condamine, étaient venus, tranquilles mais apitoyés, pour lui tenir compagnie.

Elise tenait son enfant dans ses bras et chaque fois qu'Anna se levait, elle se levait aussi et venait se placer devant elle et la regardait dans les yeux, tandis que ses lèvres tremblaient. Alors, Audibert se mettait à marcher de long en large, sa main gauche crispée sur sa nuque.

Pendant ce temps, Combes, parti dès la première heure, courait sur les quais avec le directeur.

— Quel malheur, disait Anna, quel malheur ! Nos légumes seront perdus et notre vin dans la cave. Cent cinquante litres du Bout de Côte ! Quel malheur !... Tu as de la chance, disait-elle à Elise, pour que l'eau touche seulement ton jardin, il faudrait que nous soyons tous noyés.

— Mais, disait Audibert, on ne peut pas sortir votre tonneau de la cave ?

— Il y a plus d'un mètre d'eau depuis hier soir, Combes y est bien descendu, mais il dit qu'il n'y a rien à faire... Quel malheur !

Pendant toute la matinée, les troncs d'arbres arrachés à la montagne, les buissons de la vallée, les débris des maisons ruinées par la crue, vinrent s'entasser contre le pont. Derrière eux, l'eau tournoyait, lente comme les heures. Vers le midi, sur cette étendue jaune, profonde et tumultueuse, une grande vague noire, la dernière de la crue, vint déferler.

Le barrage sembla tourner sur lui-même, quelques pierres se détachèrent de la voûte du pont... Deux ou trois secondes de silence marquèrent que le pont résistait quand même, puis, d'un seul coup, sous l'arche victorieuse, tout s'effondra et les madriers lancés comme des flèches, les colonnes d'eau et de terre tourbillonnantes, balayant le petit mur accoté au pont, s'élancèrent dans la Calade.

Quand, dans ce brusque remous, la rivière s'affaissa tout au long de la Condamine, et que, sous le jardin des Combes, les grandes eaux refluèrent comme en un immense ressac, Anna, le corps à moitié penché en dehors de la fenêtre, se mit à crier :

— L'eau s'en va. L'eau s'en va. Nous voilà sauvés.

A ce cri, Audibert fit deux pas vers la fenêtre, puis, brusquement, il se retourna et sortit au pas de course. Elise avait porté ses doigts à ses dents, en les crispant comme pour manifester une souffrance secrète, mais déjà, accoudée à la croisée, Anna retrouvait son calme.

Après quelques minutes de bouillonnement, la rivière s'aplanissait et l'eau filait, droite et lisse, en descendant au long des roches. Dans le ciel aussi, après des heures de tumulte et de tournoiements désordonnés, les nuages établissaient un immense courant et le vent du Nord les chassait en ligne droite... Avec son bras gauche tendu, Anna caressait l'air comme pour imiter ce double mouvement par lequel les éléments reprenaient leur ordre naturel et leur tranquillité.

Mais, au bout d'un moment, quand son bras resta presque immobile, elle quitta l'appui de la croisée, revint vers Elise et, tout de suite, reprise par ses préoccupations, elle voulut descendre à la cave.

— Peut-être que le vin n'est pas perdu, viens avec moi.

Les enfants, harassés par l'agitation de la nuit et de la matinée, s'étaient endormis : elles les couchèrent sur le lit, côte à côte, et descendirent les escaliers en courant. Au rez-de-chaussée, elles s'arrêtèrent pour ouvrir la grille de fer qui défendait l'entrée de la cave. La grille ouverte, Anna s'avança, mais, dès la seconde marche, elle glissa sur une vase liquide : sous la voûte sombre on entendait encore le clapotis des eaux d'infiltration qui ne baisseraient qu'avec lenteur. Courbée en deux, la main tendue et tremblante, Anna fit briller la flamme de sa bougie sur la crête des petites vagues noires.

— Tout ça ne sert à rien, dit-elle, notre vin sera quand même perdu.

TROISIÈME PARTIE

LES ENFANTS

1

Tant que leurs fils furent au berceau, ou tout petits enfants jouant dans les jardins et les ruelles, Elise et Anna, incapables de prévoir longtemps à l'avance, ne songèrent qu'à les soigner au jour le jour, qu'à les défendre contre les maladies, avec une lourde hygiène montagnarde et de mauvaises ruses paysannes.

A quelques mois à peine, elles les mettaient à table, une grosse serviette de toile écrue autour du cou, la tête soutenue par le dossier d'une chaise haute, et là, attentives et brusques, elles leur faisaient manger de la soupe, leur donnaient un os à ronger, et, du bout des doigts, leur arrachaient, jusqu'au fond de la gorge, les morceaux trop gros avec lesquels ils risquaient de s'étrangler. Les pommettes rouges, le teint luisant, les deux enfants grandissaient dans une sorte de mauvaise santé robuste.

Elise et Anna vécurent alors des années d'angoisse. A plusieurs reprises, elles désespérèrent de sauver ces enfants, tantôt bien portants comme des hommes faits, tantôt terrassés par une brusque poussée de fièvre. Albert surtout, le fils des Combes, resté longtemps débile, fit passer à Anna de longues nuits de misère.

Mais alors, devant les berceaux, les deux femmes ne faisaient que défendre leur propre vie : aucun calcul ne donnait plus de cruauté à leurs angoisses, et, devant la mort possible, elles ne sentaient s'écrouler en elles aucun projet, aucun espoir, aucun orgueil même, mais simplement crier dans leur propre corps une partie vivace et furieusement accrochée à la vie.

Plus tard, quand ces petits mâles, siffleurs et hardis, commencèrent à aller à l'école et que, habillés des défroques de leur père, ils s'affirmèrent de jour en jour : braconniers, pêcheurs, commerçants de billes et d'images, raisonneurs et calculateurs, les sentiments de leurs mères se transformèrent bien vite. Elles ne pensèrent plus qu'à leur avenir, elles ne les virent plus, ne les aimèrent plus qu'à travers leurs projets.

L'amour d'Anna pour son fils se modifia complètement, et presque en une minute, le jour où elle le vit, habillé « en petit homme », le cartable sous le bras, revenir de la « laïque », sifflant d'une haleine du bas de l'escalier à la porte et, campé devant elle, un chiffon de papier à la main — le bon point du maître — crier : — Je suis premier.

Depuis ce jour, elle n'aima plus son fils comme elle l'avait aimé pendant des années, en mère sauvage, en gardienne de vie : elle l'imagina homme, plus considéré que son père, plus riche : « dans une meilleure place ».

Alors elle ne l'aima plus que comme elle aimait sa propre vie : à travers des projets, à travers des désirs, non pas pour elle-même mais à cause de l'espérance qu'elle portait. Du même coup, elle enveloppa cet amour de toutes les mesquineries qui faisaient sa vie quotidienne. Des soucis, des craintes l'enserrèrent, le diminuèrent, le ramenèrent sans cesse vers un but pratique. Elle n'aimait pas autrement sa propre vie, et, sans doute, pourtant, avait-elle, petite fille ou jeune fille même, aimé la vie sans arrière-pensée, directement, pour le seul plaisir que lui donnait chacune de ses heures quand elle criait, courait, sautait, ou, petite bergère, travaillait de tout son corps puis, couchée sur les bruyères, sentait monter en elle une puissance délicieuse de tendresse et de joie.

Avec le souci du lendemain, toute cette fraîcheur lui avait échappé, comme, avec l'éveil de son ambition maternelle, lui échappait son premier amour maternel : l'amour penché sur le berceau, sans orgueil, sans projets, trop puissant pour se rattacher à des espérances.

Chez Elise, cette poussée d'ambition maternelle fut plus lente, moins sauvage. Doucement, jour après jour, elle s'installa dans un rêve et, secrètement, elle lui confia son bonheur. Mais elle resta des années sans oser en parler à personne, sans oser même diriger ses désirs vers un but précis. Il y eut toujours dans ses rêveries une mesure qui venait sans doute de son orgueil et de la crainte qu'elle avait de se trouver blessée, un jour, dans sa confiance ou dans son espoir.

Enveloppés par les craintes attentives et les espoirs, violents ou orgueilleusement réprimés, de leurs mères, les deux enfants grandissaient avec insouciance.

Le fils des Combes, brusquement devenu, vers sa huitième année, plus robuste, durement musclé, mais aussi d'esprit plus vif, dominait le fils des Audibert et le pliait toujours à sa volonté. Cette dissemblance était pourtant pour Elise un sujet d'orgueil :

— Tu es plus fin, tu es plus fille, disait-elle à son enfant et, parlant du petit Combes : — Quel sauvage ! Il n'est bon qu'à garder les bêtes sur le Bout de Côte !

Les manières brutales de son fils, la façon dont il gagnait, comme en se battant, les premières places et l'amitié des enfants de son âge, augmentaient au contraire la confiance d'Anna.

— Albert, qu'est-ce que tu seras, quand tu seras grand ? lui disait-elle quelquefois avec une passion sauvage, une sorte de désir de forcer le destin par des paroles, de le lier à jamais avec quelques propos innocents : le vœu de l'enfance.

— Jardinier, comme le père, répondait l'enfant, ou dans la montagne, comme les oncles.

— Alors, c'est pour ça que tu es premier à l'école ? répondait-elle avec rage. Non, tu seras un monsieur. Et, furieuse de ne pas trouver un complice, elle s'enfermait dans son rêve et, silencieuse, comptait les années, les saisons, en cherchant à fixer le jour où son fils pourrait avoir « une bonne place ».

Si jamais elle n'alla parler au maître, jamais pourtant mère ne fut plus attentive aux succès de son enfant. Elle les suivait au jour le jour : c'était à eux qu'elle pensait en faisant le ménage, en descendant la rue Haute pour aller au petit marché du Bout-de-Pont, et si elle n'en disait rien à ses voisines, ce n'était pas par modestie, ni, comme Elise, par orgueil, mais par ruse paysanne, par méfiance du destin : elle n'en parlait pas, comme on ne parle pas d'une récolte qui s'annonce bien, d'un troupeau prospère, mais elle y pensait à chaque heure et son sourire était animé par ces pensées ou figé par leur orgueil.

Cependant, elle n'avait aucun respect pour le travail de son fils, aucune attention. Le voir avec un livre, assis devant la fenêtre, l'exaspérait et, le soir, quand il ouvrait ses cahiers d'école sous la lampe et, la langue au bout des dents, se mettait à travailler, elle le rudoyait en cherchant à lui imposer quelque travail manuel.

— Va chercher l'eau... tiens, la cruche. Tu n'as pas encore coupé le bois que le père a descendu.

Le petit fermait son livre, rangeait ses cahiers et descendait à la fontaine, dans la nuit noire, avec sous le bras l'énorme cruche vernissée en jaune et suante de fraîcheur.

Anna croyait que tout le travail « des livres et des cahiers » devait se faire à l'école, comme en un lieu privilégié. Elle n'imaginait pas ce que pouvait être ce travail.

— C'est la tête qui marche, disait-elle, prête à croire à une sorte de mystère que, secrètement, elle méprisait.

Combes, au contraire, avait un respect puéril pour les travaux de l'école. Il savait lire, mais n'avait jamais eu le temps d'apprendre à faire ses lettres. Aussi, bien souvent, il venait se mettre derrière son fils et, sans faire un mouvement, suivait sa lecture en essayant d'épeler comme lui. Mais quand Albert repoussait son livre et se mettait à écrire, Combes fixait chaque mot achevé, sans le reconnaître, se penchait puis, brusquement, en découvrait le sens et se rejetait en arrière.

Jamais il n'aurait détourné Albert de son travail et, souvent, quand il voyait Anna, nerveuse, se diriger vers l'évier, il prenait la cruche et descendait dans la rue avant que sa femme, stupéfaite, ait eu le temps de dire une parole.

Cependant, le samedi soir, après avoir jeté un coup d'œil sur le ciel :

— Nous allons là-haut tous les deux, demain, petit ?

— Pardi, répondait l'enfant.

Et, de toute la nuit, Albert ne dormait pas, écoutant d'heure en heure, dans la crainte de la pluie, si le nord soufflait, si le passage de la lune sur la maison ne changeait pas le temps, et si les roseaux du jardin battaient du bon côté, contre le mur du sud, à chaque petite rafale de la brise.

Au Bout de Côte, l'homme et l'enfant passaient leurs plus belles journées.

— Alors tu habitais là ? Et le grand-père aussi ? Et son père à lui ? Alors tous ? Et tu n'étais pas jardinier aux prés de Molières ? Et la mère ? Elle habitait là-bas ? Derrière le tournant où sont les oncles ? Et le grand-père de son côté aussi ?... Moi, j'aime ce pays, mais il faudrait qu'il y ait des bêtes. Tu avais des chèvres, des moutons ? Les moutons n'étaient pas à toi ? On te les montait pour l'été, des pâtres des bas-pays ? Oui... mais ici pour faire pêche ? Là, au fond, dans ce creux, il y a des truites ? Petitettes ? C'est les meilleures. Mais pour faire chasse ça devait être commode. En montant, tout à l'heure, j'ai vu des perdrix rouges... Si fait, si fait, pas des perdreaux, des perdrix rouges, je les connais bien...

L'enfant bavardait ainsi autour de l'homme :

— Moi, si cette maison était mienne, je l'habiterais.

— Tais-toi, disait Combes, tu ne sais pas ce que tu dis. Ça te vaut mieux d'aller à l'école. Tu vois, moi, ici, quand j'étais petit, je n'ai rien appris, aussi, maintenant, je ne sais rien de rien.

— D'abord, toi, tu sais tout, répondait l'enfant.

Quelquefois, dans l'après-midi, ils partaient côte à côte vers le Crestat, pour courir les bois à la recherche des champignons et des baies sauvages.

A l'automne, quand il avait plu et que la lune nouvelle avait passé sur les taillis de hêtres, le père et l'enfant prenaient chacun un immense sac de toile grise.

— A qui en trouvera le plus.

— Père, disait Albert, tire à ta droite, et crie de temps en temps, que je me perdrais. On cherchera chacun pour soi, jusqu'à la clairière d'en haut.

Combes appuyait à droite, l'enfant marchait droit devant lui, escaladant les talus, glissant sur les feuilles pourries. De loin en loin, Combes faisait : « Oué, oué, » et l'enfant modifiait le sens de sa marche à chaque cri. Des layons naturels montaient droit, avec des ressauts d'humus et de mousses jusqu'aux plaques de ciel qui luisaient entre les hautes fourches des arbres.

Après une heure de marche, les deux hommes se retrouvaient, à la crête, sous le hêtre « des neuf jambes », un hêtre immense, à neuf racines jaillies de terre.

— Je n'en ai pas autant que toi, disait l'enfant, mais les miens sont plus beaux. Il n'y en a pas de ces anciens, avec la mousse verte. Bien sûr que d'être petit on voit mieux les nouveaux, sous les feuilles... C'est la pluie et la lune qui les font sortir ?

— Oui, mais aussi les germes dans la terre.

— Et les mauvais qui font mourir ?

— La même chose.

— Toi, tu connais toutes les espèces. Moi, je ne connais que ceux-là ; ceux d'ici... Sous les hêtres, tous sont bons.

— Je t'apprendrai les autres ; un matin de jeudi, tu viendras aux prés, avec moi, chercher des mousserolles pour Madame. C'est une petite espèce, toute blanche, avec un pied fin qui vient tout seul, mais il en faut un sac pour faire un plat.

— Ils sortent toujours à cause de la lune ?

— Oui, mais aussi à cause de l'eau des prés. C'est un genre moins campagnard que ceux des hêtres... Allons, debout, il nous faut descendre avant la nuit.

Quelquefois, en coupant court à travers les hêtraies, ils venaient tomber sur la ferme du vallon où, avec ses deux fils, la mère d'Anna vivait dans le silence.

— Tiens, la maison de la grand-mère, disait le petit. Je ne me reconnais jamais en y arrivant, il faut y être dessus pour le savoir. Tous ces bois et tous ces chemins se ressemblent. Et tu ne me dis jamais quand on va y passer.

La grand-mère qui, chaque année, confondait un peu plus les années passées, regardait Albert :

— Qu'il a été malade, quand il était petit. Je l'ai cru mort et maintenant c'est un homme... Albin, tu les feras boire. Ils passent comme ça, sans avertir. Donne-leur des fromages pour la fille. Elle ne vient plus me voir.

On bavardait un quart d'heure : les oncles se tenaient droits, à côté de la table, en regardant le petit, et l'obligeaient à boire, d'un geste. La grand-mère, que l'on n'écoutait plus, parlait toujours, au coin de la cheminée, et tapait du talon sur les bûches.

Au-dehors, sur la terre dure, figée par le froid en arêtes droites sur le tracé des chars, on entendait le piétinement des bêtes. Solitaire et libre, l'âne passait, et la tête levée vers le couchant, s'arrêtait quelques minutes. Puis les vaches et les chiens descendaient des pâturages. Devant la fontaine, le cheval faisait un grand bruit d'eau, chaque fois qu'il plongeait la tête dans le bassin. Les portes à claire-voie des bergeries criaient comme les premiers oiseaux de la nuit.

— Père, disait Albert en sortant de la ferme, qui est le plus riche, toi, ou les oncles ?

— On est tous des pauvres... Mais eux, ils vivent sur leur bien.

Après le petit plateau bordé de marécages et de joncs débiles, le chemin descendait droit, contre le torrent, comme pour s'enfoncer dans la terre, et, à la nuit tombante, on croyait s'avancer vers un grand trou noir, plein de sources et de bruit.

Le soir, écrasé de fatigue, Albert s'endormait en mangeant, et, toute la nuit, l'esprit calme mais le corps ivre, il s'agitait dans son lit, comme s'il avait été encore sur les pentes des hêtraies, en train de soulever les feuilles pour découvrir les champignons, ou de s'accrocher aux racines pour escalader le dernier talus, sous le hêtre fantastique « des neuf jambes », violet sur l'herbe grise et les petits cailloux blancs des sources illusoires de la crête.

2

Quand Albert eut treize ans, après le certificat d'études, le maître fit appeler Combes à la maison d'école.

Combes avertit M. Cavérac. Il lui demanda une matinée de repos, s'endimancha et vint trouver le maître à dix heures et demie. Pendant toute son absence, Anna tourna sur elle-même, d'un meuble à l'autre, sans pouvoir rien faire, anxieuse de savoir.

Albert, qui n'avait pas été mis au courant de cette démarche, courait la rivière.

A midi moins le quart, dès que Combes eut poussé la porte, Anna fut auprès de lui, les deux mains accrochées aux revers de sa veste, la tête levée :

— Qu'a dit le maître ?

— Eh, répondit Combes, il peut donner un conseil... Il m'a dit : votre petit travaille bien, qu'allez-vous en faire ?

— Mais... fit Anna.

— Je sais, je sais, je le lui ai dit... — S'il n'en sait pas assez long, il faudrait des moyens pour le tenir à l'école — Bon, m'a dit le maître, nous pourrions lui faire avoir la bourse. Il resterait encore quelque temps avec moi, pendant ces vacances, puis il irait à la ville, préparer l'Ecole normale et nous en ferions un instituteur.

— Mais ça coûte !

— Je le lui ai dit. Mais il m'a promis que non. Le manger, le lit, les habits, les livres, tout sera payé par le gouvernement.

— Oui, dit Anna, mais il ne gagnera rien pour commencer.

— C'est toute l'affaire : mais s'il venait demain aux prés de Molières, avec moi, pour apprendre le métier des jardins, il ne gagnerait rien non plus... et après...

— Mais à l'usine... pour porter, dit Anna, il gagnerait tout de suite.

— Eh là ! fit Combes, il a une trop bonne tête pour ça.

— Tu as raison... Je le sais bien. Mais, quand même, ne rien gagner à son âge !

— J'ai dit au maître, ajouta Combes après un silence, que c'était entendu... Sauf qu'on se reprenne d'ici demain...

— Va, va, dit la femme, on ne fera qu'à ta tête.

Pendant le repas, Albert fut mis au courant de ces projets, lentement, avec une sorte de mystère.

— Je veux bien apprendre encore, disait-il.

— Va trouver le maître, lui dit Combes en se levant de table, tu n'as pas de temps à perdre, maintenant.

Puis, respirant avec fierté et gesticulant un peu, Combes partit pour les prés de Molières en pensant à ce qu'il allait dire à ces dames, quand il passerait devant elles, sous la terrasse du château :

— On l'a voulu... Oui, on l'a voulu... Il faut quand même que le maître le trouve capable...

Le soir Anna vit Elise.

— Mon petit va continuer les écoles, lui dit-elle, le maître veut qu'il aille à la ville.

— Le nôtre aussi, répondit Elise, il va travailler pour entrer à la Compagnie. On le mettra dans les bureaux, pour le dessin.

— On gagne beaucoup, dans les chemins de fer ?

— On gagne bien... et l'on a les avantages, dit Elise avec un orgueil retenu.

— Tant mieux... Ah, ils vont nous coûter encore bien de la peine. Mais le vôtre sera plus vite en place que le mien. Il faut tellement apprendre pour faire l'école !

— Quand même, disait Audibert à Combes à la même heure, en l'arrêtant par le bras sur le bord du sous-quai et en l'obligeant à se retourner vers la montagne qui, sur les pierres grises du mur de clôture, apparaissait droite et nue, quand même, qui l'aurait dit quand nous faisions la route ! Après tout il valait mieux quitter le Bout de Côte et le Col Tordu.

Pendant cet été, avant la rentrée des classes, les deux enfants, dirigés par M. Curlier, travaillèrent un peu, mais surtout, libres, hantés par l'idée d'une nouvelle vie, coururent la vallée et se grisèrent de leur indépendance.

Le matin ils faisaient leurs devoirs de vacances, apprenaient une leçon, mais l'après-midi, sous prétexte d'aller chercher des légumes et des fruits, de ramasser du bois, de faire une course dans une des petites propriétés de Combes, au-dessus de la ville, ils couraient la campagne.

Albert montait parfois au Bout de Côte, seul, avec un livre que lui prêtait le maître. Pendant ces jours d'été, à ras du sol, de violents arômes s'écrasaient contre les pierres. Sur la terre nue, dans l'immense sécheresse des longues heures, ils prenaient une densité presque aussi sensible que celle des feuilles dont ils s'échappaient.

Dans une ligne d'ombre, à plat ventre, la tête légèrement inclinée avec la pente de la haute crête, les yeux plongeant au fond de la vallée mais arrêtant volontairement leur regard sur les pages du livre, maintenu droit devant eux par une pierre, Albert s'allongeait au milieu de ces odeurs et il lui semblait, à chacun de ses gestes, qu'il s'appuyait sur elles. La griserie de l'immobilité et du silence s'emparait de lui : elle s'amplifiait à chacun des mouvements de son sang, à chacune de ses inspirations profondes. Au bout d'un moment, le battement de la vie dans son corps immobile lui semblait être le rythme secret de l'immense paysage, immobile comme son corps lui-même et allongé comme lui sur les quatre points de l'horizon et du ciel...

Alors, brusquement, par-dessus les feuilles du livre, au fond d'un trou bleu, la vallée apparaissait, s'imposait comme un vertige, et les villages, les cascades nourricières, le jaillissement des petites cultures, l'ordonnance mystérieuse des sentiers et des routes, semblaient se mêler au texte du livre, devenir le récit lui-même...

Aussi, le soir de ces courses, assis sur le mur du jardin, devant le gouffre de Buscaillou, Albert parlait du Bout de Côte comme d'un pays de légendes.

— Tu sais, disait-il à Combes, au-dessus de la maison, cette prairie où finissent les arbres ? Eh bien, je suis sûr que c'est le milieu du pays. De là, on suit tous les chemins et tous les ruisseaux, on voit toutes les fermes et tous les villages. On se sent tranquille, comme si toutes les choses étaient faites pour vous...

Combes écoutait son fils. Dans cette voix d'enfant, l'accent d'une passion qui était devenue celle de sa propre vie donnait une force nouvelle à son sentiment paternel, mais alors, brusquement, comme effrayé, il disait :

— Mais, dis, ça te plaît quand même d'aller à la ville, aux grandes écoles ?

— Oui, répondait Albert, ça ne m'ennuie pas d'apprendre. Mais j'aurais bien fait le travail de la terre, là-haut, si l'on pouvait vivre sur cette montagne. Seulement puisque tu en es parti !

3

Un vendredi soir, pendant ces vacances, le petit pâtre boiteux du Col Tordu, un orphelin à cheveux rouges, arriva chez les Audibert, couvert de poussière et l'haleine courte :

— C'est... dit-il, et les deux mains croisées sur la poitrine, il resta silencieux.

— C'est... C'est le maître...

Après chaque mot, il remuait les mains, les remontait vers ses épaules et regardait Audibert.

— C'est le maître... une maladie tout d'un coup... ses yeux lui sortent, et blancs.

Après chaque phrase, il lançait la tête en avant. Audibert, la lèvre inférieure avancée, les muscles de la mâchoire raidis, soufflait de bas en haut, vers son nez, par bouffées puissantes...

Brusquement, la timidité du petit pâtre disparut et, d'une seule haleine :

— Une maladie... une maladie tout d'un coup. Plus vite qu'un chaud et froid. Raide sur son lit et les mots dans sa bouche, comme s'il s'étranglait. Le Lucien est avec lui, qu'il le fait boire, mais il ne peut pas... Moi, je suis descendu à course.

— Une attaque, disait Audibert, il devait tomber comme ça, tout d'un coup.

— Mon Dieu, disait Elise, il mourra comme un païen.

— Voyons, voyons ; c'est nuit tombée. Il faut la lanterne. J'y monte. Mais ma ronde de cette nuit ? Que le petit aille chez les Combes.

Quelques minutes après, les Combes arrivaient.

— C'est le malheur, criait Anna, on ne peut jamais être tranquille.

— Bon, disait Combes, par-derrière, ce n'est peut-être rien... et puis ton père a vu passer toute sa vie, d'un bout à l'autre... Je ferai ta ronde cette nuit. Monte tout de suite et demain soir, journée finie, on viendra tous te rejoindre. Si le malheur est là, on verra de faire ce qu'il faut.

— Tu ne peux pas monter seul, disait Elise, et je ne peux pas venir à cause du ménage, je viendrai demain, mais cette nuit ?

— Que le petit m'accompagne...

— Au diable, disait Anna, un malheur comme ça, dans ce désert et cette nuit, ce n'est pas pour un enfant.

Mais Combes :

— Tais-toi, tout ce qui arrive les regarde. Ils sont assez grands maintenant. Albert montera aussi. Comme ça, à tous les deux, ils pourront se rendre utiles... Il est neuf heures... vous en avez pour jusqu'au matin, vers deux heures et demie, trois heures. Prenez la lanterne et gardez votre prudence.

Audibert et les deux enfants partirent dans la nuit. Quand ils arrivèrent, le vieil Audibert était déjà froid. Un des pâtres, Lucien, seul dans l'ombre avec le cadavre, restait hébété et, la face contractée, semblait prêt à hurler, comme une bête. Il tenait encore à la main un bol plein d'eau sucrée et, parfois, il le tendait au mort.

Audibert fit coucher les deux enfants sur une paillasse et veilla son père...

A l'aube il sortit. Un jour gris, fait de vent et de gouttelettes, balayait l'étendue. Il donna des ordres aux pâtres qui, bientôt, se mirent à creuser une fosse à côté d'un haut taillis de buis et de genévriers. Le jour passa dans le silence. Sur le soir, Combes et les deux femmes arrivèrent :

— Il a fini, leur dit Audibert sur le seuil.

Combes regarda son ami. Les deux hommes immobiles l'un

devant l'autre, liés par les yeux, semblaient contenir le silence dans le court espace qui les séparait.

— Comment va-t-on faire, disait Elise, et les cousins de l'autre côté de la montagne ?

— Tout est fait, dit Audibert, nous l'enterrerons demain dimanche.

— Comme un païen, dit Elise.

— Il a laissé sa caisse toute prête à être montée. Quatre clous et la voilà faite. Je sais où il voulait qu'on fasse son trou. Il est mort seul, il peut partir sans curé. Voilà cinquante ans qu'il n'avait pas fait ses pâques... On va envoyer quelqu'un à la ville, à cause du papier qu'il faut pour le mettre en terre... Combes, occupe-toi de la caisse. Ce n'est pas convenable pour moi. Je vais attendre les parents qui vont venir des fermes de l'Ubac. J'ai envoyé vers eux... Il a fini dans sa tranquillité. La mère est morte comme ça, voilà vingt ans.

Les Combes et les Audibert s'installèrent pour la nuit. Les deux hommes restèrent avec le mort. De temps en temps, Audibert sortait de la bergerie, il s'avançait jusqu'au monticule qui découvrait le nord de la vallée et tendait l'oreille... Le bruit des eaux glissait, parallèle à celui du vent, dans les herbes. Au-dessus des herbes, dans toute l'étendue, vers le col du Lingas, le silence semblait rester immobile. Au bout d'un moment, Audibert rentrait et venait s'asseoir à côté de Combes, dans la chambre où reposait le corps de son père.

En bas, les femmes et les enfants dormaient. Seule, Elise, qui depuis le jour de ses fiançailles n'était pas revenue à Col Tordu, ne pouvait dormir, et, par les carreaux étroits de la salle, fixait la profondeur claire de la nuit où passaient des ombres, tour à tour humaines et monstrueuses.

Elle ne pensait à rien et frissonnait. Pendant toute la nuit elle compta les heures qui sonnaient à l'horloge de la grande salle, les oubliant de l'une à l'autre, étonnée à chacune de la lenteur du temps.

Au premier étage, assis sur des escabeaux, le dos appuyé au mur blanc, Audibert et Combes parlaient à voix basse :

— On n'est pas grand-chose. Mais on peut quand même voir sa mort sans plier. On se rattrape d'elle comme ça !... Qu'est-ce qui change ? Je sentirais moins mon désarroi s'il ne fallait pas fermer aussi le domaine. Mais qui voudrait vivre ici dans ce désert ? On rendra les bêtes à ceux qui les envoyaient au père. On vendra les siennes. Il doit bien y avoir un joli troupeau. Ceux qui meurent jeunes font plus de peine, mais ils étonnent moins. A force de vivre, on semble ne plus devoir partir.

— La vie, c'est l'habitude, disait Combes, devant le malheur, on ne trouve rien à dire. Les mots de chaque jour ne servent plus. Quand mon petit est mort — voilà bien du temps, et les vieux restent, et nous aussi — je n'ai pas su répondre à ceux qui venaient nous voir. Les phrases qu'on sait vont pour la vie de tous les jours, mais là, qu'est-ce que tu peux dire ?

Aussi, minute par minute, les deux hommes tombaient dans un silence de plus en plus profond. Ni la fatigue ni le sommeil ne les abattaient et les yeux ouverts, veillant mais immobiles, ils songeaient au mort étendu auprès d'eux sans trouver une seule parole pour manifester leurs pensées... Autour de la maison, la nuit et le vent passaient comme un grand événement fait pour rester dans la mémoire des hommes. Et Combes, la tête inclinée, sentait dans tous ses membres une crispation solennelle, et, dans son cœur, agrandi jusque sous sa bouche, un battement large et maître du temps, qui ressemblait à celui de l'orgueil.

A l'aube, les cousins des fermes de l'Ubac arrivèrent. Trois vieillards et deux jeunes hommes, en habit du dimanche, avec du linge blanc, séché sur les prés et presque éblouissant, comme brillant de soleil.

Ils embrassèrent tout le monde, en inclinant d'un seul coup leurs grands corps. Les femmes versèrent du café noir dans des bols étroits ; elles coupèrent des tranches de pain et restèrent debout devant la table. Les hommes s'assirent et mangèrent... Personne ne parlait et tous les gestes étaient lents comme par respect pour le silence.

Dans la matinée, quelques pâtres des bergeries voisines arrivèrent aussi. Deux d'entre eux fabriquèrent une croix rustique, à coups de hache, puis un troisième, à la pointe de son couteau, grava sur la poutre horizontale le millésime de l'année et l'encadra patiemment avec des pointes de diamant et des motifs géométriques.

Pendant ce temps, Audibert se tenait dans la chambre basse, cravaté de neuf et peigné raide avec de l'eau savonnée. On venait de mettre en bière le corps du vieux solitaire de la montagne. Un monceau de fleurs des prairies encombrait les chaises, et les cousins des fermes de l'Ubac, le visage tendu, immobile, encadraient la porte.

A midi moins le quart, les pâtres descendirent la caisse. On la posa sur le talus de terre fraîche, inclinée vers le trou. Les arêtes du bois crièrent sous les cordes, une latte s'arracha, se mit en travers et se planta dans la terre... Le cercueil se balança dans le vide. Le bout de la latte se brisa et, dans un glissement de pierres, le cercueil descendit et se posa sur le fond.

Alors Audibert lança quelques pelletées de terre dans la fosse.

— Quand même, dit Combes, il part sans le Bon Dieu... On lui doit bien une prière.

La grande lumière du jour, entière et droite, descendait jusqu'au fond de la fosse, sans y laisser un coin d'ombre. Toutes les têtes étaient nues.

Il y eut un moment de silence et d'immobilité, une sorte d'attente... Alors, à voix basse, Combes dit au plus vieux des cousins de l'Ubac :

— On lui doit bien une prière... sans curé, ni rien... Mais il ne peut pas partir comme ça.

Le vieillard hésita. Puis, au milieu du groupe, les yeux fermés :

— Notre Père...

Amen, dirent plusieurs voix. Et tous les hommes, les uns après les autres, lancèrent des mottes de terre et des touffes d'herbes dans la fosse.

Recouverte, la fosse éleva sur la première ligne d'horizon comme un nouveau signal de berger et la lourde croix marqua sur elle, de deux traits inégaux, l'heure du soleil...

On revint à la bergerie, pour le repas de midi. En mangeant, tous ces hommes semblaient se libérer de la tyrannie du silence. Ils parlaient, sans plus assourdir leurs voix, mais encore avec retenue, sans jamais s'interrompre les uns les autres, en écoutant attentivement.

— Il ne venait presque plus à Saint-André, disait Audibert.

On passait des mois — et plus peut-être — sans se voir... Mais ça ne fait rien, on le savait là...

— Nous non plus, nous ne le voyions pas souvent, disait le plus vieux des cousins. On a tous sa vie. Des fois, aux fins d'automne il venait chercher des bêtes perdues, derrière la crête ; alors il s'avançait jusque par chez nous... Mais l'hiver la neige nous coupait, et l'été on a sa besogne.

— Et puis ce quartier de la montagne n'a que de mauvais passages ; des pistes dans l'herbe et pas de chemins. Cette route qu'ils ont faite, voilà quinze ans, l'a rendu encore plus sauvage... Dans l'ancien temps, il passait des gens par ce col mais, aujourd'hui, tout le monde fait le tour par le Minier. Le cousin en avait un désespoir à la fin de sa vie, et tout le temps il parlait mal de la route.

— Oui, dit Combes, mais pourtant on ne pouvait pas faire courir une route comme ça à travers toutes les montagnes, comme pour ramasser chaque bergerie. Elle en a coûté de la peine et des sous. Nous y étions, nous autres. C'était un travail ! Et, bien sûr, on ne pouvait pas penser à tout le monde. Ma maison de Bout de Côte est restée dans le désert, comme bien d'autres... Pendant deux ans, nous avons remué les pierres pour la faire passer.

— Le cousin ne regardait pas de si près. C'était un homme de l'ancien temps. Il faisait ce qu'il faut faire à la vieille mode.

— A Saint-André, on ne le connaissait pas bien, ni dans le bas du pays. Mais, sur les montagnes, tout le monde l'aurait retrouvé rien qu'à la marque de ses souliers.

— Oui, oui, reprenait le plus vieux des fermiers de l'Ubac dont les mains n'avaient pas cessé de mimer un monologue, oui, oui, tous les deux, nous avons vécu ensemble vers nos treize ans, sous l'Empire, quand toute notre famille vivait sur le domaine du grand-oncle. C'est nous qui descendions à la ville les mulets de ces montagnes, pour les armées. Les enfants nous connaissaient bien, ils jetaient des pierres à nos bêtes pour les débander et ils nous chantaient comme ça : « Audibert, Audibert, tes mules s'en vont à l'envers. » Il s'en est péri des belles bêtes et fortes à l'ouvrage, dans ce temps-là...

— Oui, reprenait Audibert, on reste sans se voir. Mais on est tous là : on demande des nouvelles : on attend toujours un peu. La mort change tout.

4

Quand Albert fut parti, les Combes retrouvèrent leur solitude. Comme au premier temps de leur mariage, ils vécurent seuls, l'un devant l'autre, dans la maison. Alors ils reconnurent, dans leurs âmes nues, éclairés par l'âge, mais comme affermis par le temps et plus douloureux ou plus vivaces, les sentiments de leurs jeunes années.

De plus en plus recluse, attachée aux travaux domestiques, Anna ne sortait que pour faire ses emplettes, presque voilée de fichus ou de châles, ou le soir, ombre rapide, de porte à porte, pour aller voir Elise ou Mme Guibal. Vieillissant chaque jour et se livrant sans regrets à sa vieillesse précoce, elle se laissait reprendre par ses petites espérances et ses pauvres calculs. Dans sa maison, nette et presque étincelante mais toujours défendue du soleil, bleue et sombre derrière les fenêtres fermées, elle passait des heures à chasser les grains de poussière, à surveiller la lente cuisson d'un légume sur la charbonnie ardente. Chacune de ses minutes s'abîmait dans de petits travaux et de petites pensées. Mais cependant, au long du jour, le travail lui manquait parfois. Alors elle s'asseyait au coin du feu, ou contre la fenêtre, le dos tourné au jour, et, une tasse de café entre les doigts, les avant-bras allongés sur les cuisses, la tête jetée en avant par l'ennui, elle attendait.

— Quand serons-nous tranquilles ? disait-elle à demi-voix. Et si Combes tombait malade ? Pour autant qu'on vive on ne peut jamais être sûr de rien.

Quelquefois Combes la surprenait au milieu de ces rêveries. En ouvrant la porte, il l'apercevait, petite ombre noire et ratatinée, au fond de la pièce, à peine distincte dans le halo du jour, silencieuse comme une chose.

— Tu es malade ?

Elle sursautait. D'un bond elle était devant l'évier et se mettait à laver sa tasse vide, avec minutie, en la faisant tourner entre ses doigts, sous le jet d'eau de la cruche jaune.

— Comme si nous pouvions être malades ! On a bien assez besoin de sa santé !

— Bon, bon, disait Combes. Tu languis après ton petit. Mais il faut faire ce qu'il faut.

Il ôtait sa veste, prenait ses sabots et, en attendant l'heure du repas, il redescendait au jardin, pour arroser ses légumes.

— Il ne pense à rien, disait Anna restée seule, ah, si je ne prenais pas le souci de tout !

Alors elle se remettait au travail, dressait la table, préparait une salade. De temps en temps, en passant devant la fenêtre, elle apercevait Combes, comme dans un trou clair, au milieu du jardin. Elle le voyait se pencher, ouvrir les bras et s'accroupir. Au-dessus de lui, la rivière avait l'air de couler en hauteur et les rochers de Buscaillou paraissaient s'appuyer sur elle. Dans le jour diminué et fuyant sans cesse, Combes semblait ainsi soutenir tout le paysage sur son dos courbé, et Anna, stupide, les mains au visage, le front aux vitres, en ressentait un écrasement physique.

— Qu'il travaille, qu'il travaille, disait-elle. Ah ! s'il voulait s'inquiéter un peu, nous pourrions être vite tranquilles.

Elle s'éloignait, reprenait son ouvrage et quand la nuit butait aux vitres, elle ouvrait la fenêtre et, penchée dans l'ombre, elle appelait Combes. Pendant qu'il montait, elle allumait la lampe et bien souvent, avec une sorte de honte, elle se sentait pleurer, sans un mouvement de la gorge, doucement, pendant que la mèche grésillait et jusqu'à ce que la petite clarté eût envahi la table ronde et le centre de la pièce.

Avec le temps, elle devenait de plus en plus avare et le salaire de Combes, les mille produits du jardin, des plants de Bout de Côte ou des lopins de terre qu'ils avaient acquis, un peu partout, dans la vallée, ne lui servaient qu'à augmenter une richesse secrète qu'elle voulait, elle-même, ignorer. Cette avarice ne la poussait pas à aimer l'argent ; elle avait simplement besoin de sentir autour d'elle une abondance matérielle. Elle gardait, dans ses placards, des provisions qu'elle laissait gâter, lentement, sans vouloir y toucher. A l'automne, avec des armoires pleines de fruits, de pommes intactes, de pêches sans taches, elle ne mettait sur la table que des pommes blettes, des pêches trouées par les taons et ce n'était que le jour où la moisissure attaquait ses réserves qu'elle se résignait à les entamer et souvent même, à force d'attendre, elle ne pouvait que les jeter. Elle le faisait avec un désespoir orgueilleux.

Combes ne s'apercevait de rien et ne songeait pas à compter ses richesses. Il pensait simplement qu'il était né pauvre, et le travail de chaque jour l'empêchait de s'abandonner aux soucis du lendemain, comme le faisait Anna. Il savait pourtant penser à l'avance aux événements, prévoir, mais il le faisait toujours par saisons, par grands ensembles, en homme de la terre, lié à la nature, et non pas jour après jour.

Pendant les repas du soir, ils parlaient souvent d'Albert, comme par pitié l'un pour l'autre.

— Voilà six mois qu'il nous manque, disait Anna, ou bien, avec le temps qui passait, voilà deux ans qu'il est parti... Qu'il me tarde de le voir en place...

— Allons, tu sais bien le temps qu'il faut. Ne compte pas pour te rendre malade, il reviendra quand tout sera fini.

Anna paraissait la plus atteinte par l'absence d'Albert, mais quand il arrivait pour les vacances, elle mettait plusieurs jours avant de sentir, à côté d'elle, sa présence. Elle le questionnait, l'écoutait parler, lui parlait de son dernier séjour et, lentement, elle semblait le retrouver au milieu de ses souvenirs comme si, dans son angoisse quotidienne, elle l'avait oublié. De temps en temps, quand elle restait seule avec lui, à la maison, elle le regardait et, maladroitement, d'une voix presque honteuse où se révélaient toute la faiblesse de son amour maternel et toute l'infirmité de son cœur, elle lui disait :

— C'est toi !

Albert se sentait gêné par ce cri, ses mains esquissaient un geste de défense, comme pour prévenir une caresse ; mais sa mère s'éloignait aussitôt et, du fond de la pièce, elle ajoutait :

— Dire que tu ne gagnes rien, à ton âge.

Au contraire, à chaque vacance, Combes retrouvait Albert comme s'il l'avait quitté de la veille. Il semblait que, même séparés, les deux hommes avaient vécu l'un à côté de l'autre et que la vie quotidienne commune avait continué pour eux. Rien n'arrivait à les séparer et, après des mois d'absence, ils n'avaient presque rien à s'apprendre : quelques menus faits, rapidement indiqués au moment même où toutes les choses importantes de leur vie se découvraient pour eux par des sourires.

Quand Albert arrivait un samedi soir, tout de suite Combes lui parlait de monter au Bout de Côte.

— Va dormir, et nous partirons avec le soleil.

— Oui, oui, disait Albert.

Mais alors, Anna s'emportait.

— Il arrive et tu veux l'emmener courir la montagne. Demain il faut qu'il aille voir le maître et monsieur, c'est convenable. Il pourrait bien sortir avec moi, qu'on le voie un peu... Quand on arrive, on reste tranquille, on ne va pas courir.

Les deux hommes ne répondaient rien, ne discutaient pas, mais ils finissaient toujours par l'emporter et le lendemain, à la petite aube, ils partaient pour la montagne.

De tout le jour, Anna restait enfermée chez elle pour ne pas avoir à dire aux voisines que son fils était revenu et que, délaissant son uniforme de drap sombre, habillé de vieilles nippes devenues trop courtes, il courait les bois avec son père.

Mais souvent, à la fin de l'après-midi, Elise venait la voir avec son fils. Ces visites l'exaspéraient et lui donnaient l'impression qu'elle était « la plus malheureuse ».

Ces jours-là, Elise vivait d'orgueil tranquille. Il lui semblait, à côté de son fils, que le rêve de sa vie avait déjà son accomplissement. Ce qu'elle voulait ce n'était, en définitive, qu'une humble élévation sociale, le gain d'une marche, l'obligation de porter un chapeau, le droit d'avoir une pièce de plus, de traiter en égale avec quelques bourgeoises de la ville... Aussi quand son fils était là, elle s'habillait avec recherche, presque comme une dame et son maintien, réservé d'ordinaire, prenait une assurance qu'Anna ne supportait qu'avec peine.

— Il va bientôt entrer en place. D'ici quelques années, nous irons habiter avec lui, à la grande ville.

— Ah... mais que ferez-vous d'Audibert ? Il sera sans rien...

— Il saura bien trouver un petit emploi de garde là-bas, répondait Elise, avec une expression mystérieuse de confiance.

— Mais... Albert aussi va finir bientôt. Il travaille. Tout le monde est content de lui à l'école.

— Tu sais, à la Compagnie, on en a des avantages...

— Oui ?

— On voyage pour rien, en seconde classe et puis les costumes... la retraite.

— Oh mais, dans les écoles aussi, on a la retraite, et le logement.

— Oui, mais les voyages ?

— Au diable, on ne voyage pas tant que ça, dans la vie. Tu ne l'as jamais pris, le chemin de fer, toi ? Alors...

— Oh ! nous autres ! C'est justement. Si tu pouvais le prendre pour rien... Et les costumes.

— Aux maisons d'écoles, il y a souvent des jardins... on a ses légumes.

Pendant une heure ou deux, elles cherchaient ainsi à s'éblouir et même, leur susceptibilité s'exaspérant d'insolences supposées ou involontaires, à s'humilier, à se blesser férocement.

Elise s'obstinait à attendre le retour d'Albert et de son père qui n'arrivaient jamais.

— Ils vont être là ? disait-elle, ils ont dû aller voir M. Cavérac, aux prés de Molières ? Il ne faut pas des heures pour cette visite ?

Anna, prise au piège, découverte dans ses désirs les plus violents, mentait sans audace, cherchait à laisser croire.

— Oui, comme ça, disait-elle. Il leur faut leur temps. Ils ne vont plus tarder... qui sait où ils sont allés ?...

A sept heures, Audibert venait chercher Elise, qui se levait à regret, tournait dans la pièce pendant un petit moment et finissait par s'en aller, lentement, en faisant une longue station devant la porte entrouverte.

— Ils seront allés quelque part, sans doute... Ils ne sont pas restés tout ce temps chez M. Cavérac... On aurait aimé les voir... Enfin...

— Ah ! cette Elise, disait Anna devant la porte fermée. Quelle orgueilleuse ! On ne pourra plus lui parler quand son petit aura réussi.

Mais, les vacances finies, quand les enfants étaient repartis, les deux femmes se rapprochaient à nouveau et reprenaient la vieille amitié qu'avaient liée leurs espérances communes. En se retrouvant seules devant ces espérances et, surtout, en recommençant à douter de l'avenir, elles sentaient se confondre leurs destinées. Elles avaient besoin de se voir et de se plaindre l'une à l'autre et de désespérer de tous leurs projets.

— Tant faire pour ses enfants, ce n'est pas une vie. On n'existe plus que pour eux... S'il leur arrivait malheur à présent !

— On n'est pas assez égoïste ; on ne pense pas assez à soi... Nous avons trop vécu pour les autres.

En parlant ainsi, elles prenaient, d'une façon presque volontaire, des attitudes de vieilles femmes, écrasées, immobiles. Anna, surtout, contractait son visage et faisait naître, aux coins de sa bouche, sur ses tempes, sous les ailes de son nez, de petites rides mouvantes et rapides qui se superposaient à celles qu'indiquaient déjà les années. Ses paupières, à demi fermées par la poussée de ces rides, semblaient ne s'ouvrir qu'autour de ses pupilles, extraordinairement mobiles et larmoyantes et qui ne laissaient voir qu'un cercle brun au milieu de poches blanches et ridées.

Quelquefois — les jours où elles se sentaient le plus accablées par leur inquiétude et où les mille soucis qu'elles se créaient devenaient une angoisse réelle, douloureuse comme une plaie — elles se prenaient les mains une minute. Leurs paumes se touchaient, se liaient avec violence, sans que la présence de la chair, et sa chaleur et son tressaillement même leur deviennent sensibles. Cette étreinte n'était pour elles qu'une parole plus forte, qu'un geste d'amitié dans l'espace, mais presque achevé... Cependant, entre leurs doigts qui s'écartaient, une peau plus délicate découvrait comme un tremblement, mais, bien vite, une pudeur étrange déliait leurs mains, les faisait s'éloigner l'une de l'autre et, pendant un long moment, elles se sentaient honteuses et plus faibles qu'après de longues confidences.

Elles avaient pourtant de plus en plus besoin l'une de l'autre. Il leur semblait que leur amitié devait les défendre contre tous les dangers qu'elles imaginaient. Leur affection en devenait plus étroite ou plutôt se transformait en une sollicitude maternelle réciproque. Chacune était forte pour repousser les soucis de son amie, mais faible et toujours reprise par la crainte pour tout ce qui touchait à ses désirs ou à ses projets.

— Et pourtant, qu'est-ce qu'on demande ? disait Anna, pas grand-chose. Un peu de tranquillité pour nos vieux jours.

— Garde ton courage, lui répondait Elise. Je suis sûre que tout ira bien pour toi. Ton petit va finir et, dans les écoles, on n'a que des places sûres... Tandis que pour entrer dans les Compagnies !

— Qu'est-ce que tu dis ? Vous autres, vous allez être tirés de peine... Mais nous...

Pendant quelques mois, elles s'appuyèrent ainsi l'une sur l'autre. Mais, chaque jour, elles devenaient plus exigeantes et chaque jour aussi les paroles qu'elles s'adressaient perdaient de leur force.

Aussi, quand, après une ou deux heures de causerie, elles se quittaient et que, dans leur maison trop vaste, elles se retrouvaient seules, toujours inquiètes, un vertige s'emparait d'elles et leurs monologues devenaient, petit à petit, une prière...

Tourmentées, insatisfaites et pourtant attachées à la vie, elles pensaient à Dieu.

Chacune revenait aux certitudes élémentaires de son enfance... Aux premiers mouvements de la nuit dans les espaces de l'Est, où s'amoncelaient les nuages, Elise entrait dans la petite chapelle de la Condamine, Notre-Dame du Bout-de-Pont, tandis que, sur sa chaise, le dos tourné au jour, Anna regardait le long mur de sa cuisine et croyait y voir briller les textes bibliques de son enfance : « Il est mon secours et ma forteresse. » « Si je crois en lui comment serais-je trompé ? »

Mais ce n'était pourtant pas vers les pratiques exactes, ni même vers la prière, que les entraînait cet élan de foi. L'habitude de donner tout leur temps aux soins du ménage restait la plus forte et leur foi ne pouvait se manifester qu'en se mêlant à leur travail quotidien.

Anna ne faisait plus un projet, ne cherchait plus à prévoir, à fixer la date d'un événement sans ajouter en soupirant :

— S'il plaît à Dieu...

Et si Combes disait :

— Demain, nous ferons... il faudra...

— Dieu voulant, disait-elle.

Et chaque fois qu'elle croyait devoir se lamenter et se plaindre, elle ajoutait :

— Le Bon Dieu ne nous abandonnera pas... il sera notre secours.

Ces invocations continuelles exaspéraient Combes :

— Ah mais ? disait-il, tu ne peux pas le laisser tranquille, le Bon Dieu ?

— On en a bien assez vu pour savoir qu'il est le Maître. A

force d'être malheureux on comprend ça... Quand on a perdu son petit, quand on a souffert la misère, on comprend...

— On comprend, disait Combes, qu'est-ce que tu comprends ? La vie est comme elle vient ; on ne la fait pas, mais on peut faire son bonheur avec elle.

— Faire son bonheur ? Il faut être bien dur pour être content quand il y en a qui partent... Le Bon Dieu seul nous console.

— Le bonheur, ce n'est ni du contentement, ni de la tristesse. C'est la force de la vie.

— Qu'est-ce que tu racontes, avec ta force de la vie ? Il n'y a pas de force dans la vie. Il n'y a que le Bon Dieu qui peut nous en donner... Ah ! tu n'as jamais pris le souci de rien ! Dans la vie, on ne peut jamais être tranquille, et tu l'as toujours été !

— Pauvre bête, disait Combes, tu t'es mangé ta vie et tu n'as rien fait de plus... Il ne nous est arrivé que ce qui était plus fort que nous, et tout le reste a bien marché. Quand notre premier est né, tu te rongeais le sang pour une place. J'ai eu la place, mais le petit est mort. Après tu t'es encore rongée, par orgueil, à cause d'Albert. Le voilà qui réussit et tu te ronges encore... Et maintenant tu y mets le Bon Dieu !

Alors, redevenu brusquement maître de lui, Combes descendait au jardin et se mettait à travailler, à remuer les pierres, la terre, à puiser de l'eau.

Anna, seule, humiliée, s'approchait de la fenêtre, et, comme toujours, au coin du rideau, la tempe appuyée à la poignée, elle regardait Combes :

— Il travaille, il travaille, répétait-elle. Mais toujours sans souci... Ah ! oui, il aura été heureux dans la vie !

Si Elise arrivait alors, Anna n'avait pas la force de se composer un autre visage et trouvait même un plaisir secret à continuer ses lamentations.

— Encore, le tien, il prend souci des choses, mais, avec le mien, tout va toujours comme il faut.

— Oui, mais le mien ne cherche rien. Il prend le souci de ce qui arrive, mais il ne désire pas autre chose. Si on l'écoutait, on resterait à vivre sans rien vouloir.

5

Enfin, le fils des Audibert entra à la Compagnie, dans les « Services de la Voie », et fut envoyé à Laroche.

— C'est la grande ville, disait Elise, et près de Paris... Tous les trains y passent !

Albert avait encore à faire un an à l'Ecole normale.

— Le voilà qui gagne, le voilà qui gagne, lui disait Anna. Ah ! il y en a qui n'ont que de la chance !

— Je ne coûte rien, disait Albert. Je gagnerai l'année prochaine.

Et Combes, avec orgueil :

— Un an de plus, nous ne regardons pas à ça...

Albert ne songeait pas à l'argent qu'il pouvait gagner. Il consacrait toutes ses vacances à des fouilles, à des recherches dans les grottes et les abris sous roches qu'il avait parcourus pendant son enfance. Ses souvenirs et son expérience de petit montagnard se mêlaient ainsi aux curiosités qu'avaient éveillées ses études. Le maître d'histoire naturelle de l'Ecole normale l'encourageait dans ses travaux, mais son hérédité paysanne l'y confirmait encore plus fortement, car, au long des hautes falaises de l'Ise, pour quêter méthodiquement des silex et des fragments de poteries, il fouillait la terre, passait le sable au crible, surveillait le régime des pluies.

Les matins d'été, il partait avec sa petite pioche et son tamis et, par-delà les prés de Molières, il grimpait sur les falaises calcaires, à pic sur le cours de l'Ise. Les sentiers de chèvres et les coulées des torrents guidaient sa marche. Mais, souvent, les abris sous roches qu'il voulait atteindre s'ouvraient au sommet d'une falaise presque lisse. Alors, il s'accrochait aux touffes de buis, aux prises du roc, au lacis flexible des arbustes. En rampant, le coude engagé dans une faille, les genoux bloqués sur une saillie, il arrivait jusqu'à la plate-forme de l'abri.

A sept ou huit pieds de profondeur, la rivière glissait, transparente et mystérieuse quand même... Du sable fin, du sable de grève, tapissait le fond de l'abri, et des parois elles-mêmes, sous la main, sous l'haleine, s'effritait une poussière brune, en suspens depuis des siècles.

Albert s'accroupissait dans cette humidité saine et violente, et, lentement, comme pour un travail champêtre, remuait le sable, les sens en éveil, les yeux agiles.

Parfois, vers le soir, Combes venait le rejoindre et les deux hommes, les genoux ployés, travaillaient silencieusement. De temps en temps, Combes posait une question :

— Et ça, ce n'est rien ?

Albert examinait l'objet, le rejetait sans mot dire, ou bien le glissait dans un sac de toile.

— Si, si, tu vois bien, c'est un silex... Mais ce n'est qu'un débris, un éclat. Cherchons encore.

Au repas du soir, les deux hommes parlaient de leurs recherches.

— Alors, disait Combes, les hommes vivaient dans ces trous ?... Je comprends bien mais, quand même, tailler des pierres comme ça, ce n'est pas une industrie. Ce que je voudrais trouver, c'est des pots. Tu m'en parles toujours, mais on n'en trouve jamais... Tiens, dimanche, si tu veux, au lieu d'aller au Bout de Côte, nous irons au-dessus de Bréau, à cette grande caverne. S'il n'y a rien là, il n'y a rien dans tout le pays, et dans toute la terre même...

— Ah là, là ! criait Anna, vous vous romprez la tête, avec toutes ces histoires. Et d'abord, toi, ce n'est pas ton métier. Tu feras rire les gens, à creuser la terre pour y trouver des cailloux et des morceaux d'os... Et pour Albert même, ce n'est pas un travail. Qu'est-ce que ça peut faire avec l'école ? Il en sait assez long sur l'ancien temps.

— Tu n'y comprends rien, disait Combes, laisse-le faire, et pour moi, je peux entendre rire...

Presque chaque jour, Albert recommençait ses fouilles. Sur les petites grèves des abris, au-dessus du courant clair, entre les touffes de buis, il retrouvait ces moments de vertige et de plénitude qu'il éprouvait naguère sur l'herbe rase et aromatique du Bout de Côte...

Mais chaque soir aussi recommençaient les disputes, les criailleries d'Anna.

— Tu perds ton repos ! Quelle idée d'aller se fatiguer pour ces bêtises. Ça ne te rapportera jamais rien. Tu uses plus que si tu travaillais à la terre et tu es sale à faire honte !

Cependant, quelquefois, aux prés de Molières, Combes parlait d'Albert avec M. Cavérac.

— Sérieux, Monsieur, que ce n'est pas de son âge. Il cherche des choses anciennes pour ses maîtres de l'école. C'est un travail des mains et des bras, fatigant comme un autre, mais aussi un travail de la tête. Il faut s'y connaître, et il s'y connaît. Il sait pour toutes ces choses des noms comme des noms de plantes. Il les écrit sur des bouts de papier, puis il les colle sur les pierres et range tout ça dans des cartons... Il en remplit les placards et fait le désespoir de sa mère.

— Eh bien, disait M. Cavérac, il faut lui faire continuer ses études.

— Mais, Monsieur, il a continué. Il va finir. Il entre en place l'année prochaine...

— Qu'il vienne me voir. Je lui prêterai des livres. J'avais un oncle qui s'occupait de ces choses-là. Il a fouillé la région et fait quelques comptes rendus pour l'Académie... Enfin dites-lui de venir.

Quand, le soir, Combes répéta ces propos, Anna s'arrêta de manger, stupéfaite :

— Tout ça pour ces pierres ! Des amusements de riches... Ça ne te vaut rien, mais si Monsieur t'invite... Ah ! quand même !

6

Cependant, quelquefois, pendant leurs promenades, ou le soir, au jardin, Combes et son fils faisaient des projets.

— Il te faudrait venir de nos côtés. Qu'est-ce que tu ferais dans ces villages de la plaine ? On n'y a pas le pays devant ses yeux. Dans nos montagnes tu as toujours les environs à ta fenêtre. Ça garde de l'ennui...

— Oui, c'est vrai. A la ville, aux fenêtres de l'école, on voit le bout d'un mur, un toit et rien que le ciel... Je voudrais bien venir ici.

— Tiens, à Roquedur, tu serais le plus heureux. Il y a une maison d'école neuve, un vieux maître qui fait la forte classe. C'est un bon pays, encore riche. Des pommiers, des prairies et des jardinages. Derrière, sur le mauvais côté de la montagne, c'est la solitude, mais jusqu'au bout de la route on ne quitte pas les bons terroirs.

Alors Anna s'approchait :

— On serait trop heureux s'il venait à Roquedur. Mais on nous l'enverra vers le Rhône, dans ces villages où l'on va pour les vendanges. C'est bien la peine de faire tant de projets, quand on n'a personne pour vous soutenir. Ça m'énerve de vous entendre... Des bons pays ! Des bons pays ! Et pourquoi pas ici, à l'école, avec M. Curlier ? On se rend malheureux à penser des choses comme ça.

— Hou là ! disait Combes, l'inondation va revenir, toute notre cave sera perdue, le gouvernement mangera nos quatre sous, et l'on supprimera les instituteurs... Oui, oui, la maison d'école est neuve. Quelquefois, à l'automne, je passe à Roquedur, histoire d'aller avec M. Cavérac à une chasse qu'il a par là-haut, derrière l'Oiselette... Alors je regarde cette maison. Eh ! Eh ! je me dis... Tu sais, il y a deux appartements. Une grande terrasse, avec une vigne en tonnelle. En dessous, sur la place, il y a les écoles. Neuves aussi. La terrasse de la maison regarde le creux de la montagne, vers la vallée... De là, tu vois toutes les crêtes et tous les cols : celui de Mondardier, le seuil de Rogues, celui de Sauclières, le col Tordu, et le Bout de Côte... Sous la terrasse, tu as des prés, des pommiers et de l'eau. Tout ça devant les écoles... Je te vois là-haut.

QUATRIÈME PARTIE

COMBES

1

A peine libérées des soucis qui leur avaient semblé, pendant plus de vingt années, tenir en suspens leur bonheur, Elise et Anna se sentirent aussi dépouillées de toute espérance. Pour elles, comme pour ceux qui ne poursuivent jamais que la réalisation d'un humble rêve, la fin de la vie s'annonçait comme un long dimanche.

Le fils d'Elise était toujours à Laroche. L'éloignement lui faisait conserver un petit prestige, mais, pour en jouir, sa mère avait besoin de répéter aux voisins de la Condamine :

— Il va déjà monter d'une classe.

Albert, dès sa sortie de l'Ecole normale, avait été nommé à Roquedur.

— Pour une fois que nous avons de la chance, avait dit Anna, et encore ! sans M. Cavérac !

Une vie où la nécessité n'était plus maîtresse absolue commençait pour elles.

Depuis qu'il était jardinier aux prés de Molières, jamais Combes ne s'était senti asservi par son travail quotidien. Sa vie lui semblait faite pour cette tâche, il ne cherchait pas à les séparer l'une de l'autre, à ruser sur leur union. La nécessité le contraignait à servir « chez les autres », mais, bon serviteur, il ne séparait même pas ses rêves de son travail et le seul dimanche ou la fin des trop longues journées le rendaient à ses intérêts ou à son plaisir.

Cependant, ses soucis domestiques perdaient chaque année de leur force. Son fils établi, ses petites propriétés en plein rapport, sa maison bien fournie, lui créaient une liberté inconnue et la nécessité qui, pendant si longtemps, l'avait attaché à son ouvrage ne lui faisait plus sentir aussi fortement sa présence.

Maintenant, au milieu des arbres tumultueux du domaine, traçant les allées dans le ciel, à coups de hache, ou courbé vers les germes drus, dans les potagers de terre noire, il se prenait brusquement à penser à ses propres récoltes.

— Si j'avais tout mon temps ! se disait-il.

Aussi, l'esprit libre, le corps toujours puissant, il se mit à désirer l'indépendance. Sans en parler à personne, pendant plusieurs semaines, il laissa ce désir s'affirmer en lui. Puis, un soir, comme Anna venait de se mettre à table, en face de lui et, d'avoir posé la soupière pleine, gardait les bras allongés, les mains jointes derrière son verre, prête à dire :

— Sers-toi.

— Nous voilà tranquilles : le fils est en place, dit-il. Nous ne devons rien à personne. Nous avons assez de bien pour vivre et je ne suis plus d'un âge pour être content de travailler chez les autres... Demain j'irai dire à Monsieur qu'il s'inquiète de chercher quelqu'un...

— Tu veux, dit Anna, quitter ta place ?

— Devenir mon maître.

— Tu veux quitter ta place ! Une si bonne place, tranquille et sûre. Monsieur t'aurait gardé jusqu'à ton dernier jour de travail, et même il t'aurait payé ta dernière maladie ! Ta place...

— Je gagnerai plus à soigner mes terres et je vivrai d'après mon goût... Maintenant c'est sûr, le diable ne m'y tiendrait pas un an de plus.

— Quitter ta place ! Et si demain tu ne pouvais plus travailler. Si tu étais malade ? paralysé ?

— Paralysé ? dit Combes. Et il se leva, fit quelques pas en frappant le sol de la semelle, puis, se retournant, il se mit à sourire avec hauteur. — Mort, peut-être. Mais avec mon habitude du travail, on ne se couche jamais. Les gens de chez moi meurent aux champs, comme tu mourras dans ta cuisine. Et il se mit à rire en reprenant sa chaise, il riait encore en poussant son assiette de soupe contre sa poitrine, la cuillère haute, et voulait rire encore, mais Anna, la figure serrée, les mains sèches :

— Fais à ton idée, mais finis de rire. Te voilà fou. Ne me parle plus, je deviendrais folle aussi de te voir faire.

Mais une minute après, rompant le silence la première :

— Tes terres, maintenant, tu les soignes quand même...

— Eh, dit Combes, ne parlons de rien. Tu ne deviendrais pas folle mais tu dirais des bêtises.

Le lendemain, comme il partait pour les prés de Molières :

— Alors, c'est sûr ?

— Je mène mon vieux temps à ma tête. Laisse-moi faire. Nous ne manquerons jamais de rien tant que je serai là.

Alors, entouré de souvenirs, ému par eux, un peu crispé, il fut sur le point de dire :

— Tu as bien quitté la filature, toi, dans le temps.

Il regarda sa femme qui levait vers lui son visage sans sourire, mais déjà soumis, calmé, un peu solennel et ridicule, et posant les deux mains sur la mante noire qui se tordait à ses épaules dans la fraîcheur de la matinée, il se mit à rire.

Ce matin-là, M. Cavérac vint se promener dans la grande allée.

— Monsieur, dit Combes, il faudrait que je vous parle exprès. A votre convenance.

— Mais tout de suite.

— Eh bien, mon plaisir a été d'être à votre service. Mais me voilà d'un âge où l'on a besoin de penser à ses affaires... Le fils est en situation. J'ai quelques biens... Si vous pouviez trouver quelqu'un pour prendre ma place.

— Voilà deux ans que mon fils fait marcher l'usine, répondit M. Cavérac. Il me laisse mes vieux jours pour penser au salut de mon âme... Allons, Combes, je te comprends : à la fin de la vie on a besoin de calme.

— Oh ! mon salut, je l'ai fait un peu tous les jours... Nous autres, nous le faisons de force. Mais je voudrais bien travailler un peu pour moi, comme pour mon plaisir.

— Ce n'est pas que je n'aurais pas aimé te garder encore. Je pensais que nous finirions notre course ensemble. Tu as passé vingt ans de ta vie à soigner mes terres, tu reprends ta liberté, et tu es libre. Je te dois plus. Et M. Cavérac parlait lentement, tête baissée, avec un certain effort, devant Combes si gêné qu'il se sentait prêt à reprendre sa parole. Mais, reprit le vieux filateur, je ne veux pas que tu me quittes comme ça.

— Eh bien, dit Combes, les mains levées, prêt à céder.

— Tu prendras le bout de vigne que j'ai de l'autre côté de la route. Il ne tient pas au domaine. Je te le donne. Il fera le vin de notre bonne entente.

Et M. Cavérac coupait chaque mot, comme pour donner un ordre.

— Merci, Monsieur... on ne discute pas avec la bonté ; mais alors nous prendrons le vin à moitié.

Quelques jours après, Combes était maître de son temps.

— Tu n'es plus aux prés de Molières ? lui disaient les voisins de la Condamine, sur le pas des portes, ou, le soir, par-dessus les murs mitoyens.

— Non, je vais travailler pour moi... Etre chez les autres, c'est bon pour un homme jeune. Le Bout de Côte finirait par devenir une solitude.

— Mais, disaient les voisins, on dit que Monsieur t'a donné sa vigne qui est au-dessus de la route ?... Alors, c'est vrai ?

Dès que le voisin avait disparu derrière le mur, Anna s'approchait de Combes.

— Mais si tu fais le vin à moitié, la terre est toujours à Monsieur ?

— Bonté, disait Combes, puisque je t'ai dit vingt fois qu'elle est nôtre... quelle tête !

— Alors tu pourrais la vendre ?

— La vendre ? disait Combes. Ça ou la bague d'un mariage. J'en mourrais de vergogne chez le notaire.

Seul, Combes monologuait sur lui-même.

— Je suis mon maître... Trois jours par semaine, je monte au Bout de Côte. Deux autres jours pour la vigne de Monsieur, pour le jardin d'ici, pour les quatre morceaux de terre que nous avons. Il m'en reste encore un pour des bricoles... Je peux faire une journée de temps en temps pour payer mon tabac. Et le dimanche, à la montagne ou chez le fils.

Pendant des mois, Anna se désola de la décision de Combes, mais, devant les voisins, son orgueil et son habitude de ruser avec la vie la poussaient à s'en réjouir.

— On aurait tout fait pour le garder aux prés de Molières.

Mais nous voulions être tranquilles. Albert gagne maintenant, et nous ne sommes pas les plus pauvres du pays. Et puis, si Combes revoulait sa place, ça serait vite fait.

Cette assurance rendait Elise jalouse. Audibert était toujours garde à l'usine. Plus soumis aux événements que Combes, il avait, petit à petit, abandonné le travail de la terre. C'est à peine s'il s'occupait encore de son jardin potager ensoleillé contre les deux premières arches pleines du pont. Il avait pris l'habitude, après son travail, des longues flâneries, des bavardages et des discussions. Il avait des idées sur la politique.

— Tout ce que vous voudrez. Mais Paris c'est la capitale du Monde. On n'y retouchera pas une autre fois.

— Tant mieux, tant mieux, répondait Elise à Anna, Audibert aussi la prendra, sa retraite. Nous ne sommes pas pour rester ici. A Laroche, on nous attend. Notre petit n'est pas le dernier là-haut et il n'a pas fini de monter.

Anna l'écoutait, mais tout de suite elle appliquait les phrases qu'elle venait d'entendre à sa propre vie, elle les prolongeait par ses préoccupations, sans plus faire attention à Elise.

— Oui, on a tout fait pour eux. Mais, à présent, qu'est-ce que nous sommes ? Des imbéciles... Tu sais, on ne croirait pas que c'est mon petit, à le voir avec son costume... Le tien, ça doit être la même chose, ajoutait-elle pour obtenir une approbation.

Mais Elise ne répondait pas, les lèvres pincées.

« Mon petit, c'est mon petit, pensait-elle, s'il est un monsieur, je suis une dame comme les autres. »

Mais quelquefois, assise au jardin sous un arbre court et les yeux arrêtés sur la ligne fuyante des façades, devant ce resserrement de l'horizon, dans cette tristesse penchée des murs et des roches que redressaient les eaux, elle disait :

— Comment veux-tu vivre ici ? On ne voit rien, on ne sait rien. C'est être en dehors du monde. On n'existe pas. On perdrait le goût de tout.

— Oh ! répondait Anna, si l'on pouvait être tranquille, ici ou ailleurs, on vivrait la même chose.

— La même chose ! la même chose ! Ici tu n'as rien pour te distraire. Toujours cette rivière et personne qui passe. Assieds-toi devant ta porte. De tout le jour, tu ne verras pas passer un homme que tu ne connaisses pas. Ça rendrait enragé de connaître tout le monde. Et pour la foire, c'est tous les sauvages de la montagne qui descendent. Tu crois ne pas les connaître, mais, si tu demandes, ils sont d'ici ou de là et tout ça te retrouve par ta parenté. Ils te connaissent tous, et les gens d'ici c'est la jalousie de trente-six manières... Ton petit est en place et tu le dis, alors ils se mettent à rire. « A la ville, il est à la ville ? » comme ils disent. C'est encore une façon de se moquer de toi. Ça les ennuie de croire que les autres gagnent et qu'on les considère dans les Compagnies. Celui du Linguas, la dernière fois, il disait chez Mme Guibal : « Le petit d'Elise, cet Audibert ? c'est quand même quelqu'un d'ici, ça sort de Col Tordu comme nous autres... » Quelqu'un d'ici ! ça ne connaît que les bœufs et ça veut être comme tout le monde.

— Si tu t'inquiètes des gens, disait Anna, la voix sans passion, les yeux étrangers, si tu t'inquiètes de leur langue, tu n'en sortiras pas. Qu'ils parlent. Ton petit peut en mettre de côté ? comme le mien. Il cause avec les inspecteurs et avec les plus riches ? Tu n'auras pas besoin d'eux, alors...

— Oui, oui ; mais ça ne considère rien. Tandis que les gens des villes... L'autre jour, au quartier haut, à la grande épicerie, je trouve une étrangère qui passe l'été. Je lui dis que mon fils est à Laroche. — Dans les chemins de fer ? — Eh oui, madame — J'y passe souvent dans cette gare, c'est important. — Et elle me parle un bon moment... Ah ! le Bon Dieu n'a pas fait tout le monde pareil !

— Il gardera la fin de notre vie, disait Anna, on ne sait pas ce qui peut arriver. Nous avons besoin qu'Il nous soutienne.

Alors, si le soir venait, Combes, parfois, sortait de la porte noire, en bras de chemise, un fardeau sur l'épaule, plus grand que sa taille à cause de la pente du jardin. Il jetait sa charge sur la table de pierre, et, passant les deux mains sous sa ceinture étroite, remontait ses pantalons de velours en faisant glisser sa chemise. Les deux femmes assises sous les arbres lui donnaient envie de rire :

— Audibert viendra vous prendre ?

— Non, non, disait Elise, il doit déjà m'attendre pour la soupe. Je m'en vais.

La nuit ricochait sur l'eau comme une pierre plate. Elise se penchait vers Anna jusqu'à la toucher du front et lui disait en s'en allant :

— Devant les hommes, on ne peut plus rien dire... Ils se moquent de tous les soucis.

Elise annonça de plus en plus souvent qu'elle allait quitter Saint-André. Audibert lui même prit l'habitude de parler de son départ.

— Quand nous serons à Laroche, disait-il. De Laroche, tu es en plein Paris en deux heures.

Combes se moquait d'eux.

— Maintenant que vous êtes de la ville !

Mais un jour, de son plus mauvais air, renversant un peu la tête, les paupières allongées, Elise lui répondit :

— Oui, oui ; nous partons dans quinze jours.

— Mais, vous reviendrez quand même ?

— Oh ! non, nous faisons partir nos meubles.

— Au diable, dit Anna, on ne s'en va pas si vite. Vous ne prenez pas le temps d'y réfléchir.

— Quand même, reprenait-elle, je ne croyais pas vous voir partir si tôt. Alors, ça ne te fait rien de quitter la Condamine ? On se connaissait bien pourtant. Je n'aurais pas cru que tu me laisses ! Quelle vie de désolation. Tu verras, nos plus grands malheurs nous tomberont dessus quand nous serons seules... Tu n'aurais pas dû me quitter. Ça va m'achever mon courage.

— Allons, on peut s'écrire, tu sais, et puis nous reviendrons bien une fois, pour les vacances.

Mais Anna n'écoutait rien. Elle parlait déjà du départ d'Elise comme d'une chose passée.

— Tu n'aurais pas dû me quitter, lui répétait-elle. Tant que vous étiez ici...

Assise à côté de son amie, elle paraissait converser avec une ombre et vivre déjà dans ses souvenirs.

Occupée à préparer son départ, Elise ne semblait éprouver aucune tristesse. Anna disait à Combes :

— Si elle avait du cœur...

— Tu ne vas pas pleurer, pour qu'elle reste ? Qu'Audibert parte, c'est de la bêtise, puisqu'il vivait tranquille et content comme nous autres. Mais Elise a passé toute sa vie à devenir une orgueilleuse. Elle ne pouvait plus rester ici, il fallait bien qu'elle finisse par s'en aller... Le pays des orgueilleux, c'est toujours autre part que là où ils sont nés.

A la Condamine, le départ des Audibert faisait brusquement

comprendre à chaque habitant qu'un même destin dirigeait sa vie et celle des autres. Cet événement bouleversait aussi profondément chaque esprit que, vingt ans auparavant, la grande inondation. Il faisait faire à chacun une sorte de dénombrement de tout le faubourg.

« Nous sommes ici, pensaient les hommes et les femmes, des travailleurs de terre, des ouvriers de filature. Il y a dans la Condamine deux épiceries, une boucherie, dans la rue Haute on trouve un menuisier et deux maçons, dans la Calade il y a celui qui fait le commerce des fruits... Si maintenant les gens s'en vont ! »

Le jour du départ ne changea pourtant rien dans les habitudes de la Condamine. C'était un mardi, tout le monde était au travail. Audibert et Combes partirent les premiers avec des caisses et des paniers, sur une charrette, et, deux heures après, par la Calade déserte, les femmes s'en allèrent vers la ville haute, dans l'écho de leurs pas et le tournoiement de leur ombre sur les murs compliqués. A la place du Quai, seulement, au moment de prendre la voiture qui devait l'emmener à la gare, Elise rencontra quelques femmes du bas de pont.

— Ça va être une grosse fatigue, dit une vieille.

— Oh ! répondit Elise, nous ne serons pas bien mal. Nous partons dans les secondes classes.

— Allons... adieu, dit Anna.

— Adieu, dit Elise.

2

La maison des Audibert resta vide et le propriétaire disposa les deux pièces du nord en fruitier.

Par les fenêtres ouvertes, l'odeur des fruits se répandait et semblait imposer à la rue la solitude des vergers, l'abandon des murs blancs contre lesquels s'étendent les branches chargées de figues ou de pêches.

Abandonnée elle aussi, Anna ne se refusa plus à la solitude. Depuis des années déjà elle ne sortait presque jamais de la Condamine. Elle passait toute sa vie entre ces hautes maisons, sans même s'avancer jusqu'à la rivière, indifférente au monde extérieur, entourée par un cercle de rochers, de pentes d'herbes et d'arbres qui, chaque jour, devenait plus mystérieux pour elle. Comme font les enfants, elle croyait voir « le bout du monde » à chaque coin de l'horizon. Elle en venait à ne plus pouvoir imaginer ce qu'il y avait derrière la crête de Buscaillou, après la ligne irrégulière des châtaigniers ou par-delà le coude de la rivière. La marche même du jour, ou celle, plus majestueuse et lente, des saisons, lui semblait se dérouler tout entière entre les rochers de l'est et la ligne de faîte des arbres, vers les écoles, à la sortie de la rue Haute. Le soleil se levait sur les roches, il touchait le soir les rameaux étendus. L'hiver n'était qu'un filet d'eau glacée qui descendait de la haute muraille et l'automne un tourbillon de feuilles et d'oiseaux.

Y avait-il autre chose ? Les chemins et les routes ? Anna les avait parcourus, mais elle ne voulait même plus en retrouver le souvenir. Elle ne se sentait encore quelque force et quelque ardeur à vivre qu'entre ces étroites limites.

Au bout de tant d'années, elle ne gardait de passion que pour les soins du ménage. Mais, pour eux, elle retrouvait toute l'âpreté de sa jeunesse, une ferveur économe, une exactitude de tous les instants. A force de ne penser qu'à ces travaux, elle arrivait à tout utiliser, à ne jamais rien perdre, ou, comme elle le disait elle-même, « à vivre pour rien ».

Pas un sou ne sortait de la maison qui ne fût aussitôt rattrapé par un de ses bénéfices personnels. Elle vendait quelques légumes, quelques fruits et payait ainsi le sucre et le café. C'était pour elle une comptabilité angoissante, l'équilibre de chaque semaine. Tout ce que vendait Combes — le vin, le seigle, les châtaignes — servait à payer les grandes dépenses de l'année, les vêtements, le loyer, et surtout à augmenter les économies. Mais les dépenses quotidiennes, c'était elle qui les payait « de son argent », et son orgueil était de faire encore sur elles de nouvelles économies, sou par sou...

Maintenant tous ses désirs — l'espoir dans la vie, l'espoir en Dieu — s'étaient affaiblis jusqu'à disparaître. Elle n'attendait plus rien, mais une application de tous les instants, la certitude d'accomplir une tâche nécessaire, la liaient toujours à la vie. Elle subissait ainsi, au cours du temps, toutes les servitudes de son âge, elle réglait sa vie sur elles, servante soumise, égale à sa tâche, jamais supérieure aux gestes qu'elle faisait.

Vieille maintenant, enveloppée d'épaisses étoffes noires, le cou caché, les cheveux pris sous un bonnet, rien ne lui restait de cet orgueil des forces humaines, invincible dans les cœurs jeunes. Ni son port, ni sa marche, ni les ploiements de sa fatigue ou de sa tristesse ne gardaient l'image des beautés qu'elle avait eues. Ses mains elles-mêmes, mieux que les rides du visage ou des lèvres, manifestaient un immense détachement de la vie, en même temps qu'un attachement désespéré pour toutes les petites choses de cette vie sans joie.

Ainsi, la vieillesse n'était chez elle que la déchéance de la chair, son apaisement, sa soumission définitive aux humbles tâches, en dehors des passions, des désirs et des joies.

Au premier automne, sa solitude devint encore plus complète. Au bas de la rue, l'odeur des fruits évoquait avec plus de force les vergers déserts dont les branches ruisselaient au passage des brumes. Les brumes elles-mêmes tournaient sur l'horizon et semblaient limiter encore le monde étroit au milieu duquel elle croyait vivre. Derrière leur rideau, rien ne paraissait plus exister, ni bruit, ni lumière et les oiseaux de passage, venus de la montagne, apparaissaient brusquement dans le cercle des choses visibles et semblaient se créer tout à coup, par un miracle semblable à celui qui, dans la tête d'Anna, faisait naître les soucis de l'heure ou les pensées du moment.

— Voilà la saison des olives, disait-elle. Nous avons encore le temps, mais il faut s'y prendre à l'avance. Si je n'en parlais pas à Combes !

Puis, brusquement, une autre idée s'emparait d'elle :

— Et mon souper... Rien n'est fait, Combes va être là !

A chaque nouvelle pensée, elle tournait sur elle-même, gesticulait et parlait à demi-voix. Des travaux dérisoires se disputaient ainsi toute sa vie. Les grands événements ne l'intéressaient plus, — et non pas seulement ceux qui frappent tous les hommes d'un même coup, — mais les grands événements de chaque vie, les naissances, les mariages et les morts... Autour d'elle, dans la Condamine, des gens qu'elle avait vus pendant toute son existence, presque chaque jour, mouraient : elle n'en ressentait ni angoisse ni peine.

A cette époque, Albert se maria. Il épousa la fille d'un propriétaire de Roquedur, une montagnarde silencieuse et prévenante. Les prairies de la dot descendaient avec l'eau des sources, sous des pommiers pareils à des roues de feuillages, devant les fenêtres de l'école.

— Quel souci, répétait Anna.

Ce mariage n'était pour elle qu'une préoccupation de plus, un nouvel ennui domestique.

— Tout le travail est encore pour moi, disait-elle à Combes. Toi, tu montes à Roquedur et tu parles avec eux, puis tu redescends et tu dis à tout le monde que c'est la plus brave fille du pays, « et jolie, et jolie... ». Mais moi je prépare tout.

— Tu n'as qu'à venir avec moi... Ils t'attendent chaque fois.

— Alors, tu crois que les choses se font comme ça ?

Elle ne pouvait plus penser qu'aux détails matériels et non pas aux événements eux-mêmes. Elle ne prenait conscience que des choses qui lui créaient une obligation immédiate. Jamais elle ne ressentit vivement l'absence d'Elise, mais elle disait souvent :

— Si Elise était là, nous ferions... Avec Elise nous aurions fait ! Ah, c'est dur d'être toujours seule, sans personne à qui parler.

Cependant il lui devenait de plus en plus difficile de converser avec quelqu'un, et, même avec Combes, elle restait silencieuse pendant des heures. S'il lui arrivait de parler un peu à l'épicerie ou dans la rue, elle se dérobait tout de suite, semblait ne pas entendre et répondait toujours par les mêmes phrases. Mais seule, dans la maison, elle ne cessait pas de bavarder, de reprendre, avec des gestes évasifs, un monologue décousu, toujours le même.

L'arrivée de Combes la contraignait au silence. S'il l'entendait parler à demi-voix, d'une pièce à l'autre ou de l'escalier :

— Qu'est-ce que tu racontes ?

— Rien, rien, et elle se crispait, étouffait chaque mot dans sa gorge, et fixait son silence sur une pensée qui, de minute en minute, devenait pour elle comme une chose visible et hallucinante.

Au bout d'un moment, elle semblait obéir à cette présence : elle s'arrêtait au milieu de la pièce, faisait quelques gestes courts, remuait la tête.

Les années passaient ainsi pour elle. La Condamine n'était plus qu'un puits de silence, au fond duquel se défaisait sa vie.

De jour en jour, elle percevait avec moins de netteté les bruits du dehors, non par l'affaiblissement de ses sens, qui restaient intacts et capables de reprendre brusquement toute leur finesse, mais par la tyrannie de plus en plus grande de ses préoccupations intérieures. Certains jours, elle n'entendait plus le vent s'engouffrer dans les rues obliques, ni l'eau de la rivière s'ouvrir en écume sur les bancs de roches de la berge.

Quand, après quelques années de mariage, Albert eut un fils, elle ne sembla pas se réjouir d'être grand-mère, elle n'eut pas le désir de s'asseoir à côté de l'enfant, mais, pendant des semaines, elle ne pensa qu'au petit trousseau, tricotant dès l'aube aux fenêtres qui donnaient sur le jardin, comme pour user la lumière.

Incapable d'arracher son esprit à l'accomplissement des besognes de chaque jour, elle ne pensait jamais à la mort. Cependant elle disait souvent :

— Quand je ne serai plus là, comment fera Combes ?

Mais jamais, seule, harassée, quand son cœur usé battait à grands coups, comme pour épuiser ses dernières forces, elle ne sentit monter en elle ce terrible silence que peut seul imposer le pressentiment de la mort. Jamais non plus elle ne sentit, dans chacun de ses membres, se suspendre ses gestes, comme si déjà toute volonté se déliait en elle.

Souvent Combes s'efforçait de l'arracher à cette torpeur anxieuse, il essayait de lui parler, de faire encore des projets avec elle, comme au temps de leur jeunesse. Ou bien, le samedi soir, au jardin :

— Tu viendras demain avec moi, à Roquedur ? Nous monterons à notre aise. Un pas après l'autre. Tu auras l'ombre jusqu'au fond de la vallée... Après on marche d'un arbre à un arbre et tu prends ton air à chacun... Non ? Mais pourquoi ?

— Le matin, j'ai mon ménage... et puis on ne laisse pas sa maison comme ça. Non, non, monte tout seul.

— Tu les embrasseras, ajoutait-elle.

Et Combes montait à Roquedur, d'une seule haleine, droit dans les raccourcis, au plein soleil.

— La mère n'est pas venue ? disait Albert. On ne la voit jamais. Ce n'est pourtant pas la distance, et nous autres, avec le petit, nous ne pouvons pas descendre facilement.

Et la belle-fille, calme, de sa voix lente :

— Notre air lui ferait du bien. Si elle voulait coucher deux ou trois jours ?

— Ah bien oui ! coucher ? une révolution alors, disait Combes.

Cependant, de guerre lasse, Albert et sa femme descendaient à la Condamine avec leur enfant.

— Bon, disait Anna, vous venez me voir. Je languissais sans ce petit. Le voilà bien propre. Vous lui tenez des tabliers comme ça ? Il doit en salir. Vous en avez assez au moins ? Je lui en ferai de cette espèce... Ah bien, il vous faut manger quelque chose. C'est toujours une affaire. Je me fais vieille peut-être.

Elle regardait son petit-fils.

— Donnez-le-moi, que je l'embrasse.

Mais elle retroussait le tablier, touchait l'étoffe, en faisait glisser le grain entre ses doigts.

— Tu ne fais pas les ourlets assez grands. Il pousse plus vite qu'il n'use à cet âge. Ça lui sera trop petit dans rien de temps.

— Ah ! qu'il est beau, disait-elle brusquement en serrant l'enfant avec violence. Qu'il est beau : on voudrait le voir tout le temps.

Mais le soir, après le départ d'Albert, elle disait à Combes :

— Avec tout ça, je n'ai pas eu un moment pour m'occuper de mes affaires.

Ses forces déclinèrent lentement. Elle en vint à se traîner d'un meuble à l'autre, l'haleine courte, les mains crispées aux arêtes du bois.

— Mais repose-toi, lui disait Combes.

— Allons ! Allons !

Elle ne pouvait plus suivre qu'une ou deux pensées. Elle avait même besoin quand tout ne marchait pas au gré de ses désirs — quand les prix augmentaient chez l'épicière, quand elle n'arrivait pas à vendre ses légumes, quand la saison se déréglait et menaçait les récoltes — de trouver une seule explication pour tous ses ennuis.

Aussi, encore tourmentée de ce que Combes ait abandonné sa place, elle prit l'habitude de tout rapporter à cet événement, et, chaque fois qu'elle voulait se plaindre, elle lui disait :

— Si encore tu avais ta place ! Ça ne serait rien !

Pendant toute une journée elle répétait cette phrase, puis, brusquement, elle semblait oublier même cette idée fixe et plus rien ne l'arrachait au silence.

Alors elle restait parfois des heures entières, assise sur une chaise, immobile, les mains ouvertes...

Un soir, en poussant la porte, Combes l'aperçut assise à son habitude, mais le corps un peu penché en avant, le bout des doigts touchant le sol, la tête inclinée à droite et dodelinante.

— Eh bien ? dit-il.

Elle sursauta, se leva comme pour obéir à une volonté présente depuis longtemps, marcha vers l'évier, à petits pas pressés et secs, en répétant :

— Ah mais, ah bien mais...

Puis, brusquement, elle s'arrêta. Elle semblait encore avoir perdu de sa taille, affaissée sur elle-même...

— Ah bien, mais, répétait-elle.

Elle était là, dans un coin vide de la cuisine, prête à tomber et si puissamment secouée par un vertige que Combes se sentait attiré vers elle. Il la prit dans ses bras comme elle glissait et la porta sur le lit. Alors, la tête perdue dans le traversin de plumes, les yeux clos :

— Le Bon Dieu... dit-elle.

Mais aussitôt, comme réveillée, s'arrachant aux coussins d'un mouvement volontaire, ouvrant les yeux :

— Il te faudra penser à ton manger. Tu as... dans...

Combes, qui lui soutenait la tête, se penchait encore pour l'écouter, quand un nouveau poids vint s'appuyer dans sa paume ouverte, et de cette main crispée, comme par une douleur de sa propre chair, il sentit qu'elle mourait.

3

Seul dans cette maison de la Condamine où chaque objet le ramenait à une habitude, Combes se sentit brusquement étranger. Sans la présence d'Anna, les rapports qui s'étaient lentement établis entre sa vie et les choses ne semblaient plus pouvoir se renouer. Aussi, pour échapper à ce dépaysement, il reprit son ancienne vie de tâcheron nomade, mangeant en plein vent, rentrant à la nuit noire ou couchant dehors plusieurs jours de suite.

Au Bout de Côte, il dressa un lit de planches dans l'embrasure d'une fenêtre et remonta de la Condamine une paillasse et des couvertures. Dès lors, bien souvent, surpris par la pluie ou par l'heure, encore au travail quand commençait la nuit ou la bourrasque, il coucha dans son ancienne maison, terrassé par le sommeil au moment même où sa tête s'enfonçait dans son bras replié, comme un homme en pleine force. Mais, plus maître de son sommeil qu'un homme jeune, il ne se laissait pas surprendre par l'aube : il l'attendait toujours quelques minutes, soulevé sur sa paillasse, la tête tendue vers la fenêtre, et toutes ses journées commençaient avec elle.

Haut toujours, le torse un peu ramassé sur ses longues jambes de marcheur, le genou jamais tendu, rapide et souple, les épaules dessinées en voûte pleine, non par l'écrasement de la fatigue mais par la continuelle attente de l'effort, il portait, un peu en avant, penché mais ferme, immobile sur le cou et ne bougeant jamais que par des mouvements volontaires, son visage creusé mais encore semblable à celui de sa jeunesse. Les cheveux sont blancs et collent aux tempes. La barbe reste quelquefois deux semaines, droite et serrée, fournie dès les premiers jours, puis, un dimanche, les joues redeviennent glabres, sans une ride profonde, mais ramifiées comme une mosaïque par le large réseau des cellules. Pas une ride ne recoupe ce visage, mais tous les plans de la chair et des os : le front creuse sur les tempes un double fossé, les pommettes font trois lignes d'ombre sous toutes les lumières et la mâchoire inférieure mord sur la lèvre la plus mince, avec ses dents intactes et menues.

Déjà, lorsque Anna soignait ses vêtements, les brossait, les reprisait avant même qu'une déchirure ne soit faite, partout où la trame devenait plus mince, Combes changeait rarement de costume. Pourtant, le dimanche, il mettait ses beaux habits, et les jours de marché ou même pour monter à la ville haute, il jetait sur ses épaules une veste d'étoffe luisante. Mais, après la mort de sa femme, il resta toujours habillé de la même manière, tel qu'il était à trente ans lorsqu'il travaillait à la route. Ses pantalons de velours couleur de terre, propres comme la terre, chargés de son odeur, souples comme elle, changeant comme elle sous le soleil ou la pluie, semblaient tenir naturellement à ses hanches et s'écrasaient en plis sur ses chevilles. D'un bout à l'autre de l'année, il restait en bras de chemise, le torse serré dans des tricots par les grands froids, jetant sa veste sur son dos sans enfiler les manches, les jours de vent ou de neige. Tout ce qu'il emportait avec lui tenait dans la poche de derrière de son pantalon : une poche immense dans laquelle deux mouchoirs et de la ficelle calaient un petit sac de cuir, une pipe et un couteau.

Rien ne changeait plus dans sa mise, ni dans son port. Il semblait échapper aux atteintes de l'âge. Le temps n'existait pour lui qu'à travers les heures du jour ou les saisons de l'année, mais, chaque cycle accompli, rien ne s'ajoutait à sa vie comme rien ne s'en retranchait.

A soixante-dix ans, ses travaux étaient ceux de sa jeunesse. Plus encore que pour les soins de la terre, il se passionnait pour les entreprises du terrassier et du maçon. Il était resté bâtisseur de murs, découvrant toujours un nouvel ouvrage, ingénieur sur son propre domaine, et il considérait, comme avec une âme royale, tout ce qui, à la surface de ses terres, pouvait être transformé par l'homme.

Fouillé par sa pioche, mesuré de l'œil, ordonné par mille rêves, mais prudemment modifié, pierre à pierre, le Bout de Côte était devenu un des plus beaux domaines de la montagne.

Allongé sur sa terrasse, Combes passait des heures à contempler ses jardins potagers, ses prairies artificielles que dominaient les réservoirs bordés d'ajoncs, et enfin, au bas de la pente, dans un repli de terrain d'où le soleil ne pouvait jamais s'échapper, sa vigne étroite et luisante.

— Si le petit-fils voulait ! disait-il souvent. Il pourrait devenir le seigneur de cette montagne. Tous les gens sont partis. Imbéciles, comme moi ! Avec quatre sous, on rachèterait toutes ces terres...

Il s'enthousiasmait alors à l'idée de voir ceux de son sang revenir au Bout de Côte pour être les maîtres de la montagne. Il faisait des comptes à haute voix, achetait tout un versant d'un seul coup, discutait pour en acheter un autre, se faisait méprisant pour quelque mauvaise pâture, ajoutait une aile à la bergerie, et, seul, sans agents voyers ni entrepreneurs, bâtissait une grande route depuis Saint-André jusqu'au Bout de Côte.

Puis il riait de sa folie, lui cherchait des excuses :

— C'est un si bon pays, si tranquille... Ah, si les bras marchaient aussi vite que la tête, on en ferait un jardin.

Cependant il ne lui était plus possible de passer sa vie entière dans cette solitude. Il avait besoin de mouvement, de longues marches, de déplacements brusques. Si, parfois, il restait une semaine au Bout de Côte, un matin, il fermait brusquement fenêtres et portes, descendait à Saint-André, restait une journée ou deux à la Condamine, poussait jusqu'à Roquedur. Chez Albert, il s'occupait de mille choses, travaillait aux champs, faisait le menuisier dans la maison d'école, promenait son petit-fils en lui racontant des histoires.

— Tu viendras le voir, ce pays... Non, il n'y a pas de bêtes méchantes. Tiens, regarde, c'est là-bas, en face...

Quelquefois même, au hasard des rencontres sur les chemins, ayant entendu dire que l'on cherchait des ouvriers pour des travaux dans quelque ferme de la montagne, il allait s'embaucher comme un manœuvre de vingt ans.

— Tu n'es pas raisonnable, lui disait Albert. Pourquoi ne restes-tu pas tranquille ?

— Ce n'est pas que je m'ennuie où que ce soit. Non, non, mais j'ai besoin de tout ce travail. Si j'avais sept vaches et cent moutons au Bout de Côte, je n'irais jamais plus bas que la vigne. J'ai trop l'habitude des gros ouvrages.

4

Ce matin-là, Combes était parti pour le Bout de Côte. Devant lui, dans les nuages troués par l'aube et par le vent, le col du Minier découvrait tout un arrière-pays de hauts pâturages, de forêts et de sources.

Sur la crête des Quatre-chemins, il s'arrêta. Au-dessous de lui, la nouvelle route — pour les gens du pays, c'était toujours, depuis plus de quarante ans, « la nouvelle route » — remontait la longue vallée, vers Grimals et vers la Baraque Neuve et dessinait, à chaque tournant, une plate-forme blanche.

— Après tout, dit-il, personne ne m'attend au Bout de Côte. J'ai mon manger dans mon sac et pas grand-chose à faire là-haut, dans cette saison. Je peux aller jusqu'au Boultou boire un verre de vin de montagne.

Et, laissant sur la droite le chemin de sa vigne, il descendit vers le fond de la vallée. Sur la route, il fit face à la montagne. A côté de lui, la bataille de la lumière et des eaux jaillissantes gagnait, mètre par mètre, tout le fond de la gorge et, sur chaque cascade, entre les roches lisses, une écume d'eau vive semblait rencontrer brusquement une autre écume d'étincelles.

Dans le matin, comme la route est belle, comme la marche est légère aux membres habitués à l'effort, comme les heures sont courtes, même pour un vieil homme ! Combes avançait... Au point du jour où rien n'est immobile, où les sources de la nuit jaillissent avec plus de force, où l'herbe se lève, où le vent s'élance sur l'étendue avec la lumière, les mouvements du corps se lient à toutes choses. Le cœur bat, les bras balancent, les jambes vont et composent à chaque pas un équilibre, toujours le même, au-dessus de la terre.

Il n'y avait dans la tête de Combes, et dans sa bouche, entre ses mâchoires qui pétrissaient des phrases, pas un seul cri pour l'enthousiasme, mais ce matin, marchant seul, comme d'autres matins, vers le Bout de Côte ou vers Roquedur, il éprouvait la folie des poètes.

Avant Grimals, la route est presque droite. Elle se colle seulement aux ravines. Les châtaigniers veillent sur elle. Un kilomètre et c'est la même route. Deux. Trois. Des ponts sautent les eaux. Dans le soleil épars sous les feuillages, la route arrive au grand pont de Grimals.

Ici et là, que firent les hommes ? Il n'y a pas de place pour les souvenirs pendant la marche. Les souvenirs arrêteraient celui qui passe. Ici et là, ils proposent des haltes.

Au grand pont de Grimals, la route tourne. Les châtaigniers restent avec les schistes. Des blocs de grès s'élèvent sur les herbes. L'eau qui n'a plus de lits secrets sous les pierres glissantes apparaît brusquement sur les roches. L'eau du granit est rare, mais présente. Maintenant, chaque source indiquera la halte. Les souvenirs n'ont plus le temps de rencontrer l'objet qui les appelle, ils viennent trop lentement et déjà l'objet s'éloigne. Le pont de la Chèvre, les trois premiers sapins, le mur en ruines... Les souvenirs pendent au cœur, comme une chose. Les souvenirs sont les joies de la marche. On a mangé sous cet aplomb de roches. Ici et là, on dormit au soleil. Là, Audibert racontait une histoire ! Où donc le vieux qui venait de Blandas s'est-il coupé deux doigts sous une pierre ?... Les souvenirs sont sur les yeux comme le sang qui tourne dans la tête.

La solitude est pleine de miracles. Elle se peuple de visages. Elle rappelle des chansons.

Combes chante.

Mais, brusquement, la route tourne et découvre un haut de vallée. La Baraque Neuve la domine et, devant la porte, au soleil de neuf heures, un homme coupe du bois sur une chèvre. La hache tombe comme un paquet d'eau et les éclats volent comme sur une cascade.

Rien n'a changé depuis le jour où l'entrepreneur a fait construire la maison pour les hommes de la route. Elle s'adosse aux roches droites, on dirait une longue muraille avec des portes et d'étroites fenêtres. Chaque mètre gagné la fait grandir et, déjà, le bruit des pas de Combes, frappant la route, rebondit contre elle.

Payan tourne la tête, se redresse et lève les bras sur le mur blanc. Pour Combes qui s'approche, ce geste de bienvenue efface toute pensée. Mais Payan hésite encore. « Ou — ou. »

Payan s'avance sur la route. Il hésite encore.

— Qui vient ?

Mais, à cent mètres de la maison, les deux hommes se serrent la main et l'ombre des chapeaux ne dérobe plus leur visage.

— Combes ! Par où viens-tu ? Tu as suivi la route ? Mais le raccourci te menait tout droit et tu le connais mieux qu'un autre. Tu as fait dix kilomètres de trop. Quelle idée ?

— Mon plaisir. J'ai voulu marcher un peu, comme un riche. Ce matin, j'étais parti pour le Bout de Côte, mon manger sur le dos. J'ai voulu voir le pays à mon aise. J'ai pris la route. Nous l'avons faite, nous pouvons bien nous en servir un peu... Je vais passer le col et manger au Boultou. Ta femme ?

— Dans sa santé... Les enfants sont aux quatre coins du pays. On est seul ici. C'est rare de te voir, et, à part les camionnages et les gardes, c'est même rare de voir un homme devant la maison. Entre.

Aussi prompte à flairer le visiteur ami que le griffon de la remise, la femme de Payan s'avance dans le couloir.

— Quel hasard, dit-elle.

Elle pose sur la table deux verres bleutés sur lesquels les gouttelettes filent d'un trait. Payan pousse vers Combes une bouteille de vin rouge et, penché sur la table, il souffle doucement dans l'air froid de la voûte.

— Alors, dit Combes, c'est encore une bonne maison ? Après la route, tu l'as achetée à l'entreprise ? Et tu fais le cantonnier ?

— Du kilomètre vingt au kilomètre trente. Oui. Et la neige prépare mon travail ! Mais toi, maintenant, tu vis sur ton bien ?

— Eh oui ; les malheurs sont venus. Le fils de son côté... La femme ! Tout un pays vide, et une maison !

— On avait trois ans de différence, dit la femme de Payan. Mais vous avez eu votre temps. Elle a pris son souci de votre vie.

— Oui. La fin a été son premier repos... Allons, je pars. J'ai idée de manger au Boultou. Encore sept kilomètres.

— Mais, dit Payan, coupe par la crête. Tu n'en as pas pour une demi-heure.

— Non. J'ai idée de voir toute la route. A ce soir, peut-être.

Et Combes n'a pas fait cent mètres, que la hache de Payan retombe à nouveau sur les rameaux de hêtre, tandis que devant lui, contre la corniche, l'écho saute à chaque coup comme les quatre sabots, liés par la course, d'une bête sauvage.

Jusqu'au col du Minier, l'écho suit la route. Il faiblit parfois pour reprendre avec plus de force au premier tournant. Au bruit des pas de Combes, il marche sur le haut talus de la chaussée, il passe dans les rochers nus, sous les sapins et les hêtres, à travers les sources. C'est un compagnon fidèle, il presse le pas sous les lignes d'arbres et, lorsque Combes essuie la sueur sur le cuir de son chapeau, il s'arrête ; il s'arrête encore à côté des bornes, il repart, il s'arrête encore lorsque Combes s'appuie au parapet et regarde au fond des précipices.

Le soleil monte et tourne tous les points d'ombre. L'air trop léger chante dans les oreilles. Combes marche en fermant les yeux, comme guidé par sa mémoire. Cet écho qui le suit devient un bruit de pas. Il échappe à la servitude de la marche de

Combes, à chaque arrêt, il continue encore. C'est le bruit des pas des hommes de la route. Audibert marchait ainsi : tous les trois pas un pas, plus fort, la reprise d'un élan ou la frappe normale d'une semelle qui bat trop vite. Derrière Audibert marchent les manœuvres, le vieil Aldebert et Payan lui-même et Triaire.

Combes n'entrouvre plus les yeux que tous les vingt pas. Il se souvient des détours de la route. Nue au soleil, elle grésille devant lui et son grésillement le guide mieux qu'une clarté.

Au long de la route, le vent brûle et ne passe pas. Ce n'est qu'un balancement de l'air et de la lumière, le souffle du jour le plus chaud de l'été.

Combes retrousse ses manches, ouvre sa chemise. Il ne sent sur tout son corps qu'un seul point de fraîcheur, à la naissance de la gorge, en haut de la poitrine, là où tombent les gouttes de sueur des joues et du menton. Un bourdonnement l'accompagne. C'est le bruit des voix des hommes de la route, des appels, des questions, des rires : le dialogue cadencé des hommes qui vont au travail.

Combes parle.

A ras du col, le vent du Nord accueille les visages, il enveloppe les poitrines, puis, sur la crête, il tourne dans les jambes.

— Eh bien, dit Combes brusquement arrêté par cette fraîcheur, on peut prendre la mort, dans ce soleil. Je ne savais plus où était ma tête.

Il s'assied sur l'herbe froide, à l'ombre des sapins. La route entière arrive devant lui, comme une lumière étendue.

Pour un homme exténué par la marche et dont les paupières se ferment à demi, c'est un repos que de suivre les mouvements d'une ombre sur le ciel. Entre les cils de Combes, un homme se découpe. Il marche sur le coupe-feu du Minier. Il vient vers le col et grandit en sautant les rochers. Sur la crête et dans le ciel, pas un geste ne se perd. Les bras se lèvent à chaque bond, la poitrine se penche en avant à chaque glissade.

Mais l'homme arrive auprès de Combes qui se lève.

— Salut, dit Combes.

L'homme s'arrête sur le talus, puis il saute sur la route :

— Salut, dit-il, on se connaît.

— Oui, dit Combes, tu es le cousin d'Audibert. On était ensemble à Col Tordu pour la mort de son pauvre père... Tu es des fermes de ce côté de la montagne ?

— Oui... Nous avons repris le Boultou depuis six mois. Ça touche à la route. Nos autres fermes sont maintenant perdues dans les terres. Elles ne sont plus bonnes qu'à faire des bergeries d'été.

— Tu descends jusqu'au Boultou ? J'y vais aussi. On fera route ensemble.

La descente est douce. Les sapins semblent retenir la chaussée comme la terre meuble.

— Je vous connaissais bien, dit l'homme au bout de quelques mètres, parce que vous étiez aux prés de Molières... Ma nièce travaille à la filature, chez M. Cavérac. Mais comment avez-vous fait pour me reconnaître ? Voilà vingt-cinq ans qu'on ne s'est vus l'un devant l'autre.

— L'air de famille. Tu ressembles à Audibert à l'époque où il a perdu son père. Et puis je devinerais tout le monde à sa parenté, dans le pays... Mais c'est vrai que les vieux s'en vont.

— Ils vivent à la grande ville maintenant ? Le fils réussit... Personne ne sait plus de leurs nouvelles.

— Alors vous avez pris le Boultou ? Mais ceux qui le tenaient y sont bien encore ? Oui. Sûr qu'il y a de la place pour deux familles là-haut. Je les connais bien, ces Triaire. Ils sortent du même quartier que moi, du côté de Bout de Côte, et vieux aussi.

— Ils prenaient un peu trop d'âge pour suffire à tout. Ils voulaient du monde à côté d'eux. Sur ces montagnes, on ne risque pas de se gêner. Je viens justement de là-haut pour voir leurs bêtes. Elles sont avec un petit qui n'a pas trop de raison.

La ferme du Boultou se dégage brusquement des troncs d'arbres. Dans la cour détrempée, ouverte sur la route, un vieillard et trois femmes regardent vers le Minier.

— Hou ! Combes ! crie la plus vieille. On voyait bien celui-là venir avec un autre, mais du diable si on allait penser que c'était toi... Tu es bien rouge. Le soleil t'a surpris peut-être ? Tiens, regarde-le. C'est quand même toujours lui. Il n'a plus toute sa tête, ni ses yeux. C'est Combes. Combes. Il ne comprend pas. Si ? Si ? Alors, il t'a reconnu... Mange avec nous puisque c'est l'heure.

— J'ai mon manger. Mais je vais rester avec vous. Je profiterai de la table, et puis un verre de vin, si vous voulez.

Le cousin des Audibert dit aux autres femmes :

— C'est Combes. Celui des prés de Molières. Nous nous sommes trouvés au col.

— Et bonjour — Bonjour.

— Ah bien, maintenant, on vient se promener vers ici ? dit la plus jeune femme en riant.

— J'avais quelque chose à voir, dit Combes avec une gêne brusque.

— Mais dis, reprend la vieille, le soleil t'a surpris. Moi, j'ai encore mes yeux, s'il ne les a pas. Je vois les veines de ton cou et de ta tête. Oui, viens boire, ça te tirera la chaleur, mais mange un peu d'abord, que le vin se glacerait dans ta bouche.

Le temps passe vite autour de la table. Après le dîner, les cousins des Audibert sont venus chez les Triaire. On a bu le café en bavardant.

— Alors, vous non plus, vous ne savez pas de leurs nouvelles ? disent les femmes. Ils mourraient sans qu'on le sache... Et c'est loin cette ville ? Quelle idée, quand même.

— Il ne faut pas penser à sa mort pour s'en aller comme ça ! Et des vieux pourtant ? dit la femme Triaire.

— Ah, c'est votre petit qui fait l'école à Roquedur ?... Il a réussi, lui aussi.

— Il est de Bout de Côte, dit brusquement le vieux. Nous en sommes aussi. Avant la route...

— Tais-toi, dit la vieille, tu te fatigues. Tu ne dormiras pas cette nuit.

— Reste, reste, dit Combes, tout ça est vrai. Mais il faut que je m'en retourne.

— Tu vois, Combes s'en va, crie la vieille. Tu peux lui dire adieu.

— J'avais quelque chose à voir du côté de la Baraque Neuve. Mais maintenant, c'est mon heure. Et encore, je vais me faire prendre par la nuit. Voilà l'amitié, on parle plus que son temps. Adieu, Triaire.

Les femmes font encore des gestes d'adieu devant la porte. Combes se retrouve seul sur la route.

« J'en ai vu du monde, aujourd'hui, pense-t-il. Quelle tournée ! Ce Payan qui travaillait avec moi, à la route, et sa femme qui était de l'âge de ma pauvre Anna. Ce garçon qui ressemble à Audibert, tête coupée, au temps où nos petits étaient encore à l'école de Saint-André. Et ce Triaire avec sa femme... Elle dit bien qu'il n'a plus sa tête ni ses yeux, mais il se reconnaît encore... Je me suis laissé mettre en retard. C'est toutes les heures. Maintenant que j'ai vu la route, je peux filer tout droit dans la montagne... Voilà les sapins du Minier. J'ai le sentier qui descend à pic au fond de vallée. Tant pis, je ne repasserai pas à la Baraque Neuve. C'est le plus court, l'autre raccourci allonge un peu à la descente. Qui pourrait croire qu'on peut descendre là, à regarder cette montagne. S'il était plus tard, je n'y passerais pas... »

Sur le sentier qui saute de roche en roche, la montagne s'élève brusquement. La crête s'éloigne et se resserre sur le ciel. Une ombre qui n'est pas encore celle du soir sort des coulées de roches. Dans chaque fond de prairie ou de bois, elle se mélange à la poussière d'eau des cascades. L'air qu'on respire pose des plaques fraîches dans le nez et sur la gorge.

« On descend trop vite, se dit Combes. Les pieds sont déjà en bas d'un bout de descente que la tête est encore en haut. A regarder en avant, on prendrait le vertige. »

Il glisse sur les petits prés où l'eau jaillit des herbes, sous les souliers. Il saute les plaques rocheuses. Maintenant, il parle à haute voix :

— Quelle idée, quand même. J'ai fait plus de quarante kilomètres sur ces montagnes. C'est aussi long qu'une vie, une journée comme ça ! C'est même comme une vie... Ce matin, je me croyais encore en train de faire la route, et ce soir, je me sens au milieu de ce pays comme s'il était devenu mien à force d'y vivre... En tout cas, les gens m'ont toujours bien reçu. A mon âge, on ne peut pas être un étranger, où que ce soit... La pauvre Anna se tourmentait toujours... Le bonheur ? le bonheur ? Elle le cherchait dans sa tête, dans ses comptes. Ce n'est pas comme ça. On le sent comme la force de ses bras ou de ses jambes...

Au bord d'un tournant vertigineux, comme réveillé par la fraîcheur de l'abîme, Combes s'arrête :

— Ah mais, dit-il, je parle comme un fou. Je ne sais plus si c'est de ma tournée d'aujourd'hui ou de toute ma vie. Tout ça se brouille. Si je parle de ma vie, je fais comme les dévots, mais ça ne fait rien, ce n'est pas plus bête. Avec ou sans le Bon Dieu on peut bien penser à ce qu'on a été...

A grandes enjambées, la tête rejetée en arrière, Combes a dépassé la corniche en surplomb sur le vide. Le sentier se coule à travers une petite prairie durement inclinée, mais où l'éloignement du gouffre abandonne l'esprit à ses propres hantises.

— Elle me disait toujours : « Tu auras été tranquille dans la vie... » Tranquille ! Et maintenant les autres me disent que je suis rouge... Tu es rouge... Tu es rouge... Pas si rouge que content ! Ma figure éclaterait comme le soleil...

Il marche ainsi, criant presque, mais, tout d'un coup, il se trouve assis sur une pierre, la tête dans les mains, l'œil droit fermé, l'autre entrouvert. La vallée est sombre, elle bouge sous un brouillard, puis brusquement elle reste immobile. A vingt mètres, sur la droite, un sapin ploie un rameau sur l'horizon.

L'air est épais, il s'arrête dans la bouche. Un cœur trop grand saute dans la poitrine vide. Le sang fait un remous sous les oreilles. Combes serre son front à deux mains, il rentre son œil droit au fond d'un trou. Il lui semble que son œil gauche sort de son orbite, qu'il touche douloureusement les choses visibles et racle l'horizon.

Alors, sans avoir voulu parler, mais écoutant sa propre voix comme celle d'un autre, Combes dit :

— J'ai pris la mort... à ce soleil.

Il souffle et s'entend souffler, à grands coups brusques. Puis il glisse sur le dos, s'étend sur la pierre. Une arête à trois pointes meurtrit sa nuque. Ses deux yeux s'ouvrent et ne voient que le ciel. Le ciel n'est rien ; c'est comme une chose immense qui n'existe pas, ni couleur, ni mouvement. Une grande route déserte, sans chaussée, sans empierrement ni talus. A la regarder, on la parcourt tout entière. On se perd dans ce vide.

Combes entend encore son souffle : la dernière chose que l'on pourrait prendre dans ses mains, un souffle pareil à une pierre lancée et qui frappe l'air.

Sans parler, la bouche entrouverte mais contractée, immobile, douloureuse sous un filet de salive, Combes écoute encore le souvenir de sa voix :

— J'ai pris la mort.

Puis le souffle cesse... Pas très loin, un bruit de source ou de cascade gagne lentement sur le silence, comme s'il marchait sur la prairie. Le bruit du vent le suit et le temps s'écoule avec ce double murmure.

Combes se soulève sur la pierre. Quand il est assis, sa tête échappe en avant, comme aux mauvais matins de réveil. Il doit la prendre encore dans ses mains pour l'arracher à cette pesanteur.

— Je viens d'être malade, dit-il.

Puis, regardant avec effort ce bout de prairie, cette grande dalle inclinée, cette lisière de sapins derrière laquelle passent le vent et l'eau des sources.

— Je pouvais mourir là.

Petit à petit, il reconnaît les arbres, les rochers.

— C'est le pré carré. Je ne croyais pas être si bas dans la montagne. J'ai dû marcher sans m'en rendre compte.

Sa tête est libre maintenant. L'air du soir a repris sa légèreté. Il glisse comme un vin de coteau dans la bouche. Il emplit la poitrine et ce cœur qui tout à l'heure sautait dans le vide reprend sa place.

Combes se lève, il gagne les sapins, descend jusqu'à la source. Sur les tempes et sur la nuque, l'eau se mélange à l'air et glisse comme lui. Accroupi sur les galets, les mains dans les herbes de l'autre rive, on plonge la tête jusqu'au sable fin qui tourne dans le courant.

— Eh, dit Combes en se relevant, les cheveux ruisselant d'eau, les yeux libres et luttant avec l'ombre, ce n'est rien du tout. Me voilà plus gaillard que ce matin. Une bonne nuit...

Il reprend sa marche. Encore deux petites prairies et des raidillons de cailloux, puis il rejoindra l'ancienne route à longues dalles, taillée au-dessus du torrent. Encore deux kilomètres sur cette voie étroite et lisse, puis il s'engagera dans les grandes prairies de pommiers qui sont au nord des prés de Molières.

« Je pouvais mourir aujourd'hui, pense-t-il. Mais ça ne

m'empêchera pas, demain, de passer la matinée à la Condamine et, le soir, de monter jusqu'à Roquedur. »

Sur le bouillonnement des eaux dans les petites écluses de la prairie, il respire l'odeur des premières pommes mûres, et, pressant le pas, devant la vallée ouverte sous les feuillages, il dit brusquement :

— C'est le plus beau jour de l'année.

LE CRIME DES JUSTES

PREMIÈRE PARTIE

PUISSANCE DES JUSTES

1

— Si tu vis comme eux, si tu suis l'exemple de cette famille, tout le monde te respectera, me disait ma grand'mère, et je l'écoutais, presque chaque jour, parler de leur honnêteté comme d'une légende. Enfant, je la vénérais d'un cœur pareil à celui des bergers et des bûcherons, et, le récit terminé, mon émerveillement était semblable à celui des petites gens de la vallée.

En habit noir, lourdement assis, les coudes plantés aux genoux, les jambes écartées, le front dans les mains, crachant par terre aux joints des lattes, ces petites gens venaient s'entasser, dès huit heures du matin, presque tous les dimanches de la belle saison, au premier étage de la mairie, dans l'étroite pièce qui précédait les salles du Conseil et de la Justice de Paix.

Le maire était déjà dans la salle voisine, avec le garde, mais les visiteurs, gens des fermes ou des quartiers pauvres, ne venaient que pour voir Conseiller.

On appelait ainsi le chef de cette famille Arnal, le maître du Maubert, parce que, depuis plus de quarante ans, il était conseiller municipal et que, petit à petit, le titre de sa fonction l'avait emporté sur son nom de baptême.

En l'attendant, les hommes se poussaient en silence, épaule contre épaule, à chaque nouvel arrivant, sur les bancs de bois, sans dossiers, cirés par les étoffes tendues et les mains moites. Puis ils se penchaient en avant, pour éviter les plâtras des murs et les toiles d'araignées lourdes de poussière. A côté d'eux, les femmes tiraient leurs jupes jusque sur leurs chevilles, se redressaient, ramenaient l'enfant qu'elles portaient à hauteur de leur épaule, d'un mouvement de la hanche et, le laissant basculer un peu en arrière, dans les franges des lainages noirs qui s'entortillaient à leur cou, parlaient parfois :

— Pour vous tirer d'affaire, c'est lui le plus fort... S'il voulait, si le Maubert n'était pas si loin, il serait maire depuis longtemps... et pour toute la vie.

— Avec lui, tu ne risques rien. Tu as toujours un bon conseil et la justice avec toi.

Chaque phrase dite manifestait la même confiance, la même vénération pour Conseiller et pour tous les Arnal du Maubert. Quand on parlait d'eux, dans cette petite salle d'attente de la mairie comme dans les rues de la ville ou sur les chemins de la montagne, la moindre phrase semblait devenir un proverbe et le récit des événements auxquels ils étaient mêlés prenait toujours une valeur d'exemple et d'enseignement.

« Ce sont les plus honnêtes du pays », disait-on, ou encore : « Chez eux, le dernier des cousins vaut le premier de n'importe quelle famille », et : « Parole dite au Maubert vaut papier noirci chez le notaire. »

Ces sentences, répétées à mi-voix, coupaient le premier silence de l'attente, celui qui tombe brusquement quand les gens viennent de prendre place et s'observent encore.

A ce moment, toujours, au coin du petit banc, quelque femme mal assise et craintive commençait à regarder par la fenêtre l'étroite place de la mairie. Elle voyait, sous elle, la balustrade du perron, cette ancienne terrasse de maison seigneuriale, avec ses marches profondes et son dallage d'église ; derrière, entre les rameaux tigrés des platanes, elle apercevait la poussière blanche et l'ombre des maisons qui glissait sur elle, et, tout en bas, les petits pavés inégaux de la rue qui gagnait le pont. Du bout des doigts, pour mieux voir, elle rayait la poussière et les coulées de pluie, sur les vitres.

— Il est là ? demandaient les hommes d'un air incrédule.

C'étaient des vieux venus pour leur pension, des conscrits qui ne voulaient pas aller en Algérie, des valets de ferme en désaccord avec leur maître, des hommes en place qui allaient s'engager dans des procès. Au milieu d'eux, plus silencieuses, plus craintives, des femmes qui venaient pour des secours, pour des conseils, pour des confidences, répétaient en elles-mêmes ce qu'elles allaient avoir à dire.

Tous ces gens attendaient Conseiller et, dans leurs têtes calculatrices, sans jamais abandonner leur idée fixe, la raison pour laquelle ils étaient venus, ils jalonnaient son itinéraire.

« Huit heures — il part du Maubert. Huit heures dix — il arrive à la route... Encore une heure. »

Ils connaissaient les habitudes de Conseiller et ne doutaient pas de son exactitude royale.

Chaque dimanche, en effet, quand la saison le permettait, le vieil Arnal descendait à la ville. La famille entière le suivait, mais, chef de maison, aïeul qui pouvait retrouver de son sang chez tous ceux qui vivaient sur le grand domaine, il partait du Maubert à huit heures sonnantes, seul, malgré ses soixante-dix ans passés, toujours avant les autres.

Le Maubert était la dernière ferme de la vallée, à une heure de la ville. Haute demeure au-dessus des arbres et des pentes d'herbes, toujours découverte aux regards, à chaque tournant de route, à chaque pont de la ville ou de la vallée, à chaque lucarne de pigeonnier ou de tourelle, elle semblait être la gardienne des solitudes boisées de la commune, de ses sources, de ses cascades et de ses lignes de crêtes où venaient naître les nuages.

En sortant de la grande cour, laissant à sa gauche le chemin dallé où passaient les chars, Conseiller coupait droit sur la rivière. Au bout du chemin bas, après la passerelle, il rejoignait la route et, pendant cinq kilomètres de pente douce, il allait bon pas, la veste pliée au creux du coude, contre la hanche gauche, attentif comme si tous les champs de la vallée eussent été siens.

La route suivait la rivière et faisait de brusques écarts dans le lit des ruisseaux affluents. Des bois, des pâturages, des champs de seigle et des jardins potagers s'accrochaient au-dessus d'elle et la couvraient parfois de longs rameaux ou de tiges inclinées sous le poids des graines et du vent. De petits murs en pierres sèches, montés en biseaux contre les roches, arrêtaient le glissement de la terre et, de loin en loin, quand les pentes se faisaient moins abruptes, un sentier en dos d'âne, bordé de bruyères, grimpait vers une ferme ou vers une bergerie.

Au-dessous de la route, à chaque cascade de la rivière, des canaux détournaient une eau bouillonnante sur les petites prairies à pente raide et, par les écluses ouvertes, cette eau redescendait dans les herbes, entre les pommiers aux ombres rondes qui poussaient leurs feuilles et leurs branches jusqu'au mur d'accotement.

Dans ces horizons connus qui semblaient glisser les uns sur les autres à chaque tournant, Conseiller marchait vite, jetant un coup d'œil à toutes les cultures, par-dessus les petits murs, à travers les haies d'aubépines. Pour mieux voir, il allait d'un côté de la route à l'autre, levant la tête, grimpant sur les talus.

Mais, petit à petit, la vallée devenait moins étroite. Les toits de la ville, les platanes de la mairie, l'abside de l'église apparaissaient parfois au-dessus des plus hautes branches des pommiers. Du sommet de la dernière descente, la ville tout entière se découvrait brusquement, avec ses deux longues rues parallèles aux berges de la rivière et ses places dominées par une fontaine, étagées sur le côté ensoleillé de la montagne. Derrière la ville, ouverte sur le ciel, la vallée s'étendait vers Saint-Jean et vers la plaine.

Après cette dernière descente, comme il arrivait devant les premières maisons, sur le grand pont, dans le vent libre du milieu de la rivière, au souffle de la dernière cascade, Conseiller remettait sa veste et se rendait directement à la mairie.

Pendant ce temps, les gens qui l'attendaient continuaient à suivre sa marche, un œil sur la pendule ronde et l'image de la route sans cesse présente à leur esprit.

« Il doit être au grand tournant. Le voilà sous la grange des Aicard. Il doit prendre la descente. »

Puis inclinant la tête à droite ou à gauche, sournoisement, ils se comptaient, s'épiaient les uns les autres.

« Ce vieux est avant moi... »

« Je suis le premier à passer, pensait le vieux, pelotonné contre la porte, les mains à sa canne, je suis le premier à passer. J'ai bien calculé mon coup... une minute de plus et j'étais second. »

« Tous ces hommes et cette vieille ! Encore deux heures à attendre, peut-être », se répétait une fille à foulard rouge en fixant les femmes qui devaient passer après elle.

— J'en ai pour deux minutes, salutations comptées, disait brusquement, d'une voix de fausset, un vieux à figure immobile. Deux minutes et je viens du diable tout vert par l'autre côté de la montagne. Si c'était la bonté de quelqu'un de me céder son tour de place... C'est histoire de repartir au bon moment.

Mais personne ne répondait. Chacun n'entendait plus que ses propres pensées : la reprise continuelle des phrases qu'il allait falloir dire et le compte des minutes de l'attente.

« Neuf heures. Neuf heures cinq. Il devrait être là. Quelqu'un a dû le trouver sur la route. Ces gens du pont le font parler. »

Devant la fenêtre, presque accroupie, les cuisses tendues, la femme regardait toujours sur la place. De temps en temps, son doigt glissait encore sur la vitre, arrachant des écailles de poussière ou passant doucement sur une imperceptible buée. Mais, brusquement, elle plaquait son front sur le verre et le frottait avec violence, à pleine paume, haletant à grands coups, comme sous les derniers sursauts d'un plaisir longtemps attendu.

— C'est lui qui monte ! criaient les gens.

Alors, la porte s'ouvrait et, d'un seul élan, Conseiller traversait la pièce en serrant des mains, en demandant des nouvelles, en jetant des prénoms, des diminutifs, des surnoms :

— Adieu, toi. Te voilà toujours, méchante tête, j'arrive, j'arrive. Salut, vous autres. Remettez-vous... Sacré Lucien, je sais toujours quand je vais te revoir.

En quatre pas, dans une bousculade, il gagnait l'autre porte. Alors, pendant qu'il soulevait le loquet et frappait un coup bref, un silence se faisait et, toujours, il y avait quelqu'un pour dire d'une voix tremblante et comique, après tous les autres :

— Et adieu, Conseiller.

— Adieu, adieu, répondait le vieil Arnal en ouvrant la porte.

Il disparaissait aussitôt dans l'autre pièce et les gens n'avaient vu de lui, si rapide avait été son passage, que l'image qu'ils gardaient toujours dans leur mémoire : une haute silhouette, un visage mince et des gestes fauchant.

— C'est à moi, disait le vieux, farouchement serré contre le mur.

Les gens changeaient d'attitude. Les hommes toussaient, les femmes secouaient leurs jupes, avançaient leurs souliers et les faisaient luire à petits coups de mouchoir.

Au bout d'un moment, la porte s'ouvrait et Conseiller,

appuyé au loquet, un peu penché en avant, comme le docteur les jours de consultation, regardait les gens sans rien dire.

Le vieux, assis près de l'entrée, s'essuyait les yeux, se levait en raclant de la canne et du talon, et le défilé commençait.

Pour tous ces hommes, ce qui faisait la force de Conseiller, c'était sa réputation de droiture, son esprit de justice — plus intransigeant encore d'être reconnu par tous — mais aussi sa connaissance de la Loi.

— C'est ton droit, disait-il brusquement avant que les gens eussent fini de parler. Fais faire une lettre. Comme ça et comme ça... Tu as la Loi.

— Bon, bon, disait le vieux, mon droit, la justice, ça va bien... mais si la Loi y est aussi !

Et quittant Conseiller, il disait d'un air finaud, en grimaçant de ses joues rasées :

— Au suivant qui passe.

Alors, quelquefois, plusieurs hommes entraient ensemble et Conseiller devait écraser des disputes. Des meneurs de bœufs, des pâtres qui passaient des mois sans voir personne, des hommes rudes et puissants, haussaient la voix, se coupaient la parole, s'affrontaient comme pour lutter à mains nues. Mais, devant ce vieillard maigre, qui s'emportait brusquement dès qu'il avait compris le sujet du litige, affirmait des droits, tranchait, n'écoutait plus rien, ils sentaient faiblir leurs vieilles rancunes et surmontaient leur défiance paysanne pour tout ce qui fait changer de mains la terre et ses fruits.

Ainsi, presque tous les dimanches, pendant plus de deux heures et quelquefois même jusqu'au second coup de midi, Conseiller bataillait, décidait, arrangeait la vie des autres.

Dans la petite pièce nue, passée au lait de chaux bleuté, où, seuls, des portraits de Présidents de la République, barbus, ceints de l'écharpe, entourés de lauriers, garnissaient la cheminée, il voyait entrer parfois des hommes venus de loin qui, après lui avoir expliqué l'état de leurs affaires, les besoins qu'ils avaient, les propositions qu'on leur avait faites, lui demandaient en tournant les mains :

— Et toi, qu'est-ce que tu ferais à ma place ?

D'autres encore, qui attendaient que tout le monde fût parti, s'asseyaient sur un coin de chaise et, pendant un long moment, parlaient vite, avec de brusques arrêts, des reprises angoissées de la voix, de choses indifférentes.

A travers la porte restée entrouverte sur les couloirs vides, Conseiller regardait l'heure. Un courant d'air venu de la place par le petit escalier à vis de Saint-Gilles traînait l'odeur poussiéreuse de cette ancienne maison de maître devenue la maison de toute la ville et de toute la vallée.

Le battement de l'horloge, les coups du bélier de la cave voisine dominaient la voix des visiteurs. Conseiller qui pensait à partir ne s'apercevait plus de leur présence et marchait dans la pièce comme un homme solitaire. Mais, brusquement, après un silence qui réveillait son attention, il les voyait se pencher en avant, joindre les mains, fixer le sol et les entendait, d'une voix changée, dans la disparition soudaine du monde extérieur, dévoiler quelque plaie secrète, le drame de leur famille ou de leur cœur, que rien ne trahissait dans la vie.

Tous les Arnal, jeunes ou vieux, devaient jouer ce rôle de directeur des consciences et des actes : on venait les trouver au Maubert, on les arrêtait dans les champs. La vieille ruse des paysans, l'orgueil de ne rien laisser échapper de ce qui peut être utile poussaient les gens à leur demander conseil à chaque rencontre, à leur arracher quelque chose de leur sagesse et de leur justice.

Je me souviens qu'une fois, encore enfant, j'accompagnais Albin, le fils aîné de Conseiller, dans une course sur les crêtes. C'était le second maître du Maubert, un homme de cinquante ans qui obéissait encore à son père mais pliait tous les autres à sa volonté. Il allait compter les arbres pour les coupes de l'année, dans les bois sans route et sans clairières du versant nord, au-delà des sources de la vallée, après la ligne de partage des eaux.

La crête passée, au bout d'une ondulation de pâturages, avant d'entrer dans les bois, à la lisière des sables dénudés et des hautes herbes, nous aperçûmes un vieux pâtre qui gardait les troupeaux de la ferme de Servillères. Il avait dû quitter, depuis le début de la belle saison, cette immense ferme aux murs de citadelle, isolée à la limite du département, dressée devant les falaises et les gorges comme aux confins d'une région sauvage. Depuis que nous avions franchi le col, il nous suivait des yeux, et, devinant notre itinéraire à travers les sources, les eaux prises dans l'herbe comme au lacet, les flaques jalonnées par de grosses pierres plates et les longues pelouses, il s'était placé sur notre route, sans avoir l'air de bouger, alourdi qu'il était par sa limousine brune qui tombait jusqu'au sol et semblait sortir de lui comme une pierre levée.

A vingt mètres, il nous salua, le bras tendu sous l'étoffe. Puis, un œil fermé :

— Vous avez un crayon ? dit-il à Albin.

— Là, dit Albin en fouillant sa poche.

— Voilà trois mois que j'attendais un des vôtres... c'est pour mon compte..., vous savez. Je garde depuis le premier mars... à dix francs par mois, plus un demi-mois de l'année dernière qu'ils me doivent... même c'est une dispute. Mais bon, c'est dit maintenant. Je garderai jusqu'en octobre. Je voudrais leur demander mon dû jusqu'au quinze mai. Combien ça me fait à toucher ? et combien à prendre pour le reste ?

Albin calculait, écrivait des chiffres, très gros, sur une feuille de papier, tandis que le vieux recommençait son histoire.

C'était pour lui la plus grande confidence, l'abandon de son seul secret. Pauvre calcul, mais qu'avait-il à dire d'autre qui ne fût commun à tous les hommes, qui ne fût révélé par des yeux attentifs, des oreilles inclinées, des mains ou des lèvres ouvertes sous le vent ? Tout ce qu'il pensait tenait à la terre, aux mouvements du ciel ou des bêtes, tandis que cette addition qu'il ne pouvait faire seul sans brouiller les chiffres commandait tous les espoirs secrets de sa vie. Aussi, confiant mais tourmenté, il reprenait sans cesse ses explications :

— Vous pensez bien que j'aurais pu le demander aux autres, à ceux de là-bas. Ou à quelqu'un de capable enfin... mais on y est vite de sa poche. Aussi je me disais : un de ces jours, quelqu'un du Maubert passera par là... comme ça je suis tranquille.

Ainsi, dans les maisons de la ville, dans les fermes de la vallée, dans les solitudes des bois ou des prairies, des hommes et des femmes pensaient aux Arnal, les mêlaient à leurs soucis quotidiens, et, comme ce vieux berger attentif à leur venue depuis trois mois, tourné chaque jour vers le chemin du Maubert, ils savaient pouvoir attendre d'eux le mot décisif, le conseil qui les engagerait.

2

Cette réputation si puissante s'était formée comme une légende.

Chacun des événements que ramenaient les années, chacune des circonstances autour desquelles s'ordonnait la vie de cette communauté, se liait au souvenir d'un mot ou d'une action des Arnal et donnait naissance à une histoire. Avec le temps, par un travail semblable à celui des saisons, ces histoires, cent fois répétées, s'étaient prolongées les unes les autres et avaient lentement composé une geste familière de l'honnêteté et de la justice.

La réputation des Arnal tenait ainsi aux événements et aux choses. Toujours présente ou toujours secrètement manifestée, elle avait fini par prendre, avec le temps, une puissance mystérieuse sur l'esprit des hommes, et par elle, les Arnal exerçaient comme une régence morale de la ville et de la vallée.

Elle n'avait rien, pourtant, d'héroïque ou de surnaturel. Ce n'était qu'une trame d'actes simples, une suite d'exemples pour les devoirs de chaque jour, ou pour les grandes circonstances communes à la vie de tous les hommes.

Les quelques souvenirs qui se rapportaient à des événements exceptionnels — le courage des Arnal pendant la dernière épidémie de choléra, l'enrôlement de tous les garçons valides du Maubert dans les mobiles du Gard en 71 — prenaient eux-mêmes un aspect coutumier et s'effaçaient devant les devoirs qui tenaient à la terre, à la famille, aux rapports de bon voisinage.

Avec ses maisons accolées, ses ruelles obliques, profondes comme des puits où, d'étage en étage, les fenêtres se commandaient les unes les autres, où tout était surveillance, écoute, comparaison et jugement, la petite ville imposait cette prééminence des actes simples. La campagne environnante, les montagnes et leurs pentes alternées, les maisons rurales aux terrasses tournées vers les espaces libres, aussi attentives dans leur solitude que les maisons de la ville dans leur entassement, surveillant aussi, écoutant aussi dans de plus vastes étendues où rien ne pouvait se dérober ni se perdre, prolongeaient en l'amplifiant cet empire de la vie patriarcale, cette consécration de tous les hommes aux devoirs de la famille et de la communauté.

Pour servir d'exemple aux hommes de cette ville et de cette vallée, les vertus devaient rester liées aux nécessités de chaque jour.

C'est ainsi que les Arnal dominaient les hommes. Par volonté, par scrupule de toutes les heures, ils apportaient à l'exercice de ces vertus naturelles une perfection qui n'humiliait personne, et l'on racontait, avec une admiration presque fraternelle, tel événement pendant lequel ils avaient accompli ce que tout le monde avait désiré, mais que nul n'avait osé faire.

Dans la ville, on racontait, par exemple, depuis des années, l'histoire de ce qu'on appelait : « le soir du fou ».

Ce soir-là, les petites gens à l'esprit sceptique et railleur n'avaient pas été loin de penser que Conseiller disposait d'une puissance mystérieuse.

Combaroux, un de ces hommes sans métier, gagne-petit, bricoleur comme il en traîne toujours dans les bourgades, avait ameuté le quartier bas, et, de proche en proche, la population tout entière.

C'était un ancien chasseur d'Afrique, engagé et rengagé, parti jeune du pays, revenu usé, fiévreux, buveur, qui s'était marié, avait entassé, de fainéantises en saouleries, une famille misérable, des enfants en guenilles, filles, garçons qui ne mangeaient pas à leur faim, volaient dans les champs et dans les boutiques, et, cohorte lilliputienne, tenaient tête au père quand il avait bu et qu'il cherchait querelle à sa femme, toujours dolente et stupéfiée, lourde sur ses chevilles gonflées.

Ce soir-là, secoué par une crise de fièvre, ivre d'avoir bu et parlé pendant des heures, Combaroux était rentré chez lui jurant d'assommer sa femme « et toute la famille ». Pendant une heure, on l'avait entendu hurler, casser la vaisselle, rouler les meubles, taper dans les cloisons à coups de pied.

Les voisins, habitués à ces vacarmes, avaient d'abord écouté distraitement, échangeant d'une fenêtre à l'autre des sentences morales et des plaisanteries.

— Il met de l'ordre chez lui.

— Eh ! Eh, le voilà qui se range.

Dans ce quartier calme, devant la rivière apaisée par la haute digue et les bancs de sable, au soir venant, ce tumulte mettait dans les cœurs et sur les bouches quelque chose d'ironique, un brin de raillerie envers la vie.

Mais, sur le coup de sept heures et demie, Combaroux avait voulu manger tout de suite, « tout-de-suite-sans attendre », comme il hurlait. Naturellement, dans la maison bouleversée rien n'était prêt. Furieux, Combaroux avait sauté sur un couteau de boucherie, menaçant les siens, plantant le couteau dans le bois de la table.

— Une fois, deux fois, deux-fois-et-deux-fois-et-demie, un bifteck saignant à point ou je te saigne... deux-fois-et-demie...

De la rue, on l'entendait hurler, hausser encore le ton de minute en minute, à chaque réponse de sa femme, à chaque cri de ses enfants. Puis on l'entendit monologuer, se répondre à lui-même, de plus en plus exaspéré, de plus en plus halluciné par la logique de sa folie.

— Une fois, deux fois...

Sa femme et ses enfants, terrorisés par la lame nue et luisante de vitesse, s'étaient enfermés dans un étroit débarras, à côté de la cuisine, verrouillant la porte, entassés contre le mur dans ce réduit sans air. Alors le fou, à trois mètres de la porte, comptant toujours, vociférant des sommations, avait lancé son couteau, à toute volée, dans le bois mince, et, l'arrachant, comptant encore, il relançait sa lame :

— Une fois, sors de là. Deux fois, je vais te crever. Trois fois, je le plante, je te plante. Nom de sort de nom de sort.

Chaque fois que le couteau se plantait dans la porte et s'enfonçait de deux ou trois centimètres, les enfants et la femme de Combaroux criaient au secours, éperdument, d'une voix que l'étouffement faisait plus tragique.

— Une fois, dans le bois, et deux fois, dans le placard, et trois fois, dans le lard. A manger ou je te saigne. Une fois, deux fois, trois fois.

Dans la rue, les gens s'ameutaient. Une foule, d'abord gouailleuse mais vite indignée, s'était avancée sur le seuil de la maison. Quelques hommes avaient voulu monter, appelant le démoniaque, tâchant de le calmer. Mais lui, sa porte verrouillée, avait menacé la foule de sa fenêtre :

— Je crève le premier qui monte. Charbonnier-Chasseur d'Afrique est maître chez soi. Je paie ici, argent comptant, maître de maison et père de famille... tonnerre de Dieu, foutez le camp, tas de charognards.

Et de nouveau :

— Un, deux, trois... dans le bois.

Dans le placard, la femme, les enfants hurlaient toujours. La foule ne bougeait plus, personne n'osait monter.

C'est alors que Conseiller — qui avait passé l'après-midi à la ville et qu'on avait rejoint sur le grand pont comme il remontait au Maubert — arriva devant la maison.

— Nous avons les trois sueurs, lui disait une vieille, courbée, les mains ouvertes, c'est un malheur presque fait. Mais qui voudrait monter ?

La foule s'écartait.

— Ça vaudrait un coup de fusil, disaient des hommes, de fenêtre à fenêtre...

Conseiller monta, doucement, en ménageant son souffle. On l'entendit frapper à la porte. La foule, qui ne pouvait rien voir, écoutait, jambes tendues, talons soulevés. Au moment où Conseiller frappa, Combaroux était à sa fenêtre ; du bec de sa canne, il venait d'attraper la corde de la cloche de l'auberge qui tenait à sa maison, et, balançant sa petite tête crépue qui paraissait aveugle tant ses yeux se plissaient, marquant la cadence avec ses épaules inégales, solennellement, il sonnait de cette cloche. Quand il entendit frapper, il bondit :

— Sacré tonnerre, je vais te régler, toi.

Invisible, il vociférait devant la porte, au fond de la pièce, ferraillant dans la serrure. Conseiller devait parler doucement car on ne l'entendait pas mais, de temps en temps, le fou se taisait un peu, écoutant sans doute.

Puis on entendit les deux coups secs de la serrure, le grincement du loquet, et l'on vit, à ras de la fenêtre, sous la barre d'appui, un triangle clair qui grandissait et diminuait, indiquant que l'on entrouvrait et que l'on repoussait la porte. En même temps, la voix de Combaroux s'enflait puis tombait brusquement. Pendant dix minutes peut-être, on n'entendit plus rien que, parfois, des sifflements de Combaroux, des monosyllabes de dignité :

— Huu... j'ai raison, j'ai raison... eh là, eh là... Alors, alors,... Huu, huu, huu...

Puis le tumulte recommença. Tapant à coups de pied sur la porte du placard, Combaroux hurlait :

— Sortez, nom de mille, sortez. On dirait que je suis un ogre. Sacré bon Dieu, sortez de là, que vous me faites honte... Non ? Non ? Nom de mille et mille tonnerres, je vais vous la casser votre porte. Gare au bois.

Alors on entendit, sans pouvoir comprendre ce qu'il disait, Conseiller qui élevait un peu la voix. Mais l'autre de crier plus fort, et de taper du poing, des semelles, des épaules, de la tête, sur les quatre murs, les portes et les meubles.

Brusquement, le silence se fit, et, pendant vingt minutes peut-être, on n'entendit rien que la fin de certains mots prononcés par Conseiller. Visages levés, yeux crispés par la réverbération du soleil couchant et regards alourdis par l'inquiétude, les hommes et les femmes attendaient, sans racler du pied le sol, sans un geste, sans un mot.

Enfin, la serrure grinça, des pas cognèrent aux marches et, dans la porte étroite, sous l'arc mesquin aux trois claveaux de courbe inégale, Combaroux apparut, Conseiller derrière lui.

La foule allait crier ; un geste de Conseiller brisa ses cris et, lentement, faisant le vide devant eux, les deux hommes traversèrent la rue et s'en allèrent chez les cousins de Combaroux, à l'autre bout de la ville, sur le chemin du Maubert. De là, Conseiller partit sans voir personne et Combaroux, fastueux de se sentir en visite, dîna tranquillement, aimable, racontant des histoires d'Afrique, riant, buvant sec mais encore leste d'esprit jusqu'au milieu de la nuit. Il rentra chez lui très tard, chantant et jouant d'un bout de bois comme d'un jonc à pomme d'or, et le bruit de sa réconciliation nocturne ameuta encore le quartier.

« Morveux, tête éveillée, tu auras des souliers neufs et un cartable... A l'école, à l'école et marchons droit. Le Savoir est la Liberté !

« Toi, c'est ta fête qui vient... chante toujours, mollet de danseuse... c'est une surprise qu'il te faut, et surprise tu auras... silence et discrétion... les surprises sont les surprises. »

— Quel homme ! disaient les voisins, le voilà maintenant qui fait l'ange !

Et, le buste dans le vide des fenêtres ouvertes, ils écoutaient contre l'ombre comme à travers une cloison sonore.

« Silence et discrétion... Honneur au père et à la mère. Honneur du père à la mère ; quinze ans de devoir et de fidélité... Que tous l'entendent... et défense de rire... Chapeau bas, messieurs. »

— C'est égal, disaient les voisins, Conseiller l'a pris comme on prendrait un diable. Il lui a fallu la force du bon Dieu... faire marcher droit un vaurien qui raisonne, c'est déjà bien, mais un vaurien en folie ! Qu'est-ce qu'il a bien pu lui faire ?

« On dit, racontaient les femmes, que Combaroux l'a pris à la gorge d'une main, avec sa force qui ne se connaît pas... oui, quand il est entré, d'abord. De l'autre main, il remuait son couteau. C'est au commencement, quand on l'entendait crier. Mais Conseiller lui parlait dans son naturel. Et doucement, et doucement. Voyant cela, l'autre s'est calmé. Quand il a été dans sa bonne lune, il a voulu que sa femme et ses enfants sortent du placard. Comme ils ne bougeaient pas, la colère l'a repris. De nouveau, tout était en l'air. Conseiller a voulu l'arrêter. Il a ressauté sur Conseiller, des deux mains, à la gorge. Conseiller ne devait pas avoir tout son content d'air, mais, en parlant comme si de rien n'était, il l'a encore calmé. Et ils ont causé un grand moment, comme tout le monde, assis l'un devant l'autre, sur des chaises. D'en face, on les a vus. Parfois, Combaroux s'attrapait les cheveux et se secouait la tête... Puis il se donnait des coups de poing au-dessus des yeux et recommençait à crier. Mais Conseiller le calmait, avec son calme.

— Il faut bien que ces gens aient l'honnêteté dans les yeux. Le plus mauvais doit le sentir... Sans Conseiller, c'était un carnage.

Au long du temps, de pareils événements suffisaient à donner, dans la région tout entière, le prestige du surnaturel à la réputation des Arnal, tandis que, dans presque chaque famille, de plus humbles anecdotes éveillaient la même admiration et la même reconnaissance.

On racontait, par exemple, dans ma propre famille et autour d'elle, comment les fils Arnal — ceux de la génération dont Conseiller était devenu le chef — avaient su, par une sorte de divination, faire honneur à la parole de leur père.

En dehors du Maubert et de son domaine, les Arnal possédaient quelques lopins de terre dans le bas de la vallée. A la sortie de la ville, ils avaient une pente de vigne mitoyenne à la vigne d'un de mes grands-oncles et depuis dix ans, depuis plus peut-être, mon grand-oncle demandait aux Arnal de lui vendre cette vigne. Mais, de foire en foire, de rencontre en rencontre, ceux-ci renvoyaient toujours : au fond, ils ne voulaient pas vendre, les jeunes surtout, qui auraient plutôt acheté tout le pays, Conseiller en tête.

Mais un soir, mon grand-oncle rencontre sur la route du Maubert le père de Conseiller, Arnal Bonnet Rouge, comme on l'appelait, qui, à cette époque, était le chef de famille. Le vieux marchait vite, avec un air entêté et brusque, comme sans voir. Mais mon grand-oncle l'arrête par le bras :

— Eh bien, Arnal, quand est-ce que nous faisons affaire... pour cette vigne ?

— On te la donnera, dit le vieux.

— Passe de la donner, je veux bien la payer son prix.

— Apporte-le demain. La vigne est à toi, répond l'autre, comme brusquement réjoui de cette décision. Le prix est fait depuis dix ans... maintenant c'est dit : affaire faite.

Et Arnal Bonnet Rouge quitte mon grand-oncle, riant comme d'un bon tour, avec cet air brusque qu'il n'avait pas d'ordinaire.

Le lendemain, jambe leste, habillé du dimanche, mon grand-oncle monte au Maubert avec l'argent dans un sac. Il entre par le chemin bas : la cour était vide, portes ouvertes. Dans la grande salle, il trouve toute la famille. Arnal venait de mourir d'un coup de sang, dans moins d'une heure, sans avoir paru malade. Les gens du Maubert s'étonnent bien un peu de voir mon grand-oncle arriver chez eux, dans ses beaux habits, comme pour faire sa visite, alors que la nouvelle n'était connue de personne dans le pays. Mon grand-oncle ne souffle mot, reste un moment, monte au premier voir le vieux au suaire, et redescend à la ville, son argent en poche, jugeant l'affaire perdue.

Mais, quelques jours après, Conseiller tombe chez lui.

— Tu venais pour la vigne ?

— Le père en avait parlé ? dit mon oncle.

— Non, répond Conseiller tandis que l'autre se mord la lèvre, mais nous y avons pensé. Tu ne venais pas pour rien, l'autre jour... alors, c'est entendu : affaire faite.

Mon grand-oncle refuse, s'emporte : le vieux ne devait plus

avoir ses idées. Les jeunes étaient leurs maîtres maintenant, et jamais ils n'avaient voulu vendre...

Mais Conseiller s'emporte aussi : ce qui est dit est dit. Le père avait parlé, et à quel moment... La vigne était vendue.

Mon grand-oncle dut céder. Au fond, il désirait la vigne et Conseiller n'écoutait rien. Mais l'étonnement fut grand dans tout le pays quand on apprit que sans qu'il y ait eu de papier ni de parole dite et répétée, les Arnal avaient vendu leur vigne :

— Ces gens-là, disait-on, iraient prendre le conseil de leurs morts !

C'est ainsi que d'une famille à l'autre, on se répétait les services rendus, les conseils donnés et ces simples histoires suffisaient à rendre admirables les Arnal aux yeux de tous les hommes de la vallée. Chacun gardait le souvenir d'un événement semblable, d'un trait de droiture ou de justice de cette famille qui semblait vivre dans un recueillement de toutes les heures, en amont de tous les hameaux et de toutes les fermes, au milieu des solitudes du Maubert.

3

Pour les Arnal, ces solitudes du Maubert n'étaient qu'une région sauvage, toujours ouverte à de nouveaux travaux. Depuis des siècles, ils l'exploitaient comme une terre vierge et tiraient d'elle, à force d'énergie et de travail, une puissance matérielle semblable à la puissance morale qu'ils exerçaient sur les hommes.

Ce haut de vallée avait toujours été l'asile de communautés puissantes dont la force morale et la force matérielle semblaient se confondre, comme se confondaient autour d'elles la nature et la solitude. Aux temps anciens, à ce que disaient les habitants du Maubert eux-mêmes, des moines agriculteurs avaient conquis ces montagnes et poussé leurs défrichements jusqu'aux pelouses des cols. On trouvait encore, dans le creux des torrents, des murs cyclopéens sur lesquels ils avaient fait passer des routes ou par lesquels ils avaient tracé des limites dans la forêt. La bergerie du Maubert elle-même, avec sa voûte d'arête, ses contreforts de grand appareil et sa corniche à deux ressauts, était une ancienne grange monastique et si rien, dans la haute demeure actuelle, ne faisait plus penser à des bâtiments abbatiaux, c'est que les moines de ces montagnes n'avaient été que des bûcherons et des pâtres, et que le logis du Maubert n'avait jamais été fait que pour la conquête continuelle d'une nature sauvage et pour la surveillance séculaire de ces versants ensoleillés et de ces gorges où la lumière ne glissait qu'une heure par jour.

Dans cet immense domaine, entre la ferme et les cols, avançant vers les hautes terres et les landes, la pioche à la main, découvrant toujours quelque richesse inexploitée ou quelque industrie nouvelle, les Arnal bâtissaient encore des bergeries au milieu des pâturages et poussaient encore des coupes dans les bois sans clairières.

Pendant la jeunesse de Conseiller, ils avaient même ouvert une galerie de mine au sommet de la vallée et fouillé les couches bouleversées entre lesquelles affleurait un gisement. Ils descendaient alors des lignites sur leurs chars à bœufs, jusqu'à la gare du chemin de fer, et, jamais, malgré des offres répétées, ils ne voulurent vendre leur concession. Les filons s'épuisèrent vite du reste et, quand, de tout côté, ils butèrent à la roche, les Arnal abandonnèrent la mine, et, sur le remblai des fouilles, à côté de la rivière, ils construisirent la scierie qui marche encore, à la bonne saison, quand les eaux sont dociles.

Ces industries primitives, les travaux des champs, la garde des bêtes partageaient leur vie et réunissaient leurs forces.

Autour d'eux, du haut de la vallée jusqu'au passage des crêtes, des coteaux à vignes et à seigle jusqu'aux pentes d'herbes et de bois, de montagne en montagne, le long des torrents, jusqu'aux sources, toutes les terres dépendaient de ce hameau du Maubert qui n'était qu'une grande ferme à plusieurs corps de bâtiments, dominée par sa bergerie prise dans la montagne comme un navire dans les vagues et flanquée par son moulin qui marchait deux mois de l'an et le reste du temps servait de remise.

Ils ne s'écartaient jamais de cet héritage, désert mais riche et vaste comme une commune. Des mariages entre cousins y ramenaient ceux qui s'en éloignaient pour un temps et nul, dans ces cousinages tyranniques, n'échappait à la puissance de ceux qui, de génération en génération, devenaient les chefs du lignage.

A cette époque, Conseiller dirigeait la famille comme elle-même dirigeait le pays. Aïeul et maître de l'héritage, en ligne directe ou par le mariage de ses enfants, il faisait marcher tout le domaine et c'était peut-être, dans la longue suite des maîtres du Maubert dont on gardait le souvenir sans pierre gravée ou livre écrit, le plus puissant et le plus respecté.

Long, comme tous les Arnal, haut sur jambes, il avait plus que tous, par une sorte de confirmation des années, le visage de la famille : un front serré aux tempes, un nez mince, aux ailes basses, comme repliées pour un mouvement de violence et de vitesse et, surtout, une lèvre inférieure épaisse mais ferme, gorgée de sang, et recouvrant presque l'autre lèvre, mince et secrète et tendue.

Ce type puissant, ce masque que ne pouvaient briser ni la vieillesse ni la maladie, unifiait si bien la famille, en confondait même parfois si profondément les générations, embrouillées déjà par les cousinages et les alliances entre parents, que les gens du pays avaient de la peine à se retrouver dans cet enchevêtrement et, d'ordinaire, appelaient tous ceux qui vivaient au Maubert « les cousins ».

Cependant, le dimanche, quand ils descendaient à la ville, à la suite de Conseiller, on les voyait arriver tous ensemble, rangés comme sur une image, séparés par des intervalles qui marquaient les âges et les préséances, faciles à dénombrer.

Les hommes en pleine force, ceux qui commandaient à la terre, venaient en tête. Quatre hommes droits, dans la cinquantaine, aux visages immobiles, écoutant toujours : les trois fils de Conseiller, Albin et ses deux cadets Jules et Samuel, et le neveu de Conseiller, Arthur. Ensemble, au coude à coude, avec leurs visages un peu penchés les uns vers les autres, ils ne faisaient pas penser à une famille, à des hommes unis par le sang, mais à quelque assemblée minutieusement choisie pour accomplir une tâche, conseil municipal ou conseil de paroisse. Ils donnaient si fortement cette impression d'une sélection d'hommes que les gens des fermes en les voyant passer sur la route, au-dessous d'eux, disaient quelquefois :

— Voilà les Ministres du Maubert qui descendent.

Derrière eux, leurs fils, les « cousins », prompts à parler, aux yeux ironiques. Les hommes mariés d'abord, deux fils d'Albin, deux fils de Jules, un fils d'Arthur et deux cousins d'une autre branche, gendres de Jules et de Samuel. Avec eux, les jeunes gens : un fils d'Albin, le plus jeune des fils d'Arthur et le fils de Samuel, Maurice. Ils marchaient tous sur une seule ligne, tenaient la route ou la rue, de bout en bout, et se retournaient quelquefois pour voir derrière eux les femmes et les enfants qui suivaient en débandade, avec des bras tirés et des galoches traînantes.

Les femmes descendaient en un seul groupe, jeunes filles, mères et grand'mères unies pour la surveillance des enfants. On ne les voyait pourtant jamais toutes ensemble comme les hommes, car il en restait toujours au Maubert, pour veiller sur la maison. Parmi les plus âgées, certaines, comme Lucie, la femme d'Albin, ou Marie, la femme d'Arthur, ne descendaient presque jamais à la ville. Indifférentes au monde, gardiennes obstinées des richesses que nul étranger n'avait le droit d'estimer ni de voir, elles sortaient rarement de la ferme, toujours retirées dans la maison, plus privées d'air et d'espace que des citadines, possédées par une sorte de haine de la lumière qui les poussait à clore les volets, à tirer les rideaux devant le soleil. En vieillissant, toutes ces femmes cédaient au même désir de silence et de claustration. Jeunes filles, elles couraient les bois et les prairies avec les bêtes ; jeunes femmes, elles dirigeaient encore les troupeaux ou accompagnaient les hommes aux champs, travaillant comme eux, mais, grand'mères, elles ne sortaient presque plus de la maison et s'imposaient une nouvelle vie mystérieuse auprès du foyer et dans les pièces sombres pleines d'armoires à linge.

Parmi les jeunes filles, il était rare aussi de voir descendre Clémence, une sœur cadette de Maurice, sourde-muette que son infirmité rendait sauvage ou peut-être indifférente comme une aïeule. Elle gardait, à dix-sept ans, avec un corps de femme puissante, les gestes farouches d'une fillette habituée, par la lande et la forêt, à se dérober aux réprimandes. Quand, par hasard, elle descendait à la ville, elle prenait, à la sortie du Maubert, un enfant par la main et, jusqu'au pont, ne le lâchait plus.

En la voyant passer ainsi, l'air sauvage, belle et forte, marchant droit, sans prendre garde aux charrettes, aux encombrements de la rue qui devaient céder devant elle, les gens du pays éprouvaient une sorte de crainte. C'était, pour eux, un être marqué par un signe, quelque chose comme la trace du doigt de Dieu sur la famille Arnal. « La muette ! » disaient les filles de son âge, les fileuses aux tabliers noirs, quand elles l'apercevaient et, passant devant l'infirme, elles la saluaient toutes, mais d'une voix si basse qu'elles seules entendaient les paroles qu'elles prononçaient comme un sortilège protecteur.

Quelques garçons cependant avaient pour elle un de ces goûts violents qui sont la conscience obscure d'une identité de force, et d'une égale puissance des sens, alors que, pour le plus grand nombre, elle ne comptait absolument pas, et semblait presque étrangère au reste de la famille.

Les autres Arnal, au contraire, à part Conseiller, se distinguaient mal entre eux et, même le dimanche, quand ils arrivaient à la ville, groupés par rangs d'âge et de puissance, ils restaient, aux yeux de tous, une masse compacte et presque mystérieuse.

C'est que personne, en dehors de la famille, ne prenait part à leurs travaux. Jamais, au Maubert, on n'avait engagé d'ouvriers agricoles ni de valets de ferme. Tous ces hommes, toutes ces femmes, avaient leur place exacte dans les travaux du domaine et les fils de la maison suffisaient à tout, même à l'époque des plus grosses besognes. Les Arnal faisaient leurs moissons et leurs vendanges seuls et ramassaient seuls aussi les châtaignes de toute cette longue montagne qui, vue du pont de la ville, barrait le fond de la vallée et, d'un jet presque droit, depuis les eaux calmes jusqu'aux cols, équilibrait sa masse sombre avec l'étendue transparente du ciel.

4

Dans cette solitude, pareils aux hommes qui marchent la nuit sur une route vide, les Arnal s'épiaient eux-mêmes et se sentaient environnés de mille présences.

Un scrupule jamais lassé, un continuel examen de conscience, se liait à toutes leurs pensées, à toutes leurs décisions. Toujours, et tous, ils pesaient leurs actes et les moindres faits par lesquels ils faisaient fléchir le cours des événements. Ils se donnaient si jeunes et dans de si petites choses à ces habitudes, qu'ils croyaient n'être dirigés que par elles, et, cependant, le souci du jugement que les autres hommes pouvaient porter sur chacun de leurs actes doublait leur conscience comme un témoin sans pitié.

Car pour aussi pliés qu'ils fussent à regarder en eux-mêmes, à suivre les mouvements de leur esprit, mesurés comme les mouvements du fléau des balances quand le poids va être juste, jamais cet examen intérieur ne s'arrachait à cette idée d'un contrôle, à cette justification de leur justice par le jugement d'autrui.

Sans doute, y avait-il là une inconsciente reconnaissance du fondement de leur puissance sur les hommes. Ils sentaient bien que cette régence morale exercée par eux sur la ville et la vallée ne reposait pas directement sur leur honnêteté, mais sur la confiance qu'on faisait à cette honnêteté, sur le respect qu'on lui accordait. C'est ainsi que, petit à petit, malgré les traditions de méditation et de scrupule qui étaient leur honneur, ils avaient fait à ce jugement des hommes une part aussi grande qu'à leur propre jugement.

Aussi, lorsque sur la route du Maubert, entre la rivière et l'oseraie docile à toutes les sautes du vent, à l'abri du double talus coupé de mares, Conseiller marchait vers la ville, malgré le silence et la solitude qui l'entouraient, il se croyait surveillé par tous les hommes de ces montagnes.

Par une de ces divinations qui naissent du retour continuel de la même idée, il voyait la grand'rue où il allait passer tout à l'heure et, sur le pas des portes, les gens, toujours réservés devant lui et comme paralysés de respect, qui parlaient librement en son absence. Il apercevait les femmes plus soucieuses de la vie des autres que de leur propre vie, les artisans qui partagent leur attention entre leur ouvrage et le dialogue de la rue, à petits coups de tête brusques, et les vieillards qui peuvent toujours penser aux autres, réunis en des conciliabules qui roulaient sur lui et sur ses actes.

Dans la fièvre de la marche, sa vision s'élargissait brusquement, s'étendait à tous les villages, à tous les hameaux, à toutes les fermes. Il voyait alors ce conciliabule de la petite ville se reproduire partout dans la vallée et dans la montagne et il lui semblait être au milieu d'une immense assemblée où chaque homme avait le droit de juger.

Bien souvent, sous la puissance de cette vision, il se laissait aller, en marchant, à parler tout seul, à poursuivre à demi-voix une méditation pour laquelle il abandonnait le ton familier des causeries.

C'était encore au jugement des hommes qu'il répondait alors, c'était à une acceptation de plus en plus grande de ce jugement qu'il se pliait lui-même, et, jamais, dans ces minutes de liberté totale, il ne sentait le besoin de rendre plus claire l'idée qu'il se faisait de la justice.

Cette idée avait sans doute été lentement fixée, pendant des générations, par les commandements de la morale religieuse, de la foi chrétienne, mais, à cette époque, détachés depuis longtemps de toute pratique, les Arnal l'avaient séparée de toute croyance et ce n'était pour eux qu'une idée laïque, terrienne, paysanne, qui trouvait plus de force dans la nécessité que dans l'espérance.

S'ils avaient besoin, pour croire en elle, du jugement des autres hommes, ils ne subissaient pourtant la volonté de personne. Cette tyrannie qu'ils acceptaient restait anonyme et c'est dans leur propre consentement qu'elle trouvait toute sa force ; car, nul, dans tout le pays, n'avait un prestige assez grand pour s'opposer à leurs décisions. Ni Arnavielle, le maire, ni les quelques grands bourgeois parisiens qui avaient gardé des attaches dans la vallée, ni le curé de la paroisse, ni le pasteur qui montait de Saint-Jean à bicyclette et visitait les communautés méthodistes de la vallée ne pouvaient parler en égaux à ces guides laïques impérieux et indiscutés.

Les Janel du Bord, ingénieurs et magistrats, qui revenaient chaque été dans la maison de leur ancêtre commun, Janel-Tête-de-vers, entretenaient avec Conseiller des rapports craintifs, qui voulaient être distants. L'opulence de cette famille remontait à cet ancêtre enrichi par les vers à soie et qui, sur la fin du XVIIIe siècle, avait fait construire tout en haut de la ville, au lieu dit le Bord, une grande bâtisse à colonnes et à frontons. Jardinier fanatique, remuant lui-même la terre, incapable d'oublier qu'il avait travaillé à la journée chez les autres, Janel avait ordonné tout le haut du Bord en terrasses et en belvédères. Il était mort dans son petit palais, habillé comme au temps jadis d'étoffes rudes et de sabots, parlant patois, mangeant à toute heure du jour ou de la nuit. Mais, cependant, il avait envoyé ses enfants pousser la fortune de la famille dans la capitale et, depuis, les Janel du Bord couraient les carrières administratives ou lançaient des affaires industrielles.

Il y avait toujours, dans cette famille, quelque homme en place qui rêvait de devenir le député de son arrondissement d'origine, mais Conseiller était le grand électeur et faisait barre à ces Parisiens qui ne parlaient plus la langue du pays et traitaient les petites gens en domestiques.

— Tiens, tiens, affectaient de dire les Janel, voilà le père Conseiller, toujours aussi leste.

— Hou là ! répondait le vieil Arnal, cet hiver ne vous a pas fait de bien. Votre grand-père, le Janel, disait au mien que manger à tout moment, avec les mains du travail, conserve les hommes... Il vous faudrait passer à table à des heures moins régulières.

— A part ça, disaient les Janel, rouges de colère, vous devez avoir une jolie récolte de pommes cette année. Si vous voulez nous en remettre, votre prix sera le nôtre.

— On vous en fera porter à votre suffisance... pour le prix, votre grand-père et le mien n'ont jamais laissé glisser un quart de centime entre eux deux... Ce n'est pas nous qui commencerons.

D'autres fois, au milieu d'un groupe, sur la place de la mairie, un des Janel du Bord exposait un plan de mise en valeur de la montagne :

— Il faudrait à notre pays... disait-il.

— Il faudrait à nos pays beaucoup de mâles comme ça, qui n'ont pas peur des bœufs, ni des filles, répondait brusquement Conseiller en fendant le groupe et en montrant du doigt les garçons aux longues jambes, assis sur le parapet et qui roulaient une cigarette en clignant des yeux.

S'écartant alors, approuvé par tous, le bras à l'épaule de quelque vieux, il ajoutait entre ses dents :

— Ces emmitouflés, ça vous ferait suer en plein hiver, jusque sur l'Aire de Côte.

Cette opposition sourde fut parfois sur le point de dégénérer en bataille. Mais Conseiller était trop fort et les Janel devaient céder sans répondre.

A plusieurs reprises, ils essayèrent de se mêler des affaires du pays, de poser des jalons pour asseoir leur influence. Chaque fois, la réaction de Conseiller et des vieux de la vallée fut terrible. Devancés dans leurs projets, laissés de côté, humiliés, les Janel du Bord se retiraient en jurant que rien ne les intéressait plus dans ce pays de sauvages. Ils se vengeaient alors en jouant les grands seigneurs, en ne reconnaissant plus personne, en élevant le mur d'enceinte des jardins du Bord. Ils étaient devenus ainsi, de plus en plus profondément, des étrangers, des passants qui n'avaient, dans le pays, ni amitiés ni influence.

Avec le curé de la ville, avec le pasteur de Saint-Jean, les Arnal avaient au contraire des rapports amicaux, mais dans lesquels ils savaient rester maîtres.

— Il confesse plus que moi, disait le curé comme pour se défendre, mais je prie pour lui et le bon Dieu y trouvera son compte.

Aussi, quand, par hasard, au milieu de ces soliloques qu'il poursuivait sur la route, Conseiller rencontrait ce petit vieillard à la soutane noire et au chapeau velu, auquel l'indifférence religieuse des paysans n'avait pas enlevé son caractère sacré, il sortait brusquement de son rêve et retrouvait le sens de la vie normale, où l'on ne parle pas seul, où l'on salue, écoute, cède le pas ou affirme ses droits, et prenait un petit air de raillerie respectueuse.

— Vous pensez, disait-il brusquement, à ces Julien de la Grand-Rue, avec leur fille malade ?

— Vous y pensez aussi, disait le vieillard.

— J'y pense pour la commune, et vous y pensez pour l'Eglise... Mais la maladie est dans le corps et c'est une affaire d'hôpital plus que de prière, ajoutait-il avec un petit rire vainqueur.

Il cherchait ainsi la controverse, mais le prêtre ne se sentait pas de force à soutenir même une amicale dispute. Il soufflait sur les poils durs et mal rasés de sa lèvre supérieure, tournait un doigt dans son oreille et, brusquement, parlait d'autre chose. Les hasards d'un souvenir, une maison apparue entre les jeunes pousses de châtaigniers, au-dessus de la route, dirigeaient sa causerie. Bonhomme, essoufflé, racontant avec malice des histoires indifférentes, il cherchait à retrouver ce ton d'égalité que la discussion sérieuse lui avait fait perdre. Mais, bien vite, Conseiller ne l'écoutait plus, et, les lèvres serrées, allongeant le pas, marquant encore sa déférence par quelques mouvements de tête qui simulaient l'attention, il retrouvait l'objet de ses méditations quotidiennes : le grand orgueil et le grand devoir de la famille.

Rien ne l'arrachait à cette idée unique, ni les hommes ni les soucis et les travaux du domaine. Au Maubert même, au milieu de ses fils et de ses neveux, sans jamais en parler ouvertement, il y ramenait toutes les causeries par des allusions mystérieuses et chacune de ses phrases semblait correspondre à un code secret du devoir et de l'honneur.

5

Clémence, seule, vivait au milieu des siens sans se mêler aux événements, sans partager les soucis et les fiertés de la famille. Etrangère aux hommes, mais non pas au monde, attentive pourtant aux gestes et aux voix, elle comprenait les mots sur les lèvres quand elle le voulait et, plus encore, devançait les pensées dans les yeux. Mais, sourde, muette, liée aux choses par ce double silence, elle semblait presque toujours indifférente et résignée à ne pas communiquer avec les autres êtres. Elle n'avait pas, comme tous les infirmes, le désir de se faire comprendre quand même, par un cri, par un geste, par une mimique. Une longue habitude, l'isolement de la ferme natale et, peut-être aussi, une fierté naturelle lui avaient appris à se passer de ces illusions.

Encore enfant, elle avait perdu sa mère, et ses tantes, qui vivaient pourtant avec elle, n'avaient pu l'arracher à sa défiance d'orpheline. Elle restait presque toujours seule, comme abandonnée au milieu des herbes et des arbres, et quelquefois seulement associait à ses jeux son frère Maurice. Mais ce compagnon docile ne semblait pas l'arracher à sa solitude ; sur ces pentes d'herbes qui dominaient le Maubert, devant la lisière des bois suspendus sur les torrents et les sources, il avait pris l'habitude comme elle de jouer avec la force muette des éléments et de chercher du plaisir dans les mouvements de l'air et des eaux.

Plus tard, jeune fille appliquée, Clémence se mit à garder les chèvres. Travaillant déjà comme une femme, elle semblait encore continuer ses jeux. Sans chien, lançant des pierres, battant des mains, ouvrant les bras en signe de commandement, elle allait, poussant ses bêtes, de la bergerie du Maubert au vallon de la Mellette. Aux épines fleuries, les chèvres s'arrêtaient, mais Clémence levait les bras, piétinait sur place et, de brusques haltes en galops, le troupeau gagnait le vallon.

Là, Clémence passait des heures à côté des ruches renversées, vides d'abeilles, encore odorantes pourtant comme tout ce creux de la montagne. Des levées de pierres et de genêts dérobaient les pelouses, de hautes berges de sable dur et de fougères masquaient les gouffres du torrent ; tout était secret devant le soleil, abrité du vent, coupé de l'horizon.

Quand elle restait ainsi, allongée sur les vieux gazons limés par les neiges, le ventre au sol réchauffé, la tête dans ses bras courbés, les cuisses droites et les mollets battant l'air alternativement, elle ne voyait pas son frère ou ses cousins qui montaient au bois et qui, grimpant la pente, la surprenaient dans sa sieste.

« Voilà Clémence », se disaient les hommes. Ils voyaient ses pieds nus dans l'air, puis, en montant, ses mollets longs et égaux. Les jupes de la jeune fille battaient, comme étendues au vent, mais, sous elles, des plis lourds et de l'ombre défendaient le corps.

Celui qui passait, la poitrine jetée en avant par l'escalade, donnait une tape à Clémence, une chiquenaude du bout des doigts, sur la taille. La jeune fille, alors, sans se relever, roulait sur elle-même, et, le dos au sol, les bras en croix, riait.

Maurice passait souvent par le vallon de la Mellette. Il montait aux coupes de bois, sur le haut plateau qui dominait le vallon, ou bien, le soir, redescendait au Maubert par les berges des torrents.

Quand il apercevait Clémence, ou quand une mèche de cheveux, un orteil détendu et brusquement crispé, un bout de robe flottant, lui avait signalé sa présence, il se jetait sur les mains, marchait à quatre pattes, comme un jeune animal, souple et mince, et, bondissant, venait s'accroupir à côté de sa sœur, puis les dents avancées, la mordillait sous le cou, entre ses épaules grasses. Clémence se retournait, détendait les bras ; elle sentait son souffle, repoussé par un autre souffle, proche et ample, qui revenait s'écraser sur son visage comme chargé par la chaleur d'un sourire, puis, pareille à l'ombre rouge qu'un vertige fait passer sur les yeux, elle voyait la bouche de son frère à la hauteur de son regard.

Les souvenirs maîtres du temps liaient alors cet instant à des heures écoulées. Maurice restait pour elle le seul ami quelquefois bousculé pendant des jeux communs, un frère presque jumeau. Encore enfants, ils avaient souvent mimé cette surprise, ils en avaient ri souvent, chacun comme d'une victoire. Alors, ils se passionnaient aux mêmes jeux, sans avoir besoin de s'accorder par des paroles ; aux fins de printemps, ils partaient ensemble vers quelque haute pelouse où ils savaient trouver un cerisier aux fruits aigres, à moitié sauvage, au tronc noir ruisselant d'eau. Ils grimpaient les pentes raides, les mains aux arêtes des rochers, couraient dans les herbes, escaladaient l'arbre au tronc court, penché par le vent, et, à cheval sur une branche, mangeaient en riant. Puis ils remplissaient quelque vieux panier d'aigriotes et de feuilles, et, sur le soir, ils redescendaient au Maubert en courant, sautant les ruisseaux, dévalant par les prés, pour s'arrêter enfin sur le terre-plein de la bergerie, la poitrine soulevée par le même tumulte, les mains aux genoux, haletant de vitesse brusquement coupée et de fou rire. Alors Clémence découvrait en elle une nouvelle allégresse, car ces battements de l'air et du sang étaient sans doute le seul écho de la vie dans son corps trop attentif d'être isolé des bruits du monde. A ces minutes, elle sentait, comme d'un oiseau au creux des mains, son essoufflement, le sifflement de sa salive au bord des lèvres et les coups solennels de son sang vers sa gorge. Pliée en deux, elle tournait la tête vers Maurice et le voyait secoué par la même fièvre, et, pour elle qui n'entendait rien des bruits et des paroles, cette exaltation physique semblable à la sienne et comme sensible à travers son propre halètement, éveillait la conscience d'un lien charnel. Une angoisse du cœur et des muscles la jetait alors contre cet enfant dont elle prenait à pleines mains les deux mains déjà viriles : elle les plaquait contre sa poitrine et, sur sa chair nue, les faisait glisser doucement vers sa gorge.

C'était ce vertige de son enfance qu'elle retrouvait à côté de Maurice, sur les herbes rases du vallon de la Mellette, les jours où il venait la surprendre au milieu des ruches. Comme jadis, un éblouissement lui rendait brusquement sensibles tous les frémissements de la vie qui lui échappaient d'ordinaire. Le glissement de l'air sur les narines et sur les lèvres brusquement tirées se transposait en un battement léger, tandis qu'à voir se tendre le cou, en haut des mâchoires, sous les oreilles blanches, elle imaginait le bruit anxieux du sang. Aussi, de ses mains ouvertes sur les tempes de son frère, elle attirait doucement ce visage, plus vivant pour elle que les autres visages, et tout un monde de murmures et de bruissements imperceptibles se fixait dans ses yeux en un mouvement de joie.

Pour Maurice, ces rencontres éveillaient un autre vertige. Celui d'une tendresse faite de pitié et d'admiration, un envoûtement né de l'amour d'un être auprès duquel jamais un seul mot n'avait brisé la communion du silence. A côté de sa sœur, il découvrait ainsi d'autres liens que ceux de la vie quotidienne, toujours faits de paroles claires, de phrases ajustées aux gestes et aux travaux, de mots traînant toujours avec eux un objet ou un événement, une obligation ou un mouvement simple du cœur. Des yeux aux yeux, de la bouche à la bouche aussi, et sur toute la chair, il acceptait le pacte d'une amitié plus secrète, comme avec un être irréel. Cette amitié lui découvrait un monde fantastique, pareil à celui des légendes. Meneur de bœufs, bûcheron des hautes coupes à l'esprit limité, toujours appliqué aux choses réelles, arbres ou bêtes, il n'échappait d'ordinaire au courant de ses travaux que pour repenser à chaque chose dans un ordre juridique, légal, d'après des textes sus par cœur, comme des phrases de code, séparant le bien et le mal. Dans toute sa vie, seule, Clémence l'entraînait en dehors des travaux et des choses permises, comme aurait pu le faire un livre, ou une exhortation religieuse, quelques paroles inaccoutumées, prononcées dans des circonstances solennelles.

Avec ses frères, ses cousins, les autres garçons de la vallée, il parlait d'elle comme d'une chose mystérieuse, en changeant de voix.

— Oh, Clémence ! Avec elle ce n'est pas pareil ! Qu'est-ce que tu parles des autres filles ?... Tu comprends, elle ne te dira pas : fais ceci, fais cela. Allons à la rivière ou vers les bêtes... Non, avec elle tout se fait au moment voulu. Elle n'hésite pas... On peut la plaindre d'être infirme, mais qu'est-ce qu'elle y perd ? Avec elle, qui ne parle jamais, je sais toujours ce qu'il faut faire, rien qu'à la voir aller, comme si elle commandait avec ses gestes...

C'était bien cette révélation de ses propres pensées qu'il cherchait auprès de Clémence, sur les pelouses du vallon de la Mellette. Roulant avec elle au long des courtes pentes, riant et luttant, il retrouvait en lui, mais comme libérées de leur solitude coutumière, ses pensées secrètes sur les travaux et l'avance de la saison... Un brin de genièvre à boules noires qui leur cinglait le visage, en automne, les faisait penser, d'un même coup, au passage prochain des grives et à leur chasse. Le tronc de sapin qui les arrêtait brusquement dans leur glissade et pinçait leur dos de son écorce les amenait tous deux devant les hautes coupes et les troncs marqués en quinconce de traits rouges et de chiffres. Aux reflets de la lumière sur les yeux de Clémence, il voyait l'heure, prévoyait le rassemblement des bêtes et le retour à la ferme. Rien ne lui rappelait plus les liens du sang qui l'unissaient à cette fille calme, mais tout, au contraire, semblait le rapprocher d'elle, en effaçant cette fraternité. C'était le plaisir des jeux, la course et la sieste, les travaux partagés et les mêmes désirs vers les fruits et les moissons. C'était une vie si pareille à la sienne qu'elle avait l'air de s'y mêler par un lacis semblable à celui des sentiers et des torrents que l'on découvre des hautes crêtes. C'était, surtout, entre les deux tempes comme entre deux hautes digues, le calme d'une pensée égale à la sienne, pareille à la sienne dans son mouvement sans murmure.

C'est pourquoi, changeant d'itinéraire, faisant parfois de longs crochets dans la montagne, soit à la montée, soit à la descente, il passait de plus en plus souvent par le vallon.

Avec le temps, cette attirance se faisait plus forte. Clémence prenait aux années une plénitude physique, un air de puissance, toujours en attente, animale et presque féconde déjà.

6

Un jour, comme il regagnait le Maubert, un peu grisé par la descente rapide et les chocs des sauts et des glissades répercutés des talons jusqu'à la nuque, Maurice vint tomber sur les falaises qui dominent le vallon. Au bord du roc, au milieu des feuillages durs et des épines, la poitrine et la tête hasardées, il aperçut, couchée encore, auprès des bêtes qui se rassemblaient d'elles-mêmes à l'ordre du soleil, Clémence. Et la voyant ainsi, sur la terre et l'herbe encore chaudes mais déjà près de l'ombre, libre, dans cette reprise du silence et de la solitude, d'abandonner son cœur à ses folies, il se mit à la regarder avec des yeux d'homme.

Une femme allongée et seule, sous les grands changements du ciel, semble toujours attendre et provoquer le désir. Et plus celui qui la regarde reste caché, plus sûrement il cède à cette attente. Nul témoin n'arrachait Maurice à son vertige...

Une glissade entre deux failles de la roche le jeta presque sur elle. D'arbuste en arbuste, le coude freinant dans les branches et les talons plantés dans les prises, elle le vit sauter et, les bras ouverts comme d'ordinaire, elle l'accueillit dans son sourire. Mais, allongé tout entier sur elle, égal à sa taille, séparé de la terre et des herbes par ce corps si libre de ses mouvements qu'il répondait à chacun de ses gestes, il sentit qu'il oubliait le son des paroles humaines par lesquelles se fixent les morales et les devoirs. Tous les liens du sang, les habitudes du respect fraternel et jusqu'à cet instinct qui le gardait de lui-même devant ses autres sœurs et ses cousines, tout cela s'abîmait dans ce silence jamais rompu, dans ce sourire inexplicable, dans ce gonflement des lèvres, et surtout dans cette trame quotidienne de travaux et de jeux, qu'autour d'elle et qu'autour de lui, nouaient les chemins, les ruisseaux, les pelouses et les arbres de la montagne.

Des hommes plus insouciants que les Arnal, moins soumis à des règles morales, moins attentifs au bien et au mal, auraient sans doute deviné quel vertige entraînait ces deux jeunes corps. Mais la vie, au Maubert, obéissait à trop de règles et suivait une ligne trop prévue, pour que les hasards d'une passion aussi secrète n'y restent pas cachés aux yeux de tous.

Tels qu'ils étaient, avec leur hantise du scrupule, les hommes du Maubert étaient incapables de soupçonner ce désastre d'amour. Les femmes même, plus portées à interroger, par habitude d'épier la fatigue ou la maladie chez les enfants, mais inhabiles, par pureté de vie, à deviner les désordres du cœur, ne pouvaient découvrir le secret de Clémence.

Tout semblait fait, au Maubert, pour ensevelir ce secret : l'indifférence des âmes sans remords, la solitude des prairies, la sauvagerie de Clémence.

Dans ce haut de vallée, les saisons avaient trop de force pour ne pas faire disparaître un événement qui ne se liait pas à leurs travaux. On était alors à la reprise des beaux jours, le ciel était propice à la vie en plein air et les Arnal ne se voyaient plus qu'à l'aube et que le soir. Dispersés dans les champs, ils ne se trouvaient réunis qu'après le dernier repas, pour des flâneries où le sommeil était déjà maître de leurs pensées.

Les soirs étaient clairs et n'invitaient pas aux confidences. Chacun laissait son esprit suivre l'allégresse de la saison ; elle naissait de l'intimité des corps et de l'air tiède, d'une douceur à vivre après les heures de travail.

Vers neuf heures, le soleil couché derrière les crêtes, des nuages légers rabattaient encore la lumière sur les pentes du Maubert. La buée de l'herbe et de l'eau tendait une masse transparente entre les lisières en boules des plus proches forêts. Les vallonnements s'emplissaient de l'ombre des abîmes, entre les lignes de faîte de la montagne, et le ciel s'obscurcissait par degrés, dans sa masse entière, sans qu'on pût voir d'où venait la nuit.

Le long du torrent, en amont de la passerelle, par les digues herbues des petits canaux qui ruisselaient vers les prairies, les Arnal venaient s'asseoir sur les blocs de pierre des écluses.

Au bas des pentes de trèfle et de luzerne, comme à portée de leurs mains, dans un remous d'ombre et de brise, les pommiers en fleur ressemblaient à d'énormes boules blanches qui, par leur immobilité même, se balançaient et flottaient sur la prairie.

On aurait cru voir, dans l'immense creux de la vallée où la nuit supprimait les distances, passer ces houppes légères, fleurs vagabondes des prés, qui suivent un souffle et traînent avec elles nos vœux secrets.

DEUXIÈME PARTIE

LE CRIME DES JUSTES

1

Les gens disaient : « On sait tout de cette famille. Ils n'ont rien à cacher. » Pourtant, cet hiver-là — on l'apprit bien plus tard —, elle sut garder un secret.

L'hiver sans doute fut complice. Le Maubert, alors, était solitaire entre des plaques de neige et de gazon, sous un grand paysage noir. Les hautes eaux franchissaient le barrage du moulin, la petite passerelle du raccourci était emportée, il fallait, pour arriver à la ferme, faire un long détour par le chemin haut et le pont de pierre.

De fin novembre à fin février, les Arnal vivaient ainsi, seuls, contre leurs troupeaux, un peu désœuvrés malgré les durs travaux de la saison. De loin en loin, seulement, un homme qui montait aux coupes de l'Etat, quelque préposé, quelque garde, passait à la ferme. D'autres fois, un des cousins descendait à la ville. Ce va-et-vient rompait les jours et rendait moins complète la solitude, mais, en ce temps de l'année, les Arnal avaient de longues heures à eux, surtout pendant les veillées.

Ils les passaient réunis dans la grande salle, au rez-de-chaussée de la ferme. Devant la table sans nappe, chargée de fruits d'hiver, de pommes et de poires grenues, de noix et d'amandes, ils prolongeaient le repas du soir comme par jeu. Les bras allongés, ils pelaient lentement les fruits en les faisant tourner à bout de doigts ou cassaient des coquilles à paumes ouvertes. Puis ils se retournaient vers le feu, épaule contre épaule, le front courbé sous la longue pièce de toile à carreaux bleus et blancs, clouée au bois, qui faisait le tour de la cheminée.

Les yeux fixés sur les bûches qui roulaient vers eux, ardentes et sans flammes, ils ne voyaient même pas le fond de l'âtre où flambaient en ouragan des troncs et de minces branches. Un point fixe arrêtait leurs regards, cette marge mouvante et douce comme un velours, entre la cendre et la braise, mais ils ne levaient pas les yeux vers la grande lueur rouge, et le foyer, comme la tempête qu'arrêtaient les volets et les portes, sifflait pour eux dans un monde déjà invisible.

Chaque parole dite subissait la même loi. Certaines passaient à côté de ces esprits de silence : un mot, une phrase, un long monologue même se perdaient ainsi, sans que nul n'y répondît. Mais d'autres s'imposaient à eux, les hantaient comme cette braise, mouvante de sa lente mort, et, pendant des heures, mourant aussi avec peine, se répétaient de l'un à l'autre...

A gestes courts, brusquement élargis, certains tressaient des paniers de joncs et faisaient effort pour s'absorber complètement dans cette tâche. Mais l'enlacement régulier des brins créait un rythme monotone et secret qui rendait leur esprit plus libre et plus docile à la rêverie que l'oisiveté elle-même.

Plus attentifs et le front plissé, d'autres s'installaient au coin d'une table et repoussaient une plaque de cuivre découpée en forme de cœur pour orner le front des mulets. A petits coups de marteau, à longues pesées de poinçon, devant les enfants émerveillés, ils dessinaient les lettres minces d'une devise ou gonflaient les pétales d'une fleur, les joues et les lèvres d'un visage.

J'aime le vin, j'aime la rose,
Et ma Lise sur toute chose,

disaient les devises traditionnelles, piquetées de fleurettes et de volutes. Et le broc, et la rose, et le visage à moitié dessiné improvisaient un monde fantastique qui donnait encore plus d'espace à la rêverie, et, par la rêverie, au silence.

Alors, parfois, Conseiller prenait un journal, vieux déjà, roulé dans vingt poches avant d'arriver au Maubert, ou ramassé sur quelque table de la maison commune. Dans le grand silence de la veillée, il se mettait à lire à haute voix des histoires vieilles de plusieurs semaines, et, d'être ainsi dégagé de l'actualité, chaque fait divers prenait une valeur enseignante, et se chargeait d'une signification nouvelle.

Ecoutant le récit des crimes, des adultères et des vols, les Arnal se regardaient, forts du scandale qu'ils sentaient en eux, libres dans leur violence d'hommes sans reproche, durs d'être justes. Puis Conseiller pliait son journal et, comme les autres, s'accroupissait devant le feu.

Le monde extérieur disparaissait pour lui comme pour ceux qui l'entouraient, et, pendant ces heures de méditation et de silence, chacun retrouvait en lui le grand orgueil de la famille. Dans cet isolement, les Arnal sentaient encore leur puissance, et les mille liens qui les unissaient aux hommes de cette terre.

Comme cette chaleur du foyer qui montait vers leurs fronts penchés, la chaleur de cet orgueil leur devenait sensible et pareille à un bien-être physique. Cet ensemble de devoirs et d'honneurs, tout ce que leur commandait la sagesse de leur famille, cette régence sur les hommes et cette puissance aussi que les hommes prenaient sur eux par leur déférence et leur soumission, tout cela se confondait avec le recueillement de la veillée, avec cette allégresse silencieuse des corps détendus devant les flammes, encore crispés de fatigue mais reposant sur elle...

2

Un soir, dès la fin du repas, Clémence monta dans sa chambre. A cause de son infirmité, elle était la seule qui ne devait pas souhaiter le bonsoir à chacun, embrasser les uns, serrer la main des autres, comme on faisait dans la famille. Elle remuait seulement la tête, le cou tendu, le front haut, et tout le monde, dans la salle, d'une seule voix, lui disait :

— Bonsoir, Clémence.

Ce jour-là, elle partit quand les fruits étaient encore sur la table. Personne ne s'en étonna et, pendant une heure encore, les enfants jouèrent puis, à leur tour, allèrent dormir. Quelques-uns qui couchaient dans une dépendance de la ferme traversèrent la cour en jouant avec la neige grise. Les portes fermées, les volets rabattus, un long silence submergea le Maubert, semblable, dans sa force, aux accidents du temps qui venaient de la montagne, pluie ou neige, vent ou calme de l'air.

La veillée passait dans ce silence, mais, vers les dix heures et demie, un grand cri traversa la maison. Un cri atroce, d'angoisse étouffée, comme d'une voix enchaînée ; le cri d'une douleur malhabile à se plaindre.

Dans la salle, ils furent tous debout, renversant leurs chaises, la tête levée :

— Clémence ? dit Conseiller.

Ils se précipitèrent vers la chambre de la jeune fille. Elle était au premier étage, au bout d'un couloir de bois sonore comme une forêt. Entre les deux ombres convergentes des murs, sous la porte, ils virent glisser, dès les dernières marches, un fil de lumière. Le grand cri s'était tu, mais quelque chose gémissait dans la chambre, comme si, en Clémence, une voix venait de naître, faible, mais libre.

Conseiller poussa la porte, entra et, derrière lui, toute la famille.

Clémence était sur son lit, évanouie et pourtant souriante, encore habillée mais les jupes relevées à pleines mains, plaquées sur la poitrine avec violence, le ventre dénudé, les cuisses ouvertes, salies de sang. Un enfant nouveau-né reposait entre elles, encore courbé comme dans le sein maternel mais déjà gémissant. Tout le déchirement d'une naissance violente et combattue, sang et chairs, maculait les cuisses, le ventre qui battait comme un grand cœur blanc, les pieds nus et l'enfant, mais les deux genoux relevés tendaient leur courbe pure, immaculée et, sous les robes où se perdait la taille, un beau corps frémissait de douleur calmée, une poitrine, haute et souple, respirait lentement.

— Ah bien ! dit Conseiller.

L'enfant se détendait, les mains aux épaules : un garçon solide. La femme d'Albin, sans un mot, à gestes anguleux, se mit à le nettoyer, coupa le dernier lien, essuya la mère.

Clémence, soulevée au-dessus de sa torpeur, ouvrait les yeux, les fixait au mur blanc et plus loin, peut-être, sur l'immensité blanche du rêve de sa délivrance. Tous, autour d'elle, restaient muets, solennels. Seul, derrière les cousins massés, coude à coude, Maurice, appuyé à la porte, tremblait.

— Ah bien ! reprit Conseiller, quelle tache ! Un bâtard maintenant. Et de qui ?

Les mâchoires fermées, le menton tendu comme pour une bataille, les ailes du nez plus serrées encore, tous pensaient aux gars du voisinage : à celui des Terres-Rouges, à ceux du Grand-Moulin, aux deux gardes de l'Etat.

Alors Conseiller fit un pas vers Clémence, courbé en deux, le poing gauche en avant :

— Maintenant... fit-il, il faudra...

Puis, avec un geste de découragement, pensant à haute voix :

— Mais comment savoir ? comment savoir, avec elle ?

La femme d'Albin avait recouvert le corps de Clémence. Les vêtements arrachés pendaient sous les couvertures. Le lit était plat comme sur une morte. Le visage seul sortait des draps trop tirés, un visage inaccoutumé, bleuté, avec des tempes plus creuses qu'à l'ordinaire, les dents découvertes. Les yeux de Clémence se posaient toujours sur le mur, mais avec plus de fixité, arrachés à ce vague qui les noyait tout à l'heure.

— Si l'on savait ! dit un des cousins, le regard mauvais, la langue contre les dents.

Tous, insoucieux de l'enfant qui posé sur la table étroite risquait de tomber, pensaient au père, à celui qui avait préparé cette honte, et plus encore à la honte elle-même. Clémence, à leurs yeux, n'était plus rien. Ils l'oubliaient pour ne plus penser qu'au déshonneur qui tombait sur eux, comme, encore tout à l'heure, pensant à leur réputation de droiture, ils s'oubliaient tous, eux et leurs actes, pour ne penser qu'à ce lien spirituel et indivis.

Alors, dans ce silence de toute la famille, Clémence tourna la tête. Ses yeux rencontrèrent les yeux de Maurice, un sourire souleva ses lèvres, il se gonfla comme une nappe d'eau sur une source, la bouche s'ouvrit et, sur les dents blanches, les gencives douloureuses et qui semblaient livrer un peu du secret de ce corps tourmenté, un baiser se forma. Dans l'espace, il semblait se heurter à un contact, trouver une offrande répondant à son offrande et, prolongeant cette caresse, aux yeux de tous, hommes et femmes, penchés d'un coup, les yeux de la muette parlèrent.

Dans un grand élan d'angoisse, ils regardèrent Maurice. Lui, devant la porte, avec un tremblement de tout le corps, regardait Clémence.

— Toi ? dit Conseiller, avec ta sœur !

— Avec sa sœur... Un homme de notre sang !

Comme sous un coup de folie, la femme d'Albin se précipita

sur l'enfant. Elle le prit dans ses bras, nu, à peine roulé dans un châle et qui déjà, bleu de froid, ne criait plus. Tous les hommes sortirent derrière elle. Maurice resta seul dans la chambre et lentement, pas à pas, il marcha vers le lit où reposait Clémence... Quand le dernier des cousins ferma la porte, il se jeta sur elle, les bras en avant, les deux mains ouvertes sur son visage, comme il faisait sur les vieux gazons, les jours d'été.

3

La famille se retrouva dans la grande salle autour de l'enfant que la femme d'Albin avait posé sur la table.

Les hommes le regardaient, penchés vers lui, comme ils auraient contemplé une pièce de chasse, le regard brutal, mais avec quelque chose d'impuissant et de vaincu.

— La première tache, dit Conseiller, et pire que tout ! Les gens vont dire : les voilà ces Arnal, droits devant le monde et, par-derrière, plus mauvais que les derniers des derniers... Ah mais, si c'est ça, je ne sors plus du Maubert, que la neige et que l'eau nous coupent de tous les autres et que je meure dans ma cour... Maintenant tu me vois au conseil de la commune ! Moi, Arnal ! Des dettes, un parent à faire honte dans la vallée, tout ça n'est rien. Mais un déshonneur comme ça, dans une famille... comme la nôtre ! Les gens vont dire... ils vont tout dire ! Et ce petit grandira, poussera au milieu des autres. Il y a des fautes qui s'effacent ; on peut en parler, mais rien ne les rappelle, devant les yeux. Mais ça ! Et puis, à l'école : « Bastardou ! petit bâtard, fils empoisonné. » Les enfants lui jetteront des pierres, le raccompagneront jusqu'ici. Il faudra voir ça, il faudra l'entendre. Ah malheureux... Et il vit. Il pouvait naître mort. Etouffé par la honte. Etranglé par l'honneur.

Sous la chaleur du foyer et des haleines, l'enfant remuait, levait les bras, se recroquevillait, et, de ses lèvres, aspirait l'air tiède. Tous, debout, ils le regardaient, formant un grand cercle. Conseiller, le dos à la flamme, noir sur des lueurs rouges, soufflait comme le Nord en tombant les épaules.

— Ils vont rire, ceux qui nous craignaient comme la Justice ! Les mauvaises filles de cette ville vont raconter maintenant que les filles de chez nous n'avaient pas besoin d'amoureux, dans les fermes. « Elles trouvaient leur plaisir au Maubert, ces Arnal-la-Vertu. » Dieu de tonnerre ! « L'enfant de "l'amour" », ils vont dire ! Et tout ça, de l'honnêteté droite, à ne pas prendre une tige de seigle sur la limite, à ne pas ramasser une châtaigne sur le chemin, pendant des vies d'hommes, depuis qu'il y a des Arnal ici, sur cette montagne, ça ne servira pas plus qu'une chanson. Des gens de rien. Des couche-avec-ta-sœur-et-toute-la-famille... Moi, moi, et vous... vous autres, avec toute notre parentèle, les enfants réguliers, faits dans les lits de la maison... pas sur les genêts. Dieu de tonnerre ! Conseiller à la commune... Une famille où les gens vont voter pour les sénateurs. Une famille qui aurait fait marcher tout le pays pour le Roi ou la République — pour la République à coup sûr — rien qu'à dire : le Droit est là, marche. Des gens comme nous... La honte pour soixante ans, vivante comme un homme — on devient vieux avec notre sang, même sans l'éclaircir avec le sang des autres ! Et dans une autre famille, un petit comme ça serait mort en arrivant. Mais il vit, tonnerre de Dieu... Il vaudrait mieux...

Alors la femme d'Albin, d'une voix brûlée :

— Et les familles qui tiennent à la vôtre ? Les gens de chez moi ? Ceux de chez Marie ?

— Et la nôtre de famille, hurla Conseiller. Ni moi, ni Albin, ni les fils, ni les petits-fils, mais la famille... Les Arnal du Maubert...

« S'il était mort, reprit Conseiller, la voix plus basse. S'il était mort en naissant, tout pouvait être caché. Nous gardions le secret — le secret de la famille. Tous ensemble. On l'enterrait là-haut derrière la grande bergerie. Ni vu ni connu... L'honneur restait... Mais comme ça, tout le monde va le savoir ! Les gens vont parler de nous sans arrêt, pendant six mois, pendant un an, pendant une vie d'homme. On n'a jamais pu dire que du bien sur nous, mais tout change, d'un seul coup. C'est la force de toutes les mauvaises gens de la vallée !... Voyez, voyez, ces vertueux ! Nous autres on ne se donne pas en exemple, mais, chez nous, les frères ne font pas des enfants à leur sœur... C'est le désarroi de l'honnêteté... On devrait avoir le droit...

Les mains crispées au rebord de la table, debout, coude à coude, comme au jour des grandes cérémonies familiales, des deuils, des mariages, des anniversaires, ils formaient devant Conseiller, le père et le maître, une grande masse animée par une seule passion. Nul n'osait parler, mais l'aïeul parlait pour tous, et cette fureur, cette brusque hantise du jugement des hommes qui le secouait, dirigeait son discours, enflait sa voix, les étreignait tous. Autant et plus même que le sens de ce discours, les cris, les jurons de Conseiller et les brusques silences qui les faisaient chanceler, exaspéraient cette fureur. Elle s'exaspérait encore plus quand, les yeux ouverts sur d'autres yeux, ils retrouvaient dans un regard, faite éclair et larmes, la pensée qui les rendait tous fous. Et l'enfant sous le châle de laine noire, par un cri, par un sanglot, empêchait cette pensée d'échapper à elle-même.

— Vous ne croyez pas, vous autres, reprenait Conseiller, vous ne croyez pas ? Enfin, s'il était mort, personne ne saurait rien !... Ah non, ah non ! Mais pourtant ! Pensez... Si hier nous avions dit : fais ceci, fais cela, qui aurait parlé contre ? Mais demain, allez voir, je pourrai parler à la commune... Pour cette histoire de l'eau, des fontaines... quand je dirai : non, pas comme ça, c'est l'intérêt de dix contre cent. « Et l'intérêt de ceux qui font des enfants à leur sœur ? » Toujours la même chose... Pire qu'un bâtard ! Quand je vous le dis. Il pouvait mourir. Il vaudrait mieux qu'il soit mort... Pour lui... Pour l'honnêteté. Oui... Mais voyez-le, c'est vivace. Ça crie comme un homme... Allez, allez, ça respire. Touchez voir. Sentez l'air, sous la peau. L'air qui passe. Et le cœur... le cœur. C'est là, dans le cœur, la vie. Touchez voir... Ah ! misère.

Le visage allongé par les larmes, sans regard, Conseiller répétait maintenant les mêmes phrases et les sanglots des femmes répondaient aux siens :

— Il vit... Touchez voir. Touchez voir... Touchez sa vie... Sous le cœur. Ah tonnerre !

Mais brusquement les mots lui manquèrent. Il ne retrouvait même plus ceux qu'il venait de répéter dix fois et, seuls, ses sanglots, coupés de moment en moment au fond de sa gorge, donnaient une mesure au silence.

Alors ils se rapprochèrent du coin de la table où était l'enfant. Penchés vers lui, comme pour l'écraser de leur masse, ils tendaient les mains, les plaquaient sur le châle noir, pesaient sur le petit corps.

— L'air qui passe... sous la peau... et le cœur, le cœur ici, reprenait Conseiller d'une voix haletante avec de brusques sursauts qui ressemblaient à des éclats de rire.

Et tous, furieusement pressés, tâtaient cette vie, touchaient ce cœur, suivaient le rythme de cette haleine.

A chaque mot de Conseiller, des doigts se serraient, des mains puissantes se crispaient, comme pour arrêter ce mouvement imperceptible, fait d'air et de sang mystérieux, et chacun, croyant le sentir glisser sous ses ongles, pinçait la chair.

Mais alors, sur l'escalier de bois, si haut qu'il semblait sonner dans les têtes fiévreuses, un pas s'enfonça dans la salle, cognant à chaque marche, balançant dans la nuit et butant lourdement contre la porte.

« Maurice ! »

D'un même mouvement, ils se rangèrent sur une ligne, face à la porte, le dos à la table, masquant le châle noir sous lequel était l'enfant.

Maurice ouvrit la porte, et, sans entrer :

— Elle s'évanouit. Vous n'allez pas la laisser...

Deux femmes — Marie et Jeanne — marchèrent vers le couloir. Pour les laisser passer, Maurice fit un pas dans la pièce. Alors, les mains ouvertes et basses, regardant la famille :

— Pensez...

— Tais-toi, dit Conseiller, que peux-tu dire ? Rien ne te regarde. Tu n'es plus rien... tu partiras demain... tu n'as que faire au Maubert. Quitte le pays. Nous dirons que tu as une place dans les villes. Nous te donnerons de quoi partir, tu travailleras. Tes mains n'ont plus rien à prendre de l'héritage. Nous sommes maîtres. Sors maintenant.

— Mais le petit ? l'enfant ? dit Maurice.

— Sors maintenant, crie Conseiller, rien ne te regarde. Sors. Tu n'as pas à te retourner. Nous ferons ce qu'il faut.

Et cette violence, soutenue par la violence muette de tous, manifestée dans les regards, les poings serrés, les lèvres sèches, brisa d'un coup la volonté du jeune homme. Il sortit de la salle, ferma la porte sans bruit, comme pour disparaître déjà, et, sans bruit encore, dans le seul gémissement des lattes de bois qui semblait né du vent ou des mouvements des siècles, plus que des pas d'un homme, il remonta vers les étages.

4

Alors ils se retournèrent vers la table. Conseiller souleva le châle et le corps de l'enfant apparut. Dur à l'œil et non pas immobile, semblait-il, mais raidi, il avait cette couleur fragile et bleue de la glace mince.

Sous les mains aussi, qui se tendaient, les chairs étaient glacées, et sous la pression des doigts restaient blanches.

Une stupeur, faite de respect et de crainte, arrêtait chaque souffle au-dessus du petit visage aveugle et le silence imposait aux têtes inclinées un mouvement qui semblait ne devoir jamais finir.

Mais Conseiller, plus fort que ce silence, d'une voix sourde :

— Sortez, sortez. Laissez-nous maintenant. Reste, Albin. Allez dormir, vous autres.

Les deux chefs de famille restèrent seuls dans la salle.

— Derrière la grande bergerie, dit Conseiller.

Albin décrocha la lanterne, vint l'allumer au feu et, minutieusement, essuya les verres. Pendant ce temps, Conseiller enroulait le corps de l'enfant dans le châle. Puis, dans un sac étroit qui avait contenu du soufre pour les vignes, il glissa le corps et son suaire de laine, et, d'un gros nœud de corde qu'il serra du bout des dents, ferma le sac.

La lanterne à bout de bras, Albin se balançait déjà devant la porte. Conseiller prit le sac sur ses mains ouvertes, Albin éleva la lanterne jusqu'à la serrure et la salle entière tomba dans la nuit. Devant cette clarté qui cherchait la clef et le loquet, tous les gestes des deux hommes restaient simples et semblables à ceux qu'ils faisaient chaque jour, sans hâte ni temps perdu.

La porte ouverte, la lumière bascula dans la cour sombre, et devant elle qui s'affaiblissait en s'allongeant, chaque brindille d'herbe ou de bois soulevait sa propre image de givre immobile. Au bout de ce bourbier hérissé de glace et qui montait en pente douce, la façade de la grande bergerie limitait les jeux de la lumière.

Brisant la glace et glissant, le père et le fils contournèrent la bergerie. Une sente raide où des troncs mal équarris dessinaient des marches conduisait au terre-plein contre lequel elle s'adossait. Les deux hommes butaient sur ce bois glacé, sur cette pente où les cailloux pris par la terre durcie ne roulaient plus. Albin marchait devant, la lanterne basse, collée aux jambes, éclairant juste ses pas et laissant traîner derrière lui un triangle de clarté sur lequel marchait son père.

En haut du sentier, à l'angle du mur, s'amoncelaient des caisses de bois et de fer-blanc, débris des achats faits à la ville. Conseiller remua cet entassement sonore, prit une caisse de bois étroite et lourde, y posa le sac et, ajustant le couvercle aux quatre angles, du plat des mains, enfonça les quelques pointes qui restaient.

Alors, à pas comptés, le long du mur nord de la bergerie — mur sans fenêtre, à moitié enfoui dans le sol — ils avancèrent, n'éclairant même plus leur marche sur cette terre presque lisse, mais fouillant l'ombre dans l'angle du mur et des herbes. Entre deux monticules, ils posèrent la lanterne, puis la caisse. Conseiller tapa le sol du pied et dit :

— Là.

Albin reprit la lanterne et, courant presque, contourna la bergerie. Conseiller, seul, à côté de la caisse qu'il touchait parfois du bout des doigts, d'un geste hésitant, reçut la nuit, comme un coup de vent, dans les yeux. Plus rien n'échappait à l'ombre, mais des rumeurs d'eau ou de feuillages, lointaines et amples, recréaient une immensité derrière cet écran immobile. Sur le bord de la caisse, le vieillard accroupi sentait trembler ses doigts, cependant que, les épaules en voûte pleine comme pour tasser d'un coup ce tremblement qui gagnait tout son corps, mais l'oreille levée, il arrêtait les bruits errants dans l'espace, et, pour vaincre une brusque terreur sans cesse réveillée, cherchait à percer leur mystère...

Mais toutes ces rumeurs de cascades ou de forêts, ces ronflements du vent, se mêlaient tout à coup, inexplicables, et la terreur restait maîtresse, attentive seulement à suivre le claquement sec des doigts qui ne pouvaient plus se détacher de la petite caisse sonore...

Cependant Albin était revenu avec des pioches. Les deux hommes se mirent à creuser la terre, contre le mur, entre les monticules. D'abord des croûtes glacées s'arrachaient d'un coup avec des mottes d'herbes pâles ; puis un sol plus meuble éleva sa buée devant la lanterne. Le trou descendait contre le mur enfoui, vers les fondations de grosses pierres, et tandis qu'il s'approfondissait, la nuit restait immobile, aussi froide, aussi fermée et gémissante au loin, mais le temps passait, mesurable aux soupirs des deux hommes, et déjà, sans que rien dans le ciel ou sur les crêtes ne vînt l'annoncer, l'aube devait être proche.

Les deux hommes maintenant étaient à plat ventre sur le sol, écrasés par le silence. Mais, brusquement, une pointe de fer, claire, frappa le roc comme un signal. Alors, geignant et lourd, Conseiller se retourna sur ses coudes, attira la caisse vers lui et la fit glisser au bord du trou. Albin bascula avec elle de tout le torse et, les doigts en sang, la posa sans heurts sur le fond.

Dans la nuit, la terre qui retombe sur la terre ne fait que le bruit des éléments qui glissent d'eux-mêmes. Le vent le plus proche le dispersa sur les pentes d'herbes, mais l'écho du mur de roche, à droite du vallon de la Mellette, sauta sous le claquement de quatre semelles frappant un sol remué...

Albin descendit le premier, balançant la lanterne avec de grands gestes d'homme égaré. De nouveau, Conseiller resta seul dans la nuit brusquement refermée : il s'obstinait à frapper du pied sur cette fosse comblée, déjà égale au sol et dure comme lui. Puis, tombé sur les genoux, il replaça sur elle des plaques de gazon et de glace. Du bord du toit, une eau lente tombait le long du mur et, contre le sol, se glaçait de nouveau. Les mains ouvertes, Conseiller la suivait dans sa chute et pesait du bout des doigts sur les fentes de la glace que la nuit refermait déjà.

Dans ce remous glacial qui précède l'aube, cet homme accroupi semblait travailler à faire disparaître toute trace de ce sol ouvert et recomblé.

Au bout de ses doigts crispés, des filets d'eau se refermaient comme de petits doigts volontaires. Tout semblait se rapporter à l'ensevelissement du petit cadavre, et la terreur renaissait au cœur de cet homme solitaire dans la nuit, et qui se sentait lié à un événement terrible pour cette nuit et pour la vie entière. Plus rien ne paraissait pouvoir donner une mesure ou marquer un terme au temps qui passait. Aucun bruit ne semblait finir ou renaître avec une minute ou avec une heure : ni le bruit du vent ni le bruit des eaux. Il n'y avait autour du Maubert que des mouvements sonores que rien ne limitait dans l'espace et qui ne donnaient aucune limite à la durée des choses... Comme eux, les mouvements de ce cœur désespéré ne semblaient plus devoir finir et pour les suivre, pour les mieux écouter encore, Conseiller s'accroupissait contre la terre, pareil à un homme blessé qui se recroqueville sur sa blessure pour aveugler le sang... Ainsi crispait-il son corps sur cette hantise, sur ce remords.

Quand il se releva, l'aspect du monde changeait déjà sur les crêtes. Tout ce que la nuit avait confondu pendant des heures se soulevait en masses distinctes et opposées, et des lignes dures précisaient les contours des hautes terres qui se séparaient du ciel.

TROISIÈME PARTIE

LES JUSTES DEVANT LES HOMMES

1

Un matin, comme il sortait du sommeil, le corps encore immobile et comme indifférent à ses pensées, les yeux fixes, Conseiller vit en face de lui, dans la haute lucarne sans volets qui trouait le mur, un abîme bleu. Alors avec un tremblement qui le souleva d'un coup, lancé en avant, les deux mains à la barre du pied du lit, la tête levée vers le ciel nouveau, il comprit que l'hiver était fini.

La neige encore, plaquée au sol, descendait jusqu'aux chemins, mais, partout, des eaux vives coulaient sur la terre noire et, de la fenêtre qu'il venait d'ouvrir, Conseiller regardait la vallée qui, sous la clarté grandissante, semblait venir vers le Maubert avec ses maisons et ses granges.

Rien, dans cette conque où s'enfuyait la rivière, n'était semblable aux jours précédents. A chaque minute un nouveau reflet de la lumière bouleversait les rapports établis dans l'espace entre les lieux habités : une aire à blé, une porte, un homme ployé sur lui-même dans un jardin, s'arrachaient brusquement à la distance et semblaient venir au premier plan, devant les herbages du Maubert.

Dans ce matin de fonte et de vent, il semblait aussi que d'un seul coup commençait la débâcle de la solitude. Comme la neige et comme les nuages, elle fondait sous la lumière et sous la brise ; un pays clair, où tout semblait proche, se resserrait autour du Maubert.

Sur la route, après le pont, enjambant les flaques et tenant le haut de la chaussée, un homme marchait.

A la barre de la fenêtre, encore en chemise, les jambes nues à l'air froid et tremblantes, Conseiller regardait avec stupeur cette ruée du paysage et des hommes vers le mur blanc de sa maison.

A chaque minute, il lui semblait que le passant qui marchait sur la route s'allongeait jusqu'à dominer tout le paysage, et cet homme, grandi par les jeux de la lumière et la transparence de l'air, qui passait indifférent, la bêche à l'épaule, était pour lui comme la tête de colonne d'une immense foule en marche vers le Maubert.

2

De ce jour, les Arnal luttèrent contre le printemps. Ils hésitaient à descendre vers la vallée, à passer devant les fermes, on ne les voyait plus en bande, dans les rues de la ville, comme jadis. Il semblait qu'ils avaient été assauvagis par la mauvaise saison et que quatre mois de solitude les avaient déshabitués des autres hommes.

Après avoir sacrifié leur conscience elle-même à la puissance morale qu'ils avaient conquise, ils ne désiraient plus que vivre à l'écart, au milieu de cette puissance restée intacte, comme au milieu d'un souvenir. Pendant toute la fin de l'hiver, resserrés sur eux-mêmes, indifférents aux hommes, ils avaient vécu ainsi, dans l'orgueil désespéré d'avoir perdu le goût d'agir en sauvant leur honneur. Ils avaient alors sourdement désiré que la mauvaise saison se prolongeât et que la solitude de la neige, des grandes eaux et des vents du nord les séparât à tout jamais de la vallée et de la ville.

Mais pourtant, chaque jour, la saison gagnait sur leur méfiance et les obligeait à reprendre la vie commune. Trop maîtres d'eux-mêmes pour risquer d'éveiller les soupçons en s'abandonnant complètement à ce désir de solitude, ils acceptaient de rencontrer les autres hommes et maîtrisaient leur désarroi. Devant les gens, rien, dans leurs paroles ou dans leurs gestes, ne trahissait leur secret, mais, pour eux, chaque rencontre semblait amorcer un aveu.

Depuis longtemps déjà, Maurice avait quitté le Maubert. Il était parti pour Marseille, quelque argent en poche, sans voir personne, ni dans les fermes ni à la ville. Pendant les premières semaines, il avait envoyé des cartes postales, des bouts de lettres :

— Je travaille pour les camionnages, à conduire les chevaux... Je peux vivre de mon travail, ici, maintenant.

Au Maubert, Conseiller passait ces cartes aux plus anciens de la famille, à Albin, à Arthur et, dans l'ordre des âges, à Samuel, le père de Maurice. Les hommes lisaient, restaient silencieux, jusqu'à ce que l'un d'eux se décidât et jetât la carte dans le feu. Personne ne répondait à Maurice. « On t'écrira une fois par an », lui avait dit Conseiller le jour de son départ, et chacun pensait à l'année prochaine et à la réponse qu'il faudrait faire alors à ces cartes soumises, respectueuses, mendiant des nouvelles.

Le départ de Maurice avait stupéfié les gens du pays. C'était le premier qui abandonnait le Maubert. Jamais, jusqu'à ce jour, un jeune homme de la famille n'était allé travailler à la ville. Aussi les hommes de la vallée cherchaient à rejoindre les Arnal pour les questionner sur cette absence. A travers les prés en pente sous le ruissellement des eaux, coupant par les haies d'aubépines et les pommeraies éclatantes, ils venaient surprendre Albin ou l'un des cousins au milieu de leur travail :

— Et Maurice ? disaient-ils. Il va revenir ?

— Oh ! il suit son idée. Il a goûté de la grande ville. Il fera ce qu'il voudra maintenant.

— Allons, allons, disait l'homme, ce serait la première fois... Allons, allons, c'est une fantaisie. Mais quand, comment ça lui a pris de partir ?

— Une idée, une idée comme une autre... Est-ce qu'on sait avec les jeunes gens...

— Il n'a pourtant pas fait une affaire, quelque coup de tête de jeune homme ?... Bien sûr, bien sûr. Oui, ça n'est pas nécessaire. Une idée, quoi...

Albin se hâtait de parler d'autre chose, du temps qui ne se tenait pas au beau, de l'humidité des terres, des germes qui pourrissaient... Puis, bien vite, il prenait congé, s'enfonçait dans le dédale des prés et des canaux, à l'abri des murs de fleurs blanches et d'épines.

Le voisin restait songeur, étonné, une main sur l'oreille et l'index dans les cheveux, balançant le corps et la tête, mais sans soupçon et répétant à mi-voix :

— Une idée... une idée comme une autre.

Mais, pour les Arnal, ces interrogations faisaient naître une angoisse muette à laquelle ils ne pouvaient plus s'arracher. Elle rendait plus profonds leur désir de solitude, leur volonté de sauver encore une fois la puissance morale de la famille en l'isolant des autres hommes. Jamais, de l'un à l'autre, ils ne s'avouaient la violence de cette angoisse, mais tous la subissaient, plus forte dans les heures de solitude, au milieu même de leurs travaux.

Le matin quand ils sortaient du sommeil, elle précédait toute pensée. Elle pesait sur leur bouche et sur leurs yeux, comme un vin trop fort, bu la veille et brassé par les rêves de la nuit. Ils n'arrivaient pas à la surmonter, à s'échapper d'elle par un brusque réveil. Leur habitude de se lever à l'aube, la clarté naissante qui montait à la fenêtre, l'ombre des meubles et des rideaux, cette fantasmagorie du jour levant aidait à les maintenir dans cette demi-conscience et ce n'était que lorsque le soleil, assez haut sur l'horizon, les frappait aux yeux d'une flamme droite, qu'ils sautaient du lit et s'efforçaient à penser à autre chose... Mais pendant tout le jour, hommes mal réveillés, ils traînaient le souvenir de cette angoisse de l'aube et vivaient dans la crainte de la nuit qui revenait.

3

Plus sûrement encore que la nouvelle saison, les devoirs de leur famille allaient contraindre les Arnal à revoir les autres hommes.

Un matin, l'appariteur de la commune, un vieux à figure rouge, au nez bourgeonnant et crevassé qui rappelait sans cesse qu'il était de la classe de Conseiller, arriva au Maubert avec une lettre du maire. Sans laisser à Conseiller le temps d'ouvrir l'enveloppe et de lire, il se mit à expliquer sa visite :

— Voilà, on te demande... le maire et les autres. C'est pour une affaire, un accident, un mauvais coup pour ainsi dire... Enfin, il te faut descendre, tout de suite. On t'expliquera là-bas... Ce Pantel, je l'avais bien dit ! C'était à prévoir.

L'appariteur avait un képi vert sombre, à galon clair, il le soulevait en tapant sur sa visière gondolée et parlait par à-coups, à la cadence de ce tapotement. Enervé, Conseiller le regardait, remuait la tête, essayait de décacheter la lettre. Enfin :

— Le garde a fait une histoire ?

— Eh oui ! c'est bien dans la lettre et comme je te dis... Un coup de revolver, trois même, au fils des Simon... Il n'a guère le droit pour lui, l'autre ne faisait pas de mal... mais ils se détestaient depuis longtemps, pour une affaire de bois... et on dit aussi pour une fille... Alors, ceux du Conseil veulent voir ce qu'il faut faire, et ils m'ont envoyé pour que je te dise de descendre. Lis la lettre, ça y est dedans.

— C'est que, dit Conseiller, c'est que... ce matin !

L'appariteur avait arrêté son tapotement et, tirant la visière à pleine main, enfonçait son képi jusqu'à ses oreilles qui s'évasaient et devenaient écarlates.

— Enfin ! dit Conseiller, il faut que je vienne.

— On ne te reconnaîtrait pas, dit le vieux en ôtant son képi, ils attendent tous après toi.

Ceux qui n'étaient pas encore partis pour les champs s'étaient rassemblés devant la porte. Conseiller ne bougeait pas. Les Arnal regardaient l'appariteur qui frottait son crâne avec son mouchoir.

— Il lui faut boire un verre de vin, dit Lucie en entrant dans la salle.

— Comme ça, lui cria l'appariteur, mais il ne faut pas que ça nous retarde.

Albin poussa Conseiller dans la maison. Lucie revint avec une bouteille et des verres, et, pendant que les hommes buvaient, Conseiller ouvrit la fenêtre du premier étage :

— Passe devant, va leur dire que je viens. Je te rattrape.

— Bon, dit le vieux un peu vexé en rendant le verre, mais ça ne faisait pas question pour eux... s'il faut filer, je file.

Les deux hommes se suivirent sur la route, à cinq cents mètres de distance. Jaloux de sa solitude, Conseiller s'arrêtait un peu quand, au bout d'une courbe, il apercevait l'autre qui perdait du terrain.

— Toujours moi, pensait-il en coupant son pas, qu'est-ce qu'ils me veulent encore ? — Qu'est-ce que tu en penses ? —

Qu'est-ce qu'il faut faire ?... A la fin des fins, ils pourraient bien s'arranger ensemble !

Mais quelques mètres plus loin, reprenant sa marche normale, ce pas ample, ce fléchissement rapide de la jambe, dans lequel tout son corps semblait plonger, il disait :

— Ce Pantel était une tête folle. Je l'avais bien dit quand on l'a nommé garde... Mais avec toutes leurs bonnes raisons ! Le service militaire, la mère malade, le père qui était un brave homme ! S'ils m'avaient écouté, nous n'aurions pas cette histoire aujourd'hui... Je m'en vais les tenir à l'œil maintenant !

Mais alors comme il venait d'apercevoir, au ras du petit mur d'accotement de la route, la silhouette trapue de l'appariteur, le petit képi sombre et l'éclair du galon d'argent, il restait sur un pied et grondait :

— Ils ne me laisseront jamais tranquille ! Ils pourraient bien se passer de moi, une fois au moins !

En entrant dans la ville, dans l'étroite rue qui précédait le pont, et sur le pont même, Conseiller se sentit brusquement plus sûr de lui. Il n'y avait personne devant les portes, personne sur le pont, dans le creux du parapet où donne le soleil. Cette solitude était apaisante et rendait à Conseiller son assurance et sa fermeté habituelles.

Aussi, à la mairie, il monta le petit étage au pas de course, et, sans frapper, poussa la porte. Arnavielle, le maire, les deux adjoints et deux autres conseillers étaient dans la salle et parlaient avec l'appariteur.

— Ah ! dit le maire.

Il y eut un instant de silence, pendant lequel les hommes se serrèrent la main. Puis Conseiller s'assit devant la table.

— Notre garde, dit le maire, nous a mis dans un joli remue-ménage... Aussi, ce Pantel ! Il a tiré sur le fils de Simon. Une balle par terre et deux dans le ventre. Avec le pistolet que nous lui avions acheté. Et sans raison. Il dit qu'il était en service. En service !... C'est pour une dispute de bois... Et maintenant, que faire ? Le faire arrêter ? Tu vois quelle histoire pour la commune. Après tout c'est notre garde... et pourtant !

— A quelle heure ? demanda Conseiller.

— A sept heures du matin, répond Combet, le premier adjoint. Nous sommes voisins, tu sais, j'ai vu ça un des premiers. Voilà : à six heures le fils Simon monte faire des fagots dans le bois qu'il a au-dessus des Prés. Pantel le surveillait. Depuis des mois, ils se disputaient pour ce bois. Simon coupait jusqu'au-dessus du torrent, Pantel disait que le torrent faisait limite et qu'au-dessus c'était à lui. Enfin, bon. Simon fait son bois. Pantel monte après lui. Mais son fagot fini, Simon redescend. A travers bois Pantel le manque. Il a dû s'enrager à tourner après lui, dans les ronciers, mais, au bout d'un moment, il redescend à course et rejoint Simon devant chez lui. D'à partir de là, j'ai tout vu, j'étais à côté. « Sacré voleur ! crie Pantel, je t'ai vu sur le torrent, dans le bois des autres. Tu vas voir de quel bois je me chauffe, moi ! Attends un peu ton affaire. » — « Tu me fais suer, lui dit Simon, va gueuler plus loin, que nous te nourrissons. » Et des raisons... « Je te fous un procès-verbal », criait Pantel. — « De quel droit ? » disait l'autre. « Du droit que j'ai de boucler les canailles. » Alors Simon lâche son fagot, se relève et je ne peux pas dire s'il a fait un pas vers Pantel, mais ça a été plus rapide que de le répéter : pan, pan, pan, trois coups de pistolet et je vois Simon qui tourne comme un mouton et qui tombe par terre... Nous l'avons porté chez lui. Le docteur lui regarde son ventre et n'a pas l'air d'avoir confiance...

— Et l'autre ? demande Conseiller.

— L'autre ? Nous l'avons enfermé en bas. Il criait comme un fou. Sortait son carnet pour écrire. « J'ai prêté serment. Il m'a menacé. Je suis dans ma légitime défense... Ça m'aurait écrasé d'un revers de main. Si vous voulez un garde, laissez qu'il puisse se défendre ou bien tous ces bandits seront les maîtres. »

— Et autrement ? dit Conseiller.

— Oui... ce n'est pas la seule raison, ce fagot de bois. Ils faisaient l'amour tous les deux à cette fille des Aubrets... l'Espagnole, comme on l'appelle. Un soir et non l'autre, un chacun. Mais ça les enrageait et c'était une haine comme si l'un avait empêché l'autre de l'avoir.

— Eh, dit Combet, elle criait assez fort, après l'affaire. Là-haut, à la Côte des Prés, on l'entendait : ils me l'ont tué, mon soutien... et des mots, et des détails...

— Des saletés, dit Conseiller... Mais tout ça ne fait rien, il a tiré sans avoir le droit... l'autre n'avait pas d'arme ?

— Non, bien sûr, répond l'adjoint, mais, tu sais, ce Simon,

c'est un taureau. Pour ça Pantel a raison, d'un retour de main, il vous démolirait. Mais ça n'est pas une excuse, il pouvait partir et puis ça n'est pas une manière de se battre comme ça... Non, Pantel a fait un mauvais coup, et il raconte ce qu'il veut maintenant !

— Oui, dit le maire, c'est un rien du tout ! Nous avons eu tort de nous laisser prendre à ses lamentations. Nous pouvions trouver d'autres gardes. Mais voilà : pas le sou, une bonne famille, la mère malade, le service militaire... Comment avait-il fait pour être sergent ? Un joli cadeau ! Mais ce n'est pas tout, il faut arranger ça maintenant... Si ça pouvait n'être rien... On le renverrait dans quelque temps, sans que ça fasse du tort à la commune. Parce qu'enfin un garde, c'est un peu la commune, c'est un peu le Conseil. S'il y a un scandale, nous en aurons tous notre part.

Les gens du Conseil approuvaient, tapaient du bout des doigts sur le bord de la table.

— Alors, tu crois qu'il vaut mieux ne pas mettre les gendarmes là-dedans ?

— Peut-être...

— Après tout, oui, dit l'appariteur.

— Sacré bon sang, crie brusquement Conseiller, vous cacheriez les péchés du diable, s'il vivait dans le pays ! Vous arrangez ça à votre aise. Ce n'est pas la question des ennuis ou du scandale... Un homme tire sur un autre, sans raison, ça se paie ! Garde ou pas garde ! Ça serait le maire, ça serait moi...

Mais, aussi brusquement qu'il avait pris la parole, il sembla broyer les mots dans ses dents, écraser ses phrases. Il venait à peine de faire allusion à lui-même que les yeux fixes, saillants, sans paupières, il balançait la main devant sa bouche, comme pour effacer ses paroles, du geste d'un homme qu'atteint une attaque.

Mais si puissante était son autorité que tous les autres avaient déjà cédé à la violence de ce jugement qui s'opposait à leurs désirs.

— Eh, dit l'adjoint, on est là pour voir les deux côtés.

— Ça ne serait peut-être pas le plus mauvais.

— Peut-être, peut-être.

— Alors, tu veux qu'on avertisse les gendarmes ?

— Moi ? dit Conseiller en sursautant, moi ?

Mais le corps tassé, le cou bloqué entre les épaules, il sembla reconquérir sa maîtrise en s'écrasant lui-même sous une pesée de ses muscles, puis martelant ses mots :

— Oui... ce que j'ai dit... on ne peut pas faire autre chose. Ce que j'ai dit, il faut le faire.

— Quelle histoire, dit Arnavielle, la figure longue, quel sacré contretemps. Mais tu as sans doute raison.

— Alors on va faire chercher les gendarmes ?

— Tout de suite ?... Comme ça ?

— A les avertir !...

— Bon, dit le maire en se tournant vers l'appariteur, envoie ton petit, d'un coup de bicyclette. Ça sera plus vite fait. N'est-ce pas, Conseiller ? C'est bien comme ça ? On envoie son petit, à Saint-André. C'est plus sûr que le télégraphe...

— Oui, dit Conseiller.

Mais l'appariteur, droit devant lui, ne s'adressant qu'à lui :

— Alors, j'y vais ?

— Tu as bien entendu, répondit le maître du Maubert en se levant et, comme pour fuir les regards, il alla devant la fenêtre qui donnait sur la cour.

L'appariteur sortit et, traversant les rues, il répétait aux gens anxieux de savoir ce qui s'était dit à la mairie :

— Peuh, les autres vous auraient passé l'éponge. C'est pétoche et compagnie ! Mais Conseiller te leur a fait un discours... C'est ça et c'est ça... et nous allons chercher les gendarmes.

Les gendarmes arrivèrent vers quatre heures et montèrent directement chez Simon pour faire leur enquête.

Au bout de la Côte des Prés, le toit ventru d'une maison basse pesait sur une seule pièce, écrasée par un plafond à poutres blanchies à la chaux. Dans ce réduit, la mère Simon, infirme soulevée par la fureur, hurlait d'un côté sur un lit haut comme une armoire, et, dans un autre coin, son fils râlait sur une paillasse jetée à même le sol.

Les doigts au poignet du blessé, le docteur semblait écouter un bruit faible, insensible pour tous les autres assistants et comme venu d'un autre monde. De temps en temps, il découvrait tout le bras, et faisait une rapide piqûre dans cette peau rêche et gercée qu'il lavait à l'alcool. Une odeur d'éther, de terre et de vêtements entassés emplissait la pièce, on ne voyait pas trace de sang, ni dans la cuvette de métal posée sur la table, ni sur les linges jetés au pied du lit.

— Laissez-le, dit le docteur, avec deux balles dans le ventre, on ne bouge ni ne parle. Nous verrons demain...

Raide sur son lit, le corps soulevé en oblique comme une planche emportée par les eaux, la mère Simon adjurait les visiteurs :

— Vengez l'enfant... s'ils l'ont tué, le sang se paie... le sang se paie toujours. Conseiller et les gendarmes, faites la justice... que le sang se paie. Vengez l'enfant.

Désemparés, les hommes tournaient dans la pièce entre ce tumulte de la mère et le silence du fils blessé. Sans réfléchir, ils ouvraient les meubles, les tiroirs, fouillaient dans les linges. Au bout de cinq minutes, ils redescendirent à la mairie et un long palabre commença. Le brigadier, le maire, les témoins, tous parlaient ensemble, se coupaient la parole...

Enfin, on fit monter Pantel, pour l'interroger. Comme il entrait, sournois mais insolent, parlant haut dès la porte, Conseiller sortit de la salle et se mit à rôder dans les couloirs de la mairie comme dans une maison déserte.

Le soir venait. Au plus haut étage, où, d'escalier en escalier, il avait fini par se réfugier, Conseiller vit la montagne et les grandes pentes d'herbes et de sapins, à travers les lucarnes aux vitres grises. Dans ses oreilles un bourdonnement grandissait. Il croyait entendre les cloches des chèvres, si dansantes et si brusques qu'à chaque tintement le sang lui venait aux yeux, brouillant la montagne et le ciel. Alors il lui sembla que la montagne était toute proche, et que devant le vallon de la Mellette, dans la brume du crépuscule, dans la poussière d'ombre, d'eau tombante et de vent, Clémence apparaissait. Dans ses bras ployés, elle portait un chevreau nouveau-né et lui parlait à haute voix et se penchait pour entendre son souffle. Elle parlait comme sonnaient les cloches et, passant devant Conseiller, l'ayant vu de loin, elle tournait la tête... Brusquement elle disparut et la montagne bascula dans le lointain. Mais, le front aux vitres sous lesquelles s'écrasaient maintenant les toits de la ville, Conseiller ne pouvait douter du passage de Clémence. Il continuait à penser à elle, qui, depuis l'hiver, plus solitaire, plus farouche que jamais, vivait en dehors de la famille...

« Maintenant, pensait-il, elle parle aux bêtes, et passe devant les siens sans leur jeter un regard... » Et toujours, il entendait sonner les cloches.

Mais, au bas des escaliers, un piétinement, un bruit de voix, domina la rumeur des cloches. Penché sur la rampe, Conseiller vit sortir les gendarmes qui partaient avec Pantel. Il descendit derrière eux et trouva les salles désertes, la place déjà vide et la rue qui montait au pont silencieuse dans la nuit.

La foule avait suivi les gendarmes qui descendaient du côté de Saint-André.

— Ils l'emmènent, ils l'emmènent, criaient les enfants.

— Voulez-vous vous taire, disaient les femmes, ne faites pas de bruit.

— On va jusque-là, pour les voir sur la route.

— C'est bien fait, disaient les vieux, mais sans Conseiller, nous l'aurions encore comme garde... Conseiller !... Il nous en aura rendu des services, il en aura fait du bien à la ville.

4

A la même heure, seul, sur la route du Maubert, Conseiller retournait vers les siens.

Il ne pensait à rien, marchait vite et soufflait l'air fraîchissant à grands coups brusques. Il n'entendait même pas, au fond de lui-même, ces lambeaux de phrases, ces dialogues hachés qui donnent une forme au désespoir. Un grand silence, un vide sans mesure anéantissait son esprit. Il retrouvait cette impression harassante de l'aube, ce demi-sommeil pour lequel l'angoisse seule était sensible et si forte qu'elle semblait n'avoir plus de cause et ne devoir jamais finir.

Au bruit de ses pas, au murmure de son souffle, il se retournait quelquefois, pensant être suivi, accompagné au coude à coude par un autre homme, attentif à ses gestes et au moindre signe de son angoisse.

A chaque maison de la route, à chaque ferme de la vallée, la clarté d'une lampe à travers les feuilles lui imposait d'autres présences, et, forçant le pas jusqu'à la limite de ses forces et de son souffle, il semblait fuir devant le spectacle de ces vies paisibles.

Au pont du Maubert, Albin attendait, assis sur la pierre d'angle, penché vers l'écho de la route :

— Alors ? fit-il en s'avançant vers son père.

— Alors, répondit Conseiller, vous avez bien fait de ne pas descendre, ni les uns ni les autres. Ce n'est pas la peine de tant se montrer... Quand il y a un malheur, les gens viennent comme des corbeaux. Ça ne nous ressemblerait pas de faire comme eux.

— Mais... qu'est-ce qu'on a fait... depuis ce matin ?

— Les gendarmes sont venus. Ils ont arrêté Pantel... Peut-être que Simon ne mourra pas.

Les deux hommes marchant vite, parlant à mots coupés, à phrases courtes, arrivaient devant la maison.

La nuit se collait à la haute façade, et, derrière les rideaux où filtrait une clarté, des ombres s'appuyaient et se penchaient vers la route.

— Ils sont là, chuchotaient les femmes et les enfants.

— Alors, dit Lucie, Simon est bien malade ? C'est ce Pantel qui a fait le coup ?

— Donne-moi à manger, répondit Conseiller.

— Quand même, on ne tue pas les hommes comme ça !

— Ne fais rien chauffer... j'ai besoin de mon lit, aussi... juste quelque chose de froid, et vite... les enfants ne sont pas couchés, à cette heure ?

— Ce n'est pas si tard, répondait Lucie, soumise, ne questionnant plus, poussant sous la lampe, au coin de la table, de ses longues mains encore blanches, du pain et du saucisson.

« Ce n'est pas encore bien tard, répétait-elle, mais tu reviens fatigué. Tiens, voilà...

Et sous la lumière sans fard, elle allongeait ses doigts nus où ne brillait que la bague d'alliance et ses paumes vivantes s'ouvraient à côté de ces choses mortes.

Le buste allongé sur la table, les coudes écartés, Conseiller mangeait en silence et tous, autour de lui, en dehors de ce cône de lumière qui se tronquait dans l'abat-jour, silencieux aussi, semblaient indifférents à l'heure et aux événements.

5

Cette indifférence douloureuse envahissait la vie entière des Arnal, leurs travaux communs, leur repos et leur solitude. C'était, à chaque instant de la journée, comme un reste de cette angoisse de l'aube dont ils ne pouvaient plus se défaire.

Jamais cependant ils ne parlaient entre eux de leur détresse. Il semblait même que rien ne s'était passé et que, dans la grande maison de famille, la vie suivait son cours séculaire. Ce masque qu'ils gardaient devant les hommes et qui n'était que leur vrai visage de naguère, le visage de toute leur vie, ils s'efforçaient aussi de le garder les uns devant les autres.

Mais, pour certains, malgré ce raidissement dans la souffrance, la vie au Maubert devenait lentement insupportable. Les plus jeunes ne pouvaient accepter ce renoncement et, comme ils ne pouvaient non plus en briser la tyrannie, ils sentaient naître en eux le désir d'une vie nouvelle.

Les femmes de Louis et de Georges, deux cousines qui avaient grandi dans une autre vallée, au-delà des cols et des pâturages, pensaient à la ferme paternelle.

Le soir, quand elles avaient éteint la lampe, que la clarté de la nuit butait vainement aux volets, dans l'ombre libératrice, elles se construisaient une nouvelle existence.

La bouche contre la joue de son mari, comme pour lier la caresse et la confidence, Alice imposait l'image de cette vie à leurs sommeils affrontés. Dormant déjà, elle parlait encore et sentait que cette image, reprise par les rêves, devenait lentement plus puissante et toujours présente à l'esprit.

— On ne peut plus vivre ici... C'est fini maintenant... Rentrons chez moi... Le père nous a souvent demandé de venir. Pour un mois, pour quelque temps... Là-bas, on sera plus au large. Il y a moins de monde et le travail ne manque pas... Tu seras chez toi... C'est le même pays.

Et ces petites phrases courtes et coupées, qui venaient avec le souffle et cessaient avec lui, si intimes, si secrètes, si liées aux mouvements du corps, entouraient Georges de la hantise d'une autre vie. Et plus l'heure passait, plus profonde se faisait la nuit, plus la voix portée par le souffle disait ardemment son désir.

— On ne peut plus rester ici... on ne peut plus rester ici.

A côté, Charlotte parlait du même rêve jusque dans les minutes de plaisir où elle luttait contre ses propres cris, à cause de la maison sonore... Alors elle soufflait sur les lèvres qui cherchaient les siennes :

— Il nous faut partir... Il nous faut partir.

Pendant la journée, quand elles étaient seules, les deux femmes parlaient ensemble de leur projet. Dans la grande cuisine, au fond des couloirs sombres des étages, au lavoir installé sur la rivière, elles s'entretenaient pendant des heures, entremêlant leurs souvenirs d'enfance et leurs plans d'avenir.

Etouffant leur voix, penchées l'une vers l'autre, elles chuchotaient avec passion, craintives, regardant de tout côté si nul ne pouvait les entendre, et, quand, derrière elles, elles croyaient sentir une présence, elles interrompaient la phrase commencée et parlaient brusquement de leurs travaux.

En grand secret, chacune répétait ces longs dialogues à son mari. Mais, quand ils étaient réunis tous les quatre, elles s'embarrassaient dans des allusions et des sous-entendus. Cependant, petit à petit, elles osèrent toutes deux parler de leurs désirs à Louis et à Georges, et, doucement, les yeux baissés, grattant de l'ongle une tache de leur veste, les deux hommes cédaient sans répondre.

Des lettres échangées, un court voyage d'Alice chez son père, affermirent ces projets d'évasion. Les deux hommes juraient encore qu'ils ne pourraient jamais en parler à Conseiller, ni aux autres, quand, brusquement, un soir, comme, après le dernier repas, on tardait à allumer les lampes, Georges se décida :

— Nous sommes bien nombreux ici, et les uns sur les autres... Son père, — et d'un geste court il montra sa femme, assise, mais le torse tendu, la tête haute, les yeux brillants, — le père, reprit-il, manque de monde... Nous pourrions aller là-bas pour quelque temps, lui prêter la main. Et puis Louis et Charlotte iront aussi chez eux... c'est la même chose.

Conseiller ne disait rien, ni Albin, le père de Louis, ni Jules, le père de Georges. Stupéfaits, les cousins se tournaient vers le chef de famille, mais l'heure et la chute du soleil ne permettaient pas de voir les visages.

On entendait seulement, dans la pénombre, le souffle court et puissant du vieil Arnal et les brusques poussées de l'air entre ses lèvres serrées. A toutes les phrases de Georges, chacun attendait un éclat, une réponse d'impérieuse violence...

— A votre convenance, dit enfin Conseiller en se levant.

Pour les moissons, les deux jeunes ménages quittèrent le Maubert.

On ne parla pas de ce départ, dans la famille, mais l'exemple était donné et le goût d'une nouvelle existence, le besoin de se faire une autre vie, hantait maintenant les plus jeunes de la famille.

Quelque temps après, deux jeunes garçons — ces cousins d'une autre branche qui s'étaient mariés avec une fille de Jules et une fille de Samuel — s'en allèrent à leur tour.

Il n'y eut pas d'explication. Leurs adieux furent encore plus simples, plus brutaux que les autres :

— Nous allons travailler dans la plaine, dirent-ils, on reviendra peut-être un jour...

6

Le Maubert prit alors l'aspect d'une ville morte. L'équilibre que maintenait la vie active entre les édifices et les hommes s'était rompu. Les bâtiments vides écrasaient tout de leur masse et ce qui vivait à leur ombre semblait attendre la venue d'une catastrophe.

Déjà les ronces et l'herbe avançaient au pied des murs. Une nature sauvage et brutalement féconde surgissait des forêts et des landes, exaspérée par le vent et par le soleil. Elle arrachait aux Arnal ce pays qu'ils avaient éventré, fécondé, ordonné pour leur vie.

Sur les pentes du premier horizon, les champs étaient encore cultivés, découpés par les faux et les pioches en rectangles précis, en longues bandes régulières, mais derrière eux, sous la lisière des forêts, les broussailles effaçaient les chemins et, de tout côté, les abords du Maubert cédaient à la ruée de la lande.

Du côté sud de la ferme, au plein soleil, sous la haute façade aux fenêtres condamnées, le sentier qui suivait le canal s'encombrait d'herbes folles et de ronces et, du fond des eaux, de longues plantes se soulevaient vers les berges, portées par le courant et mouvantes comme lui.

Parfois, lorsque Conseiller passait sous cette muraille aveugle, et, baissant ou levant les écluses, côtoyait le canal, les jambes griffées par les orties et les épines, devant cet aspect désordonné de son domaine, il disait brusquement :

— Le remords nous tuera.

Mais, au même instant, d'un geste puissant du bras et d'un furieux mouvement de la tête, il repoussait cette idée : ce n'était pour lui qu'une formule vide. Il sentait bien que le remords n'était pas la cause de cette catastrophe qui défaisait le Maubert en un an, comme en mille ans se défont les empires. C'était, au contraire, dans sa plus grande acuité, le signe d'une vie ardente, la révolte du cœur et de l'esprit cherchant leur pureté première et la survie même de cette pureté. Ce remords les aidait à vivre. Conseiller vieillissant puisait en lui des forces nouvelles. Chaque matin, à son réveil, il s'accrochait à sa souffrance comme pour retrouver en elle la sérénité de ses plus belles années. Dans ce terrible jugement qu'amenait chaque nouvelle journée, il avait la joie de toucher un commencement d'expiation. Il croyait alors un moment pouvoir jouer sa vie sur la lutte de sa conscience, il espérait y retrouver des forces.

Si, comme en ces minutes, le remords avait pu commander tous ses devoirs et toute son activité, il aurait peut-être pu renaître à lui-même, mais d'autres puissances pesaient sur sa vie et sur celle de ses fils, elles dominaient leur remords et l'empêchaient de se faire entendre.

Cette régence morale qu'ils avaient exercée sur les hommes existait encore, comme existaient toujours les bâtiments du Maubert, la longue ferme, la haute maison et la grange en équerre. Elle était toute-puissante, et malgré le désir qu'ils avaient de ne plus se mêler aux autres hommes, de ne vivre que pour une expiation intérieure, elle restait maîtresse de leur vie. Créée par leurs forces et leurs volontés unies, elle avait maintenant son existence propre et leur imposait sa tyrannie. Chaque jour, ils pliaient un peu plus sous elle, mais il leur fallait faire, avec un cœur changé, ce qu'ils faisaient jadis quand ils croyaient en eux-mêmes.

7

A ce moment, comme les Arnal ne se sentaient plus la force de remplir leur rôle de directeurs des consciences, comme ils cherchaient à s'arracher à des devoirs qui n'étaient plus la seule hantise de leur esprit, le renouvellement du Conseil municipal arriva.

Entre toutes les obligations qui liaient Conseiller aux hommes de son pays, sa fonction municipale semblait être celle qui résumait et qui commandait toutes les autres.

Deux mois avant les élections, Conseiller se mit à dire avec un entêtement puéril :

— Je ne me présente plus... j'ai passé l'âge.

Les gens riaient d'un air incrédule et personne ne croyait à cette retraite.

Conseiller s'obstinait, mais sans violence, sans force même. C'était, pour lui, comme une supplication patiente par laquelle il espérait fléchir les gens : mais nul ne pouvait penser que le maître du Maubert pût vraiment supplier qu'on lui laissât faire retraite. Aussi quand il fallut établir la liste — la liste qui depuis vingt ans repassait toujours, à peine changée — il descendit à la ville pour se faire rayer. Mais, à la mairie, on l'attendait, on avait déjà inscrit son nom en tête, et, sous les félicitations, les poignées de mains, il n'eut pas le courage de discuter et se laissa faire une fois de plus.

Pour ces élections, il n'y avait pas de campagne, pas de réunion. D'ordinaire, le matin du vote, Conseiller et les autres candidats arrivaient les premiers à la mairie, au bureau de ville comme on disait. Le maire sortant présidait, Conseiller votait le premier et pendant toute la journée restait près du bureau, serrant des mains, parlant avec ceux qui venaient voter.

Toute la population de la commune défilait devant lui, en habit du dimanche, par petits groupes. Les gens de Trabuc étaient les seuls qui ne descendaient pas voter à la ville. A cause de la distance et des mauvais chemins, ils avaient un bureau de vote dans une maison de leur village.

Cette année-là, pour la première fois, on ne vit pas Conseiller à l'ouverture du bureau de ville.

— Il se fait vieux pour de bon, disaient les gens en prenant leur bulletin.

De toute la journée, aucun des Arnal ne descendit à la ville.

— Ils ne sont plus bien nombreux, le travail les aura retenus, disaient ceux qui sortaient de la mairie.

Vers cinq heures et demie, cependant, Conseiller et Albin arrivèrent, on les poussa dans le bureau de vote et ils se perdirent dans la foule. Tous les gens refluaient vers la place, les hommes d'âge s'entassaient dans la salle, sous la tonnelle on buvait de la bière et de la limonade. Les jeunes gens invitaient les filles qui revenaient de se promener et quand elles s'asseyaient auprès d'eux sur les bancs de bois, ils poussaient de grands éclats de rire et leur donnaient des bourrades en criant :

— Mais tu n'as pas voté, peut-être.

— Oui, oui, pour qui votes-tu ?

— Pour Conseiller, criaient les filles de leur voix de tête.

A six heures, le scrutin clos, l'urne retournée, on commença le dépouillement. Aucun des Arnal n'était dans la salle. Conseiller avait disparu depuis une demi-heure et Albin se promenait sous les arbres, sans répondre à ceux qui, du perron, l'appelaient à grands gestes et lui demandaient de venir prendre place au bureau.

— Il est en tête, entendait-on crier dans la mairie, derrière le mur d'épaules penchées. Il est en tête, encore lui, encore lui.

Quelques hommes coururent jusque chez des amis des Arnal, pensant y trouver Conseiller. Quelques minutes après, ils revenaient avec lui et, comme ils arrivaient devant la maison commune, debout au milieu de la porte, solennel, tenant ses lorgnons d'une main et haussant une feuille de papier dans la lumière, le maire achevait de lire les résultats. On entendait un bourdonnement, une récitation monotone et rapide, puis certains mots sur lesquels s'enflait la voix d'Arnavielle :

« Votants : 295. »

« Arnal : 283 voix. »

Avec une clameur, si brusque qu'elle semblait tenir à leur mouvement même, ceux qui s'entassaient dans la salle ou qui se pressaient devant la porte, se retournèrent vers la place. Ils aperçurent Conseiller et leur masse se forma en demi-cercle. Tous criaient, levaient les bras, répétaient le résultat du vote.

— 283 voix !

— On n'a pas besoin d'attendre les chiffres de Trabuc.

— 283 voix !

Les autres candidats arrivaient loin derrière Conseiller. Une poussée de mécontentement contre tout le Conseil, depuis trop longtemps en fonction, avait mis la liste en péril et, seule, la présence d'Arnal la faisait élire et, par son triomphe, donnait à tous, même aux adversaires, l'impression d'une victoire.

Tous les hommes parlaient en même temps dans une bousculade compacte ; mais certains se détachaient déjà, s'approchaient de Conseiller, lui prenaient les mains.

— Tu as toutes les voix !

— Tout le monde est pour toi... Il t'en manque treize dans tout le pays.

— Et peut-être là-dedans, il y a la tienne, dit une voix rieuse.

— Ça se pourrait bien, reprennent vingt voix rendues plus sonores aussi par les éclats de rire.

— Tu as tout le pays.

— Si le vieux du Haut-des-Prés avait pu descendre, tu en aurais une de plus. Il s'est lamenté tout le jour dans son lit.

— Simon est venu, lui, avec son ventre en écharpe, tu peux compter sa voix.

Au milieu de ces cris, de ces bousculades, de ce tumulte amical, Conseiller restait immobile, le visage détendu, les traits tombés.

— Tu t'en souviens, lui disait un vieux sans barbe, à petite tête d'enfant chétif, tu t'en souviens de ta première élection ! C'était une sacrée bataille. Tu n'as pas gagné de beaucoup. — Si vous suivez ce républicain, — disaient les autres ! Ils tenaient le pays en ce temps-là. Et maintenant tu as toutes les voix !

— Tu vas nous dire quelque chose, criaient des gens dans les derniers rangs de la foule.

— Oui, oui, parle...

Conseiller ne bougeait pas. Le visage fripé, la bouche morte, il semblait attendre encore, autre chose que son triomphe. Mais brusquement, au-dessus de la place, dans les ruelles du quartier haut, retentit une fanfare.

— Ceux de Trabuc, ceux de Trabuc.

— Les voilà, les voilà.

En haut des escaliers, au-dessus de l'église, on apercevait un drapeau et des têtes qui se balançaient en chantant.

Ces gens de Trabuc, haut perchés dans la montagne, passaient pour être les meilleurs chanteurs et les meilleurs musiciens du pays. Alors qu'en ville on ne pouvait conserver bien longtemps les « Philharmoniques » qui s'organisaient, dans ce hameau, il y avait toujours cinq ou six musiciens qui pouvaient faire danser et qui, pour les fêtes, descendaient à la ville en improvisant une fanfare.

Ils arrivaient donc par le quartier haut, apportant le résultat du vote, derrière leur drapeau, avec des hautbois, un piston et deux tambours.

Ils jouaient un air grêle, un air de danse, une farandole pimpante et ironique, qui rythmait leur victoire et faisait éclater leur joie.

Quand le merle saute au pré,
Hausse la queue, hausse la queue ;
Quand le merle saute au pré,
Hausse la queue, baisse le nez.

Puis, sur les roulements des tambours et les notes maigres des hautbois :

O République,
Toute petite,
Laisse-toi escamoter,
Laisse-toi faire,
Que peut te faire
Cette bande de curés.

Les musiciens débouchaient sur la place, ils en faisaient le tour, et la foule entière, filles au bras des garçons, sautait sur un pied, suivait la musique et, derrière le drapeau, dessinait une farandole.

O République
Toute petite...

Puis, d'un seul coup, la musique s'arrêta, les chants restèrent comme suspendus, la ronde se dénoua.

— Vive Conseiller !

Le garde de Trabuc donnait les résultats au maire :

— Trabuc : inscrits : 49, votants : 49, Arnal : 49.

— Bravo, vive Trabuc.

— Vive la Rép...

— Vive Conseiller.

La foule entière trépignait comme une ronde d'enfants et son tumulte montait jusqu'aux fenêtres ouvertes où s'entassaient des groupes qui battaient des mains et des pieds. Mais alors, au milieu de cette confusion de cris et de gestes, Conseiller crut qu'il était seul. Cette impression de solitude fut brusquement si forte qu'il eut quelques mouvements de la tête et des épaules pareils à ceux qu'il avait quand il monologuait à l'abri de tous les regards. Il pencha son front, accrocha ses pouces à son gilet, prit cet air d'interrogation intérieure que les hommes ne prennent jamais qu'en secret, car il livre trop de leur cœur.

— Ah la jeunesse ! pensait-il, la jeunesse qui peut toujours se faire une autre vie !

Mais, aussi brusquement qu'il s'était cru seul, il vit autour de lui des visages joyeux, étonnés, il sentit des mains qui prenaient les siennes.

— Ne vous serrez pas tant, criait-on, vous lui coupez l'air.

— Le contentement l'a surpris, laissez-le respirer un peu.

— Ne poussez pas, là derrière.

Mais Conseiller, revenu à lui, ne pensait plus qu'à partir, qu'à retrouver la solitude. Dans la foule, il avait saisi le bras d'Albin et lentement, avec une obstination d'enfant, il l'entraînait en dehors de la place.

La musique reprenait. Au café de la Mairie, l'appariteur allumait des lanternes vénitiennes, et la servante sortait des tables et des chaises. En dansant, filles et garçons repoussaient la foule aux quatre coins de la place.

Les musiciens de Trabuc s'étaient rangés sous la tonnelle et jouaient les airs de la montagne en suivant, du battement de leur pied, les marches ou les danses.

— Viens, viens, disait Conseiller, sortons d'ici. Je ne sens plus ma tête !

Glissant de groupe en groupe, les deux hommes gagnèrent la rue déserte. Entre les maisons aux portes closes, aux fenêtres noires, ils forcèrent le pas, franchirent le pont et, sur la route, trouvèrent la nuit.

Derrière eux, la fête improvisée et la petite ville tout entière prenaient un aspect minuscule. On aurait dit que, dans l'ombre, une boîte à musique achevait de filer son petit air grêle.

Marchant vite, les deux hommes gagnaient le silence, ils entraient en lui et trouvaient en lui, comme dans l'air froid qui montait des prairies, un sursaut de force. Autour d'eux, à chaque mètre, le bruit des cascades, le murmure des eaux sous les roches, le glissement du vent sur les herbes, créaient ce silence. Il devenait plus vaste, plus profond, lorsque du haut de la vallée, comme une clameur brusquement coupée, arrivait le vacarme des hautes chutes de la Mellette.

— Nous ne pouvons plus échapper aux autres, pensait Conseiller en marchant, je n'aurai pas même un mois de calme avant ma mort.

Il allait, plus fléchissant que de coutume, ployant le torse à chaque enjambée, balançant le corps et saisissant, comme au va-et-vient d'un pendule, des idées plus claires, des pensées plus évidentes qu'il n'avait pu le faire depuis des mois :

— Le malheur est sur nous... nous continuons notre vie... le cœur changé... et rien ne change pour elle... chaque devoir devient trop lourd...

Albin aussi, suivant son père, un peu en arrière, heurtant ses talons et tirant brusquement à gauche, puis, au bout de quelques pas, revenant derrière lui, pensait comme en écho, comme par une correspondance secrète :

— Le malheur est sur nous...

Mais, par la passerelle et le raidillon de roche, ils arrivaient déjà devant le Maubert. Ce retour avait pour eux un sens profond, une valeur symbolique. Ils allaient se retrouver seuls, les uns devant les autres, ils allaient retrouver le plus dur jugement qu'ils pouvaient porter sur eux-mêmes, et, malgré le raidissement de tous dans une complicité héroïque, le lire dans chacun des regards qu'ils rencontreraient.

Mais, dans cette solitude nouvelle, dans ces grandes salles qui maintenant semblaient vides, l'accueil des femmes, des enfants et des hommes prenait, pour surmonter cette angoisse, un air solennel. Les saluts échangés, le vide des murs qui écrasait tous les gestes, le silence qui prenait chaque phrase dans sa masse, tout se composait cérémonieusement, comme s'il avait fallu manifester du respect, comme si une âme morte avait été présente dans la salle.

L'absence de Clémence qui ne venait même plus prendre ses repas avec les siens augmentait encore cette hantise, et cependant chaque parole, chaque geste s'efforçait de masquer ces sentiments contradictoires et mêlés dans un même désarroi.

— Alors, dirent les femmes, c'est fini maintenant ?

— C'est fini, dit Albin, ils l'ont encore nommé.

— Allons, dirent les femmes, ils auraient bien pu le laisser tranquille... Mais ça ne fait rien, les choses restent ce qu'elles étaient...

Comme toujours, au coin de la table, Conseiller mangeait en écrasant son pain sur son pouce et, comme toujours, par les escaliers de bois, les femmes poussaient les enfants vers les chambres. Elles faisaient « chut » entre leurs dents et, gesticulant un peu, marchant sur la pointe des pieds, elles semblaient vouloir prendre le bruit des galoches dans leurs mains et l'étouffer doucement...

8

Il y eut encore, coup sur coup, deux nouveaux départs, deux nouvelles places vides : des cousins qui avaient à faire leur service devancèrent l'appel et partirent pour l'Algérie.

Ainsi, petit à petit, tous les hommes jeunes abandonnaient le Maubert. Ceux qui restaient s'acharnaient à maintenir toutes les cultures du domaine. Devenus indifférents à leur puissance morale, après avoir tout sacrifié pour la garder intacte, ils voulaient au moins sauver cette œuvre séculaire, cette conquête matérielle de la famille, ce royaume morcelé de vignes, de seigles, de luzernes, d'arbres taillés ou marqués pour les coupes, établi partout, sur les pentes de la montagne, avec la complicité de la terre et du soleil.

Mais, à la fin de l'été, les travaux accrus débordèrent brusquement leurs forces. Les vendanges, la récolte des fruits, les derniers regains et les premières semailles semblaient écraser leurs bras, comme sous le déversement d'une corne d'abondance. Ils partaient à l'aube, ils rentraient le soir et cependant les travaux restaient inachevés. Ils s'essoufflaient à courir après la saison, à chercher à marcher à côté d'elle ; mais, chaque jour, ils faisaient un peu moins complètement la besogne nécessaire.

Aussi, le soir, en remontant les étages, dans l'escalier sonore et à chaque palier, Conseiller, brisé de fatigue, griffant sa nuque du bout des doigts, courbant la tête, discutait avec lui-même, se débattait contre une décision :

— Jamais de la vie, disait-il d'une voix forte, nous ferons nous-mêmes.

Mais alors, arrivé devant la porte de sa chambre, hésitant à tourner le loquet, il se laissait rejoindre par Albin et, tourné vers lui, continuait à haute voix son monologue :

— Nous ferons nous-mêmes... Il vaut mieux se crever à la peine.

Albin ne répondait pas, ouvrait les bras d'un geste harassé, lentement, et entrait dans sa chambre.

Le lendemain, il fallait recommencer à faucher, à traîner les corbeilles, à gauler les arbres, à défoncer le sol. Un grand labeur jamais fini, renaissant comme les fruits de la terre, suspendait toute pensée...

Un soir, devant sa porte entrouverte, regardant Albin et Arthur ployés en deux qui posaient contre la rampe leurs visages noirs aux traits tendus par la fatigue, Conseiller dit :

— Nous n'y arriverons pas... Demain, à la ville, il nous faudra chercher deux valets...

— Ça vaut mieux que de laisser perdre les récoltes, dit Albin.

C'est ainsi que pour la première fois depuis des siècles, deux valets de ferme furent engagés au Maubert.

Ils arrivèrent, avec cet air méfiant et craintif des étrangers, parlant peu, mangeant à peine à leur faim, demandant sans cesse ce qu'ils devaient faire. C'étaient deux hommes dans la trentaine, venus d'une autre vallée, qui ne connaissaient pas les Arnal, mais qui cependant avaient entendu parler du Maubert : « une des plus fortes fermes de nos montagnes », comme ils répétaient.

Ils regardaient avec stupeur ces hommes puissants dont, en quelques heures, ils étaient devenus les domestiques. Ils s'étonnaient déjà de leur air de tristesse et d'angoisse quand les travaux les happèrent et ne leur laissèrent plus de liberté que dans le sommeil.

9

Au bout de quelques semaines, les travaux des champs presque achevés, les deux valets de ferme commencèrent à tourner dans le Maubert et dans ses dépendances.

Ils avaient un petit chien, voleur et savant, qui furetait à leur suite, habitué comme eux à gagner sa vie chez les autres. Les Arnal n'avaient même pas pris garde à ce griffon bâtard de berger, aux yeux masqués de boucles qui, le premier jour, s'était dérobé devant les chiens de la ferme, avait refusé la bataille et s'était fait oublier d'eux.

Quand profitant d'une heure de liberté, les deux hommes allaient rôder autour du Maubert, cherchant des champignons ou des creux d'herbe pour la sieste, le chien les suivait et traçait autour d'eux des cercles concentriques.

Un matin, comme ils passaient le long du mur de la grange, sur le terre-plein, le barbet prit l'arrêt devant un petit tertre aux herbes drues, jappa, et, d'un seul coup, furieusement, attaqua la terre de ses ongles.

— Quoi ? dirent-ils.

Tirant sur le collier, tapant du mollet sur la bête, ils essayaient de l'entraîner, mais gémissante, allongée sur le sol, ventre aplati, oreilles couchées et griffant toujours, elle ne lâchait pas prise.

— Voyons, voyons, dirent-ils, en arrêt eux aussi.

Habile à creuser, la bête descendait comme un rat dans le sol. Accroupis sur les talons, les deux hommes attendaient. Au bout d'un moment, une odeur douce et poignante, celle-là même qui sans doute avait attiré la bête, leur devint perceptible. Curieux, ils se penchaient sur le trou, dégageaient la terre qui gênait le chien et l'excitaient dans sa recherche.

Enfin, ils entendirent les ongles durs et rapides qui raclaient sur du bois. Une pelle traînait à côté du terre-plein, ils coururent la chercher, agrandirent le trou, et, en quelques minutes, dégagèrent la caisse. Le chien s'était couché et, près de la fosse, haletant, faisait le mort, un œil ouvert, une patte sur l'oreille.

La caisse ouverte d'une brusque pesée et légèrement soulevée, un amas d'étoffes pourries se dénoua de lui-même et le corps de l'enfant se dessina sous les moisissures. Un bras menu sortait du sac et le front se soulevait si fortement sous un mince tissu que l'on apercevait l'écrasement du nez et le creux des tempes.

Sautant en arrière, les mains ouvertes, les bras tendus comme pour se protéger, les deux hommes laissèrent retomber la caisse au plein soleil. Le bout du couvercle, à moitié rabattu, brisait les rayons et traçait, à côté du corps, une ligne d'ombre ; mais l'amas de toiles et de chair était inondé de lumière et, déjà, dans cette brusque chaleur, semblait se détendre comme une chose vivante.

A grands pas feutrés, le corps à moitié retourné, surveillant la caisse du coin de l'œil, les domestiques redescendirent à la ferme en parlant à voix basse. Dans la cour intérieure, déserte à ce moment, visage contre visage, ils continuèrent leur dialogue, élevant la voix, se tenant l'un l'autre à pleines mains, contractés comme pour une dispute.

— Non, non, nous ne pouvons pas garder ça pour nous... et ce n'est pas ici qu'il faut le dire... Va au diable, je ne veux pas d'histoire.

Enfin, l'un d'eux, le plus jeune, celui qu'on appelait Lacanau, partit pour la ville au pas de course.

Au café de la Mairie, les gens importants étaient attablés et l'homme vint à eux, haletant, obstiné et sourd comme quelqu'un qui vient demander assistance.

— C'est vous, monsieur le maire ? répétait-il à chacun.

— Tiens, tu l'as ici... à cette table, disaient les hommes.

Lacanau, mystérieux, prit le maire à part et lui parla à l'oreille.

— Qu'est-ce que tu racontes ? disait le vieux propriétaire à figure d'homme de loi, qu'est-ce que tu viens me raconter ?

Laissant le valet de ferme au milieu de la place, Arnavielle retourna vers les groupes et, furieux, raconta la nouvelle. En une minute, elle fit le tour du café et battit le rappel des hommes qui tournaient sur la place.

— Il a trouvé un enfant mort, derrière le Maubert, répétait-on.

— Comment ? Et Conseiller, qu'est-ce qu'il en dit ?

— Celui-là raconte que Conseiller n'en sait rien... Il dit que l'enfant est dans une caisse, derrière le Maubert.

Dans un coin de la tonnelle, des hommes chuchotaient, tiraient le maire par la manche.

— Allez voir... c'est peut-être un de ces deux-là qui a fait le coup. On ne les connaît pas bien... Ils ne sont pas d'ici.

— Montez donc, voyez Conseiller.

Le maire, que cette nouvelle affaire exaspérait, et qui devait descendre à Saint-Jean dans l'après-midi, n'arrivait pas à se décider ; il grognait et lançait les épaules en avant :

— Conseiller peut arranger ça tout seul !

Mais des hommes se proposaient pour l'accompagner au Maubert. L'appariteur faisait le tour des groupes et revenait vers lui en disant :

— Allons-y, en voilà quatre qui viennent aussi... c'est bien le moins qu'on se dérange.

Enfin, ils se décidèrent et partirent six, avec le maire et le domestique. En chemin, ils se dispersèrent, les plus valides prenant les devants, Arnavielle marchant en tête, avec les enjambées d'un homme habitué à parcourir de grands domaines.

Comme ils prenaient le dernier tournant, Conseiller les aperçut du pas de sa porte et, sans penser à rien, mais le cœur dilaté d'une angoisse solennelle, il vint les attendre jusqu'à la limite de ses terres, devant la passerelle.

— Excusez-nous de la visite, dirent-ils tous ensemble en arrivant, dans un brouhaha qui dominait la plupart des phrases, mais ces deux-là racontent qu'ils ont trouvé une caisse, avec un enfant mort dedans... Nous venons pour voir avec toi. Encore nos excuses.

Le visage de Conseiller fut brusquement celui d'un homme qui s'éveille, qui s'arrache au sommeil avec peine, en souffrant dans sa chair. Il semblait, ouvrant les yeux et durcissant ses traits, apercevoir un monde inconnu, un nouvel horizon qui n'était plus celui de toutes les matinées de sa vie.

Enfin, maître de la moindre ride de ses lèvres ou de ses tempes, maître aussi de sa voix, il dit avec force :

— Oui, ne cherchez personne. C'est moi qui ai tout fait.

Stupides, dépassés d'un coup par un événement qu'aucun d'eux n'aurait jamais pu imaginer, les hommes assemblés ne trouvaient rien à répondre. Les derniers arrivés rompaient le demi-cercle formé autour de Conseiller, posaient une question à voix basse et, sur une brève réponse, entraient eux aussi dans ce mutisme terrifié.

Ils se regardaient, ils regardaient Conseiller et quelques-uns commençaient des phrases sans pouvoir les achever.

Pour en finir, ils montèrent derrière la grange. Au dur soleil d'automne, sur le terre-plein, la caisse ouverte puait horriblement : une masse verte, l'essaim accumulé des mouches où battaient des ailes blanches de papillons, remuait sur elle.

Aucun de ces hommes n'avait pu croire à l'affirmation brutale de Conseiller, mais l'horreur de ce spectacle qui par lui-même ne pouvait cependant accuser personne, les convainquit brusquement.

Ils redescendirent aussitôt, et, devant eux, à chaque pas, cet événement soudainement entré dans les choses visibles, semblait bouleverser le monde.

Toutes les fenêtres du Maubert s'étaient fermées comme sous la première saute de vent d'une tempête. Dans les pièces sombres, des femmes pleuraient ; des pas cadencés et lents, pareils à ceux des convois mortuaires, cognaient dans les escaliers où quatre hommes emportaient Lucie qui venait de s'évanouir.

Seul, devant sa porte, Conseiller attendait, immobile.

— Va faire prévenir les gendarmes, disait-il au maire, fais le nécessaire. J'ai dit tout ce que j'avais à dire. C'est moi le coupable, on n'en saura pas plus.

Les hommes s'étaient découverts et balançaient leur chapeau noir à bout de doigts. Toutes les vestes de travail étaient boutonnées comme des vestes du dimanche.

— Arrêtez-moi, leur disait Conseiller.

— Comme si je le pouvais, disait le maire.

Conseiller était calme, obstiné. Jamais il n'avait eu l'air aussi vieux, aussi faible. Il semblait ne plus vivre que par une volonté désespérée, sans puissance, mais inflexible et comme indépendante de son corps. Ceux qui étaient là dirent plus tard qu'il parlait comme les gens pieux qui vont mourir...

Pour tous ces hommes, l'événement restait incompréhensible. Mais ils pliaient encore devant la volonté de Conseiller ;

ils l'acceptaient s'accusant lui-même, comme accusant les autres.

Ne sachant que faire, ils redescendirent à la ville. Tout le monde les attendait, on parlait déjà du crime des domestiques, on cherchait le nom de la victime parmi les enfants du Maubert.

Ceux qui revenaient de là-haut laissèrent comprendre la vérité. Ils répétaient qu'on ne pouvait rien dire encore, mais ils rapportaient les paroles de Conseiller et parlaient de la caisse ouverte, et de l'enfant mort, et de l'aspect terrible du Maubert.

Le maire fit avertir en secret les gendarmes comme le jour où Conseiller avait fait arrêter Pantel.

La nouvelle ricochait de maison en maison, dans toute la ville et dans toute la vallée. Les gens s'interpellaient dans la rue, frappaient aux portes, entraient les uns chez les autres sans prévenir, formaient des groupes.

— Ce n'est pas un enfant du Maubert qu'on a trouvé ?

— Non, c'est un petit de naissance...

— Conseiller prend la faute sur lui !

Brusquement, mille détails oubliés remontaient dans les mémoires. On se souvenait de la disparition de Clémence, on parlait du départ de Maurice, on passait en revue tous ceux qui avaient quitté le Maubert dans l'année, on retrouvait tous les signes d'une malédiction si inexplicable que nul ne s'était appesanti sur elle. Combet se souvenait du geste de Conseiller, le jour où il avait fait arrêter Pantel et certains même inventaient d'autres détails et donnaient un récit à moitié imaginaire de l'événement.

Mais ces explications trop précises révoltaient le plus grand nombre, et, devant les parleurs, approuvés par tous, des hommes disaient brusquement :

— Vous savez tout ? Alors, pourquoi parlez-vous ? C'est peut-être un petit bâtard mort-né... Qu'est-ce qu'on peut reprocher à Conseiller ? Il n'a jamais fait tort à personne.

Dans cette confusion, les événements se précipitaient. Ils montaient tous, comme une immense houle, vers le Maubert, vers cette demeure solitaire, haut perchée au milieu de tous les regards, en amont de la vallée, presque au-dessus de la terre.

Puis ils en redescendaient, chaque fois plus violents, plus tragiques, et traversaient la ville d'un bond furieux.

En quelques heures on vit monter au Maubert les gendarmes, le procureur de la République et tout le Parquet. Après une rapide enquête, ils redescendirent à Saint-Jean sans même s'arrêter à la ville. Mais des gendarmes, restés derrière, avaient ordre d'arrêter Conseiller.

Tout cela se savait et se répétait aussitôt. De chaque ferme, de chaque champ, on observait la haute demeure comme une barque en mer. On sut bientôt ce que Conseiller avait dit aux juges : on sut aussi qu'il avait fait taire Albin, et qu'avec une violence terrible il s'était déclaré seul coupable.

— Un petit bâtard de Clémence, chuchotaient les gens.

— Il serait peut-être mort quand même.

— La honte l'a rendu fou... il se sentait trop honnête.

On savait aussi qu'entourée de toutes les femmes de la famille, happant l'air, soulevée sur son lit, Lucie agonisait dans sa chambre.

Certains disaient encore qu'on avait aperçu Clémence, au fond du vallon de la Mellette, insouciante, couchée au milieu de ses chèvres, la face vers le ciel, au-dessous de la course des nuages.

A chaque nouvelle, une émotion plus profonde emplissait tous les cœurs de désespoir et de solitude. Mais elle ne trouvait aucune parole pour se fixer, elle restait hésitante et secrète.

Personne n'avait encore le courage de porter un jugement sur le drame qui mettait Conseiller et toute la famille Arnal en dehors du monde. Chacun sentait seulement qu'il venait de perdre une force, un orgueil, un soutien, et quelque chose commençait à manquer à cette communauté qui vivait pourtant sans besoin, d'une vie âpre, économe, prudente.

Mais quand, entre les deux gendarmes qui s'écartaient de lui et marchaient à distance respectueuse, Conseiller quitta le Maubert, un cri traversa la vallée et la ville :

— Ils descendent, ils descendent avec lui !

Alors, malgré le premier mouvement de curiosité qui les avait jetés sur le pas des portes, attrapant les enfants par la main, les tirant avec violence, les gens s'enfermèrent chez eux et barricadèrent leurs fenêtres.

En un instant, la ville fut déserte. La poussière d'un automne sans eau courait seule, comme une pâleur, au-dessus d'elle...

Un respect solennel emplissait cette solitude. Elle semblait être l'ordonnance monumentale du sentiment qui tenait alors tous les cœurs, de ce désespoir qui touche l'homme quand il sent prête à s'écrouler une antique croyance.

La ville se refusait ainsi à briser cette confiance de l'homme dans l'homme sur laquelle elle avait si longtemps vécu. Mais les cœurs fidèles et patients qui la gardaient encore vivante ne savaient comment surmonter la puissance des événements. Ils ployaient sous eux et rien ne venait en aide à leur angoisse.

Alors comme, entre les deux gendarmes, Conseiller traversait la place de la Mairie, une vieille femme, boitant, courbée, sortit d'une porte et vint le tirer par la veste, renversant la tête vers lui :

— Dis, Conseiller, pour la demande que j'ai faite, tu sais bien, toi, pour cette pension de mes derniers jours, qu'il faut leur arracher, à qui faut-il écrire encore ?

Conseiller tourna vers ce vieux visage, vers ces cheveux en croches folles aussi blancs que les siens et posés sur son coude, les yeux étonnés que tous les hommes tournent vers l'aube et la renaissance du jour sur le monde.

La vieille parlait en s'appuyant à son bras. Elle était chétive et confiante...

A vingt pas devant eux, la petite mairie étalait son air d'ancienne maison de maître. Tout un monde, sûr de lui-même, s'ordonnait autour d'elle : les champs arrêtés contre la montagne, les chemins et les ruisseaux, les boutiques de la ville et les maisons aux fenêtres closes derrière lesquelles des hommes penchés regardaient la place...

— Il te faudra..., dit Conseiller.

HISTOIRES DE TABUSSE

LE PARTAGE DE LA FOUGASSE

Pour la fête, nous montâmes à l'Espérou, commune de Valleraugue : un village perdu à vingt-cinq kilomètres dans la montagne...

C'était le premier dimanche de juillet. Le dimanche des fleurs nouvelles, jonquilles et narcisses, fleurs des eaux et des trous, car la neige et le vent donnent un printemps tardif à la montagne. A cette époque, tous les gens sont au village et il y a même, en plus des habitants, une quinzaine de touristes en transhumance, parqués à l'auberge : des fonctionnaires à vacances d'été qui pêchent la truite.

Tout ce monde vint à notre rencontre. Le Pat, chef cantonnier et conseiller municipal, s'avança le premier vers nous et, par politesse, je dus laisser mon cousin le maire prendre quelques pas d'avance pour qu'il puisse saluer le Pat avec la solitude et la solennité nécessaires.

Le curé de Saint-Etienne était monté avec nous dans la jardinière, en franc camarade, mais les nécessités de la politique reprenant leurs droits, il fit cavalier seul toute la matinée, avec seulement la moitié du village à ses trousses, bénissant les prés et les vaches... Pendant ce temps nous maintenions l'équilibre indispensable à la bonne vie de la République en faisant quelques visites officielles, en compagnie du Pat, chef cantonnier et conseiller municipal.

Le Pat connaît son monde : bon pied, bon œil, et soixante-dix ans de services à lui-même et trente ans de services à l'armée. Savant comme un notaire, expert aux jeux de la savate et du fleuret, ayant été maître d'armes. Sa grandeur présente est une projection continuelle de sa grandeur passée : le trente-huitième d'artillerie, le cheval et le sabre, — un — deux — parez, pointez ; et le colonel de Franclieu, le plus bel homme du régiment... l'Armée et la République !

A midi, nous déjeunâmes tous à l'auberge et le curé dans un

coin de la salle, sur une petite table solitaire, car les temps sont durs pour l'Eglise. Mais le bon vin du pays ne lui manqua pas plus qu'à nous autres, si bien qu'à deux heures il dut monter dans sa chambre, au-dessus de la salle à manger, à cause d'un brusque refroidissement et sans doute aussi de l'air trop léger de la montagne. Le manque de pression atmosphérique l'éprouvait énormément, car il se leva de table, rouge comme une mosette d'enfant de chœur, avec deux veines énormes aux tempes et le cou plus gros que le tour de tête...

Après dîner, le maire fit le discours d'usage et, tout de suite, en avant les accordéons et le phonographe : ouvrons le bal avec la plus jolie fille du pays.

A six heures, les danses s'arrêtent et les organisateurs de la fête font loter un coq, une « fougasse » et deux bouteilles de vin blanc.

La fougasse est un gâteau de fleur de farine, cuit sous la cendre, rond comme une roue et couvert de grains de sucre multicolores. Pour que chacun puisse l'admirer, elle est restée exposée en plein air, toute la journée, sur une table, dans le nuage de poussière qui tourne avec les danses, couverte de mouches.

On cherche une fille vierge pour tirer les numéros de la tombola. Mais à chaque nom qu'on jette il y a quelqu'un pour prétendre que le diable va maudire les résultats et c'est une fillette de cinq ans qui finit par satisfaire tout le monde : en avant le destin, les numéros sortent d'un chapeau de feutre à bords minces, francs comme l'or...

Je gagne le coq et mon cousin le maire gagne la fougasse — ne parlons pas des bouteilles de vin blanc qui se boivent tout de suite — et la tombola est terminée jusqu'à l'année prochaine. Le coq est déjà dans la marmite et la fougasse est sur la table : nous souperons ce soir entre intimes et le Pat semble avoir magnifiquement prévu toutes choses...

De huit à neuf heures la fête chôme un peu. La plupart des danseurs et des danseuses sont allés manger la soupe chez eux, nous ne sommes qu'entre amis, entre bons défenseurs de la République, avec sur notre tête le curé toujours couché et toujours travaillé par l'air de la montagne...

Mangé le coq, entamons la fougasse ! La fougasse est compacte et tient l'eau comme l'argile, il faut boire beaucoup pour la faire passer, mais point d'eau, le Pat ayant apporté des bouteilles de rouge et cinq autres de blanc, pour terminer l'agape...

Le Pat se lève ; il lui faut répondre au discours du maire, mais son éloquence pourrait-elle atteindre l'éloquence de notre chant national ? Il entonne la *Marseillaise*, et ses trente ans de services lui remontent à la gorge comme un tonnerre.

La *Marseillaise* s'achève à peine que le brigadier forestier du Crestat se lève, et encore en avant la musique. Nous en sommes à l'*Internationale...*

Je pense au curé qui roule sur nous, comme porté par un mal de mer immense et sans but... L'hymne rouge est repris par vingt bouches et la maison doublée de bois tremble et je crois voir le curé sauter au milieu comme une bille dans un grelot...

A la dixième reprise l'*Internationale* fatigue son public, qui du reste ne sait que la moitié des paroles du premier couplet et massacre le refrain. La *Carmagnole* jaillit alors et la salle d'auberge s'emplit brusquement. Tous les danseurs et toutes les danseuses reviennent à la fête, ils s'emparent de la chanson, et trente voix reprennent en mesure :

Madame Véto avait promis...

J'admire la mémoire du peuple ! *Madame Véto*, au diable si je me souvenais de cette grand-mère... Mais le Pat semble l'avoir connue :

... Grâce à nos canonniers...

Et en avant le 38e d'artillerie — un — deux — parez — pointez — Vive la République !

Le Pat s'agite, la foule saute :

... Dansons la Carmagnole...

Comme je voudrais être dans la chambre du curé !... Marcelle revient de lui apporter du bouillon :

— Que t'a-t-il dit ?

Je dois pincer Marcelle pour lui faire entendre ma question :

— Que t'a-t-il dit ?

— Qui donc ?

— Mais le curé.

— Ah lui !... il m'a dit : « Qu'est-ce qu'il faut entendre ! »

— Et tu lui as dit ?

— C'est la fête...

La *Carmagnole* s'accommode à l'air des valses, on va danser de nouveau... Mais Tabusse entre dans la salle. Nous avons oublié de l'inviter à manger le coq et la fougasse avec nous et la rage a dû le faire boire ferme pendant son repas solitaire. Maintenant, il revient à la fête comme une réclamation vivante et, à lui tout seul, il fait plus d'effet qu'une manifestation parisienne de trois mille personnes...

Tabusse a deux mètres de haut ! Tout est monstrueux chez lui jusqu'au cou — Héraclès archaïque et lent —, mais la tête est apollinienne avec des boucles blondes trop naturelles et jamais peignées et un sourire d'enfant qui joue de la flûte. D'un seul bras, en s'appuyant sur le joug, il empêcherait un couple de bœufs d'avancer et, dans tout le canton, pas un homme ne pourrait lui résister une minute...

— Est-ce que c'est la République ?

D'un grand coup de poing sur la table, Tabusse vient de faire le silence. Les dernières miettes de la fougasse sautent comme des dés pipés.

— Sauf votre respect, ajoute Tabusse en se tournant vers le maire.

Ce n'est pas à nous qu'il en veut mais au Pat.

— Pat de malheur ! se met-il à hurler.

Le fils du Pat qui a le même âge que Tabusse, et solide aussi, saute la table ; les deux hommes s'empoignent, roulent par terre... puis Tabusse se relève, vainqueur. Le fils du Pat a du sang plein la figure et l'oreille droite décollée, comme un lutteur antique. Sa mère rendue furieuse par sa défaite l'accompagne à la fontaine en hurlant comme une furie :

— Bastard, eh bastard...

D'un seul coup toute l'assemblée devient folle : les hommes se collettent, les filles piaillent comme poules et Tabusse, saoul comme un régiment, fait le tour de la salle en administrant des calottes à ses ennemis...

Nous voici devenus chefs de sauvages. Dans cette assemblée déjà surexcitée par la fête mais qui d'elle-même n'aurait pas dépassé le stade des chansons, la présence de Tabusse déchaîne une rage dionysiaque. Dans aucun autre village de la vallée on ne pourrait voir semblable émeute ; mais ici, dans ce hameau complètement perdu, six mois de solitude hivernale font travailler les esprits et, vienne la fête, toutes les idées longuement remâchées se déchaînent, toutes les rancœurs crèvent en averse, toutes les hostilités lentement amassées de voisins à voisins forment les camps et surexcitent les combattants. La solitude, ou plutôt la promiscuité dans la solitude, semble obliger ainsi ce village à payer tribut annuel à la folie collective...

Mais au diable les réflexions. La bagarre fait rage, Tabusse vocifère :

— Le Pat, tu as trompé les numéros de la fougasse... respect au maire et au cousin, ils méritaient de gagner... Mais vergogne à toi, vieil avare, il t'aurait fallu les traiter de toute manière et c'est ton économie de leur faire gagner la fougasse...

Pourquoi ne parle-t-il que de la fougasse et pas du coq ? Pourquoi tout homme lésé de deux manières ne se plaint-il que d'une seule chose, et pas toujours de la plus importante ? Le coq valait bien deux fougasses.

— Tu en as menti, clame le Pat en faisant des appels du pied droit sur les pavés de la salle...

Les petits agrégés à lunettes qui passent l'été à pêcher la truite, les professeurs de Paris aux barbiches en pointe, s'amassent terrorisés devant la porte de la salle. Leurs épouses, peignoirs au vent, en bigoudis ou bonnets de dentelle, poussent des cris à travers la maison...

— C'est un scandale..., crie le chœur des agrégés, des licenciés, des diplômés, des certifiés. C'est un scandale... et l'on dit que le maire est ici... que fait-il... qu'il fasse cesser la chose... qu'il téléphone aux gendarmes...

En louvoyant, nous arrivons à sortir de la salle avec le maire. Nous tombons sur le chœur universitaire et la peur pousse ces messieurs à faire usage de l'injonction et de la menace.

— Téléphonez aux gendarmes... ou sinon...

Nous considérons les agrégés avec mépris. Je leur fais le calcul : il est onze heures du soir ; avant de réveiller la receveuse, comptons : une heure. Avant qu'elle puisse être à la gendarmerie : une heure. Pour que les gendarmes se lèvent et s'apprêtent : une heure. Pour monter ici : cinq heures. Total : huit heures. Onze et huit donnent sept heures du matin.

— Nous dormirons tous, à cette heure-là, affirme le maire.

L'un après l'autre, tous les combattants sortent de la salle...

On est plus à l'aise sur la place pour se battre. Tabusse, grand comme un Dieu, distribue toujours des ruades tandis qu'autour de lui combattent deux ou trois hommes et cinq à six femmes : le parti des mécontents.

Chaque fois que la bataille se calme un peu, le maire glisse quelques paroles à l'oreille d'un partisan de Tabusse... L'une après l'autre, toutes les neutralités sont gagnées. Tabusse, seul, est incorruptible ; isolé maintenant, il se démène au milieu de la place et, tandis que quelques jeunes gens l'amusent en tournant autour de lui, nous rassemblons tous ses adversaires — tous ceux qui mangèrent la fougasse avec nous.

On se compte : quatorze hommes, sans le Pat, le maire et moi-même. Je m'offre pour faire le quinzième, mais on refuse ma collaboration : je commence à devenir un grand politique.

— Mettez-vous tous sur lui, pour en finir, et allez-y dur... sans le tuer..., ordonne le maire.

Le groupe de combat s'élance vers Tabusse, et, avec le maire, je maintiens, dans la salle, le Pat qui, comme moi, aurait voulu courir à la bagarre.

Autour de Tabusse c'est comme un remous furieux, une rupture de digue. On ne crie plus, mais les coups s'entassent comme une matière compacte et font un bruit de pressoir. Sous la patte de Tabusse trois hommes roulent par terre, mais, à son tour, le géant chancelle — Héraclès-Apollon est vaincu, quelques coups de semelle sur le crâne et le voilà tranquille comme un enfant, au bout de la place, dans le ruisseau...

Pendant la lutte, au milieu de la salle dont nous gardons la porte, le Pat quitte sa veste et esquisse un combat de boxe française, tel que devait l'enseigner le règlement de 1873 — un — deux — parez, pointez, coup de pointe à l'estomac, coup de pied bas, direct au visage et coup de genou aux parties — un — deux — parez, pointez... Tabusse est hors de cause...

Il est dans le ruisseau, au bout de la place, tranquille comme un enfant, la tête appuyée contre l'érable de la fontaine, les mains sur le ventre, il marmotte :

— Demain... demain... je porterai plainte, au procureur... au procureur, je porterai plainte...

Tabusse ne portera pas plainte au procureur, pas plus que le fils du Pat, pas plus que l'aubergiste dont nous avons brisé les assiettes... En avant les accordéons et le phonographe, la fête est déjà fraternelle, demain sera encore jour de fête et la fête de demain sera belle.

LES CHIENS DE TABUSSE

Tabusse habitait alors à quelques kilomètres du village, au milieu des bois, dans la baraque qui porte encore son nom. C'est une baraque de grosses poutres, montée sur un carré de maçonnerie et couverte de pierres plates. Elle surveille tout un versant de la montagne, une haute plaine encombrée de boisements jeunes que l'on commençait à peine à mettre en coupe. Tabusse appelait cette région sa « petite Amérique », à cause du réseau symétrique des coupe-feu et des lignes qui quadrillaient en angle droit la forêt de sapins et donnaient à la montagne un aspect immense et inaccoutumé.

Il avait pris une petite coupe en adjudication et s'acharnait à l'exploiter sans aucune aide. Il avait décidé qu'il fallait travailler seul, pour soi, sans faire gagner de l'argent à personne. Il vivait ainsi dans la haine des hommes en remâchant une mésaventure récente dans laquelle ses quelques économies avaient disparu. Un ingénieur qui lui avait fait faire quelques barrages dans le lit supérieur des torrents et qui l'avait chargé, pendant quelques mois, de relever les hauteurs des eaux, lui avait promis la fortune et emprunté toutes ses réserves. Depuis trois semaines, ce bâtisseur d'usines électriques était en prison et Tabusse avait brisé toutes relations avec le monde.

Il ne voulait plus voir personne et le faisait savoir. Le triage qu'habitait Tabusse est un des plus solitaires de la région. Il y passe rarement quelqu'un, mais Tabusse ne pouvait même pas supporter une visite de quelques minutes. Il se mettait en rage, rien qu'à retrouver sur la terre humide des marques de pas datant d'une semaine et s'ingéniait à faire fuir les passants.

Il avait une meute de trois chiens qu'il lâchait tout le long du jour à travers la montagne. Ses chiens étaient célèbres dans le pays : on disait que la chienne était croisée de toutes les plus mauvaises races de Belgique et d'Allemagne et l'on racontait que les deux chiens avaient des bâtardises plus fâcheuses encore.

C'étaient des bêtes sournoises qui ne donnaient presque

jamais de la voix, grondaient au fond de leur gorge, ne connaissaient personne, à peine leur maître, et barraient tous les chemins rien qu'en se mettant en boule, poil raide et langue fumante.

Les gardes ne mettaient plus les pieds dans le triage. Les gens de l'Espérou ne voulaient plus y aller chercher des champignons ni même y passer de biais, pour couper court, quand ils descendaient à la ville.

Une sorte de terreur rendait solitaire tout ce coin de la forêt. Tabusse s'en vantait les rares fois où il venait au village pour se ravitailler et, à l'épicerie ou à l'auberge, il posait des questions ironiques à ceux qu'il rencontrait, en demandant pourquoi personne ne venait plus du côté de sa baraque :

« Le coin le plus tranquille, disait-il. On n'y rencontre jamais personne. Toutes les richesses du bon Dieu s'y pourrissent par terre, on y ramasserait 200 kilos de champignons dans une heure, il y a des montagnes de framboises et de myrtilles et, pour les truites, elles font tellement de petits qu'il n'y aura bientôt plus assez d'eau dans les gouffres. »

Les gens de l'Espérou enrageaient. Il y avait des hommes qui juraient de descendre les chiens de Tabusse à coups de fusil, mais c'était une chasse plus dangereuse que celle des sangliers et, du reste, Tabusse aurait bien pu répondre aux coups de fusil par des coups de carabine.

Les choses allèrent ainsi jusqu'à l'hiver. Les framboises séchèrent sur les taillis et tombèrent en poudre, les champignons pourrirent contre la terre et les pluies d'automne inondèrent tout. Dans la vaste humidité des forêts ruisselantes, la terre reprenait ce qui avait été matière vivante et parée de couleurs vives. Tout s'enfonçait dans la teinte brune de l'humus en fermentation. Alors, l'eau de neige commença de se mêler à la pluie ; elle dansait dans l'air court et s'évanouissait en touchant la terre. On aurait dit, dans le réseau des troncs et des lianes, une danse de papillons happés par des bêtes tapies.

Quelques nuits froides suffirent à durcir cette terre et, tout d'un coup, la neige se mit à tomber, lourde d'abord, à gros flocons poussés par le vent, lente à s'amasser, puis fine, à petites pointes d'aiguilles, rapide et tenace.

Elle emplit les vallonnements, se lima dans le vent des crêtes, s'amoncela dans les combes et la baraque de Tabusse fut prise par elle.

Un matin, en se réveillant, le solitaire sentit autour de lui une masse de silence inaccoutumée. La neige avait bloqué la porte, obstrué les fenêtres, submergé le bas-côté de la toiture. De son lit, Tabusse avait l'impression de mesurer la profondeur du silence en suivant le bruit d'une goutte d'eau qui renaissait sans cesse, pour tomber à nouveau, entre deux planches du plafond.

Il déblaya le pas de sa porte et fit une meurtrière devant ses fenêtres. Autour de la maison, sur l'amoncellement de neige poudreuse qui se glaçait en fuseaux, il trouva la tempête. Une lumière grise resserrait l'horizon à quatre pas ; les chiens qui tentaient de sortir s'enfonçaient dans cette poussière glacée, s'aplatissaient sous la bourrasque et finissaient par se réfugier dans la baraque en gémissant. Ils tournaient, dans une course panique, autour de Tabusse qui se hissait sur le talus, les joues plissées, les yeux en pointe, crachotant contre la tempête.

Le froid filait contre la neige, le vent s'enflait comme une masse d'eau. La bourrasque augmentait sa vitesse comme une pierre lâchée dans un abîme. Tabusse roula le long du talus, tapa du pied sur la pierre de la porte, ricana comme s'il s'était trouvé devant un homme, ferma sa baraque et jura de rester au chaud jusqu'à ce que le beau temps soit revenu.

Il avait du bois, du pétrole, du tabac, il fit l'inventaire des provisions qui lui restaient, estima la tempête à cinq jours, et répartit la viande et le pain en cinq portions inégales :

« Aujourd'hui mardi : pitance ; demain mercredi : bombance ; jeudi : ce morceau suffit ; vendredi : viande et conserves, que ce soit le plus beau jour ; samedi : j'achève tout. »

Les portions étaient maigres, même celle du vendredi ; il allait falloir vivre de peu dans la baraque, les chiens comme l'homme. La paresse allait être le seul plaisir, un plaisir lent, tournant sur lui-même, remâché, repris, puissant comme le sommeil. Pour Tabusse, ce plaisir allait s'augmenter des joies d'une solitude extraordinaire : « Je suis sûr, disait-il, en fermant les yeux, qu'il n'y a pas âme qui vive à six kilomètres à la ronde. »

La paresse de Tabusse augmentait : elle était aussi forte qu'au plein de l'été, sous les arbres. Il ne voulait même plus aller casser la glace à la source pour puiser de l'eau. Il faisait son café avec une poignée de neige qu'il regardait fondre dans sa marmite. Il ne pensait plus à ses chiens : de temps en temps, comme par hasard, il leur lançait un morceau de pain ou quelque reste de viande.

Les trois bêtes se poussaient les unes les autres contre les bûches enflammées, grillant leurs poils, desséchant leurs museaux. Affamées, elles suivaient l'homme des yeux, la gueule entre leurs pattes allongées, économes de mouvements. Après des heures d'immobilité devant les flammes, brûlant de soif, elles ne pouvaient que passer la tête entre la porte et la muraille pour mordre un peu de neige blanche.

Cela dura trois jours et deux nuits. Tabusse passait son temps à entretenir son feu, dans une rêverie indifférente, imaginant des histoires.

« Il en crèverait un à cent mètres de la baraque que je n'en saurais rien... Tas de bandits, tous tant qu'ils sont, on n'est sûr que de sa main gauche. La neige fait bien les choses. Disparaissez, messieurs, me voilà mon maître. »

Le troisième soir, comme il se promenait dans la pièce, fumant, crachant, insultant les gens du village par-delà la solitude de neige, les chiens se levèrent et se mirent à gronder en tournant entre ses jambes. Tabusse qui se croyait heureux et calme, était alors à bout de nerfs. Il voulut faire taire ses bêtes et prit son fouet court, sorte de lanière à étrangler.

« Couché, hurlait-il, va te foutre dans le feu, ferme ta gueule. »

Il tapait sur les trois bêtes. Elles semblèrent se calmer, se recouchèrent devant les bûches. Tabusse reprit sa marche, pipe à la bouche, monologuant, pivotant sur les talons aux deux bouts de la pièce. Dans ce va-et-vient monotone, pareil à un soldat devant une poterne, il semblait monter la garde de sa solitude :

« Les saligauds, disait-il, tu perds des sous et tout le monde rigole, tu es malade et l'on te veut crevé. Maintenant, c'est fini. Chacun sur son côté de la route ; j'écraserai tout ça comme des puces. »

Les chiens le suivaient de l'œil dans sa marche. A la fin, la chienne se leva et prit sa trace en grondant. Il voulut reprendre le fouet, mais la bête se mit en boule, poils dehors, gueule ouverte, muette. Tabusse lui lança un coup de pied mais elle bondit sur sa jambe et lui ouvrit le cuir de sa botte. Il rompit, recula d'un pas, suivi par la bête, et dut rompre encore.

Les deux chiens se levèrent alors et vinrent se mettre à côté de la chienne.

« Je ne gueulais plus, raconte Tabusse, avec un homme on se serait dit des insultes, mais ce n'était pas la peine avec eux... ils me venaient dessus tous les trois, comme une demi-lune... les deux chiens poussaient en avant des deux côtés de la chienne et j'étais déjà contre la muraille. Ils m'auraient dévoré sans aboyer une fois. »

Quand il sentit ses talons contre le mur, sans réfléchir, à toute vitesse, Tabusse se dressa vers le plafond et saisit à pleines mains une des grosses poutres qui se détachait un peu des autres. Il se rétablit sous elle, comme à une barre fixe, s'y accrocha par les jambes, pendu dans le vide, trop haut pour que les chiens puissent l'atteindre.

Les trois bêtes s'immobilisèrent, tête levée, gueule ouverte et Tabusse comprenait qu'elles lui sauteraient dessus s'il faisait mine de descendre. Il lui fallut passer la nuit entière, dans cette position, au-dessus des trois chiens qui montaient la garde. Les heures passèrent, du reste, d'une seule traite, sans un seul événement. Tabusse était sans pensée et presque sans inquiétude.

A l'aube, devant la plus haute vitre, le soleil vint enfin frapper un coin du mur, dans la pièce où la lampe était éteinte depuis longtemps, où le feu s'était consumé. Devant la maison, le vent apportait des appels de perdrix rouges.

Les trois bêtes couchées surveillaient toujours l'homme. Maintenant, devant le jour maître de la tempête, Tabusse n'en pouvait plus. Ses forces l'avaient abandonné d'un seul coup, aux premiers rayons de lumière. Il n'avait pas la place de s'allonger sur la poutre et restait pendu au-dessous d'elle. Il calculait : « Je saute tout d'un coup, je bondis sur la porte et je fiche le camp à travers la montagne. » Mais chaque fois qu'il faisait mine de changer de position les chiens se relevaient et s'apprêtaient à bondir aussi. Alors Tabusse parlait à la chienne :

« Doucement, doucement, viens chercher, viens chercher, tiens ma belle. » Mais il se dégoûtait de ses paroles, de cette gentillesse feinte et, pour ne pas perdre le souffle, se taisait à nouveau : « Je vais crever contre le plafond », se disait-il.

Il voyait la matinée s'avancer et le soleil tourner devant la maison et tourner au fond de la pièce, au plat du mur. Les appels de perdrix rouges s'éloignaient vers les bas-fonds, comme un tintement de cailloux entraînés par un torrent.

« Personne ne foutra les pieds dans ma baraque avant des mois, se disait-il, on ne trouvera plus que les os. »

En renversant la tête en arrière, il voyait sa carabine, pendue sur la cheminée, au bout de la poutre à laquelle il s'agrippait. Depuis un moment il pensait à ramper jusqu'à elle mais il avait peur de lâcher sa prise et, du reste, il ne se souvenait plus s'il y avait encore des cartouches dans le canon : « Je suis sorti lundi, j'en ai mis deux à balles, pour le cas où j'aurais vu des sangliers... je n'ai pas tiré, je suis rentré tout droit. J'ai pendu le fusil sans attendre... au diable ; avec un fusil à broche, je pourrais m'y reconnaître, mais avec ce système... »

Puis, brusquement il se disait : « Si j'essaie d'aller jusque-là, je vais me flanquer par terre. » Alors, il changeait de tactique et reparlait à la chienne : « Fanfare, la petite, doucement, doucement... » mais la bête se levait et se mettait à gronder en étirant les pattes.

A la fin, Tabusse voulut jouer sa chance et se mit à ramper contre le plafond. Des petits bouts de bois sales lui entraient dans les doigts. Une poussière fine et grise lui descendait dans les yeux, il éternuait et soufflait tandis que les chiens marchaient au-dessous de lui. A chaque instant, Tabusse croyait qu'il allait lâcher prise et tomber au milieu des trois bêtes, en plein sur le dos, bombant de la nuque sur le sol. Il lui sembla qu'il mettait des heures pour arriver devant la cheminée. Enfin, il fut presque à côté de sa carabine, mais il ne savait comment la prendre. La poutre était si large qu'il lui fallait s'y tenir des deux bras et des deux jambes. Il ne voyait pas comment il pourrait rendre libre une de ses mains, même pendant quelques secondes. En remuant la tête, il finit par sentir le rebord de la cheminée qui s'avançait sous la poutre. Il put s'engager dans ce trou, alors, tendant la nuque, raidissant le dos, coupant son souffle, crispant ses jambes, il put détacher une de ses mains. En renversant le bras, il chercha sa carabine et l'amena contre lui. Du bout du doigt il s'efforça de l'armer. Pendant que jouait le double déclic il se demandait s'il y avait quelque chose dedans. « Je suis sorti lundi... » reprenait-il.

Collé au plafond comme il l'était, la tête prise entre deux planches, il ne pouvait voir que le bout des oreilles des trois bêtes qui le regardaient. Il avança lentement le canon, à bout de bras, sans pouvoir prendre la ligne de mire. Il cherchait à appuyer le bout de l'arme presque sur la tête de la chienne dont il reconnaissait l'oreille fendue : mais quand il avançait trop sa carabine, la bête bougeait et sautait en l'air. Elle cherchait à saisir le canon, à pleine gueule, comme par jeu, mais elle grondait toujours. Enfin, Tabusse crut sentir que la bête était immobile devant le double canon : il pressa la détente et comme le chien s'abattait, il s'entendait crier : « Il n'y a rien. » Mais, à la même seconde le coup partit comme un tonnerre et, froidement, il dit : « Nom de Dieu, je vais tuer ma chienne. » L'arme manqua lui glisser des doigts tellement le recul fut puissant.

La charge avait porté en pleine tête, des balles à sanglier. Sans se débattre, sans se désarticuler, ni même plier les jambes, la chienne tomba d'une masse. Les deux chiens se mirent à hurler et se réfugièrent dans l'angle de la pièce.

Tabusse les vit alors, le poil raide, la langue pendante, furieux et suppliants, encore prêts à bondir. Il sentait ses jambes se dénouer et glisser le long de la poutre, son cou se gonflait et le bouton de sa chemise lui entrait dans la chair. Tendant ses muscles, il avala une longue bouffée d'air, remonta son arme sous son bras et, lentement, ajusta le plus gros des deux chiens. Il commençait à y voir trouble et son bras se détendait quand il vit le point de mire, le guidon et l'œil du chien se réunir ; il lâcha son coup et tomba par terre.

Le chien s'abattit en même temps que lui, touché par la balle. La pièce était pleine de fumée. Tabusse était allongé auprès du cadavre de sa chienne, endolori par sa chute, caressant d'une main les longs poils raides et le museau froid. Le dernier chien, le plus jeune, s'était allongé devant la porte et gémissait doucement.

Tabusse se releva, courut vers son placard, prit à pleine main des morceaux de viande et de pain et les jeta devant le chien qui gémissait toujours : « Mange, mange », criait-il, et, tout en criant il dévorait lui aussi des morceaux de viande. La bouche pleine, il criait encore : « Mange donc », et lançait ses provisions devant la bête.

Au bout d'un moment, le chien sembla se calmer ; sans se

relever, rampant sur le sol, il avança la tête et se mit à manger les morceaux que Tabusse avait jetés devant lui.

Le jour avait déjà tourné, la cabane était sombre ; le solitaire ralluma sa lampe, lança du pétrole dans le feu, puis toute une boîte d'allumettes enflammées et des brassées de brindilles et des bûches énormes : la pièce s'illumina.

Alors Tabusse sortit ce qui lui restait de provisions, il les étala sur la table et l'homme et le chien, partageant fraternellement, firent un repas de plusieurs heures. Tabusse ne s'interrompit par deux fois que pour aller devant la maison casser de la glace et puiser de l'eau. Il vint en mettre un grand seau devant le chien et se prépara du café, mangeant et fumant et parlant à la bête.

Les provisions achevées, Tabusse s'endormit avec la tête du chien posée sur ses cuisses.

Le lendemain matin, il enterra les deux bêtes, tassa la terre sur la fosse et repoussa sur elle la neige qu'il avait déblayée. Les placards de la baraque étaient vides, la journée était belle, le soleil glissait sur la neige à toute vitesse, les fonds étaient clairs, les encoches de la forêt sans brume. Tabusse poussa jusqu'au village par la grand-route avec son chien entre les jambes. Il s'attarda dans les boutiques, parlant et riant avec tous ceux qu'il rencontrait, prit son repas du soir à l'auberge, but plus que de raison, paya des tournées et dormit dans le foin chez les Pagès.

Depuis ce jour-là, nul plus que lui ne chercha à attirer les passants jusqu'à sa maison. Pendant tout le temps qu'il resta encore dans sa baraque, jusqu'à l'automne suivant, il tint table ouverte et ne passa guère de journée sans avoir des visiteurs.

« Si tu passes devant chez moi, disait-il, monte pour boire un coup. Le chien ne te dira rien, c'est une brave bête... et, s'il ouvre la gueule devant toi, je la lui casse. »

RACONTARS D'AUBERGE

Tabusse déteste les femmes de la ville.

Il ne se sent de fraternité avec les êtres que par l'intermédiaire des bêtes. Qui mène des bœufs, qui siffle des chiens, qui fouette un cheval, est son frère, mais qui ne vit pas de ces travaux est plus loin de lui que le dernier chien du village. Je crois que sa haine pour les femmes de la ville est faite tout entière de ce qu'elles ont peur des vaches et des bœufs. Quand, pendant les mois d'été, Tabusse les voit, dans les rues du village, courir devant le troupeau qu'il mène à la fontaine, il entre en fureur et pousse plus vite ses bêtes comme pour charger un ennemi séculaire.

S'il croise une femme de la ville, Tabusse crache par terre et s'il aperçoit en même temps quelque montagnard de ses amis, il lui crie à pleine voix, en traînant sur la dernière syllabe :

« Ce n'est pas pour nous ! »

Il regarde pourtant, et plus que de raison, l'objet de sa haine. Il serait même capable de faire un petit détour dans la montagne pour aller contempler, à travers les fourrés, un groupe de belles promeneuses ou de tricoteuses assises au soleil dans les petites prairies. Il y a gagné souvent quelques rebuffades mais il n'est jamais en reste, ou du moins le jure-t-il.

On n'a jamais pu savoir s'il avait inventé dans la solitude une petite histoire qu'il raconte, à l'auberge, chaque fois qu'il est question d'une de ces promeneuses de l'été. A peine évoque-t-on une jupe claire, une femme oisive aux bras brunis par le soleil, que Tabusse se met à dire :

— Ou-ou-ou-ye, tout ce que vous voudrez, mais elle n'est pas si bien que celle que j'ai trouvée dans les prés de la Sérayrède, l'autre été, qui prenait le soleil avec la tête renversée. Je passais sur le petit chemin. Je la vois là, couchée dans l'herbe, tout du long sur son dos, la tête dans ses bras en anses de cruche, une main sur les yeux, les jambes soulevées et tous les jupons en déroute. Je me plante là-dessous, je me tourne, je m'arrête et, pour ainsi dire, je regarde le pays.

Au bout d'un moment la voilà qui se soulève : « Jeune homme, qu'elle me crie, tâchez moyen de ne pas trop regarder par ici, que vous vous feriez mal aux yeux !...

— Madame, je lui ai dit comme ça, madame, je suis bûcheron, j'ai vu des forêts plus sauvages et je m'en suis toujours débrouillé. »

Alors, chaque fois que Tabusse raconte cette histoire, tous ceux qui sont autour de lui à la table de l'auberge se mettent à crier d'une seule voix : « Tu as dit ça, Tabusse ? » et puis, toujours, quelqu'un ajoute : « Tu ne voulais pourtant pas y aller avec ta hache ?

— Avec la hache ! » répond Tabusse d'un air rêveur.

LE CHEF DE CAFÉTERIE

Encore une histoire, dit Tabusse, je n'en finirais pas, si je voulais. Je vous disais qu'on n'en trouve pas deux comme moi, et dans de plus grands pays, pour faire les murettes et les dalots de la Forestière, et, que, l'autre jour, j'ai même évité un procès-verbal ! Je descendais de la Comète, avec mon fusil sur l'épaule et chasse fermée. Je tombe sur M. l'inspecteur des forêts, en tenue, qui avait laissé son automobile contre le pont.

— Ah ! Ah ! Tabusse, les lièvres courent en toute saison !

— Vous le savez mieux que moi, et bien le bonjour.

Il regardait mon fusil.

— Tu as un Simplex de Saint-Etienne... une bonne arme, puis, par terre, et juste là, sur le tournant, le petit dalot de la route.

C'est moi qui venais de le faire la semaine d'avant. Le voilà qui regarde les pierres et toute la besogne.

— Oh ! Oh ! qu'il fait, du joli travail !

Il descend sous la route, il regarde le dalot, il y passe dessous, il se tourne vers le garde :

— En voilà un qui ne se bouchera pas avec les feuilles ; il les faudrait tous comme ça.

— C'est du travail de conscience, que je lui dis, et je n'en ai jamais fait d'autre pour l'administration : toujours la même chose, des pierres de taille et du mortier à sable, il faut faire des kilomètres d'un côté, de l'autre, dans des cantons différents, avec les chars, pour aller chercher tout ce matériel... la pierre à Barot, le sable à Bonheur ou à Pueylong ; on n'y gagne pas sa vie, mais au moins, de temps en temps, on y ramasse un compliment.

M. l'inspecteur me dit :

— C'est toi qui as fait ça, Tabusse ?

— Parfaitement, pour vous servir encore.

Il disait :

— Bien, bien, avec sa voix de réflexion, on t'en fera faire

d'autres aux conditions de l'adjudication et le même travail si tu veux bien.

Alors j'ai compris, j'ai flanqué mon fusil contre mes jambes, j'ai salué et je suis parti. Pas plus de procès-verbal que sur ma main ; ça sert quelquefois de faire du bon travail et c'est toujours quelque chose d'être respecté par les autres.

Mais, nom de Dieu, voyez-vous, ce n'est pas toujours comme ça et cette guerre, si je la déteste, c'est qu'on n'y respectait pas les hommes. Parfaitement, on n'y respectait ni les uns, ni les autres et je peux bien le dire, moi qui m'y suis vu méprisé comme un rien du tout.

Je ne parle pas du temps où j'étais dans les chasseurs à l'Hartmann, en Alsace, à Verdun, et partout, à ce moment, on faisait un métier ; bon ! Tu montes en ligne, tu descends, tu remontes. Aujourd'hui c'est le coup dur, tout le monde tient sa place, tu salues le commandant, les officiers te respectent, tout le monde vaut le même prix et tu peux crever dans la journée ! Mais c'est après, quand j'ai eu reçu cette balle dans la jambe et qu'ils m'ont envoyé aux arrières, alors là, on ne respectait pas les hommes !

On m'a pourtant fait faire un sacré travail. C'était un hôpital de quinze cents malades, des majors jusqu'à quatre et cinq galons, des infirmiers, des infirmières et tout le fourbi. Chaque matin, je faisais le café pour tout le monde. Pour ainsi dire, sans galons ni rien du tout, j'étais le commandant à la cuisine, chef de caféterie, avec quatre hommes qui travaillaient au doigt et à l'œil. Pas même premier soldat, je commandais cette escouade comme à la manœuvre et c'était un tintamarre chaque matin, pour quinze cents, pas un de plus, pas un de moins, et cela vous en faisait des litres, et des soupières et des bonbonnes et toutes les cafetières que vous voudrez. Pour du travail de conscience, c'était comme pour les murs de la route, un café de la première, noir comme de l'encre, bouillant à vous emporter la bouche, enfin quoi, extra, comme vous diriez.

J'avais tout organisé à mon idée et ça marchait comme à l'usine ! Au village j'avais trouvé un moulin, chez un épicier, dans des boutiques bombardées, pillées, démolies, un moulin avec le grand volant, on le tournait à bras et il mettait le café en poudre, par quantités. J'avais installé ça avec les quatre hommes et, tous les matins, à l'heure tapante, voilà le café pour tout le monde, les infirmières, les majors et tous les malades qui pouvaient boire et encore j'en avais une ristourne de quoi s'entretenir toute la journée, de quoi payer à boire et de quoi faire des politesses.

Seulement, ce qu'il faut savoir, c'est que dans cet hôpital, il y en avait de toutes les espèces, des galonnés, des embusqués, des pistonnés et des types qui passaient quelque temps pour une histoire ou pour une autre. Il y en avait un dans les écritures, un petitet, un mal foutu, mal habillé, c'était un type qui s'y entendait dans son métier ; on disait qu'il était là pour la surveillance et plus fort que les majors et que n'importe qui, parce qu'il venait pour le ministre. Un homme capable, mais qui ne pouvait pas faire un soldat. Son travail fini, il passait dans les couloirs et jamais tranquille. Alors comme ça, un matin, on venait de distribuer le café, il arrive dans la cuisine, tout mal foutu, tout mal habillé.

— Tabusse, qu'il me dit, vous n'auriez pas un peu de café ?

— Pardon, si, et je lui prends son bidon et jusqu'au bord avec mon café de la première.

Il me dit :

— Vous êtes bien honnête.

Il reste là sur une patte sans savoir quoi dire encore et puis le voilà qui s'en va.

Le lendemain matin, à la même heure, le voilà qui revient pour la visite :

— Tabusse, vous n'auriez pas un peu de café ?

— Pardon, si, et je lui en verse une autre gourde.

Ce jour-là, il ne m'a rien dit, il est parti avec son café en traînant la jambe, tellement que je me demandais s'il était content.

Mais, le lendemain, le voilà encore.

— Tabusse, vous n'auriez pas un peu de café ?

— Si fait, que je lui dis et je vais pour lui remplir encore sa gourde, alors il me regarde et doucement il me demande :

— Tabusse, vous êtes allé en permission ?

Je lui réponds :

— Parfaitement, en permission de détente.

— Bon, bon, mais est-ce que vous êtes allé en permission agricole ?

— En permission agricole ? Mais... est-ce que j'y ai droit à la permission agricole ?

— Parfaitement, qu'il me dit, puisque vous êtes cultivateur.

— Ah ! oui, je lui dis, mais seulement il y a des conditions.

Il me répond :

— C'est une affaire de renseignements. Quel est votre député ?

— C'était un nommé Ménard, mais il n'a jamais fait grand-chose, censément c'est le père Morel, un voisin du département.

— Eh bien, on va lui faire une lettre à ce compère, et le voilà qui prend un papier et qui se met à faire une lettre en me demandant des renseignements, tels et tels, ceci et cela et sans s'y reprendre une seule fois.

En me faisant signer, il me dit :

— Vous êtes bien honnête et quand vous aurez la réponse, vous pourrez demander votre permission agricole.

Je vous expliquais que c'en était un qui s'y connaissait dans les écritures ; quatre jours après, voilà la permission qui arrive ou plutôt le papier du ministre de la Chambre des Députés, avec les renseignements, et tout ce qu'il fallait pour ma permission agricole.

Ce petitet, ce mal foutu, revenait tous les matins pour se faire remplir sa gourde. Quand la lettre arrive, il la regarde, il dit :

— Bon, c'est comme j'avais pensé ; va au bureau, fais ta demande et tu retourneras chez toi pour huit jours.

Je prends mon calot, la lettre du père Morel dans ma poche, je descends l'escalier, je traverse la cour ; à la porte du bureau, je frappe, personne n'entend. Il faut vous dire qu'ils faisaient un tintamarre là-dedans, ça chantait tant que tu voudras ; alors je refrappe, personne ne répond, je pique encore et j'ouvre la porte. Là-dedans, il y avait le caporal, les secrétaires, le champagne et tout le fourbi. Alors le caporal se tourne et me dit :

— Qu'est-ce que tu viens foutre ?

— Pardon, mon caporal, c'est à cause de ma permission agricole.

— Tu me laisseras la paix, avec ta permission agricole ? Des permissions !...

— Pardon, mon caporal, j'ai droit à la permission agricole, et voilà la lettre du père Morel !

Alors il m'attrape, il me retourne et il me fiche dehors en criant :

— Je te la flanquerai à coups de pied dans le derrière, ta permission agricole, et il me referme la porte avec un tour de clef et pas moyen de revenir là-dedans.

C'était là justement qu'on ne respectait pas les hommes et j'aurais pleuré comme si j'avais bu un coup. Mais, fait exprès, je vois le lieutenant qui arrive, c'en était un à deux galons, un type tranquille, un professeur de curés, un séminariste. J'étais là, planté devant la porte, avec des larmes dans les yeux et révolutionné comme si j'avais reçu une dépêche.

— Qu'est-ce qui t'arrive ? me dit le lieutenant.

— Pardon, mon officier, c'est rapport à ce qu'on ne respecte pas les hommes et à ma permission agricole.

— Qu'est-ce que tu racontes, avec ta permission agricole ?

Alors je lui explique le bureau, le caporal, les secrétaires, le coup de pied dans le derrière, la permission agricole et la lettre du père Morel. Je glisse sur le petit mal foutu parce que ça aurait eu l'air de mettre le ministre là-dedans.

— Bon, Tabusse, me dit le lieutenant, tu vas venir avec moi au bureau.

Alors il monte les trois marches, il tape dans la porte et ouvre là-dedans. Je rentre avec le lieutenant, au milieu de tous les autres au garde-à-vous, les secrétaires, le caporal avec les doigts sur la couture de son pantalon et le champagne qu'ils avaient fiché sous les écritures.

— Qu'est-ce que c'est que cette histoire ? dit le lieutenant.

En cinq minutes, ma permission agricole était faite avec tous les cachets, il ne manquait que la signature du colonel, un nommé... voilà encore que j'ai perdu le nom... et, une heure après, le lieutenant la faisait signer et je te partais pour huit jours, tranquille comme Baptiste, même que nous nous sommes vus, qu'on a bu un coup ensemble, comme ce soir, un petit coup de trop et que je t'ai peut-être raconté d'autres histoires, celles d'avant guerre quand on n'avait le cœur qu'à la rigolade.

Mais, même avec la permission, ça me travaillait toujours de ne pas avoir été respecté, d'avoir été fiché à la porte et presque à coups de pied dans le derrière et quand je suis retourné là-haut je ne pouvais pas me faire à ces idées. Si vous voulez le croire, et croyez-moi, tout ça a porté la révolution dans la caféterie ; le caporal qui devait passer la réforme, a été pris bon pour le service, on l'a fait monter en ligne, il y a ramassé une balle et il est venu crever à l'hôpital et, pendant ce temps, tout s'était désorganisé. Plus moyen de retrouver le moulin pour les quinze cents de chaque matin, il fallait écraser tout ça avec des bouteilles, plus moyen de faire un travail convenable, heureusement que c'était la fin de la guerre. Elle a fini juste comme je ne savais plus comment nous allions faire le café.

Et puis, la fin de la guerre, ça nous a ôté tous les souvenirs de la tête. Au diable, si je me souviens des trois hivers que j'ai passés en ligne... On en a trop vu, pour retrouver ça au commandement. Mais j'ai toujours cette vergogne, du temps où j'étais chef de caféterie... Faites ce que vous voudrez, la guerre ou la famine, mais respectez les hommes.

PROPOS DÉCOUSUS

Quand le vin le porte comme une mer démontée, dans la salle de l'auberge, Tabusse sait expliquer comment peut naître l'orgueil du monde. On l'y voit, quelquefois, humble et presque aimable et, d'autres fois, quand les lames de l'ivresse le ballottent, autoritaire et magnifique. Après quelques verres de vin, il raconte une histoire où il ne prend aucune part, mais qui fait comprendre ces changements de son caractère.

Tabusse prend d'abord une voix traînante et geignarde :

— Au temps passé, c'était le mauvais temps. Le mauvais temps, pas à cause de la tempête, ni du froid, ni de la neige, mais à cause de l'argent qui manquait. Ici, à l'Espérou, dans toute la montagne, on n'avait pas les ressources d'aujourd'hui. Octobre venait, le cochon acheté, il n'y avait plus un sou dans aucune maison du village. Six mois sans voir une pièce ronde, six mois sans pouvoir en mettre une devant l'autre, six mois sans pouvoir aller à l'auberge, six mois où il fallait vivre en mendiant sur l'année prochaine. En ce temps, il y en avait plusieurs qui en profitaient à Valleraugue ou dans les autres villes de la vallée ; ils vous avançaient des sous pour l'année prochaine, sur la récolte ou sur les bœufs, avec un intérêt à vous faire vendre la maison, à vous faire saisir les culottes, tant pour cent, que personne ne pouvait voir. On signait des papiers pour le double ou pour le triple et l'on avait l'air de payer une rente honnête ; une petite rente évangélique, comme si on avait prêté au bon Dieu ! C'était du reste des gens pieux qui faisaient ce petit commerce ! « On vous viendra en aide. On ne va pas laisser les gens dans le besoin, il faut bien s'aider les uns les autres ? Je vous connais, je vous connais. Je vous ai vu tout petit. On ne peut pas laisser mourir le monde de faim. » Et des renseignements à n'en plus finir. Ils sortaient quelques pièces de vingt francs, ils les mettaient sur la table pour chauffer un peu plus la discussion : « Seulement voilà, il y a des intérêts à en perdre son argent, ce n'est pas comme cela qu'il faut faire, signe-moi un papier pour trois fois la somme. C'est pour la question des intérêts. Tu ne rendras que ce qu'on t'a avancé. » Les femmes descendaient des trois et quatre fois de suite. Elles avaient vu les pièces, elles ne voulaient pas faire la bêtise, elles remontaient à la montagne. « On passera l'hiver sans le sou ? » et puis de nouveau elles faisaient la route, vingt kilomètres, quatre heures par les chemins, elles allaient discuter encore. « Non vraiment on ne peut pas laisser le monde dans le besoin », on leur répétait cela encore une fois et la charité chrétienne, et les bons sentiments et puis elles pleurnichaient encore pour les intérêts. Les femmes remontaient, on discutait pendant une semaine et puis, il fallait y passer. On redescendait chercher son argent, signer le papier et s'enfoncer un peu plus pour l'année prochaine.

Quand les gens de Valleraugue voyaient arriver les femmes de la montagne, par le pont d'en haut, par la petite rue, toutes crottées, toutes sales, toutes mal habillées, avec leur cabas sous le bras et leur petit bonnet serré à cause de la tempête, ils leur disaient sur le pas des portes :

— O femmettes ! d'où êtes-vous ?

Et les femmes répondaient en passant :

— Nous sommes de l'Espérou, peuchère.

Mais alors Tabusse tape sur la table, il jure, il change de voix, il boit deux coups de vin de plus, il redresse sa taille et, d'une voix formidable, il reprend :

— Mais quand le printemps venait et que l'alouette chantait, quand l'alouette chantait là-haut, que le temps des neiges était passé, qu'on allait pouvoir faire argent avec le bois, avec toutes les choses de la montagne, les femmettes redescendaient à Valleraugue. Tête nue, avec le costume de l'été, dans le beau temps, dans le soleil, à grandes enjambées, elles avalaient la route en trois heures. Quand elles arrivaient sur le pont, quand elles traversaient la ville, les gens leur disaient encore :

— O femmettes, d'où êtes-vous ?

Et les femmes de l'Espérou répondaient à pleine poitrine, à grande bouche :

— Nous sommes de l'Espérou, bougre !

Il faut croire qu'aujourd'hui l'alouette chante. Elle doit chanter là-haut, sur les chaumes jaunes, sur les hautes prairies pleines de meules, au-dessus des coupes de bois, dans les prés remplis de choses qui font de la richesse, parce que Tabusse parle fort, parce qu'il enfle la voix, parce qu'il grandit sa taille. A chaque jour suffit son orgueil ou son humilité. Nous avons de l'argent en poche pour une semaine, nous ferons les rois pendant une semaine.

QUI CHANTE EST MAÎTRE

Plus loin que l'ivresse, plus loin que l'exaltation qui naît des paroles et des cris, des histoires racontées, déformées, inventées, il y a le chant par lequel un homme peut jeter ses forces dans l'espace, comme une pierre.

Ivre, mélancolique, furieux, ennemi des êtres et des choses comme il croit l'être quelquefois, Tabusse n'a qu'à sortir au plein air, qu'à faire trois pas sur la route, pour se retrouver lui-même et pour mettre en équilibre, à lui tout seul, avec une chanson, toutes les forces du monde.

Sa chanson à la bouche, il est aussi puissant que la nature entière, elle n'existe plus que pour accueillir sa voix et la prolonger en écho.

Il chante, en contrebas de la route, dans les raidillons des pentes où les pierres glissent sous les pas comme des notes cristallines. Où est sa méchanceté, son ironie brutale, son ivresse de tout à l'heure, ce vertige de la force et du vin et surtout cette ignorance superbe qui le fait vivre comme si nul, avant lui, n'avait existé ?

Marchant sur les pierres, chantant à pleine voix, il entre

dans un monde où plus rien n'est obscur ni mystérieux pour l'homme, et les simples mélodies de la montagne deviennent autour de lui les initiatrices de la sagesse et du savoir.

Une chanson que Tabusse retrouve entre ses lèvres chaque fois qu'il suit le mouvement descendant de la montagne, des lignes de crêtes vers la vallée, est comme un résumé de l'histoire de France, et des forces profondes du peuple. Simples paroles, naïves, lien des hommes et des choses, suis-je dupe de leur force, suis-je dupe de la force de Tabusse ?

Toute la tendresse de la vie étroite, éternelle, nécessaire, semble tenir dans sa première strophe : adieu des conscrits qui partent à l'armée, partage de l'homme entre la nature et la société :

Adieu papa, adieu maman,
Adieu ma sœur, adieu mon frère...
Ce que je regrette le plus en partant
C'est le tendre cœur de ma maîtresse...
Après l'avoir aimée et tant considérée
C'est maintenant qu'il me la faut quitter.

Et puis, comme un orage, une tempête faite par les siècles, les événements de l'histoire, la deuxième strophe mélange tout ce qu'un homme simple a pu retenir de notre histoire nationale :

Quand nous serons en pleine mer,
En pleine mer, en Angleterre...
J'entends les Prussiens
Qui viennent à grand train.
Et le sabre à la main...
Voilà le sort de nos Républicains.

Ennemis héréditaires, Anglais et Prussiens, la lutte pour la mer et la lutte à l'arme blanche, l'invasion qui s'avance comme un bruit, la République héroïque et guerrière, confusion de l'histoire... Mais la première strophe rebondit, plus profondément liée au cœur de l'homme, chant du retour déjà :

Ce que je regrette le plus en partant
C'est le tendre cœur de ma maîtresse...

LE FEU

Depuis cinq minutes, Milette, sous la fenêtre de Maria, ne cessait de siffler, de crier, d'appeler à voix étouffée :

— Oh Maria, hep, là-dedans, ou-ou, écoutez.

Il était dix heures du soir. Maria qui ne dormait pas encore, écoutait ces appels du fond de son lit.

« Qu'est-ce que c'est que cette histoire ? se disait-elle. Est-ce qu'il va finir, tout de même ? »

Comme Milette continuait, elle vint en chemise jusqu'à la fenêtre étroite et haute qui donnait sur la rue et, l'ayant aperçu, tête levée, qui semblait chercher un moyen d'escalader jusqu'à elle :

— Bougre d'insolent, dit-elle à voix basse, file d'abord. Une femme de mon âge...

— Bon sang, dit Milette vous ne sentez rien ? Je ne voulais pas crier sans en être sûr, mais je le suis maintenant... Descendez tout de suite.

Comme Maria se penchait à la fenêtre, une vague d'air chaud la frôla, qui n'était pas l'air de la nuit, fraîche et humide, mais comme le souffle d'un brasier proche. Devant le soupirail de la cuisine, voltigeait une poussière d'étincelles.

— Vite, dit Milette, descendez pendant que j'appelle.

— Au feu ! hurla Maria qui bondit vers son armoire, l'ouvrit, prit une petite caisse et descendit en courant dans la rue.

Milette avait déjà ameuté la moitié du village. Des hommes arrivaient, avec leurs pantalons déboutonnés, une main sur les yeux, écrasant leurs sourcils comme pour en arracher quelque chose. Ils se groupaient autour de Milette, essayant de comprendre malgré leur sommeil. Milette expliquait : « Je rentrais juste. Cinq minutes avant, je n'aurais rien vu. Juste là, devant, je sens une chaleur pas naturelle. Je m'arrête et je vois du feu sous la porte... J'ai appelé Maria et puis vous autres. »

Pendant les discours de Milette, le feu gagnait et ronflait comme une source. La maison de Maria est prise dans un bloc de granges, d'écuries, de logements qui forme le tiers du village. Chacun cherchait à voir d'où venait l'incendie et se penchait dans l'ombre. Les étincelles sortaient de la cuisine et de la cave de Maria et, poussant avec violence, menaçaient la maison entière.

— Il faut éteindre ça, dit enfin Pagès. Ça va foutre le feu partout.

Des femmes venaient d'entraîner Maria, toujours en chemise, qui voulait remonter dans sa chambre et poussait des cris.

— Il faut éteindre ça, dit Pagès.

Du coup, tous ceux qui étaient là, encore endormis et simplement curieux, se transformèrent. Dans la nuit, un brusque tumulte organisa la résistance. Les gamins, levés les derniers, coururent au temple et à l'église et se pendirent aux cloches. De chaque maison, on apportait des seaux et des cruches et, de chez Maria jusqu'à la fontaine de la place, une double chaîne se mit en ordre.

Le bruit des cloches avait rassemblé tout le village. Personne ne demandait plus d'explications. Femmes, filles et vieux, resserraient les anneaux de la chaîne et la rendaient plus rapide. Milette et Dupont lançaient les premiers seaux d'eau dans la cave.

Des hommes traînaient des échelles devant la maison. Pagès dirigeait tout, fixait à chacun son poste, quand, brusquement, il s'arrêta, regarda autour de lui et demanda :

— Et Tabusse ?

— C'est vrai, dit Milette, il nous sera bien utile, avec sa force de bœuf.

— Tabusse ! cria Pagès.

— Oh, Tabusse ! reprit Milette.

— Il n'est pas là, criait-on du bout de la rue, au long de la chaîne.

— Tabusse ! reprenait un groupe, en traînant sur le « u ».

« Tabu-u-sse », et le village entier, dans sa lutte contre le feu, appelait Tabusse.

— Pourtant, disait Milette ruisselant d'eau, éternuant, il était avec nous tout à l'heure. Je l'ai vu descendre vers chez lui. Il a dû se coucher, mais tout ce vacarme devrait le tirer du lit.

Des enfants, revenus de l'église où ils s'étaient battus autour des cloches, coururent chez Tabusse. La porte était fermée : en grimpant contre le mur, les enfants passèrent leur tête à la fenêtre. Le lit de Tabusse, défait, était vide.

— Il n'est pas chez lui, criaient les enfants en se mêlant à la foule. Il s'est relevé, pour sûr.

— Tabusse ! appelaient vingt voix.

— Ce sale bougre, dit le Pat, il ne doit rien vouloir faire.

— Sacré cochon, disait Milette en glissant dans les flaques. Il nous abandonne au bon moment...

Le feu gagnait, non pas vers la chambre de Maria, mais vers une remise mitoyenne dont flambaient déjà les poutres faîtières. Dans ce lacis de vieux murs, de charpentes, de toits communs à plusieurs maisons, on suivait difficilement la marche des flammes.

Dans la maison de Pagès où on l'avait entraînée, Maria hurlait de temps en temps, comme un blessé qui reprend conscience. Elle demandait parfois :

— Ils y sont tous, au moins ? Ils ont assez de seaux ?... et le mien qui est resté dans ma cuisine. Qu'ils se dépêchent. Et Tabusse ?

— Ne t'inquiète pas de Tabusse, disait la femme de Pagès, puis, à mi-voix, penchée vers les voisines : Alors, il n'est pas venu ? C'est une honte.

Devant le feu qui semblait glisser sous les eaux et renaître sans cesse, les hommes perdaient un peu la tête.

— Il est ensorcelé, disait Milette.

— C'est par en haut, qu'il faut l'avoir, criait Pagès. Montez sur les échelles et versez sur le toit. Ça chemine sous les combles. Dans cinq minutes, nous le verrons flamber au bout du village.

Les plus hardis grimpaient sur la toiture et cherchaient à devancer la marche du feu. Mais on leur faisait suivre difficilement les seaux et ils revenaient au bord du toit, se penchaient, demandaient de l'eau :

— Ça brûle par là-bas, vite, vite.

Les gens qui faisaient la chaîne ne pensaient déjà plus à l'incendie. Ils se passaient les cruches et les seaux en riant, chantaient, plaisantaient. Les filles poussaient des cris, gambadaient dans un ruissellement glacé, en se donnant des bourrades.

Au pied des échelles, Pagès, le Pat et Milette avaient d'autres soucis.

— Saloperie, disait Pagès, ça va flamber comme une allumette.

— Sale bougre de Tabusse, disait le Pat, si chacun faisait comme lui.

— Passez les seaux, criait Milette.

Tout d'un coup, ceux qui étaient sur les toits glissèrent au long des échelles, le fils du Pat le dernier, essoufflés :

— Ça devient mauvais, disaient-ils.

— Nous aurions dû y penser avant. Le feu gagne vers la remise de Nancy. C'est plein d'essence et de bois, là-dedans...

— Nancy, Nancy ! appelait Pagès.

Dans la nuit, Nancy quitta la chaîne et vint devant les échelles au milieu du petit groupe.

— Qu'est-ce qu'il y a dans ta remise ? lui demandait Pagès à voix basse.

— J'ai ma provision de bois et six bonbonnes d'essence. Il y a aussi quatre ou cinq caisses de savon. Mais c'est par là derrière, ça ne risque rien, soyez tranquilles.

— Eh bien, disait le fils du Pat, six cents litres d'essence... Et je vous dis que ça gagne vers là-bas. La charpente doit être en train de brûler, à cette heure... Une bûche enflammée qui tombe et tout saute.

— On aurait dû y penser, reprenait Pagès, il aurait fallu mettre tout ça dehors, dans les prés, quand on avait encore le temps. Mais il faut y aller quand même maintenant.

Laissant la chaîne déverser les seaux d'eau dans la cave et dans la cuisine de Maria, le petit groupe contourna le paquet de maisons. La remise de Nancy était juste derrière la cuisine, après l'écurie qui la séparait d'elle mais prolongeait sa charpente.

— Il faut être fou pour entrer là-dedans, disait le fils du Pat. Si les bidons sautent, nous serons tous grillés comme des sauterelles.

— Nom de mille, disait Pagès, on ne peut pourtant pas attendre que ça mette le feu à tout le village.

— C'est que, disait Milette, vous connaissez la remise. Elle est tout en longueur et Nancy met ses bidons au fin fond.

Devant la remise, en levant la tête, ils aperçurent des flammes courtes qui fusaient au long du toit.

Personne ne se sentait le courage d'entrer dans la remise ni même de s'approcher de la porte.

Cependant, Pagès, le fils du Pat et Milette poussaient en avant. La porte de la remise était grande ouverte, contre le mur du fond on voyait descendre une poussière d'étincelles.

— Vous allez voir, disait Milette, ça va sauter comme une bombe.

L'incendie éclairait vaguement la remise ; penché en avant, Pagès regardait.

— Où sont les bonbonnes ?

— Tout au fond.

— Il n'y a rien, disait Pagès.

Ils avancèrent un peu dans la remise, sur la pointe des pieds. Elle était vide.

— Qu'est-ce que c'est que ça ? disait Pagès.

Puis, à Milette :

— Va chercher Nancy.

Milette revint avec Nancy.

— Où sont tes bonbonnes ? Et les caisses de savon, et le bois ?

— Tout était là, disait Nancy. On est venu me le prendre !

En revenant sur la porte, ils aperçurent à quelques mètres, dans le petit pré, un entassement de caisses et de bidons. Tout ce que contenait la remise avait été rangé là, en lieu sûr, hors des atteintes du feu.

La fatigue, le sommeil, l'énervement, la peur aussi avaient relâché les esprits : rien ne pouvait plus les étonner. Les garçons se hâtèrent de remonter sur le toit et de reprendre la lutte contre l'incendie.

Pagès, le Pat et Nancy restèrent seuls devant les bidons et les caisses.

— Tout y est, disait Nancy. Les six bonbonnes de cent litres, les cinq caisses de savon et mon bois.

— C'était dans ta remise ?

— Oui bien certes. Je ne laisse pas mes choses à travers champs. J'étais encore venue vers sept heures chercher du savon, j'en ai pris six pierres dans cette caisse... voyez la place.

— On a donc sorti tout ça pour le feu, disait le Pat.

Puis, à Pagès :

— Tu avais envoyé du monde ?

Pagès remuait la tête. Il essaya de soulever une des bonbonnes, à plein bras, tira dessus.

— Bon, dit-il, il n'y en a pas deux pour remuer ça.

Alors, tourné vers l'ombre qui limitait la prairie, du ton que l'on prend pour faire cesser une mauvaise plaisanterie, il cria :

— Tabusse !

La brume de la nuit finissante coupa le ricochet de l'écho. Rien ne répondit.

— Tabusse ! hurlait Pagès.

— Ah, disait le Pat, c'est quand même une bonne tête.

Sur le toit, l'eau ruisselait. Le fils du Pat attaquait à coups de hache les poutres enflammées. Le feu cédait, reculait, renaissait sans vigueur. La chaîne s'était organisée au long des échelles, jusqu'au bord du toit. Les garçons chantaient comme des oiseaux dans les arbres.

A l'aube, le brouillard s'affaissa dans la vallée. En quelques minutes, les hautes crêtes furent claires, nettes, découpées au ciel. Une lumière blanche comme la cendre de l'incendie vola entre les maisons. Au bout du toit, le fils du Pat penché vers la foule, dit simplement :

— Plus rien ne brûle.

— Descendez ! cria Pagès.

Les visages avaient la couleur de l'aube : cendre fine ou lumière rapide. Les yeux, brûlés par la fumée, accoutumés à l'ombre, lourds de sommeil, clignotaient sous les larmes. Les filles se sentaient laides et faisaient des grimaces.

— Quelle nuit ! disaient des voix. C'est une catastrophe.

Dans sa cuisine, Maria poussait des cris. Plus que le feu, l'eau avait tout abîmé.

— Vous auriez pu faire attention, disait-elle, sans mon assurance, j'étais à la rue pour la fin des temps.

— C'est une catastrophe, répétaient des groupes, sur le pas de la porte.

— Ah bien oui, répondait le fils du Pat, vous ne savez pas à côté de quoi nous avons passé. Si l'essence de Nancy avait pris feu, nous y passions tous comme des rats. Six cents litres d'essence, ça faisait une mer de flammes.

— Il y avait le feu dans la remise ?

— Toute la charpente et des flammes tombaient par terre. On n'a rien dit pour ne pas vous effrayer.

— Et l'essence n'a pas pris feu ?

— Nous avons trouvé les bonbonnes dehors. On les avait sorties pendant que nous étions sur le toit.

La foule alla voir les bidons d'essence et les caisses de savon dans la prairie.

— Il fallait être fort, pour traîner tout ça, dit Pagès.

— C'est Tabusse ! cria une fille.

Tout le monde reprit :

— C'est Tabusse.

— Mauvaise tête et bon cœur, répétait le Pat qui tombait de sommeil et marchait comme un automate : Gauche, droite — gauche, droite.

Le village entier descendit vers la maison de Tabusse. En marchant, les filles se peignaient du bout des doigts et se passaient de la salive sur les joues. L'ombre des arbres, oblique sous le soleil levant, s'arrêtait au seuil de la porte ; la façade de pierres pointues était jaune de lumière. Le coq et l'alouette alternaient leurs chansons...

— Tabusse ! criait la foule. Tabusse !

La porte était fermée au double verrou. La fenêtre de la mansarde où couchait Tabusse, à mi-hauteur d'un étage était entrouverte.

— Tabusse.

Des jeunes gens se firent la courte échelle, s'accrochèrent au rebord de la fenêtre, hissèrent un genou contre la pierre et tambourinèrent aux vitres.

— Il est là, dans son lit, il fait semblant de dormir... Oh, Tabusse.

— Mauvaise tête et bon cœur et têtu comme un âne rouge, répétait le Pat.

Tout d'un coup, ceux qui s'étaient accrochés au rebord de la fenêtre sautèrent en arrière en criant. Il y eut un remous, une courte bousculade. Alors, la fenêtre s'ouvrit toute grande et Tabusse, la chemise ouverte, les cheveux droits sur la tête, claquant des paupières, se pencha vers la foule.

Il avait l'air furieux, ouvrait la bouche, tendait ses joues et, de ses épaules gonflées, emplissait toute la fenêtre.

Il regarda le Pat, Milette, Pagès, en pleine figure, en serrant les dents ; son regard glissa sur toutes les filles, puis, d'un mouvement brusque, il se jeta en arrière, tira le volet de bois plaqué contre le mur et qu'il laissait toujours ouvert. Le volet clos, on l'entendit fermer les vitres.

— Il a sommeil, dit le Pat, c'est un rude lapin.

Presque sur la pointe des pieds, retenant leur souffle, tous les gens remontèrent la rue et chacun rentra dormir comme sonnaient six heures et demie et que les coqs achevaient leur chant de l'aube, au sommet des prés fauchés, contre les meules autour desquelles fusaient les alouettes.

LE CHAR

— C'était histoire de gagner cent francs... et puis le char était prêt depuis une semaine. Ce n'est pas le coup de risquer sa peau pour ça, mais, par ces matins de glace et ces midis de dégel, comment faire ? On s'enrage à toujours attendre et puis crève ou passe... je ne recommencerais pas.

Tabusse me dit :

— On passera entre les deux, à glace fondante et à neige dure. Histoire de parler, parce que c'est neige dure et glace dure ou glace fondante et neige de farine... On voulait gagner cette pièce, on en avait assez d'être enfermé là-haut. Que le diable nous descende et nous remonte !

C'est Tabusse qui m'a fait faire la sottise. Avant-hier soir, il m'a fait mon sac, en me racontant des histoires :

— Tiens, voilà ton sac ; dans le fond ce tricot, en cas de cas et pour faire plus souple. Là-dessus, tu places le pain, en long, avec une fente au milieu pour un bout de saucisse. D'un côté, tu bourres du fromage et trois pommes et, de l'autre, une fiole du plus dur, en cas de cas encore et pour t'affermir l'estomac. Là-dessus, tu roules un foulard, puis tu tires le cordon, tu boucles la poche et ton sac est fait comme un sac de soldat...

En racontant ces blagues, il bouclait le sac. Après ça, il le pose au coin de la table et va se coucher en rigolant.

— Nous partirons à quatre heures.

Je vais regarder à la fenêtre. La vitre était double à cause du givre. Je tire un peu sur le loquet, je passe une oreille dans la fente. On sentait le froid rien qu'au silence. Pas un bruit d'eau ni d'air. La glace tenait tout sur les pentes.

— Plus souvent, que je dis ; mais Tabusse était déjà parti et je me couche à mon tour, sûr de trouver le soleil plus haut que les sapins en ouvrant l'œil.

Mais à trois heures, à la nuit noire, il me tape sur le ventre :

— Allez, allez, disait-il, saute et attelle, nous gagnerons le prix du voyage.

Je lui disais :

— Tu n'es pas fou ?

Mais je m'habillais quand même. Il me pousse dehors avec mes lacets dénoués, à cloche-pied, comme une girouette. Mais je glisse sur les marches et je m'allonge.

— Voilà le coup de se casser une jambe.

J'étais sûr de ne pas y aller, mais je le suivais quand même :

— Marche toujours, nous n'irons pas bien loin.

Dans l'écurie, on était plus à l'aise. De la glace mince qui se brisait et de la fange. On attelle à couvert et, quand tout est prêt, je le vois mettre dans le coffre nos deux sacs. Je rigolais sans croire qu'on allait partir pour de bon. C'était un coup de folie et je ne sais pas plus comment je suis parti que je ne sais comment vous m'avez ramassé dans la neige. Mais il ouvre la porte, pousse les bœufs et nous voilà sur la route.

Entre les maisons, ça marchait bien à cause du passage que font les traîneaux et les pas des gens et les pieds des bêtes. Tout ça dormait comme à l'église. En passant, il me dit :

— Ecoute, ça cogne là-dedans, chez la Lucie. Sûr qu'elle est encore au travail. C'est ça qui vous ferait fondre la glace !

Là-dessus, il m'allonge un coup de poing.

— Veille aux bêtes, je tiens en arrière... Tu préférerais peut-être entrer chez la Lucie, à cause de ce petit travail. Sacré salaud, fais tirer le blond.

Et il parlait sans arrêt, comme ça, que ça donnait le vertige. Seulement, j'avais pris le manche et je menais les bêtes, par habitude.

Un char, vous savez, sur ses roues, avec sa portée de bois et ses deux bœufs, en plein milieu de la route, c'est comme une barque sur la mer... Quand je parle d'une barque, c'est histoire de me faire comprendre, parce que je n'ai jamais vu ça, ni dessus, ni de loin. Mais on voit bien, sur les images... Un char, avec son chargement, ça navigue, et le nôtre tenait comme pas un. Je ne parle pas du char lui seul, mais du voyage de bois que nous avions mis huit jours à placer et qui tenait comme un équilibre... à se faire léger quand ça monte et à retenir dans les descentes.

Moi, contre les bêtes, à marcher à reculons, le bâton pointu sur les cornes, je ne pensais plus à rien.

— Viens ici, le blond, tire à gauche, tire à droite...

Mais vous connaissez la musique, vous autres qui ramassez les gens à moitié morts dans la neige.

C'est drôle, jusqu'au col, nous n'avons pas eu de peine. Il y avait une trace de faite et c'était encore nuit. A marcher si près de son pas, contre soi-même, on ne sent pas la distance, et puis Tabusse parlait sans reprendre sa salive, en tirant sur le frein, pour aider à droite ou à gauche.

Vous ne l'avez pas ramassé, lui, mais n'ayez crainte ! Il vous sortira d'un côté avec le char, ce n'est pas un homme à s'endormir dans la neige et j'aurais crevé trente fois, qu'il raconterait encore des histoires.

— Ça pince, qu'il criait là derrière. On a beau passer devant la porte de la Lucie et l'entendre se retourner sous ses plumes, ça ne vous réveille rien où je me pense. Les filles, ça n'est pas fait pour la neige, ou plutôt, la neige ça vous guérit des filles. S'il neigeait onze mois de l'an, j'en perdrais le goût de l'un à l'autre... mais une pièce de cent francs, ça vous travaille toujours et plus profond que les filles.

Il parle comme ça jusqu'au col. Toujours des filles. Toujours pour dire que ça ne le tenait pas, mais pour vous parler d'elles.

— Pendant l'hiver, je n'en fais pas le cas d'une grive. Puis les filles de chez nous, ça connaît mal la chanson. Je sais ce que je veux dire. Mais sur mes cinquante francs des cent francs, je prendrais bien une piécette pour la fille de la ville, celle qui reste derrière l'église, au grand portail de fer. Parle-moi d'une habitude.

Il me cassait la tête avec les filles et c'était toujours nuit noire et une promenade de rien du tout. Je lui criais :

— Ça n'est pas la peine d'avoir attendu huit jours une meilleure route.

— Attends, qu'il me dit en venant à côté de moi, nous prenons maintenant le col, le jour et la glace et, si je regarde le ciel, un coup de torchon sale par la figure.

Il arrête le char, roule un cache-nez sous sa veste, puis retourne au frein. On était dans le col, à la sortie des arbres, devant la descente. Je le voyais un peu, derrière le char, grand comme les arbres, à faire peur dans cette solitude.

— Laisse glisser et retiens quand même.

On partait. Je piquais les bœufs à rebrousse marche, ils sortaient leurs derrières comme des rochers et le char glissait dessus comme une avalanche. Nous sommes partis sur la pente et dans un rien de temps, personne n'a plus commandé, ni lui, ni moi, ni les bœufs. Le diable nous poussait au derrière et c'est tout juste si le char restait debout.

— Retiens, retiens, tu as trop parlé des filles et de la pièce de cent francs, on perd son âme à meilleur compte. Coince le frein, que le diable nous pousse.

— Ne gueule plus ou je lâche la machine et le diable avec et tu le reçois sur le ventre.

On est parti comme ça, je vous dis droit sur la descente. Vous savez que là-haut, la route tourne trois fois sur elle-même. Mais va retenir la machine. Nous étions comme pierre qui roule.

— Nom de Dieu, nous ne sommes plus sur la route !

— Laisse glisser, on sera plus vite en bas.

Il riait comme un diable, bloquait le frein si fort que les roues faisaient traîneau et retenaient le char comme une crémaillère. Nous prenions des pentes qui flanquaient les bouts du chargement dans le derrière des bœufs et les hautes branches dans leurs cornes. Moi, qui marchais devant, je voyais le char me basculer sur la figure. Ça roulait, comme ça, vingt mètres. Puis, sur un ressaut, tout se remettait d'aplomb. Cette révolution faisait chanter Tabusse. Il gueulait là derrière.

Ce travail nous avait empêchés de suivre le temps, ce qui fait que l'orage nous est venu sur les oreilles d'un seul coup... Vous avez dû voir ça. Les grêlons comme des noix, l'eau, la neige, le tonnerre de Dieu dans les arbres et la nuit jaune en plein midi. Heureusement que les bœufs, c'est tranquille comme roche. Sur les terre-pleins, ils rasaient l'herbe de la veille, à travers la neige et bavaient sur la glace. Ça descendait dans tous les sens, j'étais aveuglé par la grêle, crevé de fatigue et je croyais devenir fou de voir ce que je voyais...

Tabusse, qui était la dernière chose que je pouvais voir, juste devant cette purée jaune où le soleil fondait dans de l'eau, Tabusse devenait blanc comme neige et couvert de neige. Je ne reconnaissais plus Tabusse, mais je l'entendais crier encore, et le char aussi devenait un bloc de glace.

Alors, je me mets à crier :

— Tabusse, on est tombé dans un trou, sous la terre. C'est tout glacé là-dedans, l'air va nous geler dans la bouche.

— Où tu vois qu'on est sous la terre ?

— Où tu vois le soleil ? que je lui criais, nous sommes au plein du jour et c'est la nuit noire.

— C'est donc le soleil qui s'est flanqué dans un trou.

Sur un bout de terre plane, je lâche les bœufs et je lui saute dessus.

— C'est fini pour la rigolade. Voilà trois fois qu'on descend trois fois plus bas que le fond des cales. Si tu vois où nous sommes, dis-le-moi. Nous finirons par traverser la terre.

— On remonte aussi, disait Tabusse, on remonte des fois, mais tu ne t'en rends pas compte... C'est comme ça, mon agneau, mais regarde ce chargement s'il tient solide. C'est bon signe qu'on arrivera.

Nous n'avions mangé ni le pain ni le fromage. Tout ça ne serait pas descendu d'une ligne. Mais on tapait sur les bouteilles.

— Tabusse, je disais, Tabusse, c'est l'avarice qui nous a fait partir. On ne risque pas sa vie pour cent francs. Puis tu parles trop des filles quand on travaille et sans respect pour ta mère. Tu nous as flanqués sous le tonnerre de Dieu.

— Allons bon, disait Tabusse, maintenant c'est le tonnerre de Dieu, tout à l'heure c'était le diable.

Mais je vous raconte tout ça ! C'est à côté de notre histoire. Ce qui vous intéresse, c'est de savoir comment j'étais là dans la neige, à crever devant votre maison. Tout seul, pour ainsi dire, puisque le char et Tabusse sont au diable.

On s'arrêtait donc comme ça, chaque fois que la pente n'était pas trop forte. Mais, après, on repartait vers la première trouée dans les arbres. Alors, ça nous a pris comme une danse. Sur les pentes, le char tournait sens devant derrière, tête à queue et d'un seul coup... J'étais devant le char, en train de descendre, mais il glissait avec Tabusse accroché au frein et j'étais devant en train de monter. Ça nous rendait aveugle et sourd, mais je criais quand même :

— On n'en sortira pas, nous y sommes pour la vie.

— Eh bien, me disait Tabusse, laissons le char, les bœufs et le bois ; sauvons la mise : prends ton sac et allons-nous-en... Seulement, qu'il ajoutait, seulement tout ça est foutu. Nous partis, ça va être mangé par la tempête : les cent francs du bois et les mille et les mille du char et des bœufs.

Je lui disais :

— Imbécile, où veux-tu que ça passe, où veux-tu que ça se perde ?

— Quand on n'y est pas, il se fait des trous dans la terre, tu le sais bien. Le tonnerre y passe et tout ce qui s'ensuit... Mais tu n'en es pas à reculer par avarice. Tes bœufs, ton char, ton bois, qu'est-ce que ça peut te faire ? Tu mets tes os à meilleur prix.

Alors, c'est moi qui n'ai plus voulu lâcher le char. Je tenais les bœufs par le joug, à la main, et je criais :

— Tiens bon, là-derrière ! On va trouver la route dans le bas.

Et lui, dans sa glace, il riait en criant :

— A la bonne heure, à la bonne heure.

On a marché encore, en faisant des glissades, en roulant, en remontant. Je l'entendais qui chantait des phrases qu'il faisait lui-même :

— Tu ne sais pas ce que c'est — que d'avoir une idée dans la tête — Moi, quand ça me tient — J'en crèverai — Et tire toujours — on en sortira tout à l'heure...

Je vous ai dit que la tête avait commencé à me tourner dans l'après-midi ? Eh bien, maintenant, ça devait être nuit noire... mais va savoir avec cette tête et cette brume. On avait trop tiré sur la bouteille — il en avait mis une de plus dans le coffre — et toujours sans manger à cause du grand air dans l'estomac.

Moi, je criais contre sa chanson :

— Tu as fait ça seulement pour les filles. L'avarice, ce n'est rien, mais ton avarice à toi, c'est la saleté de ton corps.

C'est à ce moment que, dans une glissade, j'ai perdu le char, et Tabusse, et que, en roulant et en roulant, à moitié endormi de me trouver tout seul, je suis tombé dans ce trou de neige où vous m'avez trouvé.

Mais, coquin de Dieu, voilà le char sur la route, là, derrière la fenêtre ; je reconnais l'essieu de gauche... comme ça, comme ça... ce bruit, à chaque tour. Le voilà. Il s'en est sorti. Je vous le disais bien...

Ouvrez la porte, arrêtez-le. Vous allez le voir, ce sacré Tabusse. Mais vous le connaissez, bien sûr. Cette grande bringue, avec ses frisettes comme une fille... Il s'en sort toujours. Il s'en est toujours sorti... le jour qu'il est tombé du toit de l'église, le jour qu'il s'est fait mordre par une vipère, le jour que ses chiens ont manqué le manger tout cru, et le jour qu'on lui a tapé sur la tête, à grands coups de soulier, pour la fête du village.

LES CHAMPIGNONS

— Tabusse ? Il n'est pas là, aujourd'hui. Vous lui vouliez quelque chose ? C'est que, vous savez, si vous ne le connaissez pas, il vaut mieux le laisser tranquille. Ce n'est pas une tête comme les autres...

Si vous le connaissez, ça va bien. Mais vous ne pourrez pas le voir quand même, il est parti avec ses chars. Vous devez du reste en savoir autant que moi sur son compte. Si, si ; c'est une tête brûlée et ce n'est pas la politesse qui l'étouffe. Bien sûr, quand il connaît les gens... mais pour les autres !

Vous ne savez pas ce qu'il a fait la semaine dernière ? Il faut que je vous le raconte.

Il était venu des messieurs, des gens qui sont employés à la ville. Leur idée était de chercher des champignons. C'est le bon moment, comme vous voyez, la pluie et la lune les font sortir. Alors, à l'auberge, ils demandent un peu à tout le monde où l'on pourrait en trouver le plus. Ils y seraient allés avec leur automobile, s'il avait fallu. Tabusse était là, qui cassait une croûte, il se met à dire :

— Je vais juste aux champignons cet après-midi.

Ces messieurs n'en avaient plus que pour lui :

— Tenez, mon brave, venez boire un verre avec nous. Alors, vous voulez bien nous conduire ?

Tabusse finissait toutes leurs bouteilles, s'essuyait la bouche, comme un sale, prenait leurs cigarettes, crachait par terre, à nous faire honte à tous, et se renversait en arrière en disant :

— Là où je vais, il y a des champignons pour trente familles de trente personnes. Je ne conduis personne, mais vous n'avez qu'à me suivre, les chemins de la forêt sont à tout le monde. Rien qu'avec ce que je laisserai derrière moi, vous pourrez remplir vos sacs.

Ces messieurs ne tenaient plus en place. Ils disaient entre eux :

— Quel sacré type, voilà enfin un brave homme.

Vers deux heures, Tabusse se lève et tous le suivent.

Ils sont montés tout droit sur Miquel, avec de grands sacs et des bouteilles pour se garder de la soif. Tabusse connaît mieux que personne le secret des champignons, nous pensions qu'il allait conduire ces messieurs, pour les remercier de l'avoir fait boire...

Maintenant, il faut vous raconter l'histoire bien comme nous avons vu qu'elle s'est passée... Bon. Alors, ne disons rien de plus. A huit heures, nuit tombante, Tabusse arrive, avec deux sacs pleins de champignons :

— Et ces messieurs ?

— Ils cherchent...

— Avec la nuit ?

— Bien sûr, dit Tabusse, ils ne doivent plus pouvoir quitter leurs champignons.

Tabusse s'installe ; il se met à manger et à boire sans vouloir plus rien dire. Le temps passe ; à neuf heures, personne n'était encore arrivé ; à dix heures non plus. Vers dix heures et demie, le Pat qui était là se hasarde à dire à Tabusse :

— Qu'est-ce que tu as fait de ces messieurs ?

— Quoi ? dit Tabusse.

— Ces messieurs qui sont partis avec toi ?

— Ah ! dit Tabusse. Nous sommes partis ensemble dans Miquel, ça c'est vrai. Ils avaient des bouteilles avec eux. D'abord j'ai cherché des champignons. Il y en avait à ramasse que veux-tu. J'ai rempli mes sacs. Ils ramassaient tout ce que je ne pouvais pas prendre. Bon. Alors nous avons bu les bouteilles.

Après ça, j'ai voulu faire un petit tour de promenade, dans le bois. Je suis parti...

J'ai peut-être fait quelques détours, ils marchaient derrière moi en ramassant encore. Comme j'avais assez de champignons, je devais aller plus vite. Pour qu'ils ne se sentent pas seuls, je leur ai crié de temps en temps... une fois du haut du Serre, une autre fois de la Source des Eléphants, une fois encore de vers les fonds de Bonheur, une dernière fois du côté de Fauvel... et je suis rentré bien tranquille.

Alors le Pat qui n'aime pas beaucoup Tabusse s'est mis à crier :

— Sacré monstre, tu les as perdus dans la forêt. Comment veux-tu qu'ils s'y reconnaissent, si tu leur as crié comme ça des quatre coins de l'horizon ? Et tu restes là sans t'en faire ?

— Mais qu'est-ce qu'il y a ? disait Tabusse.

— Ces messieurs ne sont pas rentrés. Voilà qu'il est presque onze heures. Ils doivent tourner comme des lézards au fond de Miquel.

Tabusse faisait l'innocent, il ouvrait des yeux grands comme des assiettes, il commençait à se tirer les cheveux :

— Ils ne sont pas rentrés ? criait-il, mais bougre de sort, qu'est-ce que vous faites ? Vous ne pouvez pas aller les tirer de là ? Tas d'égoïstes. Il faut encore que je m'en mêle. Moi, je croyais qu'ils étaient repartis pour la ville.

Alors il se lève et se met à faire le fou. Il rassemble tout le village :

— Apportez des lanternes, plus vite que ça. Tas d'endormis. Vous ne laisserez pas les gens crever dans les bois. Vous nous feriez une réputation de sauvages.

Il attrapait le Pat :

— Toi qui avais compris qu'ils étaient perdus, tu ne pouvais pas faire quelque chose ? C'est bien la peine de se croire le plus dégourdi du village. Allons, plus vite que ça et en avant.

Il criait si fort, il était si en colère qu'il a obligé tout le monde à partir pour le bois, avec des lanternes. Nous sommes tous allés en procession à travers Miquel. Tabusse avait pris sa corne de chasse et trompettait comme un enragé.

Vers minuit, nous avons retrouvé ces messieurs crevés de fatigue qui depuis des heures tournaient autour des mêmes arbres sans retrouver leur direction.

— Ah ! bien, criait Tabusse, sans moi vous couchiez à la belle étoile ! Il n'y en a pas un qui aurait pensé à venir vous tirer de là. Tous tant qu'ils sont, ils vous auraient laissé manger par les bêtes. Et c'est eux qui m'avaient foutu dedans. J'avais cru que vous étiez rentrés avant moi et repartis pour la ville. Il faut que je vous fasse des excuses pour tout le monde.

Personne n'osait rien dire ; ces messieurs essayaient de faire les gaillards et tapaient sur l'épaule de Tabusse. Nous avions l'air d'une bande d'imbéciles.

Eh bien, croyez-le si vous le voulez, nous n'avons même pas reçu un remerciement, ni un coup de chapeau, et ces messieurs ont donné cinquante francs à Tabusse qui ne nous a même pas payé à boire. Il va dire partout que nous sommes des sauvages et si vous l'entendiez raconter cette histoire à sa manière vous ne vous y reconnaîtriez pas. Il fait même du tort au pays avec toutes ses manigances et surtout quand il dit que s'il n'était pas là, personne ne pourrait venir à la montagne, tellement nous sommes sauvages.

— Eh là, taisez-vous un peu... silence... c'est lui qui arrive. S'il comprend que vous parlez de lui, ça va le mettre en rogne. Il a pourtant l'air de bonne humeur.

— Ce n'est pas qu'il soit méchant, mais c'est comme les bœufs, ça ne connaît pas sa force. En vous serrant la main, il vous écrase les doigts ; s'il vous tape sur l'épaule vous croyez tirer un coup de fusil, et du douze encore... et si la colère le prend...

— Mais, dans son naturel, c'est gracieux comme une fille. Regardez sa tête, on ne croirait pas qu'elle est sienne, c'est joli comme une sculpture... mais taisez-vous donc, il n'aime pas plus les compliments que le reste.

— Oh, te voilà ! Adieu, Tabusse.

LE MARIAGE DE TABUSSE

Quand Tabusse voulut prendre femme, il pensa d'abord à ce que dirait le monde. Prendre une fille de l'Espérou n'aurait rien changé au train des choses, il les connaissait toutes et plusieurs d'assez près et l'on aurait trouvé ça trop naturel. Il fallait frapper un grand coup.

« Elles sont dégourdies, se disait-il, mais personne n'en fera cas. On dira : "Tabusse a pris la Lucienne ou la Marcelle ou la Sophie. Tout tourne après comme avant. Ces gens de là-haut ne sortent jamais de leur trou. Ça va chercher femme à la porte en face. Ce n'est pas eux qui inventeraient les automobiles." Ah ! messieurs, vous croyez ça, attendez un peu notre réplique. »

Aussi, quand il partait avec ses bœufs et son char, dans les villages, il regardait les filles et cherchait, comme il disait, à les avoir toutes dans la tête.

« Elles me sont entrées dans les yeux par coup de hasard, je les connais toutes sans leur coquinerie. Surprends-les, et tu ne seras jamais pris. Je ne suis pas allé leur faire savoir ma visite. Si tu t'annonces, elles se jettent devant la glace, ça se change en un tour de main. Une jupe propre, un corsage repassé et tout est d'un autre biais. Non, j'arrive de bon matin, au passage devant leur porte, je marche bien en avant des bœufs pour que rien ne m'annonce, en voilà une qui sort sur la route. Je me plante devant elle et je la vois dans son naturel. Bonjour, bonjour. Je sais maintenant comment elle se peigne.

On en voit des souillons, par les villages. Le dimanche elles font des mines et c'est elles qui se mettent de la poudre ; je n'en voudrais pas pour le long de la semaine. Des mascarées mal coiffées, avec les jupes qui pendent en arrière. Le plus dégoûtant, c'est de faire l'avantageuse. Une femme, ça se regarde comme un bœuf. Je voudrais leur tâter les jambes. Il y en a où l'on trouverait des nœuds. Un homme d'expérience ne va pas se fier à ce qu'on lui montre. »

Pendant des mois. Tabusse courut ainsi par les routes, uniquement occupé à regarder les filles. Il ne leur parlait pas, à peine « bonjour » et « le père va bien ? » ou, « ça pince ce matin ». Mais, à la fin, il savait tous les mariages qu'un garçon de son âge pouvait faire dans le pays. Connaître la dot de la fille, le bien du père et ce que peuvent penser la mère et toute la famille n'est rien : Tabusse connaissait les habitudes de toutes les filles.

Si l'on parlait devant lui d'une de ces petites fermes qui sont solitaires au bord des chemins et dont on ne connaît même pas les habitants, il sifflait entre ses dents et commençait les confidences :

— Vous en avez une dans ces endroits qui vaut plus que d'autres. Seulement, on croirait qu'elle marche assise. Trois doigts de jambes et voilà le derrière qui arrive. Je n'aime pas ce genre, ça n'a l'air de rien. Mais pour la propreté, on ne peut rien dire. Regardez le linge qui sèche et vous saurez tout sur une fille. Rien qu'à voir une paire de pantalons sur une corde et je vous expliquerai tout le trousseau. Il faut regarder tout ça, comme à la chasse le par terre et les branches qui touchent le sol... J'en dirais plus si je ne savais pas tenir ma langue.

Dans dix villages, dans trente fermes, il y avait des familles où tout le monde était persuadé que Tabusse venait pour le bon motif. On lui faisait fête, on l'invitait à passer un moment, à boire un coup, à manger un morceau. Quand il passait en fin de journée, il y avait des endroits où on l'aurait retenu pour la nuit. Il y a des finauds qui croient que cela va rendre nécessaire le mariage. Mais il gardait sa réserve et toutes les avances qu'on lui faisait n'arrivaient qu'à le détourner de la fille de la maison.

« Ce serait trop naturel, se disait-il, si je prenais celle-là qu'est-ce qui changerait dans nos montagnes ? Son père me la donne, sa mère me la coiffe. Pas si vite, s'il vous plaît, on ne se laisse pas faire. Un mariage, ce n'est pas une culbute derrière une meule. Si ce n'est que pour ça, nous ne manquons de rien. J'ai ce qu'il me faut, gardez vos filles. »

Il n'y avait guère qu'à Camprieu qu'on lui faisait grise mine. Dans ce bourg riche, les gens n'aiment pas marier leurs filles avec les garçons des villages. A cette époque, ils n'auraient voulu pour rien au monde d'un garçon de l'Espérou, l'Espérou était trop pauvre. Cela faisait une rivalité entre les deux jeunesses. Elles en venaient souvent aux mains dans les foires, au moment du départ de la classe, dans les fêtes des villages et quand l'Espérou votait rouge, Camprieu votait blanc.

Tout cela n'empêchait pas le commerce : on n'est pas assez bête pour bouder contre son ventre à la montagne. Aussi Tabusse descendait souvent à Camprieu avec son char et là, plus qu'ailleurs, il regardait les filles.

— Ça n'est pas le genre de par ici, expliquait-il à l'Espérou. Les filles de là-bas, figures et jambes, ça change d'allure. C'est le genre du plateau, un peu plus grand, un peu plus de poids et tirant sur le blond pour la chevelure.... C'est ça qui ferait une aventure, le jour où un garçon d'ici en ramènerait une. On pourrait faire un arc de triomphe et pas rien que de sapin, mais avec des branches d'en bas, du mûrier, du laurier... Et c'est une chose qui pourrait bien se faire.

En entrant dans le bourg, là où se lève toujours un vol de corbeaux, près du poste des forestiers, il y avait une maison et, d'après Tabusse, la plus jolie fille de Camprieu. C'était Julia. Une fille de forte famille et bien à l'aise : trois frères qui travaillaient, le père encore solide, de l'argent comme l'eau à la rivière. Mais tous les garçons de Camprieu la surveillaient et tournaient autour d'elle. Julia par-ci, Julia par-là. Elle n'avait jamais dit trois mots à Tabusse mais Tabusse parlait plus d'elle que de toutes les filles du canton :

— Tout le reste, c'est des filles pour apprenti. Voilà le coup de maître à faire. Je fais la visite, je prends la fille et tout le monde de l'Espérou est à mon service. Alors ? Tabusse s'est établi ? Il a pris la Julia, celle de Camprieu... On en parlerait jusqu'à la plaine.

Il essayait de gagner l'amitié des trois frères. Compliments d'ici, critiques de là. Un homme peut se faire bien voir rien qu'avec sa langue. Les trois frères ne détestaient pas Tabusse. On accepte un conseil ou un coup de main quand on vous l'offre. Entre gens qui vivent du bois on peut se comprendre.

— C'est à vous la coupe ? Vous ne sortirez pas de là. Les chars ne passeront pas cette fondrière.

Tabusse les voyait en forêt, sur la route et à l'auberge, mais pour se faire inviter à la maison il n'y avait rien à faire. Il était resté parfois des heures entières devant la porte, par la pluie ou la neige, sans qu'on lui dise d'entrer :

— Vous êtes allé chercher votre vin ? Si vous passez par là-haut, je vous ferai goûter du nôtre. Ce coup de pluie aura passé avant vingt minutes, je m'en vais attendre l'air du beau temps.

Mais on ne lui faisait pas goûter le vin et les frères restaient avec lui, sous l'averse, devant la porte.

On ne lui montrait pas la fille, mais il n'avait pas besoin de la voir longtemps pour s'échauffer la tête. « Elle pèse plus que n'importe quelle, se disait-il en apercevant Julia du coin de l'œil ; la jambe solide, il n'y a pas que du vent sous les jupes. Une femme comme ça, c'est comme un homme, avec une femme en plus. Je tiens solide qu'elle fait marcher une maison à la baguette. »

A force de parler d'elle, il faisait rire les gens de l'Espérou. On l'appelait le promis de la Julia, on lui chantait : « Julia, Julienne », sur un air qui prenait juste les paroles et qu'avaient apporté les militaires, et plus une fille ne voulait aller avec lui.

— Ça va venir, disait-il, attendez un peu que l'on vous montre.

Toutes ces idées se ramassaient dans sa tête comme une petite fortune. Il les recomptait chaque soir, si bien qu'il commençait à ne plus s'y reconnaître. Il finissait par se croire plus avancé qu'il ne l'était dans ses affaires d'amour, et s'endormait en se racontant des histoires sans plus savoir si elles étaient arrivées : « Bonjour, Julia. Me voilà comme un champignon... Toujours la même chose... »

Un matin, au soleil levant, il partit à la dérobée, en habits du dimanche, les cheveux bien coupés et la raie faite. Il gagna Camprieu, en traînant la jambe à travers tous les chemins. A onze heures, il était devant la porte de la Julia. Les souliers frottés d'un coup de mouchoir, le chapeau placé en arrière pour ne pas toucher aux deux coques qui partageaient ses cheveux, en haut de son front, il attendit.

Il était assis sur le petit mur de la route, en face de la maison. Il faisait chaud ce jour-là, les volets étaient fermés, la porte close, avec un rideau de saches, pour les mouches, qui remuait devant elle. Tabusse lisait et relisait ce qu'il y avait écrit dessus : Sons et graines, sons et graines.

A midi, le père de Julia arrive.

— Adieu, Tabusse.

Le vieux fronce les sourcils à le voir endimanché.

— C'est comme ça, dit Tabusse.

Sans que le vieux ne lui dise rien, il entre après lui dans la maison, Julia et sa mère étaient là :

— Bonjour, dit Tabusse.

Ils étaient tous comme effrayés de voir ce garçon devant eux, endimanché un jour de travail, et muet :

— Bon, dit Tabusse, on aura son temps pour causer.

Il s'installe. Les autres ne disaient rien. Julia allait et venait, mettait la table, ne s'occupait pas de Tabusse. Celui-ci s'était installé devant la fenêtre. Il cherchait son commencement et, bouche close, se disait : « D'abord mon bien, mon travail et l'espérance... après, quatre mots sur la fille et la demande. »

Le père de Julia toussait, regardait Tabusse. Les deux femmes ne semblaient pas savoir qu'il était là. A la fin et brusquement, Tabusse se mit à dire :

— Ce n'est plus l'ancien temps, la route, les transports, toutes les histoires, on n'est plus perdu comme avant... Vous autres vous avez connu la sauvagerie de la montagne, vous avez vu changer ça... Je veux dire que l'Espérou n'est plus un pays de solitaires. C'est l'avis de tout le monde, il faut en convenir... Bien, après !... Vous me connaissez, vous savez d'où je sors et le courage et tout ce qui s'ensuit. Je ne dis rien de ce que ces messieurs disent : la bonne conduite, ce que j'ai fait à la guerre et que je suis le premier gaillard du canton, tout ça ne compte pas, il n'y a que le travail et ce que rapporte la semaine. Vous avez vu mes bœufs, vous connaissez la maison, on a quand même quatre sous devant soi...

Tabusse s'embrouillait, il parlait à toute vitesse, sa langue se prenait entre ses dents, comme les jambes d'un coureur dans les branches basses.

— Bon, bon ! disait-il pour s'encourager.

Il reprenait :

— La route, maintenant, on arrive de tous les côtés : Valleraugue, 20 kilomètres, Le Vigan par le Minier, 30 kilomètres... Vous autres... vous le savez aussi bien que moi.

Quand il se taisait, il se faisait un silence comme devant un abîme. L'eau qui bouillait sur le feu faisait le bruit de la profondeur. Il resta quelques minutes sans pouvoir rien dire, alors, comme en colère, avec un coup de poing sur la table :

— Ça ne peut pas durer comme ça, l'auberge ou manger froid, un homme ne reste pas seul toute la vie. C'est un parti comme un autre, meilleur qu'un autre, je ne suis pas plus bête, vous comprenez l'allusion ?

De nouveau, le silence. Tabusse enfle la voix :

— Qu'est-ce que vous diriez, si je vous le disais... je vais vous le dire.

Personne ne bougeait. Alors Tabusse fit quatre pas :

— Voilà, je suis venu vous demander la fille.

Julia sortit de la pièce ; la mère tournait le dos ; le père ouvrait la bouche en canon de fusil.

— Il faut voir ça de loin, dit le père.

— C'est tout vu, dit la mère sans se retourner, pour ne pas avoir l'air de parler à Tabusse et pour que Tabusse entende tout de même.

— Foutre, dit Tabusse, je ne suis pas un apprenti. Tournez sept fois votre réponse.

— Ce n'est pas qu'on te méprise, dit le père. Mais on n'envoie pas une enfant de l'autre côté des montagnes. Tu tombes là comme une pluie en mars. Parle d'autre chose, on te fera signe quand on sera d'accord.

On entendait l'eau de la fontaine, à plus de cinquante mètres, le vent la portait ce jour-là, mais chacun respirait sans toucher l'air du bout des lèvres ni des dents. Tabusse était rouge et ses joues se gonflaient comme ses cheveux.

— Je vais attendre les garçons, dit-il, entre personnes du même âge, on peut mieux trouver ses raisons.

Il fallut attendre vingt minutes. Quand les trois fils arrivèrent, sans dire bonjour ni comment, Tabusse redemanda la fille ; les trois garçons se mirent à rire.

— Si c'est de contentement, disait Tabusse, on va s'entendre, mais si c'est un affront, gardez-le pour vous.

— Ne raconte pas de bêtises, lui dit l'aîné, la petite a le temps de voir.

— Le temps de voir quinze culottes, dit Tabusse qui s'échauffait. Ça grandit sans que vous y preniez garde. Je vous apporte l'honnêteté. Qu'est-ce que vous avez à redire ?

— Garde tes raisons et restons camarades. Ne t'occupe pas de la petite.

On n'entendait plus l'eau de la fontaine, ni le repic du Midi, ni les gens qui passaient sur la route. Tabusse criait, puis soufflait sans bruit comme un poisson dans les herbes. Les trois garçons perdaient patience.

— Non ? C'est bien non ? Si c'est non, gardez vos filles, nous ne les marierons pas traînées. Il n'en manque pas pour les bêtises.

Les trois garçons perdaient patience aussi mais ne voulaient pas de dispute. On n'est pas pour rien le plus fort de la montagne. Tabusse était capable de leur tenir tête et de tout casser dans la maison.

— Ne déparle pas, disaient-ils. N'en raconte pas tant et buvons un verre.

Mais Tabusse criait plus fort. Des gens qui passaient s'arrêtaient devant la porte. En dix minutes, tout le village fut au courant. Des garçons vinrent au pas de course.

— Il voudrait prendre la Julia.

On sifflait comme à une réunion électorale. Les plus effrontés regardaient par les fenêtres. Tabusse finit par les entendre et ouvrit la porte.

Il y avait une dizaine de garçons devant la maison et, plus loin, juste au tournant de la route, un groupe de filles qui riaient. On voyait une grappe de têtes et des tabliers de toutes couleurs que le vent soulevait et mêlait.

— Tonnerre de Dieu, cria Tabusse, c'est vous qui avez vendu la République. Hou ! les corbeaux ! ce n'est pas nous les plus sauvages.

Les frères de Julia, le poussaient doucement sur la route. Il donnait de grands coups de bras pour leur faire lâcher prise et insultait les autres. Tous reculaient devant lui.

— L'un après l'autre ou tous ensemble ; d'une gifle, j'en étends trois.

Il marchait vers eux qui reculaient. Mais les plus jeunes se mirent à ramasser des pierres et les lancèrent vers Tabusse, juste à ses pieds, pour l'empêcher d'avancer.

— Où est le plus fort ? criait l'amoureux de Julia, où est le plus fort ? qu'il sorte.

Mais les pierres tombaient plus serré, le tir s'allongeait. Tabusse en reçut deux sur les cuisses.

— Moitié d'hommes, criait-il.

Mais il commençait à rompre. A chaque pas qu'il faisait en arrière, les pierres tombaient de plus belle. Maintenant, on le visait au corps et à la tête. Il gambadait comme sous la pluie, sautait à gauche et à droite et plongeait en avant.

« Ils me tuent raide », se disait-il. Parfois il essayait de foncer, mais les pierres faisaient barrage. Il courait alors en arrière.

— Nous reviendrons ce qu'il faudra, poitrinaires, séchés par les filles !

A chaque injure, un caillou sifflait entre son oreille et son épaule. Il lui fallut battre en retraite. Il partit, d'abord à reculons, suivi par la troupe, puis, brusquement, il se retourna et fila à toute vitesse.

Devant lui, la route, la fin du plateau, la haute forêt, et, dans le lointain, le soulèvement boisé de la montagne.

« Pas par la route, se disait-il en courant, droit dans les champs, par la vallée. »

Les garçons couraient derrière lui, à vitesse égale.

Un homme gros court comme un autre quand son souffle est large. Tabusse filait vers la montagne. Il avait mis le rebord de feutre de son chapeau entre ses dents et le suçait pour garder sa salive. Il oubliait ceux qui couraient à ses trousses.

Il tenait son allure, riant déjà. Ses souliers du dimanche lui semblaient légers comme des sandales. Il choisissait ses battues, sautait les pierres. Derrière lui, le groupe commençait à s'allonger. Quatre ou cinq garçons gardaient leur hauteur mais les autres perdaient du terrain. Tabusse filait sans regarder en arrière. Il passa la Baraque neuve à fond de train et, quelques minutes après, la Baraque vieille. Quand il arriva dans les prairies, après le pâté de maisons, il se retourna et ne vit personne, il remit son chapeau sur sa tête et continua sa route à petits pas.

Le temps était clair, les prairies nouvelles. Il y avait encore de l'eau dans le torrent, un nuage s'accrochait sur le col et dérivait lentement vers le nord.

« Encore la pluie », se dit Tabusse. Les herbes qui lui montaient à mi-jambes étaient fraîches et cette fraîcheur le faisait respirer plus vite, comme s'il venait de boire. « Trois mille francs d'herbe, on se retrouverait sur le fermage. » Il marchait en promeneur attentif, en prenant plaisir à toutes les choses. La ferme ruinée était devant lui, longue et basse, silencieuse à côté des eaux vives. « C'est un peu trop solitaire, il fallait être de fer pour y rester. Voilà une maison fermée et c'est un fou qui la rouvrira. Parlez-moi du domaine et laissez la ferme aux lézards. »

Comme il était au milieu des prairies, il entendit souffler derrière lui. Les garçons l'avaient rejoint. Il y en avait deux ou trois à vingt mètres et d'autres en file, qui couraient derrière.

« Il n'y a plus de pierres ici », se dit Tabusse. Il fit front, le chapeau jusqu'aux oreilles, le poing fermé, le pouce en dehors comme on le lui avait appris au régiment. Les garçons s'arrêtèrent et l'attendirent. Ils avaient des cailloux plein les poches et se rassemblaient sur une ligne en posant les cailloux devant eux.

« On va te faire comme le jour de la fougasse, la fricassée, gros mal lavé. La Julia... »

Tabusse reprit sa course ; il passa les genêts, le petit pont de planches et se trouva sous la montagne, devant le raidillon qui coupait la murette du domaine. Il grimpa la côte au pas de course, au milieu des hêtres d'abord, puis sous les sapins. La troupe était sur ses traces et, quand il fut au col, il entendit le bruit des pas qui se rapprochaient.

« Ils ne viendront pas jusqu'à ma porte. Tonnerre de Dieu ! Je n'ai pas besoin des autres. Cela ferait la révolution par chez nous, mais je m'en débarrasserai tout seul. »

Alors, du haut du col, dans le dévallement de la forêt, il se mit à lancer une grêle de pierres. Le col est caillouteux, il n'avait qu'à se baisser et qu'à prendre. La main gauche attrapait un caillou, le passait à la main droite, le corps basculait en arrière, se détendait brusquement, le caillou volait, le corps plongeait en avant, la main gauche attrapait une nouvelle pierre et, trois secondes après, la pierre volait droit devant.

A travers les hautes branches et tout le long de la pente, les cailloux faisaient un bruit de charge.

— Je vais vous en foutre dix tonnes, disait-il.

Il les prenait de plus en plus gros, il crachait dessus à la volée, les chargeait d'une injure. Dans le creux, sous le col, on entendait les branches se casser et les garçons de Camprieu qui poussaient des cris en s'éparpillant sous ce déluge. La plupart redescendaient à toute vitesse, d'autres se jetaient à droite et à gauche, à travers bois.

« Ça gueule comme à la guerre », pensait Tabusse.

Il se mit alors à prendre des cailloux plus petits, pour lancer plus loin. Au bout d'un moment, il entendit des appels au bas de la pente. Les garçons devaient être à la passerelle. Alors, il s'arrêta, prit son coude droit dans sa main gauche et haussa les épaules.

TABUSSE ET LES PUISSANCES

— Oh, Tabusse, lui avait crié Pagès, tu ne restes pas pour voir notre député ?

Tabusse partait pour les bois, la hache contre l'oreille. C'était un matin de fleurs serrées et d'herbes humides, un début de printemps.

— Le député, dit Tabusse, il peut courir, je me fous de lui.

Pagès était devant l'épicerie de Nancy. Dix mètres plus haut, à la fontaine, Dupont roulait une cigarette en triant les petites bûches qui hérissaient son tabac, au fond de sa blague.

— Oh, Tabusse, lui dit Dupont, tu ne restes pas avec nous autres ?

— Va-t'en au diable, dit Tabusse, je n'ai besoin de personne.

Milette descendait la rue, en évitant le ruisseau que lançait la fonte des neiges. Il écarta les jambes, au-dessus du courant et, remuant la tête, dit à Tabusse :

— Oh, Tabusse, tu ne vas pas partir sans attendre ?

— Tu m'embêtes, dit Tabusse, vous ne pensez qu'à ceux qui tiennent le manche.

Devant le bas de la côte, il se mit à siffler. L'hiver avait crevé la véranda de la maison Nissolle. « Ça fera quelques journées de travail », se dit Tabusse.

La vieille Pierrelette était derrière sa porte. Elle entendit siffler, passa la tête dans la lumière, cligna de l'œil et vit Tabusse.

— Oh, Tabusse, dit-elle, ce n'est pas le jour de s'en aller.

Tabusse ne répondit pas et trouva un seul mot au fond de lui-même qu'il garda contre ses dents. Il gravit la côte à grands pas en jouant avec sa hache qu'il sentait fraîche contre sa joue. A mi-pente, il se retourna et se pencha vers l'Espérou, comme à la margelle d'un puits, pour regarder ce qui remuait entre le lacis de maisons. On apercevait une petite foule noire qui s'avançait sur la route ; des enfants couraient avec les chiens, et le soleil semblait s'arrêter sur les tabliers du dimanche des femmes.

Tabusse retrouva le même mot, au fond de sa gorge, reprit sa marche et entra dans la forêt. La matinée était libre, sans nuages. Sous les arbres, elle était ce que la saison voulait qu'elle fût : un déplissement du monde et une contraction joyeuse, une poussée d'herbe, de bourgeons et d'eaux vives. Du chemin de la Pépinière, Tabusse aperçut le garde qui filait à grands pas au long de la ligne téléphonique. Il l'appela de la voix et du geste, lui faisant signe de venir. Le garde tendit trois fois son bras vers le village et, sans plus s'occuper de Tabusse, continua sa marche. Jamais la forêt n'avait été plus solitaire. Tabusse cherchait des oiseaux dans les branches et n'en voyait pas. Il lui semblait que le monde, brusquement, s'était vidé de toute vie. Seul, au milieu du layon, un papillon blanc tournait sous les arbres, passait au plein soleil, retombait dans l'ombre et revenait encore vers l'air chaud, comme une feuille de papier, légère et tournoyant dans un souffle.

Tabusse retourna vers le village.

A onze heures et demie, il passa devant l'auberge. Tous les hommes étaient là, qui prenaient l'apéritif avec le député, tandis que des femmes, à quelques pas de distance, bavardaient entre elles et regardaient du coin de l'œil.

— Le voilà pourtant, dirent les hommes. C'est Tabusse.

Le député lui cria :

— Bonjour, Tabusse.

Pagès lui tendit une chaise. On le fit asseoir à la table, avec un anis devant lui. Tout le monde riait et chacun semblait avoir l'humeur de la matinée.

— Alors, dit le député, tu ne voulais pas me voir ?

— Bon, dit Tabusse, nous n'avons ici que des mauvaises langues. On répète tout en l'arrangeant à sa manière... J'ai voté pour vous, on est d'accord sur la politique. Mais je ne me suis pas cassé la jambe. Qu'est-ce que vous voulez que je vous embête ?

— Si c'est embêter les gens que de boire un verre avec eux ?

— Autrement, dit une voix, on va nommer un autre cantonnier ?

— Oui, dit le député, on a repris cinq kilomètres de route à l'administration forestière. Il faut un cantonnier là-dessus... On peut le prendre chez vous ou dans un autre village. Nous réglerons ça ces jours-ci.

— Pour la fontaine, dit Pagès, on a toujours les mêmes embêtements. L'hiver fait péter la conduite comme un verre. Au printemps, l'eau coule de partout. Ça serait à refaire de fond en comble.

L'odeur des anis était comme un lien qui resserrait toutes les attentions mises en cercles autour de la table. A la même minute, chacun pensait à la même chose, mais Tabusse, un peu renversé en arrière, semblait rêver.

— D'un autre côté, dit Dupont, il faudra d'abord penser aux écoles. J'en parle à mon aise puisque mes enfants en sont déjà tous sortis. Mais c'est une honte pour chacun. On s'y croirait au temps des rois, comme on le raconte dans les livres.

— C'est vrai, dit Pagès, et pourtant nous sommes contents du maître. Il nous engueule quand les petits manquent l'école. Il a mis des bricoles sur le mur et des tableaux pour les explications. Il sait faire marcher une musique pour apprendre à chanter. C'est un homme qui vous montre à lire en trois mois et je suis en train de devenir un âne devant mes petites.

— Vous avez combien d'enfants aux écoles ?

— Quatorze par mauvais temps et dix-huit quand ça peut aller... à cause de la Baraque vieille. Ils viennent de cinq kilomètres. Par l'hiver, c'est toute une histoire, mais les grandets savent marcher en ski, ça leur vaut une automobile.

On venait de reverser trois doigts d'anis au fond des verres. Milette faisait tomber un filet d'eau dans cette liqueur opaline qui changeait de teinte comme un nuage sous le vent, et, comme midi sonnait, chacun se hâtait de boire.

— Pour le cantonnier, dit Tabusse, c'est vous autres qui faites nommer ?

— Je fais toujours mon possible, dit le député en faisant signe à la servante de ne pas prendre l'argent que lui tendait Pagès. On va manger un morceau, ajouta-t-il. Cet après-midi, les ingénieurs du Sud électrique doivent monter. J'irai voir avec eux si l'on peut vous amener le courant sans que ça vous ruine. Vous retrouverez ça, du reste. Je coucherai ce soir ici. On pourra parler encore.

— Le courant, dit une voix, ça foutra le feu dans les étables.

— Reste si tu veux, dit Pagès, je le ferai mettre dans les écuries, si tu trouves le pétrole plus commode... Je vous emmène.

Le député mangeait chez Pagès. Tout le monde se leva, Tabusse le dernier qui prit Pagès par la manche et le fit venir un peu à l'écart.

— Combien ça gagne, un cantonnier ?

— Dans les huit mille, dit Pagès, et le département augmente toujours leur mois. Ce n'est pas une mauvaise place.

Tabusse allait parler encore, mais Pagès se dégagea, rattrapa le groupe qui remontait la rue, et le laissa seul.

A deux heures, les ingénieurs arrivèrent en automobile. Tout le village les attendait à l'auberge, en buvant le café.

— La neige coupera les fils, disaient certains. Ça sera comme pour le téléphone. On restera quatre mois en panne.

— Il faudra des fils gros comme ma jambe, et tant c'est gros, tant plus ça pèse, et tant plus ça pèse, tant mieux ça pète.

Il y avait deux camps. Pour et contre le courant. On discutait avec passion. On citait l'exemple d'autres villages qui avaient l'électricité depuis peu. Tabusse, seul, ne se mêlait pas à la discussion. Il semblait regarder les ingénieurs qui buvaient en hâte leur café et jetaient un coup d'œil sur leur montre. De temps en temps, il donnait un violent coup de tête en avant, comme un homme en train de s'endormir et qui, en s'affaissant, se réveille.

Pagès dit :

— On va descendre. Ce n'est pas la peine de manger le temps de ces messieurs. Je vous accompagne, si vous voulez, rapport aux sentiers et aux bistours.

Les ingénieurs se levèrent, le député comme eux, et l'on se disposa, pour se séparer, sur deux lignes, tout le village d'un côté, et les autorités de l'autre. Comme, pendant les poignées de main, il s'était fait un silence :

— Et pour la demande, dit Tabusse, on peut savoir où il faut la faire ?

— Le courant n'est pas encore ici, dit un ingénieur en bouclant sa veste de cuir. Vous avez le temps.

— Le courant ? dit Tabusse, en tirant sur ses cheveux.

— Quelle demande, alors ? dit le député.

— Pour cantonnier, dit Tabusse.

Personne n'y comprenait plus rien. Les ingénieurs se regardaient. Le député haussa les épaules et se mit à descendre à petits pas sur la route.

— Au diable, dit Pagès, qui parle de cantonnier, on est sur le courant à cette heure.

Pagès, les ingénieurs et le député descendirent vers le col et s'engagèrent sur les pentes qui dominent la vallée. Le village se dispersa comme un vol d'alouettes. Chacun voulait rattraper le temps perdu. Tabusse, resté seul, prit la route, tira sur la droite et disparut dans les arbres, juste sur la crête.

Il contourna le petit promontoire qui domine le col et, de là, il aperçut le groupe qui descendait au long des pentes, avec de longues haltes, en faisant des gestes. Il le suivit des yeux jusqu'au bas de la vallée. A plusieurs reprises, il dut se déplacer sur la crête, en sautant les rochers. Enfin, il vit les quatre hommes qui s'arrêtaient ; ce n'était plus que des points noirs, mais ils restaient bien visibles sur le terre-plein qui marquait le haut de la vallée. Pendant un long moment, ils restèrent là, tournés, semblait-il, vers l'échancrure par où s'échappait la rivière. Enfin, ils se groupèrent, avancèrent un peu, puis se mirent en file et commencèrent à remonter le long des pentes. Comme à l'affût du sanglier, Tabusse, penché dans le vide, estima leur direction, traça leur itinéraire à travers les éboulis et, se relevant alors, commença de descendre à toute vitesse à leur rencontre.

Il avait perdu de vue le petit groupe et courait à travers les hêtres, sans rien voir. Mais il avait si bien calculé sa marche qu'il tomba sur lui au troisième tournant, juste comme il débouchait sur la route.

— Alors, c'est fini ? dit Tabusse au député. Je travaillais par là dans les coupes. Vous remontez à votre aise ? La route vaut mieux que les pierres... C'est qu'il y en a, du travail d'homme, sur cette route... Il en faut de bons cantonniers pour le pays.

Le député ne semblait pas écouter. Il soufflait à petits coups, avalait sa salive, rejetait son chapeau en arrière, déboutonnait son gilet. Tabusse marchait à côté de lui, réglant son pas sur le sien, avançant le cou, tordant la tête pour mieux le voir. Derrière, à vingt mètres, suivaient les ingénieurs et Pagès.

Le député pensait :

« Un million cinq cent mille francs par obligations de cinq cents francs, c'est une rude somme à trouver. Qu'est-ce que je me suis fiché dans cet embarras ? Il faut faire leur bonheur contre eux. »

— Autrement, disait Tabusse, c'est comme je vous le dis. Les pierres, la terre, la neige, l'eau de la neige, les orages et le grand vent, ça demande des hommes solides... Vous n'en trouverez pas des cents, pour faire de bons cantonniers. Ce n'est pas l'envie que j'en aie, mais il faut faire ce qu'on doit.

— Foutre, dit brusquement le député, si tu crois que je manque de candidats ? Si tu en as envie, tu n'as qu'à le dire, mais ne crois pas devoir le faire pour moi.

Le second groupe les avait rejoints.

— Ne croyez pas, disait un des ingénieurs, qu'il faille faire de si forts pylônes. Dans ces montagnes, il vaut mieux les faire petits et rapprochés. Après tout, il n'y a que deux kilomètres de lignes depuis le fond de la vallée.

— C'est pour la neige, disait Pagès, elle vous chargera les fils comme un camion. Je sais bien que, par ici, l'inclinaison les dégagera, mais quand même !

Tabusse marchait en silence, Pagès le regardait du coin de l'œil. A un moment, comme ils se trouvaient serrés l'un contre l'autre, dans un tournant, il lui dit à l'oreille :

— Qu'est-ce que tu es venu foutre ?

Tabusse ne répondit rien et se rapprocha du député, mais celui-ci parlait avec les ingénieurs. Sous le petit pré, ils quittèrent la route et se mirent en file indienne dans le raccourci, Tabusse fermant la marche. Au col, il essaya de se rapprocher du député, mais Pagès se mit en travers et il lui fallut rester derrière.

Au village, la petite foule eut tôt fait de se reformer. Les ingénieurs voulaient repartir tout de suite, mais on les retint quelques minutes.

— Vous nous mèneriez l'électricité et vous partiriez sans boire un coup, disaient les hommes, ah bien, alors !

Tabusse était sombre, Parfois, au milieu de la conversation générale, il ouvrait la bouche comme un poisson à fleur d'eau, se penchait, puis, submergé par le bruit des voix, la houle des mots et des rires, retombait en arrière. On apportait des bouteilles, on choquait les verres.

— A l'électricité ! criaient les jeunes.

La nuit venait vite.

— Nous nous casserons la tête dans vos routes, disaient les ingénieurs.

L'automobile, mise en marche, ronflait sourdement devant la porte.

— Pour ce qui est de la route... essayait de dire Tabusse aux ingénieurs, comme en confidence.

— Allons, allons, laissez-les partir, disait le député, il vaut mieux qu'ils soient sortis des lacets avant la nuit.

Devant l'auberge, une bousculade semblait se lier au bruit du moteur qui se renflait par saccades. Des bras se levèrent.

— Quel pays ! disaient les ingénieurs, en relevant le col de leur manteau sous le vent de la vitesse.

— Si la route était trop mauvaise, disait Tabusse en regardant s'éloigner l'automobile, ils seraient vite au fond d'un précipice.

Les ingénieurs partis, une sorte d'embarras mystérieux paralysa toute conversation. Le député devait encore manger chez Pagès, avec quelques amis. Tout le monde n'était pas invité, mais, devant ce silence, ceux qui se sentaient de trop avaient vite fait de prendre congé en donnant mille explications, pour ménager leur orgueil.

— Bon, avait dit Dupont, j'oublie mes bêtes..., alors, bonsoir la compagnie.

Bien vite il n'était plus resté que les invités et Tabusse qui ne l'était pas.

— Nom de mille, disait Pagès à Milette, il va faire comme le soir de la fougasse. Tout casser et assommer tout le monde. On ne peut pourtant pas le prendre avec nous.

Tabusse ne semblait pas disposé à partir. Il s'était carré contre le poêle et fixait les souliers du député en comptant les trous de ses lacets dans tous les sens. Un, deux, trois, quatre, cinq. Deux, quatre, six, huit, dix. Derrière lui, Pagès faisait des signes. Chacun semblait incapable de voir ou d'entendre et pourtant ne perdait rien de cette mimique. A la fin, sur un geste de Pagès, tous se levèrent. Dans la rue, ils se répartirent par petits groupes. Comme ils passaient devant la fontaine et laissaient la maison de Tabusse à main gauche, Pagès brusquement, tendit la main à celui-ci :

— Alors, bonsoir, lui dit-il.

Puis, au pas de course, il rattrapa le groupe qui l'avait distancé.

— Nom de Dieu, disait Pagès à voix basse, je sens qu'il nous suit. Marchez vite. J'ai cru qu'il en avait une attaque.

Mais, Tabusse, sous l'offense, était resté immobile.

— Saligauds, disait-il. Ce matin, ils m'appellent et ce soir ils me foutent à la porte en pleine rue. Je te vais les mettre en bombe.

Pagès et les autres, marchant vite, tournaient prudemment la tête.

— Il ne suit pas, dit Milette.

— Ce sera pour quand il aura bu, dit Pagès avec calme. Nous en avons pour deux heures.

En haut de l'escalier, les femmes criaient en avançant des lampes contre le vent.

— C'est bien l'heure. Tout est brûlé. Vous auriez parlé la même chose à table. Sans façon, venez vite.

— Tabusse va nous mettre la vaisselle en morceaux, dit Pagès à sa femme, froidement. Nous avons gagné notre journée.

On eut pourtant vite fait d'oublier Tabusse.

Tabusse mangea seul, comme le soir de la fougasse.

— Plus fort que vous, disait-il en écrasant un bout de fromage tendre dans les trous de son pain. Plus fort que tous. Vous l'entourez à cause de la place et vous voulez me mettre en colère, pour que je me perde moi-même. Tenez, me voilà avec le sourire. Un petit coup de plus pour être plus gai. Me voilà comme un marié. La fille de la maison est pour moi, messieurs dames, et la place aussi.

Il but deux litres de piquette, à petits coups, en se faisant des grâces. Vers neuf heures et demie, il était gai comme un oiseau à l'aube, rouge, frisé, et plein d'audace.

Il monta d'un pas de chèvre jusque chez Pagès. On avait ouvert la porte à cause de la chaleur et de la fumée. La lumière tombait en gerbe droite sur les escaliers.

Devant la première marche, Tabusse siffla en retournant sa langue. Autour de la table, tous sursautèrent.

— Le voilà, dit Pagès. Fini de rire.

— On vous dérange peut-être, dit Tabusse dans l'encadrement de la porte. Holà, vous vous la coulez douce. Bonsoir à tous et à la compagnie, vous fichez un bruit à ramasser tout le village. Il n'y a pas le feu chez vous ?

— Entre, dit Pagès, viens boire un verre.

— Coup de pied bas, disait le Pat, coup de genou dans les parties. Hardi les gars, n'ayez pas peur. On vous montrera la pratique.

— Tais-toi, disait Pagès, ferme ta gueule ; il n'a pas l'air méchant ce soir. Ne l'excite pas.

Puis, d'un ton d'ambassadeur :

— Tu as bien fait de monter, prends cette chaise.

Tabusse vint s'asseoir à côté du député. Chacun le croyait furieux, mais il souriait, le chapeau sur l'oreille.

— Pour ainsi dire, vous ne vous en faites pas.

On lui versait à boire, on lui remplissait une assiette de crème fouettée, on poussait devant lui une boîte de fer pleine de biscuits.

— Ils sont assortis, disait la femme de Pagès d'une voix tremblante.

Il posa la main sur le dossier de la chaise du député, ouvrit le col de sa chemise et but un coup en fermant les yeux.

— Il a toujours de la place, disait Pagès, avec lui, c'est un plaisir. Il est toujours prêt à manger à n'importe quelle heure.

Le Pat, seul, était mécontent :

— Bougre de sale merle, disait-il, entre ses dents, si ce n'était que moi, tu serais vite réglé.

Il tenta de faire glisser la conversation sur la politique. Tabusse mangeait et buvait sans rien dire.

— Ouvrez l'œil, disait le Pat, il y en a qui vendraient la République !

Mais personne ne l'écoutait. Tous surveillaient Tabusse et se demandaient pourquoi il n'avait pas encore basculé la table, renversé les lampes et brisé la vaisselle. Le député dormait d'un œil en tirant sur un petit cigare dont il suivait la fumée.

— Il faudrait voir clair dans cette affaire, dit enfin Tabusse.

— Quelle affaire ? demanda Pagès.

— Pour cantonnier, reprit Tabusse. Il faudrait savoir qui ferait le mieux.

— Mon cousin de la Baraque prendrait bien la place, dit Pagès.

— Hé là, cria Tabusse, il n'habite même pas sur la route. Il faut quelqu'un de tout rendu... La première borne est devant ma maison.

— C'est vrai, dit Pagès.

Et Milette :

— Tu ferais un cantonnier de la première.

De son œil ouvert, le député semblait maintenant suivre le vol des mots, des uns aux autres, avec un sourire.

— M. le député, dit enfin Tabusse, m'a dit qu'il s'occuperait de moi.

— Très bien, dit Pagès, on ne trouverait pas mieux.

— Tous pour Tabusse, ajouta Milette.

Le chapeau de Tabusse glissait de plus en plus en arrière. Par sa chemise ouverte, une chevelure blonde s'élançait de sa poitrine, il se sentait frais et rose et plein de bonté. Le Pat le regardait encore de travers. Tabusse prit son verre, Milette le remplit de mousseux, alors, le bras tendu, un œil cligné, visant le Pat, avec un flocon de mousse pour cran de mire :

— Au trente-huitième d'artillerie !

Le Pat se leva d'une pièce, au garde-à-vous.

— A Tabusse !

— A notre cantonnier ! cria toute la salle.

Le député se réveilla :

— Vous allez bien vite !

— Comme ça ? dit Tabusse.

— Allons, dit Pagès, on tient tous pour lui. Vous ferez ça pour nous autres.

— Si le classement le permet, je le veux bien. Il faudra voir ça à la Préfecture.

— C'est qu'il a servi, dit le Pat. Et des médailles !

On renversait à boire à Tabusse.

La nuit fut longue. Tabusse ne dormit pas. Rentré chez lui, à plat ventre sur son matelas, il jouissait de son ambition nouvelle :

— Pas un sou de moins et huit mille francs de plus. J'ai gagné ma journée sans y croire.

Jusqu'au coucher de la lune, vers trois heures du matin il se sentit joyeux. Quand la nuit se fut fermée comme une porte, il voulut dormir, mais il ne pouvait rester en place.

« Voilà ce que c'est que de ne pas être marié, se disait-il, une femme ça peut au moins servir à faire venir le sommeil. »

A la petite aube, il était furieux et lançait des coups de pied dans ses couvertures.

Il entendait déjà s'ouvrir des portes. Dupont sortait avec ses bêtes. Rien qu'au bruit, Tabusse comprenait quel serait le travail de chacun pendant la journée. Une femme, à la fontaine, charriait des cruches.

— Je deviens fainéant comme un employé, se disait-il.

Il était encore couché quand il entendit l'automobile du député que l'on mettait en marche devant l'auberge. Il se leva d'un bond et, en traversant la place, il boutonnait encore sa braguette et bouclait sa ceinture.

Il aperçut Pagès, penché vers le député qui semblait insister en demandant quelque chose. Il lui sembla qu'il était trahi. La colère le faisait marcher plus vite, mais, en même temps, il se disait comme à l'oreille : « Avec le sourire, avec le sourire. »

— Le voilà tout juste, dit Pagès.

— Alors, bon retour, disait Tabusse, ne m'oubliez pas pour la place.

— C'est entendu, mais je ne te promets rien, sinon de faire mon possible.

Pagès avait un mauvais sourire, malicieux et tranquille. Tabusse cherchait une nouvelle phrase.

— Entendu, répétait-il, ça ira comme ça.

L'automobile fila entre eux deux et ils se trouvèrent face à face.

— Te voilà nommé, disait Pagès, en tout cas tout le monde y a mis la main.

— Alors, cria Milette, du pas de sa porte, te voilà cantonnier !

La matinée était plus claire encore que la veille. La lumière était ironique et capricieuse. Tabusse prit sa hache et partit pour la forêt. A la fontaine, Dupont lui dit :

— Tu as eu de l'avancement pendant la nuit.

— Foutez-vous de moi, répondait Tabusse.

La vieille Pierrelette était devant sa porte, elle attendit que Tabusse fût à sa hauteur :

— Alors, tu as une place, lui cria-t-elle.

Tabusse marchait vite. Il n'était plus d'humeur à parler. On s'attroupait derrière lui, en riant et en criant. On le vit bientôt au sommet de la colline, grandir et s'écraser comme s'il avait tourné avec la terre. Il sembla tomber dans la forêt et chacun retourna à ses affaires.

L'air était si frais que, sans brise, il entrait jusqu'au fond des poitrines. Il calmait la fièvre des yeux et de la bouche et, jusque sur les mains, il glissait comme une eau pure.

La matinée était semblable à celle de la veille. Les herbes étaient blanches de rosée, les fleurs contractées et, sous le soleil, la terre se couvrait d'une poussière d'eau, comme les couloirs de roche entre lesquels glissent des cascades.

A midi moins cinq, tout le village se trouvait rassemblé devant chez Pagès autour du facteur qui venait d'arriver avec le courrier, quand Tabusse jaillit au sommet de la colline et, en quelques enjambées, arriva sur la place.

— Maria, criait-il, viens me faire partir une dépêche.

— Ça va fermer, disait Maria, tu sais bien que je passe les dépêches par le téléphone. On ferme de midi à deux. Ils ne vont pas vouloir la prendre à cette heure.

— Nom de mille, disait Tabusse, ne laisse pas perdre les minutes. J'arrive juste. Il faut l'écrire ? Non ? Je ne sais pas, moi. C'est la première de ma vie. Alors, je te la dis ?

Tout le monde se pressait autour de la cabine téléphonique.

Maria tournait la manivelle en appuyant sur le récepteur. Tabusse, planté devant elle, regardait les fils d'un air autoritaire.

— Allô, disait Maria, un télégramme urgent... Non, ce n'est pas encore l'heure.

— C'est pour le député, dit Tabusse, il faut qu'il l'ait avant de partir. Il doit manger à l'hôtel.

— Pour M. le député, disait Maria, il doit être à l'hôtel... tout juste... alors, je passe.

Elle regardait Tabusse, Tabusse cherchait ses mots. Avec sa main gauche, il semblait battre la mesure contre la paroi vernie de la petite cabine. Enfin, en détachant les syllabes :

« Faites-pas-nommer. Je-m'en-fous. » Puis sur un silence : « Signé : Tabusse. »

— Nom de sort, fit Milette.

Maria, sous l'œil de Tabusse, terrorisée, tremblante, transmettait mot par mot.

— Faites... pas... nommer... oui...

Quand elle eut fini, chacun se pencha en avant, comme pour entendre ce qui se disait à l'autre bout de la ligne, au fond du trou de la vallée. Mais le récepteur, plaqué contre l'oreille de Maria, ne faisait qu'un petit bruit de crécelle.

— Je transmets ce qu'on m'a dit, criait Maria. Ne me faites pas devenir folle. J'ai dit comme on m'a dit... Tabusse est là derrière... oui...

Enfin, attentive, elle resta un moment silencieuse, comme penchée elle aussi sur un vide de mille mètres, puis, se relevant, elle dit :

— Transmis... quatre francs cinquante.

Épilogue

ÉTERNITÉ DE TABUSSE

Un jour, nous avions poussé dans les solitudes, au long des hautes crêtes, par le lit supérieur des torrents, de source en source.

Loin de l'Espérou, sur les versants nord, nous nous étions arrêtés dans des pâturages, sous un mur de roches.

Un vieil homme était là qui gardait des troupeaux. Il nous avait indiqué l'eau la plus fraîche, le coin le plus calme et le plus abrité du vent, s'était planté près de nous et, nous regardant, semblait découvrir le monde.

Assis devant nous, suivant un mode antique, allongé dans l'herbe, le coude sur une pierre, noble comme un homme fait pour la gloire, simple et tranquille, il nous regardait manger.

Celui qui n'est pas pris par le train du monde juge les êtres dans les actes les plus simples. Un solitaire évalue un homme au seul mouvement de son pouce, quand il presse un bout de fromage contre le pain. Ainsi semblait faire notre berger.

Il ne connaissait rien par-delà la crête de sa montagne et la ligne de partage des eaux qui jetait, soit vers la mer, soit vers l'océan, les averses de passage. L'Espérou était pour lui une ville lointaine et peut-être immense, bâtie au sud, comme au centre d'un grand empire. Il n'y connaissait personne, menant ses troupeaux suivant la pente, comme faisait l'eau du ciel, vers les bourgades du nord.

Si loin des hommes, si replié sur lui-même, il avait dû devenir exigeant et sensible à tout manque de force, de maîtrise sur les choses, d'indifférence aux puissances naturelles. Sans doute, faisions-nous naître en lui comme une hostilité, ni jalouse, ni haineuse, mais protectrice. La longue marche que nous venions de faire, notre allégresse à vivre dans la solitude des prairies, face au vent, contre les nuages, n'arrivaient pas à lui faire oublier que nous étions des hommes de la ville. Je me sentais suivre, plus clairement que lui, peut-être, le courant de ses pensées. Il nous opposait une force tranquille, faite par le contact des choses, égale à leur force, plus indifférente qu'elles et souveraine.

— Vous êtes venus dans le coin le plus sauvage de la montagne, nous disait-il. Là-bas, à l'Espérou, ils ont les routes et tout passe par chez eux. Ici, tout est abandonné et tout tombe à la solitude. Vous n'avez qu'un village, en haut de la vallée, sous le bois des Oubrets, et quelques bergeries au milieu des pâturages... Pourtant, c'était un pays d'hommes solides. Les plus forts de la région. Des hommes comme on n'en fait plus.

« Levez la tête, nous disait-il. Regardez sur ces rochers, vous verrez encore les maisons d'un village. Quand j'étais petit, il était habité et par les hommes les plus solides de la montagne. Maintenant, il n'y a même plus les portes et le ciment des murs devient du sable de rivière.

« Les gens d'ici étaient des hommes comme vous ne voudriez pas le croire. Si l'on vous disait comment ils vivaient et ce qu'ils faisaient dans ce désert, vous diriez qu'on vous raconte des histoires.

« Quand j'étais petit... c'était vers soixante... il y en avait un qui habitait là, dans la troisième maison, un solide. Vous pouvez faire le tour du monde, vous ne trouveriez pas le pareil. Le moule est cassé, ou il n'y a plus assez de fer pour le remplir. Je ne peux pas retrouver son nom, mais je me souviens de lui comme de ma mère. Il pouvait alors avoir quatre-vingts ans, ce qui nous porte loin sans en avoir l'air. Calculez le jour de sa naissance et vous irez plus loin que les livres... Un vieux, grand comme un arbre, une poitrine de bœuf et une petite tête, pleine de cheveux frisés.

« Dans son temps, il avait été joli comme une fille, et fort pour les filles et fort contre les hommes aussi, le plus fort de cette montagne où les gens vous remuaient des troncs d'arbres sur les chars et dans les tourbières, comme des allumettes de l'Etat. Tout le monde le connaissait et l'on racontait ses histoires, celles qu'il disait, celles qu'il faisait, à travers tout le pays et jusque dans les villes.

« Il avait fait les grandes guerres, plus qu'un autre, et il avait été décoré comme un gros, par l'Empereur et par la République. Il était parti contre les rois, dans ses dix-sept ans, il avait fait le tour du monde, passé la mer, on l'avait cru mort dans son pays et, vers ses trente-trois ans, il était revenu faire le bûcheron, comme avait fait son père.

« Une tête. Je vous dis que des hommes de cette espèce, on n'en fait plus. S'il y en avait encore, on le mettrait sur les affiches et dans les journaux du gouvernement et ce serait des hommes à tout ficher en bombe à l'époque où nous vivons.

« En soixante ans de vie, ici, il en a fait plus qu'on n'en peut dire. Répéter quoi, ce serait la sornette de ma grand-la-borgne.

« En ce temps, on se battait de village à village, pour des histoires de filles, pour des rivalités de commerce, pour des affaires de rien du tout, pour le plaisir de faire les flambards. On se cognait dur et les garçons n'avaient pas peur d'y aller à coups de trique. Dans toutes ces bagarres, cet homme était de force à mettre en déroute une commune entière. Un jour, il s'est fait prendre à la course par tout un village, quarante garçons qui vivaient du bois et des bêtes, un bataillon comme on n'en voit plus. Il les a eus à coups de pierre et à coups de masse, juste là-dessous, à ce col qui s'ouvre sur nos prairies.

« Il n'était pas meilleur pour ceux de chez lui. Un coup de vin de trop quand il avait fait la fête, un affront qu'on avait pu lui faire ou qu'il s'était imaginé, et le voilà en branle comme en quatre-vingt-treize. Il a fallu, plus d'une fois, que tout le monde s'y mette, les hommes, les femmes, les enfants, à coups de pied et à coups de poing, en quittant les sabots pour lui en donner des grands coups sur la tête.

« Il était pourtant gentil comme une fille et sans méchanceté naturelle. Mais le trop de forces tourne vite la tête d'un homme. Le mieux c'était de le prendre par les idées, alors on lui aurait fait faire Dieu sait quoi. Couper le bois des autres, le mettre sur les chars, le descendre à la ville, ramasser l'argent de la voisine chez des gens qui ne voulaient pas payer, soigner les petits enfants... A le voir, vous auriez compris ça. Le corps était trop gros, mais la tête était bonne.

« J'en aurais des histoires à dire sur son compte. Mais il faudrait les prendre les unes après les autres pour bien les retrouver. Il y a le jour où il a mis à la porte du village le sous-préfet de l'Empereur (c'est du second que je vous parle, pour le premier, il vous aurait démoli rien que sur un sourire). Le jour où il a forcé le curé à chanter la *Marseillaise* (il tenait pour la République quand personne ne voulait d'elle). Vous voyez que je m'embrouille dans toutes ces histoires... Il s'est battu avec les loups, quand il y en avait encore dans nos cantons. Il a tiré des chars tout seul, avec leur voyage de bois, comme un taureau. Il en a fait des cents et des mille, avec les filles, avec la politique, avec toutes les occupations du bon Dieu.

« Je vous vois rire en dessous. Vous ne voulez pas me croire. Ça ne m'étonne pas, puisque des hommes comme ça vous ne pouvez plus en voir. Vous n'en avez pas rencontré, pour sûr. Mais je vous en donne ma parole, il a vécu comme je vous le dis, c'était une espèce de tonnerre.

« Mais on ne pouvait faire un homme de cette espèce que dans nos pays. Les femmes les ramassaient dans leur tablier en montant les raccourcis, quand le moment était venu de les mettre au monde. Elles allaient au bois, entraient dans les douleurs, s'arrêtaient un moment et retournaient chez elles avec leur petit. Le moule est cassé, je vous le répète...

« Il avait bien pourtant des garçons et des filles, de quoi continuer enfin, mais toute cette famille n'a plus voulu vivre à crever la faim dans cette solitude. Ils sont tous partis aux quatre coins de la terre, après la mort du vieux. Un des garçons était justement allé vers l'Espérou, mais il doit être mort à cette heure. S'il a eu des enfants, ils ont dû partir à leur tour, dans la grande ville, ils ne pourraient même peut-être plus remuer un tronc d'arbre...

Le vieux parlait ainsi, radoteur et lucide, méprisant pour un monde où plus rien de rude ni d'héroïque, selon les travaux de la terre, ne subsistait.

Autour du souvenir de cet homme d'un autre âge, de ce soldat de la première République, de ce bûcheron repris par la forêt et pour qui n'avait plus existé ni date ni événement, il recomposait maladroitement une légende. Batailles de villages à villages, luttes avec les éléments, frondes avec les puissances de ce monde, il retrouvait tout cela dans sa mémoire et, de vouloir mieux nous convaincre, mélangeait tout.

Mais l'heure poussait au ciel et nous avions une longue route à faire. Comme nous nous levions pour repartir, le vieux berger voulut nous reconduire jusqu'au bout des prairies et, montant avec nous, découvrant un peu plus à chaque minute, en s'élevant contre la montagne, le village ruiné sur le rocher d'en face, il reprenait son histoire.

— Les hommes n'ont plus cette liberté dans la tête. Qui voudrait vivre maintenant rien qu'à la fantaisie de ses idées en se moquant de tout le monde ?

A chaque pas, les pierres, les sources et les sentiers lui rappelaient quelque détail de cette légende : un Hercule familier aux prises avec la vie quotidienne renaissait maintenant de chaque accident de cette terre où il avait vécu.

Au rythme de notre marche se recomposait quelque chose comme une légende héroïque : celle de l'homme fort et vivant dans un monde où la force compte encore pour quelque chose.

Sous la rampe du col qui devait nous reconduire sur le versant sud des montagnes, avant cette ligne de partage des eaux qu'il n'avait peut-être jamais franchie, le vieux berger s'arrêta. Nous allions prendre, dans la solitude, ce congé solennel qui a la même noblesse qu'elle. Le vieux touchait le rebord de son chapeau. Après s'être grisé de ses paroles, il s'excusait un peu d'avoir voulu nous éblouir avec la légende des hommes de sa race et de son siècle.

— On n'a pas souvent l'occasion de parler, nous disait-il. Du plaisir, j'ai déparlé, sur un homme mort. Qu'est-ce que ces histoires peuvent bien vous faire ? Chacun a la force qu'il lui faut et le courage qu'il demande. J'aurais pourtant voulu retrouver le nom de cet homme. Vous auriez mieux cru son histoire. C'était un nom qui disait sa force... Mais la tête se troue avec l'âge, comme une poêle à châtaignes.

Comme, les mains serrées, les chapeaux renfoncés sur le front, il commençait à redescendre, il se retourna brusquement et nous appelant du geste, la tête levée vers nous :

— Je me souviens, criait-il. J'ai retrouvé le nom. Vous n'êtes pas près de trouver son pareil dans tout le monde. C'était un nom qui lui venait de son arrière-grand-père qui avait été une tête comme lui... On l'appelait Tabusse.

ADELINE VÉNICIAN

Avant-propos

Cette fille, je l'ai connue. Son véritable nom n'était pas tout à fait celui qu'elle porte dans ce livre mais, à l'oreille, il avait à peu près la même consonance et, si on avait dit : « Adeline Vénician » à côté d'elle, elle aurait sûrement tourné la tête.

Il en va de son histoire comme de son nom. Ce récit n'est que le reflet de sa vie, mais le reflet de sa vie vue par moi, de sa vie comprise par moi, écrite par moi.

Il est bien vrai que nous avons tous pensé qu'elle était hors de la raison commune — je n'ose pas dire qu'elle était folle, car un mot comme celui-là est d'un maniement difficile — quand nous l'avons vue s'imaginer (au fond de l'effroi qu'elle éprouvait pour la vie, et de la répulsion que soulevaient en son cœur toutes les choses charnelles) qu'un garçon lui faisait la cour, qu'elle devenait sa fiancée et qu'enfin elle était sa femme.

Une vierge solitaire qui se figure être la compagne d'un garçon qu'elle connaît à peine se met en dehors du destin des autres femmes, folle ou hors de raison, affabulatrice volontaire ou victime de ses songes.

Jusque-là, cette histoire n'était qu'une histoire banale. Un destin singulier, mais dont la singularité ne dépassait pas la limite d'une illusion partagée par beaucoup de femmes sans doute. C'est la guerre et la mort de cet imaginaire mari qui donnèrent à l'aventure d'Adeline sa dimension et son sens. D'un seul coup, en se croyant veuve, elle rejoignait le sort commun et devenait semblable à des milliers d'autres femmes qui pleuraient alors l'homme qu'elles avaient aimé. La mort et le malheur restituaient Adeline au monde de la raison.

J'ai reçu beaucoup de lettres de femmes après la publication de ce livre. « Comment savez-vous cela ? » me demandaient certaines d'entre elles. « Moi aussi, pendant des années, j'ai vécu en esprit avec un homme qui me connaissait à peine et, depuis qu'il est mort, je suis comme veuve et je vis dans la fidélité de son souvenir. »

Mais, de tout ce qu'on a pu me dire sur Adeline, ce qui m'a le plus frappé, ce qui m'a fait la regarder comme si je ne l'avais jamais vue, ou, plutôt, comme si je venais de découvrir son véritable secret, c'est le jugement que certains ont porté sur elle, en considérant la façon dont elle coupait le monde en deux... Petite parfaite Cathare... ont-ils dit.

Petite parfaite Cathare ? Pourquoi pas ?

1

Hélas, cette vie est elle-même un si pénible rêve ! Pourquoi encore y mêler les nôtres ?

Alfred de Musset.

Un seul être au monde a connu tous les secrets d'Adeline, un seul être aurait pu vraiment raconter toute cette histoire... C'est la femme de Payan, Maria, la Maria de Payan comme disent les gens d'ici. Pendant plus de vingt ans, elle a servi les maîtres de Villeméjane, M. Vénician et sa femme. Elle a vu naître Adeline. Elle l'a élevée. Elle a été sa nourrice et sa gardienne, sa seconde mère. Elle a fait tout ce qu'elle a pu pour la protéger contre elle-même et contre les injures du monde, pour la rendre semblable aux autres créatures de Dieu, pour la ramener à ce qu'on appelle la raison. Elle seule a su ce qui s'est passé, sans jamais le dire à personne.

Les secrets les mieux gardés se dévident pourtant comme des pelotes de laine. Il suffit d'attraper le fil et de ne plus le lâcher... Mais quel fil ? Où faut-il mettre la main dans cet écheveau ? Comment retrouver le commencement de cette histoire ?

Quand Mme Vénician vivait encore — il n'y a guère plus de dix ans, car elle est morte en quarante-quatre —, la porte de sa maison restait toujours entrouverte. Maria ne la poussait que le soir, en rentrant chez elle, sans la crocheter de l'intérieur, et chacun pouvait pénétrer, de jour et de nuit, dans cette vieille demeure de Villeméjane, la moins fermée et la plus mystérieuse de tout le pays.

Pendant les trois dernières années de sa vie, Mme Vénician est restée cloîtrée dans sa chambre. « Elle n'était déjà plus de ce monde ! » comme elle aimait à le dire à ceux qui venaient la voir.

— Que vous êtes aimable de penser encore à moi... Il serait si facile de m'oublier... Je ne suis déjà plus de ce monde !

Elle s'en était retirée après la mort de sa fille et même, peut-être, bien avant, quand cette enfant était encore toute petite, au moment de la mort de son mari. En ce temps-là, pourtant, elle allait et venait encore dans la maison, faisait des projets et pensait à l'avenir d'Adeline. C'est seulement quand elle fut seule pour toujours qu'elle s'enferma dans cette chambre et qu'elle y resta près de trois ans, non pas malade mais épuisée, avec juste assez de forces pour ne pas mourir.

Trois fois par jour, avec une régularité d'horloge, Maria lui apportait à manger. Elle n'acceptait que des biscottes, des fruits de la saison, un bol de bouillon de légumes, une tasse de tisane, une cuillerée de miel. Elle émiettait les biscottes, du bout des doigts, entamait les fruits sans les achever et se disputait avec Maria qui voulait l'obliger à finir son bol de bouillon.

— Elle me gave ! disait-elle aux quelques amies qui venaient lui rendre visite, fidèlement, depuis plus d'un quart de siècle. Quatre biscottes par jour, c'est bon pour des travailleurs de force !

— Il faut tout de même vous soutenir, répondait Mme Sarthou qui montait trois fois par semaine à Villeméjane, par tous les temps, avec son ouvrage dans son sac.

— Pourquoi ne pas prendre aussi un peu de viande ? murmurait Mme Duplan, en tirant sur les trois longs poils de la verrue qu'elle avait au coin de la lèvre, et Mme Clausel ajoutait toujours, après le même petit silence :

— Si je ne mangeais pas plus que vous, il y a longtemps que je serais morte !

Ces trois visiteuses en robes noires avaient l'air de trois Parques bienveillantes filant le fil des derniers jours de leur vieille amie, en tâchant de ne pas le rompre.

— Il ne faut pas vous laisser aller ! reprenait Mme Clausel. Comment pouvez-vous vous abandonner, vous qui avez supporté tant d'épreuves... vous qui avez eu tant de courage ?

— J'ai trop vécu ! murmurait Mme Vénician.

— Nous le savons ! bourdonnait le chœur des trois Parques.

Rien ne vous a été épargné... Après votre cher mari, il vous a fallu voir partir aussi votre fille.

— La chère enfant ! soupirait Mme Sarthou. Elle est passée comme un ange sur cette terre.

— Elle n'a rien connu de la vie, enchaînait Mme Duplan. Ces âmes pures remontent à Dieu comme elles sont nées.

— Encore plus pures qu'à leur naissance ! ajoutait Mme Vénician, pour elle-même, en ouvrant à peine les lèvres.

— Comme vous avez eu du malheur ! lui disait Mme Clausel, en baissant la voix. Il n'y a pas beaucoup de gens qui connaissent la vie comme vous la connaissez.

— Je la connais ! répondait la recluse de Villeméjane en levant la main. J'ai peut-être pris sur moi ce que ma pauvre petite aurait dû souffrir, si elle n'était pas partie avant l'heure... Dieu l'a voulu ! ajoutait-elle en lissant sa courtepointe brodée, du bout de ses longs doigts maigres... Dieu l'a voulu ! répétait-elle dans un soupir.

Elle se mettait alors à tirer sur ses couvertures, d'un geste lent et précautionneux, et l'on aurait dit qu'elle entrait en agonie, mais cette agonie dura des années.

Pendant ces années, chaque jour un peu plus faible, chaque jour un peu plus oublieuse du passé, c'est ainsi qu'avec ses vieilles amies, elle parla de sa fille morte, de cet ange fugitif qui n'avait passé que vingt ans sur cette terre... Mais les anges n'ont pas d'histoire et la jeune fille de Villeméjane en avait une.

Mme Vénician n'était entrée dans cette maison que le jour de son mariage, à trente-cinq ans passés. Son mari avait presque quinze ans de plus qu'elle. C'était un géant mélancolique, qui passait ses loisirs à faire de la broderie au filet. Pourquoi la vie se permet-elle ainsi d'inventer des personnages qui n'ont pas l'air d'être vrais ? M. Vénician faisait des rideaux surchargés de grappes de raisin, de feuilles de vigne, de bouquets de roses et de rameaux de laurier. Il en avait décoré toutes ses fenêtres, recouvert tous ses fauteuils et toutes ses tables. Ce géant, amateur de broderies, avait aussi la passion des objets en fer forgé et collectionnait les lanternes, les grilles de balcons, les plaques de cheminées et les candélabres. Sa maison de Villeméjane en était pleine et, sur ses toits, il avait installé tout un peuple de girouettes. Le canonnier, la colombe au bec fleuri d'une rose, le coq gaulois hérissé de plumes, les deux faucons, le rétameur avec son soufflet, le forgeron, le chasseur au fusil pointé y tournaient aux vents dans un incompréhensible désordre.

— Quand le chasseur tire à l'est, la colombe vole au sud et le canonnier de l'Empereur pointe au nord ! disait M. Vénician, en clignant de l'œil, comme un homme éclairé depuis longtemps sur l'absurdité des choses humaines.

Ces deux passions du maître de Villeméjane, surtout celle de la broderie au filet, s'accordaient mal avec son aspect physique et ses occupations quotidiennes. Vers la fin de sa vie, si ses cheveux blanchissaient déjà, autour de ses tempes, une forêt de poils noirs jaillissait de ses oreilles et de ses narines. Il était puissant comme un attelage de charrue, mais soufflait au moindre effort en avançant sa lèvre inférieure pour donner un point d'appui à son haleine de bœuf.

Mobilisé comme commissaire de gare dans une petite ville de l'Est, il en était revenu marié, au début de l'année dix-neuf. Sa jeune femme avait eu quelque peine à s'habituer aux façons de vivre de la vallée. Elle avait été pourtant bien accueillie par les familiers de Villeméjane et par les intimes de son mari. Mme Sarthou, Mme Clausel et Mme Duplan étaient devenues ses amies.

— Elle est sûrement de bonne famille, avaient déclaré ces dames, dès le premier jour, après avoir constaté que la nouvelle venue n'était ni belle ni laide, mais qu'elle avait, avec les derniers charmes de la jeunesse, une façon d'être réservée qui lui donnait un air d'étrangère.

— Elle a peut-être été élevée en Angleterre, avait même dit Mme Sarthou.

Ce n'était que l'ennui qui donnait cet air d'étrangère à Mme Vénician et, sans doute aussi, le besoin qu'elle avait d'échapper à sa nouvelle existence en laissant vagabonder ses rêveries. Elle s'ennuya donc pendant deux années mais, au bout de ces deux ans, elle eut une fille. L'enfant reçut le prénom d'Adeline, qui avait été celui d'une jeune sœur de son père, morte à vingt ans d'une maladie de langueur. Mme Vénician s'était d'abord opposée au désir de son mari. Il lui semblait qu'en donnant ce nom à sa fille, elle provoquait le destin. Mais elle eut vite oublié ses craintes et ne pensa plus à la jeune morte qu'elle n'avait pas connue. La naissance d'Adeline l'avait attachée à son mari, à sa maison et l'avait enfin rendue semblable aux dames de la petite ville dont le domaine de Villeméjane, bien que situé en pleine campagne, faisait encore partie.

Pendant quelques années, la vie du ménage avait été sans histoire. M. Vénician avait du bien et touchait chaque mois des coupons de rente, encaissait des fermages et s'occupait de ses terres. On pouvait vivre encore, à ce moment-là et dans cette vallée retirée, de cette façon rustique, sans être obligé de déroger. M. Vénician pouvait atteler son mulet, rentrer ses foins, prêter la main au ramassage de ses pommes, en restant quand même un Monsieur.

— Il a toujours préservé sa vie intérieure, aimait à dire de lui Mme Vénician, des années après sa mort.

Cette vie intérieure était faite d'un grand silence, d'une indifférence aux agitations, d'un détachement de tous les désirs, de tous les projets que font la plupart des hommes. M. Vénician ne demandait rien à l'existence, sauf ce qu'elle lui donnait sans angoisse et sans effort. C'était un imaginatif, mais son imagination était paisible et satisfaite de peu.

Sa fille avait à peine quatre ans quand, un soir, jetant un dernier coup d'œil à l'écurie, il se blessa le pied avec une pointe de fourche. Trois jours après, la fièvre tomba sur lui comme une charpente enflammée. En quelques heures, il fut pris par le délire et son grand corps que personne ne pouvait plus remuer, étendu sur le canapé du salon, semblait frappé par la foudre.

— Le pied gauche ! murmurait à mi-voix le docteur, consterné, comme si ce détail avait eu quelque chose de funeste et l'avait condamné à l'impuissance.

Cette maladie, dont Mme Vénician ne connut jamais le vrai nom, semblait avoir été provoquée par un maléfice. Ce pied gauche blessé avait ouvert la porte de ce corps énorme à un fourmillement de microbes et le géant foudroyé passait de la prostration à des poussées de délire. A demi conscient, il ne pouvait plus penser qu'à ses manies et parlait sans arrêt de ses girouettes qu'il entendait grincer sur le faîte de ses toits.

— La colombe vole au nord et les deux faucons à l'ouest... Les vents sont devenus fous !

Par moments, il reconnaissait sa femme, lui prenait les mains, avançait sa lèvre inférieure et poussait de grands soupirs en balbutiant des phrases incohérentes.

— Le rétameur fait marcher son soufflet depuis ce matin pour faire brûler ma fièvre... Va voir de quel côté tire l'artilleur...

Il mourut la cinquième nuit, un peu avant l'aube, en prêtant l'oreille à ces grincements dérisoires. Sa mort foudroya sa femme et désespéra ses amis. Au bout d'un an, jour pour jour, M. Clausel mourait subitement, comme s'il avait voulu rejoindre le colosse qui n'avait jamais fait de mal à personne. Deux ans après, c'était le tour de M. Sarthou et M. Duplan, le pharmacien, resta le dernier vivant de ce petit groupe. Mme Duplan l'eut vite réduit à n'être qu'une ombre silencieuse. Recroquevillé dans son officine, au milieu de ses bocaux blancs et bleus, il attendait le client comme une araignée dans sa toile et sa femme avait l'air d'être la plus veuve de ce petit groupe de veuves inconsolables.

A partir du jour de la mort de son mari, Mme Vénician considéra le monde extérieur comme une menace continuelle devant laquelle il fallait fermer portes et fenêtres.

— Tout est corruption ! disait-elle. Il faut se garder des contacts impurs.

Tout avait changé pour elle. Manichéenne sans le savoir, elle avait partagé l'univers en deux parties, royaume de l'ombre et royaume de la lumière, domaine du mal et du bien, de la corruption corruptrice et de la pureté triomphante. Le mal régnait pour elle sur la matière et Dieu sur le monde immatériel de la pensée et des rêveries, des projets et des souvenirs. C'était un Dieu confus qui n'exigeait d'elle aucune pratique, mais qu'elle invoquait tout le temps.

— Dieu l'a voulu ! disait-elle à tout propos.

Elle le servait à sa manière en tâchant de se dégager des servitudes matérielles de l'existence. Si toute matière était mauvaise à ses yeux, elle discernait pourtant des degrés dans l'impureté et la corruption. C'est sans doute pour cela que, petit à petit, et sans que personne y prît garde, elle se mit à choisir ses aliments, rejetant les uns, n'acceptant les autres qu'après les avoir lavés de toute souillure.

Elle imagina d'abord de ne plus manger que les jaunes d'œufs, en prétendant que le blanc est au contact de la coque et que la coque est toujours couverte de fiente.

— J'en ai toujours eu le dégoût, disait-elle pour s'excuser, même quand j'étais petite fille.

Elle cherchait aussi des raisons pour ne plus manger de viande — la viande porte en elle un principe de corruption — et finit par se détourner de toute chair, sans justifier sa décision. Réduite aux légumes et aux fruits, elle les faisait bouillir pendant des heures et choisissait même le bois dont elle faisait son feu. Mais, si le feu pouvait être impur, l'eau pouvait charrier toutes les souillures du monde et c'est pour cela que la source qui bouillonne au creux d'un rocher, à quelques mètres de sa maison, était la seule dont elle voulait se servir.

Pendant quelque temps, elle essaya de cacher ce dégoût des aliments qui s'était emparé d'elle au moment de la mort de son mari. C'était son secret. Elle ne voulait le confier à personne. Mais il lui fut impossible de continuer à le cacher quand elle en vint à ne plus manger que quelques biscottes, repassées au four, des fruits qu'elle pelait et lavait à l'eau de sa source, des tisanes de bourrache, de camomille et de tilleul, des bouillons de légumes, du miel de montagne et du lait.

— Vous allez vous laisser mourir de faim, finit par lui dire Maria qui croyait encore, à ce moment-là, que sa maîtresse, accablée par le désespoir de ses premiers mois de veuvage, finirait par se raccrocher à la vie.

— C'est en mangeant trop qu'on se tue ! répondait celle-ci, à mi-voix, avec son sourire têtu, en fermant les yeux pendant deux ou trois secondes.

2

... l'imagination m'apportait des délices infinies...

Gérard de Nerval.

Tant que sa fille ne fut qu'une enfant, Mme Vénician ne se soucia pas de lui imposer son régime. Elle n'aimait pas la voir manger, mais elle acceptait qu'elle le fasse, en dehors de sa présence. Comme toutes les petites filles de son âge, Adeline avait besoin de prendre des forces et se laissait nourrir par la femme de Payan qui croyait à la vertu de la viande, des poissons et des châtaignes.

— Viens ! disait la servante, et l'enfant allait dévorer en cachette une collation de choses impures.

Cette Maria habitait avec son mari, le vieux Payan comme on l'appelait, à deux ou trois cents mètres de Villeméjane, une petite maison qu'entouraient un verger d'arbres de plein vent et deux potagers tenus comme un parc à la française. Payan cultivait ce petit domaine après avoir fini sa journée. Il faisait les gros travaux chez les Vénician et c'est lui qui piochait les vignes et qui fauchait les prairies. Beaucoup plus âgé que sa femme, un peu simple d'esprit, taciturne et satisfait de son sort, il ressemblait à son maître par le caractère mais, au lieu d'être grand et fort, il était maigre et petit, avec une épaule plus haute que l'autre et des mains énormes.

Quand elle entra au service des Vénician, à la fin de l'année dix-neuf, Maria avait dépassé la trentaine. C'était une femme calme, un peu lente parfois, et qui travaillait comme une fourmi, sans jamais prendre de repos. Elle avait un fils, Adrien, qui venait d'avoir treize ans. A peine sorti de l'école, l'enfant avait trouvé du travail chez un de ses oncles qui avait acheté un garage dans une ville voisine. L'enfant avait hérité de la simplicité de son père. Il ne put jamais devenir que ce qu'il aurait été en restant à la campagne. C'était un petit paysan, solitaire et sentencieux, qui n'aimait pas se lier avec les garçons de son âge.

Restée seule avec Payan, Maria s'était ennuyée. Elle avait alors désiré d'être mère encore une fois, d'un garçon ou d'une fille, mais le sort en décida autrement. Maria n'eut pas d'autre enfant. C'est sans doute pour cela qu'elle accepta de servir les maîtres de son mari. Elle le fit d'abord sans trop s'attacher à eux, mais quand sa maîtresse eut accouché d'Adeline, elle adopta celle-ci avec la sombre passion que peuvent avoir les vieilles filles pour des enfants qui ne leur sont rien.

— Je ne fais pas grand-chose à Villeméjane, aimait-elle à dire, mais je nourris ma petite. Elle ne risque rien avec moi.

Pendant des années, ce souci fut son seul souci et sa seule joie. Elle ne pensait plus à Payan. Elle ne voyait plus Adrien qu'une fois par mois, quand il lui apportait son linge à laver et prenait du linge propre. Elle ne vivait que pour Adeline.

— Tu es ma petite, lui disait-elle.

Mais, quelques jours avant ses treize ans, Adeline se dégoûta brusquement de la nourriture et fut prise, à son tour, par la terreur de la corruption. Elle avait été bouleversée par la révélation de ses servitudes de femme. Il lui semblait qu'elle était la seule au monde à subir cette offense de la nature et rien n'avait pu la convaincre que c'était le sort commun de toutes les jeunes filles. Elle se cachait chaque mois comme une bête malade et s'enfermait à clef dans sa chambre en se refusant à manger.

C'est en vain que Maria essayait de faire avaler un peu de viande à cette adolescente diaphane. La mère et la fille étaient devenues complices, sans que la mère ait jamais rien fait pour cela. Maria n'avait plus le droit de s'occuper de leur nourriture. Elles s'enfermaient dans leur grande cuisine de campagne où luisaient des chaudrons de cuivre dont elles ne voulaient pas se servir, et personne n'a jamais su par quelle alchimie purificatrice elles transformaient tout ce qu'elles consentaient à manger, du bout des lèvres, comme si le fait de se nourrir avait été un péché.

Ce refus de la corruption, cette peur de l'impureté et de la contamination s'étendaient à tous les actes de leur existence. Mme Vénician n'envoya jamais sa fille à l'école. L'idée de la voir jouer avec les autres enfants lui faisait horreur. C'était aussi une pollution, une contagion, un envahissement pareil à celui qui avait dévasté en quelques heures le grand corps douloureux du géant qui faisait de la broderie et collectionnait les girouettes.

Adeline apprit tous ses rudiments auprès de sa mère. A sept ans, elle savait lire, écrire et compter. Elle n'eut jamais de livres de classe et ne suivit jamais ce qu'on appelle un programme. Cette éducation en vase clos ne fit pourtant pas une petite sauvage de cette fillette à peine nourrie. Mme Vénician avait beaucoup lu et les lettres qu'elle écrivait ne manquaient ni d'invention ni de grâce. Elle apprit cet art à sa fille et celle-ci, sans savoir tout ce que savaient, à son âge, les enfants de l'école communale, était capable, à douze ans, d'écrire sur le ton d'une grande personne.

Mangeant à peine à sa faim, sevrée de tout contact avec le monde extérieur, sans compagnes de jeux et sans amies de son âge, Adeline lisait beaucoup et avait le droit de tout lire, car Mme Vénician ne trouvait jamais rien d'impur dans ce qui n'était qu'imaginaire.

Cette femme chimérique s'éloignait de plus en plus de la vie, mais se laissait entraîner dans des simulacres d'existence en relisant des romans qu'elle avait déjà lus dix fois. Le livre tombait de ses mains dans celles de sa fille et celle-ci, qui ne savait pas encore sa table de huit et ne connaissait pas les sous-préfectures de la Vendée, dévorait *Les Malheurs de Sophie* ou Fenimore Cooper, mais aussi *La Cousine Bette* ou *Les Misérables, Paul et Virginie* ou *La Sonate à Kreutzer, Les Filles du Feu* ou *La Chartreuse de Parme*.

Cette enfant connaissait si mal la vie que tout ce qu'elle lisait la jetait dans des vertiges, comme un verre de vin pur enivre les gens qui n'ont pas l'habitude de boire. Certains de ses héros favoris étaient plus présents à ses yeux que les habitants de la ville. A treize ans, elle était persuadée que les amies de sa mère rencontraient parfois Mme Marneffe ou la femme du régisseur de M. de Sérizy. Elle confondait Payan avec le cocher de la troïka qui s'égare dans la neige, dans le conte de Tolstoï où le Maître et le Serviteur affrontent un même destin. Elle avait appelé Sylvie, Angélique et Aurélia, trois jeunes filles qu'elle ne connaissait que de vue et qui passaient parfois, en chantant, aux beaux jours des belles saisons, sous le mur de son jardin. Tout être vivant lui semblait avoir une double identité qui le mettait en contact avec d'autres êtres imaginaires.

Mme Vénician s'amusait de ces rêveries dont elle ne voulait pas voir les dangers. C'était même, à ses yeux, un des plaisirs de la vie que de s'égarer ainsi dans un monde de chimères. Elle s'y perdait avec Adeline et n'en voulait plus sortir. La mère et la fille étaient complices dans ces dérèglements de l'esprit comme elles l'étaient déjà par la peur de la corruption et par la hantise de la pureté. Elles se laissaient entraîner jusqu'à transformer en personnages réels certains objets qu'elles voyaient tous les jours. C'est ainsi qu'elles avaient fait un être vivant d'une statuette de Phœbé qui décorait leur salon. En les entendant parler d'elle, on aurait pu croire que cette déesse d'argile s'échappait parfois de la maison pour aller vagabonder sur les montagnes, les pieds nus, la chlamyde au vent.

Adeline prêtait la même existence irréelle aux personnages des quelques tableaux accrochés aux murs de sa chambre. Assis l'un près de l'autre, entre les racines monstrueuses d'un arbre exotique dont les hautes branches touchaient les nuages, Paul et Virginie lui parlaient en se tenant par la main, tandis que le musicien chevelu d'une gravure allemande, barbouillé de vert et de rouge, jouait sur son violon une musique silencieuse qu'elle seule pouvait entendre.

La maison de Villeméjane était favorable à ces rêveries. De sa terrasse, on voyait le monde comme on doit le voir du haut du Pays des Merveilles. Mais il suffisait de descendre quelques marches pour plonger, sous les branches du jardin, dans un univers souterrain sans soleil et sans étoiles. Ce contraste avait quelque chose de magique. La terrasse avait l'air d'être posée sur les plus hautes feuilles des arbres et ce jardin clos semblait se dévorer lui-même en entremêlant ses essences, en faisant fleurir un bouquet de lauriers-roses au milieu du feuillage d'un figuier.

La façade de la maison s'ouvrait sur ce monde clos, par trois hautes portes-fenêtres. Des masques barbus, aux yeux rongés par la pluie, décoraient les clefs de leurs trois arcades et ressemblaient à des dieux aveugles. Ils avaient l'air de pleurer les jours de pluie et de rire avec le soleil, comme s'ils obéissaient, eux aussi, à la puissance magique qui régnait sur ces lieux déserts.

Dans la maison, cette magie se faisait encore plus oppressante. Des portes s'ouvraient dans des murs recouverts de boiseries, sur des couloirs étroits qu'éclairait à peine une lucarne. Il fallait s'y guider en touchant les murs du bout des doigts et l'on y sentait une trace discontinue, marquée en creux, d'une porte à l'autre. Des pièces entresolées se glissaient entre deux étages, obscures aussi, basses de plafond, parfois sans fenêtres, tandis qu'au sommet de la cage de l'escalier, un long grenier, cloisonné par les poutres de la charpente, transformait la vieille demeure en caisse de résonance et dévorait ou amplifiait tous les bruits.

Sur cette caverne sonore, les nuits d'hiver, on entendait les grincements alternés du petit peuple de girouettes de fer ou de zinc que personne ne graissait plus depuis la mort de M. Vénician et la consécration de sa veuve à la solitude.

Les vents se battaient sur le faîte de ces toits couverts de tuiles romaines, poussant du nord pour ramener le beau temps, sortant du sud dans un bouillonnement de nuages annonciateurs de la pluie. Les lieux solitaires sont comme des roses des vents qui semblent porter le poids de toutes les tempêtes du ciel et Villeméjane était un de ces nombrils du monde, l'ombilic mystérieux sur lequel s'acharnaient les batailles des éléments.

Cette atmosphère de continuelles métamorphoses avait empêché la petite solitaire de Villeméjane de prendre conscience du déroulement du temps. A quatre ou cinq ans, comme beaucoup d'enfants de son âge, elle confondait le présent, le passé et l'avenir.

« Aujourd'hui, c'est demain ? » demandait-elle souvent ou bien, après avoir réfléchi pendant une ou deux minutes, les sourcils tendus, les lèvres pincées : « Dis, Maria, hier tu me donneras ma poupée et tu me mettras ma belle robe ? »

Maria s'amusait de ces confusions. Elle admirait tout ce que disait Adeline, mais elle essayait pourtant de lui expliquer qu'on ne pouvait pas faire des souhaits pour la veille, ni remettre au lendemain ce qu'on avait déjà fait.

— C'est demain qu'il faudra demander ta belle robe. C'est toujours pour le lendemain qu'il faut demander ce qu'on veut.

Mme Vénician s'efforçait aussi de faire comprendre à sa fille que le passé ne revenait pas et que le présent s'enfuyait vers le futur sans jamais pouvoir se mêler à lui. Mais elle était elle-même assez mollement convaincue de l'inexorable rigueur de ces lois de la nature et l'enfant devait le sentir et ne se laissait pas convaincre.

— Ce qu'on attend finit bien par vous arriver, disait-elle. Alors, c'est hier qu'on a eu ce qu'on demandait !

Elle arriva, cependant, à parler comme tout le monde. Hier, aujourd'hui, demain ne se confondirent plus dans son esprit. Mais, au-delà de ces trois journées, entremêlées l'une à l'autre comme les maillons d'une chaîne, elle ne pouvait rien imaginer. Le temps la submergeait comme une mer sans limites, une suite de vagues roulant sans arrêt sur sa vie, égales et renouvelées, impossibles à distinguer les unes des autres, confondues dans un même mouvement.

Elle en venait à confondre aussi le temps et l'espace, à ne plus les distinguer l'un de l'autre. Ne se laissaient-ils pas traverser tous deux, en quelques secondes, malgré leur immensité, par la puissance d'un rêve ou la force d'un désir ? Ne suffisait-il pas de laisser flotter son esprit, en allant et venant sur la terrasse, pour être transportée, au bout de la terre, dans des pays lointains qui s'ouvraient sur d'autres pays, plus lointains et plus merveilleux, dont on ne pouvait pas trouver le nom dans des livres ? La Chine et le Brésil commençaient sur la crête de la montagne ; l'Allemagne et l'Italie s'étendaient devant la terrasse et la Grèce s'élevait au milieu d'une mer imaginaire, immense et pourtant facile à franchir, dans la grande ouverture de la vallée. Au-delà, c'était le pays sans souillure et sans corruption, le Royaume de Dieu dont sa mère parlait sans cesse.

— J'irai là-bas, quand je serai grande, se disait-elle. L'année prochaine... le même jour qu'aujourd'hui.

Elle se sentait alors devenir une jeune fille, une jeune femme, quelqu'un de très vieux qui était encore en pleine jeunesse. Elle avait dépassé le cercle de l'horizon et se promenait pendant des jours qui duraient seulement une heure et des heures qui duraient à peine quelques minutes, au milieu de palais étranges, de grandes cités aux mille tours, de forêts et de prairies, dont les arbres et les herbes étaient d'une espèce inconnue.

Dans l'état de faiblesse où elles vivaient, la mère et la fille étaient les jouets de leurs rêveries. Ces rêveries qui naissaient de leur imagination, comme des fleurs sauvages, ou qui surgissaient tout à coup d'une image regardée ou d'un texte lu, comme des fleurs de jardin, avaient vite fait de se transformer en hantises. Tout s'amplifiait monstrueusement dans la solitude où se confinaient ces deux femmes. Mais aucune obsession ne pouvait leur faire oublier le souci de la pureté des nourritures qu'elles devaient prendre chaque jour, malgré leur terreur de la corruption.

— Ce miel n'était pas trop lourd ? demandait la mère à la fille, ou bien, avec une brusque angoisse, comme si tous les fruits de la terre avaient été gorgés de poison : Tu ne veux pas que je fasse bouillir plus longtemps ces légumes ? J'ai peur de ne pas les avoir assez nettoyés... Il y a tant de mauvais germes, dans la terre !

L'enfant passait des nuits à attendre les douleurs d'entrailles qui lui prouveraient qu'elle avait mangé des mets impurs. Recroquevillée sur son lit, elle écoutait les cris des oiseaux nocturnes, messagers de mauvais augure, et quand elle avait entendu trois fois la chouette, elle frissonnait en pensant que son heure était venue. Au moindre malaise, elle se disait que la corruption était en elle. Toute vie lui semblait porteuse de pourriture et de maléfices, comme la pointe de fourche qui avait tué son père. Ne suffisait-il pas d'une entaille au petit doigt pour faire entrer dans un corps toute la pourriture du monde ?

Quand elle eut seize ans, elle prit définitivement la viande en horreur. Elle en était arrivée à croire que manger de la chair risquait de la rendre enceinte. Elle pensait que c'était ainsi que l'on concevait les enfants. Maria tenta vainement de la détourner de cette nouvelle folie.

— Mais voyons, répondait la jeune fille, je n'ai pas encore le droit... Il faudrait que je sois Madame !

— Comme si les filles de ton âge se privaient de manger de la viande !

— Et c'est toi qui voudrais me faire faire comme elles ? disait Adeline en rougissant.

C'est dans cette hantise de la pureté, dans cette terreur de la corruption, dans ces conversations avec des êtres imaginaires, dans cette confusion de l'espace et du temps, du présent et de l'avenir et, surtout, dans cette claustration et dans cet éloignement du monde que s'écoulèrent ses années d'enfance et de jeunesse. A dix-sept ans, frêle, diaphane et silencieuse, elle semblait n'avoir pas commencé à vivre, mais elle avait déjà, cependant, vécu plusieurs vies, avec des êtres qu'elle n'avait vus qu'en rêve.

— Elle est née sans le goût de vivre, disait Mme Sarthou quand elle redescendait de Villeméjane, avec ses amies. On la croirait en visite sur cette terre.

— Il faudrait qu'elle sorte un peu de cette maison, répondait Mme Clausel, qu'elle voie des filles et des garçons, qu'elle ne soit pas toujours avec des grandes personnes.

— Quand on ne demande rien à la vie, que voulez-vous que la vie vous donne ? ajoutait Mme Duplan.

C'est ainsi que les trois vieilles amies de Mme Vénician parlaient de cette enfant solitaire. Elle leur semblait incapable d'éprouver les souffrances et les joies qu'on peut éprouver à son âge. Ce n'était, à leurs yeux, qu'une créature dolente, étrangère au monde et réfugiée dans des rêveries sans objet et des attentes sans but, un être immatériel qui ne pouvait même pas se faire une idée de ce que nous appelons le bonheur.

3

Pourquoi ce qui n'est point semble-t-il davantage dans la nature de l'homme que ce qui est ? La vie positive est aussi un songe ; c'est elle qui n'a point d'ensemble, point de suite, point de but.

Senancour.

Il suffisait pourtant d'avoir approché de plus près cette grande fille mince, à la taille longue, au cou gracile et toujours penché, pour savoir qu'elle ne s'était pas résignée sans peine à la solitude. Ces blondes au teint pâle ont une vitalité de liane.

Elles ont un air de morte éveillée, mais cette torpeur masque leur nature profonde et cette nature est violente et se cramponne à la vie.

A dix-sept ans, traquée par la faim, hagarde d'isolement et de silence, déjà ravagée par cette langueur dont elle devait mourir, Adeline Vénician n'avait pas perdu le goût de vivre, comme le croyait Mme Sarthou. Sans doute, elle se traînait la plupart du temps, dans une demi-somnolence, comme étrangère à son corps, comme détachée d'elle-même et c'est ainsi qu'on pouvait la voir en passant une heure ou deux à Villeméjane. Mais Maria, qui restait toujours auprès d'elle, savait bien que certains jours, sans que rien n'ait fait présager ce changement, elle se réveillait, ivre de désirs, fiévreuse et vivace.

Ces matins-là, Adeline se ruait à sa fenêtre, chantonnait en dénouant ses cheveux, les faisait rouler sur ses épaules et les remontait dans ses mains ouvertes, au creux desquelles, la tête penchée en arrière, elle appuyait sa nuque pleine de frissons.

— Maria ! criait-elle alors d'une voix rauque.

La femme de Payan accourait de la cuisine, son jupon court relevé et passé du côté droit dans le cordonnet de sa ceinture, en s'essuyant les mains au revers de son tablier bleu.

— Maria, reprenait Adeline, sur un ton plus bas, presque dans un souffle, donne-moi ma belle robe... celle qui a des volants.

— Ce n'est pas dimanche, disait Maria, en se retournant vers la porte, comme si elle avait voulu redescendre à la cuisine.

— Si, c'est dimanche, aujourd'hui, grondait Adeline, les yeux brusquement bridés par la colère. Je te dis que c'est mon dimanche... un dimanche à moi... le dimanche que je veux.

Maria haussait les épaules, achevait de s'essuyer les mains, ouvrait la grande armoire à deux battants, sans rien dire, choisissait la robe blanche à grands volants d'organdi, la défroissait et la tendait à la jeune fille. Celle-ci s'habillait alors en riant, ses cheveux fous encadrant son visage transfiguré.

Pour se regarder dans la glace trop inclinée, au-dessus de la cheminée, il lui fallait s'avancer à un ou deux mètres d'elle. Le grand miroir, surmonté de deux colombes dorées, l'embrassait alors tout entière, de haut en bas, en lui donnant l'air d'être plus petite qu'elle ne l'était. On aurait dit une ballerine en robe de danse. C'est sans doute pour cela qu'elle faisait alors quelques tours sur elle-même, en arrondissant ses volants, le pied cambré, les bras levés au-dessus de sa tête et les deux mains jointes.

Elle descendait alors au jardin, vers les buis, les sureaux, les figuiers et les lauriers-roses aux branches entremêlées, en chantonnant du fond de la gorge, la poitrine haute, les lèvres gonflées.

Dans ce jardin fermé, entre la terrasse de la maison et le mur qui dominait la rivière, elle s'abandonnait à son imagination et se laissait porter par ses songes. Jusqu'à sa douzième ou à sa treizième année, ce n'étaient que des songes de petite fille, presque des songes d'enfant. Tandis qu'elle marchait gravement le long des allées couvertes, elle pensait à des robes qu'elle dessinait dans le ciel, avec les draperies des nuages, à des souliers d'argent faits avec l'éclair des poissons de la rivière, à des bijoux ciselés comme des bourgeons de printemps qu'elle s'accrochait dans les cheveux et qui devenaient des étoiles.

Ainsi parée, elle imaginait qu'elle allait partir pour un long voyage, un voyage de l'autre côté du monde, au-delà de la crête de la montagne, dans ce pays où poussaient les arbres immenses aux pieds desquels Paul et Virginie venaient s'asseoir côte à côte.

Elle n'avait pas besoin de compagne, ni de compagnon, pour partir ainsi à l'aventure. Un jour vint cependant, où, pour la première fois, elle pensa avec un frisson de joie qu'un inconnu allait venir la chercher pour l'accompagner dans ses randonnées à l'autre bout de la terre.

— Je savais bien qu'il devait venir ! se disait-elle. Il devait venir l'année prochaine... Il viendra le même jour qu'aujourd'hui.

Qui se serait avisé de la croire folle quand elle jouait à ces jeux ? N'est-ce pas ainsi que rêvent les jeunes filles ? N'est-ce pas ainsi qu'elles transfigurent leur jeunesse en pensant à leur avenir ? N'est-ce pas ainsi qu'elles attendent les jours de bonheur que la vie leur doit ?

Mme Vénician ne trouvait rien à redire à ces songes. Elle avait dû les faire elle-même, alors qu'elle était encore une jeune fille, et Maria, confidente étonnée qui grondait d'abord en disant : « Ce sont des bêtises ! », finissait par se laisser prendre à ces récits fantastiques.

— Maria, le Prince viendra me chercher...

— Quel prince, Seigneur ! Nous n'habitons pas un pays où l'on rencontre des princes. Il n'y en a plus, aujourd'hui... On leur a coupé la tête !

— Le mien vit toujours, disait Adeline sans reprendre haleine. Personne n'a pu le tuer. Il est trop fort et trop courageux... On a essayé, bien sûr, mais il n'a pas le droit de mourir. Il sait que les gens sont méchants et ne veut pas que je reste ici toute seule. Il veut m'emmener au Brésil, derrière cette montagne, dans une ville où il y a trois cent soixante-cinq églises, une pour tous les jours de l'année, et des palais dont les murs sont tendus de plaques d'or.

— Au Brésil ! disait Maria. Ce n'est pas au Brésil que tu serais, si tu traversais la montagne... et pourquoi voudrais-tu t'en aller si loin ? Il y a d'autres pays qu'on peut aller voir sans être obligé de passer des océans.

Elle se laissait pourtant entraîner dans ces voyages imaginaires, avec un Prince charmant plus imaginaire encore. Les rêves qu'elle avait faits avant de se marier, à quinze ou seize ans, revenaient à sa mémoire et elle les comparait à ceux de sa jeune maîtresse.

— On n'a pas besoin d'aller au Brésil... On n'a pas besoin de rêver d'un prince. Tous les jeunes gens sont des princes, quand on a ton âge, et avec celui qu'on choisit, toutes les maisons sont en or.

— Oui, toutes les maisons sont en or, disait Adeline d'une voix brûlée par la fièvre. Mais pourquoi ne pas aller au Brésil si le Prince vous emmène ?

— C'est bon d'embellir la vie ! murmurait Mme Vénician chaque fois que Maria la prenait à part pour lui confier les petits secrets de sa fille.

— Mais ce n'est peut-être pas bon de se faire trop d'idées ! disait la servante.

— Mais non, mais non, laisse-la... Qu'elle se raconte des histoires... Qu'elle se promène avec son Prince charmant... J'ai plus rêvé qu'elle ne pourra jamais le faire, quand j'avais l'âge qu'elle a.

— Toutes les filles se racontent des histoires. Je ne m'en suis pas privée, moi non plus... Mais j'étais quand même plus raisonnable !

Avec la complicité de sa mère et la permission de sa servante, Adeline écoutait toutes les voix qui lui parlaient à l'oreille. Mais ces fugues de son esprit ne duraient guère qu'un jour, parfois même une heure ou deux, le temps d'une éclaircie de soleil, entre deux nuages de pluie. Sa fièvre tombée, elle revenait à sa somnolence et n'était plus alors que ce petit fantôme silencieux qui semblait ne rien demander à la vie.

Chaque nuit, cependant, quand elle était seule dans sa chambre, la jeune fille de Villeméjane se laissait prendre par d'autres rêves, mais elle ne se souvenait même plus, en se réveillant, de ces divagations de l'ombre et Maria ni sa mère n'en eurent jamais la confidence.

Située au premier étage de la maison, à l'angle nord-est de la terrasse, la chambre où se retirait Adeline donnait sur le vestibule intérieur par lequel on pouvait descendre à la salle à manger, au salon et à la cuisine. Cette disposition permettait à la jeune fille de se faire entendre par sa servante chaque fois qu'elle avait besoin d'elle. Il lui suffisait d'ouvrir sa porte et de se pencher sur la cage de l'escalier en criant : « Maria ! » pour que celle-ci réponde aussitôt. Mais, la porte une fois fermée, la chambre tombait dans la solitude de l'espace. Elle s'ouvrait, au soleil levant, par une porte-fenêtre au balcon en demi-lune qu'entourait une grille de fer forgé. Une autre fenêtre à petits bois plongeait sur les massifs de verdure et sur les premières pentes de la montagne qui barraient l'horizon du nord, toujours encombré de nuages et toujours traversé de vent.

Quelques mois avant sa mort, M. Vénician avait fait installer l'électricité dans la maison, mais sa femme et sa fille avaient gardé l'habitude de prendre avec elles, quand elles se retiraient dans leurs chambres, une boîte d'allumettes et une bougie. Mme Vénician avait toujours peur de se trouver sans lumière, au cours de la nuit, quand les vents d'hiver ou les orages déclenchaient les disjoncteurs des pylônes de la vallée.

Chaque soir, après avoir embrassé sa mère et fermé sa porte à clef, Adeline posait son bougeoir sur le coin de sa cheminée, à côté de la grande glace au fronton orné de colombes. Sa toilette faite, pieds nus, elle traversait la pièce en courant, grimpait sur son lit aux trois matelas superposés qui, pendant des années, fut plus haut que son visage, se couchait et lisait pendant des heures.

Le livre achevé, elle éteignait sa lampe électrique. Les bras croisés autour de ses jambes, à croupetons dans l'obscurité, elle attendait le sommeil et s'endormait parfois en quelques minutes, pour se réveiller avec le jour sans avoir changé de position, les reins brisés, aussi fatiguée que par une nuit d'insomnie. D'autres fois, quand elle n'arrivait pas à sombrer dans le silence et qu'elle restait éveillée pendant trop longtemps, elle se levait tout à coup, courait à la cheminée et craquait une allumette pour éclairer sa bougie.

La flamme hésitait en faisant grésiller la mèche. Celle-ci s'éteignait parfois en exhalant une plainte. Adeline se précipitait alors vers son lit et, la tête enfouie sous les couvertures, essayait encore de s'endormir en se demandant avec angoisse quel démon de la nuit avait soufflé sur la flamme. Mais si cette flamme, après avoir trembloté quelques secondes, s'élevait brusquement en tassant l'obscurité le long des murs, Adeline se haussait sur la pointe des pieds et, dans une attente solennelle, les mains agrippées au rebord de la cheminée, rapprochait son visage de la glace.

Coupé en deux, comme une carte à jouer par le jeu de l'ombre et de la lumière et par le halo de la bougie qui l'éclairait de côté, transformé par l'inclinaison du miroir et les imperfections de son étamage ancien, ce visage lui semblait appartenir à une étrangère. Elle fixait dans les yeux cette jeune fille inconnue et la défiait du regard comme elle aurait défié une ennemie.

Une vapeur semblait s'élever alors du fond de la glace. La jeune fille inconnue avait l'air de glisser dans la profondeur des eaux, comme une noyée. Tout se brouillait soudain devant Adeline. Elle ne distinguait plus que deux yeux immenses, de même couleur, scintillant comme des étoiles. Prise de vertige, au bord de l'hypnose, elle reculait en chancelant jusqu'au milieu de sa chambre et le charme se rompait.

Le miroir ne réfléchissait plus une étrangère. Adeline reconnaissait son visage. Elle ébauchait un sourire, inclinait un peu la tête pour tâcher de voir son profil puis, la cheville cambrée, elle dessinait quelques pas de danse comme elle aimait à le faire quand elle mettait sa belle robe. Pour rendre plus libre le jeu de ses jambes, elle soulevait alors sa longue chemise et, quelquefois, elle la tirait jusqu'à son menton, le temps d'un éclair, pour se regarder tout entière, nue et frissonnante, dans la grande glace inclinée où passaient des ombres et des lumières.

Elle se jetait alors dans son lit et, même quand sa bougie brûlait jusqu'à l'aube, elle ne voyait plus la clarté qui tremblotait dans sa chambre. Les yeux fermés, couchée sur le dos ou sur le ventre, elle s'enfonçait dans de nouveaux rêves, les vrais rêves de la nuit, les divagations de l'ombre qu'elle ne racontait à personne. Des taches noires et des clartés se mettaient à tourbillonner entre sa rétine et ses paupières fermées. C'était comme un tournoiement de nuages sur le disque clair du soleil, un bouillonnement de vapeurs sur une gigantesque chaudière. Ces ombres cernées de lueurs composaient d'immenses images qui se succédaient sans arrêt. Des arbres fous se découpaient sur le ciel, des maisons s'élevaient sur les rives d'un grand fleuve, des montagnes s'écroulaient sur des montagnes, un visage de jeune homme émergeait soudain des profondeurs de la mer, se figeait dans un sourire et disparaissait tout à coup. Dans ce tournoiement continuel, toutes les formes s'abîmaient dans des mouvements informes. C'était comme une Genèse qui ne pouvait pas arriver à donner naissance à la création qu'elle ébauchait.

Incapable de se mouvoir, plus incapable encore de diriger ses pensées, Adeline flottait entre le sommeil et la conscience, sans pouvoir s'endormir, ni pouvoir se réveiller. Les bras allongés, le corps lourd, elle glissait dans une torpeur toujours plus profonde, aux limites d'une mort qui laissait intacte sa vie. Elle ne pouvait plus rien contre les songes qui s'emparaient d'elle et c'est seulement quand ils se décomposaient d'eux-mêmes, comme des brouillards effilochés, qu'elle pouvait enfin trouver le sommeil.

Le lendemain, en se réveillant, elle essayait en vain de se souvenir des rêves qu'elle avait pu faire au cours de la nuit. Elle n'en retrouvait aucune trace dans sa mémoire. Elle s'étonnait même en voyant sa bougie entièrement consumée au ras de la rondelle de cuivre maculée de vert-de-gris. A quel moment s'était-elle donc endormie ? Qu'avait-elle donc fait après avoir achevé son livre ? Elle balayait ces vaines questions en passant ses mains devant ses yeux et courait ouvrir la fenêtre qui donnait sur l'Orient. Au grincement des volets, des vols de moineaux semblaient s'échapper de ses mains et tournoyaient, en jetant leurs cris du matin, au-dessus des sureaux qui poussaient devant la maison. Elle les suivait dans le ciel et les regardait plonger à nouveau, au bout d'un moment, dans les branches chargées de petites baies noires. Il lui semblait que ses souvenirs s'étaient envolés comme ces oiseaux et qu'ils avaient replongé comme eux sous l'abri des sombres massifs qui les rendaient invisibles. Elle ne savait alors plus rien de ces heures de la nuit pendant lesquelles elle s'était retrouvée, après avoir contemplé une étrangère au fond de la glace où se réfléchissait maintenant le soleil oblique du matin. Elle avait oublié les démons nocturnes qui n'attendaient pourtant que le retour de la nuit pour retrouver encore leur proie.

Un jour — c'était la Saint-Jean, la mi-chemin entre le printemps et l'été — Adeline se réveilla dans l'allégresse et la fièvre. C'était l'année trente-huit. Elle allait avoir dix-sept ans.

En ouvrant sa fenêtre, elle vit un scarabée sur la planchette d'appui, un scarabée bleu plaqué sur le dos, les pattes en l'air, et qui cherchait vainement une prise dans le vide, comme un chevalier en armure tombé de cheval. De temps en temps, l'insecte restait immobile. Ses pattes se repliaient. Il avait l'air mort, prêt à tomber en poussière quand tout d'un coup, griffant l'air de ses crocs velus, il recommençait sa bataille pour la vie. Penchée vers lui, Adeline le regardait comme si son propre destin avait dépendu de cette bataille.

Le scarabée bleu semblait au bout de ses forces, quand il planta soudain le croc d'une de ses pattes dans le jet d'eau de bois vermoulu et se redressa d'un coup. Il fit alors vibrer ses antennes, lissa les ailes de soie qui sortaient de sa carapace, s'avança jusqu'au bord de la fenêtre, tomba dans le vide comme un morceau de caillou mais, en tombant, il ouvrit ses ailes et fit dans le ciel une grande trajectoire chantante. Adeline le vit s'abattre au-delà des arbres du jardin, au milieu des fleurs des pommiers.

Du même coup, le monde sembla transformé. Le printemps s'empara du paysage. Un bout de nuage noir, qui traînait au ras du ciel, disparut sans laisser de traces. Adeline se redressa. Elle dénoua ses cheveux et, comme elle aimait à le faire, renversa sa nuque au creux de ses mains ouvertes. Elle mit sa robe et descendit au jardin par la longue allée qui conduit vers la rivière. Elle la suivit à petits pas en coupant des feuilles de buis, du bout de ses ongles. De temps en temps, elle s'arrêtait pour sentir l'odeur de ses doigts, en respirant de toutes ses forces, et cette âcre odeur lui faisait tourner la tête. Elle eut besoin de prendre quelques instants de repos et vint s'accouder au mur bas qui domine le gouffre, à l'endroit d'où l'on peut apercevoir le pont et le tournant de la route.

C'est alors qu'elle vit Michel, le cantonnier, en train de parler à un inconnu. Ce Michel était un cousin de Payan et venait souvent à Villeméjane. Adeline avait l'habitude de le voir, mais elle n'avait jamais vu le jeune homme aux cheveux ébouriffés qui se tenait près de lui. Cet inconnu portait un blouson de cuir à grandes poches obliques et des souliers bas à larges semelles. Une motocyclette était appuyée au mur qui borde la route, à quelques mètres de lui. Il parlait en faisant des gestes pour montrer le pont ou pour épouser, d'un mouvement de la main, la courbe que dessinait le tournant. Michel l'approuvait en roulant une cigarette.

Les deux hommes allaient et venaient. Ils escaladaient les talus, comptaient leurs pas et marquaient des temps d'arrêt pour planter des petits piquets, à distances régulières, au bord de la route. Michel tendait une cordelette d'un piquet à l'autre et son compagnon s'arrêtait de temps en temps pour prendre des notes sur un carnet couvert de cuir rouge qu'il avait tiré de sa poche.

Le monde avait disparu. Les bois, les champs, les montagnes et le ciel s'étaient confondus comme sous l'effet d'un sortilège. Adeline ne voyait plus que le visage de ce jeune homme, un visage calme et régulier, au menton un peu lourd, au regard qu'on devinait bleu malgré la distance. Elle sentait qu'elle n'oublierait plus jamais ce visage et, quand elle fermait les yeux, elle le retrouvait sans effort dans le fond de sa mémoire, comme s'il lui avait été déjà familier depuis des années.

Le jeune homme enfourcha sa motocyclette. Il fit démarrer son moteur et cria quelques mots dans la direction de Michel. Celui-ci avait ôté sa casquette et répondit, en mettant ses mains en porte-voix :

— A demain !

— A demain ! cria l'inconnu en démarrant dans un tourbillon de poussière. A demain et à la même heure... Nous achèverons le piquetage.

— A demain ! murmura machinalement la jeune fille de Villeméjane en le suivant du regard. A demain et à la même heure !

Ce soir-là, au moment d'aller se coucher, Mme Vénician prit sa fille par la main et l'entraîna dans sa chambre.

— Tu viens d'avoir dix-sept ans, lui dit-elle. C'est un grand jour. Il ne faut pas que tu risques de l'oublier... Je veux te donner quelque chose... Tiens, c'est à toi... Tu peux emporter ce coffret dans ta chambre. Il ferme à clef. Tu n'auras qu'à trouver une cachette pour le mettre en sûreté.

Tout en parlant, elle avait ouvert un petit coffret qui restait toujours sur le coin de sa commode. Il contenait quatre bagues, des bagues anciennes, à pierres serties, un rubis, une opale, une cornaline, une topaze, et deux pendentifs dont la chaîne d'or supportait deux petits camées.

— Ce sont les bijoux de la sœur de ton cher papa. Il avait toujours dit qu'on te les donnerait quand tu aurais l'âge de les mettre... Garde-les en souvenir de ta pauvre tante Adeline. Tu portes son nom... Dieu te donne le bonheur qu'elle n'a pas eu !

— Tante Adeline ? murmurait la jeune fille. Je n'ai jamais pu savoir si je l'ai connue.

— Non... non... Elle est morte au moment de ta naissance... Elle avait à peine vingt ans.

— On devrait pouvoir connaître les morts, surtout quand ils sont de votre famille.

— On devrait... oui... mon Dieu, on devrait pouvoir les connaître... Qu'est-ce que tu me fais dire, Seigneur ! Tu sais bien que c'est impossible ! On ne peut pas connaître les morts !

— Je penserai quand même à cette tante Adeline quand je regarderai ses bijoux.

— Ils sont très beaux. Ils venaient de ton arrière-grand-mère. Ce sont des bijoux de mariage ou de fiançailles comme on les faisait dans ce temps-là.

— Dans ce temps-là ?

— Oui... au moment où les rois sont revenus, après l'empire... Tu vois bien qu'ils sont romantiques... Ce sont des bijoux pour un grand amour, les bijoux d'une passion qui peut vous coûter la vie.

— C'est de ce grand amour que tante Adeline est morte ?

— Non, elle n'est pas morte d'amour... On meurt rarement d'amour dans ce monde de corruption ! Elle est morte de langueur, comme on disait à l'époque.

Adeline embrassa sa mère longuement. En l'embrassant, elle se mit à penser au jeune homme qu'elle avait vu, au début de la matinée.

— C'est toi qui me les donnes, dit-elle à Mme Vénician. C'est toi que je remercie. Mais ils me feront penser à d'autres personnes !

— Bien sûr, ils te viennent aussi de ton père et de ta tante... Ils te viennent même de la grand-mère de ton papa... C'est le cadeau...

— Le cadeau de ceux qui m'ont aimée ou qui m'aimeront ! répondit Adeline en s'enfuyant dans sa chambre.

Elle s'endormit très tard, cette nuit-là, après avoir essayé toutes ses bagues. « Les bijoux d'un grand amour ! » murmurait-elle en faisant jouer leurs feux sous la flamme de sa bougie. « Les bijoux d'un grand amour ! » disait-elle encore en fermant les yeux sur cette première nuit de sa dix-septième année !

Le lendemain matin, à la même heure, elle vint se cacher à l'endroit où elle s'était cachée la veille. Le jeune homme était déjà sur la route, tête nue, en blouson de cuir, son carnet rouge à la main. Il revint tous les jours, à la fin de la matinée, pendant toute la semaine et, chaque jour, Adeline vint aussi s'asseoir, à la même place. Quand, par hasard, elle ne le trouvait pas au rendez-vous, elle avait l'impression de le voir quand même. Il lui suffisait de fermer les yeux pour retrouver sans effort son visage aux traits réguliers qu'elle avait entrevu, pour la première fois, le matin de la Saint-Jean, après avoir regardé le scarabée aux élytres bleus plonger dans le ciel, du rebord de la fenêtre, comme un signe du destin.

En quelques jours, Adeline eut appris tout ce qu'on pouvait savoir sur ce jeune homme. Elle avait simplement demandé à

Maria : « Tu connais ce garçon qui n'est pas d'ici ? » d'un air distrait, sans rien ajouter de plus, en laissant traîner la fin de sa phrase. Mais elle avait regardé sa servante comme elle la regardait pour se faire donner sa belle robe blanche à volants, chaque fois qu'elle décidait que c'était dimanche.

Dès le lendemain, Maria avait enchaîné, comme si sa jeune maîtresse venait de lui poser sa question :

— C'est le remplaçant de M. Couderc, l'agent voyer. M. Couderc vient de prendre sa retraite. Il y a trente ans qu'il fait les routes de notre pays. Il est trop vieux pour sortir par tous les temps. Il ne veut plus s'occuper que de ses abeilles...

— Mais ce garçon ?

— Ce garçon ? Je te dis qu'il le remplace. Il s'appelle Pierre Dejean. Il a vingt-trois ans. Il a juste fini son service militaire. Il paraît qu'on l'a vu en lieutenant. Il doit sortir des Ecoles... Ce n'est pas un garçon comme ceux d'ici.

Adeline avait compris, avant que Maria le lui dise, que ce n'était pas un garçon comme ceux qu'elle connaissait, depuis son enfance, garnements en culottes courtes devenus des adolescents renfermés qui ne faisaient pas attention à elle ou qui se poussaient du coude, en la rencontrant, sans jamais la saluer. Elle avait vu, dès le premier jour, qu'il n'avait pas leurs façons rustiques et sournoises, mais des manières brusques et décidées. Il ne s'habillait pas comme ces garçons qu'elle détestait sans l'avouer à personne. Il portait des vestes de sport, des culottes bouffantes sur les genoux, des chemises de couleur et des souliers bas à larges semelles, comme on en porte dans les grandes villes, pour aller en vacances à la campagne.

— Du matin au soir, il est sur les routes, poursuivait la femme de Payan. On le voit partout, dans les coins perdus de la montagne. Il n'est pas fier. Il bavarde avec tout le monde. Il ne fera pas regretter M. Couderc, s'il continue comme ça !

Quand il revenait de ces courses, Adeline apercevait quelquefois Pierre Dejean, penché sur le guidon de sa motocyclette, toujours tête nue et cheveux au vent.

— Il a loué le meublé de la buraliste, à côté du pont, dit un jour Maria à sa petite maîtresse, comme si cette nouvelle avait eu plus d'importance que les autres.

Adeline en sut vite assez pour imaginer « Monsieur Pierre », comme l'appelait sa servante, dans cet appartement de trois pièces, à vingt mètres de l'hôtel où il prenait ses repas. Maria, qui connaissait bien ce logis, le décrivait à la jeune fille, dans tous ses détails, en l'embellissant sans y prendre garde. C'était un appartement splendide et ruiné, avec des plafonds de grosses poutres et deux cheminées de bois sculpté qu'encadraient des rameaux de roses et de feuilles de lauriers.

— C'est une maison de riches ! disait Maria, mais il faudrait tout refaire.

— Il refera tout ! lui répondait Adeline.

Chaque matin, elle passait plus d'une heure à questionner sa servante qui lui racontait, à son retour de la ville, ce que Pierre Dejean avait fait la veille.

— Il a placé son bureau devant la fenêtre de la grande pièce, celle qui donne sur la rivière...

— La même rivière qu'ici !

— Hier, il a dessiné pendant toute la matinée sur des feuilles de papier bleu et sur du papier transparent.

— Comme ce doit être merveilleux de changer tout un morceau de la terre sur une petite feuille de papier...

— Il va refaire les routes de la vallée. Il veut élargir tous les tournants. On m'a même dit qu'il va commencer par le nôtre, celui qui est au bout du jardin, à l'entrée du pont.

— Je savais qu'il commencerait par nous ! disait Adeline en rougissant.

Le nouveau venu fit une courte visite à Villeméjane. Il avait voulu demander à Mme Vénician l'autorisation de mordre un peu le talus qui bordait sa propriété. Adeline le croisa comme il traversait la terrasse, les mains dans les poches, un peu penché en avant, l'air distrait. La salua-t-il en passant à côté d'elle ? La salua-t-il d'autres fois en l'apercevant derrière le mur qui domine la rivière ? Ce fut assez pour persuader cette adolescente solitaire que ce jeune homme inconnu l'avait remarquée. « Il me parlera demain ! » finit-elle par se dire et, quand le lendemain se fut confondu avec le passé, il lui sembla que ce qu'elle avait espéré était chose faite. Pierre Dejean lui avait parlé. Elle en était sûre. Elle eut même vite fait de s'imaginer qu'il avait voulu descendre avec elle dans les allées du jardin et qu'il s'était amusé à rayer du bout des ongles, comme elle aimait à le faire, les feuilles des buis dont l'âcre odeur, collée à ses doigts, lui faisait évoquer jusqu'au milieu de la nuit ces conversations imaginaires.

Chaque jour, dans son jardin clos comme les jardins d'Armide, entre la rivière et la terrasse, sous l'ombrage confondu des figuiers, des sureaux et des lauriers-roses, elle se mit donc à parler en songe avec ce jeune homme qu'elle ne connaissait pas, mais dont elle avait fini par connaître toute la vie. Elle lui confiait ce qu'elle n'avait jamais osé dire à personne. Elle lui laissait deviner ses pensées les plus secrètes et jusqu'à ses rêves cachés dont elle avait un peu honte. Il lui semblait qu'elle parlait avec lui pendant des heures, mais, par moments, elle se taisait pour l'entendre parler à son tour.

— Comme vous avez un beau jardin ! disait-il en marquant un temps d'arrêt pour laisser flotter ses regards sur le paysage, de l'encoche de la vallée à la haute crête de la montagne. Comme vous avez un beau jardin ! reprenait-il en se remettant à marcher. On peut y voir tout ce qui se passe autour de lui, sur la route et dans les champs, sans être vu de personne... On dirait le séjour des dieux.

— Le séjour des dieux ? répondait la jeune fille en portant les mains à sa gorge, penchée en avant, rougissante et traversée par les flèches d'un bonheur jamais éprouvé, comme l'ombre des arbres est percée par les rayons du soleil : Le séjour des dieux ! Mais les dieux ne restent pas enfermés dans un jardin, même si ce jardin est le plus merveilleux du monde... Ils marchent, comme Phœbé, sur des tapis de nuages.

— Comme Phœbé ? murmurait Pierre Dejean, qui s'arrêtait encore un instant pour regarder Adeline. Comme Phœbé ? Mais pourquoi me parlez-vous de Phœbé ? Qu'avez-vous à faire avec elle ?

— Je la connais ! murmurait la jeune fille. Je la connais et je vous la ferai connaître... Nous nous ressemblons un peu... On dirait que je suis sa sœur jumelle. Je flotte comme elle au-dessus des arbres quand je marche sur la terrasse.

Elle se racontait ces folies en faisant la demande et la réponse. Sa voix changeait de ton, au plus secret d'elle-même, entre sa nuque et sa gorge, quand elle croyait écouter la voix de Pierre Dejean. Elle s'amusait à le déconcerter et riait de ses silences qu'elle prolongeait en restant silencieuse à son tour, pour pouvoir mieux entendre, à la dérobée, les battements de son cœur.

La première fois qu'elle raconta ces promenades imaginaires à Maria, celle-ci fut stupéfiée, comme par l'annonce d'une maladie imprévue.

— Quelle idée ! Quelle idée ! Quelle idée ! répétait-elle en joignant les mains devant son visage. Quelle idée, ma pauvre petite enfant ! Je ne l'ai jamais vu te parler. Tu ne le connais même pas. C'est moi qui t'ai raconté tout ce que tu sais de lui... Seigneur Jésus, qu'est-ce que tu vas te mettre en tête ! Ce n'est pas bien de s'imaginer des choses pareilles. Ça te portera malheur.

— Je te dis qu'il m'a parlé ! affirmait la jeune fille. Il m'a parlé ! répétait-elle en fermant les yeux comme si elle avait voulu devenir aveugle. Il m'a parlé ! criait-elle en plaquant ses mains ouvertes sur ses oreilles pour ne rien entendre. Il m'a parlé ! affirmait-elle encore une fois, aveugle et sourde. Je ne peux pas avoir inventé ce que je viens de te dire.

— Tu en inventes bien d'autres ! grondait la servante. Tu inventes tout, tout le temps.

— Je n'invente rien. On ne peut rien inventer. Ce qu'on invente, c'est ce qui doit arriver... Non, non, je n'invente rien. Je te dis qu'il est venu et qu'il vient me voir chaque jour, à la même heure, et que, chaque jour, il reste un peu plus longtemps avec moi... Il reviendra sûrement demain. Tu n'auras qu'à nous regarder, de ta fenêtre, sans te faire voir surtout, et tu me diras si je t'ai menti.

Pour ne pas désespérer sa jeune maîtresse, Maria fit semblant de croire à tout ce qu'elle disait... Oui, oui, Pierre était venu à Villeméjane. Elle l'avait vu faire deux fois le tour du jardin. Il avait promis de revenir. Il était déjà revenu. Il serait sûrement de retour demain... Comment Adeline aurait-elle pu douter de la réalité de ses rêves alors que sa confidente les lui confirmait chaque jour, en lui répétant ce qu'elle venait de lui dire ? Mais, en acceptant de mentir ainsi, Maria ne pouvait plus séparer la vérité du mensonge et se laissait prendre, à son tour, par les illusions qu'elle n'avait pas osé dissiper... Après tout, M. Pierre aurait pu venir à Villeméjane. Il aurait pu faire la connaissance d'Adeline. Il n'y avait pas de raison pour qu'il n'en fût pas ainsi... Non, il n'y avait pas de raison... Et pourquoi ne pas feindre d'accepter cette chimère puisque, pour la première fois de sa vie, Adeline semblait heureuse, comme on peut l'être, à son âge, quand on vient de rencontrer une chance de bonheur.

Maria ne voulut pas être seule à connaître ce secret. Elle ne resta pas longtemps sans en faire la confidence à Mme Vénician. Celle-ci n'attacha d'abord aucune importance à ce jeu puéril qu'elle regarda comme un caprice de jeune fille.

— Mais ce n'est rien... A dix-sept ans, on est toujours romanesque. Il faut bien que les demoiselles de cet âge s'imaginent qu'un jeune homme pense à elles... Ces rêveries n'ont jamais fait de mal à personne. C'est de la vie qu'il faut avoir peur. C'est elle qui peut nous blesser.

— Elle va trop loin ! lui répondit Maria. J'en arrive à ne plus savoir moi-même si ce sont seulement des rêves. Il me semble parfois qu'elle connaît vraiment ce jeune homme et j'ai peur de tout ce qui pourrait arriver.

— J'espère bien qu'ils ne se promènent pas ensemble ! répondit Mme Vénician, avec une soudaine inquiétude. Avertis-moi, si jamais tu les rencontres. Ça ne serait pas convenable.

Adeline resta des mois sans parler de ces promenades avec sa mère. Elle n'ignorait pas qu'elle lui livrait ses secrets en les racontant à Maria, mais c'est seulement à Maria qu'elle osait faire ses confidences.

— Dans quelque temps, je vais t'annoncer une grande nouvelle ! lui dit-elle un jour en prenant un air mystérieux, les yeux brillants, exaltée, mais résolue à ne pas aller plus loin, ce jour-là.

— Qu'est-ce que tu vas m'apprendre encore ? répondit la femme de Payan en frôlant du bout des doigts la joue de la jeune fille.

Cette joue était en feu.

— Mais tu as la fièvre !

— Non, non... C'est le bonheur qui me brûle !

Cet état d'exaltation, fait de souvenirs imaginaires et d'imaginaires espérances, ne laissait plus de repos au cœur de la jeune fille. Elle ne regardait plus ce qui se passait autour d'elle. Insensible au froid et à la chaleur, elle oubliait de se couvrir sous la pluie, gardait des vestes de laine les jours de soleil et ne pouvait plus distinguer la réalité de son rêve. Sa vraie vie avait complètement disparu. Elle croyait que Pierre Dejean venait la voir tous les jours. Elle se promenait avec lui pendant des heures, griffant les buis de la pointe de ses ongles, imaginant des folies qu'elle se racontait à voix haute, dans son jardin clos, en se retournant par instants vers son invisible partenaire.

Du jour de la Saint-Jean jusqu'au début de l'automne, du temps des prés fleuris et des pommiers aux fleurs blanches jusqu'aux premiers jours noirs traversés de vent et de pluie, Adeline poursuivit cette idylle imaginaire. Elle attendait chaque jour le visiteur invisible qui venait fidèlement, à l'heure fixée. Chaque jour renouvelait les illusions de la veille. Chaque jour préparait l'illusion du lendemain. Fidèle au rendez-vous, Pierre s'avançait vers la jeune fille, les mains tendues, un sourire au fond du regard, et cette apparition semblait devenir réelle, sous les branches entrelacées du jardin, aux limites de l'ombre et de la lumière.

Le mauvais temps mit un terme à ces chimériques rencontres. Adeline ne descendit plus au jardin. Il lui sembla que Pierre Dejean était resté quelques jours sans venir lui rendre visite. La pluie et le vent avaient balayé les mirages du soleil.

— L'automne est là, se dit Adeline. C'est le moment des veillées. Pourquoi ce jeune homme ne viendrait-il pas passer un petit moment avec nous, après le repas du soir ?

A partir de ce jour-là, l'invisible compagnon de la jeune fille changea l'heure de ses visites. C'est vers neuf heures du soir qu'il vint la retrouver, presque chaque jour. Il lui semblait le voir apparaître, dans l'encadrement de la porte, souriant, les cheveux ébouriffés. Il saluait, s'asseyait au coin du feu et se penchait en avant pour arranger les tisons d'une main distraite, en parlant de l'avenir, du printemps qui reviendrait et de la nouvelle Saint-Jean qui rallumerait d'autres feux de joie sur le sommet des collines.

Dans cette maison que les nuits d'hiver peuplaient de fantômes, dans ce grand vide sonore où rôdaient des présences insaisissables, dans cette solitude où l'ombre et le vent enchevêtraient leurs mystères, Mme Vénician regardait sa fille à la dérobée et comprenait trop bien ce qui se passait en elle. Mère éperdue qui aurait voulu croire à ce que croyait son enfant, elle n'arrivait plus à savoir si ce visiteur de la nuit n'était pas vraiment venu la veille, s'il ne devait pas revenir le lendemain. Elle en venait même à se demander s'il n'était pas là, assis devant elle, en train de parler avec sa fille. Maria subissait aussi cet envoûtement. Elle croyait, sans y croire vraiment, à ces visites nocturnes. Tout se passait, dans l'esprit de la mère et de la servante, comme si la jeune fille de Villeméjane avait eu le pouvoir de faire partager ses rêves à ceux qui vivaient auprès d'elle.

Maria fut pourtant terrifiée le jour où sa jeune maîtresse la prit par les mains en la regardant dans les yeux comme elle ne l'avait jamais regardée.

— Je vais t'annoncer la grande nouvelle.

C'était un matin d'hiver. Une pellicule de givre avait recouvert les branches des arbres et semblait les auréoler du reflet de leur apparence. Rien n'avait l'air d'être vrai dans ce monde de cristal, ni les objets, ni leur carapace glacée, ni la lueur d'argent qui tremblotait autour d'elle.

— Maria ! disait Adeline dans un souffle : Il m'a demandée en mariage... Tu comprends ce que je te dis ? Il m'a demandée en mariage !

— En mariage ! balbutiait Maria en cherchant à dégager ses mains des mains brûlantes de la jeune fille. Mais comment a-t-il pu te parler de mariage ?

— Nous ferons les noces à la Saint-Jean, continuait Adeline sans prendre la peine de lui répondre. C'est lui qui l'a demandé... C'est le jour qu'il a choisi... J'aurai dix-huit ans, ce jour-là !

— Dix-huit ans ! disait Maria. Pourquoi ne pas attendre un peu plus ? A dix-huit ans, on a toute la vie devant soi...

— Nous n'avons aucune raison d'attendre. On ne refuse pas le bonheur quand il frappe à votre porte... Non, non, il faut avertir maman... Je voudrais que ce soit toi qui lui en parles... Quand tu lui auras parlé, il pourra lui faire sa visite.

Il y avait le pouvoir des fous dans les mains crispées d'Adeline. C'est en vain que Maria essayait d'échapper à leur étreinte. Mais c'est encore plus vainement qu'elle cherchait à se dégager de tous les mensonges dans lesquels Adeline l'avait entraînée depuis des mois et des mois.

— Comment aurait-il pu te parler de mariage ? Mon tout petit, tu te fais peut-être des idées... Ce n'est pas besoin de parler si vite à ta mère. Il faut d'abord que tu sois bien sûre de ce que t'a dit ce jeune homme.

— Comment faudrait-il qu'il me le dise ? On n'a pas le droit de douter d'une pareille demande... Ce n'est pas un garçon à reprendre sa parole... et tu sais bien que je l'ai vu tous les jours, depuis plus d'un an ; qu'il est venu cet hiver, presque tous les soirs, passer la veillée avec moi.

— Je sais... je sais... mais tu ne m'avais jamais dit qu'il t'avait parlé de mariage.

— Il n'y a pas bien longtemps qu'il m'en a parlé... Il fallait d'abord que nous fassions connaissance... Nous nous connaissons, maintenant. Nous avons fait le tour de la vie. Nous savons ce que nous aimons l'un et l'autre. Nous avons les mêmes goûts. Nous sommes toujours du même avis. Nous ne sommes heureux qu'en étant ensemble.

— Je veux bien... mais... de là à te demander en mariage !

— Et pourquoi ne me demanderait-il pas en mariage ? grondait Adeline en resserrant son étreinte, les yeux striés de petites flammes dures, les lèvres déformées par des tremblements de fureur.

— Mais je veux bien ! balbutiait Maria.

— Tu ne comprends donc pas que c'est mon bonheur qui est en jeu ?

Maria aurait voulu en finir. Elle cherchait le moyen de détourner Adeline de cette nouvelle folie. Mais comment pouvait-elle dire la vérité à cette enfant accrochée à l'illusion qui avait transformé sa vie ? Pourquoi dévaster ce cœur ? Pourquoi le dépouiller de sa joie, même si cette joie reposait sur une longue suite de mensonges ?

— Alors, tu ne veux pas que je sois heureuse ?

— Mais si... mais si... Je vais parler à ta mère... Tu sais bien que ton bonheur serait le nôtre !

Comme les sentiers de montagne donnent brusquement sur l'abîme, les rêveries de la jeune fille de Villeméjane venaient de s'ouvrir sur un gouffre. Le jeune inconnu qu'elle n'avait rencontré qu'en songe et qui, jamais, ne lui avait adressé la parole était devenu son fiancé. Elle ne se contentait plus de croire qu'il venait la voir, de temps en temps, pour bavarder avec elle, mais elle s'engageait à passer sa vie avec lui. Ce qui n'avait été, depuis la dernière Saint-Jean, qu'un caprice d'adolescente, la rêverie d'un cœur solitaire essayant d'échapper à sa solitude, s'était transformé en idée fixe. Tout dépendait, maintenant, de ce mariage imaginaire dont Adeline avait elle-même arrêté la date et dont chaque jour qui passait rapprochait un peu l'échéance.

— Ce sera pour la Saint-Jean ! répétait-elle sans cesse, les joues empourprées et les mains fébriles. Pour le jour de mes dix-huit ans !

Tout semblait être permis à cette enfant solitaire qui transformait en dimanche n'importe quel jour de la semaine et qui se faisait donner sa belle robe, à n'importe quel moment, en la demandant d'une voix rauque. Maria qui tremblait toujours de la voir se détacher de la vie était prête à tout accepter pour lui faire manger un peu de viande et pour pouvoir la nourrir comme elle l'avait nourrie quand elle était encore toute petite.

— Mange ! Mange ! répétait-elle. Il faut que tu prennes des forces !

Mise au courant par les confidences de sa servante, Mme Vénician fut d'abord épouvantée par ce nouveau songe. Cette mère chimérique avait accepté les premières divagations d'Adeline avec une résignation amusée. « C'est un caprice de jeune fille ! » avait-elle répété pendant quatre mois. Elle ne pouvait plus dire la même chose de ce nouveau projet. Il devait se réaliser un jour fixé à l'avance ou s'anéantir de lui-même. Ce n'était plus une rêverie. Les rêveries n'ont jamais besoin de se mêler aux réalités de l'existence. Elles cessent d'être des rêveries quand elles se fixent une limite. Fallait-il donc désespérer Adeline dès maintenant, pour qu'elle ne risque pas de tomber dans le désespoir, le jour encore lointain où la réalité pourrait mettre un terme à son rêve ? C'est la question que Mme Vénician se posa tout de suite avec angoisse. « D'ici la Saint-Jean, elle aura peut-être le temps d'oublier... Elle imaginera autre chose... elle trouvera une autre raison de vivre... » se répondit-elle aussitôt. C'est ainsi qu'elle accepta de ne rien dire à la jeune fille et de s'en remettre au destin. « A la volonté de Dieu ! » pensa-t-elle en se laissant reprendre, avec une sourde angoisse, par cette torpeur dans laquelle elle avait vécu, pendant des années, depuis son veuvage. « Tu as raison, il ne nous faut rien brusquer », finit-elle par dire à Maria qui l'aurait peut-être soutenue si elle avait décidé de ne pas abandonner Adeline à son illusion. « Tu as raison... Tout peut s'arranger avec les beaux jours... Ce serait trop cruel de la détromper nous-mêmes ! »

Prisonnières de la peur, de l'amour ou de l'espoir, les trois femmes passèrent la fin de l'hiver à rêver de ce mariage, mais chacune y pensait à sa façon. Adeline attendait cet événement comme elle attendait le jour de sa fête, en se disant que rien ne pourrait la priver de cette joie. Maria se résignait à la voir s'enfoncer dans cette illusion, en pensant que c'était un peu de bonheur qu'elle arrachait ainsi à la vie. « Elle mangera mieux ! » se disait-elle. Mme Vénician essayait de se persuader que cette attente insensée était encore une vague rêverie qui se détruirait d'elle-même avant de se heurter aux réalités de la vie. Incapable de résister à ses propres songes, chaque soir, dès que Maria avait quitté la maison, elle préparait un trousseau qu'elle destinait à sa fille, en se disant qu'une mère avait le droit de le faire, même quand il n'était pas encore question que sa fille se marie.

— Quand j'étais jeune, expliquait-elle en coupant ses fils avec ses dents, tout se faisait par douzaine... douze paires de draps... douze nappes de table et douze douzaines de serviettes. Je ne parle pas des chemises de jour ni des chemises de nuit ! Les armoires en étaient pleines... C'était beaucoup trop... Aujourd'hui, on n'a plus besoin de tant de choses.

— Ce n'était vraiment pas raisonnable ! disait gravement Adeline.

— Pourquoi s'encombrer de linge neuf ? enchaînait sa mère. Il n'a plus la qualité de celui qu'on achetait dans le temps... Regarde un peu... On dirait de la lingerie de princesse !

— Ce n'est pas besoin de nous mettre en peine, faisait observer Adeline. Nous ne manquerons de rien, puisque nous habiterons avec toi.

— Heureusement que cette maison est bien montée ! soupirait Mme Vénician, en évitant de répondre directement à cette dernière phrase. Je plains les gens qui ont une fille à marier, sans avoir ce que nous avons dans nos armoires. Même avec des réserves, c'est un gros souci, maintenant, et l'on ne peut pas savoir s'il ne manquera pas quelque chose, au dernier moment... quand il faut vraiment tout prévoir pour un mariage.

— Non... il ne nous manquera rien ! disait Adeline, sûre d'elle et sûre de l'avenir.

— Dieu y pourvoira ! murmurait sa mère.

Aux premiers beaux jours, dès qu'il fut possible d'ouvrir en grand les fenêtres, Mme Vénician décida de mettre en ordre la maison. Depuis près de vingt ans, rien n'avait changé à Villeméjane. Tout était lourd de poussière et comme figé par une attente sans but. « Ces fauteuils sont paralysés ! disait Maria. Ils ne peuvent même plus remuer leurs pieds... Les vers s'y sont mis ! Ce sont des fantômes de meubles ! » Elle accepta donc de grand cœur d'entreprendre ce nettoyage et, pour la première fois de sa vie, Adeline aida sa servante. Un foulard noué sur les cheveux, un tablier de toile bleue serré autour de la taille, elle traînait des seaux d'eau, charriait des détritus au fond du jardin, s'animait, passait la paille de fer sur les parquets du salon et de la salle à manger. Elle mangeait avec plus d'appétit que d'habitude, sans regarder ce que Maria lui glissait sur son assiette.

— Demain, nous arrangerons le bureau, disait-elle.

— Le bureau de ton cher papa ? demandait sa mère avec un tremblement dans la voix.

Depuis la mort du colosse débonnaire, cette pièce était restée dans le même état et si M. Vénician avait pu revenir faire un petit tour dans ce bas monde, il aurait trouvé, au coin de sa table, ses comptes inachevés, son crayon toujours appointé, sa pipe d'écume et sa boîte d'allumettes. Son bureau n'avait jamais cessé d'être son coin réservé. C'était une sorte de sanctuaire, une chapelle encombrée de fragiles ex-voto et de souvenirs dérisoires, prêts à tomber en poussière.

— Les messieurs ne peuvent pas vivre sans bureau ! tranchait Adeline.

— Evidemment ! soupirait sa mère. Mon cher mari n'aurait pas pu s'en passer.

Dès le lendemain la grande table était nettoyée, les vieux papiers jetés aux ordures, la pipe et le crayon relégués dans un tiroir aux reliques. En quelques jours, le bureau poudreux fut transformé.

— Je ne sais pas, disait Adeline, s'il vaut mieux que la lumière arrive de face ou du côté gauche.

— Il suffit de changer le fauteuil de place, lui répondait Maria.

Pendant qu'elles parlaient, Mme Vénician poussait dans le coin de la fenêtre la grande bergère au dossier capitonné, recouvert d'indienne à décor de fleurs. « C'est le fauteuil qu'il aimait le mieux ! » disait-elle et, déjà, sous la clarté du printemps qui filtrait entre les nuages, la bergère semblait attendre son nouveau maître.

— Je suis sûre qu'il fera beau, répétait sans cesse Adeline. A la Saint-Jean, les premiers fruitiers sont fleuris. C'est le moment où notre vallée est la plus belle, ajoutait-elle en renversant la nuque dans ses mains ouvertes, et jamais fiancée rêvant au jour de ses noces ne fit autant de projets, avec plus de joie.

4

Tels sont les caprices d'une imagination forte : pour peu qu'elle conçoive une joie, elle suppose un messager qui l'apporte.

Shakespeare.

Le jour de la Saint-Jean, dès qu'elle entendit Maria ouvrir la porte de la cuisine, Adeline sortit de sa chambre et, penchée sur la cage de l'escalier, les mains crispées sur la balustrade de fer forgé du premier étage, elle cria de cette voix rauque qu'elle avait quand la vie abondait en elle.

— Maria... Maria... donne-moi ma robe blanche... Viens m'aider à m'habiller... Ah, comme j'ai de la chance ! Regarde le temps qu'il fait... C'est le plus beau jour de l'année !

Clouée au sol, les mains sur les hanches et les jambes écartées, Maria renversa la tête en arrière. Sa jeune maîtresse était juste au-dessus d'elle, le buste incliné dans le vide, les cheveux fous, rayonnante et têtue, semblable aux divinités qu'on voit peintes en trompe-l'œil aux voussures des plafonds et dont l'immobilité traverse les siècles.

— Dépêche-toi... Tu vas me mettre en retard !

Maria fut sur le point de déchirer le mensonge dans lequel elle avait vécu depuis le printemps dernier. « Je ne peux pas lui laisser croire des choses pareilles ! » pensait-elle avec désespoir. « Il faut en finir aujourd'hui », disait-elle à mi-voix, la tête perdue, le cœur battant à grands coups. « Ce n'est pas possible ! » ajoutait-elle, en cherchant vainement ce qu'elle allait pouvoir dire pour mettre fin à cette nouvelle folie, à ce simulacre de mariage, à ces noces sans époux.

Pendant ce temps, dans une poussière de soleil descendant des hautes fenêtres, Adeline attendait toujours, souriante et sourde, et répétait, en se penchant dans le vide :

— Dépêche-toi... Tu vas me mettre en retard !

Maria monta lentement les vingt-deux marches de l'escalier, en les comptant une à une, pour faire le vide dans son esprit. Elle entra sans dire un mot dans la chambre d'Adeline, ouvrit machinalement les deux portes de l'armoire, prit la robe blanche à volants et redescendit à la cuisine pour la défroisser d'un coup de fer. Au bout d'un petit moment, elle remonta l'étage, encore plus lentement, la robe étalée sur ses avant-bras, en marquant des temps d'arrêt pour la maintenir en équilibre. Muette et désespérée, serrant des épingles entre ses dents, elle aida la jeune fille à s'habiller comme elle le faisait bien souvent pour répondre à ses caprices.

— Serre un peu plus... N'aie pas peur. Tu sais bien que ma taille est fine... une baguette de noisetier... c'est toi-même qui me l'as dit... Serre encore... Aujourd'hui, il faut que je sois très belle !

Pendant que Maria habillait sa jeune maîtresse, Mme Vénician attendait dans le grand salon dont elle venait d'ouvrir les portes-fenêtres. Ce matin-là, elle s'était levée de bonne heure. Descendue au jardin avant l'arrivée de sa servante, elle avait suivi les allées où poussent les herbes folles, et la rosée du printemps avait couvert ses chevilles de gouttelettes glacées. En frissonnant, elle avait cueilli quelques fleurs précoces, les premières de la saison, en choisissant les plus belles et les plus blanches, le long du grand mur que n'ombragent pas les arbres. Son bouquet fait, elle était rentrée à la maison et l'avait disposé, avec des soins minutieux, des repentirs et des bonheurs imprévus, dans un vase d'opaline posé sur le coin de la console.

En robe noire, assise dans son fauteuil à côté de cette gerbe nuptiale, le dos droit et les mains croisées sur ses genoux, elle avait entendu sa fille ouvrir la porte de sa chambre pour appeler Maria. Elle avait eu peur, alors, comme elle avait peur, quelquefois, avant les orages. Elle avait senti le malheur rôder autour d'elle avec des odeurs de foudre. Mais, quand elle avait entendu grincer les deux portes de l'armoire, elle avait compris qu'Adeline avait simplement demandé sa robe blanche, comme elle le faisait bien souvent, depuis des années. Brusquement rassurée, elle tendit l'oreille aux rumeurs qui venaient du premier étage et la paix se fit dans son cœur qui ne demandait qu'à oublier ses angoisses.

Vers neuf heures et demie, Adeline descendit directement sur la terrasse, par la porte du vestibule. Mince silhouette blanche entourée de volants légers, elle glissa devant les fenêtres du salon en arrondissant ses bras autour de sa taille, la nuque droite comme une porteuse d'amphore et, pendant toute la matinée, elle resta seule dans le jardin, passant et repassant dans les allées les plus sombres, sous la coupole mouvante des branches enlacées.

Il faisait beau. Le ciel avait la couleur des sources. Les pommiers étaient fleuris, et, comme l'année précédente, des scarabées bleus, pareils à celui qui s'était envolé de l'appui de la fenêtre, tournaient dans l'air, entre la façade de la maison et les frondaisons les plus proches.

A dix heures, le vent se leva et porta les bruits de la ville vers Villeméjane. Une cloche se mit à tinter dans l'éloignement, à travers le ciel pétrifié de silence. Une voiture s'arrêta quelques instants, devant la porte de la maison, et deux chevaux piaffèrent soudain, en frappant le sol de leurs sabots. Des gens passèrent alors sur la route, dans un tumulte de cris, de rires et de chansons... Adeline entendit toutes ces rumeurs. Elles traversèrent ses songes en leur donnant, pendant un instant, une ombre de vraisemblance... Cette cloche aurait pu sonner pour elle. Cette voiture aurait pu venir la chercher. Ces gens auraient pu s'être donné rendez-vous devant la porte. Rien de tout cela n'était impossible et ce qui n'était pas impossible se confondait, à ses yeux, avec la réalité.

Nul n'a jamais su, cependant, ce qui se passa, pendant cette matinée, dans le cœur de la jeune fille de Villeméjane. Dans l'exaltation qu'éveillait en elle ce premier beau jour du printemps, il se peut qu'elle ait cru vraiment que ce jour était celui de ses noces. Il lui sembla sans doute sentir, posé sur son bras, le bras de celui qu'elle prenait pour époux. Ravie en esprit, comme dans un conte fantastique, elle crut peut-être descendre en ville, au milieu du cortège de ses amis, dans cette voiture à deux chevaux dont on se servait encore, à ce moment-là, dans ce coin perdu, pour les occasions solennelles. Il se peut même qu'elle ait eu l'illusion d'être transportée, à travers l'espace, au milieu du bourdonnement de la cloche de l'église qui sonnait de plus en plus fort, autour d'elle, jusqu'à remplir tout le ciel de son carillon de fête... Ce furent ces souvenirs qu'elle garda de cette journée. Ils se gravèrent dans sa mémoire sans qu'elle ait eu besoin de les vivre.

Pendant qu'Adeline rêvait ainsi, Maria s'était enfermée dans sa cuisine. Le front collé à la vitre de la petite lucarne, la bouche amère, une larme sur la joue, elle fixait le coin du jardin, à droite de la terrasse où, par moments, elle pouvait entrevoir sa jeune maîtresse marchant gravement, la tête baissée et les deux mains jointes.

— Elle est en train de devenir folle ! se disait-elle en voyant cette apparition se perdre à nouveau au milieu des arbres.

Elle n'avait jamais encore pensé qu'Adeline allait perdre la raison, même quand celle-ci avait prétendu que Pierre Dejean venait chaque jour se promener avec elle, même quand elle avait annoncé qu'il l'avait demandée en mariage. Ces illusions n'engageaient que l'avenir. Ce n'étaient que les illusions d'une jeune fille romanesque qui rêvait d'amour sans avoir un amoureux. Il n'était pas besoin d'être folle pour se laisser prendre par elles. Mais ce simulacre de mariage ne pouvait qu'ouvrir un abîme dans l'esprit de la jeune fille, en séparant pour toujours la réalité de son rêve.

— Elle est en train de devenir folle ! disait Maria, de plus en plus vite. Elle est en train de devenir folle ! répétait-elle, en faisant de cette phrase une sorte de litanie, comme pour conjurer le malheur.

— Que fais-tu là ? lui demanda tout à coup Mme Vénician, en rapprochant son visage de la vitre de la lucarne. Qu'est-ce que tu regardes, dans le jardin ?

— Madame... Madame... c'est notre petite... Regardez-la... Elle croit qu'elle va se marier aujourd'hui... Ce n'est plus possible. Elle va devenir folle, si ça continue.

— Comment peux-tu dire des choses pareilles ! Ce n'est pas être fou que de vouloir être heureux... Ce n'est pas la première fois qu'elle a voulu mettre sa robe blanche.

— Je vous dis qu'elle croit qu'elle va se marier... et je ne sais même plus si elle n'a pas raison de le croire. Il me semble que ce garçon va venir, qu'il est déjà là... Comment voulez-vous qu'elle y résiste ? Nous n'aurions pas dû lui mentir ; nous n'aurions pas dû lui laisser croire à toutes ces choses... Un jour ou l'autre, il va nous arriver malheur !

— Elle est heureuse, répondit simplement Mme Vénician en apercevant sa fille à l'extrémité de la terrasse. Elle est heureuse et ne fait de mal à personne... Pourquoi l'empêcherions-nous de croire à ses rêves ? Tu n'as donc jamais rêvé ? Moi, je passe ma vie à le faire... Il me semble que mon mari est encore de ce monde. Je le vois aller et venir dans la maison. Il s'assied dans son fauteuil. Il monte au grenier pour graisser ses girouettes... Je n'ai pas honte d'en parler avec mes amies. Elles ne se moquent jamais de moi. Elles savent trop bien ce que c'est ! Toutes les veuves vivent avec le mari qu'elles ont perdu. Pourquoi cette enfant ne pourrait-elle pas faire comme elles ? Regretter le passé ou rêver de l'avenir, n'est-ce pas la même chose ? Qui pourrait lui reprocher de le faire ?

— Je vous en supplie, n'en parlez jamais à personne, même pas à vos amies, quand elles viennent vous voir. Notre petite serait perdue. Les gens sont méchants, sans le croire. Ils diraient partout qu'elle est folle... Oui, je sais bien que ce n'est pas vrai, mais on le dirait quand même... Elle ne pourrait plus jamais se marier... J'aime mieux prendre sur moi de continuer ces mensonges, mais ne dites rien, je vous en supplie.

— Je n'ai rien à dire à personne. Mais pourquoi la contrarier ? Ne détruisons pas son bonheur. C'est un pauvre bonheur, un bonheur de rien du tout. Un jour ou l'autre, elle le perdra... En attendant, nous la gardons avec nous, rien qu'avec nous.

— Elle nous reviendra, disait Maria en pleurant. Je saurai bien l'empêcher de devenir malheureuse.

— Comment peux-tu dire qu'elle est folle ? Elle est douce... elle est bonne... elle ne déraisonne sur rien... Elle ne fait de mal à personne.

— Je le sais. C'est un petit ange et je l'aime comme si elle était ma fille. Je l'aime plus que mon fils. Elle a été plus pénible à élever. Elle m'a donné plus de peine, balbutiait la servante à travers ses larmes.

Mais quand elle se retrouva seule dans sa cuisine, elle retourna vers la fenêtre pour tâcher d'apercevoir Adeline, sous les branches du jardin et, le front collé à la vitre, elle se mit à redire avec désespoir :

— Elle est en train de devenir folle !

Ce jour de la Saint-Jean fut pourtant semblable aux autres jours de l'année. Ce fut un jour de silence et de solitude, et, dans son jardin clos, à l'abri des sureaux et des lauriers-roses, grave et paisible, Adeline ne fit que ce qu'elle avait fait bien des fois, quand elle se laissait emporter, en se réveillant, par la joie de se sentir vivre.

A midi, sans qu'il fût besoin de l'appeler, sans se faire attendre comme elle le faisait trop souvent, elle vint déjeuner avec sa mère. Rayonnante de bonheur mais silencieuse, elle mangea sans dégoût quelques cerises précoces que Payan était allé cueillir à la petite aube. Elle les prenait l'une après l'autre, les faisait danser devant ses yeux et les mordillait pour regarder leur pulpe écarlate, entrouverte d'un coup de dents, et les mordait à nouveau, en laissant voir son plaisir.

— Tu manges trop ! murmura sa mère.

— Voyons, maman, ce ne sont que des gouttes de rosée... et rien ne peut me faire du mal aujourd'hui, ajouta-t-elle en rougissant.

Après avoir mangé sa dernière cerise, elle redescendit au jardin et recommença sa promenade. Le jour passa. Quand le soleil toucha la ligne de l'horizon, une draperie de gloire, faite de nuages amoncelés, se déploya sur les crêtes de la montagne et la nuit vint dans une rumeur de fontaines.

Le repas du soir achevé, sans dire un mot, Adeline se retira dans sa chambre après avoir embrassé sa mère avec une exaltation qu'elle n'avait jamais eue. Elle éteignit sa lampe électrique de bonne heure et, pendant un long moment, sa chambre resta plongée dans l'obscurité.

La nuit tournait sur Villeméjane et les premières étoiles s'éteignaient déjà sur la courbure du ciel, en touchant le bord arrondi de la terre. L'obscurité se faisait de plus en plus profonde quand, vers minuit, la lueur de la bougie tremblota soudain derrière les vitres de la chambre d'Adeline et brûla jusqu'aux premiers feux du matin. La jeune fille avait voulu revoir les bijoux qu'elle avait reçus de sa mère, le jour de ses dix-sept ans, il y avait juste une année. Courant sur la pointe de ses pieds nus, avec son allure de danseuse, sa longue chemise de nuit flottant autour d'elle comme une robe du soir, elle vint se regarder dans la glace pour essayer sa parure sous cette fantasmagorique lumière.

— Les bijoux d'un grand amour ! murmurait-elle en faisant jouer les feux de ses bagues. Les bijoux d'un amour dont on peut mourir ! disait-elle en étalant les chaînes d'or des deux pendentifs sur sa gorge nue.

5

J'ai vu beaucoup de choses bien que des boucles juvéniles flottent autour de mes tempes ; j'ai vu beaucoup d'horreurs ; les calamités de la guerre... L'ai-je vu ou mon esprit étreint par l'angoisse m'a-t-il représenté une telle confusion ? Je ne saurai jamais le dire...

Goethe.

Comblée de joies comme une épouse mystique, Adeline était encore éblouie par l'imaginaire enchantement de ses premiers mois de mariage, quand la guerre éclata. Depuis la Saint-Jean, elle se croyait mariée, mais elle n'avait rien changé à ses habitudes. A part sa servante et sa mère, personne n'avait soupçonné ce qui se passait en elle ; personne n'avait pensé qu'elle avait perdu la raison. Sa vie intérieure avait été transformée sans modifier ses occupations quotidiennes. Chaque jour, elle descendait au jardin et se promenait pendant des heures. Quand elle traversait la terrasse, elle avait toujours l'air, avec ses sandales à talons plats et ses robes d'organdi, d'un personnage irréel égaré dans notre monde et cherchant à s'en évader. Rien n'avait jamais trahi son rêve que Maria était vraiment la seule à connaître, car Mme Vénician s'efforçait de ne pas penser aux chimères de sa fille. « Tu vois bien qu'elle a oublié ce caprice », disait-elle à sa servante. « Elle n'a jamais été plus raisonnable et plus paisible... » Payan, seul, se douta peut-être de quelque chose, mais sa femme eut vite fait de le réduire au silence.

— La petite... je crois qu'elle se fait des idées...

— Qui ne s'en fait ! avait répondu Maria, presque avec violence, et le vieux Payan ne lui posa plus jamais de questions sur Adeline.

Les trois vieilles amies de Mme Vénician, les trois Parques en robes noires que le temps d'été ramenait pourtant presque chaque jour à Villeméjane, n'eurent jamais le moindre soupçon. Adeline vivait pour elles en dehors du monde, sans rien désirer et sans rien savoir des événements.

— Elle ne se doute donc pas de ce qui se passe ? dit un jour Mme Sarthou, avec une pointe d'amertume.

— Tant mieux pour elle ! gronda Maria dont le fils devait partir le premier jour de la mobilisation. Tant mieux pour elle... Ah ! si l'on pouvait ne rien savoir, quelle bénédiction ce serait !

Cette bénédiction avait été refusée à la jeune fille. Elle n'ignorait rien de ce qui se passait dans le monde et le départ de celui qu'elle avait choisi pour époux fut le premier grand drame de son existence. Les événements firent alors irruption dans son rêve et se mêlèrent à lui pour ne plus s'en détacher. Pierre Dejean rejoignit son régiment dès le premier jour et, pendant toute la nuit qui précéda son départ, Adeline s'imagina qu'elle préparait sa cantine.

— Des aiguilles et du fil ! murmurait-elle en allant de sa chambre à la cuisine, en ouvrant les placards et les armoires. Des aiguilles et du fil... il faudrait aussi quelques boutons de rechange, une brosse, un chiffon pour les souliers... Nous n'aurons pas assez de lainages. Où trouver des gilets de corps ?

Il faut pourtant qu'ils prennent de quoi se couvrir... Ils ne seront pas de retour avant le gros de l'hiver.

Dans ce monde en guerre où tant d'êtres se séparaient dans l'angoisse et le désespoir, peu de femmes durent veiller avec autant de sollicitude à côté de celui qu'elles allaient perdre avec l'aube. Adeline passa toute cette nuit sans dormir, montant et descendant les étages, pensant à tout, prévoyant ce qui se passerait dans deux mois, réglant les moindres détails.

De temps en temps, elle s'arrêtait tout à coup, chancelante, et portait les mains à ses yeux en disant à mi-voix : « Que faire encore ? Ah ma pauvre tête ! », mais elle se reprenait aussitôt et, dans un sursaut d'énergie, elle recommençait son inutile besogne.

Une heure avant le départ de l'autobus du matin, il lui sembla brusquement que tout était prêt mais, en regardant autour d'elle, elle vit sa chambre vide et nue et se dit alors, sans savoir pourquoi : « Payan a descendu la cantine... » Elle eut même l'impression que le vieux mari de sa servante avait bredouillé des paroles incompréhensibles, en passant à côté d'elle. Il faisait toujours ainsi quand il venait prendre des bagages... Au même instant, elle entendit un bruit de voiture, devant la porte de la maison... Le moment terrible était arrivé ! Droite et dévastée, le cœur suspendu sur un abîme, elle referma les yeux et les cacha dans ses mains, pour ne plus rien voir. Il lui semblait que Pierre Dejean était auprès d'elle et qu'il la prenait dans ses bras.

— Adieu ! dit-elle soudain.

En écoutant le bruit de sa propre voix, elle crut entendre une voix répéter ce mot, contre son oreille. Un vide se fit dans sa conscience et, quand elle rouvrit les yeux, au bout d'un moment, elle se retrouva seule devant l'escalier désert.

— Il est parti ! se dit-elle alors et le songe qu'elle avait fait devint brusquement une certitude. Elle revécut en une seconde les quelques instants dont elle n'avait pas eu conscience... Pierre Dejean l'avait embrassée. Il s'était écarté d'elle sans une larme. Elle n'avait pas pleuré non plus et Pierre était parti en courant, sans tourner la tête... Elle était seule, à présent, et cette solitude était la preuve de la vérité de ses souvenirs.

Au même moment, à l'autre bout de la ville, Pierre Dejean s'en allait avec une troupe de jeunes hommes qui frissonnaient sous l'air vif de ce petit matin de septembre. Aucun ne chantait. Aucun ne pleurait non plus, mais leurs mains étaient fermées, leurs yeux tristes et leurs lèvres grises. Beaucoup d'entre eux venaient de dire adieu à leurs femmes. Jusqu'au dernier moment, celles-ci avaient retenu leurs larmes mais, restées seules après le départ de leurs maris, dans les maisons de la ville ou les fermes dispersées à travers la vallée, elles s'étaient mises à pleurer dans leurs mains ouvertes et, seule aussi, dans sa chambre de Villeméjane, Adeline pleurait comme elles.

A partir de ce jour-là, Adeline fut une femme semblable à des milliers d'autres femmes, une épouse ravagée dont le mari était à la guerre. Plus rien ne comptait pour elle et le souvenir de l'absent emplissait toutes ses journées. Les événements dévoraient maintenant ses songes. Pour la première fois de sa vie, chaque matin, elle demandait un journal pour tâcher d'entrevoir, à travers les nouvelles monstrueuses qui engageaient le destin d'autres millions d'hommes, ce qu'allait être le sort de celui qu'elle avait perdu.

Elle questionnait Maria pour savoir ce que devenait son fils. « Tu n'as pas encore de nouvelles ? Il devait bien aller d'abord à Grenoble ? Tu ne sais pas s'ils en sont déjà repartis ? » Il lui semblait qu'en sachant ce que faisait Adrien, elle arriverait à s'imaginer ce que Pierre Dejean devait faire et, quand Maria eut enfin reçu une carte :

« Juste deux mots... Destination inconnue... C'est ce qu'ils disent toujours quand ils vont se battre... », elle pensa qu'il avait dû partir aussi pour le front.

Rien ne la distinguait des autres épouses de soldats, des fiancées, des sœurs et des mères, si ce n'est ces lettres reçues, ces petites cartes à bordure tricolore, ornées de drapeaux, sur lesquelles des millions d'hommes répétaient les mêmes formules, les mêmes : « Je vais bien... Ne vous faites pas de souci... Je ne risque rien pour le moment... Le moral est bon ! » Elle savait, dans le fond de sa conscience, qu'elle ne pouvait pas recevoir une de ces cartes. Elle en souffrait, car cette lucidité ne diminuait pas sa folie. Elle en souffrit encore bien plus quand les femmes eurent le droit de répondre à leurs maris et de leur envoyer des paquets. Elles passaient la semaine à les préparer comme des cadeaux d'anniversaire et les bourraient de pâtés de foie, de saucissons, de chaussettes neuves et de chandails.

— Les officiers n'ont peut-être pas encore le droit d'écrire, disait-elle à Maria qui s'ingéniait aussi à trouver d'absurdes raisons pour justifier ce silence.

Par bonheur, les amies de Mme Vénician avaient décidé d'envoyer des lettres et des paquets aux mobilisés de la ville. Un comité avait établi des listes et le lieutenant Dejean, Pierre, Alfred, avait été inscrit le premier. Poussée par Maria, Mme Vénician fit ce qu'il fallait pour que sa fille adoptât ce lieutenant, comme elle aurait adopté n'importe quel autre filleul. Nul ne songea à s'en étonner. C'était un combattant comme tous les autres — plus intéressant, peut-être, car on ne lui connaissait pas de famille — et la demoiselle de Villeméjane avait bien le droit de vouloir être la marraine du seul officier que cette petite ville avait envoyé aux armées.

Adeline écrivit d'abord une simple carte, avec quelques mots affectueux, assez vagues pour que Pierre Dejean pût les recevoir sans être étonné. Huit jours après, elle fit partir un paquet et reçut presque aussitôt une première réponse.

« Comment avez-vous compris que le froid est déjà venu ? Le beau chandail est arrivé à son heure. Je l'ai mis pour aller faire un bout de visite aux gens d'en face. Il m'a protégé comme une cotte de mailles. Mille mercis et mille pensées reconnaissantes. »

Adeline répondit en rendant la bride à son imagination, en laissant galoper sa plume aux hasards de sa fantaisie, comme elle avait appris à le faire en n'allant pas à l'école. Elle improvisait sur le temps, sur les livres qu'elle lisait, sur les racontars de la ville que lui rapportait Maria, sur ses impressions les plus fugitives.

« Il a gelé ce matin. Tout est blanc et beau, mais je déteste le givre et la neige en pensant à vous. Je voudrais passer tout le jour dehors... Mais la neige d'ici est-elle semblable à la vôtre ? »

D'autres fois, sur un bout de carte, elle griffonnait au retour d'une promenade :

« Je viens de faire trois kilomètres sur votre route. C'est

votre route. Elle vous attend. Revenez bien vite avant qu'elle ne soit toute défoncée par les ornières. »

C'étaient, toujours sur ce ton de petite fille primesautière, des missives poétiques qui pouvaient tout juste étonner son correspondant. — Tu as hérité d'une drôle de marraine ! — Un jour, pourtant, elle écrivit une longue lettre sur une lecture qu'elle venait d'achever et faillit oublier sa prudence habituelle :

« Je reviens de la Guerre de Crimée. C'est pour penser à vous que j'ai voulu lire ce livre. L'avez-vous lu ? On devrait le donner à tous les soldats. Ils y apprendraient qu'il ne faut pas avoir peur d'avoir peur, la première fois que l'on monte à la redoute. Je sais très bien ce que c'est ! J'ai passé la nuit dans les fascines et les gabions. Vous étiez là... Mais si l'amour ressemble toujours à l'amour, la guerre ressemble-t-elle toujours à la guerre ? »

Cette correspondance se poursuivit pendant tout l'hiver et pendant tout le début du printemps. Maria jetait un coup d'œil sur toutes les cartes d'Adeline en allant les mettre à la poste. Elle voulait s'assurer que rien ne pouvait choquer le jeune homme, mais Adeline ne laissait jamais voir sa folie. La pudeur retenait sa main mais, peut-être aussi, ce qui lui restait de raison veillait sur ses songes. Elle parlait d'affection et jamais d'amour, comme si, dans le plus profond de son être, elle s'était censurée elle-même pour éviter tout désaccord avec la réalité.

Maria avait appris par hasard que son fils était dans le même régiment que M. Pierre. Les nouvelles qu'Adrien lui envoyait s'ajoutèrent donc à celles que recevait Adeline, de loin en loin, en réponse à ses cartes et à ses paquets.

— C'est notre régiment, disait Maria. Les deux garçons des Bressous y servent aussi et Payan y a fait six mois, en dix-sept, avant d'être blessé à la jambe.

Adrien vint en permission pour les fêtes de la Noël. Ces trois mois de guerre ne l'avaient pas trop changé. Il était toujours plus semblable à un paysan qu'à un mécanicien de la ville. Taciturne et réservé, il parlait sans ironie de ses camarades, de ses chefs, de son existence quotidienne. Il suffisait d'écouter ce qu'il disait pour le faire sortir de sa réserve. Il s'échauffait alors et ne s'arrêtait plus de parler. Sa mère eut vite fait de lui faire raconter tout ce qu'il savait de Pierre Dejean et, dès le lendemain, la solitaire de Villeméjane fut aussi bien renseignée que n'importe quelle autre femme de soldat sur le sort de celui qu'elle considérait comme son mari.

Pierre Dejean commandait le corps franc d'un régiment d'infanterie alpine. Il avait tenu les avant-postes, pendant ce début d'hiver, à droite de Bitche. C'était lui qui avait monté presque tous les coups de main de ces premiers mois de guerre dans ce secteur de bois, de crêtes arrondies et de petites vallées. Adrien parlait de lui volontiers. Il avait l'air de s'être attaché à ce jeune chef qui avait déjà sa légende.

— C'est quelqu'un, ce garçon, même qu'il ne soit pas du pays. Depuis que nous sommes en ligne, il en a fait plus, avec son corps franc, que le régiment tout entier.

— Tu es là-dedans ? grommelait Payan. Tu n'aurais pas pu rester tranquille ?

— Mais non, disait Adrien, moi, je reste au téléphone. On m'a mis là parce que je suis dans la mécanique. C'est pour ça que je sais tout.

— Au téléphone ! reprenait Payan en haussant les épaules d'un air incrédule.

— Parfaitement ! disait le garçon. Tiens, l'autre nuit, ça va faire huit jours demain, nous étions couchés bien tranquilles... A une heure du matin, ça se met à tirer sur les avant-postes. Le commandant me dit d'appeler. Je tourne ma manivelle... Plus personne au bout du fil. Pas moyen de savoir ce qui se passe. Alerte au corps franc... En cinq minutes les voilà partis...

— Les voilà partis ! disait Payan, et le téléphoniste avec eux... Grande bête de fils, aussi bête que son père... Nous avons fait ça avant toi.

— Le lieutenant devait avoir son idée... Au lieu de piquer droit sur le point d'appui, il se glisse sur la gauche, à travers le plus épais des bois... Une heure après, il leur cravatait une patrouille, sans perdre un homme...

— Un coup de chance, grognait Payan en roulant une cigarette. Il ne faut pas s'y fier. Au prochain coup, vous vous ferez tous descendre.

Maria ne comprenait rien à ces aventures et, quand elle essayait de les raconter à son tour, elle en confondait toutes les péripéties. Adeline arrivait pourtant à les reconstituer. Elle vivait en esprit au milieu de ces premiers combats de la guerre silencieuse. Elle connaissait l'abri de rondins, un peu en arrière d'Haspelschiedt, où Pierre Dejean avait établi son P. C., à côté de celui de son chef de bataillon, un vieux presque aussi vieux que Payan et qui, comme lui, avait fait toute l'autre guerre. Elle connaissait aussi les sentiers qui montaient jusqu'à la ligne de crêtes où nos points d'appui s'étaient enterrés. Dans ses insomnies, aux approches de la petite aube, elle croyait entendre les tirs discontinus qui battaient les cheminements, au nord du village... Le corps franc allait-il sortir cette nuit ? Il lui semblait que Pierre Dejean vérifiait la sécurité de sa mitraillette, la seule de la section, celle que portait le chef. Il accrochait deux grenades à sa ceinture et, dans le brouillard qui se levait des prairies, faisait signe à ses hommes de le suivre. Adeline marchait près de lui dans ces bois semés d'embûches, où de temps en temps, s'élevait dans le lointain le cri lugubre de la chouette.

Dans cette zone mystérieuse où germaient déjà les futures grandes batailles, aucune femme ne fut plus proche de son mari, plus attachée à ses pas et plus attentive à ses misères. Habituée à vivre en esprit les événements de sa propre existence, Adeline imaginait l'existence des soldats comme aucune autre femme ne pouvait le faire. Elle savait ce qu'étaient le froid, la nuit qui tombait, l'angoisse des bois vides hantés de présences redoutables. Elle participait à toutes les souffrances des combattants et les éprouvait dans son corps qui semblait quelquefois en porter les stigmates.

— Quel hiver ! disait-elle à Maria en lui faisant voir ses mains crevassées et marbrées de traces rouges. L'autre semaine, il paraît qu'il a fait moins trente dans les Vosges... Ici, nous n'avons jamais vu moins de dix et tu sais pourtant si ça pince ! Il suffit de sortir une heure pour être marquée par le froid ! A moins trente, on ne doit pas pouvoir garder l'oreille dehors et ils ont besoin d'entendre quand ils sont en ligne... Comment font-ils, Maria ? Ils doivent sortir une oreille quelques minutes et la couvrir avant qu'elle soit gelée, en dégageant l'autre.

— Qu'est-ce que tu vas chercher ! disait la servante et qu'est-ce qui t'oblige à sortir quand il fait si froid ?

L'hiver passa. Le printemps vint. Jusqu'aux premiers jours du mois de mai, grâce aux cartes reçues, aux renseignements donnés par le fils de Maria, aux nouvelles des journaux, aux récits des permissionnaires, Adeline avait pu garder le contact avec le jeune homme qu'elle aimait. Il lui semblait le voir, chaque jour, dans un paysage de bois, de collines et de prairies, de l'autre côté de la montagne, comme s'il avait été vraiment devant elle. Mais la grande bataille de mai le fit disparaître à ses yeux. Il n'était plus question de le retrouver sur les avancées de Bitche, au point d'appui du Maimont ou dans la grande fabrique de Wissembourg. La guerre s'était déplacée vers d'immenses plaines, dans des bruits de chars et d'avions, et la solitaire de Villeméjane ne voyait plus rien quand elle regardait vers le ciel du nord.

Il lui semblait que Pierre Dejean avait été englouti par une tourmente. Elle ne savait plus où il se trouvait. Elle ne pouvait plus se le représenter, comme elle l'avait fait jusqu'à ce jour-là. Elle avait seulement la certitude qu'il était encore vivant, toujours vivant, mais vivant dans un lieu où des hommes mouraient, par centaines et par milliers à côté de lui.

Elle ne pouvait plus déchiffrer les signes de l'avenir qui s'amoncelaient autour d'elle. Tout était signe, à ce moment-là, mais signes impénétrables, signes de mort et signes de vie confondus. Hallucinée comme une sibylle qui n'aurait plus le pouvoir de pénétrer le destin, c'est en vain que, la nuit, seule dans sa chambre, elle se regardait dans la glace, à la lumière de sa bougie, pour tâcher d'imaginer ce que devenait son héros. Il n'y avait autour d'elle qu'une ombre sans fond traversée par des lueurs rouges. Tout lui paraissait incompréhensible. Ses songes de jeune fille avaient pris la proportion du cataclysme au centre duquel elle se trouvait enfermée. La catastrophe engendrait chaque matin une catastrophe nouvelle. Les journaux parlaient de victoire. La radio de désastre. On désespérait pour se raccrocher à d'absurdes espérances qui s'écroulaient à leur tour. La peur déferlait sur les villes les plus paisibles, les plus écartées des grandes routes. Elle traversait le pays comme un ouragan, en dévastant tout ce qui se trouvait sur son passage. Rien ne résistait à cette tourmente. La stupeur était dans les âmes. Dans ce chaos, chacun s'accrochait à quelque idée fixe et la solitaire de Villeméjane ne pouvait plus oublier un seul instant que celui qu'elle aimait était pris dans cette tempête.

Au début de juin, quand des fugitifs exténués envahirent la petite ville et quand des soldats vaincus commencèrent à s'installer dans les fermes des environs, Adeline dut s'arracher à la solitude dans laquelle l'avait plongée ce désastre. Sa mère ouvrit sa maison à des réfugiés de Boulogne. Une vieille grand-mère à moitié paralysée et trois jeunes enfants accompagnés par leur tante, une femme de trente ans sans nouvelles de son mari et ravagée par l'angoisse s'emparèrent d'une des ailes de Villeméjane. Cette petite famille était arrivée, un soir, dans une vieille voiture au toit couvert d'édredons. Les enfants dormaient les uns sur les autres, bras et jambes enlacés et bouches ouvertes. Il avait fallu les porter jusque dans leur chambre. Ils n'avaient même pas bougé quand on les avait posés sur leur lit et ce sommeil de mort avait épouvanté Adeline. « Ils ne peuvent pas aller plus loin », avait-elle dit à sa mère et ces passants, qui n'avaient demandé l'hospitalité que pour une nuit, n'avaient pas poussé plus loin leur voyage.

Malgré son détachement des biens de la terre, Mme Vénician savait être généreuse. Il lui suffisait de manger comme un oiseau, mais elle savait que les gens pouvaient avoir faim. Elle pensa donc, dès le premier jour, à faire porter à ses hôtes un panier de fruits ou de légumes et, chaque matin, Adeline ou Maria se chargeaient de la commission. Les petits réfugiés se bousculaient autour d'elles en poussant des cris de joie. Ils n'avaient jamais tant mangé de figues et de raisins et furent souvent malades, mais jamais rassasiés. La jeune femme ne s'occupait guère d'eux et la vieille maman enchaînait les bénédictions aux actions de grâce, sans se soucier de ses petits-fils. Les deux plus grands, Maurice et Marcel, dévoraient comme des ogres et dansaient comme des sauvages chaque fois que Payan tuait un lapin, un chevreau ou une « moitié de mouton », comme il disait lui-même. Ces jours-là, Maria ajoutait un morceau de viande à l'offrande de la journée et l'apportait toujours elle-même, car Adeline avait horreur de ces chairs saignantes qui maculaient les linges de cuisine dans lesquels Payan les pliait.

— Ces pauvres gens ! répétait Mme Vénician, ils ont bien assez souffert pour avoir le droit de faire quelques excès ! S'ils ont envie de manger un peu de viande, ce n'est pas moi qui leur ferai des reproches.

Vers la fin de l'après-midi, presque tous les jours, elle allait rendre visite à la vieille dame impotente et, bien souvent, Adeline l'accompagnait.

— On peut entrer ? criait-elle en frappant quelques coups discrets à la porte, pour bien marquer qu'elle n'était plus chez elle dans cette partie de la maison.

— Entrez, entrez, répondait la vieille dame, en essayant vainement de se soulever dans son fauteuil.

Chaque jour, c'était le même échange de politesses et le même cérémonial. Mme Vénician répétait toujours les mêmes choses, avec la même sollicitude :

— Nous ne faisons que passer... Juste pour vous demander de vos nouvelles. Avez-vous bien reposé ? J'avais peur que le vent ne vous réveille... Comme il a soufflé cette nuit... Notre vallée est encore si sauvage... Vous n'avez pas eu de chance en vous arrêtant chez nous !

— Les enfants sont au jardin ? disait Adeline, pour ne pas rester silencieuse.

— Vous êtes des fées, leur disait l'infirme en levant son bras valide comme si elle avait voulu les bénir. Des fées, je vous dis... C'est le bon Dieu qui nous a conduits devant votre porte !

— De pauvres fées ! murmurait Mme Vénician, en joignant les mains devant son visage. Mais le bon Dieu sait pourvoir à tout.

La jeune femme arrivait alors. Elle était rousse avec un air sauvage de fille du bord de la mer et marchait avec une assurance de somnambule. Elle n'avait pas dormi plus de deux à trois heures par nuit depuis son arrivée à Villeméjane, et semblait toujours prête à fondre en larmes.

— Vous nous avez encore gâtés, disait-elle en s'essuyant les mains au revers du tablier que lui avait prêté Maria. Je n'ai jamais vu d'aussi beaux raisins... Comment pourrons-nous vous remercier ? ajoutait-elle en étouffant un sanglot.

Elle n'était mariée que depuis dix mois et ne savait plus,

depuis des semaines, où se trouvait son mari. Elle se demandait s'il était vivant, prisonnier ou mort et se raccrochait à l'espoir d'apprendre, un beau jour, qu'il était passé en Angleterre, car elle savait que son régiment avait combattu sur les plages de Dunkerque.

— Dire que j'étais si près de lui ! répétait-elle d'un air désolé.

Elle avait dû fuir, sous les bombes et les obus, à travers des faubourgs en flammes, avec sa vieille mère et les trois enfants de sa sœur dont elle avait aussi perdu toute trace. Elle ne savait même plus quels chemins elle avait suivis, du nord au sud de la France, ni le nom des villages qu'elle avait dû traverser. Elle n'avait aucun souvenir de ce terrible voyage.

— Je ne sais plus ! disait-elle en portant les mains à son front pour reprendre aussitôt d'une voix désespérée : Je n'aurais pas dû partir !

Adeline essayait de la consoler en lui disant que son sort était semblable à celui de toutes les femmes. Aucune n'avait échappé aux malheurs de cette guerre. Toutes pensaient à quelque être aimé. Toutes attendaient des nouvelles.

— Ne vous faites pas de reproches. Tout le monde pourrait s'en faire... Il ne fallait pas partir... Il ne fallait pas rester... Il aurait fallu imaginer quelque chose !

— Nous n'étions mariés que depuis le mois de juillet, murmurait la réfugiée de Boulogne.

« Un mois après nous », pensait Adeline.

— Si vous saviez comme nous étions heureux !

— Je sais... je sais ! murmurait la jeune fille en serrant les dents pour retenir son secret.

— On devrait empêcher les gens de se marier quand on va déclarer la guerre...

— Mais pourquoi ? disait Adeline. Trois mois de bonheur, c'est déjà si merveilleux !

Ces conversations firent penser à Thérèse que son amie de hasard avait un fiancé à la guerre ou, du moins, un jeune homme qu'elle aimait.

— La demoiselle a quelqu'un là-haut, elle aussi ? finit-elle par demander à Maria, un jour qu'elle se trouvait seule avec elle.

— Toutes les filles ont quelqu'un là-haut... C'est toujours

leurs hommes qu'on tue ! répondit brusquement la servante qui reprit aussitôt d'une voix encore plus dure : Elle vous a parlé de quelqu'un ?

— Non, non, murmura la réfugiée, étonnée par cette soudaine violence, mais pour comprendre aussi bien les malheurs des autres...

Thérèse Gaubert ne pénétra jamais plus avant dans le secret d'Adeline. Elle ne soupçonna jamais qu'elle se croyait mariée. Elle ne pensa jamais qu'elle était folle. Maria faisait bonne garde et les désordres du monde excusaient alors tous les désordres du cœur. Rien n'était folie au milieu de ce désastre. Toutes les femmes pouvaient trembler pour un être aimé. On ne leur demandait pas si c'était pour un mari, un fiancé, un amant, ou même pour un jeune homme encore étranger à leur vie. Toutes ces amours subissaient le même sort, au milieu de la même catastrophe.

« Sans cette guerre, il aurait peut-être fait sa demande », se disait la réfugiée en regardant Adeline. « Il y a tant de garçons qui n'ont pas voulu se déclarer avant d'être sûrs de l'avenir ! »

C'était à travers sa propre histoire qu'elle imaginait ainsi les malheurs de la compagne que le sort lui avait donnée. A la mobilisation de trente-huit, celui qu'elle aimait était parti sans lui dire qu'il l'aimait aussi. C'est à son retour, seulement, qu'il avait fait sa demande. Ils ne s'étaient mariés que pour retomber dans la guerre, mais elle avait eu sa petite part de bonheur.

— Moi, du moins, pensait-elle avec une joie sauvage, j'aurai eu trois mois... Si celui qu'elle attend ne revient jamais, elle n'aura rien de lui, et, peut-être même, elle n'aura rien de toute sa vie.

Les deux femmes devinrent amies sans avoir besoin de pousser plus loin leurs confidences. Elles éprouvaient la même tendresse en se regardant. « Comme elle serait jolie si elle n'était pas aussi pâle », se disait Thérèse en suivant des yeux Adeline. « Comme elle doit savoir profiter de son bonheur ! » pensait celle-ci. Tout les rapprochait dans leur détresse. Elles savaient, sans avoir besoin de le dire, qu'elles partageaient le même destin : le destin des épouses et des fiancées, des jeunes mères et des amoureuses qui n'avaient pas encore avoué leur amour, le destin de toutes les femmes.

Pendant ces semaines d'angoisse, attentive aux malheurs qui

lui rappelaient les siens, Adeline fit le dénombrement de toutes celles qui, dans la ville ou dans la vallée, n'avaient pas encore reçu de nouvelles de leur mari. Elle les connaissait, grâce à Maria, sans avoir jamais parlé avec elles et, parfois même, sans les avoir jamais vues. Elle savait que Jeanne Arnaud, de la Penarié, n'avait pas reçu de lettre depuis le 20 mai ; que Marcelle Ricard, de la Rue-Haute, avait perdu les traces de son mari sur la plage de Dunkerque ; que Lucienne Aldebert se demandait si le sien était toujours enfermé dans la casemate où il avait passé l'hiver, à côté de Soultz-la-Forêt ; que Berthe Gaussen regardait en vain vers les côtes de la Norvège et Françoise d'Espinassous vers les plaines de la Belgique.

Toutes ces femmes semblaient tourner leurs regards vers le coin du monde — un bord de rivière, une lisière de bois, une ville aux faubourgs en flammes, un port dévasté au-delà des océans — où, pour la dernière fois, le compagnon de leur vie avait fait un signe vers elles, comme si elles avaient espéré le voir apparaître à nouveau à l'endroit même où il avait disparu.

C'est à Marcelle Ricard que pensait surtout Adeline. Cette jeune femme de vingt ans, mariée un an avant la guerre, avait été la fille rieuse qui passait, parfois, en chantant, devant le jardin de Villeméjane, aux beaux jours des belles saisons, avec deux de ses amies. C'est elle qu'Adeline avait surnommée Aurélia. — « Voilà Aurélia, disait-elle. Angélique et Sylvie ne doivent pas être loin ! » — Aurélia mariée, Angélique et Sylvie ne passaient plus guère sur la route, mais Adeline avait rêvé bien souvent de ce mariage dans lequel elle avait cru voir une annonce de son destin.

Aurélia fut la première à recevoir des nouvelles. Elle apprit d'abord, indirectement, qu'on avait vu son mari au pied d'un mur à moitié démoli par les bombes, la tête penchée sur la poitrine, blessé, presque inconscient, à quelques dizaines de mètres de la plage. Elle vécut plusieurs jours en gardant devant les yeux cette affreuse image... Un pan de mur calciné, un homme sanglant, le sable et la mer.

— Les brancardiers ont dû venir le chercher, disait-elle. Il a sans doute été emmené en Angleterre. Il doit être encore là-bas, dans un hôpital.

Il lui fallut bientôt abandonner cet espoir. Jacques Ricard n'avait pas été transporté sur un navire. Il était resté seul, abandonné sur la plage. Des soldats de son régiment, en passant à côté de lui, avaient arrangé ses pansements et l'un d'eux était allé lui chercher une bouteille d'eau fraîche.

— Ce sont les Allemands qui l'auront ramassé ! disait encore Aurélia.

Ni les Anglais ni les Allemands n'avaient recueilli ce moribond. D'autres soldats l'avaient vu, à la fin de la journée, une main encore crispée sur la bouteille à moitié vide. Il venait sans doute de mourir, car cette main était chaude. Les soldats l'avaient touchée pour reprendre la bouteille qu'ils avaient achevée, accroupis auprès du cadavre dont ils avaient emporté la plaque d'identité.

Aurélia venait de prendre le deuil quand, un matin, en ouvrant sa porte, Jeanne Arnaud vit son mari devant elle. Il était si fatigué qu'il dormit toute la journée avant de lui raconter ses aventures. Ce retour des soldats se faisait comme le tirage d'une loterie ! Berthe Gaussen et Françoise d'Espinassous, accourues en toute hâte, attendirent le réveil de Marcel Arnaud, en espérant qu'il leur donnerait peut-être des nouvelles. Mais ce revenant exténué ignorait ce qui s'était passé du côté de la Norvège et de la Belgique. Il ne se souvenait que de ce qu'il avait vu sur les berges de la Loire, avant d'être blessé à la tête et de rester un mois, sans savoir où il était, dans un hôpital d'Orléans.

— Ils reviendront ! disait-il pourtant en serrant ses arcades sourcilières entre son index et son pouce. Puisque je suis revenu, ils peuvent bien revenir !

Il eut l'air d'en savoir plus long qu'il n'avait voulu le dire quand Rémy Gaussen et Marcel d'Espinassous arrivèrent aussi tous les deux. Ils étaient passés par l'Angleterre, l'un venant de Narvik, l'autre de Dunkerque, et s'étaient retrouvés dans le même port de France, au débarquement, après avoir voyagé ensemble, sans le savoir.

Il ne restait plus que Paul Aldebert dont on n'avait pas de nouvelles. Tous les gens parlaient de sa casemate comme d'un navire perdu dont la mer aurait dévoré l'épave. Ils racontaient que, dix jours après l'armistice, les forts souterrains résistaient encore. Submergés de toute part, engloutis par la grande houle de la défaite, ils faisaient encore feu de toutes leurs armes et c'étaient des officiers français qui venaient leur demander de se rendre. L'un après l'autre, ces forts arboraient le drapeau blanc et leurs équipages défilaient devant leurs vainqueurs, avec les honneurs de la guerre.

Bouleversée par chacun de ces récits, exaltée par ces légendes, Adeline essayait en vain de deviner quel avait été le sort de Pierre Dejean dans cette confusion du malheur et de la chance. Etait-il entré en Belgique, comme le mari de Françoise d'Espinassous ? Avait-il piétiné sur la plage de Dunkerque, comme celui d'Aurélia ? S'était-il battu sur les berges de la Loire, comme Marcel Arnaud ? Etait-il encore enfermé au fond d'une casemate, comme Paul Aldebert ? En sortirait-il vivant, avec les honneurs de la guerre ? Etait-il déjà mort, brûlé par la fièvre, à côté d'une bouteille d'eau fraîche, sans avoir eu la force de boire au moment de son agonie ? Tout était encore possible, tout pouvait encore arriver !

Paul Aldebert finit par donner de ses nouvelles. Il était en Allemagne, dans un camp bâti sur des marécages, entre des boqueteaux de sapins, sous un ciel gris qui ne conduisait nulle part. Pendant vingt jours, il avait marché sur les routes, au milieu d'une immense colonne de prisonniers qui n'avaient pas eu droit aux honneurs de la guerre, en se traînant, misérables et affamés, à travers les villages de leurs vainqueurs.

— Notre petit coin a de la chance ! disaient pourtant les gens du pays qui se souvenaient de l'autre guerre et des longues listes de morts du temps de Verdun.

Ils trouvaient que le tribut payé au malheur n'avait pas été trop lourd. Sur cinq hommes mariés dont on n'avait rien su pendant des semaines, trois avaient déjà retrouvé leur femme et le prisonnier reviendrait un jour retrouver la sienne. Le mari d'Aurélia semblait s'être sacrifié pour tous les autres. Aurélia le pleurait toujours, mais on ne parlait déjà plus de lui.

Il ne restait plus que quelques célibataires dont on était sans nouvelles. Adrien et Pierre Dejean étaient parmi eux. Adrien n'avait pas écrit depuis la fin mai et sa mère l'attendait avec une angoisse sauvage qu'elle s'efforçait de cacher à sa jeune maîtresse.

— Il reviendra ! disait-elle. S'il était mort, on m'aurait déjà avertie... Il n'y a que les vivants qui ne donnent pas de leurs nouvelles.

Elle savait trop bien ce qui dévastait le cœur d'Adeline et

faisait ce qu'elle pouvait pour lui venir en aide. Mais l'angoisse d'une mère ne ressemble pas à celle d'une amoureuse. Ce n'était pas ce que lui disait Maria qui pouvait secourir Adeline dans sa détresse. Elle sentait que Pierre Dejean entrait à peine en ligne de compte dans ce dernier petit groupe de disparus et ne trouvait quelque réconfort qu'auprès de la réfugiée de Boulogne qui, comme elle, attendait toujours.

Vers la fin du mois de septembre, Thérèse Gaubert eut enfin des nouvelles de sa sœur. Celle-ci était à côté de Souillac, dans un village perdu, avec d'autres fugitifs de la région de Boulogne. Malade depuis deux mois, elle ne pouvait pas se déplacer, mais réclamait ses enfants. Elle ajoutait qu'elle attendait son mari d'un jour à l'autre et que celui-ci avait retrouvé son beau-frère. Elle ne précisait pas où se trouvait ce dernier et semblait croire qu'il avait déjà repris contact avec sa femme. C'était beaucoup, mais ce n'était pas assez pour la fille rousse qui décida de partir sans même répondre à sa sœur. Elle avait pu rester sans bouger, sans rien tenter et presque sans rien vouloir, tant qu'elle avait été absolument sans nouvelles, mais ce premier signe de vie lui donnait le désir de tout savoir, sans attendre une minute. Elle s'était dit que, même avec sa vieille voiture, elle irait plus vite que des lettres. En quelques heures, elle pouvait être à Souillac. Elle y laisserait les enfants et sa vieille mère et pourrait repartir, dès le lendemain, à la recherche de son mari.

— Je crois aux miracles, disait-elle. Ma sœur n'a pu découvrir notre adresse que par miracle... C'est par miracle aussi que cette lettre nous est arrivée... A part mon nom, tout est écrit de travers, sur cette enveloppe... Ça n'a pas empêché le facteur de nous l'apporter... Un miracle en appelle toujours un autre... D'ici quelques jours, mes malheurs seront finis !

Elle eut vite fait de préparer ses valises en les bourrant à grands coups de poing sans même plier ses affaires. Elle aplatissait les couvercles avec ses genoux pour pouvoir fermer les serrures. Elle allait et venait dans un délire égoïste, sans s'occuper de personne, oublieuse de ses angoisses et plus rien n'existait pour elle que la certitude de savoir son mari vivant.

Quand tous les bagages furent prêts, Payan vint aider la

vieille dame à s'installer dans le fond de la voiture. Elle était malade, misérable, épouvantée et comprenait mal les raisons de ce départ.

— Mon pauvre dos ! disait-elle. Pourquoi repartir si tôt ? Les Allemands ne sont pas encore ici et ces dames ne nous mettaient pas à la porte.

Roulés en boule et serrés par des ficelles, les édredons rouges de la débâcle lui servirent de coussins. Elle s'y enfonça comme un vieux polichinelle démantibulé, dont on ne voyait plus que la figure et les mains ridées.

Les trois enfants, habillés en toute hâte, étaient tristes de partir. « On aura quand même des raisins là où nous allons ? » disaient-ils, mais ils se laissaient prendre déjà aux plaisirs d'un nouveau voyage. « On va retourner à la mer ? » demandait l'aîné. « Alors, c'est chez nous qu'on va ? » disaient les plus jeunes. Leur grand-mère les appelait, les tirait à elle, leur parlait au creux de l'oreille et les poussait vers Mme Vénician ou vers Adeline. Ils répétaient alors ce qu'elle venait de leur dire : « Merci beaucoup... On se souviendra de votre bonté... Nous ne vous oublierons jamais dans nos prières... » et Mme Vénician se penchait pour les embrasser et leur dire aussi de petits secrets qu'ils allaient répéter à la vieille dame. Adeline suivait leur manège et, pour la première fois de sa vie, elle regrettait de ne pas être mère.

« Pourquoi n'ai-je pas encore un enfant ! » se disait-elle, prête à céder à cette nouvelle folie... Désirer un enfant, c'était déjà, presque, l'attendre et l'attendre, c'était l'avoir... Une nouvelle aventure du rêve aurait pu s'ouvrir devant elle. Six mois avant, elle s'y serait sans doute engagée, et, peut-être même, perdue. Mais elle était au bout de ses ressources d'espoir et ne pouvait plus rien désirer : « J'aurais dû en avoir un ! » soupira-t-elle en se détournant de cette pensée.

— Dès que nous serons arrivés, nous vous enverrons de nos nouvelles, disait Thérèse en serrant des ficelles avec ses dents : Vous savez, un bonheur en appelle toujours un autre... Vous aussi, vous allez sortir de vos soucis.

— Vous êtes des fées ! essayait de crier l'infirme de sa voix débile. Vous êtes des fées ! répétait-elle inlassablement, en se soulevant sur ses coussins, dans le fond de la voiture.

— De pauvres fées ! murmurait Mme Vénician, comme elle

le faisait toujours pour répondre à cette phrase. Mais le bon Dieu sait pourvoir à tout !

Les derniers adieux furent brefs. Le moteur tournait déjà et Thérèse avait peur de manquer d'essence. Chaque minute écourtait sa route d'un kilomètre. « Il faut que nous partions ! » répétait-elle presque durement. Adeline la regardait, mais elle ne regardait plus Adeline. Elle l'embrassa pourtant avec un sursaut de tendresse, en lui murmurant « Bonne chance ! » Ces deux adieux semblaient résumer ces deux destins qui se séparaient l'un de l'autre, après s'être confondus pendant plusieurs mois. L'auto démarra dans un grincement de ferraille. Adeline courut jusqu'au tournant du chemin pour la suivre du regard. Les bras ballants, la tête vide, elle regarda s'éloigner la seule amie qui avait traversé son existence.

Il fit un orage, ce soir-là, un orage monstrueux qui déferla sur la grande maison déserte. Dès six heures du soir, une barre de brume avait envahi la vallée. Il faisait aussi noir qu'au plein d'une nuit sans lune et, de temps en temps, des éclairs éloignés traversaient cet écran opaque où se perdaient tous les bruits. Rien ne bougeait, les arbres étaient immobiles et l'on aurait dit que le vent lui-même se tenait en équilibre, prêt à s'écrouler d'un coup.

— Pourvu qu'elles n'aient pas rencontré cette tourmente sur leur route ! avait dit Mme Vénician quand elle s'était penchée sur ce gouffre d'ombre pour tirer les contrevents qu'elle laissait ouverts, d'ordinaire. C'est la fin du monde de l'autre côté de la montagne.

— On peut traverser tous les orages quand on va rejoindre son mari ! lui avait répondu Adeline en se retirant dans sa chambre.

Elle venait à peine de se déshabiller, quand le vent bascula. Les nuages s'ouvrirent dans un bruit de foudre. L'eau ruisselait des toits comme au creux d'une cascade. Tous les éléments semblaient confondus. Un éclair s'abattit sur l'extrémité de la terrasse. L'électricité s'éteignit. Adeline sauta de son lit et tâtonna dans le noir pour allumer sa bougie. Elle eut peur, dès qu'elle entrevit son visage décomposé, dans la grande glace, et courut se recoucher en claquant des dents. Les draps remontés sur les yeux, les mains nouées devant ses genoux, elle écoutait en tremblant les roulements du tonnerre, comme s'ils avaient rendu des oracles.

Depuis qu'elle vivait dans l'attente du malheur, elle ne s'était jamais sentie aussi misérable. Pendant ces trois mois de stupeur, tandis que la mort frappait à toutes les portes, elle n'avait jamais eu le sentiment d'être abandonnée. La réfugiée de Boulogne avait partagé ses angoisses et l'avait aidée à les supporter, mais à présent, elle se retrouvait seule et sans force, au milieu du déchaînement d'un orage qui ne ressemblait pas aux orages de la saison, dans le grincement démentiel des quatorze girouettes de fer que les bourrasques de vent faisaient tourner sur les toits, et sous le ruissellement d'un gigantesque déluge.

— Il doit être mort ! se disait-elle.

Entre ses paupières fermées et le globe de ses yeux, des images se formaient avec une funèbre lenteur, en blanc et noir, comme pour de fantastiques funérailles. En regardant défiler ces grandes masses confuses, elle essayait de prévoir les caprices du destin et de s'y résigner à l'avance... Le bonheur des uns n'annonçait-il pas le malheur des autres ? Puisque Thérèse avait retrouvé son mari, ne fallait-il pas que quelqu'un paye cette chance ? Les vivants s'abritaient toujours derrière les morts. C'était la loi de toutes les catastrophes... Ce soir-là, elle avait besoin de croire à cette fatalité. Le malheur seul pouvait s'accorder avec cette nuit dont elle ressentait l'horreur comme une bête sauvage.

— S'il ne revient pas, se disait-elle, j'aurai eu quand même ma part de bonheur... Tous les ans, à la Saint-Jean, je pourrai me souvenir de ces deux Saint-Jean d'avant-guerre... Il me semblera que nous sommes toujours ensemble... Tout était si beau, si tranquille, si merveilleux. Pierre était si prévenant, si gentil, si pareil à ce que je voulais qu'il soit. Nous n'avons jamais été fâchés, même pas une minute. Nous n'avons jamais eu à nous pardonner la moindre chose... Quelle fille a été plus heureuse que moi ? A partir d'aujourd'hui, nous serons toujours ensemble.

Chaque fois que le souffle de l'ouragan s'abattait dans la cheminée ou se glissait sous la porte en couchant la flamme de la bougie, de grandes ombres s'allongeaient à travers la chambre, comme des bêtes fouettées. Le vent, la pluie et la foudre s'enchevêtraient dans le ciel. On aurait dit que l'air et le feu, la terre et l'eau s'étaient mélangés pour donner naissance à un nouvel élément fait d'une poussière de flammes et cet élément déchaînait un vacarme de fin du monde. Adeline l'écoutait en rêvant aux printemps perdus qui se confondaient pour elle avec les seuls moments de bonheur de son existence :

— Il doit être mort ! se disait-elle.

Il suffisait pourtant d'un trait de soleil, entre deux nuages, pour changer les dispositions d'Adeline. Sensible aux sautes du temps, comme une plante fragile, son cœur pouvait se fermer ou s'épanouir rien qu'à la couleur du ciel qu'elle découvrait, le matin, quand elle poussait sa fenêtre. Bien souvent, le début du jour engageait sa journée entière. S'il faisait beau — et les belles journées, dénudées par le vent et par la lumière, revenaient souvent, à Villeméjane, même dans l'arrière-saison —, elle oubliait ses angoisses.

— Il reviendra ! pensait-elle alors, en renversant la tête en arrière, aussi sûre de l'avenir, pour une heure ou deux, devant les clartés de l'automne, qu'elle avait été sûre de son malheur, sous le déchaînement de l'orage.

Cette succession de certitudes absurdes, ces matins d'allégresse éclatant sur ces nuits de deuil la brisaient comme des accès de fièvre. L'espoir et le désespoir n'avaient plus de sens pour elle.

6

Et comme on peut marcher, les pieds dans ses souliers,
Vers un dernier carré le soir d'une bataille.

Charles Péguy.

Un soir — il était six heures et demie — Maria s'apprêtait à rentrer chez elle, après avoir étendu sa lessive dans le grenier.

Elle avait déjà jeté sa pèlerine sur ses épaules et noué son châle à franges autour de son cou.

— Quelle nuit ! soupirait-elle en passant la main sur les vitres de la lucarne pour en effacer la buée : Il fait plus noir qu'en décembre. On ne peut rien voir à trois pas... Si je n'avais pas l'habitude...

— Dépêchez-vous, lui disait Mme Vénician, Payan finira par être inquiet. Vous devriez partir de meilleure heure...

— C'est toujours pareil, les jours de lessive, lui répondait Maria en enfilant ses galoches, je rentre toujours en retard, le lundi.

Elle avait entrouvert la porte. La nuit était comme un mur contre lequel s'écrasait la lumière de la lampe. Derrière ce mur, des graviers crissaient sous des pas. Quelqu'un marchait au fond du jardin.

— C'est Payan qui vient vous chercher, murmura Mme Vénician en tendant l'oreille.

— Payan ne marche pas comme ça ! répondit la servante dans un souffle.

Les deux femmes se penchèrent pour écouter. Les pas devenaient plus proches. Une forme humaine traversa la muraille d'ombre et deux mains tendues s'ouvrirent dans la lumière.

— Mon petit ! hurla Maria.

Adrien était devant elle. Elle avait attrapé ses mains dans les siennes et l'avait entraîné dans la cuisine, jusque sous la lampe, pour regarder son visage.

— Tu es revenu ! balbutiait-elle en l'embrassant avec une fureur impudique. Te voilà... Plus maigre qu'avant... Mais pourquoi m'as-tu laissée sans nouvelles ?

— J'ai eu de la chance, disait Adrien. D'un peu plus j'y passais comme les autres... Je suis bien content reprit-il d'une voix triste, en s'écartant un peu de sa mère, pour serrer la main de Mme Vénician qu'il venait seulement d'apercevoir, à côté de la porte encore entrouverte. Je ne vous avais pas vue en entrant... On est sans idée quand on arrive... Ça n'a pas l'air d'être vrai de revenir d'où je viens !

— Mais d'où viens-tu ? lui demandait Maria.

— Ils m'avaient pris, répondit lentement le garçon. Il y a dix jours, je couchais encore au milieu d'une prairie où ils nous avaient enfermés comme des moutons... J'ai trouvé le moyen de m'en aller, avec un de mes camarades. On est partis après le dernier appel, en passant sous les fils de fer... C'était un pays de bois, avec des grands pâturages... Les Fritz ne nous ont pas entendus. Nous avons marché jusqu'au petit jour, sans savoir où nous allions. Nous avons fini par tomber sur un gros village. Les gens nous ont cachés. Ils nous ont même donné des habits civils... mais je n'ai pas pu trouver des pantalons à ma taille.

Il fit un pas en arrière pour montrer son accoutrement, d'un geste emprunté, avec une sorte de honte. Il portait une veste de paysan, en gros drap gris, avec des poches de chasse et des pièces de cuir cousues sur les coudes. Son col râpé laissait voir sa chemise de soldat, une chemise kaki que la pluie et la sueur avaient bigarrée de couleurs blanches. Il avait gardé ses pantalons d'uniforme, à liseré noir, mais des houseaux de roulier avaient remplacé ses molletières.

— Comme tu es fait ! disait Maria en joignant les mains. Tu n'as jamais été aussi sale !

— Si tu m'avais vu, l'autre semaine... Nous avons attendu deux jours avant de pouvoir passer à travers leurs postes. Nous sommes venus à pied, sans argent, en marchant la nuit pour n'être vus de personne... On nous aurait peut-être encore enfermés dans une caserne... Mon copain m'a laissé hier soir, pour rentrer chez lui. Je suis arrivé il y a une heure. J'ai vu le père. Il m'a dit que tu devais être encore ici et je n'ai pas eu la patience de t'attendre.

Pendant qu'Adrien parlait ainsi, Adeline avait entrouvert la porte du vestibule et s'était glissée dans la cuisine, sans faire de bruit. Le dos au mur, elle avait gagné le coin le plus sombre, à côté de la grande armoire où l'on gardait le linge de table, sans être vue de personne.

— Mon pauvre petit ! disait Maria. Ils t'avaient donc pris comme un criminel ?

— On a tous été pris... Ils n'ont laissé que les morts... et j'en ai vu, reprit-il en s'animant tout à coup. Nous en avons abandonné des centaines, sur toutes les terres, devant les bois, au milieu des champs de betteraves. Nous ne savions plus ce que nous faisions après ces six jours de bataille... Heureusement que le lieutenant est resté toujours avec nous.

— Quel lieutenant ? demanda Maria d'une voix rauque.

— Celui d'ici, le même que cet hiver... celui qui commandait le corps franc... ce garçon qui faisait les routes. Pierre Dejean.

Invisible dans le coin d'ombre où elle s'était plaquée, Adeline avait porté ses mains à sa bouche, pour se retenir de crier, et mordait le bout de ses doigts.

— Si tu savais tout ce qu'il a fait ! reprit Adrien. Si tu l'avais vu, le premier jour, quand les autres sont sortis comme des essaims d'abeilles, en face de nous, si serrés que nous n'avions plus de salive, en les regardant. Ils chantaient une chanson qui avait l'air d'un cantique, en se tenant par le bras... « Les enfants ! qu'il criait, notre lieutenant, attendez pour ouvrir le feu... Laissez-les venir à toucher vos crans de mire. Ne tirez que sur mon ordre... Rien qu'à mon commandement. »

Halluciné par ces souvenirs, le fils de Payan mimait chaque scène en la racontant. Il prenait du champ pour s'accroupir, s'avançait en donnant le bras à d'imaginaires compagnons ou restait debout, impassible, les poings sur les hanches. On aurait dit qu'il avait lu le récit de ce combat dans un livre. Il le racontait en s'exaltant, comme son père avait jadis raconté ses batailles.

— Le lieutenant est resté debout, à trois mètres derrière nous. Nous étions couchés à la lisière d'un bois, devant une grande terre qui montait un peu de notre côté... Aucun de nous n'a tiré un coup de fusil. Les autres non plus. Ils venaient vers nous sur une ligne. A deux cents mètres, ils ont été cachés par un creux et, quand ils en sont ressortis, on pouvait voir leurs figures... « Feu, les enfants ! » On les a cloués sur la place... Ils sont ressortis trois fois, avant le coucher du soleil, rien que des jeunes, des garçons de dix-sept ou de dix-huit ans, toujours en bras de chemise, avec leurs manches roulées au-dessus du coude. Nous tirions là-dedans comme des fous... à ne plus pouvoir toucher nos culasses... Nous avons passé la nuit à écouter crier leurs blessés. Le lendemain, ils ont fait donner leur artillerie. Les éclats nous tombaient dessus, du sommet des arbres, avec des morceaux de bois plus gros que ma jambe, comme dans une scierie du diable... Le surlendemain, ils sont revenus avec des chars. Tu dirais de gros scarabées ou des mange-poires. Nous n'avions rien pour les arrêter. Il a fallu leur laisser la place. On s'est replié en montrant encore les dents. On s'est même arrêté deux jours, sur une rivière. Quand ils sont arrivés à la passer, avec leurs canots de caoutchouc, il n'y avait plus de régiment, ni de bataillon, ni de compagnie. Ceux qui n'étaient pas morts s'en allaient comme ils pouvaient en jetant leurs fusils parce qu'ils n'avaient plus de cartouches. Nous n'étions plus que dix-sept à rester ensemble, sans avoir perdu nos armes. Nous nous sommes cachés dans les bois... et les Fritz filaient sur les routes, sans faire attention à nous.

— Mais M. Dejean ?

— Il ne nous avait pas quittés... « Les enfants, ils nous faut rejoindre les camarades... — Quels camarades ? Ceux qui sont morts ou ceux qui se sont débinés ? — Il doit y avoir encore du monde en arrière. Nous retrouverons des unités. » On restait cachés dans les bois pendant toute la journée. On marchait la nuit en essayant de ne pas traverser les routes... Mais c'est plein de routes, dans ce pays... Un matin, à un carrefour, on est tombé sur une colonne motorisée. Ils ont eu vite fait de sauter de leurs camions. Ça les amusait de nous faire courir un peu. « Guerre finie ! » On aurait dit qu'ils voulaient jouer à colin-maillard. « Guerre finie ! » qu'ils criaient en nous faisant signe de venir. « Pas pour nous ! » dit le lieutenant. Il se met à les tirer à la mitraillette. Nous autres, on se met à tirer aussi. Les Fritz deviennent méchants et nous lancent des grenades... Le lieutenant s'était accroupi derrière un tronc d'arbre. Un éclat a dû l'attraper sous la gorge... Là, tu vois, juste ici... C'est le plus mauvais, avec le cœur et le pli du ventre, en haut de la cuisse... Quand on l'a vu mort, on s'est laissé prendre.

— Il était mort ? demanda Maria en marquant un temps d'arrêt à chaque syllabe. Vraiment mort ? reprit-elle comme si ce mot avait pu avoir plusieurs sens.

— Mort... sur le coup... N'importe qui serait mort avec cet éclat dans la gorge... Un officier est venu le voir. Il a claqué des talons en le regardant... Nous autres, on nous a ramenés aux camions à grands coups de bottes.

Adeline avait fait trois pas en avant, comme si elle avait été sur le point de perdre son équilibre. Elle se tenait droite, à la limite de l'ombre et de la lumière, dans le fond de la cuisine, derrière Adrien qui ne l'avait pas aperçue, face à Maria qui la vit soudain devant elle.

— Va, va, dit la servante en prenant son fils par le bras pour le pousser vers la porte. Rentre à la maison, maintenant. Je te rejoindrai dans cinq minutes... Mais laisse-nous... Comment faut-il te le dire ?

Ahuri, ébauchant des gestes d'excuses, Adrien se trouva dehors sans avoir vu Adeline. Maria referma la porte derrière lui. Mme Vénician s'était précipitée vers sa fille en cherchant à la prendre dans ses bras, mais celle-ci s'était dégagée en reculant de deux ou trois pas, jusqu'au mur, les mains tendues dans un geste de suppliante, le visage décomposé.

— Laissez-moi... laissez-moi ! disait-elle d'une voix douce, sans cesser de se protéger de ses mains ouvertes.

Sa mère et sa servante la regardaient, en se serrant l'une contre l'autre, sans oser se rapprocher d'elle. « Ma pauvre enfant ! se disait Mme Vénician en s'attendrissant sur elle-même, elle aura eu le même destin que sa mère... Une illusion de bonheur et la vie entière pour pleurer. » En sentant l'épaule de sa maîtresse frissonner contre son épaule, Maria ne savait plus si c'était un affreux soulagement ou le désespoir qui la traversait. « Maintenant, elle n'aura plus à se faire des idées, pensait-elle. Elle n'aura plus besoin de croire à ce qui n'existe pas. Puisqu'elle aimait ce garçon, elle peut pleurer sur lui... Elle a le droit de pleurer comme toutes les autres filles dont on a tué le mari, le fiancé ou celui qui devait le devenir. »

Tournée vers ces deux femmes paralysées par l'angoisse, Adeline répétait toujours, de la même voix sans passion, une voix morte, privée de pensée : « Laissez-moi... Laissez-moi ! » en se dirigeant vers la porte, le dos au mur, les bras en avant. Elle s'engagea dans le vestibule, en marchant à reculons, et se mit à monter les marches de l'escalier avec une sûreté de somnambule, comme si elle avait été transportée en arrière et de bas en haut par une machinerie de théâtre.

Quand elle fut arrivée au premier étage, elle s'arrêta pour se pencher sur la balustrade de fer forgé, comme elle l'avait fait, le matin de la Saint-Jean, pour crier à Maria de lui apporter sa robe blanche. Depuis ce jour-là, six mois s'étaient à peine écoulés. Ils avaient été traversés par l'exaltation de l'attente du bonheur, le bonheur lui-même, la crainte, l'angoisse et le désespoir. Ils s'achevaient par un deuil qui n'aurait jamais de terme.

— Je suis veuve ! murmura soudain Adeline en écoutant le bruit de sa propre voix, au fond d'elle-même, comme on écoute une confidence. Veuve ! reprit-elle aussitôt, avec une sorte d'étonnement, en haussant le ton pour mieux entendre ce mot. Mais ce mot lui semblait incompréhensible. Ce n'était pas à lui qu'elle avait pensé, pendant cette longue attente, en se préparant au malheur qui venait de la frapper. Elle s'était dit bien des fois : « Il doit être mort ! » en pensant à Pierre Dejean, sans se demander ce qu'elle allait devenir dans cette nouvelle solitude. Mais, en ce moment, dans la pénombre de ce vestibule, elle ne savait plus comment exprimer le vide affreux qui venait de s'ouvrir devant elle.

— Veuve ? répéta-t-elle, encore plus fort, si fort que sa mère et que Maria l'entendirent.

Elle eut alors l'impression qu'elle allait se réveiller d'un mauvais songe. Tout s'éclaira, brusquement, dans ce cœur depuis trop longtemps torturé. Elle se sentit anéantie mais pacifiée, douloureuse mais en accord avec le monde, et reprit doucement en sentant ses yeux se remplir enfin de larmes :

— J'ai perdu celui que j'aimais !

7

Iéu siéu, dis, l'Oumbrinello
Di causo mourtinello...

Oumbro, ié repliquère,
Es tu que veniéu querre,
Car de rèn siéu jalous
Coume dóu jabulous.

E la vido vidanto
De-bado es abrandanto ;
A respè dóu fablèu
N'es qu'un rèire-soulèu.

Frédéric Mistral.

Je suis l'Ombre, dit-elle, de ce qui peut mourir...
Ombre, lui répliquai-je, c'est toi que je cherchais,
Car rien ne me passionne autant que les chimères.
Et notre vie vivante qui se dévore en vain,
N'est, à l'égard du rêve, qu'un reflet du soleil.

Le lendemain matin, quand elle descendit de sa chambre, Adeline était habillée de noir. Elle s'était affublée d'un corsage de sa mère, d'une vieille jupe de tailleur et de bas de coton dont elle ne se servait plus depuis des années. Cette jupe trop courte et ces bas trop bien tirés lui donnaient un air misérable et désespéré, un maintien de souffre-douleur, la frêle apparence d'une orpheline. Elle paraissait plus pâle que d'habitude dans cette défroque de deuil, mais son attitude n'avait plus rien de bizarre, ni d'exalté. Elle avait l'air d'une image de la douleur, mais d'une douleur vraie, d'une douleur semblable à celle que tout être humain peut ressentir.

— Tiens, dit-elle en tendant un paquet à Maria, tu me les feras teindre en noir.

— Pourquoi tout faire teindre ? lui répondit la servante. Avec un tailleur et deux ou trois robes, tu aurais largement tout ce qu'il te faut... Epargne le reste... Robe teinte, robe perdue !

— Je n'aurai plus jamais besoin d'une robe blanche, répondit la jeune fille, et j'ai tout de même gardé celle que je portais à la Saint-Jean... C'est elle que je mettrai pour le grand voyage, ajouta-t-elle avec un sourire mystérieux, en posant un doigt sur ses lèvres.

— On ne prend pas le deuil pour toute sa vie quand on a ton âge, reprit Maria que cet étrange sourire avait frappée d'épouvante.

— Maman ne l'a pas quitté depuis quatorze ans...

— Pas quitté... pas quitté... elle avait trente-sept ans quand ton père est mort. Ce n'était plus une jeune femme. Sa vie était faite... Tandis que toi, mon pauvre petit, tu n'as pas encore vingt ans !

— Je n'ai pas encore vingt ans, reprit lentement Adeline avec une sorte d'étonnement, et j'ai pourtant vécu tout ce qu'une femme peut vivre... C'est si long, cinq ou six mois de bonheur ! Quelle femme a été plus comblée que moi ? J'ai des souvenirs pour toute ma vie, même si je dois devenir très vieille... aussi vieille que maman... bien plus vieille que ses amies... une très, très vieille dame.

— Tu ne sais pas de quoi l'avenir sera fait... Il peut se passer tant de choses.

— Je sais très bien, murmura la jeune fille en posant à nouveau un de ses doigts sur ses lèvres comme pour se contraindre au silence.

A partir de ce jour-là, sans jamais quitter ses robes de deuil, sans se libérer de son illusoire veuvage, sans jamais chercher à sortir de sa solitude, elle sembla s'être mise en paix avec l'existence. La mort de Pierre Dejean l'avait transformée. Elle avait chassé de son esprit tous les vains espoirs et toutes les vaines pensées qui, depuis des mois, l'avaient entraînée dans un monde fantastique. Elle ne se perdait plus dans ses rêves. On aurait dit qu'elle était revenue sur cette terre et qu'elle avait retrouvé la raison en échangeant pour un véritable malheur le fragile enchantement de son mariage imaginaire. Elle n'était plus suspendue à ce qui devait arriver et n'attendait plus rien de « l'année prochaine ». Elle ne confondait plus jamais le jour qui s'écoulait et ceux qu'elle avait encore à vivre. Le passé seul existait pour elle, mais les souvenirs qu'elle y retrouvait ne l'entraînaient plus seulement vers cet univers de mensonges dans lequel elle avait vécu, depuis près de deux années.

— Il y a un an, disait-elle, il faisait déjà très froid. Tu te souviens ? Je crois bien que c'est à peu près à cette époque que je lui ai envoyé le beau chandail bleu qu'il appelait sa cotte de mailles...

Ces souvenirs du dernier hiver semblaient cependant rendre véridiques des souvenirs plus lointains qui n'avaient été que des songes. Tout avait l'air de devenir vrai dans la perspective de ce passé au fond duquel les événements vécus et les rêves irréalisés finissaient par se confondre.

— Il y a deux ans, maintenant, qu'il avait pris l'habitude de venir passer la soirée avec nous... Il frappait un coup discret à la porte, entrait sans faire de bruit et venait s'asseoir dans ce fauteuil... Il arrangeait le feu tout en bavardant et s'en allait toujours vers onze heures... A présent, nous sommes seules... J'attends toujours... mais je sais qu'il ne viendra plus jamais s'asseoir à côté de nous.

Depuis le départ des réfugiés, Villeméjane était retombé dans la solitude. L'hiver venait. Le monde était triste et la crainte de la famine allait prolonger la grande peur de l'été. Il y avait encore de quoi manger, mais les gens craignaient déjà de ne plus trouver de nourriture. Ils passaient leur temps à courir les fermes pour acheter des haricots secs, des pommes de terre ou des lentilles et, dans toute la vallée, il n'y avait peut-être que Mme Vénician qui ne s'était pas laissé gagner par cette angoisse.

— On a toujours bien assez pour vivre, disait-elle à ses trois vieilles amies, quand celles-ci se mettaient à parler de leurs achats, d'un kilo de légumes secs, d'un morceau de viande ou d'une demi-douzaine d'œufs.

— Elles vont se laisser mourir de faim ! murmurait Mme Sarthou.

— Elles feront comme la cigale ! ajoutait Mme Clausel.

Pendant les derniers mois de l'année, la mère et la fille furent comblées de cadeaux. Presque chaque jour, elles recevaient un peu de miel ou de sucre, un fruit tardif ou quelques grains de café. En leur apportant ces offrandes, les familiers de Villeméjane essayaient de justifier leur égoïsme : « Vous voyez, ce n'est pas seulement pour nous que nous nous mettons en peine... » Mme Vénician acceptait ces dons en pensant à ceux qui étaient plus pauvres qu'elle et le sucre, le miel ou les fonds de sacs de café ne faisaient que passer dans sa maison.

— Avez-vous mangé le petit pot de miel ? lui demandait Mme Sarthou, attendrie d'avoir été aussi généreuse.

— Il est mangé... Il est mangé, répondait Mme Vénician d'une seule haleine, en rougissant tout à coup d'avoir dit ce gros mensonge, car le miel était mangé, mais par d'autres que par elle.

Jamais, peut-être, la mère et la fille n'avaient été aussi complètement détachées des biens de ce monde. Elles ne mangeaient presque plus et seulement quelques bouillons de légumes, des laits de poule, un jaune d'œuf délayé dans du sucre en poudre, des pruneaux cuits, une grappe de raisins secs. Ce n'était pas le désir de mortifier leur chair qui les réduisait à cette existence ascétique. Elles n'y trouvaient que la joie de se sentir dégagées des servitudes de la matière. Elles continuaient à vivre comme la mèche d'une lampe peut continuer à brûler, quand plus rien ne renouvelle sa flamme : en se consumant elle-même.

C'est ainsi qu'Adeline épuisait ses dernières forces, en se

laissant dévorer par ses souvenirs. Elle pensait surtout aux jours de bonheur qu'elle avait connus pendant les deux dernières années. Mais un passé plus lointain s'ouvrait aussi devant elle et l'entraînait parfois au-delà de sa propre vie. Quand elle évoquait le jardin printanier qui avait abrité le début de son idylle, elle redécouvrait du même coup le jardin fabuleux de sa toute petite enfance. Celui qu'elle avait perdu se confondait alors avec le Prince charmant de ses premiers rêves. Elle ne savait plus si elle n'avait pas toujours connu ce jeune homme. N'était-ce pas lui qui la ravissait sur le faîte des montagnes et qui l'emmenait dans des îles, de l'autre côté de la mer, vers cette cité des mirages aux trois cent soixante-cinq églises revêtues de plaques d'or ou dans cette forêt des grands fleuves, au pied de ces arbres fantastiques à l'ombre desquels Paul étreint éternellement la main fragile de Virginie ? L'affreuse réalité du temps de la guerre et du malheur se mêlait ainsi aux rêveries de l'adolescente, aux songes confus de l'enfant et la solitaire de Villeméjane finissait par se demander si elle n'avait pas connu Pierre Dejean dans une autre vie, une vie antérieure à cette existence terrestre, une vie que l'on retrouvait au-delà de la naissance et de la mort, dans un monde pareil au nôtre, où le temps seul cessait d'exister.

— Je l'ai toujours connu, se disait-elle, mais, maintenant, je serai toujours avec lui !

Au gros de l'hiver de 41, Adeline resta couchée pendant des semaines. Transparente et désincarnée, elle se relevait encore parfois une heure ou deux, mais la mort marchait déjà derrière elle, comme l'ombre de son ombre. De jour en jour, ses forces l'abandonnaient. Ses longues mains avaient l'air d'être transpercées par la lumière et sa dernière goutte de sang semblait s'être figée sur le lobe de ses oreilles.

Mme Vénician se refusa cependant à faire appeler le docteur. « Elle va très bien, disait-elle. Son corps est lavé des impuretés qui nous rongent... Il a triomphé de la corruption de ce monde. »

La vie quitta ce corps comme un oiseau plonge d'une branche, les ailes fermées, sans faire de bruit. Jusqu'à ses derniers moments, Adeline avait conservé sa conscience. — « Elle est toujours là ! » disait Maria, dans un souffle. — Mais cette conscience n'était plus que le reflet d'un passé déjà lointain, comme la lueur d'une étoile éteinte arrivant du fond de l'espace depuis des millions d'années. Ce bonheur d'hier illuminait le sombre passage dans lequel allait s'engager cette agonisante. Elle ferma les yeux sur cette lumière et, peut-être, cette lumière continua de briller dans l'obscurité qui se fit alors en elle, dans ce trou noir où elle tomba tout à coup.

— Elle est partie ! murmura presque aussitôt la servante en scellant du bout de ses doigts ces yeux qui s'étaient déjà fermés d'eux-mêmes.

Elle resta longtemps auprès de la jeune morte qui n'avait pas changé de visage. « On dira qu'elle n'a rien connu de la vie ! pensait-elle. Mais elle a plus vécu que n'importe quelle autre fille de son âge... Elle a vécu plus que ces filles qui ont des amants sans pouvoir les aimer d'amour... Je sais bien que ce qu'elle a cru n'était pas vrai... Pas vrai ? Pas vrai ? Ce n'était peut-être pas vrai qu'elle était amoureuse de ce garçon ? Ce n'est peut-être pas vrai qu'il a été tué à la guerre ? Alors ? »

Le docteur vint et délivra le permis d'inhumer. C'était un temps où l'on ne pouvait pas reprocher aux gens de s'être laissés mourir de faim. Ce vieux docteur résigné à tous les échecs — c'était lui qui n'avait pas pu sauver de la mort le colosse débonnaire de Villeméjane — murmura pourtant : « Tout de même ! » en traçant un grand trait rageur sous sa signature et dit simplement à Maria quand celle-ci le reconduisit jusqu'à la porte :

— Il y a des siècles qu'on ne mourait plus comme ça !

Jamais cercueil plus léger ne fut porté à bras d'hommes de la maison au chemin, avant d'être placé sur le vieux corbillard aux quatre coins ornés de palmes blanches de zinc. On aurait dit qu'il ne faisait même pas le poids de ses planches. C'était un cercueil du temps de guerre, pareil à ceux des soldats, une caisse de sapin clair, avec des poignées de métal blanc, faite pour recevoir la dépouille de quelqu'un qui aurait vécu et souffert comme tout le monde.

Une grande foule accompagna jusqu'au cimetière cette jeune fille que presque personne ne connaissait. L'annonce de sa mort avait été faite selon la vieille coutume par quelques garçons qui allaient frapper de porte en porte et répétaient d'une voix lugubre : « La demoiselle de Villeméjane vient de mourir... La sépulture aura lieu après-demain à deux heures trente... Priez pour elle. Elle n'avait pas encore vingt ans... » « La pauvre enfant, répondaient les vieilles femmes, elle n'a jamais fait de mal à personne... Dans quel temps vivons-nous, Seigneur... S'il faut maintenant que les filles partent aussi avant l'âge ! » Chacun s'était demandé si la mort prématurée d'Adeline Vénician annonçait une nouvelle hécatombe : « Alors, tous les jeunes vont mourir, à présent ! » ou si elle était le dernier sacrifice offert aux temps du malheur. « On ne peut pas la laisser partir toute seule ! » avaient dit les gens de la vallée et c'est pour cela qu'ils étaient venus si nombreux au convoi de la solitaire de Villeméjane.

Mme Vénician ne suivit pas ce cortège. Soutenue par Maria, elle le regarda s'éloigner, de la porte de sa maison, et remonta se coucher quand il eut disparu derrière le mur de la route et qu'elle ne vit plus que le dos du cocher du corbillard et les quatre palmes blanches de zinc qui semblaient flotter dans l'espace.

Il n'y a plus rien à dire sur Adeline. Son histoire s'achève ici. Le fil se rompt. Il ne reste plus que les brins épars dans cet écheveau... Tout être humain laisse pourtant comme un reflet de lui-même au-delà de son existence et notre corps a déjà glissé dans le néant qu'une ombre s'attarde encore sur cette terre... L'ombre d'Adeline a rôdé, pendant des années, autour de sa mère et de sa servante.

Mme Vénician ne ressortit plus jamais de la chambre dans laquelle elle s'était retirée après le départ du convoi funèbre. Ses vieilles amies revinrent la voir, dès le lendemain, comme elles en avaient l'habitude depuis près d'un quart de siècle. Cette recluse ne restait jamais sans compagnie plus d'un jour ou deux, mais elle attendit pourtant pendant trois années la dernière visiteuse, celle qui n'eut pas besoin de pousser la porte et de tâtonner, pour se diriger dans le couloir sombre.

Pendant cette interminable attente, Maria devint une vieille femme. Elle était restée encore très jeune, jusqu'à la mort d'Adeline, souple, vive, le pied cambré. En quelques mois, des rides creusèrent ses tempes, ses cheveux blanchirent, son dos se voûta, ses pieds s'affaissèrent dans ses pantoufles de feutre.

Elle accepta de vieillir comme elle acceptait de faire les grosses besognes de la maison, sans se révolter et sans se plaindre, en souriant de se voir changer de jour en jour.

— Même si je vis cent ans, se disait-elle, je n'aurai rien de plus que notre chère petite ! Elle a eu sa part de bonheur... C'est la seule chose qui compte ! Qu'est-ce qu'on gagne à devenir vieux ? Qu'est-ce que je peux attendre, à l'âge que j'ai ? Me voilà comme une imbécile, à me regarder dans la glace, en me demandant si c'est moi... et, pourtant, je n'ai pas été trop malheureuse... Mon petit est revenu de la guerre. Il travaille. Il va bien. Il se mariera bientôt. J'aurai le temps de voir grandir ses enfants... et pourtant...

Parfois, au milieu de l'après-midi, elle se laissait tomber sur une chaise, les bras ballants, l'oreille en éveil, toujours prête à répondre aux appels de sa maîtresse. Au moindre bruit, elle se levait en appuyant ses deux mains ouvertes sur ses genoux écartés. Elle gémissait un peu, le dos douloureux et la nuque raide, ouvrait la porte du vestibule, s'avançait à petits pas, haussait les épaules et venait se planter derrière la porte entrouverte, sans faire de bruit.

Dans le murmure confus de quatre voix étouffées, elle distinguait peu à peu, à travers des chuchotements inintelligibles, quelques lambeaux de phrases entrecoupées de silence.

— J'ai trop vécu ! disait la recluse, du fond de son lit, en poussant un long soupir.

— Nous le savons, répondait un chœur à trois voix. Rien ne vous a été épargné...

— Vous connaissez la vie comme peu de gens la connaissent !

— Je la connais...

— Que d'épreuves... que de courage... Vous avez tout accepté sans vous plaindre.

— J'ai tout accepté... Mais pourquoi ma chère petite est-elle partie avant moi ?

— Elle est passée comme un ange sur cette terre, murmurait Mme Sarthou.

— La pauvre enfant ! Elle n'a rien connu de la vie, ajoutait Mme Duplan.

— Ni ses joies, ni ses peines ! enchaînait Mme Clausel.

— Ni ses joies, ni ses peines ! répétait la servante, au fond de sa gorge, en écoutant le son de sa propre voix au-delà du bourdonnement de ces quatre voix qui se répondaient dans l'ombre. « Mon Dieu Seigneur, qu'est-ce qu'il ne faut pas entendre ! Comme si vous la connaissiez mieux qu'elle... Comme si vous aviez aimé mieux qu'elle n'a su le faire... Comme si vous aviez plus souffert... En soixante ans, vous n'avez pas vécu ce qu'elle a vécu en six mois ! »

On aurait dit que la jeune morte avait laissé deux images sur cette terre, deux doubles, errant dans cette maison déserte, qui s'appelaient vainement sans jamais pouvoir se rejoindre.

L'AUBERGE DE L'ABÎME

Au docteur Henri Mondor.

Celui que je préfère est aujourd'hui le meilleur, c'est le paysan bien portant ; il est grossier, rusé, opiniâtre et endurant : c'est aujourd'hui l'espèce la plus noble.

Le paysan est le meilleur aujourd'hui ; et l'espèce paysanne devrait être maître !

Nietzsche.
Ainsi parlait Zarathoustra,
Entretien avec les Rois.

PREMIÈRE PARTIE

LE VOYAGEUR EN CULOTTES VERTES

— On ne va pas très vite, dans ces pierres, même avec une bête de race...

L'homme était sorti d'un buisson de genêts et, planté sur une roche, se tenait à la même hauteur que le cavalier. Celui-ci ramena son cheval qui avait fait un léger écart et, fermant les mains, immobilisa sa monture.

— Je peux être à Meyrueis avant la nuit ?

— Holà, mais c'est déjà la nuit et vous avez bien encore quatre heures de route. Non, mon... lieutenant, il vaut mieux pour vous dormir en chemin.

— Lieutenant ?... Il n'y a plus de galons qui tiennent sur aucune manche... Pourquoi lieutenant ?

— J'ai servi, dit l'homme, Division Saint-Hilaire, 43e de ligne et pas mal de campagnes. J'ai reconnu la culotte et le passepoil de l'arme sous votre redingote de civil... Les dragons...

— 6e, dit le cavalier, les deux poings sur les cuisses, penché vers cet homme sorti de la lande, brusquement jailli des broussailles.

— Ci-devant La Reine... Nous en avions garnison au Vigan, avant les guerres. Je connais votre régiment, mon lieutenant. Nous tenions sa droite le 2 décembre de l'année V.

— Tu n'as pas repris du service ? On a pourtant demandé des volontaires pour cette campagne de malheur...

— Réformé.

Et l'homme détendit sa jambe droite, montrant sa gauche plus courte, ballant dans le vide.

— Ça vaut mieux pour toi, à l'heure d'aujourd'hui, avec tout ce qui se passe... C'est ici ton pays ?

— Je garde les bêtes... Je suis de la maison du col, à la Serreyrède.

— On peut dormir chez toi ?

— Je ne suis pas le maître... Mais on vous logera, pour sûr. La maison fait un peu auberge. La nuit ne vaut rien dans nos pays... Des bois, des loups et de mauvaises rencontres.

L'officier caressa de ses paumes deux crosses de pistolet, à parements de cuivre, qui sortaient des fontes attachées à sa selle.

— Vous avez dû faire une longue route, de là-haut jusqu'ici, mon lieutenant ? Vous rejoignez aussi le pays ?

— Derrière la Loire, tous les régiments se sont rompus... L'empereur... J'ai mis cette redingote, gardé mon cheval, mes pistolets et mes bottes et je m'en retourne au pays où j'ai des connaissances.

— Meyrueis ? demanda l'ancien soldat.

— Non, Mende, en Lozère... et encore, depuis le temps, je n'ai pas un seul visage à reconnaître... Tu as dû passer par là, après ta réforme ?

— Le paysan retrouve toujours sa place... J'étais sans famille, mais on m'a pris comme berger et je garde les troupeaux de la commune. Ma jambe ne m'empêche pas de courir dans les pierres. L'hiver, je reste en bas et, aux mois d'été, je couche à la maison du col.

— Les gens de là-haut ? D'anciens militaires ?

— Non, non, personne n'a servi dans ces parages. Ils ne se rendent pas facilement à la conscription... Enfin, personne n'a été pris par elle. Mais ce n'est plus le temps d'y penser. Vous trouverez, là-haut, le gîte et le couvert, sans grandes dépenses. Le lit sera dur, mais mon lieutenant doit avoir l'habitude... La route est simple : à droite toujours. Il faut laisser le col de l'Espérou sur votre gauche et sortir droit sous la Serreyrède. Je vous retrouverai là-haut, comptez sur moi pour votre bête, j'ai encore l'habitude.

L'homme fit le salut militaire, sauta de son rocher au milieu des genêts et disparut dans un bruit de pierrailles et de branches cassées. Le lieutenant poussa sa bête sur le chemin défoncé, aux murettes ruinées par les pluies et, relevant le col de sa redingote, regarda devant lui, vers la crête de la montagne.

Bien qu'on fût au milieu d'août, un air frais courait sur les pentes. A main droite du cavalier, par-delà les précipices et les fondrières, une grande montagne sauvage arrêtait une barre de brume sur sa crête pelée couverte d'herbes rases.

L'homme se pencha sur sa selle, caressa l'encolure de sa bête. Celle-ci, qui marchait au pas, les oreilles basses, encensa à petits coups brusques, les naseaux dilatés, secouant sa crinière.

— Beau, beau, ma belle, c'est notre dernière longue route. Prends ton temps, on n'est plus pressé d'arriver. Soyons au col avant la nuit, c'est tout ce qu'il nous faut aujourd'hui.

Les lacets du chemin tournaient et retournaient contre la montagne et gagnaient de la hauteur pour reprendre, au long des grandes pentes, leur direction vers l'ouest, droit au soleil couchant. Par moments, derrière de maigres boqueteaux de hêtres, le col se découvrait, but de l'étape de la journée, pris entre deux prairies, au-dessus de quelques arbres. Au creux du col, un toit d'ardoise à plusieurs pentes réfléchissait le soleil couchant, en feux sombres, coupés d'éclairs blancs. Dans l'immense désert de cette haute vallée, ce toit, contre lequel le vent rabattait une fumée, était seul à trahir une présence humaine, au milieu des sapins, des boqueteaux de hêtres et des pentes ravinées où s'accrochaient des plaques d'herbes courtes.

Parfois, retourné dans sa selle, une main sur la croupe de sa bête, le cavalier regardait en arrière la vallée profonde où des prés verts couraient au long d'une rivière vers une petite ville aux toits rouges. En reprenant son assiette, l'homme fixait ses culottes de drap vert au passepoil rouge, ses bottes d'ordonnance et grommelait :

— Encore trop militaire, la redingote ne cache rien. On peut même reconnaître l'arme et chercher à deviner le numéro. Il faudrait en finir une bonne fois pour toutes. Dans la plaine, les gens étaient prêts à me lancer des pierres. Ici, les nouvelles vont moins vite et l'on garde encore du respect, mais, demain, ils seront peut-être pires.

Depuis un long moment, il avait laissé sur sa gauche le chemin qui filait vers l'autre col de la montagne. Le soleil avait disparu. Les précipices, plus abrupts, se faisaient moins profonds. La ligne de crête était toute proche. Entre deux cerisiers rabougris, une rampe de quelques mètres débouchait sur la plate-forme du col. Sans y penser, le cavalier redressa sa taille, rectifia sa position, descendit ses talons sur les étriers, rassembla ses rênes et, faisant volter son cheval, se rangea contre l'escalier de pierre qui conduisait à la porte de la maison.

— Ho, là-dedans...

La porte, après quelques secondes, s'ouvrit lentement. Un homme parut, petit de taille, la tête ronde, les épaules énormes, un chapeau de feutre à bords étroits incliné sur les yeux.

— Salut ! Pouvez-vous me loger avec ma monture ?

— Qui passe ici peut trouver gîte et couvert. On loge à pied et à cheval... L'écurie est derrière vous.

L'homme rentra dans la maison et referma la porte. Le cavalier hésita. Son cheval, tournant sur lui-même, lui faisait parcourir du regard l'étrange gîte où il allait avoir à passer la nuit. Dans une encoche des hautes crêtes, contre une source que l'on entendait courir dans les herbes et les cailloutis, une maison s'adossait au vent, dans une solitude sans limites, à la mesure d'un ciel mouvant et sombre. Mal bâtie, couverte d'ardoises et de chaumes, elle formait un bloc irrégulier en équerre. Barrant le col, le corps de logis se composait d'un seul étage surélevé, tandis qu'à main droite une longue remise, basse et trapue, s'adossait à la montagne.

Le lieutenant hésitait à descendre de cheval. Rien dans ce lieu désert ne lui inspirait confiance. Il cherchait déjà l'amorce de la route, de l'autre côté du col, quand une forme sortit de derrière la maison, claudicante.

— Mon lieutenant, l'écurie est de l'autre côté.

L'ancien soldat, arrivé avant lui, était déjà devant son cheval, une main sur les rênes, contre la gourmette de la bride.

— Déjà rendu ? C'est le diable qui te porte à travers la montagne ?

— Je connais les détours... J'avais déjà rassemblé mes bêtes quand je vous ai parlé sur la route.

— L'autre village, à combien d'heures ?

— Comptez sur une heure, mon lieutenant. Mais les chemins ne sont pas sûrs. Pour sortir d'ici, vous avez des fondrières à travers bois. La nuit se ferme... Et puis, dans ce village, je craindrais un peu pour la couleur de vos culottes... On a pris beaucoup d'hommes, là-bas, pour les dernières campagnes...

— Bon, bon, dit l'officier en sautant à terre. Aide-moi à défaire mon paquetage et rentre ma bête.

Les deux hommes enlevèrent la selle et le sac que des courroies attachaient au troussequin. L'officier prit avec lui ses armes : les deux pistolets, dans leur fonte de cuir gras, et un sabre court, plaqué contre la selle, presque invisible quand l'homme était à cheval.

— Rentre la bête... Dis-moi, l'accueil est froid dans tes montagnes... on n'aime pas les militaires ici ?

L'homme ne répondit pas. A grands coups de pied, il ouvrait la porte de l'écurie et parlait au cheval qui pointait à chacun des coups frappés.

— Doucement, eh là... C'est le canon de la semelle, ça n'éclate pas... ho, ho...

Le lieutenant monta l'escalier de pierre en glissant sur les marches usées, arrondies dans leur centre comme le lit d'un torrent. Sur la petite terrasse, il poussa la porte, et, courbé par le linteau, jeta un coup d'œil dans la salle. L'homme aux larges épaules n'était plus là. Un grand feu flambait sous la hotte dont le manteau était garni de fusils de chasse. Au milieu de la pièce, devant une énorme table, entre deux escabeaux, une fille attendait, droite, en vêtements noirs.

— On loge à pied et à cheval ? Voici le piéton, dit le militaire en saluant. Mademoiselle, avez-vous pour moi quelque chose comme une chambre ?

— Bonjour. Venez, monsieur, avez-vous faim aussi ?

Elle parlait le français avec difficulté, en cherchant ses mots, en regardant le nouveau venu.

— Pour sûr, et faim de soupe chaude.

— Il fait trop froid par nos pays, dit la fille en traversant la pièce.

Elle ouvrit une porte dans la cloison de sapin, à loupes rouges, et fit signe de la suivre. Un long couloir, coupé de marches de bois, les conduisit à une petite soupente, étroite, à peine éclairée par un dernier rai de jour qui filtrait par les vitres sales d'une lucarne. A gauche de la porte, il y avait un lit étroit, haut, encombré d'édredons et de couvertures. La fille s'effaça, l'homme entra, posa ses armes sur le lit.

— On mange à présent ?

Ils retournèrent dans la grande salle. La fille jeta des bûches dans le feu, tira sur la crémaillère, amena une lourde marmite qui pendait à son crochet, juste au milieu des flammes, et se retourna, le pied droit sur la marche du foyer, l'autre sur les dalles de la pièce, un peu déhanchée par ce mouvement, les mains aux cuisses. L'officier qui s'était assis sur un escabeau, les jambes au feu, la regarda pour la première fois avec attention.

Des vêtements noirs de paysanne engonçaient son corps et ne laissaient apparaître que la finesse de la taille et que le mouvement des épaules : mais la taille était fine, au-dessus de la jupe aux plis serrés, jaillissants, et les épaules rondes animaient le fichu de laine noire de mouvements courts, obliques, charmants. Les cheveux tirés se plaquaient sur des joues aux pommettes un peu saillantes, tendues, pleines, et le front carré, haut, équilibrait ce visage aux chairs lourdes et fraîches. La fille avait vingt ans peut-être, mais cet air grave des filles de montagne et cette allure de courage et de décision qui s'affirme dans la solitude.

— Il fait froid, dit le cavalier, en tendant ses jambes devant le feu et en offrant ses paumes ouvertes à sa lueur, pour le mois d'août...

— Par nos pays, le temps change vite... Il faisait chaud tout à l'heure...

La fille sortait des assiettes d'un bahut plaqué contre la muraille et les disposait sur la longue table. Le cavalier compta cinq couverts.

— On est nombreux, ce soir...

La fille ne répondit pas. Elle revint vers le feu, se pencha, souleva le couvercle de la marmite et remua la soupe avec une longue cuiller en étain. Ainsi placée, elle montrait son profil en noir sur le fond rouge des flammes, dans la pièce maintenant complètement obscure et que cette flambée éclairait seule.

— Vous habitez ici ? Hiver, été ? C'est un rude coin pour une jeune fille.

Toute inquiétude avait abandonné le lieutenant. Il avait ouvert sa longue redingote devant le foyer, et sa chemise, ses culottes vertes, ses bottes raides lui rendaient maintenant son allure militaire.

— On habite ici... dit la fille après un long moment en cherchant ses mots et tout en allumant au feu deux quinquets à huile, pendus au manteau de la cheminée.

La réponse avait été si longue à venir, si lente, si chargée d'indifférence que l'homme, agacé, rompit brusquement, se leva, alla jusqu'à la lucarne aux vitres étroites et regarda dehors.

Rien ne se distinguait plus, ni la vallée, ni les crêtes, ni même la plate-forme du col. Une poussière laiteuse, brouillard uniforme et pourtant tordu par le vent, recouvrait tout le paysage. Dans combien de fermes, de maisons isolées, aux quatre coins de l'Europe, depuis dix ans, l'homme qui fouillait cette ombre avait-il pris ainsi ses cantonnements du soir, auprès d'une paysanne incapable de comprendre sa langue et vaquant près de lui aux travaux quotidiens ?

— Ça, la France, se dit-il entre les dents, la Moravie ou la Pologne... La fille est belle pourtant, mais ce n'est pas une raison.

Dans la maison, des pas sonnaient sur les marches de bois. La porte de la pièce qui donnait sur le couloir s'ouvrit brusquement et, l'un derrière l'autre, trois hommes entrèrent. L'officier s'était retourné. Il reconnut celui qui l'avait accueilli sur le pas de la porte, de si rude façon, avec si peu d'égards.

— Bonsoir à tous et à la compagnie, dit l'homme en s'asseyant.

Ceux qui le suivaient s'assirent aussi, deux gaillards, plus jeunes, plus grands de taille, à figure longue, bruns de peau, le front frangé de bouclettes courtes, dépassant de leur chapeau noir.

— Salut, dirent-ils en faisant sonner le *t* final, sans regarder l'étranger.

Chacun tira de sa poche un couteau de chasse, l'ouvrit, le frotta contre le velours de son pantalon et le posa à côté de son assiette.

— Bonsoir, dit l'officier. Mauvais temps, pour le mois d'août.

— Mauvais temps pour tout, dit le plus vieux des hommes. Si vous voulez manger, prenez place. On n'a pas grand-chose à vous offrir, mais vous ne mourrez pas de faim et nous vivons chaque jour de cette pitance.

L'officier s'assit au bout de la table, devant un des couverts restés libres. Les deux jeunes hommes parlaient entre eux, dans le dialecte du pays, vite, les yeux baissés, indifférents au nouveau venu.

— Alors, dit le plus vieux, on va pouvoir être tranquille à présent ?

Il parlait lentement, les coudes à la table, les avant-bras posés en demi-cercle autour de son assiette, calme, comme s'il n'avait pu savoir ce qu'était l'insolence ni la crainte.

— Comment ?

Le mot était parti, sur un ton de commandement, sec. D'un seul coup, les deux garçons relevèrent la tête.

— On a besoin de tranquillité, reprit le vieux, aussi calme, aussi indifférent. Nos pays sont ruinés, monsieur, des fermes se vident, de tous côtés.

— Il fallait bien pourtant...

A regret l'officier allait accepter cette inutile discussion, mais la porte s'ouvrit et l'ancien soldat parut, un peu gêné semblait-il. Il ne dit rien, ébaucha un salut et vint s'asseoir auprès du voyageur, devant le dernier couvert resté libre.

Le vieux se retourna vers la fille :

— Hé, Maria, tu peux verser la soupe... Si monsieur aime le lard... C'est naturel et bon pour ceux qui ont fait une longue route.

Pendant que la fille servait, une vieille femme entra dans la pièce. Un foulard noir, orné de raies blanches sur les bords, lui couvrait la tête et venait se nouer sous son menton, à la mode du pays. Elle était petite et semblait avoir perdu de sa taille en vieillissant, mais le visage était vif, sauvage, animé par de petits yeux noirs pareils à ceux d'une bête des bois agile à la course. Tandis que la jeune fille emplissait son assiette d'une épaisse soupe paysanne, de haricots et de pommes de terre, et choisissait, pour lui, avec sa longue cuiller, un morceau de lard, le voyageur regardait la vieille qui ne l'avait même pas salué en entrant. Cambrée par le poids de la marmite, les muscles tendus, la fille soufflait doucement, sous cet effort, à côté de lui. Il sentit tout d'un coup contre sa hanche le frôlement d'une cuisse ronde. Un léger sourire plissa ses lèvres, il déplaça légèrement sa jambe pour augmenter cette pression et, brusquement, ne sentit plus rien. Il crut à un geste maladroit mais continua de sourire en commençant à manger, tandis que la fille servait les autres hommes, le vieux d'abord, et l'ancien soldat le dernier.

— Monsieur vient de loin ? dit le vieux après quelques instants de silence. Sans vouloir trop parler et d'autres affaires que les nôtres, vous avez dû passer par Nîmes... A voir votre cheval, on jurerait qu'il vient de plus loin encore.

— Il vient de plus loin, mais je suis au bout du voyage.

De chaque côté de la cheminée, droites, leur assiette sous le menton, les deux femmes mangeaient en silence. Les deux garçons ne semblaient pas comprendre le français.

— Millette aussi a couru le monde, reprit le vieux avec un air ironique. Il y a même laissé un bout de jambe. Il a beau n'être ici que le domestique, il vous donnera la question et la réponse mieux que nous.

— Nous avons déjà parlé sur la route, dit l'officier en se tournant vers l'ancien soldat. Puis, dans un mouvement de colère : C'est même lui qui m'a le mieux reçu dans vos montagnes.

— Ça se comprend. On l'a un peu changé au service. Nous autres, on est restés pareils et le bavardage n'est pas notre fort.

Le vieux se tourna vers ses garçons et se mit à parler avec eux à voix basse toujours si calme qu'il ne semblait pas avoir senti son insolence. Seul, séparé du monde, diminué devant lui-même, parce qu'il sentait ce monde hostile et, plus encore, brisé de fatigue et rendu indifférent à tout par la solitude, le voyageur ne répondit rien. Courbé sur son assiette, il acceptait maintenant cette hospitalité insultante et ce mépris à peine dissimulé.

Le pâtre boiteux semblait aussi n'avoir pas compris l'insolence de son maître. Résigné sans doute, depuis longtemps, à subir son autorité ironique et violente, il n'avait pas réagi devant ces dernières paroles. Humble et obstiné, il paraissait désireux de bavarder avec le voyageur. Celui-ci voulut rompre le mauvais accueil, en faisant bon cœur contre mauvaise fortune.

— Alors, l'ami, tu as quitté le service après quelle campagne ? La dernière fois que j'ai vu le 43e, c'était le soir d'Eylau...

— Ah, ah, justement, dit le vieux entre ses dents, en se mettant à sourire.

— J'étais encore là. C'est quelques jours après qu'une bêtise de rien du tout, aux avant-postes, m'a pris mon morceau de jambe. On n'est pas toujours blessé en pleine bataille...

— Et tu servais depuis ?

— L'année V, mon lieutenant. Je vois encore votre régiment, le 2 décembre... Nous avions bivouaqué dans ce morceau de plaine, à droite d'un village, en regardant le champ de bataille. Le matin, il faisait un brouillard comme on en a ici, à ne pas voir les cornes des bœufs. Nous étions dans un creux de terre, sous des noyers, au long d'une levée d'herbes. A suivre le mouvement de la plaine, on sentait devant soi une espèce de colline ou de plateau... A huit heures du matin, on n'y voyait encore rien. On se gelait dans cette espèce de vallon, sur des herbes droites de givre, quand vous êtes passés, au petit trot, filant vers la droite. Vous n'étiez guère plus d'une centaine. Le 6e avait souffert, le long du Danube... Un camarade qui était d'ici m'a dit : « Tiens, Millette, le 6e, c'est les Dragons La Reine du Vigan. » On s'est distrait à vous voir passer. On criait : « Si ça déboîte, ça va chauffer. »

— Huit heures du matin ? On a tourné sous le plateau, en rasant le village...

— Vous n'étiez pas passés que la brume a dégagé la hauteur. On nous a fait marcher en avant, droit sur la crête...

— La plus belle histoire, dit brusquement le vieux auquel, depuis un moment, les deux hommes ne faisaient plus attention, c'est encore celle de cette bataille où vous avez mis du crêpe à vos drapeaux.

L'ancien soldat devint rouge et, malgré la crainte qu'il semblait avoir de son maître, eut un mouvement de mauvaise humeur. Devant lui, sur la table, ses mains s'ouvraient et se fermaient à coups brusques. Mais le vieux, visage immobile, un pli de malice figé au coin des lèvres, reprit :

— Ce jour-là, on leur avait tué la moitié de leur monde et quand même il a voulu les passer en revue. Alors, ils ont attaché des crêpes à leur drapeau, pour faire voir...

— Eylau, dit l'officier, la voix lointaine, en fixant les mains du berger, oui, c'était le 43e, je me souviens de vos aigles en deuil... L'empereur...

— Ah, monsieur, vous connaissez aussi cette histoire ? Attendez la fin, le plus beau, quand ils ont crié : « Vive la France, vive la paix. Du pain et la paix. » C'est véridique, Millette a beau avoir été un tricolore, il a crié comme les autres.

— On a tous crié, dit le berger, la tête en oblique, les yeux fuyants.

Un mauvais silence passa entre les trois hommes. Les deux femmes, le repas fini, arrangeaient la vaisselle. Par moments, la jeune fille regardait l'officier, les yeux droits, hardie.

Le vieux et les deux garçons échangèrent quelques mots à voix basse et se levèrent, quittant la table sans rien dire à l'étranger. A peine dans le couloir, la porte de bois refermée sur la grande salle, le vieux dit dans son dialecte :

— Celui-là, ça vaudrait la peine...

— Des tue-monde, répondait le plus jeune.

Leurs pas résonnèrent pendant un moment sur les marches, puis, au bas de l'escalier, la porte de l'écurie grinça, battit, et se referma sur le silence.

L'ancien soldat s'était rapproché du voyageur, doucement, en glissant le long de la table. A voix basse, comme s'il n'avait prêté attention qu'à sa pipe, la tête penchée, il dit simplement :

— Mon lieutenant, gardez-vous cette nuit... C'est toujours plus sûr... Je ne peux rien pour vous...

Puis, à voix haute, parlant pour les deux femmes :

— Vous ne pensiez pas traverser un pays aussi sauvage ? Chez nous tout est reculé... Hein, Maria, ça manque de jeunesse autour de la maison ?

— On a bien besoin de jeunesse. Ça ne sert qu'à tromper les filles.

En répondant ainsi, du fond de la pièce, la montagnarde continuait à regarder l'officier. Les travaux du soir finis, la vieille était sortie sans rien dire. Un malaise gagnait le voyageur que rassurait pourtant la présence des deux seuls êtres qui l'avaient bien accueilli dans cette étrange demeure.

« Quelle caverne de brigands, pensait-il. Que veut-il dire ? Suis-je tombé dans un coupe-gorge ? C'est pourtant lui qui m'a conseillé de m'arrêter ici. »

Puis, à haute voix, regardant à son tour la fille droit dans les yeux, agacé par le mouvement rond de ces épaules et la liberté de cette petite tête sauvage :

— Holà, vous n'êtes pas tendre pour les messieurs.

— Les messieurs pensent bien à moi ! Avec ma figure noire...

— Figure noire, jolis yeux...

— Tu n'en as jamais vu de si gentils, dit l'ancien soldat en faisant une grimace, mais la fille roula les épaules, prit une cruche sur la pierre qui servait d'évier et sortit.

Resté seul avec le boiteux, l'officier se pencha vers lui, saisit son bras gauche à pleines mains et, la bouche contre son oreille :

— Que veux-tu dire ? Tu ne pouvais pas me laisser aller coucher plus loin ?

— Mon lieutenant, le village valait encore moins pour vous. Avec les bois et la nuit, le plus sûr était encore de rester ici... Seulement, ils n'aiment pas beaucoup les militaires et la maison est bien écartée... Personne ne sait que vous êtes ici... Il vaut mieux faire attention. Je ne suis que le domestique, je ne peux que vous avertir..., mais...

Les sabots de la fille battaient contre les marches de l'escalier extérieur. Elle rentra, ployée sous le poids de la cruche pleine.

— Tu auras fini ? dit-elle au berger, sans ça, je te verse mon eau dans le cou.

— Vous êtes bien méchante, dit l'officier.

— Nous autres, on est un peu sauvages...

Tout en plaisantant avec la fille et tout en se laissant prendre au jeu, le voyageur pesait ses chances et pensait à ses armes restées sur le lit. Etait-on en train de les lui prendre ?

Tout d'un coup, sous la maison, un léger piétinement se fit entendre. Des pas lourds, comme d'un homme déshabitué de marcher, sonnèrent sur les escaliers. Un poing dur heurta la porte qui s'ouvrit.

Un homme âgé, enveloppé dans un long manteau bleu à pèlerine, la tête couverte d'une casquette à rabats, des mèches blanches passant aux tempes, regardait dans la pièce. L'officier se leva à moitié, sur ses gardes, puis se rassit, brusquement rassuré par un sourire surpris sur le visage du berger.

— Bonjour, monsieur le docteur, dit la fille.

— Bonjour... Je ne dérange pas, j'espère... monsieur est sans doute de passage ? Il fait bon de trouver un gîte dans nos montagnes. Vous n'êtes pas de la région, à ce qu'il me semble ?

— Non, je suis de passage. Et je craignais un peu d'être surpris par la nuit en pleine route... Mais me voilà en lieu sûr.

En disant ces derniers mots, l'officier eut un demi-sourire, une contraction ironique des lèvres, à peine perceptible. Le nouveau venu s'était assis auprès de lui et, tandis que la fille lui servait du café chaud et lui coupait des tranches de pain, il regardait les culottes et les bottes d'ordonnance de son voisin. Au bout d'un moment, la voix changée, plus basse, plus amicale :

— Vous venez de loin, monsieur... Excusez-moi, on est curieux dans nos solitudes, mais sans mauvaise malice... J'ai servi moi-même dans notre corps de marine... J'étais médecin aux Grandes Indes, mais j'ai dû me retirer voici quelques années, et j'exerce ici, dans une demi-retraite.

— Lieutenant Armand, du 6e dragons... J'arrive tout droit des bords de la Loire où l'armée a fait sa retraite. Je suis venu par la vallée du Rhône et par Nîmes, je vais à Mende où j'ai encore quelques connaissances, des cousins éloignés... Voilà dix ans que je suis en selle et j'ai quelque peu perdu les habitudes de la vie civile... Mais il faut bien...

— Ce n'est pas que nous soyons sans nouvelles. Nous n'avons su que trop tôt la défaite de nos armes, mais que va-t-il se passer à présent ? Le roi revient-il ? On dit qu'il serait rentré à Paris. Nos libéraux ne voudront-ils pas remettre la République ? Que fait La Fayette ?... Allons-nous pouvoir reprendre force dans la paix ?

— Je ne vois pas si loin... Pour qui a vécu cette débâcle...

— Ah, monsieur, depuis dix ans que j'habite ce canton, j'ai gagné le droit de parler en campagnard. Il faut penser à nos malheureuses populations. La France était à bout, il faut bien lui laisser reprendre souffle.

— Depuis que je suis dans vos montagnes, je n'y vois autour de moi que des gaillards. Il ne restait pas que les enfants et les grands-pères.

Ces quelques mots, dits avec amertume, à voix plus basse, firent légèrement sourire le médecin.

— Ne jugez pas sur des cas isolés... Et tant mieux s'il nous reste encore quelques hommes valides, nous n'en avons que trop perdu.

L'ancien soldat, les deux coudes à la table, la tête dans les mains, ne perdait pas un mot du dialogue et, respectueux, approuvait le docteur. Assise au coin du feu, la fille regardait ce groupe et fixait toujours le lieutenant qui ne faisait plus attention à elle.

— Partout où je passe, dans mes défroques de vaincu, je sens la colère et la haine des gens qui m'accompagnent. A

Lyon, la ville était en état de siège. Dans la vallée du Rhône, des enfants m'ont jeté des pierres. A Nîmes, il y avait des séditions et des émeutes, des hommes armés, en cocardes blanches, qui réclamaient la mort des militaires... Qu'avons-nous fait pourtant ? Nous avons donné notre sang pour le pays. Est-ce devenu un crime ?...

— Il va falloir devenir avare de sang et ne rien désirer que le travail et la paix. Ecoutez, monsieur, je connais bien ce canton, depuis dix ans que j'y soigne les gens, un peu pour le plaisir, un peu pour abréger mes journées... Je vis seul avec ma fille, dans un domaine que j'ai eu en héritage et que j'ai fait mettre au goût du jour, avec les commodités qu'on peut avoir ici... Je connais bien le canton et je le voyais partir vers sa mort comme je vois partir un malade, avec mes yeux de médecin. Depuis que je suis ici, j'ai vu mourir des villages entiers, disparaître des industries... voici dix ans qu'il n'y a plus personne au hameau du Lingas.

— Oui, dit le berger, et je n'en donne pas longtemps, dans la même commune, au hameau du Montlaur, au Devèze, au mas Ramel et aux Pises.

— Il y a six mois qu'il n'y a personne à Fabrette et, tout près de là, le hameau d'Ourtigès n'est déjà plus qu'une ruine.

— Vous verrez s'il restera longtemps du monde aux Vaquiers.

— Nous avions ici une fonderie et une verrerie d'assez d'importance, on a fermé l'une en 94 et l'autre en 1810.

— Mais pendant ce temps-là, monsieur, nous avions l'Europe à notre botte.

— Je sais bien, dit le médecin avec douceur, mais aujourd'hui...

A ce moment, les trois hommes de la maison rentrèrent dans la pièce. Le vieux serra la main du docteur et les jeunes le saluèrent en s'asseyant. Le lieutenant crut surprendre un éclair de mauvaise humeur dans leurs yeux et comme un geste de dépit.

— Vous avez attaché votre cheval devant la porte ? Nous l'avons entendu remuer du fond de la remise et j'ai bien pensé que c'était vous qui vous étiez arrêté un moment. Vous revenez des Laupies ? Et la malade ?

— Ça va. Elle est maintenant du bon côté. J'achève de manger un morceau et je repars.

— Vous ne voulez pas coucher ? On trouverait bien une place pour vous, même qu'on ait donné la chambre à ce monsieur.

— Non, non, je connais assez bien la route et c'est bon pour le temps d'hiver de vous encombrer.

— Si j'avais su, monsieur, j'aurais profité de votre passage pour poursuivre un peu plus ma route. J'aurais gagné une heure sur l'étape de demain. Mais, à présent, tout serait fermé au village.

— Je vous offrirais bien l'hospitalité, mais ma maison vous écarterait de votre route... Vous n'y gagneriez rien, et le village... Du reste, vous serez ici aussi bien que chez moi... Si, pourtant, vous aviez besoin de quoi que ce soit, dans notre région, je serais heureux de faire pour vous tout ce qu'on peut faire pour un ancien camarade.

L'officier remercia, rassuré, pensant qu'il ne pouvait plus rien lui arriver de fâcheux, maintenant que le docteur l'avait vu dans cette maison.

— Alors, monsieur le docteur, dit le vieux, on va pouvoir vivre un peu tranquilles sans avoir besoin de cacher nos garçons et sans être toujours à regarder si les gendarmes ne viennent pas chez nous ? Depuis dix ans, j'ai toujours deux fusils chargés à balles, pour être sûr de rester maître chez moi. Est-ce le moment de les bourrer avec du plomb de lièvre ou de perdrix ?

— Allons, Pailhan, ne te fais pas plus mauvais que tu n'es, tu n'aurais pas tiré sur les gendarmes et ils t'ont laissé bien tranquille.

— Parole d'honneur... fit le vieux, crachant par terre, la main tendue, ses doigts courts et noueux réunis, ployés en arc de cercle par la contraction des muscles, parole d'honneur, je l'ai toujours dit.

L'officier écoutait, comprenant mal, hésitant à comprendre clairement. Alors le vieux, attaquant brutalement, les yeux droits :

— Vous comprenez, monsieur, je n'ai jamais voulu que mes garçons aillent tirer au sort. J'avais besoin d'eux pour la maison et pour les terres. On a cherché à me faire peur avec tout, les juges, les gendarmes, le Bon Dieu. Il y a dix ans que ça dure et je n'ai pas cédé d'un pouce... Les autres partaient, quittes à revenir un ou deux ans après, déserteurs. Mes petits n'ont rien déserté du tout... Hé, monsieur, avez-vous regardé notre montagne en venant ici ? Tout ce grand tènement de prés et de bois, c'est nous autres qui le gardons. Il y a du travail pour plusieurs hommes. Alors, il aurait fallu que ça redevienne sauvage ? Ça n'a pas de raison de faire partir tous les hommes. Alors, les filles, les maisons, les terres ? Voyez la fille, elle n'a pas un homme sous la dent, à vingt-deux ans sonnés à la Saint-André...

— Tant mieux si votre conscience est pour vous, dit l'officier, tournant à moitié le dos, résolu à ne pas se laisser entraîner à une dispute.

— Allons, dit le docteur, maintenant tout ça est fini, ce n'est pas le moment de s'échauffer la tête... Tiens, Pailhan, apporte une bouteille de vin, nous allons boire à la santé de tous.

Le vieux sortit avec sa fille qui portait un des quinquets. L'ancien soldat mâchait une chique et crachait dans le four en battant la mesure d'une chanson avec sa jambe blessée.

— Ce ne sont pas de mauvaises gens, dit le docteur, travailleurs, économes, durs à la peine, mais trop paysans, trop montagnards pour comprendre autre chose que la terre et que la montagne.

Comme l'officier, gêné, regardait vers les deux garçons toujours assis à la table :

— Non, non, ils ne parlent que le patois du pays. C'est encore fréquent et ils ne sont jamais sortis de ces montagnes... Deux garçons magnifiques, forts comme leurs bœufs, courageux, je vous jure... Mais ils n'ont pas la tête faite pour servir, surtout pendant des années et des années. Les guerres duraient depuis trop longtemps. Encore deux ans, et vous n'auriez plus levé un seul homme dans nos cantons.

Le vieux revenait. Il avait choisi dans la cave deux bouteilles de vin, soigneusement cachetées par lui de cire rouge. Sa fille le suivait, les bouteilles sous le bras.

— Buvons à la tranquillité, dit le vieux, et santé, ajouta-t-il en tendant son verre vers l'officier. Touchez là, monsieur, sans rancune, on dit ce qu'on pense.

Le vin était léger, net, allègre, bonifié par la cave fraîche et le sable fin qui la tapissait et poudrait encore les bouteilles. Le docteur but, les yeux mi-fermés, son long visage maigre détendu, sa bouche charnue claquant à petits coups.

— Il faut que je parte... Ecoute un peu, Maria, dit-il en se tournant vers le mur et en sortant son porte-monnaie.

— La tournée est pour moi, dit le vieux... Maria.

Sa voix avait été si courte, si autoritaire que l'officier le regarda, étonné. Rarement, il avait entendu ton de commandement aussi net, aussi décisif. La fille s'arrêta d'un coup, tortillant le bout de son tablier entre ses doigts. Le docteur eut un geste résigné :

— Je n'insiste pas... Je te connais trop, Pailhan. Chose dite, chose tenue. Merci donc... Vous ne pensez pas vous attarder un peu dans nos régions, monsieur ? Elles en valent pourtant la peine. Les curiosités naturelles ne nous font pas défaut, ni l'excellence de l'air. Mais, sans doute, avez-vous d'autres soucis en tête.

— Non... si ce n'est la hâte d'arriver au but, dans l'espoir de voir changer un peu ma vie. Je ne dis pas de ne point revenir. J'ai vu bien des pays, mais ces montagnes me plaisent.

— J'ai beaucoup voyagé aussi, mais je trouve ici plus d'agrément que dans mes souvenirs eux-mêmes... Ce calme pastoral, ces vastes étendues... Nous avons aussi quelque chose comme la bouche de l'enfer. Ne manquez pas d'y jeter un coup d'œil en passant, demain, sans vous détourner de votre route. C'est après avoir laissé le village à votre gauche, derrière un repli de terrain, que vous pourrez voir cette étrange caverne.

— La route ne traverse pas le hameau ?

— Non, non, vous le laissez à main gauche. Inutile de faire le détour, cela vaut mieux... Au bas de vallée, vous obliquerez à droite, vers le petit col, et c'est là que vous pourrez apercevoir notre abîme.

— Il y en a deux de ces portes de l'enfer, dit le vieux, la carrée et la haute... La haute, c'est le Bramabiau, le taureau qui brame, et il brame pour de vrai, aux grandes eaux... L'autre n'a pas de nom...

— Oui, oui, mais ce sont peut-être les deux côtés d'une même caverne que le ruisseau traverse de bout en bout.

— Ça, vous le dites, mais je ne peux pas le croire... Personne n'est jamais entré bien loin dans cet enfer... Je me suis pourtant laissé dire que vous y étiez allé voir plusieurs fois.

— Il faut tout voir et tout connaître... Mais je ne suis pas allé bien loin...

Les adieux furent brefs. Le médecin renouvela ses offres de service à l'officier, serra les mains, plaisanta la fille qui descendait avec lui pour lui tenir l'étrier et disparut, sur sa bête, au coin de la maison, dans le petit brouillard fin qui glissait au ras du col. Pendant une minute, le bruit des fers du cheval, sonnant sur les pierres, arriva jusqu'à la maison. Le groupe des hommes se pressait sur l'étroite plate-forme des escaliers, devant la porte. La fille remontait lentement les marches. Les bruits s'espacèrent et tout retomba au silence.

— Allons, bonsoir, dit l'ancien soldat, moi je couche au palier, dans la remise. Tout ira bien, ne prenez pas souci de votre cheval. Il sera soigné.

Il descendit les quelques marches et ferma la porte de la remise. Le cheval hennit doucement et l'on entendit l'homme qui lui parlait en s'approchant de lui.

— Une belle bête, dit le vieux.

Ils restaient là, tous les cinq, devant la porte, arrêtés par la fraîcheur de la nuit, humant l'air, écoutant. Comme s'il lui avait fallu un long temps pour percer ce silence, le bruit de l'eau monta tout d'un coup derrière la maison. Un cercle d'ombre et de silence, au-delà duquel plus rien n'existait, semblait être tombé autour du col.

Les deux garçons rentrèrent les premiers et gagnèrent leur chambre sans tourner la tête. Le vieux poussa sa fille dans la salle, et, quand l'officier fut rentré, verrouilla la porte.

— Inutile de me réveiller demain, je n'ai pas une si longue route à faire.

La fille allumait, pour lui, une petite lanterne à huile. En la prenant, il sentit ses mains, âpres et chaudes. Mais le vieux, du fond de la pièce, les regardait.

— Bonsoir, dit-il.

— Bonsoir, monsieur, dit la fille.

Il suivit le petit couloir de bois. Derrière lui, deux portes se fermèrent. Il entra dans son réduit, posa la lanterne sur la chaise, à la tête du lit et, tout de suite, regarda vers ses armes. Le sabre et les deux pistolets étaient toujours à leur place. Il vérifia les amorces, regarda si les lumières étaient toujours garnies et posa son arsenal auprès de lui, sur la chaise où il avait déjà placé sa lanterne. Rassuré, il s'occupa de fermer la porte : ni serrure ni targette. Un loquet extérieur permettait d'ouvrir sans aucune peine. Il examina ce loquet et déplaça légèrement la came intérieure. De cette façon, la porte continuait à s'ouvrir mais devait faire plus de bruit et grincer à la moindre tentative. Il s'assit sur le bord du lit, sembla réfléchir un moment, haussa les épaules et, s'étant levé, se déshabilla. Quelques minutes après, il soufflait la lanterne et se couchait. De son lit, il vérifia dans l'obscurité qu'il pouvait atteindre son sabre et ses pistolets à la moindre alerte, sans tâtonner. Dans cette obscurité, dans ce silence, il resta quelque temps sans pouvoir s'endormir.

Devant lui, la lucarne aux vitres sales faisait une tache grise, triste, immobile. Parfois, le couloir craquait, comme lentement soulevé sur sa charpente par une immense et longue vague. Au bout d'une heure, rien ne bougeant plus, le voyageur s'assoupit et perdit toute conscience.

Il fut brusquement arraché à ce sommeil par un léger bruit, contre la porte de sa chambre. Il ne put se rendre compte de l'heure qu'il était ni du temps qu'il avait passé à dormir. Il se souleva sur son lit, tendit l'oreille, allongea le bras vers la chaise, sentit la poignée de son sabre, hésita, tâtonna un instant, cherchant la crosse de son pistolet, se ravisa, prit son sabre qu'il avait dégainé, pivota sur son lit et attendit.

Contre la porte, le grattement s'interrompait, reprenait, devenait plus fort et s'arrêtait alors brusquement. Quelqu'un cherchait à soulever le loquet sans faire de bruit et, gêné par le déplacement de la came et par la résistance inattendue qu'elle opposait, agissait par à-coups. A chaque bruit plus fort, la pression s'arrêtait si brusquement que le loquet revenait un peu en arrière, perdant une partie de la course gagnée, ajoutant un son différent à tous les autres. L'officier suivait ces bruits, l'oreille rendue plus fine par l'obscurité, anxieux et passionné à la fois. Brusquement un petit claquement sec se fit entendre : le loquet venait de se dégager de la gâche, rendant libre la porte qui s'entrouvrit du coup, grinçant un peu, aussi vite retenue par la main qui tenait la poignée. Dans le silence aussitôt refait, l'officier entendit nettement une respiration courte, rapide.

« C'est le vieux, ou l'un des garçons tout seul », se dit-il.

Après tous les grincements qui avaient trahi l'ouverture du

loquet, le visiteur marquait un temps de silence. L'officier leva doucement son sabre, suivant la muraille du plat de la lame, au long de la porte. Il amena ainsi son arme juste dans l'embrasure, prêt à frapper au moindre bruit dans l'espace laissé libre entre le mur et la porte à demi ouverte.

Il continuait à entendre l'inconnu respirer à côté de lui. A genoux sur son lit, la main gauche crispée au bord du matelas pour maintenir son équilibre, la droite levée, tenant son sabre au-dessus de la porte, il n'avait aucune peur ni aucune angoisse. Cet incident l'amusait même un peu, sûr qu'il était de pouvoir résister, ainsi réveillé et sur ses gardes, avec sa lame courte, si bien en main, et ses deux pistolets auprès de lui.

La porte craqua doucement. Jugeant sans doute le silence assez lourd, le visiteur continuait à ouvrir. Le lieutenant frappa en avant : sa lame heurta un taquet de bois, dévia un peu, reprit sa course droite, perpendiculaire, frappa quelque chose avec une vitesse amortie mais dure encore.

Un cri étouffé, comme à travers une main vite portée à la bouche et mordue, un piétinement, le bruit du loquet brusquement abandonné et qui retombe, une fuite légère, droite, de deux pieds nus à travers le couloir : le silence.

— J'ai dû cogner sur le poignet... pas trop fort, j'étais mal placé et j'ai heurté quelque chose... Mais quand même...

Il attrapa la lame courte dans sa main gauche, la sentit un peu mouillée au bout. Il l'essuya entre deux doigts, les porta à son nez, y appuya la langue une seconde et dit :

— Sang.

Puis, dans la nuit, il se mit à sourire, dodelinant de la tête.

Tout était calme. Il referma la porte avec soin, replaça la chaise et ses armes auprès de lui et s'endormit brusquement, sûr de n'être plus inquiété.

— Simplement voleurs, dit-il deux fois en perdant conscience.

Au-delà du sommeil, il retrouvait l'insouciance de la jeunesse et ses bras ouverts, à demi nus, glissaient doucement sur son visage, comme une chair étrangère.

Une jeune fille en robe claire, une minuscule ombrelle sur l'épaule, appuyée au bord de son chapeau de paille, remontait la rue du village à petits pas. Ses pieds battaient les bosses de rochers qui saillaient au-dessus des ornières faites par les chars et sa marche semblait hésitante et légère dans le balancement de l'ample jupe à fleurettes, ronde comme un cerceau et soulevée parfois d'une crispation de la main, devant les flaques d'eau ou les mares de boue. Elle regardait le sol avec attention, en penchant le cou, en inclinant son long visage. Ce visage était beau, un peu maladif peut-être, d'un teint mat, uni, laiteux. Deux yeux relevés vers les tempes y faisaient des taches noires, sous la demi-lune des sourcils et l'ombre battante des paupières.

— Voilà notre demoiselle qui arrive... M. le docteur a dû rentrer tard, hier au soir. Bonjour, mademoiselle, vous venez aux provisions ?

— Bonjour, madame Pagès. Quelle affaire pour trouver des fruits. C'est chaque fois une aventure. Avez-vous quelque chose pour moi aujourd'hui ?

— Irénée est venu de Trèves avec la voiture. Il a monté des prunes et des raisins. Des reines-claudes et des blancs de la Madeleine. Les petites de Michel sont aussi allées aux framboises. Ce sont les premières. Si le cœur vous en dit, elles en ont un plein seau... Alors, hier, M. le docteur est allé aux Laupies pour voir la cousine d'Alphonse. On la disait morte. Il l'a fait revenir de loin.

— Et les nouvelles, madame Pagès, on ne sait rien de plus ?

La jeune fille était entrée dans la maison et s'était assise auprès de la fenêtre dont les volets à moitié clos ne laissaient voir qu'un bout de la ruelle. La grande cuisine irrégulièrement dallée que Mme Pagès avait transformée en épicerie, en dépôt de fruits et de mercerie, était sombre et fraîche. Sa voûte d'arête mal crépie reposait sur d'énormes murailles creusées de niches et d'armoires. Presque tous les matins, Amélie Thérond y restait un long moment, bavardait, faisait ses commandes. Elle rompait, là, pour une heure, la vie solitaire qu'elle menait avec son père, dans le domaine de Saint-Sauveur, à quelques lieues à l'ouest du village.

— Non, on ne sait rien de plus. Mais c'est bien assez comme ça. Les tricolores et les blancs se battent un peu partout, et la religion commence à s'en mêler... Nous n'avions pas besoin de ces nouveaux malheurs.

— Au moins les guerres sont finies... On disait pourtant que l'armée de la Loire était prête à rentrer en campagne... C'est dur d'être battus...

— Nous n'en serons ni plus gros ni plus maigres. Que chacun reste tranquille chez lui... Quelle idée d'aller se promener si loin... Ceux qui en reviennent sont malades et ne sont bons qu'à avoir des enfants idiots. Ces campagnes de Russie nous ont donné trop de grosses têtes et de petites jambes... Mais je déparle, il faut penser à ce que nous mangerons aujourd'hui.

Amélie caressait de ses mains ouvertes les paniers de fruits entassés près de la fenêtre. On la disait malade et l'air de fatigue coupé d'éclairs qu'elle traînait avec elle le donnait à penser. Elle parlait lentement, le cou ployé, les mains traînantes, avec de brusques mouvements de vivacité :

— Des raisins... Oui, ce sont les premiers qui nous arrivent. Ils ont belle couleur... Irénée n'a pas rapporté d'autres nouvelles ?

— Il se soucie bien de ce qui se passe. Rôder le pays à la recherche de tout ce qu'on peut acheter lui suffit... Il dit seulement que les gendarmes ne savent plus quelle cocarde ils doivent porter et qu'ils ont la blanche et la tricolore dans leur poche.

Amélie grappillait dans le panier de raisin et, parfois, d'un pincement des doigts, arrachait un grain qu'elle croquait comme un bonbon.

— Ils ont l'habitude... Voilà trois mois qu'ils ont changé pour la seconde fois.

— Et chaque fois plus royalistes que le roi...

— Ils sont tous pareils, mais le petit, celui qui a le cou plus gros que la tête, est le plus drôle... Ils passent parfois à Saint-Sauveur et nous font des discours... C'est toujours lui qui se met en avant.

— C'est un brave homme, pas trop méchant pour son métier, mais il a fait la girouette à tous les vents... Vous n'étiez pas ici, mademoiselle, au temps de la République. Il était républicain, délégué au district et marchand de discours. Après, il a tenu pour Bonaparte.

— Et puis pour l'empereur, et puis pour le roi...

Brusquement, les deux femmes s'arrêtèrent de parler. Elles se regardèrent et, d'un même mouvement, se penchèrent vers la fenêtre. Une rumeur grandissait dans la ruelle. Entre la fissure des volets, Amélie aperçut une petite foule qui tournait sur elle-même. Elle faisait comme une roue autour d'un homme qui parlait avec de grands gestes. Des gens sortaient en courant de toutes les portes des maisons et grossissaient ce cercle tournoyant fait d'épaules et de visages.

— Un malheur, dit l'épicière.

— Ou quelque nouvelle... Allons voir, voulez-vous ?

Les deux femmes sortirent à pas pressés et se mêlèrent à la foule. Tous ceux qui les entouraient semblaient atterrés et furieux. Un grand garçon maigre, à la peau tannée, la chemise ouverte, un long fusil à un coup en bandoulière, répétait inlassablement les mêmes gestes secs vers la sortie du village, du côté de la route de Meyrueis.

— Albin, l'aîné des garçons de la Serreyrède, est tué.

— Un malheur... Ne restez pas là, mademoiselle. Ce n'est rien de bon pour vous. Rentrez chez moi, allez vous asseoir... Je reviendrai vous dire.

Mais la jeune fille était devenue blanche, crispée, comme sourde. Sous sa peau, par endroits, des petites plaques brunes, comme d'une terre écaillée et desséchée au soleil, dessinaient des réseaux bizarres. Elle se haussait sur la pointe des pieds et serrait ses longs doigts à mouvements lents.

— Tué, disait-elle. Mon père était chez eux, hier au soir. Est-on sûr qu'il soit mort... Allez chercher papa, ajoutait-elle en criant presque, d'une voix autoritaire et maladroite, enfantine et sans réplique. Allez chercher papa.

L'homme au fusil la regarda, d'un coup d'œil qui remontait, en faisant basculer son arme, d'un mouvement parallèle à son regard :

— Sauf respect, ce n'est pas la peine. Plus personne n'y peut rien... Il a reçu un coup de pistolet droit sur la tête et si près que la poudre a brûlé ses cheveux. Il est noir comme du charbon de bois et la balle a fait un trou où le poing passerait.

— Alors, dit un homme d'âge, en veste de futaine, cravaté d'une mince cordelière, retombant en double ganse, vous avez laissé filer l'assassin ? Trois gaillards de votre âge, pourtant.

— M. de Saint-Sauveur, c'est un gaillard plus fort que nous. Nous l'attendions pourtant et c'est lui qui a eu la belle.

— Mais qui est-ce donc ? Il est du pays ? C'est un rôdeur ?

— Laissez-moi dire... Ce matin, j'étais allé voir du côté de la Caumette si je ne pourrais pas tirer un lièvre. A la Baraque Neuve, je rencontre les deux garçons de la Serreyrède, Albin et Félix, avec leurs fusils aussi. « Viens avec nous, qu'ils me disent, nous sommes sur une plus grosse bête. Il faut mettre la main sur un particulier et l'amener au maire. C'est quelque officier de l'empereur, il doit chercher à faire des émeutes ou à lever encore des soldats de par nos côtés, il a couché à la maison cette nuit. Le père est parti devant pour aller avertir le maire et nous allons nous poster près du village pour l'arrêter quand il passera. Il faut voir un peu ce qu'il veut. Donne-nous la main. Par ces temps de malheur, il faut faire attention à tout. » Nous partons donc jusque vers l'Aubrespi, sous la Croix de fer, là où la route tourne à droite devant les grandes grottes et nous nous installons à côté d'une aubépine.

— Et le père ?

— Le père ? Il cherchait M. de Camprieu dans le village. Je ne sais pas s'il l'a trouvé. Enfin, au bout d'un moment, voilà l'homme qui arrive. Il était à cheval, tranquille. Quand il est à trois pas de nous, nous sortons de l'aubépine, le fusil à l'épaule, tant nous étions sûrs de nous. Les garçons ne savent pas le français. Alors, moi, je me mets devant le cheval, Albin sur la gauche, Félix sur la droite et je crie : « Excuses, monsieur, il faut nous suivre au village. Le pays n'est pas sûr par ces temps. » Albin avait pris le cheval par la bride. En moins de dix secondes, le cavalier a sorti un pistolet et pan, en pleine tête du garçon. L'Albin tombe. De surprise, j'ai sauté en arrière, Félix aussi. L'autre en profite, enlève son cheval et part sur sa gauche, droit sur la grotte.

— Tonnerre de Dieu, la prise devait être bonne... Alors, il s'est échappé ?

— Non, non, pas comme ça. Félix prend son fusil. Le temps d'épauler, l'autre était loin. Félix tire, trop vite, au coup de bras, comme pour un lapin. Le cheval fait encore dix pas, s'abat, le cavalier tombe, vide la selle, se relève et part en courant, nous derrière, vers les grottes. Le ruisseau était presque à sec, il le gaze, monte sur les grandes pierres de l'entrée, traverse le premier couloir à la course, sans que nous puissions le tirer, passe le Baiset, prend à sa gauche et se perd dans les galeries.

— Tonnerre de Dieu, quelle histoire, il n'a pas pu aller bien loin, il faut garder la sortie.

— Félix est là-bas... Il a rechargé son fusil. Si l'autre sort, il est sûr de son compte. Mais nous avons fouillé les premières galeries, il a dû aller loin.

— C'est l'officier dont m'a parlé mon père, se dit Amélie, presque à voix haute, atterrée, toujours frappée par la même pâleur.

— Bande d'assassins, disait une voix d'homme, hachant les *s*, scandant les syllabes. Il faut le faire crever dans le trou et monter la garde pendant un mois pour être sûr qu'il n'en réchappe pas.

Le village entier était maintenant rassemblé dans l'étroite ruelle et, sous une bousculade, remontait vers la petite place. Il ne manquait que le maire, parti de bonne heure pour aller jeter un coup d'œil sur des terres qu'il avait du côté du domaine du docteur. Le vieux de la Serreyrède était passé chez lui, avait parlé à la servante et était parti à sa recherche, sans voir d'autres personnes.

— Ils vont revenir... Monsieur n'est pas descendu plus loin que la rivière basse.

— Qui va lui parler de son garçon ?

— Oui, on ne peut pas laisser Albin dans les champs, il faut aller le chercher... Les bêtes s'y mettraient dessus... Tu es bien sûr qu'il est mort ?

— Prenez un drap... Chez ses cousins... C'est la famille.

Des enfants qui étaient allés du côté de la rivière pour voir si personne n'arrivait, grimpèrent tout à coup la ruelle, les sabots aux mains, courant comme des chèvres.

— Les voilà... Le vieux, M. le maire et M. le docteur. Ils viennent.

La petite foule s'ouvrit, se disposa en arc de cercle et l'homme à la veste de velours se plaça au centre avec le garçon qui tenait toujours son fusil.

— Qu'est-ce que c'est que tout ce monde ? Vous avez mis la main sur cet individu ? Où est-il ?

— Ah, monsieur, il court encore... Quel malheur.

— Mes petits ?

— Félix est devant les grottes... L'autre s'y est caché dedans... et...

— Albin ?

— C'est le malheur... Quand nous avons voulu l'arrêter, l'autre lui a tiré dessus. Il a reçu un coup de pistolet dans la tête.

— Il est blessé ?

— Un coup de pistolet... Si près, sur la tête, vous savez...

— Il a tué mon petit ! Il a tué mon petit !

Le vieux hurlait, sans un geste, comme une bête au ferme, face au danger.

— Mon petit ! J'aurais bien pu lui tordre le cou, hier soir, à cet assassin. Où est mon petit... Monsieur le docteur, faites quelque chose.

— Où est-il, comment est-il blessé ?

— Il est resté sur le pré, là-bas, à l'aubépine, contre la route... Non, rien à faire... Il a...

— Mène-moi, mène-moi.

— Et gardez la sortie. Prenez tous des fusils, la bête est dangereuse... Non, non, pas de femmes, des hommes seulement.

— Rentre, Amélie, retourne chez Mme Pagès.

En quelques minutes, des hommes revinrent, le fusil à l'épaule, dans leurs vêtements de travail. Sur la petite place, ils vérifiaient les amorces de leurs armes et certains d'entre eux, dont les fusils étaient déchargés, versaient la poudre, bourraient, mettaient les balles qu'ils avaient fondues pour les loups et rebourraient encore, à petits coups secs et précis.

— En avant, dit le maire, que ceux qui sont armés aillent aux grottes. Conduis-les, toi. N'oubliez pas de prendre de quoi vous éclairer, il faudra fouiller jusqu'à ce qu'on le trouve. Nous autres, nous allons chercher Albin.

A cent mètres du village, les hommes armés descendirent vers les grottes, le fusil à la main, sautant les roches, largement déployés, battant le terrain planté d'arbustes, de buis et de genévriers. L'autre groupe continua sa marche vers la route.

Chemin faisant, le docteur s'était rapproché du vieux de la Serreyrède qui allait, les dents serrées, les yeux dilatés, silencieux.

— C'est l'officier d'hier soir ? C'est incompréhensible. Qu'est-ce qui a bien pu lui prendre ? Il n'avait pas l'air d'un mauvais homme.

— Des assassins... Sans vous, je lui enlevais ses pistolets, ils étaient sur son lit et nous l'emmenions ici, le fusil dans les reins. J'avais bien senti le malheur. Ça se connaît comme le temps... Avoir gardé mon petit dix ans, contre tous.

En contrebas de la route, à cinq mètres de l'aubépine, dans l'herbe rase, brûlée de soleil, craquante et poussiéreuse, le garçon était étendu, les bras en croix, la face au ciel. Du premier coup d'œil, le vieux comprit, resta debout, les lèvres bleues. Le docteur et le maire s'agenouillèrent et le docteur souleva doucement la tête molle, ballante dans sa paume ouverte. Les cheveux étaient brûlés, un trou noir, bordé de sang caillé, s'ouvrait sur le haut du crâne. Le docteur reposa la tête sur l'herbe, glissa la main dans l'ouverture de la chemise, la retira, frôla les doigts.

— Il n'a pas dû souffrir, dit-il au père, sur le coup.

Il s'était relevé et, de sa joue, frôlait la joue du vieux montagnard. Il posa la main sur l'épaule du vieux, la serra, dénoua son étreinte et se découvrit.

— On va le ramener, chez nos cousins... Ah, vous avez un drap. Couvrez-lui la figure... Je rentre aussi. Renvoyez-moi Félix, ce n'est pas convenable qu'il reste... Demain, s'il le faut, nous vous prêterons la main. Malheur de malheur !

Deux hommes avaient apporté une longue planche. Ils y posèrent le corps roulé dans le drap. Le père avait voulu joindre lui-même les deux mains déjà raides. Ce fut le seul contact qu'il eut avec le corps de son fils. Puis, brusquement :

— Et vous autres, regardez bien... Tirez dessus. On fouillera toute la terre s'il le faut. Tirez dessus sans rien dire. Pas besoin de parlementer. Il en massacrerait d'autres... Tuer des hommes comme ça. Assassin, assassin. Des hommes de trente ans...

Le cortège se mit en marche. M. de Camprieu et le docteur Thérond le laissèrent aller vers le village et descendirent vers les grottes. A cent mètres de la route, le cheval de l'officier était couché, vivant encore mais blessé, perdant son sang, les cuisses criblées de chevrotines.

Dans le grand couloir d'entrée de l'abîme, haut de dix mètres, large de huit, carré comme un péristyle d'hypogée, dix hommes en armes faisaient un premier barrage, grimpés sur les rochers pour surveiller ce dédale et en battre les moindres cheminements.

— Rien ?

— Non, les autres sont en avant. Il ne peut pas sortir sans être vu.

Grimpant sur les blocs, suivant les petites grèves de sable et de cailloux, cheminant au long des corniches, les deux hommes gagnèrent le fond du grand couloir. Là, un effondrement de la voûte ouvrait sur le ciel un immense entonnoir et redonnait du jour à la grotte. Des arbustes poussaient sur les pentes abruptes de cet aven et, dans leurs branches entrelacées, on voyait dériver des nuages. Sous cette lumière étrange, le grand couloir obliquait vers la gauche et, en quelques mètres, se perdait dans l'obscurité. Sur la droite de ce couloir, des galeries étroites s'ouvraient dans le roc et menaient au fond de l'abîme.

D'autres hommes armés étaient là, entourant Félix. Celui-ci parlait à grands gestes, dans le dialecte de la montagne :

— Il a sauté ici-dedans... C'est un couloir qui mène à une grande salle, mais après on trouve l'eau... Il n'a pas dû pouvoir aller bien loin.

— Rentre, Félix, dit le maire. Ton père te réclame... On a ramené Albin au village. N'aie crainte, on fera ce qu'il faut.

Félix, les yeux fous, la lèvre inférieure saillante, fit quelques pas :

— Vous voulez mon fusil, monsieur le maire ?

— Merci, je veux bien. Une arme de plus...

Seul, dans cette troupe d'hommes, le docteur n'était pas armé. Félix parti, ils tinrent un petit conseil de guerre.

— Qui connaît un peu la grotte ? Nous allons y descendre. Il faut trouver ce bandit.

— Monsieur le docteur, on dit que vous avez souvent visité l'abîme. Pouvez-vous nous y conduire ?

— Non... Je connais surtout l'autre grotte... Sur l'autre versant du plateau. Là où l'eau sort en cascade. Ici, je connais mal... Je sais, comme tout le monde, qu'il y a un couloir, puis une salle, avec un grand bloc au fond et après un petit lac.

— Je connais aussi, dit un garçon, la galerie est étroite, par endroits. Il a pu grimper sur les corniches, il faudra fouiller partout. Après ça, la salle est vaste et il y a des galeries de tous côtés... Plus loin, on peut se perdre... Si on ne le trouve pas là, il n'y aura plus qu'à le bloquer. La faim le fera bien sortir... Ou alors il crèvera... et que les bêtes le mangent, avec la pourriture.

Ils allumèrent des torches et des lanternes qu'ils avaient

apportées. Les deux plus vieux restèrent dans le couloir et les autres, six hommes, entrèrent dans la galerie. Ils étaient obligés de marcher à la file indienne, au-dessus des flaques d'eau qui luisaient sous la lueur des torches. Les plus jeunes grimpaient contre les parois et visitaient les corniches, l'arme prête.

Au bout de quelques mètres, cet étroit couloir s'ouvrait sur une vaste salle si haute de plafond que, malgré les torches, ses voûtes restaient obscures. Les hommes se répartirent en éventail et commencèrent à regarder le sol, en cherchant à y découvrir des empreintes et des signes.

Le maire et le docteur, barrant l'entrée de la galerie, laissaient faire et bavardaient à voix basse.

— S'il meurt là-dedans, disait le docteur, il faudra des mois pour s'en apercevoir... Vous savez, la décomposition est lente dans cet air pur et sans mouvement. Au cours des quelques explorations que j'ai faites dans ces abîmes, j'ai souvent trouvé des charognes, des moutons, des chèvres, parfois des vaches. C'est un spectacle effrayant. Il y a une décomposition particulière à ces profondeurs. Les corps gonflent de deux ou trois fois leur volume, deviennent blancs, cireux, gardent leur forme. C'est le blanc de cadavre... Mais un coup de pied suffit à faire effondrer ces boursouflures macabres... Si ce pauvre garçon meurt ici, on le retrouvera un jour, comme un géant obèse, en cire molle.

— Ce pauvre garçon... Vous le prenez à votre aise... Un assassin, un bandit de grand chemin, un conspirateur sans foi ni loi.

— Oui, je sais bien... Pourtant, le hasard me l'a fait rencontrer, hier au soir. Il n'avait pas l'air d'un méchant homme. Quelque officier de cavalerie, dragon, je crois, désemparé par les événements. Je ne comprends rien à ce qui a pu se passer...

Un des hommes se souleva lentement, en gardant l'index sur une empreinte laissée sur la grève :

— Voyez, monsieur, il est passé par là. On voit le talon de ses bottes sur le sable, on peut même suivre la piste pendant quelques mètres, puis elle se perd sur le rocher... Non, il y a là une éraflure, c'est un fer de soulier... Il a dû monter cette dalle, il faut chercher derrière.

Ils escaladèrent la dalle, redescendirent de l'autre côté,

s'avancèrent un peu sur une pente de sable et, au bout de quelques mètres, se trouvèrent devant un petit lac.

— Il n'y a plus de traces sur le sable. Où est-il passé ? On a regardé toutes les galeries. Il n'y a plus d'empreintes nulle part.

Pendant plusieurs heures, ils fouillèrent l'immense caverne, arrêtés par l'eau souterraine ou par l'étroitesse des galeries, revenant sur eux-mêmes, ne pouvant plus, au milieu des traces laissées par leurs pas, chercher à découvrir une piste sur le sol. Leurs lanternes baissaient, les torches, plusieurs fois renouvelées, touchaient à leur fin.

— Nous ne trouverons rien, il n'y a qu'à bloquer la sortie. On montera la garde le temps qu'il faudra. Il devra bien sortir ou crever.

— Dites-moi, s'il y avait une communication entre cette grotte et la fissure par où l'eau sort, de l'autre côté de la montagne ? Vous ne croyez pas, monsieur le docteur, qu'il pourrait sortir par là ? Ça vaudrait la peine de garder aussi cette sortie.

Le premier, le maire répondit à la question posée :

— Allons donc, jamais personne n'a pu traverser cette rivière. Si les deux côtés communiquent, il doit y avoir des abîmes et des gouffres. Dans l'obscurité, sans compagnon, jamais un homme ne s'en tirerait. Ce sera bien assez dur de garder ce côté, nuit et jour.

Le docteur écoutait, semblait anxieux, hésitant. Pendant un moment il répéta un geste de la main, comme un homme qui s'apprête à dire quelque chose.

— Et s'il sort, pas besoin de parlementer. Un coup de fusil dans la tête. Par le temps qui court, il ne faut pas se fier à la justice. Il a tué...

— Non, dit le docteur, répondant enfin à la question qu'on lui avait posée, je ne crois pas qu'il faille surveiller l'autre caverne. Même si les deux abîmes communiquent, avec l'eau qu'il y a, bien malin qui s'en sortirait sans lumière et sans aide.

— Entendu... On va faire des tours de garde et voir de bien placer les sentinelles et de les éclairer pendant la nuit.

Comme ils sortaient de la grotte, deux oiseaux de nuit, lourds, maladroits, s'envolèrent des corniches supérieures et tournèrent au-dessus d'eux.

Un chuchotement courut le long de la colonne, tandis que des mains frappaient, à petits coups hâtifs, le bois des crosses :

— Des bêtes de la mort...

Quand l'officier s'était réveillé, dans la mansarde de la maison du col, le soleil devait être déjà haut. A travers les vitres sales de la lucarne, le grand jour filtrait et heurtait le mur grossièrement passé à la chaux. Aucun bruit ne montait de la maison. La porte était bien fermée, les armes à leur place sur la chaise.

L'officier regarda ses pistolets, toujours amorcés, et son sabre. Au bout de la lame, il y avait encore une tache sombre, un petit caillot de sang, gros comme une fève aplatie. Le voyageur sourit, haussa les épaules et dit à demi-voix :

— Sacrées bonnes gens... Je n'ai pas dû faire grand mal.

Il s'habilla, chargea son équipement sur son épaule et descendit dans la grande salle en sifflotant. La maison semblait déserte.

— On ne tient pas à me voir... Mauvaise conscience donne mauvais courage... Il va falloir partir le ventre creux.

Pourtant, des pas sonnèrent sur l'escalier et l'ancien soldat, traînant la jambe, les cheveux hirsutes remplis de débris de foin, apparut dans l'encadrement de la porte.

— Bonjour, mon lieutenant, je viens vous faire déjeuner. Voulez-vous du pain et du café noir ? Avez-vous bien dormi ? Tard, en tout cas, car il est déjà huit heures.

— Hum, donne le casse-croûte... Bien dormi ? Avec des visites... Enfin, ça va. C'est un coupe-gorge que ton auberge. Mais nous en avons vu d'autres. Il y en a un qui a voulu me rendre visite, cette nuit... mais je l'ai reçu à coups de sabre...

Le berger sembla réfléchir :

— Ah, mais, ce n'était rien de fâcheux ? Le vieux est parti voici une bonne heure pour le village et les garçons viennent à peine de sortir, pour chasser, je crois. La fille et la mère sont bien là, derrière la maison, aux lapins... Hier soir, j'étais un peu inquiet. Ils n'aiment pas les militaires et ils avaient reconnu votre culotte... On raconte tellement d'histoires depuis quelque temps. Enfin, tout est bien qui finit bien. Mais je ne comprends pas ce qui leur a pris. Avant le passage du médecin, il y avait de quoi s'inquiéter. Personne ne vous savait ici. Ils disaient de vous les cent sottises, que vous veniez pour les œuvres du démon... Mais après, j'étais bien tranquille et j'ai dormi d'une seule tirée... Qui a pu venir vous chercher noise ?

— Si tu crois que je le sais... Au milieu de la nuit, on a cherché à ouvrir ma porte. J'ai cogné du sabre dans le noir et j'ai touché, pas trop fort, mais assez dur quand même pour que celui qui était là en porte encore les marques.

L'officier trempait son pain dans le bol de café et, les épaules en voûte, mangeait.

— Du diable... En tout cas, par le temps qui court, il vaut mieux pour vous que vous disparaissiez le plus vite possible. On raconte des tas d'histoires sur les militaires qui passent dans le pays... Qu'ils cherchent à faire revenir la guerre, à lever de nouveaux soldats. Votre cheval est sellé, vous prendrez le chemin que je vais vous dire. Ne vous laissez pas détourner de votre route par qui que ce soit. Vous en avez assez vu pour me comprendre. Cognez plutôt que de vous laisser arrêter.

Son déjeuner fini, le voyageur détendait ses jambes et se renversait sur son escabeau en fouillant dans la poche de sa culotte.

— Mon cheval a mangé ? Bien... Voilà pour la maison... Et voilà pour toi. Si, si, pour toi. Je ne suis pas bien riche, mais tu me fais plaisir en acceptant. Montre-moi le chemin, que je file au plus tôt.

Le cheval attendait, attaché sous l'escalier à un anneau scellé dans le mur. En voyant sortir son maître, il hennit doucement et se rassembla. Le lieutenant siffla doucement entre ses lèvres.

— Il tirerait un peu au renard. Ça a du sang, ces bêtes-là. C'est de la bonne race... Attendez un peu que je serre les sangles. Il se gonfle. Là... Ça suffit ? Oui, oui, il faut serrer un peu, par ces chemins de montagne.

L'officier sauta en selle, assura ses étriers, assembla ses rênes dans la main gauche.

— Adieu, camarade, et merci... Tu es décoré ?

— Non, mon lieutenant.

— Eh bien, tant pis. Tu es un brave quand même. Adieu, camarade.

— Attendez un peu, je vous mets sur votre route.

Arrivés derrière la maison, de l'autre côté du col, ils découvrirent l'immense panorama qui se déployait jusqu'aux limites de l'horizon visible. La France des hauts plateaux commençait là. Dans un tremblement bleu, une haute vallée, peu profonde, se creusait sous le col, entre des lambeaux de forêts.

— Voilà, vous pourriez filer à main droite, par la Caumette, mais la route du bas vaut mieux. Descendez par ce sentier jusqu'au ruisseau, c'est le vallon de Bonahuc. Suivez l'eau, il y a un chemin dans les herbes. Au bout de la vallée, il tourne à droite, devant les grottes dont on vous parlait hier soir. Vous prendrez le col où il y a une ferme et vous redescendrez vers Ferrusac... Vous ne pouvez pas vous perdre.

Comme ils étaient en train de parler, la jeune fille apparut derrière la maison, une brassée d'herbes sous le bras gauche.

— Ah, mademoiselle, que je vous dise au moins bonjour. Il faut le hasard pour avoir ce plaisir.

Il poussa son cheval vers elle, se pencha et lui tendit la main. La fille devint rouge, laissa tomber sa brassée d'herbes et lui tendit la main gauche. Au plein du jour, elle lui parut plus belle, sauvage, noire de peau, les yeux durs, mais agiles. Il lui serra la main en laissant glisser la sienne contre la paume au grain dur et chaud.

— Adieu, belle enfant, on ne peut pas s'arrêter partout où on le voudrait... C'est même plus prudent.

Il se mit à rire et fit volter sa bête.

— Adieu, camarade. Compris.

Comme il allait pousser son cheval dans le petit sentier en pente, il se retourna vers la fille. Les bras ballants, elle le regardait, avec cette même insistance qui l'avait frappé au cours de la soirée de la veille.

« Elle ne doit pas voir beaucoup d'hommes, se dit-il en éprouvant une espèce d'allégresse. La bagatelle n'aurait peut-être pas été très difficile. »

Sous l'action des jambes, les mains rendant les rênes, le cheval commença à descendre. Tourné dans sa selle, le lieutenant fixait encore la jeune fille et cherchait à rattraper, dans la provocation d'un regard, l'aventure perdue et les caresses que cette montagnarde à la peau noire lui aurait peut-être données volontiers, dans la mansarde étroite, au milieu d'une odeur chaude de renfermé. Brusquement, ses yeux se portèrent sur la main droite de Maria : autour du poignet, sous la manche noire et serrée, il y avait une bande blanche, un pansement sommaire et taché de sang. La fille vit ce regard, pivota sur elle-même et, en quelques enjambées, disparut derrière la maison.

— Hé là, dis-moi... qu'est-ce qu'elle a au poignet, cette petite ?

— Ah ? Elle m'a dit qu'elle s'était fait mal, ce matin, en coupant du bois.

Du même coup, les deux hommes avaient compris. L'ancien soldat restait planté, stupide, perché sur sa jambe intacte, balançant l'autre dans le vide et fourrageant d'une main dans ses cheveux. Le cheval, brusquement arrêté, frappait le sol du sabot. L'officier rendit la main :

— Je repasserai peut-être... Au revoir...

La sente était raide. En quelques secondes, la monture et le cavalier se perdirent dans les taillis de hêtres. Le berger, resté dans la même position, se grattait toujours la tête :

— Quelle aventure... S'ils savaient ça.

La pente était difficile à descendre. Le voyageur dut s'employer à retenir sa bête et les accidents de terrain ne lui laissèrent pas le temps de rêver à son étrange découverte. Les cailloux roulaient sous les fers mal assurés et les branches basses de la hêtraie cinglaient le visage du cavalier et l'aveuglaient. Enfin, un petit cours d'eau coupa la sente. Un pont de bois le traversait et, de l'autre côté, commençait une pelouse encore verte malgré la sécheresse de l'été. Le pont franchi, l'homme arrêta son cheval et se retourna. Derrière lui, la montagne se soulevait d'un seul mouvement jusqu'à l'échancrure du col et le toit d'ardoise de la maison apparaissait encore entre les branches.

— Des regrets maintenant ? Au diable... C'était trop difficile.

Le cheval repartit, au pas, dans les prairies. La vallée s'élargissait, entre deux pentes inégalement boisées. Une ferme, adossée à des ruines, apparut derrière un mamelon. Il n'y avait personne mais la maison semblait pourtant habitée. Après elle, s'étendait une sorte de grange, à demi effondrée, aux arceaux en ogive. Plus loin, le cavalier passa devant deux maisons, de construction récente, vides aussi. Puis, le chemin se précisa, sortit des herbages, devint une vraie route entre deux murailles basses de pierre sèche.

Le soleil avait gagné de la hauteur. Il frappait presque droit, lourd, aveuglant. Armand somnolait, se fiant à sa bête. Par moments, comme il allait tomber dans un engourdissement plus profond, il sursautait, ouvrait les yeux et, d'instinct, regardait ses fontes qu'il avait laissées entrouvertes, la courroie de cuir dénouée.

La route était monotone, les champs déserts, silencieux. Au ras des mottes, dans les prairies de plus en plus brûlées et poussiéreuses, des oiseaux se levaient, jetant un cri bref, semblables à des pierres lancées, retombant cent mètres plus loin, dans un creux de buisson. Derrière une éminence, quelques toits apparaissaient et des chemins mal entretenus, sortis de la forêt, semblaient converger vers un village.

— Attention, ici, tourner à droite... Leur caverne doit être là-devant... Ils en font une histoire, pour ce trou. L'autre col, avec la ferme, doit être là-haut.

Devant le cavalier, à quelque cent mètres, le chemin obliquait en effet vers la droite. Dans un col, une maison carrée apparaissait. Au-dessus d'elle, poussés par un vent qui ne touchait pas la terre, de lourds nuages dérivaient lentement, en masses à bords nets comme de plus hautes montagnes.

— Je serai à Meyrueis pour dîner. Après ça j'ai encore un fameux morceau de route. J'irai souper à Florac et demain dernière étape... J'ai bien fait de ne pas aller directement par les montagnes... Que vont dire mes cousins ? Ces histoires d'héritage...

A cent mètres devant lui sur la droite du chemin, un buisson d'aubépines faisait basculer sur la terre une ombre noire et dentelée. Aucun oiseau ne voletait dans le lacis de ses branches. Avec la nouvelle direction du chemin le soleil frappait en plein sur la joue droite du voyageur et l'aveuglait. Des gouttes de sueur, perlant de ses sourcils, tombaient parfois sur ses paupières. Il ferma à moitié les yeux et s'abandonna au balancement de sa bête.

Tout d'un coup le cheval s'arrêta en se cabrant. Trois hommes, brusquement sortis de derrière le buisson d'aubépines, venaient de sauter sur le chemin. Tiré de sa torpeur, le cavalier reconnut les deux garçons de la veille. Chacun d'eux portait un fusil sur l'épaule. Ils se tenaient à la tête de son cheval, l'un à droite, l'autre à gauche, tandis que, en avant, un troisième montagnard barrait la route.

En un éclair, le voyageur évoqua mille histoires qui couraient alors la France : soldats décimés, officiers massacrés par la foule, les émeutes de Lyon, d'Avignon, de Nîmes, les tricolores arrêtés, enfermés, assiégés dans leur prison par la populace, abattus à coups de sabre, de baïonnette et de hache. Dans son abattement, il retrouva tous ses réflexes de soldat qu'il refrénait depuis des jours dans ce pays presque entièrement hostile. Sa main droite plongea dans la fonte entrouverte, saisit le pistolet par la crosse, l'arma d'un coup sec. L'homme qui était devant son cheval lui cria quelque chose, en roulant les *r*, en mâchant les mots. Il saisit mal les paroles mais comprit qu'on voulait l'arrêter. Au même instant, le garçon qui était à sa gauche et qui lui barrait la route libre vers les prés, saisit la bride du cheval, contre le mors, si brutalement que la bête pointa. Un instinct, cent fois confirmé dans les batailles, une sûreté de mouvements, guida la main du cavalier : le pistolet jaillit de la fonte, fit une courbe brève jusqu'au front de l'homme et le coup partit, tandis que le cheval, brusquement enlevé, filait au galop à travers la prairie, sautant le corps effondré.

— Ils vont me tirer dessus. Si j'avais eu le temps de dégainer, je les sabrais.

Droit sur les étriers, allongé sur la selle, la tête contre l'encolure, il filait, augmentant l'allure, crochetant tous les vingt mètres pour gêner le tir.

Une détonation roula dans le calme, vite dispersée dans l'air vaste et sans écho de la haute plaine. Un ronflement bien connu dépassa le cavalier.

— Manqué, se dit-il, mais, au même instant, il sentit son cheval fléchir, désaccorder son galop, couper son allure. Il déchaussa les étriers d'un coup sec, libérant ses jambes. La bête fit encore quelques mètres et, bronchant sur les antérieurs, s'abattit pile.

Comme le cheval tombait, l'homme sautait à terre, et, poussé par le danger, partait droit devant lui, à fond de train. Il avait bien cent mètres d'avance sur ses poursuivants. La prairie descendait vers un ruisseau à moitié desséché, le cachant sous sa ligne de pente. Il franchit le lit de cailloux et se trouva devant une énorme caverne, à l'entrée obstruée de blocs où s'engouffrait le filet d'eau.

— Le salut ou la mort, se dit-il en s'engageant résolument dans ce dédale.

Les deux hommes, un moment stupéfiés par la rapidité de l'événement, avaient pris la course derrière lui. En tournant la tête, il les aperçut qui descendaient la berge du ruisseau. De gros blocs le cachaient déjà mais, craignant leur tir, il fila tout au fond du couloir. Sur sa gauche, de nouvelles galeries se perdaient dans l'ombre silencieuse de la terre. Sans hésiter, il s'engagea dans ces ténèbres, suivit une étroite galerie, ne vit plus rien, broncha plusieurs fois, sentit du sable sous ses pieds, puis une dalle relevée qu'il escalada.

Là, il se mit à réfléchir et perdit toute conscience du temps. Il avait dans sa poche un briquet roulé dans le cuir de sa blague à tabac. Le sac qu'il portait en bandoulière contenait un couteau, un morceau de pain et de fromage et une chemise de rechange. Il battit du briquet, l'éleva au-dessus de son front et aperçut, à cette faible lueur, sous un amoncellement de ténèbres, un éboulis de pierres qui descendait vers une petite grève de sable.

— Je peux encore avancer vers là, se dit-il, et il resta immobile, reprenant ses forces, tâtant ses membres.

Il entendit soudain une rumeur confuse, un bruit de voix qui semblait lointain, mais qui résonnait terriblement dans le silence. Il regarda attentivement et, dans l'obscurité absolue, l'ombre complète qui l'entourait, ne vit rien. Au bout d'un moment, il lui sembla voir danser de vagues lueurs, au plafond de la grande salle et se découper des corniches. Il crut que ses yeux, fatigués de scruter la nuit, créaient eux-mêmes cette illusion. Mais les lueurs recommencèrent à danser, s'allongèrent, dessinèrent des ombres, découvrirent les entablements des parois. En même temps, il entendit, nettement cette fois, une voix d'homme, lointaine et terrible au fond de ce sépulcre.

— On me cherche. Ils ont des torches. Il me faut aller plus loin.

A gestes lents, sans bruit, le ventre collé au rocher, il descendit la paroi, trouva le sable, hésita, anxieux de ne pas laisser de traces visibles, et suivit le bas de la paroi, contre le rocher.

Il sentait, sous ses mains ouvertes, glisser et s'émietter une poussière sèche, une sorte de pollen minéral en suspension contre la roche. Soudain, sa jambe gauche ne trouva plus d'appui. Pendant un moment, il fouilla dans le vide, puis toucha un fond rocheux tandis que de l'eau envahissait sa botte. Il comprit qu'il venait de rencontrer un ruisseau ou un lac qui dissimulerait son passage et s'y engagea résolument.

L'eau était froide. En y plongeant la main, il sentait qu'elle n'était pas morte et courait vers sa gauche. Il prit le sens de ce courant et marcha devant lui. Le ruisseau devenait plus profond, l'eau montait jusqu'à ses hanches. Il sentait le courant qui agitait l'étoffe de sa culotte, contre ses jambes, et, à chaque pas, il craignait de tomber dans un gouffre. Bon nageur, il redoutait moins cet accident que d'être découvert par les hommes qui le cherchaient. Derrière lui, les lueurs des torches, heurtant aux saillies de la voûte sans atteindre la voûte elle-même, dansaient toujours contre les ténèbres. Des souliers ferrés crissaient sur la grande dalle qui faisait masque entre lui et ses poursuivants. Il pressa sa marche, eut de l'eau jusqu'aux épaules, fit encore quelques mètres sur un fond plat et, les épaules et la tête émergeant seules, il s'arrêta.

— Si je suis pris, se dit-il, ils me cassent la tête sans parlementer... Je ne serais pas le premier. Sans armes, sans même y voir, j'y passerais comme un lapin. J'aime encore mieux tenter ma chance.

Par moments, les voix et les pas se taisaient. Le grand silence de la caverne revenait alors d'un seul coup, non pas comme arrive l'eau ou le vent, dans un mouvement, dans un élan, avec un sens, un courant, une direction. C'était un silence total, sans origine, sans limites, inappréciable.

Mais les voix reprenaient, les pas se faisaient entendre à nouveau. La lueur d'une torche monta derrière l'arête de la grande dalle, basculant devant elle l'ombre déchiquetée des rochers.

L'officier comprit que ses poursuivants allaient redescendre vers la petite grève de sable. Dans cette nuit, il ne savait pas si quelque pan de roche pourrait le dérober aux regards, ou si, dans cette illumination tremblante, sa tête et ses épaules allaient apparaître, cibles faciles, sur l'eau lisse. Il repartit en avant, levant au-dessus de lui son bras gauche qui tenait son sac et sa blague. L'eau monta encore et, en même temps, il toucha du bras une voûte.

L'eau s'engouffrait-elle dans un passage surbaissé, sans laisser place à l'air ? L'homme s'arrêta un instant, entendit une voix plus proche et repartit, poussé par l'eau, dont le courant augmentait de violence.

DEUXIÈME PARTIE

LA GRANDE PEUR

Les hommes partis pour les grottes, les vieux du village avaient fait sonner le tocsin à tous les échos de la solitude, pour les bûcherons, les pâtres, les voyageurs en route à travers la montagne, les habitants des fermes écartées. D'heure en heure, tout ce qui vivait à portée de cloche, sous le grand cercle de bronze du clocher, avait rejoint le hameau et grossi la foule qui stationnait devant les portes.

Les bruits les plus extraordinaires circulaient, repris par les têtes les plus raisonnables, exagérés par tous. Des bûcherons, venus de Miquel, racontaient qu'une colonne armée de fédérés et de tricolores suivait l'officier et se préparait, sur l'autre versant, à franchir la montagne. D'autres disaient au contraire que c'étaient des blancs, des miquelets de la Croix, levés autour de Sumène et dans les vallées catholiques. Ils portaient de grands chapelets autour du cou et un écusson blanc à croix rouge sur le chapeau. Leur chef était un capucin selon les uns, un boucher de village selon les autres. Ils avaient mis Valleraugue à feu et à sang et cherchaient à passer en Rouergue pour faire leur jonction avec les bandes royalistes de l'Aveyron.

Tous les hommes venus des bois apportaient des renseignements différents et des précisions étranges. Chacun donnait son explication, apportait un démenti aux explications des autres, mais tous étaient sûrs d'avoir vu une colonne en marche. Elle allait ravager le village, par représailles, incendier les écarts, sabrer les hommes, violer les femmes. Les bûcherons affirmaient qu'ils avaient vu, dans la terre meuble des sous-bois, les empreintes laissées par les chevaux des estafettes et certains d'entre eux, plus sûrs d'eux-mêmes, disaient avoir entrevu, à petite distance, des cavaliers, battant les fourrés, en uniforme de l'armée impériale, la cocarde au chapeau, la carabine appuyée au plat de la cuisse.

Quelques vieux essayaient pourtant de faire barre à ces rumeurs. Ils ne voulaient pas croire que l'inconnu qui avait abattu Albin fût un militaire de l'armée, alors cantonnée au sud de la Loire, en pleine décomposition.

— C'est un rôdeur de grand chemin, quelque criminel de Toulon...

— Non, non, c'est un brigand de la Loire... un égorgeur qui trouve qu'il n'y a pas encore assez de sang répandu.

— Rôdeur ou soldat, c'est tout pareil maintenant. Il n'y a plus de discipline. Depuis qu'ils se sont fait battre au Mont Saint-Jean, ils n'ont plus rien à manger et ne vivent plus que de brigandage. Ils ont mis tous les pays du centre à feu et à sang. Si nous voulons qu'ils ne ravagent pas aussi nos campagnes, il faudra nous armer et nous défendre.

— Oui, oui, bien sûr, c'était un militaire. Il devait marcher en avant des autres pour les renseigner. Il avait bien mis une veste de civil mais les gens de la Serreyrède ont vu ses pantalons et ses bottes. Il était habillé de vert avec des lisérés rouges comme les dragons que nous avions dans le temps en garnison au Vigan.

— Blancs ou tricolores, ceux qui viennent ne doivent pas valoir cher. Ce ne sont pas les hommes de bien qui se mettent comme ça à traîner sur les routes, par les temps de malheur... Cet assassin ne peut être que leur ami... C'est sûrement la même bande...

A chaque instant, quelque traînard arrivait du fond des bois, terrorisé, augmentant encore la panique qui s'était emparée du village.

— J'ai cru ne pas arriver. Le chemin du bois de Lagre était presque coupé par les brigands. Je suis passé par des sentiers de traverse et j'ai couru comme un fou pendant plus d'une heure.

— Tu as vu des soldats ? Des cavaliers ou des fantassins ?

— Pour avoir vu... pas précisément... mais on sent bien qu'il se passe quelque chose... Ça ne se montre pas comme ça, ces bandes de brigands. Ils s'arrangent pour tomber sur les villages sans avoir été vus par personne.

— Pas besoin de discuter pendant des heures, ce sont les

brigands de la Loire, tout ce qui reste des armées de l'empereur. Là où ils se sont retirés, il n'y a plus une poule au poulailler ni une vache à l'étable. J'ai des cousins dans ces pays-là, je sais ce qu'ils ont déjà souffert...

— On aurait dû les désarmer, les obliger à se disperser, les faire garder par les gendarmes.

Avant de venir passer ainsi de bouche en bouche dans ce village de la montagne, tous ces racontars avaient fait le tour de la France. Par ce splendide été, depuis des semaines, un grand peuple militaire, déçu, couvert de gloire, encore menaçant mais vaincu, se fondait chaque jour par la désertion, le licenciement, au milieu des émeutes, dans un plus vaste peuple, ivre de paix et de violence. Jamais plus grande armée n'avait été réunie, et jamais le peuple des campagnes n'avait été aussi fanatisé contre les militaires. Plus de quinze ans de gloire et de batailles s'effondraient ainsi dans un mouvement frénétique vers le calme et la tranquillité.

Le passage d'un homme échappé à la Grande Armée en déroute, un meurtre organisé par le hasard et la crainte avaient suffi pour donner libre carrière, dans ce petit village de montagne, à toutes les passions qui bouleversaient alors la France. D'un seul coup, la guerre civile était entrée dans ses murs et l'on n'y voyait plus que des hommes armés, aux mines farouches, aux yeux fous d'inquiétude et de fureur.

Mais plus encore que toutes ces rumeurs, que toutes ces nouvelles apportées par les fuyards des solitudes champêtres et forestières, la présence du jeune homme mort, de la victime du drame de la matinée, exaspérait ce mouvement de colère et de panique.

De vieilles femmes silencieuses, ridées, cassées par les durs travaux et les maternités, avaient fait la dernière toilette du mort, comme si des mains de femmes jeunes n'avaient plus eu le droit de le toucher. Elles avaient lavé ses mains, sa plaie ouverte, étanché l'humeur qui se caillait en paquet noir sur son front, à la naissance de ses cheveux. Puis, la chemisette fermée, les mains jointes, un mouchoir noué du crâne au menton, fermant la bouche et cachant la blessure, elles l'avaient étendu sur le grand lit, dans la chambre aux volets clos. Aussitôt après, par petits groupes, tous les gens du village se mirent à défiler devant le corps, dans la pénombre où zigzaguaient des mouches et où pleurait le vieux.

Une de ses cousines lui avait prêté une cravate noire et, endimanché par elle, il recevait les gens en attendant sa femme et sa fille que deux garçons étaient allés prévenir à la Serreyrède.

Devant la porte de la maison, en sortant, les gens parlaient bas puis, au bout de quelques mètres, reprenaient leur animation et discutaient, plus fortement repris par leur terreur et par leur colère.

— Il faut mettre le village en défense. Si des brigands viennent nous attaquer, il vaut mieux se battre que se laisser égorger sans rien dire. Mais tout le monde voudra-t-il marcher ?

Tous les anciens de la commune étaient là, entourés de leur clan, soutenus par des jeunes hommes aux mines fermées. Les blancs dominaient, têtus, butés, groupés autour des réfractaires, des déserteurs de l'armée. Les vétérans leur faisaient face, inquiets, abattus. Au milieu d'eux, cassé, raide dans ses rhumatismes, un ancien sous-officier, un filet rouge à la boutonnière, haussait la voix, pour se faire entendre de tous.

— Les tricolores marcheront. Devant un assassinat, il n'y a plus de parti qui tienne. Si une troupe se présente, il n'y a qu'à se mettre en défense et parlementer avec elle dans les règles... On verra bien si ce sont des brigands ou de vrais soldats.

Mais du groupe voisin une voix lui répondait, agressive, méprisante :

— Sans le coup de pistolet, si nos garçons avaient amené ce particulier, ce matin, il y en aurait eu qui auraient été capables de prendre sa défense, rien que parce qu'il était militaire. Mais un meurtre est un meurtre et il n'y a pas d'excuses qui tiennent... Et puis, tout le monde est fatigué par les guerres.

— Soldat ou non, c'est un assassin et ceux qui le suivent des brigands de grande route.

Ainsi, malgré les passions contradictoires, les vieilles haines et les traditions de famille, ce meurtre faisait l'union de tous et libérait un seul sentiment : la lassitude de la guerre, la haine latente du paysan pour le soldat.

Quand le maire fut revenu des grottes, au milieu de l'après-midi, il réunit les notables de tous les partis et tint un petit conseil de guerre pour aviser aux mesures à prendre.

Le vieux soldat parla le premier, un peu cassant, sûr d'être le seul à pouvoir donner un bon conseil :

— Il faut armer tout le monde et assurer la garde de la grotte sans diminuer la défense du village. Il faut faire trois tours de garde et nommer des hommes pour commander chaque peloton.

On discuta longtemps sur les meilleures heures de relève, sur la façon d'éclairer la sortie des grottes pendant la nuit et sur les chefs à désigner.

— Nous sommes tous d'accord, disait le maire au milieu du tumulte. Messieurs, je vous en prie. J'ai eu la confiance de l'empereur, mais j'ai eu aussi celle du roi. J'ai été confirmé par lui dans mes fonctions. Nous sommes tous pour la tranquillité et pour l'ordre dont notre pays a besoin plus que jamais.

Pendant que les notables discutaient ainsi, la foule se ramassait devant la maison du maire où se tenait la séance. Hommes et femmes parlaient et criaient, exaspérant mutuellement leur colère. Ce rassemblement faisait un grand tumulte et, quoiqu'il n'y eût pas de disputes, donnait au village un air d'émeute.

A plusieurs reprises, au milieu de leurs discussions, les anciens s'étaient tus en entendant ces clameurs. Le maire semblait inquiet et se levait souvent pour aller regarder la foule à travers les rideaux de sa fenêtre :

— Il faut les calmer. Si nous les laissons faire, ils vont finir par se rendre furieux.

Après quelques hésitations, il sortit sur le pas de la porte et, levant les bras, réclama le silence :

— Mes amis, il faut garder notre calme... Un abominable attentat nous a tous frappés. Mais nous savons où se cache le coupable. Il ne saurait nous échapper que pour se livrer lui-même à la pire des morts. Etranger au pays, sans feu ni lieu peut-être, sans foi ni loi à coup sûr, déserteur de nos malheureuses armées, ou brigand de grande route, il a payé, en versant le sang, l'hospitalité qu'il avait reçue chez nous. Il ne saurait nous échapper, je vous le répète, et nous le livrerons à ceux qui ont autorité pour juger et pour punir.

Une voix d'homme jeune, encore dans sa mue, enrouée de colère, coupa brusquement le discours.

— Nous le saignerons comme un lapin...

— Oui, oui, répondirent des voix de femmes, à mort.

Le docteur et les anciens s'étaient massés derrière M. de

Camprieu, dans le petit vestibule. Le docteur regardait la foule et, en entendant pousser des cris de mort, il se pencha en avant, comme pour examiner minutieusement un objet et acquérir une certitude à son égard.

— Le plus important, reprit le maire, fléchissant, rompant devant cette explosion de fureur, c'est de mettre la main sur lui. C'est là notre première tâche et notre premier devoir. Nul d'entre nous, j'en suis sûr, ne se dérobera aux obligations qui lui incombent. Nous avons arrêté des listes et investi les hommes capables de fonctions de commandement. Sous leurs ordres, vous assurerez la surveillance de la grotte où se cache ce brigand.

M. de Camprieu aimait à s'abandonner à cette éloquence pompeuse grâce à laquelle il se souvenait avec orgueil qu'il avait été formé par les pères jésuites de Saint-Affrique. Après la Révolution, il avait mis cette éloquence au service de l'Empire, puis de la Restauration. Pendant les Cent Jours, il était resté sur une prudente réserve et s'apprêtait à se consacrer à nouveau au service du roi. Il parlait sans efforts, mais avec une froideur redondante, sans pour cela perdre le sens de l'opportunité et de la manœuvre politique, rompu qu'il était à manier ces hommes simples qui l'admiraient un peu sans l'aimer et le suivaient sans grande confiance. Sa seule tristesse était de ne pouvoir couper ses discours de citations latines et se référer, en parlant, aux auteurs de l'Antiquité.

— Il faut aussi ne pas perdre de vue des circonstances plus importantes et peut-être plus périlleuses. Dans le malheur de la Nation, malgré les efforts du Gouvernement, la sécurité des biens et des personnes reste encore mal assurée. Des rumeurs courent, devançant peut-être des calamités sans précédent. Que Dieu veuille nous épargner après nous avoir tant frappés. Mais le devoir commande de prendre garde et je dois, avec votre aide à tous, assurer la sécurité de nos foyers et des vies qui nous sont chères.

Vingt années de révolutions et de guerres pesaient sur l'esprit de tous ces pauvres gens, rassemblés sous le coup d'une terreur panique. Les événements ne pouvaient plus être, à leurs yeux, que de nouvelles causes de souffrance.

Ils n'espéraient plus rien, mais leur désir de calme et de paix était si fort qu'il faisait naître en eux une sorte de folie, un vertige de la violence.

Un vieux criait, en tendant le bras au-dessus de sa tête, comme font les ivrognes, les soirs de fêtes locales, au milieu d'un cercle d'enfants :

— Vive la France.

— Vive la nation, répondaient des voix d'hommes en pleine maturité, graves, profondes, comme gonflées par l'expérience de longues années.

— Vive la paix, reprenait la grande masse. Vive la paix, à bas les égorgeurs.

— Que les femmes rentrent dans leurs foyers et ne craignent rien sous votre garde.

Le tumulte grandissait. Les clameurs se mêlaient, les cris s'affrontaient les uns les autres.

— Vive la Nation.

— Vive le roi.

Par ces cris, par ces clameurs, tous ces hommes rassemblés par une même crainte se séparaient les uns des autres. Ils retrouvaient leurs passions et se préparaient à la bataille. Le maire le sentit, coupa court à ses phrases et cria de toutes ses forces rassemblées :

— Vive la paix, vive la tranquillité dans le travail.

Le cri fut repris et calma les fureurs qui s'éveillaient. Le maire se hâta de rentrer chez lui, laissant la foule décontenancée et sans force. Après quelques minutes d'hésitation, elle se dispersa lentement, tandis que les chefs désignés par le conseil se hâtaient de rassembler leurs hommes et de les organiser. On les entendait donner des ordres, poser des questions :

— Tu as deux fusils, chez toi ? et de la poudre...

— Les plus jeunes prendront la garde de nuit...

Assis dans son fauteuil, le maire regarda le docteur, s'essuya le front :

— Pauvre peuple, il n'a soif que de paix... L'excès des malheurs le rend ainsi à sa vraie nature. Mais pour pouvoir travailler tranquilles dans leurs champs, ils deviendraient maintenant des bêtes féroces... Gouverner, c'est donner raison à ce désir. Notre peuple est ainsi...

— Pensez-vous, dit le docteur, que si l'on met la main sur cet officier vous pourrez le préserver de la fureur populaire et le remettre à la justice ? J'ai peur qu'ils ne l'égorgent aussitôt que pris.

— Et qu'importe ? J'aimerais mieux sans doute observer les formes légales, mais par le temps qui court... En tout cas, le plus important c'est de maintenir ici l'ordre et la confiance. S'il est vrai que des brigands courent la région et menacent la paix des foyers, il est préférable d'employer les moyens extrêmes.

— Je ne crois pas à ces bruits d'attaque, à ces rumeurs qui courent le village. Elles sont nées de l'émotion populaire, mais rien ne les justifie. Croyez-vous qu'il y ait réellement des cavaliers dans le bois de Miquel ?

— Oui, oui, cependant, tout ce que nous savons ne rend pas ces nouvelles invraisemblables. On se bat dans le Comtat, à Beaucaire où les blancs ont levé une brigade ; à Nîmes où l'on a massacré l'infanterie ; à Montpellier, au Vigan, où l'on a brûlé le temple. Partout, les fédérés se rencontrent avec les miquelets et les gardes nationaux.

— Il faudrait, malgré tout, essayer de sauver cet homme du massacre et, pour cela, donner des ordres aux chefs responsables.

— Rien n'y fera... Mais ne vous inquiétez pas de ce détail. Au regard des dangers qui nous menacent, la chose est sans importance.

Pendant ce temps, le village s'organisait. Trois tours de garde, strictement prévus, assuraient la surveillance des grottes tandis que, en avant des premières maisons, des sentinelles veillaient à la sûreté générale du pays.

Vers les cinq heures, ces sentinelles amenèrent au village deux colporteurs, chargés de ballots de pacotille, qui avaient été surpris par elles sur la route de Meyrueis. Les deux hommes, piémontais d'origine, croyaient leur dernière heure venue et suppliaient qu'on leur laissât la vie sauve.

M. de Camprieu les toisait des pieds à la tête et froissait d'une main les papiers qu'ils avaient remis à ceux qui les avaient arrêtés.

— Pourquoi courez-vous les routes par les temps que nous vivons ? Vous êtes d'anciens militaires ? Vous avez servi dans les armées de l'empereur ?

— On n'a jamais servi, monsieur, et nos passeports sont en règle. Nous avons encore vu les gendarmes à Meyrueis. Ils ont mis des cachets sur nos livrets... A la dernière page. Nous ne faisons rien de mal...

— Pourquoi n'avez-vous pas servi ? fit le vieux légionnaire, d'une voix hargneuse. Vous traînez les routes comme des déserteurs. Le Piémont faisait partie de l'Empire, pourtant. Vous devriez porter l'uniforme.

— C'est difficile de faire plaisir à tout le monde, dit le plus jeune. On nous suspecte d'être des soldats et vous nous reprochez de ne pas l'être.

— Ne répliquez pas, dit le maire. Soldats ou non, vous devriez être aux cinq cents diables.

— Vous étiez seuls ? Vous n'aviez pas de compagnons avec vous ? Vous en êtes bien sûrs ? Un mensonge vous coûterait cher.

— Ils venaient de l'autre côté, fit remarquer un des hommes, ce serait quand même difficile qu'ils fassent partie de la même bande.

Après de longues hésitations, des marches et des contremarches à travers le village, on permit aux deux colporteurs de repartir, mais on leur interdit la route de la Serreyrède et on les obligea de rebrousser chemin et de redescendre sur Trèves.

— Ils pourraient renseigner les troupes qui rôdent dans les bois. A Trèves, ils tomberont sur les gendarmes.

A la fin de l'après-midi, au soleil couchant, la mère et la sœur d'Albin arrivèrent de la Serreyrède. Dès les premières maisons du village, la vieille, silencieuse pendant toute la route, se mit à pousser des cris, donnant des coups brusques de tout le torse et de la tête entre les bras des deux garçons qui la soutenaient. Au contraire, muette, crispée, la fille avançait, toute droite, dans le léger balancement que donnaient à sa marche ses chaussures plates, qui lui faisaient poser d'abord le talon et tendaient ses mollets dans ses bas de grosse laine noire.

Quand elles furent entrées dans la maison, et qu'on les eut conduites auprès du mort, une sorte d'ululement monotone s'éleva, glissa dans la ruelle, incessant, retournant sur lui-même, infatigable. Dans la chambre, Félix et Maria restaient silencieux auprès du père qui pleurait doucement tandis que, sans fin, sans trêve, la mère reprenait ses cris en leur donnant une cadence musicale, comme un dessin de litanie, automatique, facile, et qui semblait devenir étranger à la douleur même qu'il exprimait.

A nouveau, le défilé des visiteurs recommença. A nouveau, la colère des gens reprit force au spectacle du mort. Le docteur, qui était allé chercher sa fille chez les Pagès, fit avec elle une courte visite à la maison mortuaire. Il était aimé de ces pauvres gens qu'il avait souvent soignés et la vieille s'accrocha aux épaules d'Amélie, en répétant, au rythme de sa complainte :

— Mademoiselle, ah, mademoiselle.

— C'est affreux, dit le docteur à Félix en employant le rude dialecte de la montagne : Et je n'ai rien pu faire pour vous...

Au bout d'un moment, le docteur et sa fille se retirèrent. Amélie était bouleversée par ce spectacle auquel les convenances villageoises lui avaient empêché d'échapper. Sa santé délicate, son imagination, toutes les émotions de la journée, inquiétaient son père qui avait hâte de la ramener à la maison. Mais M. de Camprieu, rencontré sur la place, essayait de les détourner de rentrer dans leur domaine de Saint-Sauveur.

— Votre maison est solitaire, monsieur le docteur. Si des bandes courent le pays, elles peuvent tomber chez vous sans que nul ne puisse vous défendre. A votre place, je resterais au village avec mademoiselle, au moins pour ce soir. Ma maison est la vôtre.

Mais le vieux médecin ne voulait rien entendre. Il craignait moins tous ces dangers imaginaires que les émotions du village et l'atmosphère de crainte et de violence qui pesait sur lui.

— Non, non, nous ne risquons rien à la maison. Nous nous enfermerons à double tour... Du reste, des bandes armées ne pourraient venir que de la Serreyrède et nous ne sommes pas sur leur chemin. Et puis, je ne crois pas à ce danger...

Le docteur partit donc avec sa fille, avant la tombée de la nuit, laissant le village en proie à son exaltation. Au même moment, le deuxième piquet de garde qui devait veiller de huit heures à quatre heures du matin partit pour les grottes avec des torches et des lanternes, dans un hérissement de canons de fusils et de tranchants de faux emmanchées à revers.

En grimpant la petite côte, des hommes se retournaient, sans rompre leur marche et, le bras levé, criaient aux femmes qui restaient sur la place :

— Nous le ramènerons en trois morceaux.

L'angélus sonnait, rappelant le tocsin de la matinée, plus précipité qu'à l'ordinaire, emplissant les solitudes. Les lourds nuages noirs qui avaient menacé, au nord, pendant toute la matinée, s'étaient dispersés dans le vent. Le ciel était net, sous la grande poussée lumineuse du crépuscule et le soleil, par-delà l'horizon, heurtait encore le toit d'argent de la Serreyrède, déserte et close.

Sous Miquel, derrière les talus des chemins, d'autres hommes armés montaient la garde, surveillant les bois vides, les pentes solitaires, les hautes croupes où rien ne vivait. Un grand cercle de terreur et d'attente entourait ainsi le village tandis que la nuit tombait et qu'un air frais se levait des fonds de sources et de sable.

Avec la nuit, le village se barricada, ferma les volets et les portes de ses maisons. Dans les remises et les écuries, les vieux poussèrent des charrettes contre les deux vantaux des portes cochères, pour les caler, et les femmes montèrent jusque dans les greniers aveugler les lucarnes ouvertes au vent, pleines de toiles d'araignée et de vieux chiffons couverts de poussière.

Devant la caverne, dans l'ombre plus tôt venue sous les hautes voûtes, la garde montante alluma ses torches et ses lanternes. Elle bloquait la sortie des étroits couloirs, devant l'aven du Balset et surveillait attentivement, au-delà du cercle de lumière, les ténèbres silencieuses qui s'ouvraient sur les entrailles de la terre. Au moindre bruit, pour une pierre qui glissait, un oiseau qui battait de l'aile, un glougloutement des eaux, dix hommes accroupis se levaient lentement, apprêtaient leurs armes et sentaient leur cœur battre à coups longs, sous leur bras gauche replié et dont la main se crispait à la grenadière des carabines.

Plus de dix fois, à voix basse, comme à l'affût du loup, aux postes de la Caumette ou de l'Hort de Dieu, ils se passèrent des uns aux autres l'avertissement solennel et joyeux :

— Le voilà...

Mais le silence retombait sur le mur de nuit qui masquait les galeries souterraines. Il devenait si profond qu'il créait comme un vertige de l'ouïe, un éblouissement des attentions tendues aux limites de la volonté. L'homme en veste de velours qui commandait ce petit groupe haussait les épaules, le premier. Il disait : non, en élevant la voix, et les armes s'abaissaient à nouveau et, n'écoutant plus que d'une oreille, les hommes retombaient dans la somnolence de l'attente.

Au village, tout était silencieux ; seul, derrière les volets clos de la maison où reposait le mort, l'ululement funèbre de la mère reprenait par instants, s'embrouillait, fléchissait, retombait au silence.

Entre les deux talus des terres à seigle, la route de chars s'enfonçait sous la vaste étendue des hauts plateaux. Son invisible tracé se jalonnait dans l'espace par des rideaux d'arbres déjetés sous le vent et par des taillis d'épines noires. A chaque détour, une nouvelle inclinaison de la terre découvrait sur le ciel ces sombres masses de feuillages.

Le docteur et sa fille redescendaient à grandes enjambées vers leur maison, à travers cette solitude toujours reformée et ce silence où chaque parole perdait brusquement toute sa force et devenait secrète en tombant dans de trop vastes espaces, sans résonance et sans écho.

— S'ils mettent la main sur ce garçon, ils l'égorgent sans plus de formes... Je n'arrive pas à comprendre ce qui a pu se passer ce matin.

En haut des talus, un mouvement de l'air froissait les herbes dures. Amélie ne semblait pas avoir entendu son père et balançait sa jupe ronde à chacun de ses pas.

— Je pourrais pourtant le sauver... Non pas le rendre libre, mais l'arracher à cette mort et le remettre aux mains des gendarmes. La sortie des grottes n'est pas surveillée, on peut entrer par là et remonter la rivière souterraine jusqu'aux premières salles où doit s'être réfugié ce malheureux. C'est une chance qu'aucun homme du pays n'ait encore exploré cet abîme. Ils en ont tous une peur superstitieuse... Tu sais que je n'ai jamais osé leur dire que je l'avais traversé de bout en bout. Ils m'auraient cru sorcier... Mais que va devenir ce garçon dans ce dédale. Seul, sans lumière, il n'arrivera jamais à s'orienter. Même s'il voulait retrouver l'entrée, à présent, il ne le pourrait sans doute plus, à moins d'un hasard.

Les premiers grands arbres de la maison sortaient déjà d'une nouvelle ondulation du plateau. Il en venait un air de source, l'haleine fraîche des lieux habités dans les solitudes.

— Père, les gens ont raison. Il y a trop de dangers dans cet abîme. Pourquoi vous exposer pour un homme que vous ne connaissez pas et qui a fait, ce matin, une chose aussi atroce ?... Vous aimiez bien cet Albin... Ces gens de la Serreyrède sont vos amis... Vous dormez chez eux, les soirs d'hiver...

La grande allée d'arbres sous laquelle ils marchaient maintenant donnait une résonance plus humaine à la voix de la jeune fille. Ses paroles ricochaient au court écho des gros troncs de cèdres, comme elles auraient fait dans une pièce close. Pendue au bras de son père, Amélie suppliait, parlait de l'abîme, de ses dangers, des craintes qu'elle avait déjà eues, quelques années auparavant, lorsque, sans rien dire à personne, le docteur avait exploré la rivière souterraine et l'avait traversée de bout en bout. A deux reprises, la jeune fille l'avait accompagné dans ses expéditions et les souvenirs qu'elle avait gardés de cette aventure rendaient plus grande encore sa terreur.

— Non, vois-tu, je connais assez bien l'abîme pour ne pas reculer devant ses dangers. Quant à ce malheureux, dans l'état où il est, il ne peut pas me faire de mal... Quel intérêt y aurait-il ? La seule chose importante, c'est de ne pas éveiller l'attention du jardinier et de Noémi... Je partirai quand ils seront couchés et je serai de retour avant l'aube.

A son tour, la voix du docteur prenait une résonance persuasive. Toujours accrochée à son bras, Amélie se résignait doucement à le laisser faire. Il lui expliquait tout ce dont il allait avoir besoin, pour tenter cette aventure ; il lui demandait si elle pourrait trouver, sans l'aide de la servante, des cordes et des chandelles.

A table, ils ne parlèrent plus de ce projet à cause de Noémi et le début de la soirée s'écoula, pareil à tous les autres. Aucun bruit ne traversait les terres à seigle et les hauts plateaux couronnés de bois. Le front aux vitres, Amélie regardait la nuit d'été, rassurante et calme. Le docteur tapait machinalement, avec sa cuillère à café, sur le bord de la table et la vieille bonne desservait lentement en cherchant à parler avec ses maîtres. Quand ils furent seuls, le docteur se mit à plaisanter.

— Tu peux me préparer un bon déjeuner pour demain... Défense d'avoir l'ombre d'un souci avant cinq heures du matin. Mets-moi des provisions dans ce sac.

Tout en bavardant, le docteur préparait son attirail qu'Amélie avait sorti du fond des armoires. Il changea ses bottes et ses culottes de cheval pour de vieux pantalons et des espadrilles.

— Ouvre mon lit et défais-le... Si jamais Noémi entrait dans la chambre avant mon retour, elle croirait que je viens de me lever.

Comme le docteur embrassait sa fille, dix heures sonnèrent dans le vestibule. Sur le perron la nuit était claire, sans lune. Rien n'y faisait lever de ces grandes ombres mouvantes qui semblaient toujours chercher à prendre forme humaine.

Pour gagner la sortie des grottes, il fallait descendre une colline et cheminer à travers bois jusqu'à la lèvre de la gorge étroite creusée dans la roche par le ruisseau sorti de l'abîme. Le sentier descendait en pente raide, mais le docteur connaissait ses moindres détours.

En sautant de racine en racine, en glissant sur les éboulis et sur les aiguilles de pin, il s'enfonçait dans cet étroit défilé au fond duquel grondait le torrent.

Au fond de la gorge, le paysage devenait effrayant. Les deux parois calcaires, rongées par longues bandes, montaient droit vers le ciel, sinueuses, couvertes d'arbres noirs accrochés à des fissures de terre végétale. Arrivé à hauteur de l'eau, le docteur se mit à en remonter le courant en sautant de roche en roche. Mais, tout d'un coup, une haute muraille, verticale, barra l'étroite vallée, formant un cul-de-sac gigantesque, un à-pic de plus de cent mètres au-delà duquel on ne voyait pas d'issue. En même temps, un souffle glacé s'abattit sur le docteur et le tumulte d'une cascade, le bruit d'une trombe d'eau sans cesse renouvelée emplit la nuit, comme démasqué par un dernier détour des parois de roches.

C'était l'étroite fissure, large à peine de sept à huit mètres, haute de quatre-vingts, par laquelle revenait à l'air libre la rivière souterraine engloutie de l'autre côté du plateau. L'immense caverne s'ouvrait là, poussant devant elle un air glacé, pur comme l'eau qui jaillissait de ses conques calcaires. Cette bouche de l'étroite vallée, par des lieues de tunnels et de galeries, communiquait avec l'autre bouche, ouverte sur le haut plateau et dans laquelle le lieutenant avait échappé à ceux qui le poursuivaient.

A quelques mètres de la fissure, le docteur s'arrêta et alluma sa lanterne en l'abritant du vent contre sa poitrine. Le souffle de l'abîme éteignait la petite flamme et il lui fallut plusieurs minutes pour arriver à faire prendre la mèche de sa lampe.

Aucun bruit ne venait du plateau, à cent mètres au-dessus de sa tête, là où les hommes du village montaient la garde en scrutant les moindres mouvements de la nuit.

Après avoir guéé le ruisseau, sur un petit fond où l'eau courait entre deux gouffres, le docteur s'engagea sur la première corniche et prit rapidement de la hauteur.

A ses pieds, le ruisseau coulait parfois à une profondeur de sept ou huit mètres et, parfois, après une cascade, arrivait à la hauteur même du sentier. Celui-ci se rétrécissait par moments jusqu'à ne plus être qu'un mince entablement où le pied trouvait à peine une prise. Alors, tourné vers la paroi, le ventre collé au rocher, les mains agrippées aux saillies, le docteur gagnait mètre par mètre en calculant chacun de ses gestes.

L'obscurité était déjà presque complète, plus profonde encore que celle de la nuit, mais différente par la qualité de son silence que trouaient, comme un corps étranger, les écroulements de l'eau dans les cascades. Ce tumulte n'arrivait jamais à se mêler entièrement au silence. Il alternait avec lui, sans jamais le dominer.

Au bout de cet étroit sentier, le docteur s'arrêta et fit face à la paroi. Une cheminée de trois ou quatre mètres s'y creusait et, au-dessus d'elle, s'étageaient de nouvelles corniches qui, dessinant de vastes marches, grimpaient vers le haut de la voûte. Le docteur rejeta son sac sur son dos, prit sa lanterne entre ses dents et, levant les bras, haussé sur la pointe des pieds, assura ses prises de mains sur le rebord de la première corniche. Cet homme qui avait dépassé la soixantaine était maigre et leste. D'un rétablissement, il se hissa le long de la roche, affirma ses pieds sur de minces saillants, lâcha une main, en saisit une prise plus haute et, d'un second rétablissement, basculant le corps vers la gauche, se mit à plat ventre sur la dalle.

Là, il se releva et put continuer à monter sans difficulté les entablements, gagnant de la hauteur jusqu'à se trouver presque au niveau de la voûte. Sa lanterne l'éclairait faiblement, ne découvrant le chemin que pas à pas et plaquant sur les rochers une lueur jaune qui semblait être le halo même de la poussière suspendue sur les parois.

Des galeries s'ouvraient de tous côtés, mais le docteur semblait bien connaître les lieux. Il se dirigea droit, au sommet des entablements, vers un étroit couloir ouvert dans la roche et s'y engagea. Le passage était étroit, sinueux, coupé par d'autres galeries. Au bout de quelques mètres, le silence y était total, sans limites. Le vieil homme avançait rapidement, retenu parfois par des étranglements des parois qui l'obligeaient à passer de biais, les bras en croix, ou à plat ventre. Jamais il n'avait la moindre hésitation devant le lacis des galeries divergentes et marchait droit à travers ce dédale. A deux reprises, des difficultés plus grandes ralentirent sa marche : il dut descendre une paroi presque à pic en se laissant tomber, les mains en avant, sur des prises suspendues dans le vide, et il dut traverser une grande dalle oblique, plongeant vers un trou noir, sous une paroi inclinée dans le même sens et trop éloignée pour offrir un appui à son bras.

Tout d'un coup, le bruit de l'eau emplit à nouveau le silence. La galerie débouchait sur le torrent, à une assez grande hauteur, au-dessus d'une paroi verticale. A plat ventre sur la corniche, le docteur reconnut les lieux, pencha sa lanterne dans le vide, sonda ce trou noir et, à quatre pattes, s'avança sur la mince plate-forme. A l'extrémité de la corniche, il descendit sa lanterne à bout de corde, jusqu'au bas de la paroi, puis se laissa glisser lui-même, pendu par les mains le long du mur lisse.

Quand il fut à bout de bras, la pointe de ses pieds put s'engager dans une anfractuosité, creusée dans ce mur. Les pieds calés, il lâcha une main, saisit le bord supérieur du trou, en fit autant pour l'autre main, resta ainsi quelques secondes, le corps dans le vide, accroché des pieds et des mains à ce trou creusé dans la roche et, d'un coup de reins, s'y mit à plat ventre. Il y rampa pendant plusieurs mètres, puis recommença le même mouvement. Il toucha du pied le sommet de la grande dalle qui descendait jusqu'à la rivière. Il y reprit sa lanterne, traversa l'eau en se laissant tomber de toute la longueur de son corps d'une paroi sur l'autre et se mit à remonter le courant en suivant d'étroites saillies ou en avançant le long des deux murailles par compression des bras et des jambes. Il tenait sa lanterne entre les dents et parfois, sur un entablement plus large, s'arrêtait pour souffler, le front couvert de sueur, la gorge râpeuse.

Par moments, l'eau était profonde, rapide et toujours si claire que, sous la lueur du falot, le fond de rochers et de petits cailloux apparaissait tout proche.

Le docteur remontait ainsi la rivière souterraine en direction du grand porche d'entrée. Pendant un long moment, il dut avancer en se mettant à l'eau. Celle-ci montait jusqu'à sa taille, glacée, parfois violente. Des galeries s'ouvraient à chaque instant dans les parois, multipliant les détours de l'immense hypogée.

Sur une petite grève de sable, au bord du ruisseau, le docteur s'arrêta, tira de son sac un papier soigneusement plié. C'était le plan sommaire de la rivière souterraine, levé par lui, et grâce auquel il allait essayer de fixer l'itinéraire qu'avait pu suivre l'officier.

Il l'orienta avec une petite boussole qu'il portait à sa ceinture et suivit du doigt le tracé des galeries.

Il était alors tout près de la petite grève de sable au bord de laquelle le lieutenant s'était mis à l'eau.

— Il a dû au moins arriver jusque-là pour échapper aux recherches... A moins qu'il ne se soit jeté dans une galerie transversale... S'il a suivi le fil de l'eau, il a pu être entraîné et noyé dans quelque gouffre. Le plus simple est de chercher à découvrir ses traces. Mais il ne faudrait pas que ceux qui gardent l'entrée aient poussé une reconnaissance jusqu'à la première salle. La lueur de ma lanterne leur donnerait l'éveil.

Il masqua du mieux qu'il put son falot et prit pied sur la petite grève au bas de la dalle que le lieutenant avait descendue le matin. Il regarda minutieusement, ne vit rien d'abord puis, brusquement, aperçut quelques traces qui suivaient le haut du sable et allaient jusqu'à l'eau.

— Voilà... Il a dû descendre le courant. La première manche est perdue. Je croyais le trouver ici. Ses chances diminuent. Seul, sans lumière, il a pu se noyer et se rompre les os. Je vais d'abord jeter un dernier coup d'œil dans la salle et puis je redescendrai le courant en cherchant sa piste.

Mais des sentinelles pouvaient être postées dans la galerie d'accès et tirer sur lui en apercevant le feu de son falot. Il réfléchit un moment, abandonna sa lanterne derrière la dalle et partit en rampant. Dans l'obscurité, il perdit plusieurs fois sa direction, et, plusieurs fois, se plaqua au sol, alerté par un bruit léger et croyant avoir attiré l'attention des hommes de garde.

— Il n'y a rien à faire par là. S'il est revenu auprès de la sortie je ne peux rien pour lui. Le jeu est trop dangereux... Il n'en vaut pas la chandelle, ajouta-t-il avec un petit rire d'énervement.

Il revint sur ses pas, reprit sa lanterne et, s'étant mis à l'eau, redescendit le courant.

Il avait espéré rencontrer l'officier dans la grande galerie. Il avait cru tout d'abord arriver au but sans trop de peine, aussi, trompé dans son attente, il commençait à désespérer. Il connaissait trop bien tous les détours de l'immense caverne, le réseau des couloirs et des galeries, pour ne pas imaginer tous les accidents qui pouvaient s'y produire. La plus grande partie des couloirs et des salles de la rivière souterraine, devinés seulement, dans des gouffres d'ombre, au cours de ses explorations, lui restait encore inconnue et il sentait, tout autour de lui, les pièges silencieux de l'abîme.

— Il est perdu, se répétait-il en avançant, de l'eau jusqu'à la ceinture, la lanterne haute, scrutant les parois.

Quand il fut assez loin du couloir d'entrée, il se mit à crier, appelant à pleine voix, puis se taisant brusquement dans la crainte d'effrayer le fugitif. Du reste, le silence étouffait ses cris, les repoussait comme avec un corps dur et imperméable.

Soudain, sur un bec de rocher qui s'avançait dans la rivière, poli par les eaux, tranchant, il aperçut un petit morceau d'étoffe. Il le prit dans ses mains et reconnut que c'était un lambeau de zéphyr rayé qui avait pu appartenir à une chemise. L'étoffe était salie et mouillée, mais n'avait pas dû séjourner longtemps dans la grotte. Elle semblait avoir été déchirée brusquement par ce bec de rocher auquel elle était restée accrochée.

— Ce ne peut être que lui. Il a dû passer par là. Jusqu'ici, le ruisseau n'est jamais si profond qu'un homme ne puisse le franchir... mais plus loin, il y a des gouffres, des cascades... s'il ne sait pas nager.

Il grimpa alors le long des parois, cheminant au-dessus du ruisseau, dont il explorait le fond sous la lueur de sa lanterne. Il avançait lentement et ses forces commençaient à fléchir.

Il se retrouva enfin sous la grande dalle inclinée, contre la paroi verticale par laquelle il avait débouché de la galerie sur le ruisseau.

— Plus loin, il y a les hautes cascades et les trous d'eau... Malheur à lui s'il est passé par là. Mais il a pu grimper contre ces parois.

Il examina alors minutieusement les rochers et, sur la rive gauche, aperçut comme des éraflures, des traces de mains et de souliers. Il monta le long de la paroi, vit plus nettement les traces et aboutit à une galerie au sol couvert de sable qui s'ouvrait sur une salle, à voûte basse. Les empreintes étaient plus nettes : un homme était passé par là, il y avait peu de temps.

— C'est lui... Mais s'il a continué dans ce sens, il a dû aller sortir sur les corniches qui dominent le courant, dans l'axe de la sortie. Il y a des à-pics de soixante ou de quatre-vingts mètres, et l'illusion du jour qui a pu l'attirer...

Tout à coup, à l'entrée de la salle, la lueur de son falot tomba sur une forme étendue, immobile. Bien que brave et prêt à cette rencontre, le docteur tressaillit. Il saisit rapidement son pistolet et cria :

— Qui va là ?

Rien ne répondit. Le silence était total et cette nécropole sans cadavres plus muette que les tombeaux. Le corps étendu sur le sable avait l'air d'être là depuis des siècles. Il évoquait l'idée de la mort elle-même, effrayante, immobile. Mais cette idée, loin d'augmenter sa crainte, parut familière au docteur et le rassura. Il posa sa lanterne sur le sol et se mit à genoux.

C'était bien l'officier, couvert par la boue jaunâtre de l'abîme, trempé de la tête aux pieds, la chemise déchirée. Sous la main du docteur, le cœur battait faiblement, mais à coups réguliers. Les yeux, découverts d'un coup d'index, sous les paupières tendues, étaient nets. L'homme n'était qu'évanoui. Le docteur le mit sur le dos, l'accota à la paroi et introduisit entre ses lèvres le goulot de la bouteille de vin. Le vin coula des commissures, tacha la poitrine, mais la pomme d'Adam se souleva et l'officier avala une petite gorgée. Un instant après, il ouvrait les yeux.

— Ne parlez pas et ne craignez rien... Reprenez vos forces.

Mais l'homme poussa un cri étouffé et son visage se contracta de souffrance. Ses deux mains se portèrent vers sa jambe droite dont il essaya de changer la position.

— Nom de Dieu de nom de Dieu... Tournez-moi le pied vers la gauche. Aïe.

— Blessé ?

— Je dois m'être brisé la jambe, je souffre atrocement... J'ai déjà dû m'évanouir... C'est insupportable.

Le docteur enleva la botte et fendit la culotte d'un coup de couteau. Le blessé jurait et geignait avec des mouvements de pudeur et de révolte.

— Tonnerre... Je ne suis plus un homme... Ne pas pouvoir supporter ça...

— Non, non, ce n'est pas rien... Attendez que je vous arrange. Il faut quitter ça. C'est très douloureux. Oui. Criez, ça ne fait rien... Laissez-moi voir... Oui, le tibia semble brisé... Oh là, la fracture est double... Diable, diable...

Les deux poings aux dents, la nuque portant sur le sol, le dos en arche de pont, l'homme râlait de souffrance.

— Tenez, buvez un bon coup. Vous mangerez un morceau après cela... Vous devez crever de faim.

— Quelle heure est-il ?

— Quatre heures et demie du matin, dit le docteur en regardant sa montre. Il y a presque un jour que vous êtes dans cette caverne.

— Mais c'est le sépulcre lui-même. J'ai cru devenir fou dans cette nuit.

Le docteur arrangea la jambe blessée, provisoirement, puis il fit boire et manger l'officier.

— Comment avez-vous fait pour venir jusqu'ici ? C'est un miracle et c'est un miracle aussi que vous vous soyez blessé. Si vous aviez continué, vous alliez à la mort... Vous étiez sans lumière ?

— Pas tout à fait. J'avais un briquet, mais il ne marche plus... J'ai suivi le courant, pensant qu'il devait sortir quelque part. Au reste, je n'avais pas le choix. De temps en temps, je m'éclairais pour me reconnaître. J'ai donc descendu la rivière jusqu'à un chaos de rochers. Il a fallu parfois que je me mette à la nage ; j'ai été roulé par le courant, déchiré, meurtri... Sur ces blocs de rochers, j'ai résolu de sortir de l'eau. J'étais glacé, fourbu. A la lueur de mon briquet, j'ai vu que je pouvais grimper, j'ai grimpé... A quelques mètres d'ici, sur une dalle gluante, à peine en pente, j'ai glissé et je me suis tordu la jambe. J'ai cru crever de douleur... Je me suis traîné jusqu'ici... Voilà.

L'homme avait parlé vite, avec une sorte de bondissement de fièvre, comme pour se libérer. Dans la demi-clarté, ses yeux brillaient et, par moments, se fermaient sous une poussée de douleur. Le docteur admirait la suite de hasards et l'énergie qui avaient permis à l'officier d'échapper à la mort dans cette tombe toute prête. Il ne pensait pas que, sans sa venue, l'homme n'aurait plus bougé de cette couche de sable où la mort était déjà sur lui.

— Suis-je loin de la sortie ? reprit l'officier, où est le jour ?

— Pas très loin... Mais aujourd'hui, avec votre jambe brisée, il n'est pas possible de songer à sortir... D'autant plus que l'on vous cherche.

En disant ces derniers mots, le docteur avait baissé la voix, ralenti son rythme.

— Mais je ne crains rien... Je ne demande pas mieux... Quelle effroyable affaire...

— Voyons, que s'est-il passé ? Vous savez que vous avez tué un homme, hier matin ?

— Pouvais-je faire autrement ? Ils m'ont sauté dessus, à trois... J'avais trop de souvenirs sur ce qui se passe en ce moment à travers la France pour me laisser faire sans résister. J'ai peu réfléchi du reste. En avais-je le temps ? J'ai tiré pour faire lâcher prise. Mais j'étais en état de légitime défense. Ils étaient armés... Je suis prêt à répondre de tout cela devant la justice. Mais ils m'ont tiré dessus comme sur un lapin et je n'avais que la ressource de fuir devant moi.

Le docteur soupira. Il était assis en tailleur sur le sable, à côté du blessé.

— Tout cela est effroyable... Ils ne voulaient pas vous faire du mal. N'en parlons plus, monsieur, mais tout le village est à vos trousses... Je veux bien vous aider ici à vivre et à vous remettre d'aplomb... C'est l'affaire de quelques jours... Puis à sortir sans être vu... Mais il faut me promettre de vous livrer ensuite à la justice, c'est elle qui devra éclairer cette affaire.

— Parole d'honneur, monsieur, ma vie est entre vos mains. Vous en disposerez d'après votre conscience. Je ne songe pas du reste à échapper aux conséquences d'un acte auquel j'ai été contraint... Mais faites-moi la confiance de croire que mes mains n'ont pas versé le sang par légèreté ou pour des raisons pires... Si j'ai tué, je ne suis pas un assassin... Quelle raison pouvais-je avoir ?

Le docteur, d'un mouvement brusque, prit la main de l'officier et la serra fortement.

— Je garde votre parole... Je dois être net envers moi-même. Comptez sur moi, monsieur.

Les deux hommes restèrent silencieux. Les espaces souterrains étaient muets. Par moments, pourtant, un bruit terrible y roulait. Mais ce n'était qu'une goutte d'eau tombant de la voûte ou qu'un éclat de roche délité glissant sur le sable. Tout sentiment du temps semblait être aboli par ce silence et cette immobilité. Aucun souffle d'air ne touchait la flamme jaune de la lanterne.

— Il faut que je pense à partir. Il serait imprudent de prolonger mon absence. Ma fille craindrait pour moi... Je vais vous laisser ces quelques provisions, des chandelles et ce tricot de laine. Prenez votre mal en patience... Faites-vous lumière quand l'obscurité vous sera insupportable... Vous ne risquez rien ici. Cette nuit, je reviendrai avec des provisions et de quoi réduire votre fracture... Après cela, nous aviserons. Tâchez de reposer.

L'officier le remercia en tenant ses mains. Il souffrait encore beaucoup et parlait comme un fou, les yeux saillants, la bouche contractée.

— Economisez vos chandelles... Je ne pourrai pas vous en apporter beaucoup... Je risquerais, en renouvelant trop mes provisions, de donner à jaser aux gens d'ici. Il n'y a rien à craindre, là où vous êtes, je vous le répète. Il n'y a ni animaux...

Pendant un moment, le docteur pensa à laisser son pistolet au lieutenant, mais il se ravisa et lui fit des adieux brusques :

— A cette nuit...

Il partit, le laissant dans l'obscurité. Le silence se referma, derrière lui, sur cet homme blessé et gisant comme un mort dans les entrailles de la terre.

En toute hâte, le docteur regagna la sortie. Il faisait déjà clair et l'eau des cascades et des conques était bleue, pure. Les membres brisés, transi de froid, le docteur s'arrêta un instant pour soutenir le choc du grand jour. Puis, par les chemins de traverse, il gagna les bois et se hâta vers sa maison. Sur le plateau, en arrière de lui, la cloche du village sonnait à toute volée.

Le soir même, le docteur retourna dans la grotte, après avoir passé la journée au village où les gens étaient toujours affolés de terreur. L'absence de tout événement réel, loin d'avoir calmé leurs craintes, les avait encore exaspérées. Les patrouilles envoyées en avant-postes, sur la route de la Serreyrède, avaient ouvert le feu sur des ombres et, toute la nuit, le tocsin avait sonné, tandis que la mousqueterie claquait aux échos des bois, hachant des cavaliers fantômes, nés du brouillard et des rayons de la lune. Dans leur certitude d'être attaqués, ces montagnards braves et calmes devenaient furieux et combattaient contre les mirages de leur esprit, sans lâcher pied. Ni la raison ni la panique ne pouvaient leur faire rompre ce combat et leurs propres balles, tirées dans tous les sens, leur donnaient l'illusion d'une attaque. A l'entrée des grottes, des piquets montaient toujours la garde, attentifs aux bruits du dehors comme à ceux qui venaient des profondeurs de la terre.

A neuf heures du soir, sûr de n'être inquiété par personne, le docteur partit de chez lui, chargé de provisions et de couvertures préparées en secret par sa fille pendant la journée. Il arriva sans encombre devant la sortie de la rivière souterraine et gagna rapidement la salle où gisait le lieutenant.

En s'engageant dans le dernier couloir, il aperçut le reflet d'une faible lumière. L'officier avait éclairé une de ses chandelles et, quand le docteur arriva devant lui, il se souleva malgré sa jambe blessée, fiévreux, les yeux brillants, secoué par une étrange exaltation, hoquetant de souffrance.

— Ah merci, merci d'être venu... On attrape la folie des tombeaux dans ce sépulcre. J'étais sans heure et je n'avais plus aucune idée du temps. Combien y a-t-il de jours que vous êtes parti ? Je souffre encore, mais ce n'est rien. La douleur est une compagne.

— Allons, dit le docteur, ne vous laissez donc pas abattre... Peut-être vous faudra-t-il rester deux ou trois jours sans que je revienne... Il n'y a pas vingt-quatre heures que je vous ai laissé.

Il sortit les provisions. Le blessé, qui n'avait plus rien à manger, se jeta sur elles.

— Là, vous en avez bien pour deux ou trois jours. Si jamais j'étais empêché de revenir une nuit, vous auriez de quoi ne pas souffrir de la faim. Ne mangez pas trop, du reste.

Quand l'homme eut mangé, le docteur lui installa une couche avec les couvertures qu'il avait apportées, l'isolant du sol froid et des rochers qui lui meurtrissaient le dos.

— Maintenant, il va me falloir vous faire un peu souffrir. Je m'en vais essayer de réduire votre fracture et d'immobiliser votre jambe.

Ce fut long et pénible. Plus maître de lui que la veille, ou plus abattu, l'officier criait moins mais gémissait sous la douleur. La fracture était grave et le docteur eut toutes les peines du monde à remettre les os en place et à immobiliser la jambe entre deux planchettes de bois.

— Voilà, c'est une affaire de quelques jours, de quelques semaines. Il faut prendre votre mal en patience... Comptez vingt jours. Après cela, on verra de vous aider à sortir d'ici.

— Je serai boiteux ? dit l'homme avec un ton de crainte puérile que les circonstances et le lieu rendaient comique.

— Je ne peux répondre de rien, mais j'espère bien que non. Du reste, pensez qu'en étant ici, vous échappez à un sort pire. A l'heure actuelle, si vous tombiez aux mains de ceux qui vous cherchent, je ne répondrais pas de votre vie.

L'officier resta silencieux, haletant encore de souffrance, le visage couvert d'une sueur grasse que faisait luire le feu de la lanterne.

— Je les comprends, dit-il enfin, j'ai tué un des leurs, je ne suis pour eux qu'un assassin. Ils ont raison d'en vouloir à ma vie.

Le docteur ne répondit pas et lui tendit une bouteille de vin. L'homme but à longs traits, avec un plaisir visible. Il semblait revenir à lui et retrouver toutes ses forces, mais pour tomber immédiatement dans une sorte d'ivresse, une exaltation de la délivrance. Il se mit à parler à toute vitesse :

— J'ai trente-deux ans, voilà treize ans que je cours le monde avec les armées de l'empereur. Ma famille était originaire de Mende où je suis né en 1783 et j'ai encore des parents dans cette ville et des intérêts à y défendre... Au début de la révolution, quand j'avais à peine huit ans, mes parents sont venus à Paris, où mon père occupait des fonctions publiques. A dix-neuf ans, je me suis engagé dans les dragons, à Compiègne, où se trouvait le deuxième escadron du 6e et, depuis, j'ai servi comme un bon militaire. J'ai peu l'habitude des civils et les circonstances actuelles m'ont jeté au milieu d'eux sans que je sois préparé à m'accommoder à leur façon d'être... Je suis ainsi peut-être devenu un étranger pour mes propres compatriotes...

— Ne philosophez pas ainsi sur ce qui vous arrive... Il n'y a là-dedans qu'une suite d'horribles hasards. Notre pays est à feu et à sang, la crainte et la suspicion empoisonnent les rapports de tous les citoyens et chacun de nous peut en être victime... Il est vrai que nos paysans sont exaspérés par ces guerres trop longues. Depuis plus de vingt années, on les arrache à leurs champs, on les jette au combat aux quatre coins de l'Europe. Ils ne désirent plus que pouvoir travailler tranquilles. Je vous le disais l'autre soir.

— L'autre soir ? Ah oui... Il me semble être déjà dans un autre monde. J'ai déjà disparu du milieu des vivants, comme disparaissent en ce moment la grande armée et la Vieille Garde... Ah, monsieur, je suis peut-être indigne de votre pitié et la providence avait marqué ma dernière heure sur le sable de cette caverne. Pourquoi m'arracher à ses décrets ? Seul, sans emploi, rejeté par ceux que j'ai cru servir, je n'ai sans doute qu'à disparaître...

— Allons, monsieur, n'augmentez pas une sympathie qui me rend déjà difficile d'être votre gardien en même temps que votre ami. Je connais mes devoirs et ne veux manquer à aucun...

— Vous avez ma parole, dit brièvement le jeune homme. Ni vous ni moi ne pourrions revenir maintenant là-dessus. Soyez assez bon pour ne plus penser et pour ne plus faire allusion à cette situation... Vous me sauvez de la plus atroce des morts...

Les heures passaient lentement. Le docteur somnolait parfois. Pour économiser les chandelles, les deux hommes avaient éteint la lumière et, dans l'ombre, continuaient à parler à voix basse. Dans cette nuit, dans ce silence, hors du monde, plus près des morts que des vivants, ils se rapprochaient l'un de l'autre mieux qu'ils ne l'auraient fait au bout de longs mois d'amitié dans des conditions normales. L'officier parlait de ses campagnes, de l'empereur, du monde qu'il avait parcouru, le genou fixé sur sa selle. Il reprenait le récit de la dernière bataille, de cet après-midi de folie où, au milieu de quarante mille cavaliers, il avait tourné pendant des heures autour des carrés anglais, impénétrables, serrant les rangs, toujours hérissés de baïonnettes.

Le docteur parlait de ses résidences lointaines, de ses voyages aux Grandes Indes, de sa retraite dans ce coin de montagne et, surtout, de sa fille, gardienne de la maison, seule raison de vivre de sa vieillesse. Il parla d'elle longuement, comme s'il eût été seul, et l'officier l'écoutait sans mot dire, sans bouger.

A trois heures du matin, le docteur partit, laissant le blessé dans la nuit, promettant de faire tout son possible pour revenir le lendemain.

A partir de ce jour-là, une vie étrange s'organisa qui ramenait presque chaque nuit le docteur auprès de l'officier. Une amitié de plus en plus forte se noua entre les deux hommes et la fille du docteur fut entraînée dans ces liens avant même que d'avoir vu une seule fois l'étranger.

Quand son père, au petit matin, revenait de la grotte, Amélie se précipitait pour avoir des nouvelles et pour savoir si rien de fâcheux n'était arrivé. Dès le premier jour, elle s'était passionnée pour cet inconnu, meurtrier, innocent, frappé par le destin et condamné à rester de longs jours sous la terre en attendant la guérison et l'heure de se livrer aux gendarmes. Pour une femme jeune, seule, sans autre affection que celle de son père, ces circonstances avaient une étrange puissance, capable de renouveler toute une vie. Au matin de son premier retour, Amélie demanda à son père des détails sur l'inconnu, sur son visage, son aspect, sa conversation. Elle passa dès lors ses journées à préparer en cachette des provisions pour l'officier, à choisir des couvertures légères et chaudes pour lui improviser un lit. Quand le soir vint, elle essaya de décider son père à la prendre avec lui dans la grotte :

— Vous m'avez déjà permis de vous accompagner dans vos explorations... Sans doute, n'ai-je pas traversé complètement la rivière souterraine mais ce jeune homme est maintenant assez près de la sortie. Seule, la descente de la paroi présente quelque difficulté, mais je puis en venir à bout. Une main de femme ne serait pas de trop pour arranger la prison de ce malheureux.

Mais le docteur ne voulut pas céder. Une double absence, pendant toute la nuit, risquait d'être trop facilement remarquée.

Les gens étaient encore trop en éveil. Du reste, l'officier en avait pour de longs jours d'attente, la fracture de sa jambe était grave. D'ici quelque temps, on pourrait voir. Petit à petit, on l'installerait commodément dans sa caverne. A ce moment-là, la visite pouvait avoir quelque utilité.

En attendant, il s'établit entre la jeune fille et l'officier une sorte de dialogue, une conversation par personne interposée. Amélie donnait des conseils au lieutenant, lui envoyait des fruits, des fromages. Pour lui permettre de résister à l'ennui des longues heures de solitude, elle lui faisait parvenir aussi des livres, lui imposait ses goûts, ses préférences.

— Ma fille m'a dit de vous faire lire cet ouvrage... Ce sont les poésies d'un Ecossais, je crois. Il n'y parle que de brouillards, de lunes, de nuit et de cavernes. Je n'aime pas trop ça, mais elle ne trouve rien de plus beau. Elle est sûre que rien ne peut vous faire plus plaisir, dans la situation où vous êtes. C'est tout à fait ce qu'il vous faut, à son jugement. Tenez, poésies d'Ossian...

Tandis que les jours passaient, Amélie s'employait à convaincre son père de l'emmener un soir avec lui, dans la grotte. Elle avait maintenant l'impression de connaître parfaitement ce jeune homme qu'elle n'avait jamais vu mais qui faisait l'objet de toutes les conversations de sa journée et de toutes les pensées de ses nuits. Le docteur hésitait encore et cherchait à gagner du temps mais, habitué à céder aux caprices de sa fille, il s'accoutumait peu à peu à l'idée de cette expédition dangereuse.

De son côté, l'officier, mis au courant de ces projets par le docteur, attendait avec impatience la visite de la jeune fille.

— Alors, est-ce pour demain ? Je ne vis plus que pour cette soirée... Je ne peux pas dire que les jours soient longs ici, car il n'y a ni jour ni nuit mais rien que des heures terribles. Il y a des moments où je crois devenir fou et je donnerais ma vie pour voir un peu de ciel, un arbre, un nuage... Votre jeune fille remplacera tout cela.

Il y avait déjà dix jours que l'officier était au fond de la caverne quand le docteur se décida à prendre sa fille avec lui. Ils partirent à neuf heures du soir, après avoir dit aux domestiques qu'ils allaient se promener dans les bois. La terreur pesait encore sur les habitants du pays et le jardinier et Noémi essayèrent vainement de retenir leurs maîtres.

Chargés de provisions, le docteur et sa fille gagnèrent l'entrée de l'abîme. Sur les corniches, ils avancèrent lentement, retardés par les maladresses d'Amélie que son père devait aider dans tous les passages difficiles. La descente de la paroi fut particulièrement pénible et le docteur dut assurer sa fille avec la corde, lui placer le pied dans les prises et guider chacun de ses gestes. Mais la jeune fille était animée d'une énergie sauvage. Elle voulait arriver auprès du blessé et rien n'aurait pu la retenir et la faire revenir en arrière.

Après de longs efforts, les genoux écorchés, les mains tailladées par les roches, Amélie arriva enfin devant le dernier couloir qui conduisait à la salle où se trouvait le lieutenant.

Celui-ci n'avait pas allumé sa petite lanterne. Il attendait dans l'obscurité complète, attentif au moindre bruit, au moindre mouvement. Mais les détours de la caverne l'emmuraient dans un silence total et ce n'est qu'au dernier moment qu'il put se rendre compte que l'on venait vers lui. Son cœur se mit à battre, une vive rougeur échauffa ses joues, ses mains tremblèrent légèrement. Avant qu'il ait pu surmonter ce trouble, le docteur et sa fille étaient à côté de lui. Il ne put dissimuler et, relevant le buste, arqué sur ses coudes, dit simplement :

— Je crois assez montrer ma joie pour ne point avoir à vous remercier de votre visite, mademoiselle.

Amélie regardait cet homme couché, cloué au sol par sa blessure, la barbe naissante, les cheveux dépeignés, éclairé par le feu sourd de la lanterne. A chacune des paroles qu'il disait, elle se sentait attirée en avant, comme par un vertige. A son tour, elle eut un léger tremblement. Elle pâlit, s'agenouilla auprès du blessé et lui prit la main.

— Il faudrait être bien dur... Avez-vous au moins tout ce qui vous est nécessaire ?

— Vous ne m'avez pas tout dit, monsieur. Mademoiselle est plus belle que le jour. Je suis payé de mes souffrances... Et pourtant, aujourd'hui, j'ai plus souffert que jamais... Voir un coin de ciel ! Ah, mademoiselle, ces ténèbres sans fin sont le plus horrible supplice qui se puisse imaginer... Je ne crois pas pouvoir y résister longtemps encore. Je sens grandir en moi une sorte de folie, un désir insensé de revoir la lumière. Je n'en demande pas beaucoup, un bout de ciel seulement. Vous m'avez souvent parlé, monsieur, d'une salle voisine d'où l'on aperçoit, dans l'axe de la sortie, un coin de ciel... Je donnerais tout pour me traîner jusque-là.

— Allons, allons, c'est le jour où je viens vous voir que vous choisissez pour être aussi peu raisonnable ? Faut-il que je regrette ma visite ? Ne pouvez-vous prendre votre mal en patience ? Avez-vous lu mes livres ? Votre ordinaire vous convient-il ? Avez-vous assez de couvertures ?

Le jeune homme reprit brusquement les mains d'Amélie et se mit à pleurer.

— Excusez-moi, monsieur, pour cette familiarité et pour cette faiblesse... Il faut bien que je m'acquitte d'une façon ou de l'autre et je ne peux vous payer qu'avec des larmes. Croyez bien que chez moi elles sont rares et précieuses.

A genoux auprès du lieutenant, Amélie lui abandonnait ses mains. Jamais, peut-être, elle ne s'était trouvée aussi près d'un jeune homme et jamais un trouble aussi grand ne s'était emparé de son esprit et de sa chair. Elle pensait que la pitié l'animait seule mais, autour de ses poignets, un cercle brûlant enfiévrait son sang et faisait bondir son cœur. Pendant quelques secondes, elle crut qu'elle n'allait pas pouvoir résister à ce vertige et qu'elle allait s'écrouler sur ce corps allongé auprès d'elle. Jamais pourtant elle n'avait trouvé tant de joie à vivre.

Le vertige décrut. Les coups de son sang, sous ses oreilles, à ses poignets, au fond de sa poitrine, diminuèrent de violence. Il lui semblait sortir d'un exténuant effort. Au plus profond d'elle-même, ses muscles tremblaient légèrement et, à chacune de ses expirations, il lui fallait chasser, par un léger soupir, comme une boule d'air qui lui oppressait la gorge.

Au bout d'un moment, encore ivre de fatigue, elle put reprendre part à la conversation, bavarder avec son père et avec le jeune homme, plus calme lui aussi et qui faisait effort pour plaisanter.

— Avoir passé dix ans à cheval, à courir les routes et venir échouer dans cette cave ! Croyez-vous que ce soit un destin ordinaire ? Et ma chance... Avoir trouvé un docteur qui vienne me soigner jusque chez les morts... Et maintenant...

— Si l'on pouvait soigner et guérir les morts..., disait le docteur. Sans aller jusque-là, ce sera ma plus belle guérison.

— Quelle étrange aventure... On dirait qu'à moi tout seul je représente la Grande Armée... Où est-elle à présent ? Evanouie, rentrée sous terre, pourchassée par les gens des campagnes. Je crois que les paysans ne peuvent pas supporter pendant trop longtemps les militaires. Nous tenions trop de place, ils nous l'ont bien fait voir.

— Pensez à vous, disait Amélie. Vous prenez plus de soucis de l'armée que de votre personne. L'autre jour, j'ai bien eu peur de vous faire jeûner de force... Père n'a pas pu revenir vous voir de deux nuits.

— J'avais vos livres et ce gros saucisson...

— Le bout du monde ?

— ... Que j'ai mangé sans pain, mais de quel appétit, avec la peau et des grains de sable.

Au fond de l'abîme, loin des vivants, ils bavardaient ainsi sans que jamais leur conversation risquât de fléchir. Trop de souvenirs, trop de petits événements, notés dans leurs moindres détails, étaient déjà communs aux deux jeunes gens. Depuis des jours déjà, leurs vies étaient étroitement mêlées : Amélie ne pensant qu'au blessé et celui-ci ne vivant que par elle.

— Et les confitures... Le docteur ne voulait pas me les laisser parce que le bocal s'était cassé dans sa sacoche. Il avait peur des débris de verre. Que peuvent les débris de verre contre un homme dans ma situation ? Je les ai mangées quand même.

— C'est mal... Nous en avons de pleines armoires.

— Votre jambe ne vous suffit pas ? disait le docteur. Vous en avez encore pour un bon mois. C'est grave, ces fractures, et je vous ai soigné bien tard.

— Je ne souffre pourtant presque plus, mais pour marcher, évidemment...

— Oui, pour marcher...

Au bout de quelques heures, il fallait penser au départ.

— Encore un moment, disait Amélie. Je ne peux pas arriver à imaginer que l'aube puisse être déjà là. Le soleil se lève-t-il encore ?

— Le soleil... Peut-on le voir de cette salle où l'on est dans l'axe de la sortie ? Ah, si le destin avait voulu que ce soit là que je me casse la jambe... Alors, on voit le ciel dans l'eau de la rivière ? Les nuages ? Des branches d'arbres ?

— Quand vous irez mieux, on pourra peut-être vous y transporter. Si voir un rai de jour, à cent mètres au-dessous de vous, dans une flaque d'eau grande comme un écu, peut vous être une joie... Ah, c'est un étrange spectacle.

— Voir le jour se lever... Et la nuit... Pouvoir mesurer le temps, prendre des points de repère... Peut-être des étoiles passent-elles dans cette conque. Si loin pourtant, à cent mètres, dites-vous ?

— Cent mètres à pic... Il est impossible de descendre par là. Vous touchez au sommet de la voûte et les parois sont verticales. Quand on débouche dans cette salle, on croit que cette flaque de clarté est à quelques mètres, qu'on va pouvoir la saisir... Un pas en avant vous précipiterait dans le gouffre.

— J'ai eu ma chance, dit l'officier. Et elle continue maintenant. A part mes compagnons d'armes, je n'ai jamais eu un seul ami... Je n'en avais pas le temps. Vous êtes les premiers à m'avoir tant donné... Sans notre défaite, je n'aurais jamais su ce que pouvaient être des liens semblables, en dehors de la camaraderie. Sans cette horrible histoire, j'aurais même peut-être attendu longtemps avant de me rapprocher autant d'un autre homme et d'une... d'une jeune fille comme vous.

Les livres, les travaux, les besognes quotidiennes, tous les objets de la maison semblaient faits pour ramener Amélie à sa solitude. Il en était ainsi depuis des années. Rien ne comptait pour elle en dehors de son père et des habitudes qu'ils avaient en commun et que la vie avait lentement réglées. Tous ceux qui l'entouraient lui semblaient si différents d'elle qu'ils n'étaient jamais entrés dans le petit monde clos de ses sentiments et de ses rêves. Elle traitait avec gentillesse les gens du village et les domestiques de la maison, sans donner à personne une place dans son existence. Mais, pour aussi complète qu'elle soit, la solitude d'une jeune fille est toujours fragile.

Maintenant, les objets eux-mêmes ramenaient sans cesse Amélie vers le souvenir du jeune homme emmuré dans l'abîme. Elle avait pris sa vie en charge et ne pouvait l'oublier à aucun moment. Elle pensait à lui en rangeant les provisions dans les armoires, en triant les fruits dans les corbeilles, en mettant les fromages à sécher sur les petites claies d'osier, en faisant ses achats au village. Le secret qu'il lui fallait garder augmentait encore cette hantise. Elle n'était plus jamais seule et, derrière chacun de ses actes, il y en avait toujours un autre, plus difficile et plus poignant, pour lequel elle s'engageait tout entière.

Ainsi, l'officier était devenu tout pour elle, avant même qu'elle ait eu le temps de reconnaître ses sentiments et de s'interroger sur eux. Mais l'amour est-il autre chose ? Chez Amélie, le don de soi avait précédé tout autre mouvement et toute autre émotion. Les événements avaient été si rapides, qu'elle n'avait pas eu le droit d'hésiter et de réfléchir. En quelques jours, une suite de hasards lui avait imposé une destinée à laquelle plus rien ne pouvait l'arracher.

Chaque nouvelle journée l'attachait plus fortement à cet homme inconnu qui ne vivait plus que par elle. A chaque instant, elle calculait, combinait et ne faisait plus rien sans penser à lui. D'un seul coup, tous les rêves qui auraient pu traverser sa jeunesse solitaire, tous les visages de jeunes hommes qui auraient pu l'entraîner vers un monde nouveau avaient pris forme réelle et présente. La plus fantastique rêverie d'adolescente était devenue l'histoire même de sa vie.

Elle passait ses jours à imaginer la fin de cette aventure, elle y engageait sa vie, elle y perdait le sens des choses réelles et jusqu'au souci de son bonheur. Grâce à ses soins, le lieutenant guérissait. Elle le voyait se lever et sortir de l'abîme dans une sorte d'apothéose. Tout le drame était dénoué, toutes les difficultés étaient aplanies, il revenait au jour en tendant les mains vers elle... mais ce rêve n'allait jamais plus loin, il ramenait Amélie à ses devoirs, lui faisait penser aux provisions qu'elle avait à mettre de côté pour la journée, aux mille détails qu'elle avait à régler, seule, avec la hantise de cette jeune vie à laquelle la sienne se liait de plus en plus.

Ce rêve était devenu le seul plaisir de sa vie. Elle s'y abandonnait sans réserve. Il la ramenait vers la réalité, mais il naissait aussi de tous les contacts qu'elle avait avec les choses réelles. Au milieu des petits travaux de la maison, elle s'arrêtait parfois brusquement et voyait se dérouler devant elle la scène étrange, imaginée mille fois, de la sortie du lieutenant hors de l'abîme. Il venait vers elle, les mains ouvertes, avec le visage de celui qui fait le don de soi-même, dans un sourire d'allégresse, si grand, si fort, que le paysage n'avait plus rien de tragique ni de démesuré. Sans qu'elle sût comment, tout commençait pour elle à partir de cette minute : la joie et le calme et jusqu'au goût de vivre.

Le songe d'une jeune fille solitaire — un homme jeune, officier, venu à cheval de l'autre bout du monde, poursuivi, blessé, caché, soigné par elle — s'était abattu sur sa vie avant même que, lasse de sa solitude, elle ait eu le temps de l'imaginer. Mais, en revanche, il entraînait maintenant toutes ses pensées et cette réalité fantastique s'ouvrait à son tour sur de nouveaux rêves de jeune fille dans lesquels Amélie engageait son cœur et son destin.

— Alors, vous levez la garde ? disait Félix. Si vous attendiez quelques jours encore... Il pourrait sortir juste maintenant. Le père m'a dit de venir voir ce qui se passait. Attendez deux ou trois jours, on descendra tous les deux.

M. de Camprieu semblait hésitant. Il regardait les anciens du village, les chefs de groupe qui, depuis vingt jours, assuraient la garde des grottes et la police de la commune. Mais sa décision était prise et Félix le sentait bien.

— Si l'on croyait, s'il y avait une chance, une seule, de rien du tout... Mais, vois-tu, depuis vingt jours, il a dû crever ou nous filer entre les doigts.

— Et puis, vous savez, j'ai toujours pensé qu'il avait dû hériter d'une chevrotine... Oui, je sais, on n'a pas trouvé de traces et, le sang, ça se voit... Mais tu as un bon coup de fusil, Félix, et le cheval était en plein mouché. Une balle a pu le toucher au genou ou dans les reins, ça ne saigne pas toujours comme vache qui pisse... Le sang peut couler en dedans, on n'en crève que mieux.

— Sûr qu'il a dû crever, de blessure ou de faim, c'est tout pareil.

— Tu vois, disait le maire, ils sont tous d'accord. Si ce bandit ne nous a pas glissé entre les doigts, il est sûrement mort depuis plus d'une semaine. C'est perdre notre temps que de garder un cadavre et de passer les nuits en plein vent, maintenant qu'elles tournent au froid.

Mais Félix ne voulait pas se laisser convaincre. Il cherchait le moyen de faire prolonger encore la surveillance, de garder une dernière chance.

— Alors, s'il a crevé dans le trou, ça devrait puer... A l'odeur, on pourrait toujours trouver sa charogne, que je puisse lui cracher aux yeux.

M. de Camprieu se tourna vers le docteur, venu ce matin-là au village et qui regardait le garçon de la Serreyrède d'un air étrange.

— Ah, tu crois ? Demande à M. le docteur... Il m'a souvent dit que, dans ces cavernes, les morts ne pourrissent pas comme dans la terre.

Le docteur sembla s'arracher à une rêverie, étrangère à tout ce qui se disait autour de lui :

— Non, on ne peut pas espérer être guidé par la puanteur... Dans ces profondeurs, les corps gonflent sans se dissoudre et sans émettre d'odeur pendant de longues années.

— Et des chiens ? dit brusquement le garçon. Ça piste un lièvre dans les herbes, ça doit bien sentir un homme sur les pierres ? On n'a pas pensé à mettre les chiens sur sa trace... A lever le siège, on pourrait bien tenter une battue ?

— Si tu veux, Félix, avant de mettre fin à la surveillance, on descendra dans le trou, à quinze ou vingt, les plus agiles du pays... Ça vous mettra l'esprit en repos, à ton père et à toi. Avec une meute de chiens à loups ? Nous sommes d'accord.

— A votre idée... On pourrait y aller demain matin. Je descendrai du col avec le père. C'est nous autres que ça regarde en premier.

Le maire se tourna vers les chefs de groupe. Tous attendaient, évidemment lassés par leur effort, désireux d'en finir.

— Demain matin, nous ferons la battue. Choisissez les hommes, des coureurs de rochers, qui sachent nager... Demandez aussi des chiens, des durs, des féroces, de ceux qui tiennent le loup au ferme. Qu'on leur fasse sentir la selle et le manteau du particulier... Et, pour aujourd'hui, dédoublez les équipes. A deux ou trois, la sortie sera aussi bien gardée.

Pendant que M. de Camprieu parlait, Félix était devenu rouge ; comme si quelque chose lui avait serré la gorge il soufflait bruyamment et regardait tous les hommes, l'un après l'autre :

— C'est l'occasion d'aller au fond de cette caverne... Mon bras à couper que je vais jusqu'au bout. Si le ruisseau de l'entrée sort aux autres grottes, il faudra que je sorte aussi par là. Je passerai plutôt à la nage.

Le docteur écoutait toujours, avec le même air d'inquiétude :

— Ne fais pas le fou... Pour trouver un cadavre, ne va pas te tuer dans ces abîmes. Tu crois que tes parents n'ont pas assez eu de malheur ? Nous serions bien avancés, si deux ou trois d'entre vous allaient se rompre les os dans un aven.

Le garçon posa son petit chapeau noir par terre, cracha devant lui, d'un jet précis, devint plus rouge encore :

— Même s'il faut crever, je descendrai dans l'abîme. Que le diable me descende et me remonte, mais je trouverai ce brigand. Il y en aura bien un ou deux pour m'accompagner ? Qui n'a pas de femme ou d'enfants ? Pour les filles, si nous restons là-bas, elles nous attendront.

— J'en suis, dit un petit bûcheron à la figure grêlée, qui n'aimait ni les filles ni la compagnie des garçons. Tu n'iras pas seul, Félix. Si nous crevons, on fera une complainte sur nous, on la chantera, dans cinquante ans : *Les Garçons perdus dans l'abîme.*

— Et de trois, dit un garçon des Oubrets, en jetant aussi son chapeau par terre. Lance ta casquette, Julien, que nous fassions le serment. On passe partout à l'air libre, personne ne nous montrera descendre les précipices de la Dauphine, ce n'est pas le noir du trou qui nous fera peur.

Julien lança sa casquette en peau de taupe sur les deux chapeaux et balança sa petite tête hostile, méchante.

— Ça va, les amis, dit Félix, demain nous traverserons l'abîme, s'il peut être traversé.

— Et nous le ramènerons, crevé ou vivant, mais crevé d'avance.

La décision des trois garçons était si forte, si rageuse, que le docteur comprenait qu'il valait mieux ne pas s'opposer à leur plaisir de s'engager en public, mais une angoisse grandissante le dominait. Ces coureurs de rochers, ces pêcheurs de truites, habitués aux gouffres des torrents de montagnes, allaient-ils découvrir la retraite de l'officier ? Que diraient-ils en le trouvant blessé, soigné, installé dans un coin de la grotte, ravitaillé, entouré de livres, de couvertures, de vivres, de chandelles, dont la provenance serait trop facile à déterminer ? En une heure le secret serait connu de tous et la fureur populaire chercherait sa vengeance. Le docteur suivait le fil de ces suppositions : serait-il en sécurité, malgré les amitiés vieilles de dix années, malgré la reconnaissance que lui devaient les gens du pays ? Sa fille échapperait-elle à leur colère ? Il en avait fait sa complice, il était le complice d'un assassin. Mais soudain, une crainte plus forte dont il s'étonnait lui-même arrêtait son attention : que deviendrait le lieutenant, l'homme blessé, sans défense, son malade, son ami ? Pour lui, aucune incertitude, aucun espoir, c'était la mort, les injures au-delà du massacre, une fin honteuse, atroce.

— Ecoute bien, disait à Félix le petit bûcheron, un sourire en travers de sa figure méfiante, déshabituée des hommes, écoute bien, derrière la grande salle, on se met à l'eau et l'on nage droit devant soi. On finira bien par arriver quelque part. Pour moi, l'eau ressort de l'autre côté de la montagne.

— Ne dis pas de sottises, tu sais bien que jamais ce qu'on a lancé dans le courant n'est ressorti de l'autre côté. Ce n'est pas le même trou. Il n'en manque pas des gouffres et des avens dans notre pays. Mais ça ne nous empêchera pas d'arriver quelque part. Il doit y avoir des salles et des galeries après la rivière.

— On aurait dû faire ça le premier jour. Plus à fond qu'on ne l'a fait. Mais on était trop bouleversés, et puis, il fallait penser à défendre le pays. Maintenant qu'on est tranquilles...

— Oui, dit le maire, le roi est revenu et nous n'avons plus rien à craindre. Les fabricants de désordre sont matés.

— Alors, dit Félix, ce sera pour demain matin ? J'irai chercher le père. Ce n'est pas lui qui me retiendra. Pour aujourd'hui, on peut s'occuper de préparer le départ.

Au fond de la place, Amélie passait, un panier de provisions sous le bras. Elle venait de faire des emplettes et son père, en l'apercevant, prit brusquement congé du petit groupe :

— Réfléchis bien. Ne va pas te tuer dans l'abîme. Tes parents n'auraient plus personne.

— On en sortira et, si l'on se casse une jambe, vous saurez bien nous la remettre.

Le docteur s'éloigna, un peu plus voûté qu'à l'ordinaire, l'épaule gauche plus basse que la droite, le cou de travers. Il rejoignit sa fille et descendit avec elle vers sa maison. Dès qu'ils eurent dépassé le village, il lui dit à voix basse, très vite, en regardant si personne n'était auprès d'eux :

— Tu ne sais pas ? C'est terrible, ils veulent faire une grande battue dans les grottes, demain matin, avant de lever la surveillance de l'entrée. Il y en a trois qui sont comme fous, et qui jurent de traverser la caverne... Félix en tête, avec ce petit bûcheron, tu sais, le grêlé, Julien, celui qui n'écoute jamais personne, et cette tête folle de Marcel, celui des Oubrets qui doit parler plus fort qu'il n'a de courage. Ils sont capables de le trouver, de le tuer et ensuite...

— Il faut le mettre en lieu sûr... Ah, mon père, nous ne pouvons pas l'abandonner.

— Et j'ai promis d'aller à l'Espérou cet après-midi pour voir la grand-mère Dupont qui est malade... Non, ce n'est pas possible d'y manquer, je donnerais l'éveil.

— Je ne peux pourtant pas aller dans la grotte toute seule, jamais je n'y retrouverais mon chemin, jamais je ne franchirais les corniches... Ces garçons vont le découvrir, il faudrait le porter jusqu'à la dernière salle, bien effacer toute trace. Ils sont pires que des chiens, ils vont le suivre à la piste, voir la trace de nos pas.

— Ecoute, je vais aller tout de suite à l'Espérou, voir la vieille. Je rentrerai vers les neuf heures et, cette nuit, j'irai dans la grotte. Je garde quand même l'espoir de les voir reculer dans leur entreprise. Ils sont hardis, robustes, surtout Julien et Félix, mais le silence et l'obscurité les déconcerteront plus que des dangers matériels. C'est d'eux-mêmes que peut venir leur échec. Ce sont des hommes à ne reculer que devant les fantômes et l'abîme en est plein... Même s'ils suivent le cours du ruisseau, ils peuvent passer contre la paroi sans songer à explorer la galerie haute... J'effacerai toute trace...

— Et si nous restions avec lui ? Ou si vous lui laissiez de quoi se défendre ?

— Tout de même, encore du sang...

— Mais c'est notre ami, et vous savez bien qu'il est innocent, que rien ne peut lui être reproché...

Amélie était pâle, tremblante, comme si sa vie entière avait été engagée dans cette horrible aventure. Son père la regarda, lui passa la main sur le front, à la naissance des cheveux, sur la lisière des petites boucles folles :

— Oui, il est déjà tellement notre ami, ce malheureux garçon. J'ai eu le temps de l'estimer, de comprendre son malheur, la fatalité dont il est victime.

— ... Tellement notre ami. Jamais je n'ai connu quelqu'un qui me soit aussi proche, aussi...

Pendant que le père et la fille redescendaient vers leur maison, sur la place, les jeunes gens discutaient toujours, s'excitaient les uns les autres.

— Non, on ne risque pas de se perdre. En suivant le courant de l'eau, si on se trouve bloqué, on a le meilleur fil pour revenir en arrière.

— Le danger c'est de tomber sur des cascades... Si tu te fais rouler sur des rochers et si tu te casses un bras, tu es bon pour te noyer dans le premier gouffre.

— Tu aurais peur de sauter une cascade, dans les rivières ? Non ? Alors ?

— Oui, oui, en plein soleil, quand on y voit... Mais là, dans la nuit... Et puis, l'air peut te manquer, les rochers peuvent te tomber sur la tête.

— L'air peut te manquer ? Monsieur de Camprieu ? A votre avis, on risque d'être étouffé au fond de ce trou ? L'air y est mauvais ?

— On ne peut pas savoir. Tant que les chandelles brûlent... Si elles s'éteignaient, il faudrait revenir en arrière.

— Et puis, dans ces abîmes, il y a peut-être d'autres choses... Des choses du dessous de la terre...

— M. le doyen a dit qu'il valait mieux ne pas entrer dans cette caverne... C'est la Bouche du Diable...

— Trois fois tant pis. C'est dit, c'est dit. Comme ça, on saura à quoi s'en tenir sur cet assassin et sur ces gouffres. Le plus tôt sera le mieux... Si vous êtes prêts, j'y vais tout de suite. Pour se mettre à l'eau, il vaut mieux n'avoir pas dîné.

En quelques minutes, la décision fut prise. Il était environ midi, tout était prêt, on avait sous la main des chandelles, quelques lanternes et des cordes. Les chiens étaient faciles à rassembler. Quinze hommes étaient là, décidés à explorer la grotte jusqu'au torrent et les trois garçons ne voulaient plus attendre pour tenter l'aventure.

— Taïaut, Mirette, Fanfare, criaient des enfants à travers le village en ramassant les chiens, en les accouplant. Noiraud, La Bombe.

Des femmes préparèrent des provisions, on lia la meute et, vers une heure, le groupe descendit dans la direction des grottes.

La bouche de l'abîme était toujours silencieuse mais les eaux de la rivière, gonflées par les pluies de l'arrière-saison, avaient monté le long des parois lisses. En avançant sous les voûtes, on entendait leur murmure, prolongé par les échos, accru par le silence même.

Dans ce tumulte grandissant, les dix-huit hommes dépassèrent le piquet de garde et, par le grand couloir, arrivèrent rapidement dans la première salle. Après avoir fouillé les galeries, et grimpé la grande dalle inclinée, ils arrivèrent sur la berge de sable devant laquelle, vingt jours avant, l'officier s'était jeté dans la rivière souterraine. Les chiens avaient battu tous les coins, autour de la grande salle, et, parfois, étaient partis brusquement, comme guidés par d'invisibles pistes. Mais, vite calmés, déconcertés, ils répugnaient à quêter dans cette obscurité et, loin d'être ardents à la recherche, ils avaient besoin d'être excités par leurs maîtres. Devant la nappe d'eau, ils s'accroupirent sur le sable et se mirent à gémir, longuement, comme à la mort.

Le grêlé quitta sa veste de velours, ses pantalons et ses souliers. Du bout des doigts, il tâta la température de l'eau. Il se frotta les tempes avec ses mains humides et fit la grimace :

— Pas moyen de compter sur les chiens... Les hommes sont plus sûrs que les bêtes, malgré tout. On y va ?

Félix et Marcel se dévêtirent à leur tour. Dans le courant d'air qui suivait celui de l'eau, Marcel claquait des dents. Tous les trois prirent leurs chapeaux et s'ingénièrent à y fixer tout ce qui ne devait pas être touché par l'eau. Julien mit dans sa casquette un quignon de pain fendu et garni de lard, son briquet et deux chandelles. Félix essayait en vain de fixer un pistolet contre son chapeau, avec des ficelles. Il finit par y renoncer, et glissa un couteau dans sa ceinture.

— Laguiole y suffira, dit-il, avec ça, on peut saigner un sanglier... Ça rentre de pointe.

Le premier, le grêlé se mit à l'eau. Il entra d'un coup jusqu'à la ceinture et s'arrêta en faisant « ouf », et en se haussant sur la pointe des pieds.

— Attendez-nous là, dit Félix. Si vous nous entendez crier, c'est que nous aurons trouvé le bonhomme.

— Ne le tuez pas.

— Non, on le ramènera... A moins qu'il n'ait l'air de vouloir se défendre, on réglera les comptes dehors. Mais, c'est parler pour rien, on le trouvera mort et séché par la faim.

A leur tour, Félix et Marcel entrèrent dans l'eau, élevant chacun une chandelle au-dessus de leurs têtes, les chapeaux bien enfoncés sur le front pour mieux maintenir les objets dont ils étaient chargés.

— Ne faites pas les fous... S'il y a danger, revenez. N'allez pas vous tuer pour trouver un mort... Félix, tu n'aurais quand même pas dû partir sans le dire à ton père. S'il t'arrivait quelque chose... Il y a peut-être des dangers que nous ne connaissons pas.

Le grêlé, déjà engagé dans le couloir à voûte basse, entraîné par le courant, dit d'une voix lointaine :

— Ne vous inquiétez pas.

L'un après l'autre, les trois hommes disparurent et ceux qui restaient, soufflant presque toutes les chandelles, s'assirent dans la pénombre que n'éclairait plus qu'une seule lanterne, le cou droit, l'oreille au guet. Les chiens continuaient à gémir, recevaient des coups de pied dans l'ombre, se poussaient les uns les autres, relançaient un cri, désespéré. Un clapotis d'eau marquait seul l'existence des trois jeunes gens aventurés dans l'abîme. Il décrut, cessa, remplacé par le bercement naturel de l'eau dans les roches ; un cri monta du couloir, tordu par l'épaisseur de l'air, et le silence de la caverne revint d'un coup, comme un bloc qui se serait détaché du plafond.

Les trois garçons suivaient le courant. Roulés par lui, ils s'engageaient sous la voûte basse et sentaient l'eau leur monter jusqu'aux épaules. Pour reprendre contact avec ceux qui restaient en arrière, Marcel lança le cri qui avait été entendu de la grève.

— Tais-toi, dit le grêlé, sourdement, ils croiraient qu'on a trouvé l'officier.

— C'est la cave du diable, dit Félix d'une voix changée.

Après l'étranglement de la voûte, les parois reprenaient de la hauteur. Les trois chandelles perçaient mal cette obscurité menaçante. Au-delà de leur halo rouge, c'était comme un entassement de roches instables et de gouffres.

Un cri lointain arriva, comme une épave emportée par le courant et défaite par lui. Les hommes restés en arrière venaient de répondre, à la limite même du son et de l'écho.

— Qu'on est loin, dit Marcel.

Le grêlé perdit pied dans un trou d'eau et, dans un éclat de rire, se mit à la nage. Au bout de quelques mètres, il toucha un gros bloc, s'y rétablit et se retourna vers ses compagnons, la figure durcie, ses petits yeux pincés :

— J'irai jusqu'au bout de la terre, s'il le faut...

Marcel le regardait, grelottant, agrippé à une saillie de la paroi, tâtant du pied le fond de roche qui se dérobait devant lui. Félix cherchait à contourner le gouffre, tandis que Julien, élevant sa chandelle au-dessus de sa tête, répétait d'une voix rageuse :

— J'irai jusqu'au bout de la terre... Arrivez, ce n'est qu'un trou d'eau...

Sur la grève de sable, les quinze hommes attendaient. Après avoir répondu au cri des jeunes gens, ils écoutaient, penchés sur l'ombre, le cœur battant.

— On peut crier... A vingt mètres, l'abîme avale tous les bruits.

TROISIÈME PARTIE

L'ÉTOILE DU GOUFFRE

Rentré chez lui, le docteur mangea en hâte, sur un bout de table, sans mot dire. Amélie s'était assise à son côté, sur la petite chaise à long dossier dont elle se servait, lorsqu'elle faisait des travaux de couture, dans le coin surélevé de la fenêtre qui donnait sur le jardin. Silencieuse, elle attendait que son père ait fini de manger, les mains aux genoux, le cou tendu, penché en avant.

Le docteur mangeait, sans lever les yeux sur elle. Il ne semblait pas deviner l'anxiété qui la tenait crispée, comme un corps entraîné dans le vide et qui ne lutte plus contre la vitesse de sa chute. Pris lui-même par ses pensées, il abandonnait sa fille à ce rêve, à cette solitude, à ce don d'elle-même. Complice de son amitié pour un homme rejeté du monde, il ne pouvait plus la détourner d'un amour sans espoir. Chacun d'eux suivait son destin, l'un dans ses actes, l'autre dans ses pensées et, seuls, de légers mouvements, des battements de cils, des crispations de doigts, trahissaient l'exaltation de la jeune fille. Quand il eut fini de manger, le docteur dit simplement :

— Là, tu pourras déjeuner à ton aise et prendre des choses chaudes... A six heures, je casserai peut-être une croûte à la Serreyrède. Je pourrai tenir jusque-là.

Puis, baissant la voix, les yeux tournés vers la porte :

— Ne t'inquiète pas, surtout. J'aurai le temps d'aller dans l'abîme, cette nuit... Prépare des provisions pour lui.

Il embrassa Amélie sur le front. Sous ses lèvres, il le sentit brûlant, couvert de gouttes de sueur aigrelettes.

— Mais tu as la fièvre... C'est fou de se mettre dans ces états. Je t'assure, en y réfléchissant bien, il n'y a rien à craindre.

Jamais ils n'arriveront jusqu'à lui, surtout en prenant la grotte dans ce sens. Les eaux ont beaucoup monté, ces jours derniers, et les sources intérieures doivent couler à plein.

Amélie regarda son père, prête à le croire, mais elle vit bien, sous le sourire qu'il ébaucha, les contradictions de son angoisse. Tout proche des yeux du vieillard, le blanc visage de la jeune fille sembla s'étirer et se boursoufler.

— Mais si, mais si... Je ferai l'impossible.

Après un nouveau baiser, rapide et comme honteux, le docteur sortit et trouva son cheval tout sellé devant l'écurie. Le jardinier le tenait par la bride et s'appliquait à démêler les rênes racornies par la pluie et les coups de soleil.

— Quelle vie vous menez, monsieur le docteur...

Le ton de la phrase étonna le vieillard.

— Quelle vie ? dit-il en engageant le pied dans l'étrier.

Le domestique avait un air de malice et de reproche. Se doutait-il de quelque chose ? Avait-il surpris le secret de ses maîtres ?

— Quelle vie ? redemanda le docteur en se hissant sur une jambe, quelle vie, s'il te plaît ?

— Une vie qui vous tuera avant l'âge... Toujours sur les routes. Vous n'avez pas trop bonne mine, ces temps-ci.

— Il faut bien soigner les autres, répondit le vieillard en se mettant en selle.

Le cheval partit de lui-même, au petit pas.

— Pensez tout de même un peu à vous, dit le domestique en trottinant à côté du cavalier.

— Aucune importance... Non, rien, sûrement rien, se dit le docteur.

Pendant quelques secondes, il resta dans une sorte de rêve, sans rien voir. Il répéta « non, non » à haute voix et reprit brusquement conscience du monde extérieur, dans un soubresaut de ses paupières. Le cheval prenait d'instinct la route du village. Déjà, il s'engageait dans le chemin creux, en allongeant le pas, malgré la côte. Le docteur le poussa vers les champs, lui fit franchir le fossé et coupa sur la droite pour éviter les maisons qui se haussaient déjà au-dessus d'une croupe de seigles nouvellement fauchés.

Par les chaumes, dans le sens des sillons où dormaient les alouettes, le docteur rejoignait le chemin de Faubel. La lisière du bois de Lagre s'étendait déjà de l'autre côté du torrent, au long des prés verts, piqués de taillis de noisetiers et d'aubépines. Le cheval connaissait la route et marchait bon train sans plus tirer vers le village.

« J'ai le temps, pensait le docteur. Je serai à l'Espérou de bonne heure. La vieille doit être bien malade. Peut-être faudra-t-il lui faire une saignée... En tout cas, je peux être à la Serreyrède vers les cinq heures. Le temps de casser une croûte et de détendre ma bête... Les garçons n'iront sûrement pas dans l'abîme avant sept heures du matin. Même s'ils arrivent à la hauteur du lieutenant, ils en auront encore pour une ou deux heures... Qu'a voulu dire le jardinier ? Il avait un air étrange. Soupçonnerait-il quelque chose ? S'il nous avait vus partir, une nuit ? S'il nous avait suivis ? En été, on peut pourtant faire une promenade, à la nuit tombée... Et Amélie ? Quelle passion, quelle crainte ! N'aurais-je pas dû prévoir ? Une fille solitaire. Si privée d'amis... Mais moi-même ? »

Le Faubel passé, il fut vite à l'Espérou. Les Dupont habitaient au bas du village, contre la route de chars. Leur maison faisait face à de grandes prairies, déjà jaunes, brûlées par le soleil. Le docteur alla droit au lit de la vieille et, devant elle, perdit tout souvenir.

— Eh bien, grand-mère, ce ne sera pas encore pour cette fois. Mais non, mais non... La charpente est solide... C'est la tête qui vous a manqué ? Elle est tombée tout d'un bloc ? Eh bien, ça va. Il faut rester quelques jours au lit.

Tout en parlant, il regardait la malade, sondait les yeux, tâtait le pouls. Pendant un moment, les doigts fermés sur le poignet mince, tout en os fragiles, comme des roseaux, il eut l'impression de tenir un de ces becs-fins qui battent de l'aile à travers les buissons pâles de noisettes.

« Vieil oiseau, se disait-il, ta course est finie... Encore quelques coups d'ailes. »

Les deux yeux, du fond du lit, le regardaient, effrayés de sentir la mort si proche, malgré la longueur des jours, des mois, des années déjà passés.

— Mais non, mais non... Aucun danger. Ne vous effrayez pas, grand-mère... Le pays a besoin de garder ses vieux. Vous savez bien que ce sont les plus longs à partir... Quel âge a-t-elle ?

— Je suis venue après les guerres...

« Quelles guerres ? se dit le docteur. On vient toujours après des guerres, après des malheurs, après des désastres. Il y a toujours des hommes pour naître après les catastrophes. »

— Quelles guerres ? répéta-t-il à haute voix.

La vieille resta immobile au fond du lit :

— ... Après les guerres..., répondit-elle.

— J'en ai septente-neuf, dit le fils, elle en a bien vingt de plus que moi.

« Et la vie n'est pas encore lassée, se dit le docteur. Non pas la vie, mais son désir... » Il arrêta brusquement le cours de ses pensées, se sentit comme debout devant lui-même, témoin étonné. « Que je suis bizarre aujourd'hui », reprit-il, puis il ajouta, à voix haute :

— Les jeunes ne sont pas plus solides... Ils risquent plus que vous.

La famille entière était là, comme des ruisselets autour de la source dont ils naissent. « Tant d'hommes entassés... » se dit le docteur. « Tant de générations... » Il sortit de la chambre, redescendit vers la salle commune.

— ... Bien malade, oui, bien malade...

— Alors, vous reviendrez demain... si, si. Quand on meurt sans avoir le temps d'appeler le médecin, ce n'est pas une affaire. Mais puisque vous êtes venu... On aurait des regrets, à présent.

Le docteur pensait à la nuit, à la journée du lendemain. Une étrange fatigue le rendait libre de son corps, de ses membres, il aurait voulu pouvoir rester immobile, arrêter le flux de ses pensées. Il essaya de ne rien promettre, de donner de l'espoir, de fixer sa nouvelle visite au surlendemain, mais tous le pressaient, le suppliaient de revenir.

— C'est pour l'amitié... Avec le beau temps, ce ne sera qu'une promenade.

Il promit d'être là, le lendemain soir, avant le coucher du soleil.

Une demi-heure après, il attachait son cheval sous l'escalier de la Serreyrède. Son léger repas de midi ne soutenait plus ses forces. Il avait faim de soupe chaude, d'épaisses tranches de saucisson de montagne et soif de vin rouge, frais, léger. Dès qu'il eut mis pied à terre, il s'étonna de sentir que ses jambes n'avaient aucune peine à le porter, comme si son corps n'avait pas pesé sur elles. Cependant, en montant l'escalier, il eut l'impression de perdre l'équilibre et, par deux fois, du plat de la main, il dut s'appuyer à la muraille.

La porte poussée, il vit Maria, dans un triangle de lumière, assise au coin du feu, en train de coudre.

— C'est la première fois..., dit-elle en se levant.

— Il faut bien revenir un jour ou l'autre. Reprendre les habitudes... Alors, les parents ? Ça va, malgré tout ? J'ai vu Félix, ce matin, à Camprieu. Il déparlait un peu, sur la grotte. Il veut la traverser, au risque d'y laisser ses os... Ton père ferait bien de le calmer un peu. Il n'est pas revenu ? Non. Et le père ?

— Il est au bois... Cette histoire les rendra fous. Ils ne seront pas tranquilles tant qu'ils ne seront pas sûrs de la mort de cet officier.

— Ah, c'est un grand malheur... Qui aurait cru, le soir où je suis passé ici ? Tu y as compris quelque chose, toi, à cette histoire ? Cet officier n'avait rien eu avec eux, pendant la soirée ? Ils ne s'étaient pas disputés ? Alors ?

— Ce monsieur-là ne voulait du mal à personne. Il passait par ici, voilà tout. Les frères se sont monté la tête sur lui et le père a fait comme eux. J'ai mon idée là-dessus, ce n'était pas un mauvais homme, mais il avait peur de tout et la peur conseille mal... Il devait croire que tous les gens ne pensaient qu'à l'assassiner...

Maria eut un petit rire, du fond de la gorge, comme si on l'avait chatouillée, un rire de fille énervée, presque obscène. Le docteur releva la tête, la regarda avec attention, des yeux aux hanches, avec un long temps d'arrêt sur la gorge, la poitrine soulevée, puis, dans un coup d'épaules, il dit brusquement :

— Fais-moi casser la croûte... Tu as quelque chose de chaud ? Encore un peu de soupe ? Ça ira... Alors, c'est le hasard qui a fait tout ce malheur ?

Le docteur continuait à regarder la fille. Une pensée folle, rapide, s'emparait de lui. Ne pourrait-il pas trouver en elle une alliée, quelqu'un qui pourrait l'aider à détourner Félix de son projet ou, du moins, à briser son courage, à affaiblir sa résolution.

— Vous en avez assez comme ça, du malheur. Félix est fou.

Si tu ne le fais pas retenir par ton père, il ira se tuer au fond de l'abîme... C'est plein de gouffres, de précipices, de cascades, d'éboulis... Et puis, qu'est-ce que ça peut bien lui faire, de courir après cet inconnu ? Vivant ou mort, il ne leur rendra pas Albin.

Maria le servait, le visage immobile, économe de gestes :

— Cet homme avait peur de tout, je vous dis... Je l'ai bien compris. Ce n'est pas qu'il m'ait parlé, mais rien qu'à le voir... Il n'était pas fait pour regarder les filles de montagne, ni pour chercher noise aux gens.

Aux dernières bouchées de soupe, le docteur sentit ses forces lui revenir. Il se renversa dans sa chaise, étendit ses jambes. Le courant de pensée qui l'avait assailli pendant tout le jour, hors de sa volonté, s'arrêta du coup. Il posa lentement ses poings sur la table, étonné de se sentir aussi lucide, et réfléchit.

— Tu aurais voulu qu'on le retrouve ? Toi ? Après, après la chose ? Tu aimerais maintenant que ton frère le retrouve ?

Maria haussa les épaules, plissa sa lèvre supérieure qui remonta vers ses narines, en bec de lièvre, et ferma son petit visage têtu.

— Si tu avais su où il était ? reprit le docteur.

— Je n'aurais pas voulu le savoir. Non. A le savoir, je l'aurais dit. Mais je me serais bouché les oreilles plutôt que de l'apprendre.

Déçu, le docteur regarda fixement ses mains. Il retrouvait toute sa prudence, sa longue habitude des hommes et des femmes de la montagne. Il jouait du silence, des mines indifférentes, des changements brusques de la conversation.

— C'est parler pour ne rien dire... Mais tu ferais bien de retenir Félix. Il n'a rien à gagner dans l'abîme. Il ira se noyer dans un gouffre ou se rompre la tête au fond d'un précipice.

— Alors, vous croyez que l'officier y est encore ? Vous pensez qu'il peut être encore vivant ? Si Félix va dans la grotte, il le trouvera ? Vous savez quelque chose là-dessus ?

Maria pesait ses mots et chacune de ses phrases, dans sa bouche ronde, dans sa façon de prononcer, faisait masse, comme un bloc qui se serait appuyé contre le docteur, jusqu'à le faire rompre. Celui-ci baissait la tête, évitait le regard de la fille, aussi rusé qu'elle, en mangeant lentement, en triant ses morceaux.

— Je ne veux rien savoir, reprit Maria. Je ne vous questionne pas, monsieur le docteur. Cet homme a tué mon frère sans l'avoir cherché. Je ne peux pas lui pardonner, mais je n'ai rien à faire non plus contre lui... Si je lui en voulais de quelque chose, ce serait d'être de ces messieurs qui passent sans rien voir, en ayant l'air de mépriser le monde... Peut-être que des gens moins sauvages que nous...

— Si tu appelais ton père ? Il est peut-être à portée de voix. Il va falloir que je m'en aille et j'aimerais lui parler.

Maria sortit. Sur la petite terrasse, elle s'arrêta, les jambes bien plantées au sol, un peu écartées, marquant sous sa jupe noire le renflement ovale de son ventre et le creux de ses cuisses. Elle prit haleine, mit ses mains en cornet et, tournée vers l'écho le plus proche, cria sur deux notes, en changeant de ton. L'écho répondit, puis, de l'écho même, une autre voix jaillit, longue, lointaine, lente.

— Il va venir... Tenez, voyez-le, avec la mère, qui descend la côte.

Au-dessus du col, deux formes noires dévalaient par le petit sentier, au long des éboulis de pierres. Parfois, elles se découpaient sur le ciel et, parfois, elles se confondaient avec les masses sombres des sapinières.

— Vous prendrez le café avec eux.

Quand les deux vieux entrèrent dans la salle, aux quatre coins de la table, un petit nuage doré se tordait au-dessus de quatre bols de café. La vieille eut un sanglot et l'homme dit :

— Il faut bien recommencer comme avant...

— C'est dur, mais que faire ?... Je viens de voir la Duponne, à l'Espérou, elle touche aux cent ans et s'accroche encore à la vie.

— Elle est dans les quatre-vingt-seize. Elle a été la première à naître au village, après sa reconstruction, au temps des guerres... Alors, vous la voyez perdue ?

— On ne peut pas savoir, mais le cœur bat d'une aile... Ça tarira comme une source en été... Ce n'est rien, ça. Le monde qui tourne... Mais les jeunes ! Nous autres, on est déjà presque à maturité, la branche est ployée.

Le vieux soupira, d'un « han » brusque, comme sous un effort, en passant sa main droite grande ouverte devant sa figure.

— Ce n'est pas tout... J'ai vu Félix, ce matin. Il s'est monté la tête en parlant devant trop de monde. Ces garçons, il suffit que deux personnes les écoutent pour les faire déparler... Il veut descendre dans l'abîme pour trouver l'officier. C'est bon pour faire un nouveau malheur. Si j'avais un conseil à te donner...

— Ah, ça le tient depuis plus d'une semaine. Nous n'aurons de repos qu'après avoir vu le cadavre de cet assassin. Si Félix veut aller le chercher, qu'il y aille. Il saura bien sortir de ce trou... Nous passons nos soirées à remâcher cette affaire. Depuis un mois nous n'avons pas pu parler d'autre chose. Ne pas savoir à quoi nous en tenir nous rendrait imbéciles.

La vieille reprit, doucement, les yeux fixes, la tête droite :

— Imbéciles.

— Imbéciles, répondit le père, de la même voix, comme halluciné par sa propre hantise.

— Et si Félix va se tuer dans la grotte ? S'il n'y retrouve pas son chemin ?

— Il en sortira... Et puis, à mon avis, c'est trop tard pour peser le pour et le contre. Félix n'est pas encore rentré, et c'est déjà sept heures... Sûr qu'il a dû descendre dans l'abîme. Si c'était pour demain matin, il serait déjà là... N'ayez crainte, il a des jambes et une tête solides.

Comme une pierre roulant au fond de l'abîme dont ils parlaient, le cœur du médecin venait de faire un grand bruit dans sa poitrine. Ce coup sourd résonnait, emplissait ses oreilles, l'entraînait dans un vertige. En quelques mots, le vieux paysan venait de le jeter face à l'évidence. Aucun doute n'était possible, Félix avait entraîné les deux autres garçons dans l'aventure. Ils étaient maintenant dans l'abîme, ils arrivaient peut-être auprès de l'officier.

— N'ayez pas peur, disait le vieux montagnard, au-delà d'un bourdonnement, d'un grondement de cascade, n'ayez pas peur pour lui. Ne vous mettez pas dans cet état... Ça fait des nuits que je pense à cette histoire. J'ai d'abord voulu le retenir. Mais, à présent, je préfère qu'il traverse cet abîme... Nous aurons tout fait pour venger Albin.

— C'est fou ! Ah, si j'avais su... Mais il faut que je parte. Je vais voir s'il ne leur est rien arrivé... J'aurais bien pu rester au village...

Maria regardait le docteur comme pour chercher à surprendre

un signe secret, un geste imperceptible. Elle fixait son visage avec obstination et suivait le jeu de ses mains.

— C'est pour Félix que vous avez si peur ? dit-elle enfin. Il ne risque rien que de rencontrer l'autre...

Le docteur maîtrisa sa nervosité. Il prit son temps, se leva, attrapa son chapeau et fit quelques pas dans la salle.

— J'espère bien que rien de fâcheux ne leur est arrivé. Mais il me tarde quand même de savoir s'ils sont revenus sans encombre.

— Et puis, dit Maria, votre demoiselle est toute seule.

Le docteur prit congé, sauta à cheval et partit au pas. Mais, dès qu'il eut descendu la côte, en arrivant sur les pâturages, il prit le galop et fonça droit devant lui, à travers les hautes herbes d'où jaillissaient des sauterelles, dans le réseau des gouttes de la rosée du soir.

— Galop, disait le docteur, galop, galop...

Le cheval faiblissait pourtant et bronchait sur les antérieurs, à chaque pierre qui roulait sous ses fers, à chaque ornière du mauvais chemin. Il soufflait de l'écume et s'encapuchonnait.

Les premières maisons du village se levèrent, à droite et à gauche, comme de gros perdreaux, entre les mottes des labours. Chacune d'elles faisait un bruit de vent et se perdait en arrière comme si elle était retombée au ras du sol. Il faisait presque nuit et la buée du soir arrêtait les regards à vingt mètres. Le docteur aperçut pourtant, au fond de la place, une foule d'hommes entassée devant la porte d'une maison. Il poussa sa bête vers elle, penché du haut de sa selle sur les visages qui se levaient vers lui.

— Alors ?

Les gens qui le reconnaissaient mal étaient taciturnes. Ils ouvraient un chemin au cheval fumant, se refermaient derrière lui, entouraient le cavalier et, des épaules, pesaient sur ses genoux comme pour l'arracher de sa selle.

— Alors ? Qu'avez-vous fait aujourd'hui ?

— Ils sont allés dans la grotte... Félix, Julien et Marcel sont descendus jusqu'au fond de l'abîme... Ils sont là, à moitié morts.

Le docteur mit pied à terre, jeta sa bride dans la main d'un homme et poussa la porte. Au fond d'une grande cuisine, devant le feu, au milieu d'un grouillement d'hommes et de femmes, les trois garçons se chauffaient, le dos rond, le cou fléchi, les mains traînantes. Ils étaient couverts de boue, de cette boue jaune de l'abîme que le docteur connaissait bien, qui collait à la peau par grandes plaques, et le visage de Marcel portait une longue balafre, comme s'il avait reçu un coup de pierre.

— Vous y êtes allés ? Eh bien ? Rien de fâcheux ? Mais parlez donc.

— C'est la cave du diable, dit Félix. On est là-bas depuis une heure de l'après-midi... On a fouillé l'abîme pendant six heures et je ne sais pas comment nous en sommes sortis.

Julien claquait des dents et, chaque fois que le silence se refaisait, on entendait leur battement sec, irrégulier, à reprises brusques.

— Vous avez trouvé ? dit le docteur.

— Qui ? Le mort ? Non... Mais ça ne fait rien, pour être mort, il l'est. Nous avons failli y rester avec lui.

— Vous ne l'avez pas vu ? Pas de traces ? Mais jusqu'où êtes-vous allés ? Par où êtes-vous sortis ?

Félix but une gorgée de vin chaud, se rapprocha du feu, serra le manteau qu'on avait jeté sur ses épaules.

— On ne peut pas expliquer... Nous avons suivi le torrent, dans un grand couloir, en nous blessant aux roches... Puis Julien en a eu assez d'être dans l'eau, il a voulu grimper au long des parois. Nous pouvions avancer en pressant avec les jambes et les bras, d'un côté à l'autre. Alors, Marcel est tombé, de cinq ou six mètres de haut, dans un gouffre. Sa chandelle s'est éteinte. Il s'était blessé en tombant, j'ai voulu descendre pour lui prêter la main, ma chandelle s'est éteinte aussi... Le diable a soufflé celle de Julien. Nous avons été dans le noir... C'est plein de démons, cet abîme.

Le docteur prit entre ses doigts la joue de Marcel, il toucha les bords de la meurtrissure bleue qui allait de la tempe au menton, boursouflant la paupière gauche.

— Ce n'est rien... Mais d'un peu plus... Il a saigné ? L'artère n'a pas été touchée.

— Ça s'est arrêté assez vite. Mais, dans le noir, il criait à la mort en sentant le sang qui lui passait sur la bouche. Nous avons mis du temps à refaire de la lumière.

— Vous êtes retournés tout de suite ?

— Non, Julien a voulu qu'on marche encore. On avait perdu la moitié des chandelles et mon briquet ne valait plus rien. On a continué quand même. On a passé par une grande salle, avec des espèces de billes rondes sur le sol. Il nous fallait nager la moitié du temps et nous entendions des bruits, des grondements.

Le grêlé releva la tête. Ses cheveux étaient pleins de cette poussière jaunâtre qui collait aux parois de la rivière souterraine, ses ongles étaient arrachés et ses mains coupées par les roches.

— C'est plein d'esprits des morts dans l'abîme. Les forêts, les montagnes sont faites pour les hommes, mais ces trous dans la terre...

— Mais jusqu'où êtes-vous allés ? Jusqu'à quelle salle ?

— Vous les connaissez donc ? dit Félix, en faisant claquer ses doigts. Comment voulez-vous qu'on vous explique ? Nous ne sommes allés nulle part. C'est partout pareil.

— Si, on s'est arrêtés devant une cascade. On a failli se faire noyer dans la rivière. L'eau faisait bien un saut de huit ou dix mètres.

— De plus... On n'a pas vu le fond et c'était un vacarme du diable.

— Vous êtes allés jusqu'à la cascade ? Et vous n'avez rien vu ? Pas de traces ?

— Des traces de qui ? De l'officier ? Il doit gonfler au fond de quelque gouffre. Oui, on s'est arrêtés devant une cascade. Ça prouve que la rivière descend jusqu'au fond de la terre. Et nous sommes revenus, roulés par l'eau, presque sans lumière.

— Bois, dit une femme à Marcel, en lui poussant le bras, bois bien chaud, tu as rapporté les trois sueurs...

— Un homme seul ne peut pas s'en tirer, dit Félix. Le père peut être tranquille...

— Vous avez risqué votre peau pour rien, dit le docteur. Tâchez de transpirer. Buvez bien chaud et ne pensez plus à cette histoire.

— On a bien fait, dit Félix. Maintenant, on sait à quoi s'en tenir. L'officier est mort et la rivière descend chez le diable. Que jamais personne ne retourne dans ce trou, il vaudrait mieux qu'il aille tout droit au cimetière.

Le docteur regarda à nouveau la plaie de Marcel, le rassura

et resta planté, sans rien dire, entre les trois garçons qui, du bout de l'ongle, écaillaient la boue séchée sur leurs bras. Le premier, le grêlé rompit le silence :

— Ça tient comme de la colle à poissons... Les poils viennent avec...

— Eh bien, bonsoir... J'ai eu rudement peur pour vous. Toi, Félix, tu ferais bien de remonter tout de suite à la Serreyrède ou d'envoyer quelqu'un rassurer tes parents.

Il sortit, reprit son cheval et fendit à nouveau la foule, écrasée de stupeur, tassée par la grande panique que les trois garçons avaient rapportée des entrailles de la terre.

Arrivé chez lui, il rassura Amélie, en quelques mots, pendant qu'il l'embrassait.

— Ils ne l'ont pas trouvé. Ils ont failli se tuer dans l'abîme. Les eaux sont déjà hautes en amont, les sources intérieures doivent couler à plein : ils ont manqué se noyer.

Quand il détacha ses lèvres du front de la jeune fille, elle semblait ivre. Il la prit par le bras, et rentra avec elle dans la maison.

— Père, je viens avec vous ce soir... Si, une fois encore. J'ai eu si peur. La journée a été si longue. Je ne peux parler à personne de mes craintes.

A dix heures du soir, le père et la fille, chargés de provisions, descendirent vers la grotte. La nuit était sombre et déjà froide, pleine d'étoiles et balafrée d'un immense chemin de Saint-Jacques.

Au fond de la gorge, dans l'alcôve étroite où l'ombre prenait la densité de la pierre, le torrent poussait un hurlement de bête vivante, une clameur sauvage, longue et grave comme celle du taureau.

En s'engageant sur la première corniche, Amélie eut un geste d'effroi et murmura, en crispant ses mains aux épaules de son père :

— Le Bramabiau...

Un souffle glacé les enveloppa, emportant les paroles de la jeune fille et, silencieux, ils poursuivirent leur route.

— Ils ont dû passer par là, dit brusquement le docteur quand, après avoir descendu la paroi à pic, ils franchirent la rivière. Regarde sur le rocher, voilà les traces de mes pas. Ils auraient pu les voir, mais la peur les poussait. La première cascade est un peu plus bas. Tu vois, les eaux ont monté... Ici, on peut encore passer, mais dans les couloirs...

Le lieutenant n'attendait que la visite du docteur. Quand le feu du falot tomba sur lui, il sortit de la pénombre, hagard, les yeux ternes, le teint plombé. Mais quand il aperçut Amélie, il se souleva sur les coudes :

— Ah ! mademoiselle... Je ne peux plus attendre. Quelle joie de vous voir encore. Mais cette obscurité rend fou. Tout aujourd'hui, j'ai eu des songes atroces... sans le souvenir de votre visite... Quand je suis seul, j'entends des bruits, des appels, des pas... Il y a des gens qui passent, qui rôdent, qui s'approchent... Il y a des gouttes d'eau qui font le bruit d'un torrent... Des bouts de pierre qui roulent comme des avalanches... Des échos, des cris... des réponses...

— Remerciez Dieu, dit Amélie, vous êtes sauvé et nous sommes libérés d'une horrible crainte. Les gens du pays vous ont cherché tout aujourd'hui, à travers la grotte. Ils ne vous ont pas trouvé, et ne sont pas prêts à reprendre les recherches.

— Ils sont passés tout près de vous... Mais, à moitié fous de terreur, ils n'ont pas vu nos traces. Ce n'est pas le moment de vous laisser abattre.

Le docteur s'accroupit, regarda la jambe blessée.

— On peut vous transporter jusqu'à la salle d'où l'on voit le reflet du jour dans les gouffres. Vous serez encore dans la nuit, mais avec une lucarne ouverte sur le ciel. Cela vous donnera la patience d'attendre la guérison.

Pour arriver à cette salle, il y avait une centaine de mètres à faire dans d'étroites galeries tapissées de sable fin. Le docteur et sa fille transportèrent le blessé, avec mille précautions, en le faisant sautiller sur sa jambe intacte, en le soutenant sous les bras. Il leur fallut plus d'une heure et demie d'efforts coupés de longs temps de halte.

A plusieurs reprises, couchés sur le sable, haletants, ils furent prêts à renoncer à leur entreprise. Mais le blessé retrouvait ses forces et c'est lui qui redonnait le signal de la marche en avant, les lèvres pincées de souffrance, le corps tendu.

Enfin, ils débouchèrent dans une étroite salle que dallait une grande roche. Le docteur y avait déjà installé des couvertures et le blessé se laissa tomber sur elles en gémissant. Il était si exténué que rien ne semblait plus pouvoir fixer son attention.

Entre les poils de sa barbe déjà drue, des gouttes de sueur brillaient sous le feu des chandelles. Il soufflait doucement avec une hâte sénile, sans vider ni emplir complètement sa poitrine. Le docteur et sa fille, agenouillés auprès de lui, attendaient en silence. Enfin, le docteur souleva le blessé sur sa couche, lui fit tourner un peu la tête vers la droite et, la main tendue, lui dit :

— Regardez...

Dans l'obscurité sans limites, il y avait comme une borne, un seuil au-delà duquel l'ombre changeait de qualité et de ton. C'était comme une plaque bleu-noir, grande comme une main ouverte.

— Regardez... C'est encore la nuit. Le ciel se reflète pourtant dans le gouffre.

Le blessé échappa à la main qui le soutenait, se haussa sur les coudes, en basculant le buste, tendit la tête :

— Une étoile ?

— La dernière de la nuit, sans doute... Et le long reflet blanc est celui du chemin de Saint-Jacques.

— Les étoiles... dit le blessé. Et si proches... A prendre à la main.

— A plus de cent mètres de vous... Faites bien attention, vous êtes au bord du précipice. La paroi tombe à pic sur le gouffre. On ne peut pas passer par là. Quand vous sortirez d'ici, nous reviendrons sur nos pas, c'est le seul chemin possible.

— Les étoiles sont là pourtant... Mademoiselle, depuis le soir où vous êtes venue, je n'ai pas eu d'aussi grande joie. Ces étoiles... Je les connais. Je les ai vues, à cheval, sur toutes les routes, loin d'ici...

Tous trois, ils regardaient l'étoile. Elle montait vers eux d'une plaque de ciel ouverte dans la terre, comme aurait fait l'eau d'une source ou la tige d'une fleur.

— Alors, demain, tout à l'heure, quand le jour se lèvera, je le verrai grandir dans ce miroir ? Des feuillages s'y découperont ? Le monde entier tombera dans cette flaque d'eau ? Maintenant, je crois que je pourrai attendre la guérison. J'aurai quelque chose qui me reliera au reste des hommes. Je pourrai imaginer ce que vous faites, mademoiselle, où en sont vos travaux... Je saurai si le ciel est couvert, s'il charrie des nuages, s'il pleut.

— Calmez-vous, mon ami. Tout cela n'est point si miraculeux. Tout cela vous attend, quand vous pourrez sortir d'ici.

A nouveau, ils regardaient l'étoile en silence. D'étranges illusions naissaient de la tension même de leur retour et l'étoile montait vers eux, comme une bulle entre deux eaux, et semblait affleurer à portée de leur main. Toute impression de distance disparaissait dans cette obscurité silencieuse et le double reflet, du ciel à l'eau, de l'eau à leur regard, n'était plus qu'une présence proche et réelle.

— Il semble que le ciel commence à pâlir. Est-ce l'aube ?

En vain le docteur et Amélie essayèrent-ils de parler d'autre chose, de faire oublier l'étoile, le ciel et l'aube prochaine à leur ami. Il regardait sans arrêt vers la clarté et s'exaltait de plus en plus en imaginant les grands mouvements de la vie qui se préparaient déjà dans l'espace.

— Il va pourtant falloir que nous partions, dit le docteur. J'ai promis de retourner à l'Espérou, pour voir une malade, dans le courant de la journée... Je reviendrai vous voir de bonne heure. Aujourd'hui, les gens ne songeront pas à m'espionner. Ils ne regarderont pas de sitôt vers cet abîme.

— Père, dit Amélie, pourquoi laisser notre ami seul ? Je pourrais rester avec lui en attendant votre retour... Noémi doit passer la journée au village. Elle partira en me croyant encore couchée... Je rentrerai ce soir avec vous...

— C'est fou... et s'il m'arrivait quelque chose ? Jamais tu ne pourrais ressortir de l'abîme... Retrouverais-tu ton chemin ? Et même, si tu le retrouvais, serais-tu capable de franchir la rivière ? d'escalader la paroi ? de redescendre de l'autre côté ?

— Mais que peut-il vous arriver ? C'est un bien petit risque, notre ami le court chaque jour... Non, père, ce ne peut être une raison. Il ne faut pas le laisser seul.

L'officier ne semblait pas entendre ce dialogue du père et de la fille. Haussé sur les coudes, le cou tordu, il regardait vers l'étoile, comme dans un accès de fièvre.

— Je peux rester avec vous, en attendant, lui dit Amélie, en touchant doucement son épaule. Voulez-vous que je reste avec vous jusqu'au retour de mon père ?

— Retrouver le jour et n'être pas seul... Etre avec vous... répondit-il.

Sa voix semblait plus lointaine que l'étoile. C'est elle qui paraissait remonter du fond de l'abîme, comme un dernier appel.

— Voyez, dit Amélie à son père, il n'est pas bien. J'aurais trop peur pour lui, s'il devait rester seul... Allez voir la Duponne dès ce matin, vous serez de retour ici au début de l'après-midi... Qu'allez-vous craindre ? Rien ne peut vous arriver...

L'aube touchait déjà les bords du gouffre. Une clarté montait et l'étoile se fondait en elle. Le docteur hésitait, regardait le blessé, se tournait vers sa fille. Mais toute force de résistance était brisée en lui. Les fatigues accumulées pendant les vingt derniers jours, les nuits sans sommeil, la chevauchée de l'après-midi, le poussaient à tout accepter. Il restait sans mouvement, déjà vaincu, résigné à se soumettre au désir d'Amélie.

— Il faut partir... Renonce à cette idée... S'il m'arrivait quelque chose... Le jour est là...

— Partez sans moi, mon père... Tout cela est si simple...

Le docteur se leva, serra la main de l'officier, embrassa Amélie, l'esprit vide, bourdonnant de sommeil. Il hésita encore, regarda vers le jour qui grandissait et, se décidant, redescendit vers le couloir. Il s'arrêta encore une fois, sembla vouloir revenir en arrière.

Du fond de la salle, il voyait sa fille, assise auprès du blessé, penchée comme lui vers le gouffre d'où montait la lueur de l'aurore. Elle ne faisait plus attention à lui, elle avait oublié sa présence. Pour elle, il était déjà parti. Il l'entendait qui parlait doucement, comme on parle à un enfant. Il sentit que jamais il ne pourrait lui faire renoncer à son désir. Alors, repartant en avant, il cria vers elle :

— A tout à l'heure... Je serai de retour dans le milieu de l'après-midi...

A plusieurs reprises, tandis qu'il se hâtait vers la sortie, à travers le dédale des galeries et des amoncellements de blocs, le docteur eut un mouvement d'arrêt, comme une révolte physique qui le paralysait d'un seul coup.

— C'est insensé, disait-il à voix haute, étonné par la résonance de ses propres paroles. C'est insensé, s'il m'arrivait quelque chose, jamais elle ne s'en tirerait.

Mais la décision prise, la fermeté d'Amélie, l'état de stupeur dans lequel se trouvait son ami, lui revenaient brusquement à l'esprit. Il se sentait battu d'avance et, son hésitation surmontée, il reprenait sa marche en forçant encore l'allure, sans penser à rien, dans une demi-inconscience.

Quand il eut gravi la haute paroi, il s'arrêta sur la corniche, à genoux, les mains au sol. Ce n'était plus une incertitude de son esprit qui le contraignait à cette halte, mais une brusque défaillance physique. Au fond de sa poitrine, de grands coups sourds résonnaient, semblables aux heurts de l'eau dans les profondeurs de l'abîme. Une angoisse nouvelle, jamais ressentie, le tenait ainsi accroupi sur le sol, non pas haletant, mais sans souffle et sans voix. Au bout de quelques secondes, sa respiration reprit, courte d'abord, encore limitée comme par un corps dur, une masse résistance, puis plus large, enfin libre et profonde.

— J'ai tort d'aller si vite... Ce n'est pas un exercice pour un homme de mon âge... Un simple point de côté... C'est bizarre, pourtant, cette sensation d'étouffement... Cette barre en arrière des côtes...

Plus lentement, en s'aidant des bras, en s'appuyant aux parois, il continua sa marche et déboucha dans l'axe de la grande sortie.

Devant lui, le jour s'ouvrait en immense éventail, tandis qu'en arrière, étroite, fermée, la grande fissure plongeait dans l'ombre, tumultueuse, éclaboussée par l'écume du torrent. Là-haut, à plus de quatre-vingts mètres de hauteur, à pic sur les gouffres, il devinait l'emplacement de la petite salle où se trouvaient sa fille et l'officier. Ni la voix ni le regard ne pouvaient lui permettre de communiquer avec eux. Un espace vertigineux les séparait de lui, infranchissable. Seule, la clarté ovale du dernier bassin devait être visible pour les deux reclus et, à travers elle, ils ne pouvaient apercevoir que le lacis des hautes branches et que la dérive lente d'un nuage à travers le ciel.

Le ruisseau franchi, le docteur se trouva définitivement sorti des ténèbres de l'abîme et repris par le monde réel. Toutes ses craintes cédèrent du coup. Son malaise s'était entièrement dissipé. Il se sentait allègre et reposé, dans le vent frais du matin, et c'est d'un pied sûr qu'il escalada les raccourcis qui menaient à sa maison.

Après un court repos, le docteur était reparti pour l'Espérou. Somnolent, au long du bois de Large, contre la vieille forêt ruinée par les hivers, mangée par les lichens, pourrissante, il allait au pas de sa bête dont la montée avait coupé l'allure. Le cheval connaissait la route et n'avait pas besoin d'être guidé, aussi, les pieds engagés à fond dans les étriers, affalé dans sa selle, le docteur se laissait gagner de plus en plus par le sommeil quand un léger bruit régulier, une cadence sonore, lui fit redresser la tête.

Un homme, chargé d'un gros ballot, fait d'une toile pliée en quatre et tenue à l'épaule par son nœud, marchait à côté de lui, d'un pas rapide, en tenant tête au cheval.

— Salut, monsieur, le cheval vous porte et je porte mon faix. Je suis donc quelque chose comme un âne et votre serviteur aussi.

— Où allez-vous de ce pas ? A Valleraugue ou au Vigan ? Vous n'êtes pas d'ici, à ce que semblent dire votre accent et votre mise.

— Je viens de Roanne et même d'Alsace... Je redescends en Languedoc. Les gens des montagnes tirent dur sur les cordons de leur bourse, et j'espère plus de ceux de la plaine... L'espoir fait marcher et voir du pays... Mais les temps sont mauvais pour la pacotille.

L'homme semblait insouciant, plein de santé et de belle humeur malgré sa lourde charge. Il avait un gros visage sanguin, à peau blanche mais fortement veinée. Son cou large sortait comme un tronc de sa chemise entrouverte et deux rigoles de sueur coulaient, derrière ses oreilles, sous les bouclettes de ses cheveux.

— Vous avez l'accent des gens de Bourgogne, dit le docteur, en imitant lui-même cet accent, en roulant les *r* : Je me trompe ou je tape juste ?

— Juste... On est de vers Chagny. De bons pays de gros bourgs. Mais qui voyage doit voir tous les pays. J'ai fait l'Alsace pendant un bon bout de temps, mais la guerre s'y est mise et j'aime assez peu tomber entre les mains des patrouilles cosaques. J'ai fait les montagnes d'Auverge et du Velay. Mais c'est pauvre comme la pierre.

— Vous avez trouvé partout le désordre ? Les temps sont durs pour tout le monde.

— Le pauvre n'attire l'attention de personne. Il est blanc pour les blancs, trois couleurs pour les tricolores. J'ai vu des gens s'entre-tuer, mais ils n'ont jamais pensé à me faire un mauvais parti. Et pourtant on en a cherché des proscrits et des fugitifs pendant ce dernier mois. C'était comme une chasse à l'homme. Mais le petit gibier passe entre les rabatteurs.

— Et que vendez-vous par ces temps de misère ? Des almanachs sur la lune et sur le temps ? Peut-être bien des médecines ?

— Je renouvelle le baluchon au hasard des voyages. Je rapporte là des couteaux de Thiers et de Laguiole. Le paysan aime bien ça... Auriez-vous besoin d'une bonne lame, de trempe robuste ?

— Non, non, merci, l'ami, pas pour le moment... Vous avez dû en voir des choses, ces derniers temps ? en rôdant de ville en ville.

— Les paysans étaient dans toutes leurs colères... Ça doit les prendre comme ça tous les deux ou trois cents ans. Trop d'impôts, trop de conscrits. Des guerres à n'en plus finir. Ils en avaient assez des militaires et des armées. Alors : « A bas l'empereur, à bas les tricolores. La cocarde blanche, c'est la paix. » Vers Le Puy, ils auraient mangé de l'officier en vinaigrette et je me suis laissé dire que les pays d'en bas, vers Nîmes et vers Marseille, sont encore pires. Le paysan, c'est un bon cheval à mettre à tous les attelages, mais quand la rogne le prend, il mangerait sa bride comme paille d'avoine... Voilà la sagesse du gouvernement : user de la bête sans lui faire prendre le mors aux dents.

— Vous avez plus de raison qu'un ministre. La sagesse des gouvernements ne court pas les montagnes.

— Elle y est aussi rare qu'un acheteur de couteaux ou d'almanachs...

Le colporteur avait attrapé de la main droite une des courroies du pommeau de la selle. Il se faisait tirer ainsi par le cheval et continuait à lui tenir pied sans grande fatigue. La côte allait finir du reste et les pelouses du col de Faubel commençaient à laisser voir, de l'autre côté de la montagne, les crêtes pelées de la Luzette.

— J'ai grande envie de tirer à ma droite... C'est la route du Vigan, n'est-ce pas ? Nous allons être au 9 septembre et c'est grande foire dans ce pays. Un marchand de couteaux doit pouvoir y gagner le pain et le vin. Valleraugue est encore un peu trop dans les montagnes à mon gré.

— Eh bien, bonne chance. Je file sur l'Espérou, et ma bête va pouvoir prendre le trot. Continuez à faire votre commerce, brave homme, en paix avec tout le monde... Dites-moi, sans défaire votre baluchon, vous auriez un couteau sous la main, à me montrer ?

— J'en ai bien trois ou quatre dans mes poches, mis à part... Des lames de rois que j'ai vu tremper et affûter à Laguiole... Voilà, monsieur, une belle pièce. C'est huit sous pour toute la vie.

— Donne... Un bon couteau peut toujours servir.

Le docteur regarda la lame bleue, gravée de lettres maladroites, fortement emmanchée. Il compta huit sous au colporteur, ferma le couteau et le glissa dans sa poche.

— Sans la langue, dit le colporteur en s'essuyant la bouche du dos de la main, sans la langue et sans la salive, jamais vous ne m'auriez acheté cette lame... C'est bon d'avoir le souffle solide et de pouvoir parler en montant les côtes. Mais la pièce est de choix et, dans vingt ans, vous taillerez avec en vous demandant où diable est passé le rougeaud qui vous l'a vendue.

— Dans vingt ans... ça ne fait rien, vous faites plaisir à voir et à entendre. J'aurais voulu boire un verre de vin avec vous, mais ces solitudes manquent d'auberges, il n'y en a qu'une, sur l'autre route. Ce soir, au Vigan, buvez un coup à ma santé. Vous avez de bonnes tavernes entre l'église et la maison commune, on n'y a pas encore pris l'habitude de voler les étrangers... Salut, l'ami.

— Salut, maître, et santé...

Le docteur enleva son cheval au petit trot et fila, sur sa gauche, à travers les maigres hêtraies, en zigzaguant entre les gros blocs de granit fichés dans les gazons ras. Le colporteur, d'un coup d'épaule, jeta son ballot sur le sol, s'essuya le front avec un grand mouchoir rouge, et vint s'asseoir sous un hêtre à neuf racines jaillies de terre et saillant autour du tronc comme les accoudoirs d'une stalle d'église.

« Un bon bougre », se disait le docteur, en ballottant de la tête à la cadence du trot, sans pouvoir enchaîner d'autre idée. La chaleur faisait bruire les petites poussières du granit comme des sauterelles dans un pré. L'air était sec et semblait craquer dans la bouche, comme une poussière impalpable.

Le docteur fut à l'Espérou avant d'être sorti de cette bonne humeur somnolente née au hasard d'une rencontre, et sauta de cheval, devant la porte des Dupont, en souriant encore à ce voyageur inconnu dont il croyait voir, devant lui, la face rouge, en belle chair, un peu pareille à celle d'un boucher qui courrait les foires de canton par tous les temps, et ne se laisserait pas trop gagner par la graisse.

Mais la mine des gens sortis à sa rencontre brisa net son allégresse. Il savait ce que voulaient dire ces visages figés, ces traits en suspens, ces yeux sans regard, ces gestes maladroits.

— La vieille a dû passer... dit-il entre ses dents.

— Vous n'y ferez plus grand-chose, monsieur le docteur, mais on est bien content de votre visite... Ça laisse un désarroi, ces vieux, quand ils s'en vont.

— On n'aurait pas cru que ce soit si vite fait... Elle a semblé morte trois fois, mais elle revenait à chaque coup. A présent, ça doit être bien fini. Elle commence à se faire froide.

— Mais oui, mon bon ami, c'est beau de partir comme ça, sans qu'on sache bien où finit la vie et où commence la mort... Trois gouttes d'huile au fond d'un quinquet.

La vieille était bien morte, sur le lit tout en hauteur, et déjà glacée. Elle avait un air narquois, comme quelqu'un qui sait qu'il fait une niche à ceux qui l'entourent. Qui trompait-elle alors ? La vie ou la mort ? Les siens ou ceux qui l'attendaient de l'autre côté de la barrière ? La contraction ironique et presque satisfaite de son visage était-elle pour ceux qui l'entouraient encore ou pour ceux qui, depuis des années et des années, étaient partis avant elle ?

Rarement, le docteur avait contemplé aussi longtemps le visage de ses morts, de tous les morts du canton auxquels il donnait permission de s'en aller en paix, sans plus torturer ceux qui restaient derrière eux.

— Elle est bien morte, au moins ? murmurait avec crainte à côté de lui le vieux Dupont, le fils, l'homme de soixante-dix-neuf ans qui avait peine à croire qu'une aussi longue vie, plus longue que la sienne, ait pu déjà toucher à son terme. Il y en a qui en ont l'air... mais on ne sait jamais. Ces morts trompent, parfois.

— Mais oui, elle est déjà froide et toute raide. Elle n'a même sans doute pas bien compris combien le passage lui a été facile. C'est une bénédiction.

Tout en parlant, le docteur voyait, entre lui et la morte, le visage du rougeaud rencontré sur la route.

« Aussi facile de vivre que de mourir... » se disait-il... Toute la famille l'entourait, le remerciait encore d'être venu. Il redescendit lentement dans la salle commune, refusa de manger, s'entretint à mi-voix avec ceux qui venaient faire leur visite. Rien ne lui semblait naturel, si ce n'est cette mort, cet effacement de l'aïeule. A côté de lui, le père Pagès parlait du cimetière, de la place qui restait encore, des dispositions à prendre pour creuser la fosse.

— On ne peut enterrer qu'entre les quatre grosses pierres, sous le petit rideau de sapins... C'est la loi depuis le commencement des temps.

Tous ces soucis matériels lui semblaient étranges et vains.

— Ça lui fait de la peine, à M. le docteur, dit Pagès en s'en allant. Il n'est pourtant pas si avancé dans l'âge et l'habitude ne lui manque pas.

A plusieurs reprises, le docteur s'étonna de ne pas se faire plus de soucis pour sa fille, emmurée dans l'abîme avec le lieutenant, obligée de le calmer, de le rassurer comme un enfant. « Il faut me hâter... » se disait-il, sans pouvoir arriver à se lever et à prendre congé.

Ce ne fut que vers midi, quand les Dupont lui demandèrent de dîner avec eux, qu'il trouva la force de partir. En quelques minutes, presque brutalement, il eut quitté ses hôtes et se trouva sur la route de la Serreyrède.

— Je n'arriverai pas à rentrer d'une traite, il faut m'arrêter au col pour y casser une croûte.

Pour la première fois, les précipices qu'il longeait lui donnaient le vertige. Il lui semblait que les éboulis, au-dessous des pas de sa bête, se mettaient à glisser au long des pentes, en entraînant avec eux les rares troncs de hêtre accrochés aux bosses de terre végétale. Il tournait la tête du côté de la montagne, fermait les yeux et revoyait brusquement la vieille ratatinée et le colporteur à visage rouge.

— Maintenant, je ne dois plus penser qu'à ma fille... Au

diable toutes ces histoires, cette vieille et ce vagabond. Je finirais par y perdre la tête.

Au col, il trouva tout le monde à table et son couvert fut vite mis, à côté de celui du vieux Pailhan, contre le feu qui flambait en ouragan malgré la saison, au milieu d'une forêt de branches vertes dont la sève fumante faisait éclater l'écorce.

— Me voilà déjà mieux... J'aurais roulé au bas de ma bête, si j'avais voulu continuer ma route sans manger... Vous faites bien d'allumer du feu. Dans nos pays, on gèle même en été. Me voilà remis d'aplomb.

Il mangeait en hâte, gloutonnement, presque sans mâcher. Le vieux lui servait de grands coups de vin et il vidait son verre à larges traits, étourdi par la fraîcheur de cet alcool léger. Le feu lui cuisait le dos à travers l'étoffe de sa redingote et sa nuque devenait rouge et semblait se gonfler en se couvrant de gouttelettes.

— Alors, Félix, tu es remis de ton aventure ? J'ai été bien content de te voir sorti de là. Tu peux demander à ton père si j'ai eu peur. C'est que je connais l'abîme... Je veux dire que j'en connais les dangers. Qui veut y aller trop loin y laisse ses os.

— Maintenant, on est tranquilles. On est sûrs que cet assassin n'en sortira pas. Pour lui régler son compte, je serais allé jusqu'à la porte du diable, mais il a passé la porte et le diable le tient bien.

— N'en parlons plus, dit le vieux, Albin est mort, l'autre est crevé. Personne ne descendra plus jamais dans ce trou de la mort.

Jamais le docteur n'avait eu faim avec autant de violence. Il mangeait d'énormes morceaux de pain et sentait l'haleine lui manquer, à chaque bouchée. Il buvait alors, pour reprendre le souffle, et restait tout étourdi, dans la chaleur montante du grand feu de bois.

— Vous faites plaisir à voir, monsieur le docteur. L'appétit marche bien.

— Que veux-tu, Maria, je commence à être bien vieux pour courir les routes à cheval. Il faut refaire mes forces... Mais, à présent, je ne bouche plus les trous qu'avec du mauvais plâtre.

Maria semblait vouloir dire quelque chose, mais elle attendait son moment, écoutant le docteur, faisant « non » de la tête en lui souriant. Ce dernier sentait cette arrière-pensée, ce calcul, cette attente, et, tout en parlant, il se disait, très vite, avec inquiétude :

« Qu'est-ce qu'elle va bien me sortir ? »

Tout d'un coup, Maria dit lentement, très lentement, en appuyant sur les mots, comme pour jouer à la fois l'indifférence et l'intérêt :

— Votre demoiselle va bien ? On ne la voit pas souvent.

— Elle va... Elle va... toujours un peu fragile... mais elle va.

Il y eut un silence, un moment de gêne. Pour le rompre, le docteur se mit à parler de choses indifférentes, du temps qu'il faisait, de la saison déjà avancée. D'ordinaire, il parlait le dialecte de la montagne avec quelque difficulté, en ralentissant le rythme de ses paroles. Mais, ce jour-là, il s'exprimait sans effort dans cette langue qui avait été celle de ses premières années et qu'il s'était remis à parler, à la fin de sa vie, quand il était devenu médecin de campagne. Félix s'en aperçut et lui dit en souriant :

— Ça vous a coupé le filet, toutes ces aventures...

— Tous ces derniers temps, dit le vieux Pailhan, n'ont pas été bien gais pour des jeunesses comme votre demoiselle. On nous a dit qu'elle était toute retournée par la mort d'Albin. Et puis, on a passé tout le mois dans la terreur. Vous vivez à l'écart de tout, comme nous autres.

Pendant que le vieux parlait, le docteur se leva brusquement. Il fit le tour de la table, s'arrêta devant la porte du couloir qui était entrouverte et, de la main droite, en attrapa la partie supérieure comme pour se hisser. Il semblait plus grand que d'ordinaire, comme s'il avait tendu tous ses muscles pour ne pas perdre un pouce de sa taille. Contre les mèches blanches de ses cheveux, plaqués par la sueur, sa peau semblait écarlate et cuite au feu. Tous les gens assis autour de la table se mirent à le regarder. Pour mieux suivre sa marche, ils pivotaient lentement sur leurs chaises, par petites saccades, en allongeant leurs bras devant eux. Enfin, le docteur souffla brusquement, lâcha le haut de la porte, se remit d'aplomb sur ses jambes et dit :

— Ouf, j'ai dû manger un peu trop vite... j'ai cru que j'étouffais.

Le vieux lui tendit son verre en clignant de l'œil :

— Buvez un coup, ça fait descendre le reste... Peut-être

aussi que la chaleur vous a surpris. Prenez votre temps, vous serez toujours à Camprieu avant la nuit.

Le docteur éloigna sa chaise du feu et reprit place au bout de la table. Par moments, il avait un drôle de mouvement du menton, un brusque déclic qui lui faisait secouer la tête comme si une mouche s'était posée au coin de ses lèvres.

— Le grand air me fera du bien. Je ne risque plus rien maintenant, j'ai mangé comme quatre... Il faudrait que je sois chez moi de bonne heure.

Millette, l'ancien soldat à la jambe courte, fixait le docteur depuis un moment, avec inquiétude. Celui-ci s'en aperçut et se mit à rire :

— Alors, mon vieux lascar, tu me crois déjà mort ? Non, je suis entre l'un et l'autre, à mi-chemin... entre le gros rouge et la vieille.

— Quel gros rouge ?

— Un marchand de couteaux qui n'est pas prêt à céder sa place. Je l'ai rencontré sur la route, il montait le Faubel aussi vite que mon cheval, avec soixante livres sur l'épaule.

— Et la vieille Duponne est morte ? Ça fera un esprit de plus pour rôder sur la montagne... Ces vieux, ça revient toutes les nuits. A l'autre col, sur le village, on les voit danser sur la pelouse. Ne faites pas non de la tête, on les a vus. C'est juste au-dessus du cimetière et les esprits montent toujours tout droit. Ils choisissent les temps de brume.

— Si tous les morts revenaient, dit le docteur lentement, comme à lui-même, on n'aurait plus la place de lever le bras, même sur les pelouses de Miquel. On en a fait des morts, depuis quinze ans.

— Ils ne reviennent pas tous... Les vieux sont les plus mauvais. On n'a jamais revu que des vieux dans le pays. Les jeunes ne reviennent que s'il y a une raison... Pour des crimes, des genres de mort pas ordinaires, ajouta le vieux Pailhan d'une voix changée, en rentrant le cou dans ses épaules.

— Les vieux ont trop l'habitude pour s'en aller comme ça, d'un seul coup. Ils en ont pour deux ou trois cents ans avant de rester tranquilles... Voyez la Duponne, il y a un siècle qu'elle vivait sur cette montagne, qu'elle allait au bois, à la source, dans les fermes.

D'une main, le docteur tirait sur le col de sa redingote et sur sa chemise dont il cherchait à dégrafer les boutons. Il remuait la tête avec humeur en entendant les deux vieux raconter leurs histoires de revenants. Millette se leva en raclant de la jambe :

— Je vais jeter un coup d'œil sur les bêtes... Au revoir, monsieur le docteur, si par hasard vous partiez avant mon retour. Et soignez-vous.

— Nous autres, dit Félix, on fend du bois sous la maison... Que nous ne vous fassions pas partir, prenez votre temps. On vous dira bonjour, quand vous sortirez.

Tous descendirent sur la plate-forme du col et Maria resta seule avec le docteur. Tandis qu'elle rangeait la vaisselle, il restait immobile, attentif, écoutant en lui-même. Il semblait chercher sa respiration, mais sans remuer, délicatement, comme s'il avait voulu saisir un oiseau ou quelque bête craintive.

— Maria... ça ne va pas fort. Ecoute-moi, si je te demandais un service, une fois, tu me le rendrais, sans penser à rien d'autre ?

La fille s'arrêta, étonnée. Mais le docteur eut comme un sursaut. Il fit non de la tête et ne dit plus rien. Au bout de quelques secondes de silence, il se leva et se mit à marcher, en gonflant sa poitrine, en se dressant sur la pointe des pieds. Devant la porte du couloir, il s'arrêta, comme il avait fait un moment auparavant, leva le bras, et chercha à s'accrocher. Mais il battit l'air de son bras levé, fit une plainte et, tournoyant sur lui-même, s'abattit. Il heurta de la tête au coin de la table, sans grande violence car son épaule avait porté la première, et resta allongé sur le sol, de tout son long, les bras en croix.

Maria fit un cri, sauta en arrière, les deux mains à la bouche, ployée en deux, les jambes écartées. Devant elle, le visage du docteur, vu à l'envers, du front à la bouche, était rouge et gonflé. Une écume rosée sortait de ses lèvres et ses yeux retournés étaient blancs comme les mèches de ses cheveux. Maria s'avança, touchant du bas de ses jupes le front du docteur, encore plus ployée sur elle-même. Elle resta là un instant et, soudain, courut vers la porte en criant :

— Millette, père, Félix.

Quelques secondes après, Millette montait à cloche-pied les escaliers et entrait dans la salle.

— Le docteur, là, le docteur...

La jeune fille et le berger relevèrent le vieillard et le mirent sur une chaise. Les yeux s'étaient fermés et ne montraient plus leurs horribles globes blancs. La mousse rose, plus abondante, coulait de la bouche sur la poitrine.

— Va chercher le père et Félix... Dis à la mère de monter... Reviens aussi. Ne me laissez pas seule... Il va revenir à lui.

Millette repartit en courant tandis que Maria soutenait le vieillard de tout son corps, haletante. Les lèvres du docteur remuaient. Il semblait chercher à prononcer des mots. La fille se penchait vers lui, l'oreille tendue, mais, aussitôt, se retournait vers la porte, plus anxieuse de voir arriver les siens que d'entendre ces paroles.

— Maria... Tu es seule ? Ecoute... Je suis bien malade, mais il faut que tu saches. Ma fille...

— Ne parlez pas, vous vous faites du mal. Attendez d'avoir repris quelques forces. Ne dites plus un mot... Ne dites plus un mot.

Elle avait parlé brutalement, comme pour faire violence au vieillard et lui imposer sa volonté. Celui-ci était affalé sur la chaise et semblait prêt à tomber encore. Maria l'avait calé contre sa hanche et bandait tous ses muscles pour le soutenir. Elle prit un mouchoir dans la poche de sa veste et se mit à lui essuyer la bouche, en répétant, tantôt comme un ordre, tantôt comme une supplication solennelle :

— Ne dites rien... Ne parlez plus.

Sur la pointe des pieds, silencieux, étouffant leur souffle, tous les membres de la famille entrèrent dans la salle. Ils se mirent en cercle autour du docteur et regardèrent Maria.

— Il est tombé d'un seul coup, soutenez-le, je n'en puis plus, il est lourd.

Au bout d'un moment, le docteur ouvrit les yeux, regarda sans rien voir, fixa son regard sur le vieux Pailhan, puis sur Millette, sembla éprouver une souffrance et laissa retomber ses paupières.

— Ça va mieux, fit Maria dans un souffle, à l'oreille de son père.

— Non, non, répondit le docteur, il faudrait... une saignée... Pas possible.

Il retomba dans sa torpeur, immobile comme s'il eût voulu épargner les dernières forces de son être, attentif à bien régler son souffle. Tous ceux qui l'entouraient se faisaient signe les uns aux autres de ne pas parler. La réponse du vieillard au chuchotement de Maria leur avait semblé surnaturelle et leurs gestes mêmes leur paraissaient maintenant devoir être aperçus à travers les paupières fermées, lourdes et gonflées.

Après un long temps, ils eurent l'impression que le malade rentrait en lui-même comme au sortir d'une ivresse ou d'un vertige. Il remua les bras, ouvrit deux ou trois fois les yeux, fit quelques mouvements avec la tête.

— Maria... Qu'ils retournent à leur travail. Ce n'est rien... Un peu de repos, reste avec moi.

Dociles aux caprices du malade, ils se glissèrent tous dans le couloir intérieur mais, par moments, des craquements trahissaient leur présence.

L'oreille appuyée à la porte, ils écoutaient les moindres bruits venus de la salle. Ils échangeaient des regards rapides, se poussaient du coude. Au bout d'un moment, lassés de cette attente, repris par leurs soucis quotidiens, ils se mirent à parler entre eux.

— Avec tout ça, le travail reste à faire... Il faudra penser à rentrer le troupeau.

— J'ai déjà ramené la génisse... Elle s'était perdue dans Miquel. Elle va toujours vers ces fonds de sources...

— Et le regain... S'il vient un orage, il sera trop tard pour le serrer.

— Nous n'avons pas fini de courir après la besogne... Un retard mène l'autre...

— Ecoute, Maria, dit le docteur à voix basse en attirant la tête de la fille contre sa bouche. Ecoute bien... Si l'officier n'était pas mort, s'il était quelque part, avec... tu ferais quelque chose pour le sauver ?

La tête noire, aux cheveux luisants, à la nuque chaude, eut un soubresaut, un bondissement brusque et court.

— Pas moi... Ils le tueront.

— Et ma fille... Amélie... Tu ferais quelque chose pour elle ? Si elle était en danger ?

Devant ses yeux, le docteur vit les traits de Maria se tendre, se durcir. Un mouvement plus fort, venu de plus loin, agita ce corps qui le soutenait et s'appuyait à lui.

— Tous les deux... dit Maria.

« Ces vierges de montagne, ça remue comme des femmes »,

pensa le docteur, comme il l'aurait fait à tout autre moment, en bonne santé, témoin narquois et attentif. Mais son malaise le reprit, il s'appuya plus fort sur les hanches de la fille, ne sentit plus que son odeur et reperdit conscience. Pendant ce court évanouissement, le vieux Pailhan et Félix rentrèrent dans la salle.

— Ne me laissez plus. J'ai peur qu'il me passe entre les bras. Je ne veux plus rester seule avec lui.

Maria semblait folle de terreur et répétait sans arrêt, éperdue :

— Je ne veux plus rester seule avec lui...

Tout d'un coup, le docteur se dressa. Il se remit à marcher autour de la pièce, les deux bras levés, les mains plaquées à la muraille, griffant et raclant. Nul n'osait s'approcher de lui, ni le toucher, ni le soutenir. Tous, ils marchaient sur ses pas, avançant avec lui, s'arrêtant avec lui, dominés par cette effroyable mimique d'un homme qui cherchait son haleine et, pour mieux la trouver, se hissait au-dessus de lui-même, comme pour arriver à mettre sa tête au-dessus de l'eau ou d'un souffle pestilentiel. Par trois fois, ils firent le tour de la pièce, lentement, par saccades, angoissés aussi, cherchant leur respiration. Enfin, le docteur bascula, s'arc-bouta contre la muraille, dos et nuque tendus, faisant front à ceux qui le suivaient.

— Je suis bien mal. S'il m'arrivait quelque chose, il faudrait... retrouver ma fille... Amélie... Toi.

— Vous voulez qu'on aille chercher votre demoiselle ? dit le vieux.

— Il faudra...

La voix s'éteignit, comme un sifflement sous la fermeture d'un clapet. Le docteur se haussa sur la pointe des pieds, renouvelant sa mimique, mais, cette fois-ci, il porta les mains à sa gorge, eut un râle et chancela. Félix et son père, d'un même mouvement, l'avaient saisi sous les bras et le maintenaient.

— Laissez-moi debout... debout.

Par moments, les yeux du docteur basculaient comme des billes, ne montraient plus que le blanc et le visage entier, alors, semblait sans vie et plus affreux encore que celui d'un cadavre. Il y manquait la paix de la mort, la détente du silence et de l'insensibilité.

L'écume rose commençait à crever en bulles sur les lèvres ouvertes, pendantes... On aurait dit une mousse de savon, dérivant autour d'un baquet de laveuse, fuyante et renouvelée. Les deux hommes entendaient un gargouillis d'air à travers ces tampons rouges et, se penchant encore plus, ils saisissaient des mots, des phrases hachées, coupées par des arrêts du souffle.

— Perdus... Qui pourrait ? Le gros rouge, lui, des inconnus qui ne viendront pas... Les amis, les amis ? Trop de choses mêlées... Maria... Tu es là ? Seule ? Les autres...

— Il déparle, dit le vieux. Rien n'a pu lui faire mal, pourtant. Tiens-le bien, Félix. Parfois il s'échappe, il se lève tout grand et puis, tu vois, il retombe d'un coup.

— Ma fille... Amélie... Vous n'avez rien contre elle. Elle était douce, comme les gens faibles...

— Ne parlez plus. Ça vous esquinte. Gardez votre souffle. Vous vous casserez quelque chose. Ne vous faites pas de soucis pour votre demoiselle. On ira la chercher dans un moment.

Maria regardait, comme au bord d'un trou, les yeux agrandis dans son petit visage noir contracté de terreur ou de rage. Millette était auprès d'elle, anxieux et mobile, comme une bête surprise dans son refuge.

— Il est bien mal, disait-il, mais il veut raconter quelque chose. Il faudrait l'aider. Essayer de le comprendre.

Maria le pinça jusqu'au sang, derrière le coude. Tandis qu'elle serrait du bout des ongles, elle se mordait la lèvre inférieure comme pour mesurer la douleur... Puis, elle lui dit d'une voix furieuse et étranglée :

— Tais-toi... Quand on est comme ça, on veut toujours dire des choses... Il vaut mieux qu'il se taise... Il se tuerait à parler.

Dans l'esprit du docteur, debout contre la muraille, muet, à moitié étranglé, il se faisait à cet instant une grande déchirure, une éclaircie à travers laquelle tous les événements de la journée prenaient leur véritable place. Ce qui l'avait obsédé depuis le matin, le colporteur au visage rouge, la vieille au suaire, perdait toute présence. Cet homme ? Cette femme ? Rien que la vie ordinaire, sa force et sa faiblesse. Le salut de sa fille importait seul maintenant. Mais ceux qui l'entouraient ne pouvaient en rien le servir. Il cherchait un espoir en les regardant les uns après les autres. Maria ne comprenait rien ou ne voulait rien faire. Elle était fermée, butée, rageuse. La trahison était en elle, dans son silence, dans sa volonté de ne rien entendre. Le docteur n'avait plus la force de percer son secret.

Il regardait alors Millette. L'ancien soldat aurait pu être un secours mais comment rester seul avec lui, expliquer tout ce qui devait l'être ?

Perché sur sa jambe valide, le berger ne disait plus rien. Il regardait le docteur qui le fixait aussi, l'implorait du regard. Mais rien ne pouvait être sauvé, les amitiés n'offraient plus de refuge ni de secours. Quinze ans de catastrophes et de gloires devaient être balayés jusque dans la plus humble des existences. L'ancien soldat n'était plus que le domestique des fermiers de la montagne et le docteur roulait vers un abîme, entraîné par cet officier de passage dont il avait accepté d'être l'ami et le soutien.

— Millette... Millette... Toi, tu chercheras ma fille.

— Félix va plus vite. Il ira d'un saut tout à l'heure. Mais calmez-vous. Gardez vos forces.

Le vieux se tourna vers son fils et ajouta à voix basse :

— Tu iras quand on aura rentré les bêtes...

La voix du docteur devenait plus lointaine. Elle franchissait avec peine la barre d'écume qui se renouvelait sur les deux lèvres abandonnées.

— Qui le saura ? Rien qu'un bout de ciel... Les cadavres gonflés. Sans pourriture... Le blanc de cadavre... Ils attendent, pendant des siècles... au fond de l'abîme.

— Ce qu'il dit n'a plus de raison, murmura le vieux. Il parle de l'abîme... de cadavres... C'est la mort qui le serre...

Le soir venait vite, derrière l'écran des hautes crêtes. Il montait sous les vitres sales comme une trappe qui se soulève. Les visages dérivaient dans son ombre comme des épaves et les regards qui ne se trouvaient plus devenaient étrangers les uns aux autres et balancés par une indifférence pareille à de longues vagues.

— Rien qu'une étoile... Une étoile dans un rond. On n'arrête rien... On ne détourne rien.

Le vieux Pailhan ployait sous le poids du docteur. Ses genoux se cassaient lentement, à petites saccades. Félix tenait ferme sa prise et le malade s'inclinait vers la gauche, du côté du vieux, en roulant de la tête.

— On est des amis, monsieur le docteur, ne craignez rien avec nous. Depuis des quinze ans que vous passez ici... ce mauvais moment va finir. Gardez-vous bien calme.

— L'officier, disait le docteur, l'officier...

— N'en parlez plus... Il est mort. On ne sait pas même son nom. Personne ne le pleurera... Le malheur est passé et tout est comme avant.

Par trois fois, le docteur échappa aux bras qui le soutenaient. Il se levait, tendait ses membres, allongeait ses muscles, glissait au long de la muraille, gagnait une tête de hauteur, râlait longuement en buvant l'air et retombait dans une secousse. Sur un râle plus bref, il s'affaissa, porta à fond sur les quatre mains nouées à son aisselle et continua de glisser sans plus retrouver d'appui en lui-même.

Les deux montagnards le soutinrent jusqu'au sol. Il penchait toujours vers la gauche, du côté du vieux, la tête, l'épaule, le bras portant dans ce sens et suivant ce mouvement de descente et d'effondrement. Félix, à demi ployé, inclina son visage vers ce profil que rien ne soutenait plus.

— Il est mort ?

— C'est quelque chose qui glisse entre les mains, comme du sable sec... Fais lumière, Maria.

Une étoile, seule au ciel, perçait la vitre à demi opaque. Au même instant, elle tombait dans le gouffre, glissait au fond de l'abîme et remontait vers les deux reclus, comme une étrange fleur jaillie des entrailles de la terre.

LE CHIFFRE DE NOS JOURS

Seigneur... enseigne-nous à bien compter nos jours, afin que nous appliquions nos cœurs à la sagesse.

Psaume XC.

PREMIÈRE PARTIE

NOUS AVONS ÉTÉ RÉVEILLÉS PAR LES FLAMMES

Nous avons été réveillés par les flammes. — Mon père eut en partage la rêverie. — La lueur de la bougie. — Comme la vie sera belle... — Quand Anna me conduisait chez les morts. — Le premier pays du monde. — Un petit garçon plein de la rage de vivre. — Est-ce déjà la mort et l'amour ? — Comme nos yeux sont fragiles. — Le fumier de Job.

Nous avons été réveillés par les flammes

— Au milieu de la nuit, nous avons été réveillés par les flammes... Tout brûlait dans les ateliers... Je t'ai pris dans ton berceau, je t'ai roulé dans tes couvertures et j'ai couru devant moi, dans des tourbillons de fumée.

Je n'ai gardé aucun souvenir de cette nuit. Mais j'ai cru revoir, bien souvent, pendant mon enfance, les flammes de son brasier éclairer les yeux de ma mère, quand elle mc faisait ce récit. C'était, pour moi, la dernière nuit d'Ilion, l'incendie de Rome, et j'imaginais notre grande cour du Valgaron, avec ses bâtiments en équerre, ses ateliers et ses magasins, sous une pluie d'étincelles. Je ne connaissais ce décor de ma toute petite enfance qu'à travers les récits de mes parents. Tout semblait y sortir d'un songe. C'était une histoire fabuleuse, antérieure à l'histoire de ma vie.

C'est, pourtant, dans cette maison que je suis né. Mais je n'avais pas encore deux ans quand cet incendie ravagea notre fabrique. Mes parents vivaient là depuis peu de temps. Mon grand-père paternel avait dépassé la quarantaine quand il était venu fonder cette usine, au quartier du Valgaron, sur la vieille route d'Arles, aux portes de Nîmes. Il avait passé quarante ans dans les Cévennes, du côté d'Anduze et de Saint-Jean, en vivant de la vie des hommes de ces montagnes, paysans, travailleurs de terre, artisans de petits métiers. En fondant cette fabrique, il avait changé le destin de sa famille et décidé de ma vie.

Je n'ai jamais revu l'usine du Valgaron. Ses bâtiments existent pourtant toujours et, bien souvent, au cours de ma vie, il m'aurait suffi de faire un détour de quelques mètres pour revenir dans ce lieu désert qui servit longtemps d'entrepôt et de remise. Je n'ai jamais voulu faire ce pèlerinage. Je savais qu'il me faudrait voir, sur un pan de mur noirci, le nom des miens à demi rongé par la pluie et par les écailles des ans, et cette publicité dérisoire, étalée dans la solitude, me faisait horreur. Je n'avais pas envie d'aller contempler les débris de notre désastre.

J'en veux encore à cette entreprise qui détourna les miens de ce qu'ils étaient, depuis des siècles, et je ne regrette pas son échec. Je vois trop bien ce que je serais, à l'heure actuelle, si l'usine du Valgaron n'avait pas fermé ses portes ! Je sais que cette ruine a peut-être été ma chance ! Graine qui vole au gré du vent porte la plante où jamais elle ne poussa.

Je dois, du moins, à cette aventure, d'être né sous le crocodile et le palmier — armes et symboles de Nîmes — et d'avoir posé mes premiers regards sur le temple et l'amphithéâtre, la tour du Saint-Signal et la Fontaine sacrée. Avant d'être ce que je suis, j'ai joué dans les ruines d'un Empire et la poudre de ses marbres a coulé dans mes doigts d'enfant. Elle m'a peut-être enseigné à prendre les mesures des siècles.

Au-delà de notre fabrique en feu, dans les tourbillons de fumée et dans le crépitement des étincelles, c'est Rome que je retrouve... Mais ces souvenirs sont, pour moi, ceux d'un monde séparé de celui de mon enfance, une déchirure de ma mémoire ouverte sur une autre vie.

Mon père eut en partage la rêverie

Le désastre du Valgaron a dispersé ma famille. Mon grand-père était jeune encore, il put revenir à la terre et finir sa vie comme il l'avait commencée. Il est mort à quatre-vingts ans, sous un olivier, dans sa vigne. Mais ses trois fils n'étaient plus des paysans. Ils avaient grandi dans une ville. Ils avaient suivi les cours du lycée. Chacun d'eux joua donc sa chance à sa manière. L'aîné choisit la sécurité, le plus jeune l'aventure et mon père, la rêverie.

Ces trois destins sont comme trois ébauches de ma vie. Je tiens un peu de Fernand et beaucoup de Théodore, mais c'est à mon père que je ressemble surtout. Je dois même lui ressembler par les traits de mon caractère qui s'écartent le plus du sien. On ne change pas de nature en changeant de façon de vivre, pas plus qu'on ne peut changer de visage.

Nous sommes tous maigres, dans ma lignée, vite ravagés et creusés de rides, hauts de front, étroits à hauteur du nez et forts de menton. Presque tous les miens ont un œil perçant, qui voit de très loin, et l'autre œil accommodé à la vision proche. Cette particularité ne devient gênante qu'avec l'âge. On dirait alors que nous avons deux visages : un qui s'ouvre au monde et l'autre qui plonge au-dedans de nous.

On trouve des gens qui nous ressemblent dans les vallées des Gardons, sur les contreforts du Lozère et du mont Aigoual. Nous sommes sortis de ces hauts lieux et de cette foule anonyme, et l'homme qu'on croise dans ces déserts, la hache à l'épaule ou l'aiguillon à la main, a toujours l'air d'être un peu de ma famille. Mon grand-père Jules Chamson est descendu le premier de ces solitudes, avec son prénom, son histoire, ses trois fils derrière lui et moi derrière eux.

Fernand, l'aîné de ces fils, préparait Polytechnique au moment de l'incendie de l'usine. Il interrompit ses études, se replia sur l'enseignement, devint professeur à Bagnols et finit sa carrière comme directeur de l'Ecole supérieure d'Avignon, installée dans le Palais des Légats, au bout de la place des Papes.

C'était le plus maigre des trois frères. Son air de Chevalier de la Triste Figure, devenu régent de collège, avait quelque chose de funèbre et de charmant. Extravagant dans sa mise et dans ses manières, il avait adopté une corde à gros nœuds pour chaîne de montre. Cette corde barrait son gilet, tenant ferme un oignon des temps anciens avec lequel il réglait scrupuleusement les horaires de son école. Il parlait du nez, gardait la royale sous sa lèvre inférieure, sans doute pour s'épargner le feu du rasoir dans ces régions délicates, et marchait en plongeant du postérieur dans des pantalons trop larges du haut et serrés sur les chevilles.

Cette extravagance ne l'empêchait pas d'avoir de l'autorité. Il se promenait dans les corridors de son palais comme un fantôme impérieux et faisait régner le silence et la discipline. En dépit de ses fantaisies vestimentaires, de son air de spectre facétieux, c'était un homme rigide, vigilant sur ses devoirs et qui forçait l'affection.

Il avait du goût pour la poésie. Une muse provençale le tirait d'ennui, dans son existence monotone. Il faisait des vers, mais les récitait rarement. En revanche, il avait toujours de la drôlerie comme en ont souvent les gens tristes, et de l'humour, comme en ont parfois les scrupuleux. Il était serré, indifférent au confort, presque sans besoin et vivait dans une caverne de désordre.

Je ne l'ai vu que très rarement, pendant mon enfance. Ses façons de vivre étaient trop différentes des nôtres et mes parents étaient peu liés avec lui. Je n'ai même pas très bien su, pendant des années, si je devais voir en lui un cuistre morose, en habits noirs, ou un être à la fois charmant et fantasque, un indifférent ou un ami.

Le plus jeune des trois fils, qui s'appelait Théodore, prit le parti opposé à celui de l'oncle Fernand. Au lieu de chercher la sécurité dans une fonction, il s'expatria pour tenter de faire fortune. A dix-neuf ans, il était sur la Côte des Somalis, vendant, achetant, revendant, tout ce qui pouvait s'acheter ou se vendre. Poussant à travers les montagnes de l'Abyssinie, il traversa les sources du Nil, rejoignit l'itinéraire de la Mission Marchand, du côté de Fachoda, et marcha, sans le savoir, sur les traces de Rimbaud. L'eût-il rencontré dans le désert, qu'il n'aurait sans doute pas su reconnaître en lui un poète. Il l'aurait considéré comme un homme de son espèce... Trois ans plus tard, passant de l'Est-Africain aux rives de l'Atlantique, il vint s'établir au Maroc. On y massacrait alors les Européens, mais nul ne songeait à faire ensevelir leurs cadavres. Ces dangers n'empêchèrent pas l'oncle Théodore d'être à Marrakech au moment de la grande insurrection. Il y vécut dix jours, caché dans le quartier réservé, pendant que des femmes voilées torturaient les prisonniers blancs, avec des épingles, en poussant des *you-you* pour couvrir leurs hurlements.

C'était un grand gaillard, taillé comme un capitaine d'aventure, haut d'épaules, impérieux, beau en dépit d'un œil trop saillant qui donnait un air de rapace à son profil droit. Il fit fortune cinq fois, au cours de sa vie, et se ruina donc quatre fois jusqu'au dernier franc. Réaliste et mythomane, il savait obliger la réalité à prendre la forme de ses désirs. Il a possédé des terrains, des fermes, des plantations, des magasins, des cargos. Il était fastueux, glorieux, grand distributeur de pourboires et soignait sa tenue, même dans le désert. Sous l'homme d'argent, on sentait en lui un guerrier. Malgré son œil, il tirait comme un Chleuh à la carabine de guerre et pouvait rester à cheval, des jours et des nuits, en se nourrissant de dattes et de figues sèches. Je l'ai regardé longtemps comme le seigneur tout-puissant d'un imaginaire château en Espagne. Mais, au-delà de l'Espagne et de la mer, ce château existait vraiment, au cœur d'un domaine ombragé par des orangers et des lauriers-roses.

Théodore ayant choisi l'aventure et Fernand la sécurité, mon père eut en partage la rêverie. C'est au milieu de ses illusions, de ses projets, de ses déceptions, qui s'ouvraient sur d'autres projets, inlassablement, que j'ai passé mon enfance. Nous allions de la gêne à des simulacres d'aisance, pour nous retrouver dans le dénuement. Mais les illusions paternelles coloraient ce sombre chemin de leur merveilleuse lumière.

Ce faiseur de projets n'avait rien de l'extravagance de son aîné, rien non plus de la frénétique ardeur de son jeune frère. Il était maigre, sans avoir l'aspect décharné de Fernand, bien planté, sans l'air agressif de Théodore. Son visage était le plus régulier, le plus doux de ces trois visages fraternels, bien que parfois un peu triste. A le voir, on eût dit qu'il était le plus raisonnable de la famille.

Je ne sais plus très bien tout ce qu'il a entrepris, pendant mon enfance et ma jeunesse. Ce qu'il faisait n'avait aucune importance. C'est ce qu'il rêvait de faire qui comptait ! Grâce à lui, j'ai possédé, tour à tour, une usine de biscuits dont les fours ne se sont jamais allumés, une mine dont le charbon prenait feu tout seul, un grand désert africain où devait s'élever une ville immense... Sœurs de ces illusions qui ont fait le malheur de ma famille et l'humiliation de mon enfance, d'autres illusions m'ont fait connaître des joies qui ne m'ont jamais déçu. Elles ne prétendaient plus nous conduire à la fortune, comme nos fabriques et nos mines, mais embellissaient notre vie. Elles m'ont fait découvrir, dès mes plus jeunes années, la puissance de la peinture et de la poésie, le pouvoir des formes et des couleurs et celui des mots.

Mon père a vécu comme un romancier qui ne ferait pas de romans, mais les illusions qui ont submergé sa vie sont devenues les réalités de mon existence. Il m'a fait grandir dans un monde imaginaire, mais ce monde imaginaire est devenu le monde réel que j'ai traversé.

La lueur de la bougie

Après le désastre du Valgaron, mes parents vinrent habiter Alès. C'était, alors, une ville neuve, en proie à la fièvre des affaires, une ville de commerce et d'industrie, où l'on pouvait espérer avoir une chance de s'enrichir. Pendant très longtemps, la vieille cité en forme d'aile, prise dans la boucle du Gardon, n'avait été qu'une place forte, à côté d'Anduze, ville de potiers et d'artisans. La houille et le fer avaient fait d'Alès une ville industrielle. En quelques années, ceinturée de quartiers neufs et de faubourgs, elle avait groupé plus de trente mille habitants autour de ses puits de mines, couronnés par d'immenses roues, de ses crassiers noirs, dunes d'un désert où l'herbe ne poussait plus, de ses ateliers qui crachaient des gerbes d'étincelles. Elle drainait toutes les richesses de la région. Avec ses houillères, ses fonderies, ses forges de fer et d'acier, ses entrepôts et ses magasins, elle avait l'air d'une ville champignon du Nouveau Monde, d'une sorte de Chicago poussant sur un monde ancien.

Ce n'était qu'un Chicago sans avenir, une petite ville impitoyable où la misère avait la figure noire, à cause de la poussière des mines, une ville rude où l'on vous tapait sur le portefeuille pour savoir qui vous étiez, une ville au cœur dur, la ville du Petit Chose.

A peine installé, mon père tira des plans pour tenter de faire fortune. Je ne sais rien des toutes premières années de son existence alésienne, mais j'avais à peine quatre ou cinq ans au moment où l'usine de biscuits devint l'objet de ses rêves et, pour la première fois, ses rêves devinrent aussi les miens.

Presque chaque jour, je passais devant cette usine. Un long mur la séparait de la rue mais, par son portail entrouvert, j'avais, bien souvent, jeté un coup d'œil dans sa grande cour. Un souffle chaud me frappait alors au visage. L'air était craquant comme du miel desséché. J'aimais cette odeur... Un jour, ce fut en vain que je me glissai dans la porte. L'air était froid. Tous les fours étaient éteints. L'usine avait fait faillite, comme la fabrique de mon grand-père et, dans un délai de trois mois, elle allait être mise en vente, aux enchères à la bougie.

— Avec une vraie bougie ? avais-je demandé à mon père quand il nous apprit cette nouvelle.

— Oui... avec une vraie bougie... Le jour de la vente, on la fait allumer par un notaire et, quand cette bougie s'éteint, c'est celui qui a proposé le plus gros prix qui garde l'usine.

— C'est toi qui vas l'acheter ?

— Oui... mais ne le dis à personne. Je suis en train de faire mes plans !

Dès ce jour-là, chaque soir, j'ai cru voir la bougie s'allumer au fond de ma chambre, quand on éteignait la lumière. Elle découpait les ombres de ses lueurs prophétiques. Elle était l'image de la vie, l'annonce de l'avenir... J'imaginais papa au moment où le notaire viendrait allumer la mèche. Je croyais entendre sa voix ajouter des milliers de francs à sa première offre. Je voyais son visage éclairé par la bougie. Aurait-il assez monté son prix quand un souffle invisible l'obligerait à s'éteindre ? Je m'accroupissais sous mes draps pour veiller sur cette imaginaire lueur et, quand je plongeais dans le sommeil, c'était à son tour de veiller sur moi.

De son côté, mon père avait dû s'imaginer que le destin lui offrait une revanche. Il fit ses calculs. Ces calculs furent favorables. Les biscuits d'Alès semblaient faits pour venger les pâtes du Valgaron. Nous allions devenir les premiers fabricants de biscuits de notre ville et, peut-être, la chance aidant, les premiers biscuitiers de France.

Pendant des semaines, mon père régla les fabrications et les ventes. Il fit appel au blé dur de Tangarog, aux œufs de la Bresse, aux laitages de Normandie. Tout était prévu dans ses plans : les séries courantes et les articles de fantaisie, les affiches, les vignettes et même les noms qui devaient assurer la fortune de notre marque. Ce n'était pas l'imagination qui nous manquait !

« Service publicité ! proclamait mon père. Nous donnerons des noms de déesses et de nymphes à nos spécialités les plus fines. »

Je m'étais laissé prendre à ce jeu, comme peut le faire un enfant... Les madeleines Daphné, les croquants Léda, les gaufrettes Suivantes de Diane... Chaque soir, la bougie se rallumait dans ma chambre obscure et, chaque jour, je passais des heures avec mon père qui mettait au point ses projets.

J'accordais peu d'attention aux prévisions financières, aux colonnes de chiffres où se mettaient en balance ce que nous avions et ce qu'il nous faudrait dépenser. Je n'étais passionné que par les chaudières et les machines, la matière première et les produits fabriqués. C'était aussi le grand souci de mon père. Nous étions deux réalistes qui voulaient faire, avant tout, une entreprise modèle.

— Tu n'auras pas besoin de plus de deux mélangeurs ? demandais-je avec inquiétude.

Mon père me répondait, en baissant la voix, comme si j'avais été le plus vieux de ses contremaîtres, l'homme de confiance qui sait taire tous les secrets :

— Mais non... mais non ! Les deux mélangeurs nous suffiront pour commencer. Nous alternerons les fabrications et nous pourrons tenir jusqu'à quatre tonnes par semaine... J'ai fait les calculs à cent kilos près.

La bougie brûlait toujours, dans ma chambre. Sa flamme était devenue plus brillante. Elle me libérait des soucis et des inquiétudes de la journée.

— Il nous faudra très vite des fours à gaz, avouait mon père.

D'un geste furtif de la main, il avait l'air de vouloir cacher ce défaut de notre cuirasse.

— Et c'est une grosse dépense ! reprenait-il. Mais une usine moderne ne peut pas marcher sur des fours à bois, comme une pâtisserie. Les nouvelles techniques sont toujours des économies... Je ferai des fours à brûleurs.

Je voyais très bien le coin de la cour où nous pourrions les faire construire. La place ne manquait pas ! Mais combien cette installation nous coûterait-elle ? Un souci de plus ajouté à mille soucis !

— Dans quatre ou cinq mois, le financement sera plus facile, ajoutait papa pour me rassurer. C'est toujours le même problème. Il faut amorcer la pompe... Mais, quand nos fabrications auront démarré !

Notre usine existait déjà. Il ne lui manquait pas un seul dépliant de publicité, un seul bordereau d'envoi, un seul boulon dans ses magasins de réserve. C'était la plus belle usine du monde. Le personnel, blouse blanche et tablier bleu, s'y lavait les mains avec un savon qui tuait tous les microbes. Nous avions nos voitures de livraison et nos wagons spéciaux sur le P.-L.-M.

De temps en temps, je me souvenais, cependant, de ces fameuses enchères dont notre sort dépendait... La bougie se mettait alors à scintiller dans ma chambre, comme une menace d'incendie, une torche allumée, prête à consumer notre rêve.

Je confiais mes angoisses à mon père. Une fois de plus, il me redonnait confiance. Ces enchères à la bougie ? Une simple formalité ! La mèche serait chaude encore quand il viendrait, en hâte, me chercher pour faire un tour dans notre nouveau domaine !

Le jour de ces enchères arriva. Mon père partit pour se porter acquéreur. Je ne l'avais jamais vu habillé comme il l'était, ce soir-là... Veston strict, pantalon rayé, cravate bouffante en soie noire piquée d'une perle, bottines pointues et melon à bords retournés... Le notaire alluma la mèche de la bougie et, quand elle ne fut plus qu'un tortillon charbonneux, mon père revint à la maison, l'air soucieux et presque étonné... D'autres que lui avaient acheté l'usine... Mais, pour moi, la bougie brûlait toujours... Elle n'a jamais cessé de brûler, au fond de ma chambre.

Comme la vie sera belle...

J'avais les cheveux tondus ras le jour où Me Dalbèze, notaire et poète, un des meilleurs amis de mon père, a posé la main sur ma tête en disant d'un air solennel :

— Enfant du siècle !

— Mais non, répondit papa, c'est un des derniers fils du XIXe.

— Allons donc ! Né en 1900 ?

— Eh bien ? Le siècle commence en 1901.

— Voyons... voyons... voyons ! répétait maître Dalbèze en frisant sa barbe blonde, le XXe siècle est marqué par le chiffre neuf.

Il m'importait peu d'être de ce siècle ou de l'autre ! Même si mon père avait raison, même si l'année 1900 était la dernière année de l'autre siècle, je sentais bien, comme le disait maître Dalbèze, que j'étais un enfant du siècle qui commençait. J'allais marcher de son pas, prendre une année chaque fois qu'il en prendrait une, vieillir avec lui et mourir avant qu'il ne meure. En 1910, j'aurais mes dix ans, vingt ans en 1920, cinquante en l'année 1950. C'était une merveilleuse rencontre, un lien mystérieux, presque une complicité.

— Qu'il soit ou non l'enfant de ce siècle, il sera l'enfant de la chance ! reprenait Me Dalbèze, notaire et poète et qui prédisait l'avenir à ce double titre. Jean ! reprenait-il avec une exaltation généreuse, nous sommes venus trop tôt dans ce monde ! Ces enfants verront l'âge d'or dont nous aurons vu seulement l'aurore. Pense un peu à ce que nous avons devant nous ! L'accélération foudroyante du progrès ! L'égalité dans le maintien des plus justes hiérarchies ! La proscription de la guerre ! La disparition de la douleur ! L'abolition de l'espace ! La confirmation de la dignité humaine ! Le règne de la France et de ses idées généreuses ! Paris, capitale de l'Univers ! La Démocratie triomphante ! Les Etats-Unis d'Europe ! Les hommes de couleur bénissant l'école primaire ! La Raison, enfin, réconciliée avec Dieu !

— C'est sûr, répondait mon père. Il faudra peut-être encore un peu de temps... Mais c'est sûr. Nous marchons fatalement vers toutes ces choses. Il faudra qu'elles s'accomplissent... Dans un siècle ou deux...

— Un siècle ou deux ? Tu n'y penses pas ! Un siècle ou deux ! Mais, du train où nous y allons, imagine un peu ce que le monde sera devenu, dans quarante ou cinquante ans... Tiens, par exemple, au milieu du siècle, vers l'année 1950... Comme la vie sera belle, à ce moment-là !

— En 1950 ? disait papa, l'air rêveur et ébloui. En 1950 ? Evidemment ! Ce sera déjà merveilleux.

— Ecoute bien, enchaînait notre prophète, nous sommes en 1906, ces temps sont encore lointains mais, je n'hésite pas à le dire : à ce moment-là, nous serons au bout de l'évolution de l'Humanité ! Nous aurons achevé cette longue marche qui nous a conduits de l'obscurité aux lumières, de ces lumières à notre civilisation et qui nous conduira de cette civilisation à la civilisation universelle ! Nous aurons peut-être la chance de voir le commencement de cette époque... Nous sommes dans la trentaine... Quatre-vingts ans, ce n'est pas un si grand âge ! Alors, nous pourrons partir contents... Mais ces enfants, ajoutait-il en posant de nouveau sa main sur mon crâne tondu ras à l'ordonnance des maisons de force, ces enfants seront les pilotes des temps nouveaux !

Il me semble parfois que je me souviens de cette scène. Mais je sais que ce souvenir n'est pas un vrai souvenir. La mémoire est, d'abord, une maladie héréditaire qui se donne de père en fils, et ces prophéties de Me Dalbèze m'ont été transmises par mes parents.

— Tu ne te souviens vraiment pas ? vous demandent-ils. Mais si, voyons, ce n'est pas possible... Tu ne peux pas avoir oublié...

Le costume de jersey rouge, les fraises et les cerises, les culottes de velours, M. Roland qui allait mourir et qui ne bougeait plus de son grand fauteuil, la grand'mère Chamson qui toussait dans le coin de la fenêtre, la première visite au proviseur du lycée, M. Paul, un homme très grand qui parlait d'un air solennel...

— Il t'a pourtant fait un petit discours, dans son bureau qui s'ouvrait sur la cour d'honneur... Voyons, voyons, tu n'as pas oublié ce bureau ? Tu dois même te souvenir qu'au moment où M. Paul s'est arrêté de parler, tu lui as dit : « C'est un jour qui comptera dans ma vie ! »

— Non ! Je ne me souviens pas de cette phrase pour biographie familiale... Naturellement, je revois le bureau du proviseur et le proviseur lui-même, cet homme grand, un peu lourd. Je revois aussi la cour d'honneur du lycée J.-B. Dumas. Comme le proviseur, j'ai vu ce jardin tous les jours, pendant des années... Les lieux familiers sont comme des vases vides. On peut y verser ce qu'on veut.

Il serait facile de se mentir. Mais les jours qui comptent, dans notre vie, ne sont pas ceux dont on nous a raconté l'histoire. Rien n'est à moi, dans ces temps lointains qu'éclaire seulement la lueur de ma bougie. Tout a basculé dans le grand trou noir que chacun de nous traîne sur ses pas, comme une ombre. Tout s'est perdu dans cet intervalle obscur qui s'étend entre notre existence et l'Histoire... Tout... Sauf cette petite flamme tremblotante, image du premier espoir dont j'ai conservé le souvenir et ces prophéties d'un notaire à barbe blonde, ami des Muses, qui me jurait que la vie serait belle, vers l'année 1950.

Quand Anna me conduisait chez les morts

Chaque dimanche, Anna m'emmenait au cimetière en me faisant jurer de ne pas le dire à mes parents. Ce souvenir est, peut-être, le plus ancien de tous ceux qui sont véritablement à moi. Personne n'a pu me le raconter, car j'ai tenu mes promesses.

Cette Anna était notre bonne, une Italienne maigre, aux yeux prophétiques, dont le père travaillait aux mines de Rochebelle. On aurait dit que ce vieux mineur avait pris deux petits morceaux de charbon, au fond de la terre, pour faire les yeux de sa fille. Ils brûlaient. Notre Anna semblait consumée par un brasier intérieur. Elle avait de la sibylle et de la nécromancienne et c'était, sans doute, pour cela qu'elle m'emmenait au cimetière en me faisant jurer sur les tombes de ne pas le raconter.

Le cimetière d'Alès était fait de trois enclos, le protestant, le catholique et le juif. Je pouvais choisir, à ma fantaisie, le but de mes promenades.

« Aujourd'hui, nous allons chez les catholiques ? » me disait Anna en arrivant devant les trois portes, ou bien, d'une voix presque fâchée : « Alors, tu veux aller voir tes protestants ? » ou encore : « Allons chez ces pauvres juifs. »

Chez les protestants, elle me lisait des noms avec des passages de la Bible : « Son soleil s'est couché avant la fin du jour — Mon âme bénit l'Éternel — Bienheureux les pacifiques. » Chez les catholiques, elle me lisait aussi des noms, avec des phrases latines et, chez les juifs, d'autres noms que suivaient des signes indéchiffrables. Elle m'apprenait par cœur des épitaphes, celle du franc-maçon, avec l'œil, l'équerre et le triangle, celle du socialiste, celle du petit enfant qui attendait ses parents, celle du soldat mort au champ d'honneur et dont on avait ramené le corps du Mexique ! Près de cinquante années n'ont pas effacé de ma mémoire un refrain facétieux qu'elle me faisait répéter comme une fable :

Avoir avoir trotté,
S'être fait de la bile,
Qu'il fait bon, mes amis, de rester immobile
Pour une éternité !

Rien ne m'amusait autant que ces promenades. Aucun spectacle n'était aussi varié, ni celui des boutiques de la foire, ni celui des vitrines de la rue d'Avéjan. Nulle part, je n'étais plus libre... Nous ramassions les perles noires et blanches tombées des couronnes, nous désherbions le tertre des pauvres, nous remettions debout les vases de fleurs renversés par les bourrasques. Nous n'avions aucun but. Aucun des miens n'était enseveli dans cette terre. Aucune tombe ne nous attirait. Nous nous laissions prendre à nos occupations dérisoires, errant dans ce jardin de silence, sans avoir rien à faire avec les morts.

Ils étaient là, pourtant. Anna le savait et me conduisait parfois devant une fosse ouverte pour chercher quelques ossements ou quelques débris de cercueil, dans son tertre de terre grasse. Alors, seulement, je me sentais pris par l'épouvante. Plus que les morceaux de crâne ou de fémur, ces bois spongieux, rongés par les vers et les éléments, m'emplissaient d'effroi. Ce n'était pas encore la mort qui me faisait peur, mais la décomposition et la pourriture. Une épave de bateau, rejetée sur une plage par la tempête, un bout de coque déchiré par les lames sur les brisants m'auraient fait éprouver la même angoisse... C'était le mystère du bois pourri qui m'épouvantait dans ce cimetière où je me promenais, sans savoir que j'étais dans le domaine de la mort.

Anna s'amusait de ma frayeur. De la pointe de sa chaussure elle dégageait quelques osselets et les faisait rouler dans la fosse. Je me penchais sur le bord de cet abîme. Anna m'attrapait alors par la main et nous reprenions notre marche, entre les tombes. J'oubliais les bois pourris et les débris de squelettes. Vingt pas plus loin, je jouais déjà avec des noix de cyprès, comme avec des billes.

Cette Italienne, amoureuse des cimetières, a régné sur ma vie d'enfant. Nos visites aux champs des morts n'étaient que des épisodes furtifs, des secrets que nous savions garder l'un et l'autre. Le reste du temps, dans la ville ou dans la maison, j'étais presque toujours auprès d'elle, jouant dans ses jupes et l'accablant de questions. Elle avait pour moi un attachement sauvage qu'elle reportait sur mes parents. Même s'ils avaient voulu le faire, ils n'auraient pas pu la renvoyer de chez nous. Elle les aurait servis sans gages et je crois qu'elle l'a fait, à certains moments. Ma famille était sa famille.

Tous les quinze jours, elle allait, pourtant, faire une visite à son père et nous revenait rouée de coups, l'œil noir, la lèvre fendue, la jupe en lambeaux. Deux jours après, le vieux mineur venait lui demander pardon, entre deux saouleries, car il buvait et croyait voir des rats monstrueux grouiller dans sa chambre. Ces rats lui dévoraient ses souliers et ses pantalons et le mettaient en fureur... Anna pardonnait en poussant des cris. Ma mère se mettait alors de la partie et le vieil halluciné lui jurait de ne plus boire.

Accroupi derrière la porte, écrasant mon souffle entre mes dents, j'entendais Anna embrasser son père, son père lui répondre en italien avant de descendre notre escalier et de retourner à sa mine, au grand puits noir de quatre cents mètres de fond, à sa lampe, à son pic, à ses litres de rouge et à son absinthe. Je savais déjà que, dans quinze jours, les rats grouilleraient de nouveau chez lui et qu'Anna nous reviendrait, une fois de plus, avec ses lèvres saignantes et son œil fermé.

Ce vieux mineur a terrifié ma jeunesse. Ses fureurs me semblaient jaillir des entrailles de la terre. Il était petit, monstrueux, avec une tête énorme et des bras trop longs. Quand il se grattait les cheveux, une poudre noire en sortait, à chaque coup d'ongle. Elle venait se coller dans les rides de ses joues et durcissait son visage. Il était alors effrayant à voir et j'en avais peur. Il était pourtant le père de ma servante et j'aurais voulu qu'il soit mon ami.

Une servante est un beau cache-misère. Anna masquait la nôtre et ne le faisait pas par hasard. C'était son orgueil et, sans doute aussi, sa revanche des brutalités de son père. Ma maison était donc vraiment sa maison et j'étais son maître, comme les fils de seigneurs le sont pour les paysans sur les terres féodales. Quand j'avais cinq ou six ans, elle devait en avoir trente-quatre ou trente-cinq. Elle était bâtie comme une chèvre, belle encore en dépit des gros travaux du ménage.

Je ne sais plus dans quel coin d'Italie elle avait passé son enfance. Mais si les siens n'étaient pas venus s'installer chez nous, elle aurait sans doute été, dans un pays de montagnes et de reposoirs, une paysanne fanatique, se traînant aux pèlerinages, embrassant les pieds des saints, montant les chemins de croix sur les genoux. Elle aurait pu se faire enfermer dans un cloître et ronger sa vie dans l'extase et la fureur, comme une sainte en proie à toutes les tentations... Il me semble la voir, encore aujourd'hui, avec la double coque bouffante de ses cheveux, son visage ovale, son teint d'olive et ses yeux brûlants comme d'un feu intérieur.

Dans les souvenirs de nos premières années, le visage d'une servante apparaît souvent ainsi, avant celui de la mère. C'est derrière Anna que je distingue la mienne. J'ai de la peine à revoir cette jeune femme. Je ne peux l'évoquer que déjà marquée par le temps. Elle était pourtant belle et, surtout, charmante, petite et vive, avec l'air d'une jeune fille qui voudrait jouer à la dame. Elle y jouait, avec une pointe d'affectation qui lui venait d'un séjour au Ladies' College de Jersey où elle avait pris quelques habitudes anglaises, un peu de pudeur victorienne, et ce qu'il est convenu d'appeler des belles manières.

Ce séjour à Jersey l'avait marquée pour la vie. Il lui avait donné le goût du monde et de ses petites vanités, sans la détacher, cependant, des plus sévères devoirs. Elle était, à la fois, superficielle et profonde et, si elle ne manquait pas de frivolité, elle avait aussi l'héroïsme quotidien qui est la suprême vertu des épouses et des mères. Je crois même qu'elle pensait qu'il fallait s'attacher aux petites choses pour pouvoir affronter les grandes, et le respect des futilités qu'elle avait appris dans ce collège lointain lui servait peut-être de discipline.

En épousant mon père, elle avait épousé ses rêveries. Elle rêvait avec lui, mais se réveillait, le cœur plein d'angoisse et les épaules meurtries, alors qu'il rêvait encore... Les femmes de rêveurs sont comme les femmes des soldats. Leur sort est de pleurer sur les batailles perdues et mon père a perdu tant de batailles que ma mère a beaucoup pleuré.

C'est Anna qui la ramenait à la réalité quotidienne, aux

comptes de chaque jour, aux notes de fin de mois. C'était son rôle, dans la maison, sa première fonction, avant la cuisine et le nettoyage. Comment ma mère aurait-elle désespéré alors que sa servante ne perdait jamais confiance ? Les malheurs domestiques n'étaient que de mauvais moments à passer. Leur souvenir se dissipait en fumée, sans même laisser de traces... Qui pouvait mieux le savoir que notre Italienne qui s'en retournait tous les quinze jours à Rochebelle où son père l'attendait, l'écume aux lèvres, les yeux traversés de sang, dans sa chambre sordide où grouillaient des rats imaginaires.

Le premier pays du monde

Il est temps de parler de notre maison. Nous l'avons habitée de 1902 à 1910, de ma deuxième jusqu'à ma dixième année. Je ne l'ai pas revue depuis plus de quarante ans et j'en pourrais pourtant dessiner le plan comme un architecte.

On l'appelait la Maison Lautier, du nom des propriétaires, deux vieilles filles qui ne sortaient guère de l'appartement qu'elles s'étaient réservé, au dernier étage. Cette claustration leur donnait un air mystérieux. Elles m'ont fait peur pendant longtemps et, de tous les êtres humains que j'ai pu connaître, à cette époque, ce sont les seuls dont je ne peux plus revoir le visage, en fermant les yeux.

Cette maison avait deux corps de bâtiments en équerre, comme la maison du Valgaron, un préau couvert, une cour fermée par une grille et un grand jardin d'herbes folles et d'arbres à fruits. Nous habitions au premier, dans le corps de bâtiment le plus petit. La cuisine, la salle à manger et la chambre de mes parents donnaient vers le sud, du côté jardin ; ma chambre et ce qu'on appelait le salon sur l'impasse qui terminait la rue Mandajors, devant la cour de la gendarmerie.

Ce n'était pas une résidence sordide, comme on en trouvait aux quatre coins de la ville, que cette maison. Nous avions de l'air et de la lumière, le printemps sous nos fenêtres, un ciel libre devant nos yeux. Nos voisins n'étaient pas des pauvres. Ils étaient, presque tous, les amis de mes parents et leur amitié m'a souvent masqué la gêne où nous nous trouvions.

En sortant de chez nous, je voyais, en face de notre porte, la porte du logement des Courty, nos voisins d'étage. M. Courty était ingénieur des chemins de fer. C'était un homme silencieux, renfermé dans ses scrupules, un homme à l'ancienne mode, même pour ces temps anciens. Il vivait avec sa femme et ses filles, Mimi et Tata, qui ne sortaient jamais qu'accompagnées de leur bonne, une forte fille de la Lozère, aux joues écarlates... Au rez-de-chaussée, du même côté que nous, habitaient M. et Mme Butch. Le lieutenant Butch s'était enfui de l'Alsace où il était né et servait au 40e d'infanterie dont un bataillon était caserné dans la ville. Les jours de fêtes, le lieutenant sortait en grande tenue, veste bleue à boutons d'or, pantalons garance à bandes noires, épaulettes relevées et képi rigide à plumet... Sur le même palier, sous l'appartement des Courty, habitait M. Devèze. Je regardais sa porte du coin de l'œil, M. Devèze était le seul ennemi de mon père, dans cette maison. Ce n'était même pas un véritable ennemi. Il était simplement d'un autre bord que le nôtre. Car mon père était radical — radical et radical-socialiste — mais radical avant tout et M. Devèze fut le premier député que les mineurs d'Alès envoyèrent au Parlement, aux élections de 1908, dans un déploiement de drapeaux rouges et d'orphéons ouvriers jouant les *Allobroges* et l'*Internationale*.

— C'est un sans-patrie ! me disait Anna qui, pourtant, avait bien oublié la sienne.

M. Devèze était donc socialiste. Mon père était patriote et pacifiste. Le lieutenant Butch partisan de la revanche. M. Courty devait être opportuniste et sa femme était du parti des curés... Le hasard seul nous avait ainsi répartis, mais il avait bien fait les choses. Je n'ai pourtant jamais remarqué, à ce moment-là, que notre maison était à l'image de la France.

L'autre aile des bâtiments était habitée par des universitaires, des messieurs qui portaient la redingote, la jaquette ou le veston court, très peu ouvert sur le col, des dames aux tailles de guêpe, aux jupes en forme, aux corsages en pointe, avec des manches bouffantes et des festons à la grecque, des fillettes avec des nattes et des petits garçons en tabliers.

Dans cette ville de fer et de comptes en banque, les habitants de cette maison s'étaient de plus en plus rapprochés les uns des autres. Ils formaient comme une communauté distincte, unie par la bienveillance et par l'amitié. Ce petit groupe avait même conquis des intelligences dans la ville, d'autres amis dont je peux faire encore le dénombrement. Je crois toujours voir passer, sur l'avenue de la gare ou dans la rue d'Avéjan, le docteur Saix, avec son gibus et ses longs cheveux de poète, son air de mage inspiré ou de guérisseur en avance sur la Faculté de son époque, le cousin Armand, chirurgien-dentiste, copurchic et froid, saluant ses clientes en arrondissant le coude, Me Dalbèze, notaire et poète, qui passait la main dans sa barbe blonde en polissant un sonnet. De jeunes professeurs, venus de Paris pour un an ou deux, entre la licence et l'agrégation, et qu'épouvantait la rudesse de cette ville, se raccrochaient à ce petit groupe, comme des naufragés aux épaves d'un navire.

Ces Alésiens étaient prisonniers de leur ville. Ils n'étaient reliés au reste du monde que par le chemin de fer et le plus petit voyage était une grande aventure. Mes parents s'en allaient pourtant, quelquefois, jusqu'à quinze ou vingt kilomètres, pour des excursions ou des pique-niques. Ils n'en étaient pas moins confinés dans Alès et dans ses abords immédiats, la Prairie, la colline de l'Hermitage et la petite vallée de Saint-Jean-du-Pin. Chaque ville se suffisait à elle-même et se tenait lieu d'univers, dans ces temps où l'espace existait encore. Il fallait qu'elle ait ses gloires, ses faits divers, ses passions et ses scandales, ses enthousiasmes et ses fureurs. C'étaient encore des villes du Moyen Age, des cités antiques. On y vivait dans un monde clos, sans avoir le sentiment de ses ridicules et de ses faiblesses, sans pouvoir le comparer au reste de l'univers.

Nos amis se moquaient pourtant du lieutenant La Mareille qui commandait le corps des sapeurs-pompiers. C'était le plus bel homme de tout le pays. Corseté, sanglé, poitrine en avant, les deux fesses rebondies et les jarrets en virgule, il souriait sous ses moustaches à crocs et sa chevelure calamistrée. Chef de la pompe à feu, il était aussi compositeur et poète. La France entière a chanté certaines de ses chansons, à l'ébahissement de sa ville natale, qui les chantait aussi, en s'étonnant de voir un de ses enfants couronné par tant de gloire.

Flotte, petit drapeau,
Flotte, flotte bien haut,
Image de la France...

Mes parents et leurs amis savaient parfaitement bien ce que

valait l'aune de ce drapeau pour fêtes municipales, de ce drapeau qui n'était pas vraiment un drapeau, de cet oriflamme pour compagnie de sapeurs-pompiers, comice agricole, cinquantenaire de gloires douteuses et soirs d'élections. Ils chantaient pourtant cette chanson et je l'ai chantée, en m'en moquant, puisqu'on s'en moquait devant moi, mais en me laissant prendre à ses sortilèges pour pioupiou. On pouvait se moquer d'elle, mais il suffisait de l'entendre pour être pris par son pas de charge et roulé, de la tête aux pieds, dans les plis sacrés du drapeau !

Flotte, drapeau, tricolore guenille,
Symbole, image ardente du pays...

Cette chanson aurait pu sombrer dans le ridicule, si la France n'avait pas été le premier pays du monde... Mais elle l'était ! Mon père en était sûr, le lieutenant Butch aussi, et le professeur Bigot et le docteur Saix et M. Courty et même M. Devèze qui voulait s'entendre avec les Allemands, sans compter le lieutenant La Mareille, qui n'était aussi beau que parce qu'il était Français.

— Les Français ! avouaient ces messieurs, avec un sourire de fatuité, en donnant un tour de clef à la boucle blonde de leurs moustaches.

— Ah, les Français ! répondaient ces dames.

— Les Français ne sont pas méchants, proclamaient tous ces Français. Ils ne veulent faire du mal à personne... Bons garçons tant qu'on voudra, mais des lions, s'il le faut ! Que feraient les peuples de l'univers sans Paris, la Ville lumière ? Quc fcrait l'humanité sans la France ? Est-ce notre faute si elle est le premier pays du monde ?

Ces messieurs croyaient vraiment tout cela, mais ils n'étaient pas seuls à le croire. Le petit garçon que j'étais le croyait aussi. On le lui disait au lycée, avec prudence, il est vrai, mais on le lui disait quand même, comme on avait dit à Louis XV que le peuple était à lui.

— Notre pays est le premier pays du monde ! répétait-on au petit potache.

Il l'entendait dire aussi à la maison et le professeur Bigot l'affirmait dans les conversations du jardin, sous le cerisier couvert de cerises ou sous le prunier débordant de prunes, comme il le proclamait pendant les classes d'histoire.

— Notre pays, la France, aimait-il à dire en commençant ses discours, un beau pays, un grand pays, un noble pays, le premier pays du monde pour tout vous dire d'un mot !

Comment aurais-je pu en douter ? Je voyais bien que tout cela était vrai quand je regardais le Larousse illustré que je me faisais apporter par Anna, dans mon lit, avec ma tasse de chocolat, le dimanche et le jeudi matin.

— Quel livre tu veux ? me demandait-elle.

— Le grand rouge, à la lettre « feu »... Le numéro 4, si tu préfères.

C'était le volume où l'on parlait de la France. On y trouvait d'abord la carte géologique, la carte physique, les anciennes provinces et les divisions administratives, puis la France économique, en quatre cartes sur la même page, puis la France politique, avec les départements, dont le nôtre, le Gard, était fait comme la France, avec l'arrondissement du Vigan qui avait la forme de la Bretagne, puis la France administrative, en quatre cartes aussi, sur la même page — militaire, judiciaire, ecclésiastique, universitaire — puis les voies navigables et, enfin, les chemins de fer ! Huit grandes pages, rien que pour les cartes de France ! Alors que l'Allemagne et que l'Angleterre n'en avaient qu'une ! Mais les planches d'images en disaient encore plus long ! La France avait deux grandes pages de soldats, infanterie et cavalerie séparées, alors que l'Allemagne n'en avait qu'une, avec beaucoup moins de soldats !

C'est ainsi que, dans mon petit lit, les genoux écrasés par le lourd volume à reliure rouge, je faisais la découverte du monde de mon époque. Ce que j'apprenais dans ce livre s'ajoutait aux discours de M. Bigot, du lieutenant Butch, à ce que me disait mon père, et je vérifiais sur Anna ces premières connaissances de l'univers.

— Comment c'est, l'Italie, Anna ?

— Pauvre ! me répondait-elle, en faisant claquer le bois de son balai contre la plinthe du mur. Pauvre ! reprenait-elle avec une sorte de rage.

Pauvre ? Alors, l'Italie n'était pas comme la France ? Car on pouvait être gêné, à la maison, devoir de l'argent au boucher ou à l'épicière, la France, elle, n'avait pas de soucis pour le lendemain.

— Et la France, c'est riche ? demandais-je alors à Anna, en baissant un peu la voix, pour ne pas lui faire trop de peine.

— Bien sûr que c'est riche ! répondait-elle, en faisant siffler sa salive, comme elle le faisait toujours quand elle se mettait en colère. Riche à millions et à millions... à milliards et à milliards !

Riche à millions ! Riche à milliards ! Avec beaucoup de soldats ! Des fantassins, des cavaliers et des artilleurs. Nous en avions même en Alès. Des pousse-cailloux en pantalons rouges dont le lieutenant Butch était le chef. Quand ils descendaient la rue d'Avéjan, pour aller en manœuvre à la Prairie, on voyait bien que la France était le premier pays du monde ! Ces huit cents hommes auraient peut-être suffi à mettre en déroute la terre entière. Leurs sous-officiers avaient l'air terrible et personne n'aurait pu tenir devant eux.

Mais ce n'étaient pas seulement les soldats et les milliards qui faisaient la grandeur de la France. La France faisait aussi toutes les découvertes. Elle inventait toutes les nouvelles machines.

— Qui a découvert les aéroplanes ?

— Les Français !

Au lycée, nous les appelions des « aréos ». Nous savions tout ce qu'on pouvait savoir sur ces machines volantes, sans en avoir jamais vu. Il en était venu deux ou trois, pour un grand meeting, à Nîmes, des biplans et des monoplans, mais le ciel d'Alès resta longtemps vierge.

— Les monoplans, ça marche plus vite.

— Mais on tient plus solide, avec deux ailes.

— Si jamais on me fait monter en « aréo », je choisirai un biplan, pour être plus sûr !

Le biplan était la machine de l'avenir. C'est un biplan que je vis passer sur ma tête, pour la première fois de ma vie, au meeting de Saint-Hippolyte, vers 1909 ou 1910. Il ressemblait à un cerf-volant fragile que tirait un moteur qu'il fallait graisser à chaque retour au sol. L'appareil tenait l'air quatre ou cinq minutes.

Deux mécaniciens d'Alès tentèrent pourtant de construire un monoplan. Nous allions les regarder travailler, sous le petit hangar qu'ils avaient bâti, dans un coin de la Prairie. Nous étions sûrs qu'ils allaient à la catastrophe. L'engin finit par tenter de prendre son vol. Le moteur crachait des flammes. La machine se souleva et s'effondra en miettes, sans faire de mal au pilote qui ne chercha plus à voler.

— Qui a inventé les automobiles ?

— Toujours les Français !

Le docteur Saix en avait acheté une, un double phaéton quatre places, avec transmission à chaînes. Il faisait l'avenue Carnot à cinquante à l'heure, à cause de la ligne droite, dans des tourbillons de poussière. Il avait été le premier de la ville à passer son « certificat de capacité », devant des ingénieurs des Mines, qui n'en savaient pas autant que lui. Alès était le chef-lieu de l'arrondissement minéralogique qui comprenait l'Ardèche, le Gard, la Lozère et l'Hérault. Mon père l'avait souvent expliqué devant moi, non sans fierté. C'est pour cela que les voitures automobiles portaient sur leur plaque une lettre « A » monumentale. Notre ville était la plus importante de la région, la ville du progrès et de l'avenir.

Tout de suite après le docteur, qui conduisait en gibus et redingote, d'autres Alésiens avaient acheté des landaulets ou des cabs, des coupés ou des limousines. Délaissant le gibus et la lévite, ils portaient des fourrures à longs poils, des lunettes à élastique et des casquettes de laine à rabats et à visières. Aux beaux jours, ils portaient seulement un cache-poussière et une casquette plate dont ils se coiffaient à l'envers.

Ces privilégiés ne semblaient pas jouir d'un privilège. Ils faisaient honneur à la ville et payaient une taxe de soixante francs. C'étaient des pionniers qui nous donnaient l'impression de posséder, nous aussi, des Clément-Bayard, des Berliet, des de Dion-Bouton, des Gladiator, des Richard-Brazier et des Panhard-Levassor.

— Nous avons une nouvelle automobile ! disait mon père. Les Richard-Ducros viennent d'acheter une Gallia.

Ces engins nous semblaient aussi précieux que des navires d'escadre. Ils étaient l'orgueil de la ville. Leur rareté en faisait une richesse commune, un bien dont chacun pouvait tirer vanité. Quand notre ville ne comptait encore qu'une voiture pour quatre ou cinq mille habitants, aucun de ceux qui n'en avaient pas ne pensait qu'il aurait pu en avoir. Les privilèges naissants ne sont pas des privilèges !

— Qui a inventé le cinématographe ?

— Encore et toujours les Français !

Nous en avions un, en plein air, au café-glacier de la gare. Les places chères étaient du bon côté de l'écran, les populaires de l'autre. Les gens venaient, en famille, passer les belles soirées devant cet écran qui s'illuminait dès qu'il faisait nuit. On les entendait rire, dans la pénombre, en appelant le garçon. On aurait dit qu'ils n'avaient, jusqu'alors, jamais regardé d'être humain et qu'ils en faisaient brusquement la découverte. Pour la première fois, les hommes se voyaient vivre et s'étonnaient d'être ce qu'ils étaient.

Les aréos ! Les automobiles ! Le cinématographe ! Les Français inventaient tout ! Ils avaient inventé aussi la télégraphie sans fil et les porte-plumes réservoirs, le sérum contre la rage et les becs Auer, les ceintures électriques et les talons en caoutchouc... C'est à Paris qu'on faisait toutes ces découvertes, à Polytechnique et à Centrale ou dans des cambuses de bricoleurs, sur la zone et dans la banlieue, et tout ce qu'on inventait ainsi, nous l'avions, à Alès, quelques mois après Paris, mais des années avant le reste du monde.

Un petit garçon plein de la rage de vivre

Je revois le petit garçon que je devais être, entre 1904 et 1910, un petit garçon maigre et nerveux, presque malingre, mais d'une terrible vitalité, animé par un continuel besoin de mouvement, plein de la rage de vivre.

Quand Anna m'emmenait en promenade, elle devait renoncer à me tenir par la main. Je lui tordais les poignets en faisant des pirouettes. Elle me lâchait, en me menaçant des pires malheurs. Je faisais alors dix fois la route, comme un jeune chien. Je grimpais partout où j'étais capable de le faire, sur les murs, les talus, les bornes kilométriques, les fontaines. Je parlais sans arrêt, posant des questions sans attendre les réponses, attentif à tout, sans pouvoir fixer mon attention.

Je n'étais jamais malade et je faisais pourtant peur à voir, avec ma mine de papier mâché, mes yeux qui brillaient comme si j'avais eu la fièvre.

— Il va très bien ! disait le docteur Saix à ma mère, en me tapotant les joues. C'est un nerveux... Mais il va très bien.

Par acquit de conscience, il donnait un coup d'oreille à mes poumons. Je sens encore, après tant d'années, ses longs cheveux gris de poète qui roulaient sur ma poitrine.

— Respire fort... Ne respire plus... Respire en ouvrant la bouche... C'est parfait ! disait-il en se relevant. Vous feriez tout de même bien de le faire voir au docteur Mourier... Je n'aime pas ces fosses nasales trop serrées. Tout est à l'étroit, là-dedans !

Le docteur Saix avait l'air d'un père Noël qui aurait coupé sa barbe. Il semblait vouloir vous guérir en vous tapotant du bout des doigts... Le docteur Mourier était terrible !

— Nez, gorge, oreilles, annonçait la plaque de cuivre de sa porte... Une cour séparée de la rue par une grille, l'escalier, un petit salon, un cabinet clair, plein de la lumière du jour, un cabinet noir et, presque aussitôt, le commandement : « Ouvre la bouche ! »

Une infirmière invisible m'avait pris sur ses genoux. Mes fesses pointues entraient dans son ventre rond. Ses cuisses bloquaient mes jambes. Mes bras ne pouvaient plus faire un mouvement, sous la double étreinte de ses bras croisés sur ma poitrine. L'abaisse-langue étouffait mes cris. Un miroir étincelant luisait sur le front du docteur.

— Fais « A », disait-il de sa voix profonde.

— A... A... A... murmurait l'infirmière à mon oreille en me pressant plus fort contre ses seins qui s'ouvraient comme pour engloutir mes omoplates.

— A... râlais-je, terrifié, comme s'il avait été question de rendre mon dernier souffle.

La petite lumière balayait le fond de ma gorge, comme la lampe des assassins éclaire les murs de la chambre de leur victime.

— Végétations ! proclamait le docteur Mourier. Il faudra l'en débarrasser, ajoutait-il d'un ton funèbre, d'autant plus que les fosses nasales sont trop étroites.

— Mais c'est une opération ! répondait ma mère. Il va falloir l'endormir... Vous ne croyez pas qu'avec une bonne hygiène...

La bonne hygiène ne m'empêcha pas de m'enrhumer, d'avoir

des abcès dans les oreilles et, même, une nuit, vers trois heures du matin, une attaque de faux croup. Un coq chantait au fond de ma gorge. L'air n'arrivait plus à mes poumons. J'étais déjà bleu comme un noyé. Mon père sauta du lit, s'étala au milieu de la chambre, se mortifia le coccyx, passa tout de même ses pantalons et son pardessus sur sa chemise de nuit, et courut chercher le docteur Mourier.

— Madona ! criait Anna, arrivée en camisole de sa chambre du grenier, le petit a la diphtérie !

— C'est fini... c'est fini... c'est fini... répétait ma mère en tâchant de me faire boire.

Quand mon père revint, avec le docteur, la crise était terminée, mais la décision de mes parents était prise. Mes végétations étaient condamnées.

— C'est une vraie opération ! soupirait ma mère, mais, avec les docteurs que nous avons aujourd'hui, on peut être tranquille... C'est M. Mourier qui doit procéder à l'exérèse. C'est M. Saix qui l'endormira... Armand sera là aussi, en cas de besoin.

Ces messieurs vinrent m'opérer à la maison. Ils étaient au courant des méthodes les plus modernes, des dernières découvertes de la science. Avant leur arrivée, on avait tendu des draps de lit, sur les murs de la chambre de maman, et ma mère elle-même avait enfumé notre appartement avec du papier d'Arménie, pour en chasser les microbes.

Le docteur Saix, toujours en gibus et redingote, m'assomma avec du chlorure d'éthyle. Je comptai jusqu'à trente-huit avant d'entendre les cloches.

— Quel petit bougre ! disait le docteur avec un étonnement teinté de respect.

Le docteur Mourier me racla la gorge, sans que j'en aie conscience. Je revins à moi, tandis qu'il me faisait des lavages, à coups de seringue, avec un liquide brûlant. Entre deux injections je me mis à l'insulter en utilisant des mots que je n'avais encore jamais dits devant mes parents et qui firent murmurer à l'infirmière :

— Le petit salaud... Non, mais, le petit salaud !

Elle me serrait si fort qu'à travers la chemise de nuit dans laquelle on m'avait enveloppé, je la sentais suer sous sa blouse blanche... Mais nos sens ont leurs souvenirs qui ne nous regardent pas !

Quand on me ramena dans mon lit, vert et vomissant, la chambre avait l'air d'une ambulance de la guerre de Crimée. Elle était pleine de cotons ensanglantés et de gazes écarlates. Un grand seau plein de sang répandait une odeur de désinfectant et de narcotique. Les draps, tendus aux murs, étaient constellés d'étoiles rouges. C'était une vraie boucherie.

Les trois représentants de la Faculté se retirèrent, impeccables et solennels, en jurant à mes parents que l'opération avait réussi. Ils laissaient à la nature le soin d'achever leur œuvre.

Pendant six jours, je restai couché, en mangeant des glaces, vanille, fraise, citron et, pour la première fois de ma vie, pistache. Pendant ces six jours, je m'ensevelis dans les dictionnaires Larousse pour m'assurer, une fois de plus, que la France était le premier pays du monde.

— La lettre « feu », en même temps que la lettre A, criais-je à mon Italienne, malgré l'interdiction de parler à haute voix qui m'avait été faite par ces messieurs de la Faculté. Je veux voir à la fois la France et l'Allemagne.

— Toujours l'Allemagne ! grondait Anna. Tu ne veux pas aussi regarder un peu l'Italie ?

Pendant ce temps, de l'autre côté de la cloison, dans notre salon aux meubles de palissandre, ma mère recevait ses amies, venues prendre de mes nouvelles.

— Il y a quelques années, c'était encore toute une affaire, expliquait-elle, en répétant ce que le docteur Saix lui avait dit. Mais, aujourd'hui, la technique est au point... On ne fera jamais mieux. C'est tout de même une chance !

Est-ce déjà la mort et l'amour ?

C'est à peu près vers la même époque que M. Courty mourut. Je devais avoir six ou sept ans. Comme je l'ai déjà dit, M. Courty était notre plus proche voisin. Je jouais presque chaque jour avec ses filles, une plus grande, l'autre plus petite que moi, Mimi et Tata pour l'éternité, car je ne sais plus leur vrai nom. M. Courty passait sa vie en voyage. Il était ingénieur au P.-L.-M. et devait inspecter les voies jusque dans la Haute-

Loire, sur le ligne de la montagne. Il rentrait pourtant tous les samedis et, tous les dimanches, il allait à la messe et se consacrait à sa famille. C'était un homme précis, habitué aux horaires et qui, chaque jour, refaisait les mêmes choses, aux mêmes heures. Un samedi, pourtant, il ne revint pas à la maison. Un homme noir qui portait l'uniforme de la Compagnie se présenta à sa place... M. Courty était mort subitement, dans une petite gare de la Lozère.

— Foudroyé en fermant la porte derrière lui ! disait mon père. L'embolie ! Personne n'y pouvait rien... Pas même le docteur Saix.

J'avais fort bien compris comment la scène s'était passée et, dès que j'avais été seul à la cuisine, avec Anna, j'avais ouvert la porte, l'avais refermée derrière moi et m'étais laissé tomber en arrière, de tout mon long, en fermant les yeux.

— Sainte Vierge, qu'est-ce que tu fais ?

— M. Courty.

Malgré ma fréquentation des cimetières, je n'avais aucune idée de la mort. M. Courty était tombé en arrière. Cela pouvait arriver à tout le monde. J'imitais M. Courty.

— Par la Madona ! criait Anna, ne fais pas ça, pauvre petit malheureux !

Elle me relevait en faisant des signes de croix. Je lui glissais dans les mains et filais dans le couloir. Au bout d'un moment, je rentrais dans la cuisine en gagnant toute ma taille. Je refermais la porte solennellement, comme M. Courty avait dû le faire, et je me laissais tomber en arrière, en tapant de la nuque sur le pavé.

— Monstre d'enfant ! écumait Anna. Tu vas te porter malheur... Madame, madame ! hurlait-elle en appelant ma mère à son secours.

Ma mère essaya de m'expliquer qu'il ne fallait pas plaisanter avec la mort. La mort ? Comme si j'avais pu comprendre ce que ce mot voulait dire !

Pendant deux jours, je jouai au même jeu, à m'en faire mal à la tête. C'est en vain qu'on essayait de me faire tenir tranquille. Tout me poussait à jouer au jeu défendu. J'étais consigné à la maison. Je n'avais même plus le droit d'aller au jardin.

— Tu vois bien que leurs contrevents sont fermés.

— Ça n'empêche pas de jouer dans le jardin.

— Si... On ne doit pas faire de bruit dans une maison où quelqu'un vient de mourir.

— Personne n'est mort, dans la maison... M. Courty n'est pas revenu.

— Il est mort quand même.

— Non, il n'est pas mort dans la maison... Non, il n'y a pas de mort dans la maison...

On m'avait fait mettre mes beaux habits pour faire une visite à Mme Courty et pour embrasser Mimi et Tata. Je n'avais pas bougé, ahuri que j'étais de les voir en larmes, avec des costumes noirs qui faisaient paraître leurs mains plus blanches. On avait eu peur que je fasse quelque chose d'incongru, que je dise une énormité. Julienne m'avait ramené chez nous. C'était la servante des Courty. Elle n'était pas italienne, comme notre Anna, mais de Langogne, en Lozère, une forte fille aux joues rouges qui ne faisait que ce que voulait notre Anna.

— Le voilà... Il a été sage, avait-elle dit.

Puis elle avait ajouté, en s'essuyant la figure avec son tablier :

— Quel malheur... Monsieur qui était si bon.

— Bon ou pas bon, avait répondu Anna d'une voix mauvaise, tout le monde y passe.

Mais elle pleurait aussi.

Je pleurais de la voir pleurer. J'aimais bien les Courty, du reste. Ils n'étaient pourtant pas tout à fait comme les autres locataires de la maison, pas comme nous, en tout cas. Mimi et Tata étaient élevées au Sacré-Cœur et portaient des rubans bleus sur la poitrine. Elles ne parlaient pas comme on parlait au lycée et leur mère me posait parfois des questions que je n'arrivais pas à comprendre.

— Vous allez du corps normalement ? m'avait-elle demandé, un soir, pendant que je m'amusais au jeu de l'oie avec ses filles.

— Parfois, madame, avais-je répondu pour ne pas me compromettre, car je n'avais pas compris ce qu'elle venait de me dire.

— De temps en temps, avais-je repris, à l'ahurissement de Mimi et de Tata, qui baissaient les yeux en n'ayant pas l'air de m'entendre.

— Et puis, moi, vous savez, avais-je enfin proclamé, je ne fais jamais rien comme les autres.

— Quel drôle d'enfant ! avait dit Mme Courty, tandis que Tata éclatait de rire et que Mimi la pinçait pour la faire taire.

Nous étions pourtant bons amis et, si j'imitais la mort de notre voisin, c'est parce que je ne savais pas ce qu'était la mort, pas plus que je n'avais su ce que Mme Courty avait voulu dire en me demandant si j'allais du corps. On ne parlait pas ainsi, dans ma famille, et je n'avais encore perdu aucun des miens.

Le lundi soir, on ramena le corps de M. Courty. On eut beau me consigner dans ma chambre, je vis le cortège, dans l'escalier, des hommes noirs qui portaient en soufflant une grande caisse à poignées d'argent, et des messieurs inconnus, en costume des dimanches.

— Où était M. Courty ? demandai-je à Anna qui m'avait déniché entre les deux étages et m'avait ramené dans sa cuisine.

— Dans la grande boîte ! me répondit-elle. C'est là qu'on met les morts, avant de les conduire au cimetière... Tu le sais bien !

— Dans la grande boîte ! Enfermé ? Non, non, je ne savais pas qu'on mettait les morts dans cette boîte... Mais, dis, Anna, alors il n'en sortira plus jamais ?

— Non, jamais, avait dit Anna, avec une flamme noire dans les yeux.

D'un seul coup, j'avais été transpercé par l'épouvante. J'avais compris, devant cette caisse à poignées d'argent, ce que ma mère n'avait pas pu me faire comprendre.

— Dis, Anna, un jour, tout le monde sera mort ? Tout le monde ira dans cette boîte ?

Epouvantée à son tour, mon Italienne claquait des dents. Elle avait appelé ma mère et ma mère avait dû la réconforter.

— Allons, Anna, vous voyez bien comme cet enfant est sensible. Vous allez le rendre malade. Tâchez de vous dominer.

— C'est lui qui me fait peur ! répondait Anna. Il dit que nous irons tous dans cette boîte.

— Quelle idée ! Il n'a pas trouvé ça tout seul... Cette nuit, il faut le garder avec vous. Nous devons aller veiller le corps de M. Courty, avec le lieutenant Butch... Ne laissez pas cet enfant tout seul.

La nuit était venue... Je ne me souviens plus de la saison mais, précoce ou tardive, cette nuit avait englouti la maison dans son silence. On aurait dit une nuit d'hiver... Autour de moi, la ville, le quartier, la maison, notre étage, tout avait l'air d'une énorme chrysalide au centre de laquelle était ce mort dans sa caisse.

Mes parents étaient partis. Je tremblais de peur. Anna me regardait d'un air égaré. Julienne vint la chercher vers neuf heures. Elle était aussi folle d'épouvante et ne voulait pas rester seule.

L'Italienne et la fille de Langogne m'emmenèrent coucher avec elles dans la chambre à donner de chez les Courty, une grande chambre perdue au bout de l'appartement, au fond d'un couloir rempli d'armoires qui faisaient penser à des cercueils... C'est encore un souvenir que personne n'a jamais pu me rappeler.

Je me revois dans cette énorme pièce pleine d'ombres qu'éclairait une bougie qui ne ressemblait pas à celle de mes rêves... Je sens les mains d'Anna et de Julienne me déshabiller. J'étouffe un instant dans la chemise de nuit qu'elles font glisser sur ma tête. J'ai trop peur pour oser crier et je me trouve couché au milieu du lit, pendant que ces filles se déshabillent aussi, sans rien dire.

Du coin de l'œil, je regarde Anna qui empêche son jupon déjà dégrafé de glisser au sol, en tenant ses jambes écartées. Elle enfile sa chemise de nuit qui se déroule sur elle, pendant que son jupon tombe à terre. Julienne s'est déjà jetée dans le lit. Anna s'allonge à son tour, à côté de moi. Je suis écrasé entre ces deux filles, tremblant de peur et de froid, mais déjà réchauffé par une chaleur secrète.

Nous avons parlé longtemps, sans éteindre la bougie. Les cheveux d'Anna et de Julienne se rejoignaient sur ma tête et je n'avais qu'à tourner un peu le visage pour leur parler à l'oreille, à l'une ou à l'autre.

— Dis, Anna, qu'est-ce qu'il fait, maintenant, M. Courty ?

— Les morts ne font rien, me disait-elle.

— Dis, Julienne, on n'a pas ouvert la caisse, pour le faire voir à Mimi et à Tata ?

— Non... non... Quand la caisse est fermée, on ne l'ouvre plus.

— Plus jamais ?

— Non, plus jamais.

— Plus jamais, Anna ?

— Tu ne dormiras donc pas ! me disait mon Italienne en me pinçant sous les côtes.

Vers le milieu de la nuit, la bougie commença à grésiller. Julienne et Anna n'avaient pas pensé à en prendre une autre. Elles ne voulaient pas retourner à la cuisine, à cause des armoires du couloir qui ressemblaient au cercueil de M. Courty. La lumière avait l'air d'être écrasée par les ombres qui s'avançaient maintenant jusqu'au bord de notre lit.

— Eteignons la bougie, finit par murmurer Julienne. En cas de cas, il en resterait un peu.

Anna souffla en se soulevant sur le coude et, tout d'un coup, nous fûmes plongés dans le noir.

La maison craquait. Un volet battait sur la façade. Mes deux compagnes de la nuit se serrèrent l'une contre l'autre. Je me sentis soulevé comme par deux vagues. Je ne touchais plus les draps. J'étais allongé sur le corps de ces deux filles qui se tenaient par la taille, sans rien dire.

— Anna... tu es là ? demandai-je dans un souffle.

— Mais oui, je suis là... Julienne aussi... N'aie pas peur. Tu n'as qu'à dormir, maintenant.

Il n'était pas question de dormir. L'épouvante me serrait la gorge, mais un étrange bien-être montait en moi.

— Anna, Anna... dis que tu es là... Sans ça M. Courty va venir... Dis que tu es là, Julienne.

— Tais-toi... mais tais-toi... Tu nous rendras folles !

Nous avions rabattu les draps sur nos yeux pour ne plus voir le gouffre noir de la chambre. Une odeur inconnue montait jusqu'à mes narines et je m'enfonçais dans le lit pour mieux la sentir et pour être plus au chaud.

Tout cela s'est conservé dans cette infaillible mémoire qui ne peut rien apprendre et retient ce qu'elle veut.

Le bras droit de Julienne et le bras gauche d'Anna passent au-dessus de moi. Du bout des pieds, en crispant mes orteils, je sens encore la peau de leurs cuisses nues. Par moments Anna fait un petit bruit, avec sa bouche, comme pour retenir sa salive entre ses dents. La peur me reprend. Mais ma béatitude devient plus forte. Julienne a poussé un petit cri. Le creux du lit a bougé comme une barque.

— Attention au petit ! murmure Anna dans un sifflement de salive.

Elles ont allumé la bougie. Elles ont l'air folles, avec leurs cheveux dénoués, leurs yeux brillants, leurs lèvres gonflées et humides. Elles se sont laissé glisser sur le pavé froid, les pieds nus, les orteils arqués, grelottantes, échevelées. Elles ont traîné un petit lit-cage contre leur grand lit et m'ont obligé à m'y coucher.

Quelles menaces, quelles promesses, m'ont contraint à leur obéir ? Je ne sais plus... Je suis accroupi dans la nuit, les mains aux genoux, les genoux au menton, hébété d'effroi, l'oreille tendue. Ai-je encore peur de la mort ? Ce n'est plus à elle que je pense... J'écoute autre chose que je viens aussi de découvrir, un bruit lent, comme un chant, une plainte sans souffrance, le gémissement d'une joie encore incompréhensible, d'une allégresse inconnue.

Comme nos yeux sont fragiles

Chaque lundi, vers la fin du jour, après mon retour du lycée, Anna descendait au jardin pour étendre sa lessive de la semaine. Sa corbeille posée dans l'herbe, elle faisait claquer les chemises, les mouchoirs et les draps de lit, à grands coups de bras. Quand elle avait défroissé son linge, elle l'attachait, avec des épingles de bois, aux fils de fer que mon père avait tendus d'arbre en arbre. Notre petit coin de jardin devenait, en quelques instants, une sorte de labyrinthe aux parois de toiles où j'aimais à me promener en criant, au rythme de « Loup y es-tu ? »

— Où je suis ? Dis-le-moi ? Où je suis, Anna ?

— Au Paradis ! me répondait-elle, en continuant sa besogne, ou bien, de sa voix la plus caverneuse : Chez les diables de l'enfer !

Je flânais au Paradis mais, pour échapper aux diables, je courais me réfugier dans les jupons de mon Italienne. Je voyais ses pieds, chaussés de sandales, à quelques centimètres de moi. Mes mains les touchaient déjà mais les draps de lit étendus m'obligeaient à des détours. Le linge mouillé claquait contre ma figure. Je ne savais plus où j'en étais et je tournais sur moi-même en faisant tomber des chemises et des nappes.

— Monstre d'enfant ! hurlait Anna. Voilà ma lessive perdue.

C'était le grand jeu du lundi. Il m'excitait si fort que j'en perdais la mesure et voulais me mettre à jouer à d'autres jeux interdits. Je faisais alors des bonds pour tâcher de prendre à pleine main un des fils de fer qui se balançaient sur ma tête. Neuf fois sur dix, mes mains se refermaient sur le vide mais, parfois, j'attrapais un des fils à la volée. Je tirais sur lui de toutes mes forces. Il se tendait comme la corde d'un arc et je le lâchais brusquement pour l'entendre siffler en l'air.

— Tu feras mal à quelqu'un, me criait Anna.

Un jour, je lâchai ma prise au moment où elle émergeait du mur de toile qui nous séparait l'un de l'autre. Le fil la frappa sous le front. Elle fit un cri et tomba sur les genoux.

— Monstre d'enfant ! disait-elle. Monstre d'enfant !

Je crus qu'elle continuait à jouer et je courus me cacher derrière les draps de lit.

— Où je suis ? demandai-je en changeant ma voix. Où je suis ? Dis-le-moi ? Où je suis, Anna ?

Mais Anna restait à genoux, les bras en avant, les mains ouvertes dans l'herbe. Je m'approchai d'elle à petits pas. Je vis ses yeux fermés s'entrouvrir. Une humeur glauque les remplissait, striée de filets de sang. Ils restèrent grands ouverts pendant quelques secondes qui me parurent interminables. Le brasier qui les illuminait d'ordinaire s'était éteint. Ils ressemblaient aux lucarnes du grenier dont les vitres opaques sont couvertes de poussière. Anna laissa retomber ses paupières, très lentement, comme elle aurait refermé une lourde porte, et se mit à pousser des cris terribles.

— Tu m'as crevé les yeux ! hurlait-elle. Je vois tout noir !

Nous étions seuls au jardin. Mes parents étaient sortis. La Maison Lautier était déserte... Debout, devant ma victime agenouillée, j'essayais en vain de conjurer le sort, de nier ce que je venais de faire et de le détruire en le niant.

— Ce n'est pas vrai... Tu y vois. Je ne t'ai rien fait... Non, ce n'est pas vrai, Anna.

C'est en vain que je murmurais ces incantations. Elles ne rendaient pas la vue à mon Italienne. Il me fallut l'aider à se remettre debout, la prendre par la main, la ramener à petits pas jusqu'à la maison.

J'étais terrifié par ce que je venais de faire, mais j'étais aussi gonflé d'importance. Si je n'avais pas été là, Anna n'aurait pas pu retrouver son chemin. Sans mon aide, elle aurait tourné dans le jardin, les bras en avant, se heurtant aux arbres, butant aux marches, se tordant les pieds sur les cailloux.

— Attention ! La petite marche de la cour est devant toi... Encore un pas et nous sommes devant l'escalier.

Quand nous fûmes enfin dans notre cuisine, Anna se laissa tomber sur une chaise. Le corps penché en avant, les bras ballants, elle dodelinait de la tête, d'un air hébété. Ses paupières étaient gonflées comme de petites outres suintantes.

— Fais chauffer de l'eau... Tu me feras des compresses... sainte Vierge, ce que je peux avoir mal !

Pour la première fois de ma vie, je sus allumer le gaz, trouver du coton, des serviettes propres. Je ne pouvais plus penser qu'à ces besognes et ne me souvenais plus que c'était moi qui avais blessé les yeux d'Anna.

Je m'en souvins au retour de mes parents. Mais ce fut bien pis après la visite du docteur Saix.

— C'est fantastique ! avait-il dit en soulevant les paupières tuméfiées. On dirait que c'est fait exprès ! Quelques millimètres plus haut, quelques millimètres plus bas et ce n'était pas la même chose... Mais là ! Juste en plein... Et sur les deux yeux... Avec un fil de fer... Pas possible, il a dû viser.

Après un rapide examen, il déclara qu'il fallait avoir recours, de toute urgence, à M. Delfau, et mes parents conduisirent aussitôt chez ce spécialiste une Anna aux yeux bandés qui répétait inlassablement :

— Laissez-moi... Ce n'est pas la peine... Je suis aveugle !

Resté seul à la maison, je me sentis criminel. Le docteur Saix avait dit que je l'avais fait exprès ! Je n'étais pas loin de le croire. J'en vins même à me poser des questions sur le salut de mon âme quand j'appris, après le retour de mes parents, qu'Anna devrait rester vingt jours dans une chambre noire. Cette pièce obscure était l'antichambre de l'enfer auquel j'étais condamné.

— Le docteur Delfau ne répond de rien ! répétait mon père. Un décollement de la rétine est possible et toute notre science n'y peut rien.

— Tu vois ce que c'est... Un seul rayon de lumière peut la rendre aveugle pour toute sa vie, ajoutait ma mère en me regardant fixement. Il faudra faire bien attention de laisser ses rideaux fermés.

Si j'avais pu, j'aurais éteint le soleil. C'était lui le vrai coupable. C'était lui qui risquait de rendre aveugle mon Italienne. Il allait la menacer pendant vingt jours, à chaque seconde. Pour ma part, je n'avais été que maladroit le temps d'un éclair. Une seconde avant, une seconde après, le fil de fer n'aurait pas aveuglé ma bonne... Du reste, j'aurais pu ne pas attraper le fil, quand j'avais sauté en l'air. J'aurais pu le tendre d'un autre côté. Anna aurait pu ne pas être devant lui. Elle aurait pu détourner la tête ou mettre ses mains devant ses yeux. C'était le hasard qui avait tout fait et je n'étais pas responsable du hasard.

Il me semblait qu'il me suffisait de nier cet acte stupide pour l'empêcher d'avoir été accompli et je répétais avec une sombre fureur :

— Non, je ne l'ai pas fait exprès... Non, je n'ai pas voulu lui faire mal aux yeux... Non, ce n'est pas moi qui ai tiré sur le fil de fer...

A force de nier, au fond de moi-même, ce que j'avais pourtant fait, je finis par croire vraiment que si Anna devenait aveugle, ce serait de la faute du soleil. Pendant vingt jours, je surveillai l'obscurité de la chambre dans laquelle elle était cloîtrée. Je vérifiais le bandeau noir qu'on avait mis sur ses yeux. Je tirais sans cesse les rideaux. Je faisais la chasse à tous les fils de lumière qui filtraient par leurs interstices.

— Tu ne vois rien ? Vraiment rien ? Tu promets ?

J'étais obsédé, mais sans remords. Dès le lendemain de l'accident, j'avais repris mes jeux et ne témoignais plus d'aucun repentir.

— Cet enfant n'a pas de cœur, disait mon père. Je croyais qu'il était attaché à cette fille... Elle le méritait bien... Eh bien, non ! Il lui crève les yeux et c'est comme s'il avait perdu une bille.

— Tu sais, répondait maman, à cet âge-là, on ne se rend pas bien compte... Il va tout de même la voir pour lui tenir compagnie.

— Il ne manquerait plus que ça ! grommelait mon père en me regardant sans indulgence.

Ces propos, entendus en ouvrant les portes, me donnaient le sentiment d'être écrasé par d'horribles injustices. Moi qui avais si peur du soleil ! Moi qui aurais voulu que le monde entier fût plongé dans le noir, pendant vingt jours et vingt nuits, sans soleil, sans lune, sans étoiles ! Comme si c'était moi qui avais créé la lumière !

Pour me consoler, j'allais bavarder avec Anna. Elle ne me reprochait rien. Elle était stupéfiée par la solitude et l'obscurité. Son imagination catastrophique l'empêchait de croire à sa guérison.

— Il faudra que j'apprenne un autre métier, me disait-elle. Les aveugles, ça peut faire de la broderie ou des paniers... J'aimerais mieux broder... Tu viendras me voir de temps en temps, quand tu n'auras pas autre chose à faire.

— Tu n'as pourtant pas vu le soleil ?

— Je risque bien ! J'ai les yeux crevés...

— Alors, tu seras guérie !

Le vingtième jour, le docteur Delfau et le docteur Saix vinrent enlever le bandeau noir de mon Italienne. On avait à peine entrouvert les rideaux et la chambre était plongée dans la pénombre. Son bandeau dénoué, Anna releva lentement la tête. Elle ouvrit les yeux, les referma aussitôt, les rouvrit. Le docteur Delfau fit passer les mains devant son visage.

— J'y vois ! dit soudain Anna d'une voix rauque. Je vois des mains...

— Ses yeux sont sauvés ! murmura M. Delfau. Tirez encore un peu les rideaux. Laissez juste un filet de jour. Demain, vous pourrez les entrouvrir un peu plus.

— La nature ! ajouta le docteur Saix en se retournant vers mon père.

Il secoua la tête et ses longs cheveux se soulevèrent comme le jupon d'une danseuse.

— Madame... Madame... Je ne serai pas aveugle, hoquetait Anna, accrochée au bras de ma mère. Je pourrai rester chez vous... Je pourrai garder le petit... Je n'aurai pas besoin d'apprendre à broder !

Au fond de la chambre, adossé au mur, je pleurais de joie et de honte... Le soleil n'avait pas rendu Anna aveugle ! La lumière n'avait pas détruit ses yeux ! Le soleil et la lumière n'étaient pas coupables ! C'était donc moi, moi tout seul, qui avais manqué de faire d'Anna une pauvre infirme !

— Pardon, Anna, je ne tirerai plus les fils de fer... Je ne te désobéirai plus jamais.

— Tout de même ! dit mon père en se rapprochant de maman qu'il prit par la taille.

— Tu vois bien ! répondit maman.

Je sanglotais, la langue épaissie par mes larmes, happant l'air par saccades, comme je l'avais fait la nuit où j'avais eu le faux croup. J'avais compris qu'il suffit d'une seconde, d'un geste, d'un mouvement pour faire des choses irréparables.

— Veux-tu finir ? grondait Anna. Maintenant que je suis guérie, c'est bien la peine...

— C'est à cause de moi que tu as manqué d'être aveugle... Si je n'avais pas tiré ce fil de fer !

— Vous voyez, dit le docteur Saix à mon père, vous qui vous demandiez si ce petit n'avait pas de cœur... On ne sait jamais ce qui se passe, dans ces cervelles d'enfant... Ils savent dissimuler leurs sentiments mieux que les grandes personnes... Mais vous pouvez être tranquilles ! Pendant vingt jours, il a été dévoré par le remords. Pourquoi voulait-il nous le cacher ? Angoisse ? Pudeur ? Pacte secret avec l'idée que la guérison dépendait de son indifférence apparente ? Qui peut le dire ? Il aurait sans doute continué à dissimuler si nous avions eu une issue catastrophique... Mais alors quels ravages, à l'intérieur ! Le voilà libéré, mais le choc a dû être rude... Faites-lui prendre de l'huile de foie de morue pendant quinze jours... et veillez à ce qu'il ait les intestins libres, ajouta-t-il en se tournant vers ma mère qu'il salua cérémonieusement, sans doute pour compenser ce que ce dernier propos avait de trivial.

Le fumier de Job

La lueur de la bougie, les visites au cimetière, les chansons de Xavier de La Mareille, la mort de M. Courty, mon opération et le coup de fil de fer sur les yeux d'Anna, avaient entrouvert le rideau qui me séparait encore du monde. Rien n'est indifférent, à cet âge. Les événements les plus quotidiens, les lieux les plus familiers rendent des oracles et engagent l'avenir... C'est sous la table de notre salle à manger que j'ai peut-être le plus appris !

Combien de fois, après le repas du soir, me suis-je glissé doucement dans cet étrange domaine, pour mieux m'y faire oublier ! La toile cirée ou la nappe, suivant les temps et les jours, me protégeaient des regards et, les genoux au menton, les bras croisés sur mes jambes, je restais pendant des heures, sans tousser, sans éternuer, sans faire un seul mouvement, dans l'espoir de surprendre un secret de mes parents, de les entendre parler de ce dont ils n'auraient pas voulu parler devant moi.

Le plus souvent, cet espoir n'était pas déçu. Le monde des grandes personnes s'ouvrait devant moi... Mes parents se mettaient à faire leurs comptes.

— Trente-quatre francs vingt-cinq, plus douze soixante-quinze qui nous font quarante-sept... Plus trois fois dix et douze, égale quatre-vingt-neuf...

— Voyons, voyons, reprenait maman d'une voix désolée, trois fois dix, trente, et douze, quarante-deux... Avec les trente-quatre francs vingt-cinq qui font soixante-quatorze vingt-cinq... plus ce qui nous restait de la semaine dernière...

Ces chiffres n'avaient aucun sens pour moi. Ma gorge se mettait pourtant à battre comme une pompe et l'air que je respirais semblait s'accrocher à ma langue.

— Nous pourrions... disait papa, hésitant, n'osant pas finir sa phrase.

— Tu sais bien, répondait maman.

— Ce n'est pourtant pas la mer à boire !

Je ne comprenais rien à ce qu'ils disaient, sauf qu'il leur manquait de l'argent pour finir le mois, pour payer ce qu'ils devaient, pour continuer à vivre.

— C'est un cap à passer, reprenait maman.

— Capapasser ! répondait papa, d'une seule haleine, en faisant des efforts pour rire.

J'entendais maman rire aussi, doucement d'abord, puis plus fort et plus vite. Elle avait dû prendre une des mains de papa dans les siennes et, sans doute, elle le regardait dans les yeux.

— Le capapasser ! répétait-elle. On s'en souviendra du capapasser !

Brusquement, elle s'arrêtait de rire. Je tendais l'oreille. Au bout d'un petit moment de silence, j'entendais encore la voix de maman, grave et lente :

— Pour s'en souvenir ! soufflait-elle.

— On pourrait peut-être... lui disait papa, sans aller au bout de sa phrase.

— S'il le faut absolument... lui répondait-elle, sans finir la sienne.

Mon sang battait à me jaillir de la bouche. Je n'avais plus de salive et je faisais des efforts pour en faire venir une goutte, au bout de ma langue... Je savais trop bien de quoi mes parents allaient encore parler et j'étais submergé par le désespoir. Je me recroquevillais sur moi-même, pour mieux sentir ma détresse.

Le dessous de la table était mon fumier de Job. C'était le refuge où je cachais mon malheur, la sentine où je me complaisais dans ma tristesse. Elle était sombre, étroite et basse. Il n'y manquait même pas l'odeur de la pourriture.

Cette odeur était celle de petits morceaux de viande dont je me débarrassais en cachette, pendant les repas, en les collant aux bords intérieurs du tiroir. Mon désespoir me faisait sentir tout d'un coup ce relent d'une chair à moitié pourrie que j'allais jeter aux cabinets, une ou deux fois par semaine, et je ne sentais plus que lui.

Les secrets que j'ai surpris sous cette table se sont imprégnés de cette odeur. Ils l'ont gardée pendant tout le cours de ma vie et les soucis d'argent ont toujours eu, pour moi, des relents de pourriture et des puanteurs de viandes gâtées. Mes parents n'ont pourtant jamais trouvé mon petit charnier. Il fallait passer sous la table pour découvrir sa présence. C'était un fumier secret. Il ressemblait à une blessure cachée, à une meurtrissure infectée, au fond de mon âme.

Quand dix heures sonnaient, mon père disait brusquement, en pivotant sur sa chaise :

— Et ce petit ? Où est ce petit ?

— Dieu seul le sait ! répondait ma mère qui me cherchait un moment à travers toute la maison et finissait toujours par me découvrir sous la table.

Elle oubliait chaque fois que c'était mon lieu d'élection, tant ce séjour devait lui paraître incommode. Elle m'en faisait sortir en me tirant par le bras. J'émergeais de ce domaine de l'ombre, l'œil hagard, en simulant le sommeil.

— Qu'est-ce que tu peux bien faire sous cette table ? disait mon père. Un bel endroit pour se retirer ! Allons, allons, il est tard. Va te coucher, maintenant.

Je voyais bien qu'il ne savait pas que je savais. Au moment de passer la porte, j'entendais maman lui demander :

— Tu crois qu'il a entendu ?

Mais, chaque fois, mon père lui répondait, d'une voix distraite :

— Comment veux-tu qu'il comprenne ?

DEUXIÈME PARTIE

JE LÈVE LES YEUX VERS LES MONTAGNES

L'autre maison. — Maître après Dieu. — Dans la crainte de la mort. — Dans la rage de la vie. — La route et la guerre. — J'avais pourtant un grand-père. — Le monde en plan cavalier. — Aldebert, le Républicain.

L'autre maison

Dans notre maison d'Alès j'étais un enfant humilié mais, au Vigan, chez ma grand'mère Aldebert, j'étais un petit seigneur de la montagne.

Les Aldebert n'étaient pourtant que des gens du haut pays, de même origine que les Chamson et, comme eux, tenant à la terre, depuis des siècles. Ma grand'mère a porté, jusqu'à la fin de sa vie, la coiffe des temps anciens, la jupe noire à grands plis et les visites courtes, constellées de perles noires et de paillettes de jais. Mais la maison qu'elle habitait était sa maison et, sans être riche, elle ne dépendait de personne.

Mes parents m'envoyaient chez elle, pour les vacances, huit jours avant la Noël jusqu'au nouvel an, deux ou trois semaines pour Pâques, trois ou quatre mois pendant la saison d'été. Quand ma mine était trop mauvaise ou que j'avais eu mal à l'oreille, ils me renvoyaient encore au Vigan, dix jours par-ci, dix jours par-là, d'un dimanche à l'autre dimanche, en rognant sur le lundi. J'ai passé plus de temps dans la maison de grand'mère que dans celle de mes parents et ce temps m'a semblé à la fois plus long et plus court.

Le plus souvent, ma mère m'accompagnait, en prenant un aller-retour, pour ne pas laisser mon père seul trop longtemps.

Quelquefois, elle me confiait à une amie qui me surveillait pendant le voyage. Mais, dès que j'eus sept ou huit ans, elle me laissa partir seul.

Le train sortait d'Alès en suivant une immense courbe d'où l'on découvrait le lit du Gardon, vaste et vide entre des monticules d'ordures. Derrière ses quais, élevés comme des remparts, la ville avait l'air d'une citadelle, dominée par la prison du fort Saint-Jean.

Le plus souvent, j'arrivais par le dernier train, celui de dix heures du soir. Il faisait nuit, même pendant les vacances de l'été. Les étoiles brillaient dans l'entonnoir renversé des hautes montagnes. J'entrais dans un monde clos, un jardin fermé dont le grand tunnel de Sumène était la porte monumentale. Le tunnel passé, l'air changeait de goût.

Grand'mère m'attendait derrière le portillon devant lequel se rangeaient les omnibus des hôtels et le courrier pour Avèze. Un cheval pissait dans un bruit de cataracte. Les quinquets à huile piquetaient la pénombre de halos jaunes et l'odeur du crottin semblait être leur odeur.

— Hôtel du Mi... di ! raclait la voix de Capion, sur deux tons séparés par un hoquet brusque. Hô... tel du Mi... di !

Les grandes personnes me bousculaient, mais je me glissais dans leurs jambes et sortais un des premiers.

Un cercle de vieilles dames se formait autour de moi. Je les embrassais à tour de rôle, en suivant l'ordre des parentés et l'ordre des âges. Je cherchais d'abord tante Amélie, qui avait un goitre et une grande tache jaune, sur la figure. Puis, je me tournais vers tante Augustine, vers la cousine Sarah qui me regardait d'un œil pointu pour tâcher de voir comment j'étais habillé, et je finissais par la cousine Martin. Je pouvais alors embrasser Alice, la fille de cousine Sarah, ma cadette de deux ans, qui me regardait dans la nuit avec ses grands yeux de Sarrasine. J'en avais fini avec la famille. C'était le tour des amies de grand'mère, de Léontine Mouty, d'Hermance et de Mme Vidal.

Le cercle s'ouvrait. Grand'mère se mettait à ma droite, tante Amélie à ma gauche, Alice derrière moi et nous partions en cortège vers la maison, sous la voûte des platanes qui sentaient la poussière et les feuilles mouillées.

Quand nous passions sous le quai, le cousin Auguste, assis

devant la porte de son magasin de cuirs et peaux, me disait bonjour. C'était un vieil homme, à l'ancienne mode, silencieux et bourru. Jusqu'à l'âge de dix-huit ans, il avait gardé les moutons, sur le Cap-de-Coste. Il avait appris à lire à l'armée et s'était fait seul. Il lisait Raspail et Victor Hugo et méditait longuement après ces lectures. Mais, comme disait grand'mère, avant d'avoir ouvert un seul livre, il avait tout appris dans les étoiles. Plus âgé que sa femme, l'inquiète cousine Sarah, il était un peu le patriarche de la famille. Quand je m'arrêtais devant lui, glacé de respect, il posait la main sur ma tête et me regardait dans les yeux.

— Tâche un peu de grossir, me disait-il d'un ton de reproche.

Nous repartions. Je sentais la poussière d'eau des deux fontaines du Griffe. Elle se déposait sur mes lèvres et dans mes narines en imperceptibles gouttelettes qui rendaient plus fort le parfum pulvérulent des platanes de l'église. Tante Amélie, tante Augustine, cousine Sarah, cousine Martin, Mme Vidal, Hermance et Léontine Mouty m'embrassaient une dernière fois devant la maison.

— A demain, disait une voix.

— Dieu voulant ! répondait grand'mère.

En tâtonnant, elle allumait la bougie qu'elle avait laissée derrière la porte, au fond d'une niche creusée dans le mur. Le couloir étroit s'illuminait. Des plaques d'humidité et des traînées de salpêtre étincelaient dans ses profondeurs. Sous cette tremblante clarté que grand'mère protégeait avec sa main, l'escalier monumental faisait vaciller ses colonnes comme un temple qui s'écroule. La main de grand'mère elle-même semblait devenir transparente, comme une veilleuse de porcelaine. Tout devenait irréel. J'étais seul au milieu de ces fantasmagories, le seul homme de la maison.

Pendant que grand'mère réchauffait, sur la charbonnie encore ardente, la tasse de chocolat qu'elle m'avait préparée, je faisais le tour du premier étage. J'allumais la lampe pigeon qui ne risquait pas de prendre feu et je traversais les deux chambres inoccupées. Je m'aventurais un instant dans le débarras sans fenêtre, pour revenir au salon. Ce salon me semblait le plus beau du monde. Il s'ouvrait sur une petite terrasse et sur un jardin derrière lequel on apercevait les montagnes. J'en prenais possession en me laissant tomber, de tout mon long, les bras en croix, les jambes ouvertes, sur le canapé de reps rouge. Je poussais un grand soupir et fermais les yeux.

Grand'mère arrivait avec une tasse fumante et deux croissants sur une soucoupe. Nous montions au second étage par l'escalier intérieur, raide comme une échelle de meunier. Grand'mère posait la tasse de chocolat sur ma table de nuit, m'embrassait encore une fois et retournait dans sa chambre.

Resté seul, je rêvais pendant des heures avant de sombrer dans le sommeil. Mon sommeil était sans rêves, mais je retrouvais mes rêveries en me réveillant. Je rêvais trop, avant de dormir, pour rêver encore en dormant mais, l'œil à peine entrouvert, je recommençais à me raconter des histoires.

Lucide et paralysé, au fond de mon lit, je parcourais le domaine que j'allais pouvoir retrouver. Je descendais au jardin par l'escalier de pierre de la terrasse. Je fouillais les buis pour trouver les bêtes aveugles qui fourmillent dans l'humidité, sous les feuilles mortes. J'entrais au lavoir où ruisselaient les eaux de la fontaine d'Isis. Je poussais jusqu'à la cave et, soudain, pris de panique, je grimpais d'une haleine jusqu'au grenier, pour me promener dans la forêt des charpentes. La maison était à moi. Aucun rêve du sommeil n'aurait pu remplacer ces rêves que je menais à ma fantaisie.

La réalité répondait à ces rêveries. Quand je me levais, je retrouvais vraiment le jardin, le lavoir, les caves voûtées, les greniers pleins de poussière et de meubles hors d'usage. Cette maison était vraiment ma maison, la demeure de mon enfance. J'oubliais notre appartement d'Alès. Je ne voulais plus rien avoir à faire avec cette ville. J'étais du Vigan. C'était là que j'habitais, rue de l'Horloge, numéro 11, face au clocher de l'église catholique, dans cette vieille demeure du début du XVIIe siècle, presque sans façade, pleine de profondeurs et de secrets, qui plongeait entre la boutique du sabotier et les trois marches usées du perron voisin, vers son jardin de buis et de lauriers-roses, qu'un mur décrépit séparait du parc du château d'Assas.

Midi sonnait. Grand'mère m'appelait, penchée sur la grille de la terrasse ou la tête levée dans l'escalier à colonnes. Je surgissais du jardin ou je dégringolais du grenier. Grand'mère avait déjà mangé, toute seule, dans sa cuisine, vers onze heures du matin. Ma table était mise. Je m'installais. Grand'mère s'asseyait, dans un fauteuil, à côté de moi, sans rien dire. Tout en mangeant, je lui racontais mes histoires, ce que j'avais fait, ce que faisaient mes parents, ce que je voulais faire moi-même, ce que je voulais devenir. Elle ne me contredisait jamais, et, jamais, ne portait la main sur mes rêves, mes projets et mes illusions.

On a toujours dit, dans la famille, que j'étais son préféré. Je crois plutôt qu'elle me savait malheureux et souvent humilié. Elle essayait de corriger le destin. Tout enfant, elle m'a traité comme un grand garçon, grand garçon, elle m'a traité comme un homme. La richesse et la pauvreté n'avaient plus de sens, auprès d'elle. Elle n'a jamais dit un mot contre mon père, devant moi, même quand elle souffrait en voyant souffrir ma mère. Elle mesurait les êtres à d'autres mesures que celles de la réussite et du succès. Elle a su panser mes blessures, sans y mettre les doigts dessus, sans même paraître les voir et je lui dois de ne pas en avoir gardé de cicatrices.

Elle m'a toujours laissé libre, d'une liberté totale. Elle me demandait seulement de l'accompagner quelquefois chez ses amies, mais, chez Mme Vidal, chez Hermance ou chez Léontine, j'étais aussi libre que chez elle. Ces vieilles dames m'abandonnaient à mes rêves, à mes imaginations, à mes découvertes... Les enfants et les vieillards sont faits pour s'entendre. Ils vivent dans des mondes séparés, trop lointains pour se porter ombre.

Mme Vidal habitait à côté de la filature du sous-quai. Ses deux fils, Pierre et Jean, étaient employés dans les bureaux de l'usine. Maigre, vive, menue, la figure en profil de chèvre, elle dominait ses amies et décidait à leur place ce qu'elles avaient à faire. Hermance et Léontine se pelotonnaient à son ombre. Elles avaient leur maison près de la tranchée du chemin de fer, à côté du pont, et passaient leur vie sur leur terrasse, à l'abri d'un rempart de pots de géraniums et de caisses d'hortensias bleus et roses.

C'étaient des petites vieilles effacées, habillées, comme grand'mère, à la mode du pays, mais plus pauvres qu'elle. Elles comptaient sou par sou et mangeaient comme des oiseaux. Nos voisins d'Alès étaient de grands bourgeois auprès d'elles, de gros riches, comme elles disaient. Elles vivaient pourtant avec une dignité de grandes dames. Personne, ici, ne dépendait de personne et ce n'était pas l'argent qui donnait un sens à l'existence.

Nos visites finies, nous rentrions chez nous, sans nous presser, en parlant aux gens assis devant les boutiques. Pour le repas du soir, grand'mère me faisait mes plats préférés, des ris de veau, des cervelles frites, des tranches de foie, des brochettes de rognons et, quand toutes ces viandes mijotées m'avaient dérangé, une eau bouillie, dans un grand bol sur lequel elle répandait une lourde flaque d'huile, l'eau bouillie qui sauve la vie, comme elle disait en patois.

Pendant ces repas du soir, les plus abondants de la journée, je parlais à perdre haleine et grand'mère me servait, selon les anciens usages, sans jamais s'asseoir à côté de moi et sans avoir l'air de m'entendre.

— Mange ! me disait-elle parfois, en faisant chanter le mot sur deux notes. Mange, répétait-elle en changeant de ton. Ça vaut mieux que tes discours... Ça te dessèche de tant parler. C'est pour ça que tu es si maigre.

La nuit revenait qui me rendait à mes rêves. Je vivais, en m'endormant, la journée du lendemain. Mon domaine s'élargissait et faisait le monde plus vaste. C'est ainsi que notre maison, les rues de la ville, les maisons amies, notre propriété de Goulsou, le Champ, comme on l'appelait, les berges de la rivière, les montagnes les plus proches, le pont de Mousse et le grand tournant de la route neuve, sont entrés dans mon univers comme les motifs d'une symphonie.

Je ne sais plus si cette découverte du monde est sortie de mes rêveries ou si mes rêveries sont sorties de ces découvertes, mais je n'ai jamais cessé de me sentir maître de ce petit univers, comme, tout enfant, je m'étais senti le maître de toutes choses, dans cette maison qui fut le royaume de mon enfance.

Maître après Dieu

Maître après Dieu, cependant, car, pour grand'mère, Dieu était partout. Elle me faisait sentir sa présence dans les plus petites et dans les plus grandes choses, au coin du foyer et sur le sommet des montagnes. Elle était à la fois son amie tranquille et sa servante terrifiée. Elle le tutoyait et l'appelait : « Père ! » mais, brusquement, elle lui disait : « Eternel, ô notre Dieu ! » comme si tout dialogue était devenu impossible.

Les miens sont protestants, comme la moitié des gens des Cévennes. Les deux branches de ma famille sont issues des sols de granit où s'est accrochée la Réforme. Les sources dispersées, les mas perdus dans les combes, les demeures solitaires de l'altitude, ont tenu ces montagnards à l'abri des dragonnades. Les pays du calcaire sont redevenus catholiques. Mais les Aldebert et les Chamson, gens de l'Aigoual et du Lozère, ont gardé la foi du XVIe siècle, la foi qui parlait français, un français de savants, de poètes et de princes.

Née protestante, élevée dans l'enseignement de Calvin, ma grand'mère s'était convertie au méthodisme, vers sa dix-septième année, un jour qu'un colporteur wesléyen, venu de Jersey, était entré chez son père. Ces Aldebert habitaient alors Pont-d'Hérault, au bord de la route. Leur maison existe toujours, au confluent de nos deux rivières, à la croisée des trois routes de nos vallées. J'y suis entré bien souvent, pendant mon enfance. C'était alors une auberge, le relais de la diligence qui montait à Valleraugue, à chaque arrivée de train.

Un soir, dans la longue salle basse aux plafonds de grosses poutres, il m'a semblé voir la scène de la conversion de ma grand'mère se dérouler devant moi, comme grand'mère elle-même me l'avait souvent racontée...

Un homme entre deux âges est assis devant le feu. Il vient de loin, de si loin qu'on dirait qu'il a fait le tour du monde. La boue du chemin a couvert ses bottes courtes. On peut y voir la trace des terres rouges qui s'étendent autour de Quissac, des terres blanches du terroir de Saint-Hippolyte. Ce voyageur a l'air modeste et naïf de ceux qui ne sont jamais allés dans les villes. Mais son sourire est pareil à celui des gens qui connaissent un secret. Il s'est arrêté devant la porte. Il a demandé s'il pouvait entrer dans la maison. On l'a fait asseoir au coin de la cheminée. Le pain et le vin sont sur le coin de la table... Maintenant, il lit un petit livre en l'inclinant vers les flammes et sa voix ne ressemble pas à la voix des hommes de nos montagnes.

— Alors, dit-il, avec un léger nasillement, le Seigneur envoya un de ses anges...

Le livre semble brûler. Il est noir, à tranches rouges, comme les bûches qui flambent dans la cheminée. On dirait un feu plein de flammes et de cendres.

— ... Un de ses anges, reprend l'homme en accentuant son sourire, les yeux perdus, le livre à moitié fermé sur ses genoux.

Debout devant lui, une jeune fille l'écoute. Elle est belle, avec un front calme, elle a dix-sept ans, elle s'appelle Sarah, elle sera ma grand'mère mais, ce jour-là, elle voit seulement cet ange du Seigneur que le colporteur inconnu vient de faire entrer dans la chambre. Elle le voit, debout dans sa robe blanche... Elle entend encore la voix de l'homme qui psalmodie :

— ... Et l'ange dit...

Quand, tout d'un coup, l'ange se met à parler !

— Le Seigneur m'a fait signe ce jour-là, disait ma grand'mère en nous racontant cette histoire, et je l'ai suivi pendant toute ma vie.

Avant de reprendre son chemin, le colporteur lui avait laissé le livre, le petit livre noir à tranches rouges, d'où la voix de l'ange était sortie. Grand'mère l'avait lu pendant plus d'un demi-siècle et, jamais, n'en avait ouvert un autre. Elle le savait par cœur et chaque verset éveillait en elle le souvenir d'un autre verset, chaque promesse était la confirmation d'une autre promesse où la même chose était promise.

Le colporteur était reparti sur la route, sans même dire son nom. Il était monté vers Valleraugue, le sac sur le dos, emportant une âme avec lui. Grand'mère avait oublié sa démarche et son visage mais, au bout de soixante années, l'ange lui parlait toujours.

Entre cette jeune fille qui parlait avec un ange et la vieille dame qui faisait de sa maison ma maison, je ne voyais rien, ni la fiancée de vingt ans, ni la jeune mère de maman, ni la veuve de l'aïeul que je n'avais pas connu. Pour moi, grand'mère a toujours eu le même âge. Elle a toujours été cette grande femme un peu lourde, au visage calme, qui marchait lentement et semblait parler avec son Dieu chaque fois qu'elle se taisait. Elle était en sa présence à toutes les heures du jour et ne faisait rien que pour son service.

Ce dieu toujours présent a régné sur mon enfance. C'est sous son regard que j'ai découvert le monde. Mais je ne le sentais pas à côté de moi, comme le faisait grand'mère... Il était toujours au-delà de ce que je pouvais voir, derrière la crête où je n'étais pas encore monté, plus haut que l'Aigoual et que le Lozère, dans la confusion renouvelée des brumes et des nuages.

C'était un de ces dieux qui se manifestent sur les montagnes. La Cévenne était son Olympe et son Sinaï. Il prêtait sa voix aux orages et sa gloire aux soleils d'été.

— Je lève les yeux vers les montagnes d'où me viendra le secours ! lisait ma grand'mère dans le livre que le colporteur lui avait laissé.

A mon tour, je levais les yeux vers les cimes de la Luzette et du Lingas... Où pouvait-on chercher Dieu, si ce n'est sur ces montagnes ? Il se confondait, pour moi, avec la poésie de la terre, la découverte plongeante des plaines et des vallées, l'élévation, au sens physique du mot, le ravissement dans les nuées. Tout l'Ancien Testament me semblait consacré à la gloire de ces Cévennes au milieu desquelles je vivais. Les cèdres du Liban, les roses de Saron, étaient les arbres de nos montagnes, les fleurs d'églantines de nos vallées et, même avant de les avoir vus de mes yeux, je les avais découverts dans les images des Ecritures.

Dans la crainte de la mort

Malgré ce Dieu Tout-Puissant qui veillait sur moi, à chaque minute, j'ai vécu dans la crainte de la mort, pendant toute mon enfance. C'est seulement quand je me suis trouvé face à face avec elle que je me suis senti pacifié. Tous ceux que j'ai vus mourir m'ont appris que la mort était facile, même ma petite sœur Germaine, étouffée à deux ans par une bronchite capillaire, même ma vieille tante Augustine qui se raccrochait à la vie comme aux bras de son fauteuil et rusait pour gagner quelques minutes... Mais on ne voit pas mourir quelqu'un de cher tous les jours, alors que, chaque jour, on peut penser à la mort !

Qui peut savoir s'il a plus redouté la mort que les autres hommes ? Je sais, du moins, que j'ai cru avoir toutes les maladies qui ne font pas grâce : le tétanos, la méningite cérébro-spinale, la morve, le charbon, la tuberculose pulmonaire.

J'avais trouvé, dans le secrétaire du grand salon, un vieux dictionnaire de médecine où toutes ces maladies étaient décrites, avec leurs symptômes, leur diagnostic et leur pronostic, leur prévention, leur thérapeutique. Je connaissais par cœur cet ouvrage. J'étais aussi savant qu'un interne des hôpitaux de Paris de 1830, savant d'une science à la fois précise et poétique, vieille de près d'un siècle, et pleine d'aveux d'impuissance et d'annonces d'issues fatales inévitables.

Cette science livresque pesait pourtant peu de chose à côté de la connaissance intérieure que j'avais acquise sur toutes ces maladies. Je pouvais, à mon gré, déchaîner leurs symptômes dans mon organisme, accélérer, par exemple, les battements de mon cœur, augmenter ma température de quelques dixièmes, bloquer ma nuque et me faire un ventre de bois.

S'il m'arrivait de m'égratigner le doigt, par hasard, en fouillant dans l'humus humide du jardin, je pouvais fort bien n'y prêter d'abord aucune attention. Deux jours après, en me réveillant, je sentais pourtant que j'avais la nuque raide. L'angoisse inondait mon cœur. Un rapide coup d'œil sur mon doigt me faisait découvrir une cicatrice, déjà refermée, dans une auréole rouge. Je pressais sur elle d'un coup sec. Mes mâchoires se crispaient et mon diagnostic était fait. J'avais attrapé le tétanos !

— Tu n'es pas malade ? me demandait ma grand'mère en posant mon café au lait sur ma table de nuit.

Je lui répondais : « Non ! » avec héroïsme. Pour rien au monde, je n'aurais voulu lui dire ce que j'avais. Elle le saurait bien assez tôt !

Pendant toute la journée, silencieux et stoïque, je me détachais de la vie. Je savais trop bien ce qui m'attendait pour me payer d'illusions. Les jeux étaient faits ! Je marchais vers « l'issue fatale » dont parlait le dictionnaire. Dans quelques heures, je serais cloué sur mon lit, creusé comme un arc, ne touchant les draps que par les talons et la nuque, prêt à casser comme une corde tendue.

Fait étrange, pourtant, les symptômes n'empiraient pas. Ma nuque était toujours raide, mais pas plus qu'à mon réveil. Je pouvais encore ouvrir la bouche. L'affreux trismus ne l'avait pas encore soudée. Il me restait peut-être encore une chance ! Le dictionnaire relatait quelques cas de guérison. Il y avait surtout celui de l'officier de marine, blessé pendant la bataille de Trafalgar, et qui, frappé par le tétanos, s'en était guéri par des immersions dans l'eau froide. Pourquoi ne pas faire comme lui ? Je me précipitais au lavoir. La nuque courbée sous la gueule du griffon vomissant son eau glacée, je plongeais mes bras dans le bassin. J'étouffais. Je claquais des dents. Mon regard devenait bleu. Je m'ébrouais en me rejetant en arrière... Un léger mieux se faisait sentir... Mais je n'osais pas croire au miracle.

Le soir, au moment de me coucher, j'étais prêt à me confier à grand'mère. Pourquoi ne pas l'avertir ? Il valait peut-être mieux la préparer doucement à l'inévitable.

— Tu n'as pas l'air d'être bien dans ton assiette... me disait-elle, en me regardant dans les yeux. Tu es gris-vert... Tire la langue... Un peu chargée, tout de même. Demain matin, je t'apporterai une eau bouillie.

Demain matin ! Je ne lui répondais rien. Elle m'embrassait. Je restais seul dans le noir, stupéfié par l'angoisse, et je finissais pourtant par m'endormir, comme si j'avais été sûr de voir renaître le jour.

Le lendemain, en me réveillant, je sentais que j'avais trompé la mort, comme l'officier de marine atteint par un biscaïen de Trafalgar, et je demandais des tartines, après avoir avalé mon eau bouillie.

J'ai vécu de cette façon les affres de la gangrène — les petites bulles sous la peau et la peau tendue comme un tambour —, du charbon — le point noir au milieu d'une inflammation écarlate —, de la méningite — la nuque raide et les yeux paralysés —, du choléra morbus, de la morve de cheval, de la consomption surtout, pour parler comme le livre qui servait de guide à mon imagination catastrophique.

Cette consomption ou maladie de langueur, phtisie ou tuberculose, avait trop de noms pour ne pas être partout. Je sentais son odeur dans le long couloir humide de la maison, dans les rues battues par le vent d'hiver, sur les traces des convois funèbres qui menaient au cimetière des petits cercueils couverts d'un drap blanc. Car la tuberculose était la grande tueuse de notre vallée.

Un jour, en fouillant dans le grenier, j'avais trouvé, par hasard, sous un tas de meubles brisés, un étrange appareil qui ressemblait à ceux du cabinet de physique du lycée J.-B. Dumas. Deux disques noirs, sur lesquels étaient fixées des languettes de métal, tournaient sur un axe en frottant contre deux tiges à boules de cuivre. Une manivelle permettait de déclencher ce mouvement et de le précipiter à de très grandes vitesses. Sur le socle de l'appareil, une instruction indiquait qu'il convenait « de tourner d'une façon régulière et de respirer profondément, à quelques centimètres des boules de cuivre ».

C'était un jeu passionnant. Je fis tourner la machine pendant des heures. Elle dégageait une odeur semblable à celle des forêts, au moment des grandes chaleurs. Des crépitements s'y faisaient entendre et je ne me lassais pas d'aspirer les effluves qui sortaient de ces deux boules de cuivre. Cet amusement était d'autant plus merveilleux qu'il était secret. Il transformait, pour moi, le grenier plein de poussière en cabinet d'alchimiste.

Un jour, pourtant, je fis allusion à ma découverte devant grand'mère.

— Veux-tu bien laisser ça, pauvre petit malheureux !

— Pourquoi ? Mais pourquoi ?

— Ah, tu veux savoir pourquoi ?

Cet appareil avait été acheté pour le fils d'un locataire, mort à vingt ans de la maladie de langueur, quelque temps avant ma naissance. C'était un générateur à ozone, une découverte de la science, une merveille de l'électricité qui aurait dû guérir le pauvre garçon. La maladie avait été la plus forte et le malheureux était mort.

Ce générateur à ozone devint aussitôt, pour moi, un générateur à microbes. J'avais dû en avaler des millions. Contaminé par l'instrument même de la guérison, je ne pouvais avoir recours à aucun remède. Aucun miracle ne pouvait me tirer de là. Je traînais mon désespoir sans en rien dire à personne. Je me savais condamné.

Je continuais pourtant à vivre et la vie reprenait ses droits, petit à petit. Persuadé que j'allais mourir, je profitais de mon reste, avec des sourires désabusés. Quand, de retour à Alès, ma mère m'emmena chez le docteur Saix, pour me faire donner un de ses fameux coups d'oreille à mes bronches, je ne fus, cependant, pas trop étonné de l'entendre dire :

— Respire en ouvrant la bouche... Ne respire plus... Tousse un peu... Ne respire plus... C'est parfait ! L'air de là-haut lui a fait un bien énorme... Ses deux soufflets pourraient faire marcher une forge.

J'ai traversé de cette façon l'agonie de vingt maladies. J'ai sué d'angoisse devant vingt sortes de morts. Un rien suffisait à me faire croire que j'étais contaminé, frappé dans les profondeurs de mes organes, déjà détruit.

Si j'avais entendu parler de la fièvre typhoïde, une eau claire m'épouvantait, mais j'aurais mangé des viandes pourries sans penser qu'elles me rendraient malade. Les vraies maladies que j'ai pu avoir ne m'ont pas fait peur et je n'ai redouté que des maladies imaginaires.

Je n'avais même pas besoin de me persuader que j'étais malade pour sentir la mort dans ma peau. Combien de fois, sans aucune raison, ai-je été transpercé par la certitude que j'avais épuisé mes heures, que j'étais au bout de mon chemin ! Je ne pouvais rien contre une pareille évidence. Ma vie allait s'arrêter. J'allais devenir cette chose informe, étrangère à moi-même, ce résidus d'os et de chair, de poudre et de boue, ce vase vide, cette argile sans valeur qu'aucun souffle n'animerait plus.

Je me souviens de m'être adressé alors, dans cette abominable détresse, à Celui qui régnait sur ces montagnes où je n'avais pas encore pu monter.

— Laisse-moi vivre encore et je ferai quelque chose pour Toi ! demandait le petit bout d'homme en culottes courtes à ce Dieu partout présent... et l'Eternel, le Dieu des armées, le Père Tout-Puissant qui a créé le ciel et la terre faisait cette chose inimaginable ! Il laissait vivre le petit garçon !

Dans la rage de la vie

Si je n'avais pas eu si peur de la mort, aurais-je pu tant aimer la vie ? Quand je n'étais pas en train de mourir du tétanos ou de la gangrène — ce qui, tout de même, arrivait assez rarement —, j'épuisais avec fureur l'allégresse d'être vivant. Elle me rendait insensible à la fatigue, me donnait la force de passer une ou deux nuits sans dormir et, de l'enfant chétif que je semblais être, faisait une petite brute rapide, un maigre athlète aux muscles de fer.

Ma vitalité harassait les gens qui vivaient à côté de moi. Elle me tenait lieu de bonne santé, de force physique, de puissance et d'équilibre. Rien ne pouvait me mater. J'étais un enfant insupportable et c'est en vain que grand'mère essayait de me faire tenir tranquille.

— Reste cinq minutes sans bouger ! me criait-elle, exaspérée, en sortant pour une fois de cette placidité qui faisait comme une auréole autour d'elle. Tu finiras ! ajoutait-elle de sa voix de tête, en faisant le va-et-vient dans sa cuisine.

S'il arrivait à maman de me gifler — c'est la seule qui m'ait infligé quelques punitions physiques — je continuais à me frapper devant elle, quand sa main suspendue hésitait à me frapper encore une fois. Il m'est arrivé de me meurtrir moi-même à coups de poing, de me cogner la tête aux murs à en rester étourdi. Si l'on me privait de dessert, je ne mangeais pas de deux jours. J'avais compris qu'en poussant à l'absurde une punition, on la rendait monstrueuse. Seul, Finiels, notre voisin de Goulsou, savait me faire rester tranquille.

— Tu vas voir ! me disait-il en se redressant de toute sa taille et je restais coi, plus par amitié que par crainte.

Si les maladies imaginaires me terrifiaient, rien d'autre ne me faisait peur. J'étais un mélange d'intrépidité et de couardise, de hardiesse et de pusillanimité. Les dangers inexistants me remplissaient d'épouvante, les périls réels me laissaient insensible. Le locataire, mort dans notre maison de sa maladie de langueur, des mois avant ma naissance, hantait mes nuits et me faisait grelotter d'effroi. Mais je descendais du second étage au jardin, par le mur, comme un acrobate, au risque de me rompre les os. Si les microbes m'épouvantaient, ni les gouffres de la rivière ni les parois de rochers de la montagne ne me faisaient peur. J'avais même besoin de me sentir en danger et rien ne m'exaltait plus que de me tirer d'un mauvais pas, en usant de mon adresse et de ma rapidité.

A huit ou neuf ans, j'attrapais déjà des serpents, au risque de tomber sur une vipère. Les vipères ne m'effrayaient pas. Une seule goutte de leur venin, dans une éprouvette, m'aurait sans doute coupé le souffle, mais j'étais loin de penser à ces perles de cristal quand, dans les chemins creux bordés de murettes de pierre, l'éclair d'un serpent qui se glissait dans un trou me faisait bondir en avant. Je pinçais du bout des doigts l'extrémité de la queue, encore sortie, je donnais du mou et tirais brusquement la bête en arrière. Alors, la faisant tourner comme une fronde, je lui écrasais la tête sur un caillou.

— Il n'a peur de rien ! disait grand'mère que mon intrépidité corporelle frappait d'épouvante.

— Il est froussard ! répondait cousine Sarah qui avait découvert mon effroi des maladies et s'en servait, parfois, pour tâcher de me faire rester tranquille.

Un jour d'été, j'étais revenu de la route neuve avec un serpent que j'avais assommé après une longue bataille. C'était une grosse couleuvre inoffensive, à la peau grise, tachetée de vert. Je la tenais derrière mon dos, l'air innocent. Toute la famille était réunie sous le laurier-rose, autour de Sarah qui faisait la chronique catastrophique du prix de la viande et des légumes, comme tous les jours, après le marché. Je m'approchais d'elle à petits pas et je lui mis brusquement le serpent devant la figure. Il se balançait lentement, avec sa tête écrasée et ses yeux sortis de leurs orbites. Sarah se mit à hurler pour me faire cesser ce jeu, mais je continuai de plus belle. Elle était prête à s'évanouir.

— Ça te donnera la tuberculose ! cria-t-elle enfin et ce fut à mon tour d'être frappé d'épouvante.

Il ne me fallut que quelques secondes pour aller jeter le serpent dans la vigne du voisin et je passai des heures à me laver les mains avec le savon noir qui restait toujours sur la pierre de la fontaine.

Cette abondance de vie, cette frénésie, cette intrépidité qui ne me mettaient pas à l'abri de brusques paniques, n'allaient pas sans une certaine cruauté. J'étais cruel sans m'en rendre compte, gentil mais cruel, comme j'étais casse-cou et pusillanime. Ces contrastes vont de pair.

Une vieille voisine venait faire notre lessive. Elle était soufflante et poussive, noyée de graisse et creusée de rides, avec une bouche sans dents et des yeux bordés de cire. Un jour, je la contemplai pendant un moment et, tout d'un coup, me mis à lui dire :

— Toi, tu es vieille... Tu n'es pas belle... Tu es antique... Tu es patoise.

— Je ne suis pas belle non plus ! me cria grand'mère qui m'avait entendu dévider cette litanie. Moi aussi, je suis antique et patoise... Où vas-tu chercher tous ces mots ? Je te le demande... Mais si un autre enfant venait me le dire...

J'étais prêt à fondre en larmes. Mon absurde cruauté me faisait horreur. Mais maman descendit de la terrasse et me gifla. Du coup, je fus libéré de mes remords et je me mis en fureur.

J'étais un petit primitif qui n'avait peur que de voir le ciel tomber sur sa tête. Rien ne pouvait me faire tenir tranquille, sauf mes absurdes terreurs. Si l'on m'avait menacé de me jeter dans le feu, je crois bien que je m'y serais précipité, la tête la première. Par bonheur, ce n'est pas du feu qu'on me menaça, mais de l'eau qui ne garde pas toujours sa proie.

Chaque soir, à la nuit tombée, nous revenions de chez cousine Sarah et passions devant la fontaine du Griffe. Nous nous arrêtions pour parler avec les gens assis sur le pas des portes, nous serrions la main de M. Chante le pharmacien, du coiffeur, de la buraliste. Elle nous était un peu parente, amie en tout cas, et me prêtait *l'Epatant* et *l'Intrépide*, pendant qu'elle bavardait avec grand'mère, pour me faire tenir tranquille.

Un jour que j'étais plus insupportable que d'habitude, sautant, dansant, brûlant quatre ou cinq fois le chemin, raclant des pieds et faisant des bruits de bouche, elle proposa à grand'mère d'entrer dans son magasin boire une dernière tasse de café.

— Ça fera du bien à ce petit, disait-elle.

— A ce petit ? répondit grand'mère. Vous n'y pensez pas ! Il aurait plutôt besoin d'une douche.

— Eh bien, la fontaine n'est pas loin. On l'y trempera, s'il ne reste pas tranquille !

On voulait me tremper dans la fontaine ? Me donner une douche froide ? On croyait me faire peur, avec ces menaces ? On allait bien voir ! L'eau de la fontaine d'Isis est glacée. La vasque du Griffe est profonde... D'un seul coup, je m'étais jeté dedans, sans que grand'mère ait eu le temps de comprendre ce que je faisais.

Je me souviens du tombeau glacé qui se referma sur ma tête. Mon souffle se flétrit comme une fleur sous la neige. Tout se suspendit en moi et je perdis conscience en me disant :

— Imbécile !

Il fallut un long moment pour me retrouver. Je me réveillai

chez le pharmacien, moulu, rompu, crispé, mais avec de l'ambroisie plein la bouche.

— Le petit fou ! disait M. Chante, les yeux déformés par ses épaisses lunettes. Le petit fou ! répétait-il en me versant une autre rasade de cordial. Il n'a pas eu le temps d'être asphyxié, ni d'avoir une congestion, mais il peut nous faire une pneumonie.

— C'est rudement bon ! disais-je en lampant le verre d'un trait.

Ma tête tournait. Le bocal rouge et le bocal vert de la vitrine tremblotaient devant mes yeux et ne se séparaient plus l'un de l'autre.

— Couvrez-le bien ! répétait le pharmacien, en me versant encore à boire, sans y prendre garde. Couvrez-le bien et allez vite le coucher... Faites-lui faire la réaction... Rien ne vaut la bonne suée de nos grand'mères... Un bol de vin chaud, édredons et couvertures. Que ça coule de partout. Il s'en tirera peut-être avec une bonne bronchite.

— C'est rudement bon ! disais-je en voyant M. Chante en vert et grand'mère en rouge.

Je n'eus pas de congestion, ni de pneumonie, ni de bronchite, ni même de rhume. Mais, pour la première fois, je fus ivre, ivre d'avoir bu mes premiers verres d'alcool, ivre, surtout, d'avoir retrouvé la vie.

La route et la guerre

Petit furieux qui n'avait peur de personne, j'obéissais pourtant à Finiels, notre voisin de Goulsou, un vieil homme qui travaillait à mi-fruit la propriété de grand'mère.

— Tu vas voir Finiels ! me disait-elle.

Il suffisait que Finiels fût à portée de sa voix pour qu'il répondît en écho, avec sa basse profonde :

— Tu vas voir !

C'était assez pour me faire tenir tranquille. J'essayais de sauver la face en grommelant :

— Eh bien, je vais voir...

Mais j'allais m'asseoir auprès du vieil homme et ne bougeais plus, pendant des heures. J'ai passé des jours entiers à le regarder travailler ainsi. Il m'apprenait ce que je ne savais pas encore. Il a été le Jacob, l'Abraham et le Moïse de mon enfance, le porteur des Tables de la Loi, celui qui savait tout et pouvait tout expliquer. Il m'a décrit nos montagnes avant que je les connaisse, il m'en a livré les détours, les sentiers et les raccourcis. Il en a fait, pour moi, comme une terre promise dont il me montrait le chemin.

— Dites, Finiels, la route qui monte à la montagne, vous la connaissez jusqu'au bout ?

— Si je la connais ? C'est moi qui l'ai faite !

— Vous tout seul ?

— Non, pas tout seul... On était des cents et des cents, des hommes de tout le pays... Qu'est-ce qu'on peut faire tout seul ? Soigner une vigne, planter un carré de pommes de terre... Un homme seul ne fait rien que pour lui-même... Mais, pour bâtir une route comme celle-là, il faut être toute une bande, avec des mulets et des chevaux, des masses de fer et de la poudre de mine.

— Alors, Finiels, vous avez connu la montagne avant la route ?

— Si je l'ai connue ! C'était comme un grand désert, tout en genêts et en éboulis de pierres. C'est encore comme ça, sur le Lingas, du côté de Pradals et de la baraque des Pises... Des pays de loups et de vipères... Mais la route a tout changé.

— Elle est faite depuis longtemps ?

— Je crois bien... C'était dans le temps de ma jeunesse, j'avais tout juste vingt ans et, comme je tiens les soixante-dix, ça fait presque un demi-siècle... C'était avant la guerre avec les Prussiens.

— Et la guerre, vous l'avez faite ?

— Qui l'aurait faite, si les gens comme nous n'étaient pas partis ?

— Alors, Finiels, vous avez fait la guerre et la route ?

— La route et la guerre, chacune en son temps.

— Dites, Finiels, c'est la route ou c'est la guerre que vous préférez ?

— La route ! disait-il en se redressant. On a perdu la guerre, mais on a gagné quelque chose, avec cette route... Elle peut te conduire à Paris, en passant par Meyrueis et par Mende, et les gens de Camprieu et de l'Espérou ne sont plus perdus, dans leurs montagnes.

J'ai rêvé de cette route pendant des années et des années. C'était mon chemin de l'odyssée, la porte ouverte sur un autre monde. Elle montait vers cette terre promise que je devais voir un jour, mais dont il me fallait d'abord faire la conquête. Je l'ai découverte, année par année, en poussant chaque fois ma nouvelle étape un peu plus loin, en reculant chaque fois la borne où je m'asseyais avant de revenir sur mes pas.

Il me semblait avancer ainsi, kilomètre par kilomètre, comme ceux qui l'avaient construite, aux temps fabuleux dont Finiels me contait l'histoire, en soignant les quelques pieds de vigne de ma grand'mère. Il était à mes yeux le héros de cette épopée, le bâtisseur de la route que je voulais parcourir, le pionnier qui m'avait ouvert la voie vers les crêtes de la montagne.

— Finiels... Finiels... nous sommes allés au-dessus d'Arphy... De là où j'étais, on voit un grand pont, dans le fond de la vallée.

— C'est Grimals... La route y passe de l'autre côté de la rivière... Après ce pont, elle monte au Saut de la Chèvre et à Puéchagut.

L'été suivant, les mollets plus durs, le souffle plus large, je poussais jusqu'à Grimals et jusqu'à la petite cabane de pierres sèches que les bergers ont construite au plus haut de la vallée, sous les grands à-pics de roches. Année par année, je m'emparais ainsi de l'espace. Mais Finiels était toujours en avance et me précédait à grands pas dans ma découverte de la montagne.

— Tu es allé jusqu'à la cabanette de Grimals ? me disait-il. Ce n'est pas encore la vraie montagne. C'est le fond du trou. La vraie montagne ne commence qu'à Puéchagut... Tu verras... les sapins, les prairies, les sources, le col de la Broue, la baraque de Ribot... C'est là que nous habitions quand nous avons fait la route... Un rude coin ! On y a tout le pays à ses pieds. On y voit jusqu'à la mer, du côté de Montpellier et de Maguelonne. C'est comme un balcon qui domine la terre entière.

Je suis resté longtemps sans pousser jusqu'à cette baraque. Il fallait marcher des heures pour y arriver. Mais je la connaissais si bien par les récits de Finiels que j'avais l'impression de l'avoir déjà vue. J'aurais su trouver, sans hésitation, les anneaux de fer scellés dans son mur pour attacher les chevaux. Je connaissais le chemin qui menait à la fontaine où les charretiers les faisaient boire. Je savais quelle était la porte qui s'ouvrait sur la grande salle voûtée. Tout m'était déjà familier dans cette maison solitaire.

— Malheur ! me disait Finiels. Ce n'est plus ce que c'était. J'aurais voulu que tu voies cette baraque quand nous avons fait notre route. On y logeait les huit chevaux du cylindre, les équipes de mineurs et de terrassiers, les femmes qui nous faisaient la cuisine et le vieux Ribot qui veillait à tout... Il t'aurait fallu être là quand on faisait sauter les fourneaux de mines, quand on démolissait les rochers, du côté de Roquelongue. Ça roulait comme le tonnerre !

— C'était un cylindre à cheval que vous aviez ?

— On n'en connaissait pas d'autres, à ce moment-là. Mais c'était le plus gros qu'on ait jamais vu, un cylindre à aplatir des montagnes, avec un grand caisson de fer en remorque, bourré de cailloux... C'est comme ça que nous avons poussé jusque sur le col du Minier. C'était beau. On aurait dit une cavalcade.

— Dites, Finiels, qu'est-ce qu'on trouve, après le col du Minier ?

— Un nouveau pays qui ne ressemble pas à notre côté de la montagne, une grande plaine presque plate, à quatorze cents mètres dans le ciel. On y voit des nuages qu'on ne peut pas voir d'ici et les eaux des sources descendent vers l'océan, au lieu de se tourner vers la mer.

— Comme il devait falloir être fort, pour construire cette route !

— S'il fallait être fort ? Je crois bien. On était des hommes de fer... Aujourd'hui, on travaillait au soleil, comme des Arabes, en sueur, la tête chauffée comme un chaudron sur la braise... Le lendemain, il te fallait continuer le travail dans un vent glacé, avec un brouillard qui t'empêchait de voir à trois mètres.

— Dites, Finiels, alors c'était dangereux ? Vous n'avez pas eu des hommes tués ?

— Nous en avons eu cinq ou six... Des éboulements, des coups de mines, des malheureux qui se faisaient prendre sous les pierres... Sans compter ceux qui ont eu des pneumonies ou des sangs glacés.

— Finiels, ceux qui ont travaillé avec vous, à cette route, vous les rencontrez toujours ? Vous en connaissez encore ?

— Quelques-uns... Mais les vieux sont morts. Il faudrait qu'ils aient dépassé cent ans, à cette heure, pour pouvoir mettre encore leurs souliers... et l'on n'est pas nombreux à passer les quatre-vingts. Si tu veux en savoir plus long, tu n'as qu'à parler avec Boubal. A quatre-vingt-quatorze ans, il se souvient mieux que moi de ce que nous avons fait, à cette époque. Il était déjà contremaître, au temps de la route.

Accroupi devant Finiels, je ne me lassais pas de lui poser des questions et d'écouter ses histoires.

— C'est quand la route a été finie que vous êtes allé à la guerre ?

— Pas tout de suite. Il s'est bien passé trois ou quatre années, puis la guerre a éclaté. On a été trahis par l'Empire, battus partout, à Reichshoffen, à Gravelotte, au cimetière de Saint-Privat, vendus à Metz, vendus à Sedan... Les Parisiens ont mangé des rats. On a levé les mobiles. Je me suis engagé au bataillon du Gard. Rien que des enfants du pays, rien que des bons enfants de la vigne ou de la montagne, des Finiels, des Boisson, des Combes, des Audibert. On parlait patois, à la manœuvre, et l'on est monté sur la Loire, pour porter secours aux Parisiens.

— Vous avez été dans de vraies batailles ?

— On a reçu le baptême à Coulmier, le 9 de novembre. On se serait cru en janvier... Le froid, le brouillard. On n'y voyait rien du tout. C'étaient des Bavarois que nous avions devant nous. On aurait dit des fantômes.

— Ce sont des fantômes, les Bavarois ?

— Des fantômes comme nous, qui tiraient des coups de fusil et qui avaient froid aux pieds. On leur a passé dessus, sans les voir, sauf les morts qu'il nous fallait enjamber.

— Et vous avez gagné la bataille ?

— On l'a gagnée ! disait Finiels en se redressant pour cracher un coup dans ses mains qu'il frottait l'une contre l'autre d'un air radieux, avant de reprendre sa pioche. On l'a gagnée ! On est même entré dans Orléans, une forte ville avec un grand pont. Les généraux voulaient aller porter secours à Paris. Le 28, on était à Beaune-la-Rolande...

— Encore une autre bataille ?

— Une autre bataille. Mais on l'a perdue. Il en est mort, des enfants d'ici et de Montpellier, dans cette affaire ! J'ai vu tomber un lieutenant, appelé Bazille, un protestant comme nous, un joli homme, avec un petit collier de barbe... Après ça, on s'est trouvé au 44e de marche, avec le lieutenant-colonel Achilli, un Corse qui s'était marié avec une demoiselle de Nîmes. On était déjà de vieux soldats. On connaissait la musique. En janvier, on a attaqué Moinay, un gros village. C'était les Prussiens, cette fois. Ils étaient six mille, avec dix-huit pièces de canon. Nous nous sommes battus pendant toute la nuit. Le matin, nous étions dans le village. Mais nous n'étions pas les plus forts. Il a fallu s'en aller... On était en plein dans l'armée de Bourbaki. Tout ça battait en retraite, vers la Suisse.

— Dites, Finiels, quand on bat en retraite, c'est qu'on a fini de se battre ?

— Au contraire ! Il faut se battre comme des diables... On est arrivé dans un coin qui ressemble à nos montagnes. Tu te serais cru à l'Aigoual, sur notre fameuse route, au gros de l'hiver.

— Vous vous êtes encore battus, dans ce pays ?

— Oui. C'est nous qui avons couvert la retraite. A Saint-Pierre-la-Cluze, on a même été vainqueurs. Le général Billot vient nous dire : « Le 44e, en avant ! » Tu aurais vu le lieutenant-colonel Achilli ! Il passe à cheval devant nous, avec son petit bouc, ses quatre médailles et ses cinq galons entortillés sur ses manches. On était à moitié morts de fatigue et de froid. On ne sentait même plus ses chaussettes. On aurait préféré ne pas continuer à se battre et ça devait se voir, sur nos figures. « Alors, les enfants, ça ne va plus ? — Mon colonel, on n'a plus rien dans le ventre. — Mes enfants, il faut protéger la retraite des camarades. Tout est perdu ! Ils vont passer en Suisse et rendre les armes. — Mon colonel, mais nous, on va se faire tuer ! — Eh bien, comme ça, vous pourrez rester en France... Le 44e, en avant ! » Un petit moment après, il était touché au ventre. Il est mort à l'ambulance de la Cluze. Il est enterré à Nîmes, maintenant, avec son épouse. Mais le 44e a donné ! Des vrais lions... Allons, fini, maintenant, avec la guerre. Ça ne sert à rien d'en parler. Ça ne sert même à rien de la faire. La vie est assez dure, sans qu'on ait besoin de se tuer.

Tout se mélangeait dans ma tête. Je confondais ce que Finiels m'avait dit de la route et ce qu'il m'avait dit de la guerre. C'étaient mon *Iliade* et mon *Odyssée*, mes *Travaux* et mes *Jours* où le laboureur devenait soldat, pour redevenir laboureur, après la bataille.

Finiels ne me parlait pas seulement de la route de la montagne et de la guerre avec les Prussiens. Il m'a fait connaître aussi la peine des pauvres gens et m'a révélé leurs misères.

— La vie était rude, à l'époque de ma jeunesse, me disait-il. Les fileuses sortaient du lit à quatre heures du matin. L'hiver, c'est la pleine nuit, c'est le petit jour en été... Un bol de café dans leur estomac, un peu de soupe dans une marmite et les voilà parties pour toute la journée, au travail pour un sou de l'heure... et c'était un travail dur, les deux mains dans l'eau bouillante et le contremaître dans le dos... A midi, une demi-heure pour manger et douze heures de rang à se battre contre les fils qui cassaient et recassaient, avec le souper à faire en rentrant à la maison.

Dans la brume du petit jour, il me semblait voir ces fileuses se hâter vers le sous-quai, une marmite de terre au bout de leur bras, un châle noué sur leur tête. C'étaient les femmes et les fiancées de mes hommes de la route, de ceux qui faisaient sauter les rochers avec de la poudre de mine, vers Grimals et vers le Minier. Elles entonnaient la chanson que j'avais entendu chanter par les fileuses d'Alès :

Cinq centimes par heure,
Ce n'est pas suffisant !
Qui donc paie les fileuses ?
C'est le Gouvernement !

Les mains cachées sous leur tablier noir, elles défilaient devant moi en psalmodiant ce refrain comme un cantique. Les hommes de la route s'étaient groupés derrière elles. Ils marchaient comme un bataillon. Leurs pelles et leurs pioches étaient devenues des fusils. Ils ne portaient plus le pantalon de velours des garçons de nos montagnes, mais des uniformes bleus et de petits képis aux longues visières cassées. Un lieutenant-colonel chamarré de galons d'or jusqu'au milieu de ses manches, passait devant eux à cheval.

— Alors, les enfants ? disait-il.

— Mon colonel, répondaient les hommes de la route, nous allons nous faire tuer !

— Comme ça, vous pourrez rester en France ! leur criait le cavalier en tirant son sabre...

Je ne voyais plus que des flammes et des tourbillons de

fumée. Cette fumée s'étendait comme le brouillard de septembre et recouvrait la montagne. Elle dévorait les soldats, les mineurs et les terrassiers. Je ne voyais plus rien... Mais, tout d'un coup, dans une déchirure du vent, le soleil éclairait la route qui montait dans le silence et la solitude, vers Grimals et vers le Minier.

— Ne m'empêche pas de travailler, grommelait Finiels en reprenant sa besogne.

J'avais pourtant un grand-père

Pendant que Finiels me racontait ces histoires, mon grand-père paternel épuisait ses derniers jours en soignant aussi ses vignes, à quatre-vingts kilomètres du Champ, aux confins des garrigues. J'ai peu connu ce grand-père. Il en est ainsi dans la plupart des familles. La jeune pousse est toujours greffée sur une des branches. J'ai poussé, pour ma part, sur le rameau maternel.

Le grand-père Chamson habitait alors Congénies, un petit village de la plaine, à côté de Nîmes. Il venait nous voir quelquefois dans notre maison d'Alès, restait trois ou quatre jours, étouffait dans l'appartement, s'ennuyait et s'en retournait chez lui. Il m'apportait des bonbons dans ces gros papiers rugueux dont se servent les bouchers. Maman me reprenait ces cadeaux et les faisait disparaître.

— Remercie quand même, me disait-elle.

Je remerciais mon grand-père et regrettais ses bonbons. Je ne suis jamais allé chez lui. Il n'est jamais venu au Vigan, pendant les vacances. Je ne sais de lui que ce qu'on a pu m'en dire. C'était un homme pieux, méthodiste comme grand'mère Aldebert. Il prêchait à l'occasion et ne manquait pas d'éloquence. Physiquement, il ressemblait à Finiels. C'étaient, tous deux, de grands vieillards secs, en nerfs et en muscles, maigres, longs, au poil argenté. Finiels avait l'air d'un ancien de la tribu et grand-père d'un patriarche. Finiels qui ne m'était rien par le sang a tenu la place que cet aïeul aurait dû tenir dans ma vie.

Comme Finiels, ce grand vieillard à l'allure de prédicant avait vécu la vie des soldats. Il avait été cuirassier, en 70, et d'un des régiments qui chargèrent à Reichshoffen. Avant la guerre, il avait dû se mettre à genoux, dans la cathédrale de Strasbourg, pour accueillir l'Empereur et n'en parlait pas sans honte. Il s'était agenouillé, la mort dans l'âme, au commandement de : « Genoux terre ! », en pensant qu'il était parjure à toutes les traditions de nos Cévennes. Mais c'est en poussant des cris de joie que, six mois après, il avait pris le grand trot, dans les houblonnières au commandement de : « Chargez ! »

Comme Finiels, la guerre finie, il était revenu dans nos montagnes. Qu'avait-il fait jusqu'aux dernières années du siècle, entre 70 et 90, avant de descendre à Nîmes pour fonder la fabrique du Valgaron ? N'avait-il pas connu aussi, pendant ce temps-là, la peine des hommes, la misère des fileuses, les inondations, le phylloxéra, les durs travaux de ceux qui gagnent leur vie au jour le jour, dans nos montagnes. Il m'aurait sans doute parlé de sa fabrique comme Finiels m'avait parlé de sa route. N'avaient-ils pas traversé tous les deux la même histoire et vécu la même vie ?

En écoutant Finiels c'était donc un peu mon grand-père que j'écoutais. Encore aujourd'hui, c'est sans doute lui que je cherche quand je me souviens de Finiels. Je n'arrive plus à les distinguer l'un de l'autre et c'est le même homme que je vois quand je cherche à imaginer mon grand-père dans sa vigne de Congénies ou quand je revois Finiels en train de tailler nos ceps ou de fouiller la terre, au pieds de nos souches, au champ de Goulsou.

De ce grand-père lointain, à peine entrevu parfois dans notre maison d'Alès, je n'ai vraiment connu que la dernière journée.

— Grand-père est mort ! m'avait dit un jour papa, à mon retour du lycée.

— Grand-père est mort ! avait répété maman.

— Le pauvre monsieur de Congénies ne t'apportera plus des bonbons, avait murmuré Anna.

— Tu ne le reverras jamais plus ! avait ajouté mon père.

Pourquoi ne ramenait-on pas le grand-père à la maison, comme on l'avait fait pour M. Courty ? J'attendais la caisse et les hommes noirs. Ce furent mes parents qui partirent pour Congénies. Ils ne m'emmenèrent pas avec eux, et, pendant deux jours, je restai tout seul avec ma servante italienne qui rêvait de la mort et ne parlait plus que de cimetières. Mes parents revinrent en me rapportant tout leur héritage, une montre d'acier que je garde encore aujourd'hui.

— Il faudrait quand même lui raconter... avait dit papa en se tournant vers ma mère.

— Ton grand-père est mort comme un juste, m'avait expliqué celle-ci. Il a vendangé sa vigne jusqu'à midi... A midi, il s'est assis sous un olivier. Il a dit : « Que Ta volonté soit faite... » et il est parti sans souffrir.

Je croyais voir cette scène se dérouler devant moi... Tête nue, la chemise ouverte, un vieillard à figure de patriarche emplissait son panier d'osier avec les raisins de sa vendange. Le soleil montait au-dessus de lui et, tout d'un coup, au plus haut du ciel, semblait rester immobile. C'était midi. Rien ne bougeait plus, ni les arbres ni les ombres. Le vieillard faisait alors quelques pas et venait s'asseoir au pied d'un arbre... Je ne savais pas si c'était Finiels ou si c'était le grand-père. Je ne savais pas non plus si l'arbre était le grand mûrier de Goulsou ou un olivier comme il en poussait dans la plaine ?... L'arbre se transformait lentement. Ses larges feuilles à reflet de soie devenaient des petites lances grisâtres et son tronc noir se couvrait de reflets d'argent. Le vieillard assis sous son ombre ressemblait de plus en plus au grand-père, sans cesser de ressembler à Finiels.

— Que Ta volonté soit faite ! disait-il en ouvrant les bras.

Le soleil reprenait alors sa course et glissait lentement, du plus haut du ciel, vers la ligne d'horizon où se dressaient nos montagnes...

Mon père ouvrit la montre d'acier avec une pointe de couteau. Dans le boîtier, grand-père avait fait graver une phrase de l'Ecriture :

Veillez et priez, car vous ne savez ni le jour ni l'heure.

A quel moment avait-il choisi cette devise qu'il avait dû revoir tous les jours, pendant toute son existence, quand il remontait cette montre avec la petite clef que j'ai perdue ? Etait-ce avant son départ pour Strasbourg ? Après la bataille de Reichshoffen ? Au moment de son mariage ? A l'époque où il avait fondé l'usine du Valgaron ? Après l'incendie de cette usine ? Combien de temps lui avait-elle tenu compagnie ? Combien de fois l'avait-il relue avant de venir s'asseoir à l'ombre de l'olivier ?

Plus que sa montre arrêtée depuis quarante-trois ans, cette

phrase est restée, pour moi, son véritable héritage, la seule chose qui me vienne vraiment de lui.

Le monde en plan cavalier

Pendant des années, j'avais regardé vers le sommet des montagnes. Un jour vint où je vis le monde au-dessous de moi. Je reçus, ce jour-là, le baptême de l'altitude, à treize cents mètres dans le ciel, au-delà de Prat-Coustal, plus loin que le dôme de Puéchagut, dans un creux de hautes prairies entourées de sapinières.

J'étais parti comme un enragé, avec un autre garçon de mon âge, Pierre Monna, qui habitait comme moi la rue de l'Horloge, à quelques maisons de la nôtre, et qui partageait ma folie pour les montagnes. Nous ne disposions que de quelques heures mais nous étions décidés à monter plus haut que nous ne l'avions jamais fait.

— On a le temps ! m'avait dit Monna. Si nous voulions passer par la route, il nous faudrait plus d'une journée. Mais on m'a fait voir un raccourci qui conduit à la vraie montagne. Nous serons de retour avant la nuit... Les parents croiront que nous sommes allés à la rivière.

Nous n'avions jamais dépassé le pont de Grimals et la cabane de pierre où se reposaient les bergers. Notre pays était un pays de hautes crêtes, mais nous ne connaissions encore que le fond de ses vallées.

Nous avions pris le sentier des quatre-chemins. Nous étions redescendus sur Aulas, au pas de course, et nous avions abordé les grandes pentes qu'escalade la route dont Finiels m'avait si souvent raconté l'histoire. Elle s'enfonçait, au-dessous de nous, dans le creux de la vallée, en faisant un détour immense. Nous filions en droite ligne vers la crête, à travers des châtaigneraies et des petites prairies à l'herbe brûlée. Nous marchions, sans jeter un coup d'œil derrière nous, comme deux petites bêtes sauvages, poussés par l'instinct de la migration, cédant à l'appel de l'altitude. L'effort de la montée semblait nous avoir rendus aveugles. Nous ne pouvions voir que le coin de sol sur lequel nous posions les pieds.

Au bout de deux heures et demie, nous avions débouché sur

la grande route de Finiels, plus haut que Grimals et que le Saut de la Chèvre, devant les prairies de Puéchagut. Elles s'étendaient devant nous dans une conque à peine inclinée, dominée par des sapinières. Ce n'étaient plus les prairies brûlées des pentes basses, les gazons secs, recoupés de taillis et de broussailles, mais un tapis profond, fait d'une herbe grasse et gorgée par le suintement des eaux.

Ivre de bonheur, je m'étais mis à courir sur l'herbe de ces prairies. Il en montait une fraîcheur odorante et l'air que je respirais n'avait plus le même goût. Il était léger, bien que plus humide et chargé de parfums que je ne connaissais pas. Il me grisait, comme ces vins de coteau qu'on boit sans s'en rendre compte. Il était traître et vous obligeait à faire le fou.

J'avais épuisé mes forces en courant jusqu'aux sapins qui dominaient ces herbages et là, haletant, je m'étais enfin retourné pour embrasser d'un coup d'œil le panorama des montagnes.

La terre plongeait à mes pieds vers un monde encore inconnu dans lequel j'avais pourtant passé mon enfance. Ce que je voyais, devant moi, c'était ce que j'avais vu chaque jour, pendant des années. C'était le plus familier des paysages, mais il se découvrait à mes yeux dans une perspective plongeante et tout s'en trouvait transfiguré.

— C'est ici que commence la vraie montagne ! m'avait dit Monna, hors de souffle d'avoir couru comme moi sur les pentes de la prairie.

Nous étions fous, comme deux petites bêtes au moment de la transhumance, nous hennissions, nous nous roulions dans les herbes, nous poussions des cris sauvages, nous avions trouvé notre climat, l'air dont avaient besoin nos poumons, la clarté qu'il fallait à notre regard. Nulle part ailleurs, nous ne pouvions atteindre à cette allégresse des corps, à cette chaleur du sang, à cette disponibilité de nos muscles.

— Allons jusqu'à la baraque de Ribot ! criai-je à Monna. Ce n'est pas loin. Je ne veux pas redescendre sans l'avoir vue.

Nous sommes partis au pas de course, en suivant la route de Finiels. A la sortie des sapins, la vallée de Grimals se découvrit tout entière, avec ses roches plongeantes et, de l'autre côté du pont minuscule qui enjambait sa rivière, la grande muraille de Cap-de-Coste et de la Luzette. Un peu plus loin, c'était le col de la Broue, avec ses herbes longues et fines comme les cheveux des anges. La route changeait de versant. Maintenant, nous avions la vallée de Salagosse à nos pieds, abîme coupé d'un trait d'ombre, au fond duquel on apercevait un village. Au premier tournant, la baraque de Ribot se découvrit à nos yeux.

Je la reconnus comme si j'avais été, dans une autre vie, un des hommes de la route, un des bâtisseurs de ce grand chemin qui franchissait la montagne. Il me semblait que j'étais déjà venu cent fois devant cette longue bâtisse, que j'avais attaché mon cheval aux anneaux de fer scellés dans le mur, que je l'avais emmené boire à la fontaine, que j'étais entré dans la salle basse, à la voûte ronde, que j'avais bu le vin qui avait passé l'hiver dans la cave, que j'avais dormi, au mois d'août, sous le grand sorbier des oiseleurs aux maléfiques baies rouges.

— C'est la vraie montagne ! haletait Monna.

— Elle est à moi, répondis-je. A nous, si tu veux... Ce désert n'est à personne. Je veux qu'il soit mien. Il le sera. J'en serai le maître et le seigneur... Ce qui est en bas appartient à tout le monde. Ce qui est en haut est à celui qui le prend.

Le soleil basculait déjà derrière les rameaux de sapins, derrière le col du Minier. Flèche d'or, qui semblait vibrer dans l'air calme, un dernier trait de lumière tombait dans l'abîme au fond duquel se pressaient les quinze maisons de Salagosse. L'herbe sentait la nuit qui venait, la nuit des sangliers, des écureuils, des blaireaux puants, des petites bêtes des bois, des plantes qui s'ouvrent dans l'ombre. Encore un moment et nous allions être pris par elle.

— Il faut rentrer ! dit Monna. Les parents ne vont plus savoir où nous sommes... Ils vont envoyer des gens sur les bords de la rivière en pensant qu'on s'est noyés.

Marchant, courant, sautant les rochers, dévalant les pentes en nous retenant aux genêts, nous sommes redescendus dans le fond de la vallée. Elle montait vers nous, de plus en plus sombre, comme si la nuit, au lieu de tomber du ciel, avait émergé des profondeurs de la terre. Un désespoir inconnu montait aussi de ma poitrine à ma gorge et de ma gorge à mes yeux. C'était comme une autre nuit qui engloutissait cette joie dans laquelle j'avais vécu tant que j'avais été sur la crête de la montagne. Maintenant, tout était noir, devant moi, mais, en me retournant, je vis, dans l'entonnoir renversé des hautes pentes, une dernière lueur qui ne voulait pas mourir. Une éternelle clarté régnait sur ces hauts lieux solitaires et, quand le soleil avait disparu, elle se ravivait au scintillement des étoiles.

Aldebert, le républicain

Je m'étais emparé de la montagne et j'y régnais, maintenant, par droit de conquête. Mais j'eus vite découvert que j'en étais maître, aussi, par droit d'héritage.

— Tu as de qui tenir ! me disait Finiels en me regardant fixement comme s'il avait voulu découvrir, au-delà du petit garçon en culottes courtes, l'homme que je deviendrais un jour. Race fait race ! ajoutait-il en patois.

Mes titres de propriété sur les hauts sommets des Cévennes me venaient du père de mon grand-père, un Aldebert qui était né en 1802, au moment où Napoléon allait devenir empereur. Finiels m'expliquait que cet arrière-grand-père avait vu deux empires, trois rois et deux Républiques. Il me semblait qu'il avait traversé toute l'Histoire de France, avant de mourir, en 87, dans sa quatre-vingt-cinquième année, treize ans avant ma naissance.

— Marche droit ! me disait Finiels. Le vieil Aldebert te regarde, et le vieil Aldebert ne me quittait pas des yeux.

Son portrait était accroché au mur de la grande salle du Champ, à main gauche de la porte. Quand j'entrais dans cette pièce, il tournait vers moi un œil oblique et quand j'étais juste devant lui, il me regardait encore. Tous les portraits de face ont cet étrange pouvoir, mais je croyais qu'il ne se manifestait que sur le portrait de mon arrière-grand-père.

C'était un vieil homme au visage lourd, à peine creusé par deux rides. Ses yeux étaient clairs, d'un bleu tirant vers le gris, avec des pupilles noires. Son front solide avait l'air d'un de ces cailloux qui descendent le lit des torrents, aux grandes crues de l'automne. Il ne ressemblait à personne de la famille et l'on me disait pourtant que j'avais son regard, sans avoir ses yeux, et sa façon de serrer la bouche, sans avoir les mêmes lèvres que lui.

— Dites, Finiels, vous l'avez connu ?

— Si je l'ai connu ? Tout le monde le connaissait... C'était un homme comme on n'en verra jamais plus !

— Qu'est-ce qu'il était ?

— Un paysan, comme nous... Pendant toute sa vie, il a travaillé la terre mais, dans ses derniers temps, il faisait des camionnages, avec une charrette et un cheval. Il courait le canton, du bas des vallées au fin fond de la montagne. Il passait partout, par la neige et le mauvais temps. Le lundi, on le rencontrait à Pont-d'Hérault, où il habitait... le mardi, on pouvait le voir à Aumessas et, le mercredi, à l'Espérou. Il avait son verre et son assiette dans toutes les maisons du haut-pays. Les gens l'aimaient et lui demandaient ses avis, comme s'il avait été notaire ou pasteur. C'était le juge de paix des pays perdus, le conseiller des fermes de la montagne.

— Il est mort en plein hiver, me disait grand'mère, mais, malgré la neige et le froid, on n'a jamais vu un enterrement comme le sien.

— Tout le pays était là, répondait Finiels, des cents et des mille, la ville entière, les gens des vallées et des montagnes, ceux d'Avèze, de Pont-d'Hérault, de Molières, d'Aulas, de Bréau et de Salagosse, ceux d'Aumessas, d'Arrigas, d'Alzon, de Montdardier, de Blandas, de Rogues, d'autres encore qui avaient passé les cols pour venir, ceux de l'Espérou, de Camprieu, de Dourbies, de Trêves, des Laupiettes et des Laupies.

C'était comme un dénombrement de nos montagnes et de nos vallées, l'appel nominal de tous les lieux habités, de tous les coins perdus où s'étaient groupés quelques feux, autour d'une source.

— Il était tombé de la neige, trente centimètres dans les lieux bas et plus d'un mètre sur les hauteurs. Les gens sont venus à pied, en faisant leur trace à grands coups de souliers ferrés. Le vent leur coupait la figure en deux... Pas un seul n'était en retard, par respect pour cet Aldebert... Demande un peu qu'on te fasse voir le journal où l'on raconte sa sépulture.

Grand'mère me prêtait un vieux numéro de *L'Echo des Cévennes*, encadré de noir. *Convoi funèbre de Jules Aldebert*, disait le gros titre. Je lisais les discours que l'on avait faits sur sa tombe, celui du pasteur Minault et celui de M. Chante, le pharmacien qui m'avait ressuscité, le soir où j'étais tombé dans le Griffe.

« Voyez cette carriole branlante qui s'avance péniblement. Le cheval paraît épuisé, et, cependant, son conducteur l'arrête pour offrir une place à ce vieillard qui plie sous le faix ou à ces enfants attardés... Et lorsque arrivé à destination on lui demande son nom, il le dit à peine, mais insiste sur l'épithète qui l'accompagne : "Je suis Aldebert, le Républicain." »

— Finiels, pourquoi le Républicain ?

— On l'appelait comme ça, au temps de l'Empire, à cause de ses idées. Il était du même parti que Victor Hugo, du parti de la République... et je te jure qu'elle était belle, à ce moment-là !

Il m'a semblé, bien souvent, que j'étais un de ces enfants, recueillis, au bord du chemin, par la carriole branlante. Elle avait surgi, devant moi, au soleil couchant. Nous avions dépassé Aulas et nous nous étions arrêtés, pour allumer les lanternes, au-dessus des maisons d'Arphy. Le cheval connaissait sa route. Nous nous étions endormis pendant qu'il cheminait vers Grimals... La nuit passait sur nous comme un rêve. Dans mon sommeil, je confondais la République de mon grand-père et le libre paradis de la montagne vers lequel il m'emportait dans sa vieille carriole. Il me livrait ce pays où tout le monde l'aimait.

Le jour levant nous tirait de notre somme, au-dessus du col du Minier, au milieu du murmure des sapinières. Le vieillard soufflait dans ses doigts pour les réchauffer un peu. Il tirait de son sac un pain de ménage dans lequel on avait glissé une tranche de jambon cru et partageait avec moi ce casse-croûte de l'aube. Le cheval flânait en fauchant à coups de dents les avoines folles qui poussaient au bord de la route. Nous descendions vers la ferme du Boultou. J'étais arrivé dans la République des sources, au cœur du pays dont je rêvais nuit et jour. Je touchais le bras du conducteur qui venait de s'assoupir de nouveau, dans sa limousine beige. Il arrêtait son cheval et me donnait la main pour m'aider à sauter à terre. J'étais au milieu des framboises et des myrtilles, sous les sapins marqués par l'hiver et la foudre, dans la solitude de ma montagne... Le cheval reprenait sa route et le vieillard se penchait vers moi en criant :

— Adieu, petit... Je suis Aldebert, le Républicain.

TROISIÈME PARTIE

L'ÉCOLE DE MALIVERT

Un mélange de cendres et de cailloux. — Une grosse, grosse, très grosse affaire. — L'ombre du cèdre. — Nous avons manqué la fortune. — Découverte de la peinture. — L'Ecole de Malivert. — Les enfants ne sont pas admis dans les musées. — Disparition d'un chef-d'œuvre. — Poète, prends ton luth. — Le drame de Port-Arthur. — Imagine Edmond Rostand en Alès ! — La bibliothèque de nos rêves. — Secouons la poussière de nos sandales.

Un mélange de cendres et de cailloux

Pendant que je découvrais le monde en escaladant les montagnes, mon père continuait à suivre ses rêves. Les soucis n'étaient rien pour lui. Il passait d'un projet modeste à des projets grandioses. Insoucieux du présent, anxieux de l'avenir, il se détournait de ces projets pour en suivre d'autres, chaque fois plus merveilleux. Peu d'années après les enchères à la bougie, il acheta même une concession minière, aux confins du bassin houiller des Cévennes, à côté du village de Cavillargues.

C'est toujours une gigantesque entreprise que d'exploiter une mine, même quand c'est une petite mine de rien du tout, comme était la nôtre. Il faut ouvrir un puits, pousser des galeries, installer des treuils et des wagonnets. La mine ouverte, il faut faire tourner les équipes, surveiller leur sécurité, boiser les galeries, disposer des pompes à eau et des manches d'aération... Mon père fit tout cela, et je suis vraiment descendu au fond de cette mine de Cavillargues, ce qui me donne à penser, encore aujourd'hui, qu'elle n'a pas été une simple rêverie, un projet ajouté à d'autres projets, un mirage engendré par l'imagination paternelle.

Un désert limoneux s'étendait autour de la mine. De maigres bois surplombaient des ruisseaux morts, bordés de falaises jaunes. C'est dans une de ces falaises qu'un premier filon affleurait à ciel ouvert, mais il était mince et s'amincissait encore en plongeant sous le toit des roches. Au bout de quelques mètres, ce n'était déjà plus qu'un ruisselet de charbon dont l'extraction n'était pas rentable. Les deux maîtres mineurs affirmaient qu'un second filon s'étendait au-delà de cette muraille.

« Il faut aller le chercher en travers-banc », expliquaient-ils à mon père.

Ce n'était pas, comme je l'ai cru longtemps, une formule magique, ouvrant des cavernes dans les montagnes. C'était un travail cyclopéen, qu'il fallait conduire avec la poudre et le fer. Mon père eut l'audace de l'entreprendre. Les maîtres mineurs attaquèrent le rocher. Je descendais dans le puits pour leur voir bourrer les charges et je remontais avec eux, au dernier moment, quand ils allumaient les mèches.

Ces travaux dévoraient les ressources de mon père, qui jouait aux quatre coins pour payer ses échéances et semblait poursuivre un nouveau rêve au fond des entrailles de la terre. Un jour, pourtant, le travers-banc s'ouvrit sur une nouvelle veine, et les wagonnets remontèrent à pleine charge.

— Nous sommes sauvés ! dit papa, comme si nous avions échappé à l'effondrement d'une des galeries de la mine.

Le charbon s'entassait sur notre carreau, mais il se révéla d'une qualité particulière. Il était si flambant qu'il prenait feu tout seul, dès qu'il était entassé dans les grands wagons du P.-L.-M. Ces combustions spontanées n'arrangeaient pas nos affaires. Notre charbon brûlait avec une odeur de soufre qui donnait à penser que le diable était de la partie. L'eau des pluies, loin d'éteindre ces incendies, en redoublait la violence. Mon père se débattait contre ce nouveau mauvais coup du sort, mais il ne pouvait pas empêcher son charbon de prendre feu, pas plus qu'il ne pouvait courir après les wagons pour étouffer ces brasiers. C'est ainsi que nos millions arrachés aux profondeurs de la terre disparaissaient en fumée !

Au même moment, par une incroyable rencontre, par une

inimaginable coïncidence, mon oncle maternel exploitait une autre mine, à cinquante kilomètres de Cavillargues. Cet oncle Emile était sorti de Centrale. Il avait dirigé une fonderie à Bruxelles, plié bagage au bout de deux ans, rejoint l'oncle Théodore à Djibouti, sans y rencontrer la fortune. De Djibouti, il était allé à Dakar, et c'est lui qui avait construit le port moderne de cette ville, ouverte alors à la grande barre de l'Atlantique. On m'avait souvent raconté ses aventures, des histoires confuses de marécages infestés de crocodiles, de coups de soleil et de fièvre jaune... C'était, pourtant, le contraire d'un aventurier. D'une apparence un peu frêle, avec des petites mains et des petits pieds, doux de cœur, bienveillant, ligoté par ses habitudes, il aurait sans doute fait un excellent professeur dans une université de province. Il chantait des airs d'opéra d'une voix de ténor léger, très pure et très claire, ne se permettait guère d'autres plaisirs et changeait de costume trois fois par jour, pour égaliser leur usure. Il n'avait aucun goût pour le hasard. Ce n'était qu'un technicien qui ne pouvait pas s'adapter aux grandes entreprises de la chance. Il calculait tout, mais avait une peur panique de ce qui coûtait de l'argent.

« Le diamètre de la pièce de cent sous est immense ! » aimait-il à dire, avec une sorte de terreur, comme s'il avait formulé le théorème de base de quelque nouvelle géométrie.

Ce n'était donc pas l'attirance de l'inconnu qui l'avait conduit à s'expatrier, mais sa timidité devant les affaires. C'est une raison comme une autre de faire le tour du monde. Lassé, pourtant, par les avalanches d'eau des tropiques, mon oncle était revenu au pays natal et s'était lancé dans une entreprise de charbonnages, au moment même où mon père ouvrait son travers-banc dans sa mine de Cavillargues.

La mine de mon oncle s'appelait la mine d'Olympie, nom admirable qui me faisait rêver de la forge de Vulcain et de l'antre des cyclopes. Elle était située dans une haute vallée des Gardons, au milieu des prairies que le printemps couvrait de jonquilles et de narcisses. Si nous avions été attentifs aux signes de la nature, nous aurions compris qu'une industrie était vouée à l'échec dans ces lieux dédiés à la solitude.

Comme le charbon de notre mine, le charbon de ces lieux sacrés était d'une qualité particulière. Loin de s'enflammer tout seul et de transformer en brasier les wagons du P.-L.-M., il refusait de brûler, même dans un four en incandescence. Aucun haut-fourneau ne pouvait le contraindre à se consumer. C'était, cependant, un admirable charbon, noir, luisant, constellé de petites paillettes brillantes, du véritable anthracite, disait-on dans la famille, meilleur que les anthracites anglais, si l'on se bornait à le juger sur les analyses que mon oncle en avait fait faire.

Devant ce double malheur, mon père eut l'idée d'unir les destins de la mine d'Olympie et des charbonnages de Cavillargues. Puisque le charbon de Cavillargues brûlait trop bien et que le charbon d'Olympie se refusait à le faire, pourquoi ne pas mélanger ces deux éléments contradictoires ? Ils donneraient à coup sûr un produit de qualité, durable et flambant, prompt à s'enflammer et long à s'éteindre. C'est ainsi qu'en avance sur son temps mon père ébauchait la structure d'un combinat corrigeant les erreurs de la nature.

Mon oncle fut séduit par le projet et le poussa plus avant. Il ne suffisait pas, à son sens, de mélanger nos charbons par parties égales sur le carreau de la mine. Ce qu'il fallait, c'était fabriquer des briquettes, des boulets, des agglomérés, pour rendre l'union de nos deux produits indissoluble. Alors, les charbons d'Olympie freineraient vraiment l'ardeur des charbons de Cavillargues, qui les convaincraient à leur tour de se laisser embraser.

Restait à fixer le mode de fabrication des briquettes. Fallait-il adopter des compresseurs à pistons, comme dans la machine Evrard, ou des compresseurs à roues tangentielles, comme dans le procédé David et Jarlot ? Mon oncle mit au point une méthode plus simple, qui ne coûtait pas trop cher, et qui pouvait suffire à faire démarrer l'entreprise. Il serait toujours temps de nous équiper à la moderne quand notre carnet de commandes serait plein ! Un petit atelier de planches, encombré d'un matériel rudimentaire, marqua donc l'emplacement de nos futures fabriques.

« Le problème est simple, disait mon oncle. Broyer, malaxer, compresser... il suffit d'amorcer le cycle. »

Optimiste, comme toujours, mon père voyait déjà toute la marine de guerre pousser ses feux avec nos briquettes frappées d'une ancre qu'il avait dessinée lui-même. Le grand nuage noir qu'elles laisseraient derrière l'escadre serait notre pavillon sur toutes les mers, un pavillon qui ferait le tour du monde.

En attendant les grosses commandes de la Marine et des Compagnies de chemins de fer, cette nouvelle entreprise engloutissait les dernières ressources de mon père. Plus que jamais, il jouait aux quatre coins avec le doit et l'avoir, les rentrées et les échéances. Quant à mon oncle, il totalisait avec terreur le diamètre de toutes les pièces de cent sous qu'avait déjà dévorées la caisse commune.

« Vitesse et sécurité ! disait-il pourtant, comme pour se rassurer lui-même. Sécurité à cause des charbons d'Olympie, et vitesse assurée par la houille de Cavillargues... Notre publicité repose sur ces deux mots. »

Aucune publicité ne pouvait sauver cette affaire. Les charbons d'Olympie et les houilles de Cavillargues, même broyés, malaxés, compressés, même frappés d'une ancre marine ou d'une cheminée de locomotive, n'unissaient pas leurs vertus, mais additionnaient leurs défauts. La moitié de nos briquettes brûlait toute seule, sans pouvoir contraindre l'autre moitié à faire comme elle. C'est en vain que mon oncle essaya de nouveaux mélanges et leur ajouta du goudron, des brais gras et secs et de la poudre d'argile. Il fallut fermer les charbonnages de Cavillargues, et les mines d'Olympie retournèrent à leur solitude... Les jonquilles et les narcisses repoussèrent dans les prairies...

Mon père s'était épuisé, une fois de plus, à la poursuite d'un rêve qui n'avait laissé entre ses doigts qu'un mélange de cendres et de cailloux.

Une grosse, grosse, très grosse affaire...

Le pays où je suis né est plein de pêcheurs de lune et d'attrapeurs de nuages. Ce pays est un pays pauvre, où la vie est difficile. Malgré les mines de Rochebelle et les forges de Tamaris, il semble frappé de malédiction par la pauvreté. Tout y périclite en quelques années. La vigne meurt, les vers à soie sont brûlés par les maladies, les mines n'ont plus que des filons dérisoires. C'est un vieux pays dont l'économie se dégrade et ceux qui sont pris par sa déchéance ne peuvent lui échapper qu'en se fabriquant une autre vie.

C'est pour cela que nos petites villes de la montagne abritent toujours deux ou trois rêveurs qui fondent des fabriques illusoires ou bâtissent des usines imaginaires. Certains s'acharnent à ranimer des industries disparues, ouvrent des fours de potier ou des chapelleries à Anduze, prospectent des gisements abandonnés depuis les Romains ou cherchent des paillettes d'or dans le lit de nos torrents. D'autres rêvent de fonder des entreprises nouvelles et de marcher avec leur époque, en s'improvisant inventeurs.

Mon père tenait des uns et des autres, mais il restait modéré dans sa déraison. Il n'allait jamais plus loin que les bornes du possible. Quelques-uns de ses amis les franchissaient volontiers et le plus aventureux de ces fabricants de mythes était même de notre famille... Mon père avait l'air d'un esprit timide, à côté de lui.

Distingué, je veux dire grand et mince, disert mais précis, se référant toujours à des statistiques, alignant des chiffres, ne s'en remettant jamais au hasard, le cousin Paul concevait des affaires formidables, les organisait, les cotait en Bourse, leur faisait livrer de fantastiques combats avec des affaires concurrentes, s'emparait des marchés à l'échelle nationale, à l'échelle d'un continent, à l'échelle de la planète, rationalisait encore son entreprise et finissait par se retrouver ruiné avant que son affaire ait commencé d'exister.

Il avait un port de tête autoritaire, des moustaches soignées, des cols à la mode de New York et des bottines pointues. Il était nonchalant, mais ne plaignait pas sa peine. Tous les dix mois, il faisait le voyage d'Amérique, ce qui lui donnait un grand prestige dans notre famille, abondante en Africains, mais peu familière du Nouveau Monde.

— Je suis un businessman ! disait-il avec modestie.

Il gagnait parfois beaucoup d'argent, mais se retrouvait souvent sans le sou, comme mon père. Ces revers imprévus ne l'empêchaient pas de refranchir l'Atlantique-Nord sur les grands paquebots de cette époque.

— J'embarque sur *La Bourgogne*, nous confiait-il. J'avais une vieille tendresse pour *La Champagne*. C'est à son bord que j'ai fait ma première traversée... Mais ces nouveaux liners filent leurs vingt nœuds dans la grande houle...

— Vous partez en première ? demandait maman, un peu honteuse de poser cette question et qui changeait le ton de sa voix, comme pour se faire excuser.

— Il le faut bien ! répondait le cousin Paul, avec une pointe de regret, mais aussi de satisfaction. Vitesse et standing... les deux secrets des grandes affaires... Mais c'est une grosse mise de fonds ! Une vraie fortune !

— Cousin Paul, nous allons plus vite que les Allemands ? demandais-je alors en profitant du silence qui prolongeait cet aveu.

Le cousin hésitait deux ou trois secondes. Un peu de tristesse passait au fond de ses yeux.

— N... Non ! disait-il, en faisant appel à tout son courage. Il ne sert à rien de mentir... *Le Kaiser Wilhelm der Grosse* a franchi l'Océan à plus de vingt-deux nœuds. Tout y est sacrifié à la vitesse... *La Bourgogne* va moins vite, mais c'est un véritable palais.

Le palais flottant emportait le cousin Paul qui nous envoyait, de loin en loin, une carte postale à fond rouge et bleu où l'on pouvait voir des gratte-ciel et des plages de sable bordées de cocotiers. Il filait toujours sur New York mais, de New York, il poussait jusqu'aux Antilles, car c'était là qu'il avait ses intérêts. Il vendait des torpilleurs hors d'usage et du matériel de guerre réformé à la République d'Haïti. Ces grosses affaires ne l'empêchaient pas de fournir aussi des cotonnades aux négrillons convertis et quelques frivolités de Paris aux planteurs de canne à sucre. Il aimait cette île où l'on parle le français comme à Saint-Jean-du-Gard ou comme à Anduze. Il s'y était fait des amis, dont le plus cher se trouvait être toujours le président.

— Le président m'a dit, nous confiait-il en jetant un coup d'œil méfiant autour de lui, la dernière fois que nous avons déjeuné en tête à tête...

Mais, par malheur, le président changeait comme change le temps sous les Tropiques. Une aube rouge faisait crépiter les fusils du modèle 66 ou 74 qu'avait livrés le cousin. Ils tuaient peu, presque par hasard, mais leur bruit suffisait à donner l'impression d'une vraie bataille. Au bout d'une heure ou deux, le drapeau blanc montait au fronton du palais présidentiel et le président partait pour l'exil, avec quelques familiers, tandis que le cousin Paul déclarait :

— Ce sont les rançons de l'Histoire !

Huit mois après, il déjeunait à nouveau avec le nouveau président, en tête à tête, dans la même salle à manger lambrissée à la française, et l'histoire recommençait.

Le cousin revenait de ces voyages lointains aussi chargé de présents que l'ont été les Rois Mages. Il déballait des fixe-moustaches ou des talons en caoutchouc, des tissus hauts en couleur ou des noix de coco sculptées. Mais, avec ces présents dont nous ne savions vite que faire, il nous apportait des projets qui devaient transformer la situation de notre famille.

— Le cousin est arrivé, me disait ma mère. Il a besoin de parler avec papa. Ne va pas les déranger !

Je ne les dérangeais pas, mais je m'asseyais derrière la porte, l'oreille tendue.

— Jean, disait le cousin d'une voix solennelle, mais retenue, en martelant tous les mots. Jean, cette fois, c'est une grosse, grosse, très grosse affaire... Tu m'entends bien ? Tu me saisis ? C'est une grosse... (sa voix marquait un petit temps d'arrêt, pour reprendre en montant) grosse... (et pour éclater enfin comme une fanfare) très grosse affaire !

Mon sang battait. Je retenais ma respiration... Des noms prodigieux passaient à travers la porte... Saint-Domingue, Haïti, la Martinique et la Guadeloupe ! Les bananes, les cannes à sucre, les plantations et les factoreries, les distilleries de rhum, les fabriques de cigares. Nous allions échanger toutes ces richesses contre les navires hors d'usage, rajeunis par la peinture, dont ces Etats neufs avaient besoin. Nous allions troquer les dépouilles du vieil Occident contre les trésors des Tropiques.

— Je peux compter sur ta participation ? demandait la voix du cousin. Ce qu'il faut, c'est trouver des capitaux. Avec une trésorerie assurée, les transports ne sont plus rien... S'il le faut, je rassemblerai toute une flotte.

J'entendais mal ce que répondait mon père mais, de nouveau, le cousin martelait sa phrase :

— C'est une grosse, grosse, très grosse affaire !

Je me précipitais alors sur mon atlas de géographie. J'y cherchais la route de nos navires. Tout allait bien au départ du

Havre ou de Bordeaux. Mais je tremblais en abordant la mer des Sargasses. J'étais dans la zone des ouragans. Tout se mettrait à vibrer sous le tourbillon des cyclones et je croyais voir une barre noire s'élever au loin, sur la grande houle de l'Atlantique.

Pendant le repas du soir, mon père était plus taciturne que de coutume. Il ne disait pas un mot jusqu'au fromage mais, le fromage à peine entamé, il se mettait à parler avec ma mère et passait la nuit en discours et en projets.

Ces projets arrivaient parfois à leur terme. Le cousin vendait, achetait et revendait, et mon père touchait parfois une commission que dévoraient aux trois quarts les intermédiaires... Mais combien de bateaux n'ai-je pas vu sombrer, symboliquement, dans cette mer des Sargasses où tourbillonnaient les cyclones ! Que de plantations dévorées par des incendies de savanes ! Que de sucreries ravagées par des émeutes ! Que de présidents déposés au moment de la signature d'un contrat !

Aucune déception n'ébranlait la confiance du cousin Paul. Il était imperturbable. Les businessmen ont des nerfs d'acier, la chose est connue ! Une affaire de perdue, dix de retrouvées ! C'est ce que pensent les grands romanciers pour les sujets de romans, et les Don Juan lorsqu'ils perdent une maîtresse... Le cousin Paul tenait des uns et des autres.

C'était une réplique de mon père, en plus accusé, et mon père se laissait prendre par ses projets, comme je me suis laissé prendre par les siens. Rien n'est plus contagieux que ces rêveries au bout desquelles on croit voir le sourire de la fortune. Nous nous demandions cependant, parfois, si le cousin Paul ne dépassait pas les plus extrêmes limites de ce qu'il est raisonnable de faire.

— Il voit trop grand ! murmurait papa.

Passe de croire à l'usine de biscuits, aux charbonnages de Cavillargues, aux briquettes d'Olympie, aux commandes du P.-L.-M. et du ministère de la Marine ! De pareilles entreprises peuvent s'accorder avec la vie quotidienne et l'on peut se persuader qu'on les touche avec la main... Mais qui peut croire longtemps aux trésors cachés au-delà de la mer des Sargasses !

— Il voit trop grand ! répétait papa. Que voulez-vous, c'est la faute de l'Amérique !

L'Amérique n'était encore, à ce moment-là, qu'une informe

réplique de l'Ancien Monde. C'est ainsi qu'elle apparaissait à nos yeux, derrière sa statue de la Liberté, devant ses prairies interminables où poussaient des villes géantes. Ce nouveau monde avait perdu le sens des proportions, sans avoir fait pour cela un monde nouveau. Il ne pouvait rien nous apprendre. Il pouvait seulement fausser notre jugement par ses illusions et par ses mirages.

C'est, certainement, ce que mon père pensait quand le cousin Paul lui avait donné le vertige avec ses barèmes et ses chiffres, ses prévisions et ses statistiques, ses références à Philadelphie et à Chicago. Il devait alors se souvenir brusquement, contre sa propre nature et comme les gens raisonnables de notre pays, que l'imagination est la plus grande ennemie de la fortune et que les obstinés l'emportent toujours sur les visionnaires. C'est sans doute pour cela que, découragé par des rêves qui ne s'accordaient plus avec les siens, il répétait avec consternation :

— Il voit trop grand... C'est la faute de l'Amérique !

L'ombre du cèdre

Quand il bâtissait ses usines et ses fabriques imaginaires, mon père chiffrait aussi les transformations de notre existence qu'entraînerait le succès de ces entreprises. L'argent n'était rien, pour lui, s'il n'embellissait pas la vie. Quand on était riche, il fallait avoir sa maison, avec des meubles anciens, des livres et des tableaux. Au premier signe de la fortune, il nous faudrait donc quitter la Maison Lautier et nous installer dans une villa, au cœur d'un jardin d'arbres et de fleurs. La grande allée permettrait aux automobiles d'arriver devant notre porte. Il nous faudrait donc en acheter une. Gladiator, Panhard-Levassor ou De Dion-Bouton ? Il ne faudrait pas nous borner à lire les pages réclames, mais demander des conseils à des conducteurs éprouvés. Le docteur Saix nous en dirait plus que les *Lectures pour tous* ou que les *Annales*. Nous avions, du reste, le temps d'y penser !

Sans attendre d'avoir la maison qui l'aurait rendue nécessaire, nous avons eu notre automobile, dans ces temps lointains, mais il ne fut pas question de choisir sa marque et de discuter ses mérites. C'était une voiture d'occasion, déjà démodée, quand nous l'achetâmes. Elle n'avait pas de volant, mais une manette de direction. Ses pneus n'étaient pas des pneumatiques, mais des boudins de caoutchouc, durs comme des jantes de bois. Elle allait un train d'enfer en descente, roulait tant bien que mal sur le plat, mais se refusait à monter les côtes. Je me revois, la poussant de l'épaule dans un raidillon, au milieu des tourbillons de fumée qu'elle laissait derrière elle. Elle nous servit de jouet pendant quelques mois, puis mon père la revendit à un marchand de ferrailles et se contenta d'une moto.

Cette automobile, dont je vois encore le double baquet, la peinture verte et les hautes roues à rayons de bois, tient pourtant moins de place, dans mes souvenirs, que d'autres objets que je n'ai pu voir qu'en rêve. Elle a même l'air d'un jouet d'enfant à côté de l'ombre d'un cèdre que je n'ai jamais vu, mais sous lequel j'ai passé des jours et des crépuscules enchantés.

Pendant quelques mois, mes parents furent sur le point de quitter Alès et de s'établir de nouveau à Nîmes. Je ne sais plus quelle situation mon père devait y trouver. C'était, pour lui, un détail sans importance. Il jugeait l'affaire faite et ne pensait plus qu'à trouver une maison. C'était bien d'avoir du travail à Nîmes, mais il ne s'agissait pas de se trouver à la rue ! Il passait son temps à courir les agences, à visiter des appartements, à prospecter la proche banlieue.

— La maison nous attend ! nous dit-il un soir en rentrant.

— Tu l'as louée ? demanda maman avec angoisse, en portant les mains sur le haut de sa poitrine.

— Non... Nous avons un mois pour donner notre réponse... Sans cela, j'aurais fait l'affaire à toute vitesse.

— Tant mieux ! dit maman. Il vaut mieux quand même être sûr...

Papa sourit et se mit à décrire la maison... Une grande villa, ce qu'on appelle un mazet, dans cette ville. Trois pièces au rez-de-chaussée, plus la cuisine et une buanderie ; quatre chambres au premier étage. La porte d'entrée avait deux colonnes de pierre surmontées d'un petit fronton. C'était une belle maison. L'air et le soleil ruisselaient sur elle. Carrelages au rez-de-chaussée, parquets de chêne au premier étage. Que dire encore ? C'était une magnifique maison... Mais ce qu'elle avait de plus beau, c'était le jardin clos de murs au milieu duquel elle était construite, un jardin fou, plein d'arbustes épineux au feuillage dur, ombragé par quelques pins au-dessus desquels s'élevait un cèdre immense.

— C'est un cèdre du Liban, avait dit mon père. Le plus beau de tous les arbres, un arbre saint, un arbre sacré.

Comme le magnolia de notre champ de Goulsou, ce cèdre montait d'un jet, plus haut que le toit de la maison, pour s'épanouir au-dessus d'elle. A lui seul, il était toute une forêt. Des milliers d'oiseaux se poursuivaient dans ses branches, de l'aube au soir, et chantaient encore dans la nuit. Des insectes inconnus jaillissaient de son écorce, qui se délitait en plaques d'or. Sa haute flèche s'inclinait du côté du septentrion. Son feuillage dur faisait comme une poussière lumineuse avec les rayons du soleil et laissait tomber sur le sol une grande coupole d'ombre.

— Une ombre merveilleuse, reprenait mon père, fraîche en été, tiède en hiver... une ombre mélangée avec la lumière, et qui bouge sans arrêt, tout en ayant l'air d'être immobile.

Je n'avais pas de peine à imaginer cette féerie. L'ombre du cèdre s'était étendue autour de moi. Elle avait recouvert tous nos problèmes. Il ne s'agissait plus de savoir si mon père aurait la nouvelle situation pour laquelle il faisait, tous les trois ou quatre jours, le voyage de Nîmes. Il ne s'agissait même pas de savoir si nous irions habiter cette ville, ni si nous pourrions louer la villa dont la porte était encadrée par deux colonnes surmontées d'un petit fronton. Tout nous semblait dérisoire à côté de notre cèdre. Le cèdre lui-même semblait avoir disparu. Il était comme ces nuages qui passent devant le soleil, au plein de l'été, en laissant tomber leur fraîcheur sur la campagne. Son ombre seule comptait pour moi. Elle m'entourait de sa fraîcheur tiède. Je la voyais, bleue et verte, striée de milliers de petites flèches, morceaux brisés des rayons du soleil, mouvante et calme et tendue au-dessus de moi, comme une coupole de parfums, pleine de musique.

C'était si beau que je ressentais comme une angoisse. L'arbre sacré de cette campagne romaine n'était-il pas aussi un arbre magique, plein de sortilèges et de maléfices ? Cette ombre bleue n'était-elle que tutélaire ?

— Dis, papa, on ne risque rien, si l'on s'endort sous ce cèdre ?

— Rien du tout ! répondait mon père avec une tranquille

assurance. On risque peut-être quelque chose dans les déserts du Liban, à cause des bêtes sauvages, mais, dans la campagne de Nîmes, on ne court aucun danger.

— C'est, au contraire, un arbre très sain, faisait remarquer ma mère. On fait des coffres avec son bois.

— Je pense bien, c'est un bois imputrescible, balsamique, odorant... et cette odeur doit purifier le vent.

J'ai vécu, pendant des mois, sous ce cèdre, et je ne l'ai pourtant jamais vu. Au bout de quelque temps, il n'a plus été question d'aller vivre à Nîmes. Les projets de mon père avaient traîné en longueur. Ils ont fini par n'être qu'un souvenir emporté par d'autres projets. Nous n'avons jamais loué la maison dont la porte était encadrée de colonnes, ni son jardin fou, plein d'arbustes épineux, mais le cèdre du Liban, l'arbre merveilleux dont mon père avait composé la légende, a continué, pendant des années, à me couvrir de son ombre.

Nous avons manqué la fortune

Ni le coup d'œil ni l'intelligence ne faisaient pourtant défaut à mon père. Les affaires qu'il concevait n'étaient pas toujours irréalisables. Il était seulement en avance ou en retard de quelques minutes, de quelques heures ou de quelques années, à ses rendez-vous avec la fortune. S'il fit de moi le petit prince illusoire de la fabrique de pâtes, de l'usine de biscuits, des charbonnages de Cavillargues et de leur usine d'agglomérés, il s'en est fallu de peu qu'il ne réalise ses rêves et ne bouleverse ma vie.

Vers 1907 ou 1908, il se lança dans une grande affaire de terrains que lui avait proposée l'oncle Théodore. L'oncle vivait alors à Safi, petit port du sud du Maroc dont personne ne connaissait encore le nom. Il nous avait apporté des plans de cette ville et des cartes de la région, un jour qu'il était passé à la maison, entre deux rapides. Mon père eut vite compris que Safi deviendrait un jour le grand port du Sud marocain, le débouché de l'Atlas et des Doukalas. Les terrains de cette future métropole valaient alors ce que valent les déserts, quelques sous au kilomètre carré. Il ne s'agissait pas d'acheter de quoi construire un ou deux immeubles, mais de s'emparer de toute la ville, de ses quartiers d'affaires, de ses avenues résidentielles, de ses faubourgs usiniers, de son port et de ses docks. Maîtres de cet espace où germait un formidable avenir, il nous suffirait d'attendre, en serrant les dents, pour nous réveiller un jour multimillionnaires.

Mon père fit le voyage du Maroc. Comme l'oncle Théodore, l'oncle Emile et le cousin Paul, il franchit la mer pour aller conquérir la Toison d'Or. Son bateau s'appelait le *Doukala*, heureux présage ! La mer fut belle. Le voyage sans histoire. Un nouvel Africain augmenta le nombre des Africains de notre famille. Trois mois plus tard, nous possédions tout le périmètre de notre cité future. L'oncle Théodore et quelques amis avaient aventuré quelque argent dans cette entreprise. Safi nous appartenait. Ce n'était toujours qu'un port dérisoire, mais le temps allait travailler pour nous.

Le temps passa. Nos titres de propriété sont restés, pendant des années, dans le tiroir du bureau où mon père amoncelait les archives de ses rêves. A sa mort, nos terrains n'avaient pas acquis cette plus-value dont j'ai rêvé si souvent, pendant mon enfance, comme j'ai rêvé des enchères à la bougie et du travers-banc des mines de Cavillargues. Safi n'était toujours qu'un petit havre sans importance. Je venais d'avoir dix-neuf ans. J'avais besoin d'un délai avant de pouvoir gagner ma vie et cette dernière catastrophe paternelle avait balayé toutes nos ressources. Je ne sais plus qui nous fit la charité de nous racheter notre ville imaginaire. Même si ce fut pour quelques milliers de francs, bénédiction sur ceux qui, contre toute raison, nous vinrent alors en aide. Nous aurions tout aussi bien pu leur vendre un domaine accroché à un golfe de la lune !

J'eus vite oublié nos propriétés marocaines. Je ne me suis jamais demandé ce qu'elles étaient devenues. La façon dont mon père a passé sa vie m'a guéri de rêver à la fortune... Un soir, pourtant, alors que j'avais déjà dépassé la cinquantaine, revenant du Brésil, encore ébloui par la plage de Tambaou et par les églises baroques d'une ville fondée par l'or et sauvée par la misère, je suis tombé, par hasard, sur quelqu'un qui m'a révélé la fin de cette aventure.

— L'Afrique est là-bas, m'a dit cet homme d'affaires, rencontré sur le bateau, en tendant la main vers les vagues d'où montait le crépuscule et qui roulaient devant nous, aux limites de l'horizon. L'Afrique est là-bas, reprit-il, et nous devons être à la hauteur d'une ville où l'on pouvait ramasser encore une fortune, il y a seulement quelques années.

— Où donc ? ai-je demandé en pensant à tout autre chose, tant mon indifférence est grande à ces sortes de miracles.

— A Safi, m'a-t-il répondu.

— A Safi ?

— Oui, c'est maintenant le grand port du Sud. La plus-value des terrains y atteint des proportions formidables. On n'a jamais vu mieux, pas même à Saint-Paul et à Rio.

J'ai regardé la mer, comme si les millions de mon père avaient reposé dans ses profondeurs, à côté des galions et des caravelles espagnols perdus en ramenant l'or et les diamants de l'Eldorado. Une grande paix s'est faite, au fond de mon cœur. Un des rêves de mon père s'était donc réalisé ! Il avait su comprendre, au moins une fois, au cours de sa vie, où se poserait le talon ailé de la fortune.

Découverte de la peinture

Mon père a passé sa vie dans ces entreprises imaginaires, ces usines sans moteurs et sans machines ou ces mines sans charbon. C'est en vain qu'il s'est obstiné à poursuivre la fortune, mais il a suivi aussi d'autres rêves qui ne l'ont jamais trompé. La peinture était sa passion. Il l'aimait d'un amour physique et, de temps en temps, se mettait à peindre. Pendant des semaines ou des mois, plus rien n'existait alors pour lui. Il renouvelait son jeu de brosses et de pinceaux, complétait sa collection de tubes de couleurs, achetait des toiles et les préparait avec minutie d'après les recettes des anciens maîtres.

Sensible et doué, il n'avait jamais appris les rudiments de son art et, s'il sentait les différences et les qualités de la matière, il n'arrivait pas à faire d'elle ce qu'il voulait. Il ne faisait rien que par bonheur, mais le bonheur est inconstant de nature et jamais mon père ne pouvait être égal à lui-même.

— Pour retrouver ça ! disait-il en prenant du champ, pour mieux regarder sa toile. Pour retrouver ça ! répétait-il avec désespoir.

J'ai passé des heures à le regarder travailler. J'aurais pu me laisser prendre à ce jeu et vouloir peindre moi-même. Jamais, pourtant, je n'ai véritablement été touché par ce désir. La peinture a toujours été, pour moi, l'art qui devait être exercé par les autres. J'avais cependant quelques dons pour le dessin, mais, alors que j'écrivais naturellement de la main droite, dès que je dessinais, je prenais mon crayon de la main gauche. Tout enfant, j'ai vu dans cette particularité comme un signe mystérieux, un sombre avertissement. En dessinant, je cessais d'être moi-même. C'était un autre que moi qui s'emparait du crayon, un autre que moi qui tentait de donner une forme à mes rêves. C'est sans doute pour cela que je n'ai jamais eu envie de faire de la peinture, mais j'ai appris à l'aimer et à la comprendre un peu à travers la passion que mon père avait pour elle.

Cette passion se heurtait aux difficultés d'une époque où il fallait voyager si l'on voulait savoir ce que peut être un chef-d'œuvre. Les livres ne permettaient pas alors, comme ils le font aujourd'hui, d'imaginer ce qu'on n'a pas la chance de voir. Mon père en avait pourtant quelques-uns, le Rembrandt, le Poussin, le Léonard de Vinci, d'une collection à bon marché qui fut la première ébauche de ces collections qui encombrent aujourd'hui les vitrines des libraires.

Ces « Maîtres illustres du passé » donnaient déjà quelques reproductions en couleurs. Mais c'étaient de pauvres reproductions, sombres comme des tableaux noyés de vernis, désaccordées, tirant au bleu, au vert ou au jaune. Elles m'ont pourtant permis d'imaginer ce que pouvaient être ces chefs-d'œuvre que mon père dénombrait comme s'il les avait vraiment vus. Il fut sans doute un des premiers à ouvrir dans ses rêveries cette galerie imaginaire dont nous avons fait un des plus beaux monuments du milieu de notre siècle. Il s'y promenait comme nous le faisons maintenant. Je l'ai souvent vu revenir à la maison, un livre caché sous le bras, l'air rayonnant.

— Devine ? me disait-il. J'en ai trouvé un nouveau.

La collection avait annoncé un Greuze, un Watteau et un Delacroix. Cette fois-ci, c'était le Watteau. Mon père était ému comme un enfant. J'étais grave et attentif comme une grande personne. Nous nous installions pour regarder les images.

— Tiens, *L'Embarquement*, me disait-il. Il est au musée du Louvre. Je l'ai vu. Il faudra que tu ailles le voir un jour. Il y a toujours cent personnes pour le regarder.

Qu'aurait-il dit si on lui avait révélé que je garderais ce tableau, presque comme un bien personnel, pendant des années, et que je le regarderais tous les jours dans un temps où personne n'aurait plus le droit de le voir ? Qu'aurait-il dit s'il avait pu prévoir que je tiendrais dans mes mains quelques-unes des œuvres les plus illustres dont nous regardions la reproduction dans ses livres ? Aurait-il pu m'apprendre à les considérer comme des objets sacrés plus qu'il ne l'a fait en pensant que j'aurais peut-être la chance de les contempler quelques minutes, au cours de ma vie ?

— Des tableaux comme ça ! disait-il en me regardant d'un air sévère, comme si j'avais été déjà commis à leur garde.

Mais laissons l'avenir tranquille. A chaque jour suffit sa joie. La mienne était grande devant ces reproductions, et je vivais déjà, en les regardant, dans l'univers des chefs-d'œuvre.

Pour voir de vrais tableaux, c'était une autre affaire ! Le musée d'Alès était un désert. Celui de Nîmes, une maigre oasis. Il fallait aller jusqu'à Montpellier pour voir des toiles illustres, un David, des Courbet ; jusqu'en Avignon, pour faire la découverte des Primitifs. Quant au Louvre, il était pour nous dans un autre monde.

— Je l'ai visité trois fois, disait mon père, mais, pour le connaître, il faudrait toute une vie.

Il n'était pas question qu'il fasse un voyage en Italie, en Espagne ou en Hollande. Il avait vu le Louvre et c'était déjà merveilleux. Quant à moi, à huit ans, je n'étais jamais sorti d'Alès, sauf pour aller au Vigan et dans les montagnes, mais je savais pourtant que la peinture existait.

— Je voudrais faire un portrait, disait mon père, un portrait, reprenait-il en mélangeant ses couleurs sur le coin de sa palette, un portrait dans une teinte comme ça, concluait-il, sans savoir que c'était ainsi que pouvaient parler les grands peintres.

La teinte était rose, avec des reflets d'écarlate. Il ne restait plus qu'à la faire traverser par les vibrations de la lumière et qu'à choisir le modèle.

— C'est ton portrait, disait mon père à maman.

Maman s'installait dans un fauteuil et regardait mon père la peindre. Je disais :

— Ça ne lui ressemble pas...

— La ressemblance, disait papa, c'est ce qui vient au dernier moment... quand le tableau est fini...

L'école de Malivert

On trouve toujours des compagnons pour rêver à la fortune, et mon père n'en manquait pas dans ses entreprises industrielles ou commerciales. Qui refuserait de devenir millionnaire ? Mais, dans une petite ville comme Alès, qui rêve d'être un artiste ? Mon père eut pourtant un compagnon dans la passion qu'il avait pour la peinture. C'était le cousin Louis. Le cousin Louis était peintre, peintre en bâtiment, par nécessité, mais plus amoureux de l'art qu'un grand prix de Rome. Il avait un magasin à Anduze, à treize kilomètres de chez nous, une boutique étroite, pleine de couleurs et de rouleaux de tapisseries. Pendant toute la semaine, il travaillait comme un ouvrier et remettait à neuf des cuisines et des chambres, des bureaux et des salons. Mais, le dimanche, il peignait pour lui et partait sur les rives du Gardon faire des pochades, du côté de Labau ou de Malivert.

Maigre et sourd, coupé du monde des sons, mais envoûté par celui des formes et des couleurs, le cousin Louis portait la barbiche en pointe et les pantalons blancs des hommes de son métier. Il avait un beau visage ravagé, plein de rides verticales, et des moustaches jaunies par les cigarettes. Quand on lui parlait de la pluie et du beau temps, des événements et des nouvelles, il répondait toujours à côté, enchaînant du coq à l'âne, mais, dès qu'on lui parlait de peinture, il comprenait tout ce qu'on disait et répondait sans plus faire de bévues.

— Jean, expliquait-il à mon père, il faut peindre des paysages. Viens faire la pochade avec moi.

— S'il fait beau, je viendrai dimanche.

— Ah !... je ne savais pas que tu devais aller au Vigan avec Madeleine.

— Mais non, hurlait papa, je viendrai un de ces dimanches.

— Bon... si tu préfères le portrait... Mais le portrait, c'est le bout de l'art. Tu commences par la fin.

— Si tu crois que le paysage est plus facile !

— Non, pas plus facile... Mais on a le droit de le rater. Il faut commencer par la pochade.

C'était une expédition que d'aller jusqu'à Anduze. Une patache y menait, mais prenait deux heures. Dès 1908, mon père acheta une des premières motos, un engin tumultueux, dont la transmission à chaîne était une source de déboires. Il m'installait sur le porte-bagages, où ma mère avait fixé un coussin, et nous faisions la route en moins d'une demi-heure. On laissait la moto au magasin. On partait à pied pour les rives du Gardon, au pays d'Estelle et de Némorin, avec un sac plein de victuailles pour le repas de midi, les boîtes de couleurs, les chevalets et des cartons préparés sur lesquels allaient fulgurer les pochades.

— Le père Corot..., disait le cousin Louis en rallumant pour la dixième fois la cigarette de gris qu'il avait roulée en partant.

— Qu'est-ce qu'il ferait, le père Corot ?

— Il s'arrêterait ici... là ! Tu vois... devant cette ligne de peupliers... La prairie, les peupliers, le banc de sable, la rivière et les peupliers de l'autre rive... Bon Dieu, Jean, tu demandes ce qu'il ferait, le père Corot ?

On ouvrait les chevalets. On pendait le sac de provisions à une branche — à cause des fourmis et des serpents, disait le cousin Louis, qui en avait trouvé un dans sa musette, un jour qu'il était venu peindre seul. On me donnait la bouteille de vin et j'allais la mettre au frais dans la rivière. Quand je revenais du bord de l'eau, mes deux peintres étaient déjà au travail.

— Fais le ciel en premier, criait le cousin Louis. Ce qu'il faut d'abord, c'est l'espace... Tu le vois bleu ? Il est gris...

J'allais de mon père au cousin. Un ciel gris, un ciel bleu s'étendaient sur le haut de leurs cartons. La masse d'un peuplier faisait une tache verte, sur la gauche. Elle se constellait de petites pointes d'argent. La prairie s'étendait jusqu'à la plage de sable.

— Le sable ? criait papa.

— Il est gris, lui répondait le cousin. Gris avec juste un peu de jaune... Tiens, regarde... comme ça.

Je voyais changer l'univers. Les deux cartons en donnaient une image différente et je le sentais se métamorphoser sous le glissement de la lumière. A midi, nous prenions une heure pour déjeuner.

— Ce soleil écrase tout, disait le cousin. Il faut qu'il éclaire de côté pour qu'on puisse peindre.

Il mangeait doucement, à cause de ses dents gâtées qu'il ne voulait pas faire arracher. « Un dentier ? C'est une fortune », disait-il. Pendant qu'il mangeait, il redevenait sourd. J'avalais le saucisson, l'aile de poulet, la salade de tomates, la sardine à l'huile, les figues séchées et je sentais le sommeil qui montait sur moi comme une cohorte de fourmis. Je m'aplatissais dans les herbes et, quand je rouvrais les yeux, je revoyais mes deux peintres en train de peindre.

— Tu n'as pas envie d'essayer ? me demandait le cousin.

Malgré ma répugnance instinctive pour le dessin, il m'est arrivé quelquefois de tâter de la pochade, mais je voulais tout faire à la fois, le ciel, la prairie, les arbres et l'eau. Je tenais mon pinceau de la main gauche, quand il me fallait tracer un contour, et je l'attrapais de la droite pour étendre la couleur. J'étais maladroit et malheureux et, surtout, je n'avais pas envie de devenir peintre, même si j'avais dû être un grand peintre, comme ceux dont parlaient le cousin et papa. Il n'était, du reste, pas question de devenir un grand peintre. Le cousin Louis le savait, lui qui avait beaucoup de talent, et mon père aussi, qui n'en manquait pas. Ils peignaient sans ambition, ni vanité, pour leur seul plaisir, dans l'enthousiasme et dans la vénération.

— Quand ce n'est pas mal, disait le cousin, c'est magnifique !

Cette humilité se rencontre rarement chez les écrivains. Nul n'écrit sans croire un instant à ses chances de grandeur. Mais le peintre amoureux de la peinture est comme un athlète dans le stade. Il mesure d'un coup d'œil ce qui le sépare de ses vainqueurs.

Pendant deux ou trois années, mon père et le cousin Louis eurent la chance de pouvoir travailler avec un autre peintre, qui n'était sans doute pas un grand peintre, mais dans lequel ils avaient reconnu leur maître. C'était un architecte des chemins de fer, ancien élève de l'école des Beaux-Arts. On construisait alors la ligne d'Anduze à Saint-Jean, et ce M. Wynchet était venu de Paris pour bâtir les ponts qui allaient franchir nos vallées.

A peine installé dans cette petite ville à moitié ruinée, M. Wynchet avait eu besoin de couleurs. Il était entré à tout hasard dans la boutique du cousin Louis. Il y avait trouvé, à son grand étonnement, les terres de Sienne et les bleus de cobalt qu'il avait oublié d'acheter rue Bonaparte. Il avait alors parlé peinture, Daubigny, Harpignies, Corot. L'ouvrier en pantalons blancs, qui l'avait reçu, lui avait donné la réplique. On peut se sentir amis rien qu'en discutant sur des tubes de couleurs.

— Ces jaunes de chrome ne valent rien. Je ne vous les donne pas.

Le cousin avait fini par proposer à M. Wynchet de venir avec lui et avec mon père — un joli pinceau, vous verrez — faire une pochade et, un beau dimanche, j'étais parti pour les prés de Malivert avec trois peintres, trois chevalets et trois boîtes de couleurs.

— On verra ce qu'il sait faire, avait dit le cousin à l'oreille de papa. Avec ces Parisiens, on ne peut jamais savoir.

M. Wynchet s'était installé devant la nature. En quelques coups de pinceau, il avait ouvert le ciel, fait jaillir le peuplier, trembloter l'eau de la rivière. Mon père et le cousin avaient aussi commencé à peindre. De temps en temps, ils venaient jeter un coup d'œil sur le travail du nouveau venu. En retournant à leur chevalet, ils se regardaient d'un air solennel.

— Bon sang de sort, grognait le cousin entre ses dents.

Au bout d'une demi-heure, mes deux peintres avaient abandonné leur pochade et se tenaient debout, derrière M. Wynchet, le visage rayonnant, la cigarette éteinte au coin de la bouche.

— C'est de la peinture ! proclamait le cousin Louis à haute voix, sans gêne ni pudeur, comme si nous avions tous été aussi sourds que lui. Je n'ai jamais vu peindre comme ça. C'est un maître, cet homme-là. Bon sang de sort ! Allez vous fier aux apparences !

— Vous n'avez jamais exposé ? demandait mon père, un peu gêné, tout de même.

— Parfois... au Salon... des petites choses.

— Il expose ! criait papa à l'oreille du cousin.

— Il le peut, disait celui-ci d'un air farouche, en tirant sur les poils jaunes de sa barbiche. Jean, le père Corot ne ferait pas mieux que ça... Je ne parle pas de l'ensemble... Je dis : ça ! Là, tu vois... Regarde la touche.

M. Wynchet eut assez d'esprit pour ne pas tirer vanité de ces enthousiasmes. Il devint l'ami de ses admirateurs de province. Il aimait, lui aussi, ce qu'ils étaient capables de faire.

— Vous êtes libres comme des pinsons, leur disait-il.

— On ne sait rien, disait le cousin Louis avec une pointe d'amertume. On n'a suivi que l'école de la nature.

— C'est la grande... L'autre vous aurait gâté la main.

— C'est la grande, disait papa, mais, pour la suivre, il faut peut-être avoir connu l'autre.

— J'ai cinquante-cinq ans, criait le vieux peintre en pantalons blancs, envoyez-moi dans un atelier. Je veux être élève pendant dix ans. Pendant dix ans, je fais l'apprenti, le gâcheur de plâtre, le mitron, le porteur de pots de colle... Puis je reviens ici et je me mets pendant quinze ans à l'école de la nature et, avant de mourir, à quatre-vingts ans, je vous fais un tableau qui ressemble à quelque chose... un vrai tableau !

Faute de pouvoir aller à Paris pour recommencer sa vie, le cousin se mit à l'école de la nature, sous la direction de M. Wynchet. Mon père y étudiait aussi ces rudiments qu'il n'avait jamais pu apprendre.

— Allons à l'école de la nature, disaient-ils, chaque dimanche, en partant pour Malivert.

J'ouvrais les yeux. Je voyais les peupliers, les tendres prairies que le printemps couvrait de narcisses, le banc de sable rongé par l'eau du Gardon et le ciel où dérivaient des nuages. Je me demandais où était cette nature, qui pouvait tout enseigner à ceux qui étaient capables de l'entendre. Etait-ce une femme, un être aérien qu'il aurait fallu surprendre au clair de lune ? Je n'ai jamais osé le demander à mon père, ni à mon cousin. Mais M. Wynchet, fatigué d'enlever des pochades en quelques heures, avait commencé un grand tableau. Il y travailla pendant des mois. C'était encore une fois les prairies de Malivert, avec l'eau, l'arbre et le ciel, mais, dans l'espace ouvert par une clairière, on y voyait une femme danser, nue dans une auréole de voiles, sur les herbes humides de rosée. Cette *Nymphe de Malivert* n'était-elle pas l'apparition de l'invisible nature que je m'efforçais en vain de découvrir ? Je l'ai cru pendant longtemps. Je la vois encore en fermant les yeux. Plus de quarante années ne m'ont pas fait oublier ce tableau. Je ne sais plus s'il était bon ou mauvais. Etait-ce un faux Corot qu'on aurait pu prendre pour un Corot ? Un faux Trouillebert qu'on n'aurait pas pu prendre pour une œuvre du maître ? Je n'en sais rien. Mais, après avoir regardé tant de chefs-d'œuvre, il me semble que c'était une œuvre admirable dans sa dominante grise, avec ses rehauts de rouge et de vert. Ce fut, à coup sûr, le chef-d'œuvre de l'école qu'ont constituée, pendant trois années, ces trois hommes différents, sur les rives du Gardon, comme d'autres, plus glorieux, l'avaient fait à Barbizon ou à Pont-Aven.

J'ai subi l'influence, comme on dit dans les biographies, de l'école de Malivert, qui fleurissait dans la dixième année de ce siècle. Que les historiens de l'art se hâtent de l'ajouter à leurs chronologies raisonnées. Elle peut prendre place entre le fauvisme et le cubisme. Elle se recommandait — comme on dit dans les manuels — par son goût de la nature et de la vérité. Les œuvres qu'elle a produites ont été détruites ou dispersées. On en trouve encore quelques-unes dans des greniers de province, mais l'on ne sait même pas où se trouve maintenant cette *Nymphe de Malivert*, qui marqua son triomphe et son apogée.

Bien que n'ayant rien laissé derrière elle, ni dans nos musées, ni dans ceux de l'étranger, cette école peut s'apparenter aux plus grandes, car elle enseignait, avant tout, la révérence des maîtres et la modestie du cœur.

Les enfants ne sont pas admis dans les musées

L'école de Malivert m'avait fait découvrir la beauté. Il ne me restait plus qu'à la retrouver dans le vaste monde.

— Jean, dit un jour ma mère à papa, il faut sortir un peu ce petit... Toujours Alès, toujours Le Vigan... Nous en ferons un sauvage.

Cette crainte maternelle me fit faire un voyage à Nîmes, vers huit ou neuf ans. Ce fut mon premier voyage d'art, ma première confrontation avec les grandeurs du passé.

Quand nous avions aperçu la pointe de la tour Magne, haussant la voix pour couvrir le vacarme du chemin de fer, mon père avait salué la ville des Antonins en récitant un poème, à l'ébahissement de la vieille dame qui était assise en face de lui.

La cité que voilà, c'est Nîmes, Etranger !
On vient la voir de loin comme une ville sainte,
Elle a quatre-vingts tours et sept bois d'orangers,
Autour de son enceinte...

C'est en vain que j'avais cherché du regard ces quatre-vingts tours et ces sept bois d'orangers en remontant l'avenue Feuchères, aux beaux platanes couverts de poussière. Mais le monument de Pradier me frappa d'admiration, à cause de sa blancheur.

— C'est romain ?

— Non, dit mon père, avec une pointe de regret.

Devant la statue d'Antonin, toute blanche, elle aussi, je répétai ma question :

— C'est romain ?

— Non, dit encore mon père.

Je conçus quelques doutes sur sa science. Rien n'était romain dans cette ville romaine, ni le monument de Pradier, ni le palais de justice, ni la statue d'Antonin. Je vis pourtant les Arènes, la Maison Carrée, le temple de Diane et je parcourus le jardin de la Fontaine. Mon père m'y laissa pour aller à ses affaires. Il avait des gens à voir, des projets à mettre au point. Je me perdis en errant sur les terrasses. Le plus simple était de monter au sommet de la colline. J'y parvins en quelques minutes. La tour Magne était devant moi. Tour de guet, mausolée, bâtisse gauloise ou romaine, phare sans fanal de notre pays, belvédère des poètes, elle montait dans le ciel au-dessus des pins parasols accrochés à la colline. M. Bigot m'avait beaucoup parlé d'elle, avant mon départ. Il m'avait récité des vers, comme mon père. Tous nos amis connaissaient des vers pour toutes les grandes circonstances. Mais ceux que M. Bigot m'avait appris m'avaient semblé plus beaux que les autres :

Au front de la tour Magne,
Le Saint Signal est fait !

J'avais compris que ce Saint Signal était destiné aux peintres et aux poètes, à tous ceux qui voulaient refaire le monde comme M. Wynchet, le cousin Louis et mon père s'efforçaient de le refaire dans les prés de Malivert.

A l'ahurissement du gardien, je fis ce signal à ma manière,

au sommet de la plate-forme où j'étais monté en courant. Tourné vers l'Orient, je levai les bras au ciel, pour me retourner aussitôt du côté de l'horizon sur lequel le soleil se couche. C'était là-bas que se dressaient mes montagnes, la conque herbeuse de Puéchagut, la barrière de la Luzette et la haute croupe de l'Aigoual. J'envoyai vers elle mon Saint Signal en me disant que je le retrouverais un jour sur les pentes de ma prairie, au pays des mélèzes et des sources.

Quand il fut midi, mon exaltation poétique ne m'empêcha pas de dévorer, sur un banc, près du temple de Diane, le petit en-cas qu'Anna m'avait préparé. Mon repas terminé, je me souvins brusquement que mon père m'avait dit d'aller visiter le musée où je pourrais voir de la vraie peinture. Pour la première fois de ma vie, je demandai mon chemin à des inconnus et, par des boulevards et des rues qui me semblaient ruisseler comme des fleuves, j'arrivai devant le temple des Muses, le musée de la Mandragore.

Je gravis les marches du perron, le cœur battant si fort que je pouvais sentir ses pulsations dans mes doigts, au côté droit de ma gorge. J'avais déjà fait quelques pas dans la grande salle d'entrée quand, tout d'un coup, à deux mètres de hauteur, en face de moi, un peu sur la gauche, je vis un tableau que je connaissais pour en avoir souvent regardé la reproduction, dans le *Grand Larousse Illustré*. C'était le *Cromwell ouvrant le cercueil de Charles Ier*, de Paul Delaroche.

Je ne pouvais plus bouger. Il me semblait que j'avais poussé une porte et que, remontant le cours du temps, je venais de surprendre le chef des Cottes de fer en train de contempler sa victime.

— Tu es seul ? me demanda une voix qui ne sortait pas du fond des âges.

Je détachai mon regard du visage de Cromwell. Un gardien du musée était devant moi et me dominait de toute sa taille. Il était en uniforme bleu de roi, avec des boutons gravés aux armoiries de la ville.

— Tu es tout seul ? me demanda-t-il, plus rudement.

Je ne répondis rien. J'étais ahuri, mais désespéré. Fallait-il donc être accompagné pour avoir le droit de regarder des tableaux ? Allait-on me chasser de ce musée, moi qui partais tous les dimanches, avec des peintres, sur les rives du Gardon, moi qui connaissais M. Wynchet, moi qui l'avais vu concevoir la *Nymphe de Malivert*, moi... Ah ! si Paul Delaroche avait été là !

— Les enfants ne sont pas admis sans leurs parents, me dit ce gardien ennemi des arts en me repoussant vers la porte.

Je sortis, fou de rage et de mépris. Quand mon père me demanda si j'avais bien vu le musée, je mentis, non par orgueil, mais pour ne pas révéler l'abjection des grandes personnes.

— Quels tableaux as-tu préférés ?

— Le *Cromwell*, de Paul Delaroche.

— Ah ! dit mon père, tout de même un peu déçu, car il préférait le Sigalon.

Je me mis à décrire le tableau avec un sombre enthousiasme. J'en parlai à perte de vue — évoquant le velours noir, la caisse entrouverte, le nuage blanc qui planait sur le visage du roi — mais ne parlai que de lui.

— Bon, bon, me disait papa, c'est très bien, mais tu as quand même vu d'autres toiles ?

Je grognai et je reparlai de Cromwell.

— C'est curieux, dit mon père au repas du soir, en racontant la journée. Ce petit voit bien. Il a même un bon coup d'œil... Mais on dirait qu'il ne peut se souvenir que d'un seul tableau, en visitant un musée... Il n'a vu là-bas que le *Cromwell ouvrant le cercueil de Charles Ier*, de Paul Delaroche.

— C'est à cause du sujet, affirma M. Wynchet quand on lui raconta cette histoire.

Le docteur Saix fut plus nuancé et plus prudent.

— C'est un phénomène de la faculté d'attention, expliqua-t-il à ma mère, qui croyait aux médecins comme d'autres aux cartomanciennes.

— Vraiment ! De la faculté d'attention ? répondit maman, émerveillée, mais inquiète.

— Oui, oui... quand elle se fixe avec violence sur un objet, elle détruit les objets environnants par cette violence même. On voit des cas de ce genre, dans les services psychiatriques. Ils relèvent alors de la pathologie mentale, mais ils peuvent céder au régime lactovégétarien, à la prescription des bromures, des glycérophosphates, de la lécithine, aux injections de sérum artificiel, celui de Chéron, de préférence, à l'hydrothérapie, aux applications d'électricité statique... Mais nous sommes loin de ces hypothèses, ajouta-t-il en mė tapotant sur la nuque. Le petit est normal... intelligent, mais normal... pour tout dire, un nerveux !

Et, comme ma mère manifestait encore quelque inquiétude :

— Avec les nerveux, madame, tous les espoirs sont permis.

Disparition d'un chef-d'œuvre

Devant le pont qui menait au faubourg du Soleil, au bas d'une ruelle puante, entre un marchand de cordes et un chiffonnier, s'ouvrait la boutique d'un antiquaire, capharnaüm de meubles et de bibelots, entassement d'écrans de tapisserie, d'étagères en bobines enfilées, de tables de nuit et de tubs troués par la rouille, où l'on trouvait quelquefois des tableaux et des gravures.

Mon père allait quelquefois dans cette boutique, non pour faire des achats, mais pour fureter et tâcher de voir quelque morceau de peinture. Il tombait parfois sur une œuvre ancienne, Vierge médiocre de l'école de Lombardie, paysage ou portrait de la fin du XVIIe, composition dans le goût de Sigalon ou de Cabanel, tous deux enfants du pays. Quand ces toiles n'étaient pas trop ruinées, elles étaient trop chères pour sa bourse. Il se bornait à les regarder, mais, le dimanche, il les décrivait, pendant des heures, au cousin Louis et à M. Wynchet.

— C'est curieux, disait celui-ci, pourquoi ne trouve-t-on pas plus de belles pièces, dans votre région ? Il devait pourtant y en avoir, dans ces châteaux à moitié abandonnés et dans ces maisons de maîtres du XVIIe.

— Mais non, répondait le cousin Louis, les gens d'ici n'ont jamais aimé les Beaux-Arts. Dans ce pays, on peut trouver des artistes, mais pas des collectionneurs, ni des amateurs, ni des connaisseurs... Du reste, nous avons tout brûlé, pendant les guerres de religions.

— C'est vrai, disait papa, on ne voit jamais rien dans cette boutique. C'est pourtant la seule de la ville. Il n'y a sûrement rien qui vaille la peine, à des kilomètres à la ronde.

Un jour, cependant, en fouillant dans une pile de toiles et de gravures que l'antiquaire avait ramenées d'un château des environs, il découvrit un petit panneau noirci, piqué par les vers. Un vernis gluant comme du jus de tabac, des plaques grises comme du lichen laissaient à peine entrevoir les masses d'un paysage, la boule d'un arbre et le miroitement d'un étang.

— C'est bon pour faire du feu, lui avait dit l'antiquaire. Si ça peut vous servir pour peindre dessus, vous n'avez qu'à l'emporter.

Ce vieux fouineur se croyait un œil infaillible. Il était depuis cinquante ans dans le métier et ressemblait aux plus sordides vieilleries qu'il avait à vendre, dans sa boutique. On aurait dit une épave mitée de quelque muséum d'histoire naturelle.

— Ces bois anciens ont toujours une valeur, essayait de dire mon père qui désirait ce panneau, mais ne voulait pas l'emporter sans l'avoir acquis en bonne et due forme.

L'expert alésien se piquait au jeu et ne voulait pas en démordre. Il finit par transiger pour quatre ou cinq francs.

— A ce prix-là, disait-il, je deviendrai millionnaire en quatre ou cinq ans. Ce n'est pas le vieux bois qui manque, dans nos pays.

Mon père ramena le panneau à la maison, dans du papier de soie, en le tenant par les bords. Il l'installa sur un coin de table, avec des morceaux de coton immaculé, un bout d'étoffe de soie et des fioles qui sentaient l'essence et le vernis. Puis il me mit à la porte.

— J'ai mon secret, nous expliqua-t-il. Mais, si je me suis trompé, il vaut mieux que personne ne le sache...

Il travailla toute la journée, dans un grand silence qu'il coupait parfois en fredonnant *Sigurd* ou *Lakmé*. Vers le soir, il ouvrit tout d'un coup la porte de sa chambre et cria, dans le couloir, à faire trembler les murs :

— Madeleine ! Viens voir ! Je n'ose pas dire ce que c'est !

Les taches de lichen avaient disparu. Le petit panneau laissait voir un paysage, une clairière ouverte sur un étang, entre deux grandes masses d'arbres. Des marquises et des marquis devisaient à côté d'un banc de marbre, sous la statue d'un dieu terme aux oreilles pointues. Maman avait déjà un nom sur les lèvres. Elle l'avait murmuré, peut-être, dans un souffle.

— Non, non, dit mon père en lui mettant la main sur la bouche, il nous faut avoir une certitude.

En dépit de ces derniers doutes, le petit panneau était devenu un objet sacré. Il n'était déjà plus question de le prendre sous le bras, de lui faire courir les aventures. Ceux qui pouvaient le comprendre et le juger furent convoqués par mes parents. M. Wynchet, le cousin Louis, le professeur Bigot, le docteur Saix, les peintres, les historiens et les hommes de science défilèrent dans notre maison. Le même nom se formait sur toutes les lèvres. Ce fut M. Wynchet qui osa le dire à haute voix, le premier, dans un silence où l'on aurait entendu voleter le Saint-Esprit.

— C'est un Watteau !

C'était un Watteau ! Mais un beau Watteau, un vrai Watteau, un splendide Watteau, un peu semblable à la *Réunion dans un parc* qui était au Louvre. La maison était transformée par sa présence. Il trônait au milieu du mur du salon, dans un cadre d'époque acheté très cher chez l'antiquaire qui se refusait toujours à croire que ce panneau noirci cachait un chef-d'œuvre.

— Un Watteau ? ironisait-il. C'est facile à dire... En tout cas, je n'avais pas d'écoulement pour cet article.

Maman, qui recevait déjà le jeudi — premier et dernier du mois —, confirma les dates de ce jour, en inondant les amis de petits cartons, souvenirs inoffensifs des splendeurs du Ladies' College de Jersey, où elle avait été élevée. Ce fut le jour du Watteau. Nos visiteurs étaient admis à le comparer aux reproductions que donnaient les maîtres illustres du passé. Certains d'entre eux se souvenaient du tableau du Louvre.

— Le vôtre est plus clair, plus dégagé.

— Quelle poésie ! disaient les dames. C'est un véritable enchantement.

— Qu'on devait être heureux, à cette époque !

L'enchantement dura pendant des semaines, peut-être des mois. Il nous plongeait dans une allégresse immatérielle, sans aucun rapport avec la vie quotidienne, dans une joie dégagée de toute contingence terrestre. Nos soucis semblaient avoir disparu !

Un soir, pourtant, caché sous la table, accroupi sur mon fumier, j'entendis mon père qui disait d'une voix honteuse :

— Tu sais... le Watteau... nous pourrions en tirer une grosse somme.

— Tu n'y penses pas ! répondit maman avec une indignation qui me parut bien fragile.

Je ne sais plus quelle catastrophe nous avait alors atteints.

Etions-nous aux derniers jours des charbonnages de Cavillargues ? A la liquidation de ce portefeuille d'assurances que mon père géra pendant quelque temps ? Etait-ce le temps de l'effondrement des cours du sucre dont il avait constitué un énorme stock ? De toute façon, l'argent était rare, à la maison, et jamais les fins de mois n'avaient été aussi sombres.

La nécessité est un terrible engrenage. L'allusion de mon père à la valeur marchande de notre Watteau avait suffi à le faire happer par ces roues dentées qui ne lâchent jamais leur proie. Dès ce jour-là, ce chef-d'œuvre immatériel devint un objet qui représentait « une grosse somme ». On pouvait peut-être en tirer ces « vingt et un cinq francs » dont parlaient toujours mes parents, quand ils n'arrivaient pas à équilibrer leurs finances.

— Ce sont les vingt et un cinq francs qui nous manquent ! prétendaient-ils.

Je n'ai jamais su et je ne sais pas encore, aujourd'hui, ce que signifiait ce chiffre bizarre. De quel ancien déboire était-il le souvenir ? De quel souci constituait-il le symbole ? Personne ne pourra plus jamais me le dire.

— Combien crois-tu ? avait demandé maman après un petit moment de silence.

— Plusieurs centaines de francs... Ça pourrait peut-être aller jusqu'à mille.

— Mille francs ! disait la voix de ma mère, planant comme un rêve au-dessus de la table et de l'aigre odeur de mes viandes pourrissantes.

Mon père écrivit à des antiquaires de Nîmes, d'Avignon et de Montpellier. Il écrivit même à un antiquaire de Marseille. Accroupi sur mon fumier, je l'écoutais relire ces lettres à haute voix, avant de les cacheter. J'étais frappé de terreur par leur dernier paragraphe :

« ... il se pourrait que je songe à me défaire de cette pièce et je vous serais très obligé... »

Le marchand de Marseille répondit qu'il aimerait voir le tableau. Mes parents me parlèrent d'un voyage de plaisir.

— Il faudrait que tu voies la mer... Papa doit aller faire un petit tour à Marseille. Il t'emmènera avec lui.

Ils s'imaginaient que je n'avais rien compris, alors que je savais tout et tremblais pour mon patrimoine.

Je fis donc le voyage de Marseille. Mon père avait rangé bien à plat dans sa valise un petit paquet entouré de papier de soie. Je savais que c'était notre Watteau. J'étais à la fois désespéré et joyeux... Je vis la mer ou, plutôt, le vieux port dont je fis deux fois la traversée, sur un vrai bateau, qui avait un vrai capitaine. Au restaurant, la dame de la caisse me fit des sourires.

— Gentil et pâlot, disait-elle. Qu'il ne se prive pas, au moins !

Elle était belle et très forte de poitrine. Il me semblait qu'elle devait être une ogresse et qu'elle voulait m'engraisser pour me dévorer un jour. C'est ainsi que j'interprétai ce premier essai de séduction féminine. Je fus loin d'être flatté par le goût que cette Marseillaise opulente devait avoir pour les petits garçons comme moi.

Dans l'après-midi, nous allâmes chez le marchand de tableaux, dans une ruelle étroite, aux maisons si hautes qu'on voyait tout juste un filet de ciel, entre leurs toits. J'attendis sagement mon père dans l'antichambre. Quand il revint, il n'avait plus le petit paquet, mais il avait l'air d'un homme heureux, l'air qu'il aurait eu si le charbon de nos mines était devenu du vrai charbon, du charbon qui n'aurait pas pris feu, tout seul, dans les wagons du chemin de fer.

— Tu sais, me dit-il comme si nous avions déjà parlé de cette affaire, alors que c'était la première fois qu'il y faisait allusion, notre Watteau, ce n'était probablement pas un Watteau... Ces fêtes galantes, ça peut être aussi des Lancret ou des Pater... et la nôtre n'était même pas sûrement de Lancret... Alors, tu comprends, il valait peut-être mieux la vendre.

Je trottinais à côté de lui, en le tenant par la main, au milieu d'une foule énorme, qui coulait comme un grand fleuve vers la mer. Nous marchions dans une avenue qui descendait au vieux port sur lequel dansait une forêt de mâtures.

— Eh bien ! je l'ai vendu, reprit papa après un petit silence. On m'en a offert beaucoup d'argent... beaucoup d'argent ? Enfin, une somme convenable, une jolie somme même. Elle couvrira largement nos frais... et nous avons fait un joli voyage... Tiens, regarde, nous sommes en plein sur la Canebière. Ce n'est pas Nîmes, mais c'est beau... Quant au Watteau... eh bien ! le Watteau nous l'aurons quand même gardé chez nous pendant plusieurs mois et tu le retrouveras peut-être, un jour, en visitant le musée du Louvre.

Poète, prends ton luth !

Si l'école de Malivert n'a jamais compté que trois membres — je n'en fus, en effet, que l'enfant de chœur ou que le bacchant, — notre Académie poétique en aurait groupé quarante sans peine. Presque tout le monde était poète, dans le petit cercle amical de mes parents — poète ou passionné de poésie. M. Bigot était même un vrai poète, un poète, du moins, qui n'avait pas honte de l'être et ne répugnait pas à parler de ses vers, un professionnel, en quelque sorte. Mon père rimait aussi, mais comme il n'appartenait pas à l'Université, il l'avouait seulement à quelques intimes qui, pour la plupart, en faisaient autant. Cet amour de la poésie était infiniment plus répandu que celui de la peinture et n'hésitait pas à se montrer au grand jour.

Notre ville elle-même, en dépit de sa rudesse montagnarde et de sa grossièreté commerçante, avait une tradition poétique qui venait de loin et se maintenait, vaille que vaille, malgré le siècle de fer qui venait de commencer. La statue de Florian veillait sur les rives du Gardon et celle du marquis de la Fare sur les jardins en rocailles de la Maréchale.

Presque tous les jeudis, coiffé aux enfants d'Edouard, cravaté de bleu, culotté court et chaussé de petits vernis, je sortais avec ma mère et faisais visite à Mme Mathieu-Goirand. Cette vieille dame avait publié plusieurs recueils de poèmes, « sous son nom de poétesse », m'avait-on dit. Faute de savoir ce nom, je m'étais persuadé que cette amie de ma mère était Mme Marceline Desbordes-Valmore. J'avais lu des vers de cette dame, dans un de mes livres de classe, et je n'imaginais pas qu'une autre femme poète ait déjà pu faire imprimer les siens. Je changeai d'avis le jour où j'appris que maman écrivait aussi des poèmes et que je les vis, imprimés dans les *Annales*... Mme Mathieu-Goirand cessa d'être, pour moi, Mme Marceline Desbordes-Valmore, mais je continuai à l'admirer tout de même.

Elle ressemblait un peu à grand'mère et parlait de la poésie comme celle-ci parlait de Dieu. Elle avait le même air tranquille, la même lourdeur un peu lente, la même façon de s'habiller. Sa maison était un grand immeuble carré. Elle en occupait le second étage, au-dessus du *Gambrinus*, le plus beau café de la ville, face à la statue de Florian, au pied duquel Estelle et Némorin se racontaient des secrets que personne ne pouvait entendre.

Le plus grand poète de tous les amis de mes parents me semblait être pourtant Me Dalbèze. C'était lui, en tout cas, qui faisait le plus grand nombre de vers.

« Quarante par jour... Hugo en faisait quatre-vingts ! » disait-il en roulant des yeux terribles.

Il venait les lire à la maison, triomphant et défait comme un jeune héros qui vient de se battre avec les déesses. Il roulait des yeux de Roland furieux en lisant ses chants épiques, des yeux langoureux en murmurant ses idylles, des yeux de berger en cadençant ses églogues. Il m'a fait connaître tous les genres, toutes les règles de prosodies, les mètres et leurs césures, les enjambements et les rejets, les consonnes d'appui et les assonances...

« ... le lit en bois, la table en fer...

« T'en bois ! disait-il en s'arrêtant. Il n'y a pas de hiatus. L'euphonie est observée... Ecoute bien... le lit tten bois... Où irions-nous sans les vieilles règles ? »

J'étais entouré par les poètes, comme le petit Poucet par les arbres de la forêt. J'en trouvais partout. Chaque dimanche, en allant à l'école de la nature, dans les prés de Malivert, je passais devant le buste de Clara d'Anduze, au jardin des Cordeliers. C'était encore une poétesse ! Je ne l'ai pourtant jamais confondue avec Mme Desbordes-Valmore, car je savais qu'elle avait vécu au XIIe siècle et qu'elle écrivait en provençal.

« On ne sait rien sur elle, disait le cousin Louis. Rien de rien... C'était une trobaïrits, une découvreuse de poésie... Elle ne nous a laissé que quinze vers... Mais ils sont beaux », ajoutait-il en faisant une grimace qui, dans son esprit, devait donner une idée de cette beauté.

Familier de Florian, du marquis de la Fare-Alais, de Clara d'Anduze, à sept ou huit ans, je prenais toutes les statues pour des statues de poètes — même au Vigan, où l'on ne peut voir que deux monuments, tous deux consacrés à des guerriers. J'avais beau savoir que le chevalier d'Assas était un homme de guerre, il me semblait qu'on l'avait immortalisé par une statue moins pour sa mort héroïque que pour avoir crié, avant de mourir, une phrase que j'entendais, au fond de ma gorge, comme deux vers haletants :

A moi, à moi, Auvergne,
Ce sont les ennemis !

Quant au sergent Triaire, avec sa torche allumée au-dessus d'un baril de poudre, dans le bastion d'El Arich, je croyais l'entendre crier :

« Un pas de plus, je fais sauter le fort ! »

Je n'imaginais rien au-delà de la gloire des poètes, et la gloire militaire elle-même me semblait liée à quelque phrase immortelle qui transformait en poète le soldat prêt à mourir.

Le Parnasse de mon enfance unissait ainsi les morts aux vivants, les statues de marbre ou de bronze aux gens que je voyais tous les jours. Clara d'Anduze, compagne des troubadours, Florian et le marquis de la Fare-Alais y rencontraient Mme Mathieu-Goirand, le professeur Bigot, Me Dalbèze et même mon père et ma mère.

Je me demandais pourtant si les vers que faisaient les gens que je connaissais étaient aussi beaux que les quinze vers de Clara d'Anduze. Je sentais bien que ce n'était pas possible, et j'en ressentais de l'angoisse. Pourquoi la poésie n'inspirait-elle pas à tous les poètes des chants aussi beaux ? Pourquoi M. Bigot n'était-il pas déjà dans l'Anthologie qu'on nous donnait au lycée ? Pourquoi Mme Mathieu-Goirand n'était-elle pas aussi célèbre que Mme Desbordes-Valmore ? Pourquoi mon père et ma mère avaient-ils l'air résignés à n'être jamais illustres ? Papa n'avait-il pas écrit des vers aussi beaux que ceux de Musset ou de Lamartine ? Qui aurait pu célébrer le champ de Goulsou mieux qu'il ne l'avait fait dans un de ses poèmes ? Hugo lui-même aurait-il mieux parlé de ce coin de terre :

... où le magnolia plusieurs fois séculaire
Se dresse et voit sombrer le jour à l'Occident...

Maman n'avait-elle pas le don des poètes ? Ne voyait-elle pas des choses que personne ne pouvait voir ? N'entendait-elle pas ce que nul ne pouvait entendre ?

La poésie était-elle donc un secret ? Un secret qu'il n'était pas donné à tout le monde de découvrir ? Une grâce plus rare encore que celle de Dieu ?

Le drame de Port-Arthur

Si la poésie était un secret, c'était un secret qui pouvait être livré à la foule. Je le vis bien quand mon père écrivit un drame en vers — cinq actes, six tableaux — car ce drame affronta les feux de la rampe et le grand public de notre ville.

Pendant près de deux ans, tout en poursuivant la fortune et tout en peignant la pochade, mon père avait aligné les alexandrins. Le soir, quand je me réfugiais sous la table, sur mon imaginaire fumier, il les relisait à ma mère, en tapotant sur le bois sonore, avec un crayon, comme un opérateur du télégraphe :

Ta-ta-ta-ta-ta-ta... ta-ta-ta-ta-tatère...
Ta-ta-ta-ta-ta-ta... ta-ta-ta-ta-tata...

La poésie descendait sur moi comme une palpitation, un battement d'ailes, un piétinement de foule. Les mots que disait mon père n'avaient pas de sens. Ils étaient dévorés par leur cadence, entraînés dans leur tourbillon comme les cailloux roulés d'un torrent. Parfois, pourtant, sur un changement de ton, je pouvais saisir une phrase :

« Nadia... disait la voix paternelle en marquant un petit silence, puis s'élargissant comme un fleuve : La guerre ? Non ! La guerre est une chose infâme... »

Ce vers était un des seuls que j'étais arrivé à comprendre. Tous les autres n'étaient, pour moi, qu'un bruissement de syllabes, une mystérieuse musique.

Si la pièce de mon père n'avait pas été jouée, je n'en aurais sans doute gardé que ce souvenir. Mais, sur le conseil de Mme Mathieu-Goirand et du professeur Bigot, qui s'y connaissaient, elle fut représentée, en costumes, avec des changements de décors et, d'un seul coup, cette incarnation fit d'elle autre chose qu'un martèlement de mots et qu'une palpitation de syllabes.

A part le théâtre municipal et le Casino, dont il ne pouvait tout de même pas être question, le seul endroit où l'on pouvait monter une pièce était le grand salon du cousin Armand. Ce cousin ne faisait pas du commerce avec Haïti, comme le cousin Paul ; il ne vendait pas des couleurs et ne tâtait pas de la pochade, comme le cousin Louis, mais pratiquait l'art dentaire.

Chirurgien-dentiste de la Faculté de Paris.
Lauréat de la Société Odontologique de France.

Telle était l'inscription que portait la plaque de cuivre, scellée à l'entrée de sa maison, au bas de la rue, non loin d'une autre plaque de cuivre annonçant au visiteur angoissé :

DOCTEUR MOURIER
Nez, gorge, oreilles.

Le cousin Armand gagnait beaucoup d'argent et menait grand train. Ses façons de vivre étaient à la fois le scandale et l'orgueil de la famille. Célibataire endurci, il entretenait des « particulières », les mettait parfois dans leurs meubles et rompait à grand fracas des liaisons de quinze jours dont avait parlé toute la ville. Il jouait et gagnait et perdait au jeu comme il le faisait en amour. Copurchic et froid, la barbe taillée en double pointe, il se levait à huit heures, prenait son tub, entrait dans son cabinet à neuf heures moins cinq, arrachait les dents des Alésiens avec une terrible dextérité, déjeunait à midi sonnant, montait au *Cercle de la Jeunesse* prendre son café et taper les cartes, revenait à deux heures dans son cabinet, reprenait le davier et le pied-de-biche, quittait son cabinet à six heures, montait au *Cercle de la Jeunesse* où il dînait, puis bavardait ou jouait jusqu'à onze heures et demie. Le samedi, matinée finie, il prenait le train pour Nîmes ou pour Montpellier et ne revenait que le lundi, par le train de huit heures trente-six. Ces voyages de fin de semaine ne s'appelaient pas encore des week-ends. Ils auréolaient pourtant le cousin des prestiges du mystère et du modernisme conjugués. Sa thérapeutique ajoutait encore à ces prestiges, car il ne connaissait que le fer. Il pouvait arracher dix dents entre une inspiration et une expiration de ses clients paralysés de terreur. Le cousin Paul s'en fit arracher dix-sept, d'une seule traite, et, la bouche pleine de sang, dit simplement : « Cochon de métier ! » avant de s'évanouir... J'ai, pour ma part, deux ou trois trous dans la bouche qui me viennent du cousin, souvenirs de ces extractions sans anesthésie, qui vous libéraient d'un coup de toute souffrance, par une abominable torture.

Comme l'opération que j'avais subie des mains du docteur Mourier et du docteur Saix, cette thérapeutique par le fer semblait pourtant arrivée à un point de perfection au-delà duquel tout progrès était impossible. Il en va de même à tous les moments de l'Histoire, et nous ne pensons pas autrement au jour d'aujourd'hui.

« Grâce aux méthodes américaines, disait le cousin, nous opérons, maintenant, presque sans douleur... Il est, du reste, impossible d'aller plus loin. Ce serait porter atteinte à une des lois fondamentales de la nature. Les praticiens de New York en savent plus que nous là-dessus. »

Cette supériorité était, sans doute, la seule que nous reconnaissions alors à l'Amérique. C'était la terre promise de la prothèse dentaire, le pays des élévateurs, des roulettes électriques, des appareils à ventouses, des ciments plus émaillés que l'émail. Ces arts de la bouche ont peut-être servi de galop d'essai à l'expansionnisme des Etats-Unis. C'est par eux qu'ils nous ont fait sentir leur puissance. Les méthodes américaines ont d'abord triomphé dans les bouches douloureuses des Européens en proie aux douleurs de la carie. Quel pays fit jamais conquête plus pacifique ?

Le salon du cousin Armand était la manifestation de cette puissance. C'était, déjà, le reflet d'une économie à l'américaine, le plus grand, le plus beau de tous les salons de nos amis. C'est pour cela qu'il fut choisi comme salle de spectacle et qu'il accueillit les essais dramatiques de mon père.

Je ne me souviens pas des répétitions, qui durèrent pourtant plusieurs mois, mais seulement de la générale, de la grande représentation de gala qui eut lieu devant plus de cent personnes.

Encore coiffé aux enfants d'Edouard, par une fantaisie de ma mère, cravaté de bleu, chaussé de petits vernis, on m'avait fait asseoir sur un pouf, aux pieds de Mme Mathieu-Goirand. J'étais haletant et terrifié. Mais je vis le rideau s'ouvrir et je perdis conscience du temps et des lieux.

Sanglés dans des blouses blanches constellées de décorations, bottés de cuir noir, coiffés de casquettes plates ou de bonnets d'astrakan, des officiers parlaient à des dames. Ces dames s'appelaient Sonia, Doria et Natacha. Elles portaient des foulards fleuris et des robes brodées de couleurs vives...

Nous étions à Port-Arthur ! Nous allions du palais du prince-gouverneur aux bureaux de l'état-major, de la chambre d'une de ces dames aux bastions ravagés par la mitraille, pour arriver enfin dans la grande salle d'un hôpital, pleine de mourants.

La guerre russo-japonaise recommençait devant moi. Il y avait à peine trois ans qu'elle était finie. Elle ne m'avait laissé que le souvenir des trous de loups dans lesquels les soldats tombaient, par les nuits de neige. Mais ces lieutenants-colonels et ces généraux la faisaient revivre sous mes yeux... Le canon grondait au lointain.

« Adieu, madame ! » disaient les colonels en bouclant leur ceinturon.

Ivan, je t'attendrai, fût-ce toute la vie,

répondait Sonia, foudroyée, dans l'encadrement de la porte.

Le canon grondait toujours. Les premiers bataillons montaient aux avant-postes... Je marchais au pas avec eux !

Mais, brusquement, en dépit de leurs costumes, de leurs moustaches, de leurs coiffures, de leurs robes brodées et de leurs châles multicolores, je reconnus les héros de ce drame... Le colonel Ivan, c'était mon père ; maman, c'était Natacha ; le général, c'était le cousin Armand ; ma marraine Charlotte, c'était Sonia ; Mme Butch, Doria. Ces dames de la cour, ces officiers de la Garde impériale parlaient, du reste, comme mes parents et leurs amis. Ils disaient ce que je leur avais entendu dire bien souvent. Ils étaient contre la guerre. Ils la haïssaient. Ils prenaient le monde à témoin qu'ils ne l'avaient pas voulue, mais, prisonniers du devoir et de l'honneur, ils allaient la faire, pour que la paix ne soit jamais plus troublée...

La guerre ? Non ! La guerre est une chose infâme...

Le canon tonnait toujours... J'ai su, depuis, que c'était le mécanicien du cousin qui tapait sur une bassine, dans la coulisse. Mais les vrais canons ne font pas un bruit plus lugubre !

Natacha, regardez nos bataillons en marche...

Le professeur Bigot soulignait les beaux vers en faisant le

cul de poule avec ses lèvres. Mme Mathieu-Goirand s'essuyait parfois les yeux avec un mouchoir de dentelles. Me Dalbèze, olympien et solennel, roulait des yeux plus terribles que jamais en approuvant toutes les tirades et tous les vers « à l'emporte-pièce », comme il disait en fermant d'un coup sec sa main de géant. Au fond de la salle, modeste et coincé dans une embrasure de porte, le cousin Louis, en costume des dimanches, avalait sa pomme d'Adam derrière sa barbichette aux poils jaunis par la nicotine. Les yeux d'Anna luisaient dans l'arrière-salle où l'on avait dressé le buffet. Tous les spectateurs participaient à l'action. Le colonel Ivan semblait être leur porte-parole. Il parlait comme un Français de 1908, un Français de 1910...

Je ne pouvais pas comprendre, ce jour-là, qu'en faisant ainsi parler ses héros, mon père obéissait à la grande tradition de notre théâtre, à la tradition de Corneille et de Racine. Si les êtres humains ont quelque chose à dire, que diraient-ils, en effet, fussent-ils princes grecs, empereurs romains ou lieutenants-colonels de la Garde impériale russe, si ce n'est ce que disent les Français ? Tout ce qui pense ne peut avoir que les mêmes pensées que nous... C'est, du moins, ce que nous avons cru pendant des siècles. Mon père le croyait, comme le croyaient encore tous les hommes de son époque... Cette illusion avait fait de son drame de Port-Arthur l'annonce d'un autre drame, d'un drame dont on allait bientôt frapper les trois coups, sur une autre scène que la scène dérisoire du grand salon du cousin Armand.

Mais comment un petit garçon de huit ans, assis sur un pouf, aux pieds d'une poétesse, aurait-il pu comprendre toutes ces choses ? Comment n'aurait-il pas senti, cependant, que les malheurs dont on lui donnait le spectacle étaient des malheurs qui pouvaient frapper ses parents ? Ce qui le bouleversait, c'était la détresse de Natacha, et Natacha était sa mère. Il n'avait d'yeux que pour elle !

Le canon grondait toujours. Le colonel allait monter, une fois de plus, aux avant-postes.

Natacha, je le sens, je ne te verrai plus !

— Beau vers ! grommelait M. Bigot.

Sonia s'était effondrée dans un fauteuil. Une dernière fois, le colonel Ivan se tournait vers elle. Le canon grondait toujours. Natacha soutenait l'innocente victime de l'Histoire. Mais qu'allait dire le colonel, debout dans l'encadrement de la porte, tandis que grandissait la voix du canon ?

C'est pour Dieu, pour le Tzar et c'est pour la Patrie !

La pièce s'achevait sur la mort du colonel. Au dernier acte, le général étant mort depuis longtemps, le cousin Armand apparaissait dans une robe noire de pope. Sa croix pectorale à la main, il passait entre les mourants dans une ambulance de campagne.

— La paix soit avec vous ! disait-il d'une voix à faire frémir, et le colonel mourut comme il approchait la croix de ses lèvres.

Un grand silence accompagna le froissement du rideau qui se refermait.

— Bravo ! dit la voix de Me Dalbèze en prenant son registre d'épopée.

— Bravo ! répondit M. Bigot en se levant pour mieux applaudir.

La salle entière était debout et tapait des mains. Le rideau se rouvrit. Tous les acteurs, morts ou vivants, amis ou ennemis, s'étaient mis en ligne et se tenaient par la main, autour de mon père. A son côté, maman n'était plus la victime offerte au malheur, cette Natacha désespérée qu'elle avait incarnée pendant deux heures. C'était une jeune femme radieuse qui faisait des révérences de cour dans sa large robe à grands plis. Je crus, pourtant, voir encore une larme rouler sur sa joue et me sentis traversé par l'angoisse et le désespoir. De quels malheurs, de quelle détresse avait-elle fixé l'image pour les années à venir ?

Je n'eus pas le temps de rêver à cette larme. Les spectateurs s'étaient précipités sur la scène. Mon pouf était submergé. Le mécanicien du cousin émergeait de la coulisse, en écarquillant les yeux.

« Le sens des beaux vers n'est pas perdu », répétait, à côté de moi, le professeur Bigot à Mme Mathieu-Goirand, qui ne pouvait pas se mêler à ce tumulte et restait dans son fauteuil avec l'air qu'avait la reine Victoria dans mon manuel d'*Histoire*.

« Belle soirée ! disait-elle en jouant avec son mouchoir

comme avec un éventail. Rien ne peut être perdu tant qu'il reste des poètes !

— La guerre elle-même n'est rien devant la poésie », répondait le professeur en faisant son cul de poule d'admiration.

Le cousin Louis, qui n'avait pas dû entendre un seul mot de toute la pièce, participait à cet enthousiasme comme les sourds bienveillants savent participer aux joies de la vie.

« Ce n'est pas une pochade, bégayait-il, ni même un tableau de chevalet... C'est une fresque... une fresque monumentale... un monument... quelque chose comme une vision de Delacroix... un morceau d'Histoire et, peut-être, une prophétie !

— Jean ! criait Me Dalbèze à mon père en couvrant de sa voix le bruit de toutes les voix, tu n'as plus qu'à monter à Paris... Ici, c'est l'amitié... là-haut, ce sera la Gloire !

Imagine Edmond Rostand en Alès

Les compliments de Me Dalbèze n'étaient pas des compliments d'amateur. Notre poète, habile à séduire toutes les muses, écrivait aussi des pièces de théâtre. Il venait d'achever un drame en cinq actes qu'il avait envoyé à la Comédie-Française, sous le couvert de M. l'Administrateur général, comme il disait. Il était en correspondance avec le Comité de lecture et ne désespérait pas de se voir jouer sur la plus illustre scène du monde. « Chez Molière ! » précisait-il, à mon ahurissement.

Après des semaines et des mois de réflexions, Me Dalbèze avait adopté un titre simple. Sa pièce s'appelait : *Son Fils*. C'était un drame de l'hérédité. Il tenait compte des dernières découvertes de la science et tentait de leur ajouter les lumières de l'intuition et de la déduction créatrices. C'était, du moins, ce que Marius Dalbèze avait expliqué à mon père.

— L'hérédité ? aimait-il à dire. C'est la figure moderne du Destin, c'est la Fatalité des Anciens dans le sang et dans la moelle des hommes.

— C'est bien obscur ! répondait papa, en jetant un coup d'œil méfiant de mon côté, comme pour s'assurer que j'étais incapable de comprendre ce que Marius Dalbèze allait dire.

— Il reste peut-être encore quelques points à éclaircir, concédait l'auteur de *Son Fils*, mais, depuis dix ou vingt ans, nous avons tout de même pénétré à fond ces mystères sur lesquels ont rêvé les plus grands esprits, depuis des milliers d'années... Comment veux-tu qu'on puisse pousser plus loin qu'un Théodule Ribot ou qu'un Le Dantec ? Nous sommes au bout de ce que nous pouvons arracher à la nature. Au-delà, c'est la part de Dieu !

En évoquant cette part de Dieu, notre poète regardait le ciel d'un air terrible. On aurait dit qu'il allait se faire rendre des comptes. Mais un sourire de bienveillance coulait dans sa barbe blonde. D'un revers de main, il écartait les soucis qui venaient de l'assombrir. Pourquoi se serait-il posé des questions ? L'incertitude était étrangère à sa nature.

— L'hérédité ? reprenait-il, c'est la clef du destin, la grande découverte de notre époque... Elle explique tout... la laideur et la beauté... le crime et la vertu... l'imbécillité et le génie ! C'est le vrai signe du péché originel, la marque de la faute, le stigmate de la chute, le sceau de l'abîme que le père inscrit au front de son fils ! C'est enfin, c'est, surtout, la seule explication possible de ce que nous appelons le génie.

Je suivais mal ces discours. Je les reconstitue d'après les récits de mon père, qui s'en amusait encore dix ans après. Je comprenais seulement que le génie échappait à notre pouvoir. Nous avions conquis le ciel, maîtrisé la nuit, mis au point des techniques qu'on ne pourrait pas dépasser. Nous volions comme des oiseaux, nous savions guérir presque toutes les maladies. Le génie seul se riait de la médecine et de la science. Elles ne pouvaient rien contre lui, rien pour lui.

— On ne peut rien contre le génie, aimait à répéter Me Dalbèze, comme si cette phrase avait pu lui servir de sauvegarde.

— Le milieu peut beaucoup, répondait mon père.

— Hélas ! enchaînait l'auteur de *Son Fils*, et dans quel milieu vivons-nous ! Comment veux-tu devenir quelqu'un dans cette sentine d'ignorance, de grossièreté et de bassesse ? Nous ne sommes que cinq ou six à lutter contre le courant...

L'école de Malivert n'avait donc pas d'importance ? Ni nos assemblées de poètes ? Ni nos soirées dramatiques ? On pouvait aimer la peinture plus que le cousin Louis ? Servir la poésie mieux que Mme Mathieu-Goirand, que le professeur Bigot ou que Me Dalbèze lui-même ? J'en étais à la fois ébloui et désespéré.

— Jean, affirmait-il à mon père, nous perdons notre vie dans ce cloaque de peigne-culs et de revendeurs d'oranges... Qu'on le veuille ou non, tout se décide à Paris. C'est à Paris qu'il faut vivre pour gagner ou pour perdre sa bataille... Imagine Edmond Rostand en Alès ! Aurait-il écrit dix *Aiglon* et dix *Cyrano* qu'il serait encore inconnu !

La bibliothèque de nos rêves

— Regarde bien ! me disait le cousin Louis en m'attrapant par le bras devant les prairies de Malivert, le père Corot est ici !

Un banc de sable, le feuillage d'un peuplier, un ciel traversé par les nuages suffisaient à me faire sentir cette présence. Le grand peintre était vraiment avec nous. Je n'avais encore vu que cinq ou six reproductions de ses œuvres, mais j'avais appris à reconnaître sa touche sous le pinceau de M. Wynchet. C'était assez pour retrouver son génie à travers les aspects de la nature.

— Il est ici, me disait le cousin, en tirant sur sa cigarette éteinte, et je croyais voir, derrière une haie d'aubépines, le chapeau de paille du Maître en train de brosser une pochade.

Par malheur, ce n'est pas ainsi qu'on peut découvrir les poètes. Ils restent cachés dans leurs livres. C'est là qu'il faut aller les chercher, et les prés de Malivert ne peuvent pas tenir lieu de bibliothèque. Celle de mon père avait été rassemblée par l'amour et par le hasard. Le tour en était vite fait. A part les Maîtres illustres du passé, consacrés aux gloires de la peinture, on y trouvait le *Dictionnaire de la langue française* de Littré, le *Larousse illustré* et son premier supplément, les œuvres complètes de Molière et de Diderot, celles de Victor Hugo et d'Alfred de Musset et quelques volumes dépareillés, au milieu desquels je revois les *Méditations* de Lamartine, dans leur édition originale.

De temps en temps, pour quatre ou cinq sous, mon père achetait un petit volume gris-bleu de cette Bibliothèque nationale qui publiait, en caractères microscopiques, les chefs-d'œuvre du passé. C'était le Panthéon des auteurs anciens et modernes, le trésor littéraire de l'Humanité. Je me ruais sur chaque nouveau fascicule et j'avalais tour à tour Ronsard, Mathurin Régnier et Malherbe, mais aussi Gilbert, Lebrun-Pindare et Parny. Rien n'était inactuel, à mes yeux, car je vivais en dehors du temps, dans l'isolement de ma province, et j'étais contemporain de tous les siècles.

Ce que j'admirais pourtant le plus, c'était les vers de Hugo. J'en savais des milliers par cœur, sans avoir voulu les apprendre. Il me suffisait d'aimer un poème pour le savoir aussitôt. Ma mémoire en gardait l'empreinte, comme une cire touchée par un trait de feu... Ce vide ouvert à l'amour fut longtemps comblé par *La Légende des siècles* et par les *Contemplations* mais, en grandissant, le désir me prit de connaître aussi les poètes de mon époque, ceux qui venaient de mourir ou qui vivaient encore dans ce Paris dont parlait sans cesse Me Dalbèze et que j'imaginais alors comme un grand cénacle d'écrivains, une immense réunion d'hommes illustres.

C'est en vain que j'essayai de trouver les œuvres de ces poètes. Ils étaient encore inconnus, même des poètes de notre petite ville. Me Dalbèze en parlait avec des sous-entendus méprisants :

— La grande voix s'est tue en 85... Il faut lui donner le temps de renaître, disait-il d'un air menaçant. Quant à ce qui se passe dans l'interrègne..., et sa main battait l'air comme pour chasser des feuilles mortes.

Le professeur Bigot était aussi plein de réticences en parlant des nouveaux venus. Il me prêta pourtant une anthologie qui me fit connaître leurs noms.

— J'ai peut-être tort, me dit-il en me confiant ce livre. Il faut user des modernes avec prudence ! Ils ont des beautés, mais ne savent pas les soutenir... Tu trouveras là des fragments de ces messieurs... Tout ce qui mérite d'être retenu dans leurs œuvres... Après ça, relis Lamartine et Victor Hugo.

Ces fragments de Baudelaire et de Leconte de Lisle, de Verlaine et de Rimbaud aiguisèrent mon désir sans le satisfaire. Ce désir devenait une obsession et cette obsession s'ouvrait sur le désespoir. Il me semblait que je ne pourrais jamais lire les poètes de mon temps et, pour la première fois de ma vie, j'avais envie de vivre avec mon époque.

Un soir, pourtant — je revois la table et la lampe et le rond de lumière qu'elle faisait sur la nappe —, l'espoir me déchira comme une épine d'avril. Dans les *Lectures pour Tous* ou dans les *Annales*, une grande page réclame annonçait que « pour des mensualités modiques, on pouvait dorénavant se constituer la bibliothèque de ses rêves, en dix versements mensuels de dix francs, avec un acompte de vingt francs, à choisir dans le catalogue ».

Mon père fit ses calculs. Ses calculs furent favorables ! Après avoir longuement discuté avec ma mère, il me permit de choisir la bibliothèque de mes rêves. Pendant des jours et des nuits, j'ai pesé mon choix. Nous avions fait venir le catalogue et je le comparais à l'anthologie de M. Bigot. Je discutais chaque titre et chaque nom de poète avec mes parents, évinçant les uns, rattrapant les autres, indécis mais radieux.

Quand le sommeil mettait fin à nos discussions, mon père qui savait par cœur quelques bribes de Verlaine, avait pris l'habitude de répéter :

— L'espoir luit comme un brin de paille dans l'étable...

Je croyais voir, aussitôt, la flamme de la bougie de notre vente aux enchères. Mais la comparaison de Verlaine entrait, petit à petit, dans mon univers et « le brin de paille dans l'étable » luisait comme une petite lumière au fond de la nuit.

— Tu vois, me disait mon père, l'espoir a l'air neuf, dans ce petit vers de rien du tout. C'est peut-être ça, la poésie... C'est aussi peut-être ça, la peinture. Il faut toujours tout renouveler. Pour commencer, tu vas lire du Verlaine.

Mon père avait moins peur des nouveaux poètes que Me Dalbèze et le professeur Bigot. Il était heureux que je veuille les connaître. Il avait peut-être un désir égal au mien de constituer la « Bibliothèque de mes rêves », qui étaient aussi sans doute les siens. Quant à moi, je voulais bien lire du Verlaine, du Rimbaud et du Baudelaire, mais ce que je voulais, avant tout, c'était découvrir Leconte de Lisle. Je savais déjà par cœur quelques vers de ses *Poèmes barbares* cités par l'anthologie. Il avait aussi fait des poèmes antiques, à ce que je vis dans le catalogue. Etaient-ils aussi beaux que celui de la mort d'Hialmar ? « Viens par ici, corbeau... » J'hésitais, mais me décidai pourtant pour les *Poèmes barbares*. Quant à Verlaine, il me fallait le recueil dans lequel se trouvait le vers sur le brin de paille. Mon père pensait que c'était *Jadis et Naguère*. *Jadis et Naguère* fut le numéro deux de ma liste.

Pendant sept jours et sept nuits, je pesai ainsi les mérites, encore inconnus de moi, de Samain, de Tristan Corbière et d'Heredia. J'étais comme Dieu qui tira le monde du néant, sans savoir si sa création serait bonne. Le septième jour, ma liste était prête, signée, paraphée, datée, envoyée avec le premier mandat. Il ne restait plus qu'à attendre le colis.

Tous les soirs, après le dîner, nous calculions les délais et comptions les jours. Je ne pensais plus à me réfugier sous la table. Je n'avais plus besoin d'aller m'accroupir sur mon fumier.

— En vingt-quatre heures, notre lettre est à Paris, m'expliqua mon père. Sa distribution peut aussi demander un jour... Après, comptons quatre jours pour les transmissions de service à service — ces grosses maisons ont tant de travail ! —, quatre ou cinq jours pour les inscriptions, le ramassage des livres dans les réserves, la fabrication du colis... une semaine encore de délais de route, soit deux ou trois semaines au maximum et, sur la table, sous la lampe et son cône de lumière, je verrai Leconte de Lisle, Verlaine et Rimbaud dans leurs reliures d'art !

Nous avions rangé nos livres pour faire de la place aux nouveaux venus. Le rayon qui leur était destiné restait vide. Je n'y avais laissé dans un coin que le Lamartine et que le Musset. Hugo était en dessous qui tenait à lui seul toute une travée.

— Quand tout sera plein ! me disait mon père, aussi joyeux que lorsqu'il parlait de ses usines imaginaires.

Un mois passa. Le brin de paille avait perdu sa couleur. La lueur de la bougie vacillait au fond de ma chambre. L'espoir devenait une flamme noire qui se confondait avec la nuit.

Un matin, au premier courrier, mon père reçut une lettre des grands éditeurs qui lui retournaient son mandat, déduction faite des frais de retour, avec une lettre polie que je mis un long moment à comprendre.

— Désolés de ne pouvoir vous faire bénéficier de nos avantages... Prêts à vos ordres pour toute commande ferme dont vous voudriez bien nous honorer.

Cette humiliation fut une des plus cruelles de mon enfance. Même si j'avais été le seul à la connaître, j'en aurais été blessé jusqu'aux os et rongé pendant des années. Mais j'avais été bavard et fus pris à mes propres pièges.

— Alors, Leconte de Lisle est arrivé ? me demandaient chaque jour mes camarades.

Je fus beau joueur tant que la réponse se fit attendre. On verrait bien qui serait le dernier à rire ! J'avais pris mon parti de tous les retards et je plaisantais pour répondre aux plaisanteries.

— Il a dû rater le rapide. Il arrivera demain par le train de la montagne.

Mais, quand la réponse fut arrivée, quand le brin de paille eut cessé de luire dans la nuit, comme la bougie de notre vente aux enchères, il me sembla brusquement que tous mes camarades de classe étaient au courant de mon infortune. Je fus vite persuadé qu'ils savaient par leurs parents qu'on n'avait pas voulu faire crédit à mon père. J'en vins même à penser qu'ils avaient dû le savoir dès le premier jour, quand je m'étais vanté devant eux de cette fameuse commande. C'est pour cela qu'ils s'étaient moqués de moi, pendant des semaines.

Larmes rentrées, batailles ouvertes ! Je vécus jusqu'aux vacances dans la honte et dans la fureur. Combien de fois me suis-je battu, à ce moment-là, au seul nom d'un de ces poètes dont je n'avais pas lu un seul vers !

— Leconte de Lisle... et je fonçais comme un fou, la tête en avant, les deux mains ouvertes, recherchant le corps-à-corps, le croc-en-jambe ou la prise de tête à revers.

Je me suis battu, au cours de récitation, pour un clin d'œil ou pour un sourire et M. Delor n'a jamais compris la raison de ces batailles. Offensé par mes compagnons, j'étais jeté à la porte, et le censeur des études, M. Stéphanopolis, dévoré par son foie malade, ou le surveillant général, M. Solignac, me tiraient les cheveux, derrière l'oreille, en passant à côté de moi, sans avoir l'air de me voir. Aux roulements du tambour, je courais vers la sortie et recommençais à me battre.

Ce fut, pour moi, une nouvelle raison de haïr Alès et de m'attacher un peu plus à la maison de grand'mère. Ce n'est pas au Vigan qu'on aurait tourné en dérision ma mésaventure avec la bibliothèque de mes rêves ! Ce n'est pas au Vigan qu'on se serait moqué de la pauvreté de mon père. J'essayais, du moins, de le croire et je le croyais, car j'avais besoin, moi aussi, d'être toujours prisonnier d'un rêve.

Cette désillusion m'avait cependant appris quelque chose. Pour la première fois de ma vie, j'avais eu quelque chose à faire avec Paris. Pour la première fois, cette grande ville lointaine avait tenu dans ses mains un morceau de mon avenir. J'avais pris contact avec elle et ne devais plus l'oublier.

Il n'était pas question que je lui garde rancune. La capitale avait tous les droits, même celui de refuser au petit garçon que j'étais les œuvres des poètes qu'elle avait rendus illustres. On ne peut pas détester Paris quand on vit à huit cents kilomètres de Notre-Dame. Dans cet éloignement, c'est une cité magique qui ne fascine pas seulement les petits garçons, mais aussi ces grands enfants éblouis par les peintres et les poètes, comme étaient alors mon père et les plus aimés de ses amis.

Plus que tout autre, Me Dalbèze s'était laissé prendre à ce mirage et ne voyait plus que lui. Il connaissait Paris pour y avoir fait ses études et ne s'était jamais guéri de la nostalgie de ces heureuses années. Mais ce qu'il appelait son exil le poussait à les embellir encore.

— Voir le printemps sur les marronniers de l'Observatoire ! soupirait-il devant notre beau printemps, rapide comme une aurore, fusant dans les bois et dans les prairies.

Quand mon père lui raconta notre déception — car il fallut bien la lui raconter — il se contenta de serrer ma nuque dans sa poigne de colosse, comme pour m'enlever dans les airs.

— Tu ne perds pas grand-chose en perdant l'œuvre de ces messieurs ! me dit-il. Je te prêterai *Cyrano*. A lui seul, il vaut tous les symbolistes... Mais souviens-toi que nous sommes des parias, dans le fond de nos provinces. Des parias de l'esprit et de la beauté... A Paris, tu serais comme un petit prince. Tu aurais ce que tu voudrais... des concerts... des théâtres... des musées... des expositions... des bibliothèques... C'est là-haut qu'il faut faire ou qu'il faut refaire sa vie... A bon entendeur, salut ! Nous en tirerons les conséquences.

Secouons la poussière de nos sandales

Rien ne peut retenir un notaire qui veut transformer sa vie, rien, sauf son étude. C'est à cause de la sienne que Me Dalbèze habitait encore Alès, mais il finit par se décider à la vendre pour aller tenter la gloire à Paris. Un voyage de quelques jours lui permit de trouver un appartement :

— Quatre pièces, cuisine, un cagibi pour le tub... Entrée bourgeoise, concierge et tapis... Les arbres du Luxembourg devant les fenêtres, entre la coupole du Panthéon et celle de l'Institut...

C'est ainsi que sont logés les hommes illustres ! Notre poète avait aussi deux ou trois situations en vue — premier clerc chez un grand notaire, conseiller juridique dans un grand contentieux, car tout est grand à Paris ! Mais ce qui lui importait, avant tout, c'était de garder le contact avec le Comité de lecture de la Maison de Molière, et c'est un jeu qu'on ne peut jouer que sur place.

Il liquida donc son étude, entassa son mobilier dans un wagon, le fit acheminer par la petite vitesse sur la gare de Bercy et prit ses dispositions pour le rejoindre.

Le jour de son départ, il vint déjeuner à la maison, avec sa femme et sa fille. Je revois mal son visage. Je l'ai confondu trop souvent, au cours de ma vie, avec d'autres visages marqués d'un même destin... Autant que je m'en souvienne, il avait quelque chose de naïf. Une grande barbe blonde l'encadrait. C'était un visage gras, piqueté de deux yeux d'enfant... Cet enfant des Muses barbu prenait volontiers la pose et semblait attendre le photographe, menton en avant, de trois quarts à gauche... Son air était d'un furieux, mais d'un furieux plein de tendresse et de bonté... Pour le reste, un géant. Mme Dalbèze était triste et effacée. Elle mourut quelques mois après son arrivée à Paris. J'avais sans doute senti, ce jour-là, qu'elle n'était déjà plus des nôtres. Je n'ai d'elle qu'un souvenir pareil à celui d'une ombre... Sa fille, Alice, avait à peu près mon âge, mais j'étais pétrifié devant elle en pensant qu'elle était déjà une demoiselle de Paris.

— Jean, c'est en fourrageur que je pars, déclarait Me Dalbèze en tapant sur la table avec le manche de son couteau. J'ouvre la route... il faudra me suivre... Vous viendrez nous voir à Paris, ajoutait-il en se penchant galamment vers ma mère, et quand vous aurez revu le Louvre et Notre-Dame, vous ne pourrez plus vivre ici.

J'écoutais en coupant mon souffle avec mes dents. Je savais bien, pourtant, qu'il n'était pas question de nous installer à Paris. L'ombre du cèdre ne s'étendait pas jusque sur la capitale. Mon père avait caressé tous les rêves, sauf celui-là. Il était trop attaché à l'école de Malivert pour songer à délaisser sa province.

— Tu peux en parler avec Armand, reprenait notre poète. Il connaît Pantruche mieux que personne, et si ce n'était pas son cabinet... La vérité, c'est que l'histoire de Jules César ne tient pas devant cette ville ! Partout ailleurs, je serais volontiers de son avis... C'est entendu, je veux bien être le premier à Saint-Cristol plutôt que d'être au deuxième rang en Alès... Mais là-haut ! Avoir le numéro cent, c'est encore être le premier dans n'importe quelle ville et, du reste, le champ est ouvert... tous les espoirs sont permis !

Pendant le déjeuner, les souvenirs succédèrent aux souvenirs, les projets aux projets.

— Avec Armand, nous avions notre rond de serviette, chez *Laveur*. On nous y faisait même crédit, aux fins de mois. C'est la règle, dans ces maisons. Tous les gens qui mangent là peuvent devenir célèbres ! On ne peut tout de même pas refuser le bœuf miroton à des futurs membres de l'Institut, aux futures sommités de la médecine.

On n'écoute pas impunément de pareils propos quand on a sept ou huit ans et qu'on ne sait rien du monde... Bordée de frontons et de coupoles, ombragée d'arbres toujours verts, une merveilleuse avenue s'ouvrait devant moi ! Il me semblait que la grande ville où notre ami allait vivre était une usine de gloire, comme notre ville enfumée était une mine de charbon et Tamaris une forge de fonte et d'acier.

A quatre heures de l'après-midi, Marius Dalbèze se leva, tira sa montre de son gousset, fit un rapide calcul en plissant les paupières et prit son air solennel, la tête inclinée de trois quarts à gauche :

— Dans trente-cinq minutes ! murmura-t-il comme pour lui-même, puis, à haute voix, l'air inspiré : Il est temps... levons l'ancre !

Jamais départ n'a fait renaître en mon cœur l'émotion qui me serra la gorge à ce moment-là ! Il me semblait que le sort du monde était en jeu. Il allait se décider à pile ou face. Il me sembla même que Me Dalbèze avait lancé dans les airs une pièce d'or. N'était-ce pas la première monnaie de la gloire ? Je l'avais vue danser dans un rayon de soleil. N'allait-elle pas tinter sur la table ? J'attendis en vain, car la pièce d'or n'était que la montre du notaire, et celui-ci l'avait fait tourner, au bout de sa chaîne, avant de la glisser dans la poche de son gilet, comme un escamoteur.

En attendant les décisions du destin, nous avons remonté le boulevard Gambetta, en suivant le trottoir de droite, entre les maisons et les platanes aux troncs recouverts de poussière. L'ancien notaire et mon père marchaient en avant. Je trottais sur leurs talons, les trois femmes derrière moi.

— Nos places sont retenues, disait le futur Parisien en raccourcissant ses enjambées. Tout est réglé... Je n'ai rien laissé au hasard !

De la rue Mandajors à la place de la gare, il envoyait ses derniers saluts à la ville, aux maisons amies ou ennemies, aux longues murailles du lycée.

— Salut ! disait-il en gesticulant, salut à toi, ville de peigne-culs et de revendeurs d'oranges qui n'a pas su produire un seul génie en dix siècles ! Florian, dont tu gardes la statue avec un naïf orgueil, n'était même pas ton fils. C'était un gentilhomme de la campagne, un enfant du pays de Sauve, un voisin de ce chevalier d'Assas qui a illustré nos montagnes... Le marquis de la Fare porte ton nom, mais c'était aussi un campagnard ! Si l'on voulait stériliser le génie et châtrer l'intelligence, on n'aurait qu'à les envoyer en résidence forcée sur les bords merdeux de ta rivière sans eaux... Sibérie de l'esprit, Sahara de l'intelligence, Gobi de la sensibilité, Kalahari de la courtoisie, tu ne connais que les hiérarchies de l'argent, sans être pour cela une ville opulente... Tu fus belle, peut-être, aux siècles passés, car tes faubourgs plongent dans les fleurs et dans l'herbe tendre des prairies, à chaque printemps ! Mais tu t'es laissé déshonorer par ce siècle de fer, de houille et de goudron... Je ne regretterai de toi que le souvenir de mon enfance, mais je l'emporte là-haut, non pas aux talons de mes souliers, mais dans le tabernacle de mon cœur... Il refleurira chaque année avec les marronniers du jardin du Luxembourg... Je ne te donne pas ma malédiction. Je me borne à rompre le contrat par lequel tu m'as confiné dans une existence sans joie, n'eût été la présence de ces amis qui te quitteront à leur tour... Je rejoins l'espoir dont j'ai vécu quand j'étais obligé de traîner cette existence devant ton horizon rétréci, tes notables illettrés, tes millionnaires miteux... Je raye vingt ans de ma vie et je recommence...

C'est en débitant ces folies que notre ami est allé jusqu'à la gare. Je ne sais s'il improvisa cette invocation à notre ville ou si, l'ayant préparée depuis longtemps, il la récita par cœur. Je ne crois pas avoir trop défiguré cette suite d'apostrophes, car ce morceau de bravoure est toujours resté dans ma mémoire. Peut-être l'ai-je embelli au cours des années, mais il chante encore, pour moi, à l'ombre des platanes poussiéreux du boulevard Gambetta.

La place de la gare était déserte. Quelques rares voyageurs se pressaient au portillon. Nous avons pris trois billets de quai. La verrière était pleine de fumée et de sifflements de vapeur. L'express de la montagne a défilé devant nous, tous freins bloqués, et s'est arrêté dans un soubresaut de bête fumante.

— Voiture 3... compartiment 6... places 22, 24, et 26, psalmodiait Me Dalbèze, sans plus faire attention à nous.

Il aida sa femme et sa fille à monter dans le wagon. Nous n'avions même pas eu le temps de leur dire adieu. Il leur fit passer les valises que nous étions allés retirer de la consigne, puis, grimpant à son tour sur le marchepied, il boucha la portière avec ses larges épaules et laissa son regard descendre vers nous.

— Demain matin, dit-il lentement, en tapant du plat de la main sur les rambardes de cuivre, ces wagons auront l'honneur d'entrer dans Paris !

Mon père était ému. Il voyait bien, en Me Dalbèze, un extravagant, mais cet extravagant était son ami, son meilleur ami, peut-être, à ce moment-là.

Le chef de gare siffla. La locomotive lui répondit. Les attelages se tendirent d'un coup brusque, et la tête de train s'engouffra dans le tunnel.

Alors, dépassant de tout le corps la portière encore ouverte, agrippé d'une main à ces rampes de cuivre qui allaient avoir l'honneur d'entrer à Paris, Me Dalbèze attrapa de l'autre main le mouchoir brodé qu'il avait dans sa pochette, l'agita en l'air en signe d'adieu, puis, une jambe levée, en épousseta ses souliers blanchis par la fange de notre ville.

— Secouons la poussière de nos sandales ! hurla-t-il sur le grondement des roues.

Un employé se mit à courir à côté de son wagon. Il referma la portière à la volée. Me Dalbèze avait disparu. Je ne vis plus, quand son compartiment s'engagea dans le tunnel, qu'un petit mouchoir blanc qui flottait comme un nuage.

Nous avons redescendu lentement le boulevard Gambetta. Je tenais mon père par la main. Il parlait avec maman, sans faire attention à moi, et je n'entendais pas ce qu'ils se disaient. Tout me semblait irréel, et je ne reconnaissais plus notre ville.

— Dis, papa, ai-je demandé quand nous sommes arrivés devant la maison, dis, papa, tu crois qu'il sera célèbre ?

— Mais qui donc ? répondit mon père. Ah ! oui, reprit-il presque aussitôt. Que veux-tu que je te dise ? On ne peut jamais savoir... C'est au destin de répondre.

J'ai couru d'une seule traite jusqu'à la salle à manger. Je me disais en montant les marches de l'escalier quatre à quatre :

« Si la pièce d'or est retombée sur la table, c'est que M. Dalbèze sera célèbre. »

Mais Anna avait déjà tout débarrassé. La table était nue. Le destin n'avait pas encore rendu sa réponse.

QUATRIÈME PARTIE

LES YEUX D'ENFANTS VOIENT DES CHOSES INVISIBLES

Une ébauche de la mort. — L'âme des choses et l'âme des bêtes. — Ame candide et magie noire. — Maman parlait-elle avec les morts ? — La grâce est la porte de la gloire.

Une ébauche de la mort

Malgré l'école de Malivert et la découverte des poètes, j'étais un petit garçon malheureux qui trouvait le monde mal fait. Les cheveux ras ou coiffés aux enfants d'Edouard, selon les fantaisies de ma mère, le crâne un peu gros, les jambes trop maigres et trop longues, je marchais vers mes dix ans dans la crainte de l'avenir. Les raisons d'être méfiant ne me manquaient pas ! Rêveur éveillé qui ne se détachait pas de ses rêves, papa nous faisait toujours côtoyer le bord des abîmes. Tout ce que j'aimais pouvait m'être retiré d'un coup, et je le savais. Je savais que nous pouvions être obligés de déménager, de quitter la Maison Lautier, d'un jour à l'autre, pour quelque maison sans soleil et sans jardin, de nous séparer d'Anna, de changer toute notre vie.

Combien de fois avais-je entendu ces sinistres prophéties quand, accroupi sous la table, j'écoutais ce que disaient mes parents, après le repas du soir !

— S'il le fallait, disait maman en baissant la voix, nous pourrions prendre un appartement plus petit... On peut très bien vivre avec deux pièces et une cuisine... une chambre pour nous, une chambre pour André...

— Mais que ferais-tu d'Anna ? répondait mon père, comme

si cette question avait dû rester sans réponse et ruiner tous les plans que nous pouvions ébaucher.

— Il faudrait nous séparer d'elle... Oui, je sais que ce serait dur ! Elle m'a dit trop souvent qu'elle ne quitterait jamais la maison... Elle est prête à rester chez nous sans gagner un sou. Mais ce n'est vraiment pas possible... Du reste, il ne s'agirait que d'un mauvais moment à passer... Une fois le cap franchi...

— Oui, oui... le capapasser ! répondait papa et, comme elle le faisait toujours pour cette plaisanterie, maman se mettait à rire.

— Le capapasser ! répétait-elle.

Ces menaces qui pesaient sur notre vie matérielle n'étaient pas mon seul souci. Ce que je craignais, avant tout, c'était d'être obligé d'abandonner mes études, de ne plus pouvoir aller au lycée. Mes parents ne parlaient jamais de ce désastre. Ils les envisageaient tous, sans jamais envisager celui-là, mais je savais qu'il pouvait fondre sur moi, d'un jour à l'autre. J'avais déjà vu quelques-uns de mes camarades nous abandonner, au cours de l'année, chassés du lycée par un revers de fortune ou par la mort de leur père. L'école primaire avait été leur refuge. En quelques jours, nous les avions oubliés et la vie avait continué comme s'ils étaient partis de la ville.

Tout dépendait donc de l'argent, dans ce monde heureux qui ne faisait pas le bonheur de tout le monde. Car l'argent ne réglait pas seulement l'existence de chaque jour, les notes de l'épicière et du boucher. Il réglait aussi, souverainement, les choses les plus sacrées, comme le souffle angoissé de ma mère et les battements de cette maladie de cœur dont elle devait mettre un quart de siècle à mourir.

Nos ennuis d'argent et les crises d'étouffement de ma mère se sont confondus, pour moi, pendant toute mon enfance, comme la fumée et les flammes d'un incendie. Quand nos ennuis n'étaient pas trop graves, maman éprouvait seulement une gêne, une angoisse diffuse qui lui faisait chercher l'air en tordant la bouche et porter les mains à sa gorge.

— Madeleine ! disait papa.

Le visage de maman devenait blême. Ses yeux se voilaient. Sa gorge était rouge. Elle respirait lentement, comme si elle avait avalé du feu.

— Ça passe ! disait-elle au bout d'un moment.

Mais quand elle était accablée par les soucis, ses crises se prolongeaient. Il lui fallait plus longtemps pour retrouver un souffle normal et nous regarder en ébauchant un sourire. Papa répétait alors en prenant ses tempes dans ses mains :

— Madeleine ! Madeleine !

Un jour — c'était un jeudi, je n'étais pas allé au lycée — elle perdit entièrement connaissance et, pendant un moment, sembla morte. Depuis plusieurs soirs, elle avait refait cent fois les mêmes comptes, d'une voix de plus en plus sourde. Pendant la journée, elle était passée plusieurs fois à côté de moi, sans me voir. Vers quatre heures, elle était allée dans sa chambre et s'était effondrée au pied de son lit.

Ce fut sa première crise solennelle, la première ébauche de sa mort. Anna criait et n'arrivait même pas à dire le nom de la Sainte Vierge. Papa répétait, en allant de la porte à la fenêtre :

— Madeleine ! Madeleine ! Madeleine !

Je m'étais précipité dans le couloir. Cachant mon visage dans mes mains, je m'y traînai à genoux et je suppliai le Tout-Puissant, le Dieu des Armées, Celui qui a fait le ciel et la terre, de laisser vivre maman, comme je le lui demandais pour moi-même, dans mes crises de terreur.

Pendant ce temps, alerté par les cris d'Anna, le lieutenant Butsch était allé chercher le docteur, au pas de course. Il était ancien élève de Joinville et nul ne pouvait le faire plus vite que lui. Des gens se bousculaient déjà dans notre couloir. Une odeur d'éther passait sous les portes. Fantôme noir qui portait une longue fiole à col étroit, Mme Courty passait devant moi et remportait aussitôt son eau de mélisse, en soupirant. M. Devèze, qui n'était jamais monté chez nous, s'avançait jusqu'à la cuisine... Enfin, le docteur Saix arriva, avec son gibus et sa petite trousse d'urgence. Il regarda maman, secoua la tête en faisant tourbillonner ses cheveux et demanda une casserole d'eau bouillie.

— De l'eau bouillie ? De l'eau bouillie ? répétait Anna sans rien faire. Il demande de l'eau bouillie ?

Il fallut que Julienne aille en préparer sur sa cuisinière à gaz. Le docteur nous avait aussi demandé une serviette. Ce fut Mme Courty qui sut la trouver, au fond d'un tiroir. Je revois le docteur se lavant les mains d'un air grave, en répétant, d'un ton désolé :

— Une syncope... une véritable syncope...

Il fit une piqûre à ma mère et je le regardai, d'un coin de la chambre, les yeux paralysés de terreur.

— Les soucis et les rétrécissements mitraux font mauvais ménage, disait-il en faisant claquer la serviette, au bout de ses mains. Il faudrait beaucoup de calme à notre amie.

— Ce n'est rien, répondait maman, revenue à elle.

— Chut ! Chut ! Ne parlez pas, disait le docteur.

— C'est passé, répondait maman. Vous savez...

Mais elle se figeait tout d'un coup, la bouche tordue par l'angoisse, et portait les mains à sa gorge, comme si sa crise avait été sur le point de revenir, et c'était au tour du docteur de lui dire, en battant la mesure avec ses mains :

— Ce n'est rien, c'est passé... Ne bougez pas d'un moment.

Anna m'avait fait sortir de la chambre. Elle me tirait par le bras et me faisait mal. Le feu noir, qui ne s'allumait que pendant nos visites du cimetière, brillait au fond de ses yeux.

— C'est la Sainte Vierge qui l'a sauvée ! me dit-elle en m'écrasant un baiser au coin de la bouche. Il faut que tu croies en elle... Je t'apprendrai les prières.

— C'est le bon Dieu, répondis-je avec fureur.

— Non ! C'est la Vierge Marie... Mais pourquoi tu dis que c'est le bon Dieu ? me demanda-t-elle avec une brusque inquiétude.

— Si je le dis, c'est que je le sais.

— Comment le sais-tu ? reprit-elle en me regardant avec méfiance.

— Je le lui demande, des fois.

— Et tu le lui as demandé ?

— Parfaitement.

Anna semblait frappée de terreur.

— Vous le dérangez tout le temps, me dit-elle après un petit moment de silence. Il finira par ne plus vouloir vous répondre... Il vaut mieux passer par la Sainte Vierge.

Papa raccompagnait le docteur jusqu'à la porte. En arrivant près de moi, M. Saix fit glisser sa main sur la brosse courte de mes cheveux.

— Mais non, mais non, disait-il, les ennuis n'ont jamais donné de rétrécissement mitral à personne. C'est une maladie congénitale... mais elle n'est pas héréditaire, ajouta-t-il aussitôt en serrant ma nuque entre ses doigts.

— Vous en êtes sûr ? Vous en êtes vraiment sûr ? demandait papa d'une voix coupable.

— Je suis formel... Les soucis n'y sont pour rien... Mais ils sont contre-indiqués au moment des crises... Le diagnostic n'est pas aussi sombre que ces crises le donnent à croire. Nous avons des thérapeutiques efficaces... La nature, d'abord... Compensé par de l'insuffisance aortique, ce rétrécissement devient un état. Ce sont des maladies qui traversent toute une vie. Sédation, grand repos, sérénité de l'esprit, tels seront nos meilleurs remèdes. Je vous le répète et c'est toute mon ordonnance : il faudrait beaucoup de calme à notre amie.

Pendant longtemps, je n'avais été qu'un enfant humilié, anxieux de son avenir. Mais la terreur que je ressentis, ce jour-là, fit de moi un petit garçon ravagé par le sentiment de l'injustice. Pourquoi, Dieu vivant, ma mère avait-elle cette maladie qui demandait tant de calme, alors qu'elle était toujours accablée par les soucis ? Comment le Dieu des Armées pouvait-il supporter une chose pareille ? N'était-il donc pas le plus fort ? N'était-il pas le seul maître de ce monde ?

L'âme des choses et l'âme des bêtes

— C'est plein d'esprits ! me disait Anna en laissant traîner autour d'elle un regard soupçonneux.

Je me recroquevillais dans mon coin, les yeux fixés sur la grande armoire de la cuisine qui craquait dès qu'on éteignait la lumière.

— C'est plein d'esprits ! répétait mon Italienne. Il y en a dans chaque pièce de la maison, dans le jardin, dans les arbres...

— Ils sont méchants ?

— Pas tous. C'est moitié moitié... plus un.

— Et celui-là, qu'est-ce qu'il est ?

— Bon ! C'est même lui qui fait pencher la balance.

— Les maladies, ce sont aussi des esprits ?

— Les plus mauvais... Ils ne savent rien que faire mourir.

— Oui... mais le bon Dieu les en empêche !

— Quand il veut. Il peut les chasser de notre corps.

— La Vierge aussi ?

— C'est à lui qu'elle le demande... mais il fait tout ce qu'elle veut.

— Comment ils sont, ces esprits ?

— Comme des démons qu'on ne peut pas voir.

— Alors, Anna, c'est plein de choses qu'on ne voit pas ? demandais-je en plaquant mon dos contre la muraille.

— Plein ! répondait Anna avec un air de triomphe. Plein ! reprenait-elle en faisant crever une bulle de salive, au coin de sa lèvre.

L'armoire craquait. Je la regardais avec épouvante. Quel esprit se cachait dans ce meuble noir qui avait plus de cent ans ? Quel esprit habitait dans notre couloir ? Quels esprits rôdaient dans notre grenier et dans le jardin ? Je croyais parfois les sentir. Ils surgissaient dans mon dos, si près de moi qu'ils touchaient le bord de mon épaule et je me mettais à courir pour leur échapper.

— Ça t'arrive de les voir ? demandais-je à la fille du mineur de Rochebelle.

— Oui, parfois, mais ils n'ont pas de figure, me répondait-elle en frissonnant.

J'eus vite fait de m'habituer à ces présences. Bienveillantes ou mauvaises, elles se mêlaient autour de moi et je faisais parfois des détours, dans notre maison ou dans le jardin, pour ne pas traverser le domaine des plus terribles. Je tournais alors comme un chien qui suit une piste, crochetant à droite et à gauche ou revenant sur mes pas.

— Quel drôle d'enfant ! murmurait papa qui n'a jamais soupçonné de quel labyrinthe je m'efforçais de sortir.

Mais, plus que dans notre maison d'Alès ou dans le jardin de cette maison, c'est dans le chemin du Champ que je sentais ces présences. C'était un chemin étroit, bordé de grands murs derrière lesquels s'étendaient des parcs déserts. Les esprits m'y suivaient en se collant à mon dos. Je me retournais brusquement, mais ils se glissaient derrière moi et je les sentais souffler sur ma nuque. Si je me mettais à courir, ils couraient aussi jusqu'à la porte du Champ qu'ils ne pouvaient pas franchir. Les esprits qui vagabondaient sur cette terre étaient mes amis, même ceux qui habitaient au pied du cyprès qui marquait l'emplacement d'une ancienne tombe.

Anna mise à part, je ne pouvais parler à personne de ces présences. Finiels n'y croyait pas et s'était moqué de moi, à plusieurs reprises. Quant à grand'mère, elle m'avait dit simplement :

— Ce sont les mystères !

— Alors, tu y crois ?

— Je crois aux démons qu'a chassés Notre-Seigneur Jésus-Christ !

— Mais aux démons d'aujourd'hui ?

— Ne t'inquiète pas des démons. Tu n'as qu'à croire à Sa grâce.

— Mais ils existent quand même ?

— Lis la Bible, me disait-elle, et tâche de la comprendre. Elle peut répondre à tout.

Je voyais bien qu'elle croyait aux esprits, mais ne voulait pas me le dire. C'était un mystère dont il valait mieux ne pas parler. Les esprits n'en rôdaient pas moins autour de nous. Il fallait donc s'entendre avec eux et, d'abord, faire amitié avec ceux qui ne voulaient pas nous nuire. J'ai souvent tenté de me concilier ceux qui se tapissent dans les fontaines. Mais ils m'échappaient et, parfois, devenaient méchants. Ils fuyaient avec les eaux en laissant un souffle de glace sur mes doigts et sur mes joues.

— Les esprits qui nous aiment sont dans les bêtes, me disait Anna qui craignait aussi les esprits des eaux.

Un chien, un merle et un chat me le firent voir, l'un après l'autre.

Le chien était un bâtard aux poils rouges, aux longues oreilles, un chien perdu qu'Anna avait ramené de Rochebelle, un dimanche soir où son père n'avait pas bu. Il avait les mêmes yeux qu'elle, le même regard un peu fou. Mes parents n'avaient pas voulu de lui dans l'appartement. Nous l'avions logé au grenier. En quelques jours, il devint comme l'ombre de ma servante et m'aimait parce qu'elle m'aimait. Il s'allongeait auprès d'elle et je me couchais près de lui. Nous étions, à nous trois, comme une seule personne.

Mon attachement pour ce chien était devenu si violent que mes parents prirent peur. Un beau jour, le bâtard disparut de la maison. J'en fus malade à prendre le lit. On me jura que mon chien était parti de lui-même, comme un vagabond qu'il était. J'eus la fièvre. Papa me disait :

— Il va revenir, peut-être...

Mais je surpris maman en train de se disputer avec lui.

— Non, non, et non, lui répétait-elle, nous ne devons pas céder. On aurait dit qu'il était amoureux de cette bête. C'était répugnant à voir ! Je ne pouvais plus le supporter... Je ne comprends pas que tu sois si faible.

— Amoureux d'un chien ! répondait mon père en riant.

— C'est plus compliqué que ça ! lui disait ma mère.

Mon chien rouge dont les yeux ressemblaient aux yeux de mon Italienne ne revint jamais à la maison. Je ne l'oubliai qu'après avoir attrapé un jeune merle tombé du nid. J'étais alors au Vigan, en vacances chez grand'mère. J'avais ramassé cet oiseau dans le raccourci des Quatre-Chemins, vers le temps de Pâques. Il avait une aile abîmée et ne cherchait pas à fuir. Je l'installai dans ma chambre et lui donnai la becquée. En quelques jours, nous fûmes amis. Je me fis oiseau comme lui et sus parler son langage. Au coup de sifflet, il se posait sur ma tête ou sur mon épaule. Il allait se percher où je lui disais de le faire. Je m'enhardis jusqu'à lui permettre de me suivre dans le jardin. Il entrait au lavoir, pour boire une goutte d'eau comme nous croquons une prune, fouillait les terres humides grouillantes d'insectes, revenait se percher sur mon épaule et remontait avec moi dans ma chambre, sans chercher à s'échapper.

J'étais devenu Merlin l'Enchanteur. J'avais l'impression d'avoir appris des secrets. Mon pouvoir tenait à des sortilèges dont j'ignorais l'origine. Ce merle n'était pas, comme avait été mon chien rouge, mon intermédiaire auprès d'une autre personne que j'aimais à travers lui. Ce n'était qu'un messager que j'envoyais à mon gré où je ne pouvais me rendre moi-même. Il était le lien qui m'unissait à l'espace. En quelques jours, il avait retrouvé l'usage de son aile et filait maintenant jusque sur les arbres du parc d'Assas, de l'autre côté de notre jardin. Il se posait parfois au bord du fronton qui domine la façade du château. Au coup de sifflet, il me revenait pourtant, sans se faire attendre.

— C'est un vrai merle savant ! disait Mme Reynaud qui me regardait de la porte de sa cuisine.

— Il a dû le faire dresser par quelque sorcier ! répondait cousine Sarah qui se méfiait de ce merle.

— Trois fois ! Trois fois ! Il n'obéit qu'à moi seul... Il se moque bien des sorciers...

Un jour, pourtant, je fus battu par l'espace. Mon merle ne répondit pas à mon appel. Ce fut en vain que je le sifflai sur toutes les notes, en vain que je montai sur le toit pour me faire mieux entendre de lui. J'avais perdu mon pouvoir. Je ne savais plus me servir de mes sortilèges. Méralou ne revint jamais.

Je remplaçai par un chat le merle infidèle. Ce chat ne fut plus mon messager à travers le monde, mais comme une image de moi-même, une petite vie d'allégresse et de fureur qui ressemblait à la mienne, un témoin dans lequel je me retrouvais. Il était noir, avec une liste blanche sous la gorge et des touffes de poils blancs qui chaussaient le bout de ses pattes. Il semblait indifférent mais savait se mettre en rage dès qu'il s'agissait de sa vie, de son sommeil, de sa nourriture ou de ses jeux.

« Il est vivant comme moi... Tant qu'il vivra, je vivrai », me disais-je en le caressant.

Il se battait avec tous les chats de Goulsou, chassait des oiseaux, des mulots et des serpents. Il installait des garde-manger, pour les mauvais jours, dans les creux des murs, et faisait parfois de longs voyages, vers la Maison Rouge ou vers Cauvalat, mais s'en revenait toujours dormir à côté de notre maison. Quand je sortais, le matin, il me suivait comme un chien, à travers les vignes.

— C'est un diable, disait grand'mère.

— Un petit renard, répondait Finiels. Intelligent comme un singe de la foire... Il pourrait faire la classe à des hommes.

Je l'aimais. Il m'aimait, autant qu'un chat peut aimer un jeune garçon.

Ame candide et magie noire

Un matin, je trouvai mon chat mort devant la porte, un œil entrouvert, une goutte de sang au bout du nez. J'essayai vainement de réchauffer ce cadavre, d'assouplir sous mes doigts ses membres déjà raidis. Ce fut en vain. Il fallut penser aux funérailles. D'une caisse vide qui traînait à la cuisine, je fis un cercueil et, d'un mouchoir découpé dans un ancien drap, un bout de suaire. Je creusai la fosse moi-même, à côté du noisetier, avec une pioche de Finiels, et je présidai la cérémonie funèbre où je fus le fossoyeur, le croque-mort et le principal affligé.

La fosse comblée, je fus pris par une terreur panique. Il me semblait que j'allais mourir comme cette petite bête dont la vie avait ressemblé à ma propre vie. Le premier jour, j'attendis la mort, sans rien dire. Le second, je fus étonné d'être en vie. Le troisième, il me vint l'espoir d'échapper à ce maléfice et, le quatrième jour, au matin, je pensai, en me retrouvant vivant comme à l'habitude, que mon chat n'était pas mort, lui non plus.

« En tout cas, on peut le ressusciter », me disais-je en oubliant mes angoisses.

Quand ma cousine Alice arriva, avec sa mère, comme elles le faisaient chaque jour, mon plan était fait. Cousine Sarah s'installa sous le laurier-rose, avec les grandes personnes, et ne s'occupa plus de sa fille. Alice pouvait jouer avec moi, à condition de ne pas sortir du Champ.

— Viens ! lui dis-je en la prenant par la main.

— Où veux-tu qu'on aille ? Chercher des figues ?

— Non ! On va sur la tombe de mon chat.

— Toujours ton chat, reprit-elle en faisant une grimace. Voilà quatre jours qu'il est mort... Il faut l'oublier.

— Non, répondis-je en l'entraînant vers le noisetier, et je vais te dire quelque chose... Ecoute bien... Mon chat n'est pas mort ! On l'a cru, mais il devait faire semblant.

— Ton chat a fait semblant d'être mort ?

— Il a fait semblant !

— Comment le sais-tu ?

— S'il était mort pour de vrai, je serais mort, moi aussi.

— Tu serais mort, toi aussi ?

— Oui... mais, puisque je suis en vie, c'est que mon chat n'est pas mort.

— Si fait ! Il l'est, maintenant.

— Et pourquoi il serait mort ?

— Ça fait quatre jours qu'il est dans la terre.

— Il est peut-être sorti, quand il a vu qu'il était vivant.

— On ne reste pas vivant, dans la terre.

— On ne reste pas vivant, dans la terre ? Oh ! là, là ! C'est les filles qui le disent... Mais la terre est pleine d'esprits.

— Les esprits ne sont pas vivants !

— Et les taupes, alors ? Elles ne sont pas vivantes ?

— Ah, les taupes... dit-elle, à moitié convaincue.

Nous étions arrivés devant la petite tombe.

— Il n'est pas sorti ! dit Alice en montrant le tertre du doigt.

— Eh bien, tant pis ! Nous allons le ressusciter.

— Le ressusciter ? balbutia-t-elle en faisant deux ou trois pas en arrière.

— Oui, parfaitement. Le ressusciter.

— Mais tu es fou ! cria-t-elle.

— Je suis fou ? Tu vas voir... Tu vas voir si je suis fou.

Le matin, j'étais venu cacher une pelle sous le banc du noisetier. Je la pris et me mis à creuser la terre.

— Si je faisais ça tout seul, les esprits me tireraient par la jambe... Mais ils n'oseront pas sortir quand ils verront qu'on est deux.

Alice était blême de terreur et me regardait déblayer la fosse en mordant le bout de ses doigts. J'eus vite fait de découvrir la petite caisse.

— Il sent ! hurla ma cousine en écrasant son nez dans ses mains ouvertes. Il est déjà tout pourri !

— Lazare aussi, répondis-je avec fureur. Grand'mère me l'a raconté. L'odeur ne fait rien. Ça n'empêche pas de revivre.

J'avais fait sauter le couvercle. Il me sembla que le linceul remuait.

— Tu vois bien qu'il est mort ! répétait Alice.

— Non, non... Il n'est pas tout à fait mort, répondis-je en tirant le morceau de toile qui enveloppait la dépouille.

Un épouvantable bourbier ; un magma de poils noirs, collés par des filets de sanie, dégoulina sous mes mains, mais je répétais avec rage :

— On peut le ressusciter... Il suffit de savoir les mots.

— Quels mots ?

— Les mots qui font revivre les morts.

— On a des mots pour faire revivre les morts ?

— Parfaitement.

— Mais tu ne les connais pas.

— C'est toi qui le dis... Mais je vais te faire voir.

— Si tu sais les mots, dis-les !

J'avais ouvert les deux mains sur l'affreux fourmillement et la chaleur de la vie coulait au bout de mes doigts.

— Dis les mots ! répétait Alice.

— Je viens de les dire.

— Menteur ! Tu n'as même pas dit : « Notre Père... »

— Pas besoin de dire : « Notre Père... » C'est la prière pour quand les morts sont bien morts.

— Alors c'est quoi ?

— C'est ce que je viens de dire.

— Je te dis que tu n'as rien dit.

— Si fait !

— Non pas !

— Si fait... Il faut dire ces mots dans sa tête.

— En tout cas, ton chat reste mort.

Nous étions au plein de l'été. Le feu du soleil tombait dans la fosse ouverte et semblait rejaillir sur nous en éclaboussures puantes. Je les sentais comme de petits grumeaux, collés au coin de mes lèvres. Alice avait envie de vomir et faisait des efforts en mordillant son mouchoir.

— Referme la caisse... suppliait-elle. Nous allons attraper la peste.

Mais, pour la première fois de ma vie, je n'avais pas peur de la peste. Il me semblait que la masse informe au-dessus de laquelle j'ouvrais les mains, ruisselait de vie et ne demandait qu'à revivre.

— J'ai redit les mots... Tiens, tu vois ?

— Tu es dégoûtant... Tu es fou... Je vais le dire à ma mère. Tu verras si c'est permis de s'amuser avec des charognes.

— Tu ne veux pas qu'il revive... Tu veux m'empêcher de ressusciter mon chat.

— Eh bien, ressuscite-le !

Halluciné par l'espoir, j'avais mis la main sur la chose informe et je sentais sous mes doigts une répugnante liqueur. Je m'obstinais, pourtant, à dire des mots absurdes en pensant que les mots magiques viendraient tout seuls sur mes lèvres.

— Il est crevé... deux fois crevé... trois fois crevé... quatre fois crevé, aujourd'hui, criait maintenant Alice, et, si tu ne t'arrêtes pas, ça sera ton tour de mourir.

Je n'avais pas peur de la mort. Je me sentais plus fort qu'elle. Tout grouillait de vie, autour de moi. Un lombric se tortillait, au fond de la fosse, un vol de mouches bourdonnait autour de mes mains, deux bousiers faisaient des culbutes, sur une motte de terre, un frelon tournait autour de ma tête... Pourquoi toute cette vie ne faisait pas revivre mon chat ?

Ma cousine sanglotait, sans faire de bruit, sans oser bouger de sa place, pétrifiée, ahurie et terrifiée par les gestes que je faisais au-dessus de la bête morte.

— Menteur ! Menteur ! Sale menteur ! hoquetait-elle. Tu ne sais rien faire, avec les morts.

Insensible à sa terreur, je continuais ma messe noire, gesticulant, imitant le pasteur en train de bénir les fidèles, imposant solennellement les mains sur l'amas de pourriture qui grouillait dans le soleil.

— Si mon Anna était là, elle saurait les mots qu'il faut dire, murmurai-je avec désespoir.

— Elle ne risque pas de le faire... Elle est restée à Alès... Ferme cette caisse et allons-nous-en !

— Attends, attends... je crois que je sais les mots... Il faut dire doucement...

— Qu'est-ce que tu vas dire encore ?

— Revis, chat... ou si tu ne revis pas... c'est nous autres qui mourrons...

Ma cousine hurla, fit un tour sur elle-même, et partit à fond de train à travers la vigne. Il ne lui fallut que quelques instants pour ameuter la famille.

— Il ressuscite le chat ! hurlait-elle à travers ses larmes. Il veut nous faire mourir, si le chat ne finit pas d'être mort.

Marraine, grand'mère, maman, cousine Sarah se pressaient autour de moi et regardaient le petit amas de pourriture sur lequel je tenais mes mains ouvertes.

— Quels instincts ! dit maman, d'un air désolé.

— C'est un démon ! hurla brusquement cousine Sarah. Maintenant, voilà qu'il s'amuse avec des charognes... Ma petite sera malade. Il va tous nous empoisonner... Fabricant de peste et de choléra, tu ne resteras jamais tranquille ?

— Quels instincts ! répétait maman en poussant de petits soupirs. Où va-t-il chercher des idées pareilles ? Il n'a pas dû trouver ça tout seul !

— Il vous en fera bien d'autres ! grondait cousine Sarah. Passez-lui ses fantaisies. Vous verrez de quoi il est capable.

Maman me gifla. Elle allait me gifler encore, mais je m'envoyai deux coups de poing en pleine figure, en la regardant dans les yeux. Sa main resta suspendue sur ma tête.

— Allons, laisse-le, dit grand'mère. Ce n'est pas la peine de le punir. Il vient de voir que nous ne sommes rien par nous-mêmes... Quelle leçon ajouter à cette leçon ?

— C'est ça ! C'est ça ! répondit cousine Sarah en prenant sa fille par la main et en l'entraînant vers la maison... Il n'a plus qu'à mettre les os du chat dans la soupe... Tout lui est permis. Vous pourrez en faire un croque-mort !

— La corruption ne possédera point l'incorruptibilité ! murmurait grand'mère.

— Quels instincts ! répétait une fois de plus maman.

— Laissez-le faire ! hurlait cousine Sarah, de l'autre côté de la vigne.

— Ferme la caisse, me dit doucement grand'mère, restée seule à côté de moi. Les corps morts doivent demeurer dans le sépulcre... La poudre retourne à la poudre... Notre Dieu est le Père des vivants et non pas le Dieu des morts.

Je tremblais de tous mes membres en ajustant le couvercle. Une écharde m'avait piqué le bout des doigts et je m'y repris à deux fois pour la retirer. Mes yeux étaient embués de larmes, mais j'eus pourtant vite fait de combler la fosse.

— Maintenant, il faut dire la prière ?

— Non, dit grand'mère, pas sur une tombe de chat.

Elle me prit par la main et me ramena vers la maison, le long de la treille où murissaient les œillades. Les araignées se balançaient dans leurs toiles. Des colonnes de fourmis traversaient le petit chemin. Un merle tournait dans les boules du sureau. Tout était vivant... Mon chat était mort.

— Va te laver les mains, me cria ma mère. Je te désinfecterai avec du vinaigre.

Ni le savon de Marseille ni le vinaigre de vin n'empêchèrent mon doigt de s'infecter. Dès le lendemain matin, il était rouge et tuméfié. Un petit point sombre me brûlait comme un éclat de phosphore. J'avais mal jusque sous le bras. Maman m'inonda de vinaigre et fit appeler le docteur.

— Voyons, voyons, murmurait M. Olivet en glissant la main sous ma chemise. Mais il a des ganglions sous les aisselles... Avec quoi s'est-il donc piqué ?

— Avec le chat ! répondit maman, rouge de honte.

— Pas de traces de griffes... disait le docteur en palpant mon avant-bras.

— Non, non... c'est avec un chat crevé.

— Un chat crevé ? Crevé depuis quand ?

— Depuis quatre jours, répondit grand'mère.

— Depuis quatre jours ? hurla le docteur. Vous avez laissé cet enfant jouer avec des charognes ? Mais c'est insensé ! Comment voulez-vous que je sache où nous allons ? C'est une piqûre anatomique... un foyer de putréfaction.

Je fus malade dix jours et martyrisé par le fer et par les cautères. Mon doigt puait comme un cadavre de chat. Le docteur parla d'appeler en consultation un professeur de la faculté de Montpellier. Toute ma famille était en larmes. J'étais le seul à ne pas me sentir en danger.

— Il est en fer ! disait M. Olivet en rangeant ses bistouris.

— Froussard comme il est ! grondait cousine Sarah.

— Froussard ? Froussard ? Je voudrais vous voir à sa place... Je vous dis qu'il est en fer et je sais de quoi je parle.

J'étais peut-être en fer, mais pour des raisons absurdes et dépourvues d'héroïsme. Il me semblait que mon chat me protégeait.

— Nous avons évité la forme diffuse, disait le docteur, assis devant moi et serrant mes jambes entre ses genoux. Le mal est circonscrit... La nature fera le reste.

Comme il était ignorant ! Il parlait de la nature, mais la nature, c'était mon chat, même pourrissant, même enfermé dans la terre. Mon chat mort en savait plus long que tous les docteurs Olivet et que tous les professeurs de la faculté de Médecine. C'était lui qui m'avait guéri. Finiels m'en donna la preuve un jour que j'étais assis à côté de lui, pendant qu'il taillait nos vignes.

— Alors ? Tu avais voulu ressusciter ton chat ? Il n'a pas besoin de toi pour le faire.

— Mon chat est ressuscité ?

— Je pense bien... Tiens, regarde...

D'un coup de sécateur, Finiels avait fait tomber une jeune pousse. Une goutte de sève fit une bulle de nacre et de soleil, au bout du rameau.

— Tu vois ? C'est ton chat qui fait voir le bout de son nez.

On ne meurt jamais tout à fait, dans ce monde... Un petit chat de crevé, ça fait des raisins ou des pêches...

Maman parlait-elle avec les morts ?

Mon Italienne, amoureuse des cimetières, m'avait révélé la présence des esprits. Mon imagination avait fait le reste. J'en avais découvert partout, dans notre maison, dans les arbres du jardin, dans le chemin qui montait au Champ, dans l'eau des fontaines et dans le cadavre de mon chat. Mais j'avais d'autres raisons de croire au monde invisible. Ma mère avait aussi un commerce avec l'au-delà et, sans jamais m'en parler, me donnait des raisons d'y croire. Il lui est souvent arrivé d'être avertie à distance de la mort d'un être cher et de nous l'annoncer brusquement, presque sans savoir ce qu'elle faisait.

Sensible à ces avertissements mystérieux, elle ne croyait pas aux esprits de la même façon qu'Anna et faisait ce qu'elle pouvait pour me détourner d'y croire. Elle croyait seulement à l'âme immortelle, à la communion des vivants avec les morts.

Un soir d'hiver — je devais avoir six à sept ans — elle se figea brusquement et dit d'une voix qui ne ressemblait pas à la sienne :

— Quelque chose vient d'arriver... quelque chose de terrible !

Mon père s'était levé. Il avait dit « Madeleine ! » comme il le disait quand ma mère avait ses crises de cœur. Celle-ci avait murmuré quelques mots à son oreille.

— Mais voyons, tu n'y penses pas, je l'ai vu encore avant-hier ! Il était en pleine santé... C'est parfaitement impossible, répondit mon père.

— C'est affreux, murmurait maman.

Mon père essaya de plaisanter. Son rire sonnait faux et semblait se perdre dans le silence.

— Je te dis que je l'ai vu, répétait-elle à mi-voix. Mais il n'était plus de ce monde.

Qu'avait-elle vu ? Qui n'était plus de ce monde ? Je cherchais en vain à l'imaginer. Je comprenais seulement que c'était quelque chose de terrible... Ma nuit fut affreuse et sans sommeil. Je plongeai dans des cauchemars qui n'étaient pas de vrais rêves. Ils n'arrivaient pas à prendre forme et me réveillaient, quand je commençais à m'assoupir, en m'écrasant de leur poids.

Le lendemain, j'allai quand même au lycée et, quand j'en revins, à midi, hagard d'avoir mal dormi, mon père m'entraîna dans notre salon et me prit sur ses genoux :

— Notre vieil ami Fernand ne reviendra plus jamais nous voir, me dit-il en mettant sa joue contre la mienne. Il est mort... mort, tu sais... mort comme M. Courty... Pense un peu à lui mais, surtout, n'en parle pas à ta mère.

Ce vieil ami habitait Nîmes. Il avait travaillé avec mon grand-père, au Valgaron. Une amitié, comme on n'en voit plus guère aujourd'hui, les avait liés l'un à l'autre. Cet athée, qui ne voulait croire qu'à la matière, s'était retrouvé en Dieu avec mon aïeul. Ces amitiés se passaient du père au fils, comme un héritage, et mes parents en avaient reçu leur part. Depuis le désastre de l'usine, ils n'avaient pas cessé de revoir cet ami, même après la mort du grand-père. Le fidèle Fernand venait leur rendre visite, une fois par mois, le dimanche. Je crois qu'il avait dû les aider, bien souvent, et pas seulement avec ses conseils. Ma mère avait posé sa photographie sur le secrétaire du salon. Je le revois, avec son front chauve et sa blouse blanche, car il était chimiste au laboratoire municipal. Une main dans sa grande barbe, un peu penché en avant, il avait l'air d'observer quelque chose d'invisible, comme un magicien bienveillant.

— Tu vois, c'est lui qui surveille les microbes, me disait Anna. Il empêche les gens de mourir.

Personne ne m'a dit, à ce moment-là, que c'était de la mort de cet ami dont ma mère avait parlé, à l'oreille de mon père, quand elle avait annoncé qu'un événement terrible venait d'arriver. je l'ai soupçonné, sans en être tout à fait sûr et, bien plus tard, vers ma quatorzième ou vers ma quinzième année, quand mes parents me parlèrent librement de ce souvenir, je suis resté prisonnier de mes anciens doutes. Je les traîne encore aujourd'hui ! Nous pouvons croire au hasard, mais le merveilleux nous épouvante. Je doute encore et revois pourtant ma mère changée en statue de sel. J'entends le son de sa voix. Elle n'avait rien de la prophétesse ou de la sibylle des anciens temps. Ce n'était qu'une femme bouleversée par une terrible nouvelle... Mais quel messager lui avait parlé à l'oreille ?

Ces avertissements se sont répétés plusieurs fois. Un an plus tard, dans des circonstances identiques, ma mère a pressenti la mort subite d'un de nos parents. C'était un des frères du cousin Paul. Pasteur pendant quinze ans, il s'était détourné de son ministère, mais continuait à vivre pour Dieu en fondant des œuvres charitables. De passage dans notre ville, il avait passé la soirée à la maison. Eloquent, gai, vivant, il était parti vers minuit pour aller coucher chez des amis, car nous n'avions pas de chambre à donner. Je ne sais plus pourquoi, il avait pris le fou rire en prenant congé de mes parents. Du fond de mon lit, je l'avais entendu crier, avant de fermer la porte :

— Je m'invite à déjeuner pour demain...

Mais, le lendemain, encore plongée dans le sommeil, ma mère est transpercée par l'angoisse.

— Il est arrivé quelque chose à notre cousin !

Aussitôt, elle part avec mon père, à peine habillée, traverse la ville, arrive chez nos amis. Il était huit heures du matin. Le cousin dormait encore. On ne l'avait pas entendu remuer. On se moque de ma mère. On la persuade d'attendre qu'il soit neuf ou dix heures, avant de déranger le dormeur. Ma mère insiste. On la traite comme un enfant qui fait un caprice, mais on finit cependant par frapper à la porte de la chambre. Un terrible silence se fait dans la maison. On frappe encore. Le silence se fait plus lourd. Mes parents poussent la porte et trouvent le cousin mort, souriant, immobile au fond de son lit, foudroyé pendant son sommeil.

J'ai passé mon enfance au milieu de ces histoires que l'on discutait devant moi en pensant que je ne pouvais pas les comprendre. Mon père y croyait sans y croire. Ma mère y croyait avec une sorte d'épouvante qui la faisait douter d'elle-même. Grand'mère n'y croyait pas, mais pensait que Dieu pouvait tout et que tout était possible... Pour ma part, je m'explique mal l'étrange pouvoir de ma mère. Cette acuité de ses sens tenait-elle à sa maladie ? Ce n'est pas impunément qu'on traverse le noir absolu pour retrouver la lumière ! Et c'est ce qu'elle faisait quand son cœur cessait de battre.

— Quand je m'évanouis, aimait-elle à dire, il me semble tomber dans un autre monde... Je n'en ai jamais gardé de souvenir, mais c'est quelque chose comme l'envers d'une étoffe, le dessous de l'eau... C'est comme un fruit pelé ou un livre ouvert...

Cette incursion dans un au-delà qui ne gardait pas sa proie, cette mort qui restait encore dans la vie me terrifiaient plus qu'une mort véritable.

— Elle ne souffre pas, nous disait le docteur Saix. Avant la syncope, elle est traversée par une douleur fulgurante. Elle la retrouve en reprenant conscience. Mais elle ne sent rien au moment le plus tragique... Pour qu'un être puisse souffrir, il faut que le flux sanguin circule dans son cerveau.

Je n'ai jamais cru à cette rupture de la souffrance. J'étais sûr que maman souffrait quand elle avait l'air d'être morte. J'avais fait cette découverte en regardant son visage. Aucun docteur ne m'aurait prouvé le contraire. J'étais hanté par cette douleur dont je ne comprenais pas la nature. J'ai même tenté de m'évanouir pour tâcher de la ressentir, au-delà de ma conscience. J'essayais d'arrêter les battements de mon cœur, de bloquer mon souffle dans ma gorge, mais la vie était la plus forte. J'explosais avant d'avoir pu perdre conscience, sans avoir ressenti de véritable douleur, sans avoir pu regarder ce « dessous de l'eau », dont parlait ma mère en sortant de ses syncopes.

J'ai vite perdu le contact avec ce monde invisible. Encore enfant, j'ai rompu tout commerce avec les esprits qu'évoquait ma sibylle de Rochebelle. Je n'ai plus voulu savoir s'il était possible de parler avec les morts, comme le faisait ma mère... Peut-être ai-je eu peur d'avoir hérité de son pouvoir ? Je n'ai plus voulu regarder de l'autre côté du décor et j'ai vécu dans un monde dont j'ai respecté les limites.

Plusieurs fois, cependant, au cours de ma vie, une porte a semblé s'ouvrir, devant moi, et j'ai vu comme une lueur, au-delà de notre lumière... Un jour, peut-être, il me faudra parler de ces illuminations...

La grâce est la porte de la gloire

J'ai pourtant connu un autre monde invisible qui ne s'est jamais fermé devant moi. Ce n'était pas celui des esprits, de l'âme des choses et des bêtes, du dialogue avec les morts, de la communication avec l'au-delà, mais un monde libéré de toutes les servitudes de la chair, un monde de pureté, fait pour la grâce et la gloire.

J'ai déjà dit — je voudrais le dire cent fois — que, pour la communauté à laquelle appartenait ma grand'mère, l'argent n'était rien. Ce n'était pas lui qui donnait un sens à l'existence. Il ne s'agissait pas d'être riche, ni puissant, dans cet univers confiné où nul ne savait ce qu'était la puissance ou la richesse. Ces pauvres gens se sentaient égaux devant Dieu, égaux mais, cependant, distingués les uns des autres par les dons qu'ils avaient reçus de Lui... Leurs hiérarchies n'étaient pas celles de ce monde.

Combien de fois ai-je entendu dire à ma grand'mère, en parlant d'une pauvre femme misérable, aveugle et presque sourde, confinée dans deux pièces sans soleil, ou d'un vieil homme à moitié infirme, aux habits râpés, à la main tremblante, fantôme de décrépitude et de désespoir, spectre d'indigence et de malheur :

— Le Seigneur l'a comblé !

— Comblé de quoi ? demandais-je alors d'une voix rageuse, comblé de quoi ?

— De ses talents et de ses bénédictions ! répondait grand'mère de sa voix calme. Regarde-le, pendant les réunions de prières, et tu comprendras... Quand on se tient devant Dieu, on fait voir son âme et toutes les âmes n'ont pas la même lumière.

Ces bénédictions, mêlées à tant de détresse, me furent, d'abord, un abominable scandale. Je savais trop ce qu'étaient la gêne et la pauvreté pour les regarder comme une chance de l'âme... J'en vins, pourtant, à penser comme grand'mère. J'appris à voir la sérénité du malheur, la plénitude du dénuement et je découvris, enfin, qu'une souveraine justice pouvait réduire à néant l'injustice de ce monde... Qu'ai-je appris de plus merveilleux, pendant mes jeunes années ?

C'est au cours des réunions de prières qui se tenaient dans notre maison, tous les mercredis, que j'ai fait cette découverte. Ces soirs-là, nous mangions en hâte, au coin de la table, dans notre cuisine obscure. Le repas fini, grand'mère poussait les deux battants de la porte du salon, ouvrait la porte d'entrée de l'appartement, tandis que je descendais au rez-de-chaussée pour voir si le portail de la rue était aussi grand ouvert. Personne ne devait avoir besoin de frapper pour entrer dans notre maison. Ceux qui devaient venir étaient des amis que nous retrouvions chaque semaine. Mais grand'mère a pourtant passé sa vie à attendre l'hôte inconnu, le voyageur attardé, de passage dans notre ville, qui se serait joint à nous en voyant la flamme de la bougie, allumée pour guider ses pas, au fond du couloir. C'est pour lui que notre demeure était ouverte. C'est pour lui que j'allais poser la bougie, au pied de notre escalier. C'était lui que nous attendions, sans jamais le voir venir.

Pour marquer qu'elle n'était plus maîtresse dans sa maison, grand'mère s'habillait comme pour aller en ville. Elle posait sur son front un petit bonnet en torsade, pareil à ceux que portait Catherine de Médicis, tirait sur ses gants crochetés au point d'Irlande et jetait sur ses épaules une mante courte, à décor de jais.

Sur sa chaise de paille, au dossier droit, elle avait l'air d'être la première visiteuse arrivée dans cette maison dont un maître invisible avait fait ouvrir les portes. C'était ce maître invisible qui nous recevait. Nous baissions la voix en sa présence, car il était déjà là. J'entendais son souffle dans le silence. Il me semblait alors que l'hôte inconnu allait venir à son tour. Je croyais entendre, au fond du couloir, ses pas hésitants qui se rapprochaient de notre porte. La flamme de ma bougie le conduisait jusqu'à nous. Il arrivait, comme l'avant-garde d'un peuple immense, comme un messager précédant la foule des hommes. C'était lui ce prochain mystérieux qu'on m'habituait à regarder comme un frère.

J'ai perdu le souvenir des réunions de l'été. Je sais seulement que la porte du salon restait grande ouverte et que l'air bleu du jardin était plein de vols d'insectes, de clapotis de fontaines et d'odeurs de jeunes pousses. Les nuits d'hiver ajoutaient un nouveau mystère à ces assemblées. Dans ce temps-là, nous ne savions pas encore nous libérer de la nuit. Elle entrait dans les maisons et cernait la clarté des lampes. Une main qui passait sur cette clarté suffisait à faire sombrer les murs dans une pénombre aussi lourde que la nuit. Ces clairs-obscurs semblaient émerger du fond des âges.

— Bonsoir, Sarah, murmuraient des voix connues.

— Bonsoir, répondait grand'mère dans un souffle.

— Le petit va bien ?

Grand'mère ne répondait pas. Cette question n'avait pas besoin de réponse. Tout allait bien, ces soirs-là, dans notre maison.

Mme Vidal était arrivée, presque immatérielle, plus légère qu'un oiseau. Hermance et Léontine s'étaient glissées auprès d'elle. J'entendais la respiration voilée de Sauveplane qui s'éclaircissait la gorge et toussait dans son grand mouchoir à carreaux. Les yeux de Mme Villaret faisaient deux petits éclairs chaque fois qu'elle tournait son visage vers la lampe. M. Villaret me regardait fixement, sans me voir. Le pasteur Vallentin marchait sur la pointe des pieds. Il faisait de petits signes de la main pour que personne ne se dérange. Je me disais, en le regardant : « Alors, il n'est pas plus que les autres ? » Il s'asseyait dans un coin obscur. Il prenait sa tête dans ses mains, comme pour faire oublier sa présence... Nous étions déjà nombreux autour de la table ronde. Personne ne parlait et, cependant, le silence avait l'air de se soulever, comme une eau qui va bouillir.

— Prends la Bible, me disait alors grand'mère, ouvre-la n'importe où... Elle est bonne à toutes ses pages, ajoutait-elle.

Je prenais le livre et je trichais. Je ne l'ouvrais pas n'importe où, comme me l'avait demandé grand'mère, mais au commencement ou à la fin, à la Genèse, premier livre de Moïse, ou à l'Apocalypse de Saint-Jean, le théologien. D'autres fois, je glissais mon doigt au milieu des pages pour tâcher de tomber sur le livre de Job, le Cantique des Cantiques ou le livre d'un des prophètes qui chantaient la gloire de Dieu et faisaient gronder sa colère.

— Mets ton doigt sur un verset... lis, maintenant, me disait grand'mère.

L'histoire de la création du monde ou celle de l'anéantissement des choses humaines se déroulait alors devant nous. Il me semblait qu'un énorme coup de vent, tombé de l'Aigoual, venait d'ouvrir la fenêtre et que les quatre éléments, confondus par la tempête, se précipitaient dans notre maison. Entre la naissance du monde et son effondrement dans les flammes, s'élevait la voix des prophètes. Sur la terre limoneuse à peine émergée au-dessus des eaux, ou sur les cités de l'avenir roulant au puits de l'abîme dans une fumée pareille à celle d'une fournaise, sous la pluie des sauterelles et sous le galop des chevaux dont la queue a le pouvoir des serpents, ils nous faisaient voir leurs visions et nous racontaient leurs songes.

Je lisais lentement, en tâchant de ne pas faire de fautes. J'étais libre de poursuivre ou d'écourter ma lecture. J'essayais de ne m'arrêter qu'après avoir épuisé le sens du passage sur lequel j'avais mis le doigt. Je composais des poèmes avec les fragments de ce grand livre plein de poésie, de violence et de promesses. Le dernier mot du dernier verset tombait comme une pierre au fond d'un abîme aussi profond que ceux qui venaient de s'ouvrir devant nous.

— Amen ! disait une voix.

— Amen ! répondait un chœur lointain, fait d'une suite de voix qui semblaient sortir du même abîme.

— Prions Dieu ! reprenait grand'mère en changeant de ton.

Pendant quelques instants, c'était le silence. Sauveplane toussait en mettant sa main devant sa bouche. Mme Vidal se penchait en avant comme un oiseau qui va s'élancer d'une branche. M. Villaret devenait rouge. Grand'mère restait immobile et semblait dormir, avec ses paupières fermées. J'étais le seul dont les yeux restaient ouverts, mais je mettais la main devant eux avant qu'un des assistants ait fait entendre sa voix.

— Eternel, Notre Dieu, Toi qui règnes sur les montagnes, Toi qui sondes les cœurs et vois les pensées les plus secrètes, inspire tes serviteurs...

Ce n'était qu'un appel à la prière, mais chacun se mettait alors à prier... Balbutiements, phrases perdues dans des larmes ou des soupirs, invocations d'une merveilleuse éloquence... Je ne répéterai pas ce que ces pauvres gens pouvaient dire. Je ne referai pas leur dialogue avec leur Dieu. Mon témoignage est autre chose que leur témoignage. Ils ne s'adressaient qu'à Celui qui aurait pu les entendre sans qu'ils aient besoin de parler.

C'est au cours de ces réunions que, pour la première fois de ma vie, j'ai compris ce que pouvait être la gloire. Il ne s'agissait plus de la gloire de Paris dont m'avait parlé Me Dalbèze, mais d'une gloire éclatant au siècle des siècles, victorieuse de l'injustice, éclairée par la modestie de l'âme, triomphante d'humilité. L'essentiel de ce que j'ai cru, au cours de mon existence, vient de cette révélation. Ce que je sais de la vie m'a prouvé qu'elle était une illusion, peut-être même un mensonge, mais j'y crois encore, pourtant. Je ne suis jamais sorti de cet univers aux hiérarchies invisibles que j'ai vu s'ouvrir devant moi, dans le salon de grand'mère. Je crois toujours, comme je l'ai cru dans ce temps-là, qu'un être ne vaut que ce que valent les dons qu'il a reçus en partage. Chacun porte en soi sa grandeur ou son abjection et rien ne s'ajoute ou ne se retranche à ce qu'il doit être.

Je savais quels étaient ces dons et j'étais capable de les nommer. C'étaient, avant tout, la sérénité de l'âme et la pureté du cœur, l'intelligence du Verbe, la capacité de se faire entendre et de porter témoignage. C'étaient des dons pareils à ceux qui faisaient le peintre et le poète. Ils rapprochaient, pour moi, le cousin Louis qui m'emmenait peindre avec lui, dans les prés de Malivert, du vieux Sauveplane, et Mme Vidal de Mme Mathieu-Goirand qui m'avait enseigné l'amour des poètes. Les dons de l'esprit et du cœur n'étaient, à mes yeux, que des fragments de la grâce dont grand'mère me disait que tout dépendait, dans ce monde.

CINQUIÈME PARTIE

LE TEMPS EST ENTRÉ DANS MA VIE

Déposer son bilan... — Devenir un honnête homme. — Les paradis perdus font les paradis retrouvés. — L'école de tout le monde... — Initiation rituelle. — Moteur à vapeur. — Rosa la rose et Jules César. — Les songes ne sont pas tous des mensonges. — La fleur du magnolia. — Je voudrais être un ange.

Déposer son bilan...

Pendant tout l'hiver de 1909 à 1910, mes parents se sont demandé s'ils ne seraient pas obligés de déposer leur bilan.

— Eh bien, tant pis ! S'il le faut, tu déposeras ton bilan ! murmurait ma mère après avoir fait vingt fois les mêmes calculs. Pas question de joindre les deux bouts... Cette fois-ci, ils sont trop loin l'un de l'autre !

— Si nous en arrivons là, répondait mon père, tout sera net... même si nous devons y laisser notre chemise.

Ces expressions me faisaient penser au fameux travers-banc des houillères de Cavillargues, à la plus-value des terrains de Safi, à toutes ces phrases mystérieuses qui touchaient aux questions d'argent et faisaient peser sur nos vies des menaces renouvelées. Joindre les deux bouts ! Déposer son bilan ! Y laisser jusqu'à sa chemise ! Je comprenais mal ce que cela voulait dire, mais j'avais imaginé que, pour déposer son bilan, mon père aurait à subir une cérémonie solennelle au cours de laquelle il faudrait que nous portions, comme des offrandes, tout ce que nous avions possédé et que nous ne posséderions plus... Je me voyais, tenant au plat de mes mains le petit coffret de bois précieux que ma mère gardait sur sa commode et qui contenait ses bijoux. Je marchais le premier, dans une chemise de nuit toute blanche, ma mère derrière moi, les bras chargés de ses robes, la tête couverte d'un fichu noir... Quant à papa, que porterait-il, ce jour-là ? Peut-être les clefs de la maison ? Peut-être la collection des Peintres illustres, sa boîte de couleurs et son chevalet ? Il crierait d'une voix tonnante, tous les trois ou quatre pas : « Je dépose mon bilan ! » tandis que les gens massés sur notre passage se découvriraient, comme ils se découvrent devant les morts.

Accroupi sous la table, après le repas du soir, je plongeais dans ces rêveries. J'en émergeais pour peser les chances qui nous restaient d'échapper à ces catastrophes. Mon père espérait encore. Je n'avais que peu d'espoir. Je connaissais trop bien la situation de nos finances. Je récapitulais les rentrées que nous attendions, les échéances que nous ne pourrions pas reculer. J'avais même une idée précise de l'état de notre crédit. Je savais que nous avions déjà concédé notre part du Champ à l'oncle Emile. Le Champ n'était pourtant pas encore à nous, mais à grand'mère, et c'était son héritage que nous avions ainsi dévoré. Nous avions hypothéqué notre avenir — encore un mot comme le travers-banc et la plus-value, — et cet avenir arrivait sur nous, à chaque seconde, les mains pleines de reconnaissances de dettes qu'aucun autre avenir n'était en mesure de payer.

Un billet protesté me plongea dans une autre angoisse. C'était, sans doute, moins grave que d'avoir à déposer son bilan, mais il n'en fallait pas moins affronter des cérémonies expiatoires ! On n'avait pas besoin d'y faire venir les enfants. C'était, pourtant, mettre le doigt dans l'engrenage, comme le disait maman. Tout se passait à la banque. Les pères y allaient seuls. Que disait-on et que faisait-on là-bas ? Quelle humiliation faisait-on subir à celui qui ne pouvait pas payer au jour dit ? Quelqu'un devait se mettre à crier : « Je proteste ! » et l'on ne pouvait rien dire, devant tous ces gens qui vous regardaient en se faisant des clins d'yeux ou en échangeant des sourires !

Ces appréhensions me firent passer un sombre hiver. Au mois de février, cependant, ma petite sœur Germaine vint au monde. Mon père était venu pour m'annoncer sa naissance, à la sortie du lycée. J'eus quelque peine à ne plus me sentir fils unique. Je ne vis, d'abord, dans cette petite sœur inattendue, qu'une compagne de mon avenir.

« Quand j'aurai vingt ans, elle en aura dix... Elle en aura vingt quand j'en aurai trente », me suis-je dit en la regardant dans son berceau.

Il me semblait qu'elle n'existait pas tout à fait encore, mais qu'elle existerait un jour. J'aime ce qui sera et j'ai besoin de voir le jeune homme ou la jeune fille dans l'enfant qui ne parle pas encore. L'âge seul peut porter remède à cette façon de voir en raccourcissant les délais de nos joies ou de nos plaisirs, et le jour n'est plus loin, sans doute, où je saurai jouir du présent.

Un nouveau-né tient beaucoup de place, dans une maison. Il en tient moins, pourtant, que l'angoisse du lendemain et que les soucis d'argent. La naissance de ma sœur suspendit les nôtres pendant quelques jours, mais quelques jours suffirent à balayer cette joie, et mes parents se remirent à parler de déposer leur bilan.

Je venais d'avoir dix ans quand la catastrophe arriva. C'est au mois de juin que je suis né, et la ruine de mes parents m'apparut comme une rançon de cette fête.

— Célébrons les Gémeaux ! avait dit mon père, pour lequel tout était prétexte à plonger dans l'insouciance.

Nous ne célébrâmes rien du tout. Il n'y eut pourtant pas de cérémonie solennelle comme je l'avais imaginé. Je n'eus pas à revêtir la chemise blanche des vaincus. Je n'eus pas à porter le coffret de bijoux, comme une offrande, au milieu d'une foule à la fois narquoise et consternée.

Un jeudi matin, Anna fit un balluchon avec mes affaires et me conduisit chez cousin Armand. Tante Augustine, sa mère, qui vivait avec lui et faisait marcher son ménage, m'installa dans la grande chambre à donner, à côté de ce salon où l'on avait joué Port-Arthur. Ma vie ne fut pas changée. Je continuais à suivre les cours du lycée et j'étais même flatté d'habiter chez le cousin, dont l'appartement était plus beau que le nôtre. Il me semblait que j'avais échappé à la catastrophe qui nous menaçait depuis des mois. Le cousin m'en imposait par ses silences, par son air absent et absorbé. Je n'étais pas loin de l'admirer quand, au dessert, il quittait la table sans replier sa serviette et filait au *Cercle de la Jeunesse* pour y prendre son café. Je n'osais pas ouvrir la bouche devant lui, mais, resté seul avec la tante Augustine, je prenais ma revanche et faisais des rêves d'avenir.

D'avoir vécu dans l'incertitude et dans l'angoisse me rendait vantard. Je faisais des projets à n'en plus finir, comme pour conjurer le mauvais sort, et j'avais besoin d'affirmer que rien n'était impossible pour un garçon comme moi.

— Oh ! moi... Oh ! moi... répétais-je à tout moment.

— Si les petits cochons ne te mangent pas en route, me disait tante Augustine, tu finiras président de la République.

Je n'avais pas envie d'être président de la République, mais cette prédiction me rassurait pourtant. Elle me faisait oublier la situation de mes parents. Rien de grave, me semblait-il, ne pouvait les menacer.

Au bout de quelques jours de cette nouvelle vie, je vis arriver ma mère avec une Anna échevelée qui se jeta sur moi en poussant les cris qu'elle poussait quand elle pardonnait à son père de l'avoir rouée de coups. Elle m'embrassait à pleine bouche, en me mouillant de ses larmes. En retrouvant dans ses yeux l'air sauvage et hagard qu'elle avait eu la nuit de la mort de M. Courty, il me sembla que j'étais moi-même en train de mourir, que j'étais peut-être déjà mort et qu'elle pleurait sur mon cadavre.

— Allons, Anna, vous ne le quittez pas pour toujours, lui disait ma mère en tâchant de dénouer ses étreintes. Allons, allons, vous allez finir par l'étouffer... Mais calmez-vous ! Vous savez bien que vous reviendrez à la maison, dès que ce sera possible... C'est comme s'il allait faire un petit voyage... Tout recommencera comme avant.

Pour une fois, maman n'a pas eu le don de prophétie. Je ne devais plus jamais voir Anna, et je suis sûr que cette sibylle italienne a dû le sentir, avec sa terrible clairvoyance. C'est sans doute pour cela que ses adieux ont eu quelque chose de funèbre que je n'ai jamais oublié.

— Pauvre petit ! répétait-elle en posant ses mains sur ma tête.

Quel mauvais sort cherchait-elle à conjurer ? Quels dangers voulait-elle écarter de moi ? Sous quelle protection a-t-elle placé ma vie, dans ce moment de détresse où elle me perdait pour toujours ?

— Pauvre petit ! répétait-elle en me regardant de son air sauvage.

D'où venait ce dévouement, cet attachement inexplicable qu'elle m'a voué pendant mes jeunes années ? Quelle était la source de cet amour qui n'était pas encore un amour, de ce lien de chair que rien ne justifiait ? Elle s'est brusquement détachée de moi, comme une pleureuse antique, chancelante et échevelée, les bras tordus, la bouche pleine de cris. Je n'ai pleuré qu'après son départ, l'âme balafrée par une blessure dont je sens encore la cicatrice. Trois jours après, elle partait pour Paris, où elle avait trouvé une place. Un an plus tard, elle nous envoyait des cartes postales du Portugal. Dix ans après, nous ne savions plus rien d'elle.

C'est après son départ que j'ai découvert l'étendue de notre désastre. Mes parents avaient abandonné leur appartement et s'étaient réfugiés chez des amis, avec ma petite sœur Germaine. Ils avaient entassé leurs meubles dans une petite pièce du rez-de-chaussée de notre ancienne maison. C'est là que je retrouvai, posés les uns sur les autres, nos lits démontés, nos sommiers appuyés contre les murs, déjà recouverts d'une imperceptible poussière. Le décor dans lequel j'avais passé près de huit années de ma vie s'était transformé en un bric-à-brac sordide, un magasin d'occasion où tout avait l'air miteux, délaissé et misérable.

— Tu vois, tout est bien rangé, me disait ma mère avec une voix enjouée qui sonnait faux dans ce garde-meubles désert. Nous retrouverons toutes nos affaires quand nous reviendrons du Vigan... Mais, j'y pense, tu ne sais peut-être pas encore que nous allons nous installer chez grand'mère, pendant quelque temps ? On est si bousculé qu'on n'a pas eu l'occasion de te le dire... Mais ça doit te faire plaisir de retrouver tes montagnes ? L'air de là-haut fera du bien à Germaine et, toi, tu deviendras un grand garçon, un vrai montagnard.

C'est en vain qu'elle me racontait ces histoires, qu'elle me parlait de la santé de ma sœur, qu'elle faisait appel à mon amour des montagnes... Je ne pensais qu'à notre maison dévastée, à nos meubles en fourrière, au départ d'Anna. Je pensais surtout à la prochaine rentrée d'octobre, à mes camarades du lycée !

Mais nous reviendrons quand même habiter ici ?

— Bien sûr... bien sûr... d'ici quelques mois... dans un an ou deux, peut-être.

— Pas pour la rentrée des classes ?

— Nous ne pouvons pas le savoir encore... Ça dépendra des affaires de papa. Tu sais bien qu'il fera tout son possible pour qu'elles s'arrangent... Ne te fais aucun souci. Pour le moment, nous allons passer l'été chez grand'mère, comme nous le faisons tous les ans... Tu n'as plus qu'à penser à prendre de bonnes vacances...

Devenir un honnête homme

Mes derniers jours de lycée se passèrent dans la honte et le désespoir. Je ne fis pas mes adieux à mes camarades. Aucun d'eux ne reçut mes confidences, et je les quittai sans leur dire qu'ils ne me reverraient pas en octobre.

— L'an prochain, disaient-ils, on entre en sixième, et ceux de sixième, c'est déjà des grands.

M. Delor, notre professeur, un géant strict et récuré, à la barbe en pointe, nous fit un petit discours, et ce discours eut, pour moi, un tout autre sens que pour les autres élèves.

— Bonnes, bonnes, bonnes vacances, mes enfants, mais n'oubliez pas qu'en octobre vous allez aborder l'étude du latin. C'est une grande chose qui va décider de vos vies... Grâce au latin, chacun de vous va pouvoir devenir un honnête homme, un honnête homme au vrai sens du mot ! Le latin vous ouvrira les carrières les plus nobles. Il fera de vous des médecins, des professeurs, des avocats ou des officiers... Bonnes, bonnes vacances à tous et, quand vous reviendrez dans cette maison, vous serez déjà des petits hommes qui diront d'une seule voix : *rosa*-la-rose !

J'avais l'impression d'être un naufragé abandonné sur la plage d'une île déserte. A mon tour, j'avais déposé mon bilan ; à mon tour, j'étais écrasé par les hypothèques et, pour surmonter mes angoisses, je n'avais même pas le secours de mes parents. Ils étaient toujours chez leurs amis, avec ma petite sœur, et ne s'occupaient guère de moi. Le cousin Armand m'écrasait par ses silences et la tante Augustine était mon seul réconfort.

— Si les petits cochons ne te mangent pas, me répétait-elle, tu finiras président de la République.

Elle connaissait les difficultés de la vie comme un marin connaît l'Océan. Veuve à trente ans, sans appuis, sans ressources, avec deux garçons à élever, elle les avait poussés, d'école en école, de bourse en bourse, jusqu'à l'Ecole dentaire de Paris, et les deux frères, sauvés des naufrages familiaux, arrachaient maintenant les dents des Nîmois et des Alésiens et gagnaient plus d'argent que personne n'en avait jamais gagné, dans notre famille.

Cette double réussite n'avait pas fait oublier à tante Augustine ce qu'étaient les temps difficiles. Elle savait très bien quels étaient les petits cochons qui pouvaient me dévorer sur la route qui menait à la présidence de la République. Du reste, elle me promettait l'Elysée comme elle m'aurait promis la lune ou une ambassade, si elle avait su ce qu'est un ambassadeur. Son royaume était pourtant de ce monde, mais elle en connaissait mal les grandeurs. Elle ne vivait pas dans le ciel, comme grand-mère Aldebert, dont elle était à la fois la cousine et la belle-sœur.

— Marthe et Marie ! disait-on parfois dans la famille, quand il était question d'elles.

— On ne peut compter que sur soi, répétait la tante Augustine.

— Dieu y pourvoira ! répondait grand'mère.

Plus petite que sa belle-sœur, plus vive aussi, tante Augustine avait un visage fripé, plein de rides convergentes, qui lui donnait l'air d'un vieux ouistiti bourré de sagesse et d'expérience de la vie. Son esprit était mordant, méchant parfois, animé par une pugnacité narquoise qui se dissipait comme la rosée au soleil en présence de ce fils dont elle tenait la maison. Pétrifiée d'admiration devant lui, chaque jour, après son départ pour le *Cercle de la Jeunesse*, elle pliait religieusement sa serviette, et c'est à ce moment-là que je pouvais parler avec elle.

— Tante Augustine, c'est vrai qu'on ne peut pas devenir un honnête homme si on n'apprend pas le latin ? lui demandai-je après le discours d'adieu de M. Delor.

— Ce sont les coquins qui le savent, me répondit-elle sans réfléchir, les avocats, les huissiers, les notaires, les curés... Ah ! mais pour les enfants, ce n'est pas la même chose ! ajouta-t-elle après un instant de réflexion, puis, ayant réfléchi encore un peu plus : Mais on peut très bien s'en passer... Armand ne l'a pas appris, et ça ne l'a pas empêché d'être toujours le premier aux écoles de Paris.

En trois petits bonds, elle avait fait le tour du problème. Son esprit était ainsi fait, tout en vif-argent et en morsures, mais son cœur restait toujours prompt à s'émouvoir.

— Latin ou pas latin, reprit-elle, comme si tout dépendait du latin ! Comme si le latin pouvait faire l'homme ! Laisse-moi ce latin tranquille. Il s'agit de bien autre chose. Tu es assez grand pour le comprendre... En trois mots comme en cent, ton père a fait de mauvaises affaires... C'est dit une fois pour toutes... Mais qu'on ne s'avise pas de le critiquer, ni de lui en faire reproche... C'est un rêveur... Avec ou sans latin, il rêve en marchant, du premier janvier à la Saint-Sylvestre... Mais des gens comme lui, on n'en trouverait pas deux en faisant le tour de France ! C'est du pain blanc, c'est du sel de la mer, c'est de l'eau du mont Aigoual... Que personne ne dise du mal de Jean... C'est peut-être le meilleur de la famille... Mais c'est un rêveur... Un rêveur, je te dis, voilà ton père... Et qu'est-ce que tu veux faire, contre un rêveur ? « Demain, je gagnerai des cents et des mille... » Va lui prouver que ce n'est pas vrai ! Il te prouvera le contraire...

Elle me faisait ces discours sans cesser de frotter les meubles, allant et venant, toujours occupée, fourmi noire jamais en repos, mais elle interrompait ses menus travaux pour me dire, bien plantée en face de moi :

— Si jamais des petits te disaient quelque chose sur ton père... Ah ! ce n'est pas que je te conseille de te battre... mais un coup de poing, c'est vite donné !

C'est ainsi qu'elle remettait entre mes mains l'honneur de notre famille et me donnait l'assurance qu'il n'était pas entamé par les catastrophes paternelles.

— Si Armand était un rêveur, tu crois qu'il pourrait gagner des cents et des mille ? Comme si on pouvait rêver quand on arrache une dent ! Des métiers de rêveur, il en existe peut-être... En cherchant bien, on doit pouvoir en trouver... C'est ce qu'il aurait fallu à ton père... C'est ce qu'il te faudra, si ta tête est faite comme la sienne... Ni dentiste, ni chirurgien, ni commerçant... Un métier où l'argent tombe à toutes les fins de mois, même si on se promène dans la lune... On verra ça, quand le jour sera venu. Nous avons le temps d'y penser.

Je voulais bien choisir un de ces métiers de rêveur, où l'argent tombe à toutes les fins de mois, même si on se promène dans la lune. J'étais à peu près persuadé que j'avais la tête faite comme celle de mon père et que j'étais menacé par les mêmes dangers que lui. Mais comment pouvais-je faire ce choix ? A qui demander s'il ne fallait pas faire du latin pour avoir le droit de gagner sa vie, quand on était un rêveur ? Tante Augustine était incapable de me le dire. Elle se souvenait seulement que ses fils n'avaient pas pu faire leur médecine, parce qu'ils n'avaient jamais appris le fameux « *rosa*-la-rose. » Fallait-il aussi le savoir pour les métiers de rêveur ? Je cherchais en vain la réponse à cette terrible question.

C'est alors que je me souvins du dictionnaire *Larousse*. La page en couleurs consacrée aux grandes écoles répondait sans doute à cette question. Mais notre *Larousse* était enfoui sous des piles de matelas, au fond de la salle obscure où l'on avait mis nos meubles. Il eut vite fait de devenir, à mes yeux, une clef des songes inaccessible, un oracle caché dans le fond d'un antre et gardé par des divinités infernales.

Un jour, pourtant, maman eut besoin de récupérer un peu de linge dans ce garde-meubles et m'emmena avec elle. Pendant qu'elle fouillait les tiroirs d'une commode, je me glissai jusqu'au dictionnaire, découvris le tome quatre, le fis glisser jusqu'à moi, l'ouvris et plongeai, la tête première, dans mon avenir.

Dans le rai de jour qui tombait du lucarnon, je revis les petits bonshommes de mes rêves, les polytechniciens en bleu sombre, les saint-cyriens en bleu clair, ceux de Nancy verts comme les forêts, les médecins de Lyon rouges comme le sang des blessés, les normaliens tout en noir et ceux du Borda avec leurs sabres dorés. J'eus vite fait de parcourir les notices. Il fallait savoir le latin pour avoir le droit de porter ces uniformes ! Quand on ne le savait pas, on pouvait tout au plus devenir apprenti de la marine, enfant de troupe ou instituteur. L'avenir se décidait en sixième et, la sixième, c'était le latin !

— Qu'est-ce que tu regardes ? me demanda maman en se rapprochant de moi à travers le dédale des commodes et des matelas entassés.

— La France ! répondis-je en brouillant les pages du livre, le cœur plein de honte à l'idée qu'elle aurait pu comprendre ce que je cherchais à savoir.

— La France ? reprit-elle en se mettant à rire. Pourquoi, Seigneur ? Elle ne va pas s'en aller... Tu ne risques pas de la perdre !

Les paradis perdus font les paradis retrouvés

Mes parents partirent d'Alès comme ils avaient dû partir du Valgaron. Abandonnant, une fois de plus, leur foyer détruit, ils devaient aller refaire leur vie sans savoir ce que leur réservait l'avenir. Mais je n'étais plus un enfant roulé dans ses langes, inconscient de ce qui se passait autour de lui. C'est pour cela que cette nouvelle fuite en Egypte m'apparut comme un désastre encore plus grand que celui de l'incendie de notre fabrique.

Je fis le voyage d'Alès au Vigan avec ma mère et ma sœur. Nous étions seuls dans un wagon de troisième qu'un quinquet jaune éclairait dans les tunnels, avec des odeurs d'huile rance. Mon père était parti par la route, avec sa moto, après avoir fait enregistrer nos deux grosses malles. Tout ce que nous possédions restait enfoui dans la pièce obscure où les araignées étendaient déjà leurs toiles.

Maman n'avait pris qu'une petite valise avec les affaires de Germaine et deux biberons enroulés dans des lainages. Personne n'était venu nous accompagner à la gare. J'ai su, depuis, que maman avait demandé à tante Augustine de la laisser partir seule, sans adieu et sans au revoir. Mais, sur le moment, ce départ dans la solitude me fit l'impression d'une fuite. Il me semblait que nous nous évadions en cachette, comme des coupables.

J'étais pourtant parti déjà bien des fois par ce train du soir, le cœur gros de joie à l'idée de retrouver Le Vigan et, surtout, de m'enfuir d'Alès. J'avais, bien souvent, maudit cette ville en jetant sur elle un dernier regard au moment où le train s'engageait sur la grande courbe qui fait face au lit d'immondices sur lequel coule le Gardon. Les discours de Me Dalbèze me revenaient alors en mémoire... Mais, ce soir-là, quand je vis les toits de la ville, dans le feu du soleil couchant, pour la première fois de ma vie je la trouvai belle !

Il me sembla que je ne l'avais encore vraiment jamais vue. C'était une ville puissante, couronnée de dômes et de tours. Derrière ses toits, hérissés de mezzanines et de lucarnes, s'élevaient des puits de mines et des hauts-fourneaux sur lesquels crépitaient des étincelles. C'était comme une forge de l'avenir, une ville où l'on pouvait devenir quelque chose, une grande ville qui ressemblait à ce Paris, fabricant de gloire et de bonheur, dont m'avait parlé Me Dalbèze.

Trois heures plus tard, Le Vigan s'offrit à mes yeux comme un lieu désert, abandonné dans le fond du trou de ses montagnes, et je me sentis exilé dans ce paradis de mon enfance.

Par bonheur, les enfants ne sont pas constants dans leur tristesse. Ils détestent le malheur, et j'eus vite oublié les miens dans la maison de grand'mère. L'été s'écoula dans les plaisirs des champs et des eaux. Car les vacances finissent toujours par être de vraies vacances, quand on vient d'avoir dix ans.

L'année précédente, j'avais appris à nager, mal encore, une brasse courte de débutant, mais j'avais fait des progrès, pendant l'hiver, en rêvant aux gouffres de l'Arre. Il en est ainsi de tous les exercices du corps qui ne sont possibles qu'une saison. On s'y confirme en ne les pratiquant plus. C'est ce qui m'arriva pour la nage. En quelques jours, je devins hardi à faire peur. Souffle bloqué, mains tâtonnantes, j'appris à descendre au long des parois de roches, par quatre ou cinq mètres de fond. Je pouvais rester dans ces profondeurs presque une minute. Pendant les dernières secondes le sang me montait aux yeux. Deux cordes dures se nouaient au fond de ma gorge. Je faisais alors surface comme un dauphin, émergeant de tout le torse, soufflant de l'écume par mes narines, gonflant mes poumons d'un seul coup pour replonger à nouveau. J'eus vite fait de sonder tous les abîmes de notre rivière.

— Il deviendra poitrinaire, disait cousine Sarah, dont l'imagination catastrophique emplissait l'avenir d'une longue série de désastres. Quand il est au fond de ces trous, l'air tourne en acide, dans ses poumons.

J'aimais l'eau mais craignais le froid, et les eaux sont froides dans nos montagnes. J'en sortais en claquant des dents, vert comme une pomme des prés, les yeux cernés par deux grands traits bistres. Je tremblais de froid, mais de peur aussi, car j'avais peur de devenir poitrinaire, comme me le prédisait cousine Sarah. Cependant, sitôt réchauffé par le soleil, je retournais à mes gouffres.

— Ecoute-moi bien, disait l'oncle Emile, qui avait horreur de l'eau et ne s'approchait jamais de la berge, un jour, tu resteras coincé dans le fond d'un trou...

Il avait, lui aussi, cette imagination créatrice de désastres commune à beaucoup de gens de ma famille et de ma région, cette imagination porteuse de catastrophes dont j'ai peut-être un peu hérité.

— Laissez-le donc nager, disait l'oncle Paul. J'étais aussi fou que lui, à son âge.

L'oncle Paul aussi fou que moi ? Lui qui était pasteur à Paris, qui prêchait en robe noire et en rabat blanc, qui avait été nommé chapelain de la reine de Hollande ! C'était donc avec les fous qu'on pouvait faire les sages ?

— Aussi fou que lui ? demandait grand'mère avec une sorte de béatitude.

— Aussi fou que lui ! affirmait une fois de plus l'oncle Paul.

Il m'attrapait par la main et venait avec moi prendre un bain dans la rivière. Dans ses caleçons courts, rayés blanc et bleu, cet homme de Dieu me faisait penser à saint Jean Baptiste, mais à un saint Jean Baptiste sans barbe, à l'usage des protestants.

— Pas de danger qu'il se noie ! disait-il en me regardant plonger dans les gouffres.

Il me semblait emporter sa bénédiction sous les eaux, comme le dimanche, après son sermon, quand il levait vers le ciel les deux grandes ailes noires de sa robe.

Après le bain, nous armions nos lignes et cherchions les fonds poissonneux. L'oncle Paul aimait la pêche et ne revenait jamais sans friture. Mon père, qui ne savait pas nager, pêchait aussi, sans trop s'avancer vers les gouffres. L'oncle Emile restait assis au milieu de la prairie et suivait des yeux les fils de nos lignes dérivant dans les remous. Quant à moi, je me lassais vite de ce jeu où il fallait rester immobile. Je rentrais au Champ tirer des oiseaux avec une petite carabine Flaubert dont on m'avait fait cadeau. Au retour de mon oncle et de mon père, je comparais mon tableau de chasse avec leur pêche, mes moineaux et mes becs-fins avec leurs goujons et leurs barbeaux.

— Pourquoi tuer ces petites bêtes ? demandait mon oncle Paul en me regardant avec tristesse.

— Tu attrapes bien des poissons !

— Ce n'est pas pareil... Ils ne souffrent pas comme les oiseaux !

— Ils ne souffrent pas ! Avec le hameçon dans la gueule ? C'est encore plus mauvais qu'un coup de fusil !

— Regarde tes mains, me répondait l'oncle, elles sont rouges de sang.

— Et les poissons, ils n'ont pas de sang, peut-être ?

— Non... non, ce n'est pas le même sang que les oiseaux... Le sang...

L'oncle s'arrêtait. Il aurait eu bien des choses à me dire sur ces mystères du sang, mais elles n'étaient pas de mon âge et je le croyais à bout d'arguments. Je pensais qu'il avait tort. Grand'mère le sentait et le soutenait de son mieux.

— Notre-Seigneur a fait une pêche miraculeuse... Il n'a jamais aidé à tuer une bête... Si tu lisais mieux ta Bible...

L'oncle souriait en tirant sur ses moustaches et grand'mère ajoutait en soupirant :

— Puisqu'ils sont morts, il vaut autant qu'on les mange... Je vais te les faire sur canapé.

Nous mangions les oiseaux que j'avais tués, les poissons pêchés par mon père et par mon oncle, les fruits du Champ cueillis par Finiels. J'allais contempler la table de la cuisine où s'entassaient des petites truites piquetées de rouge, des barbeaux moustachus, des vérons aux yeux bêtes, des moineaux aux yeux fermés et, quelquefois, un merle au bec jaune. A côté d'eux, s'amoncelaient les œillades, les raisins blancs de la Madeleine, les muscats craquants, les prunes d'Agen et les reines-claudes.

— Laisse-nous tranquilles, me criaient les cuisinières improvisées. Tu nous empêches de travailler.

— C'est comme un tableau ! leur disais-je. Si le cousin Louis était là !

— On a bien besoin de tableau ! répondait grand'mère. Avec toutes ces bouches à nourrir !

L'été avait ramené autour d'elle tous ses enfants et tous ses petits-enfants. Cette année-là, nous étions douze auprès d'elle, tous de son sang ou de sa plus proche alliance. Chaque soir, autour de la table dressée devant la maison, entre le laurier et le magnolia, je retrouvais l'oncle Paul et la tante Eva, l'oncle Emile et la tante Jeanne, mon père, ma mère, mes cousins et mes cousines.

Un jour, l'oncle Paul photographia toute la famille qu'il avait groupée sur deux rangs, à côté d'un petit arbre qu'on avait planté au moment de la naissance de Germaine. Ce n'était encore qu'un arbrisseau, un marronnier nain, avec quatre feuilles en plumeau. C'est la famille qui lui faisait ombre, en attendant qu'il la couvre de la sienne. Le déclic joua quand nous fûmes tous immobiles. On eût dit le bruit d'une seconde, un coup de gong arrêtant le temps, qui se remit aussitôt à fuir.

L'été touchait à sa fin... Quelques jours encore et nous allions nous disperser de nouveau. Les Emile — comme nous disions — prirent le bateau de septembre. L'oncle bâtissait toujours le port de Dakar. Les Paul retournèrent à Paris. Mon père reprit le chemin d'Alès, où il devait vivre en garçon du lundi matin au vendredi soir. Je restai seul au Vigan, avec ma mère et Germaine, et je retrouvai mon malheur, oublié pendant trois mois dans le fond des gouffres de la rivière.

Il se rua sur moi, pendant une nuit sans sommeil dont je n'ai jamais perdu le souvenir. Nous avions fermé le Champ avec les derniers départs et nous nous étions installés dans la grande maison de la rue de l'Horloge. Le premier soir, quand je me trouvai seul, dans ma chambre, la bougie soufflée, je crus voir mes deux cousines dans le train qui les emmenait à Paris, mon autre cousine sur la mer, dans son bateau voguant vers l'Afrique. Le monde s'ouvrait devant elles et se fermait devant moi ! J'étais prisonnier dans un cercle de montagnes. Jamais plus je n'aurais la chance d'en sortir. Ma terre promise allait devenir ma prison. J'allais vivre, au bord du Jourdain, ma captivité de Babylone. Mes vergers de Chanaan allaient devenir des déserts d'Egypte et nul ne me ferait franchir à pied sec la mer Rouge qui s'était refermée derrière moi.

J'identifiais ainsi mes malheurs aux malheurs du Peuple élu. Je savais pourtant de quels noms appeler les plaies d'Egypte qui allaient fondre sur moi : je n'entrerais pas en sixième, je n'apprendrais pas le latin, je ne pourrais pas préparer une grande école ! Un autre garçon allait prendre ma place, au fond de moi-même, se substituer au garçon que j'avais été jusqu'alors, étouffer le petit homme que j'avais déjà rêvé d'être !

Je pensais avec une fureur mêlée de tendresse à mes anciens camarades du lycée d'Alès. Dans quelques jours, ils allaient entrer en sixième, réciter *rosa*-la-rose, apprendre des secrets que je ne saurais jamais, devenir des grands ! Je n'étais ni jaloux ni même désespéré. J'étais fou de rage et de douleur. Pour la première fois de ma vie, j'avais peur de ne pas pouvoir devenir moi-même et, recroquevillé dans mon lit, le menton dans mes genoux et les mains croisées sur la nuque, je pleurais, en écoutant mes sanglots, comme si j'avais écouté pleurer un autre garçon.

L'école de tout le monde...

Quelques jours après, je fis mon entrée à l'école de tout le monde. Je m'y rendis, le cœur amer, soutenu par le sentiment de ma supériorité, sûr de savoir déjà tout ce qu'on allait m'apprendre, certain d'être toujours le premier, sans avoir à faire d'efforts.

En attendant de franchir le seuil de notre école laïque, gratuite et obligatoire, j'avais demandé à mes nouveaux compagnons :

— Le professeur est méchant ?

— Professeur ? Professeur ? On n'a pas de professeur.

— Le professeur, ici, c'est le maître... Le père Martin, si tu préfères.

— Il est méchant ?

— Non, il est si grand et si fort qu'il n'est pas méchant.

— S'il était méchant, d'un revers de main, il pourrait t'arracher la tête...

Mes nouveaux compagnons parlaient un dialecte étrange, fait de mots français et de mots locaux contaminés les uns par les autres, un sabir roman. Mais je connaissais déjà la langue de nos montagnes, sans l'avoir jamais apprise ou, du moins, sans avoir eu besoin de faire des efforts pour l'apprendre. Le vieux Finiels me l'avait transmise avec la bonne méthode, en la parlant devant moi. Quelques jours me suffirent donc pour faire le tour du vocabulaire de l'école, ce qui m'épargna d'être regardé comme un étranger. Au bout d'un mois, je parlais comme un charretier qui aurait vagabondé sur les voies romaines, pendant des siècles, en suivant les métamorphoses du latin. Ni l'*Epitome*, ni le *De viris illustribus* n'auraient pu me révéler aussi bien le génie de la langue mère dont notre langue est sortie. Aucun cours de philologie ne peut enseigner tout ce que j'ai découvert, à ce moment-là, sans m'en rendre compte. Je me suis servi d'une langue à deux dimensions, dont chaque mot avait une face et un revers. Ils me faisaient découvrir les objets comme on les découvre avec les deux yeux, en les situant dans l'espace.

Mais le père Martin n'était pas payé par la République pour nous enseigner autre chose que le français. Il ne faisait pas de philologie comparée et nous défendait d'en faire. Chaque fois que nous attentions à la langue nationale, le fameux revers de main, qui nous aurait arraché la tête, se balançait au-dessus de nous, dans sa main ouverte, mais, comme disaient ses élèves, il sentait trop bien sa force et ne nous frappait jamais.

— Ancien élève du lycée d'Alès, me disait-il, tu devrais avoir honte de parler encore plus mal que les autres !

Je fus pour lui un sujet d'étonnement, de déception, et, peut-être aussi, de satisfaction secrète. Dans ce temps-là, les trois ordres d'enseignement étaient si bien cloisonnés qu'il s'était sans doute demandé s'il n'allait pas être gagné à la main par ce nouveau qui venait du « secondaire ». Je l'avais vaguement senti, non sans fierté. Mais, quand le moment des compositions fut venu, je fus loin d'être le premier. Je ne savais rien en calcul, j'étais nul en orthographe, je ne connaissais même pas les départements. Je ne me rattrapais qu'en rédaction, car c'est ainsi que s'appelait, maintenant, la composition française, comme le professeur s'appelait le maître. Mes rédactions amusaient donc le père Martin. Il lui arrivait de les lire à haute voix, pour les donner en exemple, et pour se moquer un peu de moi.

— Pas mal ! Pas mal ! disait-il en laissant tomber sur moi son sourire d'homme roux, aux moustaches de Gabale. Non, pas mal du tout... C'est construit, c'est ordonné, c'est plein d'imagination... un peu trop, peut-être... Mais, si tu voulais devenir écrivain, il faudrait apprendre l'orthographe !

Il ignorait — c'est une des choses qu'on n'enseignait pas

dans les écoles normales — que les auteurs ne la doivent pas ! Il fut, du moins, après le professeur Bigot, un des premiers à sentir en moi le besoin de raconter des histoires. Désireux de m'y aider, il fit ce qu'il put pour m'enseigner les accords des temps et ne comprit jamais pourquoi j'écrivais colonne avec deux *l* et une *n* et pharmacie avec une *f*.

Je pris donc la place qui me revenait, entre les premiers et les derniers, premier parfois, dernier souvent, au beau milieu de la classe, « élève moyen » qui n'était jamais dans la moyenne, bon pour préparer le certificat d'études, mais sans garanties de réussite.

— Pour la rédaction, disait le père Martin à ma mère, qui avait cru, elle aussi, qu'un ancien élève du lycée Jean-Baptiste-Dumas ne pourrait qu'être premier à l'école primaire du Vigan, pour la rédaction, on pourrait le présenter au brevet... Mais, pour l'orthographe, madame !

Il ouvrait alors les bras, cherchait un terme de comparaison et disait, en baissant la voix, comme s'il avait révélé le secret du canon de soixante-quinze :

— A peine un peu plus fort qu'à la maternelle !

— Oh ! vous savez, répondait maman à demi-voix, il retournera au lycée...

Ma mère avait un terrible esprit de classe et ne croyait qu'aux études secondaires ou qu'à ce Ladies' College de Jersey qui restait l'orgueil de sa jeunesse. Mais son cœur était sensible et, pour rien au monde, elle n'aurait voulu faire de la peine à M. Martin. C'est pour cela qu'elle murmurait de façon à peine audible : « Il retournera au lycée ! » comme si le fait d'être élève d'un lycée avait pu me dispenser de connaître l'orthographe.

— A plus forte raison ! enchaînait un père Martin indigné. S'il n'apprend pas à écrire « colonne » dans ma classe, il ne le saura jamais !

Il avait tort ! Je devais l'apprendre, non pas dans sa classe, ni au lycée, mais à l'école des Chartes, après avoir passé mon certificat d'études et mes deux bachots, sans le savoir. Ce bon maître, taillé en géant de l'Aubrac, n'était pas obligé de voir aussi loin dans l'avenir. Ce qu'il voyait, dans mon cas, c'était l'occasion de comparer les mérites de l'enseignement primaire à ceux de l'enseignement du lycée. J'y perdais sur un tableau, mais, du même coup, me trouvais gagnant sur un autre. Victime théorique de l'enseignement secondaire, je fus adopté par M. Martin, comme un chien perdu par une vieille fille esseulée. Il pensait moins à me reprocher mon ignorance qu'à me dégager de périls dont je n'étais pas responsable.

— Si ce n'est pas malheureux ! disait-il à M. Gorlier, le directeur de l'école. Un enfant aussi doué ! C'est la base qui manque, mais on ne s'est jamais donné la peine de la lui apprendre.

Ce M. Gorlier ressemblait à l'oncle Fernand. C'était un de ces maîtres de l'enseignement primaire qui faisaient, chaque jour, pour la République, plus qu'elle ne faisait pour eux pendant une année. Ce genre d'hommes a-t-il disparu ? Je serais tenté de le croire. Mais c'est, peut-être, se montrer injuste envers les oncles Fernand, les MM. Gorlier et les père Martin d'aujourd'hui, comme on le fut avec eux. Ils étaient ordinairement maigres et décharnés, comme si le feu de leur vocation les avait ravagés jusqu'à l'âme. C'étaient des religieux, formés par des séminaires qu'on avait affublés du nom d'écoles normales. On m'a raconté que, dans l'une d'elles, le directeur faisait chaque soir un petit discours à ses élèves, aux élèves-maîtres, comme on les appelait.

— Bonsoir, messieurs, leur disait-il, vous allez maintenant vous retirer dans vos chambres. Pensez donc, au moment de vous endormir que, dans cette maison, jamais personne n'a pu dire qu'on lui avait appris autre chose que son devoir.

M. Gorlier et M. Martin me regardaient donc, pendant les récréations, en se demandant comment faire mon salut, car c'était de mon salut sur cette terre qu'ils se sentaient responsables.

— Alors, la manière forte ? demandait M. Gorlier en nasillant un peu, comme nasillait l'oncle Fernand.

— Tête dure ! répondait M. Martin, l'air incrédule.

— Faites-le venir, reprenait M. Gorlier, qui avait le sens de la hiérarchie.

M. Martin m'appelait.

— Colonne ! hurlait M. Gorlier, dressé sur l'extrême pointe de ses souliers, les mains aux poches, incliné vers moi. Colonne ! hurlait-il encore plus fort. Epelle le mot !

J'étais incapable de répondre. Je n'arrivais pas à voir ce mot écrit devant moi. Ce que je voyais, c'étaient deux colonnes, deux vraies colonnes. M. Gorlier n'en était-il pas une et M. Martin aussi ? Deux colonnes comme celles que j'avais vues devant la Maison carrée.

— Il est idiot ? demandait M. Gorlier, en jetant un coup d'œil inquiet à M. Martin. Tu sais ce que c'est qu'une colonne ? me demanda-t-il plus doucement.

— Une colonne ? C'est un pilier rond... On en mettait devant les temples, dans l'Antiquité. Elles supportaient le fronton. On y creusait quelquefois des cannelures. Ça les faisait paraître plus légères... Les Grecs en ont fait de plusieurs styles... Le dorique est le plus ancien... Il était...

— Et tu ne sais pas comment ça s'écrit ? tonnait M. Gorlier, qu'étranglait une fureur incompréhensible. Tu peux faire un discours sur les colonnes et tu n'es pas capable d'épeler le mot ! Ah ! ah ! ah ! ah ! Je m'en vais l'épeler pour toi... Tu m'arrêteras si je me trompe... Ecoute-moi bien : *k, a, u, l* double, *o, n*... Alors c'est ça ? C'est bien ça ?

Je le regardais, hésitant. Je finissais pourtant par voir le mot écrit devant moi, sur le mur du fond de la cour, et je répondais d'une voix tranquille :

— Oui... ça peut faire colonne... On pourrait l'écrire comme ça.

— Fous-moi le camp ! me disait M. Gorlier, qui n'arrivait même plus à hausser la voix. Fous-moi le camp ! disait-il dans un souffle d'indignation. Tu me copieras ce mot deux cents fois, pour demain, en ronde, en bâtarde et en anglaise, en changeant toutes les trois lignes... Colonne, colonne, colonne... Ça te le mettra dans la tête... Ah ! tu peux parler du style dorique et des cannelures... Mais, d'abord, comment ça s'écrit, cannelures ?... Tu ne le sais pas non plus ? Tu me copieras aussi deux cents fois le mot cannelures, en ronde, en bâtarde et en anglaise, en changeant toutes les trois lignes...

Je rompais à reculons, comme on dit qu'il faut le faire devant les rois, et je surprenais M. Gorlier en train de dire à M. Martin, alors qu'il croyait que je ne pouvais plus l'entendre :

— Nom de Dieu de nom de Dieu, je n'ai jamais vu un élève comme ça !

Initiation rituelle

— Puisqu'il va rester avec nous, il faut le crester, avaient dit mes camarades en me regardant à la dérobée, quelques jours après la rentrée des classes.

— On le crestera ! répondaient les grands en prenant des poses d'athlètes, le bras plié pour faire saillir les biceps, les pectoraux remontés à la mode des lutteurs de foire.

Chaque soir, dès que la cloche sonnait, ils se précipitaient sur mes pas. Mais ma mère venait m'attendre à la sortie de l'école et, pendant toute une semaine, je pus rentrer chez moi sain et sauf. J'avais peur et je me serrais contre elle qui me protégeait sans le savoir. Je savais fort bien, en effet, ce que crester voulait dire. C'était un mot de notre dialecte secret, un mot de légionnaire ou de charretier des voies romaines, un mot de berger, plutôt, car « crester » les moutons, c'était les châtrer, et crester un camarade d'école c'était le soumettre au simulacre de ce supplice.

Ma mère venait toujours m'attendre en feignant de se trouver là par hasard. On commençait à rire de moi.

— Les filles ne rentrent pas seules à la maison ! me disait La Sisse, méprisant.

Je finis par supplier maman de ne plus venir à la sortie de l'école et le jour arriva donc où, la classe finie, quarante garnements se lancèrent à ma poursuite.

— Cresto-lou ! hurlaient-ils en s'excitant à la course.

J'avais des jambes de fer, le souffle dru, et des réflexes de chat. Au premier cri, j'avais démarré, pris vingt longueurs et, la bouche fermée, respirant à fond par les narines, je maintenais mon avance. Quelques-uns de mes poursuivants s'étaient jetés sur ma droite et me rabattirent vers l'avenue qui monte à la sous-préfecture. J'étais encore à quarante mètres devant eux en passant devant la chapelle méthodiste. Mais leur meute était sur mes pas. Quand je débouchai sur le champ de foire, les plus rapides étaient presque sur mes talons. Ils se déployèrent en demi-cercle et me forcèrent comme un sanglier, dans le coin le plus solitaire de la promenade des Châtaigniers.

Quand je les sentis souffler dans mon dos, je fis front, les mains en avant, la tête basse. Mais, à la première poussée, je succombai sous le nombre. Un croc-en-jambe me fit chanceler, une bourrade acheva de me faire perdre l'équilibre. Ma nuque sonna sur le sol et je sentis s'abattre sur moi des grappes de mes camarades.

— Cresto-lou ! hurlaient-ils en s'entassant les uns sur les autres.

Les plus petits s'étaient mis à danser en rond autour de moi, comme on voit danser les Peaux-Rouges, sur les images. La cérémonie avait ses rites et chacun y jouait son rôle, en se souvenant de sa propre initiation.

— Cresto-lou ! criaient les plus petits aux plus grands qui cherchaient à me réduire à l'impuissance.

Poignets cerclés par dix mains, chevilles clouées au sol, attrapé par les cheveux et par les épaules, je subis mon supplice en poussant un cri de bête. C'était une brusque torsion, douloureuse mais prudente, un geste de berger qui cherche à ne pas gâter son bétail.

— Il est cresté ! hurlaient les petits en accélérant leurs danses de gnomes.

— Il est cresté ! répondaient les plus grands en essuyant d'un revers de main la sueur qui coulait sur leurs visages.

Tous s'étaient écartés de moi et me regardaient en formant un demi-cercle. En quelques secondes, je fus debout, le souffle encore coupé, déjà prêt à me battre.

— C'est un balest ! disaient les plus forts en me considérant avec sympathie. Un vrai balest de la forte espèce !

Qui pouvais-je provoquer ? A qui fallait-il demander raison ? Au plus fort ? Au plus gros ? A celui qui m'avait fait le croc-en-jambe ? A celui... C'est en vain que je défiais du regard mes adversaires. Aucun d'eux n'avait l'air de vouloir se battre avec moi. J'avais subi ce que la coutume exigeait que je subisse. Nul n'y avait mis de méchanceté, ni de haine. Il n'était pas question d'en venir aux coups. Je venais d'être admis dans la tribu. J'avais été reçu dans le clan et les loups ne se mangent pas entre eux.

— C'est un balest ! répétaient les plus forts en m'appréciant d'un coup d'œil, comme les bergers jaugent les béliers cocardés de rouge qui marchent en tête du troupeau. Les moins hardis me faisaient déjà des sourires.

— C'est fini... On peut s'en aller, disaient-ils en me regardant.

Je n'avais plus mal. Ma fureur s'était dissipée avec ma souffrance. Au bas de la pente des Châtaigniers, j'étais déjà sans rancune. Cent mètres plus loin, mes persécuteurs étaient redevenus mes amis. Je ne me sentais pas humilié, comme je l'aurais fait si j'avais eu le dessous dans une bagarre. J'éprouvais peut-être même une sorte de fierté, en me disant que j'étais maintenant comme les autres.

Nous n'avons jamais soupçonné ce que ces jeux voulaient dire. Nous crestions les nouveaux venus. C'était la coutume et cette coutume avait sûrement traversé les siècles. Nos aînés avaient dû la suivre avant nous, mais ils semblaient l'avoir oubliée, comme si la tradition s'en était perdue après eux. C'est ce que je pense moi-même, à l'heure actuelle. On m'étonnerait bien si l'on me disait qu'elle se pratique encore ! C'est ce que devait penser M. Gorlier. S'il s'était douté de ce que nous faisions, parfois, après la sortie des classes, il nous aurait sûrement fait copier trois ou quatre mille fois : « Je suis une brute infecte ! » en ronde, en bâtarde et en anglaise, en changeant toutes les trois lignes.

Les plaisirs douteux n'avaient rien à voir avec ces pratiques secrètes. Ce n'étaient que les jeux d'un peuple de pâtres, toujours prêts à devenir des guerriers. Pendant des siècles, il avait fallu que les hommes de nos montagnes soient vraiment des hommes. Il ne s'agissait donc pas d'humilier le nouveau venu, mais de vérifier sa virilité. Il devait prouver qu'on ne pouvait rien contre elle. Il devait sortir de l'épreuve bélier têtu et non pas mouton, petit mâle enragé encore prêt à se battre.

— A ce coup-ci, m'avaient dit mes compagnons, tu es tout à fait de notre école.

Entrer dans un groupe, c'est déjà s'affronter à ses ennemis. Nous avions les nôtres. De vrais ennemis que nous ne pensions pas à crester, mais que nous affrontions à coups de pierres, des ennemis que nous aurions voulu pouvoir piétiner et humilier et qui, pourtant, nous ressemblaient comme des frères. Ces ennemis jouaient aux mêmes jeux que nous. Ils crestaient leurs nouveaux venus. Ils connaissaient les secrets que nous connaissions et cousinaient avec nous, au-delà de trois ou quatre siècles d'Histoire, dans l'obscure communauté d'un peuple de bergers et de bûcherons. C'étaient les enfants de l'autre école !

Moteur à vapeur !

Dans cette petite ville perdue, sans contact avec le reste du monde, il me fallut seulement quelques semaines pour devenir un garçon comme tous les autres. Je ne pensais plus à l'école de Malivert. Je ne me souciais plus de poésie. Je ne voulais plus secouer la poussière de mes sandales. Je ne songeais presque plus à mon avenir compromis et, si maman ne m'avait pas rappelé que j'avais à prendre une revanche, j'aurais fini par me contenter de mon sort.

— D'ici quelque temps, nous allons te faire apprendre le latin, me disait-elle. Comme ça, quand nous reviendrons habiter Alès, tu seras plus fort que les autres... M. Martin va te faire avaler l'orthographe et le calcul que tu n'as jamais appris au lycée... Quant au latin, dix leçons particulières valent mieux qu'une année de classes...

— Le latin, me disait mon père, le samedi, quand il arrivait d'Alès, couvert de poussière et plein de projets qui n'avaient pas encore abouti, c'est l'énergie... C'est comme le moteur de ma moto... Non, c'est plutôt comme l'essence qui le fait tourner... Si l'on veut devenir quelqu'un...

Je voulais bien devenir quelqu'un. Je voulais bien faire du latin. Mais je n'attendais plus de lui seul la mystérieuse énergie qui permet de forcer toutes les portes. J'aurais voulu faire quelque chose de nouveau pour effacer, d'un seul coup, les déboires de papa. Le hasard me fit découvrir un moyen de réaliser ce miracle, je le crus, du moins, et, pendant plusieurs semaines, je ne pus penser à rien d'autre, comme un possédé que rien ne peut délivrer de son démon.

En revenant de l'école à la maison, je passais, matin et soir, devant les deux grandes vitrines du bazar Soulier. C'était *Le Louvre, Les Galeries Lafayette* et la *Samaritaine* du Vigan. On y voyait les objets les plus divers, entassés les uns sur les autres : des costumes de confection, des arrosoirs de jardin, des meubles en bois blanc passés au ripolin, des chapeaux de paille tressés, des sandales catalanes, des cycles de Saint-Etienne, des articles de pêcheurs, des chaises de fer et même des jouets d'enfant qui, dans ce bric-à-brac où tout perdait son échelle, même les échelles véritables, n'avaient plus l'air d'être des jouets. J'avais admiré déjà l'automobile à pédales qui ressemblait à celle du docteur Olivet, mais j'avais compris qu'elle ne devait pas marcher plus vite qu'une bicyclette et je n'avais pas mis longtemps à la mépriser. Je n'en étais pas à me laisser prendre aux apparences !

Un soir, pourtant, comme je rentrais à la maison, je vis que l'étalage avait été entièrement transformé, au cours de l'après-midi. M. Soulier ne voulait pas être en retard sur Paris... La première vitrine était comme un grand jardin. Deux fusains en pots l'encadraient. Au centre, une table de fer, ronde et percée d'un trou au milieu, s'ombrageait d'un parasol à tranches jaunes et rouges. Un fin gravier recouvrait le sol et, bien assis sur des chaises de rotin ou debout et nonchalamment appuyés contre les dossiers de ces chaises, des mannequins exhibaient les dernières modes.

— Punaise ! disait La Sisse derrière moi, tu parles d'un jardin de riches... Vois les râteaux, ils sont passés en peinture...

Etalés contre le mur qui servait de fond, on voyait, en effet, des râteaux, des sarcloirs et des binettes peints en vert. Je reconnus les arrosoirs inoxydables du précédent étalage, mais tout sentait le neuf, la puissance et la richesse.

— C'est comme ça que nous nous installerons à Goulsou, quand mon père aura remonté ses affaires ! murmurai-je d'un ton rageur à l'oreille de La Sisse.

— Eh bien ! il peut les remonter avec une corde solide, répondit celui-ci en s'en allant.

Resté seul, je fis quelques pas vers l'autre vitrine. La Sisse s'était arrêté devant la fontaine du Griffe.

— Il y en a pour des cents et des mille ! me cria-t-il. Tu peux te dépêcher d'en gagner !

Je ne lui répondis pas. Je n'entendais plus rien et je ne voyais plus rien, sauf un seul objet qui trônait au milieu de l'étalage. C'était un moteur ! Non pas un de ces petits jouets d'enfant, à chaudière verticale, à cylindre oscillant, qu'un cheveu suffit à arrêter, mais un vrai moteur à chaudière horizontale, à foyer profond, à cylindre fixe, avec tiroir et grand volant à régulateur à boules.

Je l'avais à peine regardé que j'avais envie de lui à devenir fou. On pouvait tout faire avec un moteur comme ça ! Une usine de pâtes, comme au Valgaron ; une usine de biscuits, comme celle que nous avions voulu acheter à Alès ! Un moteur pareil pouvait faire marcher toute une fabrique, tirer les wagonnets d'une mine, descendre et remonter une benne au fond d'un puits... Je ne voyais pas qu'il n'était guère plus grand que mon cartable. Il me paraissait immense. Je me demandais s'il serait possible de l'installer dans la petite pièce du Champ où l'on rangeait les outils... Si, tout de même, on pourrait y arriver... On pourrait même y caser les machines qui tourneraient grâce à lui. Quelles machines ? Des mélangeurs, des broyeurs ? Pourquoi pas une grande scie ? Une scie circulaire ? Non, une scie à ruban. C'est plus dangereux, mais ça travaille plus vite. Nous débiterions tous les arbres de la région. Nous ferions des poutres, des planches, des madriers avec les peupliers d'Avèze, les châtaigniers de Bréau et les sapins de l'Aigoual. De quoi gagner des cents et des mille ! De quoi acheter tous les meubles de jardin de l'autre vitrine, les outils passés en peinture, les arrosoirs inoxydables et, pour maman et pour papa, des robes et des tailleurs à l'archi-dernière mode !

Dans mon délire, je n'avais pas tout à fait perdu la raison, car je me demandai tout à coup ce que devait coûter une machine pareille. Serions-nous capables de l'acheter ? L'étiquette du prix était tournée à l'envers. Il fallut me dévisser la tête pour la lire. Dix-huit francs vingt-cinq ? Avais-je bien lu ? Dix-huit francs vingt-cinq ? C'était cher, mais ce n'était pas inabordable, comme disait l'oncle Emile de tout ce qu'il fallait acheter... Deux francs de grand'mère, deux francs de maman, deux francs de papa... Non ! Ça faisait seulement six francs... Trois francs de grand'mère, trois de maman, trois... Pas moyen d'y arriver de cette manière... Ce qu'il fallait, c'était tout demander d'un seul coup... Dix-huit francs vingt-cinq ! Ce serait dur... mais, quelques jours après, je serais le grand homme de la famille. Mon usine serait en marche... Mon usine ? Non, ma scierie, ma fabrique de planches et de chevrons... Mais faudrait-il acheter aussi les machines-outils, la scie à ruban et la raboteuse ? Pourquoi ne pas les faire nous-mêmes, en bricolant ? Ce qu'il fallait, avant tout, c'était avoir le moteur !

Je revins à la maison, roulé dans ce rêve comme un ver dans

un cocon. Plus rien n'existait pour moi. J'avais perdu tout contact avec le monde. Je vivais déjà dans ma scierie qui n'était même plus une vraie scierie, mais une petite pièce passée à la chaux, dans laquelle un moteur ronflait en crachant des vapeurs blanches.

Jusqu'au repas du soir, je restai muet. Germaine essayait en vain de me tirer par la manche. Je la repoussais, comme un chef de famille, écrasé par les soucis, repousse l'enfant qui ne peut pas les comprendre. Je ne pouvais plus penser qu'à ce moteur dont notre avenir dépendait.

— Laisse-le travailler, disait maman à mi-voix, tu vois bien qu'il a des devoirs à faire !

Quand le repas fut servi, je m'assis sur un bout de fesse et me mis à manger sans voir mon assiette. Au bout d'un moment, j'entendis grand'mère murmurer :

— Je te dis qu'il n'est pas bien.

— Il doit avoir quelque chose, répondit maman. Ah ! j'ai toujours peur, avec les enfants de cette école...

On m'interrogea. J'ouvris mon cœur. Il me fallait dix-huit francs vingt-cinq. Pour quoi faire ? Pour acheter le moteur. Quel moteur ? Le moteur à vapeur, le moteur du bazar Soulier, le moteur de ma scierie.

Grand'mère me regardait d'un œil désolé, mais plein de tendresse.

— C'est son père ! dit-elle en poussant un soupir pareil à celui qu'elle poussait en disant : « *Amen !* » après la lecture de la Bible.

— Voyons, maman !

— Et puis après, s'il est comme lui, il aura le ciel en partage... mais son royaume ne sera pas de ce monde !

— Comme si c'était la faute de Jean !

— La faute ! dit grand-mère en se levant. Pourquoi parler de faute pour ces choses-là ? La faute est ailleurs et nous sommes tous touchés par elle... Mais sa grâce est infinie ! Tu le sais bien.

— Je sais, je sais, répondait maman, mais on ne peut pas laisser cet enfant se monter la tête...

Elle essaya de me raisonner. Non, ce moteur n'était sûrement pas un vrai moteur. On ne pouvait pas faire une usine avec des jouets d'enfant. Il valait mieux que j'apprenne le latin. C'était un autre moteur, un moteur qui vous conduisait aux grandes écoles, un vrai moteur, celui-là ! Il fallait aussi penser au prix. Dix-huit francs vingt-cinq ! Ça faisait au moins huit ou dix leçons de latin avec le pasteur d'Avèze, qui le savait aussi bien qu'un professeur. Dix-huit francs vingt-cinq ! Mais on pouvait vivre une semaine, avec dix-huit francs vingt-cinq ! Ça faisait le prix de plusieurs voyages à Alès, alors que papa allait et venait sur sa moto, par tous les temps, pour en faire l'économie.

J'écoutais, mais je n'étais pas convaincu. Rien n'aurait pu me convaincre. Quelque chose ronflait au fond de ma tête en faisant le bruit du grand volant et de son régulateur à boules. C'était un peu ce qu'on entend dans un train en marche, un bruit régulier qui devenait une phrase, une phrase toujours reprise :

« Moteur à vapeur... Moteur à vapeur... Moteur à vapeur... Moteur à vapeur... »

— Va te coucher, dit maman quand le dernier coup du repic de neuf heures fut tombé sur la maison. Promets-moi de bien dormir et de ne plus penser à toutes ces histoires de moteur... Tu es trop grand, maintenant.

Elle m'embrassa en frissonnant. Je n'étais pas sorti de mon mutisme. J'entendais toujours les mêmes mots. Ils ne se formaient plus sur mes lèvres, mais ils s'entassaient au fond de ma gorge, comme l'eau d'un orage dans une citerne.

— Pauvre petit, dit grand'mère en m'embrassant à son tour. On est ce qu'on est, ajouta-t-elle, et Lui seul peut dire pourquoi.

Je mis des heures à tomber au fond du sommeil. J'entendais toujours les mêmes mots. Quand je commençais à m'assoupir, ils diminuaient de vitesse, comme un train qui va s'arrêter :

« Moteur à vapeur... moteur à vapeur... mo... teur... à va... peur », disaient-ils avec de longs sifflements, puis, tout d'un coup, ils reprenaient à toute vitesse :

« Moteur à vapeur... moteur à vapeur... moteur à vapeur... » et je me réveillais en sursaut.

Le lendemain matin, l'obsession était toujours aussi forte. Je ne dis même pas bonjour à grand'mère et à maman, mais pendant le petit déjeuner, brusquement, je me mis à répéter à voix basse :

— Moteur à vapeur... moteur à vapeur... moteur à vapeur... moteur à vapeur.

A l'école, je redevins ce que j'étais chaque jour, un enfant tantôt distrait, tantôt attentif, qui comprenait parfois mieux que les autres et, parfois, ne comprenait rien du tout. A midi, je ne m'arrêtai même pas devant le bazar Soulier. Je n'avais pas besoin de revoir le moteur. Il était en moi, au fond de ma tête, derrière le rond de mes yeux. Je poussai la porte de la cuisine en disant comme un enragé :

— Moteur à vapeur... moteur à vapeur... moteur à vapeur.

— C'est terrible ! dit maman avec un filet de voix qui tremblait.

Je me tus, mais, chaque fois qu'on m'adressait la parole, je répondais :

— Moteur à vapeur !

Ce fut ainsi jusqu'au samedi. Maman me gifla avec ces petits coups secs qui faisaient mal parce qu'elle les suspendait, au dernier moment. Grand'mère me lut la Bible, les passages appropriés. Rien n'y fit. A toutes les questions qu'elles me posaient, je répondais par les mêmes mots. Parfois, sans raison, je les répétais à toute vitesse, pendant cinq minutes, en variant leur intensité, en modifiant leur cadence.

— Moteur à vapeur... moteur à vapeur... moteur à vapeur.

— Tu finiras ! criait grand'mère. Le démon est dans ta gorge !

Maman pleura. Je fus insensible. Je ne pensais même plus à ma scierie. J'étais possédé par une idée fixe : l'idée d'un moteur à vapeur qui tournait sans fin. Son régulateur battait comme s'il avait été le cœur du monde. Tout était suspendu à ce mouvement : le passé, le présent, l'avenir. Je ne mangeais presque plus. Je brûlais de fièvre.

Le samedi, mon père arriva vers la fin de la journée, couvert de boue, rayonnant d'espoir. Non, tout n'était pas encore arrangé, mais il était sur la bonne voie... Il fit rire Germaine qui commençait à parler et qui répétait :

— ... Bonne voie... bonne voie...

— Et ce petit ? demanda-t-il tout d'un coup en se retournant vers moi.

En quelques mots, maman lui raconta ma folie, car c'était une vraie folie, elle en était sûre. Assis sur la petite chaise en tapisserie, penché en avant, coudes aux cuisses, les mains jointes, mon père écoutait.

— Une scierie ? murmura-t-il, ce n'est pas si bête... avec toutes les forêts de ces montagnes... Une scierie...

Il n'écoutait plus ce que maman lui disait. Il était parti dans un rêve. Il faisait peut-être, déjà, des calculs, réglait le problème des transports, des débouchés, discutait les prix de revient. On aurait dit qu'il pensait à l'usine de biscuits, aux charbonnages de Cavillargues, aux lotissements de Safi.

— Je n'en peux plus, disait maman, ce petit est en acier, rien n'a de prise sur lui... Je t'en supplie, tâche de le faire obéir.

Mais papa n'entendait rien. De temps en temps, il ouvrait les mains, comme pour réfuter une objection ; les refermait, comme pour souligner un argument-massue ; inclinait la tête à gauche ou à droite et murmurait, de plus en plus convaincu, en faisant claquer ses doigts :

— Une scierie... pourquoi pas une scierie...

Ma mère se leva brusquement. Il me sembla la revoir quand elle jouait Natacha. Son visage était blême et sa gorge écarlate. Elle était toujours ainsi, avant ses crises de cœur... Elle respira comme on boit l'eau d'un verre.

— Jean ! cria-t-elle, comme elle aurait crié si elle était tombée dans un trou, un trou plus profond que tous les gouffres de la rivière.

Mon père secoua la tête, se leva, vint vers elle, la prit dans ses bras, l'embrassa sur le front et murmura doucement, très doucement, mais si distinctement que je pus l'entendre :

— Pardon !

— Pardon ! reprit maman en haussant les épaules, comme si ce mot n'avait pas eu de signification ; comme s'il avait été vide de sens, absurde, inconvenant, incongru. Pardon ?

Ils se mirent à rire, les yeux dans les yeux. Je ne le savais pas, mais ils étaient encore très jeunes et pouvaient rire en se regardant, comme de nouveaux mariés. Ils m'oublièrent en riant. Je me réfugiai dans ma chambre. Le moteur ronflait toujours dans ma tête, mais il y faisait un autre bruit.

Après le dîner, mon père essaya de me faire entendre raison. Dans la vie, il ne fallait pas faire des projets sur les nuages. C'était facile de s'emballer sur des rêveries, mais une scierie, ça ne se faisait pas comme une pochade... A propos de pochade, il s'était arrêté chez le cousin Louis, une heure ou deux... le temps d'en enlever une... Tu sais, le grand peuplier de Malivert, celui dont les racines baignent dans l'eau du Gardon... Il me l'apporterait la semaine prochaine, le temps de laisser sécher la peinture... Car tout était affaire de temps, et ce n'était pas les enfants qui pouvaient régler les problèmes des grandes personnes... Quant aux moteurs, les vrais moteurs étaient dangereux et les jouets n'étaient plus de mon âge.

J'écoutais sans répondre un mot, la bouche sèche et le cœur mauvais. Je finis pourtant par grogner, mais comme on lance un juron, un mot de voyou, une injure :

— Moteur à vapeur...

— Si tu le dis encore une fois, je te donnerai une gifle.

Jamais mon père ne m'avait frappé. Maman le faisait quelquefois et retenait son coup à la dernière fraction de seconde. Mon père levait la main et ne savait plus comment la baisser. Il la leva, ce jour-là, et un simulacre de gifle effleura ma joue.

— Il faut qu'il commence le latin dès la semaine prochaine, dit mon père.

Rosa la rose et Jules César

Avèze est à trois kilomètres du Vigan, si l'on passe par la route, et l'on gagne cinq ou six cents mètres en prenant par les bords de la rivière ou par le sentier du chemin de fer. Chaque jeudi, je variais mes itinéraires. S'il pleuvait, je prenais la route, la rivière s'il faisait beau et, quand j'étais en retard, le petit chemin du balast. Tous ces chemins s'ouvrent sur le même paysage. Ils mènent peut-être à Rome, comme tous les chemins du monde, mais en passant par un vaste amphithéâtre que domine une muraille de hautes crêtes. Du Lingas au Cap-de-Coste, de Puéchagut à Grimals, elle barre le ciel, à quatorze cents mètres d'altitude et, nulle part ailleurs, on ne peut mieux voir les Cévennes, dressées comme un mur, sur un horizon de nuages brassés par le vent.

— Tu vois, César a traversé ces montagnes avec ses légions, m'avait dit le pasteur d'Avèze, le premier jour où j'étais allé le voir, avec maman, alors, tu comprends, il te faut apprendre le latin. Un jour, tu traduiras le passage où il parle de notre pays.

Cette révélation m'avait bouleversé. L'histoire avait pris possession de l'espace. Je m'étais demandé d'où César avait pu venir ? Sans doute de Nîmes, comme le chemin de fer. Nîmes était, du reste, une ville des Romains et j'étais nîmois, du moins, j'étais né à Nîmes. Je devais donc être avec les Romains... Mais les gens d'ici avaient fait la guerre à César et j'étais d'ici. Donc j'étais contre César. Mais j'aurais voulu être avec lui quand il avait franchi nos montagnes. J'étais avec tous ceux qui franchissaient la Luzette ou le Cap-de-Coste... En tout cas, le pasteur d'Avèze avait raison. Il fallait que je sache le latin.

Sur le chemin du retour, trottinant auprès de ma mère, j'avais regardé la muraille de nos montagnes comme je ne l'avais jamais fait jusqu'à ce jour. C'est là-haut que César était passé ! Il avait franchi ce massif alors qu'il était encore sans routes et qu'on y rencontrait des loups et des ours ! Il me tardait de savoir assez le latin pour lire le passage où cette merveilleuse aventure était racontée...

— *Rosa* la rose, me dit le pasteur Abel, le jeudi suivant.

La première leçon était commencée. J'allais savoir le latin !

— *Rosa* veut dire : la rose... Tu comprends ?

Oui, je comprenais. *Rosa*, rose. Mais comment faisait-on le « la » ? J'avais eu honte de le demander et nous étions allés plus avant, comme si j'avais compris. Je m'étais mis dans la tête toutes les déclinaisons. *Dominus*, le maître. *Templum*, le temple. Encore une fois, *dominus* pouvait dire maître et *templum* temple, mais comment faisait-on le « le » ? Je comprenais un peu mieux avec les *zibus*. Ça faisait « par ». C'était facile à comprendre. Je me mis à faire des thèmes et des versions, avec des bonheurs statistiques, un peu comme on fait les mots croisés qui n'existaient pas encore. Mais mon véritable souci était de traduire Jules César.

— Je suis assez fort pour traduire le passage ? demandai-je un jour au pasteur Abel qui commençait à se demander lui-même si j'avais un esprit assez logique pour tirer un profit quelconque de l'étude du latin.

— Quel passage ? me répondit-il, l'air étonné.

— Celui de César... Quand il traverse notre montagne.

— Oh, mais c'est dans le *De bello Gallico* ! On ne le traduit qu'en quatrième. Il te faut encore trois ans d'études... si tu travailles... et je ne sais pas si tu fais vraiment tout ce que tu peux ! Quelquefois, tu as l'air d'avoir compris mais, d'autres fois...

Devant ma déception, il me promit pourtant de me faire traduire ce fameux passage avant la fin de l'année, si je travaillais comme un Romain. Ce serait ma récompense, mon premier prix de version latine. Je ferais d'abord le mot à mot, avec son aide, s'il le fallait. Mais, après, nous ferions ensemble une belle traduction, une traduction littéraire.

Je continuai donc à apprendre le latin, sans comprendre ce que j'apprenais. Avec le « je » c'était comme avec le « le » ou le « la ». *Sum :* je suis. Je voyais bien ce qui pouvait faire « suis », mais je ne comprenais pas comment on faisait le « je ». Quand on traduisait du latin, il fallait mettre des tas de mots qui n'étaient pas dans le texte et les mots qu'on y trouvait n'étaient pas à la bonne place.

J'expliquais parfois ces difficultés à mes camarades de l'école de tout le monde, où l'on n'apprenait pas le latin. Ils étaient arrivés à fort bien comprendre tous ces problèmes. Ils les comprenaient même aussi bien que moi.

— C'est comme un genre de télégramme, avait dit La Sisse, après une longue méditation.

— De télégramme ? Où tu vas prendre ça ? avait répondu Abric qui ne pensait pas aussi vite.

— Quand tu fais une dépêche, tu n'y mets pas tous les mots. Tu dis, par exemple : arriverai train six heures... C'est en plein comme le latin.

Après un moment de réflexion pendant lequel il avait plissé ses yeux, La Sisse reprit, l'air triomphant :

— Ça ressemble au patois d'ici. Pour dire tu sais, tu dis *sas*. Le *tu* est dans le *sas*, comme c'est dans le latin.

Ces réflexions m'avaient fait comprendre plus de choses que des mois de thèmes et de versions. La Sisse avait le génie de la langue de Virgile, mais il ne devait jamais l'apprendre.

Au bout de quelques mois, si je savais à peu près mes déclinaisons et mes verbes, je n'avais toujours pas la moindre idée sur la construction du latin. J'avais tout juste compris la comparaison de La Sisse. Le pasteur Abel crut pourtant qu'il fallait me récompenser pour m'engager à mieux faire. Un jour, en venant prendre ma leçon, je trouvai les *Commentaires*, au coin de la table. Mon cœur se mit à battre ! Ce jour-là, justement, la montagne semblait plus haute que d'habitude. Il suffisait, pour cela, d'un air plus humide, d'une touffe de nuages, au fond du ciel. M. Abel cherchait le passage qu'il mit un long moment à trouver. Enfin, pointant du doigt le commencement d'une ligne :

— Lis, me dit-il.

— *Etsi Mons Cebenna, qui Arvernos ab helviis discludit, durissimo tempore anni, altissima nive iter impediebat ; tamen discussa nive* VI *in altitudinem pedum, atque ita viis patefactis, summo militum labore ad fines Arvernorum pervenit, quibus oppressis inopinantibus, quod se Cevenna, ut muros, munitos existimabant.*

C'était court. Je n'avais pourtant rien compris, sauf *Mons Cebenna*. C'était, sans doute, le nom de nos montagnes. Mais je cherchais en vain celui du Vigan, de la Luzette et du Cap-de-Coste. Encore une fois, c'était fait comme un télégramme, mais, avec les mots qui manquaient, ça dirait peut-être beaucoup de choses.

— Mot à mot ! dit M. Abel. Tâche de construire correctement... *Etsi*... Alors ? Alors ? Tu ne sais pas ce que veut dire ce mot ?

Non, je ne savais pas ce qu'*Etsi* voulait dire.

— Quoique... dit M. Abel en changeant de ton.

— Quoique... que quoi ? demandai-je en le regardant d'un air ahuri.

— Quoique ! reprit-il en haussant la voix.

— Quoique, répondis-je, terrifié.

— Bon... Le sujet... maintenant... Nominatif, nominatif... Cherche le nominatif... Voyons, voyons, c'est ce qui t'intéresse le plus.

— *Mons Cebenna*...

— Très bien... Traduis... Quoique le...

— ... mont Cévenne...

— Bon... et que fait-il, ce mont, s'il te plaît ? *Mons Cebenna* qui... C'est le moment de trouver le verbe.

— *... discludit ?*

— Bien, très bien... mais *discludit* qui, de qui ?

— *Arvernos ab Helviis ?*

— Très bien. Traduis... Qui sépare les...

— Arvernes des Helviens...

— Bon. Mais qui étaient les Arvernes ? Tu n'as jamais entendu parler des Auvergnats ?

— Les Auvergnats...

— Non, les Arvernes...

— Alors, ce n'étaient pas les Auvergnats ?

— Si, c'était leur nom, dans ce temps.

— Les Arvernes des...

— Helviens... Tu ne sais pas non plus qui étaient les Helviens ? C'étaient les gens d'ici, ou, plutôt, les gens de l'Ardèche... Ici, nous étions plutôt des Volsques...

Morceau par morceau, je vins à bout du passage. Mais, même en traduction littéraire, il ne disait rien de ce que j'avais espéré.

— Quoique dans cette saison, la plus rigoureuse de l'année, la neige encombrât les monts des Cévennes, qui séparent les Helviens des Arvernes, cependant, à force de travail, en faisant écarter par les soldats la neige épaisse de six pieds, César s'y fraie une route et parvient aux frontières des Arvernes. Il tombe sur eux quand ils ne s'y attendaient pas, car ils se croyaient défendus par les Cévennes, comme par un mur...

Mais après ? Après, c'était la guerre en Auvergne. Jules César n'avait rien ajouté de plus sur la traversée de nos montagnes... Mais, alors, comment savait-on qu'il était passé par ici ?

— C'est très bien de poser cette question, m'avait répondu le pasteur Abel. D'autres l'ont fait avant toi et les plus grands savants discutent encore sur ce passage... Ce qu'il nous apprend, de façon certaine, c'est que César a franchi les Cévennes par la haute neige, pour se rendre chez les Arvernes... Combien d'itinéraires répondent aux deux éléments de la description : haute neige et débouché en Auvergne ? Trois ou quatre, dont le nôtre, celui qui traverse la Luzette et le col de la Séreyréde.

Si César était passé plus au nord, il aurait remonté la vallée du Rhône et l'aurait sans doute indiqué. Il y avait donc beaucoup de chances pour qu'il fût passé par ici. M. Abel n'en était pourtant pas absolument sûr et se refusait à m'en donner l'assurance. C'était une question d'honnêteté. Il fallait savoir se garder de ce genre de certitudes.

Pourquoi donc m'avoir affirmé que César avait traversé nos montagnes ? Pourquoi ne m'avoir pas dit, dès le premier jour, qu'il était peut-être passé par Génolhac ou par les cols de l'Ardèche ? J'étais déçu à pleurer. Pourquoi fallait-il apprendre le latin, si c'était pour en retirer aussi peu de choses ?

Mais, en sortant de chez le pasteur, je vis les montagnes, devant moi. Une longue route droite montait au long de l'arête de la Luzette, entre les forêts de sapins aux lisières noires... *Mons Cebenna...* Quelques plaques de neige s'accrochaient encore aux prairies tournées vers le nord... *Durissimo tempore anni altissima nive...* C'était sûrement par là que César était passé pour aller surprendre les Arvernes !

Les songes ne sont pas tous des mensonges

Vers le temps de Pâques, l'oncle Paul vint passer trois ou quatre jours au Vigan. Un mercredi soir, il fit un sermon, au grand temple, et toute la famille alla l'écouter. Il prêcha sur la vérité et, si je compris mal ce que la vérité pouvait être, je me sentis submergé par des océans de mensonges. Je me jurai de purifier mon cœur et de ne jamais mentir.

Le lendemain, en rentrant d'Avèze, je trouvai encore toute la famille réunie autour de l'oncle, dans le salon de grand'mère.

— Déjà là ! dit maman en me voyant arriver. Tu as fait la route bien vite.

— Moi ! répondis-je, il me faut cinq minutes pour aller d'Avèze au Vigan.

— Tu es fou, enchaîna maman. Tu dois courir comme un dératé mais, même en courant, il te faut plus de cinq minutes... Et je t'ai dit de ne pas courir. Ça rend poitrinaire.

— Je ne cours pas...

— Alors, tu mets plus de cinq minutes.

— Non, je mets cinq minutes et je ne cours pas.

— Comment fais-tu ? me demanda l'oncle Paul.

— Je m'accroche au train, répondis-je.

J'aurais aussi bien prétendu que je venais sur la queue de la comète ou que je marchais sur les nuages. J'avais dit ça pour ne pas avoir l'air de mentir en expliquant une vantardise stupide. Mais, d'un seul coup, je m'étais pris à mon piège.

— Petit malheureux, tu t'accroches au train ! se mit à crier cousine Sarah, toujours prête à flairer les catastrophes.

— Tu t'accroches au train ! répétaient grand'mère et maman, en passant du ton de la colère à celui de l'épouvante.

— Vous avez tort de l'envoyer là-bas tous les jeudis. Vous lui tournerez la tête, avec ce latin, reprenait cousine Sarah qui ne trouvait pas utile d'apprendre autre chose que ce qu'on apprenait à l'école de tout le monde. Voyez un peu ce que ça lui a donné envie de faire ! Il s'accroche aux trains, maintenant !

— S'il s'accroche aux trains... murmurait grand'mère comme si elle avait entendu sonner les trompettes de l'Apocalypse.

Pas un instant, ni cousine Sarah, ni maman, ni grand'mère n'avaient mis en doute mon absurde vantardise. Leur crédulité me fit oublier en quelques secondes que je venais de mentir. Après tout, pourquoi ne me serais-je pas accroché au train ? Il aurait suffi de sauter sur un tampon, de monter sur un marchepied, de grimper dans une de ces petites guérites de serre-frein, à l'arrière des wagons. Le train n'allait pas si vite, dans la courbe de Cavaillac. Il aurait même pu très bien s'arrêter quelques secondes, un peu avant le passage à niveau et, s'il s'était arrêté, j'aurais très bien pu monter dans la guérite. Personne ne m'aurait vu... Dans ce cas, j'aurais mis sûrement moins de cinq minutes pour arriver au Vigan. Ce que j'avais dit n'était donc pas impossible. Ce n'était pas vraiment un mensonge et, si je ne l'avais pas encore fait, je pourrais peut-être le faire un jour.

— Quand on s'accroche aux trains, lança cousine Sarah, on est capable de tout !

— Comment t'y prends-tu ? me demanda l'oncle Paul, en tirant sur ses moustaches, ce qui lui donnait l'air de sourire et de se moquer un peu des gens.

— Je saute sur les tampons, répondis-je.

— Sur les tampons ?

— Oui, sur les tampons... Le dernier du dernier wagon.

Si j'avais raconté une histoire de guérite ou de marchepied, si j'avais dit que le train s'arrêtait un petit instant, j'aurais peut-être pu rendre vraisemblable mon mensonge. Mais, après l'avoir inventé sans le vouloir, sans y avoir pensé une seule fois à l'avance, pour répondre quelque chose aux questions que l'on me posait, j'essayais de l'expliquer de la plus absurde façon.

— Tu sautes sur les tampons ? répétait mon oncle en tirant toujours sur ses moustaches. Ah, tu sautes sur les tampons ?

Mais son geste machinal n'expliquait plus son sourire, car il souriait vraiment en me regardant du coin de l'œil.

— C'est un peu comme un cheval ? reprit-il après avoir réfléchi pendant un instant.

— Quoi ? Qu'est-ce qui est un peu comme un cheval ?

— Le tampon...

— Ah, oui... tout à fait comme un cheval.

— Mais ça doit être très dur ?

— Oui, c'est très dur.

— Heureusement que ça dure juste cinq minutes ! Tu ne pourrais pas tenir beaucoup plus !

— Oh ! si, je tiendrais plus loin que Nîmes.

— Avec tes deux jambes dans le vide ? Sans étriers ?

— Mes souliers glissent sur les rails.

— Ses souliers glissent sur les rails ! hurla cousine Sarah en empilant ses affaires dans son cabas, avec des gestes désespérés.

— Eh bien, dit l'oncle, en voilà, des économies ! Il va te falloir une paire de souliers par semaine... Ça doit rudement les user.

Mes oreilles me brûlaient comme si on les avait frottées à l'eau bouillante. J'avais envie de pleurer. Mais j'avais surtout l'impression d'être l'innocente victime d'une monstrueuse injustice. J'avais menti, mais on m'avait forcé de le faire, en choisissant le jour où l'oncle Paul se trouvait à la maison. Il me semblait qu'il avait revêtu sa robe noire et son rabat blanc. Ainsi vêtu, il avait l'air d'un juge infaillible, renseigné par Dieu le Père lui-même.

— Si tu ne veux pas me croire... lui répondis-je à travers une ébauche de sanglots.

— Mais si... mais si, je te crois... Pourquoi me mentirais-tu ? Ça ne servirait à rien, un mensonge comme ça. Ça serait tellement bête... Ah ! bien, alors, quelle raison aurais-tu de raconter une histoire pareille, si elle n'était pas vraie !

Non, mon histoire n'était pas vraie ! J'étais sur le point de le dire. Mais à quoi bon confesser ce mensonge ? N'y avait-il pas d'autres histoires, des histoires vraies, celles-là, que personne n'aurait voulu croire, si je les avais racontées ? Qu'aurait dit cousine Sarah, par exemple, si je lui avais confié que, tous les jeudis, je franchissais la montagne avec les légions de César ? Qu'aurait dit l'oncle Paul si je lui avais avoué qu'il me suffisait de m'asseoir une minute, sur la borne kilométrique, en sortant d'Avèze, face à la Luzette et au Lingas, pour me sentir aussitôt enlevé dans les airs et pour me trouver là-haut, sur le col, dans la haute neige, à côté d'un jeune général en manteau rouge, devant lequel défilaient les légionnaires, les licteurs et les centurions ?

La fleur du magnolia

Cette année-là, maman reçut la visite d'une amie que je n'avais jamais vue et que je ne devais jamais revoir. Elle l'avait connue au Ladies' College de Jersey et je m'étais figuré que c'était une jeune fille très distinguée, parlant anglais couramment, si couramment qu'elle avait fini par parler le français avec un léger accent britannique. C'était, du moins, ainsi que maman m'avait parlé d'elle pendant les quelques jours où nous l'avions attendue, en préparant sa chambre, la belle chambre de la maison de Goulsou où nous nous étions installés avec les beaux jours.

Je fus déçu de voir arriver une dame du même âge que maman, mais cette dame était accompagnée d'une jeune fille, un peu plus grande que moi, sa propre fille, qui me traita d'emblée comme un ami qu'elle aurait connu depuis des années.

Elle n'était pas du tout semblable aux jeunes filles du Ladies' College, telles que je les avais imaginées. Elle n'avait pas cet air rêveur, un peu triste, très réservé, qui était celui de maman sur la photographie qu'elle m'avait montrée quelquefois. C'était une grande fille à l'allure de garçon, bien plantée, au teint éclatant, brusque de manières, qui m'attrapait par la main et me forçait à courir à travers le Champ, jusqu'à la banquette des noisetiers, à perdre le souffle. Quand elle avait déchaîné l'orage dans sa poitrine, qu'un peu d'écume crevait au coin de ses lèvres, elle se jetait par terre et me forçait à m'asseoir à côté d'elle. Alors elle me prenait la main, la posait en haut de sa gorge, la faisait descendre un peu sous son corsage, riait, renversait la tête en arrière et, loin de se calmer, respirait de plus en plus vite.

Je n'aimais pas du tout ces façons de faire. Je devenais rouge. Ma main tremblait. Je ne savais pas s'il fallait que je la laisse à la place où la jeune fille l'avait posée. Je ressentais pour elle une sorte de haine. J'aurais voulu l'attraper à bras-le-corps, comme un garçon, pour lui faire sentir ma force, la coucher sur le dos, lui faire toucher les épaules... Mais on ne peut pas se battre avec les filles et je ne savais pas ce que je devais faire.

Elle repoussait alors ma main d'un geste brusque, me regardait avec une sorte de fureur, éclatait de rire, se levait en me tirant par le bras et me forçait à courir encore. En quelques jours, je l'eus prise en aversion et je me mis à grimper aux arbres, pour la fuir. Elle me poursuivit dans le noisetier et dans le sureau. Je me réfugiai alors dans le magnolia. Il me semblait qu'elle ne pourrait pas m'y suivre. C'était un arbre très difficile à escalader. Il était droit comme un poteau télégraphique, avec des branches très espacées.

J'eus vite fait de grimper plus haut que la maison, jusqu'à la dernière fourche, où j'avais l'habitude de m'installer. Je pouvais m'y asseoir comme dans un fauteuil, face au tronc, les jambes pendant dans le vide. C'était un endroit merveilleux, traversé par le vent et par le silence, où je me sentais heureux. Quand je me calais dans cette hune, je ne voyais plus, au-dessus de moi, que les dernières branches de l'arbre et que le ciel, au-dessus de sa plus haute fleur, épanouie comme un lis.

J'étais à peine installé dans ce belvédère, que j'entendis souffler au-dessous de moi. Je me penchai, au risque de perdre l'équilibre, et je la vis, déjà au milieu de l'arbre. Elle serrait le tronc noir entre ses cuisses et grimpait, centimètre par centimètre, en faisant des tractions de bras aux branches maîtresses qu'elle attrapait comme les barreaux d'une échelle. Elle s'y prenait mal, mais grimpait quand même. Ses jupes courtes s'étaient relevées. L'écorce rugueuse devait racler sa peau et la blesser. En y pensant, j'éprouvais une sorte de plaisir. « Bien fait pour elle... Ça lui apprendra ! » Mais elle était déjà à ma hauteur, agrippée des deux mains à une petite branche, juste au-dessous de la fourche sur laquelle j'étais assis.

— Fais attention... Ce bois-là, ça casse comme du verre...

— Laisse-moi me mettre à côté de toi ou je tombe... me répondit-elle.

— On n'a pas de place pour deux.

— Alors, sur toi.

— La branche n'est peut-être pas assez solide.

— Tant pis, on tombera tous les deux.

— Tu es folle... et, d'abord, si tu t'asseyais sur moi... tes jambes sont toutes nues.

— Les tiennes aussi, dit-elle avec un rire court, en se hissant jusqu'à moi.

Elle soufflait comme quand elle me faisait courir à travers le Champ. Son visage était près du mien. Je le voyais de profil. Ses yeux verts étaient saillants et semblaient traversés par la lumière. Un petit bourrelet marquait le bas de sa gorge. Elle avait un cou de colombe. Elle se glissait déjà sur moi. Son dos s'appuyait sur ma poitrine. Ses jambes, plus écartées que les miennes, me chevauchaient. Sa tête, renversée en arrière, se calait à mon épaule et sa joue touchait ma joue.

— Tu es bien ? me demanda-t-elle.

Je répondis « Non » avec fureur, en essayant de tirer mes culottes jusqu'à mes genoux.

— Bête ! dit-elle en se faisant encore plus lourde.

— Laisse-moi descendre.

— Tu n'as qu'à descendre en me portant dans tes bras... Je me laisse faire.

— Pour me tuer !

— On pourrait se mettre autrement, me souffla-t-elle à l'oreille. Si je me tournais de l'autre côté...

Quand on ne dit pas « non », on a l'air de dire « oui ». Elle crut que j'étais d'accord et se souleva un peu. J'en profitai pour me laisser glisser le long de la fourche. J'attrapai le tronc entre mes jambes et me laissai couler jusqu'au pied de l'arbre. Je calai mes pieds au sol et levai la tête vers elle. A huit mètres de hauteur, les jambes pendantes dans le vide, le dos calé au dossier que faisait la maîtresse branche, elle riait encore et regardait la plus haute fleur du magnolia, épanouie comme un lis, au-dessus d'elle.

Les jours suivants, j'eus la chance de pouvoir échapper à ma persécutrice. Nous étions à une semaine du certificat d'études. Il me fut facile de prétendre que je devais travailler. Il ne s'agissait pas d'écrire « colonne » en se trompant sur les doubles lettres, ni de ne plus savoir la table de 9, ni d'oublier les sous-préfectures de la Vendée !

En réalité, je travaillais mal et passais mon temps dans des rêveries. Débarrassé de cette fille sauvage, je ne pouvais plus penser qu'à sa mère. C'était une femme merveilleuse, toujours un peu triste, comme maman, mais capable de rire comme elle en racontant les histoires du Ladies' College où les jeunes filles étaient toutes si distinguées ! J'avais compris qu'elle avait eu des malheurs, pas les mêmes malheurs que maman, des malheurs plus graves... Elle était en train de divorcer.

— Vous referez votre vie ! lui disait maman en prenant ses mains dans les siennes.

— Mais je ne veux pas ! répondait-elle d'une voix où je sentais une sorte de terreur.

On aurait dit qu'elle refusait de subir une souffrance physique dont elle avait déjà trop souffert.

— Pas maintenant, murmurait maman, mais vous le voudrez un jour !

Ces conversations me plongeaient moi-même dans la terreur. Il me semblait que l'amie de maman était menacée d'horribles supplices. Comment faisait-on, quand on voulait refaire sa vie ? Fallait-il aller chez un docteur ? Devait-on subir une opération ? Ne se servait-on pas d'une grande trousse, comme celle que j'avais vue dans la chambre de nos visiteuses, une grande trousse en cuir vert, pleine de pinces et de lancettes, de ciseaux tordus, de petites brosses noires et de flacons ? Que faisait-on avec tous ces instruments ? Quelles parties du corps...

J'avais l'impression de toucher à de terribles secrets, à des « choses de dames », dont je ne pouvais parler à personne. Le plus affreux, c'est qu'il me semblait que je pensais à maman chaque fois que je pensais à son amie. J'en éprouvais des remords, sans pouvoir cesser de le faire. Tout cela était terrible et, sans aucun doute, défendu, sous peine de mort, peut-être !

La peine de mort elle-même n'aurait pas pu m'empêcher de regarder les chevilles de cette dame qui allait refaire sa vie. A vrai dire, on ne les voyait qu'à peine. Elles étaient toujours recouvertes par le volant de sa jupe et, si la jupe se soulevait, par les flots de dentelles de son jupon. C'est pour cela que j'avais peut-être une telle envie de les voir. Un jour, pourtant, par hasard, je les avais aperçues. J'avais même vu plus que des chevilles... Je passais devant la chambre où maman avait logé son amie. La porte était entrouverte... deux souliers fins, deux chevilles minces, deux mollets ronds gainés de noir avaient traversé le champ de lumière, sous un jupon court, raide d'amidon. J'avais même vu un long corset dont les cordons n'étaient encore serrés qu'à la taille et qui s'évasait comme un tutu de danseuse !... Qu'arriverait-il à toutes ces choses cachées quand cette dame referait sa vie ? Je perdais le souffle en y pensant et j'avais le cœur soulevé de dégoût par les mollets nus de sa fille, vautrée sur le banc, qui me regardait sortir de la maison avec les yeux verts d'un chat guettant un oiseau.

La semaine passa dans ces coupables pensées, nouvelles pour moi. Il me semblait qu'elles allaient me faire rater mon examen. On ne devait pas pouvoir retenir la table de 9, ni les sous-préfectures de France, ni les doubles lettres de « colonne » si l'on pensait à ce que cachaient les jupes des dames. Ça devait vous faire perdre la mémoire ! Les dames refaisaient leur vie, mais les garçons perdaient la leur. J'étais peut-être en train de perdre la mienne ! Je m'enfermais pour ne plus penser qu'à mon travail et je travaillais, vaille que vaille, la tête pleine de chiffres et de formules cabalistiques qui représentaient les sous-préfectures de France, ou des mots à doubles lettres dont elles livraient les secrets, comme les clés d'un trousseau ouvrent toutes les serrures.

Le jour de l'examen, je n'avais plus que des pensées pures dans le cœur. Pas question de corsets, ni de jupes, ni de jupons, de chevilles ou de bas, un jour comme celui-là ! J'avais appointé mes crayons, choisi mes plumes et glissé un buvard neuf dans mon sous-main. Je fis de mon mieux. Par un extraordinaire hasard, dans la dictée, il était question d'une colonne. Brusquement vidé de tout souvenir sur ce mot, je laissai le hasard décider aussi pour moi de la façon de l'écrire. Les compositions avaient lieu de bon matin, reprenaient au début de l'après-midi, et les résultats étaient proclamés au bout de deux ou trois heures. On vous donnait même votre diplôme, déjà paraphé par le ministre !

Ce fut donc vers cinq heures de l'après-midi que M. Martin sortit de la salle où les maîtres étaient réunis. Du pas de la porte, il me fit un petit clin d'œil :

— Ça y est ! me dit-il, et je suis content de voir que tu sais enfin écrire colonne.

J'étais reçu ! J'attendis d'avoir mon diplôme avec la signature du ministre et je courus au Champ d'une seule traite, comme si je m'étais accroché à un train imaginaire.

Elle était devant la porte, non pas la mère, mais mon ennemie, la fille qui me faisait courir à travers les vignes et me poursuivait dans les arbres.

— Je suis reçu !

— Ah ! dit-elle, alors te voilà débarrassé. N'y pense plus.

Elle m'avait pris par les mains et me regardait, l'air sauvage, avec une petite lueur de méchanceté dans les yeux. La porte du Champ est en contrebas de la grande allée. On y est caché par les buis comme dans une chambre en plein vent.

— Viens, reprit-elle plus bas.

— Où veux-tu aller ?

— Mais... ici... me souffla-t-elle à l'oreille.

— On y est déjà ! répondis-je en cherchant à me libérer les mains.

Mais elle les serrait dans les siennes et je sentis que je ne serais pas le plus fort. Son visage était aussi près du mien que le jour où elle m'avait rejoint au sommet du magnolia. Je voyais aussi, comme je les avais vus, ce jour-là, les globes verts de ses yeux, traversés par la lumière comme un verre de pippermint.

— Finis de faire le bête... Embrasse-moi, maintenant.

Ce n'était plus la petite fille qui riait, allongée dans l'herbe ou couchée sur moi, au plus haut du plus haut des arbres de notre campagne. Elle avait l'air furieuse et décidée. Il me semblait que l'odeur des buis était son odeur, une odeur âpre et, peut-être, vénéneuse qui m'épouvantait.

— Embrasse-moi, dit-elle en tapant du pied.

— Non, dis-je, il faut que je montre mon papier à maman... et je voudrais aussi le faire voir à la tienne.

— Peuh ! Ton papier à ta maman ! Quel papier ?

— Mon certificat... le certificat du ministre... Je l'ai sous mon bras et tu l'as déjà tout froissé.

— Le certificat des imbéciles !

— Tu ne l'as pas...

— Comme si tu savais ce que j'ai !

— Je ne veux pas le savoir...

— Oui, oui, tu es trop petit... Tu ne sais encore rien.

— J'en sais plus que toi...

— Plus que moi ? Plus que moi ?

— Oui... j'ai mon certificat d'études...

— Un joli certificat !

— Laisse-moi... Laisse-moi partir.

— Alors, c'est dit ? C'est dit et redit ? Une fois... deux fois... deux fois et demie...

Elle s'était arrêtée. La lumière ne traversait plus ses yeux. Ils étaient verts comme les feuilles des buis, opaques comme elles et chargés de la même odeur.

— Trois fois ! Bon... dit-elle en me lâchant les mains et, d'un seul coup, elle devint quelqu'un d'autre.

Nous avons traversé l'allée de buis, sans rien dire, plus étrangers qu'ennemis, un peu décalés l'un de l'autre, elle avant moi qui avais l'air de la suivre. Ma mère et son amie étaient assises sur le banc vert, à côté du magnolia, sous le laurier-rose. Elle vint s'asseoir auprès d'elles, les jupes bien tirées sur ses genoux ronds.

— Il est reçu, dit-elle avec indifférence.

Elle partit quatre jours après, sans avoir fait la moindre attention à moi. Je ne l'ai jamais revue.

Sa mère a sans doute refait sa vie. Je sais qu'elles sont parties très loin et je me suis imaginé que c'était aux Indes, sans savoir très bien pourquoi. C'est peut-être à cause des timbres que je détachais des enveloppes des lettres que ma mère a reçues d'elles, pendant des années, le jour de sa fête. Etaient-ce bien des timbres des Indes ? Je ne sais même plus le nom de cette fille sauvage qui m'a fait si peur, quand j'avais onze ans et qu'elle en avait quatorze. Mais, après tant de déménagements, de maisons fermées par les morts et par les guerres, j'ai toujours le diplôme de mon certificat d'études, encore froissé comme il l'avait été, sous mon bras, pendant qu'elle me regardait dans les yeux, avec ses yeux verts étincelants de fureur.

Je voudrais être un ange

Au mois d'octobre, il ne fut pas question de revenir habiter Alès.

— Papa n'a pas encore arrangé toutes ses affaires, m'avait dit maman. Pourquoi nous remettre dans les soucis ? avait-elle ajouté en faisant de son mieux pour rire.

Elle essayait de me faire croire qu'elle était moins tourmentée depuis que nous habitions chez grand'mère. Je n'ignorais pas, pourtant, que ses fins de mois étaient toujours aussi difficiles. Ses ennuis d'argent n'avaient guère diminué et, depuis quelque temps, la santé de ma sœur lui donnait de nouveaux sujets d'inquiétude.

Germaine allait avoir deux ans et commençait à parler. C'était, déjà, une petite personne, inventive et raisonnable, mais elle avait été malade, à plusieurs reprises, au cours de l'année. Elle s'enrhumait pour un rien et, dès qu'elle prenait froid, elle avait mal à la gorge. « Comme toi ! » me disait ma mère. C'était vrai, mais j'étais quand même moins fragile. Ma petite sœur ne se guérissait que pour s'enrhumer à nouveau et ce n'était pas sans raison. Elle n'avait pas de luette. Le docteur Saix avait été le premier à le remarquer, quelques jours après sa naissance. Il avait juré à mes parents que c'était une malfaçon sans importance.

— Rien d'héréditaire ! avait-il dit. Rien d'important ! Ni l'état général ni l'articulation de cette petite fille ne s'en trouveront affectés. Elle sera peut-être un peu plus délicate... et encore ! Ce n'est qu'un caprice de la nature et la nature sait remédier à ses petites erreurs.

A ce moment-là, je m'étais pourtant précipité pour regarder ma gorge, dans une glace. J'avais été vite rassuré en voyant qu'elle était faite comme le dessin que j'avais trouvé dans le dictionnaire. J'étais normal. Ma petite sœur devait donc l'être aussi, malgré ce caprice de la nature. Le seul ennui, à ce que disait cousine Sarah, c'est qu'elle avalait tous les microbes.

L'automne est parfois glacial dans les vallées des Cévennes. Il le fut cette année-là. Le vent, la pluie, le brouillard remontaient la rue de l'Horloge, emportant, lacérant, étouffant le bruit des cloches. Le couloir de la maison ruisselait d'une buée froide qu'on pouvait rayer avec le doigt. Presque chaque jour, il mourait quelqu'un, dans la ville, et les enterrements s'étiraient dans la brume grise qui descendait des montagnes.

— Couvre-toi bien, me criait grand'mère dans la cage de

l'escalier, chaque fois que je partais pour l'école. Remonte ton cache-nez jusqu'à tes oreilles.

Je sortais dans le froid. On gardait Germaine à la maison. Elle s'était enrhumée quand même. Des tisanes de bourrache l'avaient guérie. Il fit quelques jours de soleil froid. Maman voulut profiter de cette éclaircie. Le lendemain, Germaine était encore enrhumée. Le docteur vint. C'était le docteur Olivet, le docteur qui m'avait tiré d'affaire quand je m'étais infecté le sang en cherchant à ressusciter le cadavre de mon chat. Il était peut-être moins savant que le docteur Saix mais, depuis cinquante ans, il vivait avec les malades que lui faisait le bon Dieu.

Pour ausculter la petite sœur, il posa lourdement les deux mains sur ses genoux, les jambes pliées, drôle à voir dans sa redingote qui flottait sur son derrière en portemanteau.

— Les bronches sont prises ! dit-il en se relevant. Ce n'est pas le diable, une bronchite... Mais je n'aime pas les bronchites des enfants. On va tâcher d'en finir avec celle-là !

Il fit de son mieux et la bronchite guérit. Trois jours après, c'était la rechute mais, cette fois, c'était une bronchite capillaire.

— Je n'aime pas du tout cette histoire-là ! disait le docteur Olivet, plus essoufflé par les ans que sa petite malade par cette nouvelle maladie.

Je me demandais si cette bronchite capillaire avait quelque chose à voir avec les plantes du même nom. Je le craignais sans oser le demander au docteur. Attrapait-on cette maladie en respirant de mauvaises graines ? Ma sœur avait peut-être dans la poitrine une floraison de petites branches minuscules qui allaient grandir et l'étouffer... Mais le docteur Olivet savait sarcler ces mauvaises herbes. Une fois de plus, il tira d'affaire ma petite sœur... Trois jours après, elle faisait une pneumonie.

— Guérir, disait le vieux praticien, c'est donner un coup de main à la nature, mais encore faudrait-il que cette folle nous aide un peu.

— Vous la sauverez ? demandait maman.

— Je vous le dirai dans neuf jours, répondait M. Olivet en faisant le bourru mais, pour un peu, il n'aurait plus quitté la maison.

Quatre fois par jour, il montait notre escalier, en redingote, l'air solennel, comme pour régler une affaire d'honneur.

— Je me bats ! disait-il.

Germaine l'aidait de son mieux. En quelques semaines de maladie, elle s'était affinée, allongée. C'était maintenant une toute petite jeune fille résignée qui disait : « J'ai mal ! » et, parfois : « J'en ai assez ! » mais qui s'accrochait à la vie.

Papa était revenu d'Alès et comptait les jours avec nous, sans plus penser à ses affaires qui n'étaient pas encore arrangées. Maman travaillait comme une femme de peine, lavant des draps, faisant chauffer des compresses, préparant des cataplasmes. Quant à grand'mère, elle allait et venait, comme d'habitude, et ne semblait même pas prier plus souvent.

— Laissons-Le faire ! avait-elle dit. Il sait ce que nous voulons, mais Sa volonté sera la nôtre.

Quand on croit comme elle croyait, on n'importune pas le dispensateur de la grâce. Le silence est une prière pour ceux qu'habite la foi. Pourquoi parler ? C'est au Maître de le faire ! « Parle, Seigneur, ton serviteur écoute... » et la maison tout entière écoutait le silence de grand'mère qui demandait tout, sans demander rien.

Les jours passaient. Le docteur escaladait les marches de l'escalier sur ses vieilles jambes.

— Enveloppements ! disait-il en entrant dans le salon où l'on avait installé le petit lit de Germaine.

Maman allait faire bouillir de l'eau. Grand'mère surveillait le feu, dans la cuisine, et recevait le pasteur Bourguet. Ils lisaient la Bible, tous les deux, et tombaient sans le vouloir sur les passages appropriés. La maison avait l'air d'une forteresse où l'on se battait à tous les créneaux.

Le neuvième jour, le docteur monta l'escalier plus lentement. On aurait dit qu'il avait peur d'apprendre ce que la nature allait répondre. Il regarda la feuille de température que faisait maman, écouta la petite poitrine de Germaine, à travers un grand mouchoir blanc, derrière en l'air, redingote au vent, et se releva.

— Elle est sauvée ! dit-il, un peu étonné de ce triomphe.

— Que la volonté de Dieu soit faite ! dit grand'mère, comme elle l'aurait dit si Germaine avait dû mourir.

Rien n'est plus joyeux qu'une convalescence d'enfant et, dès le lendemain, ma petite sœur entrait en convalescence. Mais, le surlendemain, en se réveillant, elle était rouge, congestionnée, recroquevillée sur elle-même et faisait un étrange bruit, en respirant. On aurait dit un de ces soufflets brûlés qui font siffler l'air dans les déchirures de leur cuir... Papa courut chercher le docteur.

Quand il revint avec M. Olivet, j'étais devant la porte du salon. Le docteur s'arrêta devant cette porte, sans entrer. Il pouvait entendre le bruit que faisait la petite malade, en respirant. Il l'écouta, passa ses deux mains ouvertes sur sa figure, souffla lui-même un grand coup et se retourna vers ma mère.

— Elle est perdue ! dit-il d'une voix qui semblait sans émotion.

— Mais, docteur, vous ne l'avez pas encore vue...

— Elle est perdue, répéta-t-il presque durement. Je n'ai pas besoin de la voir... déchirure de la plèvre... pneumo-thorax... Elle sera morte ce soir... Je n'y peux rien... et il s'en alla.

Il revint en fin de journée. Germaine respirait toujours. Il l'écouta un moment, scandalisé, un rictus de réprobation au coin de la bouche.

— Si nous ne savons pas, la nature devrait savoir ! murmura-t-il. Mais, quelquefois, elle espère aussi follement que nous.

Il s'en alla de nouveau. C'était un très vieux docteur, au gros ventre, un docteur qui aurait eu besoin de se soigner lui-même, un trop bon vivant, paraît-il, mais aussi un vieil homme accablé par cinquante ans de fréquentation de la mort. Il ne devait pas savoir ce que nous savons aujourd'hui, mais il savait comment on mourait quand l'heure était venue de mourir.

Germaine se débattit encore toute la nuit. A l'aube, on m'envoya me coucher. Elle respirait encore. Je dormis une heure ou deux puis, réveillé en sursaut, je descendis de ma chambre. En ouvrant la porte, je la vis dans son berceau. Il me sembla qu'elle venait de bouger, qu'elle avait remué les mains en me voyant, qu'elle respirait toujours.

— Ta petite sœur est morte ! me dit maman.

Deux jours après, tous les enfants du Vigan l'ont conduite au cimetière. Ils marchaient sur deux colonnes, autour du petit cercueil recouvert de blanc, les filles d'abord, les garçons derrière qui me regardaient du coin de l'œil pour voir comment j'étais ce jour-là... Je me sentais seul, au milieu d'une foule immense. Il me semblait que j'étais plus grand que d'habitude.

Pour la première fois de ma vie, je faisais quelque chose que je n'aurais pas fait autrement, si j'avais été un homme.

Je ne reconnaissais pas les rues que nous traversions. Il me semblait que la ville avait changé. C'était une ville étrange, inconnue, dont les avenues paraissaient interminables. Je me demandais s'il faudrait encore marcher pendant des heures quand le cortège s'arrêta en formant un demi-cercle. J'étais devant la tombe de ma famille. Je connaissais déjà cette grande dalle grise, à double ressaut. J'étais venu plusieurs fois y porter des fleurs, le jour des morts. Elle était alors fermée et je n'avais pas imaginé ce qu'elle pouvait contenir. Mais, aujourd'hui, un grand trou était creusé devant elle et, par ce trou, on voyait deux rangs de cercueils... Le Républicain était là ! Il était là pour l'éternité avec sa femme et son fils, le mari de grand'mère que je n'avais pas connu, des tantes et des cousines dont le nom était gravé sur la pierre. Je ne voyais plus que ces cercueils, posés les uns sur les autres, au fond de notre caveau, et je mesurais les places vides qui restaient à côté d'eux.

Les enfants du Vigan venaient d'entonner un cantique. C'était le cantique des enfants qu'on nous faisait apprendre à l'école du dimanche, un cantique bête que je n'aimais pas.

Je voudrais être un ange,
Un ange du ciel bleu !
Vivre au ciel en échange
De ce terrestre lieu !

Le pasteur ouvrit la Bible. Il lut le passage qu'on a toujours lu sur le tombeau des gens de notre famille.

— Seigneur... mille ans sont à tes yeux comme le jour d'hier, quand il n'est plus... Tu les emportes, semblables à un songe... Le chiffre de nos jours s'élève à soixante-dix ans et, pour les plus robustes, à quatre-vingts... et l'orgueil qu'ils en tirent n'est que peine et misère...

Ce passage était à nous ! C'était un bien de famille... Mais pourquoi le lisait-on sur le cercueil d'une enfant qui n'avait pas vécu deux années ? C'était une nouvelle injustice qui venait de nous frapper et j'en étouffais de fureur en écrasant mes sanglots dans la boule de mon mouchoir.

— Que sont nos jours ? semblaient me répondre mes grands-pères. Qu'importent leur nombre et leur durée ?

Le pasteur fit la prière. Les enfants chantèrent une fois de plus un couplet de leur cantique... Nos souliers crièrent sur le gravier... Je revins à la maison en me demandant sans épouvante si le chiffre de mes jours répondrait à la promesse de l'Ecriture.

SIXIÈME PARTIE

L'HOMME EST LA MESURE DE L'HOMME

L'autre espèce. — Bataille sous les châtaigniers. — La rage de l'amitié. — Maubert et l'injure du cimetière. — Embuscade à la route neuve. — Nous sommes des camisards.

L'autre espèce

Ce ne fut pas mon entrée à l'école de tout le monde, ni l'enseignement du père Martin, ni mon initiation aux coutumes de la montagne, ni les leçons de latin du pasteur Abel, ni mes rêveries sur Jules César franchissant les Cévennes par la haute neige, ni mes divagations sur le moteur à vapeur du bazar Soulier, ni mon tête-à-tête terrifié avec la fille du magnolia, ni même mon désespoir devant la mort de Germaine, qui marquèrent les mois que j'ai passés au Vigan, mais notre bataille avec les enfants de l'autre école.

Chaussés comme nous de galoches à la gauloise, habillés de culottes courtes et de tabliers noirs, charpentés comme nous l'étions, maigres comme nous l'étions presque tous, nerveux, violents, avec des mentons en soc de charrue ou des têtes rondes, ces enfants nous ressemblaient comme des frères. Les mêmes misères et les mêmes maladies avaient traversé leurs familles et les nôtres, pendant des siècles. Nos grands-pères s'étaient nourris des mêmes châtaignes, des mêmes fromages de chèvre, des mêmes salades des champs. Ils avaient bu les mêmes petits vins, conservés dans les mêmes caves, les mêmes eaux jaillissant aux mêmes sources. Nous étions marqués des mêmes signes. Nous portions les mêmes hérédités. Nous avions la même vitalité sauvage. Une seule chose nous séparait : nous n'allions pas à la même école !

Nous savions qu'ils disaient que notre gorge était noire et nos oreilles collées. Puisqu'ils pouvaient croire à ces mensonges, ils n'étaient pas comme nous. Ils appartenaient sans doute à une autre espèce, mais nous ne savions pas quelles malformations nous devions leur attribuer. Puaient-ils ? Avaient-ils la peau grenue ? Les genoux bloqués ? Les orteils crochus ? Le ventre couvert de teignes ? Rien de tout cela n'était sûr... Mais ils avaient sûrement des particularités répugnantes !

— Des points noirs sous les bras, disait La Sisse en baissant la voix. Des points noirs avec de gros vers dedans !

Athlète précoce, bâti comme un lutteur japonais, La Sisse était le plus gros de tous les élèves de ma classe. Il faisait autorité et nous étions peu nombreux à oser le contredire... Cette histoire de vers nous laissait pourtant incrédules !

— Pourquoi sous les bras ?

— C'est comme ça ! répondait La Sisse, sombre et résigné. Quand tu presses dessus, le ver sort d'un coup, mais il fait des graines et repousse dans le mois.

— Tout le monde en a, de ces vers, faisait remarquer Abric en écarquillant ses yeux qui ressemblaient à des billes et lui donnaient l'air d'un nègre blanc. Mon père s'en tire, autour de son nez.

— Oui... mais les leurs sont plus gros !

Tant de précisions arrivaient à nous convaincre. Nous étions sûrs que nos ennemis étaient bourrés de points noirs.

— C'est pas tant les vers ! murmurait alors l'aîné des Courcier, en s'assurant que nous étions seuls à pouvoir l'entendre.

— Alors, c'est quoi ?

— Des choses qu'on ne peut pas dire !

— Eh bien, dis-les...

— Des choses du ventre !

— Il est fait comment, leur ventre ?

— Il mange à l'envers !

C'est ainsi que les guerriers d'Alexandre imaginaient les peuples d'Asie avant de les conquérir, et les soldats de César, les Nations des Gaules. L'homme a toujours eu besoin de croire qu'il existait d'autres hommes différents de lui, et marqués de signes monstrueux... Héritiers de ces rêves millénaires, nous étions loin, pourtant, d'avoir l'imagination de nos devanciers. Jamais, nous n'avons pensé, par exemple, que les élèves de l'autre école avaient un œil au milieu du front, ni qu'ils se couchaient sur le dos, pour se mettre à l'ombre de leur pied, ouvert comme un parasol. Nous n'avons jamais imaginé qu'ils étaient des géants ou des homoncules, des êtres sans bras, avec un anus pour nombril, des pinces de crabes pour mains, une chevelure végétale. Nous aurions pu nous persuader qu'ils avaient des corps de serpents ou des pieds de bouc, des écailles de poissons sur le plat des cuisses et des duvets d'oiseaux sur les omoplates... Mais, plus sages que les anciens, nous étions nombreux à mettre en doute ces monstruosités physiques que nous décrivaient La Sisse et les deux frères Courcier.

— Des points noirs sous les bras ? reprenaient les sceptiques, tout ça, c'est des blagues !

— Ça se connaît que tu ne les as pas vus !

— Ils disent bien qu'on a les oreilles collées et la gorge noire...

— Et puis alors ?

— Alors ? C'est peut-être comme nous...

— Comme nous ? Qu'on n'a pas l'oreille collée et la gorge noire ?

— Parfaitement... et qu'ils n'ont pas non plus des vers sous les bras et des choses dans le ventre !

— Ça va ! Ça va ! Alors, tu crois qu'ils sont comme nous ?

— Non, non et non ! Ils ne sont pas comme nous !

— Pourtant, faisait observer Abric, en fermant les yeux comme pour atténuer ce qu'il allait dire : Si on les mettait à notre école, ils ne seraient plus comme ils sont !

— Et si ta mère était une hirondelle, tu ne serais pas un petit oiseau ?

— Avec des « si », tu ferais nager les pierres !

— Le sûr de certain, c'est qu'ils nous détestent.

— Ils voudraient qu'on soit des bandits !

— Ils disent que notre école est une école sans Dieu !

— Trois fois ! Trois fois ! Il est plus à nous qu'à eux !

— On verra qui c'est qu'Il préfère !

— C'est des moitiés de moitié, disait La Sisse. J'en prends

deux, je les pile et je n'en ai pas assez pour faire un petit de la Maternelle.

— Oh... il y en a des gros comme toi.

— Ils sont gonflés ! affirmait La Sisse en fermant un œil pour lancer un jet de salive, comme un chasseur qui tire un coup de fusil. Ils sont gonflés à la pompe à bicyclette.

— Le sûr de sûr, reprenait Abric, c'est qu'on leur apprend des choses qui n'existent pas.

— Des choses qui n'existent pas ? demandait James Courcier que cette idée semblait frapper d'épouvante.

— Parfaitement ! C'est tout ce qu'on sait leur faire voir, à leur école.

— Ils n'apprennent rien comme nous ?

— Tout à l'envers ! affirmait La Sisse.

— Même le calcul ?

— Oh, le calcul... ça doit être à peu près le même que le nôtre... On ne peut pas changer la table de neuf, ni celle de quatre, ni de cinq.

— Alors, ils apprennent quoi, à l'envers ?

— La géographie et l'histoire... Ils disent cul chaque fois qu'il faut dire tête !

— Oui... oui... ils n'auraient pas voulu qu'on prenne la Bastille.

— Le 14 juillet, ils ont la colique !

— Ils n'aiment pas le général Hoche.

— Ni Bonaparte...

— A peine Napoléon !

— Non, non... ils ne l'aiment pas.

— A Waterloo, ils sont avec les Anglais.

— ... et les Prussiens.

— Tant pis pour le dernier carré de la Garde et pour l'Empereur !

— Ils sont contents qu'on l'ait mis à Sainte-Hélène !

— Ils n'aiment rien que les Rois.

— Et le chevalier d'Assas ?

— Ils l'aiment peut-être un peu.

— Parce que c'était un noble...

— Mais ils n'aiment pas le sergent Triaire.

— Il a pourtant fait comme d'Assas.

— Encore plus fort... C'est lui qui a tout fait péter, avec sa mèche et son gros tonneau de poudre !

— Ça ne fait rien... Ils ne l'aiment pas !

— Voilà comme ils sont !

— Ils voudraient qu'on aille faire taire les grenouilles, en tapant dessus avec un bâton.

— Trois fois... Trois fois... On le leur ferait faire aussi.

— Ça ne fait rien... Ils sont comme ça... Rien qu'avec des idées de l'ancien temps dans la tête.

— Tout le contraire de nous !

— C'est des punaises, proclamait La Sisse. On ne les voit jamais, mais les bois du lit en sont pleins !

— J'en ai deux qui habitent dans ma maison, avouait Mège d'une voix coupable, comme si ce voisinage avait pu suffire à le rendre suspect de haute trahison.

— Tu leur parles ? demandait Abric plus affolé que jamais.

— Non... non... pas bien souvent... quelquefois... des fois, en passant... Ces deux-là ne sont pas des plus mauvais. Ils seraient même gentils, s'ils ne marchaient pas avec les autres.

— Méfie-toi ! disait La Sisse. Avec eux, on ne sait jamais !

C'est ainsi qu'à croupetons sur l'herbe des châtaigniers ou que, tassés en rond, dans un coin de la cour de notre école, nous parlions de ces monstres inconnus, à peine entrevus au fond des ruelles, de ces garçons qui allaient à une autre école que la nôtre, aux mêmes heures que nous, toujours séparés de nous et pourtant toujours présents.

Bataille sous les châtaigniers

A force de se mépriser et de se haïr, on finit par entrer en guerre. Pour en venir aux coups, il suffit d'avoir un prétexte. Le meilleur consiste à défendre un lambeau de territoire, Alsace-Lorraine ou Macédoine, champ de bataille et enjeu de cette bataille... Ce fut, pour nous, l'endroit le plus paisible de notre ville, un bois sacré planté d'arbres centenaires, la grande châtaigneraie qui domine le champ de foire.

Cette châtaigneraie était située aux confins des deux zones d'influence qui partageaient notre ville, car chaque école avait son domaine et ses terres interdites. Des limites invisibles, des frontières sans barrières ni poteaux, jalonnaient ces deux territoires. Nos ennemis occupaient la partie haute de la ville. C'est là que se trouvait l'école des Frères. Ils avaient le plan d'Auvergne en partage, les jardins du mont Dausset et le terre-plein de l'église catholique. Nul d'entre nous n'aurait eu l'idée d'aller s'amuser dans ce royaume et je n'étais pas loin de penser qu'il était rempli de maléfices.

Nous étions chez nous, en revanche, au-dessus des ponts du chemin de fer et dans le quartier du sous-quai. C'est là qu'on avait construit l'école de la République. Les châtaigniers faisaient donc partie de notre héritage. Nous y montions en bande, à la sortie de la classe, comme les petits Parisiens vont au bois de Vincennes ou aux Buttes-Chaumont. L'Eglise libre, la chapelle méthodiste et la sous-préfecture se trouvaient sur notre chemin. C'est même entre le potager du pasteur et le mur du jardin du sous-préfet que nous débouchions sur le champ de foire. Comment n'aurions-nous pas été chez nous, dans ce quartier consacré à la République et à la religion protestante ?

Les châtaigniers étaient donc à nous. Mais ce bois sacré était si vaste que les élèves de l'autre école avaient aussi le droit d'y venir jouer, en petits groupes et dans le coin qui s'étend en avant du cimetière. C'était une simple tolérance du temps de paix, un accord tacite, révocable à la moindre alerte.

Notre premier conflit eut lieu au mois de novembre, quelque temps après la rentrée des classes. Un samedi, en tournant le coin du mur préfectoral, nous vîmes nos ennemis déboucher en force, à cinq cents mètres de nous, à l'extrémité du champ de foire. Ils étaient au moins cinquante ou soixante et nous n'étions guère que cinq ou six, La Sisse et moi, Abric et les deux frères Courcier, venus en avant de nos camarades qui flânaient derrière nous.

— Monstre de sort ! dit La Sisse en s'arrêtant brusquement. Regarde-les ! C'est un coup monté... Ils nous cherchent.

En nous voyant, les enfants de l'autre école s'étaient arrêtés, eux aussi. Alignés sur un seul rang, serrant sur le centre, culotte à culotte et coude à coude, ils tenaient toute la largeur du champ de foire et ce n'était pas par hasard qu'ils s'étaient ainsi rangés en bataille.

— Punaise ! reprit La Sisse, on ne va pas quand même foutre le camp devant eux... Les châtaigniers, c'est à nous...

— Il faudrait aller chercher les autres, dit Abric, plus nègre blanc que jamais. On n'est pas assez pour tenir le coup !

— C'est ça, répondit La Sisse en crachotant de colère. Va chercher tous ceux de notre école. Ils doivent s'amuser devant la sous-préfecture... Pendant ce temps, on va ramasser des cailloux.

Jamais les châtaigniers n'avaient été traversés par un tel silence.

— Ici, ce n'est pas à eux ! grommelait La Sisse. Ils n'ont qu'à rester de leur côté.

Abric était parti en courant. Nos ennemis venaient de reprendre leur marche. Ils étaient maintenant à hauteur de la Caisse d'Epargne et s'avançaient lentement, comme une armée de fourmis.

— S'ils viennent jusqu'ici, on les recevra ! criais-je à La Sisse. Et nous les ferons courir jusque chez eux.

J'étais furieux. Mes genoux tremblaient de colère et, peut-être aussi, de peur. Je m'étais mis à hurler :

— Faites des petits tas de cailloux... Prenez des plats et des ronds, de ceux qu'on peut lancer à bras cassé... Faites un petit tas tous les mètres et, derrière, à cinq ou six mètres, une autre rangée.

— Bon ! dit La Sisse, une ligne de réserve.

— Non pas... non pas... la seconde ligne est pour commencer et celle de devant est la ligne d'assaut.

La Sisse était déjà au travail. Nos tas de cailloux montaient à toute vitesse. Les enfants de l'autre école s'étaient arrêtés devant la boutique de Boisson, le maréchal-ferrant, et nous regardaient avec méfiance, en parlant entre eux.

— Les nôtres sont là ! nous cria Abric qui se mit aussitôt à ramasser des pierres.

Nos camarades arrivaient au pas de course. Meige, Monna, Finiels, Massip, ceux du quartier de la gare, ceux du quai, ceux de l'Elze, prenaient position à côté de nous.

— Faites des tas de cailloux, leur criait La Sisse.

Nos ennemis avaient repris leur marche en avant et venaient vers nous, en masse compacte.

— Tu peux les tirer ? me hurla La Sisse.

— Pas encore... Il faut qu'ils s'avancent un peu plus... Je pourrai tirer quand ils auront fait vingt mètres.

— Comme moi ! dit La Sisse. Mais on est tous les deux les plus forts lanceurs. Les autres ne vont pas si loin. Il vaut mieux attendre encore.

Dans l'arc de mes doigts crispés, entre le pouce et l'index, je tenais le plus beau caillou que j'avais trouvé, un galet plat, lourd, lisse et rond.

— On tire ? souffla La Sisse.

Nous étions maintenant côte à côte, au centre de notre ligne. Il avait suffi de quelques instants pour faire de nous les deux chefs de notre école. Tous nos compagnons nous regardaient, prêts à tirer dès que nous aurions lancé la première pierre.

Nos ennemis s'étaient encore arrêtés, devant le petit café où les bergers du Lingas venaient boire des canettes, les jours de foire. Il y eut un silence, un petit coup de vent sur les feuilles de châtaigniers, un vol de feuilles jaunies.

— Gorges noires... Oreilles collées ! hurla une voix au centre de la ligne sombre alignée en face de nous.

— Oreilles collées... gorges noires ! reprirent nos ennemis en laissant traîner leurs voix que prolongeaient les échos.

— Enfants de chœur... Fils du pape ! répondîmes-nous en mettant nos mains en cornet devant nos bouches.

— Républicains... Protestants !

— Culs blancs... Royalistes !

— Demi-portions... Poitrinaires !

— Moitiés d'hommes... Allez mettre des robes de filles !

— Vous n'y voyez que d'un œil !

— Vous puez ! hurla La Sisse.

Premier coup de canon tiré sans ordre, une pierre siffla sur nos têtes. Le meilleur lanceur de l'autre école avait donné le signal.

— Je tire... Tire ! me cria La Sisse.

Mon galet rond partit comme une balle de fronde. Celui de La Sisse s'était envolé en même temps. Les nôtres tirèrent aussi et, déjà, les autres avaient tiré. Une grêle de pierres arrivait sur nous.

— Visez le milieu, c'est là qu'ils ont mis leurs chefs.

Nous tirions, bras cassés, après avoir craché sur la pierre que nous tenions dans nos doigts. Nous pensions la charger ainsi d'un pouvoir magique et l'obliger à trouver son but. La détente de nos bras faisait le reste. Nous n'avions que dix ou onze ans, mais nous étions déjà de terribles lanceurs. Nos ennemis tiraient aussi bien que nous et chargeaient aussi leurs projectiles de maléfices. Ils avaient bourré de cailloux les poches de leurs tabliers, mais ils les avaient déjà tous lancés quand nous eûmes fini notre première réserve.

— Aux tas de devant ! hurla La Sisse. Feu à volonté !

Nos ennemis n'avaient plus de munitions. Pour nous répondre, il leur fallait d'abord trouver de nouveaux cailloux. Ils couraient après ceux que nous leur lancions, en les esquivant de leur mieux. Déjà, plusieurs blessés avaient fait des trous dans leur ligne. Chez nous aussi, les premiers pleurs se mêlaient au premier sang, mais nos ennemis commençaient à battre en retraite.

— Des cailloux dans vos poches... En avant, la laïque... et ne tirez qu'à dix mètres.

— Après les cailloux, la satonnée ! hurlait La Sisse en faisant la boule avec ses biceps.

— Faites place ! criaient les frères Courcier qui, disparus depuis un moment, revenaient vers nous avec un étrange attirail.

Fils de maçon, ils étaient allés chercher deux cordes dans l'entrepôt de leur père, deux cordes pleines de taches de plâtre, au bout desquelles ils avaient amarré une énorme pierre. Ils firent tourner ces pierres sur leurs têtes et, lâchant progressivement leur filin, en firent une fronde qui ne lançait pas son projectile et balayait tout, autour d'elle.

En quelques instants, nos ennemis furent en pleine déroute. Ils se dispersèrent en courant. Les uns foncèrent vers les châtaigniers, d'autres descendirent vers la ville. Un dernier carré battait en retraite en faisant fière contenance, comme la vieille garde à Waterloo. Notre tir le rompit. Nous foncions sur la trace des vaincus que nous accablions sous le nombre. La bataille éclata en vingt combats singuliers.

Dans les tourbillons de cette déroute, je ne perdais pas de vue un grand garçon maigre qui m'avait semblé être un chef. Comme il essayait de prendre le large, je fonçai derrière lui. Sur le point d'être atteint, il se retourna. J'aperçus son visage coupé de rides comme celui d'un vieil homme... Une pierre ronfla à un centimètre de mon visage. Je fis un saut en arrière et, glissant sur des feuilles mortes, m'étalai de tout mon long. Le garçon que je poursuivais était déjà loin. Il s'arrêta de nouveau, choisit une pierre en la faisant sauter dans sa main pour juger de son poids, m'ajusta lentement et son bras se détendit comme une cinglette de noisetier. Je fis un nouveau saut de truite en voyant la pierre voler vers moi et lâchai ma proie... Le garçon s'en alla à pas comptés, après m'avoir fait une grimace.

La Sisse avait poussé jusqu'en haut des châtaigniers, sans pouvoir arriver à rejoindre les fuyards. Un galop de galoches battait les trottoirs dans la rue qui descend devant la Caisse d'Epargne... La bataille était finie. Nous étions maîtres du champ de foire. Nous avions repris l'Alsace-Lorraine !

Le vent du Rouergue se leva. Un nuage sortait des Quatre-Chemins et faisait des sillons de pluie entre les ramures des arbres où tourbillonnaient les dernières feuilles.

— On rentre à notre maison ? demanda La Sisse.

— Puisqu'on a gagné, répondit Abric, on n'a pas besoin de rester ici.

La rage de l'amitié

— Toujours ce petit Boisson ! grommelait grand'mère. Tu ne connais donc que lui ?

— J'ai bien le droit d'avoir des amis ! Si tu ne veux pas que je joue avec Albert, je ne verrai plus personne...

J'avais pourtant mis des années à faire amitié avec ce Boisson. Il habitait à côté du Champ, derrière le mur du noisetier, mais nous n'allions pas à la même école. La vigne de son père avait beau toucher la nôtre, il vivait dans un autre monde que le mien. Je le rencontrais presque chaque jour, dans le chemin de Goulsou, mais je passais à côté de lui sans rien dire. Grimpé sur le mur qui séparait nos deux vignes, je le surveillais pourtant, sans me laisser voir, comme un chasseur à l'affût. Il allait et venait entre les souches, s'asseyait à l'ombre des treilles, picorait un raisin, ramassait une alberge tombée à terre, et je me disais, en le regardant :

« Il fait comme moi ! »

Il restait de longs moments devant les toiles des araignées attendant qu'une mouche vienne s'y prendre, arbitrant le combat, délivrant parfois la mouche, jetant parfois une mante religieuse ou une sauterelle au milieu de la bagarre, comme je le faisais moi-même. Enfant solitaire, perdu dans un grand verger, il jouait aux mêmes jeux que moi, croquait à nouveau un fruit, chantonnait tout seul, se racontait des histoires en faisant des gestes avec les mains. Sa grande passion semblait être de jouer avec des insectes. Il parlait aux mange-poires, aux fourmis et aux bousiers. Il s'accroupissait pour leur murmurer des phrases magiques et je l'entendais parler de ce Gabriel qui, sans échelle et sans chapeau, monte au ciel... C'était ainsi que, de mon côté, je m'entretenais avec les bêtes.

De temps en temps, Boisson venait s'asseoir sous un mûrier, à sept ou huit mètres de mon créneau, et passait de longs moments à faire des meubles en miniature, avec des morceaux de bois, un canif et un marteau. Je ne l'avais pas quitté des yeux pendant qu'il assemblait une table et quatre chaises et j'étais depuis longtemps le complice de ces jeux, le jour où je l'appelai, en me penchant sur le mur.

— Oh, Boisson !

Il leva la tête et m'aperçut.

— Tu regardes chez les autres ? me demanda-t-il en prenant un air de réprobation.

— Je suis sur mon mur !

— Oui... c'est ton mur... jusqu'à la moitié.

— C'est la main qui compte ! répondis-je. Avec les yeux, on peut aller n'importe où.

— C'est vrai ! C'est la main qui compte ! reconnut-il.

Ce point de droit réglé, nous avions failli ne pas pousser plus avant. Nous étions aussi gênés l'un que l'autre et ne savions plus que dire. J'avais pourtant ajouté, d'une voix prudente :

— Tu ne veux pas un raisin ?

— Des raisins ? Tu crois que j'ai besoin d'un raisin ? J'en ai plein ma vigne !

— Je sais... Je sais... Mais pas de ceux-là... C'est des roses qui font la puce...

Il s'était rapproché du mur. Je lui tendais un raisin. Il prit deux grains, les plus gros, les fit craquer sous ses dents, cracha la peau et dit d'un ton convaincu :

— Ils font la puce ! Crac, chaque fois !

— C'est pas des bien bons ! répondis-je avec humilité. Mais tu n'en as pas de cette espèce.

— Alors, tu connais les espèces que nous avons ? me demanda-t-il en continuant à égrener le raisin que je lui tendais, à bout de bras.

— Comme si tu ne connaissais pas les nôtres !

— Si, bien sûr que je les connais.

— Alors, tu regardes aussi sur le mur ?

— Il est à moi, jusqu'à la moitié... J'ai le droit de faire comme toi... C'est la main qui compte.

— Oui... tu as le droit de regarder, mais ta main doit rester au milieu de la muraille.

— Barre de bois, barre de fer... je ne vais jamais plus loin.

Il continuait à picorer mon raisin et, de temps en temps, en crachant les peaux, répétait :

— Crac, crac, crac... ils font bien la puce.

— Ils font la puce ! répétais-je en le regardant.

— Pour sauter de l'autre côté, dit-il tout d'un coup en ébouriffant sa tignasse, il faudrait avoir la permission !

— La permission ? Si tu veux, je te la donne.

Il prit son élan, fit une traction des bras, se mit à cheval sur la muraille, hésita une seconde et sauta dans notre champ.

— J'ai la permission ! me dit-il, comme si un autre que moi la lui avait donnée.

Nous fîmes le tour du propriétaire, à petits pas, et j'eus vite fait de voir qu'il était au courant de tous mes secrets. Lui aussi avait dû me surveiller bien souvent, sans que je le sache.

— Tes araignées sont plus grosses que les miennes... Elles sont gonflées par le soleil, le long de ce mur... Elles ont la croix jaune sur le ventre...

Il savait très bien où se trouvaient nos œillades, nos raisins de la Madeleine et nos muscats. Il n'avait pas l'air dépaysé et reconnaissait toutes les choses que je croyais être le seul à connaître. Nous connaissions les mêmes secrets, même quand ces secrets n'étaient pas les nôtres.

A midi, la sirène de Sainte-Euzébie partagea le jour en deux. Son hurlement avait l'air d'arrêter les ombres, au pied des arbres, pendant une ou deux secondes.

— Le père va rentrer, dit mon compagnon. Il est cardeur à l'usine et ça ferait vilain si on le faisait attendre. Dès qu'il arrive, on mange la soupe... Il faut que je rentre à la maison...

Cet après-midi, tu pourras venir dans ma vigne... Je te donne la permission.

— Tu me feras voir tes petits meubles ?

— Mes petits meubles ? Alors, tu me regardais tout le temps ! Ça ne fait rien... Si j'arrive à finir le fauteuil que j'ai commencé il sera pour toi... et je t'apprendrai à faire des chaises. C'est le plus facile.

A partir de ce jour-là, Boisson devint mon meilleur ami, un vieil ami que j'avais l'impression de connaître depuis des années, un autre moi-même. Il allait pourtant à l'autre école et je ne l'ignorais pas quand je l'avais appelé, du haut de mon mur. Il n'ignorait pas non plus que j'étais un enfant de l'école sans Dieu. Nous eûmes soin de ne pas parler de ces choses qui pouvaient nous séparer. Après tout, nous étions quittes... Je fus pourtant ahuri quand j'appris qu'il était enfant de chœur et servait la messe, tous les dimanches.

— Je savais bien que tu allais chez les Frères... Mais...

— Tu es bien enfant de chœur chez les Protestants, me répondit-il.

— On n'a pas d'enfants de chœur, chez les Protestants.

— Vous voulez le faire croire ! murmura-t-il en clignant des yeux, mais on connaît vos grimaces !

Une poussée de fureur me fit serrer les mâchoires. Mais je pris le parti de rire. Encore une blague de leurs curés ! Encore un mensonge de l'autre école ! On leur apprenait donc tout à l'envers, comme l'affirmait La Sisse !

— Puisque nous avons des enfants de chœur, dis-moi un peu ce qu'ils font ?

— Ils chantent, en suivant les mots sur un livre... Vous ne voulez pas le dire, mais on vous a vus.

— Justement, je ne chante pas !

— Et pourquoi, tu ne chantes pas ?

— J'ai honte... et je chante faux.

— Bon, bon... Mais tu suis quand même les mots sur un livre ?

— Pas besoin de livre... Je sais tous les chants par cœur.

— Tu sais tous les chants par cœur et tu dis que tu n'es pas enfant de chœur ? Eh bien moi, je suis enfant de chœur et je me trompe toujours !

Il riait. Je riais. Nous n'étions plus ennemis. Nos différences devenaient un sujet de farce, une occasion de complicité.

— Un dimanche, il faudra que j'aille chanter dans votre temple...

— Je t'apprendrai une « Na ».

— Une « Na ? »

— Oui... une « na... celle en silence... »

— Pourquoi tu dis une « Na », puisque c'est une nacelle ?

— Parce qu'on dit comme ça.

— Bon, bon, ça va ! Vous êtes les maîtres... J'irai chanter une « Na »... Mais, toi, tu iras servir la messe.

— Houlà ! On dit que ça fait mourir, quand on n'est pas catholique !

— Non, non, ça ne fait pas mourir... Mais, chez vous, peut-être que si ?

— Non, chez nous, rien ne fait mourir.

— Il n'est pas méchant, ton bon Dieu ?

— Il est à la fois bon et terrible.

— Alors, c'est le même que chez nous.

— Ça ne fait rien, j'aime mieux ne pas aller à la messe.

— Reste chez toi... Mais, moi, je n'aurais pas peur de venir chanter une « Na », avec les enfants de chœur du temple.

J'entonnais alors d'une voix fausse et tonitruante, mais respectueuse du rythme :

Une na...celle en silence...
Vogue sur... un lac d'azur...
Tout douce...ment elle avance...
Sous un ciel... tranquille et pur...

— Nous aussi, nous avons des lacs et des étoiles, me disait Boisson avec une pointe d'orgueil.

— Des étoiles ? Alors je t'apprendrai comme un « Pha ».

— Comme un « Pha » ?

— Oui, oui... « Comme un pha... re sur la plage... »

— Mais vous dites tout de travers !

— Trois fois ! Trois fois ! Chez nous, on comprend tout ce qu'on dit. On parle en français, comme tout le monde.

— Eh bien, chez nous, on n'y comprend rien. C'est en latin... *Vobiscum* et *Tantum ergo*... Mais on ne dit pas une « Na ».

— Ça va... ça va ! C'est une nacelle qu'on dit... Mais on coupe le mot comme ça. C'est à cause de la chanson...

— Tout ce que tu voudras, mais vous n'avez pas la vérité ! répondait Albert en fermant les yeux.

— La vérité ? Dis-le, un peu, ce que c'est que la vérité ?

— Le Père, le Fils et le Saint-Esprit ! disait-il d'une seule haleine.

— Ah ! nous n'avons pas la vérité ? C'est ce qui te trompe ! Justement, nous les avons tous les trois !

— Le Père, le Fils et le Saint-Esprit ?

— Parfaitement ! Le Père, le Fils et le Saint-Esprit !

— Le Père et le Fils, peut-être un peu... Mais le Saint-Esprit !

— Le Saint-Esprit ? Il descend chez nous sous la forme d'une colombe.

— Oh ! malheureux, qu'est-ce qu'il ne faut pas entendre ! Vous voulez tout faire comme nous... Mais qui l'apprivoisera, votre colombe ? Vous n'avez pas la Vierge Marie avec vous !

— Marie, mère du Christ ?

— Parfaitement !

— Nous l'avons quand même un peu.

— Un peu ? Rien qu'un peu... Vous ne lui faites même pas vos prières.

— Oh ! malheureux ! On ne doit prier que Dieu !

— Et vous priez toujours Jésus-Christ !

— Alors, Jésus, ce n'est peut-être pas le bon Dieu ?

— Non, ce n'est pas tout le bon Dieu... Vous mélangez tout et vous Lui manquez de respect.

— Nous Lui manquons de respect ?

— Oui, toi, tu lui manques de respect !

— En quoi faisant ?

— Tu lui dis : « Tu ».

— Malheur de sort ! C'est Lui manquer de respect ?

— Parfaitement ! Même à vos écoles du Diable, qu'est-ce qu'on dit, en parlant au maître ? Tu ou vous ?

— On lui dit vous.

— Et s'il te fallait parler au président de ta République, tu lui dirais quoi ?

— Je lui dirais vous.

— Alors ? Tu vois !

— Monstre de sort de monstre de sort ! Et qu'est-ce que tu dis à ton père ?

— Je lui dis tu.

— Alors ? Alors ? Tu ne le respectes pas, ton père ?

— Ça va, ça va ! me répondait mon ami. En français, on peut dire tu... Mais nous, on parle latin au bon Dieu... Alors, on est obligé de lui dire vous... *Vobiscum*, si tu préfères.

Nous n'arrivions pourtant pas à nous disputer. Ce qui nous aurait mis en fureur, si nous n'avions pas été voisins et si nous n'étions pas devenus amis, nous donnait envie de rire. Nous avions choisi d'être complices et rien ne pouvait nous séparer... Maigres tous deux, la figure étroite, les cheveux plantés de travers, vifs comme des lézards, insolents, insaisissables, amusés des mêmes riens, nous nous ressemblions un peu et nous dévastions la contrée en faisant les mêmes sottises.

— Ah ! Ce petit des Boisson ! grommelait grand'mère.

Je défendais mon ami, sans rompre d'une semelle. Notre amitié était pourtant déjà condamnée. Si nous avions pu nous lier sans aller à la même école, l'un servant la messe et l'autre sachant par cœur les cantiques huguenots, nous étions séparés par des différences plus profondes que le temps devait encore approfondir. Ce n'était rien d'être protestant ou catholique... Mais Boisson n'avait pas été à l'école de Malivert ! Il n'était jamais parti avec des peintres pour brosser la pochade devant la prairie et le peuplier ! Il n'avait jamais fréquenté les poètes et les poétesses ! Il n'avait pas vu jouer le drame de Port-Arthur et, jamais, devant lui, un Me Dalbèze ébloui par l'escompte d'une gloire pareille au reflet des pièces d'or, n'avait secoué la poussière de ses sandales, en maudissant la race des peigne-culs ! Nous pouvions faire un bout de chemin côte à côte, mais nos routes n'allaient pas vers le même coin de l'horizon.

C'est sans doute pour cela que grand'mère s'étonnait de mon amitié pour ce petit paysan. Mais, à ce moment-là, je n'étais moi-même qu'un garçon de la montagne, oublieux des peintres et des poètes et je me donnais tout entier à cette affection, sans me demander ce que l'avenir pourrait en faire... L'amitié, ni l'amour ne regardent pas aussi loin !

Maubert et l'injure du cimetière

Boisson ne pouvait pas être mon ennemi. En dépit de ce qui nous séparait l'un de l'autre, nous étions faits pour jouer ensemble. Rien, en revanche, n'aurait pu me rendre ami de Maubert. Eussions-nous été à la même école que nous nous serions détestés.

Maubert était un garçon de mon âge, chef dans son clan comme je l'étais dans le mien. Gouailleur et dégingandé, plus prolétaire que paysan, il traînait, à onze ans, le visage ravagé des vieux de notre montagne, avec deux longues rides obliques, sous les ailes de son nez. Il avait la voix rauque et le regard immobile mais, vif de corps, il courait comme un perdreau.

C'était lui qui s'était placé au centre de la ligne des enfants de l'autre école, en face de moi, le jour de notre première bataille, sur le champ de foire des châtaigniers. A plusieurs reprises, au milieu de la bagarre, La Sisse l'avait ajusté en me criant :

— Garde-toi... Il te cherche tout le temps... C'est sur toi qu'il tire.

— Attention ! C'est Maubert ! m'avait dit Abric.

Ses cailloux avaient sifflé autour de ma tête, comme les miens l'avaient encadré. C'est en vain que j'avais essayé de me glisser jusqu'à lui, quand il avait rompu le combat. Encore une fois, ses cailloux m'avaient stoppé. C'était un lanceur d'élite, aussi fort que La Sisse et que moi-même, qui tirions mieux que nos camarades.

— Attention, c'est Maubert ! m'avait répété Abric.

C'est ainsi que nous avions fait connaissance. C'était une bonne entrée de jeu, car, dans ces batailles de clans, les chefs sont faits pour s'entendre. J'avais donc cherché à rencontrer ce Maubert autrement qu'au milieu d'un vol de pierres, pour pouvoir parler un peu avec lui. De son côté, il avait dû rôdailler autour de moi et, un jour de trêve, nous nous étions abordés dans un coin désert des châtaigniers.

— C'est toi, le Chansonnet qui lance si bien les pierres ? m'avait-il dit, en me regardant de la tête aux pieds.

— Pour te servir ! lui avais-je répondu. Mais tu n'as pas besoin de leçons.

— Ça va pas mal ! avait-il murmuré en mimant le geste du lanceur, le bras cassé, le poignet souple et la main relevée à la dernière seconde. Ça va pas mal !...

— Tu lances bien... Mais, quand on tire trop loin, on lance moins juste.

— Oui... Mais quand on tire trop près, les gens sont trop loin.

— Bon, la prochaine fois, je m'avancerai et tu tâcheras de rester en place, toi aussi.

— C'est ça... c'est ça... Tu me feras signe.

— Pas besoin. C'est toujours vous autres qui nous cherchez.

— On ne vous cherche pas, on vous trouve.

— Oui, tu es toujours dans ton tort. C'est nous qui avons raison.

— Raison ! Raison ! On a raison quand on gagne. Quand on est battu, on a tort.

— Alors, la dernière fois, on a eu raison. Vous avez commencé, mais c'est nous qui avons fini... Vous nous avez fait voir que vous étiez forts à la course.

— La dernière fois compte pour du beurre, me répondit-il d'une voix sinistre. On a voulu voir de quoi vous étiez capables... Le prochain coup, on vous fera voir ce qu'on sait faire.

— Nous autres, nous nous défendons. Mais, toi, tu nous détestes et tu ne sais même pas pourquoi !

— Je ne vous déteste pas, grogna-t-il. Je me fous de vous comme d'une crotte sèche.

— Si, si, tu nous détestes, puisque tu veux toujours te battre avec nous.

— Je me bats avec vous parce qu'on n'est pas à la même école.

— Alors, si on te mettait à notre école, tu voudrais te battre avec les autres ?

— Pourquoi pas ? me répondit-il avec un mauvais sourire, une sorte de rictus voluptueux.

— Tu es quand même avec eux.

— Oui... Mais je me fous de tout... Je suis contre les curés, reprit-il à demi-voix en me regardant d'un air complice. Contre tout ! ajouta-t-il en faisant à vide le geste du lanceur de pierres, bras cassé, poignet souple et main renversée. Je pisse sur tout ! reprit-il, et sur toi comme sur les autres !

Il était parti en jetant ces derniers mots, plus dégingandé que jamais, lançant des pierres imaginaires de tous les côtés. Il n'avait pas fait cinquante mètres qu'il se retourna et revint vers moi au pas de course. Je crus qu'il voulait se battre et fermai ma garde.

— Couillon ! me dit-il en s'arrêtant à trois pas de moi. Tu n'y comprends rien... Moi, je voudrais qu'on me paye... Je marcherais pour n'importe qui... J'aime me battre et je veux des sous... Si l'idée te prend, tu n'auras qu'à me le dire.

— Penses-tu ! On n'a pas trois francs pour en faire quatre !

— Vous autres, siffla-t-il en tordant sa bouche, vous êtes des riches... et payés par le gouvernement... et bêtes comme des limaces !

Il fila sans se retourner, en faisant toujours ses simulacres. D'abord ahuri et cloué sur place, je me mis à vociférer :

— On n'est pas des riches ! On n'est payé par personne... Attends un peu que je te retrouve !

Une dizaine de jours après, j'étais allongé sur l'herbe des châtaigniers, avec trois ou quatre camarades. Maubert passa avec quelques-uns des siens, vint vers moi, s'arrêta à deux ou trois pas, attendant sans doute que je saute sur mes jambes.

— Lève-toi, me disait Abric. Il va te tomber dessus.

Je ne bougeais pas, la jambe droite allongée, la gauche pliée sous moi. Maubert s'approcha, m'envoya un coup de pied dans la cheville, comme pour tâter ma résistance. Je glissai mon soulier droit, tendu en crochet, derrière le talon de sa jambe posée au sol et tapai, d'un coup sec, avec mon autre soulier, au-dessus de son genou gauche. C'était un coup que j'avais appris dans le supplément du dictionnaire *Larousse*, à l'article : *Jiu-jitsu. Un adversaire à terre essaie de briser la jambe à l'autre*, disait la légende et la légende ne mentait pas ! Je ne brisai pas la jambe de Maubert, mais je dus lui faire très mal. Il plongea sur le dos, stupéfait d'avoir perdu l'équilibre, tapa de la nuque sur le gazon, et resta comme étourdi quinze à vingt secondes.

— Tu l'as tué ! murmura Abric, épouvanté comme un nègre enduit de farine blanche.

Maubert s'était relevé, boitillant, les yeux pleins d'une peur panique. Il avait peur parce qu'il n'avait pas compris comment je l'avais jeté à terre.

— Tu as des coups ! me dit-il en reculant.

Je m'étais levé et marchais sur lui, les mains ouvertes. Je n'aimais pas attaquer à coups de poing et, bien que léger, préférais le corps-à-corps. Je manquais de puissance mais savais gagner de vitesse mes adversaires et La Sisse lui-même allait bien souvent au sol, sur les deux épaules, quand nous luttions pour nous amuser.

Ce jour-là, je n'eus pas besoin de me battre. Maubert rompit, humble et grommelant, plein de haine et plus venimeux que jamais. J'étais plein de haine aussi, mais avec une sorte de regret. Je n'ose pas dire que j'étais triste. Ce serait éclairer ce que je pensais alors par ce que je pense aujourd'hui. A onze ans, je pouvais haïr avec allégresse... Il me semble pourtant que je n'étais pas à l'aise dans cette haine. Je la portais dans ma chair, comme une écharde de bois, et je m'en sentais blessé.

J'ai déjà dit, dans un autre livre, ce que fut cette haine et ce que fut aussi cette tendresse secrète. J'ai souvent tenté de me rapprocher de Maubert. Les eaux, les bois et les rochers de notre pays furent les complices de ces tentatives. Mais, chaque fois, une nouvelle fureur nous a séparés l'un de l'autre.

Un jour, j'ai surpris mon ennemi dans le gouffre de la rivière où j'avais l'habitude d'aller nager. Maître du jeu, la main armée d'un caillou, je l'avais obligé à rester dans l'eau glacée, grelottant de peur et de froid. Petit à petit, je m'étais laissé attendrir par sa détresse. Sorti du gouffre, il devint pour moi, pendant quelques heures, un camarade de jeu... Ce jour-là, nous avons couru longtemps dans les rochers, bavardant comme des amis, étonnés d'être aussi liés l'un à l'autre... Le retour vers la ville nous sépara de nouveau. Chacun de nous était prisonnier des siens et contraint de haïr l'autre. C'est, du moins, ce que je pensais au moment où j'ai raconté cette histoire. Vingt ans de plus lui ont ajouté son épilogue et l'ont éclairé d'une autre lueur !

Un jour, je raconterai peut-être la fin de Maubert... Mais je veux écrire ce livre sans laisser l'avenir contaminer le présent. Je ne veux retrouver que les souvenirs de mon enfance... Je n'ai, du reste, jamais oublié le soir où Maubert me sauta dessus, dans la rue qui descend au pont du chemin de fer, à côté de la fontaine du Griffe. Il poussait une brouette, avec un de ses amis. C'était déjà la nuit noire et, pourtant, mes deux ennemis me reconnurent, au bruit de mon pas. Je me souviens d'avoir entendu mon nom, prononcé à la mode du pays : « Tschamsoun ! », les deux pieds de la brouette heurtant le sol et, tout de suite, les coups m'aveuglèrent. Griffant, mordant, ruant des pieds et fauchant des bras, j'étais arrivé à battre en retraite. Ces combats singuliers étaient notre pain quotidien. Nous nous rossions, sans nous en garder rancune. Mais je n'ai jamais pardonné à Maubert ce qu'il me fit, devant la porte du cimetière, quelque temps après la mort de ma sœur.

A cette époque-là, grand'mère ou maman me mettaient parfois une gerbe dans les bras, fleurs des champs ou fleurs du jardin, lilas de printemps, hortensias d'été ou chrysanthèmes d'automne.

— Va les porter à Germaine, me disaient-elles.

Je descendais le grand escalier de la maison, en tenant ma gerbe bien à plat. Je me sentais revêtu d'un caractère sacré. J'étais le messager dont nul n'a le droit d'arrêter la marche, le porteur d'offrandes protégé par une mission divine. Je remontais la rue de l'Horloge, soucieux de ne perdre aucun pétale de mes fleurs, et je traversais lentement le champ de foire, en tournant le dos aux sautes de vent.

Un jour, comme j'abordais la pente qui conduit au cimetière, j'aperçus Maubert qui descendait le chemin avec deux ou trois de ses camarades. Il vint droit sur moi qui ne lâchais pas ma gerbe.

— Où vas-tu comme ça ? me demanda-t-il en me soufflant au visage.

— Sur la tombe de ma sœur, lui apporter ce bouquet.

Il riait en me regardant. Je voyais bien qu'il ne voulait pas m'attaquer en traître, mais me contraindre à un sacrilège. Il attendait que je jette mes fleurs par terre.

— Alors ? disait-il en me faisant des grimaces.

Je le regardais sans rien dire, l'âme blanche de peur, les deux mains crispées sur ma gerbe. Au bout d'un moment, il se décida.

— Tant pis, dit-il, puis, avec un ballant de faucheur, il me gifla deux fois, de toutes ses forces, en criant :

— Pan... pan... porte ça à ta grand'mère...

Mes joues me brûlaient. J'avais toujours mes fleurs dans les bras et je m'attendais à de nouveaux coups. Pour rien au monde, je n'aurais voulu me défendre. Ce n'était pas pour obéir au commandement de la joue gauche, mais pour préserver ce bouquet que j'avais promis de poser sur la tombe de ma sœur. Maubert riait. Je le voyais mal à travers les larmes qui roulaient aux bords de mes yeux. Il me paraissait immense. Il cracha entre mes deux jambes, fit un signe à ses amis et s'en alla en courant.

En quelques pas, je fus devant le tombeau de notre famille. J'y posai ma gerbe en sanglotant. Mais on ne pose pas de fleurs sur les tombes comme on peut le faire dans une maison. Je murmurai donc un *Notre Père*, à toute vitesse et pivotai sur moi-même en criant :

— *Amen !*

Ma mission était terminée ! J'en avais fini avec ma gerbe. J'avais fait ce que je devais pour ma petite sœur morte ! Je pouvais penser à venger l'injure que Maubert venait de me faire. Je fonçai vers la ville en broyant mes larmes avec mes dents. La fureur de la justice outragée était en moi... On nous avait déclaré la guerre !

Embuscade à la route neuve

Nous n'allumions pas de feux sur le sommet des montagnes, nous ne battions pas du tambour, nous ne sonnions pas le tocsin, mais il nous suffisait pourtant de quelques minutes pour nous rassembler sur pied de guerre.

Ce jour-là, dévalant la pente des châtaigniers à fond de train, je m'étais précipité d'abord chez Abric :

— Rassemblement... L'autre école nous attaque !

Les yeux hors de la tête, Abric avait filé chez Massip. Pendant ce temps, j'avais couru jusqu'à la maison des Courcier. Charles était allé prévenir La Sisse, James avait foncé chez les Mége. J'étais passé chez Finiels. La Sisse avait rassemblé tous ceux du quartier de l'Elze. Finiels avait battu le rappel dans celui de la mairie. Mége avait rassemblé le quartier des Barris. Pierre Monna était allé battre la générale autour de la Caisse d'Epargne.

— Rendez-vous au pont du chemin de fer, près de nos écoles !

En moins d'une demi-heure, nous étions tous réunis. Monté sur le parapet du pont, j'avais raconté mon histoire. Ce fut mon premier discours... Nous avions affaire à des gens qui ne respectaient même pas les fleurs qu'on allait poser sur les tombes ! C'étaient des hors-la-loi, capables de tout ! Allions-nous supporter leurs agissements sacrilèges ? Sans le savoir, j'avais parlé comme parlent les chefs d'Etat et, comme eux, j'avais proclamé la guerre sainte !

— Ça va, ça va ! me criait La Sisse qui n'aimait pas les discours. On est d'accord ! Maintenant, à la bagarre... On va te trouver Maubert. Ne lui laissons pas le temps de rassembler son école !

Les Courcier furent envoyés en éclaireurs et poussèrent au petit trot jusqu'aux châtaigniers. Ils revinrent à fond de train, au bout de quelques minutes, l'écume aux lèvres, hors de souffle :

— Ils sont là-haut... devant la Caisse d'Epargne.

— Beaucoup ? demanda La Sisse.

— Toute leur école !

— Ils font des tas de cailloux, précisa Charles Courcier. Comme nous, la dernière fois.

— Ils ne savent rien faire sans nous copier ! dit La Sisse avec mépris. Mais ça ne fait rien, si nous allons les chercher, nous ramasserons quelque chose !

— Il faut les faire sortir des châtaigniers.

— C'est facile ! criai-je à La Sisse. Prends avec toi la moitié de ceux qui sont ici. Filez par les Barris et par le chemin des Amoureux. Montez à Goulsou. Allez vous poster à la Route Neuve, sur les grands rochers qui sont au-dessous de la vigne de Monna... Nous autres, nous irons jusqu'aux châtaigniers et nous ferons semblant de ne pas pouvoir tenir le coup, devant eux. Nous filerons sur la Route Neuve. Ils nous suivront. Nous les entraînerons jusque sous les rochers... Ne vous faites pas voir et, quand ils vous auront dépassés, attaquez-les par-derrière... Vous ne risquerez pas de manquer de cailloux !

— Les meilleurs lanceurs avec moi, ordonnait La Sisse. Au pas de course, par paquets de trois ou quatre. Ne vous faites pas remarquer. On s'attendra à Goulsou, juste sous la Route Neuve.

Il était déjà parti, avec les Courcier et ceux du quartier de la gare. Toutes les minutes, deux ou trois garçons partaient sur leurs traces.

— Ça suffit ! dis-je aux vingt derniers. A nous, maintenant ! Nous n'avons qu'à monter aux châtaigniers à notre aise. Il faut que La Sisse ait le temps d'arriver à la Route Neuve et de se cacher dans les rochers.

C'est avec de faux airs de flânerie que nous sommes montés jusqu'aux châtaigniers. Jamais nous n'avions eu l'air aussi paisibles. Mais, en débouchant sur le champ de foire, nous avons aperçu nos ennemis, rassemblés à deux cents mètres de nous, et qui nous regardaient sans bouger, immobiles, silencieux.

— Ils se méfient ! me souffla Massip.

— Regardez, dit Abric. Il y en a deux ou trois qui viennent de partir en courant par la rue qui descend aux Barris...

— Ils veulent voir si personne n'est caché derrière le mur du jardin... Ils se souviennent de l'autre fois.

Nos ennemis étaient toujours immobiles et silencieux. Ils attendaient le retour de leurs éclaireurs.

— Les voilà qui reviennent !

Les enfants de l'autre école avaient l'air d'un essaim d'abeilles. Ils s'étaient groupés autour de Maubert et devaient peser leurs chances.

— En avant ! s'écrièrent-ils tout d'un coup.

Déployés sur une ligne, ils marchaient sur nous, leurs tabliers noirs remplis de cailloux.

— Quand ils seront à portée... deux ou trois pierres, à toute vitesse... Après ça, sur la Route Neuve...

Nos cailloux sifflèrent dans l'air. Nos ennemis s'arrêtèrent pour nous répondre, mais nous avions déjà rompu le combat.

— Moitiés d'hommes... Demi-portions ! hurlaient les enfants de l'autre école.

— Poitrinaires... On vous achètera des jupons !

— A l'école des filles... A la Maternelle !

Nous filions à fond de train sous cette avalanche d'injures. Mais certains de nos ennemis étaient déjà partis sur nos traces. Leur groupe entier se lança derrière nous. Il ne s'agissait pas de nous laisser rattraper. Le grand cyprès qui est au-dessous de la vigne de Monna se dressait déjà devant nous. J'apercevais les rochers où La Sisse avait dû se mettre en embuscade. Ils semblaient déserts.

— Ils ne sont pas encore arrivés ! me cria Massip.

Une brusque terreur me coupa les jambes. Nos ennemis grignotaient notre avance. J'entendais leur galop à cent mètres derrière nous. Nous passâmes en trombe sous les rochers et nos ennemis venaient de les dépasser à leur tour, quand une énorme clameur s'éleva dans la montagne.

— A nous ! hurlaient les combattants de La Sisse, brusquement surgis de leurs cachettes.

Nous fîmes front. Une grêle de pierres se mit à pleuvoir sur nos ennemis, pris entre deux feux, attaqués par-devant et par-derrière. En quelques instants, ils furent en pleine déroute. Certains retournèrent vers Le Vigan, en fonçant à travers le barrage de notre embuscade. La plupart se rejetèrent vers les rochers, comme des rats pris au piège et firent front à leur tour.

Nous hurlions comme des fous et, chargeant d'injures les cailloux que nous lancions, nous crachions dessus comme pour y coller ces injures.

— Crèves-en un... Crèves-en deux...

— Donne la rogne à qui te prendra sur la tête !

— Trouve Maubert et donne-lui le bonjour !

De temps en temps, nous poussions d'énormes huées, des cris sauvages qu'on devait entendre dans tout le quartier de Goulsou. Mais nos ennemis ne manquaient pas de courage. Ils hurlaient aussi et nous rendaient coup pour coup. Leurs cailloux, qu'ils chargeaient aussi d'injures, s'abattaient au milieu de nous comme une grêle d'orage. Mais il leur fallait lutter sur deux fronts et leur position de refuge était dominée par les nôtres.

A plusieurs reprises, au milieu de la bagarre, j'avais aperçu Boisson au milieu de nos ennemis et j'avais fait de mon mieux pour ne pas l'atteindre. Il était avec les siens, et restait pourtant mon ami. Mais les cris que je poussais, les cailloux qui tombaient tout autour de moi, le vacarme et la poussière, me firent perdre la tête et je me mis à tirer dans le tas de nos ennemis, sans plus penser à mon compagnon de jeux.

— Tant pis pour lui ! Il n'avait qu'à rester à sa maison... Et puis, c'est eux qui ont commencé !

— Tant pis pour qui ? me cria Massip.

— Tant pis pour n'importe qui ! répondis-je en lançant une pierre à toute volée, comme ces frondeurs baléares dont me parlait le pasteur Abel, pendant nos leçons du jeudi.

Un ricochet m'avait effleuré le front. Un petit filet de sang coulait le long de mon nez et me remplissait la bouche d'un goût douceâtre. J'essuyai ce sang d'un revers de main, en criant encore plus fort :

— Tant pis pour moi !

Les pierres volaient au-dessus de nous avec des bruits d'ailes. On aurait dit un de ces vols d'étourneaux qui s'abattent sur les labours. J'entendais la voix de La Sisse qui dominait le vacarme :

— Assommez-les ! En avant, les enfants de notre école !

Un second caillou déchira le lobe de mon oreille. La fureur me rendait inconscient. Les cris de mes compagnons résonnaient dans ma bouche ouverte comme des roulements de tambours, et ces cris se mêlaient à ceux de ma propre gorge.

C'est alors qu'au milieu de ce vacarme, dans le tourbillonnement des cailloux et de la poussière, débouchant du chemin creux qui descendait vers le Champ, apparut, les jupes troussées à deux mains, courant presque, une vieille femme agile que je ne reconnus pas tout d'abord.

— Enfants de Dieu ! hurlait-elle. Vous n'avez pas honte ? Allez-vous finir, enfants de Dieu ?

C'était grand'mère !

Les mains aux hanches, les jambes plantées au sol, la tête levée vers nous, elle s'était arrêtée entre les deux camps, juste au-dessous des rochers où s'étaient réfugiés les enfants de l'autre école. Pendant un moment, elle resta immobile sous la grêle de cailloux qui tombait à côté d'elle. J'allais crier pour faire cesser le tir, quand il cessa brusquement. Le vol d'étourneaux sembla s'être abattu au creux des sillons. Alors grand'mère leva les bras vers le ciel et, d'une voix que je ne lui avais jamais entendue :

— Rentrez chez vous ! cria-t-elle à nos ennemis. Rentrez chez vous, petits malheureux ! Avez-vous fini ? hurla-t-elle en se retournant vers le groupe de La Sisse d'où partaient encore quelques pierres. Avez-vous fini ?

Le tir cessa tout à fait. La tête de La Sisse apparut un instant et disparut aussitôt derrière un bloc de rochers.

— Voulez-vous descendre de là-haut ? reprit grand'mère en se retournant vers le groupe de Maubert. Oui, toi, là-bas ! Je connais ta mère et ta grand'mère... et j'ai connu sa mère avant que tu sois au monde... Allez, descends et rentre chez toi... Ce n'est pas à ta maison qu'on t'a dit de venir te battre !

L'un après l'autre, lâchant les cailloux qu'ils tenaient encore dans leurs mains, nos ennemis descendaient de leur citadelle improvisée et, tête basse, jetant des regards méfiants vers le groupe de La Sisse, reprenaient le chemin des Châtaigniers. Ceux qui portaient un béret ou une casquette, les soulevaient en passant devant cette vieille dame qui protégeait leur retraite et les foudroyait du regard.

— Allez, allez ! disait-elle en les poussant par l'épaule, rentrez chez vous... Allez faire vos devoirs... Tiens, je te connais, toi aussi... Tu es le petit du charron. Il sera content, ton père, de te voir dans cet état... et celui-là qui saigne comme on se mouche ! Filez d'ici, petits malheureux !

Quand tous les enfants de l'autre école eurent défilé devant elle, quand Maubert lui-même eut abandonné sa position, grand'mère se tourna vers nous :

— A votre tour, maintenant, fils indignes de vos pères ! Descendez de votre Babel... Passez devant moi, que je vous regarde dans les yeux, l'un après l'autre... et le premier qui bronche, je le gifle !

Je n'avais jamais vu grand'mère dans cet état de fureur. Elle qui restait toujours paisible et s'en remettait à Dieu dans toutes les circonstances, nous avait saisis d'une main de fer. On aurait dit une prophétesse de l'ancien temps, à la fois débile et terrible.

— Vous croyez que c'est ça, la République ? nous criait-elle. Vous croyez que c'est ça, notre religion ? C'est toi, James Courcier ? Regarde-moi bien... C'est bien la peine que ton père soit un des Anciens de notre église... C'est bien la peine qu'il témoigne devant l'Eternel, si son fils se conduit comme un chenapan... Allez chez vous, petits misérables... Rentrez en vous-mêmes, descendance de Caïn !

Comme la cire fond au feu, notre armée s'évanouissait sous les imprécations de grand'mère. Tirant sur leurs tabliers déchirés pendant la bagarre, remontant leurs chaussettes en accordéon, reboutonnant leurs culottes, épongeant leurs blessures avec un mouchoir, les frondeurs de La Sisse et les voltigeurs de mon bataillon passaient devant elle sans rien dire.

— Va demander pardon à ta sainte femme de mère... Oui, oui, c'est bien à toi que je parle... tu le sais bien !

— C'est eux qui ont commencé ! essaya de dire Abric d'une voix entrecoupée par des sanglots.

— File d'abord... Vous n'aviez qu'à ne pas répondre. Si vous tombez dans les pièges du Malin, vous ne valez pas plus cher que ceux qui le servent... Où serait votre mérite, si les autres n'avaient pas tort ? Il ne manquerait plus que ça !

Terrifiés par cette vieille dame qui ne lançait pas de cailloux mais faisait planer sur eux la réprobation divine, tous mes camarades étaient partis, l'un après l'autre... Je restais seul sur notre champ de bataille désert, grelottant de peur, le souffle coupé, tortillant l'ourlet de mon tablier noir dans mes mains tremblantes, n'osant même pas lever les yeux sur grand'mère.

— A ton tour, me dit-elle alors. Arrive ici, et marche devant. Tu es le pire de cette bande... C'est bien la peine qu'on te fasse apprendre le latin ! Si tu n'étais qu'un pauvre imbécile, il te serait beaucoup pardonné ! Mais c'est toi qui mènes les autres ! Malheur à celui par lequel le scandale arrive... Les violents et les colériques n'auront pas le droit de s'asseoir devant Sa Face... Tu reliras ce que nous a dit saint Matthieu, au chapitre quinze, verset dix-neuf.

Ce n'était plus la vieille dame indifférente aux tumultes de la vie, pour laquelle rien n'était rien, sauf Dieu et l'Eternité. Ce n'était plus l'aïeule paisible qui s'occupait à peine de moi et s'en remettait au Tout-Puissant dans les circonstances orageuses. C'était une incarnation de la colère divine.

— Va devant... Chasse les mauvaises pensées de ton cœur !

Comme je commençais à descendre le chemin creux qui conduit au Champ, un enfant se leva soudain dans le chaos de rochers sur lequel s'étaient retranchés les compagnons de Maubert. Dernier combattant resté sur la position abandonnée, il n'avait rien du héros survivant au désastre d'une armée. Reniflant ses larmes, le nez obstrué, il venait vers nous à petits pas, en tenant sa main gauche ouverte au-dessus de sa tête, comme pour se protéger d'une gifle.

C'était Boisson, un Boisson redevenu tout petit enfant, pleurard, éperdu, terrifié. Au lieu de partir avec les siens, il avait dû s'accroupir derrière un pan de rocher, pour pouvoir revenir chez lui sans faire le tour par la ville. Ahuri de le voir s'approcher de moi, je le regardais sans comprendre pourquoi il était sorti de son refuge. Avait-il eu le cœur transpercé par les exhortations de grand'mère ? Voulait-il prendre sa part des reproches qu'elle me faisait ? Voulait-il se repentir à côté de son ami, devenu son ennemi pendant la bataille ?

— Il ne manquait plus que toi ! lui jeta grand'mère en adoucissant un peu sa voix. Allez, allez, marchez tous les deux devant moi et tâchez de filer droit !

En voyant Boisson sangloter, je me mis à pleurer aussi... Le frondeur baléare était redevenu un enfant débile.

C'était un étrange cortège que celui de ces deux garçons en larmes, la main levée pour se protéger de gifles imaginaires, et de cette vieille dame véhémente qui, tous les cinq ou six pas, s'arrêtait un instant pour reprendre son souffle et citer un passage de l'Ecriture. Sa voix nous rattrapait comme une pierre de fronde et nous frappait à la nuque :

— Bénissez ceux qui vous maudissent ! criait-elle, et priez pour ceux qui vous outragent.

Nous sommes des camisards !

En arrivant au Champ, tandis que Boisson rentrait chez lui en courant sans m'avoir dit un seul mot, je me réfugiai dans le magnolia, à cinq ou six mètres de hauteur. De là-haut, j'écoutais grand'mère raconter à Finiels la fin de notre bataille.

— Ils étaient capables de se tuer... des enragés... des possédés du démon !

— C'était plutôt un travail pour moi, grommelait Finiels. Vous auriez bien pu attraper un coup de pierre... Mais je rentre à peine du Vigan et je ne savais pas où ces garnements étaient passés.

— Ils faisaient pourtant le bruit de l'abîme ! répondait grand'mère. On aurait dit un des sept fléaux qui annonceront la fin des temps !

— La ville est sens dessus dessous, à cause de ces vauriens ! enchaînait Finiels. Ils mériteraient qu'on leur tire les oreilles. Ceci dit, ajouta-t-il avec un petit rire complice, ça n'est pas mauvais pour la santé de secouer les puces des autres et de se faire un peu secouer les siennes, de temps en temps... Moi aussi, je me suis rudement battu, quand j'avais leur âge et, de mon temps, les cailloux pesaient plus lourd qu'aujourd'hui... C'est la jeunesse du sang qui veut ça et puis, voyez-vous, madame, dans notre pays, on est tous des camisards.

Des camisards ! Ce mot m'avait frappé comme une pierre. J'en avais presque lâché la branche à laquelle je m'accrochais... Des camisards ! Nous étions des camisards ! Comment n'y avais-je pas pensé ? Qu'aurait pu répondre grand'mère, quand elle était venue au milieu de notre bataille, si je lui avais crié que j'étais un camisard ? Aurait-elle pu menacer un camisard des foudres de Dieu le Père ? Les camisards n'avaient-ils pas été les défenseurs de la foi, les héros de nos montagnes, les fils glorieux des Cévennes ? Je ne savais encore, à vrai dire, que fort peu de choses sur leur histoire, mais j'avais déjà entendu parler de leur légende. C'est elle qu'on célébrait, une fois par an, sous les châtaigniers d'Aumessas, à l'assemblée du désert où j'allais avec grand'mère. Je savais qu'ils avaient lutté, du Bougès au portail d'Anduze, des vallées des Gardons aux gorges du Tarn, pendant des années, contre des dragons et des miquelets qui avaient battu l'Europe entière. C'étaient les enfants de Dieu, les soldats du camp de l'Eternel, les témoins et les confesseurs de la foi, les guerriers et les prophètes de nos montagnes. Ils avaient été les pères de nos grands-pères, et les garçons comme moi étaient les fils de leurs petits-fils.

— On est des camisards ! hurlais-je du haut de mon arbre.

— Veux-tu te taire ? me lança Finiels. De beaux camisards morveux qui se mouchent avec leur chemise.

— En voilà, des idées ! me cria grand'mère. Comme si vous étiez sous la croix ! Comme si vous aviez à souffrir pour sa gloire et pour son service !

— Si fait ! Si fait ! Nous sommes des camisards... et, d'abord, on nous l'a dit, à la dernière assemblée.

Finiels faisait les gros yeux en me menaçant de la main, mais je voyais qu'il n'était pas en colère. Je sentais bien qu'il devait penser qu'on pouvait se battre avec les enfants de l'autre école. Il s'était battu, lui aussi, dans son jeune temps, avant de faire la route, avant de rejoindre les mobiles et de partir pour la guerre de 70. Il devait savoir lancer les cailloux en cassant le bras, en relevant le poignet d'un coup sec. C'était un vrai camisard, comme les frères Courcier, comme Pierre Monna et comme moi-même !

— Nous sommes des camisards ! hurlai-je une fois de plus, du haut de ma branche, en me penchant vers le sol pour me faire mieux entendre.

Il avait suffi d'un mot pour rattacher nos batailles enfantines aux légendes héroïques de nos vallées. En quelques instants, j'avais découvert que j'étais le fils de ces insurgés qui chargeaient leur fusil avec une balle et un grain de blé. Je m'étais aussitôt reconnu dans ces ancêtres, comme un petit Vendéen peut se reconnaître dans les chouans, un Flamand dans les gueux, un Florentin dans les guelfes.

Perdu dans mon arbre, oublieux de Finiels et de grand'mère, je me mis à rêver à ces héros disparus... Il me sembla voir Roland avec sa faux emmanchée à revers, Cavalier avec son chapeau à plumes, Castanet qui portait perruque, Esprit Séguier en costume de cadis... Que savais-je alors sur ces hommes ? Ce que j'avais entendu aux assemblées du désert, des récits qui se composaient comme des images, les strophes isolées d'une grande chanson de geste...

Cela suffisait à me faire voir un vieil homme, maigre comme le grand-père Chamson, marchant entre deux dragons chevauchant des genêts d'Espagne, le sabre à la main. Le vieil homme avait les bras liés par une corde et la corde était attachée à la selle des cavaliers.

— Eh bien, malheureux, comment t'attends-tu d'être traité ? demandait l'un d'eux au captif.

— Comme je t'aurais traité moi-même si je t'avais pris ! répondait cette figure de prophète.

C'était Esprit Séguier conduit au supplice par le capitaine Poul, après le combat de Fontmorte. Je me souvenais aussi de ce qu'il avait dit à ses juges, car c'était de lui qu'on avait parlé à la dernière assemblée d'Aumessas.

— Votre nom ?

— Pierre Séguier.

— Pourquoi vous appelle-t-on Esprit ?

— Parce que l'esprit de Dieu est en moi.

— Votre domicile ?

— Au désert et demain au ciel.

— Demandez pardon au roi.

— Nous n'avons d'autre roi que l'Eternel.

— Repentez-vous de vos crimes.

— Mon âme est un jardin plein d'ombrages et de fontaines...

A ce moment de ma rêverie, il me sembla voir des grands massifs d'hortensias bleus et roses, entourés d'eaux vives, sur lesquels un nuage noir étendait son ombre... Le poing coupé, ruisselant de sang, le prophète de Magestavol allait être brûlé vif et la nuit roulait sur le monde.

Au fond de cette nuit, j'entendais alors un bruit de galop... Un cheval venait de s'abattre au milieu des vignes et des oliviers. Un homme roulait à terre, se relevait, s'adossait au tronc d'un arbre et faisait front à une meute de cavaliers... C'était Roland, abattant à coups de faux la garde d'honneur qui allait l'accompagner chez les morts !

Maintenant, je voyais un homme couché sur la roue, les membres brisés, la bouche saignante, ouverte au ciel, et qui n'arrivait pas à mourir. C'était Castanet, le garde des bois de l'Aigoual, avec sa figure de petit ours, son corps ramassé, ses yeux vifs. Il ressemblait à La Sisse... Avant d'être rompu sur la roue, il avait commandé les enfants de Dieu de nos vallées. Il les avait rassemblés dans ce camp de l'Eternel qui se cachait sous le sommet de l'Aigoual, dans un cirque de rochers où des sources jaillissaient dans les pieds fourchus des hêtres. Il en fondait comme l'aigle, dans la brume et dans la nuée, pour anéantir nos ennemis... Maintenant, dans son agonie, il répondait d'une voix tonnante à ceux qui le pressaient d'abjurer sa foi et lui promettaient de mettre un terme à ses souffrances :

— Eloignez-vous, sauterelles de l'abîme, je veux mourir dans la religion où je suis né !

C'est tout ce que je savais alors sur les camisards. Nos pasteurs aimaient mieux parler de leur supplice que de leurs combats et de leurs victoires. Mais ces martyrs avaient derrière eux toute une épopée. Je n'ignorais pas qu'avant de mourir sur la roue et sur le bûcher ou qu'avant de tomber dans une dernière bataille, ces hommes s'étaient battus, pendant des années, sur toutes les pentes de nos montagnes. C'était assez pour emplir d'orgueil le cœur d'un enfant qui se savait de leur race.

Tandis que je rêvais ainsi, entre terre et ciel, ma mère arriva qui me croyait mort d'après les récits qu'on lui avait faits en chemin. Elle avait appris, en passant de porte en porte, de la rue de l'Horloge à la maison du pasteur, qu'une vingtaine d'enfants étaient revenus chez eux couverts de blessures et que le docteur Olivet courait à travers la ville, trousse d'urgence sous le bras, pour faire des points de suture.

— Où est ce petit ? cria-t-elle du bout de l'allée, en portant la main à son cœur, comme elle le faisait quand elle allait avoir une crise.

— Il est perché comme un coq ! répondit Finiels en pointant un doigt vers ma branche.

Maman respira à pleine poitrine et se laissa tomber sur le banc, à côté du laurier-rose. Elle n'était pas horrifiée, comme grand'mère, en pensant que nous avions offensé le Dieu des Armées, le Père Tout-Puissant qui, seul, peut donner un sens à nos batailles. Elle avait tremblé à l'idée de me retrouver en sang, couvert de blessures et de bosses, mais ne déplorait plus, maintenant, que la grossièreté de mes manières.

— Bon, bon, il n'a rien, disait-elle en me regardant sur mon perchoir. Mais quel charretier ! Si nous ne le remettons pas au lycée, il va devenir une vraie brute... Quel plaisir peux-tu trouver à te battre avec des voyous ?

— On est des camisards ! répondis-je du haut de ma branche, sur le ton dont j'avais répété : « Moteur à vapeur ! » pendant des jours et des jours.

— Je voudrais t'y voir ! me lança grand'mère. Si l'on te cassait les membres, si l'on te faisait périr sur la roue, si l'on t'amenait au bûcher, si l'on t'envoyait aux galères, tu ne serais rien sans Sa Grâce... et comment veux-tu qu'il te soutienne quand vous faites les imbéciles, quand vous vous battez sans raison !

— Bien dit ! grommelait Finiels. J'ai vu ça à Coulmiers !

— Voyons, maman, il n'est pas question que ces enfants soient emmenés au supplice, murmura ma mère qui prenait peur. Personne ne pense à en faire des martyrs... Il leur suffirait d'être des enfants bien élevés !

— Baste ! dit Finiels brusquement, sauf votre respect, les garçons, c'est quand même autre chose que les filles. Ça demande à être passé un peu sur l'enclume... Un coup de caillou de temps en temps, ça n'empêche pas d'être poli... Oui, oui, je ne dis pas, il faut savoir garder la mesure et ils l'avaient peut-être un peu dépassée aujourd'hui... Mais, pour reprendre un jour l'Alsace et la Lorraine, il ne faut pas que ces gamins aient les yeux gelés.

— Il vaudrait mieux qu'ils soient des garçons bien élevés, répondit ma mère.

— Qu'ils observent Sa Loi et ne sortent pas de Sa Grâce ! ajouta grand'mère.

— Mais qu'ils sachent se faire rendre raison, grogna Finiels en levant la tête vers moi.

— Parfaitement ! On est tous des camisards ! lui criai-je.

— Bougre de chat-huant, me lança-t-il, attends un peu que je te descende de ta branche. Je ne suis pas encore assez vieux pour ne plus pouvoir grimper aux arbres... Et, d'abord, tu ne devrais pas contredire les grandes personnes. Elles en savent plus long que toi... Tâche de leur obéir et de tracer droit... et il ajouta, avec un clin d'œil que je fus le seul à voir : Sacré camisard de la pire espèce !

SEPTIÈME PARTIE

L'ÂGE INGRAT

Retour aux belles manières. — Quinze de trois. — On peut se baigner dans la fange. — Les demoiselles des bords du Gardon. — La mort du poète. — Dans la forge du génie. — Le poids des temps heureux. — Il te retrouvera bien un jour... — Les troupes de couverture sont montées aux avant-postes.

Retour aux belles manières

— C'est épouvantable ! disait maman. Je ne le reconnais plus. Il est devenu une vraie petite brute. Il mange comme un berger, coudes sur la table, en faisant des bruits. Il parle patois. Il sait des gros mots. Il est toujours prêt à se battre... Il faut le remettre au lycée.

Trois jours lui suffirent pour faire mon balluchon, prendre mon billet et m'expédier à Alès. Je quittai l'école de tout le monde au beau milieu de l'année, regretté par M. Martin, envié par mes camarades, un œil mouillé, l'autre luisant de bonheur.

Ma mère avait avancé la date de mon départ, sur un coup de tête, mais mon retour au lycée avait été décidé de longue date. Les affaires de mon père s'étaient enfin arrangées. Il avait trouvé un appartement, avenue Carnot, à la sortie de la ville, cinq pièces claires qui regardaient la prairie, par-delà le lit du Gardon, toujours jonché d'immondices. Le proviseur qui n'était déjà plus M. Paul, avait accepté de me faire entrer en cinquième. Tout était donc réglé. Nous allions pouvoir retrouver notre ancienne vie.

Tante Augustine vint me chercher à la gare. En attendant que mes parents se soient installés, je devais habiter chez elle, comme je l'avais fait au moment de mon départ. Je m'y conduisis comme un sauvage habitué à vivre au grand air, sans surveillance et sans règle. Levé à cinq heures du matin, j'allais jouer au dentiste dans le cabinet du cousin, glissant comme un chat dans la maison endormie. Je déclenchais le tour et la fraise, branchais tous les appareils électriques à la fois et faisais sauter les plombs qui se volatilisaient dans des étincelles bleues. Je me recouchais alors, replongeais dans le sommeil et, quand ma tante me réveillait, je l'accueillais avec le regard de l'innocence.

— Tu dors trop ! me disait-elle, pendant que le mécanicien du cousin remplaçait les plombs en inventant des injures.

Au lycée, j'avais retrouvé mes camarades. Ils étaient devenus plus rudes et plus brutaux. Par une singulière illusion qu'éclairaient les souvenirs du Ladies' College, ma mère s'imaginait que je reprendrais auprès d'eux ces belles manières, oubliées avec les garçons de la montagne. J'aurais plutôt risqué de les perdre, si je les avais conservées pendant mon exil. Nous avions tous perdu la fraîcheur et la gentillesse de l'enfance. Il n'était plus question de me faire tondre aux enfants d'Edouard, ni de me chausser de petits vernis, ni de me faire porter le trois-pièces de velours noir, avec le col blanc, cravaté de bleu. Notre idéal était d'endosser le tablier luisant et crasseux, flottant en arrière comme une toge, et la bâche à longue visière cassée. Comme tous les garçons de douze ou treize ans, nous pensions qu'on ne peut devenir un homme qu'en étant grossier et la grossièreté alésienne n'avait rien à envier à la grossièreté du Vigan.

Ahuri par ces changements, ne retrouvant pas dans le latin du lycée celui que j'avais appris à Avèze, je glissai aux dernières places, même en français. M. Chabrol, notre professeur, un homme glacé qui tenait de Louis XIII et du cardinal de Richelieu, n'aimait pas mon style.

— Trop personnel ! Manque de méthode ! me disait-il en me rendant mes copies balafrées de crayon rouge.

La classe entière approuvait, en raclant des pieds, ces verdicts sans indulgence. Tel était le destin de ceux qui abandonnaient le lycée pour aller, un an ou deux, sur les bancs de quelque école primaire. J'enrageais. Je me sentais victime d'une injustice. M. Chabrol ne connaissait pas les vrais poètes. C'est en vain que je lui parlais de Baudelaire. Il me répondait en citant

Boileau. La paix se fit dans mon cœur et je me vengeai de mes échecs en poursuivant des études qui n'étaient pas au programme, en lisant des auteurs que M. Chabrol voulait ignorer.

— Les classiques d'abord ! Tout le reste est perte de temps ! me disait ce maître rigide, en tordant d'une main sa barbiche à la royale comme pour en extraire le suc. Votre esprit léger s'accommodera mal des modernes.

Cette persécution me valut un nouvel ami. Cet ami s'appelait Bouton. Son père, directeur de l'école du Pré-Rasclau, l'avait fait entrer en sixième, après son certificat d'études. Ce Bouton était poète. Depuis quelque temps, j'avais décidé de l'être aussi. A cet âge, on ne peut pas lire des vers sans avoir envie d'en faire. Mon retour au lycée m'avait permis tous les rêves. Rien ne pouvait plus m'empêcher d'être officier de marine ou général de cavalerie. Je pouvais donc aussi devenir poète. C'était également l'espoir de Bouton. Il ne savait pas s'il serait professeur ou fonctionnaire, pour gagner sa vie, mais il savait qu'il ferait des vers. Nous avions déjà commencé d'en faire, mais sans les montrer à personne, car nous n'étions pas sûrs d'avoir déjà du génie.

Trois jours nous avaient suffi pour en venir à ces confidences. Nous étions aussitôt devenus inséparables. Nous nous sentions différents de nos camarades et les méprisions un peu de ne pas partager nos rêves quand le hasard nous fit découvrir que l'un d'eux méritait déjà les lauriers que nous voulions conquérir.

C'était Vidal. Je m'étais d'abord demandé s'il était un parent de l'amie de grand'mère.

— Non... Je descends plutôt de Peire Vidal de Toulouse, le troubadour, m'avait-il répondu quand je lui avais posé cette question.

C'est ainsi que j'avais appris l'existence de ce poète. M. Bigot, habilement questionné, m'avait raconté sa vie. J'avais été ébloui par ce chantre de la Louve qui chantait si bien, même avec sa langue coupée, et j'avais regretté qu'il ne fût pas devenu empereur de Constantinople. Tout était beau, mais tout était obscur dans l'existence de ce troubadour. Je voyais mal, en tout cas, comment mon camarade de classe pouvait être sûr d'être un de ses petits-fils.

Le seul fait certain, c'est que Vidal venait, comme moi, de

l'école de tout le monde. Il vivait avec sa mère, institutrice au bout du faubourg du Soleil, dans une école entourée de grands jardins, sur la route de Saint-Christol. Comme Bouton, il était entré au lycée pendant mon exil viganais. Au début, je n'avais pas eu envie de me rapprocher de lui. Il paraissait plus vieux que la plupart d'entre nous. On aurait dit un élève des grandes classes, égaré pour un jour dans la division des moyens. Il n'avait pas l'air de devoir rester avec nous. Il était grand, sombre de visage, avec des yeux enfoncés qui luisaient un peu comme ceux d'Anna. Ses cheveux noirs étaient plantés sur son front comme des épis de seigle couchés par l'orage. Il avait presque une tête de plus que nous, car Bouton était de ma taille, maigre comme moi, et gringalet avec des allures de sauterelle.

Un jour, en sortant de classe, Vidal descendit avec nous la rue d'Avéjan. Devant la statue de Florian, il nous avoua qu'il était poète et sortit des vers de son cartable. Il nous en fit la lecture sur le parapet qui domine le Gardon. Il avait déjà composé des dizaines de poèmes, des chants épiques, des élégies, des ballades et des sonnets. Il les lisait d'une voix égale, mais le feu de son œil noir semblait devenir plus ardent, comme un grain de charbon sous le soufflet d'une forge.

J'avais mis une main devant mes yeux mais, par mes doigts entrouverts, je fixais Vidal de toutes mes forces et je me disais :

« C'est Victor Hugo à quinze ans ! Il sera plus grand poète que moi ! Tant pis, je serai Vigny ou Lamartine... » et j'avais envie de pleurer de tristesse et de bonheur.

Bouton était aussi ivre d'enthousiasme. Il m'avoua, cependant, des années plus tard, que déjà convaincu d'être moins grand poète que moi, il accepta, ce jour-là, d'avoir seulement la troisième place sur le Parnasse de notre temps ! Telle était notre grandeur d'âme, en ces jours lointains.

A partir de cette heure-là, nous fûmes amis et liés par un secret dont nous ne faisions part à personne. Nous avions fondé notre académie, mais Vidal devint notre maître. C'est lui qui corrigea mes premiers poèmes, avant que j'ose les lire à Bouton, bien avant que je les soumette à M. Bigot qui nous enseignait toujours l'histoire, mais dont l'autorité littéraire était plus grande, à mes yeux, que celle de M. Chabrol.

J'avais déjà rencontré toute une cohorte de poètes, Me Dalbèze, Mme Mathieu-Goirand, M. Bigot, sans compter mon père et ma mère, mais Vidal était, maintenant, pour moi, le plus grand poète d'Alès. C'est avec lui que j'ai repris possession de cette ville, abandonnée dans le désespoir, deux années auparavant. Maintenant, je l'aimais et la trouvais belle, malgré ses mines et ses crassiers, ses hangars aux vitres brisées et ses longues murailles d'usines. Vidal m'entraînait dans les quartiers les plus pauvres, dans les ruelles abandonnées qui sentaient la poussière humide et le bois moisi. Bouton nous suivait, sautillant, toujours en retard. Il se mettait à courir pour se joindre à nous quand il voyait que Vidal allait me confier ses secrets.

— Il faut retrouver la grande voix ! disait celui-ci à ses deux disciples éblouis. La grande voix qui ne fléchit pas pendant douze chants ! La grande voix au grand souffle !

— Comme la voix de Victor Hugo ? demandait Bouton, qui était poète mais précis.

— Bien sûr ! Mais il faut d'abord découvrir les grands sujets de notre époque... Ceux qui mêlent la beauté du monde à la misère des hommes. C'est ce que tous les plus grands ont chanté... Pour cela, il nous faut avoir le courage de plonger dans cette misère... Il vous faudra lire Maurice Magre.

Pour obéir à cette doctrine, nous allions à Rochebelle voir la sortie des mineurs. Nous les regardions passer, noirs comme des diables, les yeux blancs et les lèvres rouges. Quand ils avaient disparu, nous nous égarions dans des impasses sordides où séchaient des linges troués, étendus sur des fils de fer. S'il nous arrivait alors de croiser quelque vieille femme misérable, cassée, tordue, n'y voyant pas à six pas, Vidal se découvrait devant elle et la saluait comme il aurait salué une princesse. La vieille, étonnée, nous suivait de son regard mort. Je ne savais plus où me mettre. J'étais éperdu de honte, mais je ne pouvais m'empêcher d'admirer le geste de Vidal. J'essayais de l'imiter en me demandant si j'étais déjà assez grand poète pour avoir le droit de saluer comme lui tous ces misérables que je n'avais jamais vus. Mais, si je doutais de moi, je ne doutais pas de Vidal.

— Il faut créer une nouvelle poésie ! nous disait-il. C'est difficile... Qui le pourrait mieux que nous ? Nous sommes marqués pour accomplir cette tâche.

— Pourquoi ? demandait Bouton, frémissant d'espoir.

— Pourquoi ? reprenait Vidal. Mais regarde autour de toi...

Tu vois la colline de l'Hermitage et les montagnes qui sont derrière... tu vois aussi les crassiers de Rochebelle et les forges de Tamaris... Nous sommes à la fois devant la beauté de la vieille Grèce et devant la tragédie des temps modernes. Il faut le savoir... et, maintenant, chante qui peut chanter.

Il chantait. Tous les trois ou quatre jours, il nous apportait un nouveau poème : des iambes à la Barbier, des odes à la Hugo, des stances à la Musset. Il nous apparaissait comme un adolescent sublime. Il nous avait désappris la jalousie. Tout était juste, à côté de lui, tout semblait réglé par la décision des dieux. Il avait été envoyé sur terre pour prendre la place de Victor Hugo. J'étais donc marqué pour être à la fois Alfred de Vigny et Lamartine. Quant à Bouton, il pourrait devenir Barbier ou Hégésippe Moreau.

Plus mûr que nous, notre aîné d'un an et demi et, surtout, comblé de dons précoces, Vidal nous entraînait ainsi sur ses pas. Nous imaginions sa carrière avant de penser à la nôtre... Un jour viendrait où il enverrait des vers à une revue. Le lendemain, il serait célèbre. Quand il aurait trente ans, en 1930, la France entière parlerait de lui.

Quinze de trois

Même si l'on est dévoré par la gloire des poètes, on ne peut pas toujours rêver de poésie, quand on a douze ou treize ans. Nous rêvions de bien d'autres choses ! Nos aînés venaient de fonder un club de boxe, le Boxing-Club Alésien et nous étions admis à les regarder s'entraîner, sur le ring en plein air de la prairie, le jeudi et le dimanche matin. Passionnés pour cette nouvelle rhétorique dont les figures s'appelaient des directs, des crochets et des uppercuts, nous fûmes vite très forts sur la théorie et nous brûlions de pouvoir la mettre en pratique.

— On fait une section de juniors de treize à seize ans, nous dirent un jour nos aînés. Il faut préparer les champions d'après-demain.

Je me fis inscrire en trichant un peu sur mon âge et je mis les gants pour mes premières leçons. Mon entraîneur s'appelait Randon, il venait de Dourbies, village perdu derrière les monts du Lingas, bien au-delà du Vigan, avait dix-huit ans et faisait sa philosophie. Il avait l'air d'un berger de la montagne, avec ses cheveux frisés court, comme ceux des pugilistes romains, son nez camus aux larges narines et son poitrail de bélier. Il avait décidé, par amour-propre local, que je serais champion des juniors et faisait de son mieux pour m'y préparer.

— Champion de l'Aigoual, champion des Cévennes ! disait-il en amortissant ses coups pour ne pas trop m'écœurer. Contre du gauche et profite de ton allonge.

J'étais vif, cognais sec, mais encaissais mal, surtout sur le nez et sur la mâchoire. En deux mois, je crus posséder pourtant tous les secrets du noble art et je lançai un défi pour un titre imaginaire que je prétendais détenir à tous les juniors du Boxing-Club... Ce fut Romanet qui le releva.

Ce Romanet était en cinquième, comme moi, mais ne faisait pas de latin. C'était assez pour opposer les scientifiques et les littéraires et faire de notre rencontre une nouvelle querelle des anciens et des modernes. Tout le lycée prit parti. Mon entraîneur régla les conditions du combat avec l'entraîneur de mon adversaire, Capion, un welter qui savait des coups secrets. J'avais exigé que ces conditions soient très dures. C'était aussi le désir de Romanet. Quinze rounds de trois minutes, aux gants de combat de deux onces. Nous fûmes vite d'accord et la rencontre eut lieu, un jeudi, sur le ring de la prairie.

Je devais faire dans les vingt-huit kilos. Romanet dans les trente-deux. Il était mieux charpenté que moi, mais j'avais un peu plus d'allonge et, surtout, j'étais plus rapide. J'avais répété quelques coups qui devaient me faire avoir la victoire, malgré les coups que Capion avait dû apprendre à Romanet.

— Rappelle-toi, me disait Randon, pendant que nous traversions la passerelle qui menait à la prairie, feinte du gauche à la mâchoire... feinte du droit... et tu places ton uppercut en plein creux de son estomac.

Un... deux... Romanet aurait ses deux gants devant son visage... trois... je serais passé sous sa garde et il s'effondrerait pour le compte ! La boxe est une affaire d'intelligence !

J'avais si bien répété ce coup décisif que j'avais failli glisser dans le Gardon, mais Randon m'avait rattrapé par le fond de ma culotte.

— C'est un coup terrible ! m'avait-il dit. L'essentiel est de ne pas perdre son équilibre.

Toute ma classe et toute celle de Romanet s'étaient groupées derrière les cordes. Il faisait beau. La prairie sentait les herbes nouvelles et les excréments desséchés. C'était le parfum d'Alès, un mélange de printemps et d'immondices... Nous nous mîmes en cuissard, torse nu. On nous enfila les gants de combat, des gants plus légers que ceux dont nous avions l'habitude. L'arbitre nous fit un petit discours, les deux mains sur nos épaules, après avoir regardé nos poignets et tâté nos gants. C'était Barral, un vieux de vingt-deux ans qui allait jusqu'aux finales des championnats de la ville.

— Allez-y sans haine et sans crainte, nous dit-il en nous renvoyant dans nos coins.

Je fis des flexions de cuisses, en m'appuyant sur les cordes. Le gong sonna. J'étais au milieu du ring. Romanet aussi.

— Du jeu de jambes ! m'avait murmuré Randon, à la dernière seconde. N'oublie pas. Tu es plus léger... Fais-lui perdre un peu de son souffle.

Je me mis à danser, la garde longue pour me protéger par mon allonge. Romanet me suivait comme un petit taureau, le visage dans ses gants.

— Chiqué ! me crièrent les scientifiques.

Je feintai du gauche et plaçai un direct du droit, un direct amorti que l'on entendit à peine. Romanet secoua la tête en soufflant par les narines, comme le font les champions quand ils accusent les coups. J'esquivai de peu un crochet du gauche et reçus sa droite dans le flanc. Elle me fit mal et je ne jouai pas les champions en soufflant comme une bête marine. Mais j'étais encore intact et pus reprendre du large. Romanet revenait sur moi. Je bloquai deux coups dans mes gants et, sur une feinte rapide, le touchai deux fois à la mâchoire. J'avais frappé dur. Il se rejeta en arrière et rompit maladroitement. Lui non plus ne devait pas avoir l'habitude des gants de deux onces.

Le gong sonna comme nous tournions en nous observant, sans nous rapprocher l'un de l'autre. Mes soigneurs m'inondèrent avec leurs éponges. C'étaient Randon et Bouton, mon second dans les combats comme sur les flancs du Parnasse.

— Mets ton menton dans le creux de ton épaule, me murmurait-il. Il est trop long ! Si jamais il touche la pointe, il te dévisse le crâne.

Bien que paralysé de terreur, il n'avait pas voulu m'abandonner dans cette épreuve, alors que Vidal s'était refusé à venir me voir combattre.

— Pindare a chanté les héros du stade, avait-il dit à Bouton. Mais il ne se mesurait pas avec eux. Je ne veux pas voir un poète jouer au cestiaire.

Je me rinçai la bouche et crachai en tournant la tête. Romanet en faisait autant, dans son coin. Nous avions vraiment l'air de boxeurs professionnels.

— Ça va, me disait Randon. C'était de la jolie boxe. N'oublie pas tes pieds. Ne te laisse pas prendre en clinch. Tu es trop léger pour les corps-à-corps. Profite de ton allonge.

D'entrée de jeu, Romanet me toucha trois fois à la poitrine. Il s'était glissé sous ma garde et cognait comme un bûcheron. Une brusque fureur décupla mes forces. Sans penser à bloquer ses coups, sans chercher à les esquiver, je lui martelai le visage. Il encaissait cette trombe, sans chercher à se protéger, lui non plus.

— Vas-y, Romanet ! hurlaient les scientifiques.

— Démolis-le ! me criaient mes camarades, prêts à se battre avec les supporters de mon adversaire.

Appuyés l'un contre l'autre, front contre front, nous n'arrivions plus à nous séparer. Je cognais. Il cognait. Tous les coups portaient. Le gong seul nous renvoya dans nos coins.

Romanet avait déjà un œil à moitié fermé. J'étais couvert de marbrures rouges. J'avalai mon verre d'eau au lieu de le recracher. Je n'arrivais pas à discipliner mon souffle. Il sautait comme une grenouille affolée.

— Vous avez boxé comme des cochons ! murmurait Randon à mon oreille, en m'éventant avec sa serviette-éponge. Ça devient un jeu de massacre... Sers-toi de tes jambes, bon Dieu !

Au coup de gong, je m'en servis pour bondir sur mon adversaire. Je ne savais plus ce que je faisais. Romanet non plus. Il n'était plus question de directs, de crochets ou d'uppercuts. Nous faisions des moulinets qui portaient au petit-bonheur-la-chance. Par trois fois, nous revînmes en titubant nous asseoir dans notre coin. Par trois fois, nous marchâmes l'un sur l'autre, la garde ouverte, la tête dans les épaules. Nous étions hagards et défigurés. Je saignais du nez et n'entendais plus ce que me disait Randon, entre chaque round, quand je venais m'effondrer sous l'éponge de mes soigneurs.

— Tes jambes, bon Dieu ! N'oublie pas tes jambes !

— Tes jambes ! répétait Bouton, complètement affolé.

Mes jambes étaient de plomb. C'était déjà beau que je puisse tenir sur elles. Il n'était plus question de boxer comme une danseuse, plus question de feinter du gauche et du droit, pour placer un crochet sous la garde de l'adversaire.

Dans son coin, celui-ci n'en menait pas plus large que moi. Son œil gauche était fermé, sa lèvre fendue. Il soufflait comme un taureau devant une étoffe rouge et l'on aurait dit qu'il crachait de la grenadine, quand il se rinçait la bouche.

Déchaînés pendant les six premiers rounds, hurlant, sifflant, battant des mains et poussant des cris de guerre, les spectateurs de notre combat nous regardaient maintenant dans un grand silence. On aurait dit qu'ils se sentaient tous coupables.

— On devrait arrêter ça, avait proposé l'arbitre.

— Alors, le titre est à nous ! avait répondu l'entraîneur de Romanet.

— Je n'ai pas jeté l'éponge ! lui avait crié Randon. Ce n'est pas nous qui avons la gueule en compote !

— Allons-y ! avait dit l'arbitre.

— En avant, l'Aigoual ! m'avait ordonné Randon.

Une fois de plus, nous avions marché l'un vers l'autre, les jambes mal assurées, le regard voilé, hésitants comme des ivrognes et vraiment ivres de coups. Nous n'étions plus protégés que par notre maladresse. Mais nos moulinets atteignaient parfois leur but, sur une mâchoire ou un crâne.

C'est alors qu'au milieu de cette informe bagarre, deux des dirigeants du club arrivèrent à l'improviste. Ils n'avaient pas été avertis de notre combat et venaient s'entraîner un peu, pour se tenir en haleine. L'un d'eux était Mercoiret, champion amateur de la Gardonnenque, un garçon de vingt-trois ans, dont le père était un ami du mien. Il nous regarda pendant un instant, les mains dans ses poches et, se tournant vers l'arbitre :

— Vous jouez à quoi ? demanda-t-il.

— C'est les minots qui se sont lancé un défi.

— Qui c'est, tes minots ? On ne reconnaît même plus leurs figures.

— C'est Romanet et Chamson. Ils allaient bien, tous les deux.

— Ils allaient bien ? Eh bien, ils vont mal, à présent ! Arrête-moi ça tout de suite, ou je te corrige.

— *Break !* dit Barral en nous repoussant dans nos coins.

Mercoiret avait enjambé les cordes, suivi de Chazel qui était arrivé avec lui.

— Tu as bien fait de dire leurs noms, disait Mercoiret à l'arbitre. Sans ça, je ne les aurais pas reconnus... Regarde un peu ce travail ! C'était en combien ?

— En quinze, de trois minutes.

— Tu n'es pas fou ? Tu les prends pour Peter Jackson ? Quinze de trois ? Ils n'ont pas pissé le lait par les narines ? Quinze de trois ! Des minots qui ne tiendraient pas quatre rounds de deux !

— C'est eux qui l'ont demandé, répliqua Randon qui me lavait la figure.

— Et s'ils t'avaient demandé de se battre à la mitrailleuse ? Mais... mais... montre un peu leurs gants... Tu leur as prêté des gants de combat ? Quinze rounds aux gants de combat ! Comme pour les champions du monde ! Vous vous expliquerez devant le comité, tous les trois, les deux soigneurs et l'arbitre... Je m'en vais demander votre suspension et vous faire foutre une amende pour avoir prêté des gants de combat à des minots... Sacré bon Dieu ! Vous vouliez que ces petits se massacrent ?

Il n'y avait plus personne, au-delà des cordes. Tous les spectateurs étaient partis, l'un après l'autre. Bouton lui-même s'était éclipsé. Randon délaçait mes gants. L'entraîneur de Romanet tapotait les cuisses de son poulain.

— Si tu avais vu le premier round ! essaya de dire l'arbitre. Ils ont fait de la jolie boxe.

— C'est le combien que j'ai vu ? lui demanda Mercoiret.

— Ils commençaient le septième.

— Le septième ! Tout ce qu'ils pouvaient faire, c'était trois rounds de deux, avec de gros gants. Ils se seraient peut-être un peu secoués, pendant les deux dernières minutes... Dis donc, tu n'avais pas envie de vomir, à les voir se défigurer comme ça ? Arrive un peu ! cria-t-il à Romanet qui se tenait debout, les bras passés dans les cordes.

La tête jetée en arrière, pour tâcher de voir sous ses paupières tuméfiées, Romanet fit quelques pas en avant.

— C'est du joli ! disait Mercoiret en palpant du bout des

doigts les arcades sourcilières de mon challenger. Tourne un peu la tête à droite... Tourne à gauche, maintenant... Rien de cassé ? Tu n'as pas trop mal ? Habille-toi et va te faire soigner par ta mère... Et toi ? cria-t-il en se retournant vers moi.

J'avais déjà remis ma chemise. Il l'écarta. Ma peau était striée de marbrures. Elle brûlait et je grelottais pourtant, en faisant les castagnettes avec mes mâchoires.

— Tu n'es pas tombé dans l'eau bouillante ? Tu as l'air d'une écrevisse au court-bouillon... Remue les bras... Ne te touche pas le nez. Laisse ce bouchon tranquille ou tu vas pisser comme une fontaine. Vous êtes jolis, tous les deux.

— Ces petits, dit Chazel, ça se démolit comme des poids lourds.

— Venez un peu, grondait Mercoiret en nous attirant l'un vers l'autre.

Il nous tenait par la nuque, visage contre visage.

— Sans rancune ! nous souffla-t-il à l'oreille. Chacun de vous a fait de son mieux. Je vous ai vus au septième round. C'était match nul. Je vous renvoie dos à dos... Mais vous avez eu tort de vous être pris pour des grands. Si on a la guerre, demain, ce n'est pas vous qui irez. Les vrais combats, c'est pour les grandes personnes.

Nous étions au printemps de 1912 ! Nul de nous ne pouvait savoir que, trois ans plus tard, Mercoiret, Chazel, Barral et Randon ne reverraient pas la saison nouvelle.

— Sans rancune ? reprit Mercoiret.

— Sans rancune, grogna Romanet qui me regardait avec fureur, en essayant d'ouvrir un peu plus ses paupières.

— Sans rancune, lui répondis-je, en parlant du nez, à cause du caillot qui bouchait une de mes narines.

— J'aurais tenu encore dix rounds, ajouta mon adversaire.

— Et moi aussi...

— Quand tu voudras.

— Demain, si tu tiens encore debout.

— Les poids moineaux, vous allez nous laisser tranquilles, dit Mercoiret. Sans ça, je vous fais foutre à la porte du club, comme deux malpropres... Allez, filez, ou c'est moi qui mettrai les gants pour vous redresser les côtes !

— Les poids moineaux ? dit Chazel. Ça n'est même pas des

poids moineaux. Ça serait plutôt des poids sauterelles... Mais c'est méchant ! Plus on est léger, plus on est rageur !

On peut se baigner dans la fange

Comme nous le faisions au Vigan, dans les gouffres bleus de l'Arre, nous allions nager dans les gouffres du Gardon d'Alès, trous puants où dormait une eau fangeuse. Aucune eau n'est plus polluée que celle de cette rivière. A cette époque, du moins, le grand égout de la ville s'y précipitait en bouillonnant et la chargeait d'une poudre de charbon et d'un hachis d'immondices. Deux fois par an, les crues de printemps ou les inondations de l'automne déferlaient sur l'immense lit de cailloux roulés et de lagunes sableuses, balayant ces immondices et renouvelant l'eau noire des gouffres que l'été faisait croupir à nouveau. Pour retrouver des eaux claires, il fallait alors aller jusqu'à la rivière d'Anduze, au-dessous des prés de Malivert, à Ribeaute-les-Tavernes. Nous y filions le dimanche et le jeudi mais, en semaine, à cinq heures du soir, en sortant du lycée, il fallait nous contenter d'un de ces gouffres fangeux, juste en aval de la ville, en face de la prairie, et nous étions devenus des tritons de la vase.

Ce gouffre, le plus sale mais le plus rapproché de la ville, était le rendez-vous des élèves du lycée et d'une étrange population venue des faubourgs et de Rochebelle. Ces baigneurs arrivaient en casquette plate et en pantalons à pieds d'éléphant, serrés aux genoux. Ils marchaient en roulant des hanches, un mégot au coin de la bouche, indifférents à ce qui se passait autour d'eux. Ils nous témoignaient un mépris aristocratique et ne cherchaient pas à nous parler.

— Chiqués sans le rond, nous criaient parfois les plus jeunes qui avaient plus d'argent que nous et en tiraient vanité.

— C'est ma place, petit cavé ! nous disaient-ils aussi, pour nous déloger d'un coin de sable où nous nous étions installés.

Nous n'insistions pas, ramassions nos nippes et filions un peu plus loin, sans répondre. Ces grands gaillards de dix-huit à vingt-cinq ans étaient les rois de notre rivière et ne s'embarrassaient pas de morveux de notre sorte.

Certains d'entre nous avaient l'air de savoir ce que faisaient ces seigneurs à l'allure nonchalante qui parlaient une langue étrange dont je ne comprenais pas la moitié des mots.

— C'est des macques ! disaient-ils.

Je ne savais pas non plus ce que cela voulait dire. Mais j'étais pétrifié de respect devant ces aînés indifférents qui devaient avoir autre chose à faire, dans l'existence, que de s'occuper des minots que nous étions.

Leur chef était un nommé Meneu, un grand type maigre de vingt-deux ans qui ressemblait un peu à Maubert, à cause des rides qui lui balafraient le visage. Ce Meneu habitait au-delà du pont, en plein faubourg du Soleil, une rue étroite où mon père m'avait défendu de passer. C'était comme le roi d'une ville interdite qui venait en séjour sur notre Côte d'Azur. Il était, de beaucoup, le plus élégant de sa bande. Ses casquettes à pont, toujours en carreaux de teintes vives, ses chemises de couleurs, ses vestes courtes en rase-pet et ses pantalons espagnols réglaient la mode et faisaient autorité chez ses congénères.

— Oh, Meneu, où tu as trouvé cette chemise ?

— A Nîmes... Elle arrivait de Paris, disait-il en tâtant la soie de cette nouvelle emplette. C'est la grande Berthe qui l'a choisie.

— Chanut ! répondaient les autres en sifflant d'admiration.

Beaucoup d'entre nous auraient voulu être habillés comme lui. J'ai longtemps rêvé, pour ma part, de ses casquettes à pont, sans avoir jamais pu décider ma mère à m'en payer une.

Cet élégant parlait peu, mais ce qu'il disait était sans appel. Il siégeait, comme un roi, sur les berges fangeuses du Gardon et n'avait qu'à claquer des doigts pour faire accourir devant lui tous les porteurs de casquettes et de pantalons évasés.

— C'est un homme ! nous avait expliqué un jour un de ses sujets en veine de confidence. A vingt-deux ans, il a déjà un casier !

Je ne savais pas non plus de quel casier il était question, mais ce casier ne pouvait qu'ajouter à la gloire du personnage. Tout ce qui le concernait me paraissait magnifique.

Un jour, en sortant du bain, je fus appelé par un de ses gardes du corps, un grand ours velu dont les mains ressemblaient à une planche à hacher.

— Oh, minot, viens ici... Meneu te demande.

C'était un ordre. Ruisselant d'eau fangeuse, débouchant mes

oreilles avec mon index, je courus me présenter au seigneur de la rivière.

— C'est toi, le petit qui s'est battu avec Romanet ?

— Oui... c'est moi, répondis-je, inquiet, sans savoir encore si Meneu voulait me féliciter ou s'il avait à me faire des reproches.

— C'est des petits cavés ! dit-il en s'adressant à sa cour, comme si je n'existais pas. C'est des cavés mais, parfois, c'est quand même presque des hommes.

Ebloui par ce chef de bande et radieux d'avoir été appelé par lui, je me demandais tout de même où il voulait en venir.

— Si on t'emmerde, reprit-il en se retournant vers moi, tu diras qu'on est copains... et gare à qui touche les copains de Meneu.

— Merci, monsieur.

— Pas monsieur... C'est Meneu, mon nom.

— Merci, Meneu.

— Ces petits-là, dit-il encore sans plus s'adresser à moi, c'est pas éveillé sur les gonzesses... Sans ça, je lui en filais une, en franchise.

— Ça viendra ! répondit le garde du corps qui était venu me chercher et qui se curait les dents, avec la pointe de son couteau.

— Tu ferais pas ça pour tout le monde ! ajouta un autre ami de Meneu, en me regardant des pieds à la tête, dans mon uniforme de nageur qui se réduisait à un caleçon rayé blanc et bleu.

— J'en ferais autant pour le Romanet... Il paraît qu'ils sont presque allés jusqu'à la limite... Question de poids mise à part, ils te donneraient des leçons.

— C'est pourtant plutôt mal foutu ! reprit l'autre qui continuait à examiner ma nudité grelottante.

— C'est le dedans qu'il faut regarder, c'est le dedans qui fait l'homme... et puis, mal foutu, mal foutu... pas plus que toi, à son âge... Laisse-lui faire ses dents de sagesse ! En tout cas, je l'ai à la bonne, reprit Meneu en me regardant. Tu ne l'as pas vu dans le jus ? Il nage comme un poisson... C'est vrai que c'est gros comme une grive qui n'aurait pas bouffé de genièvre. Mais c'est quand même balest. Ça fera peut-être un homme.

A partir de ce jour-là, je fus un des copains de Meneu. Quand je le rencontrais, sur les bords de la rivière, je lui criais, en faisant un petit signe de la main, juste à hauteur de l'oreille :

— Salut, Meneu !

— Salut, minot ! me répondait-il.

— Salut, minot ! me criaient les copains de mon protecteur.

— Ça va ? me demandait celui-ci, en quittant ses pantalons, liquette au vent, en équilibre sur une de ses jambes poilues, comme un héron. Plie-les ! disait-il d'une autre voix, en lançant ses pantalons tout froissés sur les bras d'un de ses séides.

— D'accord, Meneu.

— Alors, minot, ça va comme on veut ? reprenait mon ami en enfilant ses caleçons avant de quitter sa chemise, car il n'était pas sans pudeur.

Si j'étais prêt le premier, je pouvais courir jusqu'à la rivière, prendre mon élan, piquer une tête et traverser le gouffre sous l'eau.

— Merde ! disait Meneu. Ça nage comme une truite.

Ses compagnons ne se seraient jamais mis à l'eau avant lui. Ils le suivaient, à distance respectueuse, attendaient qu'il ait pris la température du jour, avec ses orteils, qu'il se soit mouillé les épaules, la nuque et les tempes et qu'il se soit jeté dans le gouffre. C'est alors, seulement, qu'ils plongeaient derrière lui.

— Oh, minot, me criait Meneu, en se mouchant dans ses doigts, à ras de l'eau, montre un peu comment tu sais nager, sous la flotte.

Je plongeais dans l'eau fangeuse, les yeux grands ouverts, comme j'avais appris à le faire dans les gouffres du Vigan. Je n'y retrouvais plus cette lueur bleue qui devenait verte, avec la distance. Tout était noir. J'avais l'impression de flotter dans le crépuscule. Une jambe blanche de nageur, un bec de rocher tout molletonné de vase glissaient parfois, à côté de moi, comme des épaves pourrissantes. J'émergeais au bout de dix mètres, en soufflant comme un dauphin.

— Bravo, minot ! me criait encore Meneu.

Notre amitié n'alla jamais au-delà de ces relations du bord de l'eau. Je n'accompagnais jamais mon ami dans ce faubourg du Soleil qui lui servait de royaume. Je n'ai su que beaucoup plus tard quelle était la maison où il habitait. Quand, par hasard, je le rencontrais dans une des rues de la ville, il me disait bonjour de façon discrète, sans attirer l'attention. C'était moi qui le saluais bien fort, par fanfaronnade, heureux d'étaler une relation aussi flatteuse.

Cette vanité mondaine faillit me jouer un mauvais tour. Un soir, en rentrant à la maison, je trouvai mon père et ma mère barricadés de silence. Le dîner du soir fut expédié sans un mot.

— Dis-moi, murmura mon père après avoir sucré son café. Tu connais un certain Meneu ?

— Meneu ? Il nage avec nous dans le grand gouffre.

— Je ne te demande pas si ce Meneu nage. Je veux seulement savoir si tu le connais.

— Meneu ? Tout le monde le connaît.

— Oui, je sais... Il est même très connu par la police... Mais, toi, tu lui as parlé ?

— On se parle, quelquefois.

— Et tu sais ce que fait ce personnage ?

— Il nage avec nous.

— Il nage ! C'est ça ! dit mon père avec une fureur inhabituelle. Et tu ne sais pas ce qu'il fait pour gagner sa vie ?

— C'est un homme, répondis-je en définissant Meneu comme le définissaient ses meilleurs amis.

— Cet enfant est pourri ! dit mon père avec désespoir, en prenant les mains de maman dans les siennes.

— Mais non, répondit ma mère. Il ne comprend pas ce qu'il dit.

— Je t'ai demandé si tu connais le métier que fait cet individu ? répéta mon père, blanc comme un drap de lessive, en martelant chacun de ses mots.

— C'est un macque !

— Tu vois ! murmura mon père, accablé, en se retournant vers ma mère d'un air de reproche, comme si elle avait été responsable de ma turpitude.

— Qu'est-ce que ça veut dire ? demanda-t-elle.

Mon père ne répondit pas. Brusquement, repris par son incompréhensible fureur, il me secoua par les épaules.

— Alors, tu sais ce que c'est qu'un souteneur ?

— Un souteneur ?

— Oui... un souteneur.

— Qui te parle d'un souteneur ? Je ne sais même pas ce que c'est qu'un souteneur.

— Alors pourquoi me dis-tu que ce Meneu est un... oui... enfin... un ce que tu viens de me dire ?

— C'est les autres qui l'ont dit.

— Les autres qui l'ont dit... les autres qui l'ont dit... Alors, tu répètes des mots sans en comprendre le sens ? André, regarde-moi bien dans les yeux ? Regarde-moi... Ce Meneu, tu ne l'as jamais vu qu'à la rivière ? Il ne t'a jamais demandé de l'accompagner chez lui ?

— Non, jamais. Je ne le vois qu'au Gardon.

— Tu mens. Je sais que tu l'as rencontré en ville. On t'a vu lui dire bonjour.

— Je lui dis bonjour quand je le rencontre dans la rue.

— Par hasard ?

— Oui... parfaitement, par hasard.

— Mais tu sais pourtant où il habite ?

— Oui, je le sais. Il habite faubourg du Soleil.

— Faubourg du Soleil ! répéta mon père. Faubourg du Soleil ! Faubourg du Soleil !

Il tapait des mains en renversant la tête en arrière, comme un homme désespéré qui prend le ciel à témoin de son désespoir. Il s'était levé et faisait le tour de notre salle à manger en répétant : « Faubourg du Soleil ! » tandis qu'il continuait à frapper des mains en cadence.

— Tu vois bien que c'était vrai ! finit-il par dire à ma mère. Cet enfant est contaminé jusqu'au fond de l'âme !

Tout d'un coup, suspendant son va-et-vient, il se précipita vers moi, le doigt tendu entre mes deux yeux comme un pistolet.

— Ne mens pas ! cria-t-il. Tu y es allé, dans ce faubourg du Soleil ?

— Non... jamais dans la rue où Meneu habite... Je te le jure... et, d'abord, tu me l'avais défendu.

— Et je te le défends... et je te le redéfends... et je te le défendrai encore... et je te le défendrai toujours ! hurla-t-il en perdant le souffle.

— Jean, dit ma mère, ce petit n'a l'air de rien comprendre à cette histoire. Je n'y comprends rien moi-même... Si ce qu'on t'a dit n'est pas vrai, c'est terrible ! Il vaut mieux que nous lui fassions confiance.

Ecartelé entre cet appel à la clémence et sa fureur, mon père hésitait... Il ne pouvait pas savoir que, dès ce jour-là, j'étais l'obligé de Meneu. Car Meneu m'a rendu un grand service, dont j'ai profité pendant toute mon existence. Cet ami des bords du Gardon m'a délivré de la fascination de la pègre. Il m'a exorcisé de la tentation d'admirer les mauvais garçons, en la prenant, d'un seul coup, tout entière, sur sa tête promise à la guillotine ou aux catastrophes de l'histoire. Grâce à Meneu, j'ai trouvé conventionnels tous les voyous de sa sorte. Ils étaient tous faits sur son modèle, un modèle 1912, un peu lamentable et défraîchi. Ce voyou fut, pour moi, quelque chose de semblable au vaccin de la variole et laissa tout juste une petite trace, sur l'épiderme de ma mémoire.

— Ce Meneu, reprit mon père, c'est un voyou, un voleur et quelque chose de pire... Promets-moi de ne plus jamais lui parler... de ne jamais sortir avec lui... surtout quand tu seras grand... tu m'entends bien, surtout quand tu seras grand.

Je promis, le cœur déchiré, honteux de sacrifier un ami aux caprices de ma famille. Mais je n'eus pas de mal à rester fidèle à ma promesse... Meneu fut tué en 1915.

Les demoiselles des bords du Gardon

Le dimanche et le jeudi, repas froid dans la musette, je partais avec Vidal et Bouton battre la campagne. Nous allions sur les bords du ruisseau d'Arènes, près de Saint-Christol, ou au château de Sauvage, sur les premiers flancs des montagnes qui sont au couchant de la ville.

Dans le vallon du ruisseau d'Arènes, on pourrait se croire en Arcadie. Devant le château de Sauvage, on est en Toscane. Ces lieux sont beaux, retirés, enfouis dans le silence. On n'y rencontre jamais personne. Nous y passions la journée dans la solitude, lisant des vers emportés dans notre musette, entre un saucisson et un fromage de chèvre, faisant des projets, traitant de pair à égal avec le monde.

Vidal nous faisait faux bond, quelquefois, pour aller à Saint-Hilaire, un petit village où il était né, à six kilomètres d'Alès. Ces jours-là, je partais avec Bouton, dans un monde vide, et nous passions notre temps à parler de notre ami, attentifs aux signes du ciel et de la nature qui nous révélaient ce que devait être son avenir et ce que serait le nôtre. C'était notre grand jeu que de tout transformer en présages.

Un jeudi, nous étions partis tous les deux pour notre vallon d'Arcadie. Nous marchions, depuis un moment, dans le chemin creux quand deux silhouettes se découpèrent, en avant de nous, au bout d'une côte qui basculait sur le ciel.

— C'est des filles ! me dit Bouton.

— Des filles ? Elles vont nous embêter. On aurait mieux fait d'aller à Sauvage.

Nous allions d'un meilleur pas que ces promeneuses. En quelques instants, nous fûmes sur leurs talons. Elles s'étaient retournées en nous entendant venir et, sans doute, avaient-elles dit :

— C'est des garçons !

Un merle coupa notre route. Il volait de droite à gauche, comme les oiseaux de bon augure.

— Ce sont les Vachettes ! me glissa Bouton, à l'oreille.

Qui ne connaissait les Vachettes ? C'étaient deux sœurs, jumelles ou non, mais de même taille et de même visage, couturières de leur état, un peu frondeuses, fières de scandaliser la ville pour des riens, deux petits morceaux de femmes de vingt ans qui trottinaient sur de hauts talons, en tailleur pincé à la taille, bibi sur l'oreille.

Nous étions, maintenant, à vingt mètres des Vachettes. Fallait-il rester derrière elles ? Fallait-il les dépasser ? En les dépassant, fallait-il leur dire bonjour ou feindre, au contraire, de ne pas les voir ? Graves problèmes pour des garçons de treize ans ! Mais les Vachettes nous eurent vite tirés de peine.

— Bonjour, messieurs, nous dirent-elles d'une voix modeste, mais avec un sourire engageant.

— Bonjour, mesdames, souffla Bouton d'une voix de diphtérique, en pressant le pas.

— Bonjour, mesdemoiselles, répondis-je en écho, rouge de honte et courant après mon ami.

Les Vachettes riaient. Leur rire nous poursuivit pendant une centaine de mètres, comme le vol d'une abeille. Nous marchions sans dire un mot. Au premier tournant, l'abeille sembla tomber dans un buisson d'aubépine et ce fut brusquement le silence.

— Couillon que je suis ! Je leur ai dit : « mesdames ! » murmura Bouton, effondré.

— Et alors ?

— Alors ? Mais elles ne sont pas mariées ! On ne dit pas mesdames à des jeunes filles. Elles croiront que c'est fait exprès.

— Pourquoi tu aurais fait exprès de les appeler mesdames ?

— Ce ne sont pas de vraies jeunes filles, murmura Bouton. Ma mère le dit tout le temps.

Nous étions arrivés au bord du ruisseau. A cinquante mètres en aval du débouché du chemin, derrière un amoncellement de rochers, s'étendait notre plage favorite, un tapis de sable mordu par l'eau claire, sous une coupole de feuillage.

— Elles ne sauront plus où nous sommes, me dit Bouton.

Nous n'avions pas ouvert nos musettes que, sautant les blocs, les jupes troussées d'une main, les Vachettes arrivèrent.

— C'est gentil ! crièrent-elles d'une seule voix, en se laissant tomber à côté de nous.

— Comme cabinet particulier ! nous dit l'une d'elles.

— Vous connaissez les bons coins, reprit l'autre.

— Vous permettez qu'on s'installe à côté de vous ? ajoutèrent-elles toutes les deux.

Rouges de confusion, paralysés comme devant des princesses, mais furieux d'être dérangés, nous leur faisions place en balbutiant. Elles déballaient déjà leur repas en parlant à perdre haleine.

— Vous avez du saucisson ? On a du pâté... Si vous voulez, on va faire tambouille commune.

— Regarde un peu... Ils ont des tomates. On peut faire une salade.

Elles s'emparaient de nos provisions, pies bavardes et voleuses, et nous tapaient sur les doigts pour nous faire tenir tranquilles.

— Laissez... Laissez. C'est du travail pour les filles. On va vous servir comme des pachas.

— Des pachas... des petits pachas... des petits... tout petits pachas ! reprit l'une en faisant une suite de roulades.

Elles avaient étendu une nappe sur le sable et l'avaient calée avec quatre pierres. Elles y rangeaient notre saucisson, nos tomates et nos sardines à côté de leur fromage et de leur pâté, en faisant toujours des roulades, comme des chanteuses d'opéra.

— Pachas... pachas... petits pachas...

Je n'arrivais pas à les distinguer l'une de l'autre. Il me semblait que c'était toujours la même qui parlait.

— Alors, comme ça, vous venez casser la croûte à la campagne ?

— Ces messieurs ont l'amour de la solitude.

— Entre nous, vous auriez été un peu seuls, si nous n'étions pas arrivées.

— Nous aussi, on avait envie d'être seules...

— Mais on est ravies de vous avoir rencontrés.

Elles avaient retiré la veste de leur tailleur, entrouvert leur chemisette, relevé leurs jupes pour s'asseoir et poussaient vers nous quatre genoux ronds comme des cailloux de rivière.

— On vous a déjà rencontrés en ville. Vous devez aller au lycée ?

— Oui... nous sommes au lycée, arriva à dire Bouton.

— Quelle classe ?

— On prépare le bachot, répondis-je en mentant seulement de quatre années.

Les Vachettes sifflèrent d'admiration. Elles n'avaient pas poussé au-delà du certificat d'études, mais ne méprisaient pas l'instruction, comme elles disaient.

— Eh bien, mes amis ! On est des petits précoces.

— C'est une veine d'être venues ici aujourd'hui. D'habitude, on va sur les bords du Gardon. On est des habituées... C'est quand même une plus grande rivière. On nous emmène souvent à Ribeaute-les-Tavernes. On peut s'y baigner...

— Mignon tout plein ! me dit tout d'un coup ma voisine qui me regardait dans les yeux, depuis un moment.

— Veux-tu bien ! gronda sa sœur. Tu ne vas pas dévorer des tomates vertes ?

— Elles sont mûres, bégaya Bouton en montrant du bout des doigts les rondelles d'écarlate qui nageaient dans l'huile et le vinaigre.

— Futé, avec ça ! répliqua sa plus proche voisine.

— Qu'est-ce qui vous plaît, dans la vie ? murmurait la mienne, en s'étirant sur le sable chaud, la nuque posée dans ses mains ouvertes.

— La poésie ! répondis-je en faisant un spasme de la glotte.

— Ah ! dit-elle en réfléchissant, l'air déçu. Ah ! reprit-elle en s'appuyant sur un coude. Ce n'est peut-être pas bête... La poésie, ça peut se fourrer partout ?

— Partout !

— Même ici ? me demanda-t-elle.

— Ici ? Bien sûr... Quand nous sommes seuls...

— Et avec nous ?

— Avec vous ? Oui, bien sûr... mais avec vous, c'est tout de même autre chose...

— Il vous dit ça, cria-t-elle à sa sœur en faisant claquer ses doigts, en douce et par la bande... C'est plus éveillé que ça n'en a l'air.

— Tu n'es pas folle ? Tâche un peu de te tenir comme il faut.

Le ruisseau d'Arcadie miroitait à l'ombre des feuilles trouées de soleil. Il faisait frais. Le silence arrêtait les mouvements de l'air et le monde semblait immobile.

— Les gens prétendent qu'on se ressemble, nous dirent soudain les Vachettes. A ne pas savoir qui est l'une et qui est l'autre.

— Vous me reconnaissez, tout de même ? me demanda ma voisine.

— Penses-tu ! Il serait le premier à pouvoir le faire... Attention. Regardez... Ma sœur, c'est Léa... Moi, je suis Julie... C'est bien vu ? Fermez les yeux, maintenant. On change de place...

— ... et vous ne savez plus...

— ... qui est Julie...

— ... ni Léa.

Il fallut jouer à ce jeu. Elles changeaient de place ou faisaient semblant, en menant grand bruit. Nous ouvrions les yeux quand elles nous ordonnaient de le faire. Nous disions : « C'est Léa ! » ou bien : « C'est Julie ! » et nous nous trompions. Quand nous tombions juste, c'était par hasard.

— On a toujours l'air d'être là, même quand c'est l'autre, affirmait Julie.

— Une fille, c'est toujours comme une autre fille, me disait Léa que je commençais pourtant à reconnaître.

Comme je restais silencieux, elle reprit, d'un ton agressif :

— C'est votre avis ?

— Pas toujours, répondis-je pour répondre quelque chose.

— C'est gentil, répliqua-t-elle en me souriant.

Nous avions fini de manger. En un tour de main, les deux sœurs eurent fait notre ménage. Elles se mirent alors à fredonner en sourdine et, par d'insensibles passages, à chanter à pleine gorge. Leurs voix étaient pures, un peu maniérées mais, pour moi, bouleversantes. Elles ne savaient que des romances et les répétaient plusieurs fois, pour le plaisir, car chacune écoutait la voix de l'autre comme pour entendre sa propre voix.

— C'est beau ? nous demandaient-elles.

Je n'aimais pas ces romances. Je ne m'étais jamais laissé prendre ni par *La Chanson des blés d'or*, ni par *La Brunette aux yeux doux*, mais je répondais, pourtant, sans avoir besoin de mentir :

— Oui... très beau !

Les deux sœurs chantèrent enfin *L'Etoile d'amour*. Ma mère l'avait chantée bien souvent, sous les fleurs du magnolia, pendant les nuits traversées d'étoiles filantes, quand nous habitions le Champ. Je savais par cœur les paroles de cette rengaine :

Un poète ayant fait un voyage de rêve,
M'a dit qu'il existait, dans un ciel merveilleux...

Il me semblait que j'étais ce poète en voyage dans les étoiles. Je ne savais plus si j'étais encore sur cette terre.

Depuis un moment, Bouton manifestait un malaise que je ne comprenais que trop bien. J'en étais atteint, moi aussi. Mon ami me lançait des coups d'œil désespérés. Il me montrait les rochers derrière lesquels nous pouvions nous mettre à l'abri des regards de nos deux compagnes.

— D'accord ! s'écria Léa, dans un grand éclat de rire. Nous aussi, si vous voulez tout savoir... Ce n'est pas qu'on soit pudiques... On est trop bien faites pour ça... Mais c'est plus correct, tout de même.

Elles filèrent à gauche, derrière les grands rochers, et nous sur la droite, au-delà d'un rideau d'arbustes. Tout fut réglé en quelques instants. Je revins le premier vers la plage de sable et je surpris les Vachettes en train de parler de nous.

— C'est des gosses ! disait Julie.

— Des gosses ! Des gosses ! répondait Léa, c'est plus gentil que des hommes.

Elles avaient découvert une anthologie que j'avais glissée

dans ma musette et voulurent nous faire lire quelques poèmes. Je choisis du Verlaine et du Baudelaire, *Le Sonnet d'automne, La Chevelure*, et *Le Balcon*.

— ... *que les soleils sont beaux dans les chaudes soirées*...

— Oui, c'est beau ! disaient-elles.

— Une vraie Cour d'Amour ! s'écria soudain Bouton dans un élan d'enthousiasme inconsidéré. C'est comme au temps de Clara d'Anduze.

Il nous fallut décrire une Cour d'Amour à nos deux compagnes qui n'avaient jamais entendu parler de Clara d'Anduze et se demandaient si elle était encore vivante.

— Elle est morte ? Tant pis ! Depuis sept cents ans ? Vous avez de la mémoire !

— Qu'est-ce qu'on y faisait, dans vos Cours d'Amour ?

— On y chantait.

— Comme nous... et après ?

— On y disait des poèmes.

— Comme vous... et après ?

— On y mangeait dans de la vaisselle d'or en parlant de poésie et d'aventures.

— C'est tout ?

— On n'y faisait rien de plus ?

— Non... Je ne crois pas, répondit Bouton, le souffle court et la figure embrasée.

— Il y avait pourtant des hommes avec des femmes, dans ces réunions ?

— Oui, répondis-je, des chevaliers et des dames.

— Vos chevaliers, c'étaient des garçons, comme vous... et vos dames, c'étaient des filles, comme nous autres...

— Si vous ne voulez pas tout nous dire, on n'insiste pas.

J'étais devenu écarlate. Je savais sans savoir. Je comprenais sans comprendre. J'étais éperdu et prêt à m'enfuir.

— La Cour d'Amour ? murmura Léa, en se renversant en arrière, j'en reviens... Nous y étions quand vous avez lu vos poésies !

Elle s'étira, mit sa tête dans son coude replié et ferma les yeux. Sa sœur s'allongea auprès d'elle. Il y eut un long moment de silence, d'un silence incertain, d'abord, mais qui se figea tout à coup... Les demoiselles des bords du Gardon s'étaient endormies.

Immobiles, veillant sur leur fragile sommeil, nous les regardions sans rien dire. Elles respiraient de façon paisible mais, par moments, leur souffle semblait se suspendre. Leurs lèvres restaient alors immobiles pendant trois ou quatre secondes puis elles se gonflaient lentement, s'entrouvraient et laissaient passer un soupir en ébauchant un sourire. J'attendais qu'un nouveau soupir vienne les gonfler encore. Je ne reconnaissais plus Léa de Julie. Le sommeil accusait leur ressemblance et l'on aurait dit que c'était la même jeune femme qui dormait, à côté de sa propre image.

Le temps passait. Les deux sœurs continuaient à dormir. Nous avions promis à nos parents d'être de retour de bonne heure. Le soleil descendait déjà, derrière les arbres, mais nous ne songions pas à bouger. Nous étions retenus pas nos deux belles dormeuses comme dans un cercle enchanté.

Ce fut Bouton qui rompit le charme. Il se mit tout à coup à regarder le ciel, en faisant des grimaces de désespoir. Son visage mobile exprimait une peur panique et je comprenais parfaitement les raisons de son désarroi... Encore un moment et nous ne serions chez nous qu'à la nuit. Si jamais nos parents apprenaient la raison de notre retard, nous risquions de rester longtemps sans pouvoir revenir passer la journée sur les bords du ruisseau d'Arènes.

Bouton avait rassemblé nos affaires. Il se leva, sans faire de bruit. Je le suivis, silencieux comme une couleuvre. Les deux sœurs étaient toujours endormies.

Avant de glisser de l'autre côté des rochers, je lançai un dernier regard vers elles. Je reconnus Léa qui souriait en dormant. Mais Bouton m'avait attrapé par la manche et m'entraînait sur ses pas. Quand nous fûmes dans le chemin, nous nous mîmes à courir. Nous avons couru jusqu'à l'entrée de la ville.

— On a eu l'air bête ! me soufflait Bouton, haletant. Je crois qu'il aurait fallu leur dire autre chose.

— Qu'est-ce qu'on aurait pu leur dire ?

— Ce qu'on dit aux filles... me cria-t-il. On demandera à Vidal.

Un corbeau croisa notre route, en volant de gauche à droite, comme les oiseaux de mauvais augure.

La mort du poète

Le lendemain, Vidal ne vint pas au lycée. On me dit qu'il était malade et mes parents m'empêchèrent d'aller chez lui, comme je l'avais déjà fait plusieurs fois, en pareille circonstance. Ils semblaient frappés de terreur, parlaient entre eux à voix basse et m'obligeaient à me gargariser, toutes les deux heures.

— Mais je n'ai pas mal à la gorge !

— Heureusement ! me disait mon père, l'air sinistre. Il ne manquerait plus que ça !

Deux jours après, la place de Vidal était toujours vide, au cinquième rang de la classe, à côté de la fenêtre.

— Votre camarade est bien mal, nous avait annoncé M. Chabrol, plus ému que le cardinal de Richelieu ne l'avait jamais été, au cours de son existence.

Chaque matin, chaque soir, nous allions prendre des nouvelles de notre ami chez une de ses cousines que Bouton connaissait un peu. C'était une vieille dame habillée comme grand'mère, aux chevilles gonflées sous la lourde jupe à grands plis. Elle nous recevait sur le pas de sa porte, ne nous faisait pas entrer chez elle et nous regardait partir en pleurant.

— C'est toujours pareil ! nous disait-elle. Il souffre beaucoup, ajoutait-elle, en poussant elle-même un gémissement de douleur.

Le cinquième jour, Vidal était mort. C'était le mardi. Le jeudi nous avons suivi son cercueil que l'on emportait au petit village de Saint-Hilaire où il était né. Huit jours avant, nous avions passé la journée avec les Vachettes, dans le vallon d'Arcadie !

Alignés sur deux rangs, devant la maison mortuaire, gantés de noir, en grande tenue du dimanche, reniflant et glacés, nous pensions à la mort, sans pouvoir penser à Vidal. Troupe blême et terrifiée, nous savions maintenant que sa maladie se donnait comme la peste. Cette épidémie avait commencé dans les écoles primaires. D'autres garçons en étaient frappés. Deux petites filles venaient d'en mourir. Nos parents nous avaient bourré les narines de vaseline goménolée, pour nous préserver de la contagion. Mes vieilles terreurs m'avaient repris. J'avais la nuque raide et les mâchoires serrées, signes certains de la méningite cérébro-spinale ! Je me sentais entraîné par Vidal vers le sordide quartier de la mort, comme j'avais été bien souvent entraîné par lui vers les quartiers misérables de notre ville, du côté de Rochebelle et du Pré-Rasclau.

Quand le cercueil fut parti, pour sa longue route solitaire, dans un corbillard aux garnitures blanches que traînait un vieux cheval noir, il me sembla pourtant que je n'avais pas assisté aux funérailles de mon ami. Pas un seul instant, je n'avais vraiment pensé à ce compagnon qui nous quittait pour toujours. La terreur de la maladie m'avait empêché de le faire. Je n'avais été traversé que par deux ou trois idées absurdes, dont je n'avais pas pu me défendre, tout en les sentant sacrilèges... Si Vidal avait été avec nous, le jour où nous avions rencontré les Vachettes, il ne serait peut-être pas mort... Il ne serait peut-être pas mort non plus si nous n'avions pas rencontré un corbeau qui volait de droite à gauche... Il aurait suffi, pour cela, que nous restions moins longtemps avec ces deux filles... Nous avions été protégés par elles et, sans doute aussi, par le merle qui s'était levé devant nous au moment où nous les avions croisées...

Ce ne fut que le soir, en me retrouvant dans mon lit, sous un édredon de ténèbres, que je pris vraiment congé de Vidal. Je me mis à lui parler, à travers mes larmes, en mordant mes draps :

— Quand je serai grand, je dirai que tu avais du génie... D'autres poètes auront pris ta place. Il faudra qu'ils sachent qu'ils auraient été derrière toi, si tu étais devenu un homme... Ce sera peut-être moi qui hériterai de ta gloire... Je dirai que je la partage avec toi !

Je n'avais plus peur de la mort. Je sentais qu'il me restait trop de choses à apprendre et trop de choses à dire pour mourir comme Vidal était mort. Quand on était poète, on ne pouvait mourir à treize ou quatorze ans que si l'on avait déjà tout dit. Il ne fallait pas être capable de tout exprimer avant d'être un homme. La mort était la rançon du génie. J'en aurais sans doute plus tard, mais, pour le moment, je pouvais être tranquille. J'avais encore trop à apprendre pour mourir si jeune.

— Adieu, Vidal ! Je me souviendrai de toi quand je serai vieux, quand j'aurai trente ans ou même quarante, si je peux arriver à cet âge ! Je me souviendrai de ce grand poème en douze chants que tu nous avais juré d'écrire, cette Iliade et cette Odyssée, cette *Légende des siècles* que tu devais pousser jusqu'au cœur de notre époque. Si la mort a pu te prendre, c'est que tu savais déjà tout ce qu'on peut découvrir au cours d'une longue vie.

Quelques jours après, j'allai faire une visite à la mère de mon ami. Ce n'était pas une femme comme ma mère. Elle était grande, un peu masculine et toute simple dans sa robe noire. Elle me parla de son fils sans se laisser gagner par son désespoir. Son visage était sans larmes, avec quelque chose de rigide. Elle me demanda de ne jamais oublier mon ami. On aurait dit qu'elle connaissait mes promesses et qu'elle me priait seulement de ne pas leur être infidèle.

— Il aurait peut-être été quelque chose, un écrivain, un poète... un grand poète, sans doute. Il nous aurait sûrement fait honneur. Il est parti... Vous restez... C'est peut-être vous qui direz ce qu'il voulait dire. Pensez à lui quelquefois, pendant votre vie... Un ami mort peut devenir un soutien. Il sera le vôtre. Il vous aimait beaucoup... Si vous voulez, vous serez un peu mon petit garçon, maintenant.

Elle avait toujours le même visage tendu, les mêmes yeux secs. Mais sa bouche était douloureuse et ses lèvres blanches tremblaient quand elle s'arrêtait de parler. Je la quittai, après avoir renouvelé mes promesses, en balbutiant des phrases sans suite.

J'étais honteux de ne pas avoir su lui dire ce que j'aurais voulu qu'elle sache. Elle le savait, sans doute, mais pourquoi ne pas l'avoir dit ? Je redescendis la route qui traverse le faubourg. J'entrevis la rue interdite où Meneu avait sa tanière. Je retrouvai le souvenir des Vachettes, devant le petit chemin qui conduisait à Arènes. Toutes ces aventures me paraissaient dérisoires... Le monde était vide, depuis la mort de Vidal.

Il me restait pourtant mon ami Bouton, l'amour des poètes et, plus que Bouton et que la poésie, l'allégresse d'être vivant qui, jamais, ne m'a fait défaut.

Dans la forge du génie

Quand on a la vie devant soi, chaque malheur porte pierre. La perte de notre Watteau m'avait fait connaître Marseille. La mort de Vidal me fit découvrir Paris. Mes parents ne trouvèrent rien de mieux, pour me changer les idées. Ils avaient attendu des mois, en pensant que je surmonterais ma tristesse. Mais je soignais ma mélancolie comme une fleur vénéneuse. Ils prirent donc leur décision en une soirée, après avoir fait leurs comptes et trouvé ce que ma mère appelait un « reliquat ». C'était une semaine avant le 14 juillet de l'année 1913. Les classes étaient finies. Rien ne s'opposait à ce voyage.

Je partis donc, comme un somnambule, ahuri, absent de moi-même, et je ne me retrouvai qu'à Laroche, dans l'aube grise du septentrion, en buvant un café au lait où craquaient des escarbilles. Pendant toute la nuit, mon père avait expliqué à nos compagnons de voyage qu'il me conduisait à Paris pour me faire voir le Louvre.

— Ah ! le Louvre ! répondaient-ils.

Aucun d'eux n'avait visité le musée. On a tant de choses à voir, dans la capitale ! Mais ils approuvaient mon père et couvraient d'éloges son projet.

— C'est très bien pour les enfants de cet âge... Après, on n'a plus de temps à perdre ! répétait un gros monsieur qui suait froid et regardait l'heure à sa montre, à chaque minute, pour nous dire où nous étions, d'un air de triomphe, comme s'il avait été la locomotive.

— Dans vingt kilomètres, Montélimar... Je connais la voie !

Les grandes choses ne laissent, parfois, que de petits souvenirs et, de ce premier voyage à Paris, je ne me souviens vraiment que d'une concierge, d'un défilé de soldats et d'une visite à Me Dalbèze.

La concierge était celle de l'oncle Paul chez qui nous étions descendus. Elle avait le cheveu rare, le teint renfermé et le nez pointu sous des lunettes de fer. En la revoyant ainsi, c'est peut-être une autre cerbère que j'évoque. On connaît tant de concierges, au cours de la vie ! Dès le premier jour, celle de mon oncle avait dû prendre en horreur mes brodequins cévenols qui salissaient ses moquettes. Elle me courait après, pendant deux ou trois étages, pour me faire essuyer les pieds sur les paillassons des locataires. Si je rentrais seul, elle me faisait passer par l'escalier de service et je devins fou de rage quand on m'eut dit que c'était me traiter comme un mitron. Fallait-il lui dire que j'écrivais des poèmes ? Ne me respecterait-elle pas un peu plus quand elle saurait qui j'étais ? J'eus vite fait de voir que ce serait inutile... Ces gens de Paris persécutaient les poètes !

Je vis le Louvre, le Luxembourg, la tour Eiffel et la Grande Roue. Je dus voir aussi Notre-Dame et les Invalides, le Panthéon et le palais du Trocadéro, mais j'oubliai tous ces monuments, le 14 juillet au matin, en regardant la revue.

C'était à Longchamp que les troupes défilaient devant le président de la République. Mon père avait eu des places pour la tribune. Il reconnaissait tous les gens qui venaient s'asseoir, à cinquante mètres de nous, aux places d'honneur, mais quand il m'eut dit, en me montrant un petit monsieur à barbiche en pointe : « Le Président Poincaré ! » je me mis à douter de la réalité du spectacle qui se déroulait sous mes yeux.

Tous ces messieurs ne devaient pas être vrais ! Ce n'étaient que des figurants, comme le Cromwell du tableau de Paul Delaroche. Ils composaient un tableau d'histoire, mais ce n'était pas là que l'histoire se passait.

— C'est lui pour de vrai ? demandai-je à mon père, en n'écoutant même pas sa réponse.

J'étais trop sûr que ces gens n'étaient pas les hommes célèbres dont on nous parlait sans cesse, dans les journaux. C'étaient de gros scarabées, aux ventres noirs, d'énormes insectes à barbe, des semble-ministres, des fantômes d'hommes illustres.

— Je crois qu'Edmond Rostand est tout près de nous ! m'avait murmuré mon père sans arriver à me faire tourner la tête, tant j'étais assuré qu'à ce moment-là Edmond Rostand était en train de composer un poème dans sa villa de Cambo !

Un général était venu au galop faire un grand salut, face à la tribune. L'éclair de son sabre avait fait éclater des tumultes de fanfares. Le défilé commença... Cette fois, c'était vraiment des hommes vivants, de véritables soldats en pantalons rouges, en capotes bleues qui se succédaient, en masses profondes, alignés comme des épis avant la moisson.

— Front de compagnie ! me disait mon père, en se découvrant devant les drapeaux. Si j'étais là, je serais en serre-file, à la gauche du dernier rang de la quatrième compagnie.

Mon père aurait pu défiler avec ces soldats ! Fantassins, cavaliers, artilleurs, je les connaissais tous ou j'aurais pu les connaître. Les fils de Mme Vidal, l'amie de grand'mère, auraient pu défiler avec les canons de soixante-quinze. Ils étaient brigadiers d'artillerie. Chazel avait été dans les zouaves. Mercoiret, le champion des poids moyens de la Gardonnenque, était sergent de chasseurs. Redon faisait aussi son service dans les Alpins, et mon père lui-même, ancien caporal du 40e de ligne, avait eu le droit de porter le cor de chasse d'or des tireurs d'élite.

Quand les derniers canons furent passés, dans des tourbillons de poussière, sous une tempête d'acclamations, l'hippodrome resta vide. Aux limites de l'horizon, devant la lisière des arbres, les troupes se massaient, face à la tribune, comme sur un champ de bataille. Dix musiques battaient la charge. Déployés sur une ligne, les fantassins s'ébranlèrent, baïonnettes croisées, derrière leurs officiers qui poussaient des clameurs sauvages. Après la charge des fantassins, les cavaliers arrivèrent au galop, sabre au clair, crinières au vent, comme le grand-père à Reichshoffen.

Je mâchais mon souffle à grands coups de dents, haletant, suffoqué d'orgueil et de bonheur. J'étais français, et, ce que je voyais, c'était l'armée de la France, l'armée du premier pays du monde, une armée que personne ne pouvait battre ! Les Allemands n'avaient qu'à nous attaquer. Tant pis pour eux ! Nous en aurions fini avec eux en une semaine, quinze jours au plus, comme nous le répétait M. Bigot, pendant les classes d'histoire. Nous avions toujours été vainqueurs, sauf pendant l'année terrible et le soir de la bataille de Waterloo, et nous le serions encore. Qui pouvait résister à cette infanterie à la baïonnette triangulaire, à ces cavaliers qui faisaient tournoyer leur lance ou leur sabre, à ces artilleurs qui traînaient derrière eux les canons de soixante-quinze dont personne ne connaissait le secret ? Un dirigeable jaune était passé devant les tribunes, au moment de la charge des cavaliers, en traînant derrière lui, dans les déchirures des nuages, une longue flamme tricolore. Nous étions les maîtres du ciel et les maîtres de la terre.

J'étais ivre de puissance et de gloire... J'avais treize ans, le siècle aussi, et les vieux messieurs qui m'entouraient, en battant des mains, en poussant des cris, devaient avoir le même âge, par ce beau matin de juillet fleuri d'étendards et de drapeaux.

Je revins de la revue, à califourchon sur la nuque de mon père. Plus rien ne m'intéressait. Je n'avais plus de place dans ma mémoire. J'en avais assez de Paris.

Le lendemain, nous devions aller faire notre visite d'adieu à Me Dalbèze. Sur les deux millions d'habitants qui grouillaient dans la capitale, c'était le seul être humain que j'avais envie de voir.

Il habitait toujours rue de Médicis, devant le jardin du Luxembourg. Je n'avais pas oublié le tableau qu'il avait brossé de sa maison à mes parents éblouis, lors de son premier voyage à Paris, et je m'attendais à visiter un palais.

Il me fallut monter cinq étages par un escalier en colimaçon que couvrait un tapis balayé jusqu'à la trame et pourtant gorgé de poussière. Me Dalbèze ouvrit sa porte lui-même, embrassa mon père et me donna l'accolade, comme pour me sacrer chevalier. Son antichambre était minuscule et sentait le chou brûlé. Veuf depuis des années, notre ami vivait en garçon, toujours dans ses rêves et peu soucieux de son ménage.

— La ville est à vos pieds ! nous dit-il en nous conduisant vers la fenêtre qu'il ouvrit avec des gestes de chambellan.

Un petit balcon à grille de fer dominait les arbres du Luxembourg. Une houle de feuillages roulait jusqu'à l'horizon, devant la façade du palais, vers des rangées de maisons aux mille fenêtres.

— C'est merveilleux ! dit mon père, en me retenant convulsivement par le bras, car il avait une horreur sacrée du vide et me voyait toujours en train de tomber dans un trou.

— Merveilleux ! répondit Me Dalbèze d'une voix creuse comme un sépulcre. Merveilleux !... et pourtant... reprit-il après un petit silence, sans aller au bout de sa phrase.

Cette voix funéraire était pleine d'amertume. Brusquement étonné, je levai les yeux vers notre hôte et je m'aperçus qu'il avait vieilli. Ce n'était pas encore un vieillard, mais un homme fatigué dont la barbe blonde était semée de fils blancs et dont les yeux bleus avaient perdu tout éclat. Il avait l'air de quelqu'un qui portait le deuil, sans être habillé de noir... Un mouvement de tendresse inonda mon cœur, occupé pourtant de trop de choses, comme tous les cœurs d'enfants.

— Cette ville est atroce ! reprit notre poète en repoussant la fenêtre, dont il fit retomber les doubles rideaux.

Le grand paysage de verdure avait disparu. Nous étions prisonniers dans une petite pièce, basse de plafond, aux murs encombrés de photographies, aux meubles couverts de filet brodé où croulaient des feuilles de vigne et des grappes de raisins, moitié bureau, moitié salon, et suintante de tristesse.

— Atroce ! reprit le poète en s'effondrant sur un canapé, les bras ouverts et les jambes allongées. C'est la forge du génie, mais on y martèle les âmes... et malheur à celui dont l'âme n'est pas d'acier !

Mon père s'était installé à côté de son ami. Je m'étais juché sur une chaise, au coin d'une table où s'amoncelaient des manuscrits.

— Tu travailles toujours ? demanda mon père.

— Toujours ! Je fais mes cinquante vers quotidiens. C'est la discipline de Hugo... J'ai fini deux pièces de théâtre... J'ai même commencé un roman... Tous les espoirs me sont encore permis. Un jour viendra où je franchirai le barrage... pour le moment, c'est encore la bataille.

En disant ces derniers mots, Me Dalbèze avait pris son air héroïque. On aurait dit qu'il menait la charge des cuirassiers, sabre au clair et crinière au vent.

— Cette ville est jonchée de morts ! murmura-t-il en passant sa main devant ses yeux comme pour en chasser une vision d'épouvante. Il faut y vivre pour savoir jusqu'où peut aller sa férocité.

Une charge de cuirassiers tourbillonnait devant moi, pourchassée par une vieille femme acariâtre, au nez pointu sous des besicles de fer. C'était la concierge de mon oncle, la persécutrice et le porte-malheur des poètes.

Cette absurde vision m'avait fait perdre le fil de ce que racontait Marius Dalbèze à mon père. Ce n'étaient que conjurations et intrigues, mauvaise foi et déloyauté.

— Alors, j'ai repris mon manuscrit... Qu'aurais-tu fait à ma place ? Ensevelissez-moi dans le silence, messieurs, ce sera, du moins, le silence de la dignité !

Mon père approuvait, l'air funèbre et gêné.

— Si j'écrivais ce qui s'est passé pour *Son fils*, personne ne voudrait me croire... Accepté... en suspens... accepté encore avec enthousiasme... mis en sommeil par une cabale que conduisait le doyen... tu m'entends ? Le doyen, le doyen lui-même ! Cette pièce a connu toutes les vicissitudes ! Il s'en est fallu d'un doigt que je fasse sauter le Français.

Mon père continuait à branler du chef, avec un sourire entendu, comme si toutes ces choses lui avaient été familières, comme s'il avait connu le doyen de la Comédie-Française, comme si toutes les intrigues de cette maison n'avaient pas eu le moindre secret pour lui.

— Tu te souviens de ce que je disais au sujet d'Edmond Rostand ? reprenait l'ancien notaire. J'avais raison, j'avais mille fois raison... Edmond Rostand en Alès, eût-il écrit dix *Aiglon* et vingt *Cyrano*, serait encore inconnu.

— Oui, je me souviens, murmura mon père.

— C'est entendu mais, à présent, je sais aussi autre chose... Ecoute bien ! Il y a dix Edmond Rostand, dans cette ville, qui ne connaîtront jamais la gloire... Maintenant, tire l'échelle et fais ta prière aux dieux !

La nuit tombait. Les ombres du crépuscule entraient dans la pièce comme un impalpable brouillard et changeaient le son de nos voix.

— Et notre vieille ville ? demanda brusquement Me Dalbèze en se rapprochant de mon père.

— Notre vieille ville ?

— Alès ! précisa notre poète d'une voix que la honte et que la tendresse semblaient alourdir.

— Alès ? répondit papa, sans chercher à cacher son étonnement. Alès ? Tu sais... c'est toujours la même chose. Comment les gens auraient-ils changé ? C'est toujours le même train-train.

— Oui, oui... le triomphe des peigne-culs et des revendeurs d'oranges n'est pas encore près de finir... Ça ne fait rien. C'est quand même une belle ville où les gens de premier ordre ne manquent pas... Comment va Saix ? C'est une âme magnifique. Pas un seul docteur de Paris, même pas les grands professeurs, n'est digne de porter sa trousse... Et Bigot ? Quel poète délicat ! Il devrait envoyer des vers au *Mercure*. Dis-le-lui de ma part. Qu'il me prévienne et je tâcherai d'attirer l'attention sur lui... On peut toujours plus pour un ami que pour soi-même ! Que fait Armand ? Je pense souvent à lui. C'était le Pylade de ma jeunesse, un charmant compagnon qui savait donner du charme à la vie... Et Mme Mathieu-Goirand ? On fait bien du bruit pour des poétesses qui n'ont pas le quart de son talent !

Tout en évoquant ses souvenirs, le poète avait allumé la lampe. Je vis alors, sur le mur, en face de son bureau, une grande photographie d'Alès, dans un cadre rehaussé d'or.

Il me sembla, tout d'un coup, que cette reproduction devenait un vrai paysage. Paris avait disparu. Le cadre d'or avait l'air d'une grande baie vitrée. Elle s'ouvrait sur le lit désert du Gardon. Le faubourg du Soleil se tassait au pied des montagnes et des toits de tuiles romaines s'étageaient, sous le fort Saint-Jean, devant les jardins de la Maréchale... Alès était devant nous !

Je me retournai vers Me Dalbèze pour voir si c'était bien lui que je retrouvais devant ce décor sur lequel il avait lancé ses malédictions et ses anathèmes.

— J'ai secoué la poussière de mes sandales, me dit-il en surprenant mon coup d'œil. J'ai tenté la grande aventure, mais je ne suis pas infidèle... Je n'ai pas oublié la ville de mon enfance. Chaque printemps refleurit pour moi dans l'étroite vallée de Saint-Jean-du-Pin et sur la colline de l'Hermitage. Les souvenirs du passé ont autant de force que l'espérance... Tu verras ça, si tu viens vivre un jour à Paris.

Le poids des temps heureux

Ce voyage de huit jours m'avait donné le goût de la liberté. Le sort de Me Dalbèze ne m'effrayait pas. Je rêvais de suivre ses traces et de tenter, à mon tour, la conquête de Paris. J'avais fait profiter Bouton de cette nouvelle expérience et nous cherchions tous les deux comment nous pouvions nous préparer à cette conquête.

— Mon père, me disait Bouton dans le chemin creux d'Arènes ou sur le sentier qui nous menait à Sauvage, il est comme toutes les grandes personnes. Il sait tout ! Il t'explique toujours ce que tu dois faire... Avec lui, tu n'as pas besoin d'exister.

Par bonheur, mes parents ne savaient pas tout. Ils avaient plus de fantaisie que ceux de mon camarade, mais ils me donnaient pourtant la même impression. Moi non plus, je n'avais pas besoin d'exister.

— Si nous voulons devenir quelqu'un, me disait Bouton, il faut nous en aller de chez nous. Tu es perdu, si tu crois tout ce qu'on te dit, si tu fais tout ce qu'on te dit de faire.

Nous vivions dans un monde où rien ne semblait pouvoir changer. Tout était prévu, tout était réglé à l'avance. Le siècle de nos parents se prolongeait dans le nôtre. On aurait dit qu'il ne finirait jamais. Il avait répondu à toutes les questions, il avait vidé tous les problèmes.

— Les grands hommes ont tout inventé par eux-mêmes, poursuivait mon philosophe du Pré-Rasclau. Ils ont vécu au milieu des guerres, des révolutions, des catastrophes. Ils ont risqué leur vie. Ils ont fait autre chose que ce qu'on faisait avant eux... A présent, il n'arrivera plus rien... L'Histoire est finie !

M. Bigot qui nous enseignait toujours l'histoire, était un peu responsable de cette façon de penser. Son grand souci était de nous démontrer que tout ce qui était arrivé, au temps des Gaulois ou des Romains, sous le règne de nos rois, pendant la Révolution et l'Empire et, surtout, au cours du siècle dernier, n'était arrivé que pour préparer notre époque. Nous étions au bout de cette aventure et nous n'avions plus devant nous qu'un immobile bonheur dont nos aînés nous transmettaient l'héritage.

— La France, notre patrie, résume dans son destin, le destin de tous les hommes. Nous avons allumé des lumières qu'on ne pourra plus jamais éteindre et qui brilleront sur l'humanité jusqu'au dernier siècle des siècles.

Rien ne pouvait mettre en question cet aboutissement de l'Histoire. Le monde entier, les pays d'au-delà des mers où vivaient des hommes blancs, noirs ou jaunes, attendaient notre message et marchaient vers notre idéal. Un seul pays faisait monter des nuages noirs sur cet horizon triomphal. C'était l'Allemagne. Elle seule était capable de menacer la mission civilisatrice de la France.

— Si les Allemands sont assez fous pour nous attaquer, nous en aurons fini avec eux en une semaine ! affirmait une fois de plus notre pacifique professeur en roulant des yeux terribles.

Dans cet intermède de l'histoire, dans cet arrêt des malheurs et des catastrophes, nous avions le sentiment d'être des fils de famille accablés par un monstrueux héritage. La situation de mes parents pouvait être chétive et toujours menacée, je n'en étais pas moins comme un héritier écrasé par des richesses que d'autres avaient su conquérir.

L'amitié furtive de Meneu, la rencontre des Vachettes, la mort imprévue de Vidal et la découverte de Paris avaient transformé ma façon de voir les choses. J'allais, du reste, avoir quatorze ans et ces tumultes ne se passaient pas seulement dans mon esprit. J'avais moins peur de la mort et j'avais toujours la même fureur de vivre. J'en avais assez de ces temps heureux dans lesquels se traînaient nos vies. J'aurais voulu tout quitter et tout retrouver par moi-même. J'étais l'enfant prodigue, à la veille de son départ, le cœur plein d'espoir et d'ingratitude.

Je vivais en insurgé dans la maison paternelle. Je n'étais plus jamais d'accord avec mes parents. J'étais loin d'avoir retrouvé ces belles manières que ma mère croyait m'avoir enseignées, pendant mon enfance. Je ne pouvais plus supporter de l'entendre parler du Ladies' College. Je lui répondais aussitôt par des sarcasmes. J'étais grossier, agressif, pugnace, contradicteur, négateur, insatisfait.

Que me serait-il arrivé, à ce moment-là, si quelque jeune agrégé des lettres, lecteur de Nietzsche et de Gide, de passage au lycée Jean-Baptiste-Dumas pour un an ou deux, m'avait révélé les grands insurgés de l'époque, Zarathoustra ou Nathanaël ? Qu'aurais-je fait si cet aîné, paré des prestiges de Paris, m'avait dit qu'il fallait rompre avec ma famille, me détacher de ma religion, de mes habitudes, de tout ce qu'on m'avait enseigné ? Le désir de me libérer serait devenu le seul problème de mon existence. J'en aurais été marqué pour toute ma vie. Car ce désir répondait trop bien aux angoisses de cette époque.

Il m'aurait sans doute suffi d'avoir cinq ou six ans de plus ou, même, d'être plus précoce et moins protégé par l'éloignement de ma province, pour être happé par cet engrenage et ne plus pouvoir lui échapper. Il s'en est fallu de peu que je ne sois pris par l'esprit de l'autre siècle. Mais je suis resté disponible pour celui qui allait enfin commencer, en ouvrant la porte à l'Histoire en dépit de M. Bigot, historien qui croyait, comme tous les gens de cette époque, que l'Histoire était finie.

Il te retrouvera bien un jour...

N'est pas prophète qui veut, même au pays des prophètes ! Un prédicateur de Paris se croyait alors l'héritier de nos pasteurs du désert qui prêchaient sous les châtaigniers ou devant l'abri des cavernes. Il parcourait les Cévennes pour réveiller la ferveur du peuple de nos montagnes. Ces réveils, flambées de la foi, illuminations mystiques, ont jalonné notre histoire. Dès le IXe siècle, des pâtres prophétisaient sur l'Aigoual et le Lozère. Les purs et les parfaits de l'église cathare ont traversé nos vallées en voyant le Bien et le Mal se séparer l'un de l'autre comme le jour de la nuit. Au temps des pasteurs du désert, les enfants et les simples femmes s'entretenaient avec Dieu... Mais ces déchirures du ciel ne se font pas sur commande. N'importe qui ne peut pas faire entrer l'ange de l'Eternel dans la maison de grand'mère ! Il faut à notre peuple la douceur d'un Claude Brousson ou l'âpre fureur d'un Vivens. Ces deux prédicants résument en eux notre éloquence sacrée, la larme mystique et le fil du glaive !

Je connaissais déjà le sermon sur la colombe de Claude Brousson, ministre du désert et des cavernes, et j'avais imaginé les appels aux armes et les invocations au Dieu des armées de François Vivens, le petit cardeur boiteux de Valleraugue... Ces deux voix alternées auraient été capables de me convaincre et de me maintenir dans la foi de mon enfance.

— Ma colombe ! disait Brousson, Toi qui te tiens dans les fentes des rochers, laisse-moi voir ton regard, laisse-moi entendre ta voix... Ta voix est douce, ton regard est gracieux. Tu t'enfuis sur les montagnes, tu erres dans les déserts, comme le chevreuil et le faon poursuivis par les chasseurs.

En composant ce chant nuptial d'un peuple de bergers avec la persécution et la solitude, Claude Brousson avait fait de cette colombe le symbole de notre destin.

— La colombe est un animal pur et net qui ne se souille pas dans les ordures. C'est un animal doux et pacifique... un animal fidèle, car dès qu'une fois elle s'est jointe à une compagne, elle n'en souffre point d'autre... La colombe est un animal très faible. Elle n'est pas armée de griffes, ni d'un bec terrible pour se défendre...

Cette faiblesse et cette innocence avaient enchanté ma jeunesse. A travers les persécutions, elles conduisaient au triomphe et à la gloire.

— Que vous êtes heureux ! s'écriait Brousson, vous qui, maintenant, faites votre séjour dans les bois, dans les déserts, dans les fentes des rochers et des cavernes car, un jour, vous habiterez le palais du roi des rois et vous serez éternellement abreuvés au fleuve de ses délices !

A ce mélancolique épithalame qui rappelait celui de l'Epoux céleste et de la Sulamite errante dans les déserts, répondaient l'appel aux armes et l'invocation au Dieu des cohortes vengeresses. J'imaginais Vivens, aussi terrible dans les combats qu'éloquent dans ses harangues, entonnant le psaume des batailles, genoux en terre, la tête levée au ciel, serrant dans sa main son fusil chargé d'une balle et d'un grain de blé !

Que Dieu se montre seulement
Et l'on verra, dans un moment
Abandonner la place...
Le camp des ennemis épars,
Epouvanté de toutes parts
Fuira devant sa face !

Nos rapports avec Dieu reposaient sur cette innocence ou sur cette colère sacrée. Nos anciens avaient été martyrs ou soldats, et, le plus souvent, soldats et martyrs. Ils n'avaient jamais marchandé avec l'Eternel...

Mais le prédicateur venu de Paris n'était ni Brousson ni Vivens. Trop gras, trop vite essoufflé en dépit de sa voix tonnante, il était peu fait pour apprivoiser la colombe du Saint-Esprit familière de nos vallées ou l'aigle guerrier de l'Aigoual et du Lozère. C'était un sergent recruteur qui proposait mille avantages et un splendide uniforme en lin blanc, sans couture et sans tache, à ceux qui voulaient s'enrôler sous les plis de son drapeau. C'était un commerçant de l'éternité qui couchait vos noms sur son carnet de commandes.

Un jeudi soir, ce convertisseur véhément fit une réunion pour la jeunesse et mes parents crurent bon de m'y envoyer. Je fis de mon mieux pour me dérober... J'avais des devoirs à faire, une leçon à apprendre... Maman ne se laissa pas fléchir et jeta ma pèlerine à capuchon sur mes épaules. Je partis en grommelant. C'était l'hiver. Il gelait. La ville entière était écrasée par une brume noirâtre pareille à la fumée des usines. Toutes les portes étaient fermées dans le lacis de ruelles au fond duquel était situé le temple. Le brouillard avait envahi le vestibule de la sacristie où se tenait l'assemblée. Un poêle chauffé à blanc empuantissait cette salle. Suffoqués par cette chaleur, mais encore transis de froid, jeunes filles et jeunes gens se pressaient sur les bancs dont les dossiers verticaux s'ornaient de losanges découpés à jour. Le prédicateur nous fit chanter un cantique, puis il nous parla de l'intérêt de nos âmes. Son sermon n'était pas le sermon sur la colombe, ni l'appel au combat du cardeur boiteux de Valleraugue.

— Et maintenant ! tonna-t-il enfin, que ceux qui ne se sentent pas en possession de la grâce aient le courage de se lever, pendant que notre assemblée fraternelle courbera le front pour la prière.

Au fond de la salle, une jeune fille s'était dressée. On aurait dit qu'elle était clouée au mur, comme ces oiseaux que l'on voit aux portes des fermes. Ses yeux, plantés dans les yeux du prédicateur, rayonnaient d'humilité et de courage. Elle devait avoir seize ou dix-sept ans et sa silhouette frêle avait quelque chose de religieux. Son refus ressemblait à une prière. Elle dominait l'assemblée, car toutes les têtes s'étaient courbées comme sous un vent d'orage.

Je fus debout, sans avoir pris la décision de le faire. Je faisais front à la tempête invisible qui venait de souffler sur mes camarades.

— O Toi qui peux tout ! lança d'une voix profonde le prédicateur en se retournant vers moi.

J'étais ferme sur mes deux jambes, la tête droite, mais la bouche desséchée et les yeux embués de larmes... Je venais de rompre avec le Dieu Tout-Puissant qui avait régné sur mon enfance.

Mes parents ne se souciaient guère de mes rapports avec l'Eternel. Mon père était incroyant et, à ce moment de sa vie, maman ne croyait que par habitude. Ils m'envoyaient au temple et ne me demandaient rien de plus. Je n'eus pas besoin de leur raconter ce que je venais de faire. C'est à grand'mère que j'avais à rendre ces comptes. Elle avait toujours été près de moi, quand j'étais moi-même auprès de son Dieu... J'étais désespéré en pensant à son désespoir. Qu'allait-elle dire quand je lui confesserais que je ne pouvais plus croire ce qu'elle croyait ? Voudrait-elle me reconnaître encore pour son petit-fils et m'aimerait-elle encore comme elle m'avait aimé ?

Le temps de Pâques arriva. Je partis pour Le Vigan. Je retrouvai la maison, les jours de la liberté, la rivière et les montagnes. Je m'étais imaginé que grand'mère se douterait de ce que j'avais à lui dire. J'eus vite fait de voir qu'elle n'avait pas été avertie. Aucun ange n'avait parlé à son oreille. Elle croyait que j'étais toujours le même. Elle était toujours la même, avec moi. Le premier soir, je n'eus pas le courage d'en venir à mes confidences. Le lendemain était un dimanche. J'accompagnai grand'mère au temple et à la chapelle méthodiste. Elle se penchait vers moi pour me faire suivre les psaumes dans son vieux recueil relié de noir. J'étais éperdu de honte. Il fallait en finir avec ce mensonge ! Il fallait parler à grand'mère ! A quatre heures du matin, j'étais encore accroupi sous mes couvertures et je m'exhortais à affronter sa colère et son désespoir.

Le lendemain, après le dîner, elle s'approcha de la fenêtre. Le dos tourné, le front sur la vitre, elle regardait le jardin sur lequel descendait la nuit.

— Grand'mère, j'ai quelque chose à te dire, murmurai-je à demi-voix, sans pouvoir aller plus avant.

— Eh bien ? me dit-elle sans se retourner.

— Grand'mère... je ne peux plus croire comme Mme Vidal et comme Léontine Mouty... J'ai lu des livres qu'elles n'ont pas lu. Je sais des choses qu'elles ne savent pas.

J'avais cru que grand'mère allait se retourner, en poussant un cri, comme si le feu du ciel venait de tomber sur elle... Mais elle restait immobile, sans avoir l'air de m'entendre, le front toujours collé à la vitre.

— Je suis désolé de te faire de la peine... Mais je ne veux pas te mentir...

— Avec toute ta science ! grommela-t-elle.

Je continuais à parler. Je ne pouvais plus m'arrêter. Il me fallait aller au bout de mes confidences.

— Grand'mère, je ne crois plus !

Il me semblait que je venais de la frapper, entre les deux épaules, avec un couteau. Pourquoi restait-elle immobile ? Etait-elle en train de prier, de demander un miracle à Celui dont je m'étais détaché ? Elle me tournait toujours le dos. Je ne pouvais pas voir son visage mais, par la fenêtre, à côté du petit bureau de palissandre, j'entrevoyais le jardin, avec son humus gorgé d'eau, sous les margelles des buis. Derrière le mur, sous lequel nichent les cloportes, les arbres du parc d'Assas se fondaient avec les montagnes... Au-dessus, le ciel était vide.

— Tu ne crois plus ? dit soudain grand'mère d'une voix calme. Qu'est-ce que ça peut bien faire ?

Elle s'était retournée. Jamais, peut-être, une aussi profonde sérénité n'avait illuminé son visage. Il m'apparaissait radieux, dans une auréole de pénombre.

— Qu'est-ce que ça peut bien faire ? reprit-elle. Ce que nous pensons n'a jamais beaucoup d'importance... Je suis tranquille... Il saura te retrouver... Il te retrouvera bien un jour !

Les troupes de couverture sont montées aux avant-postes

Une fois de plus, les Gémeaux ramenèrent mon jour de fête, avec leur cortège d'étoiles ouvrant la voie aux grandes nuits de l'été. J'eus quatorze ans six mois et six jours après le siècle. M. Bigot écrivit un sonnet pour la circonstance et me le lut au dîner d'anniversaire, devant mes quatorze bougies, constellation dérisoire à côté de celle qui scintillait dans mon ciel.

Tu marches, précédé par les deux Tyndarides,
Egal au siècle d'or qui s'ouvre devant toi
Et, bien que jeune encor, tu reconnais la Loi
Des neuf sœurs qui s'en vont sur les sommets arides...

Il faisait beau. La ville avait l'air en fête. Depuis plusieurs années, elle vivait dans une atmosphère de gala, avec son cercle de la jeunesse, ses parties de campagne, ses tournées théâtrales, son tennis-club, son boxing-club et ses courses cyclistes des trente-cinq kilomètres. Nous avions nos champions, nos gloires locales, nos vedettes. Le lieutenant La Mareille était plus splendide que jamais, plus corseté, plus sanglé, plus épanoui. Il présidait les exercices de pompe à feu, sous les rocailles du jardin de la Maréchale, avec les palmes académiques pendantes sur son dolman d'uniforme. Des beautés de passage illuminaient la rue d'Avéjan, en prenant des poses sur leurs ombrelles, devant les vitrines des magasins. Elles nous apportaient les dernières modes, ravageaient quelques cœurs, dévastaient des comptes en banque, mais ne repartaient pas sans blessures. Le cousin Armand, toujours copurchic et froid, s'affichait avec une de ces beautés... Nous étions un petit Paris ! M. Moussat, un jeune agrégé des Lettres, venu de cette ville lointaine sur une erreur d'orthographe — Alès ayant remplacé Alger sur les registres du ministère — avait redonné du ton à notre vie littéraire. Il était poète et poursuivait les neuf sœurs sur des sommets moins arides que ceux dont parlait M. Bigot, pour les besoins de la rime.

Mon père était dans une période de chance. Ses rêveries s'accordaient parfois avec la réalité. Il voyait moins grand, mais plus juste. Il s'était un peu écarté du sentier des précipices qu'il avait côtoyé pendant si longtemps. Une nouvelle servante avait pris la place d'Anna dont nous n'avions plus de nouvelles depuis des années. C'était une fille de Sauve, jeune et drue, qui riait en faisant la gorge de colombe quand elle entrait dans ma chambre. Chaque samedi, elle repassait mes pantalons car, depuis quelques mois, je portais des pantalons, le dimanche. Ma mère ne souffrait plus de sa maladie de cœur. Elle perdait encore le souffle en montant les escaliers, mais ne tombait plus en syncope. Elle était allée en consultation chez un professeur de la faculté de Montpellier qui lui avait assuré que son rétrécissement mitral était maintenant compensé par une insuffisance aortique. Il était surtout compensé par l'absence de soucis, remède plus puissant que les gouttes de digitale ou que les ruses de la nature. Notre appartement était baigné de soleil. De l'aube au soir, nous suivions sa course, de nos fenêtres. Nous avions pu louer une pièce de plus, au moment du déménagement d'un de nos voisins de palier. Mon père avait son bureau. Ma mère avait son salon. Elle avait fait repeindre les portes, tapisser les murs et reblanchir nos plafonds. Nous recevions les *Lectures pour Tous* et les *Annales* et mon père, au retour d'un nouveau voyage à Paris, m'avait rapporté plusieurs livres de chez Lemerre, reliés et dorés au petit fer.

J'allais devenir un grand garçon. Je regardais déjà mes aînés comme s'ils avaient été mes camarades. Encore quelques années et je pourrais faire ce qu'ils faisaient. Je tiendrais, à mon tour, le haut du pavé et je deviendrais peut-être quelqu'un comme le professeur Moussat qui était passé par Normale et faisait publier ses vers dans les revues, ou quelqu'un comme Mercoiret, champion invaincu de la Gardonnenque ! Car la gloire du stade et celle du Parnasse se partageaient mon cœur.

L'année scolaire était achevée. Mes parents ne parlaient pas de m'envoyer au Vigan, comme ils le faisaient chaque fois que revenaient les vacances. Je n'avais rien d'autre à faire que d'aller nager dans le Gardon. J'y retrouvais toute la jeunesse de la ville, mes camarades de classe ou ces garçons de vingt ans que je rêvais d'imiter et qui me traitaient déjà comme un petit homme. Je leur lançais des défis. Nous plongions au fond des gouffres et Chazel chronométrait le temps que nous passions sous les eaux. Je battais Mercoiret, mais de Lallymand battait tout le monde. Cette bande du boxing-club ne frayait pas avec la bande à Meneu. Mais il m'arrivait pourtant d'entrevoir mon ancien ami en train de s'essuyer les orteils avec un bout de serviette ou de se peigner à la tango en se regardant dans une glace de poche. Je m'esquivais, le cœur plein de honte, sans lui crier, comme je l'avais fait tant de fois :

— Salut, Meneu !

Le temps passait. Nous étions déjà aux derniers jours de juillet. Nous étions sortis des Gémeaux pour entrer dans le Cancer et, déjà, le Lion s'approchait de nous.

— Tant que la situation ne sera pas éclaircie, il faut le garder avec nous, répétait mon père d'un air sombre.

Je savais bien qu'il avait peur de la guerre. Mais il en avait eu peur si souvent déjà que je ne voulais plus y croire. Nous n'aurions pas cette chance ! Les Allemands n'allaient pas nous donner l'occasion de reprendre en quelques jours les deux provinces perdues ! S'ils le faisaient, ce serait tant pis pour eux. Nous chargerions à la baïonnette et nous ferions tirer le canon de soixante-quinze !

Je n'avais pas peur de la guerre. Si mon père était pacifiste, il était aussi patriote et m'avait enseigné à ne pas la craindre.

N'avait-il pas dit tout ce qu'on pouvait dire sur elle — tout ce que pouvaient en dire, du moins, les hommes de ce temps-là — dans le grand drame en vers qu'il avait composé après les batailles de Mandchourie ?

« *La guerre ? Non, la guerre est une chose infâme !* »

Nous la détestions de tout notre cœur, nous ne la voulions pas, nous ne risquions pas de la déclarer... Mais, si on nous obligeait à la faire, nous la ferions pour rendre la paix éternelle. Nous la ferions même d'un cœur joyeux, comme les officiers du drame de Port-Arthur !

J'étais triste, pourtant, de ne pouvoir pas être encore soldat. Si les Allemands nous attaquaient, tout le monde irait se battre, sauf les petits garçons de mon âge. Le lieutenant Butsch m'avait assuré qu'on n'enrôlait plus les enfants pour rouler la charge sur les tambours. La gloire allait me passer sous le nez ! Tous mes aînés de vingt ans allaient être de la fête ! Les deux fils de Mme Vidal retrouveraient leur soixante-quinze à cheval et partiraient au galop, dans des tourbillons de poussière. Mercoiret rejoindrait son bataillon de chasseurs. Les vrais Cévenols étaient tous dans les alpins. Ils marchaient plus vite que les autres, derrière des cors de chasse et des caisses claires, en roulant des yeux terribles. Redon, de Dourbies, remettrait aussi le béret bleu et Chazel sa chéchia de zouave ! Meneu lui-même était soldat dans un bataillon d'infanterie légère d'Afrique. Il se conduirait peut-être comme un héros et j'aurais le droit de le saluer dans la rue. M. Moussat, déjà lieutenant de réserve, guiderait tous ces guerriers vers la bataille tandis que, derrière eux, les pères de famille formeraient une immense armée qui n'aurait qu'à cueillir les lauriers de la victoire ! Le docteur Saix serait médecin-major, le cousin Armand chirurgien-dentiste, avec un képi entouré de velours amarante, et mon père, caporal au 117e, marcherait en serre-file de sa compagnie, avec le cor de chasse d'or des tireurs d'élite cousu sur sa manche.

— Je ne peux pas y croire ! nous répétait-il. Au siècle où nous sommes, ces horreurs ne sont plus possibles... Au dernier moment, le Kaiser hésitera !

Il ne vivait plus que pour les nouvelles. Il allait chercher les journaux, à chaque arrivée de train, passait à la rédaction du *Petit Méridional* pour y lire les dépêches, discutait avec le lieutenant Butsch et le professeur Bigot, poussait une pointe chez le docteur Saix ou chez le cousin Armand. Tous ces messieurs vivaient dans la même fièvre et chacun imaginait l'avenir à sa manière. Mon père revenait à huit ou neuf heures du soir, horrifié par ce qu'il avait appris, mais pourtant rassuré au fond de son cœur. Il déclarait alors à ma mère :

— Le monde civilisé est épouvanté par cette folie... L'excès du mal va nous épargner le pire... La parole est à la conscience universelle !

La conscience universelle avait fait entendre sa voix. Me Dalbèze nous avait envoyé une carte postale symbolique — la rue Soufflot qui s'ouvrait sur le dôme du Panthéon — et son message était comme un résumé de ce que pensaient tous les hommes de notre pays :

— Amis, s'il le faut, ce sera pour nos enfants ! Vers la paix, à travers la guerre... et vive la France !

Un garçon de quatorze ans ne peut que participer à cette fièvre. Il regarde aussi, dans le ciel, les signes avant-coureurs de la catastrophe... Mais les beaux jours de l'été lui font oublier ces angoisses. Il faut vivre, à cet âge, et lire en restant au lit pendant toute la matinée, et partir au plein du jour vers le sable de la rivière et plonger, sans penser à rien, dans les gouffres bleus qui se creusent sous les rochers.

C'est ainsi que s'écoulèrent pour moi les dernières journées d'un siècle qui se survivait à lui-même. Je ne pouvais penser qu'à mes jeux et j'en vins à ne plus entendre mon père qui répétait, pour la quarantième fois, les mêmes choses.

Il me tardait de partir pour Le Vigan et de retrouver mes montagnes. Pourquoi me laisser dévorer par l'avenir quand, sur la croupe de Puéchagut, depuis toujours et jusqu'au siècle des siècles, s'étendait la pente de ma prairie, sous la ligne noire des sapinières ? Pourquoi penser à la guerre quand je savais quelle paix m'attendait sur la Luzette, dans ce plein ciel qui, jamais, ne pourrait me sembler vide, même si je n'y retrouvais plus le Dieu Tout-Puissant de mes jeunes années ?

Comme les grandes personnes oubliaient facilement ce qui donne un sens à la vie ! Comme elles se passionnaient pour des choses sans importance ! Rien ne valait la poudre de rosée des prairies de Malivert où j'avais découvert que nous pouvions refaire le monde, avec un bout de carton, un pinceau et des tubes de couleurs... Rien ne valait non plus le belvédère du Cap-de-Coste, où ce monde était à mes pieds, livrant ses secrets, découvrant de nouveaux mystères, sous les grands ciels de l'Aigoual, avec leurs charrois de nuages descendant du nord vers la mer ou remontant de la mer vers l'immensité des Causses.

Un soir, pourtant — était-ce le 1er août ? — mon père revint à la maison si bouleversé que j'en oubliai d'un coup tout ce qui donnait un sens à ma vie.

— Madeleine ! dit-il de cette voix sans couleur qu'il avait quand maman perdait connaissance et semblait glisser vers la mort. Madeleine... C'est la guerre... Les troupes de couverture sont montées aux avant-postes !

DEVENIR CE QU'ON EST

Conjugi
Concordissimæ
Vitæ laborisque consorti

PREMIÈRE PARTIE

LA VIE

C'est, dira-t-on, l'histoire de tout le monde. Mais tout le monde n'a pas occasion de raconter son histoire. Et, si chacun le faisait, il n'y aurait pas grand mal : l'expérience de chacun est le trésor de tous.

Gérard de Nerval.

« Le natif vaut mieux que l'acquis. »

« Nous sommes tous maigres, dans ma lignée, vite ravagés et creusés de rides, hauts de front, étroits à hauteur du nez et forts de menton. Presque tous les miens ont un œil perçant, qui voit de très loin, et l'autre œil accommodé à la vision proche. Cette particularité ne devient gênante qu'avec l'âge. On dirait alors que nous avons deux visages : un qui s'ouvre au monde et l'autre qui plonge au dedans de nous. »

« On trouve des gens qui nous ressemblent dans les vallées des Gardons, sur les contreforts du Lozère et du mont Aigoual. Nous sommes sortis de ces hauts lieux et de cette foule anonyme et l'homme qu'on croise dans ces déserts, la hache à l'épaule ou l'aiguillon à la main, a toujours l'air d'être un peu de ma famille. Mon grand-père Jules Chamson est descendu le premier de ces solitudes, avec son prénom, son histoire, ses trois fils derrière lui et moi derrière eux. »

Je ne vois pas ce que je pourrais ajouter à ce portrait que je fais des miens et de moi-même, au début du *Chiffre de nos jours*. Dès les premières pages de ce nouveau livre où je vais encore parler de moi, je heurte à ce qui fait la difficulté d'une pareille entreprise. Comment éviter ici la complaisance, sans manquer à la vérité ? Comment accepter sa propre « importance », sans donner dans la vanité ? Tout simplement en considérant ce travail comme une besogne de romancier car, en acceptant de se prendre pour personnage, le romancier ne fait qu'obéir à sa vocation. Je propose et je me propose cette excuse et, ceci dit, il convient de ne plus revenir sur ces scrupules.

Il faudrait peut-être prolonger ces éléments d'une morphologie de ma famille et ne pas craindre de toucher à ma physiologie, à ma pathologie même. J'ai reçu en don la vitalité des maigres et des nerveux, la résistance des décharnés. Résistant, certes, mais aussi souffrant, tout au long de l'existence. Martyrisé par les dents, pendant mon enfance et ma jeunesse, comme presque tous les Cévenols des Cévennes cristallines ; délicat de la gorge et des oreilles, pendant mon enfance ; ravagé par des douleurs d'estomac, depuis que j'ai l'âge d'homme. C'est ce qu'André Gide appelait : « le tube ». — Comment va le tube ? me disait-il. Avec cela, ondulant et changeant d'humeur, d'un matin à l'autre. Cyclothymique, dit le dictionnaire. Je dirais : tendu et détendu, présent et absent, allègre et désespéré, plein de vie et détaché d'elle.

Il ne convient pas de pousser plus loin cette fiche médicale. Ce qui m'importe, c'est de me replacer dans la lignée dont je sors. Au-delà de ce que je suis, c'est la souche humaine à laquelle j'appartiens qui présente quelque intérêt. Je me crois, physiquement, représentatif des hommes de cette « Cévenne des Cévennes » dont je suis issu, de ce pays de l'Aigoual et du Lozère, des hautes vallées des Gardons et de l'Hérault, terre de paysans et de soldats, terre muette et qui n'a pas encombré la littérature avec ses fils.

« Je suis de ce pays autant qu'on peut l'être. Les miens l'ont habité depuis toujours. Au-delà de mon père et de ma mère, j'y vois se dresser derrière moi le front des quatre — les deux aïeuls et les deux aïeules, — le front des huit, le front des seize, le front des trente-deux, le front des soixante-quatre, le front des cent vingt-huit, le front des deux cent cinquante-six...

« Au-delà de ces Chamson qui naquirent vers 1670, de ces

travailleurs de terre et de ces artisans qui tissent le drap et le cadis dans les hautes vallées des Cévennes, c'est dans une confusion d'incendies et de massacre que je perds la trace de mes anciens. Le dernier dont j'entrevois le visage a fini sa vie aux galères. Ce tutoyeur de Dieu a suivi le destin des hommes de sa province. Ceux qui l'ont précédé ne sont plus, pour moi, qu'une immense foule anonyme. Mais je sais qu'ils étaient là, depuis des centaines d'années. Je m'amuse à penser qu'ils formaient le front des cinq mille, au début du XVIe siècle. Ils devaient cousiner alors avec tous les hommes de ce pays. Leur histoire s'identifie à son Histoire et, cependant, je ne sais même pas d'où vient le nom qu'ils m'ont donné. »

Ce n'est pas, à vrai dire, tout ce que j'ai pu savoir sur les miens. Il semble bien que ma tribu a dû sortir des pentes sud du Mont Lozère ou du versant nord de l'Aigoual. Il y a encore, là-haut, un clan de Chamson dans une ferme perdue, au lieu-dit « La Bessède », à 1 200 mètres d'altitude. Notre nom, qu'il soit orthographié avec un M ou un N, a sa source dans ce terroir et je ne crois pas qu'on le trouve ailleurs. Des philologues m'ont dit que c'était un nom gaulois, la Camp qui, dans nos pays, désigne des lieux sur les hauteurs, la Camp de l'Hospitalet, par exemple. On en trouve sur tous les hauts plateaux de la Lozère. C'est, paraît-il, le champ cultivé sur la montagne. Mais d'autres philologues veulent que ce nom ait une origine latine. Il viendrait de *Camisionem*, soit Chamison, Chameson, Chamson qui signifie « vêtement de dessus » ou, plus simplement, « tunique ». S'il faut choisir, j'opte volontiers pour l'origine gauloise.

Tout ce qui concerne ces origines, tout ce qui comporte un caractère originel, le « natif » comme disait André Gide, me passionne et le lecteur ne manquera de trouver un signe dans cette passion. J'adopterais volontiers une phrase d'Unamuno qui disait, je crois : « Rien n'est original que l'originel », mais il faudrait rendre au mot « original » sa substance originelle et je n'ose pourtant pas lui substituer « authentique » qui serait un bon mot, s'il n'était fourbu par l'usage qu'on en a fait.

De toute façon, je suis hanté par ce problème des sources. Ceux dont je viens m'importent autant que moi-même ou, du moins, je m'intéresse à moi-même en rêvant sur eux. Je n'aurai pas vécu seul et, toujours, je me suis senti comme réincarné.

Pendant des siècles, des millénaires peut-être, je sais que je fus rivé à ce sol, à ce terroir maigre et rude, à ces montagnes, cet Horeb et ce Sinaï, ce Pinde et ce Parnasse. C'est ici que, pour moi, commence l'univers.

Je veux noter cependant que si tous les miens étaient des Cévennes, ma grand'mère paternelle était du pays des taureaux, des confins languedociens de la Camargue. Cette Adèle Girard naquit en 1831 dans le village de Marsillargues, un village de violence et de fureur, et c'est sans doute à cause de sa religion qu'elle épousa mon grand-père. Protestants, ils étaient tous les deux du « petit troupeau » et appartenaient à l'église méthodiste. Je pense que Wesley ayant proclamé que « le monde était sa paroisse », ils n'hésitèrent pas à se marier, malgré les quatre-vingt-dix kilomètres qui les séparaient l'un de l'autre.

Les temps étaient venus, du reste, pour les miens de quitter le terroir originel. Ce décrochage s'est fait quand le père de mon père était déjà avancé sur le chemin de la vie. C'est vers sa quarantième année qu'il vint fonder une usine, aux portes de Nîmes, sur la vieille route d'Arles, au lieu-dit de Valgaron. J'ignore les circonstances de cet établissement, mais je ne serais pas étonné que la religion ait eu quelque chose à voir dans cette entreprise. Les brebis du petit troupeau sont laborieuses et s'aident les unes les autres. Ces protestants cévenols ont été industrieux et leurs essaims sont allés souvent loin de leur pays où restaient les catholiques. Je frôle ici un chapitre de l'histoire économique de la France au temps de la Troisième République. Guizot avait déjà dit : « Enrichissez-vous ! » mais, pour le faire, il fallait avoir le génie spéculatif et les miens ne devaient croire qu'à la vertu du travail. Ils voulurent fabriquer des pâtes alimentaires... Si l'usine avait prospéré... Mais il serait vain de faire de l'uchronie. L'usine a brûlé quand j'avais deux ans. On m'a toujours dit que cet incendie avait obligé ma famille à l'abandonner. Mais je crois qu'elle aurait périclité de toute manière. Les miens n'étaient pas faits pour ce genre d'entreprise. Ils n'étaient pas de ceux qui pouvaient fonder la grande industrie. Des siècles de vie rustique ne les y avaient pas préparés... De toute façon, cette ruine a été ma chance. Rien d'accidentel ne m'a empêché de choisir la route que j'ai suivie. Aucun héritage ne m'a empêché d'être libre.

« Au milieu de la nuit, nous avons été réveillés par les

flammes... Tout brûlait dans les ateliers... Je t'ai pris dans ton berceau, je t'ai roulé dans tes couvertures et j'ai couru devant moi, dans des tourbillons de fumée. »

« Je n'ai gardé aucun souvenir de cette nuit. Mais j'ai cru revoir, bien souvent, pendant mon enfance, les flammes de son brasier éclairer les yeux de ma mère, quand elle me faisait ce récit. C'était, pour moi, la dernière nuit d'Ilion, l'incendie de Rome et j'imaginais notre grande cour du Valgaron, avec ses bâtiments en équerre, ses ateliers et ses magasins, sous une pluie d'étincelles. Je ne connaissais ce décor de ma toute petite enfance qu'à travers les récits de mes parents. Tout semblait y sortir d'un songe. C'était une histoire fabuleuse, antérieure à l'histoire de ma vie. »

« Les jeunes années s'identifient au natif. »

C'est pourtant dans cette maison que je suis né, le 6 juin 1900, sous le signe des Gémeaux, à trois heures du matin, mais je n'avais pas encore deux ans quand cet incendie ravagea notre fabrique. Il a été, pour moi comme un mythe originel. Ma vie a commencé à la lueur de ses flammes.

« Je dois, du moins, à cette aventure, d'être né sous le crocodile et le palmier — armes et symboles de Nîmes — et d'avoir posé mes regards d'enfant sur le temple et l'amphithéâtre, la tour du Saint-Signal et la Fontaine sacrée. Avant d'être ce que je suis, j'ai joué dans les ruines d'un Empire et la poudre de ses marbres a coulé dans mes doigts d'enfant. Elle m'a peut-être enseigné à prendre la mesure des siècles. »

Autre mythe, sans doute ! Mon enfance nîmoise est tout entière dans la marge blanche de ma mémoire. Si je suis né à Nîmes, je ne me suis senti citoyen de cette ville que vers ma dix-septième ou ma dix-huitième année. Toute mon enfance fut montagnarde, partagée entre Alès et Le Vigan, la prairie, sur les rives du Gardon, et les forêts de hêtres ou de sapins, sur l'Aigoual.

Il ne peut être question de raconter ici cette enfance. Je l'ai déjà fait dans *Le Chiffre de nos jours* pour les quatorze premières années de ce siècle, qui peuvent être considérées comme les quatorze dernières années du siècle précédent. Pour les hommes de mon âge, l'année quatorze a marqué la fin et le commencement, l'Oméga et l'Alpha de deux âges de l'humanité.

Il est constant — ce sont les psychiatres qui le disent — que les rêves et, surtout, les délires de l'adulte ne sont habités que par les souvenirs de l'enfance. C'est pour cela que nul adulte, encore aujourd'hui, ne délire en ayant pour idée fixe l'éclatement de l'atome. Cette obsession sera celle de nos arrière-neveux. Les hommes de mon âge ne peuvent être obsédés que par les souvenirs de l'ancien monde et que par ceux de la catastrophe qui préluda à la naissance de ce monde nouveau qui n'a pas encore achevé de naître.

Ce sont les souvenirs de ce monde ancien et de cette catastrophe dont il me faut rendre compte. Je ne le ferai pas ici, comme je l'ai déjà fait dans *Le Chiffre de nos jours* et dans *Les Quatre Eléments*, en racontant des histoires, mais en faisant un tableau du milieu dans lequel j'ai fait mon apprentissage de la vie et de la chronologie des événements, dérisoires ou formidables, qui ont marqué mon enfance.

Après la ruine de la fabrique de mon grand-père, mes parents vinrent habiter Alès. Arraché à cette condition proche de la terre, sinon entièrement paysanne qui, depuis des siècles, avait été celle de tous les hommes de ma famille, mon père avait bien fait ses études au lycée de Nîmes, mais sans les pousser aussi loin que son frère aîné, Fernand, qui fut admissible à Polytechnique et fit carrière dans l'enseignement. Ce frère aîné professa longtemps à Bagnols, puis devint directeur de l'école supérieure d'Avignon, installée dans le palais des Légats, au bout de la place du palais des Papes, au pied du rocher des Doms. Cette demeure me servit souvent de gîte d'étape quand, étudiant à Paris, je revenais passer mes vacances en Cévennes. Cet oncle Fernand, grâce auquel je devins familier de la Provence, était félibre et, fait curieux pour un homme de son époque, ne voyait pas de contradiction entre ses devoirs professoraux et son amour de la poésie provençale. Mais je n'ai découvert cet univers poétique qu'à la fin de mon adolescence, tandis que la condition de mon père a donné sa couleur à toutes mes jeunes années. L'aventure de la fabrique l'avait mis en dehors des structures sociales et c'est dans la difficulté qu'il a vécu, d'un bout à l'autre de toute sa vie. Aussi désarmé que lui, son frère cadet, Théodore, s'expatria en Afrique et, tour à tour, sur la côte des Somalis, puis au Maroc, fit fortune et ne se ruina que pour refaire fortune. C'est ce que mon père a voulu faire aussi pendant toute son existence, sans jamais y arriver. Il a fait des affaires qui tournaient court, il s'est lancé dans des entreprises, des représentations, des exploitations de mines ou de portefeuilles, des achats de terrains qui ne dépassaient pas le stade des espérances.

Si j'insiste sur ce côté sociologique de mon milieu familial, c'est qu'il me paraît refléter quelques-uns des grands problèmes de cette époque. On n'échappe pas impunément à une des structures fondamentales de son pays, la paysannerie, en l'occurrence, et ce n'est pas sans douleur qu'on s'insère lentement dans une structure nouvelle. Je sens trop bien que je suis le résultat de cette mutation pour la passer sous silence. Les miens ont payé cher cette vicissitude, et j'ai moi-même acquitté ma part de cet onéreux droit de passage.

Mon père avait épousé une Viganaise, Madeleine Aldebert, protestante comme lui. Cette famille Aldebert ressemblait étrangement à la famille Chamson. Comme l'oncle Fernand, l'oncle Emile avait poursuivi ses études et, sorti de Centrale, fut un des ingénieurs qui construisirent le port de Dakar. Il avait ainsi réuni le destin africain de l'oncle Théodore au destin universitaire de l'oncle Fernand. Ma tante Eva avait épousé un pasteur et l'oncle Paul Gounelle, dont tous les frères étaient aussi pasteurs dans toutes les sectes du protestantisme français, m'a fait entrevoir, aux moments les plus lucides de mon existence, ce que peut être la sainteté. Cadette de la famille, Madeleine Aldebert eut le même destin que mon père, dans le même enchaînement de causes et d'effets.

Je n'ai connu ni mon grand-père maternel ni ma grand'mère paternelle. Mon grand'père Chamson est mort quand j'avais huit ou neuf ans et ma grand'mère Aldebert fut la seule à représenter « le front des quatre » pendant toute mon enfance et jusqu'au-delà de mon entrée dans la vie. Quand je l'ai perdue, j'étais devenu un homme. Sa maison du Vigan a été ma maison tout autant et peut-être plus que la maison paternelle. Mais, dans l'une et dans l'autre, que ce soit dans le calme ou dans le tumulte des difficultés matérielles, j'ai pris contact avec un même univers, avec une même façon de voir la vie.

Il faudrait ici dresser comme un inventaire des valeurs qui se transmettaient alors de père en fils et d'aïeul en petit-fils, mais comment, dans les temps que nous vivons, peut-on proposer au lecteur cette morale, non pas rigide, mais fermement assurée comme un phénomène naturel ? A part le sixième commandement qui réclamait une vigilance incessante, il n'était pas question de manquer à l'antique Loi. L'argent n'était justifié que par le travail et, même justifié, il gardait quelque chose de méprisable. Le « prochain » n'était pas un mythe désincarné et ce que l'on faisait pour lui, on le faisait aussi pour soi-même... Mais j'éprouve comme une sorte de honte à rappeler ici ce qu'était cette morale. C'était la morale de l'Occident qui avait été observée depuis des siècles et qui, déjà transformée dans les grandes villes, restait intacte dans notre pays de montagnes. Cette façon de mener les choses humaines semblait être justifiée par la nature et par l'Histoire. Ce pays pauvre et rude avait lui-même une allure patriarcale et la guerre des Camisards était une tragédie qui, dans son développement héroïque, résumait toutes ces vertus.

Mais c'est en dire trop sans en dire assez. Une biographie doit s'en tenir au déroulement des années.

En 1902, à deux ans, je vins donc habiter Alès. Nous demeurions au bout de la rue Mandajors, dans la Maison Lautier, en face de la gendarmerie. Chaque temps de vacances me ramenait au Vigan, dans la maison de grand'mère, au numéro onze de la rue de l'Horloge, vis-à-vis de l'église catholique. Je ne sais naturellement rien de ces lointaines années, mais elles ont dû ressembler aux années qui les ont suivies. J'ai souvent mal à la gorge et aux oreilles. Notre servante, Anna, Italienne et catholique, veille sur moi avec une passion sauvage. Le vieux Finiels qui travaillait la petite propriété de grand'mère, le Champ de Goulsou, à deux kilomètres du Vigan, lui fait pendant dans mes plus lointains souvenirs.

« Les premiers apprentissages. »

Vers 1906, je fais mon entrée au lycée Jean-Baptiste-Dumas. Ridicule entretien avec le proviseur, M. Paul. Je lui déclare que ce jour comptera dans ma vie, et mes parents me rappelleront ce mouvement d'éloquence, pendant des années. Je suis l'élève de Mme Crespon qui m'enseigne les rudiments.

En 1907 ou 1908, enfant terrible, je m'enfonce un bout de coton si profondément dans l'oreille qu'il faut une petite intervention chirurgicale pour m'en libérer. Le docteur Mourier entre dans ma vie. Il m'opérera des végétations vers ma neuvième ou dixième année. Je passe régulièrement d'une classe à l'autre, mais je suis mauvais élève, sauf en français, à condition de ne pas considérer l'orthographe comme un des éléments de la langue. M. Delors succède à Mme Crespon. Les ennuis d'argent aux ennuis d'argent. Animé par ma servante, je me prends de passion pour un chien trouvé, Dick. Mes parents mettent un terme à ce dérèglement et Dick disparaît de notre vie.

Vers 1909, des grèves de mineurs font venir les hussards de Tarascon dans notre ville. Je découvre la misère des fileuses et des mineurs. Le père d'Anna travaille aux mines de Rochebelle et, comme Finiels a été pour moi le représentant des travailleurs de la terre, il m'apparaît comme le représentant du prolétariat. Je m'exalte à l'idée d'entrer en sixième. Une nouvelle vie va commencer pour moi. Je vais faire du latin et prends la résolution de devenir bon élève.

En 1910, les ennuis d'argent de mes parents deviennent inextricables. Je sais qu'ils ont hypothéqué le Champ de grand'mère dont maman doit hériter. Cette humble propriété où Finiels m'a initié à la vie de la nature, n'est plus à moi, mais à l'oncle Emile. En février, je ne suis plus fils unique. Une petite sœur vient de naître et mes parents, toujours en proie aux ennuis d'argent, décident de quitter Alès pour aller vivre au Vigan, dans la maison de grand'mère. Ils abandonnent leur logement de la Maison Lautier et, au lieu de faire mon entrée en sixième, j'entre à l'école primaire du Vigan.

D'octobre 1910 à octobre 1911, je suis l'élève de M. Martin et plus encore, l'élève de la montagne et de la rivière. Je parle une langue étrange où le dialecte de nos montagnes se mêle au français. Mon premier maître de cévenol a sans doute été Finiels mais, à dix ans, je parle couramment cette langue dont grand'mère tente en vain de me détourner. Elle me fait lire la Bible à haute voix, presque chaque soir et, tous les dimanches, j'assiste au moins à trois cultes : celui de la Chapelle méthodiste, celui de l'Eglise libre et celui du Grand Temple. Le pasteur Rabel me donne des leçons de latin, pour me permettre de pouvoir entrer en cinquième quand je reviendrai à Alès. A la fin de l'année scolaire, je suis reçu au certificat d'études. Je ne rentre pas à Alès au mois d'octobre. Ma petite sœur Germaine est tombée malade : pneumonie double, bronchite capillaire et pneumo-thorax naturel. Elle meurt à deux ans, le 16 décembre 1911, et cette mort donne une résonance majestueuse et terrible aux versets de la Bible que grand'mère continue à me faire lire chaque soir.

Au mois de janvier 1912, il n'est toujours pas question pour mes parents de revenir en Alès, mais on m'envoie en pension chez tante Carrel pour que je puisse entrer en cinquième. Tante Augustine habite chez son fils, Armand, qui est dentiste et m'apparaît comme un personnage à la fois terrible et somptueux. Je réussis mal en cinquième : je suis en retard en latin et, pour la première fois de ma vie, mon français est jugé sévèrement par mon professeur, M. Chabrol. Je me sens misérable et incompris. L'été me ramène en Cévennes, dans la maison de grand'mère et je commence à découvrir les montagnes qui l'entourent.

En octobre, je retourne chez tante Augustine. Mes parents peuvent revenir en Alès. Ils louent un appartement, avenue Carnot, en face de la prairie. Mon père est plein de projets. Il fait des vers et de la peinture. Il m'emmène avec lui, presque tous les dimanches, brosser la pochade, près d'Anduze, dans les prés de Malivert, avec le cousin Louis Sévérac et M. Voinchet, un ingénieur du P.-L.-M. venu de Paris pour travailler à la nouvelle voie qui va d'Anduze à Saint-Jean-du-Gard. Je découvre à la fois la poésie et les beaux-arts. Ma vie est faite de soucis d'argent et d'espérances, d'humiliations et de griseries poétiques ou colorées. Je commence à écrire des poèmes et je les montre à mon père qui les fait voir à son ami, M. Devèze, un notaire ami des Muses. M. Bigot, mon professeur d'histoire, m'encourage aussi. Je suis pris d'une frénésie de lectures. C'est le temps de Victor Hugo, de Musset et de Lamartine. Je suis toujours un médiocre élève, sauf en gymnastique et en français, car mon nouveau professeur, M. Gorenflot, n'a plus de mépris pour mon style. Avec quelques amis de ma classe, nous formons un petit cénacle et c'est le temps où chacun de nous veut être « Victor Hugo ou rien » !

L'été me ramène en Cévennes et je vais faire, avec quelques amis viganais, la découverte de la montagne. L'amour de l'altitude et de la poésie compose mon univers. Les ennuis d'argent et les humiliations quotidiennes qu'ils me procurent ne sont rien à côté de ce monde merveilleux. Je vais au Désert, avec grand'mère, et j'entends chanter les psaumes sous les châtaigniers centenaires. Je vis avec les héros de la guerre des Cévennes, sur les hauteurs de Montals et de la Luzette.

Mon père fait des projets grandioses avec l'oncle Théodore, un des deux africains de la famille. Il s'agit d'acheter d'immenses terrains dans une petite ville qui doit devenir un grand port. Voyage de mon père au Maroc. Il s'embarque à Marseille, sur le *Doukala*. Nous vivons dans l'espoir de notre future fortune et dans les ennuis du présent. Je suis appelé, un jour, en pleine récréation par le proviseur et par le censeur qui me chargent de dire à mes parents qu'ils n'ont pas encore réglé mon dernier trimestre.

Une nouvelle année commence pourtant, je suis maintenant en quatrième. Un nouvel âge va commencer, mais personne ne s'en doute encore. Un jeune agrégé, venu de Paris, M. Moussat, nommé au lycée d'Alès par un scribe inattentif, donne à notre cité une animation poétique et littéraire. Il écrit une revue dont tous les Alésiens fredonnent les refrains. Nous fondons une compagnie d'éclaireurs et nous passons nos jeudis avec l'école des tambours et clairons du bataillon du 40ᵉ.

« L'Histoire entre en scène. »

En juillet 1914, au lieu de partir en vacances dans la montagne, je reste en Alès avec mes parents. La guerre éclate. Je vois partir, en pantalons rouges, la fleur au fusil, les soldats du 40ᵉ. Mon père rejoint le 117ᵉ régiment territorial à Nîmes. Un furieux patriotisme m'anime. Tous les soirs, nous allons écouter la lecture du communiqué sur la place de la mairie. Un jour, il nous annonce la mort d'un lieutenant-colonel Aldebert et j'en ressens une joie sauvage. Je m'imagine que cet Allemand est un peu de la même famille que moi. Peut-être un réfugié du temps de l'Edit de Nantes ? Je rêve de m'engager, mais on n'a plus besoin de tambours de quatorze ans pour faire la guerre.

Les éclaireurs vont du reste être employés dans les hôpitaux qu'on prépare dans notre ville. On nous entasse dans une aile du lycée. Je commence à travailler dans une clinique, sous la direction d'une infirmière qui éveille en moi d'étranges rêveries. Je casse la verrière de la salle d'opération et mon désir de bien faire se révèle catastrophique.

Malgré la guerre et les dérisoires devoirs qu'elle nous impose, nous continuons à aller nager dans le Gardon. Un jour, sur la voie du chemin de fer, un homme est coupé en deux par un train, juste devant moi. Ce cadavre affreux a, pour moi, plus de réalité que tous les cadavres de la guerre : vomissements et vertiges. Deux jours après, je suis saisi par la fièvre et j'ai des petites taches rouges sur le ventre. Je sombre dans le néant et nos grandes défaites et notre grande victoire vont se dérouler tandis que je suis plongé dans l'inconscience. Je viens d'avoir une fièvre typhoïde, une Para B, disent les docteurs. Je me rétablis rapidement et retourne aux petits travaux de l'hôpital. Il n'y a pas encore de blessés dans notre région. Mais, un soir, en rentrant chez moi, je découvre le cadavre d'un vieux chemineau, mort de misère, et j'aide à le transporter à la morgue. Le tronc mutilé sur la voie du chemin de fer et cette lamentable dépouille constituent mon initiation à la mort dans ce moment où la mort déferle de toutes parts.

Au mois d'octobre 1914, complètement rétabli, j'entre en troisième. Mon professeur est l'étrange M. Combescure. Je commence à étudier le grec avec un professeur de la faculté de Louvain replié dans notre ville et dont je constitue tout l'auditoire. Mon amour des poètes développe monstrueusement ma mémoire.

Mon père, qui vient d'être démobilisé, achète une concession de lignite à côté de Cavillargues, à trente kilomètres d'Alès, et va vivre dans ce village avec ma mère. Je suis mis en pension, boulevard Gambetta, chez Mme Platon. Le samedi, je rejoins mes parents et m'initie aux travaux de la mine que mon père exploite avec des alternances de déboires et de succès. Le lignite de ce filon est trop flambant et s'enflamme parfois tout seul, lorsqu'il est entassé dans les wagons.

L'activité de notre cénacle poétique n'est pas ralentie par la guerre. J'écris des poèmes que mon professeur d'histoire, M. Bigot, traduit en provençal et je poursuis mon pèlerinage poétique à travers les siècles, découvrant Villon et les symbolistes, Ronsard et Baudelaire. La grande noria du massacre est en mouvement et mes aînés rejoignent les uns après les autres les bataillons de chasseurs alpins où sont mobilisés la plupart des Cévenols. Les hôpitaux sont pleins de blessés, les annonces de mort se multiplient. Le monde s'installe dans la guerre.

L'été de 1915 me ramène au Vigan. Dans cette petite ville et dans les villages de la montagne, je suis plus sensible au massacre qui se poursuit inlassablement. Tous mes cousins sont au front et, l'un après l'autre, tous mes amis partent à leur tour. Chaque jour est marqué par une annonce de mort. Faute d'aînés, je me sens devenir un grand. En octobre, j'entre en seconde. Notre professeur d'humanités est M. Rivérot. Il m'autorise à faire mes devoirs de français en vers. Je continue à être seul en classe de grec avec le professeur de la faculté de Louvain et, en mathématiques, je suis aussi le seul élève d'une jeune licenciée qui, comme moi, est pensionnaire chez Mme Platon. Etrange lycée dévasté par la guerre. Entre le massacre de mes aînés, ma vie studieuse et mes enthousiasmes poétiques, il n'y a rien. Au mois de juillet, pour me récompenser d'avoir enfin compris les rudiments de l'algèbre, mon professeur de mathématiques m'emmène visiter Arles. Je découvre les Alyscamps, le Musée lapidaire, Saint Trophime et le Muséon Arlaten. J'achète *Mireille* que je comprends sans peine. J'en sais vite par cœur des milliers de vers et la poésie provençale s'ajoute pour moi à la poésie française. Je passe l'été au Vigan, à courir la montagne, à faire des vers, à nager dans les torrents.

En octobre 1916, mes parents m'envoient faire ma rhétorique au lycée de Montpellier. Les Cévenols y forment un clan montagnard qui s'allie à celui des Catalans pour résister à l'impérialisme des autochtones. On m'a mis en pension chez un pasteur, sous les jardins du Peyrou, à côté de la banque de France. Aux soirées poétiques qu'il organise, je récite mes vers. Il me demande quel est l'auteur de « ces beaux poèmes ». Je déclare, avec modestie, qu'ils sont de moi, mais je perds tout crédit et subis d'interminables sermons sur le mensonge. J'aggrave mon cas en profitant d'un dimanche de sortie pour aller voir *Lakmé* que l'on donne au théâtre. Je n'ai plus le droit de sortir seul. Pour me venger, je découvre le chemin des toits et, toutes les nuits, je pars en expédition par une lucarne, avec deux ou trois de mes condisciples. Nous découvrons un merveilleux univers fait d'étoiles, de tabatières ouvrant sur des chambres de bonnes, de phares tournant sur l'horizon de la mer. Une nuit, nous nous égarons sur les toits de la banque de France. Les gardiens nous prennent pour des voleurs et ouvrent le feu sur nous. Je suis le seul à garder l'usage de la voix et, pour faire cesser le feu, je révèle aux gardiens notre identité. « Ne tirez plus... Nous sommes des enfants... Nous venons de la pension d'à côté. » Dès le lendemain, je suis mis à la porte de la pension. J'émigre à la villa Bel-Air, chez les dames Mourgues-Molines. Cette maison, où je resterai un an et demi, est un paradis pour moi. On veut y transformer le petit sauvage de la montagne en garçon civilisé. Mes premiers vers paraissent dans *l'Effort des jeunes*, la revue des étudiants de Montpellier. Un mois après, ils sont reproduits dans *Le Mercure de France*, avec quelques lignes élogieuses. Je me crois célèbre et je le suis, pour douze ou quinze personnes.

Pendant l'hiver, ma mère vient à Montpellier. Elle attend un enfant et cette grossesse tardive, sa maladie de cœur, sa santé chancelante peuvent mettre ses jours en danger. Mon frère Max naît en février. Ma mère a surmonté cette épreuve et je me réjouis de ne plus être fils unique. Il me semble que ma petite sœur n'est plus morte.

Je découvre le pays de Montpellier, la garrigue et la mer, un monde plus subtil et plus raffiné que celui de mes montagnes. Je suis reçu à la première partie de mon baccalauréat. Mais la guerre continue et les recrues qui passent en chantant sous ma fenêtre, ont à peine deux ans de plus que moi. L'été sera l'été de l'angoisse. Je passe de longues heures à parler avec les permissionnaires. Ils me font pénétrer dans un autre monde. Boisson, mon voisin du Champ, soldat depuis trois mois, me dit adieu, un soir, et, cinq jours après, est tué en arrivant au front. Je vais voir l'oncle Fernand, en Avignon, et suis témoin d'une émeute de soldats, dans la gare où se croisaient un train de blessés et un train de récupérés montant en renfort. Comment un adolescent pourrait-il rester étranger à de pareilles tourmentes ? Je suis alors, comme des millions de Français, patriote, mais pacifiste.

Octobre me ramène à Montpellier. J'entre en philosophie. Je suis brusquement devenu bon élève. Deux professeurs ont une grande influence sur moi, M. Cramaussel en philosophie et M. Roussel en histoire. Ce dernier veut que je prépare l'Ecole des Chartes. Il décidera de ma carrière universitaire et je deviendrai chartiste par persuasion. Mais le lycée ne suffit pas à mes curiosités de jeune homme. Je fais la connaissance du sculpteur Dardé, revenu blessé de la guerre et qui a repris son travail. Son atelier n'est qu'à quelques centaines de mètres du lycée. Chaque jour, en sortant de classe, je vais y passer une ou deux heures. Dardé se prend d'amitié pour moi, me fait lire Romain Rolland, Tolstoï et Tagore. Je vis dans une atmosphère d'apocalypse et d'espérance. Mon pacifisme ne m'empêche pas de vouloir partir à mon tour. Je passe le conseil de révision avec ma classe : bon pour le service armé. En même temps, je suis reçu à la deuxième partie du baccalauréat. Au Vigan, où m'a ramené l'été, une réunion de prières a lieu dans la maison de grand'mère, « pour ceux qui sont partis et pour ceux qui vont partir ». A ce moment, j'ai perdu la foi de mon enfance, mais cette réunion a pour moi quelque chose de sacramentel : elle marque le terme de ma jeunesse et le début d'une nouvelle période de ma vie. Impatient de partir, je veux m'engager. Mon père ne me donne son autorisation que pour l'aviation. Je passe un examen médical, mais on ne veut pas de moi comme pilote. Au même moment, Saint-Exupéry, que je ne connaissais pas encore, s'engageait dans la formation même où j'avais rêvé de partir. J'irai donc à Paris, préparer l'Ecole des Chartes.

« Les années 20 furent celles de l'espérance. »

En octobre 18, j'arrive à Paris. Me croyant plus riche que je ne le suis, des amis m'ont retenu une chambre somptueuse au Trianon Palace. Je n'y resterai qu'un mois, pour émigrer dans un hôtel plus modeste de la rue Cujas. Le 11 novembre, je suis dans la bibliothèque de la Sorbonne quand les cloches de l'armistice se mettent à sonner sur Paris. Jour merveilleux ! La dernière des guerres vient de finir. Je rencontre Roger Vitrac, dans un café : « Tu es poète ? Je suis poète, moi aussi. » L'amour de la poésie et l'amour de la paix scellent mes premières amitiés parisiennes. A la Sorbonne, je me lie avec

Henri Petit et Jacques Kayser. A la manifestation Jaurès, où nous défilons devant Anatole France, avec Jean Prévost.

Il me faut revenir en Cévennes avant la fin de l'année scolaire. Mon père est tombé malade. Il est emporté en quelques jours, au Vigan, dans la propriété de grand'mère où j'ai passé mon enfance, et meurt le 13 juin 1919. De quoi est-il mort ? De la grippe espagnole, peut-être, mais, sûrement, de sa lutte avec la vie. La mort du père est une blessure. Elle a mis, pour moi, des années à se refermer. Je la sens encore, aujourd'hui. Nous restons dans un dénuement absolu. Ma mère a pris la décision de travailler pour élever mon frère. Mon oncle Emile et mon oncle Fernand m'ont trouvé une place de comptable à l'usine du Vigan. Mais je refuse les dons de mes trop prudents tuteurs et décide de travailler pour achever mes études.

Dans ce désastre, l'oncle Théodore, l'africain de la famille, me télégraphie d'aller le retrouver à Marseille et, joignant un mandat à ce rendez-vous, de m'acheter tout ce dont je pouvais avoir besoin « pour faire figure ». Pendant huit jours, je l'attends à l'hôtel de Noailles et, plus rusé que des aigrefins alléchés par mon évidente innocence — je devais faire fils de famille ! — sauve mon argent d'un pocker aventureux. L'oncle arrive enfin. Il m'offre d'aller au Maroc avec lui, pour voir s'il me plairait de faire fortune ! Nous nous embarquons et, sur le pont, chantons des psaumes pour nous retrouver enfants l'un et l'autre. Pendant deux mois, je vais de Safi à Marrakech, cours le bled à cheval, chasse dans l'Atlas. Une chute grave me met au lit pour dix jours et je passe mon temps à écrire des poèmes. Je n'ai pas envie de faire fortune. Il faudrait vendre des terrains, des blés et des arachides ! Mais quoi, alors ? Rentrer à Paris, faire des études supérieures et devenir écrivain. J'assure à mon oncle : « Un grand écrivain ! — Bon ! dit-il, c'est un peu ce que j'ai fait... Tu as quatre-vingt-dix-neuf chances sur cent de rester au bord de la piste ! Nous en reparlerons dans dix ans. » L'oncle me donne un viatique. — « Un an devant toi » — et je rentre à Paris, non sans avoir dilapidé les trois quarts de mon argent pendant le voyage.

A Paris, je me mets à préparer le concours des Chartes comme un furieux. Je suis reçu neuvième et m'installe rue Daubenton. Ma mère est sous-directrice de Concordia, une grande pension pour jeunes filles. Je m'adapte mal à la discipline de l'Ecole. Le directeur, M. Prou, nous reçoit à tour de rôle. Il m'interroge sur la situation de mes parents. J'avoue ma gêne, avec un rien de superbe. « Mais puisque vous n'avez pas de fortune, pourquoi voulez-vous faire des études supérieures ? » Dédié à nos cadets, à qui personne n'oserait plus tenir de pareils discours. Excellent M. Prou qui voulait préserver un certain ordre du monde quand le monde avait déjà commencé de plus fantastiques métamorphoses !

Des amis me procurent des leçons. Bachelier depuis un an, chaque soir, je prépare à la première partie du bachot un enfant prodige. Mes amitiés ont la couleur de mes passions : la paix, la justice et la poésie. Je les noue au groupe des étudiants socialistes et dans des cénacles littéraires fugitifs, toujours défaits ou refaits. Certains sont sous l'influence du dadaïsme et ne tarderont pas à se rallier au surréalisme. Roger Vitrac m'attire vers ces aventures. Jean Prévost, Henri Petit et Louis Guilloux dont je viens de faire la connaissance, me retiennent dans la tradition humaniste. Nous découvrons alors les grands romanciers de l'autre siècle, russes et français. Je ne fus jamais ni dadaïste, ni surréaliste, mais je dois à ces mouvements d'avoir perdu confiance dans ma vocation de poète. Je n'ai jamais été tenté par la littérature de laboratoire. Mais, puisqu'il est clair qu'on ne peut plus songer à écrire *La Divine Comédie*, ni *La Légende des siècles*, ni *Mireille*, il faut trouver un autre moyen de s'exprimer.

Ces beaux soucis, la vie nocturne, les discussions sur l'ordre du monde prolongées jusqu'à l'aube me font refuser à mes examens. Il faut redoubler la première année des Chartes. On offre alors aux étudiants — innovation passagère ! — un « régime spécial » dans les régiments de Paris : soldat le matin, étudiant à partir de deux heures de l'après-midi. Ce régime tentera quelques futurs écrivains, Arland, Vitrac, qui s'engagent dans l'infanterie. J'opte pour une arme montée, le 13e d'artillerie, à Vincennes. Pendant un an, cavalier le matin, chartiste l'après-midi, je traîne une vie presque misérable. Mené trop durement, écartelé par cette triple existence de cavalier, de chartiste et d'apprenti-écrivain, ombre aux fesses écorchées, traînant des houseaux qui sentent la sueur du cheval monté le matin, je donne des leçons à des jeunes filles pour avoir quelque argent de poche, éperdu d'arriver chez mes élèves dans cet attirail et avec cette odeur de centaure.

Reçu à mes examens, je désespère déjà de pouvoir faire ma seconde année dans ces conditions quand, brusquement, les « engagés spéciaux », élèves d'une Grande Ecole, sont remis en sursis. Redevenu civil, je m'installe dans un hôtel de la rue Berthollet et cherche un emploi pour remplacer l'ordinaire du régiment. Je trouve une place de pion dans une boîte à bachot de la rue de la Pompe, à côté de Gerson dont elle absorbait le rebut. Pour le repas du soir et quelques dizaines de francs, je surveille les études, pendant des heures. La plupart des élèves, dont certains ont été déjà mobilisés, ont le même âge que moi. Ces retardataires, tous bien nantis, me tâtent pour voir s'ils pourront faire de moi leur souffre-douleur. Le problème se règle à la salle de sport, un soir, où ayant négligemment accepté de boxer avec un des plus turbulents, je mets les gants et l'assomme avec une rage féroce. Respecté depuis lors par les élèves qui finissent par me trouver « très gentil » — tout en m'appelant « la petite vache » — je monte en grade et deviens professeur d'histoire et de français, maître Jacques crispé de cette institution digne des *Grandes Espérances*.

Ma vraie vie est pourtant au quartier latin, moins, cependant à l'Ecole dont je suis les cours avec de plus en plus d'intérêt, que dans les groupes d'amis, traversés, oubliés, retrouvés, et dont un seul est resté, pour moi, le point fixe de cette époque. Pierre Bost, Salacrou, Dubuffet et Limbour constituent le clan des Havrais. Jean Prévost est, toujours, pour moi, un ami fidèle, mais le vrai « centre du monde » est alors, à mes yeux, rue du Val-de-Grâce, chez Louis Guilloux où je retrouve Henri Petit, Jean Grenier et, parfois, Jean Claparède et Georges Duvau. Sur le poète mort, un prosateur va naître. Nous sommes tous en apprentissage, insurgés autant que des jeunes gens peuvent l'être, mais pleins de respect pour les maîtres que nous nous donnons. C'est pour nous le temps de Dostoïevski, de Nietzsche, de Tolstoï, mais aussi de Barrès et de Romain Rolland. J'ajoute à ce Panthéon les grands Méditerranéens dont je suis le seul à connaître la langue, sinon le secret. Devenu professeur, je ne mange plus avec les élèves et nous nous retrouvons, presque chaque soir, au café Procope, rue de l'Ancienne-Comédie, restaurant modeste, dont les servantes partagent nos espoirs de gloire et de grandeur. Deux jeunes Américaines, les sœurs Merrel, anciennes élèves de Wassar, se sont jointes à notre groupe. A part ces amis, je ne connais absolument personne à Paris, mais la ville est, pour moi, peuplée d'Ombres illustres et de jeunes gens qui conversent avec elles.

Reçu en fin d'année, je retourne dans les Cévennes. De passage à Nîmes, je rencontre la fille de l'ancien conservateur des Musées archéologiques, Lucie Mazauric, qui prépare le concours d'entrée de l'Ecole. Je lui donne les conseils de l'ancien. Nous nous retrouverons à Paris. Court séjour dans mes montagnes et je passe l'été dans les Vosges où je suis précepteur d'un jeune garçon avec lequel je monte à cheval, car il préfère le sport aux explications de Virgile. Je mène la vie de château mais, vingt ans après, je retrouverai le château dévasté par la guerre !

En troisième année, je suis presque bon élève, passionné d'archéologie, adapté enfin à mes sévères études. Je commence ma thèse sous la direction de Camille Jullian, un peu Cévenol et protestant comme moi : Etude sur la géographie historique des Cévennes pendant le haut Moyen Age et sur l'évêché fantôme d'Arisitum. Mon bon maître m'initie à la compréhension de ces temps lointains mais, plus qu'à une sévère critique des textes, s'en remet à l'intuition créatrice. — « Avez-vous vu les lieux ? Les avez-vous trouvés sauvages et celtiques ? » — Grâce à lui, l'érudition s'ouvre sur la poésie du mystère. C'est le charme qui fait le savant.

Il me faut travailler plus dur. J'abandonne la boîte à bachot. Ma mère est toujours à Concordia ; elle m'aide et je donne quelques leçons. Reçue seconde à l'Ecole, Lucie Mazauric fait son entrée dans le petit groupe de mes amis, car mes travaux d'érudit ne m'ont pas détourné de mes amitiés littéraires et de mon apprentissage d'écrivain. Sans jamais avoir voulu nous constituer en Ecole — nous sommes trop différents pour cela — nous nous sommes donné, avec un mélange d'ironie et de sérieux, le nom de « Vorticistes », du latin *vortex*, tourbillon. Nous aurions tout aussi bien pu dire les « dévorés » ou les « frénétiques », mais notre tourbillon est celui de l'amour des choses de l'esprit. Notre école ne fut jamais qu'une sorte de canular, mais je vois bien que je lui serai resté fidèle toute la vie et le *vortex* m'entraîne encore avec lui !

Le Vorticisme tient ses assises au Procope ; au restaurant de la Patte-d'Oie, boulevard du Port-Royal ; rue du Val-de-Grâce, chez Louis Guilloux ; rue de Navarre, chez Henri Petit, et dans toutes les rues et tous les cafés du quartier latin. J'ai commencé à écrire un petit essai : *Etienne* et une étude qui n'arrive pas à se constituer en roman : « l'introduction à la vie de province ». J'envoie *Etienne* à André Gide qui ne me répond pas. Il le fera des années après, je dirai comment. J'écris un autre petit essai : *Attitudes*, qui est publié par Jo Fabre, libraire éditeur à Nîmes, en modeste édition de luxe. Tous mes amis ont aussi commencé leur œuvre et nous nous lisons nos manuscrits, dans un enthousiasme qui n'empêche pas nos critiques d'être féroces. Certaines blessures de ce temps ne sont pas encore fermées ! Au cours de l'année, je me fiance avec Lucie Mazauric, venue, comme moi, des Cévennes camisardes et sortie de l'univers enchanté de mon enfance et de ma jeunesse comme pour me rejoindre à Paris. Mon temps d'Ecole est fini. Je n'ai plus que ma thèse à soutenir.

Le temps change de vitesse

En se rapprochant de moi, le temps que j'évoque semble changer de vitesse. Je sens bien qu'il va se précipiter de plus en plus, jusqu'à se confondre avec la minute présente. Il faut sortir de l'univers de l'adolescence et de la jeunesse. Le temps de l'apprentissage est fini. Sans doute, l'apprenti réapparaîtra parfois comme une ombre pendant les jours de la maturité. Il n'est pas encore mort aujourd'hui. Mais il faut bien fixer une limite à ce changement qui ne fut qu'une lente métamorphose. Mes années ne sont plus celles de l'étudiant qui vont d'octobre à octobre. Il me faut, maintenant, les placer sous leur millésime.

1924

Dernière année de service militaire. Elève-officier de réserve à Saint-Cyr, comme l'étaient alors les anciens élèves des grandes Ecoles. Grandeur et servitude, naturellement. Un autre monde s'ouvre devant moi. Les vrais saint-cyriens sont des enfants. Ce que nous étions cinq ou six années auparavant, à la sortie du lycée. Conscience d'aîné. La guerre est une activité juvénile. Retour chaque dimanche à Paris pour retrouver le vrai « tourbillon », celui de l'espérance d'une activité créatrice et retrouver, surtout, Lucie Mazauric.

Thèse soutenue ou, plutôt, merveilleuse improvisation soliloquée de l'historien de la Gaule sur mon travail plein d'obscurités.

Nommé sous-lieutenant, à Toulouse au 83e d'infanterie. Découverte de l'Occitanie. Amitié avec le chanoine Auriol, par l'archéologie et l'histoire. Première relation du petit protestant avec un prêtre : « Monsieur le chanoine, il me faut vous faire une confession, du point de vue religieux. — Parlez, mon cher enfant. — Je suis protestant. — Ah ! vous m'avez fait peur ! J'ai craint que vous ne fussiez mauvais catholique ! »

Mariage à Nîmes, en juillet. Séjour dans les Pyrénées. Le Vignemale. Retour en Cévennes. Le père nourricier de ma femme me raconte l'histoire de Roux le Bandit. Je transforme son récit dans le sens d'un archétype, sans m'abstraire de la réalité, et je commence à écrire mon premier roman.

Mort de grand'mère, le 17 octobre. « Dans un moment, je verrai Abraham et Jacob ! » Ce n'est pas seulement grand'mère qui est morte ce jour-là ! Mais elle était trop assurée de la vie éternelle pour que sa mort soit véritablement une fin !

Démobilisation, retour à Paris. On me propose de partir comme archiviste en Lozère ou dans les Basses-Alpes. C'est à Paris qu'il faut jouer quitte ou double. Ma femme achève sa troisième année d'Ecole. En pension à la villa Pax, rue Tournefort, avec des étudiants et des artistes. Amitié avec Wanda Wolska, jeune Polonaise, élève de Fernand Léger. Jean Moreau et un cordonnier humaniste me font rencontrer Georges Duhamel qui accueille *Roux le Bandit* encore inachevé. Ses conseils fixent ma volonté : devenir écrivain mais, pour rester libre, accepter la servitude d'un second métier. Quel second métier ? Pour le moment, encore des leçons et une bourse à l'école américaine de bibliothécaires.

Dépôt du manuscrit de *Roux le Bandit* chez le concierge des Editions Grasset. Convoqué dans la quinzaine par pneumatique pour signer le contrat. *Roux* paraîtra en septembre dans *les Cahiers Verts*, que dirige Daniel Halévy et où je rejoins (à côté de Guéhenno et d'André Malraux), François Mauriac, André

Maurois, Julien Benda et Montherlant. Est-ce déjà ce qu'on appelle la gloire ?

1926

Rue Monge, dans un minuscule meublé. Ma mère, malade, vient habiter avec nous. Travail de manœuvre aux archives du ministère du Commerce, dans des tonnes de dossiers et de poussière. Candidat à la Bibliothèque nationale. Edouard Daladier, alors ministre de l'Education nationale, lit *Roux le Bandit*, me convoque au ministère, me fait bavarder une heure et je sors de chez lui chef adjoint de son cabinet, fonction dont il venait de me révéler l'existence. Nommé stagiaire à la Bibliothèque nationale.

Hanté par le thème de *L'Homme contre l'Histoire*, bouleversé par la lecture des *Ames mortes*, j'écris un essai et un roman. Travail intensif, pendant les vacances d'été, en Cévennes.

1927

Publication des *Hommes de la route* et de *L'Homme contre l'Histoire*, dans *Les Cahiers verts*. Ce dernier essai paraît dans un cahier collectif avec des textes d'André Malraux, d'Henri Petit et de Jean Grenier. *Les Hommes de la route* frôlent le Goncourt et sont battus par *Jérôme* de Bedel, mais la presse me venge de cet échec.

Richard Cantinelli, bibliothécaire à la Chambre des députés, me propose de venir travailler sous ses ordres. Grand seigneur de l'esprit, il a pris en affection le jeune chartiste et, surtout, le jeune romancier inconnu. C'est un des hommes dont j'aurai reçu les meilleurs conseils. Je l'entends encore me dire un jour : « Vos héros vivent, mais où sont vos héroïnes ? Pour être un grand écrivain, il vous faut en créer une avant d'atteindre la soixantaine... » A cinquante-huit ans, je n'ai pas oublié cette phrase et j'ai quelque espoir en voyant le visage de ma grand'mère qui me sourit, dans *Le Chiffre de nos jours*... Mais, en 1927, il fallait d'abord régler le problème matériel. Je passe le concours de la Chambre mais, au lieu d'entrer à la Bibliothèque, je suis affecté à la commission de l'Enseignement et des Beaux-Arts.

Pendant l'été, je vais en Camargue, au mas de l'Amarée, chez le marquis de Baroncelli et je rencontre Joseph d'Arbaud.

Longues chevauchées des Saintes au Caylar, derrière les manades. Amitiés avec les cavaliers de la Nation gardianne. Le poète renaît en moi, dans le jardin secret de la poésie provençale.

Naissance, à Nîmes, de ma fille Frédérique, saluée à son berceau par les poètes de Provence.

1928

Nous nous installons au 17 de la rue Thouin, au sommet de la montagne Sainte-Geneviève. J'achève et publie *Le Crime des justes*. Je participe, avec André Malraux, à la décade de Pontigny, restée dans mon souvenir comme la décade « du pommier et de la hache ». Je fais la connaissance de Gide, de Martin du Gard et de Schlumberger. Leur amitié traversera toute ma vie. En octobre, c'est au 17 de la rue Thouin que Giono, arrivé à Paris derrière le manuscrit de *Colline*, les rencontrera à son tour. André Gide retrouve, à Cuverville, le manuscrit d'*Etienne* et, jamais envoyée, une lettre écrite pour moi, lettre d'éloges et d'affectueuse amitié. Que ne l'a-t-il mise à la poste alors qu'elle m'eût été secourable !

Par Arthur Fontaine, venu écouter ma première conférence (sur *L'Homme contre l'Histoire*) dans une petite salle de la Sorbonne, j'entre dans le cercle d'Adrienne Monnier et de Sylvia Beach. J'y rencontre Paul Valéry, Jules Romains et Léon-Paul Fargue. Un soir, envoyés par Sylvia, King Vidor et Scott Fitzgerald entrent dans ma vie. Avec King Vidor, je travaille à un scénario. King veut m'emmener à Hollywood, pour le tourner. « And for money, illimited. » Tentation. Décision. « Non, King, je suis un paysan français, je reste chez moi. » Ce scénario ne verra jamais le jour, mais Sylvia en reconnaîtra des thèmes dans *Le Pain quotidien*. Le passage d'Hollywood sera moins qu'un rêve. King ne saura jamais combien nous étions pauvres, à ce moment-là ! Enchantement de l'amitié de Scott. Il fait traduire mes premiers livres en Amérique, à coups de télégrammes impératifs. Jamais hommes plus différents ne se sont si bien accordés. Extravagantes soirées dans la gentillesse et l'exaltation de Scott. Je ne puis, malgré mes efforts, l'arracher à son Démon qui le dévorera en quelques années.

1929

Première idée de *Tabusse*. Premier voyage à l'étranger. Le Tyrol. Ascensions dans l'Otztal, à partir de Vent. Découverte du Sud-Tyrol. Thème du nationalisme contre la patrie, projection du thème de *L'homme contre l'Histoire*. Voyage à Venise. Polémique avec l'Action française. Conférence à l'université de Berlin où le professeur Weschler me place dans la descendance d'Héraclite que j'ignorais parfaitement à ce moment de ma vie.

1930

Première conférence en Suisse, à Lausanne. J'apprends à parler sans texte ni notes. Dur métier. J.-L. Vaudoyer me commande un *Aigoual*, pour les « Portraits de la France ». Ce texte donnera naissance aux *Quatre éléments*. Centenaire de la naissance de Mistral. Je convaincs Paulhan de lui consacrer un numéro spécial de la *N.R.F.* Fêtes en Provence et en Cévennes. Chevauchée mystique dans le désert de Camargue avec Baroncelli et Joseph d'Arbaud. Publication de *Tabusse*. De moitié avec Jo. Fabre, mon premier éditeur, nous construisons une humble cabane de rondins, sur les hauteurs de l'Aigoual, première ébauche de la maison de nos rêves ! Conférences en Allemagne où je poursuis mon apprentissage d'orateur !

1931

Les passions politiques s'emparent de moi, Cristallisation de l'esprit de liberté autour de Jean Guéhenno et de la revue *Europe*. Amitié avec Romain Rolland. Publication d'*Héritages*.

1932

Mal portant. « Comment va le tube ? » me demande Gide. Probablement un ulcère du duodénum. Douleurs et tristesse qui s'ajoutent à l'angoisse des événements. Conférence sur la paix avec Jean Prévost et Paul Valéry. Voyage à Cambridge.

1933

Conférence internationale à l'université de Leyde, en avril. Les écrivains allemands y sont remplacés par une délégation de nazis. J'engage avec eux une dure polémique. Le recteur de l'université leur demande de ne plus participer au congrès, à la suite d'un scandale soulevé par le chef de leur délégation. Dix ans plus tard, ce savant exemplaire sera assassiné. Le « tube » me tourmente de plus en plus. Le professeur Mondor m'opère de l'appendicite. Convalescence (après un séjour de travail à l'université de Brno), dans les Hautes Tatras où j'écris en quelques jours les trois quarts de *L'Auberge de l'abîme*. En octobre, un des rêves qui m'avaient fait entrer aux Chartes se réalise : je suis nommé conservateur-adjoint des Musées nationaux, au palais de Versailles. Accueil paternel de Pierre de Nolhac. Installation à Versailles.

1934

Angoisse grandissante devant la montée des régimes totalitaires. Choc décisif du 6 février. Mon amitié avec Edouard Daladier me permet de mesurer l'absurdité de cette émeute et d'en connaître quelques secrets. La France est-elle promise au destin de l'Italie et de l'Allemagne ? Comité de vigilance des Intellectuels antifacistes. Comité pour la défense de la culture, avec André Gide, Barbusse, André Malraux et Jean Guéhenno. Pendant plus de cinq ans, détourné en grande partie de mon labeur d'écrivain par cette dévorante angoisse, je vivrai dans une atmosphère d'apocalypse, au milieu des signes avant-coureurs de la catastrophe prochaine. J'écris en quelques mois *L'Année des vaincus* qui marque l'entrée des événements contemporains dans mon œuvre.

1935

Vie infernale entre le travail professionnel et l'action pour la défense de la liberté. Interruption de mon activité d'écrivain. Préparation du Congrès pour la défense de la culture qui a lieu à Paris, dans les derniers jours de juin. Vaste rassemblement où se retrouvent Heinrich Mann, Aldous Huxley, John Dos Passos, Pasternak... J'y prends la parole, à côté de Gide et de Malraux... Neuf ans après, une nuit, en Alsace, devant l'ennemi, Malraux me récitera un morceau de la péroraison de mon discours : « Je suis français depuis que la France s'est faite... Je suis lié à ce sol par les cimetières et les sillons... » et sa voix, dans ce lieu, sera pour moi comme la justification des passions de notre jeunesse.

Avec Jean Guéhenno et Andrée Viollis, j'assume la direction de *Vendredi*, « hebdomadaire fondé et dirigé par des écrivains », dont le premier numéro paraît en novembre. Il groupe tous les écrivains qui veulent lutter contre l'hitlérisme, « de Gide à Maritain ». Entreprise écrasante, menée presque sans argent, et qui nous dévore. Démarrage dans le succès. Mais nous vivons, dès les premiers jours, dans la crainte de subir le sort du *Quotidien*, acheté, selon la formule, par les puissances d'argent. Il faut nous défendre sans cesse, même contre nos plus proches amis. Nous ne le pouvons que grâce à l'honnêteté de l'administrateur du journal, Emile Lohner. En fin d'année, je publie pourtant *Les Quatre Eléments*. Mais, dernier écho du monde de mon enfance, le livre était achevé depuis des mois. C'est comme le point final de la première partie de mon œuvre.

1936

De plus en plus dévoré par les passions politiques. Nous nous engageons avec fureur dans la lutte électorale. Aucun de nous n'est candidat, mais nous parlons pour les autres. Je ne suis presque plus écrivain. Une société de bibliophiles ayant fait une édition de grand luxe des *Hommes de la route*, j'oublie de me rendre au banquet fait à l'occasion de la parution du livre. Ma femme me retrouve en train de régler le sort du monde avec Guéhenno et je finis ma soirée dans la confusion et la honte.

La guerre d'Espagne est un choc encore plus profond que celui du 6 février. Nous y voyons le symbole de la liberté en péril et la préfiguration de notre avenir. Aide aux républicains. Nous leur envoyons des médicaments et des vivres. Pendant l'été, voyage en U.R.S.S. sur les traces d'André Gide, de Guilloux et de Dabit. Mort de Dabit. Kiev, Moscou et Léningrad. Visite au village des écrivains où je retrouve Pasternak et rencontre Léonid Léonov, Alexis Tolstoï et Ilia Ehrenbourg. Le lendemain de mon retour à Versailles, Gide vient me voir et me lit son *Retour de l'U.R.S.S.* Nous le publions en première page de *Vendredi*. C'est le début des difficultés dont notre journal mourra.

1937

Voyage à Madrid où je retrouve Malraux. Découvertes des horreurs de la guerre. L'épouvante me fait écrire *Rien qu'un témoignage* qui annonce la venue des *Mécaniciens de la mort*. Baisse du tirage de *Vendredi* dont les difficultés deviennent insurmontables.

1938

Pour que *Vendredi* ne subisse pas le sort du *Quotidien*, nous décidons de le supprimer. Mais un organisme vivant ne disparaît pas sans problèmes. L'amitié et l'honnêteté de Guéhenno m'aident dans ce difficile passage. Pendant plus de deux ans, il fut, comme moi, directeur bénévole de ce grand hebdomadaire où nous avons toujours été libres dans nos passions, nos résolutions et nos espérances. Pendant cette année, je me lie d'amitié avec Saint-Exupéry, épouvanté, lui aussi, par l'avenir qui nous attend.

1939

Cette année passe dans l'angoisse annonciatrice de la guerre qui éclate au mois de septembre. Dernières conversations avec Jean Prévost et Antoine de Saint-Exupéry. Nous allons tous avoir 40 ans. « C'est le moment, me dit Jean Prévost, où l'écrivain se met à la seconde partie de son œuvre... et pour certains, comme moi, c'est même le moment où l'œuvre véritable commence... » Capitaine de réserve, je rejoins l'armée d'Alsace, déjà engagée, au commandement du général Bourret, et suis mis à la disposition du plus jeune général de l'armée française, de Lattre de Tassigny. Durant cette période, je fais la liaison entre les avant-postes et le P.C. Baptême du feu dans le saillant d'Orenthal, en avant de Bitche.

1940

Pendant toute cette guerre d'hiver, je parcours la ligne de front, de Bitche à Lauterbourg, dans l'attente de la grande offensive de l'ennemi. Evacué en avril, après une hémorragie de l'ulcère du duodénum que je traîne depuis des années, je suis soigné à la Maison des étudiants belges, de la Cité universitaire. A fin mai, je demande à repartir au front. Le médecin me laisse partir, tout en annonçant aux autres malades, que je n'en ai pas pour un mois. Je ne connaîtrai ce pronostic erroné que quinze ans après. De retour en Alsace, je retombe malade et suis transporté à l'ambulance chirurgicale de Phalsbourg. J'y suis soigné par les sœurs de Niederbronn qui me prennent en affection. Vers le 6 juin, l'ambulance faisant mouvement vers l'arrière, je rejoins le P. C. et fais la retraite avec les éléments de l'armée qui glissent le long des Vosges. Débordés par les chars de Gudérian et par des parachutistes ennemis à hauteur de Darnay, nous gagnons le fort de Bétancourt. Repli sur la Loire où nous pensons trouver des troupes fraîches, dans la nuit du 17 au 18 juin. Pendant cette nuit, je m'arrête dans une ferme du Jura et une jeune paysanne me dit, comme nous reprenons notre route : « Au revoir... Vous reviendrez dans quatre ans... Avec le peuple de France et de jeunes généraux. » Arrivés à Digoin, nous tentons en vain de nous accrocher. Nous nous replions sur La Souterraine sous les bombardements de l'aviation ennemie et sous la pression accrue de ses chars et de ses éléments légers. L'armistice met fin aux combats. Ces jours terribles semblent avoir guéri mon ulcère. Dans mon désespoir, je suis comme anesthésié. Je ne sais même plus où sont les miens, ma femme et ma fille, mon frère Max, chasseur au bataillon du Mont-Blanc. Une suite de hasards me fait retrouver les traces de ma femme. Elle est à Loc-Dieu, dans l'Aveyron, avec les chefs-d'œuvre du Louvre, évacués au dernier moment de Chambord dans la zone Sud et dont elle a surveillé le transport. Démobilisé au début d'août, je passe ma dernière soirée de soldat chez le général de Lattre, à côté de Clermont-Ferrand, avec quelques-uns de ses officiers, et nous lui faisons le serment de le retrouver, dès que la bataille recommencera.

Je rejoins Loc-Dieu. Mise en sûreté des chefs-d'œuvre du Louvre. Leur transfert et leur installation dans le musée Ingres de Montauban. C'est la fin d'une anabase qui les a conduits des bords de la Seine aux bords du Tarn, en passant par le Val de Loire.

A Montauban, je suis l'objet d'une surveillance policière et un ange gardien me suit comme une ombre pendant des mois. Pour quelques milliers de francs, j'achète une vieille ferme en Cévennes, au lieu-dit les Bressous, sur les pentes sud de l'Aigoual, dans l'espoir de pouvoir m'y réfugier en cas de besoin.

1941

Vie austère à Montauban, à côté de René Huyghe. Installation fiévreuse du dépôt. Jean Cassou, conservateur des Musées nationaux, est révoqué, puis jeté en prison. Le même sort me menace, mais Jacques Jaujard s'engage à fond pour me protéger. Jours d'angoisse et de muette fureur. Pour venir en aide aux premiers persécutés, nous organisons, avec quelques-uns de mes parents, une chaîne de refuges dans les Cévennes.

Reprise de mon travail d'écrivain. Dès mon retour à la vie civile, j'avais composé *Ecrit en 40* — « J'écris pour le jour de la liberté. J'écris pour conjurer les maléfices de la défaite... » et j'avais lu ce texte aux quelques amis qui m'entouraient. C'est dans le même esprit testamentaire que, pendant cette année, j'écrivis *Le Dernier Village* et commençai le *Liber Veritatis*. L'été nous ramena en Cévennes, dans la maison des Bressous.

1942

Lourd labeur quotidien pour la protection des chefs-d'œuvre. J'achève le *Liber Veritatis* et j'entreprends *Le Puits des Miracles*. Des noyaux d'amis commencent à s'organiser et forment des embryons de groupes de résistance. La surveillance, un moment relâchée autour de moi, se fait à nouveau sentir. Comme des millions d'autres Français, mal nourris comme eux, angoissé comme eux, je reçois des émissaires qui me pressent de me cacher. J'aide certains amis à rejoindre l'Angleterre, mais je veux rester avec les miens.

L'entrée des Allemands en zone Sud marque la fin de cette période d'incertitudes. Je reçois l'ordre de mettre en lieu sûr cent des plus précieux chefs-d'œuvre du Louvre et me cache avec eux au château de Loubéjac où pendant plusieurs mois, seul, vérifiant chaque jour l'état de quelques caisses, je vis en écrivant et en relisant Shakespeare et Balzac. Brusque chute de mon acuité visuelle après ces lectures de forcené. Depuis ce temps-là, il me faut porter des lunettes pour lire.

1943

Transfert et dispersion des Musées nationaux dans des châteaux isolés du Lot et de la Dordogne. Installation à La Treyne, près de Souillac. Roger Vitrac, dont c'est le pays natal, nous aide à mettre en sécurité nos chefs-d'œuvre. J'achève *Le Puits des Miracles*. Jacques Jaujard en emporte un manuscrit à Paris et, par Paulhan, le transmet aux Editions de Minuit. Première visite à un embryon de maquis. Il n'est composé que de quelques réfractaires inorganisés. Au cours de l'été, prise de contact avec le maquis combattant. Organisation de dépôts d'essence et d'armes parachutées. Mise sur pied de petites unités.

1944

Le général de Lattre me fait savoir, par un agent de renseignements qui, à plusieurs reprises, s'arrête à La Treyne, en cherchant à gagner l'Espagne, que l'on peut me faire passer en Afrique, mais qu'il vaut mieux que je forme une unité d'infanterie qui pourra se joindre à ses forces quand elles débarqueront sur nos côtes. En liaison avec de jeunes officiers alsaciens repliés dans le Sud-Ouest, je commence à rassembler des volontaires. La guérilla fait rage autour de notre dépôt. Embuscades et représailles. Toute la région est sous la terreur. Contacts établis avec le colonel Berger qui n'est autre qu'André Malraux ; avec Cassou, commissaire de la République pour notre région, qui vient me voir à La Treyne alors que je suis au maquis. Mais qui, quelques jours après, passe en revue nos unités et regagne son poste à Toulouse. Débarquement en Normandie. Prise de Cahors. Nous avons réuni sept à huit cents hommes, presque tous alsaciens ou lorrains. Débarquement du général de Lattre sur les côtes de Provence. Au milieu des colonnes allemandes en retraite, je pars immédiatement pour le rejoindre, dans une vieille traction avant, escorté de quatre hommes armés plus que de raison. Des bateaux d'assaut américains nous font franchir le Rhône, dont tous les ponts sont détruits, entre Trinquetaille et Arles. Rencontre du général. Il met à ma disposition des camions G.M.C. et des jeeps radios pour aller chercher le bataillon qui doit s'être réuni à Montauban et à Souillac, et me donne l'ordre de rallier son armée, à travers le Massif central, « pour rejoindre sa gauche ou nous engager à fond sur la droite de l'ennemi ».

Traversée du Languedoc, passage à Toulouse, embarquement de quatre ou cinq cents hommes à Montauban. Arrêt à Souillac où nous embarquons encore une compagnie. Adieux à ma femme et à ma fille et départ vers le nord-est. Ma femme assurera la direction du dépôt et continuera de protéger les chefs-d'œuvre.

A peine parti, je rencontre Malraux qui fait aussi mouvement avec deux bataillons d'Alsaciens. « Nous faisons la même chose, me dit-il, mais pourquoi ne pas la faire ensemble ? » Je lui réponds : « A tes ordres, mon colonel ! » Nos bataillons fédérés forment désormais la Brigade indépendante Alsace-Lorraine. Elle rejoint la 1re armée entre Macon et Autun, s'accroît à Dijon d'autres éléments alsaciens arrivés des maquis des Alpes et poursuit l'ennemi jusqu'aux pieds des Vosges. Je retrouve la ferme où j'avais fait halte en 40. Les parents de la paysanne me font fête et, cependant, j'apprends qu'elle a été déportée et que son frère a été fusillé par les Allemands. On m'a attendu ici quatre années, car je fus le dernier Français à passer la porte. Nous irons chercher la jeune fille en Allemagne. Je sais maintenant qu'elle s'appelle France Compagnon. Le soir, à la popote, elle est comme l'héroïne de la Brigade. Mal équipée, armée de façon hétéroclite, la brigade est engagée dans des combats de forêts et de crêtes. En liaison avec le général de Lattre, j'obtiens les équipements indispensables. Nous tenons le bois le Prince, en avant du col de la Fourche et, le 7 octobre, nous enlevons les Hauts de Parère, derrière Malraux, sorti le premier de nos lignes. Le lieutenant-colonel Jacquot est blessé grièvement au débouché de l'attaque. Le soir, nous avons atteint la Moselotte. En descendant au repos, nous sommes passés en revue, dans la zone de feu, par le général de Gaulle. En l'absence du colonel et du lieutenant-colonel blessé, je commande la parade de la brigade.

Ramenée au repos à Remiremont, puis à Montagney, la brigade est engagée à nouveau en Basse-Alsace, à Courtelevant, à Réchésy, à Altkirch. Elle enlève d'assaut Ballersdorf et Dannemarie et occupe Mulhouse. A la fin de l'année, elle est envoyée à Strasbourg pour participer à la défense de cette ville.

Dur et merveilleux hiver, à côté d'André Malraux, intrépide et fraternel. Pendant des mois, nous avons couché sous les mêmes toits, partagé parfois la même chambre, vécu les mêmes hasards et vu, parfois, l'aube se lever sur les mêmes veillées funèbres.

1945

Offensive allemande de janvier. Repli américain. De Gaulle et de Lattre n'acceptent pas de perdre Strasbourg dont la brigade Malraux protège le secteur Sud. Notre contre-offensive nous mène au-delà de la ligne Siegfried. Passage du Rhin. Campagne d'Allemagne, à l'état-major du général de Lattre. La Forêt-Noire, le Danube, le lac de Constance. L'armistice. Dernière revue, à côté du général, dans la plaine de Kehl avec la cathédrale de Strasbourg dans le soleil couchant. Démobilisation le 1er août. Retour en Cévennes pour les vacances. Refus d'être candidat aux élections. Rentrée à Paris en octobre.

Redevenu écrivain, après cinq ans de silence, j'ai le sentiment d'être oublié. Dans le monde où nous vivons, le silence n'a pas de vertu. Il faut recommencer à pied d'œuvre, redébuter comme vingt années auparavant. Sartre m'offre d'entrer avec lui aux *Temps modernes* en m'expliquant que *Les Hommes de la route* peuvent être considérés comme une œuvre annonçant l'existentialisme ! Sur mon refus, déterminé par la lassitude et par une volonté de travail dans la solitude, il me classera au rang « des écrivains qui eurent du succès avant la guerre, mais qui sont morts » et, dans cette liste nécrologique, unira mon nom à celui de Jean Prévost. Harassé par la politique et l'action qui m'ont dévoré pendant plus de dix ans, je ne veux plus être qu'écrivain. Mystique d'une nouvelle naissance. Publication des livres écrits dans le désespoir et la solitude. Malgré un grand succès de presse et de vente, *Le Puits des Miracles* ne m'arrache pas à ma solitude. Recherche d'un équilibre entre les valeurs de continuité et les valeurs de métamorphose.

Je reprends mon poste à Versailles. On m'offre le Petit Palais, vide et dévasté, qu'il faut remettre en état. Je me jette à corps perdu dans cette entreprise, comme je l'avais fait pour *Vendredi* ou pour la Résistance.

1946

Publication du *Liber Veritatis* et du *Dernier Village*. Première idée de *L'homme qui marchait devant moi*. Je suis épouvanté par les « morts-vivants » qui m'entourent, car la guerre a fait d'autres ruines que des ruines matérielles.

Remise en état du Petit Palais. Organisation de l'Exposition des chefs-d'œuvre de l'Ecole française du Louvre, sous le signe de la grandeur et du charme de la France. Ce fut, peut-être, un des premiers enchantements de ce Paris libéré, encore écrasé de tristesse.

Vacances aux Bressous, dans la solitude des Cévennes.

1947

En écrivant *L'Homme qui marchait devant moi*, je me mets en paix avec le monde nouveau qui m'entoure, mais je n'arrive pas à sortir de ma solitude. Tournée de conférences en Scandinavie. Je retrouve à Stockholm mon traducteur suédois, Axel

Claeson, qui fut un des premiers amis de mon œuvre, mais, quelque temps après, sa mort me replonge dans le chagrin. Organisation de l'exposition des Trésors de Vienne qui connaît un extraordinaire succès, avec plus de trois cent mille visiteurs. L'été se passe aux Bressous, avec des amis.

1948

Publication de *L'Homme qui marchait devant moi*. C'est un échec — le plus net de tous les échecs que j'ai connus. Le livre dit, peut-être trop tôt et trop durement, ce qui va être dit par d'autres dans les années qui vont suivre. « Inoubliable témoignage et de vous-même et de ce temps maudit où il nous faut vivre », a beau m'écrire Roger Martin du Gard, l'échec est cruel et me pose de lourds problèmes. Un écrivain résiste difficilement à dix ans de solitude.

Diversion : *Tabusse* et *Le Crime des justes* portés à l'écran. Scénarios, dialogues et participation au tournage. Je suis tenté, un moment, de m'exprimer par images et rêve de réaliser un scénario original. Prise de conscience du conflit entre la civilisation du langage et la civilisation des images. C'est à la première que j'appartiens... Autre diversion : il faut pourtant sacrifier aux images ! La Pinacothèque de Munich succède aux Trésors de Vienne et c'est, une fois de plus, une dévorante entreprise.

1949

Voyage à l'université de Göttingen où une étudiante, Lotte Krug, a consacré sa thèse de doctorat à l'étude de mes livres. « Das bild des menschen in den romanen und novellen von André Chamson. » Passage à Strasbourg pour revoir les anciens de la brigade avant de reprendre contact avec la jeunesse allemande. Liens renoués avec des professeurs connus vers 1930, lors de mes premiers voyages outre-Rhin, alors qu'ils étaient étudiants. Elevée sous le règne d'Hitler, Lotte Krug m'explique qu'elle n'a eu le droit de lire les écrivains français contemporains que depuis trois ou quatre ans. Merveilleuse découverte ! Mes livres, me dit-elle, lui ont révélé quelque chose qu'elle ne connaissait pas et, pressée de questions, ajoute simplement : « Le sens de la liberté ».

Congrès du Pen à Venise. Exposition de la gravure contemporaine au Petit Palais.

1950

Est-ce l'âge qui vient ? Toujours aussi attachés aux Bressous, nous rêvons pourtant d'une résidence moins âpre et plus facile d'accès. La cabane de l'Aigoual a été détruite après avoir servi de refuge aux maquisards des Cévennes.

Elève au Conservatoire d'art dramatique, ma fille nous fait vivre avec toute une jeunesse née de la guerre, des filles et des garçons qui sacrifient tout à leur vocation. Comment ne pas faire un roman avec les expériences qu'ils m'apportent ? Ce sera *La Neige et la Fleur.*

Organisation d'une exposition sur la Vierge dans l'art français, gigantesque entreprise pour laquelle je fais construire une chapelle romane à l'intérieur du Petit Palais. Tournée de conférences en Italie. Découverte de Rome et de Florence.

1951

Publication de *La Neige et la Fleur.* Ce roman sur « les hommes qui marchent derrière moi » connaît un destin absolument opposé à celui de mon livre précédent. Accueil chaleureux du public et de la critique. Emissions à la radio. Lettres d'aînés et de jeunes. Je vois bien qu'un écrivain ne peut pas vivre sans ces contacts.

Organisation de l'exposition des chefs-d'œuvre des musées de Berlin. L'enseigne de Gersaint reste deux mois au Petit Palais. Au printemps, découverte de la Grèce : Athènes, le cap Sunnion, Delphes, Larissa et Salonique. Elu président du Pen Club français, en remplacement de Jean Schlumberger qui a assuré cette présidence après Paul Valéry, Jules Romains et Anatole France, je suis happé par cette nouvelle « entreprise » et m'acharne à sauver la Maison internationale fondée par Jules Romains pour recevoir des écrivains étrangers à Paris.

1952

Le théâtre de Rochefort monte : *On ne voit pas les cœurs*, ma première et, peut-être, ma seule pièce, écrite sur un sujet dont j'avais pensé faire une grande nouvelle. Accueil bienveillant de la critique, dans la presse hebdomadaire, dur dans les quotidiens.

Le sentiment des variations du monde, de ses fantastiques changements, mais aussi le sentiment de la pérennité de certaines valeurs qui me semblent essentielles me donnent le désir d'écrire une histoire de ce demi-siècle, dans les événements et au-delà des événements, en prenant ma vie comme fil conducteur, dans l'histoire et contre l'histoire. C'est dans cet esprit que je commence à écrire *Le Chiffre de nos jours*.

Au début des vacances, organisation, à Nice, du Congrès international du Pen qui réunira près de six cents écrivains de tous les pays du monde. Au Petit Palais, exposition de Munch et des Trésors d'art du Moyen Age, en Italie. Pendant l'été, voyage au Brésil où, de Juan Pessoa à Santos, je fais quinze conférences.

1953

Plongé dans *Le Chiffre de nos jours*, je vois l'univers de mon enfance et de ma jeunesse se mettre en accord avec celui de ma seconde maturité. Ces mémoires — ou ces confessions — ne sont pas seulement le genre littéraire le plus largement ouvert sur la vérité de la vie, mais une merveilleuse thérapeutique spirituelle.

L'Académie — qui n'avait jamais été l'objet de mes rêves et, peut-être, à cause de cela, jamais, non plus, l'objet de mes dépits et de mes railleries — me fait signe. Candidat dans une élection sans espoir, j'obtiens douze voix (le parti des écrivains !) et comme tous les candidats, heureux ou malheureux, je relis le *Journal d'un poète* d'Alfred de Vigny.

Pendant les vacances, voyage en Irlande et aux Etats-Unis. Au débarquement, interrogatoire ubuesque par des officiers de l'immigration disciples de McCarthy, mais réception chaleureuse à l'université de Columbia où l'on m'accueille « comme un messager de la liberté ». Il faut accepter ces contrastes. Conférences à Princeton, Columbia, Wassar, Yale, New York University, Harvard et Boston University, Rencontre de Van Wyck Brooks qui a traduit tous mes premiers livres aux U.S.A. Merveilleux week-end dans sa maison du Connecticut.

Au Petit Palais, exposition de la collection Van Beuningen et présentation du musée, sous le titre d'*Un siècle d'art français*.

1954

Le Chiffre de nos jours me donne le sentiment que les lecteurs constituent une vaste communauté amicale. Même en langue française, cette communauté déborde la France et s'étend sur la Suisse, la Belgique, la Hollande et le Danemark. Jamais livre ne m'entoura d'autant d'amis.

Spectacle « Son et Lumière » à Vincennes. Je m'amuse un moment avec ce nouveau moyen d'expression, comme je m'amuse, une fois de plus, à composer un décor pour la collection Girardin qui vient d'être léguée au Petit Palais. Congrès du Pen en Hollande.

1955

Les œuvres courtes reposent des œuvres longues. *Adeline Venician* n'est qu'une grande nouvelle. Un monde délirant peut-il nous conduire vers la raison à travers le délire d'une jeune fille solitaire ? Ce thème a peut-être sa vertu et je l'effleure en racontant la vie d'Adeline.

Elu membre de l'Académie allemande de Darmstadt pour la langue et la poésie où, seul autre Français, Cocteau m'a précédé ! Au Petit Palais, expositions des œuvres de Courbet et de Carpeaux.

Une suite de hasards nous permettent de louer une petite maison, aux limites du Languedoc et de la Provence, à Villeneuve-lès-Avignon. En m'installant, je rêve déjà d'y finir ma vie, en alternant mes séjours, suivant les saisons, entre la maison des Bressous et cette demeure rhodanienne.

1956

Lent travail pour la suite du *Chiffre de nos jours*. Texte sur le Languedoc. A nouveau candidat à l'Académie. Une fois de plus dans le *Journal d'un poète* ! Elu au fauteuil laissé vacant par la mort du baron Seillières.

Deux mois après, à Londres, au Congrès du Pen, je suis élu président international, en remplacement de Charles Morgan qui a succédé lui-même à Benedetto Croce, à Maeterlinck, à Jules Romains, à Wells et à Galsworthy. A peine élu, je dois faire face aux événements de Hongrie où des écrivains sont persécutés, et je fais appel à tous les centres du Pen pour qu'ils m'aident dans cette tâche.

Pendant l'été, les Cévennes, le Languedoc et la Provence me font fête. Je crois trop aux rapports de l'écrivain et de la Cité pour ne pas en être comblé. Anduze, patrie de ma femme, Le Vigan où j'ai grandi, Nîmes où je suis né, Arles où je retrouve la fidèle amitié de la Nacioun Gardiano, m'accueillent tour à tour, avec un mélange de faste, de simplicité et de gentillesse.

Au cours de l'année, France Compagnon qui, depuis son retour de déportation, m'envoyait fidèlement de ses nouvelles, vient me voir à Paris. Fille de mémoire, cette paysanne de l'Est, comme elle s'appelle elle-même, fait resurgir pour moi la terrible nuit pendant laquelle je l'ai rencontrée. Ce qu'elle dit de moi à ma femme est un honneur plus grand que tous les honneurs que vient de m'apporter cette année.

Au Petit Palais, installation définitive du musée. La muséographie est un métier de manœuvre et de collectionneur millardaire !

1957

Le poids des choses pèse de plus en plus lourdement sur moi : présidence internationale du Pen, action continuée pour les écrivains hongrois, préparation du premier congrès qui doit avoir lieu en Orient, contacts élargis avec le monde et confirmation de mes liens de fidélité avec l'univers de mon enfance et de ma jeunesse. Je ne veux me refuser ni aux uns ni aux autres. Le monde est ma paroisse, comme disait ma grand'mère, mais ma première paroisse est aux lieux où je suis né.

Préparation du discours de réception à l'Académie. Réception le 17 mai 57. (Les poètes de Provence comprendront pourquoi je souligne ces chiffres !) Voyage à Tokyo pour le congrès du Pen Club. Découverte de l'Asie.

Au retour, on me confie la présidence du Museon Arlaten où, à seize ans, je découvrais le jardin secret de la poésie provençale. Je suis élu à l'Académie des Jeux floraux de Toulouse qui, en 1928, m'a donné son grand prix. Ainsi se rejoignent les « intersignes », ainsi se resserrent les liens qui m'unissent au primordial et à l'universel, à l'originel et à l'acquis.

1958

J'écris *Nos ancêtres, les Gaulois* dans un mouvement de fureur né du sentiment que la France est victime d'une injustice. Mais, en dépit d'un accueil favorable de la critique, les événements de mai submergent ce livre.

Ils submergent aussi l'exposition des Trésors du Pérou, une des plus fantastiques entreprises réalisées au Petit Palais.

Au mois d'octobre, voyage en Finlande et en Italie.

Cette évocation du passé s'ouvre maintenant sur la minute présente... qui s'ouvre elle-même sur l'avenir. Que sera-t-il pour moi cet avenir dont je ne connais pas la mesure ? Dans un jour, dans trente ans... Il faudrait au moins faire bon usage de ce qui me reste encore.

Au retour de la guerre, pour me consacrer à mon œuvre, je me suis éloigné de la politique. Mais, d'année en année, je me suis laissé prendre par les besognes et dévorer par ce que j'appelle les « entreprises... ». Le second métier qui pourrait suffire à remplir une existence moins laborieuse que la mienne ; la présidence du Pen Club français, sa maison internationale et sa grande vente annuelle ; la présidence internationale du Pen, avec ses devoirs et ses servitudes, ses problèmes et ses dangers ; le prix Veillon ; le Museon Arlaten... que sais-je encore ! Puis-je ajouter que je laisse envahir ma vie par celle des autres et que je leur permets trop souvent de transférer sur moi leurs ennuis et, quelquefois, leurs délires ?

Mais la soixantaine arrive et si la vitalité que j'ai reçue en partage est encore intacte, je sens, cependant, les signes avant-coureurs d'une lassitude avec laquelle il faudra finir par composer. Je voudrais me consacrer entièrement à mon œuvre. Mais c'est trop demander, sans doute. Bien que les honneurs soient venus, je suis peut-être encore soumis à ce qui fut mon destin au commencement de ma vie. Je n'ai jamais rien eu sans efforts, sans traverses, ni batailles. S'il faut tout recommencer, je veux bien le faire, une fois de plus... Vienne une autre nouvelle naissance, un nouvel effort pour mieux m'accorder à ce monde et pour dire mieux tout ce que je sais de lui.

DEUXIÈME PARTIE

L'ŒUVRE

Infrastructure de l'œuvre

La vocation

Avant de parler de l'œuvre, il faut parler de la vocation ou du moins, de ce qu'on appelle ainsi. Il serait vain de hausser le ton sur un pareil thème. Mystérieux décret des puissances suprêmes ou simple jeu du hasard, les vocations ne se jugent qu'à leurs effets. « On ne naît pas écrivain, diraient les penseurs de notre époque, mais on le devient. » Il s'agit de savoir comment on l'est devenu ; de comprendre, surtout, comment on l'est resté pendant une vie entière. Cet appel, pour ma part, fut celui de l'imitation. « Etre un grand poète ou rien ! » parce que j'admirais les grands poètes. Ne mettons pas en cause les dieux, quand il n'est question que des hommes.

J'ai donc commencé par vouloir être poète et, pendant près de dix ans, je n'ai fait que des poèmes en rêvant d'écrire un jour une *Légende des siècles* ou une *Divine Comédie*. J'ai raconté, dans le *Liber Veritatis*, comme j'en vins à me condamner au silence quand j'eus compris que ce rêve ne pouvait pas s'accorder avec notre époque et comment je sortis de ce silence en devenant prosateur. La poésie est restée, pour moi, la patrie originelle et l'arrière-pays vers lequel s'égarent mes songes.

Mais, pour être écrivain, en vers ou en prose, il faut avoir quelque chose à dire et que peut dire un jeune homme au sortir de l'adolescence ? Il ne sait rien. Il n'a pas encore vécu. Il a fait simplement la découverte du monde mais cette découverte éblouie est une formidable richesse. Elle sera, nécessairement, le noyau central de son œuvre, sa cellule originelle ou, si l'on préfère une autre image, les fondations sur lesquelles reposera tout l'édifice.

J'ai fait, pour ma part, cette découverte entre ma quatorzième et ma dix-huitième année et ce fut, pour moi, comme une nouvelle naissance. C'est, en effet, au-delà des limbes qui nous entourent quand nous venons à la vie, notre véritable naissance que cette prise de possession de la création et des créatures, nouveau point d'impact de cette vie qui va devenir consciente, sur un morceau de l'espace et sur une fraction du temps, éblouissement dont, jamais, rien ne nous fera oublier la fulgurante lumière. Elle se situe dans un autre temps que celui qui nous fait participer à l'Histoire. Il ne s'écoule pas avec la même vitesse que celui du reste de notre vie. (Je l'ai bien vu quand j'ai résumé ma biographie !) Il se confond avec la formidable durée des temps antérieurs et l'expérience qu'il nous apporte est une révélation, au sens religieux de ce mot.

La loi de maturation

Cette révélation, le jeune écrivain ne pourra vraiment l'exprimer qu'avec dix ou quinze ans de retard et l'univers de sa vingt-cinquième année, quand il commencera à écrire, sera celui de son enfance et de sa jeunesse. Ce besoin de maturation est la loi fondamentale de toute création littéraire. L'œuvre a besoin, pour prendre sa forme, de ce temps de transformation, au-delà des zones de la conscience. C'est par cela qu'elle atteint son intensité et sa profondeur.

Mais si le monde nous est donné par révélation, si la révélation est la première voie qui nous mène à la connaissance, la suite de notre vie est Histoire ou, du moins, suite d'événements et d'expériences qui se constitueront en histoire et le propre de l'Histoire, c'est de remettre en cause la révélation.

Au-delà de cette révélation, faite presque en dehors du temps, le jeune écrivain va donc se trouver en contact avec les événements, les transformations et les métamorphoses de son époque. C'est ce qui m'est arrivé quand je suis venu vivre à Paris. Comment ces transformations ne s'inscriraient-elles pas dans une œuvre ?

C'est ainsi que, de dix en quinze années — c'est, du moins, mon expérience personnelle —, un écrivain est amené à changer, sans même en avoir conscience, le déroulement mélodique et l'organisation symphonique de son œuvre. D'expérience en expérience, dans un contact sans cesse élargi, et sans cesse remis en question, avec les autres êtres, cette œuvre se déroulera jusqu'au moment où il lui faudra conclure : avouer son échec ou atteindre à sa plénitude.

Au lieu d'être ébloui par sa découverte du monde, comme ce fut mon cas, le jeune écrivain peut en être horrifié. C'est ce qui se passe aujourd'hui, la plupart du temps. Mais cette contradiction ne change rien. C'est le choc initial qui compte et sa remise en question, au cours des années.

Le monde est-il vraiment, se demandera l'écrivain, au cours de ses maturités successives, ce que j'ai cru qu'il était quand j'ai fait sa découverte ? Et sa vie se consumera dans ce dialogue avec lui-même, dans cette confrontation sans cesse renouvelée, dont l'enjeu final ne peut être que la conquête d'une nouvelle alliance avec le monde.

Ce schéma, je le trace au-delà de la cinquantaine, mais je ne l'aurais pas conçu à vingt ans, ni à trente-cinq, ni même peut-être à quarante. C'est aujourd'hui seulement qu'il s'ordonne dans mon esprit. Est-ce parce que l'enjeu est, déjà, presque tout entier sur la table ? Je ne sais ! Mais je sais ce que je me dis, en comptant le temps qui me reste. « Finirai-je mes jours en paix avec le monde, non pas avec cet amour "donné" que j'ai eu pour lui pendant ma jeunesse, mais avec un amour "gagné" ou "regagné" sur tout ce qui l'a mis en péril depuis que j'ai l'âge d'homme ? Ou bien le désespoir restera-t-il maître du champ de bataille, avant que les derniers combats ne soient terminés ? »

Plus qu'aux deux tiers dévidé, ce fil d'Ariane est encore au creux de ma main. Je ne sais pas encore où il pourra me conduire, mais je connais le chemin qu'il m'a déjà fait parcourir.

La pulsation de la vie

Ce schéma n'est qu'un schéma et la vie est plus complexe. Il faut donc essayer de dire les choses autrement, pour redire la même chose et taper sur le même clou.

« Le natif vaut mieux que l'acquis », disait André Gide. Je reprends la phrase à mon compte. Mais, ce natif, c'est ce que je viens d'appeler la révélation ou la nouvelle naissance. Ce n'est pas le natif qui précède la conscience. C'est la conscience originelle d'un être, ce qui lui fut donné quand il prit possession de la vie. En disant le natif, on souligne seulement la valeur de ce qui constitue l'infrastructure de cette première expérience : l'hérédité, les antécédents, le donné. Mais c'est aussi ce qui est donné à l'esprit quand il découvre le monde. Le natif, c'est ce que nous sommes d'entrée de jeu, quand nous commençons à être.

Je dis donc : le natif vaut mieux que l'acquis et j'ajoute aussitôt : l'acquis ne vaut que dans la mesure où il s'harmonise avec le natif et se confond avec lui. Autrement dit : « On ne peut, ici-bas, devenir que ce qu'on est. » Cette fois, c'est Balzac qui parle. « Je suis ce que je suis ! » nous répondra l'Adversaire, pour employer maintenant la terminologie de Barrès. Pauvre de lui ! On n'est rien sans le devenir. On ne devient pas ce qu'on est sans combats, ni défaites, ni victoires sur soi-même et contre la force des choses. Ce devenir, c'est la vie de l'écrivain, et ce serait sa vie même s'il se contentait de vivre en esprit et en vérité. Autrement dit : même s'il n'était pas écrivain.

Je dis ceci pour marquer que je ne crois pas à des différences fondamentales entre les écrivains et ceux qui n'écrivent pas. S'il existe deux types humains, deux races profondément séparées — la race de ceux qui deviennent ce qu'ils sont et la race de ceux qui ne le deviennent jamais —, la frontière qui les sépare n'est pas constituée par le fait de créer une œuvre. L'œuvre est une chance de plus, une merveilleuse accoucheuse. Mais la vraie séparation, comme celle des Elus et des Réprouvés, tient à bien d'autres Grâces et à bien d'autres secrets.

Il y a quelques années, en 49, je crois, de passage dans le Tessin, je fus invité à déjeuner dans un *grotto*, avec quelques écrivains du pays, au bord du lac, dans les environs de Lugano. Comme nous allions nous asseoir, déjà rassemblés autour de la table rustique, dans l'irréelle clarté des feuillages et des eaux, mes hôtes me demandèrent, d'une seule voix, à la manière d'un chœur antique :

— Répondez sans réfléchir à notre question... Répondez dans les deux secondes... Pourquoi écrit-on ?

— Pour le salut de son âme ! ai-je dit, sans réfléchir.

— Bravo ! enchaîna le chœur, et maintenant, buvons !

Inventaire dans mon domaine

Il faut maintenant procéder à l'inventaire de mon domaine. Chacun de nous a son patrimoine, ses acquêts et ses conquêtes, ses propriétés particulières, son « terrain » comme on dit pour les taureaux de combat.

La montagne

J'ai passionnément aimé la montagne. C'est elle, d'abord, qui m'a fait sentir les beautés de la nature. Elle a été la toile de fond de ma vie. Elle a même été pour moi comme le fondement naturel de toute une morale. J'ai vécu dans la mystique de ses mouvements ascendants qui convergent vers les sommets. Encore aujourd'hui, devenu plus sensible aux autres aspects de la terre, à la plaine, à la mer et aux cités, je vois en elle une zone privilégiée, un lieu sacré fait pour la sérénité et la plénitude. De tous les sentiments que je porte en moi, c'est, sans doute, le plus primitif et je baigne, par lui, dans un univers qui n'a pas encore d'Histoire. Je cherche partout le site de Delphes en me disant que c'est là que pourront descendre les Dieux.

Le protestantisme

Même détaché de sa Foi, je lui suis toujours resté fidèle. « Je ne puis être autrement. » Protestant de tradition et, sans doute même, un peu plus. « Ces Cévenols sont protestants comme les Provençaux sont catholiques ! disait Folco de Baroncelli. C'est leur façon d'être de leur pays. » Je le suis d'autant plus que cela ne va pas sans quelques traverses. Mais si je suis protestant, je crois l'être et veux l'être plus à la manière de d'Aubigné qu'à celle de ces Momiers du début de l'autre siècle qui épouvantèrent Stendhal, sur la route de Valleraugue. Le mousquet, les psaumes et l'humeur gaillarde du cavalier. Ce n'est pas le protestant qui a quelque chose de puritain, chez moi, c'est le montagnard. Ce que je peux avoir de fermé, de tourné vers le dedans, me vient plus des hautes vallées que de la confession de mes pères, n'en déplaise à ceux qui sont allergiques au protestantisme et ne le voudraient vêtu que de noir. Mais le goût de la Liberté, de la décision personnelle, du « devant Dieu », même si ce Dieu n'est pas celui des théologiens, me vient de l'une et de l'autre — de la montagne et du tutoiement de l'Eternel — et, peut-être aussi, par la familiarité de la Bible, un certain ton, une certaine façon d'écrire et de penser... Mais soyons discret sur ce qui peut avoir l'air d'une apologie !

La civilisation de la Méditerranée

J'ai constitué mon domaine — un domaine tout en esprit, semblable au « pur symbole » de Mistral — un peu comme un baron féodal, en ajoutant baronnie à baronnie. Des Cévennes de l'Aigoual et des Gardons au Languedoc de Nîmes et de Montpellier, jusqu'à la Camargue et à la Provence sacrée, c'est un triangle dont les côtés ont à peine cent kilomètres, du Lozère au Ventoux et de ces deux hauts lieux aux Saintes-Maries-de-la-Mer.

« Univers cohérent, Humanisme populaire incorruptible », m'écrivait, ces jours-ci, l'écrivain crétois Prévélakis, en liant son pays au mien, dans le sein maternel des communes origines. C'est peut-être bien cela, en toute dernière analyse. Mais le merveilleux, c'est que des millénaires d'efforts, de civilisations renaissantes sur des désastres renouvelés, et la gloire des Cités, des Royaumes et des Empires, aient abouti à cela ! Rien de plus. Rien de moins. Tant de grandeurs pour que puisse exister une chose si simple ! Et ce domaine sacré est à la mesure du regard. Il nous permet d'embrasser le monde d'un seul coup d'œil. Nulle part, on ne peut trouver, dans une plus grande harmonie, autant de contrastes, de l'austérité des montagnes à la beauté des jardins secrets, et du chant marial de l'église de Maillane au psaume des batailles que l'on chante au Désert. C'est le domaine le plus humain dans lequel il peut nous être donné de vivre. C'est le lieu d'élection de l'éternel retour.

Le lien le plus fort de cet univers cohérent — cohérent jusque dans ses ruines — est sans doute le langage. C'est de lui qu'il faut parler maintenant.

Le langage et le bilinguisme

Je peux dire que j'ai deux parlers maternels : le français d'abord et la langue d'oc. J'ai presque totalement oublié le grec ancien, mais pas le latin qui, pour moi, reste le *germen* de mes deux langues vivantes. Je vis dans le sentiment d'une communauté de langage qui s'étend à la fois dans l'espace et dans la durée, de Catalogne au Piémont, à travers toute la France, et du parler roman à notre parler d'aujourd'hui. C'est pour cela que je suis attaché au félibrige, héritier d'une glorieuse famille. Certes, je n'ignore pas ses faiblesses. Mais je ne suis pas de ceux qui cherchent à faire figure en méprisant des institutions et je ferais volontiers, dans mes rapports avec elles, la réponse d'Henri IV auquel on venait de dire que Philippe II n'affichait pas ses maîtresses :

— Parbleu, il est des hommes qui n'ont pas assez de qualités pour avouer leurs faiblesses.

Je le dis pour le félibrige et pour les académies. Non que j'y voie des faiblesses, mais parce que je sais que c'est prêter le flanc aux Académiciens de la mode et aux Majoraux du snobisme.

Je redis donc, et je redirai, que le bilinguisme est, pour moi, la première condition de tout humanisme vivant. Je crois même qu'il faut, parfois, ne pas craindre de pousser dans la marge des langages, sur la frange inorganique des grands parlers. C'est la connaissance du dialectal qui peut nous ouvrir le mieux à la compréhension du classique car, le classique vivant, c'est le dialectal devenu chef-d'œuvre.

Les formes et les couleurs

L'amour et la connaissance des Arts plastiques, de l'architecture aux arts mineurs, en passant par la peinture et par la sculpture, ont illuminé ma vie. J'ai tenu dans mes mains quelques-uns des plus grands chefs-d'œuvre du monde. J'ai vécu avec eux dans la solitude. Je les ai eus, parfois, pour moi seul, comme si j'avais été un des plus grands collectionneurs de la terre. Un jour, à Loc-Dieu, j'ai vu des Poussin, des

Ruysdael, des Rembrandt et des Titien, posés en plein air, contre une barrière, avec un fond de feuillages et de ciel au-dessus d'eux. Fidèle serviteur, je leur ai rendu ce qu'ils m'avaient donné dans ces tête-à-tête, en les présentant au public après les avoir ordonnés, comme on ordonne un poème ou comme on compose un roman. J'ai mené leurs théories à travers un Paris ivre de l'amour des images. J'ai réglé leur lumière et mesuré l'espace dont ils avaient besoin. Mais, surtout, jamais, dans ces temps de bavardages, je ne les ai offensés par d'inutiles discours. Je les ai traités comme on traite des personnes qui n'ont pas besoin qu'on parle pour elles. Pour un Malraux, pour un Berenson, que de bonimenteurs et que de batteurs d'estrade. La logorrhée sur l'art est un des désordres de notre temps. Je n'y aurai pas participé et j'aurai même, en menant mon action silencieuse, protesté à ma façon contre cette pollution du visible par le langage. Mais, cependant, que n'aurai-je reçu de cette fréquentation, même pour mon art, et dans la mesure même où j'ai su me taire.

Le monde est ma paroisse

Tous ces amours, tous ces liens avec les êtres et les choses m'enracinent en Occident, en France et, surtout, dans cette nation sans frontières, dans cette patrie méridionale qui, pour moi, résume le monde. Mais pour fidèle que je sois à mes origines, j'aurai été citoyen de toute cette planète et la phrase de Wesley que ma grand'mère m'a transmise en héritage peut me servir vraiment de devise.

« Le monde est ma paroisse » et je n'ai jamais senti de séparation, ni de différences entre les autres hommes et moi. Ma naissance m'a libéré de tout préjugé de classe. J'ai grandi au milieu des paysans, des garçons de la montagne et me suis considéré comme un des leurs. Je n'ai jamais eu non plus aucun préjugé de race. Il me suffit d'aller chez les peuples les plus lointains, les plus différents de moi, pour me sentir, aussitôt, happé par les mystérieux pouvoirs de leurs origines et prêt à les laisser se confondre avec les miennes. C'est par l'originel que je me sens proche des autres hommes et le natif, une fois de plus, me permet de mieux comprendre l'acquis.

Sur terre, sur mer ou du haut des airs, j'ai vu quelques-uns des plus beaux paysages du monde et, partout, je me suis senti chez moi. Delphes, c'est la vallée des Salles, sous Aire de Côte ; la plage de Tambaou, à l'extrême pointe du Brésil, c'est la frange marine de la Camargue, vers Brasilvert et le phare de la Gachole ; le Fuji-Yama, c'est le Ventoux dominant la Provence des peintres et des poètes. J'en arrive même à perdre tout sens critique et je m'identifie au plus différent avec une sorte d'allégresse en cherchant partout l'essence primordiale des choses. Je me perds, mais me retrouve sans peine, car je ne me perds que dans ce qui m'est commun avec ceux qui ne sont pas comme moi.

Je n'ajouterai rien de plus à cet inventaire. Pourquoi parler de l'amour, de la liberté et de la justice, par exemple ? Je veux bien me définir par mes particularités, mais non pas en me référant à ces sentiments élémentaires. On ne dit pas qu'on a du talent, ni de la finesse ni de la force, mais comment peut-on dire qu'on est capable d'aimer, qu'on vit pour la liberté et qu'on ne saurait se passer de la justice ? Il y faut la même impudeur.

J'entends bien que chacun de nous aime selon ses pouvoirs, sert la liberté selon ses forces et découvre de la justice ce qu'il est capable d'en voir. Mais ce n'est pas à lui de dire comment il aime, ni ce qu'il a fait pour la liberté, ni comment il a servi la justice. L'œuvre doit parler ici et non pas la glose de l'œuvre, surtout si cette glose est composée par l'auteur.

Des thèmes généraux

Un écrivain n'est pas seulement tributaire de ces richesses qui le font participer à la vie du monde, mais il est aussi condamné à vivre dans des hantises qui, peu à peu, s'emparent de son esprit. Faire une œuvre, c'est s'attacher, nécessairement, à certains thèmes ; c'est se laisser envahir par un certain ordre de pensées, de sentiments, d'émotions. C'est donner une couleur et une structure à son univers intérieur. Je voudrais donc essayer d'exposer ici ce que fut, dans mon cas, cette thématique antérieure à tout effort créateur.

L'homme contre l'Histoire

Le thème majeur qui a traversé mon existence, c'est celui de l'homme contre l'Histoire. Il m'a hanté dès mes plus jeunes années et je suis encore habité par lui, à l'heure actuelle.

Si je dis « thème », c'est pour marquer qu'il ne s'agit pas d'une théorie philosophique, d'un système organisé, mais d'un courant de pensées, d'une orientation de mes rêveries, d'une recherche toujours reprise, mais d'une de ces recherches qui supposent qu'on a trouvé ou, du moins, entrevu un lambeau de vérité. Il me faut la résumer ici, telle que je la conçois aujourd'hui, par questions et par réponses, mais aussi par questions qui n'ont pas reçu de réponses, car j'en suis encore à m'interroger.

Toute vie est Histoire — naissance, accroissement, épanouissement, déchéance et mort — et, singulièrement, toute vie humaine. Mais la vie humaine est-elle réduite à sa seule histoire ? Est-elle uniquement Histoire ? Une trame qui ne se fait que pour se défaire ?

Cette première question en entraîne une seconde qui peut lui servir de réponse. Ne peut-on pas isoler des événements une part de notre vie qui n'en soit plus tributaire ou qui, du moins, même formée par l'Histoire, puisse lui échapper et continuer à vivre en dehors d'elle ?

Pour dire les choses autrement, en supposant cette question résolue, ce qui, dans l'homme, est en dehors de l'Histoire, ou au-delà d'elle, ou même contre elle, n'est-il pas ce que la nature humaine a de plus précieux et de plus humain ? Ne convient-il pas, enfin, alors que l'Histoire nous entraîne et nous dévore, de nous retourner sans cesse vers cette partie de nous-mêmes qui peut échapper à ses désastres ? Notre accomplissement est-il dans l'Histoire ou bien au-delà de l'Histoire et même contre elle ?

Telles sont les questions et les réponses et les questions sans réponse, mais non sans pouvoir sur notre esprit, que je me serai posées tout au long de mon existence.

J'ai pourtant vécu dans l'Histoire autant qu'il est possible d'y vivre, sans se perdre entièrement en elle. Dans la paix ou dans la guerre, je me suis laissé prendre à ses rêts et j'ai connu des moments où plus rien ne comptait pour moi que l'événement dérisoire dans lequel j'étais engagé, car tous les événements, même les plus formidables, ne sont, en définitive, que des événements dérisoires. Après les avoir vécus, au milieu des autres hommes, toujours, je suis revenu vers moi-même et ce détachement de l'Histoire, loin de me couper de l'humain et de me faire sombrer dans la solitude, m'a fait reprendre contact avec « le grand héritage ».

La « vie vivante », comme dit le provençal, est au-delà des événements, des barbaries et des civilisations, dans un univers incorruptible qui n'est plus celui de l'Histoire.

Ce thème a donné son sens à toute mon existence. Il m'a préservé du désespoir et de l'éparpillement de moi-même. Il est encore l'objet de mes rêveries, mon recours dans l'angoisse et l'incertitude. Mais ce n'est pas seulement un vague désir, orienté vers un avenir encore plus vague. C'est le résultat d'une expérience qui me dépasse. J'en découvre l'origine dans l'opposition entre un monde stable et dont aucune valeur ne me semble polluée, et le monde dévasté par les événements de l'Histoire. Les Cévennes, le Languedoc, la Provence, le monde méditerranéen tout entier m'en donnent le témoignage, et la France d'aujourd'hui qui, malgré ses fautes et ses faiblesses, est encore à mes yeux plus puissante que l'Histoire.

Cette puissance qui me semble dominer les événements, ce n'est pas seulement celle des chefs-d'œuvre, le monde de l'art et de la pensée, mais aussi, mais surtout, ce que ces plus hautes conquêtes font passer dans la vie de chaque jour des plus simples d'entre les hommes, l'imprescriptible civilisation de l'esprit au niveau le plus quotidien de notre existence.

Continuité et métamorphoses

C'est seulement à mon retour de la guerre, en 45, que j'ai commencé à rêver de cet autre thème qui m'apparaît maintenant comme le thème central de notre époque. Toute vie est métamorphose (Histoire, après tout, encore une fois !) et, pour rester vivante, elle doit sans cesse se transformer jusqu'à devenir autre chose, jusqu'à ne plus être ce qu'elle est. Mais l'esprit n'est vivant que par sa continuité. Il nous faut donc sauver cette continuité de l'esprit, en acceptant cependant les transformations qui sont la condition de la vie. Notre temps nous pose à chaque instant ce problème. C'est même le problème de notre temps. Nous avons libéré des valeurs de métamorphose que nous ne pouvons plus diriger. Notre culture était une culture du langage. Elle se transmettait par un chuchotement intérieur, un bruit de voix au plus profond du silence. Mais nous créons chaque jour une civilisation de l'image et de la vocifération. Il n'est pas question de nous refuser aux livres illustrés, à la radio, au cinéma, au pick-up et à la télévision, mais comment continuer à entendre ce qui ne peut être entendu que dans le silence intérieur ? Comment changer le climat de notre esprit, sans tomber dans l'engourdissement ou la surexcitation ? Ce qui risque de se transformer, avec les moyens matériels de notre activité intellectuelle, c'est la structure même de notre esprit ou, du moins, la façon dont nous concevons les choses, nos émotions, nos sentiments, nos pensées. Ne rien refuser, mais aussi ne rien accepter de perdre, quand rien ne vient compenser cette perte.

Il faudrait plus de temps que celui dont je dispose pour pousser à fond cette étude. Je ne propose ici que des têtes de chapitres, des sujets de réflexion, des questions dont je n'ai pas encore trouvé la réponse, des questions encore vivantes pour moi.

Entre la malédiction et l'alliance

Plus encore que notre participation aux événements et que notre lutte contre l'Histoire, entre les valeurs de continuité et les valeurs de métamorphose, c'est ce que j'appellerais notre bataille pour la malédiction ou pour l'alliance qui décide de notre destin. Nous le jouons tout entier dans cette psychomachie hasardeuse. La malédiction ? C'est la rupture de notre harmonie spirituelle, le désordre consacrant notre désaccord avec le monde et avec nous-mêmes, l'inversion des valeurs, la fausse motivation des actes et la monstrueuse édification d'un univers de délire et de vanité. L'alliance ? C'est l'harmonie de nous-mêmes avec nous-mêmes et avec le monde qui nous entoure.

Cet ordre correspond à celui de la nature mais, par un étrange retournement, depuis un peu plus d'un siècle, la malédiction paraît être devenue le signe de l'accomplissement et non plus celui de l'échec, du triomphe et non du désastre. L'honneur de ce combat semble résider aujourd'hui dans la défaite et sa honte dans la victoire. Etre maudit, c'est être appelé, c'est être choisi. L'échec de l'homme, du moins, est considéré maintenant comme la mesure du triomphe de l'artiste.

Les pouvoirs que nous avons sur nous-mêmes se réduisent chaque jour, tandis que nous renforçons d'une façon monstrueuse notre pouvoir sur les choses et notre maîtrise de la matière. Nous aurons conquis l'espace et pris pied sur les planètes avant d'avoir dominé notre univers intérieur. Il reste, pour nous, un univers noir, éclairé seulement par la fulgurante lueur de nos cataclysmes.

Entre cette malédiction et cette alliance, j'ai choisi. S'il m'arrive d'être vaincu, ce ne sera pas par complaisance et je ne capitulerai pas en rase campagne. Ce n'est pas pour le perdre que j'ai engagé le combat. Je sais bien qu'il peut y avoir un honneur dans cette défaite mais il faut, pour cela, qu'elle soit un écrasement et non pas une connivence. N'est pas maudit qui veut et, le maudit, c'est celui qui a manqué l'alliance, mais qui l'a manquée en cherchant à la sceller.

L'alliance est-elle le but ? Encore un moyen, peut-être ! Mais le but ? Je ne me sens pas de force à en proposer la formule, mais je voudrais être sûr qu'un de mes commentateurs, Claude Balme, ne s'est pas trompé en fixant ainsi le sens de mon œuvre :

« A l'humus pourrissant où germe la vie, André Chamson préfère le roc vierge de ces montagnes cévenoles où s'inscrit, depuis le commencement des temps, l'empreinte de l'Esprit. Ce qui doit être sauvé, c'est cette trace sublime que nul déluge ne pourra jamais recouvrir. C'est ce promontoire de diamant qui figure la part indestructible de l'Homme... »

Quant à Dieu, je n'en parlerai pas en vain.

De la structure et des matériaux

Je crois à la construction — à la structure — et c'est elle, pour moi, qui doit déterminer le style.

J'entends bien que l'on peut renverser cet ordre et faire du style le premier souci de l'écrivain. Mais, dans ce cas, on est condamné à faire une littérature de laboratoire et non pas une littérature de chantier ou de plein air. Il faut choisir entre l'art du décorateur et celui de l'architecte ou, mieux encore, entre la recherche de l'alchimiste et l'entreprise du bâtisseur.

J'ai toujours pensé, pour ma part, que le style devait se régler sur le plan d'ensemble et sur la structure, sur le parti architectural, comme cela se passait, par exemple, dans la basilique et la cathédrale, où le peintre et le sculpteur se réglaient sur le maître d'œuvre. Car c'est l'organisation et l'équilibre des masses qui donnent leur sens aux détails. Autrement dit : toute œuvre d'art repose sur l'harmonie des parties qui la composent.

Dès qu'on parle d'harmonie, on ne peut manquer de penser à la musique et j'ai déjà tenté, en écrivant mon *Liber Veritatis*, de remonter jusqu'à cette origine immatérielle, antérieure à la première pensée de ce qui deviendra l'œuvre écrite. Cette impulsion est, du reste, au-delà des sons, comme au-delà des couleurs. C'est le mouvement initial, la mystérieuse animation. « Je veux faire une œuvre bleue... », disait Renoir et ce bleu n'était pas autre chose qu'une harmonie. Mais la matière de l'œuvre a vite fait de faire sentir son poids. Le bleu le dit déjà pour le peintre. De la musique ou de l'impulsion initiale, il faut donc passer à l'architecture.

Certains disent ici qu'ils commencent à écrire sans penser à la construction et qu'en se faisant, l'œuvre se construit d'elle-même. Je ne crois pas à cette méthode. Elle m'est même en horreur et je la soupçonne de mensonge. Un esprit fécondé ne peut plus se dire vierge et la première impulsion, c'est le jet de la semence. On sait toujours, sans qu'il soit besoin de prendre des notes, ni de faire un plan, ce qui va être en question. Même si, en se faisant, l'œuvre rencontre des chances, elle ne part pas de rien. La rêverie est un fantastique organisateur des structures essentielles. C'est, un peu, comme un bouleversement géologique qui donne sa forme à un monde. Nous rêvons tous avant de nous mettre à écrire et ce temps de la rêverie est celui de la construction, même pour ceux qui ne veulent pas l'admettre.

Mais, si l'on choisit le parti du bâtisseur, ce temps mort (ce temps de vertige et de confusion pendant lequel on est incapable d'écrire) est, peut-être, le plus important, car tout va dépendre de lui. J'en épuise, pour ma part, toutes les possibilités et j'ai besoin, avant de me mettre au travail, de faire émerger dans ma conscience ce qui s'est préparé au-delà de ses limites : définition du point central autour duquel pivotera toute l'œuvre, répartition des poids de part et d'autre de cet axe, adoption d'un rythme des masses. Dans l'œuvre classique, ces proportions étaient fixées à l'avance. C'étaient les douze chants du poème épique ; les cinq actes des tragédies. Il n'est question que de recréer, pour chaque œuvre, une construction semblable, puisque l'œuvre moderne, et particulièrement le roman, n'a pas de cadre fixé à l'avance.

Je reconnais volontiers que je pousse ce souci jusqu'à ses extrêmes limites. Il me faut « voir » mon roman, avant de me mettre à l'écrire, comme je verrais un édifice. Sans doute, il peut m'arriver, au cours de l'exécution, d'en modifier l'ordonnance. Les plans les plus minutieux n'excluent jamais ces chances et ces hasards. Mais c'est le plan (l'épure, ou le bleu du bâtisseur) qui me conduit à pied d'œuvre et me permet de poser la première pierre.

J'ai dessiné, au moins en esprit et, quelquefois, la plume à la main, presque tous les livres que j'ai faits. Ils ont été, avant d'être une œuvre écrite, une cathédrale, un palais, une chapelle romane, une ferme de la montagne. L'ordonnance ternaire — un corps central flanqué de deux ailes ou de deux tours — sert de base à toute organisation architecturale. Son archétype est *La Divine Comédie*. Mais, du nombre trois, on peut passer à cinq ou à sept : le corps central, les tours et les contreforts. Il s'établit alors un système de correspondances entre chaque partie et comme une répartition des poids et des masses.

Pour procéder à cette répartition, je vais jusqu'à peser mes matériaux. Mais, dira-t-on, comment peser le langage ? En se servant d'une mesure conventionnelle et cette mesure est constituée par les lettres et les signes dont il est aisé de faire le calibrage. Deux tours de cinquante mille lettres et signes peuvent, par exemple, encadrer une façade de cent mille, et cette répartition dans l'espace peut être modifiée à l'infini, pour répondre aux besoins obscurs auxquels obéit l'artiste.

Presque tous mes manuscrits portent la trace de ces calculs. En l'avouant, je sais bien que je donne le fouet pour me faire battre. « Et l'inspiration ? dira-t-on. Pourquoi la brider à l'avance ? » Mais pourquoi le désir de donner une force aux ensembles ne viendrait-il pas déjà d'elle ? « C'est la scléroser », me répondra-t-on. Mais je répondrai à mon tour que je reste libre et qu'un plan peut toujours être modifié par celui qui le conçoit et qui l'exécute.

J'ai, du reste, retrouvé cette préoccupation chez des écrivains qui la regardaient comme un des secrets de leur art, mais qui n'en parlaient qu'en confidence. Roger Martin du Gard m'expliqua, un jour, par exemple, qu'il collait au mur les épreuves de ses livres pour pouvoir les considérer d'un seul coup d'œil et juger des proportions de chacune de leurs parties. Si ces proportions lui semblaient mal équilibrées, il coupait ou ajoutait, pour en rétablir l'harmonie. C'était faire, à posteriori, la même chose que moi et je suis même sûr que cette vérification démontrait simplement que Martin du Gard avait eu le souci de cette harmonie au moment où il avait commencé à faire son livre. « On a beau, me disait-il, vouloir équilibrer les chapitres, on ne sait jamais ce que ça donne... Tandis qu'au mur, on voit son livre comme un tableau et l'on peut juger de l'ensemble. »

Si j'insiste sur ces soucis de construction, c'est que, je le répète, ils me semblent régler, implicitement, les problèmes de ce qu'on appelle le style.

Du style ou du ton

On dit le style et je préférerais dire le ton. Le style a quelque chose de visuel. Il se voit. Mais le ton est la qualité essentielle du langage. Il s'entend, mais au plus profond de l'être et dans le silence de l'esprit. Quand on a le sentiment de la construction générale d'un livre, il faut en trouver le ton et s'y tenir dès qu'on juge qu'il est juste. Le ton juste est la chose fondamentale et, quand il l'est vraiment, il est à la fois ton et style.

Le ton, c'est l'écrivain. C'est sa voix, son secret. C'est ce qui le fait reconnaître, même au plus profond de la nuit. Une plage de couleurs, pas plus grande que la main, peut faire identifier un peintre, mais un écrivain, qu'il soit prosateur ou poète, s'identifie au ton de sa voix.

Ce ton juste, il n'y a rien qui permette de le trouver : ni règles, ni trucs, ni système de références. Chacun de nous a le sien, mais, pour rester juste, il doit se modifier d'œuvre en œuvre. Quelquefois, on le trouve d'entrée de jeu. C'est, je crois, ce qui m'est arrivé en écrivant *Le Puits des miracles*. On a chance, alors, de le conserver jusqu'à la fin. Mais, parfois, on le perd, comme un filet d'eau dans les sables. D'autres fois, on le trouve brusquement, quand on a déjà écrit une grande partie du livre. Le plus sage est alors de recommencer. Mais, souvent aussi, en l'ayant trouvé, on ne l'entend plus soudain et c'est vainement qu'on le cherche. Un livre raté, la plupart du temps, c'est le ton que l'on n'a pas su trouver ou que l'on a perdu, sans même s'en rendre compte.

Quand le ton est ce qu'il doit être, il donne naissance au style. Le plus beau, à mon sens, c'est celui dont on ne pense pas qu'il est un style ; celui, surtout, qui n'a pas l'air d'être une « manière ». Il faut pourtant reconnaître que, pour personnel qu'il soit, tout style (ou même tout ton) appartient à une famille. Je sais que le mien a souvent été classé dans le style protestant. Mais, de Gide à d'Aubigné, c'est un style polymorphe. Son unité lui vient d'une cause extérieure et, sans doute, il faut la chercher dans la familiarité de la Bible et l'habitude du libre examen. Mais il se peut que l'on découvre le protestant là où l'on sait qu'il se trouve et qu'on définisse son style en sachant déjà ce qu'il est.

Je croirais plus volontiers à des classifications moins générales et capables de rendre compte de ce que chacun de nous a de plus particulier. Le langage est un matériau et tout matériau a ses qualités spécifiques. J'ai souvent trouvé dans le mien quelque chose de minéral, comme j'ai souvent trouvé, chez d'autres, quelque chose de végétal, d'aérien ou de fluide. On peut aussi définir le style par sa couleur, ou par ses couleurs, s'il en a. Pendant longtemps, je n'ai su travailler qu'en blanc et en noir, comme au burin, à l'eau-forte ou mieux, peut-être, à la planche xylographique. C'est lentement que j'ai incorporé la couleur et sans penser à le faire. Ce changement vient avec *Le Puits des Miracles* et ce n'est sans doute pas un hasard.

Une autre façon de considérer le style ou le ton d'un écrivain consiste à le replacer dans son développement chronologique. C'est de cette façon que l'on juge les peintres. Entre la matière picturale de leur jeunesse et celle de leur dernière maturité, il y a, bien souvent, des différences profondes. Je pense au Titien, à Rembrandt et même à Courbet. Le point d'aboutissement, chez eux, porte témoignage pour tout le reste de l'œuvre. On est moins sensible à cette évolution chez un écrivain. Elle n'en existe pas moins et, s'il est lucide, il le sait.

Je crois, quant à moi, que ce n'est pas trop que toute une vie pour tenter d'atteindre à la plénitude. Sans doute, la première œuvre a-t-elle un ton cristallin qu'on ne retrouve jamais. Mais presque tous les grands écrivains se sont vraiment exprimés au plein de leur âge. Au ton de leur voix s'ajoute alors comme le plain-chant de la maturité... Il faut vivre vieux, si l'on veut faire toute son œuvre.

Le pouvoir des mots

Au lieu de les effleurer, comme je viens de le faire, il faudrait pouvoir examiner ces problèmes, en tentant de les ordonner de façon systématique. Il n'était question, ici, que de les faire entrevoir. Mais je ne veux pas en finir sur ce qui touche au métier — au faire de l'écrivain — sans parler un peu des mots et de leurs pouvoirs.

J'aime les mots, comme un peintre aime les couleurs. Ils me donnent, souvent, un plaisir presque physique. Bien que je sois sensible aux infirmités du langage (aux siennes et aux nôtres, quand nous nous servons de lui) les mots, dans mon esprit, ont de fantastiques pouvoirs. Ces pouvoirs tiennent à leur vie, à leur évolution à travers la durée, aux imperceptibles changements de ce qu'ils représentent ou de ce qu'ils signifient. Ce que Joyce a cherché sur le plan universel, je le cherche, pour ma part, plus modestement, sur le plan de mes deux parlers maternels de France : le français et la langue d'oc. J'entends souvent les deux mots ensemble, l'un faisant écho à l'autre, le provençal prolongeant la plupart du temps le français, comme si leur domaine était à deux dimensions et, quelquefois, le mot latin vient en ajouter comme une troisième.

J'ai déjà eu l'occasion de parler des vertus de ce bilinguisme, mesure angulaire du langage, condition de tout humanisme vivant, et j'en reparlerai dans le chapitre suivant, en faisant l'inventaire de mes livres. Il me faut pourtant bien marquer, ici, que si l'écrivain gagne quelque chose quand il a l'usage de deux langues, il lui faut choisir, pour faire son œuvre, et donner à l'une des deux la place majeure. C'est ce qu'a fait Solomos pour le grec moderne, alors qu'il pouvait écrire en italien ; c'est ce qu'ont fait les poètes japonais pour leur langue maternelle, alors qu'ils connaissaient le chinois comme les poètes de la Chine. Pour ma part, je n'ai même pas eu à choisir.

Du destin des œuvres dans le monde

Avant d'en finir avec le côté matériel de notre métier, je voudrais dire un mot de ce que, lorsque nous avions vingt ans, nous appelions : le destin des œuvres dans le monde. Quand on écrit, on écrit pour soi et pour les autres. Un livre non publié n'est pas tout à fait un livre et, même, il ne le devient vraiment qu'après avoir été lu. Qu'on le veuille ou non, le lecteur achève le livre et fixe son sens en dernier ressort. Est-ce une théorie du succès ? Du succès, non, mais du rapport. Parler seul, sans aucun interlocuteur, passe pour un signe de folie. Mais écrire pour soi, sans réponse du public, c'est, à coup sûr, s'exposer à ne plus être soi-même. Toujours le succès ? dira-t-on. Non, ce n'est pas ce qu'on appelle le succès qui est en cause. Le succès, c'est le conditionnement moderne des honneurs (l'Académie des hebdomadaires illustrés) et ni les honneurs ni le succès n'ont de signification pour un livre. Cette signification est dans le rapport avec d'autres êtres.

Rien de plus difficile et de plus mystérieux que ce rapport. J'ai longtemps cru qu'il s'établissait par le simple jeu d'une justice immanente. La littérature était, pour moi, l'école de Charlemagne où quelque Maître suprême accordait des récompenses à ceux qui le méritaient. Je le crois encore, un peu, aujourd'hui. Mais je sais aussi d'étranges choses que je ne peux passer sous silence.

Il faut savoir, avant tout que, d'entrée de jeu, on ne gagne jamais avec ce qu'on a de meilleur. Mais c'est ce qu'on a de meilleur, en revanche, qui vous donne une chance de durer. Il faut donc conclure en disant que, seul, le meilleur importe. Les honneurs et le succès peuvent venir. Pourquoi pas ? Mais le meilleur chemine par d'autres voies. Le meilleur ? C'est ce que chacun de nous peut donner et qui ne peut être donné par un autre.

Même pour les plus grands, cet apport se réduit parfois à bien peu de chose. Il faut déjà faire une très grande œuvre pour laisser le souvenir de deux ou trois personnages, de quelques idées, de quelques façons de sentir et de juger. Mais ce résidu du creuset peut métamorphoser toute une existence et permettre à quelqu'un de devenir ce qu'il est. C'est ce que j'appelle, aujourd'hui, le rapport — on pourrait tout aussi bien dire la présence — et c'est ce qu'à vingt ans nous appelions la gloire.

Inventaire sommaire et provisoire

Il faut maintenant procéder à l'inventaire de ce que j'ai fait. C'était, au fond, l'objet de ce petit livre. Ce sera sa conclusion. En résumant ma biographie, en traçant les limites de mon domaine, en exposant les thèmes qui m'ont hanté, en montrant de quelle façon je travaille, je n'ai fait que préparer ce recensement. Il n'est pas question, cela va sans dire, de porter ici des jugements, de faire métier de critique. Je veux seulement donner des renseignements que je suis le seul à connaître et qui pourront aider le lecteur et le critique. S'il m'arrive de juger, ce ne sera pas sans humour et, souvent, pour me moquer de moi-même.

Mes œuvres de début ne sont plus rien pour moi. Jamais publiées, elles sont retombées dans les limbes, après m'avoir habité pendant des années. Je ne pourrais pas relire *Etienne* sans malaise, même en pensant à la lettre qu'André Gide avait oublié de mettre à la poste ! *Attitudes* est comme un débris qui surnage sur ce naufrage. J'ai comme une aversion pour tous mes poèmes de jeunesse. Si *Roux* n'avait pas été publié, en serait-il de même pour lui ? Je ne crois pas, car il fait partie d'un ensemble et sa place est marquée au début de la *Suite cévenole*.

La « Suite cévenole »

Ecrits de la vingt-quatrième à la trente-quatrième années, reflets du monde découvert pendant mon enfance et ma jeunesse, échos des premières voix qui me parlèrent de lui, ces romans forment un tout qu'André Maurois appela un jour, avec sa bienveillance amicale : une Saga des Cévennes. Je ne les ai jamais considérés comme des romans « régionalistes ». Il serait vain d'aborder ici ce débat. Je ne connais pas d'homme « régional » mais, en revanche, je sais que tout homme est toujours de quelque part. Faut-il dire, une fois de plus, que rien n'est original que l'originel et que si l'universel ne se livre pas à nous à travers le particulier, il risque de n'être jamais que l'ombre d'une ombre ? J'écrirais cent pages sur ce thème, mais je m'ennuierais à la quarantième ligne, dans l'écœurement de l'évidence ! Aucun livre n'est régional, si ce n'est les livres manqués. Ce classement, du reste, est très particulier à la France. Ne serait-il pas un résidu de la conception classique qui cherchait l'Homme sans le situer dans l'espace ? Il n'en reste pas moins que l'historien notera que, vers l'année 25, plusieurs écrivains ont choisi la voie de l'originel, et peuvent être rangés dans le même groupe. Ramuz, bien que plus âgé que moi, fit ses débuts, à Paris, comme je faisais les miens et, trois ans après, Giono arrivait avec le manuscrit de *Colline*. Mauriac lui-même et d'autres encore pourraient être rattachés à ce groupe. Ecrivains régionalistes ? Ils sont, pour moi, les romanciers de l'originel.

Roux le Bandit

ORIGINES : Un récit du père nourricier de ma femme, relatant une histoire vraie, déjà déformée par la tradition orale. Je la prolonge en l'affabulant, en la mêlant à d'autres histoires, mais le vieux paysan de Mialet restera pourtant le narrateur. Sa voix sera ma voix tout au long de cette grande nouvelle.

THÈME : C'est, déjà, celui de *L'Homme contre l'Histoire* ; ou celui du Citoyen contre les Pouvoirs d'Alain ; « l'un contre tous », mais qui ne restera pas toujours solitaire ; « celui qui ne marche pas avec les autres », comme dira le titre de la traduction allemande. Un montagnard se refuse à la Loi commune pour suivre ce qui, pour lui, est la Loi divine. La guerre est l'occasion, mais le problème posé va sans doute plus loin que les circonstances. Ce fut pourtant l'horreur de la guerre, qui venait de s'achever, qui me fit écrire ce livre.

PARTICULARITÉS : Le cadre de l'action est celui des Hautes Cévennes, du massif de l'Aigoual et de la Luzette. Mais les noms de lieux sont intervertis et les lieux eux-mêmes souvent déplacés, comme pour reconstruire une contrée imaginaire. C'est pourtant bien ce pays, mais vu avec les yeux de l'enfance, avec un mélange de confusion romantique et de minutieuse exactitude. Je ne me détacherai que très lentement de ce procédé, comme s'il m'avait fallu surmonter une pudeur, apprendre à livrer tous les secrets du réel.

RÉALISATION : Le souffle court de la première œuvre, mais aussi le ton « cristallin » qu'on ne retrouve jamais. Le livre lui doit, me semble-t-il, de ne pas avoir vieilli. Il le doit sans doute aussi au fait qu'il n'était pas à la mode et qu'il n'a jamais fait 1925.

DESTIN DU LIVRE : Un succès, mais comme on pouvait en avoir à cette époque où tout dépendait de la critique et du public qui lisait. *Roux* m'a valu de nombreuses amitiés, celle de Romain Rolland ; des inimitiés aussi. Il a fait manquer le Goncourt aux *Hommes de la route*. Toujours considéré, par certains, en France, comme un livre défaitiste, il a été édité, en 57, pour le Saint-Cyr anglais, l'Ecole royale de Sandhurst.

Les Hommes de la route

ORIGINES : Ecrit dans l'enthousiasme qu'avait éveillé en moi la lecture des *Ames mortes*, avec le désir de faire un roman sur le bonheur, ou la paix de l'âme. (Le tableau bleu !) Combien d'œuvres ont dû naître ainsi, sous l'impulsion d'un chef-d'œuvre jouant simplement un rôle de démarreur ? Tout le reste vient de mes souvenirs de jeunesse, d'histoires entendues, de courses dans la montagne.

THÈME : L'histoire de la construction de la route qui va du Vigan à L'Esperou par Grimals, Puéchagut et le col du Minier, a servi de fil conducteur à ce roman sans histoire. Le vieux Finiels, notre voisin de Goulsou, avait travaillé à cette grande entreprise et m'en avait parlé bien souvent, pendant mon enfance. Ce n'est pourtant pas lui qui en raconte l'histoire, comme le narrateur de *Roux le Bandit*. Ce n'est même pas moi. C'était, me semblait-il, passer du récit au roman. Quant au thème théorique, celui du travail fait par une communauté pour réaliser une entreprise dont dépendait sa vie, il ne m'apparut qu'une fois l'œuvre achevée.

PARTICULARITÉS : Les lieux sont plus exactement décrits que dans Roux, mais Le Vigan est devenu Saint-André. Par quel reste de pudeur ? Par quel besoin de mystère ? Il y a là comme un tabou protégeant des choses sacrées !

RÉALISATION : Fait en un peu plus d'une année, en même temps que *L'Homme contre l'Histoire*. Je perdis, dans un taxi, la dernière partie, au moment de la donner à l'éditeur. Elle fut refaite en quelques jours, sur le thème primitif, dans un mouvement nouveau. C'est, je crois, la meilleure partie du livre. Faudrait-il donc perdre et recomposer tout ce qu'on écrit ?

DESTIN DU LIVRE : Publié de septembre à décembre 27, dans la N. R. F., soutenu par l'affectueuse attention de Germaine et de Jean Paulhan, il me valut l'amitié de l'équipe majeure de la revue : Gide, Martin du Gard et Jean Schlumberger. Paulhan ayant accepté que le livre paraisse dans *Les Cahiers verts* pendant sa publication en revue, je fus candidat au Goncourt, le manquai et n'en fus que plus soutenu par la critique. « Paris a battu Maillane, écrivit Albert Thibaudet. Nous autres, paysans, aurons notre revanche ! » Je n'en demandais pas plus et cet échec ne fut, jamais, pour moi, une catastrophe. Je vois pourtant, aujourd'hui, que sans lui toute ma vie aurait pu être changée. En bien ? En mal ? Je ne puis le dire, mais sortir de la pauvreté ne peut pas être sans conséquences et le Goncourt réalisait déjà ce miracle.

Le Crime des Justes

ORIGINES : D'une part, un fait divers qui me fut raconté comme me l'avait été l'histoire de Roux le Bandit et celle de la construction de la route et, d'autre part, ma connaissance des grandes familles patriarcales de nos montagnes. J'avais été frappé, pendant toute mon enfance, par la suzeraineté morale qu'elles exerçaient sur les simples gens de notre pays et, bien souvent, je m'étais demandé si l'autorité de ces Justes était à l'abri du scandale.

THÈME : Les Justes pouvaient-ils sauver leur autorité morale par le crime et par le mensonge, en tuant un nouveau-né pour faire disparaître le fruit d'un inceste qui aurait déshonoré toute leur famille ? Ne devaient-ils pas, même s'ils étaient arrivés à la préserver ainsi, la sauver une fois de plus par l'aveu de leur faute et par la manifestation de la vérité ? Autrement dit, un pouvoir qui a des bases morales ne doit-il pas avouer toutes ses faiblesses, même quand il peut les tenir cachées ? C'était un bien grand sujet pour un homme encore bien jeune et, peut-être, a-t-il sclérosé quelques-uns des personnages du livre, le problème théorique écrasant parfois le récit ?

PARTICULARITÉS : *Les Hommes de la route* se passaient entre L'Esperou et Le Vigan, le Crime entre L'Esperou et Valleraugue mais, plus encore que dans *Roux*, ce monde réel s'organise comme un monde imaginaire.

RÉALISATION : Plus hâtive, peut-être, avec le support et les inconvénients d'un plus grand sujet ou, du moins, d'un sujet plus ambitieux.

DESTIN DU LIVRE : Analogue à celui des deux livres précédents, mais Romain Rolland, Martin du Gard et Gide ne me cachèrent pas qu'ils le trouvaient « moins parfait » que *Les Hommes de la route*. Je ne compris pas leurs réserves, à ce moment-là, car j'étais certain de ne pas avoir fait un roman « à thèse », puisque je m'étais inspiré d'une « histoire vraie ». Mais cette histoire avait presque la dimension d'un mythe, ce qui n'était pas sans danger, bien qu'après tout l'invention de l'histoire soit à porter au crédit de l'auteur.

Histoires de Tabusse

ORIGINES : Ce n'est pas pour échapper à ce danger que j'écrivis ces histoires. On pourrait le croire, pourtant et, peut-être, en fut-il ainsi, sans que j'en aie eu conscience. Tabusse est né de la conjonction de deux personnages. L'un d'eux, dont le caractère essentiel était le goût de la solitude, s'appelait lui-même Tabusse. Mais l'autre, qui avait l'air d'une réincarnation rustique d'Hercule, s'appelait Birenque. C'est sa légende qui m'a fourni la plupart des histoires de ce livre. Quelques-unes viennent aussi de Pagès, dit Toto, bâtisseur de murs, buraliste et chasseur de sangliers de L'Esperou.

THÈME : C'est celui du demi-dieu de canton, du héros dont la gloire est à la mesure d'une grande journée de marche et dont les hauts faits alimentent les narrateurs de village : un Hercule rustique, cabochard et bonhomme.

PARTICULARITÉS : Se passe entièrement sur les sommets de

cette Cévenne des Cévennes qui tend à devenir le point sacré de ma géographie littéraire.

RÉALISATION : Plus détendue, plus méridionale que celle des livres précédents. Pour la première fois, je me permets de sourire. Il y a aussi quelque chose d'oral dans le ton de ces récits.

DESTIN DU LIVRE : L'approbation de la critique et de mes aînés n'alla pas sans m'agacer. Jugeant le livre au peu d'efforts qu'il m'avait coûté, j'acceptais mal qu'on le mette au-dessus du *Crime des Justes*. Avais-je tort ? Je ne peux m'empêcher de remarquer, aujourd'hui, que *Tabusse* est à peu près le seul de mes livres qui n'ait pas été traduit dans une langue étrangère. Mes critiques secrets (je veux dire ces aînés qui prenaient la peine d'écrire de longues lettres, art presque perdu aujourd'hui !) ont peut-être été trop sévères pour *Le Crime* et trop bienveillants pour *Tabusse*.

L'Auberge de l'abîme

ORIGINES : Le désir de me divertir, sans trop de fatigue, pendant la convalescence d'une opération de l'appendicite.

THÈME : Une histoire complètement imaginaire, mais située dans un lieu que je connaissais bien : la rivière souterraine de Bramabiau, antre favorable à l'éclosion des légendes. Pour la première fois, et sans doute la seule, je suis parti sans trop savoir où me mènerait mon récit.

PARTICULARITÉS : L'histoire se passe à la fin du Premier Empire, dans la France bouleversée des lendemains de Waterloo. Que pouvait-il arriver, à ce moment-là, à un officier de la Grande Armée vaincue, égaré dans nos montagnes ? C'est le seul roman « historique » que j'ai écrit mais, après l'avoir achevé, j'ai eu le désir d'en écrire d'autres, du même genre, un sur les Camisards, un autre sur les Albigeois. Ce désir n'est pas mort, mais faudra-t-il attendre une nouvelle convalescence ?

RÉALISATION : Les trois quarts du livre ont été écrits à Strebské-Pléso, dans les Hautes Tatras, d'un seul jet, en quinze ou vingt jours. Mais je mis plus d'un an à l'achever.

Les Quatre Eléments

ORIGINES : Une commande de Jean-Louis Vaudoyer pour les « Portraits de la France ». J'écrivis alors *L'Aigoual*, au cours d'un séjour dans la maison forestière de la Sereyrède, pendant les vacances de Pâques, en me servant surtout de mes souvenirs de jeunesse. Ce fil d'Ariane retrouvé me fit écrire quatre autres nouvelles. Ce sont aussi des souvenirs personnels racontés à la première personne.

THÈME : La conquête du langage, la compétition vitale entre deux jeunes garçons, la brutalité éveillant la pitié pour la faiblesse et le premier appel de ce qui deviendra l'amour. J'ai cru voir, dans ces quatre expériences, les quatre éléments fondamentaux de la condition humaine, mais le livre était déjà fait quand je lui donnai ce titre. Par un mouvement inverse, les Japonais l'ont traduit par : le vent, le soleil, la montagne et la rivière.

PARTICULARITÉS : Le monde est véritablement ce qu'il est, dans ce livre. Sa poésie n'est pas celle d'un monde imaginaire. L'ennemi, la bête blanche et l'étrangère ont réellement existé. J'ai même reçu deux lettres de deux étrangères qui, toutes deux, prétendaient avoir vécu avec moi la même aventure !

RÉALISATION : Le ton plus libre, en dépit de sa tension poétique, doit sans doute sa liberté à *Tabusse* et à *L'Auberge de l'abîme*. De la confession comme un antidote au puritanisme ou à la raideur montagnarde.

DESTIN DU LIVRE : Faible, très faible succès, à la parution, mais qui s'est affirmé avec les années. Grasset ne croyait pas à ce livre. Accueil enthousiaste de Martin du Gard et de Gide. Ce dernier lui consacre un article dans la N. R. F. « Hier soir, j'ai achevé *Les Quatre Eléments*. C'est le cinquième livre de Chamson que je lis. A chaque fois, je suis, d'abord, saisi par le ton si particulier de sa voix : je n'en connais pas aujourd'hui qui sonne plus juste. Il y a, dans les rapports secrets entre les sensations, les sentiments, les pensées et les mots, une sorte *d'honnêteté*, à laquelle je me laisse prendre aussitôt. Chamson me prend et ne me lâche plus. » Si je cite ces quelques lignes, c'est en raison du faible succès que connut, d'abord, ce livre. Il convient d'ajouter qu'avec *Le Puits des miracles*, il est maintenant un des plus traduits, un des plus reproduits, dans les revues, les anthologies, les journaux, à travers le monde entier. Dans bien des pays même, je suis, à présent : « l'auteur de l'ennemi ».

Essai sur L'Homme contre l'Histoire

Pendant cette période de dix ans, une des plus laborieuses de mon existence, je me suis efforcé, tout en écrivant mes romans, de donner corps à mes rêveries sur l'Histoire et sur *L'Homme contre l'Histoire*. Le romancier fit appel à l'ancien chartiste qui s'était convaincu que la vraie substance de l'Histoire était au-delà des événements, dans les éléments quotidiens de la vie humaine, les coutumes et les mœurs, les pensées et les croyances, les travaux et les arts, plus que dans les révolutions, les victoires et les désastres. Mais, plus que ma connaissance de ces secrets de l'Histoire, ma fréquentation des poètes de la Méditerranée donnait un sens à cette méditation. Le « pur symbole » de Mistral, l'annonce faite « aux aînés de la nature » qu'ils verraient « passer les barbaries et les civilisations » m'entraînaient vers un univers incorruptible qui survivait à l'écroulement de ces civilisations que Valéry, au même moment, appelait mortelles.

Il me faut bien replacer ces méditations dans leur contexte d'époque, celui des années qui ont suivi la première grande guerre, mais elles s'alimentaient, surtout, aux rêveries millénaires des penseurs de la Méditerranée. Le fait que Paul Valéry les ait reprises, à la même époque, loin de m'exalter, me découragea de pousser plus loin ma recherche. Que pouvais-je ajouter à ce qu'il disait avec son harmonieuse rigueur ? Je me suis dit (pour me consoler sans doute), que j'étais surtout un conteur d'histoires et non pas un philosophe ou un théoricien de l'Histoire. Dans ce temps-là, j'écrivis pourtant deux autres essais sur le même thème : *La Révolution de 19*, ou la génération sans aînés, et *Clio*, ou l'Histoire sans les historiens. Cette Histoire sans les historiens, c'était, très exactement, l'Histoire au-delà de l'Histoire. J'en restai là, mais je vois bien, aujourd'hui, que nul ne peut épuiser cette méditation sur le Retour éternel qui traversa Dante et Vico, Mistral et Paul Valéry, avant d'illuminer les visions de Nietzsche.

Les Chroniques de notre temps

Par une étrange contradiction, je fus, alors, repris par l'Histoire et dévoré par elle pendant des années. Le 6 février, l'arrivée d'Hitler au pouvoir, le Front populaire, la guerre d'Espagne et l'approche de la guerre de 40, en furent la cause ou, peut-être, l'occasion. De pareils changements ne s'opèrent pas d'un coup. Les passions sont comme les maladies qui commencent sans qu'on s'en doute. Certes, depuis mes débuts, j'étais classé et ce classement disait bien ce qu'il voulait dire. L'auteur de *Roux le Bandit* était un homme de gauche, « un Barrès de gauche » avaient même dit certains qui savaient ma fidélité à ma terre et à mes morts et, de surcroît, mon admiration pour Barrès. Léon Daudet avait eu beau soutenir *Les Hommes de la route* au prix Goncourt, je m'étais déjà affronté avec les théoriciens de l'Action française quand j'avais tiré de Mistral une autre leçon que celle de Charles Maurras. Il n'en restait pas moins que, pendant des années, je n'avais été qu'un artiste, totalement consacré à son art. La politique et ses fureurs allaient régler autrement mon existence.

Si je regarde ce que j'ai fait, depuis mes débuts jusqu'à la guerre, pendant les seize années qui vont de 25 à 40, je m'aperçois — et je fus loin de m'en douter sur le coup ! — que, durant les huit premières années, j'ai publié deux fois plus que pendant les huit dernières et que ce que j'ai publié de meilleur pendant ces années-là (je pense aux *Quatre Eléments*) avait été écrit pendant la période précédente. Mais, plus que la quantité, c'est la qualité même de ce que j'ai fait qui est en cause. Pendant ce temps qui fut pour moi celui de l'angoisse et de la bataille, un temps annonciateur de l'apocalypse, je me suis détourné de ces récits qui se situaient en dehors et contre l'Histoire, et je me suis mis à écrire une sorte de Chronique de notre époque, des romans, nés de l'Histoire, au moment même où elle se faisait.

Je ne regrette rien. J'écris pourtant ceci dans l'espoir d'aider, peut-être, un jour, un de mes cadets à choisir sa route en connaissance de cause. Les passions me poussèrent sur la mienne. Ce furent des passions nobles et qui me faisaient oublier mon propre destin. Je vois, pourtant, ce que j'ai perdu pendant ces années. A se laisser dévorer par la politique, il faudrait s'y consacrer tout entier. Si je ne l'ai pas fait, c'est que je n'ai jamais cessé de vouloir être écrivain. Tôt ou tard, la vocation devait me reprendre.

Tyrol

ORIGINES : Un voyage en Oetztal, fait dans le seul désir d'escalader des montagnes, me révéla la question du Sud-Tyrol et j'eus vite fait de me passionner pour ces Autrichiens arrachés à leur patrie.

THÈME : En partant du thème de *L'Homme contre l'Histoire*, j'en vins à formuler celui du nationalisme contre les réalités nationales. Le nationalisme, c'était l'hitlérisme et j'en venais à conclure que, seule, la Liberté pouvait sauver ce que les nations comportaient de réalités profondes. Mais c'était mettre le doigt dans un engrenage qui, d'une théorie de la civilisation et de la culture, devait m'entraîner vers la politique.

DESTIN DU LIVRE : Traduit en allemand, dès sa parution, et publié dans une revue autrichienne, ce livre, dans lequel je prenais, non sans quelque naïveté, le parti d'une communauté germanique, fut interdit, par ordre d'Hitler, plus soucieux de son alliance avec le fascisme italien que du sort des Sud-Tyroliens. Je ne pouvais pas demander meilleure confirmation de ma thèse.

Héritages

Je considère *Héritages* comme le plus mauvais de mes livres, le plus manqué, et j'en vois bien les raisons. Par son décor, il aurait pu prendre place dans la *Suite cévenole*, mais il est sans intensité poétique, sans maturation, sans profondeur, parce qu'il est plus une chronique des événements que la mise en œuvre d'une situation inscrite dans la durée. Au lieu d'être un roman de l'originel, c'est un roman de l'accidentel et, loin de prolonger *Les Hommes de la route*, il annonce *L'Année des vaincus* et *La Galère*.

Rien qu'un témoignage

Court récit, écrit au retour de mon voyage en Espagne pendant la guerre civile. Ce n'est vraiment rien qu'un témoignage, mais celui d'un témoin épouvanté qui venait de découvrir les « mécaniciens de la mort ». La modestie du propos sauve cette petite œuvre. J'ai eu raison de ne pas en faire un roman. Je sais que Malraux et qu'Hemingway ont tenu cette gageure, mais je l'aurais sans doute perdue.

L'Année des vaincus

Un roman, cette fois, mais en partie manqué malgré quelques bons passages, comme celui de la traversée de la France en camion. Il s'agissait, pour moi, de montrer que la fatalité des idéologies devait séparer les hommes les uns des autres, en l'occurrence, des ouvriers allemands et des ouvriers français travaillant ensemble dans une mine des Cévennes, amis d'abord, puis séparés par les conséquences du national-socialisme. En un certain sens, le livre était prophétique. Je n'ai pas renié sa conclusion, le « on ne tuera jamais le dernier homme », affirmation pour laquelle toute l'histoire a peut-être été écrite. J'y trouve aussi, pour la première fois, l'expression d'une sensualité trop sévèrement bridée dans mes œuvres précédentes.

La Galère

C'est une autre chronique romancée de notre époque, celle du 6 février. C'est aussi un essai de démonstration de l'absurdité de l'Histoire. Mais il aurait fallu qu'en écrivant ce livre je puisse atteindre au ton que je devais trouver pour *Le Puits des miracles*.

Quatre mois

Des notes prises au jour le jour, pendant les quatre premiers mois de la guerre, sur le front d'Alsace. Comme *Tyrol* et comme *Rien qu'un témoignage*, c'est le livre de raison d'une expérience au jour le jour qui ne manque pas de pathétique. Cet agenda met un terme à cette seconde période de ma vie d'écrivain. Les événements allaient s'ouvrir sur l'apocalypse provisoire et devenir autre chose que des événements quotidiens.

Les temps du silence

Par un nouveau détour du destin, l'Histoire allait me restituer à ma vocation, tout en me condamnant au silence. Autrement dit, un événement monstrueux allait m'arracher aux événements et me ramener vers moi-même.

Mais il faut d'abord m'expliquer sur ce que j'appelle le silence. Soldat vaincu, harassé physiquement, éperdu de honte et d'angoisse, confiné dans la solitude, il me sembla que, tant que mon pays serait occupé par l'ennemi, je me devais de ne plus publier une seule ligne, et je l'ai fait. Je m'imaginais que ce silence aurait sa vertu. C'était une illusion que je ne regrette pas. Mais trop de voix et des voix qui n'étaient ni sans noblesse ni sans talent, se sont fait entendre alors pour que le silence des rares silencieux ait pu prendre le sens que j'avais cru qu'il aurait. Les absents ont toujours tort, dit-on, et le moins que l'on puisse dire c'est que nous n'avons pas eu raison. On n'est jamais fondé à suspendre la vie, même pour se désolidariser de la honte, même pour protester contre l'injustice... Cependant, si les mêmes temps revenaient, je crois bien qu'une fois de plus je choisirais le silence. Mais je saurais, cette fois, qu'il ne faut rien attendre de lui, sauf la paix du cœur. Le silence ne porte en lui que le silence !

Mais, pour un écrivain, être silencieux ne signifie pas ne rien écrire et, dès les derniers mois de 40, j'avais commencé à le faire. J'écrivais pour l'avenir car, même l'aurais-je voulu, aucun de mes écrits n'aurait pu paraître alors. J'écrivais donc dans une disposition d'esprit que je peux appeler testamentaire, pour nos fils et nos petits-fils, « pour le jour de la liberté... pour conjurer les maléfices de la défaite » comme je le disais dans un petit texte composé pendant cet été de deuil. Solitaire et menacé — quand on a survécu, on se doit de ne pas exagérer cette menace, mais on se doit aussi de ne pas l'oublier — dans l'angoisse du présent et l'incertitude de l'avenir, dégagé des servitudes habituelles de la carrière du livre publié, de ce qu'en dit la critique, de son destin dans le monde, je ne fus jamais plus écrivain, plus loin de l'homme de lettres, plus entièrement consacré à ma vocation essentielle. Merveilleuses années, durement payées par le chagrin et l'angoisse, rien ne me semblerait plus beau que de les revivre, dégagées de cette angoisse et de ce chagrin.

Il me faut ici, avant d'expliquer comment mon labeur me servit alors de refuge, parler d'un jardin secret qui me fut aussi un asile, en dehors des événements et de leurs désastres.

Dans le jardin secret de la poésie provençale

Depuis ma seizième année, depuis le jour où j'avais acheté *Mireille*, au Museon Arlaten, dans l'enchantement de ma découverte d'Arles, j'étais devenu familier de ce merveilleux domaine qui va des Maîtres de Dante à Mistral. Je savais par cœur des milliers de vers provençaux. J'en avais déjà fait, à plusieurs reprises, et j'en avais même publié, au moment du centenaire de Mistral, dans le numéro spécial de la N.R.F. Depuis longtemps, comme je l'ai déjà dit, je considérais le bilinguisme comme la pierre angulaire de tout humanisme vivant. Je parlais le provençal et je l'écrivais, usant ainsi de cet autre « parler maternel de France », comme les poètes japonais du chinois, les poètes latins du grec, les poètes de la Renaissance du latin et tous les Européens cultivés du XVIIe et du XIXe siècle du français. Nul n'est libre, dans une langue, s'il n'a la connaissance d'une autre. Dante comprenait les troubadours et Solomos qui fonda la poésie grecque moderne, écrivit ses premiers poèmes en italien. Le bilinguisme, pour moi, c'est l'écart angulaire qui permet de mesurer la profondeur d'une langue, l'élément fondamental d'une triangulation du langage. Il est, pour lui, ce que la vision binoculaire est pour notre regard. Mais quand ce bilinguisme repose sur deux parlers maternels, sur deux langues sœurs, il atteint à son maximum d'efficacité, surtout quand ces deux parlers s'ouvrent sur d'illustres domaines.

De toute manière, comme je l'avais déjà fait à certains moments de ma vie, je me réfugiais alors dans le jardin secret de la poésie provençale et, de façon discontinue, en suivant seulement mon humeur et mon plaisir, je me mis à écrire des poèmes en langue d'oc. Confiné à Montauban, en 41 et 42, je fis amitié avec un vieux poète occitan, Antonin Perbosc, et, quelquefois, sur le soir, j'allais bavarder avec ce vieillard, dans sa petite maison hors la ville, au-dessus des rives du Tarn. Perbosc m'entraînait dans un monde étrange où, brusquement, il me semblait devenir le contemporain de la comtesse de Die, de Dante et de Frédéric Mistral.

Le dialogue avec l'avenir

Dès 41, je m'étais pourtant remis au travail, dans l'esprit testamentaire que je viens de définir. C'est un nouveau labeur que celui de l'écrivain qui ne pense pas à publier et ne se confie qu'aux rares amis qui partagent sa solitude. Sa voix change de ton, comme il arrive à ceux qui parlent dans la nuit. Mais cette nuit était peuplée de présences : Huyghe, Sterling, Bayrou et, de temps en temps, Pierre Bost, Jean Guéhenno et Jacques Jaujard venu de Paris.

Le Dernier Village

ORIGINES : Ce que j'avais vu de la guerre et du désastre de notre armée. Cette expérience était encore brûlante, mais son intensité suppléait au recul du temps.

THÈME : Celui de l'irruption d'une catastrophe, mais d'une catastrophe vécue dans la perspective de Fabrice, là où on comprend à peine ce qui se passe. La guerre d'hiver, du côté de Bitche et de Wissembourg, servait de prélude au désastre du printemps.

PARTICULARITÉS : Mon ami Georges Saupique, capitaine comme moi pendant cette guerre et qui vécut les mêmes événements que moi, m'a dit, en parlant du récit que j'en ai fait : « Il n'y a pas un mensonge, là-dedans. »

RÉALISATION : Le livre est fait de deux parties hétérogènes : un récit — que je crois effectivement sans mensonges — d'une centaine de pages et des considérations qui le prolongent, des jugements et des tentatives de jugements qui s'étendent sur cent-cinquante autres pages. Comme œuvre d'art, cette seconde partie me semble manquée. Elle ne pouvait pas être réussie, mais elle a la valeur d'un témoignage. Seules, les cent pages du récit me paraissent toujours valables. Il faudrait les republier en considérant le reste du livre comme on considère des notes. C'est l'œuvre d'art qui témoigne. C'est sur elle que doit toujours parier l'artiste.

Le Puits des miracles

ORIGINES : La honte, la fureur et l'espoir métamorphosant au jour le jour les petits événements de la vie jusqu'à les confondre avec le destin de l'univers.

THÈME : C'est l'histoire de la servitude, de ses fatalités dégradantes, mais aussi de l'indestructible volonté de redevenir libre. « On ne tuera jamais le dernier homme. » Le principal personnage est l'auteur qui parle à la première personne. Jamais je ne m'étais mis en prise directe comme je l'ai fait dans ce livre. C'est un livre furieux, un livre sans retenue, un poème plus qu'un roman.

PARTICULARITÉS : Cette histoire se passe à Montauban. Mais Montauban n'est ici, malgré son magnifique décor, qu'une ville semblable aux autres villes de France. Fourmillant comme dans une cour des miracles, les personnages sont nés de l'accouplement monstrueux des gens que j'ai coudoyés pendant mon séjour dans cette ville. Aucun n'est véritablement un portrait, car chacun est un monstre engendré par plusieurs personnes. C'est pour cela que j'ai refusé de donner les clefs de ce roman, comme on m'en a fait la demande, même sous pli cacheté et pour un avenir lointain. Je sais bien qu'à Montauban on a cherché à identifier mes personnages, mais je ne veux pas que leurs petits-fils soient obligés, un jour, de reconnaître en eux leurs grands-pères. L'imaginaire, ici, recouvre le réel. Mais c'est de la réalité qu'il est né, sans aucun mensonge, je crois.

RÉALISATION : C'est d'une autre voix que je parle ici. Elle est, peut-être, comme un écho des lectures de Job et d'Ezéchiel que j'ai faites pendant mon enfance.

DESTIN DU LIVRE : En France et à l'étranger, devant la critique ou le public, ce fut un de mes plus grands succès. Mais ce succès ne m'a pas semblé être un succès personnel. Ce livre a presque existé en dehors de moi, comme le témoignage d'un témoin dont on ne s'occupe plus. Je crois intéressant de noter que ni l'Amérique ni la Russie n'en ont fait de traduction, mais presque tous les pays de l'ancienne Europe occupée.

Fragments d'un Liber Veritatis

ORIGINES : Le désir de « mettre à profit le silence et la solitude... et de considérer ce que j'avais déjà fait et ce que, peut-être, il me serait encore donné de faire ». C'est le livre de la liberté de l'artiste à l'intérieur d'une servitude.

THÈME : Trois parties : un regard sur le passé (l'histoire d'un enfant qui voulait être poète) ; sur le présent (combler le trou noir ou la vocation d'un romancier qui fait émerger dans la conscience claire la marge obscure de la vie de tous les jours) ; sur l'avenir, enfin (l'élan pour la reconquête des réalités polluées mais incorruptibles).

Je ne veux rien dire ici de ce petit livre qui, sur le plan de la confidence et de l'étude technique, est comme une introduction à cette étude et qui peut, aussi, lui servir de prolongement.

Tout recommence à quarante-cinq ans

J'ai déjà dit ce que fut mon retour de la guerre, en 45 : la lassitude et le poids du silence observé pendant près de cinq années. Il faudrait en dire aussi la joie, dans le recommencement du labeur interrompu.

L'homme qui marchait devant moi

ORIGINES : La reprise de contact avec un monde bouleversé et qui n'était pas au bout de ses métamorphoses. Le spectacle de la décomposition de certains êtres qui avaient pourtant su se garder intacts pendant toute la catastrophe. Le sentiment obscur d'une chute de tension morale entre les temps affreux du *Puits des miracles* et les nouveaux temps que nous abordions.

THÈME : En prenant conscience de l'existence de ces morts-vivants (ou de ces hémiplégiques de l'âme), j'avais surtout eu le désir de voir s'il était possible de surmonter cette malédiction de l'esprit humain, fort, bien souvent, dans les grands malheurs et défait aussitôt qu'il n'a plus à leur faire face.

DESTIN DU LIVRE : Mon plus grand échec, comme je l'ai déjà dit. Echec que les adhésions de quelques amis, ni ce qu'on appelle une bonne critique, ne purent me faire oublier. Cet homme n'a jamais trouvé son public et, comme cet insuccès ne fut pas pour moi sans conséquences, je crois devoir insister sur lui. J'avais sans doute besoin, à ce moment de ma vie, de me sentir soutenu, plus qu'à toute autre époque. A cette frustration (puisque nous sommes dans l'accidentel, parlons un peu le dialecte de notre temps !) s'ajouta le sentiment de l'injustice. Je crois, du reste, toujours, qu'en dépit des faiblesses de son introduction, ce livre est aussi bon, sinon meilleur, que n'importe lequel de mes autres livres et, surtout, que ce qu'il disait méritait d'être entendu. Pourquoi fut-il foudroyé ? Je ne veux pas le défendre. Il faut qu'un écrivain se résigne à ces sinistres, au sens maritime du mot. Je veux marquer pourtant les conséquences de cet échec : la lassitude ajoutée à la lassitude, la nouvelle tentation du silence ; mais, aussi, l'exaltation de ma tension intérieure par cette pénible expérience. En un mot, la valeur douloureuse de tout échec... Mais n'exagérons rien, ceci fait partie du métier.

On ne voit pas les cœurs

C'est sans doute cet échec du romancier qui me fit faire ma première — et ma seule — pièce de théâtre. Elle a pour thème initial une histoire vraie, qui me fut racontée par le docteur Worms, mon ami et mon camarade de guerre, au retour d'une permission, alors que nous étions encore aux armées.

La Neige et la Fleur

ORIGINES : Aucun de mes premiers livres, ni *Roux*, ni *Les Hommes*, ni *Le Crime*, ne fut écrit comme une revendication faite au nom de ma jeunesse ou de la jeunesse de mon époque. Il en est de même pour les romans de Malraux, de Giono et même de Saint-Exupéry qui fut pourtant Prince de la jeunesse. Mais, vers les années 50, il était clair que la Jeunesse ne voulait se définir qu'en fonction de sa jeunesse. J'ai donc accepté de jouer son jeu que je n'avais pas joué quand j'étais jeune moi-même. Il me suffisait, pour cela, de pouvoir encore aller de son pas. C'était, pour moi, celui de ma fille et de ses amis et comme, jeune écrivain, j'avais trouvé naturel de penser en homme, homme mûr, rien ne devait m'empêcher de penser avec la jeunesse.

Je veux noter, cependant, que cette façon d'envisager les problèmes — (la jeunesse veut... C'est une affaire de génération...) — me semble avoir une étiologie bien inquiétante ! Je dis étiologie, car nous sommes en plein désordre organique. Cette façon de considérer la vie en fonction de la Jeunesse-déifiée est un héritage du temps de la servitude. Il nous vient du régime de Vichy, contaminé lui-même par l'hitlérisme, contaminé lui-même par le délire fasciste. Il fallait que cela fût dit.

THÈME : J'ai voulu voir ce qu'était cette jeunesse, mais sans tricher, je veux dire en gardant mon âge. Un homme de cinquante ans se mêle donc à la vie des filles et des garçons d'aujourd'hui et tâche de n'être ni dupe, ni complice, ni absurdement révolté, ni naïvement ébloui. Ce qui est en question, ce n'est pas une jeunesse sans rapports avec celles qui l'ont précédée, mais l'éternel combat des valeurs de continuité et des valeurs de métamorphoses. C'est la pulsation même de la vie, aussi frémissante pour l'homme mûr que pour l'adolescent et pour le jeune homme. Des pères aux fils, les chances de salut et de perdition restent à peu près les mêmes et les jeunesses perdues s'ouvrent parfois sur les plus riches maturités.

DESTIN DU LIVRE : A l'inverse de *L'homme qui marchait devant moi, La Neige et la Fleur* trouva son public... des jeunes, des aînés... Mais tout cela est trop près de moi pour que j'en parle.

Le Chiffre de nos jours

ORIGINES : Depuis toujours, j'avais eu le désir d'écrire ces Confessions, ces Mémoires, cette histoire de ma vie et, si je m'étais gardé de l'autobiographie, pendant ma jeunesse, c'était, un peu, pour la réserver à mon âge mûr. Je n'ai pas voulu réaliser ce projet avant d'avoir dépassé la cinquantaine.

THÈME : Toute vie est une vie. Mais celle des hommes de mon âge s'est passée dans le maximum de tension entre les valeurs de continuité et celles de métamorphoses. Le monde a plus changé, au cours de notre existence, qu'il ne l'avait fait en six ou sept cents ans et ce changement n'affecte pas seulement les techniques. Notre esprit aussi risque d'en être affecté et pas seulement par une extension de ses pouvoirs, mais par une accélération de ses désordres. Pour pouvoir prendre la mesure de ces transformations, il faut, d'abord, retrouver le monde antérieur, celui de notre enfance et de notre jeunesse et, le retrouver, c'est faire renaître sa poésie, dans le secret du temps qui l'a conservée intacte.

Mais comment parler de ce livre qui fait encore partie de ma vie ? Il faudrait lui ajouter six à sept volumes pour qu'il soit un reflet de ce demi-siècle et de ce qu'il me sera donné de connaître du suivant. J'y travaille avec une prudente lenteur. Ce seront, peut-être bien, des « mémoires d'outre-tombe » et j'espère qu'ils seront ceux d'un homme qui n'aura jamais cessé d'être humain, entre les deux dangers qui menacent l'âge mûr : la trop grande humilité ou la vanité de la réussite.

Cette grande entreprise laisse place à des travaux d'exécution plus rapide, aux aubaines du chemin.

Adeline Vénician

ORIGINES : Encore une histoire vraie, mais gardée pendant dix ans dans ma mémoire et modifiée par mes rêveries et la contamination d'autres histoires qui pouvaient se rattacher à elle. C'est bien au mas de Villeméjane, dans la haute vallée de Valleraugue, qu'a vécu celle qui servit de modèle à ma pitoyable héroïne.

THÈME : Quand il se met en accord avec le délire du monde, le délire d'un esprit ne peut-il pas devenir raison ? Adeline est amoureuse d'un jeune homme qui ne la connaît même pas et elle finit par se croire mariée avec lui. Elle est folle. Mais quand, ce jeune homme ayant été tué à la guerre, elle se croit veuve, elle rentre dans la raison, car elle rejoint le destin de milliers d'autres jeunes femmes qui ont perdu leur amour.

PARTICULARITÉS : L'univers de ce récit est un univers imaginaire, un reflet du monde réel comme celui de *Roux le Bandit*.

DESTIN DU LIVRE : Aucun critique n'a mis l'accent sur ce qui me paraît être essentiel dans cette histoire : le retour d'Adeline au destin commun par la conjugaison de sa folie et de la folie du monde.

Nos ancêtres, les Gaulois

Ce livre fut écrit pendant les derniers six mois de 57, avant les événements qui ont transformé la France. La passion, qui m'animait à ce moment-là, avait quelque chose de prophétique. Je sentais venir ce qui venait. Mais, sensibilisé aux forces de métamorphoses, je n'en rompais pas, pour autant, avec les valeurs de continuité. Ni la liberté ni la fraternité ne sont défigurées dans ce livre et la France, en protestant contre les injustices d'un monde qui n'obéit plus qu'aux forces élémentaires, y demeure ce qu'elle est et se retourne vers son passé en restant fidèle à son devenir.

Comme disait ce discours qu'évoquait Malraux, au fond d'une nuit de guerre, devant la plaine d'Alsace :

« Qui pourrait m'apprendre cet amour, qui pourrait m'apprendre cette communion ? »

Tout recommence toujours

Je voudrais avoir encore quinze ou vingt ans devant moi pour dire ce que je sais de la vie et pour transmettre, à qui tendra la main pour les prendre, celles des valeurs d'hier qui ne doivent pas périr, tout en m'adaptant chaque jour au monde nouveau qui ne finira jamais de naître.

« Cet univers de robots », comme a dit Saint-Exupéry ; « ce monde maudit », comme a dit Roger Martin du Gard, ne me font pas peur. Je veux bien faire encore un bout de chemin avec l'Histoire, en me retournant de plus en plus vers ce qui ne dépend pas d'elle. Je veux bien recommencer, tout recommencer, comme je l'ai déjà fait plusieurs fois, comme si tout ce que raconte ce livre n'était rien, rien qu'une donnée originelle qui me permettra, peut-être, un jour de devenir ce que je dois être. Ce que je peux faire de meilleur c'est, peut-être, de raconter encore des histoires.

N° d'éditeur: 37478
Dépôt légal: octobre 2002
Imprimé en Allemagne

Achevé d'imprimer par GGP Media, Pößneck
en septembre 2002
pour le compte de France Loisirs, Paris